Zusätzliche digitale Inhalte für Sie!

Zu diesem Buch stehen Ihnen kostenlos folgende digitale Inhalte zur Verfügung:

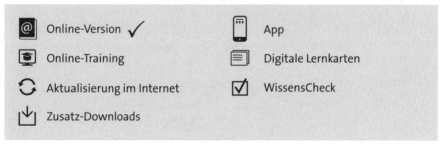

- Online-Version ✓
- Online-Training
- Aktualisierung im Internet
- Zusatz-Downloads
- App
- Digitale Lernkarten
- WissensCheck

Schalten Sie sich das Buch inklusive Mehrwert direkt frei.

Scannen Sie den QR-Code **oder** rufen Sie die Seite **www.nwb.de** auf. Geben Sie den Freischaltcode ein und folgen Sie dem Anmeldedialog. Fertig!

Ihr Freischaltcode

CGJY-QWZK-ETFX-ROJB-QDTJ-WH

Pensionszusagen an GmbH-Geschäftsführer

- Betriebsprüfungsfalle
- Formelle u. materielle Neugestaltung
- Herabsetzung und Verzicht
- Kapital statt Rente
- Kapitalisierung
- Liquidation
- Rente und Gehalt
- Rentner-GmbH

4. Auflage

ISBN 978-3-482-**57604**-1
4. Auflage 2019
© NWB Verlag GmbH & Co. KG, Herne 2007
   www.nwb.de
Alle Rechte vorbehalten.
Dieses Buch und alle in ihm enthaltenen Beiträge und Abbildungen sind urheberrechtlich geschützt. Mit Ausnahme der gesetzlich zugelassenen Fälle ist eine Verwertung ohne Einwilligung des Verlages unzulässig.
Satz: Griebsch & Rochol Druck GmbH, Hamm
Druck: medienHaus Plump GmbH, Rheinbreitbach

VORWORT

Die bAV ist mittlerweile für viele GmbH-Geschäftsführer der wichtigste Weg, um für die Zeit nach dem Ausscheiden aus dem aktiven Erwerbsleben vorzusorgen. Die Pensionszusage stellt dabei den mit Abstand wichtigsten Bestandteil dar. Qualifizierten Schätzungen zufolge führen zwischen 500.000 und 1 Mio. GmbH-Geschäftsführer ihre Altersvorsorge über eine Pensionszusage ihrer GmbH durch. Neben dem Versorgungsgedanken waren es in der Vergangenheit überwiegend steuerliche Motive, die viele kleine und mittelständische Gesellschaften dazu veranlasst haben, ihrem Geschäftsführer eine betriebliche Pensionszusage zu erteilen. Die Bildung von Pensionsrückstellungen war eine willkommene Gestaltung zur Reduzierung des steuerpflichtigen Gewinns der Kapitalgesellschaft. Wie wir heute wissen, wurde dabei in den meisten Fällen leider das Augenmerk deutlich mehr auf die klar erkennbaren Vorteile, als auf die auf den ersten Blick nicht ersichtlichen Risiken gelenkt. Und so ergab es sich, dass dem eigentlichen Wesen einer Versorgungszusage in vielen Fällen leider zu wenig Aufmerksamkeit gewidmet wurde.

Bei einer Geschäftsführer-Pensionszusage handelt es sich im juristischen Sinne um ein sog. Dauerschuldverhältnis, das die GmbH unter Umständen über fünf Jahrzehnte begleiten kann. Sie bewegt sich in einem rechtlichen und wirtschaftlichen Umfeld, das permanenten Veränderungen unterliegt. Aus diesem Grunde bedürfen Geschäftsführer-Pensionszusagen einer fortlaufenden Pflege durch den Fachmann. Nur wenn die Geschäftsführer-Pensionszusage im Rahmen einer fortlaufenden rechtlichen und wirtschaftlichen Betreuung an die sich permanent ändernden Rahmenbedingungen angepasst wird, wird das Versorgungskonzept in der Lage sein, die beabsichtigten Versorgungsziele auch realisieren zu können.

Die Praxis sieht jedoch leider völlig anders aus: Die meisten Geschäftsführer-Pensionszusagen fristen leider eine Art Schattendasein. Einmal eingerichtet, verbringen sie ihre restliche Lebenszeit in Aktenordnern – eine regelmäßige Überprüfung findet erfahrungsgemäß nicht statt. In Fachkreisen wird deshalb davon ausgegangen, dass mindestens 75 % der Pensionszusagen unter erheblichen rechtlichen und wirtschaftlichen Mängeln leiden. Das böse Erwachen erfolgt meistens erst, wenn im Rahmen einer Betriebsprüfung erhebliche Probleme mit der steuerlichen Anerkennung der Pensionszusage entstehen oder wenn der Fachmann im Rahmen einer detaillierten Analyse der Ist-Situation feststellt, dass von einer Werthaltigkeit der Rente nicht mehr ausgegangen werden kann.

VORWORT

Vor diesem Hintergrund ergeben sich in der täglichen Beratungspraxis komplexe Fragestellungen, die unter der Überschrift **Restrukturierung und Entpflichtung von bestehenden Pensionszusagen** zusammenfasst werden können und die sich auf Grund der interdisziplinären Dimension der Thematik nur noch von hochspezialisierten Fachleuten beantworten lassen.

Seit der Erstellung der 3. Auflage sind mittlerweile fast sechs Jahre ins Land gezogen. In dieser Zeit hat sich die Welt der Geschäftsführer-Pensionszusagen erneut erheblich verändert. Das wirtschaftliche Umfeld hat sich ebenso dynamisch verändert, wie die rechtliche Materie weiter an Komplexität hinzugewonnen hat. Dieser anspruchsvollen Entwicklung trägt die 4. Auflage des Buches durch ein neues duales Konzept Rechnung:

Die **erste Komponente** dieser Dualität wurde durch die Ergänzung um einen Co-Autor verwirklicht. So wurde die 4. Auflage nun erstmals von Vater und Sohn als Autoren-Duo verfasst. **Kevin Pradl** (LL.B., MPM und Rentenberater), Sohn des bisherigen alleinigen Autors **Jürgen Pradl** (Rentenberater für die betriebliche Altersversorgung), konnte nach dem erfolgreichen Abschluss seiner wirtschaftsrechtlichen Studiengänge, als weiterer Autor gewonnen werden.

Die **zweite Komponente** der angesprochenen Dualität wurde durch eine grundsätzliche Neustrukturierung des Buches verwirklicht. So ist das Buch in seiner neuen Konzeption nun gleichzeitig **Praxis-Handbuch und Kommentar in einem**:

▶ **Der Hauptteil** des Buches ist – wie bisher – als **Praxis-Handbuch** konzipiert. Er behandelt die praktische Seite der Geschäftsführer-Pensionszusage und beschreibt zunächst die grundsätzliche Problemstellung und die Streitfelder mit der Finanzverwaltung im Rahmen der Betriebsprüfung und vor Gericht. Im Anschluss daran geht der Hauptteil auf die systematische Restrukturierung und die unterschiedlichen Gestaltungswege und Lösungsmöglichkeiten ein.

▶ Im Hauptteil wurden die folgenden **fünf Kapitel komplett neu** geschaffen:
  – Betriebsprüfungsfalle Pensionszusage
  – Rechtliche Neugestaltung und Verteilung der Pensionsrisiken
  – Kapital statt Rente
  – Rente und Gehalt
  – Rentner-GmbH

▶ Die weiteren Kapitel des Hauptteils wurden grundsätzlich aktualisiert und an die neue Konzeption angepasst.

► **Der Anhang** ist in der 4. Auflage komplett neu gestaltet worden. Er beinhaltet den **Kommentar-Teil** und dokumentiert eindrucksvoll die interdisziplinäre Dimension des Rechtsgebiets. Der Kommentarteil vermittelt elementares Grundlagenwissen in den folgenden Rechtsgebieten:

- Berufsrecht
- Betriebsrentenrecht
- Zivilrecht
- Bilanz(steuer-)recht
- Körperschaftsteuerrecht
- Lohn- und Einkommensteuerrecht
- Sozialversicherungsrecht
- Erbschaft- und Schenkungsteuerrecht

Praxis-Handbuch und Kommentar verbinden sich zu einem in der Beratungspraxis unverzichtbaren Duo für Steuerberater, Wirtschaftsprüfer und Rechtsanwälte, die von ihren Mandanten mit der Beantwortung der verschiedensten Fragestellungen rund um die komplexen Themengebiete zur Restrukturierung und Entpflichtung von Geschäftsführer-Pensionszusagen konfrontiert werden.

Das Buch stellt durch die ausführliche Behandlung der einzelnen Lösungswege und Gestaltungsmöglichkeiten ein qualifiziertes Hilfsmittel zur Durchführung eines aktiven Beratungsprozesses dar, der völlig unabhängig von den Interessen der verschiedenen Produktanbieter gestaltet werden kann.

Durch den Einsatz von Tabellen, über 80 Schaubildern und diversen Praxisbeispielen werden die unterschiedlichen Auswirkungen der verschiedenen Gestaltungswege veranschaulicht.

Für die tatkräftige Unterstützung dürfen sich die Autoren bei Herrn Robert Pradl sowie bei Herrn Mark Grusz recht herzlich bedanken.

Zorneding, im November 2018

Jürgen Pradl
Kevin Pradl

INHALTSÜBERSICHT

	Seite
Vorwort	5
Inhaltsverzeichnis	23
Abkürzungsverzeichnis	47
Literaturverzeichnis	53
Abbildungsverzeichnis	57

I. PENSIONSZUSAGEN AN GMBH-GESCHÄFTSFÜHRER – AKTUELLER BERATUNGSBEDARF   1   61

1.	Steuersparmodell am Scheideweg	1	61
2.	Im Brennpunkt: Pensionsrückstellungen in der Handels- und Steuerbilanz	15	63
	a) Explodierende Pensionsrückstellungen in der Handelsbilanz	15	63
	b) Steuerliche Unterbewertung der Pensionsverpflichtung	46	70
3.	Verkomplizierung der rechtlichen Rahmenbedingungen	116	82
	a) Überforderung der Finanzverwaltung	126	84
	b) Verkomplizierung der Rechtsmaterie durch den BFH	136	86
4.	Sinkende Steuerentlastung	151	88
5.	Steigende Lebenserwartung	160	90
	a) Lebenserwartung der Neugeborenen	162	90
	b) Restlebenserwartung der 65-Jährigen	171	93
	c) Methodische Unterschiede von Sterbetafeln	177	95
6.	Sinkende Kapitalerträge	186	95
	a) Erhöhung des Kapitalbedarfs	189	96
	b) Rückdeckungsversicherung und Kapitalmarkt	195	96
	c) Kapitalbedarf und Rentenfinanzierungsdauer	207	98
7.	Unsachgemäße Vertragsgestaltung	231	102

		Rn.	Seite
8.	Insolvenzsicherung	241	103
9.	Zusammenfassung	249	104

II.	**BETRIEBSPRÜFUNGSFALLE PENSIONSZUSAGE – IM STREIT MIT DER FINANZBEHÖRDE**	271	107
1.	Pensionszusagen in der steuerlichen Betriebsprüfung	278	107
a)	Der Fachprüfer für betriebliche Altersversorgung: Spezialist auf Seiten der Finanzverwaltung	282	108
b)	Der Steuerberater: Generalist auf Seiten des Steuerpflichtigen	295	110
c)	Ungleiche Auseinandersetzung in der Betriebsprüfung: Spezialist vs. Generalist	304	111
d)	Der Versicherungsvermittler als Problemlöser: Irrweg ohne Legitimation	314	112
e)	Nach der BP ist vor der BP	316	113
2.	Praxisfälle zu Auseinandersetzungen mit der Betriebsprüfung	325	114
a)	Praxisfall 1: Zivilrechtliche Wirksamkeit	326	114
b)	Praxisfall 2: Wiederanlage der Ablaufleistung einer Rückdeckungsversicherung	349	118
c)	Praxisfall 3: Bildung eines Korrekturpostens in den Sonderbilanzen der Gesellschafter nach dem Wechsel der Rechtsform von einer GmbH in eine GbR	371	124
d)	Praxisfall 4: Übertragung der Geschäftsführer-Pensionszusage auf eine pauschal dotierte Unterstützungskasse	399	132
e)	Praxisfall 5: Vereinbarung einer Gleitklausel bei einer Beschäftigung des Geschäftsführers über die vereinbarte Regelaltersgrenze hinaus	419	137
3.	Zusammenfassung	446	144

III.	**VERFAHREN ZUR RESTRUKTURIERUNG VON PENSIONSZUSAGEN – HEILUNG RECHTLICHER UND WIRTSCHAFTLICHER FEHLENTWICKLUNGEN**	461	147
1.	Strukturierter Prozess zur Restrukturierung	461	147
a)	Vernetzung und Aufgabenverteilung	462	147
b)	Prozessaufbau	470	148

			Rn.	Seite
	2.	Gestaltungsmöglichkeiten und Handlungsoptionen	491	151
		a) Lösungen im Betriebsvermögen der GmbH	493	151
		b) Lösungen mit Bilanzbereinigung	509	154
	3.	Fortlaufende Betreuung und Pflege der Pensionszusage	526	157
IV.		**RECHTLICHE NEUGESTALTUNG UND VERTEILUNG DER PENSIONSRISIKEN**	541	159
	1.	Rechtliche Neugestaltung des Versorgungsversprechens	541	159
		a) Materielle Änderung des Leistungsplans	553	161
		b) Formelle Änderung der Versorgungsbedingungen	576	165
	2.	Verteilung der Pensionsrisiken	661	181
		a) Typische Risiken der reinen Leistungszusage	662	181
		b) Entlastung des Trägerunternehmens	673	182
	3.	Zusammenfassung	716	189
V.		**KAPITAL STATT RENTE – EIN WEG GEGEN EXPLODIERENDE PENSIONSRÜCKSTELLUNGEN**	731	191
	1.	Kapital statt Rente: Konzeptbeschreibung	735	191
		a) Wertgleiche Umgestaltung gem. § 6a EStG: Kapital statt Rente	741	192
		b) Option zur ratenweisen Auszahlung der Kapitalleistung	756	195
		c) Kapitalzusage entlastet die GmbH	771	198
		d) Veränderung der Versorgungssituation des Geschäftsführers	774	199
	2.	Rente vs. Kapital: Vor- und Nachteile	786	200
	3.	Ertragsteuerrechtliche Beurteilung	791	201
		a) Zulässigkeit einer Kapitalzusage	792	201
		b) Umgestaltung in eine Kapitalzusage	794	202
		c) Vorzeitige Ausübung eines bestehenden Kapitalwahlrechts	818	208
	4.	Bilanz(steuer-)rechtliche Behandlung der Kapitalleistung	828	208
		a) Während der Anwartschaftsphase	828	208
		b) Bei ratenweiser Auszahlung	834	210
	5.	Lohn- und Einkommensteuerrechtliche Behandlung	846	211
		a) Zufluss bei Einmalzahlung	848	212

			Rn.	Seite
	b)	Zufluss bei Teilzahlungen	851	213
	c)	Zuflussfiktion bei beherrschenden Gesellschafter-Geschäftsführern	854	213
6.		Sozialversicherungsrechtliche Behandlung der Kapitalleistung	861	214
	a)	Gesetzliche Krankenversicherung	862	214
	b)	Private Krankenversicherung	869	216
7.		Der praktische Fall	879	216
	a)	Fallbeschreibung	879	216
	b)	Welche kurzfristige Entlastungswirkung ergibt sich durch die Umgestaltung?	880	218
	c)	Welche langfristigen Entlastungswirkungen ergeben sich durch die Umgestaltung?	882	219
	d)	Wie verändert sich die Versorgungssituation des Geschäftsführers?	884	220
	e)	Welche weiteren Gestaltungsmöglichkeiten stehen dem Geschäftsführer zur Verfügung?	889	222
8.		Zusammenfassung	895	222

VI. REDUZIERUNG DER PENSIONSVERPFLICHTUNG – ANPASSUNG, HERABSETZUNG, WIDERRUF, VERZICHT — 910 — 225

1.		Reduzierung der Pensionsverpflichtung: Plausibler Lösungsansatz mit Tücken	911	225
	a)	Rechtsbeziehungen bei einer unmittelbaren Pensionszusage	912	225
	b)	Eingriff in die zugesagten Versorgungsleistungen	914	226
	c)	Verdeckte Einlage	921	227
2.		Rechtsfolgen eines gesellschaftlich veranlassten Verzichts	934	231
	a)	Auswirkungen beim Gesellschafter-Geschäftsführer	935	231
	b)	Auswirkungen bei der GmbH	946	234
	c)	Auswirkungen bei den Mit-Gesellschaftern: Schenkungsteuerbarkeit disquotaler verdeckter Einlagen	958	237
3.		Rechtsfolgen eines betrieblich veranlassten Verzichts	966	238
	a)	Auswirkungen beim Gesellschafter-Geschäftsführer	967	239
	b)	Auswirkungen bei der GmbH	968	239
	c)	Auswirkungen bei den Mit-Gesellschaftern	970	239
4.		Gesellschaftliche Veranlassung eines Verzichts	975	240
5.		Betriebliche Veranlassung eines Verzichts	980	241

		Rn.	Seite
6.	Herabsetzung wegen mangelnder Finanzierbarkeit (Erste Ausnahmeregel)	993	243
	a) Überschuldung i. S. d. InsO	997	244
	b) Überschuldungsprüfung gem. IDW S 11	1000	245
	c) Durchführung der Herabsetzung wegen mangelnder Finanzierbarkeit	1029	252
7.	Herabsetzung wegen drohender Überschuldung (Zweite Ausnahmeregel)	1071	260
	a) Drohende Überschuldung	1074	261
	b) Sanierungskonzept	1076	261
	c) Fremdvergleich	1078	262
	d) Durchführung einer Anpassung nach der zweiten Ausnahmeregel	1086	264
8.	Verzicht gegen Besserungsschein	1095	265
9.	Steuerunschädliche Widerrufsvorbehalte	1105	265
10.	Widerruf wegen wirtschaftlicher Notlage	1111	267
	a) Fremd-Geschäftsführer und als Nicht-Arbeitnehmer zu beurteilender Gesellschafter-Geschäftsführer	1112	267
	b) Als Unternehmer zu beurteilender Gesellschafter-Geschäftsführer	1116	268
11.	Einlagefähiger Vermögensvorteil als Voraussetzung einer verdeckten Einlage	1126	269
	a) Interdisziplinäre Betrachtung notwendig	1128	269
	b) Ebene 1: Wirtschaftliche Leistungsfähigkeit des Versorgungsträgers	1130	269
	c) Ebene 2: Besitzstand des versorgungsberechtigten Gesellschafter-Geschäftsführers	1134	270
12.	Herabsetzung nach den Grundsätzen der Past Service-Methode	1163	276
	a) Past Service-Methode: Lösungsweg für Leistungsanwärter	1164	277
	b) Der Weg zur Durchsetzung der Past Service-Methode	1168	277
	c) Das BMF-Schreiben v. 14. 8. 2012	1181	280
	d) Bestätigung der Past Service-Methode durch die Rechtsprechung	1220	290
	e) Rechtsfolgen der Past Service-Methode	1248	295
	f) Umsetzung einer Anpassung nach der Past Service-Methode	1255	297

ÜBERSICHT Inhalt

		Rn.	Seite
13. Der erste praktische Fall: Herabsetzung nach der Past Service-Methode		1268	299
a) Fallbeschreibung		1268	299
b) Welche Folgen würden sich bei einem pauschalen Verzicht ergeben?		1269	300
c) Kann eine Herabsetzung ohne negative steuerliche Folgen vorgenommen werden?		1274	302
d) Welche Auswirkungen würden sich durch die Herabsetzung für die GmbH ergeben?		1283	304
14. Der zweite praktische Fall: Herabsetzung wegen mangelnder Finanzierbarkeit		1289	305
a) Fallbeschreibung		1289	305
b) In welchem Umfang kann CC auf die Pensionszusage wegen der Überschuldung verzichten?		1290	306
c) Welche steuerlichen Folgen ergeben sich im Falle eines überschuldungsbedingten Verzichts?		1298	311
15. Zusammenfassung		1306	313

VII. RENTE UND GEHALT – FORTSETZUNG DER AKTIVEN TÄTIGKEIT NACH VOLLENDUNG DES PENSIONSALTERS		1320	315
1. Ausscheiden aus dem Dienstverhältnis		1322	315
2. Rente und Gehalt aus Sicht des BFH		1330	316
a) BFH, Urteil v. 5. 3. 2008 – I R 12/07		1333	316
b) BFH, Urteil v. 23. 10. 2013 – I R 60/12		1334	317
c) Kritische Auseinandersetzung		1336	319
3. Rente und Gehalt aus Sicht der Finanzverwaltung		1360	324
a) BMF-Schreiben v. 11. 11. 1999		1361	324
b) BMF-Schreiben v 18. 9. 2017		1364	325
c) Kritische Auseinandersetzung		1367	327
4. Gestaltungsmöglichkeiten		1377	327
a) Unveränderte Vertragsfortführung		1379	328
b) Gehalt und Rente zahlen		1396	329
c) Fortsetzung der Tätigkeit und Schaffung eines angemessenen Ausgleichs		1409	331

			Rn.	Seite
	d)	Beendigung des Dienstverhältnisses und Aufnahme einer neuen Tätigkeit	1441	342
5.		Zusammenfassung	1470	347

VIII. ABFINDUNG DER PENSIONSZUSAGE – ENTPFLICHTUNG UND TRANSFER INS PRIVATVERMÖGEN — 1481, 349

			Rn.	Seite
1.		Motive, Wesen, Formen und Folgen einer Abfindung	1481	349
	a)	Motive für eine Abfindung der Pensionszusage	1482	349
	b)	Wesen einer Abfindung	1491	350
	c)	Formen der Abfindung	1501	352
	d)	Folgen einer Abfindung	1503	353
2.		Betriebsrentenrechtliche Zulässigkeit einer Abfindung	1511	353
3.		Anforderungen der Finanzverwaltung an Abfindungsklauseln	1521	354
	a)	Gleichwertigkeit der Abfindung und der ursprünglichen Pensionszusage	1534	357
	b)	Schriftliche Festlegung des Verfahrens zur Ermittlung der Abfindungshöhe	1551	359
	c)	Beurteilung	1555	360
4.		Betriebliche Veranlassung dem Grunde nach	1563	361
	a)	Betriebliche Veranlassung einer Abfindungszahlung	1564	361
5.		Betriebliche Veranlassung der Höhe nach	1576	365
	a)	Ermittlung der Abfindungshöhe	1578	365
	b)	Verdeckte Einlage oder verdeckte Gewinnausschüttung der Höhe nach	1596	368
6.		Rechtsfolgen einer betrieblich veranlassten Abfindungszahlung	1611	370
	a)	Auswirkungen beim Gesellschafter-Geschäftsführer	1612	371
	b)	Auswirkungen bei der GmbH	1621	372
7.		Gesellschaftliche Veranlassung dem Grunde nach	1631	373
	a)	Gesellschaftliche Veranlassung einer Abfindungszahlung	1632	373
	b)	Entscheidungen zur gesellschaftlichen Veranlassung einer Abfindung	1634	374
8.		Rechtsfolgen einer gesellschaftlich veranlassten Abfindungszahlung	1671	384
	a)	Gesellschaftliche Veranlassung von Verzicht und Abfindungszahlung	1675	385

		Rn.	Seite
b) Gesellschaftliche Veranlassung der Abfindungszahlung bei betrieblicher Veranlassung des Verzichts		1699	388
9. Abfindung während der Anwartschaftsphase		1709	389
a) Abfindung bei Fortsetzung des Dienstverhältnisses		1712	390
b) Abfindung bei vorzeitigem Ausscheiden aus dem Dienstverhältnis		1721	391
c) Zusammenfassung		1735	394
10. Abfindung während der Leistungsphase		1746	395
a) Abfindung bei Rentenübertritt		1748	395
b) Abfindung bei bereits laufender Leistung		1760	397
c) Zusammenfassung		1771	399
11. Kapitalwahlrecht statt Abfindung		1779	399
12. Der erste praktische Fall: Betrieblich veranlasste Abfindung		1786	400
a) Fallbeschreibung		1786	400
b) Folgen einer betrieblich veranlassten Abfindung i. H. d. Ablaufleistung der Rückdeckungsversicherung (Teilverzicht)		1787	401
c) Folgen einer betrieblich veranlassten Abfindung i. H. d. steuerrechtlichen Barwerts (wertgleiche Erfüllung)		1790	403
13. Der zweite praktische Fall: Gesellschaftlich veranlasste Abfindung		1795	404
a) Fallbeschreibung		1795	404
b) Folgen einer gesellschaftlich veranlassten Abfindung i. H. d. Ablaufleistung der Rückdeckungsversicherung		1796	405
c) Folgen einer gesellschaftlich veranlassten Abfindung i. H. d. steuerrechtlichen Barwerts		1800	407
14. Zusammenfassung		1806	408
IX. RENTNER-GMBH – ENTPFLICHTUNG UND ÜBERTRAGUNG AUF EINEN EIGENEN RECHTSTRÄGER		**1821**	**411**
1. Motive, Wesen, Formen und Folgen einer Übertragung auf eine Rentner-GmbH		1821	411
a) Motive einer Übertragung auf eine Rentner-GmbH		1822	411
b) Wesen einer Rentner-GmbH		1825	412
c) Formen einer Übertragung auf eine Rentner-GmbH		1831	413
d) Folgen einer Übertragung auf eine Rentner-GmbH		1844	414

			Rn.	Seite
2.	BFH, Urteil v. 18. 8. 2016 – VI R 18/13		1851	415
	a)	Die BFH-Entscheidung im Einzelnen	1852	416
	b)	Die BFH-Entscheidung in der Analyse	1855	419
3.	BMF-Schreiben v. 4. 7. 2017		1865	421
4.	Vor- und Nachteile einer Rentner-GmbH		1871	422
	a)	Vorteile	1875	423
	b)	Nachteile	1876	423
5.	Schema zur rechtlichen Prüfungen von Übertragungsvorgängen		1881	424
6.	Betriebsrentenrechtliche Zulässigkeit von Übertragungsvorgängen		1889	424
	a)	Anwendbarkeit des BetrAVG	1890	425
	b)	Keine Anwendbarkeit des BetrAVG	1896	426
7.	Übertragung im Wege der rechtsgeschäftlichen Einzelrechtsnachfolge gem. §§ 414 ff. BGB		1906	426
	a)	Lohnsteuerrechtliche Behandlung des Übertragungsvorgangs	1908	427
	b)	Körperschaftsteuerrechtliche Behandlung des Übertragungsvorgangs	1939	432
	c)	Bilanz(steuer-)rechtliche Behandlung des Übertragungsvorgangs	1981	440
	d)	Schuldrechtliche Behandlung des Übertragungsvorgangs	2011	446
8.	Übertragung im Wege der rechtsgeschäftlichen Einzelrechtsnachfolge gem. § 4 BetrAVG (Arbeitgeberwechsel)		2016	446
	a)	Lohnsteuerrechtliche Behandlung des Übertragungsvorgangs	2024	448
	b)	Körperschaftsteuerrechtliche Behandlung des Übertragungsvorgangs	2033	450
	c)	Bilanz(steuer-)rechtliche Behandlung des Übertragungsvorgangs	2034	450
	d)	Schuldrechtliche Behandlung des Übertragungsvorgangs	2045	453
9.	Übertragung im Wege der partiellen Gesamtrechtsnachfolge gem. § 123 UmwG		2055	454
	a)	Lohnsteuerrechtliche Behandlung des Übertragungsvorgangs	2064	455
	b)	Körperschaftsteuerrechtliche Behandlung des Übertragungsvorgangs	2071	456
	c)	Umwandlungssteuerrechtliche Behandlung des Übertragungsvorgangs	2073	456

ÜBERSICHT Inhalt

		Rn.	Seite
d) Bilanz(steuer-)rechtliche Behandlung des Übertragungsvorgangs		2081	457
e) Schuldrechtliche Behandlung des Übertragungsvorgangs		2083	457
10. Schuldbeitritt		2091	458
a) Lohnsteuerrechtliche Behandlung des Übertragungsvorgangs		2094	459
b) Körperschaftsteuerrechtliche Behandlung des Übertragungsvorgangs		2095	459
c) Bilanz(steuer-)rechtliche Behandlung des Übertragungsvorgangs		2097	460
d) Schuldrechtliche Behandlung des Übertragungsvorgangs		2105	461
11. Erfüllungsübernahme		2111	461
a) Lohnsteuerrechtliche Behandlung des Übertragungsvorgangs		2114	462
b) Körperschaftsteuerrechtliche Behandlung des Übertragungsvorgangs		2115	462
c) Bilanz(steuer-)rechtliche Behandlung des Übertragungsvorgangs		2116	462
d) Schuldrechtliche Behandlung des Übertragungsvorgangs		2125	464
12. Abgeleitete Rentner-GmbH		2131	464
a) Ausgliederung des operativen Geschäftsbetriebs		2134	465
b) Asset Deal		2146	466
c) Finanzielle Ausstattung der abgeleiteten Rentner-GmbH		2156	467
d) Handlungsalternativen bei einer erheblichen Unterfinanzierung		2161	468
13. Der praktische Fall		2165	468
a) Fallbeschreibung		2165	468
b) Folgen für den ehemaligen Versorgungsträger		2166	470
c) Folgen für den neuen Versorgungsträger		2170	471
14. Zusammenfassung		2181	473

X. WECHSEL DES DURCHFÜHRUNGSWEGS – ÜBERTRAGUNG AUF EXTERNE VERSORGUNGSTRÄGER I. S. D. BETRAVG	2196	475
1. Motive, Wesen, Formen und Folgen eines Wechsel des Durchführungswegs	2196	475
a) Motive eines Wechsel des Durchführungswegs	2199	475
b) Wesen eines externen Versorgungsträgers i. S. d. BetrAVG	2205	476

			Rn.	Seite
	c)	Formen eines Wechsel des Durchführungswegs	2225	479
	d)	Folgen eines Wechsel des Durchführungswegs	2231	480
2.		Übertragung auf eine rückgedeckte Unterstützungskasse	2246	482
	a)	Rückgedeckte Unterstützungskasse	2246	482
	b)	Geschäftsführerversorgung über eine rückgedeckte Unterstützungskasse	2261	485
	c)	Übertragungsmöglichkeiten auf eine rückgedeckte Unterstützungskasse	2270	486
	d)	Bilanz(steuer-)rechtliche Behandlung	2289	491
3.		Übertragung auf eine pauschal dotierte Unterstützungskasse	2310	494
	a)	Pauschal dotierte Unterstützungskasse	2310	494
	b)	Zulässige Vermögensbereiche der pauschal dotierten Unterstützungskasse	2316	495
	c)	Steuerlich abzugsfähige Zuwendungen	2324	496
	d)	Geschäftsführerversorgung über eine pauschal dotierte Unterstützungskasse	2345	500
	e)	Übertragungsmöglichkeiten auf eine pauschal dotierte Unterstützungskasse	2355	501
	f)	Bilanz(steuer-)rechtliche Behandlung	2365	503
	g)	Darlehensgewährung an das Trägerunternehmen	2375	504
4.		Übertragung auf einen Pensionsfonds	2391	507
	a)	Pensionsfonds	2391	507
	b)	Geschäftsführerversorgung über einen Pensionsfonds	2392	507
	c)	Pensionsplan und Vertragsgestaltung	2395	509
	d)	Ertragsteuerrechtliche Rahmenbedingungen der Übertragung auf einen Pensionsfonds	2404	510
	e)	Bilanz(steuer-)rechtliche Behandlung	2431	518
5.		Kombinierte Übertragung auf Pensionsfonds und Unterstützungskasse	2445	520

	Rn.	Seite
6. Der praktische Fall	2457	521
a) Fallbeschreibung	2457	521
b) Welche Folgen ergeben sich bei einer Übertragung der Pensionszusage nach dem Kombi-Modell?	2458	523
7. Zusammenfassung	2476	526

XI. ÜBERTRAGUNG IM FALLE DER LIQUIDATION – BETRIEBSAUFGABE OHNE NACHFOLGER — 2487 — 529

	Rn.	Seite
1. Handlungsoptionen im Zuge der Liquidation	2490	529
2. Übertragung auf eine Liquidationsversicherung	2500	531
3. Rechtsfolgen der Übertragung auf eine Liquidationsversicherung	2511	532
a) Auswirkungen beim Gesellschafter-Geschäftsführer	2511	532
b) Auswirkungen bei der GmbH	2514	533
4. Ermittlung des Übertragungswertes	2521	533
5. Liquidation und Teilverzicht (bei Unterfinanzierung)	2526	534
6. Der praktische Fall	2541	536
a) Fallbeschreibung	2541	536
b) Welche Folgen ergeben sich bei einer Übertragung auf eine Liquidationsversicherung?	2542	537
7. Zusammenfassung	2551	539

XII. STEUER-OPTIMIERTE UND RISIKO-MINIMIERTE GESTALTUNG EINER GESCHÄFTSFÜHRER-VERSORGUNG — 2561 — 541

	Rn.	Seite
1. Musterfall/Sachverhalt	2564	541
2. Einrichtung einer unmittelbaren Pensionszusage in Form einer Kapitalzusage	2565	542
a) Elemente der Kapitalzusage	2566	542
b) Steueroptimierte Gestaltung	2569	543
c) Risikominimierte Gestaltung	2587	549
d) Finanzierung der Kapitalzusage	2599	550
e) Bilanzielle Behandlung	2607	553
f) Liquiditäts- und Finanzierungswirkungen	2616	556

		Rn.	Seite
3.	Optionale Ergänzung: Tantieme-Umwandlung	2636	561
4.	Zusammenfassung	2645	561

Anhang   563

Stichwortverzeichnis   813

INHALTSVERZEICHNIS

Vorwort	5
Inhaltsübersicht	9
Abkürzungsverzeichnis	47
Literaturverzeichnis	53
Abbildungsverzeichnis	57

			Rn.	Seite
I.	Pensionszusagen an GmbH-Geschäftsführer – Aktueller Beratungsbedarf			
1.	Steuersparmodell am Scheideweg		1	61
2.	Im Brennpunkt: Pensionsrückstellungen in der Handels- und Steuerbilanz		15	63
	a) Explodierende Pensionsrückstellungen in der Handelsbilanz		15	63
		aa) Reform-Modell zu § 253 HGB	20	65
		bb) Auswirkungen des fallenden Rechnungszinses	36	68
	b) Steuerliche Unterbewertung der Pensionsverpflichtung		46	70
		aa) Gesetzgeber gerät immer mehr unter Druck	48	70
		bb) Der Vorlagebeschluss des FG Köln an das BVerfG	52	71
		cc) Die Empfehlung des FG Köln zur zukünftigen Rechnungszinsbestimmung	70	73
		dd) Der BFH-Beschluss v. 25. 4. 2018 zur Verfassungswidrigkeit von Nachzahlungszinsen	78	75
		ee) Die Initiative der aba zur Reformierung des § 6a EStG	90	77
		(1) Realitätsnahe Gestaltung des Rechnungszinses	93	78
		(2) Abkehr vom Teilwertverfahren	94	78
		(3) Abschaffung des Nachholverbots	96	79
		(4) Wechsel vom Schriftformgebot auf die Textform	98	79
		ff) Mögliche Neuregelung zu § 6a EStG	100	79
		gg) Anmerkungen	104	80
3.	Verkomplizierung der rechtlichen Rahmenbedingungen		116	82
	a) Überforderung der Finanzverwaltung		126	84

			Rn.	Seite
	b)	Verkomplizierung der Rechtsmaterie durch den BFH	136	86
		aa) BFH, Urteil v. 20. 7. 2016: Erdienungsdauer bei einer Unterstützungskassenzusage	138	86
		bb) BFH, Urteil v. 18. 8. 2016: Zufluss von Arbeitslohn bei Schuldübernahme durch einen Dritten	143	87
4.	Sinkende Steuerentlastung		151	88
5.	Steigende Lebenserwartung		160	90
	a)	Lebenserwartung der Neugeborenen	162	90
	b)	Restlebenserwartung der 65-Jährigen	171	93
	c)	Methodische Unterschiede von Sterbetafeln	177	95
6.	Sinkende Kapitalerträge		186	95
	a)	Erhöhung des Kapitalbedarfs	189	96
	b)	Rückdeckungsversicherung und Kapitalmarkt	195	96
	c)	Kapitalbedarf und Rentenfinanzierungsdauer	207	98
7.	Unsachgemäße Vertragsgestaltung		231	102
8.	Insolvenzsicherung		241	103
9.	Zusammenfassung		249	104

II. Betriebsprüfungsfalle Pensionszusage – im Streit mit der Finanzbehörde

1.	Pensionszusagen in der steuerlichen Betriebsprüfung		278	107
	a)	Der Fachprüfer für betriebliche Altersversorgung: Spezialist auf Seiten der Finanzverwaltung	282	108
	b)	Der Steuerberater: Generalist auf Seiten des Steuerpflichtigen	295	110
	c)	Ungleiche Auseinandersetzung in der Betriebsprüfung: Spezialist vs. Generalist	304	111
	d)	Der Versicherungsvermittler als Problemlöser: Irrweg ohne Legitimation	314	112
	e)	Nach der BP ist vor der BP	316	113
2.	Praxisfälle zu Auseinandersetzungen mit der Betriebsprüfung		325	114
	a)	Praxisfall 1: Zivilrechtliche Wirksamkeit	326	114
		aa) Der Sachverhalt	328	114
		bb) Die Feststellungen des Fachprüfers für betriebliche Altersversorgung	329	115

				Rn.	Seite
		cc)	Auseinandersetzung	330	115
		dd)	Beilegung	343	118
	b)	\multicolumn{2}{l}{Praxisfall 2: Wiederanlage der Ablaufleistung einer Rückdeckungsversicherung}	349	118
		aa)	Der Sachverhalt	351	119
		bb)	Die Feststellungen des Fachprüfers für betriebliche Altersversorgung	352	120
		cc)	Auseinandersetzung	353	121
		dd)	Beilegung	365	123
	c)	\multicolumn{2}{l}{Praxisfall 3: Bildung eines Korrekturpostens in den Sonderbilanzen der Gesellschafter nach dem Wechsel der Rechtsform von einer GmbH in eine GbR}	371	124
		aa)	Der Sachverhalt	374	124
		bb)	Die Feststellungen des Fachprüfers für betriebliche Altersversorgung	375	125
		cc)	Auseinandersetzung	377	126
		dd)	Beilegung	390	129
	d)	\multicolumn{2}{l}{Praxisfall 4: Übertragung der Geschäftsführer-Pensionszusage auf eine pauschal dotierte Unterstützungskasse}	399	132
		aa)	Der Sachverhalt	401	132
		bb)	Die Feststellungen des Fachprüfers für betriebliche Altersversorgung	402	133
		cc)	Auseinandersetzung	405	135
		dd)	Beilegung	408	136
	e)	\multicolumn{2}{l}{Praxisfall 5: Vereinbarung einer Gleitklausel bei einer Beschäftigung des Geschäftsführers über die vereinbarte Regelaltersgrenze hinaus}	419	137
		aa)	Der Sachverhalt	421	138
		bb)	Die Feststellungen der Fachprüferin für betriebliche Altersversorgung	422	139
		cc)	Auseinandersetzung	425	141
		dd)	Beilegung	436	143
3.	\multicolumn{3}{l}{Zusammenfassung}	446	144

		Rn.	Seite
III.	**Verfahren zur Restrukturierung von Pensionszusagen – Heilung rechtlicher und wirtschaftlicher Fehlentwicklungen**		
1.	Strukturierter Prozess zur Restrukturierung	461	147
	a) Vernetzung und Aufgabenverteilung	462	147
	b) Prozessaufbau	470	148
	aa) Erster Prozessabschnitt: Gutachten zur Pensionszusage	473	149
	bb) Zweiter Prozessabschnitt: Restrukturierung der Pensionszusage	479	150
2.	Gestaltungsmöglichkeiten und Handlungsoptionen	491	151
	a) Lösungen im Betriebsvermögen der GmbH	493	151
	aa) Rechtliche Neugestaltung und Verteilung der Pensionsrisiken	495	152
	bb) Reduzierung des Verpflichtungsumfangs	497	153
	cc) Asset- und Risk Management	498	153
	b) Lösungen mit Bilanzbereinigung	509	154
	aa) Entpflichtung mittels Kapitalisierung	514	155
	bb) Übertragung auf einen anderen Rechtsträger	516	155
	cc) Wechsel des Durchführungswegs	518	156
	dd) Übertragung auf eine Liquidationsversicherung	519	156
3.	Fortlaufende Betreuung und Pflege der Pensionszusage	526	157
IV.	**Rechtliche Neugestaltung und Verteilung der Pensionsrisiken**		
1.	Rechtliche Neugestaltung des Versorgungsversprechens	541	159
	a) Materielle Änderung des Leistungsplans	553	161
	aa) Erhöhung	554	161
	bb) Herabsetzung	556	162
	cc) Wertgleiche Umgestaltung der Leistungsarten	561	162
	b) Formelle Änderung der Versorgungsbedingungen	576	165
	aa) Änderung der Zusageform	577	165
	(1) Umgestaltung gehaltsabhängiger Zusagen in Festbetragszusagen	577	165
	(2) Umgestaltung rentenförmiger Zusagen in Kapitalzusagen	592	169
	bb) Anpassung der Bedingungen zur Altersrente	599	170
	(1) Ausscheiden aus dem Dienstverhältnis	599	170
	(2) Verschiebung des Pensionsalters	601	170

			Rn.	Seite
	cc)	Vorzeitige/verspätete Altersrente	606	171
	dd)	Bedingungen der BU-Versorgung	615	171
	ee)	Bedingungen der Witwen(r)-Versorgung	621	172
	ff)	Vereinbarung eines Kapitalwahlrechts	631	174
		(1) Kapitalwahlrecht i. S. d. § 262 BGB	632	174
		(2) Höhe der wahlweisen Kapitalleistung	643	177
		(3) Nachträgliche Einräumung eines Kapitalwahlrechts	645	178
	gg)	Fehlende Unverfallbarkeit	650	180
	hh)	Abbedingung des BetrAVG	652	180
2.	Verteilung der Pensionsrisiken		661	181
	a)	Typische Risiken der reinen Leistungszusage	662	181
		aa) Das Kostenrisiko	665	181
		bb) Das Langlebigkeitsrisiko	666	182
		cc) Das Kapitalanlagerisiko	667	182
	b)	Entlastung des Trägerunternehmens	673	182
		aa) Die Kapitalzusage	681	184
		bb) Die beitragsorientierte Leistungszusage	691	185
		(1) Die beitragsorientierte Leistungszusage als betriebliche Altersversorgung	691	185
		(2) Risikobegrenzung bei der beitragsorientierten Leistungszusage	695	186
		(3) Umgestaltung einer Leistungszusage in eine beitragsorientierte Leistungszusage	709	188
3.	Zusammenfassung		716	189

V. Kapital statt Rente – ein Weg gegen explodierende Pensionsrückstellungen

1.	Kapital statt Rente: Konzeptbeschreibung		735	191
	a)	Wertgleiche Umgestaltung gem. § 6a EStG: Kapital statt Rente	741	192
		aa) Umgestaltung der Berufsunfähigkeits- und Witwen(r)rente	745	193
		(1) Berufsunfähigkeitsrente	745	193
		(2) Witwen(r)rente	746	194
		bb) Vorzeitige Ausübung eines bestehenden Kapitalwahlrechts	748	194

			Rn.	Seite
	b)	Option zur ratenweisen Auszahlung der Kapitalleistung	756	195
		aa) Verzinsung der noch nicht ausbezahlten Teilbeträge	758	196
		bb) Vererblichkeit der noch nicht ausbezahlten Teilbeträge	759	196
	c)	Kapitalzusage entlastet die GmbH	771	198
	d)	Veränderung der Versorgungssituation des Geschäftsführers	774	199
		aa) Altersversorgung aus der Pensionszusage	775	199
		bb) Altersversorgung aus freigesetzten Ausschüttungen	777	199
		cc) Alternative Gestaltung: Ergänzung der Pensionszusage durch eine Unterstützungskassenzusage	779	200
2.	Rente vs. Kapital: Vor- und Nachteile		786	200
3.	Ertragsteuerrechtliche Beurteilung		791	201
	a)	Zulässigkeit einer Kapitalzusage	792	201
	b)	Umgestaltung in eine Kapitalzusage	794	202
		aa) Materieller Fremdvergleich	795	202
		(1) Üblichkeit	797	202
		(2) Erdienbarkeit	806	204
		(3) Gebot der Wertgleichheit	812	206
		bb) Formeller Fremdvergleich	816	207
	c)	Vorzeitige Ausübung eines bestehenden Kapitalwahlrechts	818	208
4.	Bilanz(steuer-)rechtliche Behandlung der Kapitalleistung		828	208
	a)	Während der Anwartschaftsphase	828	208
		aa) Steuerbilanz	828	208
		bb) Handelsbilanz	831	209
	b)	Bei ratenweiser Auszahlung	834	210
		aa) Steuerbilanz	834	210
		bb) Handelsbilanz	838	211
5.	Lohn- und Einkommensteuerrechtliche Behandlung		846	211
	a)	Zufluss bei Einmalzahlung	848	212
	b)	Zufluss bei Teilzahlungen	851	213
	c)	Zuflussfiktion bei beherrschenden Gesellschafter-Geschäftsführern	854	213
6.	Sozialversicherungsrechtliche Behandlung der Kapitalleistung		861	214
	a)	Gesetzliche Krankenversicherung	862	214
	b)	Private Krankenversicherung	869	216
7.	Der praktische Fall		879	216
	a)	Fallbeschreibung	879	216
	b)	Welche kurzfristige Entlastungswirkung ergibt sich durch die Umgestaltung?	880	218

		Rn.	Seite
c)	Welche langfristigen Entlastungswirkungen ergeben sich durch die Umgestaltung?	882	219
d)	Wie verändert sich die Versorgungssituation des Geschäftsführers?	884	220
	aa) Bisherige Versorgungssituation	884	220
	bb) Veränderungen durch die Umgestaltung zugunsten einer Kapitalleistung	885	220
e)	Welche weiteren Gestaltungsmöglichkeiten stehen dem Geschäftsführer zur Verfügung?	889	222
8. Zusammenfassung		895	222

VI. Reduzierung der Pensionsverpflichtung – Anpassung, Herabsetzung, Widerruf, Verzicht

		Rn.	Seite
1.	Reduzierung der Pensionsverpflichtung: Plausibler Lösungsansatz mit Tücken	911	225
a)	Rechtsbeziehungen bei einer unmittelbaren Pensionszusage	912	225
b)	Eingriff in die zugesagten Versorgungsleistungen	914	226
	aa) Einvernehmliche Herabsetzung	916	226
	bb) Einseitiger Widerruf/Einseitige Kürzung	917	227
	cc) Verzicht	918	227
c)	Verdeckte Einlage	921	227
	aa) Definition der Finanzverwaltung	922	228
	bb) Verdeckte Einlage in der Literatur	923	229
	cc) Definition durch die Rechtsprechung	924	229
	dd) Verdeckte Einlage im Zusammenhang mit einer Pensionszusage	925	230
2.	Rechtsfolgen eines gesellschaftlich veranlassten Verzichts	934	231
a)	Auswirkungen beim Gesellschafter-Geschäftsführer	935	231
	aa) Einkünfte aus nichtselbständiger Arbeit	936	232
	bb) Nachträgliche Anschaffungskosten	941	233
b)	Auswirkungen bei der GmbH	946	234
	aa) Gewinnerhöhende Auflösung der Pensionsrückstellung	946	234
	bb) Steuerlicher Aufwand durch verdeckte Einlage	952	235
c)	Auswirkungen bei den Mit-Gesellschaftern: Schenkungsteuerbarkeit disquotaler verdeckter Einlagen	958	237
3.	Rechtsfolgen eines betrieblich veranlassten Verzichts	966	238
a)	Auswirkungen beim Gesellschafter-Geschäftsführer	967	239

	Rn.	Seite
b) Auswirkungen bei der GmbH	968	239
aa) Gewinnerhöhende Auflösung der Pensionsrückstellung	968	239
bb) Steuerlicher Aufwand durch verdeckte Einlage	969	239
c) Auswirkungen bei den Mit-Gesellschaftern	970	239
4. Gesellschaftliche Veranlassung eines Verzichts	975	240
5. Betriebliche Veranlassung eines Verzichts	980	241
6. Herabsetzung wegen mangelnder Finanzierbarkeit (Erste Ausnahmeregel)	993	243
a) Überschuldung i. S. d. InsO	997	244
b) Überschuldungsprüfung gem. IDW S 11	1000	245
aa) Aufbau der Überschuldungsprüfung	1002	246
bb) Fortbestehensprognose	1003	246
cc) Überschuldungsstatus	1004	247
(1) Ansatz der Pensionsverpflichtung in der Überschuldungsbilanz	1008	249
(2) Gesellschafterdarlehen mit Rangrücktritt	1012	249
c) Durchführung der Herabsetzung wegen mangelnder Finanzierbarkeit	1029	252
aa) Rechtliche vs. rechnerische Überschuldung	1032	252
bb) Umsetzung der Herabsetzung	1051	258
7. Herabsetzung wegen drohender Überschuldung (Zweite Ausnahmeregel)	1071	260
a) Drohende Überschuldung	1074	261
b) Sanierungskonzept	1076	261
c) Fremdvergleich	1078	262
d) Durchführung einer Anpassung nach der zweiten Ausnahmeregel	1086	264
8. Verzicht gegen Besserungsschein	1095	265
9. Steuerunschädliche Widerrufsvorbehalte	1105	265
10. Widerruf wegen wirtschaftlicher Notlage	1111	267
a) Fremd-Geschäftsführer und als Nicht-Arbeitnehmer zu beurteilender Gesellschafter-Geschäftsführer	1112	267
b) Als Unternehmer zu beurteilender Gesellschafter-Geschäftsführer	1116	268
11. Einlagefähiger Vermögensvorteil als Voraussetzung einer verdeckten Einlage	1126	269
a) Interdisziplinäre Betrachtung notwendig	1128	269

			Rn.	Seite
b)	Ebene 1: Wirtschaftliche Leistungsfähigkeit des Versorgungsträgers		1130	269
c)	Ebene 2: Besitzstand des versorgungsberechtigten Gesellschafter-Geschäftsführers		1134	270
	aa)	Past Service: Erdienter Vergütungsbestandteil mit eigentumsähnlichem Charakter	1135	271
	bb)	Future Service: Noch nicht erdienter Vergütungsbestandteil ohne eigentumsähnlichen Charakter	1140	272

12. Herabsetzung nach den Grundsätzen der Past Service-Methode — 1163 — 276
 a) Past Service-Methode: Lösungsweg für Leistungsanwärter — 1164 — 277
 b) Der Weg zur Durchsetzung der Past Service-Methode — 1168 — 277
 c) Das BMF-Schreiben v. 14. 8. 2012 — 1181 — 280
  aa) Beurteilung des BMF-Schreibens v. 14. 8. 2012 — 1182 — 282
  bb) Stellungnahme zu den Regelungsinhalten des BMF-Schreibens v. 14. 8. 2012 — 1185 — 283
   (1) Steuerrechtliche Rahmenbedingungen eines Pensionsverzichts — 1185 — 283
   (2) Vollständiger Verzicht vor Eintritt des Versorgungsfalls — 1188 — 284
   (3) Teilweiser Verzicht vor Eintritt des Versorgungsfalls — 1192 — 285
   (4) Wertgleiche Umgestaltungen — 1201 — 288
   (5) Vereinfachungsregelung zum Teilverzicht — 1205 — 288
   (6) Past Service-Ermittlung — 1207 — 289
   (7) Barwertermittlung — 1213 — 290
 d) Bestätigung der Past Service-Methode durch die Rechtsprechung — 1220 — 290
  aa) Unmittelbare Entscheidungen zur Herabsetzung einer Pensionszusage — 1221 — 291
   (1) BFH, Urteil v. 8. 6. 2011 – I R 61/10 — 1221 — 291
   (2) BFH, Urteil v. 23. 8. 2017 – VI R 4/16 — 1227 — 292
  bb) Mittelbare Entscheidungen zur Herabsetzung einer Pensionszusage — 1231 — 293
   (1) BFH, Urteil v. 20. 7. 2016 – I R 33/15 — 1231 — 293
   (2) BFH, Urteil v. 18. 8. 2016 – VI R 46/13 — 1234 — 294
   (3) BFH, Urteil v. 7. 3. 2018 – I R 89/15 — 1240 — 295

			Rn.	Seite
e)	Rechtsfolgen der Past Service-Methode		1248	295
	aa)	Auswirkungen beim Gesellschafter-Geschäftsführer (Past Service-Methode)	1248	295
	bb)	Auswirkungen bei der GmbH	1249	296
		(1) Gewinnerhöhende Auflösung der Pensionsrückstellung	1249	296
		(2) Steuerlicher Aufwand durch verdeckte Einlage	1253	297
		(3) Auswirkungen bei den Mit-Gesellschaftern	1254	297
f)	Umsetzung einer Anpassung nach der Past Service-Methode		1255	297

13. Der erste praktische Fall: Herabsetzung nach der Past Service-Methode — 1268 — 299
    a) Fallbeschreibung — 1268 — 299
    b) Welche Folgen würden sich bei einem pauschalen Verzicht ergeben? — 1269 — 300
    c) Kann eine Herabsetzung ohne negative steuerliche Folgen vorgenommen werden? — 1274 — 302
        aa) Schritt 1: Ermittlung des Past Service — 1276 — 302
        bb) Schritt 2: Ermittlung des Anwartschaftsbarwertes des Past Service — 1277 — 303
        cc) Schritt 3: Festlegung der zukünftigen Versorgungsleistungen — 1278 — 303
        dd) Schritt 4: Ermittlung des Anwartschaftsbarwertes der zukünftigen Versorgungsleistungen — 1279 — 303
        ee) Schritt 5: Vergleich der Barwerte nach Schritt 2 und Schritt 4 — 1280 — 303
    d) Welche Auswirkungen würden sich durch die Herabsetzung für die GmbH ergeben? — 1283 — 304

14. Der zweite praktische Fall: Herabsetzung wegen mangelnder Finanzierbarkeit — 1289 — 305
    a) Fallbeschreibung — 1289 — 305
    b) In welchem Umfang kann CC auf die Pensionszusage wegen der Überschuldung verzichten? — 1290 — 306
        aa) Einmalprämie an Liquidationsversicherung als Ablösewert — 1294 — 307
        bb) Handelsrechtlicher versicherungsmathematischer Barwert als Ablösewert — 1295 — 309
        cc) Vergleich der unterschiedlichen Bewertungsmethoden — 1296 — 311

			Rn.	Seite
c)	Welche steuerlichen Folgen ergeben sich im Falle eines überschuldungsbedingten Verzichts?		1298	311
	aa)	Einmalprämie an Liquidationsversicherung als Ablösewert	1298	311
	bb)	Handelsrechtlicher versicherungsmathematischer Barwert als Ablösewert	1299	312
	cc)	Vergleich der unterschiedlichen Bewertungsmethoden	1300	312
15. Zusammenfassung			1306	313

VII. Rente und Gehalt – Fortsetzung der aktiven Tätigkeit nach Vollendung des Pensionsalters

			Rn.	Seite
1.	Ausscheiden aus dem Dienstverhältnis		1322	315
2.	Rente und Gehalt aus Sicht des BFH		1330	316
	a)	BFH, Urteil v. 5. 3. 2008 – I R 12/07	1333	316
	b)	BFH, Urteil v. 23. 10. 2013 – I R 60/12	1334	317
	c)	Kritische Auseinandersetzung	1336	319
		aa) Hypothetischer Fremdvergleich	1337	319
		bb) Anrechnungsmodalitäten	1341	321
		cc) Anrechnungsmodalitäten bei Kapitalleistung	1347	323
3.	Rente und Gehalt aus Sicht der Finanzverwaltung		1360	324
	a)	BMF-Schreiben v. 11. 11. 1999	1361	324
	b)	BMF-Schreiben v 18. 9. 2017	1364	325
	c)	Kritische Auseinandersetzung	1367	327
4.	Gestaltungsmöglichkeiten		1377	327
	a)	Unveränderte Vertragsfortführung	1379	328
		aa) Zusage ohne Ausscheiden als Zugangsvoraussetzung	1380	328
		(1) Altersrente	1381	328
		(2) Alterskapital	1382	328
		bb) Zusage mit Ausscheiden als Zugangsvoraussetzung	1386	329
	b)	Gehalt und Rente zahlen	1396	329
		aa) Zusage ohne Ausscheiden als Zugangsvoraussetzung	1398	330
		bb) Zusage mit Ausscheiden als Zugangsvoraussetzung	1401	331
	c)	Fortsetzung der Tätigkeit und Schaffung eines angemessenen Ausgleichs	1409	331
		aa) Pauschale Gleitklausel vs. Barwertausgleich	1411	332

			Rn.	Seite
	bb)	Nachträgliche Anpassung	1415	334
		(1) FG Köln, Urteil v. 6.4.2017 – 10 K 2310/15	1418	335
		(2) Keine Anwendung der Erdienbarkeitsgrundsätze	1421	338
d)	Beendigung des Dienstverhältnisses und Aufnahme einer neuen Tätigkeit		1441	342
	aa)	Neue Tätigkeit für die bisherige GmbH	1443	342
		(1) Mit neuen Anstellungsvertrag	1447	343
		(2) Mit Minijob	1450	345
		(3) Mit Beratervertrag	1455	346
	bb)	Für einen neuen Arbeitgeber	1458	347
5. Zusammenfassung			1470	347

VIII. Abfindung der Pensionszusage – Entpflichtung und Transfer ins Privatvermögen

				Rn.	Seite
1.	Motive, Wesen, Formen und Folgen einer Abfindung			1481	349
	a)	Motive für eine Abfindung der Pensionszusage		1482	349
	b)	Wesen einer Abfindung		1491	350
		aa)	Wirtschaftliche Betrachtung des Abfindungsvorgangs	1492	350
		bb)	Juristische Betrachtung des Abfindungsvorgangs	1494	351
	c)	Formen der Abfindung		1501	352
	d)	Folgen einer Abfindung		1503	353
2.	Betriebsrentenrechtliche Zulässigkeit einer Abfindung			1511	353
3.	Anforderungen der Finanzverwaltung an Abfindungsklauseln			1521	354
	a)	Gleichwertigkeit der Abfindung und der ursprünglichen Pensionszusage		1534	357
		aa)	Abfindung zum Teilwert	1534	357
		bb)	Abfindung des vollen unquotierten Anspruchs	1537	358
		cc)	Abfindung laufender Leistungen und unverfallbarer Anwartschaften	1542	359
	b)	Schriftliche Festlegung des Verfahrens zur Ermittlung der Abfindungshöhe		1551	359
	c)	Beurteilung		1555	360
4.	Betriebliche Veranlassung dem Grunde nach			1563	361
	a)	Betriebliche Veranlassung einer Abfindungszahlung		1564	361
		aa)	Betriebliche Veranlassung einer Abfindung in der Praxis	1566	362

			Rn.	Seite
	bb)	Entscheidungen zur betrieblichen Veranlassung einer Abfindung	1567	362
		(1) FG Münster im Fall von beherrschenden Gesellschafter-Geschäftsführern	1567	362
		(2) BFH im Fall eines nicht beherrschenden Gesellschafter-Geschäftsführers	1569	364
5.	Betriebliche Veranlassung der Höhe nach		1576	365
	a) Ermittlung der Abfindungshöhe		1578	365
	aa)	Wirtschaftliche Betrachtung	1581	366
	bb)	Betriebsrentenrechtliche Betrachtung	1584	367
	cc)	Steuerrechtliche Betrachtung	1586	367
	dd)	Abfindungshöhe in der betrieblichen Praxis	1589	368
	b) Verdeckte Einlage oder verdeckte Gewinnausschüttung der Höhe nach		1596	368
	aa)	Abfindung zu niedrig: Teilverzicht	1598	369
		(1) Verdeckte Einlage	1598	369
		(2) Abfindung gegen Übertragung der Rückdeckungsversicherung	1599	369
		(3) Schenkungsteuerbarkeit disquotaler verdeckter Einlagen	1601	370
	bb)	Abfindung zu hoch: verdeckte Gewinnausschüttung	1602	370
6.	Rechtsfolgen einer betrieblich veranlassten Abfindungszahlung		1611	370
	a) Auswirkungen beim Gesellschafter-Geschäftsführer		1612	371
	aa)	Einkünfte aus nichtselbständiger Arbeit	1612	371
	bb)	Vergütung für eine mehrjährige Tätigkeit	1614	371
	b) Auswirkungen bei der GmbH		1621	372
	aa)	Gewinnerhöhende Auflösung der Pensionsrückstellung	1621	372
	bb)	Aufwand durch die Abfindungszahlung	1623	373
7.	Gesellschaftliche Veranlassung dem Grunde nach		1631	373
	a) Gesellschaftliche Veranlassung einer Abfindungszahlung		1632	373
	b) Entscheidungen zur gesellschaftlichen Veranlassung einer Abfindung		1634	374
	aa)	BFH, Urteil v. 14. 3. 2006 – I R 38/05	1635	374
		(1) Die BFH-Entscheidung im Einzelnen	1636	374
		(2) Die BFH-Entscheidung in der Analyse	1643	376
	bb)	BFH, Urteil v. 11. 9. 2013 – I R 28/13	1650	379
		(1) Die BFH-Entscheidung im Einzelnen	1651	379
		(2) Die BFH-Entscheidung in der Analyse	1653	381

				Rn.	Seite
	cc)	BFH, Urteil v. 23.10.2013 – I R 89/12		1657	382
		(1)	Die BFH-Entscheidung im Einzelnen	1658	382
		(2)	Die BFH-Entscheidung in der Analyse	1660	383
8.	Rechtsfolgen einer gesellschaftlich veranlassten Abfindungszahlung			1671	384
	a)	Gesellschaftliche Veranlassung von Verzicht und Abfindungszahlung		1675	385
		aa)	Auswirkungen beim Gesellschafter-Geschäftsführer	1677	386
			(1) Einkünfte aus Kapitalvermögen	1679	386
			(2) Einkünfte aus nichtselbständiger Arbeit	1681	386
			(3) Nachträgliche Anschaffungskosten	1683	387
		bb)	Auswirkungen bei der GmbH	1684	387
			(1) Gewinnerhöhende Auflösung der Pensionsrückstellung	1684	387
			(2) Steuerlicher Aufwand durch verdeckte Einlage	1686	387
			(3) Nichtabzugsfähigkeit der Abfindungszahlung	1688	388
		cc)	Auswirkungen bei den Mit-Gesellschaftern: Schenkungsteuerbarkeit einer gesellschaftlich veranlassten Abfindungszahlung	1690	388
	b)	Gesellschaftliche Veranlassung der Abfindungszahlung bei betrieblicher Veranlassung des Verzichts		1699	388
9.	Abfindung während der Anwartschaftsphase			1709	389
	a)	Abfindung bei Fortsetzung des Dienstverhältnisses		1712	390
		aa)	Betriebsrentenrechtliche Beurteilung	1712	390
		bb)	Ertragsteuerrechtliche Beurteilung	1713	390
			(1) Beherrschender Gesellschafter-Geschäftsführer	1714	390
			(2) Nicht beherrschender Gesellschafter-Geschäftsführer	1718	391
	b)	Abfindung bei vorzeitigem Ausscheiden aus dem Dienstverhältnis		1721	391
		aa)	Betriebsrentenrechtliche Beurteilung	1721	391
			(1) Unternehmer	1721	391
			(2) Nicht-Arbeitnehmer	1722	391
		bb)	Ertragsteuerrechtliche Beurteilung	1725	392
			(1) Beherrschender Gesellschafter-Geschäftsführer	1725	392
			(2) Nicht beherrschender Gesellschafter-Geschäftsführer	1730	393
	c)	Zusammenfassung		1735	394

		Rn.	Seite
10. Abfindung während der Leistungsphase		1746	395
a) Abfindung bei Rentenübertritt		1748	395
aa) Betriebsrentenrechtliche Beurteilung		1748	395
(1) Unternehmer		1748	395
(2) Nicht-Arbeitnehmer		1749	395
bb) Ertragsteuerrechtliche Beurteilung		1753	396
(1) Beherrschender Gesellschafter-Geschäftsführer		1755	396
(2) Nicht beherrschender Gesellschafter-Geschäftsführer		1758	397
b) Abfindung bei bereits laufender Leistung		1760	397
aa) Betriebsrentenrechtliche Beurteilung		1760	397
(1) Unternehmer		1760	397
(2) Nicht-Arbeitnehmer		1761	397
bb) Ertragsteuerrechtliche Beurteilung		1765	398
(1) Beherrschender Gesellschafter-Geschäftsführer		1766	398
(2) Nicht beherrschender Gesellschafter-Geschäftsführer		1769	399
c) Zusammenfassung		1771	399
11. Kapitalwahlrecht statt Abfindung		1779	399
12. Der erste praktische Fall: Betrieblich veranlasste Abfindung		1786	400
a) Fallbeschreibung		1786	400
b) Folgen einer betrieblich veranlassten Abfindung i. H. d. Ablaufleistung der Rückdeckungsversicherung (Teilverzicht)		1787	401
c) Folgen einer betrieblich veranlassten Abfindung i. H. d. steuerrechtlichen Barwerts (wertgleiche Erfüllung)		1790	403
13. Der zweite praktische Fall: Gesellschaftlich veranlasste Abfindung		1795	404
a) Fallbeschreibung		1795	404
b) Folgen einer gesellschaftlich veranlassten Abfindung i. H. d. Ablaufleistung der Rückdeckungsversicherung		1796	405
c) Folgen einer gesellschaftlich veranlassten Abfindung i. H. d. steuerrechtlichen Barwerts		1800	407
14. Zusammenfassung		1806	408

IX. Rentner-GmbH – Entpflichtung und Übertragung auf einen eigenen Rechtsträger

		Rn.	Seite
1.	Motive, Wesen, Formen und Folgen einer Übertragung auf eine Rentner-GmbH	1821	411
	a) Motive einer Übertragung auf eine Rentner-GmbH	1822	411
	b) Wesen einer Rentner-GmbH	1825	412
	c) Formen einer Übertragung auf eine Rentner-GmbH	1831	413
	aa) Rechtsgeschäftliche Einzelrechtsnachfolge	1832	413
	bb) Partielle Gesamtrechtsnachfolge	1834	413
	cc) Schuldbeitritt und/oder Erfüllungsübernahme	1837	414
	d) Folgen einer Übertragung auf eine Rentner-GmbH	1844	414
	aa) Rechtliche und wirtschaftliche Entpflichtung	1845	414
	bb) Wirtschaftliche Entpflichtung	1847	415
2.	BFH, Urteil v. 18. 8. 2016 – VI R 18/13	1851	415
	a) Die BFH-Entscheidung im Einzelnen	1852	416
	b) Die BFH-Entscheidung in der Analyse	1855	419
3.	BMF-Schreiben v. 4. 7. 2017	1865	421
4.	Vor- und Nachteile einer Rentner-GmbH	1871	422
	a) Vorteile	1875	423
	b) Nachteile	1876	423
5.	Schema zur rechtlichen Prüfungen von Übertragungsvorgängen	1881	424
6.	Betriebsrentenrechtliche Zulässigkeit von Übertragungsvorgängen	1889	424
	a) Anwendbarkeit des BetrAVG	1890	425
	b) Keine Anwendbarkeit des BetrAVG	1896	426
7.	Übertragung im Wege der rechtsgeschäftlichen Einzelrechtsnachfolge gem. §§ 414 ff. BGB	1906	426
	a) Lohnsteuerrechtliche Behandlung des Übertragungsvorgangs	1908	427
	aa) Lohnsteuerfreie Übertragung gem. BFH	1908	427
	bb) Weiterhin offene lohnsteuerrechtliche Fragen	1913	428
	(1) Möglicher Lohnzufluss wegen Begrenzung der Rentenlaufzeit?	1914	428
	(2) Möglicher Lohnzufluss wegen Verzicht auf Schadensersatzansprüche?	1917	429
	(3) Möglicher Lohnzufluss bei Übertragung in Anlehnung an § 4 Abs. 2 Nr. 2 BetrAVG?	1924	430

				Rn.	Seite
b)	Körperschaftsteuerrechtliche Behandlung des Übertragungsvorgangs			1939	432
	aa)	Beim ehemaligen Versorgungsträger		1943	432
		(1)	Betriebliche Veranlassung dem Grunde nach	1943	432
		(2)	Betriebliche Veranlassung der Höhe nach	1946	433
		(3)	Rechtsfolgen bei einem unangemessenen Ausgleichsbetrag	1947	433
		(4)	Bestimmung eines angemessenen Ausgleichsbetrags	1949	434
	bb)	Beim neuen Versorgungsträger		1967	438
		(1)	Betriebliche Veranlassung dem Grunde nach	1967	438
		(2)	Betriebliche Veranlassung der Höhe nach	1974	439
c)	Bilanz(steuer-)rechtliche Behandlung des Übertragungsvorgangs			1981	440
	aa)	Beim ehemaligen Versorgungsträger		1986	441
		(1)	Grundregel: Aufwandsverteilung auf 15 Jahre	1987	441
		(2)	Modifizierung der Aufwandsverteilung	1988	441
		(3)	Ausnahmen von der Aufwandsverteilung	1990	442
	bb)	Beim neuen Versorgungsträger		1992	442
		(1)	Fortführung der Passivierungsbeschränkungen	1993	443
		(2)	Gewinnmindernde Rücklage	1995	443
	cc)	Handelsrechtliche Behandlung		1998	443
		(1)	Beim ehemaligen Versorgungsträger	1999	444
		(2)	Beim neuen Versorgungsträger	2001	444
d)	Schuldrechtliche Behandlung des Übertragungsvorgangs			2011	446
8. Übertragung im Wege der rechtsgeschäftlichen Einzelrechtsnachfolge gem. § 4 BetrAVG (Arbeitgeberwechsel)				2016	446
a)	Lohnsteuerrechtliche Behandlung des Übertragungsvorgangs			2024	448
	aa)	Übertragung gem. § 4 Abs. 2 Nr. 1 BetrAVG		2024	448
	bb)	Übertragung gem. § 4 Abs. 2 Nr. 2 BetrAVG		2025	448
b)	Körperschaftsteuerrechtliche Behandlung des Übertragungsvorgangs			2033	450
c)	Bilanz(steuer-)rechtliche Behandlung des Übertragungsvorgangs			2034	450
	aa)	Beim ehemaligen Versorgungsträger		2034	450
		bb)	Beim neuen Versorgungsträger	2035	451
	cc)	Handelsrechtliche Behandlung		2044	453
d)	Schuldrechtliche Behandlung des Übertragungsvorgangs			2045	453

		Rn.	Seite
9. Übertragung im Wege der partiellen Gesamtrechtsnachfolge gem. § 123 UmwG		2055	454
a) Lohnsteuerrechtliche Behandlung des Übertragungsvorgangs		2064	455
b) Körperschaftsteuerrechtliche Behandlung des Übertragungsvorgangs		2071	456
c) Umwandlungssteuerrechtliche Behandlung des Übertragungsvorgangs		2073	456
d) Bilanz(steuer-)rechtliche Behandlung des Übertragungsvorgangs		2081	457
e) Schuldrechtliche Behandlung des Übertragungsvorgangs		2083	457
10. Schuldbeitritt		2091	458
a) Lohnsteuerrechtliche Behandlung des Übertragungsvorgangs		2094	459
b) Körperschaftsteuerrechtliche Behandlung des Übertragungsvorgangs		2095	459
c) Bilanz(steuer-)rechtliche Behandlung des Übertragungsvorgangs		2097	460
aa) Beim ursprünglichen Versorgungsträger		2097	460
bb) Beim beitretenden Versorgungsträger		2099	460
cc) Handelsrechtliche Behandlung		2101	460
d) Schuldrechtliche Behandlung des Übertragungsvorgangs		2105	461
11. Erfüllungsübernahme		2111	461
a) Lohnsteuerrechtliche Behandlung des Übertragungsvorgangs		2114	462
b) Körperschaftsteuerrechtliche Behandlung des Übertragungsvorgangs		2115	462
c) Bilanz(steuer-)rechtliche Behandlung des Übertragungsvorgangs		2116	462
aa) Beim freigestellten Versorgungsträger		2116	462
bb) Beim freistellenden Versorgungsträger		2118	463
cc) Handelsrechtliche Behandlung		2120	463
dd) Unterschiedliche steuer- und handelsrechtliche Behandlung		2124	464
d) Schuldrechtliche Behandlung des Übertragungsvorgangs		2125	464
12. Abgeleitete Rentner-GmbH		2131	464
a) Ausgliederung des operativen Geschäftsbetriebs		2134	465
b) Asset Deal		2146	466

		Rn.	Seite
c) Finanzielle Ausstattung der abgeleiteten Rentner-GmbH		2156	467
d) Handlungsalternativen bei einer erheblichen Unterfinanzierung		2161	468
13. Der praktische Fall		2165	468
a) Fallbeschreibung		2165	468
b) Folgen für den ehemaligen Versorgungsträger		2166	470
c) Folgen für den neuen Versorgungsträger		2170	471
14. Zusammenfassung		2181	473

X. Wechsel des Durchführungswegs – Übertragung auf externe Versorgungsträger i. S. d. BetrAVG

1. Motive, Wesen, Formen und Folgen eines Wechsel des Durchführungswegs		2196	475
a) Motive eines Wechsel des Durchführungswegs		2199	475
b) Wesen eines externen Versorgungsträgers i. S. d. BetrAVG		2205	476
aa) Unterstützungskasse		2206	476
bb) Pensionsfonds		2212	477
(1) Liberale Kapitalanlage		2216	478
(2) Garantiebegrenzung		2217	478
c) Formen eines Wechsel des Durchführungswegs		2225	479
d) Folgen eines Wechsel des Durchführungswegs		2231	480
aa) Wirtschaftliche Entpflichtung (innerhalb des BetrAVG)		2232	480
bb) Rechtliche und wirtschaftliche Entpflichtung (außerhalb des BetrAVG)		2234	481
2. Übertragung auf eine rückgedeckte Unterstützungskasse		2246	482
a) Rückgedeckte Unterstützungskasse		2246	482
aa) Steuerlich abzugsfähige Zuwendungen		2248	483
(1) Leistungsanwärter		2249	483
(2) Leistungsempfänger		2250	484
(3) Darlehensgewährung		2251	484
(4) Begrenzung der Zuwendungen		2252	484
bb) Zulässiges und tatsächliches Kassenvermögen		2253	485
(1) Zulässiges Kassenvermögen		2254	485
(2) Tatsächliches Kassenvermögen		2255	485
b) Geschäftsführerversorgung über eine rückgedeckte Unterstützungskasse		2261	485

		Rn.	Seite
c) Übertragungsmöglichkeiten auf eine rückgedeckte Unterstützungskasse		2270	486
aa) Übertragung von Leistungsanwärtern		2273	487
(1) Vollständige Übertragung auf eine rückgedeckte Unterstützungskasse		2274	487
(2) Teilweise Übertragung auf eine rückgedeckte Unterstützungskasse		2278	488
bb) Übertragung von Leistungsempfängern		2280	490
d) Bilanz(steuer-)rechtliche Behandlung		2289	491
aa) Steuerbilanz		2290	491
bb) Handelsbilanz		2292	491
(1) Leistungsanwärter		2296	493
(2) Leistungsempfänger		2300	494
3. Übertragung auf eine pauschal dotierte Unterstützungskasse		2310	494
a) Pauschal dotierte Unterstützungskasse		2310	494
b) Zulässige Vermögensbereiche der pauschal dotierten Unterstützungskasse		2316	495
aa) Reservepolster für Leistungsanwärter		2317	495
bb) Deckungskapital für Leistungsempfänger		2319	496
c) Steuerlich abzugsfähige Zuwendungen		2324	496
aa) Zuwendungen für Leistungsanwärter		2325	496
bb) Zuwendungen für Leistungsempfänger		2329	497
cc) Kassenvermögen der Unterstützungskasse		2333	498
(1) Zulässiges Kassenvermögen		2334	498
(2) Tatsächliches Kassenvermögen		2336	499
d) Geschäftsführerversorgung über eine pauschal dotierte Unterstützungskasse		2345	500
e) Übertragungsmöglichkeiten auf eine pauschal dotierte Unterstützungskasse		2355	501
aa) Leistungsanwärter		2357	501
bb) Leistungsempfänger		2359	502
f) Bilanz(steuer-)rechtliche Behandlung		2365	503
aa) Steuerbilanz		2366	503
bb) Handelsbilanz		2367	503
(1) Leistungsanwärter		2369	504
(2) Leistungsempfänger		2370	504
g) Darlehensgewährung an das Trägerunternehmen		2375	504
aa) Innenfinanzierung mittels Darlehensgewährung		2377	505
bb) Risiken einer Darlehensgewährung		2380	506

				Rn.	Seite
	cc)	Bilanz(steuer-)rechtliche Wirkung einer Darlehensgewährung		2383	507
4.	Übertragung auf einen Pensionsfonds			2391	507
	a)	Pensionsfonds		2391	507
	b)	Geschäftsführerversorgung über einen Pensionsfonds		2392	507
	c)	Pensionsplan und Vertragsgestaltung		2395	509
	d)	Ertragsteuerrechtliche Rahmenbedingungen der Übertragung auf einen Pensionsfonds		2404	510
		aa) Steuerneutrale Übertragung nach § 4e Abs. 3 EStG		2405	510
		bb) Ausführungen der Finanzverwaltung zur Übertragung von Pensionszusagen auf einen Pensionsfonds		2410	512
			(1) Leistungsempfänger und unverfallbar Ausgeschiedene	2411	512
			(2) Aktiv Beschäftigte	2413	512
			(3) Insgesamt erforderliche Leistungen	2416	514
			(4) Verteilung von Nachbeiträgen und Nachschusszahlungen	2417	514
			(5) Künftige Rentenanpassungen	2422	515
			(6) Maßgebende Rückstellung i. S. v. § 4e Abs. 3 Satz 3 EStG	2424	516
	e)	Bilanz(steuer-)rechtliche Behandlung		2431	518
		aa) Steuerbilanz		2432	518
			(1) Leistungsanwärter	2433	518
			(2) Leistungsempfänger	2434	518
			(3) Bilanzielle Behandlung des Übernahmebeitrags	2435	518
		bb) Handelsbilanz		2436	519
			(1) Leistungsanwärter	2437	519
			(2) Leistungsempfänger	2439	519
			(3) Bilanzielle Behandlung des Übernahmebeitrags	2440	519
5.	Kombinierte Übertragung auf Pensionsfonds und Unterstützungskasse			2445	520
6.	Der praktische Fall			2457	521
	a)	Fallbeschreibung		2457	521
	b)	Welche Folgen ergeben sich bei einer Übertragung der Pensionszusage nach dem Kombi-Modell?		2458	523
7.	Zusammenfassung			2476	526

	Rn.	Seite

XI. Übertragung im Falle der Liquidation – Betriebsaufgabe ohne Nachfolger

	Rn.	Seite
1. Handlungsoptionen im Zuge der Liquidation	2490	529
2. Übertragung auf eine Liquidationsversicherung	2500	531
3. Rechtsfolgen der Übertragung auf eine Liquidationsversicherung	2511	532
a) Auswirkungen beim Gesellschafter-Geschäftsführer	2511	532
aa) Lohnsteuerfreie Übertragung	2511	532
bb) Versteuerung der späteren Rentenleistungen	2513	532
b) Auswirkungen bei der GmbH	2514	533
4. Ermittlung des Übertragungswertes	2521	533
5. Liquidation und Teilverzicht (bei Unterfinanzierung)	2526	534
6. Der praktische Fall	2541	536
a) Fallbeschreibung	2541	536
b) Welche Folgen ergeben sich bei einer Übertragung auf eine Liquidationsversicherung?	2542	537
7. Zusammenfassung	2551	539

XII. Steuer-optimierte und risiko-minimierte Gestaltung einer Geschäftsführer-Versorgung

	Rn.	Seite
1. Musterfall/Sachverhalt	2564	541
2. Einrichtung einer unmittelbaren Pensionszusage in Form einer Kapitalzusage	2565	542
a) Elemente der Kapitalzusage	2566	542
b) Steueroptimierte Gestaltung	2569	543
aa) Besteuerung der GmbH und deren Gesellschafter	2570	543
bb) Steueroptimierung durch die Erteilung einer Pensionszusage	2574	544
(1) Auswirkungen im Musterfall der FFG	2577	545
(2) Sensitivitätsanalyse	2578	547
cc) Optimierung durch Teilauszahlung	2581	548
c) Risikominimierte Gestaltung	2587	549
d) Finanzierung der Kapitalzusage	2599	550
e) Bilanzielle Behandlung	2607	553
aa) Erstrückstellung im Jahr der Einrichtung	2609	553
bb) Rückstellungsverlauf bis zum Pensionsalter	2612	554

Inhalt VERZEICHNIS

			Rn.	Seite
	f)	Liquiditäts- und Finanzierungswirkungen	2616	556
		aa) Liquidität im Jahr der Einrichtung	2617	556
		bb) Liquiditätsentwicklung bis zum Pensionsalter	2619	556
		(1) Grundmodell	2620	556
		(2) Sensitivitätsanalyse 1	2621	557
		(3) Sensitivitätsanalyse 2	2624	558
		(4) Liquiditätsbelastung in Abhängigkeit von der Steuerpflicht der Kapitalerträge	2627	560
		(5) Kapitalertragsanalyse	2629	560
3.	Optionale Ergänzung: Tantieme-Umwandlung		2636	561
4.	Zusammenfassung		2645	561

Anhang

		Rn.	Seite
I.	Berufsrecht: BAV und Rechtsberatung	2661	563
II.	Betriebsrentenrecht: Anwendbarkeit des BetrAVG auf Pensionszusagen an GmbH-Geschäftsführer	2746	579
III.	Zivilrecht: Zivilrechtliche Rahmenbedingungen für Pensionszusagen an GmbH-Geschäftsführer	3041	633
IV.	Bilanz(steuer-)recht: Bewertung, Ansatz und Wirkung von unmittelbaren Pensionsverpflichtungen nach EStG und HGB	3311	681
V.	Körperschaftsteuerrecht: Ertragsteuerrechtliche Prüfung von Pensionszusagen an GmbH-Geschäftsführer	3571	731
VI.	Lohn- und Einkommensteuerrecht: Steuerrechtliche Grundlagen der betrieblichen Altersversorgung sowie Behandlung der Pensionszusage beim versorgungsberechtigten GmbH-Geschäftsführer	3796	773

	Rn.	Seite
VII. Sozialversicherungsrecht: Behandlung von Pensionszusagen an GmbH-Geschäftsführer während der Anwartschafts- und Leistungsphase	3865	787
VIII. Erbschaft- und Schenkungsteuerrecht: Berührungspunkte mit Pensionszusagen an GmbH-Geschäftsführer	3936	799
Stichwortverzeichnis		813

ABKÜRZUNGSVERZEICHNIS

A

a. a. O.	am angegebenen Ort
aba	Arbeitsgemeinschaft für betriebliche Altersversorgung e. V.
a. F.	alte Fassung
a. A.	anderer Ansicht
a. E.	am Ende
Abs.	Absatz
Abschn.	Abschnitt
AG	Aktiengesellschaft
AltEinkG	Alterseinkünftegesetz
Anm.	Anmerkung
AO	Abgabenordnung
AR	Aufsichtsrat
Art.	Artikel
Aufl.	Auflage
AVmG	Altersvermögensgesetz

B

BaFin	Bundesanstalt für Finanzdienstleistungsaufsicht
BAG	Bundesarbeitsgericht
bAV	betriebliche Altersversorgung
BB	Betriebs-Berater (Zs.)
BBG	Beitragsbemessungsgrenze
BetrAV	Betriebliche Altersvorsorge (Mitteilungsblatt der aba-Arbeitsgemeinschaft für betriebliche Altersversorgung e. V.)
BetrAVG	Gesetz zur Verbesserung der betrieblichen Altersversorgung („Betriebsrentengesetz")
BetrRSG	Betriebsrentenstärkungsgesetz
bGGf	Beherrschender Gesellschafter-Geschäftsführer
BeitrRLUmsG	Beitreibungsrichtlinie-Umsetzungsgesetz
BewG	Bewertungsgesetz
BFH	Bundesfinanzhof
BFH/NV	Sammlung der Entscheidungen des Bundesfinanzhofs mit allen amtlich veröffentlichten und nicht amtlich veröffentlichten Entscheidungen
BFHE	Amtliche Entscheidungssammlung des Bundesfinanzhofs
BGB	Bürgerliches Gesetzbuch
BGBl	Bundesgesetzblatt
BGH	Bundesgerichtshof
BilMoG	Bilanzrechtsmodernisierungsgesetz
BiRiLiG	Bilanzrichtliniengesetz
BMF	Bundesministerium der Finanzen

BP	Betriebsprüfung
BRAO	Bundesrechtsanwaltsordnung
BRBZ	Bundesverband der Rechtsberater für betriebliche Altersversorgung und Zeitwertkonten e.V.
BSG	Bundessozialgericht
BStBl	Bundessteuerblatt
BT	Bundestag
BT-Drucks.	Bundestagsdrucksache
BU	Berufsunfähigkeit(s)
Buchst.	Buchstabe
BVerfG	Bundesverfassungsgericht
BZfSt	Bundeszentralamt für Steuern
BZSt	Bundeszentralamt für Steuern
bzw	beziehungsweise

D

d.h.	das heißt
DAV	Deutsche Aktuarvereinigung e.V.
DB	Der Betrieb (Zs.)
Destatis	Statistisches Bundesamt
DRSC	Deutsches Rechnungslegungs Standards Commitee e.V.
DV	Direktversicherung

E

EBetrAv	Entscheidungssammlung zur betrieblichen Altersversorgung
EFG	Entscheidung der Finanzgerichte (Zs.)
EGHGB	Einführungsgesetz zum Handelsgesetzbuch
ErbStG	Erbschaftsteuergesetz
ErbStH	Erbschaftsteuer-Hinweise
EStG	Einkommensteuergesetz
EStDV	Einkommensteuer-Durchführungsverordnung
EStH	Einkommensteuer-Hinweise
EStR	Einkommensteuerrichtlinien
Evtl.	eventuell
EZB	Europäische Zentralbank

F

f.	folgend
ff.	fortfolgend
FA	Finanzamt
FG	Finanzgericht
FinMin	Finanzministerium
FinVerw	Finanzverwaltung
FlexiG II	Gesetz zur Absicherung flexibler Arbeitszeitregelungen

G

GbR	Gesellschaft bürgerlichen Rechts
gem.	gemäß
GewSt	Gewerbesteuer
Gf	Geschäftsführer
GG	Grundgesetz
GGf	Gesellschafter-Geschäftsführer
ggf.	gegebenenfalls
GKV	gesetzliche Krankenversicherung
GmbH	Gesellschaft mit beschränkter Haftung
GmbHG	Gesetz betreffend die Gesellschaften mit beschränkter Haftung
GmbHR	GmbH-Rundschau (Zs.)
GrS	Großer Senat
gRV	gesetzliche Rentenversicherungen
GStB	Gestaltende Steuerberatung (Zs.)

H

HGB	Handelsgesetzbuch
HGBaF	Handelsgesetzbuch alte Fassung
HGBnF	Handelsgesetzbuch neue Fassung
h. M.	herrschende Meinung

I

IAS	International Accounting Standards
i. d. R.	in der Regel
IDW	Institut der Wirtschaftsprüfer
IDW RS	IDW Stellungnahmen zur Rechnungslegung
IFRS	International Financial Reporting Standards
i. H. v.	in Höhe von
inkl.	inklusive
insbes.	insbesondere
InsO	Insolvenzordnung
i. S. d.	im Sinne der/s
i. V. m.	in Verbindung mit

J

JStG	Jahressteuergesetz

K

KapGes	Kapitalgesellschaft
KiSt	Kirchensteuer
KSt	Körperschaftsteuer
KStDV	Körperschaftsteuer-Durchführungsverordnung
KStG	Körperschaftsteuergesetz
KStH	Körperschaftsteuer-Hinweise
KStR	Körperschaftsteuerrichtlinien

L

lfd.	laufend(e)
LfSt Bayern	Bayerisches Landesamt für Steuern
LSt	Lohnsteuer
LStDV	Lohnsteuer-Durchführungsverordnung
LStR	Lohnsteuer-Richtlinien
LV	Liquidationsversicherung

M

Mio.	Million
MoMiG	Gesetz zur Modernisierung des GmbH-Rechts
Mrd.	Milliarden
mtl.	monatlich

N

nbGGf	Nicht beherrschender Gesellschafter-Geschäftsführer
Nr.	Nummer
NWB	Neue Wirtschafts-Briefe (Zs.)
NWB DokID	NWB Dokumenten Identifikationsnummer

O

o. a.	oben aufgeführt
o. Ä.	oder Ähnliche (r, s)
o. g.	oben genannte (r, s)
OFD	Oberfinanzdirektion
OLG	Oberlandesgericht

P

p. a.	per anno
PersGes	Personengesellschaft
PF	Pensionsfonds
PfDeckRV	Pensionsfonds-Deckungsrückstellungsverordnung
PK	Pensionskasse
PFKapAV	Pensionsfondskapitalanlageverordnung
PKV	private Krankenversicherung
PSVaG	Pensionssicherungsverein auf Gegenseitigkeit

R

R	Richtlinien
RBerG	Rechtsberatungsgesetz
rd.	rund
RDG	Rechtsdienstleistungsgesetz
Rn.	Randnummer
Rz.	Randziffer

S

S.	Seite
s. o.	siehe oben
SGB	Sozialgesetzbuch
sog.	so genannt (e, er, es)
SolZ	Solidaritätszuschlag

T

Tz.	Textziffer
TEUR	in tausend Euro

U

u. a.	unter anderem
u. E.	unseres Erachtens
u. U.	unter Umständen
UK	Unterstützungskasse
U-Kasse	Unterstützungskasse
UWG	Gesetz gegen den unlauteren Wettbewerb

V

v.	vom
VAG	Versicherungsaufsichtsgesetz
VersAusglG	Versorgungsausgleichsgesetz
Vfg.	Verfügung
vGA	verdeckte Gewinnausschüttung
vgl.	vergleiche
VVG	Versicherungsvertragsgesetz
VZ	Veranlagungszeitraum

Z

z. B.	zum Beispiel
Ziff.	Ziffer
Zs.	Zeitschrift
zzgl.	zuzüglich

LITERATURVERZEICHNIS

A

aba, H-BetrAV, Loseblattwerk, Stand: Mai 2018

Ahrend/Förster/Rößler, Steuerrecht der bAV, Loseblattwerk, Stand: Juni 2018

Alber, Aktuelle Fragen bei Pensionszusagen an GGF, BetrAV 5/2007 S. 415

Alt/Stadelbauer, Abfindung von und Verzicht auf Pensionszusagen, DStR 2009 S. 2551

B

Blomeyer/Rolfs/Otto, BetrAVG, 7. Auflage, Stand: November 2017

Brandes, Die Rechtsprechung des BGH zum Betriebsrentengesetz, BetrAV 1990 S. 14

Briese, Auslagerung von Pensionsanwartschaften auf Pensionsfonds, BB 2009 S. 2733

Buttler/Baier, Steuerliche Behandlung von Unterstützungskassen, 6. Aufl., Stand: Juni 2016

D

Daumke/Keßler, Der GmbH-Geschäftsführer, 3. Aufl., Stand: September 2009

Deckenbrock/Henssler, Rechtsdienstleistungsgesetz, 4. Aufl., Stand: Dezember 2014

Derbort/Herrmann/Mehlinger/Seeger, Bilanzierung von Pensionsverpflichtung, Stand: März 2012

Doetsch/Lenz, Versorgungszusagen an Gesellschafter-Geschäftsführer und -Vorstände, 10. Aufl., Stand: Mai 2017

Dommermuth/Killat/Linden, Altersversorgung für Unternehmer und Geschäftsführer, Stand: Mai 2016

E

Eisgruber, UmwStG, Stand: Oktober 2015

Estler, Aktuelle steuerliche Fragen der bAV aus Sicht der Betriebsprüfung, BetrAV 5/2013 S. 384

F

Förster, Steuerliche Folgen der Übertragung von Pensionszusagen, DStR 2006 S. 2149

G

Gehrlein/Born/Simon, GmbHG, 3. Aufl., Stand: September 2016

Glockner/Hoenes/Weil, Der neue Versorgungsausgleich, Stand: September 2009

Gosch, KStG, 3. Aufl., Stand: Juli 2015

Grunewald/Römermann, Rechtsdienstleistungsgesetz, Stand: Juni 2008.

H

Hagemann, Pensionsrückstellungen, Stand: Dezember 2011

Höfer/de Groot/Küpper/Reich, BetrAVG, Band I Arbeitsrecht, Loseblattwerk, 20. Aufl., Stand: Januar 2017

Höfer/Hagemann/Neumeier, Versorgungsverpflichtungen in den Konzern- und Jahresabschlüssen 2017, DB 2017 S. 2688

Höfer/Veit/Verhuven, BetrAVG, Band II Steuerrecht, Loseblattwerk, 16. Aufl., Stand: August 2016

Hoffmann/Lüdenbach, Bilanzierung, 9. Aufl., Stand: Oktober 2017

I

IDW S 11, Beurteilung des Vorliegend von Insolvenzeröffnungsgründen, Stand: 22. 8. 2016

IDW RS HFA 30, Stellungnahme zur Rechnungslegung: Handelsrechtliche Bilanzierung von Altersversorgungsverpflichtungen, Stand: 16. 12. 2016

J

Janssen, Zwei gefährliche Irrtümer bei Pensionszusagen, NWB 11/2009 S. 796 sowie NWB 10/2010 S. 772

Jeske, Fallstricke bei Pensionszusagen an beherrschende GGf vermeiden, NWB 2010 S. 694

K

Kanzler/Kraft/Bäuml, EStG, Stand: Januar 2018

Keil/Prost, Pensions- und Unterstützungskassenzusagen an Gesellschafter-Geschäftsführer von Kapitalgesellschaften, 3. Aufl., Stand: März 2013

Kisters-Kölkes/Berenz/Huber, BetrAVG, 7. Aufl., Stand: Juni 2016

Literatur VERZEICHNIS

Kisters-Kölkes, Grundzüge BetrAV, 9. Aufl., Stand: Juni 2017

Klein, Anmerkungen zum IDW RS HFA 30 n. F. zur sog. Bruttobilanzierung bei einer reinen Erfüllungsübernahme, DB 2017 S. 1789

L

Langhoff, Die Statusfeststellung für den GmbH-Geschäftsführer von A bis Z, NWB 2018 S. 1701 ff.

Langohr-Plato, Betriebliche Altersversorgung, 7. Aufl., Stand: März 2016

P

Palandt, BGB, 77. Aufl., Stand: Dezember 2017

Pradl, K., Unmittelbare Versorgungszusagen an GmbH-Geschäftsführer, Stand: August 2015

Prinz, Entwicklungsperspektiven im Bilanzsteuerrecht, DB 2016 S. 13

Prütting/Wegen/Weinreich, BGB, 13. Aufl., Stand: Februar 2018

R

Ruland, Versorgungsausgleich, 3. Aufl., Stand: April 2011

S

Schlewing/Henssler/Schipp/Schnitker, Arbeitsrecht der bAV, Loseblattwerk, Stand: Juni 2018

Schmitt/Hörtnagel/Stratz, Umwandlungsgesetz, Umwandlungssteuergesetz, 7. Aufl., Stand: März 2016

Schwind, Die Deckungsmittel der bAV in 2016, BetrAV 4/2018 S. 309

Sommer, SGB V, Stand: 27. 2. 2018

T

Thaut, Die Neufassung des IDW RS HFA 30 zur handelsrechtlichen Bilanzierung von Altersversorgungsverpflichtungen (Teil 2), WP Praxis 2017 S. 208

U

Unseld/Degen, Rechtsdienstleistungsgesetz, Stand: November 2008

Uckermann, BAV und Zeitwertkonten, Stand: 2009

V

Veit/Hainz, Steuerbilanzielle Zweifelfragen beim AIFM-StAnpG im Hinblick auf betriebliche Versorgungsverpflichtungen, BB 2014 S. 1323

W
Wellisch, Ablösung und Auslagerung von Pensionszusagen, NWB 2009 S. 2470

ABBILDUNGSVERZEICHNIS

		Rn.	Seite
ABB. 1	Entwicklung Rechnungszins HGB bei siebenjähriger Durchschnittsbildung	18	64
ABB. 2	Explodierende Pensionsrückstellungen	19	64
ABB. 3	Entwicklung Rechnungszins HGB – Gegenüberstellung sieben- und zehnjährige Durchschnittsbildung	26	67
ABB. 4	Prognose Rechnungszins HGB bei zehnjähriger Durchschnittsbildung	27	67
ABB. 5	Vergleich der Pensionsrückstellungsentwicklung EStG vs. HGB	39	69
ABB. 6	Entwicklung der unterschiedlichen Bezugsgrößen gem. FG Köln im Vergleich zum Rechnungszins gem. § 6a Abs. 3 Satz 3 EStG	75	75
ABB. 7	Interdisziplinäres Rechts- und Aufgabengebiet	117	83
ABB. 8	Lebenserwartung der Neugeborenen: Retrospektive Entwicklung	165	91
ABB. 9	Lebenserwartung der Neugeborenen: Statistisches Bundesamt vs. Dt. Aktuarvereinigung	168	92
ABB. 10	Lebenserwartung der 65-Jährigen: Retrospektive Entwicklung	171	93
ABB. 11	Lebenserwartung der 65-Jährigen: Statistisches Bundesamt vs. Dt. Aktuarvereinigung	174	94
ABB. 12	Überschussdeklaration der Lebensversicherung	196	97
ABB. 13	Garantieverzinsung der Lebensversicherung	199	98
ABB. 14	Rentenfinanzierungsdauer in Abhängigkeit vom Kapitalertrag	214	100
ABB. 15	Notwendiges Deckungskapital in Abhängigkeit vom Kapitalertrag	219	101
ABB. 16	Prozess der Restrukturierung	472	148
ABB. 17	Restrukturierung im Betriebsvermögen	494	152
ABB. 18	Übertragungs- und Entpflichtungsmöglichkeiten	512	155
ABB. 19	Darstellung der kurzfristigen handelsbilanziellen Entlastungswirkung	881	218
ABB. 20	Rückstellungsentwicklung vor Umgestaltung	882	219

57

		Rn.	Seite
ABB. 21	Darstellung der langfristigen handelsbilanziellen Entlastungswirkung	883	219
ABB. 22	Rechtsbeziehungen bei einer unmittelbaren Pensionszusage mit Rückdeckung	912	226
ABB. 23	Auswirkungen eines teilweisen Verzichts auf die steuerliche Rückstellung	949	235
ABB. 24	Wirkungen einer verdeckten Einlage bei der GmbH	956	237
ABB. 25	Zweistufige Überschuldungsprüfung gem. IDW S 11	1005	248
ABB. 26	Barwertvergleich zum Teilverzicht: Szenario zukünftige Versorgungsleistung sind nach Herabsetzung höher als Past Service	1195	286
ABB. 27	Barwertvergleich zum Teilverzicht Szenario zukünftige Versorgungsleistung entsprechen exakt Past Service	1195	286
ABB. 28	Barwertvergleich zum Teilverzicht Szenario zukünftige Versorgungsleistung sind nach Herabsetzung niedriger als Past Service	1195	287
ABB. 29	Anrechnung Aktiv-Gehalt auf Altersrente	1343	322
ABB. 30	Anrechnung Altersrente auf Aktiv-Gehalt	1344	322
ABB. 31	Zeitpunkte und Anlässe einer Abfindung	1502	352
ABB. 32	Abfindungshöhe	1597	369
ABB. 33	Mögliche doppelte Besteuerung einer gesellschaftlich veranlassten Abfindung	1644	377
ABB. 34	Abfindung während der Anwartschaftsphase	1736	394
ABB. 35	Abfindung während der Leistungsphase	1772	399
ABB. 36	Vollständige Übertragung auf eine rückgedeckte Unterstützungskasse (Steuerbilanz)	2274	488
ABB. 37	Teilweise Übertragung auf eine rückgedeckte Unterstützungskasse (Steuerbilanz)	2278	489
ABB. 38	Übertragung auf eine rückgedeckte Unterstützungskasse (Steuerbilanz)	2280	490
ABB. 39	Übertragung auf eine pauschal dotierte Unterstützungskasse (Steuerbilanz)	2358	502
ABB. 40	Übertragung auf eine pauschal dotierte Unterstützungskasse (Steuerbilanz)	2361	503

		Rn.	Seite
ABB. 41	Innenfinanzierung mittels Darlehensgewährung (bei 1.000 €mtl. Altersrente)	2377	505
ABB. 42	Wirkungen der Übertragung auf einen Pensionsfonds	2409	512
ABB. 43	Wirkungen des Kombi-Modells	2450	521
ABB. 44	Vergleich Verlauf Steuerrecht zu Handelsrecht (vor Saldierung)	2613	554
ABB. 45	Saldierung Pensionsrückstellung und zweckgebundenes Deckungsvermögen im Grundmodell	2615	555
ABB. 46	Vergleich Dotierung, Steuerersparnis und Liquidität Sensitivitätsanalyse 1	2623	558
ABB. 47	Vergleich Dotierung, Steuerersparnis und Liquidität Sensitivitätsanalyse 2	2626	559
ABB. 48	Vergleich Liquidität n. Steuern Sensitivitätsanalyse 1 vs. Sensitivitätsanalyse 2	2628	560
ABB. 49	Legaldefinition der bAV gem. § 1 BetrAVG	2757	581
ABB. 50	Biologische Ereignisse und mögliche Übergänge	2764	582
ABB. 51	Relevante Personengruppen	2774	584
ABB. 52	Arbeitnehmer	2775	585
ABB. 53	Nicht-Arbeitnehmer	2783	587
ABB. 54	Nicht abhängige Selbständige	2788	588
ABB. 55	Beteiligungsverhältnisse	2800	592
ABB. 56	Persönlicher Geltungsbereich des BetrAVG	2830	598
ABB. 57	Grundsätze der Statusbeurteilung von Gesellschafter-Geschäftsführern	2831	599
ABB. 58	Beispiel zum Statuswechsel	2839	602
ABB. 59	Durchführungswege des BetrAVG	2889	608
ABB. 60	Deckungsmittel der bAV in Abhängigkeit vom Durchführungsweg	2893	609
ABB. 61	Das m/n-tel Verfahren	2917	614
ABB. 62	Abfindung gem. § 3 BetrAVG	2929	617
ABB. 63	Übertragung gem. § 4 BetrAVG	2954	621
ABB. 64	Übertragung auf neuen Arbeitgeber gem. § 4 Abs. 2 BetrAVG	2957	622
ABB. 65	Rechtsgeschäftliche Schuldübernahme	3126	646
ABB. 66	Privative Schuldübernahme gem. §§ 414 ff. BGB	3131	647

		Rn.	Seite
ABB. 67	Kumulative Schuldübernahme mittels Schuldbeitritt	3140	649
ABB. 68	Erfüllungsübernahme	3145	651
ABB. 69	Ermittlung der neu zu begründenden Anrechte	3294	677
ABB. 70	Populationsmodell Aktivenbestand	3355	688
ABB. 71	Populationsmodell Gesamtbestand	3356	688
ABB. 72	Teilwert vs. Barwert	3383	694
ABB. 73	Vergleich Bewertungsverfahren bei gleichem Rechnungszins in der Anwartschaftsphase	3395	697
ABB. 74	Vergleich Bewertungsverfahren bei gleichem Rechnungszins in der Rentenphase	3397	698
ABB. 75	Vergleich Bewertungsverfahren bei unterschiedlichem Rechnungszins in der Anwartschaftsphase	3400	699
ABB. 76	Vergleich Bewertungsverfahren bei unterschiedlichem Rechnungszins in der Rentenphase	3402	700
ABB. 77	Passivierung unmittelbarer Pensionszusagen gem. § 6a EStG	3414	701
ABB. 78	Passivierung unmittelbarer Pensionszusagen gem. § 249 HGB, Art. 28 EGHGB	3497	718
ABB. 79	Rechnungszinsentwicklung seit 2009	3523	722
ABB. 80	Prognostizierte Rechnungszinsentwicklung	3528	723
ABB. 81	Schemata zur Veranlassungsprüfung	3620	739

I. Pensionszusagen an GmbH-Geschäftsführer – Aktueller Beratungsbedarf

1. Steuersparmodell am Scheideweg

Pensionszusagen an GmbH-Geschäftsführer haben sich in der Vergangenheit in einem wahren Siegeszug über die Republik verbreitet. Und obwohl die Pensionszusage heute einen wesentlichen Bestandteil einer Gesamtvergütungsabrede mit dem Gf darstellt, sind die Gründe für diesen Siegeszug weniger in der Vergütungsgestaltung zu finden. Vielmehr wurde die überwiegende Mehrzahl der unmittelbaren Pensionszusagen in der Vergangenheit oftmals **aus rein steuerlichen Motiven eingerichtet.** Insbesondere der aus der Pensionsrückstellung herrührende Innenfinanzierungseffekt (Steuerstundung aus buchmäßigem Aufwand), veranlasste Berater aus den verschiedensten Fachrichtungen, den von ihnen betreuten GmbH-Gf die Einrichtung einer bAV in Form der unmittelbaren Pensionszusage zu empfehlen. Für die Gf erschien der Aufbau einer Altersversorgung aus „gesparten" Steuern offensichtlich derart verlockend, dass sie den Empfehlungen nur zu gern gefolgt sind. 1

Und wie so oft, wenn die Aussicht auf eine erhebliche Steuerersparnis winkt, wurde bei der Entscheidung über die Einrichtung einer Gf-Pensionszusage das Augenmerk deutlich mehr auf die klar erkennbaren Vorteile, als auf die auf den ersten Blick nicht ersichtlichen Risiken gelenkt. Und so ergab es sich, dass dem eigentlichen Wesen einer Versorgungszusage in vielen Fällen leider zu wenig Aufmerksamkeit gewidmet wurde. Insbesondere die Tatsache, dass ein betriebliches Versorgungsversprechen ein lebenslang laufendes Dauerschuldverhältnis darstellen kann, welches die Kapitalgesellschaft u.U. über fünf Jahrzehnte begleiten (oder auch verfolgen) kann, wurde überwiegend missachtet. 2

Im aktuellen wirtschaftlichen Umfeld, in dem die Vereinigung Europas uns eine bisher noch nie dagewesene Niedrigzinsphase beschert hat, die sich mittlerweile derart verfestigt hat, dass sie nicht mehr nur als eine vorübergehende volkswirtschaftliche Erscheinung, sondern als eine strukturelle Veränderung mit nachhaltiger Natur beurteilt werden muss, treten die Risiken der unmittelbaren Pensionszusage immer mehr in den Vordergrund. 3

Darüber hinaus wurde die Geschäftsgrundlage des ursprünglichen Steuersparmodells durch die dynamische Entwicklung der letzten Jahre erheblich gestört. So haben sich alle wesentlichen Elemente – die seinerzeit für das Steuersparmodell Pensionszusage von tragender Bedeutung waren – im Laufe der Jahre 4 zum Leidwesen der Kapitalgesellschaften sowie deren Gf allesamt nur in eine Richtung verändert: und zwar in die falsche!

5   Insbesondere sehen sich die betroffenen Gf heute mit folgenden Problemstellungen konfrontiert:
   ► Explodierende Pensionsrückstellungen in der Handelsbilanz,
   ► Steuerliche Unterbewertung der Pensionsverpflichtung,
   ► Verkomplizierung der rechtlichen Rahmenbedingungen,
   ► Sinkende Steuerentlastung,
   ► Steigende Lebenserwartung,
   ► Sinkende Kapitalerträge,
   ► Unsachgemäße Vertragsgestaltung und
   ► Fehlende Insolvenzsicherung

6   Die negativen Entwicklungen in den einzelnen Teilbereichen haben in der Summe mittlerweile leider dazu geführt, dass die ursprünglich als Steuersparmodell eingerichtete Pensionszusage heute für viele Trägerunternehmen eine nicht unerhebliche Belastung darstellt. Und so wird mittlerweile immer mehr Gf klar, dass der ursprüngliche Plan, eine Altersversorgung aus „ersparten" Steuern aufzubauen, nicht mehr aufgehen kann. Und trotz dieser Erkenntnis gibt es auch heute noch Gf die dazu neigen, das Problem auszusitzen. Ganz nach dem Motto „Es gibt viel zu tun – lassen wir es sein!".

7   Den Anhängern des Aussitzens darf an dieser Stelle versichert werden, dass diese Taktik keinesfalls zu einer befriedigenden Lösung führen wird, denn die Problematik einer notleidenden oder unsachgemäß gestalteten Pensionszusage tritt spätestens zu Tage, wenn
   ► die Kapitalgesellschaft in eine Krise gerät,
   ► der Gf vorzeitig aus den Diensten der GmbH ausscheiden möchte,
   ► ein Gesellschafterwechsel stattfinden soll,
   ► das Unternehmen veräußert oder es an einen Nachfolger übergeben oder
   ► die Bonität der GmbH zur Fremdmittel- oder Eigenkapitalbeschaffung verbessert werden soll.

8   Dabei hat sich speziell in den letzten Jahren immer mehr herauskristallisiert, dass die dem Gf gegenüber erteilte Pensionszusage im Falle eines Verkaufs der Gesellschaft an einen fremden Dritten zu einem echten Deal-Breaker werden kann. Gerade bei Verkaufsverhandlungen zeigt sich immer wieder, dass der mögliche Erwerber zwar ein berechtigtes Interesse an den das Unternehmen prägenden Assets hat. Die Übernahme des Langlebigkeitsrisikos des bisheri-

gen Gf befindet sich aber deutlich außerhalb seines Interessensgebietes. Und so wird der Kaufinteressent in aller Regel darauf drängen, dass die Gesellschaft im Vorfeld des Erwerbs mit schuldbefreiender Wirkung von der unmittelbaren Pensionsverpflichtung befreit wird.

(*Einstweilen frei*) 9–14

2. Im Brennpunkt: Pensionsrückstellungen in der Handels- und Steuerbilanz

a) Explodierende Pensionsrückstellungen in der Handelsbilanz

Die handelsrechtliche Bewertung von Pensionsverpflichtungen hat sich in Folge der mit dem BilMoG[1] einhergehenden Neuregelungen zur Bilanzierung von Pensionsverpflichtungen für Wirtschaftsjahre, die nach dem 31.12.2009 begonnen haben, dramatisch verändert. Die Zeiten der einheitlichen Bewertung von Pensionsverpflichtungen fanden mit dem In-Kraft-Treten des BilMoG ihr Ende (siehe hierzu Rz. 3311 ff.). Wesentlicher Punkt der gesetzlichen Neuregelung war die Einführung eines eigenständigen (atmenden) Rechnungszinsfußes, der auf Grund der damaligen Marktsituation anhand des Durchschnittszinses der letzten sieben Jahre monatlich neu bestimmt werden musste. 15

Leider hat sich in der jüngeren Vergangenheit mehr als deutlich herausgestellt, dass die Null-Zins-Politik der EZB nicht nur die Sparer in hohem Maße benachteiligt. Auch diejenigen Kapitalgesellschaften, die die bAV ihres Gf über eine unmittelbare Pensionszusage finanzieren, bekommen über die Entwicklung der in der Handelsbilanz auszuweisenden Pensionsrückstellungen die negativen Folgen auf eine unliebsame Art und Weise zu spüren. 16

Zwar hielten sich die im Rahmen des BilMoG neu eingeführten Regularien zur handelsrechtlichen Bewertung von unmittelbaren Pensionsverpflichtungen in ihren Wirkungen anfänglich noch in Grenzen. So beschränkte sich der Rückgang des handelsrechtlich anzuwendenden Rechnungszinses in der Zeit vom 31.12.2009 bis zum 31.12.2013 insgesamt lediglich auf 0,37 %. Die sich fortsetzende Zinsschmelze sorgte dann per 31.12.2014 um einen weiteren Rückgang des Rechnungszinses i.H.v. 0,35 %. Damit erreichte die Zinssenkung in 2014 alleine den Umfang, der vorher in vier Jahren zu verzeichnen war. Der in dieser Höhe bisher unbekannte Rückgang des Rechnungszinses erreichte dann in den Jahren 2015 und 2016 seinen Höhepunkt: 17

---

1 Bilanzrechtsmodernisierungsgesetz, BGBl 2009 I S. 1102.

- per 31.12.2015 kam es zu einer Zinssenkung i. H. v. 0,64 %
- per 31.12.2016 kam es zu einer weiteren Zinssenkung i. H. v. 0,65 %.

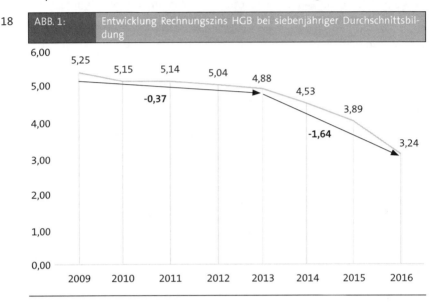

ABB. 1: Entwicklung Rechnungszins HGB bei siebenjähriger Durchschnittsbildung

Das Ausmaß der daraus resultierenden Zuführungen zu den handelsrechtlichen Pensionsrückstellungen war derart ausgeprägt, dass sich am Markt der Begriff der „explodierenden Pensionsrückstellungen" etablierte. Explodierende Pensionsrückstellungen bringen eine Reihe von sehr unangenehmen Folgeerscheinungen mit sich:

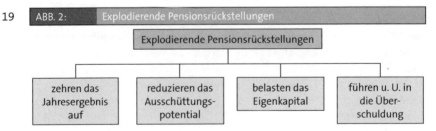

ABB. 2: Explodierende Pensionsrückstellungen

Explodierende Pensionsrückstellungen zehren das handelsrechtliche Jahresergebnis auf, reduzieren das Ausschüttungsvolumen und lassen das Eigenkapital schmelzen. In der Folge verschlechtert sich die Eigenkapitalquote und somit auch die Bonität des Trägerunternehmens.

In einem Worst-Case-Szenario könnte diese Entwicklung im Laufe der Jahre sogar zur Überschuldung der Gesellschaft führen und dies obwohl die Gesellschaft u.U. steuerrechtliche Gewinne erzielt und dementsprechend Steuern an den Staat abzuführen hat.

Da diese Entwicklung tiefe Spuren in den Bilanzen der betroffenen Unternehmen hinterlassen hat, entwickelte sich eine breite Front aus Unternehmen und Interessenvertretungen, die auf eine Änderung der belastenden Systematik drängte. Da anhand der europäischen Finanzpolitik absehbar war, dass sich die negative Entwicklung fortsetzen würde, hat der Gesetzgeber Anfang des Jahres 2016 auf die berechtigte Kritik reagiert.

aa) Reform-Modell zu § 253 HGB

Am 11.3.2016 hat der Gesetzgeber die Rahmenbedingungen zu § 253 HGB novelliert.[1] Das Ziel der Reform sollte in der Abmilderung der Belastungen aus den stark zunehmenden Pensionsrückstellungen liegen.

Folgende Eckpunkte prägen das Reform-Modell:

▶ Verlängerung des Durchschnittsbildungszeitraums zur Ermittlung des Rechnungszinses von sieben auf zehn Jahre

▶ Doppelte Bewertung der Pensionsverpflichtung (sowohl mit sieben- als auch mit zehnjährigem Durchschnittszinssatz)

▶ Ermittlung eines rechnungszinsbedingten Unterschiedsbetrags

▶ Verpflichtung zum Ausweis des Unterschiedsbetrags im Anhang der Bilanz

▶ Ausschüttungssperre in Höhe des Unterschiedsbetrags

Der Wille des Gesetzgebers zur Entlastung der Wirtschaft war erkennbar. Leider sind die eingeleiteten Maßnahmen jedoch keinesfalls dazu geeignet, um die Problematik in einer akzeptablen und nachhaltigen Art und Weise zu beseitigen.

Die Forderung der Wirtschaft im Hinblick auf eine Entlastung der Handelsbilanz war darauf ausgerichtet **eine echte Entlastung auf der Passivseite der Handelsbilanz zu erreichen.** Die Forderung entsprach sowohl den Vorstellungen derjenigen Unternehmen, die eine unangemessene Verringerung des Ausschüttungsvolumens beklagten, als auch derjenigen, die eine inakzeptable Belastung ihres Eigenkapitals aus Bonitätsgründen beanstandeten.

---

1 Gesetz zur Umsetzung der Wohnimmobilienkreditrichtlinie und zur Änderung handelsrechtlicher Vorschriften, BGBl 2016 I S. 396.

24 Diese Forderung hat der Gesetzgeber jedoch aus dem Blickwinkel beider Gruppen grundsätzlich konterkariert:

- Mit der Einführung eines **rechnungszinsbedingten Unterschiedsbetrags** sowie der damit einhergehenden **Ausschüttungssperre** verfügte er, dass die bilanzielle Entlastung nicht an die Gesellschafter der betroffenen Unternehmen weitergegeben werden kann.

- Mit der Einführung der **Ausweisverpflichtung des Unterschiedsbetrags** dokumentierte er, dass die Bewertung unter Anwendung des zehnjährigen Durchschnittszinses lediglich eine Bilanzierungshilfe darstellt, die unter Bonitätsgesichtspunkten zu keiner wirklichen Entlastung führen wird. Diese Wertung hat der BGH in seiner Entscheidung v. 24.8.2016 eindeutig bestätigt.[1]

25 Darüber hinaus ist zu kritisieren, dass die Verlängerung des Durchschnittsbildungszeitraums um lediglich drei Jahre für sich alleine nicht ausreichend sein kann und die Reform insgesamt zu einer weiteren Verkomplizierung der Materie sowie zu einer Erhöhung des Verwaltungsaufwandes führt.

26 Dass die Verlängerung des Durchschnittsbildungszeitraums nur für eine temporäre Entlastung sorgen konnte, wird anhand der beiden folgenden Abbildungen deutlich:

---

1 BGH, Urteil v. 24.8.2016 - XII ZB 84/13, NWB DokID: JAAAF-84042.

2. Im Brennpunkt: Pensionsrückstellungen in der Handels- und Steuerbilanz

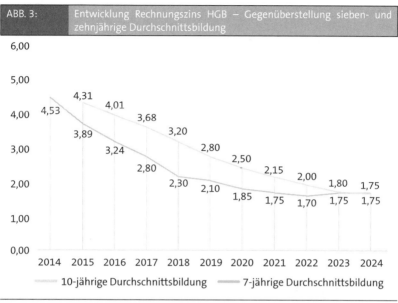

ABB. 3: Entwicklung Rechnungszins HGB – Gegenüberstellung sieben- und zehnjährige Durchschnittsbildung

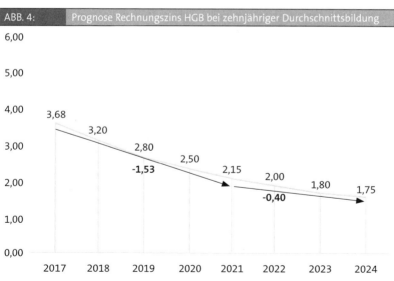

ABB. 4: Prognose Rechnungszins HGB bei zehnjähriger Durchschnittsbildung

Wie der Abbildung 3 entnommen werden kann, führte die gesetzliche Neuregelung für 2016 und der damit einhergehende Übergang zum Zehn-Jahreszins zum Jahresende zu einer kleinen Verschnaufpause, da der Zehn-Jahreszins per 31.12.2016 nur knapp über dem Sieben-Jahreszins per 31.12.2015 lag (4,01 % zu 3,89 %). Bei einer kurzfristigen Betrachtung der Reform zu § 253 HGB ist daher durchaus festzustellen, dass die Verlängerung des Durchschnittsbildungszeitraums im Wirtschaftsjahr 2016 zu einer Bremswirkung geführt hat.

29   Allerdings ist dieser Effekt per 31.12.2017 schon wieder erloschen, da der Zehn-Jahreszins per 31.12.2017 bei 3,68 % notierte und somit im Vergleich zum Vorjahr um 0,33 % gesunken war. In der Folge unterschritt er auch den Zinssatz, den der Sieben-Jahreswert per 31.12.2015 aufwies (3,89 %).

30   Anhand der aktuellen Lage an den europäischen Kapitalmärkten ist davon auszugehen, dass sich die Talfahrt der Rechnungszinsen auch in den folgenden Jahren weiter fortsetzen wird. Der Zehn-Jahreszins wird per 31.12.2018 voraussichtlich auf rd. 3,20 % absinken, so dass ab diesem Stichtag mit weiteren zinsbedingten Rückstellungsexplosionen zu rechnen ist. Den jüngsten Prognosen zufolge muss ferner damit gerechnet werden, dass der handelsrechtliche Rechnungszins selbst bei Anwendung der gesetzlichen Neuregelung bis spätestens 2022 auf 2,0 % fallen wird! Der Sieben-Jahreszins wird diese Schallmauer schon zwei Jahre früher durchbrechen. Zudem werden sich der Sieben- und Zehn-Jahreszins bis 2024 voraussichtlich wieder derart annähern, dass der bilanzielle „Entlastungseffekt" keine Wirkung mehr entfalten wird.

31–35   (*Einstweilen frei*)

bb) Auswirkungen des fallenden Rechnungszinses

36   Dem Grundsatz **„je niedriger der Rechnungszins, desto höher die Pensionsrückstellung"** folgend, führt die zuvor dargestellte Erwartung zur künftigen Entwicklung der Rechnungszinsen dazu, dass die handelsrechtlich zu passivierenden Pensionsrückstellungen auch in den nächsten Jahren explosionsartig zunehmen werden.

37   Zur Verdeutlichung der Problematik werden die Auswirkungen dieser Entwicklung nachfolgend anhand des folgenden **Musterfalles** dargestellt:

38   Pensionszusage an einen (per 31.12.2018) **50-jährigen GGf** mit einer **mtl. Altersrente in Höhe von 5.000 €** und einer Rentenanpassungsklausel gem. Verbraucherpreisindex (Ansatz eines handelsrechtlichen Rententrends i.H.v. 2,0 %).

Anhand dieses Musterfalls wird in der folgenden Abbildung 5 der Verlauf der ertragssteuerrechtlich zulässigen sowie der handelsrechtlichen Pensionsrückstellung mit prognostiziertem Rechnungszins ermittelt und dargestellt.

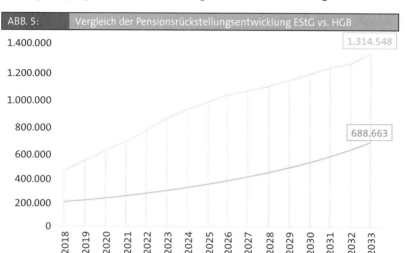

ABB. 5: Vergleich der Pensionsrückstellungsentwicklung EStG vs. HGB

— EStG: 6,00%   — HGB Prognose: Endwert 1,75%

Die Analyse der Verlaufskurven bringt folgendes Ergebnis zum Vorschein:

▶ Die **ertragsteuerrechtlich** zulässige Pensionsrückstellung beträgt zum vereinbarten Pensionsalter **688.663 €**.

▶ Die prognostizierte **handelsrechtliche** Pensionsrückstellung wird voraussichtlich einen Wertansatz i. H. v. **1.314.548 €** erreichen; sie übersteigt damit die ertragsteuerrechtlich zulässige Pensionsrückstellung um 625.885 € bzw. um rd. 90 %.

▶ Der **Differenzbetrag i. H. v. 625.885 €** darf aufgrund der unsachgemäßen Beschränkungen des § 6a EStG bei der ertragsteuerrechtlichen Gewinnermittlung nicht berücksichtigt werden. Somit beschreibt der Differenzbetrag letztendlich den **Umfang der Scheingewinne,** die die versorgungstragende Gesellschaft aufgrund der Beschränkungen des § 6a EStG im Laufe der Anwartschaftsphase zu versteuern hat. Durch die entsprechende Steuerbelastung sorgt der Gesetzgeber dafür, dass den Unternehmen Finanzmittel entzogen werden, die diese dringend für die Erfüllung der übernommenen Pensionsverpflichtungen benötigen würden.

> **HINWEIS:**
> Die Bewertung nach § 6a EStG geht als lex specialis für die Zwecke der ertragsteuerrechtlichen Gewinnermittlung der handelsrechtlichen Bewertung vor. An dieser Stelle wird das Prinzip der handelsrechtlichen Maßgeblichkeit durchbrochen (siehe hierzu auch Rz. 3326).[1]

41–45 *(Einstweilen frei)*

b) Steuerliche Unterbewertung der Pensionsverpflichtung

46 Vor dem Hintergrund der neuen handelsrechtlichen Bewertungsvorschriften wurde nun auch für Laien erkennbar, dass die seit 1982 unverändert fortgeltenden Rahmenbedingungen des § 6a EStG zur ertragsteuerrechtlichen Bewertung unmittelbarer Pensionsverpflichtungen einer dringenden Anpassung bedürfen. Der starre Rechnungszinsfuß des § 6a EStG, der seit 1982 unverändert mit 6,0 % festgeschrieben ist und der eine marktorientierte Bewertung von unmittelbaren Pensionsverpflichtungen im Rahmen der ertragsteuerrechtlichen Gewinnermittlung schlichtweg verhindert, steht seit Jahren unter starkem Beschuss. Während sich Wirtschaft und Beraterschaft im Schulterschluss gegen die fortgesetzte Besteuerung von Scheingewinnen zur Wehr setzt, lehnt die Bundesregierung unter Hinweis auf haushaltspolitische Erwägungen eine Modifizierung des § 6a EStG kategorisch ab. Und dies obwohl die dargestellte Problematik (Unterbewertung und Versteuerung von Scheingewinnen) der Politik sehr wohl bewusst ist.

47 Ein Ergebnis, dass u. E. in dieser Form so nicht mehr länger hingenommen werden kann. Das Ziel den Haushalt zu konsolidieren, kann und darf alleine nicht ausreichen, um offensichtlich willkürliche Staatshandlungen zuzulassen. Daher haben die Autoren in der Vergangenheit vehement darauf gedrängt, dass auf verschiedenen Ebenen auf den Gesetzgeber diesbezüglich eingewirkt werden soll.[2] Die jüngsten Entwicklungen geben nun Anlass zur Hoffnung.

aa) Gesetzgeber gerät immer mehr unter Druck

48 Im Herbst 2017 wurden die Reformbemühungen durch das FG Köln auf ein neues Niveau gehoben, als es mit seiner Entscheidung v. 12.10.2017[3] die Verfassungswidrigkeit der Regelung des § 6a Abs. 3 Satz 3 EStG festgestellt und sie dem Bundesverfassungsgericht (BVerfG) zur Entscheidung vorgelegt hat.

---

1 BMF, Schreiben v. 12.3.2010, BStBl 2010 I S. 239.
2 Siehe hierzu Pradl, GStB 2016 S. 152 ff.; sowie Pradl, GmbH-Steuerpraxis, 4/2016 S. 97 ff.
3 FG Köln, Urteil v. 12.10.2017 - 10 K 977/17, EFG 2018 S. 287.

In der Zwischenzeit hat sich die Front, der sich der Gesetzgeber mittlerweile gegenübersieht, neu formiert und deutlich verstärkt: So hat sich der neunte Senat des BFH mittelbar dieser Front angeschlossen, in dem er hinsichtlich der Verfassungsmäßigkeit der Nachzahlungszinsen für den VZ 2015 schwerwiegende verfassungsrechtliche Zweifel äußerste.[1]   49

Fast zeitgleich hat nun auch die Arbeitsgemeinschaft für betriebliche Altersversorgung (aba) Ende April 2018 die Initiative ergriffen und ein Projekt zur Reformierung des § 6a EStG gestartet.[2]   50

Danach gerät der Gesetzgeber immer mehr unter Druck und die Aussichten auf eine Verbesserung der ertragsteuerrechtlichen Rahmenbedingungen sind deutlich gestiegen.   51

bb) Der Vorlagebeschluss des FG Köln an das BVerfG

Im Herbst des Jahres 2016 hat ein mittelständisches Unternehmen aus NRW gegen den am 9.9.2016 ergangenen KöSt-Bescheid für 2015 Einspruch erhoben und sich gegen die Bewertung der bestehenden Pensionsverpflichtungen gem. § 6a EStG gewandt, da deren Wertansatz für die Steuerbilanz um rd. 2,5 Mio. € unterhalb des handelsrechtlichen Wertansatzes lag. Die Begründung des Einspruchs stützte die Einspruchsführerin darauf, dass es die typisierende Regelung des § 6a Abs. 3 Satz 3 EStG, der die Abzinsung des zukünftigen Verpflichtungsumfangs mit 6,0 % zum Inhalt hat, für verfassungswidrig hält.   52

Gegen die ablehnende Einspruchsentscheidung der FinVerw. v. 13.3.2017 hat das Unternehmen beim FG Köln Klage erhoben. Das FG Köln hat sich – zur Freude aller betroffenen Unternehmen – der Begründung der Klägerin angeschlossen. Daher hat das FG Köln das unter dem Az. 10 K 977/17 geführte Verfahren am 12.10.2017 zunächst ausgesetzt und die Klage dem BVerfG zur Entscheidung vorgelegt.[3] Dies begründete der 10. Senat des FG Köln wie folgt: 53

„Die für die Entscheidung des Klageverfahrens maßgebliche Vorschrift des § 6a Abs. 3 Satz 3 EStG in der im Streitjahr geltenden Fassung ist zur Überzeugung des Senats insoweit verfassungswidrig, als sie einen Rechnungszinsfuß von 6 % anordnet. Das Verfahren ist deshalb gemäß Art. 100 Abs. 1 Satz 1 GG in Verbindung mit § 80 Abs. 2 Satz 1 BVerfGG auszusetzen und eine Entscheidung des Bundesverfassungsgerichts einzuholen."

---

1 BFH, Beschluss v. 25.4.2018 - IX B 21/18, BFH/NV 2018 S. 748.
2 Siehe hierzu BetrAV 4/2018 S. 301.
3 2 BvL 22/17.

54 Die weitere Begründung dieser Entscheidung liest sich wie ein Eintrag ins Pflichtenheft des Gesetzgebers. Zwar erkennt das FG das Argument der Beklagten an, dass dem Gesetzgeber im Rahmen der ihm zustehenden Typisierungsbefugnisse ein weiter Entscheidungsspielraum zusteht; es bringt jedoch klar und deutlich zum Ausdruck, dass der Gesetzgeber diese im Hinblick auf die seit 33 Jahren (1982 bis 2015) unveränderte Fortführung der Bestimmung des § 6a Abs. 3 Satz 3 EStG eindeutig überzogen hat.

55 Die Verfassungswidrigkeit des § 6a Abs. 3 Satz 3 EStG begründet das FG Köln zunächst mit einem **Verstoß gegen den allgemeinen Gleichheitssatz** (Art. 3 Abs. 1 GG), der dem Gesetzgeber gebietet, wesentlich Gleiches gleich und wesentlich Ungleiches ungleich zu behandeln.

56 Zwar sei es Sache des Gesetzgebers, diejenigen Sachverhalte auszuwählen, an die er dieselben Rechtsfolgen knüpft und die er als rechtlich gleich qualifiziert. Die Auswahl müsse er jedoch sachgerecht treffen. Differenzierungen bedürfen stets der Rechtfertigung durch Sachgründe, die dem Differenzierungsziel und dem Ausmaß der Ungleichbehandlung angemessen sind. Der Spielraum des Gesetzgebers endet jedoch dort, wo die ungleiche Behandlung der geregelten Sachverhalte nicht mehr mit einer am Gerechtigkeitsgedanken orientierten Betrachtungsweise vereinbar ist. Der rein fiskalische Zweck staatlicher Einnahmenerhöhung ist nach der Rechtsprechung des BVerfG nicht als besonderer sachlicher Grund in diesem Sinne anzuerkennen.

57 Unter Berücksichtigung der obigen Grundsätze führt § 6a Abs. 3 Satz 3 EStG – unabhängig von der individuellen Rendite bzw. den Verschuldungskonditionen – zu einer Ungleichbehandlung von wesentlich Gleichem, da der Zinsvorteil der späteren Steuerzahlung einheitlich mit 6 % typisiert wird. Des Weiteren begründet das FG Köln die Verfassungswidrigkeit wie folgt:

„Hinsichtlich der Typisierung des Rechnungszinsfußes zur Ermittlung der Pensionsrückstellungen bedeutet dies, dass der Rechnungszinsfuß der wirtschaftlichen Belastung der Unternehmen durch Pensionszusagen Rechnung tragen muss, mit anderen Worten, er muss sich in einem der wirtschaftlichen Realität angemessenen Rahmen halten (BVerfG v. 28.11.1984 - 1 BvR 1157/82, BVerfG 68, 287, Rz. 52). Ändern sich die wirtschaftlichen Verhältnisse so einschneidend, dass die Grundlage der gesetzgeberischen Entscheidung durch neue, im Zeitpunkt des Gesetzeserlasses noch nicht abzusehende Entwicklungen entscheidend in Frage gestellt werden, kann der Gesetzgeber von Verfassungswegen gehalten sein, zu überprüfen, ob die ursprüngliche Entscheidung auch unter den veränderten Umständen aufrechtzuerhalten ist (BVerfG, a.a.O., Rz. 49).

*Hat der Gesetzgeber eine Prognoseentscheidung getroffen, wie dies auch bei der Typisierung von Zinssätzen der Fall ist, und **tritt die Prognose nicht ein** (im Streitfall, dass ein Zinssatz von 6% realitätsgerecht ist), **wird die Regelung verfassungswidrig** (BVerfG v. 30.5.1972 - 1 BvL 21/69 und 18/71, BVerfGE 33, 199, 204)."*

Zwar gesteht der erkennende Senat dem Gesetzgeber zu, dass er eine derartige Prognoseentscheidung nicht jedes Jahr überprüfen muss. Ihn trifft jedoch nach den Grundsätzen der Rechtsprechung des BVerfG eine *„Beobachtungs-, Prüfungs- und Nachbesserungspflicht".*[1] Danach erschöpft sich die Bindung des Gesetzgebers an die verfassungsmäßige Ordnung nicht in der Verpflichtung, bei Erlass eines Gesetzes die verfassungsrechtlichen Grenzen einzuhalten; sie umfasst auch die Verantwortung dafür, dass die erlassenen Gesetze in Übereinstimmung mit dem Grundgesetz bleiben.

58

Eine diesen Anforderungen gerecht werdende Vorgehensweise würde das FG bejahen, wenn der Gesetzgeber alle fünf Jahre zu einer Überprüfung verpflichtet wäre. Dass der Gesetzgeber seit 33 Jahren die Typisierung nicht überprüft hat, hält das FG Köln in jedem Falle für verfassungsrechtlich nicht mehr vertretbar, zumal der Gesetzgeber im Rahmen des BilMoG und des BiRiLiG allen Anlass gehabt hätte, die Realitätsgerechtigkeit der steuerrechtlichen Typisierung zu überprüfen.

59

So kommt das FG Köln zu folgender Feststellung:

60

*„Da der Gesetzgeber seiner mindestens seit Ende der 1980-iger bestehenden Beobachtungspflicht und seiner zumindest seit dem dauerhaften Absinken aller entscheidungserheblichen Parameter bestehenden Nachbesserungspflicht nicht nachgekommen ist, ist für das Festhalten an einem Rechnungszinsfuß von 6% zumindest für das Jahr 2015 kein sachlich einleuchtender Grund ersichtlich. **Das Festhalten ist willkürlich und damit verfassungswidrig."***

(Einstweilen frei)

61–69

cc) Die Empfehlung des FG Köln zur zukünftigen Rechnungszinsbestimmung

Der wesentliche Punkt der rechtlichen Auseinandersetzung liegt in der Frage anhand welcher Methodik der anzuwendende Rechnungszinsfuß zu bestimmen ist. Dabei stehen sich zwei Auffassungen konträr gegenüber:

70

---

1 BVerfG, Urteil v. 28.5.2003 - 2 BF 2/90, 4/92 und 5/92, BVerfGE 88 S. 308 f.

I. Pensionszusagen an GmbH-Geschäftsführer – Aktueller Beratungsbedarf

71 So vertritt die FinVerw die Auffassung, dass sich der Rechnungszinsfuß in erster Linie an der Eigenkapitalrendite – und somit an der Rendite, die das Unternehmen auf längere Sicht mit dem durch die Pensionsrückstellung gebundenen Kapital erwirtschaften könne – orientieren müsste. Demzufolge vertritt die Beklagte die Auffassung, dass **eine verfassungswidrige Benachteiligung nicht vorgebracht werden könnte, solange die tatsächliche Eigenkapitalrendite über einen längeren Zeitraum über 6 % liegen würde.**

72 Die gegenteilige Auffassung orientiert sich dagegen – ausgehend von der Annahme, dass das in den Rückstellungen gebundene Kapital am Kapitalmarkt angelegt werden müsste – an der Kapitalmarktsituation. Dementsprechend soll sich die Abzinsung an dem für langfristige Kapitalanlagen erzielbaren Zins oder an dem Zins für Unternehmens-/Staatsanleihen bemessen.

73 Zur Lösung dieser Diskussion liefert das FG Köln einen überraschend klaren Lösungsvorschlag:

Danach soll der Gesetzgeber auch bei der Bestimmung des steuerrechtlichen Abzinsungszinssatzes von einer Mischzinskalkulation ausgehen. Denn eine solche Mischzinskalkulation liegt auch schon der Bestimmung des handelsrechtlichen Zinssatzes zugrunde.

74 Die von der Beklagten ins Spiel geführte Eigenkapitalrendite hält das FG jedoch als ungeeignet im Sinne einer solchen Regelung. Stattdessen sollen **folgende Parameter einer Mischkalkulation zugrunde gelegt werden:**

▶ der Kapitalmarktzins

▶ die Rendite von Unternehmens-/Staatsanleihen

▶ die Gesamtkapitalrendite (Verhältnis Jahresüberschuss zu Bilanzsumme)

75 Verfolgt man die **Entwicklung dieser drei Bezugsgrößen in den Jahren seit 1997** so ergibt sich folgendes Bild:

2. Im Brennpunkt: Pensionsrückstellungen in der Handels- und Steuerbilanz

ABB. 6: Entwicklung der unterschiedlichen Bezugsgrößen gem. FG Köln im Vergleich zum Rechnungszins gem. § 6a Abs. 3 Satz 3 EStG

– – – Zins § 6a EStG   ——— Kapitalmarktzins   – – – Gesamtkapitalrendite
——— Umlaufrendite Bundeswertpapiere

Die obige Grafik verdeutlicht die Feststellung des FG Köln, dass **alle drei Bezugsgrößen seit 1997 deutlich unterhalb der 6 %-igen Meßlatte liegen**. Wobei sich nachvollziehen lässt, dass sich der Kapitalmarktzins und die Rendite von Bundeswertpapieren im Gleichschritt in Richtung 0 % bewegt haben. 76

Im Gegensatz dazu, hat sich die Gesamtkapitalrendite – mit Ausnahme eines positiven Ausreißers im Jahre 2007 und eines negativen Ausreißers im Jahre 2009 – konstant im Seitwärtstrend um die 4 %-Linie bewegt. 77

dd) Der BFH-Beschluss v. 25. 4. 2018 zur Verfassungswidrigkeit von Nachzahlungszinsen

In dem Verfahren zu IX B 21/18 hatte der BFH über eine Beschwerde von zusammenveranlagten Eheleuten zu entscheiden. Diese wendeten sich gegen einen Zinsbescheid, datiert vom November 2017, der den Steuerpflichtigen zunächst Nachzahlungszinsen i. H. v. 303.675,50 € aufbürdete, von denen nach Verrechnung mit Erstattungszinsen i. H. v. 62.844,50 € noch eine Zinslast i. H. v. 240.831 € verblieb. Der hierzu eingereichte Einspruch wurde mit der Verfassungswidrigkeit der Zinsen nach § 238 AO begründet. Den Antrag auf Aussetzung der Vollziehung des Zinsbescheides lehnte sowohl das Finanzamt, als 78

I. Pensionszusagen an GmbH-Geschäftsführer – Aktueller Beratungsbedarf

auch das FG ab. Da das FG die Beschwerde zugelassen hatte, wandten sich die Eheleute an den BFH.

79 Der BFH zeigte (wohl zur Überraschung vieler Marktteilnehmer) Einsicht und schloss sich der von den Beschwerdeführern vorgetragenen Argumentation an. Die Vollziehung des Zinsbescheides wurde entsprechend ausgesetzt.

80 Nach Auffassung des neunten Senats des BFH führte die im Rahmen des Aussetzungsverfahrens durchzuführende summarische Prüfung zu dem Ergebnis, dass die in § 238 Abs. 1 Satz 1 AO geregelte Höhe von Nachzahlungszinsen von 0,5 % für jeden vollen Monat jedenfalls ab dem Veranlagungszeitraum 2015 schwerwiegenden verfassungsrechtlichen Bedenken begegnet.

81 Bemerkenswerter Weise stellte der BFH u. a. fest, dass der Gesetzgeber für die Höhe des Zinssatzes gem. § 238 Abs. 1 Satz 1 AO bis heute keine nachvollziehbare Begründung geliefert hat. Auch konnte der BFH keine sachliche Rechtfertigung für die gesetzliche Zinshöhe erkennen. Einem die Zinshöhe rechtfertigenden Verweis auf die Konditionen für Kredite von Kreditkartenunternehmen (rd. 14 %) oder auf die Zinssätze, die bei Überziehung privater Girokonten anfallen (rd. 9 %), erteilte der BFH eine eindeutige Absage, da es sich insoweit um Sonderfaktoren handelt, die nicht als Referenzwerte für ein realitätsgerechtes Leitbild geeignet sind.

82 Nach der vom BFH vertretenen Rechtsauffassung überschreitet der gesetzlich festgelegte Zinssatz von 0,5 % pro Monat für den zu beurteilenden Zeitraum (1. 4. 2015 bis 16. 11. 2017) – angesichts der zu dieser Zeit bereits eingetretenen strukturellen und nachhaltigen Verfestigung des niedrigen Marktzinsniveaus – den angemessenen Rahmen der wirtschaftlichen Realität in erheblichem Maße. Unter Verweis auf den Finanzstabilitätsbericht 2014 der Deutschen Bundesbank bestätigt der BFH, dass sich das Niedrigzinsniveau für den zu beurteilenden Zeitraum nicht mehr nur als vorübergehende, volkswirtschaftliche Erscheinung darstellt, sondern als eine strukturelle Veränderung mit nachhaltiger Natur.

83 Von besonderem Interesse ist auch die Feststellung des BFH, dass die realitätsferne Bemessung der Zinshöhe in Zeiten eines strukturellen Niedrigzinsniveaus wie **ein sanktionierender, rechtsgrundloser Zuschlag auf die Steuerfestsetzung** wirkt.

84 Am Ende kam der BFH zu der Rechtsauffassung, dass die gesetzliche Zinshöhe nach § 233a AO i. V. m. § 238 Abs. 1 Satz 1 AO durch ihre **realitätsferne Bemessung** mit Blick auf den allgemeinen Gleichheitsgrundsatz des Art. 3 Abs. 1 GG

und das sich aus dem Rechtsstaatsprinzip des Art. 20 Abs. 3 GG ergebende Übermaßverbot **schwerwiegenden verfassungsrechtlichen Zweifeln** begegnet.

> **HINWEIS:**
>
> Zwar bewegt sich das hier behandelte Verfahren nicht innerhalb des Geltungsbereichs des § 6a EStG. Die Entscheidung ist jedoch für das weitere Schicksal des § 6a EStG von hoher indizieller Bedeutung, da insbesondere auf der politischen Ebene immer wieder darauf verwiesen wird, dass die Zinsregelung des § 6a EStG in enger Weise mit der Zinsregelung des § 238 AO korrespondieren würde. Daher würde ein Eingriff in § 6a EStG politisch nur dann begründet werden können, wenn parallel dazu auch § 238 AO modifiziert werden würde. Da sich dann die Wirkungen kumulieren würden, wäre eine Anpassung beider Bestimmungen unter haushaltspolitischen Gesichtspunkten noch unrealistischer, als eine isolierte Anpassung einer einzelnen Norm. Sollte das BVerfG daher die Verfassungswidrigkeit der Zinsregelung des § 238 AO bestätigen, so würde dies mittelbar auf die Zinsregelung des § 6a EStG einwirken.
>
> Mit Antrag v. 9.8.2018 hat das Bundesland Hessen im Bundesrat einen Antrag zum Entwurf eines Gesetzes zur Anpassung der Verzinsung nach der Abgabenordnung eingebracht (BR-Drucks. 396/18). Danach soll § 238 Abs. 1 Satz 1 AO dahingehend geändert werden, dass der monatliche Zinssatz von 0,5 % auf 0,25 % reduziert und somit halbiert wird. Die diesbezügliche Entwicklung bleibt abzuwarten.

(*Einstweilen frei*)   85–89

ee) Die Initiative der aba zur Reformierung des § 6a EStG

Die aba hat auf dem Steuerrechtsforum 2018 in Mannheim ihre Initiative zur Reform des § 6a EStG gestartet.[1] Allerdings begnügt sich die aba nicht damit, dass sie nur eine realitätsnahe Gestaltung des Rechnungszinses fordert. Vielmehr möchte die aba den Gesetzgeber dazu veranlassen, die Bestimmungen des **§ 6a EStG einer grundlegenden Modernisierung zu unterwerfen.**   90

Im Einzelnen fordert die aba-Initiative folgende Änderungen: 91

▶ Realitätsnahe Gestaltung des Rechnungszinses

▶ Abkehr vom Teilwertverfahren

▶ Abschaffung des Nachholverbots

▶ Wechsel vom Schriftformgebot auf die Textform

Hinsichtlich des **dringenden Reformbedarfs** führt die aba in ihrem Positionspapier das Folgende aus: 92

---

1 Siehe hierzu BetrAV 4/2018 S. 301.

I. Pensionszusagen an GmbH-Geschäftsführer – Aktueller Beratungsbedarf

(1) Realitätsnahe Gestaltung des Rechnungszinses

Auch die aba bejaht die Verfassungswidrigkeit der gesetzlichen Zinshöhe, da diese der Marktsituation nicht mehr entspricht und die Vorgaben des BVerfG gem. des Beschlusses v. 28.11.1984 den Gesetzgeber schon längst zum Handeln gezwungen hätten.

93 Hinsichtlich der Bestimmung einer zukünftigen Regelung, mittels derer eine realitätsnahe Gestaltung des § 6a Abs. 3 Satz 3 EStG erreicht werden könnte, bleibt die aba u. E. leider etwas zu defensiv. So verweist sie zunächst darauf, dass sich eine absolut richtige Zinshöhe wissenschaftlich nicht bestimmen lässt und der Gesetzgeber gehalten wäre, im Zuge einer Neuregelung einen möglichst plausiblen Näherungswert festzulegen. Anhaltspunkte für eine Neuregelung würde das HGB mit seinen Regelungen zur Zinsbestimmung liefern. Im weiteren Verlauf der Ausführungen empfiehlt sie dann, dass der Zinssatz idealer Weise abzusenken und zu flexibilisieren, also an das jeweils aktuelle Zinsniveau im Handelsrecht anzupassen sei. Gegebenenfalls sollte zur Abmilderung der haushaltspolitischen Folgen und zur Vermeidung einer ungewollten Volatilität ein „fiskalischer Sicherheitsabstand" eingeführt werden.

(2) Abkehr vom Teilwertverfahren

94 Das in § 6a EStG vorgeschriebene Teilwertverfahren ist als überholt zu beurteilen. Es führt insbesondere im Bereich der beitragsorientierten Zusagearten zu falschen Ergebnissen. Das Teilwertverfahren steht somit einer weiteren Verbreitung der bAV im Wege. An dieser Stelle besteht ausnahmsweise Einigkeit mit den Vertretern der FinVerw.

95 Die aba verweist zu Recht darauf, dass der Gesetzgeber bereits im Jahre 2001 für Zusagen, die mittels einer Entgeltumwandlung finanziert werden, eine abweichende Regelung geschaffen hat, in dem er hierfür die Bewertung nach dem Barwertverfahren vorgeschrieben hat (§ 6a Abs. 3 Satz 2 Nr. 1 Satz 2 Halbsatz 2 EStG). Daher drängt die aba darauf, dass innerhalb der notwendigen Reform das Teilwertverfahren durch das sog. quotierte Anwartschaftsbarwertverfahren abgelöst werden soll. Dabei wird die Pensionsverpflichtung mit dem Barwert derjenigen Teilbeträge bewertet, auf die der Versorgungsberechtigte bis zum Bilanzstichtag einen unverfallbaren Anspruch erworben hat (siehe hierzu Rz. 3390). Dieses Verfahren erlaubt dann auch eine sachgerechte Bewertung von beitragsorientierten Pensionszusagen. Die dem Teilwertverfahren innewohnende Fiktion einer Finanzierung mittels eines zu Nettokonditionen abgeschlossenen Lebensversicherungsvertrags würde damit der Vergangenheit angehören.

(3) Abschaffung des Nachholverbots

Das Nachholverbot sollte in der Zeit, in der noch keine Pflicht zur Bildung einer Pensionsrückstellung in der Steuerbilanz bestand, verhindern, dass Unternehmen die Rückstellungsbildung für ungewollte/missbräuchliche Gestaltungen nutzen. 96

Da für nach dem 31.12.1986 erteilte unmittelbare Pensionszusagen längst eine Passivierungspflicht besteht, entbehrt das Nachholungsverbot aus Sicht der aba somit jeglicher Grundlage. Es sollte im Zuge der Reform aufgegeben werden. 97

(4) Wechsel vom Schriftformgebot auf die Textform

§ 6a Abs. 1 Nr. 3 EStG schreibt – als Voraussetzung für die Bildung einer Pensionsrückstellung in der Steuerbilanz – die Schriftform vor. 98

Aus Sicht der aba könnte die Abkehr vom Schriftformerfordernis und deren Ersatz durch die Textform zu einer erheblichen Verwaltungsvereinfachung führen, die für die Verbreitung von betrieblichen Versorgungssystemen förderlich wäre. So könnten sich Arbeitnehmer ohne großen Aufwand über Internet- und Intranetportale für eine bAV entscheiden. 99

ff) Mögliche Neuregelung zu § 6a EStG

Die Ausführungen des FG Köln stoßen in der Fachwelt überwiegend auf Zustimmung. So besteht die begründete Hoffnung, dass sich das BVerfG der der Beschlussvorlage zugrundeliegenden Begründung anzuschließen vermag. Der konkrete Vorschlag des FG Köln zur zukünftigen Bestimmung des Rechnungszinsfußes sollte dem BVerfG seine Arbeit ein wenig erleichtern. 100

Sollte am Ende das BVerfG den Gesetzgeber dazu verpflichten, die Bestimmung des § 6a Abs. 3 Satz 3 EStG einer verfassungsgemäßen Neuregelung zuzuführen, so stellt sich im nächsten Schritt die Frage, wie denn eine solche Neuregelung umgesetzt werden könnte? An diesem Punkt müssen die Erwartungen derjenigen leider im Vorfeld schon etwas gedämpft werden, die darauf hoffen, dass der Fiskus eine sofortige betriebsausgabenwirksame Umsetzung der Neuregelung zulassen wird. Mit einem derartigen Paukenschlag ist aus rein finanzpolitischen Erwägungen nicht zu rechnen. 101

Vielmehr müssen sich die betroffenen Unternehmen und die Rechtsanwender darauf einstellen, dass die gesetzliche Neuregelung einen längeren Übergangszeitraum (denkbar ist ein Zeitraum zwischen 5 und 15 Jahren) beinhalten wird. Dabei könnte in Anlehnung an frühere Übergangsregelungen im 102

Jahr des Inkrafttretens der Neuregelung ein Übergangsbetrag zu ermitteln sein, der dann in gleichmäßige Teilbeträge unterteilt und den künftigen Zuführungen zu den Pensionsrückstellungen jährlich hinzugerechnet wird.

103 Ob die aba ihre weitreichenden Reformbemühungen zum Erfolg führen kann, bleibt abzuwarten. Sollte der Gesetzgeber vom BVerfG dazu gezwungen werden, den Rechnungszinsfuß an die fundamentalen Veränderungen anzupassen, so besteht durchaus die Chance, dass sich der Gesetzgeber dazu durchringt, die Norm insgesamt zu modernisieren.

gg) Anmerkungen

104 Eine Studie des Instituts der deutschen Wirtschaft Köln beschäftigte sich in 2016 erstmals intensiv mit den Effekten der niedrigen Zinsen auf die betrieblichen Pensionsrückstellungen in Deutschland und deren ertragsteuerrechtliche Konsequenzen.[1] Der Verfasser, Herr Dr. Tobias Hentze, weist mit der aktuellen Studie erstmals qualifiziert nach, dass der Fiskus durch die unsachgemäßen Bestimmungen des § 6a EStG und aus der daraus folgenden **Besteuerung fiktiver Gewinne schätzungsweise 20 bis 25 Mrd. € von den versorgungstragenden Unternehmen abkassiert.** Ein Ergebnis, das eigentlich keiner weiteren Kommentierung mehr bedarf!

105 In Anbetracht dieser Erkenntnisse können sich die Autoren des Eindrucks nicht mehr erwehren, dass die aktuell vorherrschenden Verhältnisse in Deutschland dazu führen, dass das zur Beschränkung der Staatsgewalt geschaffene Prinzip der Gewaltenteilung in Legislative, Exekutive und Judikative unter dem **Diktat der Haushaltskonsolidierung** an Wirksamkeit verloren hat. So ist zumindest auf dem Rechtsgebiet der bAV zu beobachten, dass die drei Staatsorgane dort bereitwillig jedwede Form der Rechtsbeugung in Kauf nehmen, wo es gilt, ungewollte Belastungsentscheidungen zu vermeiden, um den Zielen der Haushaltkonsolidierung entsprechen zu können.

106 Ein Musterbeispiel für das Diktat der Haushaltspolitik bildet dabei das BilMoG. Dem Gesetzgeber ist in diesem Zusammenhang vorzuwerfen, dass er bereits 2009 eine historische Chance hat verstreichen lassen, um die bilanzielle Behandlung von Pensionsverpflichtungen in Deutschland endlich zu vereinfachen und zu vereinheitlichen. Der **Gesetzgeber hat im Zuge der Einführung des BilMoG** unverblümt darauf hingewiesen, dass eine Übernahme der neuen handelsrechtlichen Spielregeln zur Bilanzierung von Pensionsverpflichtungen

---

[1] Siehe hierzu Hentze, Effekte der Niedrigzinsen auf die betrieblichen Pensionsrückstellungen in Deutschland, www.iwkoeln.de

für den Geltungsbereich des Steuerrechts aus haushaltstechnischen Gründen abgelehnt werden muss. Die damit einhergehenden Steuerausfälle wären nicht zu verkraften.

Diese sture Verweigerungshaltung hat die Bundesregierung jüngst mit Ihrer Antwort v. 17. 7. 2018 nochmals deutlich bestätigt.[1] Auf die kleine Anfrage der FDP-Fraktion v. 29. 6. 2018[2] zum Thema „Pensionsrückstellungen in der Nierdigzinsphase" hat die Bundesregierung mit ihrer Antwort in dieser Angelegenheit erneut ein nahezu erbärmliches Bild abgegeben. So bestätigt die Bundesregierung zwar, dass bei einer Absenkung des Rechnungszinsfußes auf 4 % mit rd. 25 Mrd. € Steuermindereinnahmen (bei 3 % sogar rd. 40 Mrd. €) zu rechnen sein wird. Im gleichen Zuge wird jedoch jeglicher Änderungsbedarf zu § 6a EStG abgelehnt. Nach Auffassung der Bundesregierung wären die geltenden ertragsteuerrechtlichen Regelungen zur Bewertung von Pensionsverpflichtungen marktgerecht und verfassungskonform. Die Tatsache, dass das anhaltende Niedrigzinsniveau nicht mehr nur als vorübergehende volkswirtschaftliche Erscheinung, sondern als eine strukturelle Veränderung mit nachhaltiger Natur zu beurteilen ist, vermag die Bundesregierung nicht zu würdigen. Die Verweigerungshaltung der Bundesregierung wird damit endgültig manifestiert. 107

U. E. kann die vordergründige Ausrichtung des Staatshandelns an haushaltspolitischen Zwängen in der Form, in der dies praktiziert wird, nicht mehr im Interesse der Bevölkerung und der betroffenen Steuerpflichtigen liegen. Es kann grundsätzlich nicht mehr hingenommen werden, dass die Staatsorgane ihre Stellung aus haushaltspolitischen Gründen derart missbrauchen. Das Ziel, den Haushalt zu konsolidieren, kann und darf alleine nicht ausreichen, um willkürliche Staatshandlungen zuzulassen. Es bleibt zu hoffen, dass die vorher beschriebenen Entwicklungen nun dazu führen werden, dass dem willkürlichen Staatshandeln zumindest im Bereich der ertragsteuerrechtlichen Berücksichtigung von unmittelbaren Pensionsverpflichtungen ein Ende bereitet wird. 108

BERATUNGSHINWEIS:

Am 20. 7. 2018 hat die Heubeck AG, Köln, neue Richttafeln für die Pensionsversicherung veröffentlicht (Heubeck-Richttafeln 2018 G). Die Finanzverwaltung hat die Heubeck-Richttafeln 2018 G mit BMF-Schreiben v. 19. 10. 2018 anerkannt. Die neuen Richttafeln können erstmals der Bewertung am Ende des Wirtschaftsjahres zugrunde gelegt werden, das nach dem 20. 7. 2018 endet.[3]

---

1 Antwort der Bundesregierung v. 17. 7. 2018, Pensionsrückstellungen in der Niedrigzinsphase, BT-Drucks. 19/3423.
2 Kleine Anfrage der FDP-Fraktion v. 29. 6. 2018, Pensionsrückstellungen in der Niedrigzinsphase, BT-Drucks. 19/3091.
3 BMF, Schreiben v. 19. 10. 2018 – IV C 6 – S 2176/07/10004:001, NWB DokID: HAAAG-98265.

Laut Mitteilung der Heubeck AG sei damit zu rechnen, dass die ertragsteuerrechtliche Pensionsrückstellung um 0,8 % bis 1,5 % zunehmen wird. Für die Handelsbilanz soll mit einer Zunahme i. H. v. 1,5 % bis 2,5 % zu rechnen sein. In der Steuerbilanz ist der Anpassungsaufwand gleichmäßig über drei Jahre zu verteilen, während er in der Handelsbilanz sofort zu erfassen ist.[1]

Die im Rahmen dieses Buches dargestellten Rückstellungsverläufe beruhen allesamt auf den © Richttafeln 2005 G von Klaus Heubeck – Lizenz Heubeck-Richttafeln-GmbH, Köln. Die darauf beruhenden Zahlen sind aufgrund des relativ geringen Abweichungspotenzials nach wie vor sachgerecht.

109–115 (*Einstweilen frei*)

3. Verkomplizierung der rechtlichen Rahmenbedingungen

116 Die Erfahrungen der betrieblichen Praxis beweisen eindeutig, dass die Komplexität des Rechtsgebietes der bAV erheblich unterschätzt wird. Dies wird schon alleine dadurch sichtbar, dass die bAV in der juristischen Ausbildung dem Arbeitsrecht zugeordnet wird und dabei völlig untergeht. So ergibt es sich, dass die Absolventen eines juristischen Studiums die Universität verlassen, ohne dabei jemals mit dem Rechtsgebiet der bAV in Berührung geraten zu sein. Die Rechtsanwaltschaft ist deswegen auch nicht in der Lage, dem gesteigerten Interesse nach neutraler Rechtsberatung auf dem Gebiet der bAV nachzukommen. Eine völlig inakzeptable Situation, die auch dafür verantwortlich ist, dass die Grundsätze der Rechtsberatung im Markt der bAV seit Jahren mit Füßen getreten werden (nähere Ausführungen hierzu Rz. 2661 ff.).

117 Dabei ist nach Auffassung der Autoren die bAV ein **interdisziplinäres Aufgaben- und Rechtsgebiet,** das höchste Anforderungen an den ehrgeizigen Berater stellt. Durch das interdisziplinäre Anforderungsprofil ist der Berater nämlich gefordert, in unterschiedlichste Themen- und Rechtsgebiete einzudringen.

---

[1] § 6a Abs. 4 Satz 2 EStG.

3. Verkomplizierung der rechtlichen Rahmenbedingungen

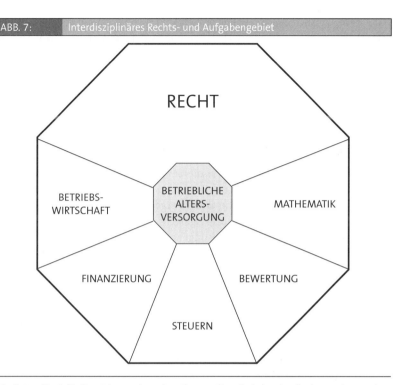

ABB. 7: Interdisziplinäres Rechts- und Aufgabengebiet

Die interdisziplinäre Dimension der Thematik wird durch die im Anhang dargestellten Rechtsgebiete, die durch eine Gf-Pensionszusage tangiert werden, dokumentiert. Eine besondere Herausforderung besteht im Bereich der bAV darin, dass es dem Berater gelingen muss, ein fundiertes juristisches Spezialwissen mit mathematischem und betriebswirtschaftlichem Sachverstand zu verbinden. Eine Kombination, die letztendlich dafür verantwortlich ist, dass echte Fachleute auf dem Gebiet der bAV in Deutschland mit der Lupe gesucht werden müssen. 118

Die Gf-Versorgung bietet ein Musterbeispiel für die fortlaufend stattfindende Verkomplizierung der rechtlichen Rahmenbedingungen. Denn die seit Jahren fortwährende **Auseinandersetzung auf dem Gebiet des Steuerrechts** treibt immer neue Blüten. FinVerw und Gerichtsbarkeit tragen mit ihren Aktionen gleichermaßen dazu bei, dass die ertragsteuerrechtliche Beurteilung einer Gf-Pensionszusage nur noch von absoluten Spezialisten beherrscht werden kann. 119

So hat der BFH z. B. am 26. 3. 2014 für einen historischen Tag in der Rechtsgeschichte der Gf-Versorgung gesorgt: In einer konzertierten Aktion hat er an 120 nur einem Tag sechs verschiedene Entscheidungen zur Gf-Pensionszusage veröffentlicht.[1] In fünf von sechs Entscheidungen fiel das Votum des ersten Senats zugunsten der FinVerw aus. Nur im Verfahren zu I R 72/12 hat der BFH in der Frage des der Bewertung der Pensionsverpflichtung zugrunde zu legenden Alters zugunsten des Marktes entschieden.

121–125 (*Einstweilen frei*)

a) Überforderung der Finanzverwaltung

126 Eine wesentliche Verantwortung für die unnötige Verkomplizierung der rechtlichen Rahmenbedingungen ist der FinVerw zuzuweisen, die es entweder unterlässt bundesweit bedeutsame Rechtsfragen im Sinne einer einheitlichen Rechtsanwendung zeitnah und praxisgerecht zu regeln, oder die bei der Formulierung ihrer Verwaltungsanweisungen die stets vom Steuerpflichtigen geforderte Einhaltung des Klarheits- und Eindeutigkeitsgebotes selbst nicht zu erfüllen vermag.

127 Wendet sich dann eine GmbH, die in verantwortungsvoller Art und Weise bereits im Vorfeld einer geplanten Gestaltung die Klärung einer offenen Rechtsfrage mit der FinVerw anstrebt, im Rahmen eines Antrags auf Erteilung einer Verbindlichen Auskunft[2] an das zuständige Finanzamt, so ist nach den Erfahrungen der Autoren der Erfolg des Antrags nicht unwesentlich davon abhängig, in welchem Bundesland der Antrag eingereicht wird. So können anhand der Erfahrungen der Autoren mehrere Bundesländer identifiziert werden, die erkennbar dazu neigen, der Beantwortung derartiger Anträge auszuweichen. Gerne wird dabei darauf verwiesen, dass es sich bei der zu klärenden Frage nicht um eine offene Rechtsfrage, sondern um eine Sachverhaltsfrage handeln würde.

128 Ferner können die Autoren berichten, dass ihre Erfahrungen im Rahmen von Betriebsprüfungen eindeutig erkennen lassen, dass es unter den oftmals im Rahmen einer Betriebsprüfung hinzugezogenen Fachprüfern für bAV auch Vertreter gibt, die über einen gewissen Hang zur Darstellung ihrer eigenen – selbst von Verwaltungsanweisungen abweichenden – Meinung bzw. zur Fortentwicklung des Rechts verfügen und die dabei versuchen, die ertragsteuer-

---

1 BFH, Urteile v. 11. 9. 2013 - I R 26/12, BFH/NV 2014 S. 728; BFH v. 11. 9. 2013 - I R 28/13, BStBl 2014 II S. 726; BFH v. 11. 9. 2013 - I R 72/12, BStBl 2016 II S. 1008; BFH v. 23. 10. 2013 - I R 89/12, BStBl 2014 II S. 729; BFH v. 23. 10. 2013 - I R 60/12, BStBl 2015 II S. 413; sowie BFH v. 27. 11. 2013 - I R 17/13, BFH/NV 2014 S. 731 = NWB DokID: XAAAE-60348.
2 § 89 Abs. 2 AO.

rechtliche Beurteilung der zu prüfenden Pensionszusage dem vom Prüfer gewünschten Ergebnis zu unterwerfen (siehe hierzu Rz. 271 ff.).

Das ging in einem Fall, in dem die Autoren von der betroffenen Gesellschaft als Gutachter hinzugezogen wurden, sogar so weit, dass die FinVerw des Landes Baden-Württemberg (unter Führung eines Fachprüfers für bAV) gegen eine – aus Sicht der Autoren und der betroffenen Steuerpflichtigen – unmissverständliche Anweisung des BMF, an die sie eigentlich gebunden wäre, vorgegangen ist. Die steuerpflichtige Gesellschaft wurde damit gezwungen, den daraus resultierenden Rechtsstreit vor das Finanzgericht zu bringen. Im Schriftsatz zur Klageerwiderung hat das beklagte Finanzamt sein Vorgehen wie folgt begründet: 129

„Die Beklagte erlaubt sich als Teil der Verwaltung eine eigene Auslegung von Verwaltungsanweisungen, soweit sie, auch unter Berücksichtigung ihres Entstehens, zumindest offensichtlich missverständlich sind. Es wird von der Beklagten auch nicht bestritten, dass die Rechtslage in der vorliegenden Problematik auch zwischen den Ländern umstritten ist, doch ist eine solche Kontroverse kein rechtliches Argument für oder gegen eine der Sichtweisen."

Eine Auseinandersetzung zwischen den einzelnen Länderfinanzverwaltungen, die die Auslegung eines BMF-Schreibens zum Gegenstand hat, kann nach der festen Überzeugung der Autoren keinesfalls auf dem Rücken eines Steuerpflichtigen ausgetragen werden. Vielmehr ist die FinVerw dazu aufgefordert, derartige Differenzen auf der Ebene der Länderfinanzverwaltungen in der Auseinandersetzung mit dem BMF auszutragen und sie intern beizulegen. 130

Bei allem Verständnis, dass der FinVerw bei ihren Bemühungen den Missbrauch von Gestaltungsmöglichkeiten zu unterbinden, entgegenzubringen ist, muss an dieser Stelle in aller Deutlichkeit zum Ausdruck gebracht werden, dass sich ein derartiges Verwaltungshandeln weit außerhalb dessen bewegt, was als zumutbar und verkraftbar beurteilt werden kann. Ferner wird dadurch die Gestaltung von betrieblichen Versorgungszusagen in der betrieblichen Praxis erheblich erschwert und das Vertrauen der Bürger in eine verlässlich funktionierende Verwaltung erheblich belastet. All dies geschieht in einem Umfeld, in dem die Verbreitung von betrieblichen Versorgungszusagen unbedingt gefördert und unterstützt werden sollte, um die zukünftigen Aufgaben unseres Alterssicherungssystems noch bewältigen zu können. 131

(*Einstweilen frei*) 132–135

b) Verkomplizierung der Rechtsmaterie durch den BFH

136 Nicht nur die FinVerw sorgt für eine erhebliche Verkomplizierung der steuerrechtlichen Rahmenbedingungen. Auch die **Gerichtsbarkeit – insbesondere der Bundesfinanzhof (BFH) –** hat mit seinen Entscheidungen in der jüngsten Vergangenheit dazu beigetragen. Als Beispiel hierfür seien die folgenden BFH-Urteile aufgeführt:

- ▶ Urteil v. 20. 7. 2016 – I R 33/15, BStBl 2017 II S. 66 (Erdienungsdauer bei einer Unterstützungskassenzusage) und
- ▶ Urteil v. 18. 8. 2016 – VI R 18/13, BStBl 2017 II S. 730 (Zufluss von Arbeitslohn bei Schuldübernahme durch einen Dritten).

137 In der erstgenannten Entscheidung hat der BFH eine Rechtsauffassung vertreten, die er knapp zwei Jahre später wieder korrigieren musste. In der zweitgenannten Entscheidung hat der BFH eine eigene Entscheidung aus dem Jahre 2007 ad absurdum geführt.

aa) BFH, Urteil v. 20. 7. 2016: Erdienungsdauer bei einer Unterstützungskassenzusage

138 In dem zu entscheidenden Sachverhalt hatten die Parteien zunächst die unmittelbare Pensionszusage des beherrschenden GGf in Höhe des Past Service unter Beibehaltung der unmittelbaren Durchführung beschränkt. Der verbleibende Future Service wurde auf eine rückgedeckte Unterstützungskasse übertragen, in eine Kapitalzusage umgestaltet und hinsichtlich der künftigen Unterstützungskassenleistungen spürbar erhöht.

139 So war es zunächst nicht verwunderlich, dass der BFH die Auffassung vertrat, dass die spürbare Erhöhung des Future Service einen neuen Erdienbarkeitszeitraum auslöst. Der BFH begnügte sich jedoch nicht mit dieser Feststellung. Er hat mit seiner Entscheidung v. 20. 7. 2016 – zur allgemeinen Überraschung sämtlicher Marktteilnehmer – die bisher gültige Betrachtungsweise, dass der Wechsel des Durchführungsweges keine Neuzusage i. S. d. Erdienbarkeit darstellen kann, auf den Kopf gestellt:[1]

140 Der BFH gelangte nämlich zu der Auffassung, dass es sich bei der Unterstützungskassenzusage um eine Neuzusage handeln würde. Der BFH wertete den Wechsel des Durchführungswegs nicht lediglich als eine Formalie. Vielmehr beurteilte er diesen in rechtlicher Hinsicht als eine wesentliche Statusänderung. Dies vor dem Hintergrund, dass der beherrschende GGf in Gestalt der

---

1 BFH, Urteil v. 20. 7. 2016 - I R 33/15, BStBl 2017 II S. 66.

3. Verkomplizierung der rechtlichen Rahmenbedingungen

Unterstützungskasse einen neuen Vertragspartner erhielt und er hinsichtlich des Future Service zugleich seinen Direktanspruch gegen die GmbH verlor. Dies sollte nach dem Tenor der Begründung unzweifelhaft auch dann gelten, wenn es im Zuge des Wechsels des Durchführungsweges nicht zu einer materiellen Veränderung des Versorgungsversprechens kommen würde.

Die Entscheidung ist in der Fachwelt auf uneingeschränkte und heftige Kritik gestoßen. Auch wurde damit die Umsetzung derartiger Lösungswege in der Praxis blockiert. Mit der berechtigten Kritik wurde im Rahmen des Steuerrechts-Forums der aba im April 2017 ein Mitglied des I. Senats des BFH konfrontiert. Darauf angesprochen, erklärte der vortragende Richter unumwunden, dass der Senat die Tragweite dieser Entscheidung erheblich unterschätzt hätte. Im Anschluss daran hat er in Aussicht gestellt, dass der Senat in einem vergleichbaren Verfahren die Gelegenheit nutzen möchte, seine Sichtweise zu überdenken. 141

Das Überdenken hat mittlerweile zu einer Klarstellung/Korrektur der Entscheidung v. 20. 7. 2016 geführt. Mit Urteil v. 7. 3. 2018[1] hat der BFH zunächst – aus Sicht der Autoren vergeblich – versucht klarzustellen, dass er in der Entscheidung v. 20. 7. 2016 keinesfalls den Grundsatz aufgestellt hätte, dass bei einer Umstellung des Durchführungswegs stets die Erdienbarkeit zu prüfen wäre. Im Anschluss daran hat der BFH dann den klarstellenden Grundsatz aufgestellt, dass bei einer wertgleichen Umstellung einer Direktzusage in eine Unterstützungskassenzusage, die im Wege des Wechsel des Durchführungswegs realisiert wird, keine erneute Prüfung der Erdienbarkeit ausgelöst wird. Damit hat der BFH aus Sicht der Autoren einen Salto rückwärts vollzogen, der im Sinne der betroffenen Kapitalgesellschaften nun dazu geführt hat, dass eine fast zwei Jahre andauernde Verunsicherung des Marktes beseitigt wurde. Entsprechend zurückgestellte Lösungen können nun zur Umsetzung gebracht werden. 142

bb) BFH, Urteil v. 18. 8. 2016: Zufluss von Arbeitslohn bei Schuldübernahme durch einen Dritten

Mit der Entscheidung v. 18. 8. 2016 hat der BFH in der Fachwelt für viel Aufsehen gesorgt. Dabei hat der BFH mit diesem Urteil seine eigene Sicht der Dinge völlig überraschend auf den Kopf gestellt und aus Sicht der Autoren zumindest eine Rolle seitwärts vollzogen. 143

---

1 BFH, Urteil v. 7. 3. 2018 - I R 89/15, NWB DokID: WAAAG 87341.

144 Bisher konnten FinVerw und Fachwelt auf der Grundlage der BFH-Entscheidung v. 6.4.2007[1] davon ausgehen, dass die Übertragung einer Pensionszusage auf eine Rentner-GmbH im Wege der Einzelrechtsnachfolge beim Gf im Zeitpunkt der Übertragung zu steuerpflichtigem Arbeitslohn führt. Damit war der Gestaltung der Boden entzogen.

145 Nach den Grundsätzen der Entscheidung zu VI R 18/13, die im Parallelverfahren zu VI R 46/13[2] bestätigt wurden, ist im Falle einer Übertragung einer Pensionszusage auf einen neuen Rechtsträger ein Zufluss von Arbeitslohn nur noch dann anzunehmen, wenn der Gf über ein Wahlrecht verfügt, sich den Ablösungsbetrag auch an sich selbst auszahlen zu lassen. Ist ein solches Wahlrecht nicht vereinbart, handelt es sich zukünftig um eine bloße Schuldübernahme, die keinen Zufluss von Arbeitslohn auslöst.

146 Mit seiner Rolle seitwärts hat der BFH jetzt für völlig neue Spielregeln gesorgt. Die beiden Entscheidungen sind aus Sicht des Marktes – insbesondere aus Sicht der betroffenen Gf – sehr zu begrüßen, zumal der BFH damit die Tür zur Einrichtung einer reinen Rentner-GmbH weit aufgestoßen hat. Allein mit einer derartigen Vorgehensweise trägt der BFH jedoch in hohem Maße zur Verkomplizierung der Rechtsmaterie bAV und zur Verunsicherung des Marktes bei.

147–150 (Einstweilen frei)

4. Sinkende Steuerentlastung

151 In vielen Fällen lag das Hauptmotiv für die Einführung einer unmittelbaren Pensionszusage in der Steuergestaltung. Verführt wurden viele Gf durch die spezielle Gestaltung des im § 6a EStG zur ertragsteuerlichen Bewertung von Pensionsverpflichtungen verankerten Teilwertverfahrens. Die verlockende Besonderheit des Teilwertverfahrens liegt darin, dass es zulässt, dass im Wirtschaftsjahr der erstmaligen Erteilung einer unmittelbaren Pensionszusage die Pensionsrückstellungen für die Wirtschaftsjahre seit dem Diensteintritt (lediglich begrenzt durch das jeweils geltende Mindestalter) nachgeholt werden können. Dies führt zu erheblichen Erstrückstellungen. Insbesondere dann, wenn der Gf schon längere Zeit für die GmbH ohne Pensionszusage tätig war.

152 Da die zu bildende Pensionsrückstellung zunächst nur zu einem buchmäßigen Aufwand führt, ergibt sich ein sog. Innenfinanzierungseffekt. Der Innenfinanzierungseffekt ermöglicht es der GmbH, über Finanzmittel zu verfügen, die

---

1 BFH, Urteil v. 6.4.2007 - VI R 6/02, BStBl 2007 II S. 581.
2 BFH, Urteil v. 18.8.2016 - VI R 46/13, BFH/NV 2017 S. 16 = NWB DokID: AAAAF-85886.

4. Sinkende Steuerentlastung

ohne die Pensionsverpflichtung in Form von Steuerzahlungen an den Fiskus abgeflossen wären. Die so frei verfügbaren Gelder können in der Folge entweder zur Unternehmensfinanzierung genutzt oder zum Aufbau von zweckgebundenem Versorgungskapital eingesetzt werden. Der Innenfinanzierungseffekt ist umso höher, je höher die Steuerbelastung der Kapitalgesellschaft ausfällt. Und genau an diesem Punkt wird die Funktionsweise des „Steuersparmodells Pensionszusage" nun durch die Entwicklung der Steuersätze belastet.

Im Rahmen der Bestrebungen zur Stärkung des Wirtschaftsstandortes Deutschland hat der Gesetzgeber in der Vergangenheit dafür gesorgt, dass sich die Steuersätze einer unbeschränkt steuerpflichtigen Kapitalgesellschaft kontinuierlich reduziert haben. Mit den Neuerungen der Unternehmenssteuerreform 2008 hat sich die modellhafte Gesamtsteuerbelastung einer mittelständischen GmbH nach der Annahme des Gesetzgebers auf 29,83 % reduziert. Diese Gesamtbelastung aus Körperschaft- und Gewerbesteuer sowie des Solidaritätszuschlags berechnet der Gesetzgeber auf der Grundlage eines modellhaften Gewerbesteuer-Hebesatzes i. H. v. 400 %, der jedoch insbesondere in Großstädten deutlich überschritten wird. So errechnet sich z. B. bei einem Gewerbesteuer-Hebesatz von 460 % eine Gesamtsteuerbelastung von 31,93 %. Selbst wenn ein Hebesatz von 490% zu einer Gesamtsteuerbelastung i. H. v. 32,98 % führt, so kann vereinfachend festgestellt werden, dass sich damit die Gesamtsteuerbelastung einer Kapitalgesellschaft im Vergleich zu den Zeiten der Spitzensteuerbelastung (rd. 60 %) in etwa halbiert hat. 153

Diese an sich begrüßenswerte und auch notwendige Entwicklung führt im Bereich der unmittelbaren Pensionszusage jedoch dazu, dass sich auch der aus der Pensionsrückstellung herrührende Innenfinanzierungseffekt im Vergleich zu den Zeiten der Spitzensteuerbelastung in etwa halbiert! Infolgedessen kommt es zu einer spürbaren Erhöhung der Eigenkapitalbelastung der Trägerunternehmen und zu einer erheblichen Beeinträchtigung der Attraktivität des „Steuersparmodells Pensionszusage". 154

Im Gegensatz zur o. a. Entwicklung gereicht die sinkende Steuerbelastung jedoch denjenigen Trägerunternehmen zum Vorteil, die bei den jetzigen steuerlichen Rahmenbedingungen Pensionsrückstellungen gewinnerhöhend auflösen. Die Auflösung verursacht dann nämlich eine deutlich niedrigere Steuerbelastung, als sie bei der Bildung an Steuerstundung erbracht hat. In diesem Falle verbleibt dem Trägerunternehmen somit ein echter Steuerspareffekt. Dabei ist jedoch zu beachten, dass der Steuerspareffekt ursächlich nicht der Pensionsrückstellung zugerechnet werden kann. Vielmehr handelt es sich um ein willkommenes „Abfallprodukt" der Steuersenkungsinitiativen. 155

156–159 (*Einstweilen frei*)

5. Steigende Lebenserwartung

160 Rentenförmig gestaltete Altersvorsorge – gleichgültig ob umlagefinanziert oder kapitalgedeckt – zielt immer darauf ab, das sog. Langlebigkeitsrisiko abzusichern. Der Sinn der Altersvorsorge liegt dabei in der Schaffung eines Einkommensersatzes für die glücklicherweise unbekannte Zeitspanne zwischen dem altersbedingten Ausscheiden aus dem Erwerbsleben und dem Todeszeitpunkt.

161 Die unbekannte Zeitspanne wird durch die Lebenserwartung bestimmt, die somit in diesem Zusammenhang eine zentrale Rolle einnimmt. Untersucht man die Entwicklung der Lebenserwartung in Deutschland seit Beginn der amtlichen Sterblichkeitsmessung, so zeigt sich eine grundsätzlich begrüßenswerte Verlängerung der Lebenszeit:[1]

a) Lebenserwartung der Neugeborenen

162 Nach den Sterbetafeln des Statistischen Bundesamtes betrug die Lebenserwartung eines männlichen Neugeborenen zu Beginn der amtlichen Sterblichkeitsmessung gem. der Sterbetafel 1871/1881 nur 35,6 Jahre. Neugeborene Mädchen konnten zu diesem Zeitpunkt durchschnittlich damit rechnen, dass sie rd. 38,5 Jahre leben würden. Mittlerweile zeigt uns die aktuelle Sterbetafel des Statistischen Bundesamtes 2015/2017 ein deutlich verändertes Bild:

▶ So beträgt die Lebenserwartung eines männlichen Neugeborenen mittlerweile 78,4 Jahre.

▶ Weibliche Neugeborene werden nach den neuesten Erkenntnissen um knapp fünf Jahre älter. Deren Lebenserwartung liegt mittlerweile bei 83,2 Jahren.

163 Damit hat sich die Lebenserwartung bei Geburt bei beiden Geschlechtern mehr als verdoppelt. Die vertiefende Analyse des Zahlenmaterials bringt zum Vorschein, dass sich die Lebenserwartung der männlichen Neugeborenen allein in den Jahren von 2000 bis 2017 von 75,1 auf 78,4 Jahre und bei weiblichen Neugeborenen von 81,1 auf 83,2 Jahre erhöht. Eine mehr als deutliche Entwicklung!

---

[1] Methoden- und Ergebnisbericht zur laufenden Berechnung von Periodensterbetafeln für Deutschland und die Bundesländer, Statistisches Bundesamt, 2018, www.destatis.de.

5. Steigende Lebenserwartung

Der Fortschritt der medizinischen Versorgung, Hygiene, Ernährung und Wohnsituation, sowie die verbesserten Arbeitsbedingungen und der gestiegene materielle Wohlstand können hierbei als maßgebliche Gründe genannt werden. Während in der Vergangenheit der bestimmende Faktor für einen Anstieg der Lebenserwartung die sinkende Säuglings- und Kindersterblichkeit war, ist es heutzutage die sinkende Sterblichkeit im höheren Alter.

ABB. 8: Lebenserwartung der Neugeborenen: Retrospektive Entwicklung[1]

Allerdings muss bei der Betrachtung dieses Zahlenmaterials berücksichtigt werden, dass die Sterbetafeln des Statistischen Bundesamtes eine rein retrospektive Darstellung der Lebenserwartung liefern. Eine solche Sterbetafel quantifiziert die Sterblichkeitsverhältnisse in einem Berichtszeitraum (jeweils die letzten drei Jahre) und beinhaltet keine Annahmen darüber, wie sich die Sterblichkeitsverhältnisse in der Zukunft verändert werden. Die amtlichen Sterbetafeln liefern demnach Aussagen darüber, wie viele (weitere) Lebensjahre eine Person vor sich hätte, wenn sie ein Leben lang den Sterblichkeitsverhältnissen des Betrachtungszeitraums ausgesetzt wäre.[2]

---

1 Statistisches Bundesamt.
2 Methoden- und Ergebnisbericht zur laufenden Berechnung von Periodensterbetafeln für Deutschland und die Bundesländer, Statistisches Bundesamt, 2018, www.destatis.de.

I. Pensionszusagen an GmbH-Geschäftsführer – Aktueller Beratungsbedarf

167 Um eine Vorstellung im Hinblick auf die mögliche Steigerung der Lebenserwartung – und somit die künftige Entwicklung des sog. Langlebigkeitsrisikos – zu erhalten, empfiehlt es sich im Zusammenhang mit der Beurteilung von Versorgungszusagen, auf die Sterbetafeln der privaten Versicherungswirtschaft zurückzugreifen. Die Versicherer sind naturgemäß dazu aufgefordert, sich bei der Kalkulation ihrer Versicherungstarife einer prospektiven Betrachtung zu bedienen, die die künftige Entwicklung der Lebenserwartung in angemessener Art und Weise berücksichtigt.

168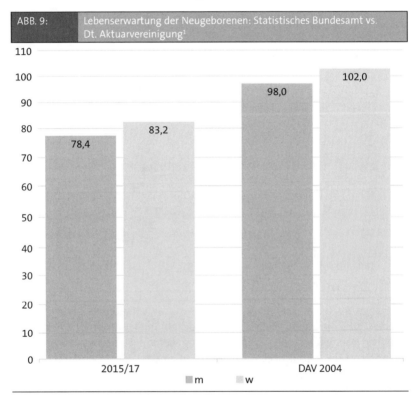

ABB. 9: Lebenserwartung der Neugeborenen: Statistisches Bundesamt vs. Dt. Aktuarvereinigung[1]

169 Die mit dem 1.1.2005 in Kraft getretenen Sterbetafeln der Deutschen Aktuarvereinigung (DAV) gehen von einer weiteren dramatischen Steigerung der Lebenserwartung in der Zukunft aus. So soll sich nach den neuen Sterbetafeln DAV 2004 R die Lebenserwartung eines männlichen Neugeborenen von rd. 78

---

[1] Statistisches Bundesamt, DAV www.aktuar.de.

auf rd. 98 Jahre steigern. Die weiblichen Neugeborenen sollen im Durchschnitt schon 102 Jahre alt werden.

Den Erläuterungen des Statistischen Bundesamtes zur Sterbetafel 2015/17 kann dagegen entnommen werden, dass anhand der koordinierten Bevölkerungsvorausberechnung aller Voraussicht nach davon ausgegangen werden kann, dass ein **im Jahre 2060** neugeborener Junge über eine Lebenserwartung von knapp 85 Jahren (nochmalige Zunahme von rd. 6,5 Jahren) und ein neugeborenes Mädchen über eine Lebenserwartung von knapp 89 Jahren (nochmalige Zunahme von rd. 5,5 Jahren) verfügen wird.

170

b) Restlebenserwartung der 65-Jährigen

Im Zusammenhang mit der Kalkulation und Beurteilung von Altersvorsorgekonzepten ist darüber hinaus ein weiterer Blick auf die Lebenserwartung der heute 65-Jährigen von besonderem Interesse, da diese Statistik wichtige Aufschlüsse darüber liefert, wie viele Jahre die beschriebene Zeitspanne zwischen dem altersbedingten Ausscheiden aus dem Erwerbsleben und dem Todeszeitpunkt im Durchschnitt umfasst.

171

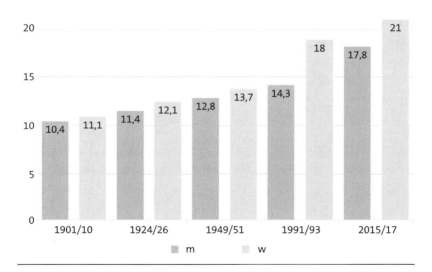

ABB. 10: Lebenserwartung der 65-Jährigen: Retrospektive Entwicklung[1]

1 Statistisches Bundesamt.

I. Pensionszusagen an GmbH-Geschäftsführer – Aktueller Beratungsbedarf

173 Die Sterbetafel des Statistischen Bundesamtes für 2015/2017 weist für einen heute 65-jährigen männlichen Bundesbürger noch eine restliche Lebenserwartung von 17,8 Jahren und für eine heute 65-jährige Frau von 21,0 Jahren aus. D. h., dass ein Mann, sobald er das 65. Lebensjahr vollendet hat, damit rechnen kann/muss, dass er rd. 83 Jahre alt wird. Die Frau kann sogar davon ausgehen, dass sie 86 Jahre alt wird. Die vertiefende Analyse des Zahlenmaterials bringt auch hier zum Vorschein, dass sich die Restlebenserwartung der männlichen 65-jährigen allein in den Jahren von 2000 bis 2017 von 15,8 auf 17,8 Jahre und bei weiblichen 65-jährigen von 19,4 auf 21,0 Jahre erhöht hat.

174

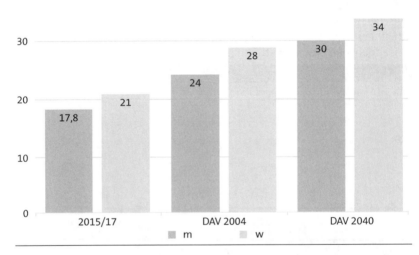

ABB. 11: Lebenserwartung der 65-Jährigen: Statistisches Bundesamt vs. Dt. Aktuarvereinigung[1]

175 Demgegenüber geht die DAV-Sterbetafel 2004 R für Männer von einer Restlebenserwartung von 24 Jahren (Alter 89) und für Frauen von 28 Jahren (Alter 93) aus.

176 Darüber hinaus geht die Prognoserechnung der DAV-Sterbetafel davon aus, dass ein männlicher Bundesbürger, der **im Jahre 2040** das 65. Lebensjahr vollendet, von einer verbleibenden Lebenserwartung von 30 Jahren (Alter 95) aus-

---

1 Statistisches Bundesamt, DAV www.aktuar.de.

gehen kann. Frauen des Jahrgangs 1975 könnten demnach sogar mit einer 34-jährigen (Alter 99) Restlebenserwartung kalkulieren.

c) Methodische Unterschiede von Sterbetafeln

Bei der Analyse der in Deutschland verfügbaren Sterbetafeln ist neben den methodischen Unterschieden auch immer zu berücksichtigen, dass jede Sterbetafel bei ihrer Entstehung einen bestimmten Anwendungszweck verfolgt. So dienen die von der Versicherungswirtschaft verwendeten Sterbetafeln der Deutschen Aktuarvereinigung 2004 R in erster Linie der deutschen Versicherungswirtschaft zur Tarifkalkulation. Daher ist davon auszugehen, dass die DAV-Sterbetafeln besondere Sicherheitszuschläge beinhalten, die zum einen Schätz- oder Prognosefehler ausgleichen und zum anderen Selektionswirkungen innerhalb des versicherten Bestandes auffangen sollen. Dies wird umso plausibler, wenn man berücksichtigt, dass es nachweisbar ist, dass die in der privaten Versicherungswirtschaft versicherten Personen über eine überdurchschnittlich lange Lebenserwartung verfügen.

Selbst wenn man diese Umstände bei der Analyse der DAV-Sterbetafeln relativierend berücksichtigt und zu dem Ergebnis kommt, dass die dortige Prognose der Langlebigkeitsentwicklung aus der heutigen Sicht eines Gf als zu optimistisch zu beurteilen ist, so bleibt letztendlich doch die nicht wegzudiskutierende Tatsache, dass sich die Lebenserwartung in unserem Lande in den nächsten Jahren weiterhin deutlich steigern wird. Dies wird letztendlich auch durch das Zahlenmaterial der amtlichen Sterbetafeln unzweifelhaft bestätigt. Diese Erkenntnis ist daher zwingend bei der Kalkulation und Beurteilung von Altersvorsorgemaßnahmen zu berücksichtigen.

(*Einstweilen frei*)

6. Sinkende Kapitalerträge

Für die Kalkulation von Altersvorsorgekonzepten ist neben den biometrischen Grundwerten ein weiterer Faktor von absolut entscheidender Bedeutung:

Der kalkulatorische Zinssatz, auch Rechnungszins genannt.

Dabei ist die Wirkung von Zinsveränderungen kein mathematisches Geheimnis:

▶ Eine Erhöhung des Rechnungszinses führt zu einer Erhöhung des kalkulierten Zinsertrages und somit zu einer Reduzierung sowohl des kalkulierten Kapitalbedarfs (Rentenbarwert) für die Leistungsphase als auch der notwendigen Dotierung in der Ansparphase.

▶ **Eine Reduzierung des Rechnungszinses** führt zu einer Reduzierung des kalkulierten Zinsertrages und somit zu einer Erhöhung sowohl des kalkulierten Kapitalbedarfs (Rentenbarwert) für die Leistungsphase als auch der notwendigen Dotierung in der Ansparphase.

188 Kommt es dazu, dass der tatsächlich erzielbare Zinsertrag nachhaltig unterhalb des Rechnungszinses (als kalkulatorischen Zinsertrag) verbleibt, hat dies verheerende Folgen für die Finanzierung der betrieblichen Versorgungsverpflichtung.

a) Erhöhung des Kapitalbedarfs

189 Betrachtet man die absehbare Steigerung der künftigen Lebenserwartung und die Volatilität der Kapitalmärkte im Zusammenhang mit der Finanzierung einer Gf-Pensionszusage, so erschließt sich dem interessierten Betrachter sehr schnell der darin liegende Zündstoff:

▶ Eine deutliche **Erhöhung der zu finanzierenden Zeitspanne** führt zwangsläufig zu einer erheblichen Erhöhung des Kapitalbedarfs.

▶ Eine nachhaltige und wesentliche **Reduzierung des tatsächlich erzielbaren Zinsertrages** führt ebenfalls zwangsläufig zu einer erheblichen Steigerung des Kapitalbedarfs.

▶ **Kumulieren sich die Wirkungen** der Langlebigkeit und der Kapitalmärkte in eine Richtung, so führen diese insgesamt zu einer exorbitanten Erhöhung des zur Finanzierung von Pensionsverpflichtungen benötigten Kapitalbedarfs.

190 Wenn sich der Kapitalbedarf zur Finanzierung der Versorgungsleistung deutlich erhöht, muss in der Ansparphase eine entsprechende Erhöhung der Dotierung stattfinden, um den erhöhten Bedarf an Vorsorgekapital decken zu können. Findet die notwendige Anpassung der Dotierung nicht statt, so liegt es auf der Hand, dass die Finanzierung der späteren Rentenzahlungen zu Lasten der laufenden Liquidität in der Rentenphase erfolgen muss. Ein Umstand, der in der Nachfolgeplanung regelmäßig zu einem kritischen Erfolgsfaktor wird.

191–194 (*Einstweilen frei*)

b) Rückdeckungsversicherung und Kapitalmarkt

195 Da sich der überwiegende Anteil der Kapitalgesellschaften in der Vergangenheit dazu entschlossen hat, die Pensionszusage zugunsten des Gf mittels einer sog. Rückdeckungsversicherung zu finanzieren, ist es in diesem Zusammen-

6. Sinkende Kapitalerträge

hang unerlässlich, die Auswirkungen der stattgefundenen Kapitalmarktentwicklung auf langlaufende Rückdeckungsversicherungen darzustellen.

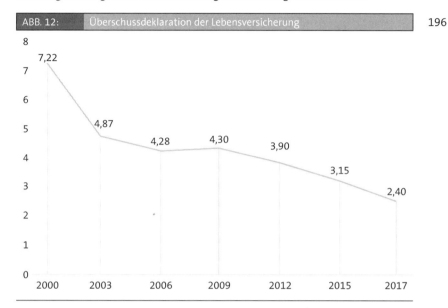

ABB. 12: Überschussdeklaration der Lebensversicherung

Im Jahre 2000 haben die deutschen Lebensversicherer ihre Prognoserechnungen hinsichtlich der in der Zukunft möglichen Ablaufleistung noch unter Zugrundelegung einer Gesamtverzinsung von 7,2 % erstellt. Im Zuge der negativen Entwicklung der Kapitalmärkte musste die Versicherungswirtschaft ihre Überschussdeklaration im Laufe der Jahre bis auf 2,40 % – und somit auf ein Drittel des Wertes aus dem Jahre 2000 – reduzieren.

In der Folge kommt es dazu, dass die tatsächlichen Ablaufleistungen der Rückdeckungsversicherungen spürbar hinter den ursprünglichen Prognosewerten zurückbleiben. Das Ausmaß des Defizits ist dabei vom Zeitpunkt des Vertragsabschlusses und der Vertragslaufzeit abhängig. Wobei zu beachten ist, dass die o. g. Überschussdeklaration für Bestandsverträge nicht gelten kann, sofern deren Garantiezins oberhalb der 2,40 % liegt. Daher lohnt es sich, auch einen Blick auf die Entwicklung der Höchstrechnungszinsen (in der Praxis als Garantiezinsen bezeichnet) zu werfen.

I. Pensionszusagen an GmbH-Geschäftsführer – Aktueller Beratungsbedarf

199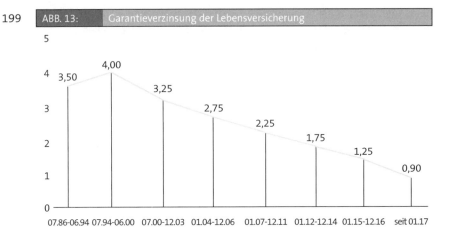

200 Das obige Schaubild zeigt, dass in der Zeit von 7.1994 bis 6.2000 der Garantiezins mit 4,0 % seinen absoluten Höchststand erreicht hatte. Von da an ging es dann stetig bergab. Seit 1.2017 liegt der Garantiezins gerademal noch bei 0,9 %.

201 Ein Abgleich der Garantieverzinsung mit der aktuellen Überschussbeteiligung zeigt darüber hinaus, dass diejenigen Versicherungsverträge, die in der Zeit zwischen 7.1986 und 12.2003 abgeschlossen wurden, über eine Garantieverzinsung verfügen, die deutlich oberhalb der aktuellen Überschussdeklaration liegt. Es erscheint daher ratsam – auch in Anbetracht der anhaltenden Niedrigzinsphase – derartige Verträge fortzuführen.

202–206 (Einstweilen frei)

c) Kapitalbedarf und Rentenfinanzierungsdauer

207 Im Rahmen der betriebswirtschaftlichen Beurteilung einer Gf-Pensionszusage ist es zwingend erforderlich, dass sich die Geschäftsleitung ein klares Bild davon verschafft, wieviel Kapital zur nachhaltigen Finanzierung der Pensionsverpflichtungen tatsächlich benötigt wird (**Kapitalbedarfs-Analyse**) und wie lange die Rentenzahlungen anhand der bereits getroffenen Finanzierungsmaßnahmen (z. B. Rückdeckungsversicherung) voraussichtlich finanziert werden können (**Rentenfinanzierungsdauer**).

208 In Anbetracht der Tatsache, dass im Bereich der Gf-Pensionszusagen regelmäßig hohe Individualzusagen erteilt werden, erscheint es durchaus als sachgerecht, wenn sich der ordentliche und gewissenhafte Kaufmann bei der Er-

6. Sinkende Kapitalerträge

mittlung des Kapitalbedarfs und der Rentenfinanzierungsdauer auch einmal von der versicherungsmathematischen Bewertung der Pensionsverpflichtung löst, um sich der finanzmathematischen Methode (siehe hierzu Rz. 209) zuzuwenden. Denn anders als bei der Bewertung großer kollektiver Bestände besteht das von der GmbH übernommene Versorgungsrisiko individuell in der Person des jeweiligen Gf. Ein kollektiver Risikoausgleich kann hier auf keinen Fall stattfinden. Vielmehr ist zu berücksichtigen, dass sich die endgültige finanzielle Belastung der Gesellschaft im Wesentlichen aus der Lebenserwartung des versorgungsberechtigten Gf ergeben wird.

Die **finanzmathematische Bewertungsmethode** eliminiert die biometrischen Wahrscheinlichkeiten. Sie führt zu einer reinen Kapitalbedarfsermittlung, deren Ergebnis nur durch die vorgegebene Restlebenserwartung/Rentenzahlungsdauer und den Rechnungszins bestimmt wird. Sie liefert der GmbH damit einen praxisgerechten Hinweis auf den voraussichtlich notwendigen Kapitalbedarf. 209

Unter Berücksichtigung der aktuellen Rahmenbedingungen empfiehlt es sich bei der finanzmathematischen Bewertungsmethode – in Anlehnung an die Restlebenserwartung eines heute 65-Jährigen nach DAV 2004 R –, eine Rentenzahlungsdauer von 25 Jahren (somit bis zum 90. Lebensjahr) und einen Rechnungszins i. H. v. 2,0 % zugrunde zu legen. 210

Zur Verdeutlichung der Zusammenhänge werden die Auswirkungen dieser Entwicklung nachfolgend anhand des folgenden **Musterfalles** dargestellt: 211

Pensionszusage an einen (per 31.12.2018) **65-jährigen GmbH-Gf** mit einer **mtl. Altersrente i. H. v. 5.000 €** ohne Rentenanpassungsklausel. 212

Anhand dieses Musterfalls wird in der folgenden Abbildung 14 zunächst dargestellt, wie sich – ausgehend vom ertragsteuerrechtlichen Rentenbarwert der Pensionsverpflichtung – die **voraussichtliche Rentenfinanzierungsdauer** bei unterschiedlichen Rechnungszinsen entwickelt. 213

I. Pensionszusagen an GmbH-Geschäftsführer – Aktueller Beratungsbedarf

214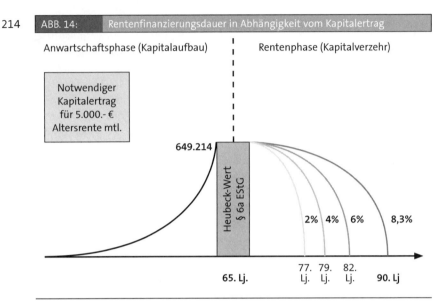

ABB. 14: Rentenfinanzierungsdauer in Abhängigkeit vom Kapitalertrag

215 Die Analyse des Musterfalls zeigt, dass ein angenommenes Deckungskapital i. H. v. 649.214 € (Barwert nach § 6a EStG einer monatlichen Altersrente i. H. v. 5.000 € für einen per 31.12.2018 65-jährigen Versorgungsberechtigten), welches in der Rentenphase konstant mit 2,0 % verzinst wird, die Finanzierung der Altersrente über einen Zeitraum von 12 Jahren ermöglicht. D. h., dass mit Erreichen des 77. Lebensjahres das Deckungskapital aufgebraucht wäre.

216 Die im Rahmen der weiteren Betrachtung angestellte Sensitivitätsanalyse zeigt, dass sich bei einer Verzinsung i. H. v. 4,0 % die Rentenfinanzierungsdauer auf 14 Jahre verlängern würde.

217 Um eine Finanzierung bis zum 90. Lebensjahr darstellten zu können, müsste der Zinsertrag in der Rentenphase auf 8,3 % steigen.

218 Im nächsten Schritt wird nun anhand des Musterfalls ermittelt, in welchem Ausmaß sich der Kapitalbedarf – ausgehend vom finanzmathematischen Rentenbarwert der Pensionsverpflichtung – erhöhen müsste, um bei unterschiedlichen Rechnungszinsen eine **Rentenfinanzierungsdauer** von 25 Jahren erreichen zu können.

6. Sinkende Kapitalerträge

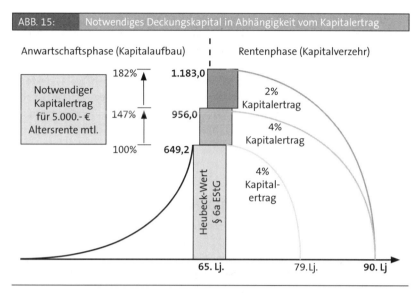

ABB. 15: Notwendiges Deckungskapital in Abhängigkeit vom Kapitalertrag

219

Die Analyse des Musterfalls zeigt, dass das Deckungskapital in Höhe des ertragsteuerrechtlichen Barwerts nach § 6a EStG um rd. 82 % auf rd. 1.183.000 € erhöht werden müsste, sofern es in der Rentenphase nur mit 2,0 % Zinsertrag angelegt werden könnte.

220

Sollte das Deckungskapital in der Rentenphase mit 4,0 % angelegt werden können, so müsste das Deckungskapital nur um rd. 47 % auf rd. 956.000 € erhöht werden, um die Rentenzahlungen über den Planungszeitraum von 25 Jahren zu ermöglichen.

221

Die dargestellten Ergebnisse bringen nochmals deutlich zum Vorschein, dass sich im Vergleich zwischen finanzmathematischer und ertragsteuerrechtlicher Bewertung nahezu eine Verdoppelung des Kapitalbedarfs ergibt. Damit wird erneut deutlich, dass jede Steuerbilanz, in der eine Pensionsrückstellung nach den Vorschriften des § 6a EStG passiviert wurde, über **erhebliche stille Lasten** verfügt.

222

Ferner zeigt dieses Ergebnis dem ordentlichen und gewissenhaften Geschäftsleiter, dass er bei seiner betriebswirtschaftlichen Planungsrechnung seine Aufmerksamkeit immer dem **eigentlichen Kapitalbedarf** zuwenden sollte. Dabei obliegt es seiner persönlichen Einstellung, ob er sich am handelsrechtlichen Barwert (als Mindestwert), am sog. Wiederbeschaffungswert (Einmalbeitrag in einen Versicherungsbetrag) oder am rein finanzmathematisch bestimmten Kapitalbedarf orientiert. In der Beratungspraxis wird die Entscheidung über

223

das Finanzierungsziel sehr stark von dem für möglich gehaltenen, bzw. angestrebten Erfüllungsszenario beeinflusst. An diesem Punkt des Beratungsprozesses ist es also erforderlich, dass sich die handelnden Personen mit dem zukünftigen Schicksal der Kapitalgesellschaft (z. B. Fortführung, Nachfolge, Verkauf) und der damit in Zusammenhang stehenden späteren Erfüllungsform der Pensionsverpflichtung (lebenslange Rente, einmalige Kapitalleistung, Übertragung auf einen externen Versorgungsträger) auseinandersetzen. Je klarer die Vorstellungen hierzu sind, desto klarer kann das Finanzierungskonzept gestaltet werden.

224–230 (*Einstweilen frei*)

7. Unsachgemäße Vertragsgestaltung

231 Als eines der Kernprobleme beweist sich im Bereich der Gf-Pensionszusage die unsachgemäße Vertragsgestaltung. So ist in vielen Fällen feststellbar, dass die vertraglichen Vereinbarungen zu den Pensionszusagen im Wesentlichen vorformulierten Vertragsmustern entstammen, die offensichtlich in der überwiegenden Anzahl der Fälle vom Anbieter des abgeschlossenen Rückdeckungsproduktes oder vom eingeschalteten Finanzdienstleister zur Verfügung gestellt wurden. Immer wieder ist zu beobachten, dass in den Vertragsmustern lediglich die freigelassenen Stellen handschriftlich ausgefüllt wurden, ganz nach dem Motto: „Ist ja alles ganz einfach. Ruckzuck und schon ist die Pensionszusage fertig".

232 Leider sind Vertragsmuster in der Praxis nur als Anhaltspunkt für eine mögliche Vertragsgestaltung geeignet. Dieser unter Juristen unbestrittene Grundsatz gilt umso mehr, wenn es sich um ein so komplexes Rechtsgebiet wie die bAV handelt. Keinesfalls können derartige Vertragsmuster ungeprüft übernommen werden. Geschieht dies doch, so sind spätere Probleme – insbesondere mit der FinVerw – damit schon vorprogrammiert.

233 Dies gilt insbesondere bei Pensionszusagen, die beherrschenden GGf gegenüber erteilt werden. In diesem Segment ist in der Praxis deutlich erkennbar, dass die Besonderheiten, die bei Pensionszusagen zugunsten dieses Personenkreises zu berücksichtigen sind, regelmäßig völlig außer Acht gelassen werden. Ein Kardinalfehler besteht z. B. darin, dass die Bestimmungen in Zusagen an diesen Personenkreis auf das BetrAVG verweisen oder aber die Anwendbarkeit des Gesetzes dispositiv vereinbart wurde. Damit wird deutlich, dass keiner der handelnden Personen die Bedeutung des BetrAVG klar war. Das BetrAVG ist ein sog. Arbeitnehmerschutzgesetz! Seine Regelungen sollen abhängig Beschäftigte vor den nachteiligen Folgen für den Umfang und die Bestandkraft

der ihnen erteilten Versorgungsversprechen bewahren, die aufgrund von Entscheidungen der Leitungsorgane des Unternehmens eintreten können. Diese Zielsetzung geht bei der Gestaltung einer Gf-Versorgung aber gänzlich ins Leere. In diesen Fällen gilt es vielmehr eine Gestaltung zu finden, die dem besonderen Status des Versorgungsberechtigten als Organ der Gesellschaft und seinen legitimen Interessen als Versorgungsberechtigtem gerecht wird und die die besonderen Anforderungen an die steuerliche Anerkennung derartiger Versorgungszusagen in ausreichendem Maße berücksichtigt.

Auch ist erkennbar, dass den individuellen Anforderungen an die Vertragsgestaltung offensichtlich deutlich zu wenig Aufmerksamkeit entgegengebracht wird. Scheinbar wurde in der Vergangenheit bei der Einrichtung der Pensionszusage das Hauptaugenmerk auf die steuerlichen Auswirkungen der Pensionszusage gelegt. Die Vertragsgestaltung selbst wurde dabei wohl nur als notwendiges Übel betrachtet. 234

Ein weiteres Problem ist die gelebte Praxis, dass bei Vertragsänderungen im Laufe der Jahre jeweils nur mehrere punktuelle Nachträge erstellt werden. Dabei stellen sich regelmäßig Schnittstellenprobleme ein, die es deutlich erschweren, den aktuellen Umfang und Inhalt des Versorgungsversprechens zu ermitteln. 235

(*Einstweilen frei*) 236–240

8. Insolvenzsicherung

Die **Werthaltigkeit einer betrieblichen Versorgungszusage** wird in wesentlichem Umfang von ihrer Insolvenzfestigkeit beeinflusst. Diese Erkenntnis war sicher auch vor mehr als drei Jahrzehnten dafür mitverantwortlich, dass der Gesetzgeber im Jahre 1974 das BetrAVG in Kraft gesetzt hat. Allerdings unterliegen im Falle einer Gf-Pensionszusage nur diejenigen Pensionszusagen dem gesetzlichen Insolvenzschutz, die solchen Gf gegenüber erteilt werden, die im betriebsrentenrechtlichen Sinne nicht als Unternehmer im eigenen Unternehmen zu beurteilen sind (siehe hierzu Rz. 2999). 241

Ist der versorgungsberechtigte Gf als Unternehmer im eigenen Unternehmen zu beurteilen, so ist zwingend darauf zu achten, dass die notwendige Insolvenzsicherung der zugesagten Versorgungsleistungen auf zivilrechtlichem Wege herbeigeführt wird. Dies gilt auch für die Teile der Versorgungsleistungen, die aufgrund eines Statuswechsels in der Unternehmerstellung erdient wurden. 242

243 In der Praxis ist immer wieder festzustellen, dass entweder keine Verpfändungsvereinbarungen getroffen wurden, oder diese
- ▶ unsauber formuliert,
- ▶ **zivilrechtlich nicht wirksam** zustande gekommen sind, oder
- ▶ keine Verpfändung zugunsten der versorgungsberechtigten **Hinterbliebenen enthalten.**

244 Darüber hinaus wurde nur in einigen wenigen Ausnahmefällen die Anzeige der Verpfändungsvereinbarung auch von der jeweiligen Versicherungsgesellschaft bestätigt. Dies ist zwar rein formalrechtlich auch nicht erforderlich, da die Verpfändung bereits mit der Anzeige an den Versicherer rechtlich wirksam wird. Jedoch kann in der Praxis nur dann von einem „wasserdichten" Insolvenzschutz ausgegangen werden, wenn der Versicherer den Eingang und die Berücksichtigung der Verpfändung auch schriftlich bestätigt hat. Fehlt diese Bestätigung, kann es im Fall der Fälle zu einem bösen Erwachen kommen (siehe hierzu auch Rz. 3041 ff.).

245–248 (*Einstweilen frei*)

9. Zusammenfassung

249 Pensionszusagen zugunsten von GmbH-Gf befinden sich in einem mehrschichtigen Spannungsfeld. Im Brennpunkt stehen dabei aktuell insbesondere die Probleme, die mit der bilanzrechtlichen Behandlung der unmittelbaren Pensionsverpflichtung sowie deren Finanzierung einhergehen.

250 Durch die negativen Entwicklungen der letzten Jahre wurden die versorgungstragenden Kapitalgesellschaften dreifach in Mitleidenschaft gezogen:
- ▶ **Übermäßige Belastung der Handelsbilanz**
- ▶ **Versteuerung von Scheingewinnen**
- ▶ **Ausbleibende Zins- und Kapitalerträge**

251 Eine nahezu tödliche Mischung, die bestehende Pensionszusagen zu einer echten Belastung werden lassen.

252 Die Belastungen der Handelsbilanzen durch überdurchschnittlich hohe Zuführungen zu den Pensionsrückstellungen werden sich aufgrund der absehbaren Zinsentwicklung weiter fortsetzen.

253 Hinsichtlich der Versteuerung von Scheingewinnen, lässt sich feststellen, dass der Druck, dem sich der Gesetzgeber mittlerweile ausgesetzt sieht, in jüngster Zeit deutlich zugenommen hat. Die Entwicklungen in der aktuellen Rechtspre-

chung zur Angemessenheit der Verzinsung gem. § 6a EStG und § 238 AO nähren die Hoffnungen, dass sich an dieser Front in absehbarer Zeit eine Besserung einstellen wird.

Parallel dazu steht der Gf einer GmbH im Zusammenhang mit der Finanzierung seiner Pensionszusage vor der Problemstellung, dass nicht damit gerechnet werden kann, dass sich die strukturellen Veränderungen, die im Rahmen der europäischen Vereinigung an den Kapitalmärkten stattgefunden haben, wieder umkehren. Daher wird es immer schwieriger die Fortentwicklung der zweckgebundenen Vermögenswerte zielgerichtet voranzutreiben. 254

Auch sieht sich der Gf einem deutlich steigenden Risiko in der steuerlichen Betriebsprüfung gegenüber. Eine Auseinandersetzung mit einem Fachprüfer, die nicht selten durch eine fehlerhafte Vertragsgestaltung ausgelöst wird, führt im Bereich der Pensionszusage i. d. R. zu überdurchschnittlich hohen Steuernachzahlungen. 255

Der viel zitierte ordentliche und gewissenhafte Geschäftsleiter ist daher aufgefordert, sich mit den Problemen seiner Pensionszusage intensiv und zeitnah auseinanderzusetzen. **Denn gerade in der Altersversorgung gilt: Zeit ist Geld!** 256

Die interdisziplinäre Komplexität dieses Themengebietes ist mittlerweile so weit fortgeschritten, dass der Gf, bei seinen Bemühungen seine Pensionszusage wieder in den Griff zu bekommen, gezwungen sein wird, kompetente Berater hinzuziehen, die in der Lage sind, mit den vielschichtigen und komplexen Lösungsmöglichkeiten umzugehen und die über die in diesem Zusammenhang unentbehrliche Zulassung zur Rechtsberatung verfügen. 257

Die Aufgabe des steuerlichen Beraters muss es sein, entstandene Fehlentwicklungen aufzuspüren und seinen Mandanten darüber zu informieren, um dann gemeinsam mit den dazu notwendigen Spezialdienstleistern ein maßgeschneidertes Konzept zur Neugestaltung des betrieblichen Versorgungskonzeptes zu entwickeln. 258

(*Einstweilen frei*) 259–270

II. Betriebsprüfungsfalle Pensionszusage – im Streit mit der Finanzbehörde

Unmittelbare Pensionszusagen an GmbH-Gf befinden sich seit Jahren in einem hoch explosiven Spannungsfeld, welches von der tendenziell skeptisch-restriktiven Sichtweise der FinVerw sowie von einer von der Praxis spürbar losgelösten – oftmals nur noch als abstrakt zu bezeichnenden – Rechtsprechung geprägt wird. Besonders sichtbar wird die Problematik, wenn FinVerw und Rechtsprechung bei der Beurteilung einer Gf-Pensionszusage auf eine Rechtsfigur zurückgreifen, die es so in der Realität gar nicht gibt: den ordentlich und gewissenhaft handelnden Geschäftsleiter! 271

Denn der ordentliche und gewissenhafte Geschäftsleiter ist eine typisierte Denkfigur, deren hypothetisches Verhalten der Prüfung der Veranlassungsfrage zugrunde gelegt wird und die die Leitidee für das Handeln eines Geschäftsleiters liefert. Dabei wird die Rechtsfigur von dem Gedanken getragen, dass der Geschäftsleiter sein Verhalten in verantwortungsvoller Weise darauf ausrichten wird, Vorteile für die GmbH wahrzunehmen und entsprechende Schäden von der GmbH abzuwenden. Als Maßstab dienen die kaufmännischen Gepflogenheiten, das Verkehrsübliche und das wirtschaftlich Vernünftige (siehe hierzu auch Rz. 3571 ff.). 272

Dass die steuerrechtliche Beurteilung eines Rechtsgeschäfts, das zwischen einer GmbH und einem GGf geschlossen wird, damit einem weiten Ermessensspielraum des Beurteilenden unterliegt, liegt auf der Hand. Denn die Auffassungen welches Handeln als angemessen und üblich anzusehen ist, können naturgemäß weit auseinanderliegen. 273

Wer sich in einem solchen Spannungsfeld bewegt, den darf es nicht wirklich überraschen, wenn es hin und wieder zu einer Eruption kommt. Im Bereich der Gf-Pensionszusage verursachen solche Ausbrüche in der Regel einen erheblichen Schaden in Form von ungewollten Steuernachzahlungen. Dabei ist das die Eruption auslösende Ereignis sehr leicht zu identifizieren: Es findet sich nämlich in der steuerlichen Betriebsprüfung! 274

(*Einstweilen frei*) 275–277

1. Pensionszusagen in der steuerlichen Betriebsprüfung

In unserem föderativen System verfügen die Bundesländer über die Hoheit hinsichtlich der steuerlichen Betriebsprüfung. Dementsprechend obliegt es 278 den Landesfinanzbehörden, die Durchführung der Betriebsprüfung zu organisieren. Darüber hinaus rechnet es aber auch zu den Aufgaben des Bundeszentralamtes für Steuern (BZSt) an Außenprüfungen mitzuwirken.[1] Bundes- und Länderfinanzverwaltung haben sich in den letzten Jahren gleichermaßen an die steigenden Anforderungen innerhalb des Rechtsgebietes der bAV angepasst.

279 So wurden in den einzelnen Bundesländern auf der Ebene der jeweiligen Oberfinanzdirektionen (OFD) eigene Referate zur **„Fachprüfung der betrieblichen Altersversorgung"** ins Leben gerufen. Nach den Informationen der Autoren sind bundesweit mittlerweile rd. 200 Fachprüfer für bAV im Auftrag der jeweiligen Landesfinanzbehörden im Einsatz.

280 Auch das BZSt unterhält im Geschäftsbereich der Bundesbetriebsprüfung ein eigenes Referat für die branchenübergreifende Prüfung der bAV, die bei der Prüfung der Groß- und Konzernbetriebe im gesamten Bundesgebiet eingesetzt werden. Die Sollstärke des Referats liegt bei 20 Fachprüfern.

281 Die Begründung für die Organisation mittels regionalen Spezialistenteams findet sich wohl in dem Umstand, dass die FinVerw längst erkannt hat, dass sie dieser steuerrechtlich extrem anspruchsvollen und sensiblen Thematik mit ihren klassischen Strukturen nicht mehr sachgerecht begegnen kann.

a) Der Fachprüfer für betriebliche Altersversorgung: Spezialist auf Seiten der Finanzverwaltung

282 Im Gegensatz zum klassischen Betriebsprüfer sind die Fachprüfer für bAV daher als astreine Spezialisten im Einsatz. Demzufolge besteht der Auftrag der Fachprüfer ausschließlich in der steuerrechtlichen Prüfung von betrieblichen Versorgungszusagen, wobei sich deren Einsatzgebiet grundsätzlich auf alle Durchführungswege der bAV erstreckt. Dies gilt auch für kleine und mittlere Betriebe, sofern dort prüfungsrelevante Versorgungszusagen erteilt wurden.

283 Die Fachprüfer werden innerhalb der Zuständigkeit der jeweiligen OFD vom klassischen Betriebsprüfer zur laufenden BP hinzugezogen, um eine im zu prüfenden Unternehmen bestehende bAV einer fachgerechten und spezialisierten steuerrechtlichen Prüfung zu unterwerfen.

284 Aus der eigenen bundesweit gesammelten Erfahrung können die Autoren über die Fachprüfer für bAV berichten, dass diese i. d. R. über ein fundiertes und hochspezialisiertes Fachwissen verfügen. Sie besitzen einen profunden

---

1 § 5 Abs. 1 Nr. 1 FVG.

1. Pensionszusagen in der steuerlichen Betriebsprüfung

Überblick über die maßgebenden gesetzlichen Normen, die höchstrichterliche Rechtsprechung, die einschlägigen Verwaltungsanweisungen und das zur Bewertung der Pensionsverpflichtung notwendige versicherungsmathematische Wissen. Leider zeigen die Erfahrungen in der BP-Praxis aber auch, dass es unter den Fachprüfern auch Vertreter gibt, die über einen gewissen Hang zur Darstellung ihrer eigenen – selbst von Verwaltungsanweisungen abweichenden – Meinung bzw. zur Fortentwicklung des Rechts verfügen und die dabei versuchen, die ertragsteuerrechtliche Beurteilung der zu prüfenden Pensionszusage dem vom Prüfer gewünschten Ergebnis zu unterwerfen. Es erscheint daher zwingend geboten, dem Fachprüfer mit einer gesunden Mischung aus Respekt und Vorsicht gegenüberzutreten.

Ein absoluter Schwerpunkt der Fach-BP liegt in der Prüfung von individualrechtlich begründeten unmittelbaren Pensionszusagen (sog. Direktzusagen) an GmbH-Gf, mitarbeitende Gesellschafter und deren nahe Angehörige. Die Beweggründe dafür liegen auf der Hand: 285

So führt einerseits die hohe Dynamik, der die steuerrechtliche Behandlung derartiger Pensionszusagen in den letzten Jahren unterlag und andererseits die in der Praxis festzustellende mangelnde rechtliche Pflege der Versorgungszusagen zu einem Zustand, der der FinVerw ihre hochwertige Beute praktisch auf einem Silbertablett serviert. 286

Auch kann davon ausgegangen werden, dass ein Fachprüfer in der Lage ist, innerhalb kürzester Zeit – unter Einsatz von strukturierten Checklisten und speziellen Softwareprogrammen – sowohl die rechtliche Gestaltung der unmittelbaren Pensionszusage, als auch deren Bewertung und Abbildung in der Steuerbilanz auf Herz und Nieren zu prüfen und diese ggf. zu verwerfen. 287

Sollte die der Prüfung zu unterziehende Pensionszusage die steuerrechtlichen Anforderungen des Fachprüfers nicht erfüllen, so ist damit zu rechnen, dass deren Mängel unweigerlich aufgedeckt werden. In der Folge kommt es dann entweder 288

- ▶ zu einer (teilweisen) gewinnerhöhenden Auflösung der Pensionsrückstellung oder
- ▶ zur Annahme einer verdeckten Gewinnausschüttung.

In beiden Fällen können sich die Fachprüfer über ein sattes Mehrergebnis und der Fiskus über den Zufluss dringend benötigter Steuermehreinnahmen freuen, die nicht selten im hohen fünfstelligen oder sogar im sechsstelligen Bereich angesiedelt sind. 289

(*Einstweilen frei*) 290–294

b) Der Steuerberater: Generalist auf Seiten des Steuerpflichtigen

295 In der Praxis ist zu beobachten, dass gerade im Bereich der kleinen und mittleren Gesellschaften ein hohes Streitpotenzial existiert. Die Begründung hierfür findet sich wohl in dem Umstand, dass derartige Betriebe kaum über ein internes Know-how im Bereich der bAV verfügen. Die eigentlich notwendige Einrichtung und Unterhaltung einer eigenen bAV-Abteilung macht unter Kostengesichtspunkten für derartige Unternehmen nämlich keinen Sinn.

296 In der Folge sind diese Marktteilnehmer auf externes Know-how angewiesen. Dieses holen Sie sich i. d. R. bei ihrem Steuerberater, der in kleinen und mittleren Betrieben oftmals eine besondere Vertrauensstellung genießt und der für die Geschäftsführung nicht selten der erste Ansprechpartner bei jeglichen rechtlichen und finanziellen Fragestellungen ist.

Vielen Mandanten ist jedoch nicht bewusst, vor welcher Aufgabenstellung ein Steuerberater in Deutschland mittlerweile steht:

297 So sieht sich der Steuerberater der Anforderung gegenüber, eine letztendlich unüberschaubare Fülle von Steuerarten (u. a. Einkommen-, Lohn-, Körperschaft-, Gewerbe- und Umsatzsteuer) beherrschen zu müssen und die laufenden gesetzgeberischen Reformbemühungen, die neuesten Verwaltungsanweisungen, die aktuelle Rechtsprechung und die einschlägigen Kommentierungen jederzeit im Auge zu haben.

298 Diese besondere Jobbeschreibung führt gerade bei kleineren Steuerberatungskanzleien dazu, dass sie sich als eine Art Generalist auf dem Gebiet des Steuerrechts bewegen müssen. D. h., dass sie selbst zwar die komplette Rechtsmaterie im Blick haben, sie aber logischer Weise an ihre Grenzen stoßen, wenn in ihrem Mandantenkreis Aufgabenstellungen auftreten, die ein vertiefendes Spezialwissen erfordern und somit nur noch durch Spezialisten gelöst werden können. Grundsätzlich wäre es zwar denkbar, dass der Steuerberater sich mit den Tiefen der speziellen Thematik auseinandersetzt. Im Falle einer unmittelbaren Pensionszusage zugunsten eines GmbH-Gf erscheint dies jedoch als wenig zielführend. Zum einen würde dabei ein zeitlicher und materieller Aufwand entstehen, der aus Sicht des Mandanten nicht mehr zu rechtfertigen wäre. Zum anderen bleibt nach wie vor das Risiko, dass der Fachprüfer mit seinem spezialisierten Fachwissen dem Steuerberater einfach immer einen Schritt voraus sein wird.

299 Vor diesem Hintergrund kann es nicht mehr verwundern, dass die Komplexität der interdisziplinären Rechtsmaterie „Pensionszusage" derartig aufgestellte

Steuerkanzleien vor für sie unlösbare Aufgaben stellt. Zu Tage tritt dies in vielen Fällen leider erst, wenn es schon zu spät ist, bzw. wenn der Betriebsprüfer seine die Anerkennung der Pensionszusage verneinende Feststellung zu Papier gebracht hat. Bis zu diesem Zeitpunkt gehen die Mandanten davon aus, dass ihr Steuerberater die Thematik umfassend im Griff hat und übersehen dabei, dass ein typischer, auf kleine und mittlere Betriebe ausgerichteter Steuerberater, der mit seiner Kanzlei als Generalist auf dem Gebiet des gesamten Steuerrechts tätig ist, das für die Lösung von betriebsprüfungsrelevanten Problemstellungen im Bereich der Gf-Versorgung notwendige Spezialwissen schlichtweg nicht mehr vorhalten kann. Derartiges Spezialwissen findet sich i. d. R. nur noch in großen Steuerberatungsgesellschaften mit interdisziplinärer Ausrichtung und Zulassung, oder bei spezialisierten Rechtsanwälten, oder bei einem im Rechtsdienstleistungsregister eingetragenen Rentenberater, der seinen Tätigkeitsschwerpunkt in der Gf-Versorgung angesiedelt hat.

(*Einstweilen frei*) 300–303

c) Ungleiche Auseinandersetzung in der Betriebsprüfung: Spezialist vs. Generalist

Entgegen der weitläufig verbreiteten Meinung ist das rechtliche Umfeld in dem sich Gf-Pensionszusagen bewegen, keineswegs vollumfänglich und abschließend geklärt. Insbesondere im steuerrechtlichen Bereich findet sich eine Vielzahl von Fragestellungen, die sich aktuell in einem noch nicht geregelten Spannungsfeld bewegen. Dies auch deswegen, da sich die gesetzlichen Normen lediglich auf die Definition gewisser steuerrechtlicher Mindestanforderungen beschränken. 304

In der Folge ist es in der Vergangenheit zu einer Rechtsentwicklung gekommen, die sehr stark durch Richterrecht geprägt wurde und deren Entwicklung noch längst nicht abgeschlossen ist. Ferner besteht dadurch noch sehr viel Spielraum für Ermessensentscheidungen und Auslegungen. Und genau dieses Umfeld bildet den fruchtbaren Nährboden für eine steuerrechtliche Auseinandersetzung im Rahmen einer Betriebsprüfung. 305

So kommt es immer wieder zu Situationen, in denen im Rahmen einer BP ein – zugegebener Maßen – nicht immer einfach zu beurteilender Sachverhalt einer negativen steuerrechtlichen Würdigung durch den Fachprüfer unterworfen wird, die im Wesentlichen auf seiner subjektiven – die Interessen der FinVerw wahrenden – Auslegung der Rechtslage beruht. So durften die Autoren schon mehrfach feststellen, dass dabei die Motivation des Fachprüfers über das als angemessen zu beurteilende Maß deutlich hinausgeschossen ist. Das 306

Ergebnis der steuerrechtlichen Würdigung war daher auch nicht dazu geeignet, einer objektiven und sachverständigen Prüfung standzuhalten.

307 In einer solchen Situation ist es daher zwingend erforderlich, den Prüfungsfeststellungen in einer fundierten Art und Weise entgegen zu treten, um den steuerrechtlichen Supergau abzuwenden.

Fehlt bei einer solchen Auseinandersetzung auf Seiten der GmbH die Unterstützung durch einen Spezialisten, so kommt es unweigerlich zu einem ungleichen Duell:

308 Während die FinVerw in dieses Duell einen absoluten Spezialisten schickt, kann der Steuerpflichtige (hier: die GmbH) „nur" auf einen Generalisten zurückgreifen, der dem Spezialisten gegenüber deutlich im Nachteil sein wird. Das Ergebnis eines derartigen Duells dürfte somit auf der Hand liegen.

309 Es sei denn, die GmbH sorgt dafür, dass zwischen den Duellanten die Waffengleichheit hergestellt wird. Dies lässt sich in der Praxis häufig nur dadurch erreichen, dass die GmbH bzw. deren Steuerberater ebenfalls einen Spezialisten hinzuzieht, der die Aufgabe übernimmt, den Steuerberater in der Auseinandersetzung mit der Betriebsprüfung mit seinem spezialisierten Know-how zu unterstützen. In einer derartigen Konstellation ist die Verteidigung dann in der Lage, dem Fachprüfer auf Augenhöhe begegnen zu können.

310–313 (*Einstweilen frei*)

d) Der Versicherungsvermittler als Problemlöser: Irrweg ohne Legitimation

314 Ist das Kind erst einmal in den Brunnen gefallen, so ist guter Rat teuer! In vielen Fällen gehen die Überlegungen dann in die Richtung, doch denjenigen um Rat zu fragen, der seinerzeit die Pensionszusage eingerichtet oder initiiert hat. Da dies in der Vergangenheit oftmals ein Vertreter einer Versicherungsgesellschaft, oder ein freier Versicherungsvermittler war, wird also versucht, die vom Fachprüfer aufgedeckten Probleme vom damaligen Vermittler klären bzw. lösen zu lassen.

315 Ein Unterfangen, das von Beginn an zum Scheitern verurteilt ist:

Zum einen ist es schlichtweg ein Irrtum, wenn man annimmt, dass sich der Versicherungsvermittler fachlich mit dem Fachprüfer auf Augenhöhe befinden würde. Dies gilt i. d. R. selbst dann, wenn die Versicherungsgesellschaft zur Unterstützung einen „Spezialisten für bAV" zur Verfügung stellt. So darf in diesem Zusammenhang nicht vergessen werden, dass die Kernkompetenz einer

Versicherung/eines Versicherungsvermittlers nicht in der steuerrechtlichen Behandlung von unmittelbaren Gf-Pensionszusagen liegen kann. Vielmehr kann deren Kernkompetenz nur im Bereich der Finanzierung und Besicherung von Pensionszusagen liegen.

Zum anderen wird dabei komplett übersehen, dass die Beratung in Fragen der bAV eine zulassungspflichtige Rechtsberatung darstellt,[1] und, dass weder die Versicherungsgesellschaft, noch der Versicherungsvermittler über die entsprechende Legitimierung verfügen.

e) Nach der BP ist vor der BP

Leider herrscht bei vielen Gf die Meinung vor, dass eine abgeschlossene Betriebsprüfung, die hinsichtlich der Pensionszusage ohne Beanstandungen blieb, eine Art „Persilschein" für die Zukunft darstellen würde. Dabei handelt es sich leider um einen Irrglauben. 316

Innerhalb unseres Steuersystems gilt nämlich der Grundsatz der Abschnittsbesteuerung. In der Folge steht jede Pensionszusage bei jeder neuen BP wieder erneut auf dem Prüfstand – und dies auch dann, wenn die Zusage in den vorgegangenen Betriebsprüfungen über mehrere Jahre hinweg nicht beanstandet wurde. Dass dieser Grundsatz auch für die steuerrechtliche Beurteilung von Pensionszusagen gilt, hat der BFH in seiner Entscheidung v. 28.4.2010 eindrucksvoll und unzweifelhaft herausgestellt:[2] 317

„Die jahrelange Nichtbeanstandung der Pensionsrückstellungen für B durch das FA führte auch nicht zu einem Vertrauenstatbestand zugunsten der Klägerin. Nach dem Grundsatz der Abschnittsbesteuerung muss das FA in jedem Veranlagungszeitraum die einschlägigen Besteuerungsgrundlagen erneut prüfen, rechtlich würdigen und eine als falsch erkannte Rechtsauffassung zum frühest möglichen Zeitpunkt aufgeben, selbst wenn der Steuerpflichtige auf diese Rechtsauffassung vertraut haben sollte (vgl. BFH-Urteil v. 13.5.2004 - IV R 47/02, BFH/NV 2004 S. 1402). *Dies gilt auch dann, wenn die Rückstellung in mehreren Außenprüfungen nicht beanstandet wurde* (ständige Rechtsprechung, z.B. Senatsurteil v. 25.4.1990 - I R 78/85, BFH/NV 1990 S. 630; BFH-Urteil v. 7.6.1988 – VIII R 296/82, BFHE 153 S. 407, BStBl 1988 II S. 886)."

Und somit gilt: Nach der BP ist vor der BP!

(*Einstweilen frei*) 318–324

---

1 § 10 Abs. 1 Nr. 2 RDG.
2 BFH, Urteil v. 28.4.2010 - I R 78/08, BStBl 2013 II S. 41.

II. Betriebsprüfungsfalle Pensionszusage – im Streit mit der Finanzbehörde

2. Praxisfälle zu Auseinandersetzungen mit der Betriebsprüfung

325   Im Folgenden wird anhand von **fünf verschiedenen Praxisfällen,** in denen die Autoren als Spezialisten zur Unterstützung des Steuerberaters hinzugezogen wurden, belegt, in welcher Art und Weise Beanstandungen durch die Betriebsprüfung stattfinden und wie diesen erfolgreich entgegengetreten werden kann:

a) Praxisfall 1: Zivilrechtliche Wirksamkeit

326   Der erste Praxisfall beschreibt eine Auseinandersetzung, die im Rahmen einer Betriebsprüfung mit dem hinzugezogenen Fachprüfer hinsichtlich der Anforderungen an den Eintritt der zivilrechtlichen Wirksamkeit einer unmittelbaren Pensionszusage geführt werden musste.

327   Der Fachprüfer wollte die Anerkennung der Gf-Pensionszusage wegen mangelnder zivilrechtlicher Wirksamkeit verneinen und die bisher gebildeten Pensionsrückstellungen i.H.v. rd. 620.000 € gewinnerhöhend auflösen. Der GmbH drohte daher eine Steuernachzahlung i.H.v. rd. 186.000 €. Inklusive der fälligen Zinsen hätte sich die Gesamtbelastung der GmbH auf rd. 240.000 € belaufen. Da sich die Gesellschaft gerade in einer schwierigen wirtschaftlichen Phase befand, hätte eine Steuernachzahlung in dieser Größenordnung wohl das Aus für das Unternehmen bedeutet.

aa)   Der Sachverhalt

328   Die GmbH hatte ihren beiden beherrschenden GGf im Jahre 1995 jeweils eine unmittelbare Pensionszusage erteilt. Die Gf waren zum Zeitpunkt der Zusageerteilung 41 und 42 Jahre alt.

Mit Datum v. 15.12.1994 fasste die Gesellschafterversammlung folgenden Beschluss:

„Die Gesellschafter-Geschäftsführer erhalten je eine Pensionszusage, die in gesonderten Verträgen geregelt werden."

Der Beschluss wurde von allen Gesellschaftern rechtswirksam unterzeichnet und Anfang 1995 auch umgesetzt. Mit individualvertraglichen Vereinbarungen vom 15.1.1995 erteilte die GmbH den beiden Gf jeweils eine unmittelbare Pensionszusage, die gehaltsabhängig gestaltet war und die Leistungen im Falle der Alters-, Berufsunfähigkeits- und Witwenversorgung beinhalteten. Die vertraglichen Vereinbarungen zu den Pensionszusagen wurden für die

2. Praxisfälle zu Auseinandersetzungen mit der Betriebsprüfung

GmbH von allen Gesellschaftern unterzeichnet. Ferner hat der jeweilige Gf die Vereinbarung zusätzlich als Versorgungsberechtigter unterzeichnet. In der Steuerbilanz per 31.12.2009 hatte die GmbH für die beiden Pensionsverpflichtungen eine Pensionsrückstellung i. H. v. rd. 620.000 € gebildet. Die Bildung der Pensionsrückstellung wurde bisher nie durch die FinVerw beanstandet. Weder im Veranlagungsverfahren, noch in den bisherigen Betriebsprüfungen.

bb) Die Feststellungen des Fachprüfers für betriebliche Altersversorgung

Im Jahre 2014 führte das zuständige Betriebsstättenfinanzamt bei der GmbH eine steuerliche Betriebsprüfung durch. Die Betriebsprüfung umfasste für die Körperschafts- und Gewerbesteuer die Wirtschaftsjahre 2009 bis 2012. Hinsichtlich der steuerrechtlichen Prüfung der den Gf gegenüber erteilen unmittelbaren Pensionszusagen wurde ein Fachprüfer hinzugezogen. Dieser kam im Rahmen der von ihm durchgeführten Prüfung zu folgendem Ergebnis: 329

„Ausweislich des von Ihnen vorgelegten Gesellschafterbeschlusses vom 15.12.1994 erfolgte anlässlich der Gesellschafterversammlung keine Konkretisierung hinsichtlich der den Geschäftsführern zu erteilenden Pensionszusagen. Der Regelungsgehalt der im Rahmen der Prüfung vorgelegten Pensionszusagen lässt sich nicht ansatzweise aus dem Gesellschafterbeschluss entnehmen. Es ist daher davon auszugehen, dass kein hinreichend konkretisierter Gesellschafterbeschluss vorliegt, mit der Folge, dass die Pensionsrückstellungen im ersten nicht bestandkräftigen Jahr (hier 2009) in voller Höhe aufzulösen sind."

cc) Auseinandersetzung

Im Rahmen des diesbezüglich von den Autoren angefertigten Gutachtens konnte eindeutig dargelegt werden, dass die vom Fachprüfer vertretene Rechtsauffassung, nach der die bisher gebildeten Pensionsrückstellungen mit Wirkung zum 31.12.2009 in voller Höhe gewinnhöhend aufzulösen wären, auf einer fehlerhaften Rechtsanwendung beruhten. Dies wurde u. a. wie folgt begründet: 330

Hinsichtlich der Anforderungen an eine wirksame Pensionszusage gilt das Folgende: 331

Die Erteilung einer Pensionszusage an einen GmbH-Gf bedarf grundsätzlich zweier Rechtsakte:

▶ Der Fassung eines wirksamen Gesellschafterbeschlusses und

▶ dem Abschluss einer vertraglichen Vereinbarung zur Pensionszusage.

II. Betriebsprüfungsfalle Pensionszusage – im Streit mit der Finanzbehörde

332 Hinsichtlich ihrer Wirkungen sind die beiden Rechtsakte jedoch zwingend zu unterscheiden:

333 So stellt der **Gesellschafterbeschluss die nach innen gerichtete Willenserklärung** der Gesellschafter dar. Die Fassung eines Gesellschafterbeschlusses ist zwingend erforderlich, wenn die GmbH eine Vergütungsabrede mit dem Gf der Gesellschaft treffen möchte.[1] Entsprechend hat sich auch das BMF im Schreiben v. 21.12.1995 geäußert.[2] Dabei wurde für Zusagen, die vor dem 25.3.1991 erteilt wurden, für die Nachholung eines Gesellschafterbeschlusses eine Übergangsfrist bis zum 31.12.1996 eingeräumt.

334 Die vertragliche Vereinbarung zur **Pensionszusage stellt dagegen die schriftliche Grundlage für das Schuldverhältnis** dar und führt zur Umsetzung des im Innenverhältnis Beschlossenen ins Außenverhältnis (also ins Verhältnis zwischen der GmbH und dem Gf).

335 Hinsichtlich der formellen Voraussetzungen ist festzustellen, dass sich die Anforderungen des § 6a Abs. 1 Nr. 3 EStG ausschließlich auf die Formulierungen in der vertraglichen Vereinbarung zur Pensionszusage beziehen. Dies ergibt sich eindeutig und unzweifelhaft aus dem Gesetzestext. Dieser bezieht sich eindeutig und ausschließlich auf die Formulierungen in der Pensionszusage. Entsprechendes gilt für das BMF-Schreiben v. 28.8.2001, in dem die FinVerw die Anforderungen an das Schriftformerfordernis bei Pensionszusagen vor der Änderung des § 6a Abs. 1 Nr. 3 EStG durch das Steueränderungsgesetz 2001 formuliert hat.[3]

336 Auch die Gesetzesbegründung zur folgenden Anpassung des § 6a Abs. 1 Nr. 3 EStG durch das Steueränderungsgesetz 2001 stellt eindeutig und ausschließlich auf die Inhalte der Pensionszusage ab.[4]

337 Ferner enthält auch das o. g. BMF-Schreiben v. 21.12.1995 keine Ausführungen zu der Frage, inwieweit ein Gesellschafterbeschluss hinsichtlich des Inhaltes der zu genehmigenden Pensionszusage konkretisiert werden muss. Vielmehr wird im Rahmen dieser Verwaltungsanweisung auf die Ausführungen des maßgebenden BGH-Urteils v. 25.3.1991[5] verwiesen. Der BGH hat jedoch in dieser Entscheidung lediglich den Grundsatz aufgestellt, dass auch die Änderung des Anstellungsvertrags in die Zuständigkeit der Gesellschafterver-

---

1 § 46 Nr. 5 GmbHG i. V. m. BGH, Urteil v. 25.3.1991 - II ZR 169/90, DB 1991 S. 1065.
2 BMF, Schreiben v. 21.12.1995, BStBl 1996 I S. 50.
3 BMF, Schreiben v. 28.8.2001, BStBl 2001 I S. 594.
4 BT-Drucks. 14/7341.
5 BGH, Urteil v. 25.3.1991 - II ZR 169/90, DB 1991 S. 1065.

sammlung fällt. Nähere Konkretisierungen zur Art, Inhalt und Form eines wirksamen Gesellschafterbeschlusses wurden in dieser Entscheidung nicht festgelegt. Auch das GmbHG enthält keinerlei Formvorschriften hinsichtlich der Ausgestaltung eines wirksamen Gesellschafterbeschlusses.

Daher kann nicht davon ausgegangen werden, dass die zivilrechtliche Wirksamkeit einer Pensionszusage nur dann erreicht werden kann, wenn die Inhalte der Versorgungszusage im Gesellschafterbeschluss selbst und konkret beschrieben werden. Eine derartige Anforderung lässt sich weder aus den einschlägigen gesetzlichen Normen noch aus den maßgebenden Verwaltungsanweisungen ableiten. Stellt man eine derartige Forderung auf, so kann angenommen werden, dass diese wohl einer Auslegung entstammt, die auf der subjektiven Auffassung des Fachprüfers beruht. Für ein derartiges Vorgehen ist jedoch weder der Platz noch die Notwendigkeit gegeben. 338

Vielmehr muss es ausreichen, dass der Gesellschafterbeschluss die Erteilung der Gf-Pensionszusagen dem Grunde nach genehmigt. In einem solchen Fall kann der Inhalt des Gesellschafterbeschlusses dann im Sinne einer Generalgenehmigung gewertet werden, die es zulässt, dem Gf eine Pensionsregelung im Rahmen des als üblich und angemessen zu beurteilenden Ausmaßes zu erteilen. Und diese Voraussetzung ist im zu beurteilenden Fall erfüllt. Die Pensionszusagen sind daher mit zivilrechtlicher Wirkung zustande gekommen. 339

Die Anforderung an eine weitergehende Konkretisierung der Versorgungsinhalte kann sich demnach nur auf die schriftliche Vereinbarung zur Pensionszusage beziehen. Im zu beurteilenden Fall werden auch die Anforderungen des § 6a Abs. 1 EStG durch die schriftlichen Vereinbarungen zu den Pensionszusagen erfüllt. Die Gesellschaft ist daher zur Bildung einer Pensionsrückstellung in ihrer Steuerbilanz berechtigt. 340

Im Übrigen gilt das Folgende:

Wird – wie im zu beurteilenden Fall – die vertragliche Vereinbarung zur Pensionszusage von allen Gesellschaftern unterzeichnet, so darf spätestens an diesem Punkt kein Zweifel über die konkrete Ausgestaltung des Versorgungsversprechens und die Reichweite des Gesellschafterbeschlusses mehr bestehen. 341

Sollte aufgrund des zeitlichen Moments (Zusageerteilung rd. vier Wochen nach Fassung des Gesellschafterbeschlusses), eine den vorhergehenden Beschluss konkretisierende Wirkung der Vereinbarung v. 15.1.1995 verneint werden, so wäre dem entgegenzuhalten, dass die vertragliche Vereinbarung zur Pensionszusage aufgrund der Tatsache, dass diese von allen Gesellschaftern unterzeichnet wurde, auch als ein selbständiger Gesellschafterbeschluss 342

i. S. d. § 46 Nr. 5 GmbHG beurteilt werden kann. Und zwar ungeachtet der Tatsache, dass das Schriftstück nicht explizit als Gesellschafterbeschluss bezeichnet wurde. Denn auch hier gilt der Grundsatz, dass Verträge nicht nach ihrer bloßen Bezeichnung, sondern nach ihrem Regelungsinhalt zu beurteilen sind.[1]

dd) Beilegung

343 Das Gutachten wurde dem Fachprüfer vorgelegt. Nach einer im Anschluss daran folgenden Diskussion, anlässlich derer die Sach- und Rechtslage zwischen den Parteien vertiefend behandelt wurde, hat der Fachprüfer die ursprünglich von ihm vertretene Rechtsauffassung aufgegeben. Er hat sich der im Gutachten vertretenen Auffassung angeschlossen. Die erhebliche Steuernachzahlung konnte abgewendet werden.

BERATUNGSHINWEIS:

Dieser Praxisfall zeigt eindeutig, wie schnell man im Bereich der Gf-Pensionszusage in Bedrängnis kommen kann, wenn man es versäumt, den formellen Anforderungen des Steuerrechts die notwendige Aufmerksamkeit entgegenzubringen. Die beschriebene Auseinandersetzung hätte grundsätzlich vermieden werden können, wenn man der Formulierung des Gesellschafterbeschlusses etwas mehr Aufmerksamkeit gewidmet hätte. Auch wenn der Fall zeigt, dass der Fachprüfer mit seinen Anforderungen über das Ziel hinausgeschossen ist, so sollte in der Praxis doch unbedingt dafür gesorgt werden, dass Gesellschafterbeschluss und Pensionszusage zwingend in getrennten Schriftstücken verfasst werden, wobei – zur Vermeidung unnötiger Komplikationen – der Gesellschafterbeschluss auf den Inhalt der Pensionszusage eingehen sollte.

344–348 *(Einstweilen frei)*

b) Praxisfall 2: Wiederanlage der Ablaufleistung einer Rückdeckungsversicherung

349 Der zweite Praxisfall beschreibt eine Auseinandersetzung, die im Rahmen einer Betriebsprüfung mit dem hinzugezogenen Fachprüfer hinsichtlich der steuerrechtlichen Beurteilung einer Wiederanlage der Ablaufleistung der Rückdeckungsversicherung geführt werden musste.

350 Der Fachprüfer wollte in diesem Zusammenhang einen steuerpflichtigen Zufluss beim versorgungsberechtigten GGf in Höhe von rd. 221.000 € annehmen. Dem Gf drohte daher eine Steuernachzahlung in Höhe von rd. 80.000 € (inklusive der fälligen Zinsen).

---

1 §§ 133, 157 BGB.

aa) Der Sachverhalt

Mit individualvertraglicher Vereinbarung vom Juni 1990 hatte die GmbH ihrem damaligen GGf (Jahrgang 1947) eine unmittelbare Pensionszusage erteilt. Die Versorgungszusage umfasst Leistungen der Alters- und Berufsunfähigkeitsversorgung in Höhe von mtl. 1.789,52 € (ursprünglich mtl. 3.500 DM). Als Regelaltersgrenze wurde das 65. Lebensjahr vereinbart. Im August 2012 vollendete der GGf das 65. Lebensjahr. Seine Geschäftsführertätigkeit beendete er mit Wirkung zum 31. 8. 2012.

351

Der versorgungsberechtigte GGf war zum Zeitpunkt der Zusageerteilung mit 20 % am Stammkapital der GmbH beteiligt. Im Jahre 2012 hielt er 25 % der Gesellschaftsanteile.

Zur Finanzierung der eingegangenen Pensionsverpflichtung hat die GmbH bei einer Versicherung eine Rückdeckungsversicherung in der Form einer kapitalbildenden Lebensversicherung abgeschlossen. Deren Ablauftermin war für August 2012 vereinbart.

Nachdem die Versicherungsgesellschaft der GmbH mitgeteilt hatte, dass die aus der bestehenden Rückdeckungsversicherung stammende Leistung per 1. 8. 2012 in einer voraussichtlichen Höhe von rd. 221.000 € fällig werden würde, hat die GmbH die Versicherung beauftragt, den Auszahlungsbetrag an eine Bausparkasse (ein Schwesterunternehmen der Versicherungsgesellschaft) zu überweisen, um das Guthaben dort zunächst in Form eines Festgeldes zu „parken". Kurze Zeit später wurden die Mittel dann auf Anweisung der GmbH bei der Bausparkasse umgebucht und in einen sog. Auszahlplan zur langfristigen Anlage eingebracht.

Sämtliche in diesem Zusammenhang abgegebenen Anweisungen, Erklärungen und Kontoeröffnungsanträge wiesen als Vertragspartner der Finanzdienstleistungsinstitute die GmbH aus. Auch wurden all diese Dokumente bei der Unterzeichnung mit dem Firmenstempel versehen. Darüber hinaus hat die GmbH der Bausparkasse gegenüber schriftlich erklärt, dass sie im eigenen wirtschaftlichen Interesse und nicht auf fremde Veranlassung hin handelt.

Nach Durchführung der Transaktionen und der Einbringung der Mittel in den Auszahlplan hat die Bausparkasse der GmbH schriftlich bestätigt, dass aus dem Auszahlplan in den nächsten 15 Jahren eine Auszahlung i.H.v. mtl. 1.499,90 € erfolgen wird. Am Ende der Laufzeit sei der Kapitalbetrag dann durch die fortlaufenden Auszahlungen aufgebraucht.

II. Betriebsprüfungsfalle Pensionszusage – im Streit mit der Finanzbehörde

Soweit – so gut! Leider haben die handelnden Personen an einer entscheidenden Stelle mehrere unter Abwicklungsgesichtspunkten entscheidende Fehler begangen, die dann auch den Argwohn des Fachprüfers erregt haben:

So erfolgten die mtl. Auszahlungen der Bausparkasse aus dem Auszahlplan nicht etwa an die GmbH als Kontoinhaberin, sondern direkt auf das Konto des versorgungsberechtigten GGf. Ferner hat es die GmbH versäumt, die im Zusammenhang mit der Auszahlung notwendigen Lohnabrechnungen zu erstellen. Darüber hinaus blieb auch der Anspruch des GGf auf den Differenzbetrag in Höhe von mtl. 289,62 € unbefriedigt (Rente mtl. 1.789,52 € vs. Auszahlung mtl. 1.499,90 €).

bb) Die Feststellungen des Fachprüfers für betriebliche Altersversorgung

352 Im Jahre 2013 führte das zuständige Betriebsstättenfinanzamt bei der GmbH eine steuerliche Betriebsprüfung durch. Die Betriebsprüfung umfasste für die Körperschafts- und Gewerbesteuer die Wirtschaftsjahre 2009 bis 2012. Hinsichtlich der steuerrechtlichen Prüfung der dem ehemaligen Gf gegenüber erteilen unmittelbaren Pensionszusage wurde ein Fachprüfer hinzugezogen. Dieser kam im Rahmen der von ihm durchgeführten Prüfung zu folgendem Ergebnis:

„Der GGf hat im Jahr 2012 eine Auszahlung aus einer Rückdeckungsversicherung erhalten. Lösen die Ausgaben für die Zukunftssicherung keinen Zufluss von Arbeitslohn aus, so sind die späteren Leistungen aus der Zukunftssicherung Arbeitslohn, und zwar auch dann, wenn sie von einer selbständigen Versorgungseinrichtung erbracht werden. Arbeitslohn, der für eine mehrjährige Tätigkeit gezahlt wird, wird durch die Anwendung der sog. Fünftelungsregelung ermäßigt besteuert, § 39b Abs. 3 Satz 9 EStG. Die Versteuerung erfolgt per Kontrollmitteilung an den Veranlagungsbezirk des Arbeitnehmers!

Werden – wie vorliegend – im Zeitpunkt der Fälligkeit der Rückdeckungsversicherung das Deckungskapital und die Überschüsse aus der Rückdeckungsversicherung auf eine neue Einzelversicherung des Arbeitnehmers übertragen, fließt dem Arbeitnehmer der sog. Übertragungswert mit der Übertragung zu und ist als Arbeitslohn zu versteuern.

Nach diesen Grundsätzen ist Ihrem Mandanten der Übertragungswert der Rückdeckungsversicherung i. H. v. rd. 221.000 € im Jahr 2012 zugeflossen. Bei einer Würdigung der maßgeblichen Umstände hat der GGf die wirtschaftliche Verfügungsmacht über das Deckungskapital und die Überschussanteile aus der Rückdeckungsversicherung bei der Versicherungsgesellschaft erhalten und ist sodann unmittelbar auf ein Fortführungsangebot für eine Einzelversicherung bei der Bausparkasse eingegangen. Entsprechend hat die Versicherung die Ablaufleistung von rd. 221.000 € direkt an die Bausparkasse als neuen Versicherungsträger überwiesen.

Bei wertender Betrachtung stellt sich der Sachverhalt damit nicht anders dar, als habe der Arbeitgeber Ihrem Mandanten Mittel i. H. v. rd. 221.000 € zur Verfügung gestellt, und Ihr Mandant habe diese Mittel sodann bei der Bausparkasse zum Erwerb einer Versicherungsanwartschaft eingezahlt. Der Vorgang ist vergleichbar mit der Sachlage bei Leistungen des Arbeitgebers für eine Direktversicherung, bei der unter dem Gesichtspunkt des abgekürzten Zahlungswegs der steuerliche Zufluss beim Arbeitnehmer im Zeitpunkt der Zahlung durch den Arbeitgeber angenommen wird."

cc) Auseinandersetzung

Im Rahmen des diesbezüglich von den Autoren angefertigten Gutachtens konnte eindeutig dargelegt werden, dass das Ergebnis der vom Finanzamt vorgenommenen steuerrechtlichen Würdigung als unzutreffend zu beurteilen und im Ergebnis abzulehnen ist.

Der rechtlichen Würdigung des FA war nur insoweit zuzustimmen, als diese hinsichtlich der von der Bausparkasse ausgezahlten mtl. Auszahlungsbeträge von einer Anspruchsbefriedigung im Wege des verkürzten Zahlungsweges ausgegangen ist. Daraus lässt sich jedoch keinesfalls die Annahme eines Zuflusses des gesamten Kapitalbetrages ableiten. Vielmehr rechnen nur die von der Bausparkasse ausgezahlten mtl. Auszahlungsbeträge i. H. v. 1.499,90 € zu den Einkünften aus nichtselbständiger Tätigkeit beim GGf.

Diese Rechtsauffassung wurde u. a. wie folgt begründet:

Bei einer detaillierten zivilrechtlichen Prüfung der den relevanten Rechtsgeschäften zugrundeliegenden Vertragsunterlagen, lässt sich das Folgende eindeutig und zweifelsfrei feststellen:

▶ Die GmbH hat als bisheriger Versicherungsnehmer die ihrem Betriebsvermögen zugehörigen Deckungsmittel nach Ablauf des Versicherungsvertrages lediglich und zeitlich nacheinander auf anderweitige Konten umgeschichtet.

▶ Dabei kann bei jeder Transaktion eindeutig nachvollzogen werden, dass die GmbH zu jedem Zeitpunkt Inhaberin des jeweiligen Kontos und damit zivilrechtliche Eigentümerin war.

▶ Der GGf hatte zu keinem Zeitpunkt eine wirtschaftliche Verfügungsmacht über den Kapitalbetrag erlangt.

II. Betriebsprüfungsfalle Pensionszusage – im Streit mit der Finanzbehörde

356 Die Darstellung des FA, nach der der GGf die wirtschaftliche Verfügungsmacht über die Ablaufleistung der Rückdeckungsversicherung erhalten und sodann unmittelbar bei der Bausparkasse einen neuen Einzelversicherungsvertrag abgeschlossen hätte, ist schlichtweg falsch. Diese Behauptung hält einer zivilrechtlichen Prüfung nicht stand.

357 Auch die Aussage des Fachprüfers, dass der GGf Auszahlungen aus einer Rückdeckungsversicherung erhalten hat, hält einer zivilrechtlichen Prüfung nicht stand. Vielmehr wurden dem GGf mtl. Versorgungsleistungen im Wege des verkürzten Zahlungsweges unmittelbar von der Bausparkasse ausbezahlt, ohne dass er zu irgendeinem Zeitpunkt Zugriff auf die Versicherungsleistung gehabt hätte.

358 Dem FA ist jedoch zuzugestehen, dass die gewählte Form der Abwicklung (unmittelbare Auszahlungen von der Bausparkasse an den GGf, fehlende Gehaltsabrechnungen, sowie Missachtung des Rentenanspruchs in Höhe des Differenzbetrages) genügend Anlass zu berechtigter Kritik gibt:

359 Als üblich und sachgerecht wäre die Gestaltung nur dann zu beurteilen, wenn die Bausparkasse die Auszahlungen aus dem Auszahlplan auf ein Konto der GmbH vorgenommen hätte und diese dann die tatsächlich zu leistende betriebliche Altersrente im Rahmen einer mtl. Gehaltsabrechnung behandelt und den Nettobetrag an den GGf zur Auszahlung gebracht hätte. Jedoch kann allein die Tatsache, dass der Mandantin bei der Abwicklung des Rentenzahlungsvorgangs Fehler unterlaufen sind, nicht dazu führen, dass man daraus einen Zufluss der gesamten Ablaufleistung „stricken" kann.

360 Ungeachtet der fehlerhaften Abwicklung hat die steuerrechtliche Würdigung der zu beurteilenden Rechtsgeschäfte der zivilrechtlichen Gestaltung zu folgen. Da die zivilrechtliche Beurteilung der relevanten Rechtsgeschäfte anhand der lückenlos vorhandenen Unterlagen in Form von Antragsformularen, Schriftverkehr und Bestätigungen eindeutig und zweifelsfrei beurteilt werden kann, besteht für eine von der zivilrechtlichen Lage abweichende steuerrechtliche Beurteilung kein Raum. Insbesondere besteht kein Spielraum für die vom FA vorgenommene „wertende Betrachtung".

361 Für eine „wertende Betrachtung" bestünde grundsätzlich nur dann Raum, wenn es den relevanten Vereinbarungen und Schriftstücken an Klarheit und Eindeutigkeit fehlen würde, so dass Veranlassung zu einer Auslegung des rechtlichen und wirtschaftlichen Regelungsinhalts bestehen würde. Dies ist aber im zu beurteilenden Sachverhalt auch unter Berücksichtigung der fehlerhaften Abwicklung definitiv nicht der Fall.

2. Praxisfälle zu Auseinandersetzungen mit der Betriebsprüfung

Eine steuerliche Relevanz ergibt sich jedoch hinsichtlich der bisher nicht versteuerten ratierlichen Auszahlungsbeträge. Diese rechnen beim GGf in 2012 zu den Einkünften aus nichtselbständiger Tätigkeit. Die in der Folgezeit ausbezahlten mtl. Beträge sind im Rahmen der ESt-Veranlagung 2013 und 2014 zu berücksichtigen. Der Differenzbetrag zum tatsächlichen Rentenanspruch in Höhe von mtl. 289,62 € ist durch die GmbH für die zurückliegenden Auszahlungszeiträume nachzuentrichten und im Auszahlungszeitpunkt auch zu versteuern. 362

Ferner hat die GmbH diesen Differenzbetrag zukünftig aus ihren laufenden Einnahmen zu befriedigen und mtl. eine Gehaltsabrechnung über den Gesamtbetrag des Rentenanspruchs zu erstellen, sowie den Nettobetrag an den GGf auszuzahlen. Die Vereinbarungen mit der Bausparkasse hinsichtlich des verkürzten Zahlungsweges sollten aus verfahrens- und abwicklungstechnischen Gründen geändert werden. 363

Sollte der GGf den Ablauf des Auszahlplans er- bzw. überleben, so hat die GmbH die Gesamtrente in Höhe von mtl. 1.759,52 € aus ihren eigenen Mitteln zu erfüllen. 364

dd) Beilegung

Das Gutachten wurde dem Fachprüfer vorgelegt. Nach einer im Anschluss daran folgenden Diskussion, anlässlich derer die Sach- und Rechtslage zwischen den Parteien vertiefend behandelt wurde, hat der Fachprüfer die ursprünglich von ihm vertretene Rechtsauffassung aufgegeben. Er hat sich der Auffassung der Autoren angeschlossen. Die erhebliche Steuernachzahlung konnte abgewendet werden. 365

BERATUNGSHINWEIS:

Auch in diesem Falle hätte die beschriebene Auseinandersetzung grundsätzlich vermieden werden können, wenn man der rechtsgeschäftlichen Abwicklung etwas mehr Aufmerksamkeit entgegengebracht hätte. So gab die fehlerhafte Abwicklung des Rentenzahlungsvorgangs doch genügend Anlass zu berechtigter Kritik. Allein die zunächst vom Fachprüfer gezogene Konsequenz, die den Zufluss der gesamten Ablaufleistung der Rückdeckungsversicherung zum Inhalt hatte, ließ sich am Ende doch nicht rechtfertigen.

Zur Vermeidung derartiger Probleme und Auseinandersetzungen sollte daher in der Praxis zwingend auf eine sach- und verfahrensgerechte Abwicklung der Rechtsgeschäfte, die im Zusammenhang mit der Auszahlung einer Ablaufleistung, deren Wiederanlage und der Rentenzahlung zu tätigen sind, geachtet werden.

(Einstweilen frei) 366–370

c) Praxisfall 3: Bildung eines Korrekturpostens in den Sonderbilanzen der Gesellschafter nach dem Wechsel der Rechtsform von einer GmbH in eine GbR

371 Der dritte Praxisfall beschreibt eine Auseinandersetzung, die im Rahmen einer Betriebsprüfung mit dem hinzugezogenen Fachprüfer hinsichtlich der steuerrechtlichen Beurteilung von drei Pensionszusagen anlässlich eines Rechtsformwechsels (von einer GmbH in eine GbR) geführt werden muss.

372 Der Fachprüfer wollte in diesem Zusammenhang zunächst gewinnerhöhende Korrekturposten für die Pensionsrückstellungen in den Sonderbilanzen der Gesellschafter i. H. v. rd. 601.000 € bilden. Darüber hinaus vertrat er die Auffassung, dass es im Zusammenhang mit einer zeitlich danach vereinbarten Erfüllungsübernahme, die eine weitere GbR zu den Pensionsverpflichtungen erklärt hatte, zu einem steuerpflichtigen Zufluss von Arbeitslohn bei allen drei Versorgungsberechtigten i. H. v. insgesamt rd. 1.270.000 € gekommen sein soll.

373 Der Rechtsstreit hinsichtlich des angenommenen Zuflusses von Arbeitslohn konnte im Rahmen des Einspruchsverfahrens gegen die ESt-Bescheide der Steuerpflichtigen zugunsten der drei Versorgungsberechtigten erledigt werden. Die Auseinandersetzung bzgl. der Korrekturposten in den Sonderbilanzen der Gesellschafter hat sich jedoch fortgesetzt. Die Gesellschafter sehen sich mit einer Steuernachzahlung i. H. v. rd. 270.000 € konfrontiert. Inklusive der fälligen Zinsen beläuft sich die Forderung der FinVerw auf deutlich über 350.000 €. Zum Zeitpunkt der Verfassung dieses Werkes findet die Auseinandersetzung im Rahmen einer Klage statt, die die GmbH vor dem Finanzgericht Stuttgart erhoben hat.

aa) Der Sachverhalt

374 Die Pensionszusage zugunsten des Gf 1 (Jahrgang 1950) wurde diesem von der später formgewechselten GmbH (GmbH 1) im Jahre 1996 erteilt. Die Pensionszusage zugunsten des Gf 2 (Jahrgang 1978) wurde diesem von der GmbH 1 im Jahre 2004 erteilt. Die Pensionszusage zugunsten des Gf 3 (Jahrgang 1953) wurde diesem durch eine weitere GmbH (GmbH 2) im Jahre 1996 erteilt.

Die Anteile an der GmbH 1 hielten die Gf 1 und 2, wobei Gf 1 immer über die Mehrheit der Anteile verfügte. Gf 2 war alleiniger Gesellschafter der GmbH 2. Gf 3 war zu keinem Zeitpunkt an einer der beiden GmbHs beteiligt. Gf 2 ist der Sohn von Gf 1 und Gf 3.

Mit Verschmelzungsvertrag v. 14.12.2009 wurde die GmbH 2 mit Wirkung zum 1.10.2009 auf die GmbH 1 verschmolzen. Die Pensionszusagen befanden sich somit alle drei im Betriebsvermögen der GmbH 1. Die GmbH 1 wurde mit notariellem Vertrag vom selben Tag und ebenfalls mit Wirkung zum 1.10.2009 hinsichtlich ihrer Rechtsform in eine Gesellschaft bürgerlichen Rechts (GbR) umgewandelt.

Per 1.10.2009 hatte die GmbH 1 in ihrer Steuerbilanz folgende Pensionsrückstellungen passiviert:

Stichtag	Gf 1	Gf 2	Gf 3	Gesamt
10.2009	1.287.087 €	25.630 €	686.032 €	**1.998.749 €**

bb) Die Feststellungen des Fachprüfers für betriebliche Altersversorgung

Das Finanzamt führte bei den Gesellschaften eine Betriebsprüfung durch. Auf der Grundlage des o. a. Sachverhaltes gelangte das FA im Rahmen des Berichts über die Außenprüfung zu **folgender ertragsteuerrechtlicher Würdigung:**

375

„An die Gesellschafter Gf 1 und Gf 2 sowie an die nahe Angehörige Gf 3 wurden noch in den Vorläufer-Kapitalgesellschaften der Bfa. Pensionszusagen erteilt. Die entsprechenden Pensionsrückstellungen wurden unabhängig vom Rechtsformwechsel und Beendigung der Arbeitsverhältnisse mit dem Teilwert angesetzt.

Bereits im Umwandlungszeitpunkt (1.10.2009) tritt jedoch eine tatsächliche Änderung ein, da die bisherigen GmbH-Gesellschafter Gf 1 und Gf 2 zu Mitunternehmern werden. Mithilfe eines Korrekturpostens in den Sonderbilanzen sind die in der Gesamthand ausgewiesenen Pensionsverpflichtungen nachfolgend auf die in der Arbeitnehmerzeit erdienten Ansprüche nach steuerlicher Definition („s/t-tel"; BMF v. 9.12.2002, BStBl 2002 I S.1393, BFH-Urteil v. 20.8.2003 - I R 99/02 und BFH-Urteil v. 5.3.2008 - I R 12/07) zu begrenzen (BFH v. 9.6.1997 - GrS 1/94; BMF v. 29.1.2008).

Da für die jeweils beherrschenden Gesellschafter der Vorgesellschaften das Nachzahlungsverbot gilt, können nur die ab Zusagedatum erdienten Ansprüche berücksichtigt werden. Dies gilt zum 31.12.2009 auch für die ausscheidende Gf 3 als nahestehende Person der beherrschenden Gesellschafter. Die entsprechende Korrektur für sie erfolgt in der Sonderbilanz von Gf 2, da ihre Zusage in „dessen" GmbH erfolgte. Für Gf 2 ergibt sich wegen der Identität der Wertansätze keine Änderung in der Sonderbilanz, sondern lediglich in der Gesamthandsbilanz gem. § 6a EStG."

Auf dieser Grundlage stellte die BP **folgende gewinnhöhende Korrekturposten für die Pensionsrückstellungen in den Sonderbilanzen** der Gesellschafter fest:

376

II. Betriebsprüfungsfalle Pensionszusage – im Streit mit der Finanzbehörde

Stichtag	Gf 1	Gf 2	Gf 3	Gesamt
10.2009	477.358 €	123.962 €	0 €	601.220 €

cc) **Auseinandersetzung**

377 In der Auseinandersetzung mit dem Fachprüfer konnten die betroffenen Gesellschaften – selbst Steuerberatungsgesellschaften – hinsichtlich dieser Rechtsfrage keine Einigung erzielen. Auch die Einsprüche gegen die im Anschluss ergangenen Änderungsbescheide für die Veranlagungszeiträume 2009 und 2010 wurden per gleichlautender Einspruchsentscheidung als sachlich unbegründet zurückgewiesen.

378 Im Rahmen des diesbezüglich von den Autoren angefertigten Gutachtens, das u. a. zur Begründung der vor dem Finanzgericht Stuttgart erhobenen Klage herangezogen wurde, konnte eindeutig dargelegt werden, dass die vom Fachprüfer vertretene Rechtsauffassung, die die zwingende Bildung eines Korrekturpostens in den Sonderbilanzen der Gesellschafter zum Gegenstand hat, als unzutreffend zu beurteilen und im Ergebnis abzulehnen ist. Dies wurde u. a. wie folgt begründet:

379 Mit Schreiben v. 11.11.2011 hat das **BMF im Rahmen des sog. Umwandlungssteuererlasses** zur bilanzsteuerrechtlichen Behandlung einer Pensionszusage, die zuvor durch eine Kapitalgesellschaft im Rahmen des bestehenden Dienstverhältnisses erteilt hat, nach einem Formwechsel von einer GmbH in eine Personengesellschaft die folgende Rechtsauffassung veröffentlicht:[1]

06.04 „Geht das Vermögen einer Kapitalgesellschaft durch Gesamtrechtsnachfolge auf eine Personengesellschaft über, ist die zugunsten des Gesellschafters durch die Kapitalgesellschaft zulässigerweise gebildete Pensionsrückstellung nicht aufzulösen (BFH v. 22.6.1997 - I R 8/75, BStBl 1997 II S. 798; Ausnahme: Anwartschaftsverzicht bis zum steuerlichen Übertragungsstichtag).

06.05 Die Personengesellschaft führt die zulässigerweise von der Kapitalgesellschaft gebildete Pensionsrückstellung in ihrer Gesamthandsbilanz fort und hat dies bei fortbestehendem Dienstverhältnis mit dem Teilwert nach § 6a Abs. 3 Satz 2 Nr. 1 EStG zu bewerten.

06.06 Zuführungen nach dem steuerlichen Übertragungsstichtag, soweit sie ihren Grund in einem fortbestehenden Dienstverhältnis haben, sind Sondervermögen i. S. d. § 15 Abs. 1 Satz 1 Nr. 2 EStG. Sie mindern den steuerlichen Gewinn

---

[1] BMF, Schreiben v. 11.11.2011, BStBl 2011 I S. 1314.

2. Praxisfälle zu Auseinandersetzungen mit der Betriebsprüfung

nicht. *Wegen der bilanzsteuerrechtlichen Behandlung der Pensionszusage einer Personengesellschaft an einen Gesellschafter vgl. im Übrigen das BMF-Schreiben v. 29.1.2008, BStBl 2008 I S. 317. Die Pensionszusage ist daher beim begünstigten Mitunternehmer in einen Teil vor und in einen Teil nach der Umwandlung aufzuteilen. Im Versorgungsfall folgt hieraus eine Aufteilung in Einkünfte nach § 19 EStG und § 15 EStG jeweils i.V. mit § 24 Nr. 2 EStG."*

Feststellung: Die Ausführungen des BMF im Umwandlungssteuererlass v. 11.11.2011 entsprechen sowohl den Ausführungen der OFD Magdeburg in der Vfg. v. 3.5.2011[1] als auch den Ausführungen des LfSt Bayern in der Vfg. v. 23.10.2009.[2] Dies gilt sowohl hinsichtlich der Behandlung des bisherigen Dienstverhältnisses als auch hinsichtlich der bilanzsteuerrechtlichen Konsequenzen

380

Danach ergibt sich unzweifelhaft die folgende Handhabung:

381

▶ Die bisher durch die GmbH zulässigerweise gebildete Pensionsrückstellung ist von der GbR nicht aufzulösen (Ausnahme: Anwartschaftsverzicht bis zum steuerlichen Übertragungsstichtag).

▶ Die GbR führt die zulässigerweise von der GmbH gebildete Pensionsrückstellung fort und hat diese bei fortbestehendem Dienstverhältnis mit dem Teilwert gem. § 6a Abs. 3 Satz 2 Nr. 1 EStG zu bewerten.

▶ Zuführungen nach dem steuerlichen Übertragungsstichtag, soweit sie ihren Grund in einem fortbestehenden Dienstverhältnis haben, sind Sondervermögen i.S.d. § 15 Abs. 1 Satz 1 Nr. 2 EStG. Sie mindern den steuerlichen Gewinn der GbR nicht.

Die von der Beklagten vertretene Rechtsauffassung vermittelt den Eindruck, dass durch die Bildung eines Korrekturpostens unter allen Umständen erreicht werden soll, dass im Zeitpunkt des Formwechsels ein steuerpflichtiger Übernahmefolgegewinn entsteht. Da die Entstehung eines Übernahmefolgegewinns auf der Ebene der Gesamthandsbilanz der GbR durch die Anerkennung eines steuerrechtlich fortbestehenden Dienstverhältnisses ausgeschlossen wird, wird seitens der Beklagten versucht, den Übernahmefolgegewinn kurzerhand auf die Ebene der Gesellschafter der GbR zu verlagern.

382

Die von der Beklagten zur Begründung ihres Rechtsstandpunktes herangezogenen Literaturbeiträge basieren auf einer Minderheitsmeinung[3] bzw. auf ei-

383

---

1 OFD Magdeburg, Vfg. v. 3.5.2011 - S 2176/60-St 215.
2 LfSt Bayern, Verfügung v. 23.10.2009 - S 1978a 1.1-2/9 St31/32, NWB DokID: OAAAD-33141.
3 Vgl. Ahrend/Förster/Rößler, Steuerrecht der bAV, 6. Teil, Rz. 288 ff.

ner Veröffentlichung eines Fachbetriebsprüfers der FinVerw.[1] Beide Veröffentlichungen begehen den Fehler, dass sie die ertragsteuerrechtliche Beurteilung der zu klärenden Rechtsfrage ausschließlich auf der Grundlage von versicherungsmathematischen Aspekten vornehmen. Dies ist jedoch nicht sachgerecht.

384 Die von A/F/R vorgetragene Rechtsauffassung soll ja sogar dazu führen, dass im Falle eines Wechsels eines bisher als Arbeitnehmer für die GbR tätigen Versorgungsberechtigten in die Stellung eines Mitunternehmers diesem ein Folgegewinn zuzurechnen wäre. Der bisherige Arbeitnehmer hätte damit Teile der Pensionsrückstellungen, die bisher die GbR als Aufwand verbucht hatte und die den bisherigen Gesellschaftern zugute gekommen sind, im Zeitpunkt des Eintritts als Gesellschafter als „Folgegewinn" zu versteuern. Dieses Ergebnis zeigt u. E., dass die rein versicherungsmathematische Betrachtung zu einem nicht akzeptablen Ergebnis führt, das unter ertragsteuerrechtlichen Gesichtspunkten nicht akzeptiert werden kann.

385 Die herrschende Meinung geht zu Recht davon aus, dass

► das mit der GmbH bestehende Dienstverhältnis mit dem Formwechsel auf die GbR übergeht; es endet im steuerlichen Sinne somit nicht mit dem Formwechsel.

► die GbR die Pensionsverpflichtung in ihrer Gesamthandsbilanz in Höhe des Teilwertes gem. § 6a Abs. 3 Satz 2 Nr. 1 EStG fortzuführen hat. Es kommt damit zu einer unveränderten Fortführung der Pensionsrückstellung in der Gesamthandsbilanz der GbR. Sie bleibt daher im Moment der Umwandlung steuerneutral.

► eine Korrektur der in der Gesamthandsbilanz der GbR zu bildenden Pensionsrückstellung nur in der Zeit nach dem Formwechsel (1. 10. 2009) und auch nur insoweit zu erfolgen hat, als es die künftigen Zuführungen zur Pensionsrückstellung betrifft, die ihren Grund in der Fortführung der Dienstverhältnisse haben.

386 Die zum 1. 10. 2009 in der Übertragungsbilanz der GmbH 1 für die unmittelbaren Pensionszusagen zugunsten der Gf 1 und Gf 2 passivierten Wertansätze sind daher per 1. 10. 2009 der Höhe nach unverändert von der GbR fortzuführen und zukünftig mit dem Teilwert gem. § 6a Abs. 3 Satz 2 Nr. 1 EStG in der Gesamthandsbilanz der GbR zu passivieren.

---

1 Estler, BetrAV 5/2013 S. 381.

Auch für Gf 3 kann durch den Formwechsel kein Übernahmefolgegewinn entstanden sein. Eine Korrektur der zulässiger Weise in der Gesamthandsbilanz der GbR zu bildenden Pensionsrückstellung in der Sonderbilanz des Gesellschafters Gf 2 kommt nach der Umwandlung dem Grunde nach nicht in Frage, da Gf 3 weder an der GmbH beteiligt war, noch an der GbR beteiligt ist. Sie wurde daher nicht zur Mitunternehmerin der GbR. Ihr Status als Arbeitnehmerin wurde weder durch die Verschmelzung noch durch den Formwechsel berührt. 387

Dies gilt auch unter Berücksichtigung der Tatsache, dass die Versorgungsberechtigte eine nahe Angehörige der beiden Gesellschafter ist. Die Tatsache, dass Gf 3 die Mutter von Gf 2 ist, hat zwar auf der Ebene der GmbH 2 dazu geführt, dass die dort erteilte unmittelbare Pensionszusage den Sonderanforderungen zu entsprechen hatte, die auf der zweiten Prüfungsstufe gem. § 8 Abs. 3 Satz 2 KStG für Pensionszusagen an beherrschende GGf gelten. Sie kann jedoch nicht dazu führen, dass ihre Pensionszusage im Rahmen des Formwechsels so zu behandeln wäre, als wäre sie selbst zur Mitunternehmerin der GbR geworden. Die diesbezüglich von der Beklagten vertretene Rechtsauffassung „schießt weit über das Ziel hinaus". 388

Darüber hinaus führt die teilweise Korrektur der Pensionsrückstellung im vorliegenden Fall zu einem Verstoß gegen das Realisationsprinzip. 389

dd) Beilegung

Eine Beilegung des Rechtsstreits konnte zum Zeitpunkt der Verfassung dieses Werkes noch nicht erreicht werden. Der Fachprüfer hat im Rahmen des vor dem FG Stuttgart stattgefundenen Erörterungstermins seine rechtliche Beurteilung nochmals wie folgt zusammengefasst. 390

▶ Im Rahmen der Ermittlung des Bilanzgewinns ist bei Fortbestehen des Dienstverhältnisses aufgrund der unveränderten und insoweit für § 6a EStG relevanten zivilrechtlichen Situation der Teilwert gem. § 6a Abs. 3 Satz 2 Nr. 1 EStG fortzuführen (bilanzielle Gewinnermittlung, Schritt 1).

▶ Der danach ermittelte Bilanzgewinn ist gem. § 15 Abs. 1 Satz 1 Nr. 2 EStG um den Aufwand für die Vergütung der Tätigkeit der Mitunternehmer zu mindern. Bei Rückstellungen erfolgt dabei keine Auflösung, sondern eine steuerliche Korrektur in einer Sonderbilanz (Einkunftsermittlung, Schritt 2).

▶ Im Umwandlungsfall ist gem. § 6a Abs. 1 und 2 UmwStG 2007 auch der Bilanzaufwand zu korrigieren, der bereits vor der Umwandlung entstanden ist. Dies beinhaltet u.U. auch eine Auflösung von Rückstellungen. Vorliegend geht es jedoch nur um eine steuerliche Korrektur durch den Ansatz eines Korrekturpostens in der Sonderbilanz. Eine Rückstellung in der Gesamthandsbilanz wird dadurch bereits nicht aufgelöst.

391 Der Berichterstatter, Mitglied des 8. Senats des FG Stuttgart, konnte dem Sachvortrag der FinVerw jedoch in keiner Weise zustimmen. Er stimmte stattdessen der von der Klägerseite vertretenen Rechtsauffassung uneingeschränkt zu und begründete dies wie folgt:

„Aus § 4 Abs. 1 Satz 1 i.V. m. § 3 Abs. 1 Satz 2 UmwStG ergebe sich, dass Pensionsrückstellungen in der Bilanz des übernehmenden Rechtsträgers mit dem nach § 6a EStG ermittelten Wert anzusetzen seien. Diese Vorschriften seien gem. § 9 UmwStG beim Formwechsel in eine GbR entsprechend anzuwenden. Der nach Auffassung des Fachprüfers zu bildende Korrekturposten würde im Ergebnis zu einer Nichtanwendung dieser gesetzlichen Regelung führen. Die insoweit maßgeblichen Vorschriften des Umwandlungssteuererlasses[1] seien insoweit nach seiner Auffassung eindeutig formuliert. Nach Tz 06.05 habe die GbR die zulässigerweise von der Kapitalgesellschaft gebildete Pensionsrückstellung in ihrer Gesamthandsbilanz fortzuführen und – wie im Streitfall – bei fortbestehendem Dienstverhältnis mit dem Teilwert nach § 6a Abs. 3 Satz 2 Nr. 1 EStG zu bewerten. Nach Tz 06.06 seien Zuführungen nach dem steuerlichen Übertragungsstichtag, soweit sie ihren Grund in einem fortbestehenden Dienstverhältnis haben, Sondervergütungen i. S. d. § 15 Abs. 1 Satz 1 Nr. 2 EStG und minderten den steuerlichen Gewinn der GbR nicht. Die Pensionszusage sei beim begünstigen Mitunternehmer in einen Teil vor und einen Teil nach der Umwandlung aufzuteilen.

Eine zusätzlich Regelung, wonach ein Korrekturposten in der Sonderbilanz des betreffenden Gesellschafters anzusetzen wäre, fehle in dieser Regelung. Die Aufteilung beziehe sich – wie sich auch am letzten Satz der Tz 06.06. zeige – auf die durch die Umwandlung entstehende Rechtsfolge, dass der Pensionsberechtigte (der berechtigte Mitunternehmer) aus derselben Pensionszusage zugleich Einkünfte aus nichtselbständiger Arbeit gem. § 19 EStG und Betriebsbeinnahmen gem. § 15 EStG erziele.

Auch er sehe in der Bildung des Korrekturpostens einen Verstoß gegen das Realisationsprinzip, da sich der zugrunde liegende Sachverhalt nicht geändert habe. Es erfolgt aufgrund der eintretenden Mitunternehmerstellung nur eine andere steuerliche Würdigung des – zivilrechtlich – unverändert fortbestehenden Dienstverhältnisses. Dies unterscheide die Pensionsrückstellung von den in § 6 UmwStG geregelten Gewinnerhöhungen. Hier erfolge die Realisation durch Vereinigung von Forderung und Verbindlichkeit in einer Hand. Ein solcher Sachver-

---

[1] BMF, Schreiben v. 11.11.2011, Rz. 06.04 ff., BStBl 2011 I S. 1314.

2. Praxisfälle zu Auseinandersetzungen mit der Betriebsprüfung

halt liege bezgl. der hier streitgegenständlichen Pensionsverpflichtungen nicht vor. Diese bestehe fort, für die Bewertung gelte aufgrund der gesetzlichen Anordnung im UmwStG die Vorschrift in § 6a EStG.

Soweit der Fachprüfer davon ausgehe, dass die Bildung eines Korrekturpostens auch nach dem Umwandlungssteuererlass möglich sei, sehe der Berichterstatter hierfür keine Grundlage. Zwar seien Verwaltungsanweisungen auch durch die Rechtsprechung in dem Sinne auszulegen, in dem die Verwaltung ihre Anweisung verstanden wissen will. Soweit für den Berichterstatter ersichtlich, sei die – nach Auffassung des Berichterstatters eindeutige – Regelung in Tz 06.04 ff. des Umwandlungssteuererlasses jedoch zu keinem Zeitpunkt ergänzt oder klargestellt worden."

BERATUNGSHINWEIS:

Der beschriebene Rechtsstreit macht mehr als deutlich, über welche Komplexität die Rechtsmaterie der bAV verfügt. Die hier zu klärende bilanzsteuerrechtliche Fragestellung ist von grundsätzlicher Bedeutung für alle Fälle, die einen Formwechsel von einer Kapitalgesellschaft in eine Personengesellschaft vollzogen haben oder einen solchen planen. Dabei hat das FG darüber zu entscheiden, ob die von der FinVerw vertretene Handhabung als eine zwingend notwendige Ergebniskorrektur oder schlichtweg als eine „bilanzsteuerrechtliche Vergewaltigung" zu beurteilen ist, mittels derer letztendlich mit „brachialer Gewalt" versucht wird, diejenigen Rechtsfolgen herbeizuführen, die nur bei einer Beendigung des Dienstverhältnisses eintreten würden.

Die Ausführungen des Berichterstatters sind jedoch so eindeutig zugunsten der Klägerin ausgefallen, dass davon ausgegangen werden kann, dass das FG die Bildung eines Korrekturpostens in der Sonderbilanz und somit das Entstehen eines Übernahmefolgegewinns zutreffender Weise ablehnen wird. Die Vertreter der FinVerw haben aber bereits deutlich zum Ausdruck gebracht, dass sie die zu klärende Rechtsfrage für so grundlegend erachten, dass sie – für den Fall einer Niederlage vor dem FG – ein Revisionsverfahren vor dem BFH einleiten werden. 392

In der Beratungspraxis sollte in allen gleichgelagerten Fällen, sofern sie von der FinVerw in gleicher Weise angegriffen werden, keinesfalls klein beigegeben werden. Vielmehr sollte die Auseinandersetzung bis zur Rechtskraft der FG-Entscheidung oder bis zur Entscheidung des BFH ausgesetzt werden. 393

(Einstweilen frei) 394–398

d) Praxisfall 4: Übertragung der Geschäftsführer-Pensionszusage auf eine pauschal dotierte Unterstützungskasse

399 Der vierte Praxisfall beschreibt eine Auseinandersetzung, die im Rahmen einer Betriebsprüfung mit einem hinzugezogenen Fachprüfer (und seiner späteren Nachfolgerin) die anlässlich der Übertragung der Gf-Pensionszusage auf eine pauschal dotierte Unterstützungskasse geführt werden musste.

400 Der Fachprüfer verweigerte der geleisteten einmaligen Zuwendung in das Deckungskapital der Unterstützungskasse i. H. v. rd. 673.000 € die Anerkennung als abzugsfähige Betriebsausgabe. Die Gesellschaft sah sich dementsprechend mit einer drohenden Steuernachzahlung i. H. v. rd. 200.000 € konfrontiert. Inklusive der fälligen Zinsen erhöhte sich die Forderung der FinVerw auf deutlich über 250.000 €.

aa) Der Sachverhalt

401 Die GmbH hat ihrem damaligen Allein-Gesellschafter und Gf (Jahrgang 1946) im Jahre 1983 eine unmittelbare Pensionszusage erteilt. Die vertragliche Vereinbarung zur Pensionszusage wurde mit Vereinbarung v. 1. 12. 1993 neu gefasst. Gegenstand des Versorgungsversprechens war die Zusage auf Leistungen der Alters-, Berufsunfähigkeits- und Witwenversorgung. Nach den Bestimmungen der vertraglichen Vereinbarung zur Pensionszusage v. 1. 12. 1993 hatte der Gf dem Grunde nach mit Vollendung des 65. Lebensjahres einen Anspruch auf Zahlung einer lebenslangen Altersrente. **Ein Ausscheiden aus dem Dienstverhältnis wurde vertraglich nicht vereinbart.** Mit individualvertraglicher Vereinbarung v. 2. 10. 2010 wurden die Versorgungsleistungen in Höhe des Teilbetrags eingefroren, auf die der Gf bis zum 31. 12. 2009 einen unverfallbaren Anspruch erworben hatte. In der Steuerbilanz der GmbH wurde per 31. 12. 2010 eine Pensionsrückstellung i. H. v. 742.054 € passiviert.

Mit Antrag v. 8. 8. 2011 hat die GmbH die Aufnahme in eine Unterstützungskasse (UK) beantragt, die in der Form der pauschal dotierten Unterstützungskasse geführt wird. Gegenstand der Aufnahme als Trägerunternehmen war die Absicht der GmbH, zukünftig Maßnahmen der bAV über die UK durchführen zu wollen. Zu diesem Zeitpunkt hielt der Gf nur noch 70% der Gesellschaftsanteile.

Mit Anwartschaftsbestätigung v. 2. 12. 2011 hat die UK dem Gf gegenüber die Anwartschaft auf folgende betrieblichen Versorgungsleistungen bestätigt:

2. Praxisfälle zu Auseinandersetzungen mit der Betriebsprüfung

Aufnahmedatum als Begünstigter: 08/2011
Leistungsbeginn (Altersgrenze): 12/2011
Höhe der Altersleistung p. a.: 61.252,92 €
Witwenrente: 60 %

Mit Zuwendungsanforderung v. 20.12.2011 hat die UK die GmbH gebeten, ihr auf der Grundlage der Anlage 1 zum § 4d Abs. 1 EStG eine Zuwendung zum Deckungsstock i. H. v. 673.782,12 € zukommen zu lassen. Der Betrag wurde von der Steuerpflichtigen am 22.12.2011 überwiesen.

Die GmbH hat die in der Steuerbilanz bisher gebildete Pensionsrückstellung i. H. v. 742.054 € mit Wirkung zum 31.12.2011 in voller Höhe gewinnerhöhend aufgelöst. Die Dotierung zugunsten der UK i. H. v. 673.782,12 € wurde in der Steuerbilanz der GmbH im Wirtschaftsjahr 2011 in voller Höhe als abzugsfähige Betriebsausgabe behandelt.

Die UK hat die Altersrente in der o. g. Höhe an den Gf geleistet. Dieser hat die Versorgungsbezüge im Rahmen der Einkünfte aus nichtselbständiger Tätigkeit gem. § 19 EStG versteuert.

bb) Die Feststellungen des Fachprüfers für betriebliche Altersversorgung

Das zuständige Finanzamt hat zur Prüfung der steuerrechtlichen Behandlung der dem Gf gegenüber erteilten unmittelbaren Pensionszusage und des Beitritts der Steuerpflichtigen zur UK in 2015 einen Fachprüfer vom Bayerischen Landesamt für Steuern hinzugezogen.

Hinsichtlich des zu beurteilenden Sachverhaltes stellte der Fachprüfer das Folgende fest:

„Der Gf hat im August 2011 das vereinbarte Pensionsalter 65 erreicht. Am 8.8.2011 wurde die Versorgungsverpflichtung auf die UK übertragen. Als Zuwendung zum Deckungsstock hat die GmbH der UK am 22.12.2011 673.782,12 € überwiesen (11-fache der jährlichen Altersrente gem. Anl. 1 zu § 4d Abs. 1 EStG) und gem. § 4d Abs. 1 Nr. 1a EStG als Betriebsausgabe abgezogen.

In der Anwartschaftsbestätigung vom 2.12.2011 bescheinigt die UK die Anwartschaft auf eine jährliche Altersleistung von 61.252,92 € (Witwenleistung 60 % der Altersleistung) gemäß den Bestimmungen des Leistungsplanes UK 2005. Der Leistungsplan sieht in § 3 Abs. a i. V. mit § 4 Abs. 1 die Gewährung einer Altersleistung u. a. dann vor, wenn der Versorgungsberechtigte aus den Diensten des Trägerunternehmens ausgeschieden ist.

II. Betriebsprüfungsfalle Pensionszusage – im Streit mit der Finanzbehörde

Die UK hat am 28.11.2012 Versorgungsbezüge für den Zeitraum 12/2011 bis 11/2012 ausgezahlt, obwohl das Anstellungsverhältnis über das Pensionsalter hinaus als Geschäftsführer mit Bezug von laufendem Geschäftsführergehalt fortgesetzt wird."

404 Auf der Grundlage des o. a. Sachverhaltes **gelangte der Fachprüfer zu folgenden Prüfungsfeststellungen:**

*„Der Betriebsausgabenabzug der Zuwendung an die UK in Höhe des Deckungskapitals kann steuerlich nicht anerkannt werden, da der Gf bis dato nicht aus den Diensten der Gesellschaft ausgeschieden ist. Gemäß § 4d Abs. 1 Satz 1 Nr. 1a EStG können Zuwendungen zum Deckungskapital nur für laufende Leistungen an Leistungsempfänger, die **ehemalige Arbeitnehmer des Trägerunternehmens** sind, als Betriebsausgaben abgezogen werden. Im vorliegenden Fall ist daher nur ein Betriebsausgabenabzug gem. § 4d Abs. 1 Satz 1 Nr. 1b Doppelbuchst. b EStG i. H. v. 25 % der jährlichen Versorgungsleistungen möglich (= 25 % aus 61.253 €).*

Aktive Rechnungsabgrenzung

Bilanzposten 31.12.2011

Steuerbilanz	0
Prüferbilanz	*658.469*
Unterschied	658.469

Übersteigen die in einem Wirtschaftsjahr geleisteten Zuwendungen die nach § 4d Abs. 1 EStG abzugsfähigen Beträge, so können die übersteigenden Beträge im Wege der Rechnungsabgrenzung auf die folgenden drei Wirtschaftsjahre vorgetragen und im Rahmen der für diese Wirtschaftsjahre abzugsfähigen Beträge als Betriebsausgaben behandelt werden (§ 4d Abs. 2 Satz 3 EStG).

Ermittlung der nichtabzugsfähigen Zuwendungen:

Zuwendungen zum Deckungskapital vom 22.12.2011	*673.782*
Zulässige Zuwendungen gem. § 4d Abs. 1 Satz 1 Nr. 1b Doppelbuchst. bb EStG	
25 % der jährlichen Versorgungsleistungen eines Leistungsanwärters	
= 25 % aus 61.253 €	*15.313*
Nicht abzugsfähige Zuwendungen/aktive Rechnungsabgrenzung	*658.469"*

cc) Auseinandersetzung

Im Rahmen des diesbezüglich von den Autoren angefertigten Gutachtens konnte herausgearbeitet werden, dass bei der Umsetzung des Rechtsgeschäftes erhebliche Mängel aufgetreten sind. Die Analyse der bestehenden Vertragslage hinsichtlich des zu beurteilenden Rechtsgeschäftes „Übertragung der unmittelbaren Pensionszusage auf die UK" führte zusammenfassend zu folgendem Ergebnis:

405

▶ Die Übertragung der unmittelbaren Pensionszusage auf die UK kann aus den zwischen der Steuerpflichtigen und der UK getroffenen Vereinbarungen nicht unmittelbar abgeleitet werden. Sie ergibt sich allenfalls anhand eines konkludenten Handelns der beteiligten Parteien.

▶ Die Gesellschafterversammlung der Steuerpflichtigen hat keinen Beschluss gefasst, mit dem die Übertragung der unmittelbaren Pensionszusage auf die UK genehmigt worden wäre.

▶ Der versorgungsberechtigte Gf hat der UK gegenüber keine Erklärung bzgl. seiner Zustimmung zur Übertragung abgegeben.

▶ Die Übertragung der unmittelbaren Pensionszusage auf die UK ist auf der Rechtsebene zwischen der Steuerpflichtigen und deren Gf nicht vereinbart worden. Sie wurde daher auch nicht ins Außenverhältnis umgesetzt.

Das zu beurteilende Rechtsgeschäft hat somit in einem Umfeld stattgefunden, welches jedwede zivilrechtliche Anforderung im Hinblick auf eine rechtskonforme Gestaltung gänzlich missachtet hat. Das Rechtsgeschäft ist damit nicht mit zivilrechtlicher Wirkung zustande gekommen. In der Folge ist das Rechtsgeschäft als Erfüllungsübernahme i. S. d. § 329 BGB zu beurteilen. Auf eine Erfüllungsübernahme finden die Bestimmungen des § 4d EStG keine Anwendung. Daher greifen die vom Fachprüfer dargestellten Dotierungsbeschränkungen nicht.

406

Die als Nachfolgerin seitens der FinVerw in diese Auseinandersetzung eingetretene Fachprüferin konnte für den o. g. Sachvortrag keine Sympathie entwickeln. Der vom Steuerberater der GmbH initiierte Versuch, die verfahrene Situation im Rahmen einer Schlussbesprechung zu einer für beide Seiten verträglichen Lösung zu führen, bescherte den Vertretern der Steuerpflichtigen ein Erlebnis der besonderen Art. So ließ sich die bayerische FinVerw bei dieser Schlussbesprechung von immerhin fünf Beamtinnen vertreten (zwei vom zuständigen Finanzamt und drei vom LfSt Bayern). Deren Bereitschaft, die Angelegenheit einvernehmlich zu lösen, war von Beginn an erkennbar nicht vorhanden. Insbesondere die Wortführerin aus dem BayLfSt, die sich selbst als Referentin vorstellte, ließ deutlich erkennen, dass sie die Schlussbesprechung eher

407

als eine lästige Pflicht und nicht als eine Gelegenheit zur Beilegung des Rechtsstreits begriff. Der Verlauf der Besprechung wurde dadurch erheblich negativ beeinflusst. Die Schlussbesprechung wurde dann auch nach rd. 45 Minuten wegen erheblicher Differenzen abgebrochen.

dd) Beilegung

408 Eine Beilegung der Auseinandersetzung wurde letztendlich dadurch erreicht, dass die aktuellen Gf der GmbH – auch geprägt durch den inakzeptablen Verlauf der Schlussbesprechung – die Feststellungen der BP anerkannt haben. In der Abwägung ihrer rechtlichen Möglichkeiten haben sie sich letztendlich dafür entschieden, die von der FinVerw vertretene Rechtsauffassung und den daraus resultierenden Steuerschaden zu akzeptieren. Stattdessen suchen sie ihr Recht nun in der Auseinandersetzung mit den Verursachern des Dilemmas: den vorherigen Beratern der GmbH. Diese sollen für den entstandenen Schaden in Haftung genommen werden.

409 Dies auch vor dem Hintergrund, dass grundsätzlich die Möglichkeit bestand, die Problematik noch innerhalb der Regelung des § 4d Abs. 2 Satz 3 EStG (Rechnungsabgrenzung der nicht abzugsfähigen Zuwendungen und Vortrag auf die folgenden drei Jahre) zu lösen. Der Dreijahreszeitraum endete indes mit Ablauf des Jahres 2014. Er war somit zum Zeitpunkt der BP bereits abgelaufen.

BERATUNGSHINWEIS:

Der Fall belegt ein weiteres Mal, dass bei einer Gf-Pensionszusage der Teufel wirklich sprichwörtlich im Detail steckt. Die Anerkennung der Gestaltung ist letztendlich daran gescheitert, dass das Dienstverhältnis des Gf nicht beendet wurde.

410 Die vom Fachprüfer schon damals vertretene Rechtsauffassung, dass die Fortsetzung des Dienstverhältnisses einer steuerwirksamen Zuwendung ins Deckungskapital der UK entgegensteht, hat die FinVerw nunmehr im Rahmen des BMF-Schreibens v. 18.9.2017 bestätigt. Dort führt das BMF aus, dass bei Zusagen auf lebenslänglich laufende Leistungen das Deckungskapital nach § 4d Abs. 1 Satz 1 Nr. 1 Satz 1 Buchst. a EStG erst maßgebend ist, wenn der Berechtigte aus dem Dienstverhältnis ausgeschieden ist, da nur ehemalige Arbeitnehmer Leistungsempfänger i.S.d. Regelung sein können.[1]

411 Ob diese Sicht der Dinge als sachgerecht zu beurteilen ist, ist u.E. mehr als fraglich. Zieht man den Vergleich mit einem Pensionsfonds, oder mit einer Schuldübernahme durch einen fremden Dritten, so kommt man zu dem Ergeb-

---

[1] BMF, Schreiben v. 18.9.2017, BStBl 2017 I S. 1293.

nis, dass in diesen Fällen eine Abhängigkeit von der Beendigung des Dienstverhältnisses nicht gegeben ist. So könnten die vollumfänglich erdienten Versorgungsanwartschaften nach Erreichen des Pensionsalters auch bei Fortsetzung des Dienstverhältnisses mit steuerlicher Wirkung auf einen Pensionsfonds oder – bei einer Unternehmerzusage – auf einen fremden Dritten übertragen werden. Dies führt zu der Feststellung, dass an dieser Stelle wesentlich gleiches steuerrechtlich ungleich behandelt wird. In der Folge stellt sich die Frage, ob die Beschränkung auf den Kreis der ausgeschiedenen Mitarbeiter noch als verfassungskonform beurteilt werden kann (vgl. Art. 3 Abs. 1 GG).

Auch lässt sich u. E. die Sonderregelung für die UK nicht mit dem fehlenden Rechtsanspruch und mit einem Verweis auf die Vermeidung von ungewollten Vorfinanzierungen begründen, da die Versorgungsanwartschaften des Gf mit Erreichen des vereinbarten Pensionsalters in voller Höhe erdient wurden. Die rechtsgeschäftliche Übertragung auf eine pauschal dotierte UK, die mit oder nach dem Erreichen der vereinbarten Regelaltersgrenze durchgeführt wird, stellt damit einen bloßen Wechsel des Durchführungsweges dar, der – anders als bei einer Dotierung während der Anwartschaftsphase – über keinerlei Missbrauchspotential mehr verfügt. Dies auch unter Berücksichtigung der Tatsache, dass die pauschale Dotierung der UK – wie im Streitfall – aufgrund der Bestimmungen der Anlage 1 zu § 4d EStG zu einer Einmalprämie erfolgen kann, die unterhalb der ertragsteuerrechtlichen Pensionsrückstellung liegt. 412

Ungeachtet dessen sei an dieser Stelle ausdrücklich darauf hingewiesen, dass eine pauschal dotierte Unterstützungskasse – anders als von diversen teilweise als dubios zu bezeichnenden Anbietern behauptet – sich keinesfalls dazu eignet, um eine Gf-Pensionszusage abschließend zu „entsorgen". Denn die Übertragung der Pensionszusage auf eine UK wird in der Praxis niemals mit einer Schuldbefreiung der GmbH einhergehen. 413

(Einstweilen frei) 414–418

e) Praxisfall 5: Vereinbarung einer Gleitklausel bei einer Beschäftigung des Geschäftsführers über die vereinbarte Regelaltersgrenze hinaus

Der fünfte Praxisfall beschreibt eine Auseinandersetzung, die im Rahmen einer Betriebsprüfung mit der hinzugezogenen Fachprüferin hinsichtlich einer Anpassung der Versorgungsleistungen bei einer Weiterbeschäftigung der beiden Gf über die vereinbarte Regelaltersgrenze hinaus geführt werden musste. 419

420 Die Fachprüferin wollte in diesem Zusammenhang eine gewinnerhöhende Auflösung der bisher gebildeten Pensionsrückstellungen in einer gesamten Höhe von 762.357 € annehmen. Der GmbH drohte daher eine Steuernachzahlung i. H. v. rd. 250.000 €. Inklusive der fälligen Zinsen war mit einer Forderung von über 300.000 € zu rechnen.

aa) Der Sachverhalt

421 Die GmbH hatte dem beherrschenden GGf 1 (Jahrgang 1946) im Jahre 1979 eine unmittelbare Pensionszusage erteilt. Nach den Bestimmungen der Pensionszusage in der geänderten Fassung aus dem Jahre 1996 verfügte Gf 1 dem Grunde nach über einen Anspruch auf Zahlung einer lebenslangen Altersrente, wenn das Dienstverhältnis nach Vollendung des 65. Lebensjahres beendet wird.

Im September 2011 vollendete Gf 1 das 65. Lebensjahr. Da im Vorfeld dieses Termins feststand, dass ein Ausscheiden aus betrieblichen Gründen zu diesem Zeitpunkt nicht möglich war, haben die Parteien mit Nachtrag vom August 2011 vereinbart, dass

▶ die gehaltsabhängigen Versorgungsleistungen zunächst in Höhe des Betrags festgeschrieben wurden, der sich anhand der damals vorherrschenden Verhältnisse vereinbarungsgemäß ermittelte (mtl. Altersrente i. H. v. 12.657 €),

▶ Gf 1 seine aktive Tätigkeit als Gf über das Pensionsalter hinaus ausüben wird,

▶ das Pensionsalter bis zu seinem Ausscheiden hinausgeschoben wird,

▶ als Ausgleich für die spätere Inanspruchnahme der Versorgungsleistungen die „ausgesetzten monatlichen Pensionszahlungen nach versicherungsmathematischen Grundsätzen zur Erhöhung der künftigen Pensionsleistungen verwendet werden".

Gf 1 hat seine aktive Tätigkeit bis zum Oktober 2015 fortgesetzt. Seine Versorgungsanwartschaften wurden unter Berücksichtigung der o. a. Regelung schrittweise erhöht. Seit November 2015 bezieht Gf 1 die aus der Pensionszusage resultierende Altersrente.

Gf 2 (Jahrgang 1949) erhielt im Jahre 1995 eine inhaltsgleiche Pensionszusage. Als Pensionsalter wurde jedoch das 63. Lebensjahr vereinbart. Da Gf 2 im August 2012 die Regelaltersgrenze erreichte wurde mit Gf 2 im Juli 2012 exakt dieselbe Vereinbarung zur Fortsetzung der aktiven Tätigkeit getroffen wie mit Gf 1. Die Altersrente wurde i. H. v. mtl. 5.880 € festgeschrieben. Gf 2 hat seine

2. Praxisfälle zu Auseinandersetzungen mit der Betriebsprüfung

aktive Tätigkeit über den Prüfungszeitraum hinaus fortgesetzt. Gf 2 war selbst nicht am Stammkapital der GmbH beteiligt. Gf 2 ist die Ehefrau von Gf 1.

Auf der Grundlage der o. a. Vereinbarungen hatte der bisherige Gutachter innerhalb des relevanten Prüfungszeitraums (2012 bis 2015) hinsichtlich der Altersrenten folgende monatlichen Versorgungsanwartschaften ermittelt:

Bilanzstichtag	Gf 1	Erhöhung	Gf 2	Erhöhung
05.2012	14.788,95 €	16,84%	5.880,00 €	0,00%
05.2013	15.906,31 €	7,56%	6.868,86 €	16,82%
05.2014	17.044,38 €	7,15%	7.415,99 €	7,97%
05.2015	18.191,25 €	6,73%	7.996,91 €	7,83%

Die Ermittlung basierte auf den zwischen den Parteien getroffenen Vereinbarungen, die bis zu einem Ausscheiden einen nach versicherungsmathematischen Grundsätzen ermittelten Ausgleich vorsehen. Nach unseren Feststellungen hat der bisherige Gutachter, die nicht ausbezahlten Monatsrenten zum Bewertungsstichtag auf der Grundlage des versicherungsmathematischen Anwartschaftsbarwertes in lebenslange Rentenleistungen umgerechnet.

Auf dieser Grundlage wurden für die Ertragsteuerbilanz folgende Wertansätze zu den Pensionsrückstellungen ermittelt:

Bilanzstichtag	Gf 1	Gf 2	Gesamtbetrag
05.2012	1.944.088 €	895.510 €	2.839.598 €
05.2013	2.049.049 €	949.671 €	2.998.720 €
05.2014	2.149.171 €	1.005.238 €	3.154.409 €
05.2015	2.242.450 €	1.061.353 €	3.303.803 €

bb) Die Feststellungen der Fachprüferin für betriebliche Altersversorgung

Das zuständige Finanzamt hat zur Prüfung der steuerrechtlichen Behandlung der den beiden Gf gegenüber erteilten unmittelbaren Pensionszusagen in 2017 eine Fachprüferin vom LfSt Bayern hinzugezogen.   422

Auf der Grundlage des o. a. Sachverhaltes gelangte die Fachprüferin in ihren Prüfungsfeststellungen zu folgender steuerrechtlichen Würdigung: 423

„Bei den Zusagen an Gf 1 und Gf 2 liegt ein gleichgelagerter Sachverhalt vor. Die Zusagen sehen als Kriterium für den Bezug der Altersrente das Ausscheiden aus dem aktiven Dienstverhältnis vor. Es ist in den Pensionszusagen der Fall des vor-

zeitigen Bezugs von Altersrente geregelt. Ein Weiterarbeiten über die vertragliche Altersgrenze hinaus ist nicht vorgesehen.

Mit den Nachträgen vom August 2011 bzw. Juli 2012 soll nun der Umstand gewürdigt werden, dass die Pensionsberechtigten über die jeweils vertragliche Altersgrenze hinaus tätig sind. Die Nachträge werden unmittelbar (ein Monat) vor Erreichen der jeweiligen vertraglichen Altersgrenzen unterzeichnet.

Mit Ablauf der vertraglichen Altersgrenze von 65 bzw. 63 haben die ursprünglichen Pensionsverpflichtungen ihren versicherungsmathematischen Höchstwert erreicht. Die Bewertung wechselt vom Teilwert (für aktive Dienstverhältnisse – § 6a Abs. 3 Nr. 1 EStG) zum Barwert (für laufende Betriebsrentenleistungen bzw. Bewertung als sog. technischer Rentner – § 6a Abs. 3 Nr. 2 EStG).

Dies ist im konkreten Fall bereits zum September 2011 bzw. August 2012 geschehen. Insoweit gelten die Pensionszusagen als komplett erdient.

Jede Leistungsänderung/-erhöhung zum bzw. nach dem vertraglichen Pensionsalter kommt einer Neuzusage gleich, für die alle Kriterien einer Pensionszusage – inklusive der Erdienenszeit – neu abgeprüft werden müssen.

Auf die Urteile des BFH v. 11. 9. 2013 - I R 26/12 und v. 27. 11. 2013 - I R 17/13, sowie das Urteil vom FG Berlin-Brandenburg v. 30. 1. 2013 - 12 K 12227/10 wird hingewiesen. Hier heißt es z. B. auszugsweise: „Der regelmäßige Erdienungszeitraum für Versorgungszusagen an beherrschende Gesellschafter-Geschäftsführer beträgt zehn Jahre; das gilt nicht nur für erstmalig erteilte Pensionszusagen, sondern in gleicher Weise auch für spätere Zusagen, durch die die zunächst zugesagte Pension erhöht wird.

Im vorliegenden Fall ist für die beiden Neuzusagen vom September 2011 bzw. August 2012 der Erdienungszeitraum von zehn Jahren nicht erfüllt. Es ist vielmehr nicht absehbar, wie lange die aktiven Dienstverhältnisse von Gf 1 und Gf 2 aufrechterhalten werden. Daher sind diese Zusagen nicht konkret berechenbar, was die Rentenhöhe anbelangt. Die Grundsätze des § 6a EStG sind nicht erfüllt und die Neuzusagen sind nicht passivierbar.

Bei späterer Auszahlung von Rentenleistungen, die über die ursprünglich fixierten Renten von 5.880 € bzw. 12.657 € monatlich hinausgehen, stellen diese Beträge verdeckte Gewinnausschüttungen dar."

424 Die ertragsteuerrechtlichen Konsequenzen dieser rechtlichen Würdigung werden im BP-Bericht wie folgt dargestellt:

in €	31. 5. 2012	31. 5. 2013	31. 5. 2014	31. 5. 2015
PR lt. St-Bilanz	2.839.598	2.998.720	3.154.409	3.394.959

2. Praxisfälle zu Auseinandersetzungen mit der Betriebsprüfung

PR lt. BP	2.699.301	2.650.464	2.599.874	2.632.602
Unterschied	140.297	348.256	554.535	762.357
-Vorjahresunterschied	- 0	- 140.297	- 348.256	- 554.535
Gewinnunterschied	140.297	207.959	206.279	207.822

cc) Auseinandersetzung

Im Rahmen des diesbezüglich von den Autoren angefertigten Gutachtens konnte eindeutig dargelegt werden, dass das Ergebnis der vom Finanzamt vorgenommenen steuerrechtlichen Würdigung nach der die bisher gebildeten Pensionsrückstellungen teilweise gewinnerhöhend aufzulösen wären, auf einer fehlerhaften Rechtsanwendung beruhten. Dies wurde u. a. wie folgt begründet: 425

Zwar ist unstrittig, dass Erstzusagen auf eine Versorgungsanwartschaft und nachträgliche Zusagen, durch welche die Erstzusage erhöht wird, grundsätzlich auseinanderzuhalten und eigenständig auf ihre Erdienbarkeit hin zu prüfen sind.[1] Es kann jedoch nicht bestätigt werden, dass jedwede Änderung der Versorgungsleistungen automatisch eine Neuzusage auslösen würde. Vielmehr kann das Kriterium der Erdienbarkeit nur dann Anwendung finden, wenn die materiellen Wirkungen, die im Wege einer nachträglichen Änderung einer Pensionszusage herbeigeführt werden, zu einer tatsächlichen bzw. realen Erhöhung der bisher eingeräumten Versorgungsleistungen führen. 426

Ob eine reale Erhöhung der bisherigen Versorgungsleistungen stattgefunden hat, ist anhand einer Gesamtbetrachtung des bisherigen und des zukünftigen aus der unmittelbaren Pensionszusage herrührenden Verpflichtungsumfangs zu beurteilen. So ist unstrittig, dass eine Erhöhung dann vorliegt, wenn ohne eine Änderung der bisherigen Versorgungsinhalte, die bisherigen Versorgungsleistungen um ein neues biometrisches Risiko erweitert werden.[2] 427

Auch im Falle dessen, dass es zu einer nachträglichen Erhöhung der bisher zugesagten Versorgungsleistungen kommen sollte, und zwar ohne, dass dabei 428

---

1 BFH, Urteil v. 23. 9. 2008 - I R 62/07, BStBl 2013 II S. 39.
2 Vgl. BMF, Schreiben v. 24. 7. 2013, Rz. 353, BStBl 2013 I S. 1022 sowie BFH, Urteil v. 27. 11. 2013 - I R 17/13, BFH NV 2014 S. 731.

die bisherigen Versorgungsleistungen oder -bedingungen geändert werden, führt unzweifelhaft zur Anwendung der o. a. Erdienbarkeitskriterien.[1]
Für den zu beurteilenden Fall ist jedoch festzustellen, dass eine reale Erhöhung der Versorgungsleistungen nicht zustande gekommen ist.

429 Vielmehr wurde im Rahmen der Nachträge vom August 2011 sowie vom Juli 2012 zwischen den Parteien jeweils vereinbart, dass die Gf aus betrieblichen Gründen ihre aktive Tätigkeit im Rahmen der bestehenden Dienstverhältnisse fortsetzen und ihnen für die damit einhergehende verspätete Inanspruchnahme der betrieblichen Versorgungsleistungen ein angemessener Ausgleich gewährt werden soll.

430 Dabei wurde ein Verfahren vereinbart, welches zum Inhalt hat, dass die zum jeweiligen Bilanzstichtag nicht befriedigten Pensionszahlungen auf der Grundlage einer versicherungsmathematischen Bewertung zur Erhöhung der zukünftigen Pensionsleistungen verwendet werden.

431 Weiterführende Änderungen, die zum Beispiel zu einer Erweiterung der biometrischen Risikosituation geführt hätten, waren nicht Gegenstand der Nachträge. Die Wirkungen der Nachträge sind damit auf die bisher bereits zugesagten Leistungen der Alters- und Hinterbliebenenversorgung begrenzt.

432 Die Fach-BP unterlässt es bei ihrer bisherigen Betrachtung, die Inhalte der Nachträge insgesamt und unter Berücksichtigung der anerkannten Grundsätze der Versicherungsmathematik zu beurteilen. Vielmehr beurteilt die Fach-BP die materiellen Folgen ausschließlich anhand der stichtagsbezogen ermittelten nominellen Versorgungsanwartschaften, ohne den Unterschied der Verschiebung des Pensionsalters zu berücksichtigen. Eine derartige Vorgehensweise ist jedoch als unvollständig und unsachgemäß zu beurteilen.

433 Zur Feststellung, inwieweit die ausgleichweise gewährte Kompensation zu einer tatsächlichen bzw. realen Erhöhung der Versorgungsleistungen geführt hat, ist **zwingend auf einen Vergleich der Barwerte der bisherigen und der zukünftigen Versorgungsleistungen abzustellen.**

434 Dieses Verfahren hat die FinVerw selbst zum Prüfungsmaßstab erhoben, um bei Vertragsänderungen festzustellen, ob die Anpassungen zu einem teilweisen Verzicht geführt haben.[2] Im Umkehrschluss muss dieses Verfahren auch dazu geeignet sein, um die Frage nach einer möglichen Erhöhung der Versorgungsleistungen zu beantworten. Bleiben die vom bisherigen Gutachter ermit-

---

1 BFH, Urteil v. 23. 9. 2008 - I R 62/07, BStBl 2013 II S. 39.
2 BMF, Schreiben v. 14. 8. 2012, Rz. 2, BStBl 2012 I S. 874.

telten Versorgungsleistungen innerhalb der Grenzen, die sich anhand des Barwertvergleichs ermitteln lassen, so ist davon auszugehen, dass es sich um eine wertgleiche Umgestaltung handelt, die nicht zu einer realen Erhöhung der Versorgungsleistungen geführt hat.

Die Ergebnisse des sodann durchgeführten Barwertvergleichs zeigten eindeutig, dass die vereinbarten versicherungsmathematischen Gleitklauseln nicht zu einer realen Erhöhung der Versorgungsanwartschaften geführt haben. In der Folge war die rechtliche Würdigung der Fachprüferin abzulehnen. 435

dd) Beilegung

Die Fachprüferin des LfSt Bayern stellte sich im Rahmen der weiteren Auseinandersetzung der vorgetragenen Argumentation. Sie zeigte sich als von ihrer Position überzeugt, aber auch als verhandlungsbereit. Sie war jedoch in letzter Konsequenz nicht dazu bereit, die Beurteilung der Gleitklausel auf der Ebene der Barwertbetrachtung mitzugehen. 436

Da die Mandantin nicht unbedingt ein finanzgerichtliches Verfahren bestreiten wollte, wurde versucht, die Auseinandersetzung im Vergleichswege beizulegen. Dies ist im weiteren Verlauf der Verhandlungen dann durch folgenden Kompromiss gelungen: 437

Auf Vorschlag der Autoren hin erklärte sich die Fachprüferin am Ende dazu bereit, statt der im praxisvergleich eher als untypisch zu beurteilenden versicherungsmathematischen Gleitklausel, eine Gleitklausel anzuerkennen, die eine Erhöhung der Versorgungsanwartschaften um einen als üblich zu bezeichnenden pauschalen Zuschlag i. H.v. 0,5 % pro Monat der Weiterbeschäftigung zum Inhalt hat. 438

Dies führte im Ergebnis dazu, dass anstelle der ursprünglichen gewinnerhöhenden Auflösung der Pensionsrückstellung i. H.v. 762.357 € eine vGA i. H.v. 279.730 € verblieb. Die Steuernachzahlung konnte damit um rd. 160.000 € bzw. auf rd. ein Drittel des zunächst zur Diskussion stehenden Betrags reduziert werden. Ein Vergleich, mit dem letztendlich alle Beteiligten leben konnten. 439

BERATUNGSHINWEIS:

Vertragsanpassungen, die im zeitlichen Zusammenhang mit dem Erreichen des Pensionsalters vorgenommen werden, können – wie der o. a. Praxisfall beweist – den Argwohn der FinVerw erregen.

Die Vereinbarung einer Gleitklausel in Form eines pauschalen Zuschlags i. H.v. bis zu 0,5 % muss als eine übliche Vertragsanpassung beurteilt werden, die keinesfalls anhand der für die Erdienbarkeit entwickelten Kriterien zu beurteilen ist. Dies schon allein deswegen, da damit keine reale Erhöhung der Versorgungsleistungen vereinbart wird. Dies gilt u. E. auch nach der Entscheidung des FG Köln v. 6. 4. 2017.[1] Die dort vorgetragene Begründung vermag in keiner Weise zu überzeugen. Nähere Ausführungen hierzu enthält das Kapitel VII. Rz. 1320 ff.

440–445   (Einstweilen frei)

3. Zusammenfassung

446   Die FinVerw hat sich bundesweit organisiert, um den Anforderungen, die im Rahmen der steuerrechtlichen Prüfung von Gf-Pensionszusagen zu erfüllen sind, gerecht werden zu können. Über den Einsatz regional angesiedelter Spezialisten-Teams (sog. Fachprüfer) will die FinVerw sicherstellen, dass Gf-Pensionszusagen nicht missbräuchlich gestaltet und zum Nachteil des Fiskus bzw. der öffentlichen Haushalte eingesetzt werden.

447   Die Auseinandersetzungen mit dem Fachprüfer finden im Rahmen einer steuerlichen Betriebsprüfung statt. Dabei ergibt es sich, dass der von der FinVerw eingesetzte Spezialist regelmäßig auf einen Steuerberater trifft, der in der zu behandelnden Materie in der überwiegenden Anzahl der Fälle nur über das Wissen eines Generalisten verfügt. Kommt es zu Beanstandungen durch den Fachprüfer, entsteht ein ungleiches Duell, welches i. d. R. nur dann zugunsten des Steuerpflichtigen ausgehen kann, wenn dieser durch die Hinzuziehung eines Spezialisten für „Waffengleichheit" sorgt.

448   Die Ausführungen zu den fünf Praxisfällen belegen eindeutig, dass die Beanstandungen, die im Rahmen einer Prüfung durch einen Fachprüfer eintreten können, dem Grunde nach vielschichtiger Natur sein können. Die Höhe der in diesem Zusammenhang möglichen Steuernachzahlungen überschreitet – aufgrund der speziellen Thematik – i. d. R. bei weitem das Niveau, das aus herkömmlichen Betriebsprüfungen bekannt ist.

449   Selbstverständlich muss im Rahmen einer Auseinandersetzung mit dem Fachprüfer zunächst das Ziel verfolgt werden, den Angriff abzuwehren. Sollte die Sachlage dies nicht ermöglichen, so sollte sich das Augenmerk auf einen Vergleich richten. In besonders hartnäckigen Fällen, in denen es nicht gelingt, mit dem Fachprüfer zu einer Einigung zu kommen, darf auch die Beschreitung des Rechtswegs (Einspruch, Klage) kein Tabu darstellen. Dabei ist jedoch zu bedenken, dass das zuständige Finanzamt im Rahmen des Einspruchsverfahrens von den grundsätzlichen Feststellungen, die der Fachprüfer getroffen hat, nicht ab-

---

1   FG Köln, Urteil v. 6. 4. 2017 - 10 K 2310/15, EFG 2017 S. 1537.

3. Zusammenfassung

weichen wird. Dies führt in der Konsequenz dazu, dass bei grundsätzlichen Differenzen die Führung eines Einspruchs nur dann wirklich Sinn macht, wenn der Steuerpflichtige auch dazu bereit ist, den Rechtsstreit vor dem Finanzgericht auszutragen.

(*Einstweilen frei*) 450–460

III. Verfahren zur Restrukturierung von Pensionszusagen – Heilung rechtlicher und wirtschaftlicher Fehlentwicklungen

1. Strukturierter Prozess zur Restrukturierung

Die bAV ist ein interdisziplinäres Rechts- und Aufgabengebiet. Die Gf-Versor- 461
gung stellt innerhalb der bAV eine Art Königsdisziplin dar, in der sich die Materie zu ihrer maximalen Komplexität vereint.

a) Vernetzung und Aufgabenverteilung

Die daraus resultierende Komplexität ist nur noch durch eine Vernetzung ver- 462
schiedener Spezialdienstleister in den Griff zu bekommen. So wird es erforderlich, dass sich Steuerberater und Wirtschaftsprüfer sowohl mit auf das Rechtsgebiet der bAV spezialisierten Rechtsberatern (Rechtsanwalt, Rentenberater), als auch mit auf die produkttechnische Umsetzung der Reparaturmaßnahmen spezialisierten Finanzdienstleistern vernetzen müssen.

Eine derartige Vernetzung führt in der Praxis zu folgender Aufgabenvertei- 463
lung.

Steuerberater/Wirtschaftsprüfer:	Steuerrechtliche Beratung, bilanzielle Umsetzung
Rechtsanwalt/Rentenberater:	Rechtliche und wirtschaftliche Beratung und Gestaltung Projektmanagement
Finanzdienstleister:	Beratung zur Finanzierung der Pensionsverpflichtung, Auswahl/Vermittlung der Anlage-/Versicherungsprodukte

Im Sinne einer mandantenorientieren und nutzenoptimierten Beratungsleis- 464
tung muss das Ziel solcher Verbindungen darin bestehen, das unterschiedliche Know-how aus den verschiedenen Disziplinen zu verzahnen, um für die Mandanten individuelle und maßgeschneiderte Lösungen entwickeln und umsetzen zu können.

Die Erfahrungen der Praxis lassen eindeutig erkennen, dass die disziplinüber- 465
greifenden Bemühungen nur dann zum Erfolg geführt werden können, wenn derartige Netzwerke über eine einheitliche und abgestimmte Vorgehensweise

verfügen, über die der gesamte Restrukturierungsprozess gesteuert werden kann. Dabei empfiehlt es sich, dass der auf die bAV spezialisierte Rechtsberater die Leitung des Projektes bis zu dessen erfolgreichem Abschluss übernimmt.

466–469 (*Einstweilen frei*)

b) Prozessaufbau

470 Der Restrukturierungsprozess sollte bei einer grundlegenden Überprüfung der Gf-Pensionszusage einen ganzheitlichen Ansatz verfolgen. Gegenstand der Beratung zur Neugestaltung der Gf-Pensionszusage sollte sowohl die **rechtliche als auch die wirtschaftliche Neugestaltung** des Versorgungskonzeptes sein.

471 In der Beratungspraxis hat sich der im Folgenden beschriebene Prozessaufbau über Jahre hinweg bereits hundertfach bewährt.

472 **Der Beratungsprozess ist zunächst in zwei Prozessabschnitte gegliedert,** die sich an den beiden Hauptzielen des Restrukturierungsprozesses orientieren. Die beiden Abschnitte sind wiederum in insgesamt **fünf Prozessphasen** unterteilt. Jede Phase beschreibt einen sog. Meilenstein, der zwingend abgearbeitet werden muss. Der gesamte Prozess wird über ein detailliertes Arbeitsablaufschema gesteuert, um die fach- und sachgerechte Analyse und Neugestaltung der vorhandenen Versorgungskonzeption zu gewährleisten.

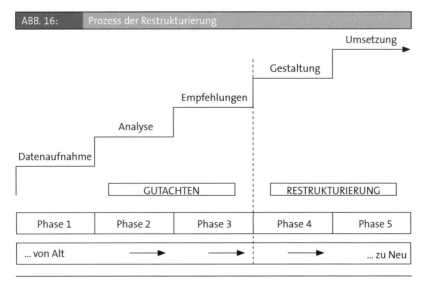

ABB. 16: Prozess der Restrukturierung

1. Strukturierter Prozess zur Restrukturierung

aa) Erster Prozessabschnitt: Gutachten zur Pensionszusage

Die interdisziplinäre Komplexität der Materie führt in Verbindung mit der Tatsache, dass es sich bei einer Gf-Pensionszusage um ein Dauerschuldverhältnis handelt, in der Praxis dazu, dass eine Beratung zur Neugestaltung der Gf-Pensionszusage keinesfalls ad hoc erfolgen kann. Vielmehr bedarf es im Vorfeld der im weiteren Verlauf notwendigen individuellen Gestaltungsberatung einer vertiefenden Analyse des bestehenden Versorgungsversprechens. 473

Demzufolge ist der Inhalt des **ersten Prozessabschnitts** auch auf die Erstellung der individuellen Analyse ausgerichtet. Die Analyse erfolgt in Form eines **schriftlichen Gutachtens**. Dabei wird die 474

▶ vertragliche,

▶ rechtliche,

▶ bilanzielle und

▶ finanzielle Lage

des Versorgungsversprechens im Detail untersucht und dargestellt.

Das Gutachten beinhaltet somit eine Art Legal & Financial Due Diligence. Es umfasst die Phasen 1 bis 3 des gesamten Restrukturierungsprozesses. Die im Rahmen des Gutachtens gewonnenen Erkenntnisse und Feststellungen liefern das Fundament, das für die nachfolgende Gestaltungsberatung zwingend benötigt wird. 475

Im Anschluss an die detaillierte Analyse der relevanten Teilbereiche liefert das Gutachten auch schon erste Gestaltungshinweise, die mögliche Lösungswege skizzieren, sowie einen individuellen Maßnahmenkatalog, der aufzeigt, welche Fragestellungen zu klären sind und welche Änderungen angeraten werden. 476

Je nach Ausgestaltung des Gutachtens beinhaltet dieses auch umfangreiche Prognoserechnungen, die die Entwicklung der bestehenden Pensionszusage sowohl in der Anwartschaftsphase (bis zum vereinbarten Pensionsalter), als auch in der Rentenphase (bis zum 90. Lebensjahr) darstellen. Dabei werden die Wirkungen auf die GuV, die Bilanz und die Liquidität der GmbH herausgearbeitet und nachvollziehbar dargestellt. Die in Kapitel I beschriebene Analyse zur voraussichtlichen Rentenfinanzierungsdauer ist ebenso ein fester Bestandteil dieser Betrachtung, wie die Kapitalertragsanalyse. 477

Das Gutachten wird allen am Prozess beteiligten Personen zur Verfügung gestellt. So werden alle Beteiligten auf einen einheitlichen Wissensstand gebracht, der es ermöglicht, dass die Restrukturierung zügig und zielgerichtet voranschreiten kann. 478

III. Verfahren zur Restrukturierung von Pensionszusagen

bb) Zweiter Prozessabschnitt: Restrukturierung der Pensionszusage

479 Der zweite Prozessabschnitt beginnt mit dem Kernelement, das letztendlich über den Erfolg der Neugestaltung der Pensionszusage entscheidet: **die individuelle Gestaltungsberatung (Phase 4)**. Die individuelle Gestaltungsberatung ist dabei auf die Neugestaltung der Gf-Pensionszusage in vertraglicher, rechtlicher, bilanzieller und finanzieller Hinsicht ausgerichtet.

480 Steht am Ende der Gestaltungsberatung das neue Versorgungskonzept fest, so geht der Beratungsprozess in seine letzte Phase über: **die Umsetzung (Phase 5)**. In der letzten Phase wird das auserwählte Konzept in rechtlicher und wirtschaftlicher Hinsicht zur Umsetzung gebracht. Hierzu werden die verschiedensten Verträge (z. B. Gesellschafterbeschluss, Änderungsvereinbarung, Verpfändungsvereinbarung), Anträge und Dokumente angefertigt, deren Inhalt und Ausgestaltung von der jeweils gewählten Lösung abhängen.

481 Sollten in diesem Zusammenhang neue Versicherungs- und Kapitalanlageprodukte oder Angebote externer Versorgungsträger benötigt werden, veranlasst der Projektleiter über den spezialisierten Finanzdienstleister die Durchführung einer individuellen Ausschreibung. Dies verschafft allen Beteiligten bereits in dieser Phase des Prozesses einen detaillierten Überblick über den Markt. Darüber hinaus bietet eine derartige Ausschreibung dem Mandanten die Sicherheit, dass im Rahmen der Neugestaltung seiner Pensionszusage nur ausgewählte Produkte des Finanzdienstleistungssektors zum Einsatz kommen.

482 Im zweiten Prozessabschnitt ist eine enge Zusammenarbeit aller Beteiligten unerlässlich. Hier gilt es, die individuellen Umstände des Einzelfalles mit den mittlerweile unzähligen Lösungs- und Gestaltungsmöglichkeiten in Einklang zu bringen. Je genauer der Gf seine Zielvorstellungen formulieren kann, desto leichter wird es für die beteiligten Berater.

483 **Über folgende Zielsetzungen ist im Rahmen der Restrukturierung zu entscheiden:**

▶ Konzeptionelle Ziele

– Art der Versorgungsleistungen (Risikoverteilung)

– Durchführungsweg (intern vs. extern)

– Entpflichtung (wirtschaftlich vs. schuldrechtlich)

– Erfüllung (Kapitalisierung)

– Flexibilisierung

▶ **Materielle Ziele**
   – Anpassung der Versorgungsleistungen (Erhöhung, Reduzierung, Wertsicherung)
   – Finanzierung
   – Insolvenzsicherung
▶ **Formelle Ziele**
   – rechtliche Neugestaltung
   – konzeptionelle Umsetzung

Das endgültige Konzept zur Neugestaltung der Pensionszusage basiert letztendlich immer auf den individuellen Umständen des Einzelfalles und berücksichtigt idealerweise sowohl die wirtschaftliche Leistungsfähigkeit der GmbH als auch den Versorgungsbedarf des Gf. Gelingt es in der Praxis einmal nicht, den zwischen der GmbH und dem Gf grundsätzlich bestehenden Interessenskonflikt einvernehmlich zu lösen, so sollte bei der Gestaltung der Lösung immer der wirtschaftlichen Leistungsfähigkeit der GmbH Vorrang eingeräumt werden. 484

(*Einstweilen frei*) 485–490

2. Gestaltungsmöglichkeiten und Handlungsoptionen

Nach Aufklärung des Sachverhaltes und Ordnung der harten und weichen Faktoren zählt es zu den Aufgaben der Restrukturierung, die vielschichtigen Gestaltungsmöglichkeiten zu sondieren und sie mit den Zielvorstellungen des Mandanten abzugleichen. Am Ende dieses Abwägungs- und Sondierungsprozesses wird i. d. R. eine gewisse Anzahl von Lösungsmöglichkeiten verbleiben, die vergleichend gegenübergestellt werden müssen, um dem Mandanten aufzeigen zu können, welche rechtlichen und finanziellen Auswirkungen sich speziell in seinem Fall aus dem jeweiligen Lösungsansatz ergeben würden. 491

Zur Restrukturierung der Pensionszusage stehen sowohl Gestaltungen zur Verfügung, die die Lösung **innerhalb des Betriebsvermögens** der GmbH suchen, als auch sog. **Entpflichtungs-Modelle**, die die Bilanz der GmbH bereinigen und die Pensionsverpflichtung aus dem Betriebsvermögen der GmbH beseitigen sollen. 492

a) Lösungen im Betriebsvermögen der GmbH

Eine Lösung innerhalb des Betriebsvermögens der GmbH kommt immer dann in Frage, wenn die interne Finanzierung der Pensionszusage mittels Bildung 493

III. Verfahren zur Restrukturierung von Pensionszusagen

von Pensionsrückstellungen fortgesetzt werden soll. In solchen Fällen umfassen die Restrukturierungsmaßnahmen neben der obligatorischen rechtlichen Überarbeitung der vertraglichen Vereinbarungen zur Pensionszusage auch die Optimierung der Passiv- und Aktivseite der Bilanz. Sie konzentrieren sich im Wesentlichen auf die

▶ Rechtliche Aktualisierung der vertraglichen Vereinbarungen,

▶ Neuverteilung der typischen Pensionsrisiken,

▶ Anpassung der Pensionszusage an die wirtschaftliche Leistungsfähigkeit der GmbH und

▶ Optimierung des Asset und Risk Managements.

494 ABB. 17: Restrukturierung im Betriebsvermögen

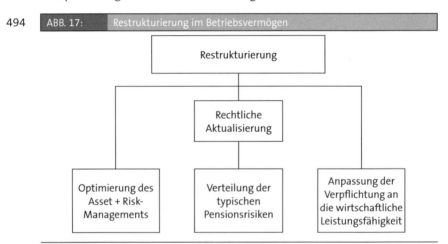

aa) Rechtliche Neugestaltung und Verteilung der Pensionsrisiken

495 **Die rechtliche Neugestaltung** nimmt eine zentrale Aufgabe im Rahmen der Restrukturierung ein. Sie bereitet den Weg für die zukünftige Versorgungskonzeption und bildet die Grundlage aller weiteren Überlegungen.

496 Die **Neuverteilung der typischen Pensionsrisiken** soll zu einer wesentlichen Entlastung des Versorgungsträgers und zu einer deutlichen Verbesserung der betriebswirtschaftlichen Gesamtsituation führen. Die in diesem Zusammenhang auftretenden Fragestellungen werden ausführlich in **Kapitel IV. Rz. 541 ff.** dieses Buches behandelt.

2. Gestaltungsmöglichkeiten und Handlungsoptionen

bb) Reduzierung des Verpflichtungsumfangs

Eine Entlastung der Passivseite lässt sich nur durch die **Reduzierung der Pensionsverpflichtung** erreichen. Die im Zusammenhang mit der Reduzierung der bestehenden Pensionszusage (Herabsetzung, Widerruf, Verzicht) auftretenden Fragestellungen werden ausführlich in **Kapitel VI**. Rz. 910 ff. dieses Buches behandelt.

497

cc) Asset- und Risk Management

Eine Optimierung des internen Finanzierungskonzeptes beinhaltet i. d. R. sowohl die für die Altersversorgung notwendige Kapitalanlage (**Asset Management**) als auch die Strategie zur Rückdeckung der vorzeitigen Versorgungsrisiken Berufsunfähigkeit und Tod (**Risk Management**). Im Gegensatz zum herkömmlichen Weg der Finanzierung, bei dem die Versorgungsverpflichtung mittels einer Rückdeckungsversicherung rückgedeckt wird, entwickelten sich in der jüngsten Vergangenheit unter dem Stichwort „Asset Funding" neuartige Finanzierungsmodelle, die in erster Linie die Optimierung der Kapitalerträge verfolgen.

498

Das Asset Funding kombiniert unterschiedliche Formen der Kapitalanlage. Durch die Streuung des Kapitals sollen die in der Kapitalanlage vorzufindenden Risiken verteilt und reduziert werden. Zur Erhöhung der Rendite werden regelmäßig Kapitalanlagen eingesetzt, deren Erträge über der üblichen Verzinsung einer Rückdeckungsversicherung liegen sollen und die durch ihre spezielle steuerliche Behandlung im Betriebsvermögen der GmbH die Erträge weitestgehend steuerfrei erwirtschaften.

499

Bei all den Chancen, die die neuartigen Asset Funding-Modelle bieten, darf jedoch nicht übersehen werden, dass derartige Anlageformen nicht für jeden Gf, bzw. nicht in jedem Falle geeignet sein werden. Darüber hinaus werden Asset Funding-Modelle ihre Ziele nur dann erreichen können, wenn der spezialisierte Finanzdienstleister eine fortlaufende Pflege bieten kann, die mittels einer permanenten Bedeckungsprüfung die tatsächliche Entwicklung der Assets mit der planmäßigen Entwicklung des Deckungskapitals abgleicht.

500

Zwingend zu beachten ist auch, dass die einzelnen Kapitalanlagen der notwendigen **Insolvenzsicherung** zugeführt werden. Ferner stellt die Erfassung der verschiedenen Formen der Kapitalanlagen und Beteiligungen in der Bilanz der GmbH den Steuerberater in der Praxis vor eine gewisse Herausforderung. Dies gilt nach den Neuregelungen des BilMoG insbesondere für die handelsrechtliche Bilanzierung, da diejenigen Vermögenspositionen, die die Anforde-

501

rungen des § 246 Abs. 2 Satz 2 HGB erfüllen, in der Handelsbilanz mit ihrem Zeitwert zu erfassen sind (§ 253 Abs. 1 Satz 4 HGB).

> **HINWEIS:**
> Die ausführliche Behandlung der Wege und Möglichkeiten des Asset Funding kann nicht Gegenstand dieses Werkes sein, da die Materie für sich mittlerweile so anspruchsvoll und komplex ist, dass die erschöpfende Behandlung der sich daraus ergebenden Chancen und Risiken nur im Rahmen eines eigenen Werkes erfolgen kann.

502–508 (*Einstweilen frei*)

b) Lösungen mit Bilanzbereinigung

509 Ein wesentlicher Aufgabenbereich der Restrukturierungsberatung besteht in der Behandlung derjenigen Gestaltungsmöglichkeiten, die zu einer Bereinigung der Steuer- und Handelsbilanz des Trägerunternehmens führen können. Dies vor dem Hintergrund, dass in vielen Fällen der Wunsch vorgetragen wird, dass eine Finanzierung mittels Bildung von Pensionsrückstellungen in der Bilanz nicht mehr stattfinden soll.

510 Die Lösungsansätze zur Entpflichtung bzw. Übertragung der Pensionszusage sollen die GmbH über die Bilanzbereinigung hinaus von der Versorgungsverpflichtung wirtschaftlich und schuldrechtlich entpflichten (**Entpflichtungs-Modelle**).

511 Der Wunsch nach einer Entpflichtung der Pensionszusage tritt verstärkt zu Tage, wenn

▶ der Gf vorzeitig aus den Diensten der GmbH ausscheiden möchte,

▶ ein Gesellschafterwechsel stattfinden soll,

▶ die Bonität der GmbH zur Fremdmittel- oder Eigenkapitalbeschaffung verbessert werden soll, oder

▶ das Unternehmen veräußert oder es an einen Nachfolger übergeben werden soll.

2. Gestaltungsmöglichkeiten und Handlungsoptionen

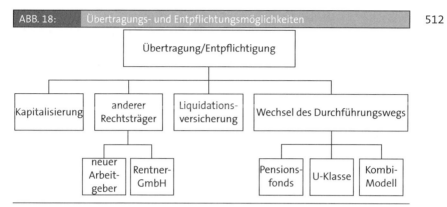

ABB. 18: Übertragungs- und Entpflichtungsmöglichkeiten

512

In welchem Umfang eine Entlastung der GmbH erreicht werden kann (nur wirtschaftlich oder wirtschaftlich und schuldrechtlich), hängt sowohl vom Lösungsweg als auch von den betriebsrenten- und zivilrechtlichen Rahmenbedingungen ab, denen die zu beurteilende Pensionszusage im Einzelfall unterliegt.

513

aa) Entpflichtung mittels Kapitalisierung

Die Erfüllung der Versorgungsanrechte kann grundsätzlich auch mittels Zahlung einer einmaligen Kapitalleistung erfolgen. Im Gegensatz zu den nachfolgend beschriebenen Übertragungsmöglichkeiten führt die Kapitalisierung zur Erfüllung/Ablösung der Versorgungsanrechte und zur Beendigung des Versorgungsverhältnisses.

514

Im Rahmen der Kapitalisierung ist zwischen zwei Wegen zu unterscheiden: Die Zahlung einer Kapitalleistung aufgrund eines **Kapitalwahlrechts** (Erfüllung) auf der einen Seite und die **Abfindungszahlung** (Ablösung) auf der anderen Seite. Die entsprechenden Lösungswege und die damit einhergehenden Problemstellungen werden ausführlich in den **Kapiteln V.** Rz. 731 ff. und **VIII.** Rz. 1481 ff. behandelt.

515

bb) Übertragung auf einen anderen Rechtsträger

Durch die Änderung der Rechtsprechung des BFH, die dieser mit den beiden Entscheidungen v. 18.8.2016[1] hinsichtlich der lohnsteuerrechtlichen Behand-

516

---

[1] BFH, Urteile v. 18.8.2016 - I R 18/13, BStBl 2017 II S. 730, sowie VI R 46/13, NWB DokID: AAAAF-85886.

lung einer Pensionszusage im Falle einer Übertragung auf einen anderen Rechtsträger herbeigeführt hat, wurde der Gf-Versorgung diesbezüglich eine völlig neue Welt erschlossen. Die Anforderungen, die im Zusammenhang mit einer Übertragung der Pensionszusage auf einen anderen Rechtsträger (insbesondere auf eine **Rentner-GmbH**) zu erfüllen sind, werden im Detail im **Kapitel IX. Rz. 1821 ff.** beschrieben.

517 Dort werden auch die Neuregelungen behandelt, die durch das AIFM-StAnpG[1] hinsichtlich der bilanzsteuerrechtlichen Behandlung von Verpflichtungsübernahmen geschaffen wurden.

cc) Wechsel des Durchführungswegs

518 Mit dem Wechsel des Durchführungswegs werden Formen der Übertragung beschrieben, in denen die bestehende Pensionsverpflichtung auf einen externen Versorgungsträger i. S. d. BetrAVG übertragen werden. Im Bereich der Gf-Versorgung kommen – aufgrund der steuerrechtlichen Dotierungsbeschränkungen – nur zwei externe Durchführungswege in Betracht: die **Unterstützungskasse** und der **Pensionsfonds**. Die Übertragung kann entweder auf einen der beiden oder aber auch auf beide Träger vorgenommen werden. Soll die komplette Pensionszusage während der Anwartschaftsphase ausgelagert werden, so kann dies nur durch eine Kombination der beiden Durchführungswege erreicht werden (**sog. Kombi-Modell**). Mit der Klärung der in diesem Zusammenhang auftretenden Fragestellungen setzt sich **Kapitel X. Rz. 2196 ff.** dieses Buches ausführlich auseinander.

dd) Übertragung auf eine Liquidationsversicherung

519 Soll die GmbH liquidiert werden, bedarf es einer Entpflichtung der Kapitalgesellschaft von der bestehenden Pensionsverpflichtung. Der Gesetzgeber hat für diesen Sonderfall speziell die Übertragungsmöglichkeit auf eine Pensionskasse oder auf eine Lebensversicherungsgesellschaft geschaffen.[2] Die Funktionsweise einer derartigen Übertragung wird in **Kapitel XI. Rz. 2487 ff.** beschrieben.

520–525 (*Einstweilen frei*)

---

1 Gesetz zur Anpassung des Investmentsteuergesetzes und anderer Gesetze an das AIFM-Umsetzungsgesetz, BGBl 2013 I S. 4318.
2 § 4 Abs. 3 BetrAVG.

3. Fortlaufende Betreuung und Pflege der Pensionszusage

Nach erfolgreichem Abschluss des Restrukturierungsprozesses sollten die beteiligten Personen auf keinen Fall mehr in das alte Verhaltensmuster verfallen und die neue Versorgungskonzeption wieder zu einem Schattendasein verurteilen. 526

Vielmehr sollte der **Restrukturierungsprozess nahtlos in einen fortlaufenden Betreuungsprozess** überführt werden, denn die Gf-Pensionszusage wird die ihr übertragene Aufgabenstellung auf Dauer nur dann erfüllen können, wenn sie einer fortlaufenden rechtlichen und wirtschaftlichen Pflege zugeführt wird. Geschieht dies nicht, ist – bei dem dynamischen Umfeld, in dem sich insbesondere die Pensionszusage eines GmbH-Gf bewegt – bereits heute vorprogrammiert, dass es erneut zu Fehlentwicklungen kommen wird. Ferner muss erneut befürchtet werden, dass auch das neu gestaltete Versorgungskonzept seine Zielsetzungen verfehlen wird. 527

(*Einstweilen frei*) 528–540

IV. Rechtliche Neugestaltung und Verteilung der Pensionsrisiken

1. Rechtliche Neugestaltung des Versorgungsversprechens

Die rechtliche Neugestaltung nimmt eine **zentrale Aufgabe** im Rahmen der Restrukturierung ein. Sie bereitet den Weg für die zukünftige Versorgungskonzeption und bildet die Grundlage aller weiteren Überlegungen. 541

Nach der jahrelangen praktischen Erfahrung der Autoren wurde in der Vergangenheit der sachgerechten Gestaltung der vertraglichen Vereinbarung zur Erteilung einer Pensionszusage in der überwiegenden Anzahl der Fälle leider nicht die zwingend notwendige Sorgfalt und Aufmerksamkeit entgegengebracht. Mit der vertraglichen Vereinbarung zur Pensionszusage wird das Versorgungsverhältnis in Art, Inhalt und Umfang definiert und die Versorgungsverpflichtung begründet (Verpflichtungsgeschäft). 542

In der Praxis zeigt sich, dass die vertraglichen Vereinbarungen insbesondere über folgende Mängel verfügen: 543

▶ Verstoß gegen das Klarheits- und Eindeutigkeitsgebot
▶ Fehlen zwingender Vertragsinhalte (z. B. Unverfallbarkeitsregelung)
▶ Steuerschädliche Regelungen (z. B. Abfindungsklauseln)
▶ Fehlende Erfüllungsoptionen
▶ Musterverträge (oftmals handschriftlich ausgefüllt, im Entwurfsstadium)

In Folge dieser Mängel wird es regelmäßig erforderlich sein, die bestehende vertragliche Vereinbarung zur Pensionszusage im Rahmen der Restrukturierung grundlegend neu aufzusetzen. 544

Eine Vereinbarung zu einer Gf-Pensionszusage stellt eine Ergänzung des Gf-Anstellungsvertrags dar. Die vertragliche Vereinbarung zur Gf-Pensionszusage kann nach den Grundsätzen der Vertragsfreiheit jederzeit geändert werden. Etwaige Änderungen an der bisherigen Versorgungsregelung bedürfen zu ihrer zivilrechtlichen Wirksamkeit immer zwingend eines Gesellschafterbeschlusses, sowie einer Änderungsvereinbarung (siehe hierzu Rz. 3096). 545

Betriebsrentenrechtliche Vorgaben sind nur dann zu beachten, wenn die Zusage auch dem Geltungsbereich des BetrAVG unterliegt. Ferner ist unter ertragsteuerrechtlichen Gesichtspunkten darauf zu achten, dass die Vertragsände- 546

IV. Rechtliche Neugestaltung und Verteilung der Pensionsrisiken

rungen den Anforderungen auf beiden Prüfungsstufen (§ 6a EStG und § 8 Abs. 3 Satz 2 KStG) entsprechen können (siehe hierzu Rz. 3571).

547 Sofern eine Änderung lediglich über einen klarstellenden Charakter verfügt, oder sich diese auf die Schließung einer Regelungslücke bezieht, oder mit der Änderung eine bisher steuerschädliche Bedingung an die Anforderungen des Steuerrechts angepasst werden soll, ist eine Anpassung der Versorgungsbedingungen u. E. grundsätzlich als betrieblich veranlasst zu beurteilen.

548 Soweit in der Literatur die Auffassung vertreten wird, dass bei einer substantiellen Änderung der Versorgungsbedingungen grundsätzlich auch der Erdienungszeitraum einzuhalten ist,[1] wird dieser Auffassung an dieser Stelle widersprochen. Die Einhaltung des Erdienungszeitraums begrenzt sich nach der hier vertretenen Rechtsauffassung ausschließlich auf diejenigen Anwendungsfälle, in denen es zu einer Erhöhung oder Ausweitung des materiellen Leistungsspektrums des Versorgungsversprechens kommt. Etwas anderes kann weder aus der höchstrichterlichen Rechtsprechung noch aus Verlautbarungen der Finanzbehörden abgeleitet werden.

549 Als Bestätigung der hier vertretenen und in der Vergangenheit schon publizierten Rechtsauffassung kann nun auf die Entscheidung des BFH v. 7. 3. 2018[2] verwiesen werden. Nach der nun vom BFH vertretenen Auffassung gilt gem. Leitsatz der Entscheidung das Folgende:

*„Wird bei einer bestehenden Versorgungszusage lediglich der Durchführungsweg gewechselt (**wertgleiche Umstellung einer Direktzusage** in eine Unterstützungskassenzusage), so löst allein diese Änderung keine erneute Erdienbarkeitsprüfung aus."*

550 Dass der Grundsatz der wertgleichen Umstellung einer bestehenden Pensionszusage auch auf andere Formen der Vertragsanpassung Anwendung findet, ergibt aus der Rz. 30 der Entscheidung:

551 Dort stellt der BFH klar, **dass eine erneute Prüfung der Erdienbarkeit der Versorgungszusage dann nicht gerechtfertigt ist, wenn eine bestehende Versorgungszusage ohne finanzielle Mehrbelastung für die GmbH geändert wird.** Konsequenter Weise muss davon ausgegangen werden, dass dieser Rechtssatz auch auf die Üblichkeit einer solchen Vertragsänderung anzuwenden ist. Andernfalls hätte der BFH der Gestaltung unter Bezugnahme auf die fehlende Üblichkeit die Anerkennung verweigert. In der Folge kann davon ausgegangen

---

[1] Vgl. *Otto* in Blomeyer/Rolfs/Otto, BetrAVG, 7. Aufl., S. 1818 Rz. 104.
[2] BFH, Urteil v. 7. 3. 2018 - I R 89/15, NWB DokID: WAAAG-87341.

werden, dass jede Vertragsänderung, die für die GmbH zu keiner finanziellen Mehrbelastung führt, als betrieblich veranlasst beurteilt werden kann. Damit hat der BFH die von den Autoren bisher publizierte Rechtsauffassung vollumfänglich bestätigt.

Die nachfolgend beschriebenen Aspekte sind bei der vertraglichen Neugestaltung von Bedeutung: 552

a) Materielle Änderung des Leistungsplans

Die Höhe der bisher zugesagten Versorgungsleistungen steht bei jeder Restrukturierung zur Disposition. Der materielle Umfang des Versorgungsversprechens bewegt sich in einem Spannungsfeld, das durch einen klassischen Interessensgegensatz geprägt wird. Dem Versorgungsbedarf des Gf steht die wirtschaftliche Leistungsfähigkeit der GmbH gegenüber. Im optimalen Fall können die beiden unterschiedlichen Positionen miteinander verbunden werden. Nicht selten wird es jedoch erforderlich sein, den bisherigen Umfang in die eine oder andere Richtung anzupassen. 553

aa) Erhöhung

Stellen sich die Verhältnisse so dar, dass die Position des Gf verbessert werden soll, und soll dies durch eine Erhöhung der bisher zugesagten Versorgungsleistungen durchgeführt werden, so sind insbesondere die ertragsteuerrechtlichen Anforderungen im Rahmen des **materiellen Fremdvergleichs** zu beachten. Danach hat die geplante Vertragsänderung insbesondere den Anforderungen an die Angemessenheit und Erdienbarkeit zu genügen (siehe hierzu Rz. 3721, 3681). Dies gilt sowohl für die Erhöhung der bisher bereits zugesagten Versorgungsarten, als auch für die Erweiterung des bisherigen Leistungsspektrums um weitere Versorgungsarten. 554

Darüber hinaus ist zu beachten, dass mit einer Erhöhung einer – einem beherrschenden GGf (sowie einer diesem nahestehenden Person) gegenüber erteilten – Pensionszusage nach den Grundsätzen des sog. s/t-tel Verfahrens ein **neuer Erdienungszeitraum** in Gang gesetzt wird. D. h., dass die aus der Erhöhung resultierenden Anwartschaften einer eigenständigen Unverfallbarkeits-Ermittlung (ab dem Zeitpunkt der Erhöhung) unterworfen werden (siehe hierzu Rz. 3688). Dies ist insb. bei späteren Änderungen, oder bei der Ermittlung von Anrechten anlässlich eines vorzeitigen Ausscheidens oder Rentenübertritts von grundlegender Bedeutung. 555

bb) Herabsetzung

556 Stellen sich die Verhältnisse so dar, dass die GmbH von bisher bestehenden Pensionsverpflichtung entlastet werden soll, und soll dies durch eine Herabsetzung der bisher zugesagten Versorgungsleistungen durchgeführt werden, so sind die ertragsteuerrechtlichen Grundsätze, die für einen Forderungsverzicht gelten, zu beachten.

557 Bei einem Leistungsanwärter sollte zunächst geprüft werden, in welchem Umfang eine Herabsetzung nach den Grundsätzen der **Past Service-Methode** in Frage kommt (siehe hierzu Rz. 1163). Dabei werden die bisher zugesagten Versorgungsleistungen auf diejenigen Teilbeträge beschränkt, auf die der versorgungsberechtigte Gf bis zum Zeitpunkt der Änderung einen unverfallbaren Anspruch erworben hat. Die Herabsetzung umfasst somit nur den noch nicht erdienten Teil der Versorgungsanwartschaften (sog. Future Service). Auch hier ist im Falle eines beherrschenden GGf die sog. s/t-tel-Methode anzuwenden. In vielen Fällen wird über diesen Lösungsweg bereits ein Ergebnis erzielt werden können, das den Anforderungen der Parteien entsprechen kann.

558 Steht der Gf jedoch bereits kurz vor dem Erreichen der vereinbarten Regelaltersgrenze, wird sich die Wirkung der Past Service-Methode naturgemäß in Grenzen halten. Hat der Gf das Pensionsalter sogar schon überschritten, so kann eine Herabsetzung nach den Grundsätzen der Past Service-Methode nicht mehr stattfinden, da die Versorgungsanrechte bereits in vollem Umfang erdient wurden.

559 In Fällen in denen die Past Service-Methode nicht mehr zur Verfügung steht oder zu ungenügenden Ergebnissen führt, ist daher zu prüfen, inwieweit eine **Herabsetzung wegen mangelnder Finanzierbarkeit** in Frage kommen könnte (siehe hierzu Rz. 993). Diese kann jedoch nur dann als Lösungsweg eingesetzt werden, wenn aufgrund der wirtschaftlichen Lage der GmbH von einer mangelnden Werthaltigkeit der Forderung ausgegangen werden kann.

560 Ist dies nicht der Fall und wird im Rahmen der Herabsetzung in bereits erdiente Versorgungsanrechte eingegriffen, so führt dies stets zu einem fiktiven Zufluss von Arbeitslohn beim Gf und zu einer anschließenden verdeckten Einlage der Forderung ins Betriebsvermögen der GmbH (siehe hierzu Rz. 934). Eine derartige Konstellation sollte daher stets vermieden werden.

cc) Wertgleiche Umgestaltung der Leistungsarten

561 Üblicherweise werden dem Gf im Rahmen einer Pensionszusage Versorgungsleistungen für den Fall der Alters-, Berufsunfähigkeits-/Invaliditäts- und Hin-

1. Rechtliche Neugestaltung des Versorgungsversprechens

terbliebenenversorgung eingeräumt. Tritt einer der genannten Versorgungsfälle ein, hat die GmbH als Versorgungsträger für die Erfüllung der zugesagten Versorgungsleistung einzustehen.

Gerade im Bereich der **vorzeitigen Versorgungsfälle** – der Berufsunfähigkeits- und Hinterbliebenenversorgung – wird es aus Sicht der Gesellschaft zwingend erforderlich sein, die damit einhergehenden Risiken über entsprechende Risikoversicherungen rückzudecken. Dies gilt zumindest für die Vielzahl derjenigen GmbH's die hinsichtlich ihres wirtschaftlichen Erfolges überwiegend von der persönlichen Leistungsfähigkeit des Gf abhängig sind. In diesen Unternehmen steht und fällt das Geschäft mit der Schaffenskraft des Gf. Fällt der Gf z. B. durch eine schwere Krankheit aus oder sollte er sogar vorzeitig versterben, wird i. d. R. der Fortbestand der Gesellschaft in hohem Maße gefährdet sein. Die Erfüllung der Berufsunfähigkeits- oder Witwen-/Waisenrente wird in einem solchen Szenario nur dann möglich sein, wenn die Versorgungsleistungen in vollem Umfang rückgedeckt wurden. 562

Leider zeigt die Praxis, dass viele GmbHs insbesondere die Risikosituation im Bereich der Berufsunfähigkeit völlig unterschätzen. In der Praxis führt nämlich der Eintritt der **Berufsunfähigkeit** des Gf dazu, dass die bisher gebildete Pensionsrückstellung i. H. d. Teilwertes der Pensionsanwartschaft auf die Höhe des Barwertes der fälligen Pensionsleistungen aufgefüllt werden muss **(sog. Bilanzsprungrisiko)**. Dies führt i. d. R. zu einer deutlichen Erhöhung der Pensionsrückstellung, die die Bilanz der Gesellschaft u. U. erheblich in Mitleidenschaft ziehen kann. Hat die Gesellschaft die BU-Rente nicht durch einen Versicherungsvertrag rückgedeckt, kann es in diesem Zusammenhang zu einer deutlichen Verschlechterung des Bilanzbildes kommen. Gegebenenfalls kann die Gesellschaft dadurch sogar in die Überschuldung getrieben werden. 563

Im entgegengesetzten Fall hat die Gesellschaft die zugesagte BU-Rente in voller Höhe durch eine Rückdeckungsversicherung abgedeckt. Im Leistungsfall ist dann auch der Aktivwert der Rückdeckungsversicherung auf den versicherungstechnischen Wert der laufenden BU-Rente zu erhöhen. Da die Versicherungswirtschaft die Verpflichtung jedoch mit anderen Rechnungsgrundlagen kalkuliert, als dies nach § 6a EStG auf der Passivseite der Steuerbilanz der GmbH stattfindet, kommt es in diesem Zusammenhang zu einer **sog. Überaktivierung**.[1] D. h., der Aktivwert der Rückdeckungsversicherung übersteigt den Passivwert der Pensionsrückstellung. Da beide Veränderungen der Bilanzpositionen ergebniswirksam verbucht werden müssen, kommt es zwangsläufig zu 564

---

1 BFH, Urteil v. 10. 6. 2009 - I R 67/08, BStBl 2010 II S. 32.

IV. Rechtliche Neugestaltung und Verteilung der Pensionsrisiken

einem Buchgewinn, der zu einer ungewollten Steuerbelastung führt, und dies in einem Szenario, in dem die Gesellschaft den Ausfall des Gf zu verkraften hat. Vor diesem Hintergrund erscheint es durchaus gerechtfertigt, die Frage zu stellen, ob das Berufsunfähigkeitsrisiko nicht besser im Privatvermögen des Gf oder z. B. über eine Direktversicherung abgesichert werden sollte.

565 Soll das Leistungsspektrum der Pensionszusage reduziert werden und soll dies durch eine Streichung der Zusage auf eine Berufsunfähigkeits- oder Witwenrente durchgeführt werden, so ist auch in diesem Fall das Problem eines Forderungsverzichts zu beachten. Dies gilt zumindest hinsichtlich des Past Service.

566 Um einen fiktiven Lohnzufluss und einer verdeckten Einlage aus dem Weg zu gehen, muss daher auf das Instrument der **wertgleichen Umgestaltung** zurückgegriffen werden. Im Rahmen der wertgleichen Umgestaltung werden die einzelnen Versorgungsleistungen der Höhe nach derart umgestaltet, dass der Wert der gesamten Pensionszusage nach der Umgestaltung wieder dem Wert der gesamten Pensionszusage vor der Umgestaltung entspricht.

567 Um dieses Ziel zu erreichen, werden z. B. die Berufsunfähigkeits- und/oder die Witwenrente zugunsten einer Erhöhung der Anwartschaften auf Zahlung einer lebenslangen Altersrente reduziert. Dabei wird dem Gedanken Rechnung getragen, dass bei Wahrung der Wertgleichheit kein Verzicht entstehen kann. Die **Wertgleichheit der Umgestaltung** wird unter Anwendung der anerkannten Regeln der Versicherungsmathematik beurteilt. Als Transformator dient hierzu der Barwert der bisherigen Pensionszusage zum Zeitpunkt der Änderung (bei Leistungsanwärtern der sog. Anwartschaftsbarwert) unter Zugrundelegung der in § 6a EStG festgelegten Rechnungsgrundlagen. Zur Frage der wertgleichen Umgestaltung hat das BMF mit Schreiben v. 14. 8. 2012[1] ausgeführt, dass die Frage eines möglichen Teilverzichtes auf der Grundlage des Anwartschaftsbarwertes nach § 6a EStG zu prüfen ist. Daraus ergibt sich zwangsläufig, dass ein Teilverzicht dann nicht entstehen kann, wenn die Barwerte der Zusage vor und nach Änderung derselben identisch sind.

568 Über diesen Weg lässt es sich erreichen, dass die oftmals nicht erkannten Risiken im Bereich der vorzeitigen Versorgungsfälle beseitigt werden, ohne dass damit die unerwünschte Problematik eines Verzichts entsteht.

569–575 (*Einstweilen frei*)

---

[1] BMF, Schreiben v. 14. 8. 2012, BStBl 2012 I S. 874.

b) Formelle Änderung der Versorgungsbedingungen

Neben dem materiellen Umfang stehen auch die formellen Bedingungen des Versorgungsversprechens bei jeder Restrukturierung zur Disposition. Hier kann es sich ergeben, dass eine bisher getroffene Vereinbarung einer Partei in einem Teilbereich einen Vorteil verschafft, der bei näherer Betrachtung nicht sachgerecht erscheint, oder der sogar auf einem erheblichen Mangel der vertraglichen Vereinbarung beruht. In beiden Fällen ergibt sich zwangsläufig ein Änderungsbedarf.

576

aa) Änderung der Zusageform

(1) Umgestaltung gehaltsabhängiger Zusagen in Festbetragszusagen

Ein derartiges Spannungsfeld eröffnet sich z. B. bei einer endgehaltsabhängigen oder aber auch bei einer gehaltsgebundenen Zusage. Derartige Gestaltungen beruhen i. d. R. auf dem Motiv, einer mitwachsenden Versorgung. D. h., dass durch die Koppelung der Versorgungsleistungen an die Gehaltsentwicklung das ursprüngliche Versorgungsniveau stets erhalten bleibt. Der Gedanke an sich ist sicher ein nachvollziehbarer.

577

In der Praxis erweisen sich aber gehaltsabhängige Pensionszusagen als ein erhebliches Risiko. Dies auch deswegen, da ein derartiges Konzept in der Praxis einen überdurchschnittlichen Pflegebedarf auslöst. Und genau an dieser Stelle befindet sich der größte Schwachpunkt des Modells. So können die Autoren aus der Praxis berichten, dass es auf Dauer keinem Unternehmen gelingt, eine gehaltsabhängige Pensionszusage zur Zufriedenheit aller Beteiligten zu managen. Dies gilt sowohl hinsichtlich der besonderen Volatilität im Bereich der Pensionsrückstellung (die Rückstellung folgt jeder Gehaltsveränderung; sowohl nach oben, als auch nach unten), als auch für das Erfordernis einer fortwährenden Anpassung des Finanzierungskonzepts.

578

Besonders problematisch wird es dann, wenn in einer (vorübergehenden) Krise der GmbH das GGf-Gehalt herabgesetzt wird und die vertragliche Vereinbarung zur Pensionszusage keine Besitzstandsklausel beinhaltet, die in einem solchen Fall regelt, in welchem Umfang die bisher zugesagten Versorgungsleistungen bei einer Gehaltsabsenkung erhalten bleiben sollen (z. B. i. H. d. Past Service). Ohne eine Besitzstandsklausel folgen nämlich die Pensionsanwartschaften unmittelbar der Gehaltsentwicklung nach unten. Dabei kann es sich

579

IV. Rechtliche Neugestaltung und Verteilung der Pensionsrisiken

auch ergeben, dass sich bei einer Gehaltsabsenkung auf 0 € die Versorgungsanwartschaften "in Luft auflösen".[1]

580 Um all diesen negativen Entwicklungen vorzubeugen, empfiehlt es sich regelmäßig, die gehaltsabhängige Gestaltung der Pensionszusage aufzugeben und diese zugunsten einer Festbetragszusage zu ändern. Die Änderungsgrundlage bilden dabei diejenigen Anwartschaften, die sich zum Änderungszeitpunkt anhand der bisherigen Regelung ermitteln lassen. Eine Abweichung von den materiellen Grundlage führt entweder zu einer Erhöhung oder zu einer Herabsetzung (s. o.).

581 In diesem Zusammenhang ist auf eine Entscheidung des FG Berlin-Brandenburg hinzuweisen.[2] In diesem Verfahren vertritt das FG die Auffassung, dass eine variabel ausgestaltete Pensionszusage zugunsten eines beherrschenden GGf (bisher 30% aus dem 13-fachen des monatlichen Grundgehalts) die zugunsten einer Festbetragszusage (zukünftig mtl. 4.000 DM bzw. 2.045 €) umgewandelt wird, zu einer vGA führen würde. Die Begründung stützt das FG auf folgende Überlegung:

„Die Vereinbarung einer festen Pension in Höhe von 4.000 DM war zwar bezogen auf die finanziellen Verhältnisse im Vereinbarungszeitpunkt am 15.1.1998 scheinbar positiv für die Klägerin, weil der Gf zum damaligen Zeitpunkt ein 13faches Monatsgehalt von insgesamt 169.000 DM (13 × 13.000 DM) bezogen hatte und damit einen Pensionsanspruch auf der Grundlage der ursprünglichen Pensionszusage von 30%, mithin 50.700 DM jährlich bzw. 4.225 DM monatlich hatte. Die Vereinbarung vom 15.1.1998 hätte damit zu einer Minderung der Pension um monatlich 225 DM geführt. Für den Fall einer Minderung des Grundgehalts war die Vereinbarung einer festen Pension aber nachteilig, weil die prozentuale Koppelung der Pension an das Grundgehalt nunmehr weggefallen war. Ein ordentlicher und gewissenhafter Gf hätte daher eine Regelung für den Fall einer Absenkung des Grundgehalts getroffen und für diesen Fall auch eine Anpassung der Pension vorgesehen.

Die künftige Absenkung des Grundgehalts war keine bloße theoretische Gefahr, sondern angesichts der zum 1.1.2001 auf Grund der wirtschaftlichen Situation der Klägerin vorgenommenen Minderung auf 7.000 DM nicht fernliegend. Ohne die Änderung vom 15.1.1998 hätte sich eine Bemessungsgrundlage von 91.000 DM (13 × 7.000 DM) und damit ein Pensionsanspruch von 27.300 DM jährlich bzw. 2.275 DM monatlich ergeben, während die Änderung der Pensions-

---

1 Vgl. BFH, Urteil v. 12.10.2010 - I R 17, 18/10, NWB DokID: HAAAD-60621.
2 FG Berlin-Brandenburg, Urteil v. 6.9.2016 - 6 K 6168/13, EFG 2016 S. 22.

zusage vom 15.1.1998 einen Pensionsanspruch von 4.000 DM monatlich sicherte, der fast doppelt so hoch war wie der sich nach der alten Regelung ergebende Anspruch von 2.275 DM."

Leider wurde die Revision nicht zugelassen. Die zunächst erhobene Nichtzulassungsbeschwerde wurde offensichtlich wieder zurückgenommen. 582

Die Begründung des FG vermag an keiner Stelle wirklich zu überzeugen. Die steuerrechtliche Beurteilung hinsichtlich der betrieblichen Veranlassung der Vertragsänderung beruht auf einer einseitigen und unausgewogenen Betrachtung. 583

Eine endgehaltsabhängige Pensionszusage beinhaltet – ihrem Charakter entsprechend – für beide Vertragsparteien Chancen und Risiken. So beinhaltet eine Gehaltserhöhung eine Ausweitung des Verpflichtungsumfangs (Risiko für den Pensionsverpflichteten) und eine Verbesserung der Altersversorgung für den Gf (Chance für den Pensionsberechtigten). Bei einer Gehaltsreduzierung verhält es sich naturgemäß umgekehrt. Darüber hinaus führt eine endgehaltsabhängige Zusage, die ohne eine Besitzstandsklausel vereinbart wird, für den Gf zu dem Risiko, dass dieser im Extremfall kurz vor Erreichen des Pensionsalters seine Versorgungsanwartschaften bei einer Herabsetzung des Gehalts auf 0 € komplett verlieren könnte. Nach der Überzeugung der Autoren, ist eine derartige Zusagegestaltung ein gewichtiges Indiz für eine mangelnde Ernsthaftigkeit des Versorgungsversprechens und somit für eine gesellschaftliche (Mit-)Veranlassung der Pensionszusage. 584

Wenn nun eine derart risikobehaftete Vereinbarung dahingehend geändert wird, dass sich der schwebende – und aus Sicht der Autoren steuerschädliche – Zustand durch die Umgestaltung in eine Festbetragszusage verfestigt, so bedeutet dies für beide Seiten, dass sie das bisherige Chancen-/Risikoverhältnis zugunsten einer klaren, eindeutigen und ausgewogenen Versorgungsregelung aufgeben und einen Zustand herbeiführen, der den ertragsteuerrechtlichen Anforderungen genügen kann. 585

Wenn das FG im Rahmen seiner rechtlichen Würdigung einseitig auf die Tatsache abstellt, dass die GmbH damit die Chance auf eine mögliche Reduzierung der Pension infolge einer Gehaltsreduzierung aufgegeben hat, so ist dies weder angemessen noch sachgerecht. Dies gilt insbesondere dann, wenn die Beurteilung des Sachverhaltes über 17 Jahre (!) nach der kritisierten Vertragsänderung und auf der Grundlage einer Gehaltsreduzierung, die drei Jahre nach der Vertragsänderung vereinbart wurde, stattfindet. Dafür, dass bereits im November 1998 klare Hinweise für eine verschlechterte wirtschaftliche Lage der GmbH vorlagen, enthält das Urteil keine Hinweise. Auch ist dabei zu beden- 586

IV. Rechtliche Neugestaltung und Verteilung der Pensionsrisiken

ken, dass die GmbH im Grundsatz davon ausgehen muss, dass eine endgehaltsabhängige Pensionszusage grundsätzlich im Laufe der Jahre zu einer Erhöhung der Versorgungsleistungen führen wird. Dies gilt allein schon dann, wenn das Gehalt an den laufenden Kaufkraftverlust angeglichen wird. Etwaige darüber hinausgehende Gehaltserhöhungen entfalten eine zusätzliche Wirkung.

587 Der Schluss, dass ein ordentlicher und gewissenhafter Gf daher eine Regelung für den Fall einer Absenkung des Grundgehalts getroffen und für diesen Fall auch eine Anpassung der Pension vorgesehen hätte, kann daher nicht nachvollzogen werden. Entsprechendes gilt für die Entscheidung, dass damit der gesamten Pensionszusage die betriebliche Veranlassung entzogen werden soll. Stattdessen erscheint es deutlich folgerichtiger, dass die beiden Parteien – auch unter Wahrung des doppelten Fremdvergleichs – eine ausgewogene, für beide Seiten in gleicher Weise vor- und nachteilige Vertragsanpassung akzeptiert haben, mit der die Pensionsverpflichtung konkretisiert, die Kalkulationsgrundlage für beide Seiten deutlich verbessert und mit der, der der bisherigen Zusage innewohnende steuerschädliche Mangel, zugunsten einer steuerkonformen Gestaltung beseitigt wurde. Eine derartige Vertragsänderung findet ihre Veranlassung unzweifelhaft in der betrieblichen Sphäre.[1]

588 Das Urteil liefert leider ein Musterbeispiel dafür, wie die Rechtsfigur des ordentlichen und gewissenhaften Geschäftsleiters in der steuerrechtlichen Praxis durch die Ausübung richterlichen Ermessens fehlinterpretiert wird.

BERATUNGSHINWEIS:

Die o. g. Entscheidung kann aufgrund der vorgetragenen Begründung nur dann Anwendung finden, wenn es sich um eine gehaltsabhängige Zusage handelt, die ohne Besitzstandsklausel vereinbart wurde. Denn nur in einem solchen Fall würden sich die zugesagten Versorgungsleistungen in voller Abhängigkeit von der Gehaltsreduzierung mit nach unten entwickeln. Eine Besitzstandsklausel würde dies verhindern, da durch diese geregelt wird, in welchem Umfang die Versorgungsanwartschaften im Falle einer Gehaltsabsenkung erhalten bleiben.

589 Beinhaltet die bisherige vertragliche Regelung zu einer gehaltsabhängigen Pensionszusage keine Besitzstandsklausel, so empfiehlt es sich in Anbetracht der obigen FG-Entscheidung bei einer Umstellung einer bisher gehaltsabhängig gestalteten Pensionszusage auf eine Festbetragszusage vorsichtshalber auf das wirtschaftliche Umfeld zu achten, in dem die GmbH sich zum Zeitpunkt der Vertragsänderung befindet. Sollte die GmbH wirtschaftlich gesund

---

1 Vgl. BFH, Urteil v. 19. 5. 1998 - I R 36/97, BStBl 1998 II S. 689.

1. Rechtliche Neugestaltung des Versorgungsversprechens

sein und sich auch keine Anzeichen für eine bevorstehende Krise erkennen lassen, so sollte dies u. E. ebenso in der Vorbemerkung zur Änderungsvereinbarung zum Ausdruck kommen, wie die Tatsache, dass sich beide Parteien bewusst und einvernehmlich zugunsten einer Konkretisierung des Verpflichtungsumfangs und zum Ausschluss des kompletten Verfallsrisikos entschieden haben.

Die Umsetzung des finanzgerichtlichen Gedankens hinsichtlich der Vereinbarung einer Anpassungsklausel, die im Falle einer Gehaltsabsenkung auch eine entsprechende Absenkung der Versorgungsleistungen vorsieht, trifft in der Praxis auf erhebliche Probleme. So muss der Umstand beachtet werden, dass es dabei auch zu einer Herabsetzung des Past Service kommen könnte. Anders als bei einer endgehaltsabhängigen Pensionszusage, bei der der Past Service immer unter der aufschiebenden Bedingung der Gehaltsentwicklung steht, kommt es bei einer Festbetragszusage zu einer Verfestigung des Past Service, so dass eine Herabsetzung des Past Service immer dann zu einem steuerschädlichen Verzicht und somit zu einem fiktiven Zufluss von Arbeitslohn beim Gf führt, wenn es sich um werthaltige Pensionsanwartschaften handelt. U. E. kann wohl im Rahmen des anzustellenden Fremdvergleichs nicht davon ausgegangen werden, dass ein fremder Gf eine derartige Vertragslage akzeptieren würde. 590

Sollte sich dagegen die Krise der Gesellschaft bereits ankündigen oder sich diese schon verkörpert haben, so sollte aus Vorsichtsgründen eine Änderung im Wege eines Einfrierens der Versorgungsleistungen in Höhe des Past Service vereinbart werden. Eine derartige Änderung entspricht u. E. den Anforderungen, die an den ordentlichen und gewissenhaften Geschäftsleiter gestellt werden können. 591

(2) Umgestaltung rentenförmiger Zusagen in Kapitalzusagen

Im Rahmen der Restrukturierung wird immer öfters auf ein effektives Mittel zur Begrenzung des Verpflichtungsumfangs zurückgegriffen: Die Umgestaltung von rentenförmig erteilten Pensionszusagen zugunsten einer Kapitalzusage. 592

Aufgrund der Priorität, über die dieser Lösungsweg – auch vor dem Hintergrund der explosionsartig zunehmenden handelsrechtlichen Pensionsrückstellungen – verfügt, wird diese Form der Umgestaltung in Kapitel V. Rz. 731 ff. ausführlich behandelt. 593

(Einstweilen frei) 594–598

IV. Rechtliche Neugestaltung und Verteilung der Pensionsrisiken

bb) Anpassung der Bedingungen zur Altersrente

(1) Ausscheiden aus dem Dienstverhältnis

599 Leider finden sich in vielen vertraglichen Vereinbarungen zu Gf-Pensionszusagen auch heute noch Regelungen, die einen Bezug der Altersrente nach Vollendung des vereinbarten Pensionsalters und unabhängig vom Ausscheiden aus dem kausalen Dienstverhältnis ermöglichen. Und dies obwohl die FinVerw über Jahre hinweg forderte, dass das Ausscheiden aus dem Dienstverhältnis als Zugangsvoraussetzung vereinbart werden muss.

600 Zwar hat die FinVerw mittlerweile ihre Sicht der Dinge deutlich an die veränderte Praxis angepasst.[1] Eine sachgerechte vertragliche Gestaltung sollte jedoch auch heute noch darauf achten, dass ein Anspruch auf die Zahlung der Altersrente erst nach einem Ausscheiden aus dem Dienstverhältnis entsteht. Damit werden diverse Probleme vermieden, die unter der Überschrift „Rente und Gehalt" subsumiert werden können (siehe hierzu Rz. 1320 ff.).

(2) Verschiebung des Pensionsalters

601 Auch wurden in der Vergangenheit nicht selten Pensionszusagen erteilt, die hinsichtlich der vereinbarten Regelaltersgrenze (Pensionsalter) den heutigen Anforderungen der FinVerw nicht mehr genügen können.[2] Zwar hat das BMF im Schreiben v. 9.12.2016 eine Übergangsfrist eingeräumt, innerhalb derer bestehende Versorgungsvereinbarungen in diesem Punkt an die neuen Anforderungen der FinVerw angepasst werden können. Einen Hinweis darauf, ob dies im Falle eines GGf mittels einer bloßen Verschiebung des Pensionsalters steuerkonform stattfinden kann, oder es an dieser Stelle einer wertgleichen Umgestaltung bedarf, enthält die Verwaltungsanweisung leider nicht (siehe hierzu Rz. 3666).

602 U.E. sollte auch bei einer derartigen Änderung das Prinzip der wertgleichen Umgestaltung beachtet werden. D.h., dass die Verschiebung des Pensionsalters nur derart durchgeführt werden sollte, dass diese durch die wertgleiche Anpassung der Versorgungsleistungen ausgeglichen wird. Grundlage für die wertgleiche Umgestaltung ist auch in diesem Fall der ertragsteuerrechtliche Anwartschaftsbarwert gem. § 6a EStG. Andernfalls droht in der steuerlichen Betriebsprüfung eine Diskussion um einen möglichen Verzicht, der bei einer ausgleichslosen Verschiebung des Pensionsalters in Frage kommen könnte.[3]

603–605 (Einstweilen frei)

---

1 BMF, Schreiben v. 18.9.2017, BStBl 2017 I S. 1293.
2 BMF, Schreiben v. 9.12.2016, BStBl 2016 I S. 1427.
3 Vgl. Otto in Blomeyer/Rolfs/Otto, BetrAVG, 7. Aufl., S. 1828 Rz. 135.

1. Rechtliche Neugestaltung des Versorgungsversprechens

cc) Vorzeitige/verspätete Altersrente

Eine Pensionszusage, die sich hinsichtlich der Altersrente lediglich auf die Definition einer Regelaltersgrenze beschränkt und es darüber hinaus versäumt, die Bedingungen für eine vorzeitige sowie eine verspätete Inanspruchnahme der Altersrente zu regeln, beinhaltet eine erhebliche Regelungslücke. Diese gilt es im Zuge einer Restrukturierung zu schließen. 606

Im Falle einer **vorzeitigen Altersrente** ist hinsichtlich der frühest möglichen Inanspruchnahme auf die Anforderungen der FinVerw gem. BMF-Schreiben v. 9.12.2016 zu achten (siehe hierzu Rz. 3666). Eine sachgerechte Vereinbarung bedarf einer **zweistufigen Kürzungsregelung:** 607

Zunächst sind die zugesagten Versorgungsleistungen nach der Methode zum zeitratierlichen Erdienen auf die Höhe der zum Zeitpunkt der Inanspruchnahme der vorzeitigen Altersrente erdienten Anwartschaften zu beschränken. Dies trägt dem Umstand Rechnung, dass der Gf nur bis zu diesem Zeitpunkt seine Gegenleistung erbracht hat. Im Falle eines beherrschenden GGf ist dabei die sog. s/t-tel-Methode anzuwenden. 608

Im Anschluss daran erfolgt eine Kürzung mittels eines pauschalen Abschlags in einer Größenordnung zwischen 0,3 % und 0,5 % pro Monat der vorzeitigen Inanspruchnahme. Dies trägt dem Umstand Rechnung, dass die Leistungsverpflichtung der GmbH vorzeitig einsetzt. 609

Für den immer häufiger anzutreffenden Fall, **dass der Gf über das vereinbarte Pensionsalter hinaus aktiv für die GmbH als Gf tätig wird**, bedarf es der Vereinbarung einer sog. positiven Gleitklausel. Darin wird geregelt, dass sich die zugesagten Versorgungsleistungen im Falle einer Weiterbeschäftigung für jeden Monat der fortgesetzten Tätigkeit als Gf um einen pauschalen Zuschlag in einer Größenordnung zwischen 0,3 % und 0,5 % erhöhen. Die Vereinbarung des Zuschlags erfolgt dem Grunde und der Höhe nach spiegelbildlich zur Regelung der vorzeitigen Inanspruchnahme. Dies trägt dem Umstand Rechnung, dass die Leistungsverpflichtung der GmbH verspätet einsetzt (siehe hierzu auch Rz. 1409). 610

(*Einstweilen frei*) 611–614

dd) Bedingungen der BU-Versorgung

Beinhaltet die Pensionszusage auch eine Versorgungsleistung im Falle einer Berufsunfähigkeit und wird dieses Risiko durch die GmbH mittels eines Versicherungsvertrags rückgedeckt, so ist zwingend darauf zu achten, dass zwischen den beiden Bedingungen der Vereinbarungen (Pensionszusage auf der 615 einen und Versicherungsvertrag auf der anderen Seite) Kongruenz besteht. Ist dies nicht der Fall, so besteht das Risiko, dass nach den Bedingungen der Pensionszusage ein Leistungsanspruch bestehen könnte, obwohl die Voraussetzung der Versicherungsbedingungen dies noch nicht ermöglicht. Eine derartige Diskrepanz kann z. B. dann entstehen, wenn die Versicherungsbedingungen eine sog. abstrakte Verweisungsklausel enthält, wonach der Gf auf einen ähnlichen Beruf verwiesen werden könnte, der seiner bisherigen Lebensstellung entspricht und der als sozial zumutbar beurteilt werden kann. Sieht die vertragliche Vereinbarung zur Pensionszusage eine derartige Verweisung nicht vor, so ergibt sich die Problematik, dass die GmbH in der Leitungsverpflichtung stehen würde, sie könnte jedoch nicht auf die Versicherungsleistung zurückgreifen. Eine vergleichbare Situation könnte entstehen, wenn die Pensionszusage nur eine 50 %ige Berufsunfähigkeit erfordert, die Versicherungsbedingungen jedoch einen darüber hinausgehenden Prozentsatz erfordern.

616 Des Weiteren gilt es zu regeln, ob der Anspruch auf Zahlung einer Berufsunfähigkeitsrente nur nach einem Ausscheiden aus dem Dienstverhältnisverhältnis entstehen soll, oder ob dies auch bei einer Fortsetzung des Dienstverhältnisses möglich sein soll. Enthält die Pensionszusage keine Anforderung bzgl. eines Ausscheidens, so gilt nach den Ausführungen des BMF im Schreiben v. 18. 9. 2017[1] nunmehr der Versorgungsfall auch dann als eingetreten, wenn bei Eintritt einer Invalidität die zugesagten Versorgungsleistungen gewährt werden.

617 Ferner ist klar zu regeln, über welchen Zeitraum die Versorgungsleistung nach dem Eintritt einer Berufsunfähigkeit zu erbringen ist. Möglich ist sowohl eine lebenslange, als auch eine abgekürzte Leistungsdauer, bei der die BU-Rente mit dem Erreichen der Regelaltersgrenze in die Altersrente übergeht. Entspricht die BU-Rente der Höhe nach der Altersrente, so führen die beiden unterschiedlichen Regelungen zum gleichen wirtschaftlichen Ergebnis. Bleibt die BU-Rente der Höhe nach jedoch unterhalb der Altersrente, erlangt die Bestimmung der Leistungsdauer eine wesentliche Bedeutung.

618–620 (Einstweilen frei)

ee) Bedingungen der Witwen(r)-Versorgung

621 Auch die Versorgung der hinterbliebenen Witwe des Gf bedarf einer sachgerechten vertraglichen Vereinbarung. Dies gilt sowohl dem Grunde als auch der Höhe nach.

---

1 BMF, Schreiben v. 18. 9. 2017, BStBl 2017 I S. 1293.

Der Höhe nach wird i. d. R. eine Versorgung bis zu 60 % der Altersrente als angemessen beurteilt. Eine im Rahmen der Restrukturierung vorgenommene Erhöhung der Witwenrente löst einen neuen Erdienungszeitraum aus (Ausnahme: wertgleiche Umgestaltung).

Dem Grunde nach ist zu bestimmen, wer unter welchen Umständen in den Genuss der Witwenrente kommen soll. Die Witwenrente kann sowohl kollektiv, als auch individuell zugesagt werden. Bei einer kollektiven Zusage ist diejenige Gattin begünstig, die zum Zeitpunkt des Ablebens mit dem Gf verheiratet war. Die individuelle Zusage konzentriert die Begünstigung auf die in der Pensionszusage namentlich genannte Witwe. Wird im Falle einer individuellen Witwenrentenzusage die Ehe geschieden, oder verstirbt die Gattin vor dem Gf, so erlischt damit die Witwenrentenverpflichtung. Wird nach einem Ableben einer individuell begünstigen Gattin der nachfolgenden Ehefrau ebenfalls eine individuelle Witwenrente zugesagt, so löst diese einen neuen Erdienungszeitraum aus.[1]

Ferner ist die Leistungsdauer zu regeln (z. B. bis zur Wiederverheiratung der hinterbliebenen Ehefrau).

Zur Begrenzung des Risikos der GmbH können darüber hinaus weitere einschränkende Klauseln vereinbart werden (z. B. Spätkeheklausel, Mindestehezeitdauer, Altersdifferenzklausel). Nach der vom FG Nürnberg vertretenen Rechtsauffassung wäre dies bei einer Gf-Pensionszusage sogar zwingend erforderlich.[2] In der den Autoren vorliegenden – bisher nicht veröffentlichten – Entscheidung hatte das FG über einen Fall zu entscheiden, in dem die GmbH dem mehrheitlich beteiligten Gf im Alter von 50 Jahren eine Pensionszusage erteilte, die auch eine in üblicher Weise kollektiv formulierte Witwenversorgung beinhaltete. Die entsprechende Bestimmung enthielt keine Klauseln, mittels derer die Witwenrentenansprüche eingeschränkt werden sollten. Der Gf war jedoch zum Zeitpunkt der Zusageerteilung nicht verheiratet. Dies veranlasste das FG Nürnberg dazu die Hinterbliebenenversorgung als nicht betrieblich veranlasst zu beurteilen, da – so das FG in seiner Begründung – es im Recht der bAV anerkannt und allgemein üblich sei, eine Witwenversorgung durch eine Spätehe-, Altersdifferenz- und Mindestehedauerklausel einzuschränken. Daher wäre eine solche Einschränkung auch im Streitfall erforderlich gewesen.

Die Entscheidung des FG Nürnberg vermag in keiner Weise zu überzeugen. Der 4. Senat hat seine Beurteilung darauf gestützt, dass derartige Regelungen

---

1 BFH, Urteil v. 27. 11. 2013 - I R 17/13, BFH/NV 2014 S. 731.
2 FG Nürnberg, Urteil v. 2. 5. 2011 - 4 K 855/2009, n. v.

im Recht der bAV anerkannt und üblich wären. Einen Beleg für diese Behauptung bleibt das FG leider schuldig.

627 Die Aussage des FG kann in dieser pauschalen Form nicht unwidersprochen bleiben. Zwar mag es grundsätzlich zutreffen, dass im Rahmen von kollektiven Versorgungswerken, die von Großbetrieben zugunsten ihrer abhängig Beschäftigten eingerichtet werden, derartige den Witwenrentenanspruch einschränkende Klauseln zur Verbesserung der Kalkulierbarkeit der kollektiven Versorgungswerke eingesetzt werden. Dieser Umstand kann aber keinesfalls als Grundlage für den im Rahmen einer individualvertraglichen Gf-Versorgung anzustellenden Fremdvergleich dienen. Vielmehr muss im Rahmen des Fremdvergleichs auf die Umstände abgestellt werden, die bei einer Erteilung einer unmittelbaren Pensionszusage zugunsten eines Fremd-Gf gelten (siehe hierzu Rz. 3616). Und im Bereich der Gf-Versorgung führt ein sachgerechter Fremdvergleich, der auf die in der Praxis tatsächlich vorzufindenden Umstände abstellt, zu dem Ergebnis, dass die Vereinbarung derartiger Klauseln im Rahmen von Gf-Pensionszusagen die absolute Ausnahme darstellt. Dies gilt sowohl im Bereich der Fremd-Gf als auch im Bereich der GGf. Die Entscheidung des FG Nürnberg kann daher als ein Musterbeispiel für eine unsachgemäße Anwendung des Fremdvergleichs betrachtet werden.

628–630 (*Einstweilen frei*)

ff) Vereinbarung eines Kapitalwahlrechts

631 In der überwiegenden Anzahl der Fälle wurden Gf-Pensionszusagen in der Vergangenheit in der Form einer Rentenzusage erteilt. U.U. wurde in die vertragliche Vereinbarung noch eine Abfindungsklausel integriert, deren Gestaltung leider nicht in allen Fällen die Anforderungen der FinVerw erfüllen kann.[1] Da eine derartige Gestaltung unter konzeptionellen Gesichtspunkten die Möglichkeiten der flexiblen Ausgestaltung eines Schuldverhältnisses nicht in einer zeitgemäßen Art und Weise nutzt, sollte die Vereinbarung zur Pensionszusage durch die Schaffung flexibler Erfüllungsoptionen zwingend modernisiert werden.

(1) Kapitalwahlrecht i. S. d. § 262 BGB

632 Die Pensionszusage kann auch derart umgestaltet werden, dass sie wahlweise eine Zusage auf eine lebenslange Rentenleistung oder auf eine wertgleiche

---

1 BMF, Schreiben v. 6.4.2005, BStBl 2005 I S. 619.

einmalige Kapitalleistung vorsieht. Eine derartige Zusage wird nicht vom Abfindungsverbot erfasst, wenn die Versorgungszusage als **Wahlschuld** ausgestaltet ist. Bei einer Wahlschuld werden nach § 262 BGB mehrere Leistungen in der Weise geschuldet, dass nur die eine oder die andere zu bewirken ist. Die Wahl erfolgt durch Ausübung des zuvor vereinbarten Gestaltungsrechts. Erst mit der Ausübung des Wahlrechts wird die Leistung ex tunc konkretisiert.

Das Zivilrecht kennt neben dem Wahlrecht auch noch die sog. **Ersetzungsbefugnis**. Während ein Wahlrecht dann angenommen wird, wenn die Schuld bis zur Ausübung des Rechts lediglich bestimmbar, nicht aber bestimmt ist, wird von einer Ersetzungsbefugnis dann ausgegangen, wenn die Schuld von Anfang an einen bestimmten Inhalt hat, eine der Parteien aber berechtigt ist, anstelle der an sich geschuldeten Leistung eine andere zu fordern.[1] 633

Das OLG Stuttgart[2] hat eine Vereinbarung, bei der eine rentenförmige Zusage erteilt wurde und in deren Rahmen auch geregelt wurde, dass beide Parteien berechtigten waren, die Abfindung einer laufenden Altersrente ganz oder teilweise verlangen zu können, anhand der obigen Charakterisierung als Ersetzungsbefugnis ausgelegt. Der BGH hat dann in dem folgenden Revisionsverfahren[3] die Klausel als ein Kapitaloptionsrecht bezeichnet. Er ist im weiteren Verlauf seiner Begründung nicht mehr auf die Differenzierung zwischen Wahlrecht und Ersetzungsbefugnis eingegangen, so dass davon ausgegangen werden kann, dass dieser Differenzierung für die abschließende rechtliche Beurteilung der Bestimmung zur wahlweisen Erfüllung keine wesentliche Bedeutung beizumessen ist. Daher wird im weiteren Verlauf auch der Begriff Kapitalwahlrecht verwendet. 634

In der Beratungspraxis müssen die Autoren regelmäßig feststellen, dass das **Kapitalwahlrecht sehr oft mit der Kapitalabfindung verwechselt oder gleichgestellt wird**. Dies ist jedoch nichtzutreffend. Der zivilrechtliche Charakter der beiden Wege ist deutlich zu unterscheiden: 635

Das **Kapitalwahlrecht** ist zivilrechtlich vor der Kapitalabfindung einzustufen. Das Kapitalwahlrecht ist ein Gestaltungsrecht, das in der Ausgestaltung der schuldrechtlichen Verpflichtung gleichwertig neben die Rentenleistung tritt. Es führt somit zu einer Erweiterung des Schuldverhältnisses und ermöglicht die wahlweise Erfüllung der Versorgungsverpflichtung. Während der Anwartschaftsphase bleibt es i.d.R. offen, über welchen Weg das Versorgungsver- 636

---

1 Siehe hierzu *Grüneberg* in Palandt, BGB, 77. Aufl., § 262 Rz. 1 ff.
2 OLG Stuttgart, Urteil v. 17.12.2008 - 14 U 34/08, openJur 2012, 61615.
3 BGH, Urteil v. 28.9.2009 - II ZR 12/09, ArbR 2010 S. 19.

sprechen letztendlich vom Versorgungsträger erfüllt wird. Mit der Erbringung der einmaligen Kapitalleistung wird somit die originäre Versorgungsverpflichtung in Ausübung des eingeräumten Wahlrechtes erfüllt. Die Erfüllung der Versorgungsverpflichtung erfolgt daher innerhalb eines Rechtsgeschäftes.

637 Im Gegensatz dazu ist die **Kapitalabfindung** nicht Gegenstand des originären Schuldversprechens. In der Anwartschaftsphase gehen die Vertragsparteien grundsätzlich von einer rentenförmigen Erfüllung der Versorgungszusage aus. Bei der Abfindung wird die einmalige Kapitalleistung ersatzweise anstelle der ursprünglich vereinbarten lebenslangen Rente erbracht. Nach der Definition des BGH[1] setzt eine Abfindung eine vertragliche Vereinbarung voraus, nach der der Versorgungsberechtigte

- auf die Zahlung einer lebenslangen **Rente verzichtet** und
- der Versorgungsträger sich dadurch verpflichtet, eine entsprechende **Entschädigung** zu leisten.

638 Die Erfüllung einer Versorgungsverpflichtung über den Weg einer Abfindung erfolgt daher über einen Vertrag, der zwei Geschäftsvorfälle beinhaltet (Verzicht und Entschädigungszahlung).

639 Wahlweise ausgestaltete Versorgungszusagen räumen i.d.R. der GmbH das Wahlrecht ein, zu entscheiden, in welcher Form sie die wahlweise zugesagten Versorgungsleistungen erbringen möchte. Dabei wäre auch eine teilweise Erfüllung über eine lebenslange Rentenzahlung und eine teilweise Kapitalleistung möglich.

640 **Die wahlweise Zusage i.S.d. § 262 BGB verfügt somit über ein hohes Maß an Flexibilität.** Sie ermöglicht sowohl die Zahlung einer lebenslangen Rente, als auch die einmalige Kapitalisierung, als auch die teilweise Zahlung einer Rente und einer Kapitalleistung. Über das Erfüllungsszenario ist erst bei Eintritt des Versorgungsfalles anhand der zu diesem Zeitpunkt vorherrschenden Verhältnisse zu entscheiden. Sie bringt darüber hinaus zwei wesentliche Vorteile mit sich:

- Zum einen **erübrigt sich** damit eine **Abfindungsregelung** für den Fall des Erreichens der Altersgrenze. Die Problembereiche, die im Zusammenhang mit einer möglichen Abfindung entstehen können, können damit vermieden werden (siehe hierzu Rz. 2561 ff.).
- Zum anderen spricht vieles dafür, dass im Falle eines Verzichts dessen Bewertung **auf Basis der Kapitalzusage** erfolgen kann. Eine Bewertung i.H.d.

---

[1] BGH, Urteil v. 15.7.2002 - II ZR 192/00, ZIP 2002 S.1701.

1. Rechtliche Neugestaltung des Versorgungsversprechens

Wiederbeschaffungswertes der aufgegebenen Rentenanwartschaften könnte dadurch wohl vermieden werden (eine Klärung dieser Rechtsauffassung steht jedoch noch aus).

Der BGH hat in seiner Entscheidung v. 28. 9. 2009[1] klargestellt, dass das Kapitalwahlrecht nicht unter das gesetzliche Abfindungsverbot des § 3 BetrAVG fällt, wenn die Option zur Kapitalzahlung nach Beendigung des Dienstverhältnisses, aber noch vor Eintritt des Versorgungsfalls ausgeübt wird. Damit ist für diesen Fall höchstrichterlich geklärt, dass eine Kapitalisierung der Versorgungsleistungen über das Kapitalwahlrecht auch in den Fällen erreicht werden kann, in denen die Pensionszusage in den Geltungsbereich des BetrAVG fällt. 641

Eine Aussage über die Behandlung einer Option, die erst nach Eintritt des Leistungsfalles ausgeübt wird, ist der BGH-Entscheidung leider nicht zu entnehmen. In der Literatur finden sich Stimmen, denen zufolge eine Option innerhalb der Leistungsphase dem Abfindungsverbot des § 3 BetrAVG unterliegen soll. Zum einen kann dies natürlich nur dann gelten, wenn auch die Zusage in den Geltungsbereich des BetrAVG fällt. Zum anderen können sich die Autoren dieser Rechtsauffassung zumindest dann nicht anschließen, wenn die Vereinbarung zum Kapitalwahlrecht von Beginn an sowohl die Ausübung der Option vor Renteneintritt als auch während der Leistungsphase beinhaltet hat. In diesem Fall besteht das Wahlrecht auch in der Rentenphase insoweit fort, als es die in der Zukunft noch zu erbringenden Rentzahlungen betrifft. 642

(2) Höhe der wahlweisen Kapitalleistung

Die Höhe der wahlweise zu erbringenden wertgleichen Kapitalleistung sollte sich aus Sicht der Autoren an dem sog. Rentenbarwert nach § 6a EStG orientieren. Eine derartige Bemessung der Kapitalleistung ist unter steuerrechtlichen Gesichtspunkten als wertgleich zu beurteilen.[2] Ein Teilverzicht im steuerrechtlichen Sinne kann daher bei einer Bemessung der Kapitalleistung anhand des steuerrechtlichen Barwertes nicht stattfinden. Die hier vertretene Auffassung haben die Autoren innerhalb zahlreicher Verfahren von der FinVerw aus verschiedenen Bundesländern bestätigt erhalten. Veröffentlichungen, die bei einer Bemessung der Kapitalleistung nach § 6a EStG einen Teilverzicht annehmen, sei an dieser Stelle widersprochen.[3] Sie verkennen die Tatsache, dass der Aspekt der Wertgleichheit im steuerrechtlichen Sinne anhand der von der Fin- 643

---

1 BGH, Urteil v. 28. 9. 2009 - II ZR 12/09, ArbR 2010 S. 19.
2 Vgl. BMF, Schreiben v. 6. 4. 2005, BStBl 2005 I S. 619.
3 U. a. *Otto* in Blomeyer/Rolfs/Otto, BetrAVG, 7. Aufl., S. 1822 Rz. 112.

IV. Rechtliche Neugestaltung und Verteilung der Pensionsrisiken

Verw diesbezüglich vertretenen Rechtsauffassung zu beurteilen ist. Und demzufolge ist ein Barwert, der nach § 6a EStG ermittelt wird, als wertgleich im steuerrechtlichen Sinne zu beurteilen (siehe hierzu auch Rz. 1534).

644 In den Fällen, in denen die Kapitalzusage z. B. i. H. d. Wiederbeschaffungswertes (auch „Versichererbarwert") eingeräumt werden soll, ergibt sich bei der steuerrechtlichen Bewertung der Pensionsverpflichtung ein nicht unwesentliches Problem, da die Teilwertentwicklung der Rentenzusage hinter der Teilwertentwicklung der Kapitalzusage zurückbleibt. Die FinVerw will in diesem Falle jedoch nur eine Rückstellungsbildung i. H. d. niedrigeren Teilwertes der Rentenzusage anerkennen, da die Leistung der höheren Kapitalzahlung als ungewiss i. S. d. § 6a Abs. 3 Nr. 1 Satz 4 EStG beurteilt wird. In der Folge käme es bei Ausübung der Kapitaloption zu einer katastrophalen bilanziellen Unterfinanzierung, die nicht im Interesse der Beteiligten liegen kann.

(3) Nachträgliche Einräumung eines Kapitalwahlrechts

645 **Die nachträgliche Einräumung** eines Kapitalwahlrechtes führt zu einer Änderung der Ausgestaltung des bisherigen Schuldverhältnisses. Anstelle der bisher zugesagten lebenslangen Altersrente würde der GmbH zukünftig die Möglichkeit eingeräumt, die Versorgungsverpflichtung wahlweise entweder in Form einer lebenslangen Altersrente oder in Form einer wertgleichen einmaligen Kapitalzahlung zu erbringen. Das BAG hat **im Falle einer einseitigen Umgestaltung** einer rentenförmigen Zusage auf eine Kapitalleistung in seiner Entscheidung v. 15. 5. 2012[1] grundsätzlich bestätigt, dass eine solche dann ohne weiteres zulässig ist, wenn die Versorgungsbedingungen einem Arbeitnehmer – neben dem Anspruch auf Zahlung einer Rente – ein Wahlrecht einräumt, welches nicht von weiteren inhaltlichen Voraussetzungen abhängig ist. Auch hat das BAG bestätigt, dass eine solche Umstellung für sich genommen keinen Eingriff in die Höhe der Versorgungsanwartschaften darstellt.[2]

646 Mit Verweis auf die o. g. BAG-Entscheidung ist die Frage der Üblichkeit nunmehr eindeutig zugunsten eines Kapitalwahlrechts beantwortet worden, wenn die Ausübung des Wahlrechts dem Gf neben der rentenförmig zugesagten Versorgungsleistung eingeräumt wird. Wenn dies – wie in der BAG-Entscheidung – für eine einseitige Änderung gilt, dann muss dies auch bei einer einvernehmlichen Änderung gelten. Dies wird durch die BFH-Entscheidung v.

---

1 BAG, Urteil v. 15. 5. 2012 - 3 AZR 11/10, Rz. 72, NWB DokID: IAAAE-12313.
2 BAG, Urteil v. 15. 5. 2012 - 3 AZR 11/10, Rz. 75, NWB DokID: IAAAE-12313.

5.3.2008[1] auch bestätigt. Danach ist es aus körperschaftsteuerrechtlicher Sicht nicht zu beanstanden, wenn das Kapitalwahlrecht dem beherrschenden GGf zugestanden wird. Den diesbezüglichen Bedenken der FinVerw, die bisher in einem solchen Falle den Ausschluss des biometrischen Risikos angenommen hat und die steuerliche Anerkennung der Versorgungszusage dementsprechend versagen wollte, hat der BFH eine Abfuhr erteilt. Da die FinVerw das o. g. Urteil nach langem Zögern erst im Jahre 2015 im BStBl veröffentlicht hat, kann nun davon ausgegangen werden, dass die o. g. Grundsätze auch von der FinVerw anerkannt werden.

Ferner hat der BFH mit v. 7.3.2018[2] den **Rechtssatz der Wertgleichen Umstellung einer Direktzusage** geprägt (siehe hierzu Rz. 3708). Danach gilt, dass eine erneute Prüfung der Erdienbarkeit der Versorgungszusage dann nicht gerechtfertigt ist, wenn eine **bestehende Versorgungszusage ohne finanzielle Mehrbelastung** für die GmbH geändert wird. Konsequenter Weise muss davon ausgegangen werden, dass dieser Rechtssatz auch auf die Üblichkeit einer solchen Vertragsänderung anzuwenden ist. Andernfalls hätte der BFH der Gestaltung unter Bezugnahme auf die fehlende Üblichkeit die Anerkennung verweigert. In der Folge kann davon ausgegangen werden, dass jede Vertragsänderung, die für die GmbH zu keiner finanziellen Mehrbelastung führt, als betrieblich veranlasst beurteilt werden kann. Und da diese Bedingung bei der Einräumung eines Kapitalwahlrechts erfüllt wird, kann davon ausgegangen werden, dass die diesbezügliche Erweiterung der Erfüllungsform als betrieblich veranlasst beurteilt werden kann. 647

Wird das Wahlrecht der GmbH eingeräumt, so muss entsprechendes ohne weitere Überlegungen gelten, wenn die Ausübung des Wahlrechts der Zustimmung durch den Gf bedarf. 648

Das Kapitalwahlrecht sollte mit einer weiteren Option versehen werden, die die ratenweise Auszahlung der Kapitalleistung zum Inhalt hat. Über dieses Instrument lässt sich – in Abhängigkeit von den Umständen des Einzelfalles – u. U. eine Verringerung der Steuerbelastung der Kapitalleistung erreichen. Ferner lässt sich damit ein mit einer Zeitrente vergleichbarer Charakter erreichen. Weitere Ausführungen zum Thema Kapitalisierung enthält das Kapitel V. 649

---

1 BFH, Urteil v. 5.3.2008 - I R 12/07, BStBl 2015 II S. 409.
2 BFH, Urteil v. 7.3.2018 - I R 89/15, NWB DokID: WAAAG-87341.

gg) Fehlende Unverfallbarkeit

650 Eine Pensionszusage, die einem Gf gegenüber erteilt wird, der im betriebsrentenrechtlichen Sinne als Unternehmer zu beurteilen ist, bedarf zwingend einer Bestimmung zur Unverfallbarkeit. Fehlt eine Bestimmung, die die Aufrechterhaltung der Versorgungsanwartschaften im Falle eines vorzeitigen Ausscheidens klar und eindeutig regelt, so verfügt die Pensionszusage über eine wesentliche Regelungslücke, da er Gefahr läuft im Falle eines vorzeitigen Ausscheidens seine Versorgungsanwartschaften vollumfänglich zu verlieren. Nach der Überzeugung der Autoren, ist auch eine derartige Zusagegestaltung ein gewichtiges Indiz für eine mangelnde Ernsthaftigkeit des Versorgungsversprechens und somit für eine gesellschaftliche (Mit-)Veranlassung der Pensionszusage. Im Rahmen einer Restrukturierung gilt es daher diese Regelungslücke zwingend zu schließen.

651 Da die FinVerw das im BetrAVG verankerte ratierliche Berechnungsverfahren auch im Bereich der Gf-Versorgung steuerrechtlich anerkennt, empfiehlt es sich, dies auch in die vertragliche Vereinbarung zur Pensionszusage zu übernehmen. Im Falle eines beherrschenden GGf ist der Beginn des Erdienungszeitraums wegen des für diesen Personenkreis geltenden Rückwirkungs- und Nachzahlungsverbots auf den Zeitpunkt der Zusageerteilung abzustellen.[1]

hh) Abbedingung des BetrAVG

652 Unterliegt die Pensionszusage ganz oder teilweise sowohl dem sachlichen, als auch dem persönlichen Geltungsbereich, so sind die Schutzbestimmungen des BetrAVG grundsätzlich zwingend anzuwenden. Von den Schutzbestimmungen des BetrAVG darf gem. § 19 Abs. 3 BetrAVG grundsätzlich nur zugunsten des Versorgungsberechtigten abgewichen werden. § 19 Abs. 1 BetrAVG definiert jedoch für diesen Grundsatz einen Ausnahmetatbestand für Regelungen, die innerhalb von Tarifverträgen vereinbart werden.

653 Das BAG hat bereits im Jahre 2009 entschieden, dass die Ausnahmeregelung für Tarifvertragsparteien auch auf den Personenkreis der **Organperson** anwendbar ist. Dies wurde jüngst höchstrichterlich durch den BGH bestätigt.[2] Demnach dürfen auch für Organpersonen die in § 19 Abs. 1 BetrAVG abschließend aufgezählten Normen des BetrAVG zivilrechtlich wirksam abbedungen werden. Da die im BetrAVG normierten Regelungen dem Schutz des Versor-

---

[1] Vgl. BMF, Schreiben v. 9. 12. 2002, BStBl 2002 I S. 1393.
[2] BAG, Urteil v. 21. 4. 2009 - 3 AZR 285/07, NWB DokID: VAAAD-29570; BGH, Urteil v. 23. 5. 2017 - II ZR 6/16, NWB DokID: CAAAG-49703.

gungsberechtigten dienen und mit den entsprechenden Schutzbestimmungen i.d.R. eine erhebliche Einschränkung der Gestaltungsmöglichkeiten einhergeht, sollte im Rahmen einer Gf-Versorgung von der Möglichkeit der Abbedingung dieser Schutzbestimmungen Gebrauch gemacht werden. Die Frage ob eine Abbedingung auch nachträglich oder ad hoc rechtswirksam vereinbart werden kann, ist jedoch höchstrichterlich noch nicht abschließend geklärt (vgl. hierzu Rz. 2861).

(*Einstweilen frei*) 654–660

2. Verteilung der Pensionsrisiken

Die **Neuverteilung der typischen Pensionsrisiken** soll zu einer wesentlichen Entlastung des Versorgungsträgers und zu einer deutlichen Verbesserung der betriebswirtschaftlichen Gesamtsituation führen. 661

a) Typische Risiken der reinen Leistungszusage

Herkömmliche Pensionszusagen zugunsten eines Gf sind i.d.R. als reine Leistungszusagen konzipiert. Im angelsächsischen Sprachraum werden Leistungszusagen unter dem Begriff „**defined benefit**" geführt. 662

Auch das BetrAVG geht in § 1 Abs. 1 nach wie vor von der reinen **Leistungszusage als Standardzusageform** der bAV aus. Es beschreibt sie, ohne sie als reine Leistungszusage zu bezeichnen. Im Rahmen einer Leistungszusage erteilt die GmbH als Versorgungsträger dem Gf als Versorgungsberechtigten eine Pensionszusage, die auf die lebenslange Gewährung fest zugesagter monatlicher Versorgungsleistungen ausgerichtet ist. Durch diese Form der Versorgungszusage übernimmt der Versorgungsträger sämtliche Risiken, die mit der eingegangenen Pensionsverpflichtung einhergehen. 663

Die typischen Risiken einer unmittelbaren Leistungszusage können in drei Bereiche aufgeteilt werden: 664

aa) Das Kostenrisiko

Das Kostenrisiko beinhaltet sämtliche Aufwendungen, die im Zusammenhang mit der Einrichtung, Pflege und Durchführung der Pensionszusage entstehen können. Hierzu rechnen neben den Beratungskosten für die steuerliche, rechtliche und betriebswirtschaftliche Beratung und Betreuung auch die Gebühren für die versicherungsmathematischen Gutachten, die Lohnabrechnungen in der Leistungsphase und evtl. die Beiträge für die Insolvenzsicherung. 665

bb) Das Langlebigkeitsrisiko

666 Die rentenförmig zugesagte Leistungszusage beinhaltet durch die **Zusage von lebenslangen Leistungen** das Risiko, dass der Gf deutlich länger lebt, als dies bei der Bewertung der Pensionsverpflichtung berücksichtigt wurde. So ist es für die Kalkulation von Altersvorsorgemaßnahmen von elementarer Bedeutung, über welchen Zeitraum die zugesagten Versorgungsleistungen zu erbringen sind. Eine signifikante Erhöhung des Rentenzahlungszeitraums führt naturgemäß zu einer deutlichen Erhöhung der durch die Pensionsverpflichtung entstehenden Kosten. Nähere Ausführungen hierzu enthält Kapitel I.

cc) Das Kapitalanlagerisiko

667 Neben dem Langlebigkeitsrisiko stellt die Verzinsung der Deckungsmittel das zweite wesentliche Risiko dar. Bei der reinen Leistungszusage liegt auch dieses Risiko ausschließlich beim Versorgungsträger. Der tatsächliche Zinsertrag der Deckungsmittel ist von entscheidender Bedeutung für die Kostenbelastung des Trägerunternehmens. Auch hierzu enthält Kapitel I. nähere Ausführungen.

668–672 *(Einstweilen frei)*

b) Entlastung des Trägerunternehmens

673 Der versorgungsberechtigte Gf befindet sich bei einer reinen Leistungszusage somit in einer komfortablen Lage: Er kann sich auf die Erbringung seiner Gegenleistung in Form seiner Dienstverpflichtung konzentrieren und bei Eintritt des Versorgungsfalls die zugesagten Versorgungsleistungen einfordern. Die von der Gesellschaft erteilte Leistungszusage beinhaltet für ihn praktisch so eine Art „Rundum-Sorglos-Paket".

674 Für das Trägerunternehmen ergeben sich durch die oben beschriebenen Risiken jedoch Aufgabenstellungen, die sich fernab des operativen Geschäftes der Gesellschaft und somit i. d. R. auch außerhalb der Kernkompetenz des Unternehmens bewegen. Für die fachgerechte Bewältigung der typischen Pensionsrisiken müsste eine mittelständische GmbH theoretisch das versorgungsspezifische Know-how aufbauen, das innerhalb der Fachwelt hierzu über Jahrzehnte hinweg entwickelt wurde. Dies ist in der Praxis jedoch völlig abwegig.

675 Genau aus diesem Grunde führen die o. a. Pensionsrisiken in der Praxis auch dazu, dass sich die bestehenden Pensionsverpflichtungen im Rahmen einer Nachfolgeplanung oder bei Verkaufsverhandlungen mittlerweile zu einem echten Deal-Breaker entwickelt haben. So ergibt es sich regelmäßig, dass die Veräußerung einer mittelständischen GmbH erst stattfinden kann, wenn die

Gesellschaft von den bestehenden Pensionsverbindlichkeiten mit schuldbefreiender Wirkung entpflichtet wurde. Es erscheint plausibel, dass sich das Interesse der Käufer nur auf den Erwerb der Gesellschaft mit all ihren Assets und Verbindungen richtet und darüber hinaus kein Interesse dafür entwickelt wird, das Langlebigkeitsrisiko hinsichtlich des versorgungsberechtigten Geschäftsführers mit zu erwerben.

Zur **Vermeidung derartiger Problemsituationen** und zur **Verbesserung der betriebswirtschaftlichen Kalkulation von Pensionsverpflichtungen** muss es somit ein vordringliches Ziel des Trägerunternehmens sein, von den typischen Pensionsrisiken entlastet zu werden. 676

Eine zeitgemäße Gestaltung betrieblicher unmittelbarer Versorgungszusagen muss deshalb unbedingt Mittel und Wege erschließen, diese Grundanforderung der Unternehmen zu erfüllen. Soll die Pensionsverpflichtung auch in der Zukunft unmittelbar durch die GmbH getragen werden, so kann diese Anforderung in der Praxis dadurch erfüllt werden, dass hinsichtlich der typischen Pensionsrisiken eine Risikoverteilung zwischen den beteiligten Vertragsparteien stattfindet. 677

Zur **Umsetzung dieser Risikoverteilung** stehen zwei Formen der Pensionszusage zur Verfügung: 678

▶ Die Kapitalzusage und
▶ Die beitragsorientierte Leistungszusage

Die beiden Zusagevarianten verschaffen den Beteiligten den Gestaltungsspielraum, der notwendig ist, um im Einvernehmen über die Risikoverteilung der unmittelbaren Pensionszusage zu entscheiden.

So lässt sich mit einer reinen **Kapitalzusage** das Langlebigkeitsrisiko auf den Gf übertragen. Bei Erteilung einer **beitragsorientierten Leistungszusage** kann bei entsprechender Gestaltung auch das Kapitalanlagerisiko auf den Gf verlagert werden. 679

Kombiniert man die beiden Zusageformen, so kann über die Erteilung einer **beitragsorientierten Kapitalzusage** folglich sowohl das Langlebigkeits- als auch das Kapitalanlagerisiko dem Gf zugewiesen werden. Die GmbH würde sich in diesem Falle auf die Erbringung des zugesagten Beitrages konzentrieren. Eine derart ausgelegte Pensionsvereinbarung orientiert sich stark an den Grundsätzen der international üblichen „**defined contribution**"-Zusagen, obwohl sie vom Kern her weiterhin als Leistungszusage (defined benefit) zu beurteilen ist. 680

aa) Die Kapitalzusage

681 § 1 Abs. 1 BetrAVG bezieht sich bei der Definition der bAV auf **Leistungen der Alters-, Invaliditäts- oder Hinterbliebenenversorgung**, die einem Arbeitnehmer aus Anlass seines Arbeitsverhältnisses **zugesagt** werden. Vereinbarungen über eine bAV müssen sich somit innerhalb dieser Definition bewegen. Ansonsten unterliegen sie grundsätzlich dem Grundsatz der Vertragsfreiheit.

682 Der Gesetzgeber hat den Vertragsparteien durch die Legaldefinition des Begriffs der betrieblichen Altersversorgung einen weiten Gestaltungsspielraum zur Verfügung gestellt. Durch die Verwendung des Begriffes *„Leistungen der Alters, Invaliditäts- oder Hinterbliebenenversorgung"* liegt eine bAV nicht nur dann vor, wenn die Versorgungszusage lebenslänglich laufende Renten einräumt. Auch eine Versorgungszusage, die bei Eintritt des Versorgungsfalles die Zahlung einer Kapitalleistung vorsieht, erfüllt die offen gestaltete Begriffsdefinition des § 1 Abs. 1 BetrAVG.

683 Auch das Steuerrecht geht davon aus, dass eine Kapitalzusage eine bAV darstellt. In § 6a Abs. 1 Nr. 1 EStG ist deswegen festgelegt, dass eine Pensionsrückstellung nur gebildet werden darf, wenn und soweit der Pensionsberechtigte einen Rechtsanspruch auf **einmalige** oder laufende Pensionsleistungen hat.

684 Kapitalzusagen erfreuen sich in Zeiten steigender Lebenserwartung zunehmender Beliebtheit. Sie begrenzen das Risiko des Trägerunternehmens und verschaffen diesem eine klar kalkulierbare Verpflichtung. Die GmbH weiß genau, zu welchem Zeitpunkt und in welcher Höhe die zugesagte Versorgungsleistung fällig werden kann. Nach Bezug der einmaligen Kapitalleistung ist die GmbH definitiv entpflichtet. Die Frage der Restlebenserwartung des Gf berührt die GmbH nicht mehr. Dem Gf verschafft die Kapitalzusage ein Mehr an Dispositionsfreiheit, da er frei entscheiden kann, wie er über die Kapitalleistung verfügt. Die Frage der Restlebenserwartung und der finanziellen Absicherung dieser Zeitspanne obliegt ausschließlich seiner Verantwortung.

685 Natürlich geht mit einer Kapitalzusage auch das Risiko einher, dass die Verwendung der Kapitalleistung zu reinen Versorgungszwecken nicht gewährleistet ist. So kann es sein, dass der Zufluss einer nennenswerten Kapitalleistung den Gf zu vorzeitigem Konsum verleitet und er zu einem späteren Zeitpunkt die Mittel schmerzhaft vermissen wird. Allein diese Gefahr der Zweckentfremdung kann kein Grund dafür sein, die Anerkennung von Kapitalzusagen als bAV zu verneinen. Zwar hat der Gesetzgeber mit der Neufassung des § 3 BetrAVG die Abfindungsmöglichkeiten von Versorgungsanwartschaften deutlich eingeschränkt, um die befürchtete Zweckentfremdung zu unterbinden. Eine Ausweitung der Einschränkungen auf Kapitalzusagen hat in diesem Zuge aber nicht

2. Verteilung der Pensionsrisiken

stattgefunden. Sie wäre insbesondere für den Personenkreis der GmbH-Gf auch nicht sachgerecht.

Eine vertiefende Auseinandersetzung mit der Kapitalzusage – insbesondere mit der Umgestaltung einer bestehenden Rentenzusage in eine Kapitalzusage – enthält Rz. 731 ff. 686

(*Einstweilen frei*) 687–690

bb) Die beitragsorientierte Leistungszusage

(1) Die beitragsorientierte Leistungszusage als betriebliche Altersversorgung

In § 1 Abs. 2 Nr. 1 BetrAVG findet sich die Definition der beitragsorientierten Leistungszusage. Danach liegt eine bAV auch dann vor, wenn *„der Arbeitgeber sich verpflichtet, bestimmte Beträge in eine Anwartschaft auf Alters, Invaliditäts- oder Hinterbliebenenversorgung umzuwandeln (beitragsorientierte Leistungszusage)"*. 691

Die beitragsorientierte Leistungszusage wurde zunächst als Vorstufe der reinen Beitragszusage (defined contribution) betrachtet. Zur Einrichtung einer reinen Beitragszusage, die innerhalb des BetrAVG im Wege einer unmittelbaren Pensionszusage durchgeführt werden kann, konnte sich der Gesetzgeber bis heute nicht entscheiden. Sowohl die Beitragszusage mit Mindestleistung,[1] als auch die per 1.1.2018 eingeführte reine Beitragszusage[2] sind per Legaldefinition auf die Durchführungswege Pensionsfonds, Pensionskasse oder Direktversicherung begrenzt. 692

Die beitragsorientierte Leistungszusage stellt eine Unterform der reinen Leistungszusage dar. Sie übernimmt jedoch das entscheidende Element einer Beitragszusage: die Zusage eines Beitrags. Die GmbH definiert bei dieser Form der Versorgungszusage einen Beitrag, den sie bereit ist, in die Versorgung des Gf zu investieren. Allerdings addiert sich dann das Merkmal einer Leistungszusage dadurch hinzu, dass die GmbH auch verpflichtet ist, die aus dem Beitrag resultierenden Versorgungsleistungen zu benennen. Dabei umfasst der Begriff der beitragsorientierten Leistungszusage sowohl die beitragsorientierte Zusage von rentenförmigen Versorgungsleistungen als auch die Erteilung einer beitragsorientierten Kapitalzusage. 693

---

[1] § 1 Abs. 2 Nr. 2 BetrAVG.
[2] § 1 Abs. 2 Nr. 2a BetrAVG.

IV. Rechtliche Neugestaltung und Verteilung der Pensionsrisiken

694   Der Gesetzgeber hat der besonderen Form der Gestaltung auch dadurch Rechnung getragen, dass er für die beitragsorientierte Leistungszusage eine Unverfallbarkeitsregelung bestimmt hat, die eindeutig dem Charakter einer Beitragszusage entspricht. Nach § 2 Abs. 5a BetrAVG entsteht bei einer beitragsorientierten Leistungszusage eine unverfallbare Anwartschaft nur i. H. d. Leistungen, die sich vom Zeitpunkt der Zusage bis zum Zeitpunkt des Ausscheidens anhand der aufgewendeten Beiträge ergeben. Damit hat der Gesetzgeber dafür gesorgt, dass die immer wieder auftretenden Deckungslücken bei Anwendung des in § 2 Abs. 1 BetrAVG festgelegten m/n-tel-Verfahrens bei der beitragsorientierten Leistungszusage nicht eintreten können.

(2) Risikobegrenzung bei der beitragsorientierten Leistungszusage

695   Beitragsorientierte Leistungszusagen findet man regelmäßig bei Versorgungszusagen, die über mittelbare Versorgungsträger, wie z. B. bei einer Unterstützungskassenzusage, durchgeführt werden. Die beitragsorientierte Leistungszusage eignet sich jedoch auch für die Gestaltung einer unmittelbaren Pensionszusage zugunsten eines Gf.

696   Obwohl die beitragsorientierte Leistungszusage dem Bereich der Leistungszusage zuzuordnen ist, ermöglicht es diese Form der Versorgungszusage, dass die Gesellschaft durch eine entsprechende Vertragsgestaltung vom Kapitalanlagerisiko ganz oder teilweise entlastet wird.

697   Von wesentlicher Relevanz ist in der Gf-Versorgung jedoch die **beitragsorientierte Leistungszusage mit Rückdeckungsversicherung**. Bei dieser Fallgestaltung wird eine Rückdeckungsversicherung abgeschlossen, die i. H. d. in der Versorgungszusage definierten Beitrags dotiert wird. Die zugesagten Versorgungsleistungen bestimmen sich nach den Garantieleistungen des Versicherungsvertrages unter Berücksichtigung der im Versicherungsvertrag vereinbarten Garantieverzinsung. Darüber hinaus wird in der Versorgungszusage vertraglich vereinbart, dass sich die Versorgungsleistungen durch die in der Zukunft entstehenden, nicht garantierten Überschussanteile erhöhen.

698   Durch diese Form der **Vertragsgestaltung** gelingt es dem Trägerunternehmen, sich **vom Kapitalanlagerisiko zu entlasten**.

699   Hinsichtlich der vom Versicherer garantierten Verzinsung findet zwar im Verhältnis zum Gf keine rechtliche, aber eine wirtschaftliche Entlastung der GmbH statt. Ein Risiko der GmbH besteht insoweit nur noch für den Fall, dass der eingeschaltete Versicherer nicht mehr in der Lage wäre, die Garantieleistungen zu erbringen.

2. Verteilung der Pensionsrisiken

Hinsichtlich der vom Versicherer in der Zukunft nicht garantierten Überschussanteile findet eine vollständige Verlagerung des Kapitalanlagerisikos auf den Gf statt. Eine Erhöhung der Versorgungsleistungen findet nur in dem Maße und zu dem Zeitpunkt statt, in dem der Versicherer dem Versicherungsvertrag auch tatsächlich Überschussanteile zuschreibt. In diesem Zusammenhang ist dann natürlich von Bedeutung, welche Form der Überschussverwendung für die Rückdeckungsversicherung vereinbart wurde. 700

Für den Fall, dass die GmbH nicht mehr in der Lage sein sollte, der Versicherungsgesellschaft den vereinbarten Beitrag zuzuwenden, wird mit dem Gf eine Änderungsvereinbarung zur Pensionszusage geschlossen, die die Versorgungsleistungen auf die Höhe der beitragsfreien Versorgungsleistungen der Rückdeckungsversicherung beschränkt. Da damit die erdienten Anwartschaften erhalten bleiben und ein Eingriff nur in den sog. Future Service stattfindet, kann in diesem Zusammenhang nach den Grundsätzen der Past Service-Methode kein Verzicht entstehen. 701

Allerdings ist zu beachten, dass eine unmittelbar erteilte beitragsorientierte Leistungszusage zu einer Entwicklung in der Pensionsrückstellung führt, die deutlich von einer reinen Leistungszusage abweicht. Zunächst verläuft die Teilwertentwicklung wesentlich flacher. In der Endphase des Anwartschaftszeitraums kommt es dann zu einer deutlich steileren Rückstellungsentwicklung. Die Ursache hierfür ist in der stark zunehmenden Überschussentwicklung der Rückdeckungsversicherung zu finden. 702

Sollen dem Gf rentenförmige Versorgungsleistungen zugesagt werden, empfiehlt es sich, die Rückdeckungsversicherung ebenfalls in Form einer Rentenversicherung zu vereinbaren. Damit wird bei der rückgedeckten **beitragsorientierten Rentenzusage** auch das Langlebigkeitsrisiko wirtschaftlich auf den Versicherer verlagert. Auch in diesem Falle würde das Risiko der GmbH nur noch für den Fall bestehen, dass der eingeschaltete Versicherer nicht mehr in der Lage wäre, die Garantieleistungen zu erbringen. 703

Allerdings bringt die **Rückdeckung mittels einer Rentenversicherung** unter betriebswirtschaftlichen Aspekten auch einen nicht unerheblichen Nachteil mit sich: die sog. **Überaktivierung**. Da bei der Rückdeckung über eine Rentenversicherung nicht der Barwert der Versorgungsverpflichtung das Finanzierungsziel bildet, sondern die zugesagte Rente, ergibt es sich, dass die unterschiedlichen Rechnungsgrundlagen dazu führen, dass der Aktivwert der Rentenversicherung deutlich über dem Teilwert der Pensionsrückstellung liegt. Da der Aktivwert ergebniswirksam zu erfassen ist, führt die Überaktivierung im Ergebnis zu einer spürbaren Reduzierung der abzugsfähigen Beitragsaufwen- 704 dungen. Deswegen stellt sich bei einer beitragsorientierten Rentenzusage grundsätzlich die Frage, ob diese Form der Versorgungszusage nicht besser über einen mittelbaren Versorgungsträger (z. B. eine Unterstützungskasse) durchgeführt werden sollte. In diesem Falle entfällt nämlich die Aktivierung des Versicherungsvertrags, und die Abzugsfähigkeit der Zuwendung in Höhe des Beitrags zur Rückdeckungsversicherung bleibt in voller Höhe als Aufwand erhalten.

705 Bei der **beitragsorientierten Kapitalzusage** wird dagegen das Langlebigkeitsrisiko auch rechtlich auf den Gf verlagert. Nach Bezug der einmaligen Kapitalleistung ist die GmbH definitiv entpflichtet. Die Frage der Restlebenserwartung des Gf berührt die GmbH nicht mehr.

706 Alternativ zur Gestaltung mittels einer Rückdeckungsversicherung ist es natürlich auch möglich, eine unmittelbare beitragsorientierte Leistungszusage unter Einsatz alternativer Formen der Kapitalanlage (z. B. Investmentfonds) einzurichten. Die Konstruktion wird in einem solchen Falle sowohl von der vertraglichen Gestaltung als auch von der Finanzierungsseite her erheblich komplexer.

707 Da Investmentfonds i. d. R. keine einem Versicherungsvertrag vergleichbare Garantieverzinsung bieten, müssen die Versorgungsleistungen unter Einsatz eines fiktiven Garantiezinses kalkuliert werden. Die tatsächlichen Versorgungsleistungen werden dann über eine sog. Transformationstabelle ermittelt, die in Abhängigkeit vom Zusage- und Rentenalter die Bestimmung der Versorgungsleistungen ermöglicht. Die fehlende Garantieverzinsung führt zunächst dazu, dass das Kapitalanlagerisiko insoweit wieder ausschließlich bei der GmbH liegt. Ferner ist zu berücksichtigen, dass die GmbH i. d. R. darüber hinaus auch das Risiko eines Kapitalverlustes (z. B. durch Kursschwankungen) zu tragen hat.

708 Aus Sicht der Autoren machen daher derartige Modelle nur dann wirklich Sinn, wenn davon ausgegangen werden kann, dass die Rendite des Asset Funding-Modells erheblich über der durch eine Rückdeckungsversicherung erzielbaren Rendite liegen wird.

(3) Umgestaltung einer Leistungszusage in eine beitragsorientierte Leistungszusage

709 Sollen die Vorteile einer beitragsorientierten Leistungszusage auch für eine bestehende Pensionszusage nutzbar gemacht werden, so ist dies nur mit Wirkung für die Zukunft gestaltbar. Die **bereits erdienten Anwartschaften** können nicht mehr umgewandelt werden.

Hinsichtlich der Gestaltung der in der Zukunft **noch zu erdienenden Anwart-**   710
schaften könnte jedoch auf eine beitragsorientierte Leistungszusage umgestellt werden. Im Rahmen der Neugestaltung des Future Service ist es auch möglich, eine reduzierte Versorgungsleistung einzuräumen. Das Gebot der Wertgleichheit spielt in diesem Zusammenhang keine Rolle. Da sich die Umgestaltung nur auf den Future Service bezieht, kann in diesem Zusammenhang kein Verzicht entstehen. Eine vGA könnte sich jedoch auch in diesem Fall ergeben, wenn die beitragsorientierte Leistungszusage den Wert der ursprünglichen Rentenzusage übersteigen würde und diese Zusageerhöhung entweder dem Grunde oder der Höhe nach nicht mehr anzuerkennen wäre (z. B. wegen fehlender Erdienbarkeit).

(Einstweilen frei)   711–715

3. Zusammenfassung

Die vertragliche Neugestaltung der Gf-Pensionszusage ist eine der zentralen   716
Aufgaben, die es im Rahmen eines Restrukturierungsprozesses zu erfüllen gilt. Bei der Ausgestaltung sind die zivil-, betriebsrenten- und ertragsteuerrechtlichen Rahmenbedingungen zu beachten. Die vertragliche Neugestaltung ist eine Aufgabenstellung, die nur mit dem notwendigen juristischen Spezialwissen sachgerecht erledigt werden kann. Daher sollte dieser Teil der Restrukturierung zwingend einem zur Rechtsberatung zugelassenen Berater übertragen werden (Rechtsanwalt, Rentenberater).

Parallel dazu ist die bestehende Verteilung der Pensionsrisiken zu prüfen.   717
Durch eine Neuverteilung kann i. d. R. eine deutliche Entlastung der GmbH erreicht werden.

Der materielle Verpflichtungsumfang ist an die individuelle Situation des Ein-   718
zelfalles anzupassen. Wesentliche Regelungslücken sind ebenso wie konzeptionelle Mängel zwingend zu beseitigen.

Endgehaltsabhängige Pensionszusagen sollten kritisch hinterfragt und ggfs.   719
zugunsten einer Festbetragszusage umgestellt werden. Die Einräumung eines Kapitalwahlrechtes i. S. d. § 262 BGB i.V. m. einer Ratenzahlungsoption wird für viele bestehende Pensionszusagen zu einer deutlichen Verbesserung der Risikosituation führen.

Am Ende der Neugestaltung muss eine vertragliche Vereinbarung stehen, die   720
das neue Versorgungskonzept in allen Elementen entsprechend abbildet und zeitgemäß regelt.

(Einstweilen frei)   721–730

V. Kapital statt Rente – ein Weg gegen explodierende Pensionsrückstellungen

Die Null-Zins-Politik der EZB führt im Bereich der Gf-Versorgung leider zu extrem negativen Auswirkungen: 731

So müssen viele GmbHs zur Kenntnis nehmen, dass auf der Aktivseite der Bilanz die ursprünglich kalkulierten Kapitalerträge ausbleiben und dadurch ihr Finanzierungskonzept zur Pensionszusage erheblich erschüttert wird. Auf der Passivseite der Steuerbilanz führt diese Entwicklung zu keiner Auswirkung, da die Bewertung nach § 6a EStG unter Anwendung eines typisierenden Rechnungszinsfußes von 6,0 % vorzunehmen ist. In der Handelsbilanz ist dagegen auf einen Rechnungszinsfuß abzustellen, der in Anlehnung an die Entwicklung der Kapitalmärkte monatlich neu festgestellt wird (siehe hierzu Rz. 3518). Da sich der handelsrechtliche Rechnungszins seit Einführung des BilMoG kontinuierlich nach unten bewegt hat, führt dies zu einer deutlichen Belastung der Passivseite der Handelsbilanz, die durch stetig steigende Zuführungen zu den handelsrechtlichen Pensionsrückstellungen zustande kommt. Eine Entwicklung, deren Wirkungen sich in negativer Hinsicht kumulieren. 732

Da sich die Talfahrt des Rechnungszinses seit 2015 dramatisch beschleunigt hat, hat sich in der Fachwelt spätestens seit 2015 der Begriff der „explodierenden Pensionsrückstellungen" etabliert. **Explodierende Pensionsrückstellungen** 733

- ▶ zehren das Jahresergebnis auf,
- ▶ reduzieren das Ausschüttungsvolumen,
- ▶ belasten das Eigenkapital und
- ▶ die Bonität des Trägerunternehmens.

In einem Worst-Case-Szenario könnte diese Entwicklung im Laufe der Jahre sogar zur Überschuldung der Gesellschaft führen und dies obwohl die Gesellschaft u. U. steuerrechtliche Gewinne erzielt und dementsprechend Steuern an den Staat abzuführen hat (siehe hierzu Rz. 19). 734

1. Kapital statt Rente: Konzeptbeschreibung

Die o. a. Entwicklung ist u. a. darauf zurückzuführen, dass die überwiegende Anzahl der Pensionszusagen in der Form einer lebenslang zahlbaren Altersrente erteilt wurden. Das darin beinhaltete Langlebigkeitsrisiko ist im Wesentlichen für die Unkalkulierbarkeit derartiger Versorgungszusagen verantwortlich. 735

V. Kapital statt Rente – ein Weg gegen explodierende Pensionsrückstellungen

736 Als ein Mittel zur **Konkretisierung des Verpflichtungsumfangs** und zur **dauerhaften Entlastung der Handelsbilanz** hat sich in der jüngeren Vergangenheit unter der Überschrift „Kapital statt Rente" ein intelligentes Konzept bewährt:

737 **Die Umgestaltung einer lebenslangen Altersrente zugunsten einer Kapitalzusage.** Durch die Umgestaltung einer rentenförmigen Altersversorgung zugunsten einer Kapitalzusage wird das sog. **Langlebigkeitsrisiko eliminiert** und die Versorgungsverpflichtung konkretisiert. Aus einer ungewissen Verpflichtung (hinsichtlich des Zeitpunktes des Eintritts und der Höhe der Verpflichtung) wird eine gewisse Pensionsverbindlichkeit. Die GmbH verfügt nach der Umgestaltung über eine klare Kalkulationsgrundlage, da sie genau weiß, zu welchem Zeitpunkt und in welcher Höhe die zugesagte Altersleistung fällig wird. Die verbleibende Unsicherheit reduziert sich nach der Umgestaltung ausschließlich auf den Zeitpunkt des Eintritts eines vorzeitigen Versorgungsfalles (Berufsunfähigkeits- und Witwenrente).

738 Die Restlebenserwartung des Gf ist somit für den zukünftigen Verpflichtungsumfang nicht mehr von Bedeutung. Auch die künftigen Veränderungen des Rechnungszinsfußes haben keinen Einfluss mehr auf die **Höhe des handelsrechtlichen Rentenbarwertes** (Endwert der anzusammelnden Pensionsrückstellung), da dieser **auf die Höhe der nach § 6a EStG ermittelten Kapitalleistung beschränkt wird**. Während der Rentenbarwert bei einer rentenförmigen Verpflichtung den besten Schätzwert der in der Zukunft zu erwartenden Pensionsleistungen abbildet, der nach oben hin offen ist und wesentlich von dem anzuwendenden Rechnungszinsfuß beeinflusst wird, wird der Rentenbarwert bei einer Kapitalzusage durch die Höhe der Kapitalleistung ersetzt. Die handelsrechtliche Pensionsrückstellung findet damit ihren (gedeckelten) Endwert, den sie während der Anwartschaftsphase nicht übersteigen kann. Die Wirkungen der Zinsschmelze beschränken sich daher zukünftig ausschließlich auf die Anwartschaftsphase, können dort – aufgrund der beschränkenden Wirkung der Umgestaltung – aber keine exorbitanten Wirkungen mehr erzielen.

739–740 (*Einstweilen frei*)

a) Wertgleiche Umgestaltung gem. § 6a EStG: Kapital statt Rente

741 Das Konzept „Kapital statt Rente" sieht zunächst vor, dass die in der Form einer lebenslangen Rente zugesagte Altersleistung während der Anwartschaftsphase auf der Grundlage einer ertragsteuerlichen Bewertung nach § 6a EStG zum Änderungsstichtag einvernehmlich in eine wertgleiche Kapitalleistung umgestaltet wird.

1. Konzeptbeschreibung

Die vertragliche Vereinbarung zur Gf-Pensionszusage kann nach den zivilrechtlichen Grundsätzen der Vertragsfreiheit jederzeit einvernehmlich geändert werden. Dies gilt auch hinsichtlich der Leistungsform. Etwaige Änderungen an der bisherigen Versorgungsregelung bedürfen zu ihrer zivilrechtlichen Wirksamkeit immer zwingend eines Gesellschafterbeschlusses, sowie einer Änderungsvereinbarung (siehe hierzu Rz. 3096).

742

Auch unter betriebsrentenrechtlichen Gesichtspunkten stehen einer einvernehmlichen Änderung, die während des Dienstverhältnisses vereinbart wird, keine Hinderungsgründe entgegen. Eine Versorgungszusage, die bei Eintritt des Versorgungsfalles die Zahlung einer Kapitalleistung vorsieht, erfüllt die offen gestaltete Begriffsdefinition des § 1 Abs. 1 BetrAVG. Durch die Verwendung des Begriffes „Leistungen der Alters, Invaliditäts- oder Hinterbliebenenversorgung" liegt eine bAV per Legaldefinition nicht nur dann vor, wenn die Versorgungszusage lebenslänglich laufende Renten einräumt. Auch kollidiert eine wertgleiche Umgestaltung der Rentenzusage in eine Kapitalzusage während der Anwartschaftsphase nicht mit den Beschränkungen, die sich aus dem in § 3 BetrAVG normierten Abfindungsverbot ergeben.

743

Die ertragsteuerrechtliche Konzeption der wertgleichen Umgestaltung basiert auf den Ausführungen der FinVerw gem. BMF-Schreiben v. 6.4.2005[1] (zur Wertgleichheit einer Kapitalleistung) sowie v. 14.8.2012[2] (zur Feststellung eines möglichen Verzichts). Darüber hinaus sorgt auch die Entscheidung des BFH v. 7.3.2018[3] in entscheidenden Punkten für Klarheit. Die Transformation erfolgt auf der Grundlage des ertragsteuerrechtlichen Anwartschaftsbarwertes gem. § 6a EStG.

744

aa) Umgestaltung der Berufsunfähigkeits- und Witwen(r)rente

(1) Berufsunfähigkeitsrente

Eine Berufsunfähigkeitsrente wird dadurch geprägt, dass sich der Versorgungsfall durch die Wiedererlangung der Erwerbsfähigkeit des Gf theoretisch auch wieder verflüchtigen kann. Daher erscheint es nicht sachgerecht, eine Berufsunfähigkeitsversorgung in Form einer Kapitalleistung zu erbringen. Die Berufsunfähigkeitsrente bleibt daher bei der Umgestaltung außen vor. Sollte die Berufsunfähigkeitsrente in Form eines lebenslangen Ruhegeldes zugesagt sein, so ist diese im Rahmen der Restrukturierung zugunsten einer abgekürzten Be-

745

---

1 BMF, Schreiben v. 6.4.2005, BStBl 2005 I S. 619.
2 BMF, Schreiben v. 14.8.2012, BStBl 2012 I S. 874.
3 BFH, Urteil v. 7.3.2018 - I R 89/15, NWB DokID: WAAAG-87341.

rufsunfähigkeitsrente umzugestalten. Deren Leistungsdauer beschränkt sich dann auf den verbleibenden Zeitraum bis zum Erreichen des Pensionsalters.

(2) Witwen(r)rente

746 Anders als bei der Berufsunfähigkeitsrente ist der Versorgungsfall der Witwen(r)versorgung – sofern er einmal eingetreten ist – unumkehrbar. Er kann daher in die Umgestaltung miteinbezogen werden; muss es aber nicht. Stellen die Beteiligten die Entlastungswirkungen der GmbH in den Vordergrund, so spricht dies eindeutig dafür, auch die Witwen(r)rente in die Umgestaltung miteinzubeziehen. Sollte jedoch die Absicherung der Witwe durch die Zahlung der lebenslangen Rente bevorzugt werden, so bleibt die Witwen(r)rente bei der Umgestaltung außer Betracht. In diesem Fall ist jedoch zu bedenken, dass bei einem Ableben des versorgungsberechtigten Gf vor Inanspruchnahme der Alterskapitalleistung die GmbH die lebenslang zu zahlende Witwen(r)rente zu erfüllen und in der Folge auch die daraus resultierenden bilanziellen Wirkungen zu verkraften hat. Die Entscheidung darüber obliegt letztendlich den beteiligten Vertragsparteien.

747 In jedem Falle entsteht ein Anspruch auf die Witwen(r)leistung nur dann, wenn der versorgungsberechtigte Gf vor Inanspruchnahme der Alterskapitalleistung versterben sollte, denn mit der Erbringung der Kapitalleistung wird die Versorgungsverpflichtung vollumfänglich erfüllt und das Versorgungsverhältnis erlischt.

bb) Vorzeitige Ausübung eines bestehenden Kapitalwahlrechts

748 Die Umgestaltung zugunsten einer Kapitalzusage ist von einer Umgestaltung, die lediglich die wahlweise Erfüllung mittels einer Kapitalleistung ermöglicht abzugrenzen.

749 Während die Umgestaltung zugunsten einer Kapitalzusage die Versorgungsverpflichtung konkretisiert und auf die Erbringung einer Kapitalleistung begrenzt, schafft ein Kapitalwahlrecht lediglich eine weitere Erfüllungsoption in der Form, dass die Versorgungsverpflichtung wahlweise als Rente oder als Kapitalleistung erbracht werden kann. Der Charakter des Kapitalwahlrechts bringt es mit sich, dass bei der handelsrechtlichen Bewertung der bestehenden Pensionsverpflichtung nach den Grundsätzen des Imparitätsprinzips[1] die Bewertung auf die nach wie vor bestehende Rentenverpflichtung abzustellen

---

1 § 252 Abs. 1 Nr. 4 HGB.

ist. Daher kann das Ziel der handelsbilanziellen Entlastung nicht mit der bloßen Einräumung eines Kapitalwahlrechts erreicht werden.

Verfügt die bestehende vertragliche Vereinbarung zur Pensionszusage bereits über ein Kapitalwahlrecht, so kann die handelsbilanzielle Entlastung dadurch erreicht werden, dass das Kapitalwahlrecht vorzeitig ausgeübt wird. Mit der vorzeitigen Ausübung wird die rentenförmige Erfüllung der Versorgungsverpflichtung ausgeschlossen und der Verpflichtungsumfang auf die Erbringung einer Kapitalleistung festgelegt. Die Höhe der zugesagten Rente ist zukünftig nur noch insoweit von Bedeutung, als diese die Bemessungsgrundlage bildet, die der Ermittlung des Barwertes der künftigen Pensionsleistungen zugrunde gelegt wird. In der Folge ergeben sich dieselben Wirkungen, die sich bei einer Umgestaltung zugunsten einer Kapitalzusage erzielen lassen. 750

Im Rahmen des Umgestaltungsvorgangs ist daher immer zu prüfen, ob die Zusage bereits über ein Kapitalwahlrecht verfügt. Ist dies der Fall, können die Entlastungswirkungen durch die vorzeitige Ausübung des Kapitalwahlrechts erreicht werden. 751

(*Einstweilen frei*) 752–755

b) Option zur ratenweisen Auszahlung der Kapitalleistung

Zur Vermeidung einer evtl. ungewünschten Liquiditätsbelastung der GmbH kann die Kapitalleistung – falls gewünscht – durch eine Ratenzahlungsvereinbarung ergänzt werden. Diese beinhaltet die Möglichkeit, dass die Kapitalleistung auch in mehreren Teilbeträgen ausgezahlt werden kann. U. E. sollte bei der Einräumung einer Ratenzahlungsoption darauf geachtet werden, dass die zu vereinbarende Anzahl der maximalen Raten noch erkennbar unterhalb der verbleibenden Restlebensdauer des versorgungsberechtigten Gf verbleibt. 756

Über eine ratenweise Auszahlung der Kapitalleistung lässt sich eine Versorgungsform erreichen, die wirtschaftlich dem Charakter einer Zeitrente entspricht. Darüber eröffnet sich durch diese Form der Gestaltung grundsätzlich die Möglichkeit, dass über eine ratenweise Auszahlung der Kapitalleistung die Gesamtsteuerbelastung reduziert werden kann. Eine fundierte Aussage über den Umfang einer etwaigen steuerlichen Entlastung kann allerdings erst im Zeitpunkt des Eintritts des Versorgungsfalles und unter Berücksichtigung der dann vorherrschenden Besteuerungsmerkmale des Versorgungsberechtigten getroffen werden. 757

aa) Verzinsung der noch nicht ausbezahlten Teilbeträge

758 Im Rahmen einer Ratenzahlungsoption erscheint es als üblich, hinsichtlich der noch nicht ausbezahlten Teilbeträge eine angemessene Verzinsung zu vereinbaren. Die Verzinsung kann in Form eines fest vereinbarten Prozentsatzes vereinbart werden. Dabei ist auf die zum Zeitpunkt des Vertragsabschlusses vorherrschenden Marktverhältnisse abzustellen. Alternativ wäre auch eine Gestaltung denkbar, die die Verzinsung z. B. in Abhängigkeit vom Basiszinssatz gem. § 247 BGB zum Inhalt hat. Dabei ist jedoch zu beachten, dass sich der Basiszinssatz seit 1. 1. 2013 im negativen Bereich befindet; es bedarf daher der Vereinbarung eines angemessenen Zuschlags.

bb) Vererblichkeit der noch nicht ausbezahlten Teilbeträge

759 Die ratenweise Auszahlung der Kapitalleistung wirft natürlich die Frage auf, wie eventuell noch nicht ausbezahlte Raten zu behandeln sind, wenn der Gf in der Ratenzahlungsphase versterben sollte.

760 Mit dem Erreichen der Altersgrenze (und ggf. dem Ausscheiden aus dem Dienstverhältnis) wird eine Altersleistung ausgelöst. Die Zahlungsverpflichtung besteht zunächst unmittelbar dem Gf gegenüber. Stirbt der Gf innerhalb der Auszahlungsphase und sind zu diesem Zeitpunkt noch nicht alle Raten ausbezahlt, so werden die noch ausstehenden Raten vererbt. Die Weiterzahlung der noch ausstehenden Raten ist auch nach dem Ableben des versorgungsberechtigten Gf als eine Altersleistung zu beurteilen. Das Versterben löst insoweit deshalb keine originäre Hinterbliebenenleistung aus. Die mögliche Weiterzahlung an die Erben ändert den Charakter als Zusage auf bAV nicht. Daher hat es die FinVerw in der Vergangenheit als sachgerecht angesehen, die Versorgungsverpflichtung einschließlich der Auszahlungsverpflichtung an die gesetzlichen Erben als Gesamtverpflichtung zu beurteilen.[1]

761 In der rechtskräftigen Entscheidung v. 18. 4. 2018[2] hat das OLG Hamm die **Vererbbarkeit von Kapitalleistungen grundsätzlich bestätigt.** Im zu entscheidenden Fall hatte ein Fremd-Gf einer GmbH nach seinem Ausscheiden aus dem Dienstverhältnis und kurz vor seinem Ableben das in seiner Pensionszusage vereinbarte Kapitalwahlrecht zugunsten der Kapitalleistung ausgeübt. Die Forderung der Alleinerbin auf Auszahlung der Kapitalleistung wurde zunächst vom Landgericht abgewiesen. Das OLG Hamm hat sich jedoch zugunsten der Erbin und Klägerin positioniert. Zwar weist das OLG in seiner Begründung da-

---

1 Vgl. Estler, BetrAV 5/2013 S. 384.
2 OLG Hamm, Urteil v. 18. 4. 2018 - 8 U 68/17, NWB DokID: EAAAG-87240.

rauf hin, dass Ansprüche aus einer vertraglichen Ruhegeldzusage in der Regel auf den Tod des Berechtigten befristet und daher nicht vererblich sind. Dies gilt jedoch dann nicht, **wenn es sich um Beträge handelt, die bereits zu Lebzeiten des Berechtigten fällig wurden.** Diese Voraussetzung sah das OLG Hamm durch die Ausübung des Kapitalwahlrechts erfüllt. Damit entstand ein vermögensrechtlicher Anspruch der als grundsätzlich vererbbar zu beurteilen war.

Pensionszusagen, die ein Optionsrecht zur ratenweisen Auszahlung beinhalten, sind grundsätzlich von derartigen Zusagen abzugrenzen, die von Beginn an eine feste Vereinbarung hinsichtlich einer ratenweisen Auszahlung einer Kapitalleistung beinhalten. Während die fest vereinbarte ratenweise Auszahlung eine verfestigte Bedingung des Versorgungsversprechens darstellt, verfügt die optionsweise Vereinbarung über eine aufschiebend bedingte Wirkung. Wird ein Rechtsgeschäft unter einen aufschiebenden Bedingung vorgenommen, so tritt die von der Bedingung abhängige Wirkung erst mit dem Eintritt der Bedingung ein.[1] Das Rechtsgeschäft befindet sich somit bis zum Eintritt der Bedingung in einem Schwebezustand. Dieser führt jedoch nicht zur schwebenden Unwirksamkeit; vielmehr werden nur die Rechtsfolgen bis zum Eintritt des Ereignisses hinausgeschoben.[2] Die in der Optionsregelung integrierte Vererblichkeitsregelung hat somit solange keinen Einfluss auf die rechtliche Beurteilung der Pensionszusage, solange die Option zur ratenweisen Auszahlung der Kapitalleistung nicht ausgeübt wurde. 762

Unabhängig davon führt die Vereinbarung zur Vererblichkeit der noch nicht ausbezahlten Raten nicht zu einem Verstoß gegen die mit BMF-Schreiben v. 6.12.2017 definierten steuerrechtlichen Ausschlusskriterien.[3] Weder führt die Regelung dazu, dass es dadurch ohne Eintritt eines biometrischen Risikos zu einer Auszahlung an beliebige Dritte käme (Rz. 1 des BMF-Schreibens), noch kommt es zu einer Vererblichkeit von Anwartschaften (Rz. 6 des BMF-Schreibens). 763

Da die Vererblichkeit in jedem Falle erst nach dem Eintritt des Versorgungsfalles „Altersleistung" eintreten kann, besteht während der Anwartschaftsphase ein biometrisches Risiko.[4] Auch wird dadurch deutlich, dass die Vererblichkeitsregelung nicht auf Anwartschaften sondern auf bestehende Leistungsansprüche ausgerichtet ist. 764

---

1 § 158 Abs. 1 BGB.
2 Vgl. *Brinkmann* in Prütting/Wegen/Weinreich, BGB, 13. Aufl., § 159 Rz. 23.
3 BMF, Schreiben v. 6.12.2017, BStBl 2018 I S. 147.
4 Vgl. BAG, Urteil v. 18.2.2003 - 3 AZR 313/02, BAGE 105 S. 240.

765 Mit BMF-Schreiben v. 18.9.2017[1] hat die FinVerw zur bilanzsteuerrechtlichen Berücksichtigung von vererblichen Versorgungsanwartschaften und Versorgungsleistungen Stellung genommen. Während die FinVerw hinsichtlich der in der Pensionszusage begünstigten Erben bisher keine Einschränkungen vorgenommen hatte, wird im Rahmen der neuen Verwaltungsanweisung die bisher von der FinVerw vertretene Rechtsauffassung dahingehend eingeschränkt, dass eine Pensionszusage, die die Vererblichkeit von Versorgungsanwartschaften oder Versorgungsleistungen vorsieht, nur noch dann als bAV zu beurteilen ist, wenn nach den Bestimmungen der Zusage vorrangig Hinterbliebene i. S. d. Rz. 4 des BMF-Schreibens v. 6.12.2017 als Erben benannt sind.

BERATUNGSHINWEIS:

Ist in einer Pensionszusage die ratenweise Auszahlung der Kapitalleistung, sowie deren Vererblichkeit bereits fest vereinbart, so ist darauf zu achten, dass die Bestimmung zur Vererblichkeit an die neue Verwaltungsauffassung angepasst wird, so dass vorrangig Hinterbliebene i. S. d. Rz. 4 des BMF-Schreibens v. 6.12.2017 als Erben benannt werden sollten.

Ist die ratenweise Auszahlung, sowie deren Vererblichkeit jedoch nur ein optionaler Bestandteil der Versorgungsbedingungen, so kann unter Berücksichtigung der aufschiebenden Wirkung der Optionsregelung u. E. eine Konkretisierung der begünstigten Erben i. S. d. Auffassung der FinVerw auch erst zum Zeitpunkt der tatsächlichen Vereinbarung zur ratenweisen Auszahlung erfolgen. Um an dieser Stelle unnötigen und fruchtlosen Auseinandersetzungen mit der FinVerw aus dem Weg zu gehen, empfiehlt es sich, bereits bei der Formulierung der Optionsbedingungen eine Konkretisierung der Begünstigten in dem von der FinVerw gewünschten Sinne vorzunehmen.

777–770 (*Einstweilen frei*)

c) Kapitalzusage entlastet die GmbH

771 Die Umgestaltung in eine Kapitalzusage stellt bewusst die Anforderungen der GmbH in den Vordergrund. Dabei zielt das Konzept im Wesentlichen auf die **bilanzielle und finanzielle Entlastung des Trägerunternehmens** ab.

772 Ferner wird die **Risikosituation der GmbH spürbar positiv beeinflusst**, da die bisher ungewisse – und daher nur schwer kalkulierbare – Verpflichtung in eine gewisse Verpflichtung transferiert wird, bei der die Höhe des Verpflichtungsumfangs und des Fälligkeitszeitpunktes klar und eindeutig vereinbart wird. Die verbleibende Ungewissheit beschränkt sich zukünftig nur noch auf die Zeit bis zum Erreichen der vereinbarten Altersgrenze.

---

[1] BMF, Schreiben v. 18.9.2017, BStBl 2017 I S. 1293.

1. Konzeptbeschreibung

Ein weiterer Vorteil besteht darin, dass eine derartige Gestaltung in der Praxis auch viel **leichter in eine Nachfolgeregelung zu integrieren** ist, da die Nachfolger sich nicht mehr mit der möglichen Bewertung einer lebenslangen – und somit ungewissen – Versorgungsverpflichtung auseinandersetzen müssen.

773

d) Veränderung der Versorgungssituation des Geschäftsführers

Der Geschäftsführer ist gut beraten, wenn er die Umgestaltung seiner Pensionszusage als einen Anlass begreift, um seine **gesamte Versorgungssituation zu überprüfen und ggfs. neu auszurichten.** Dabei hat er zu berücksichtigen, dass sich die Zusammensetzung seiner Altersversorgung zukünftig ändern wird, da mit der Umgestaltung auch eine strukturelle Veränderung seines späteren Erwerbsersatzeinkommens einhergehen wird:

774

aa) Altersversorgung aus der Pensionszusage

So hat der Geschäftsführer zunächst zu beachten, dass eine Umgestaltung seiner Pensionszusage zugunsten einer Kapitalleistung, die auf der Grundlage einer ertragsteuerrechtlichen Bewertung gem. § 6a EStG ermittelt wird, zwar unter ertragsteuerrechtlichen Gesichtspunkten als wertgleich zu beurteilen ist. Wollte er jedoch versuchen, die ihm nach der Umgestaltung zustehende Kapitalleistung zur Wiederbeschaffung seiner ursprünglich zugesagten lebenslangen Altersrente einzusetzen (z. B. durch den Abschluss einer Rentenversicherung), so wird er sehr schnell feststellen müssen, dass dieses Unterfangen nicht gelingen kann, da es hierfür einer weitaus höheren Kapitalleistung bedurft hätte.

775

Die ursprünglich zugesagte Altersrente kann daher nicht mehr als Planungsgrundlage für das spätere Erwerbsersatzeinkommen herangezogen werden.

776

bb) Altersversorgung aus freigesetzten Ausschüttungen

Allerdings eröffnet die Gestaltung dem Gf grundsätzlich die Möglichkeit, dass dieser die Wirkungen der Umgestaltung der Pensionszusage durch zukünftige Gewinnausschüttungen kompensieren kann.

777

Durch die Begrenzung des Verpflichtungsumfangs wird nämlich die Belastung des handelsrechtlichen Ergebnisses durch die Bildung von ungewollten Pensionsrückstellungen verhindert. Damit werden Gewinne freigesetzt, die bei einem Fortbestand der rentenförmigen Pensionsverpflichtung durch die Bildung ungewollter Pensionsrückstellungen in der Handelsbilanz verhindert worden

778

wären. Diese Gewinne stehen zukünftig wieder zur Ausschüttung an den/die Gesellschafter zur Verfügung. Diese Ausschüttungen können nun zur Ergänzung der Altersversorgung des GGf eingesetzt werden.

cc) **Alternative Gestaltung: Ergänzung der Pensionszusage durch eine Unterstützungskassenzusage**

779 Sofern die Gestaltung über die Ausschüttungen nicht gewollt sein sollte, besteht grundsätzlich auch die Möglichkeit, die freiwerdenden Mittel zugunsten einer weiteren bAV einzusetzen. Zur Vermeidung einer weiteren ungewollten Bilanzberührung würde sich die Gestaltung im Wege einer mittelbaren Versorgungszusage anbieten, die über den Weg der rückgedeckten Unterstützungskasse durchgeführt und finanziert wird.

780 Dieser Lösungsweg unterscheidet sich in ertragsteuerrechtlicher Sicht jedoch deutlich vom Weg der Gewinnausschüttung. Während bei der Gewinnausschüttung nur diejenigen Beträge freigesetzt werden, die handelsrechtlich durch die Bildung ungewollter Pensionsrückstellungen blockiert werden und es somit nicht zu einer Berührung des Ergebnisses kommt, führt die Verwendung dieser Mittel zur Finanzierung einer Unterstützungskassenzusage zu einem auch steuerrechtlich relevanten Aufwand.

781–785 (*Einstweilen frei*)

2. Rente vs. Kapital: Vor- und Nachteile

786 Die unterschiedlichen Erfüllungsformen führen in der Praxis zu unterschiedlichen Auswirkungen. Die folgende Tabelle soll einen Überblick über die möglichen Vor- und Nachteile verschaffen:

RENTE	+/-	KRITERIUM	+/-	KAPITAL
ungewiss	-	Verpflichtungsumfang	+	auf Kapitalleistung begrenzt
dauerhafte Belastung	-	Handelsbilanz	+	dauerhafte Entlastung
dauerhafte Belastung	-	Bonität	+	dauerhafte Verbesserung
wird blockiert	-	Ausschüttungsvolumen	+	wird freigesetzt
lebenslang	-	Verwaltungsaufwand	+	nur bis zur Erfüllung
Abfluss in mtl. Beträgen	+	Liquidität GmbH	-	Abfluss d. Kapitalleistung
wird evtl. verhindert	-	Nachfolgeplanung	+	wird ermöglicht

wird verhindert	-	Liquidation GmbH	+	wird ermöglicht
mtl. Rentenzahlungen	-	Liquidität Gf	+	Zufluss d. Kapitalleistung
eingeschränkt	-	Flexibilität Gf	+	Disposition des Kapitals
durch lebenslange Rente	+	Absicherung Langlebigkeitsrisiko Gf	-	entfällt
Belastung i. d. R. niedriger	+	Steuern Gf	-	Belastung i. d. R. höher
bei GKV: lebenslang	-	Krankenversich. Gf	+	bei GKV: auf 10 Jahre begrenzt

Eine stichpunktartige Betrachtung der unterschiedlichen Wirkungsweisen kann naturgemäß nicht alle Aspekte abhandeln, die die unterschiedlichen Erfüllungsoptionen in den einzelnen Kriterien auslösen. So ist es am Ende auch wesentlich davon abhängig, welches Alter der Versorgungsberechtigte tatsächlich erreicht. Denn die Entscheidung zugunsten einer Rente oder eines Kapitals verfügt auch über den Charakter einer Wette hinsichtlich der Lebenserwartung des Gf. Zu guter Letzt liegt das entscheidende Kriterium jedoch darin, ob der Entlastung der GmbH der Vorrang eingeräumt werden soll. 787

(*Einstweilen frei*) 788–790

3. Ertragsteuerrechtliche Beurteilung

Die ertragsteuerrechtliche Beurteilung des Konzeptes basiert auf einer gefestigten Verwaltungsauffassung sowie den Grundsätzen höchstrichterlicher Rechtsprechung. Danach gilt das Folgende: 791

a) Zulässigkeit einer Kapitalzusage

Eine Kapitalzusage erfüllt die Anforderungen der betriebsrentenrechtlichen Legaldefinition.[1] Dies gilt unabhängig davon, ob die Versorgungszusage von Beginn an als Kapitalzusage ausgestaltet war, oder ob diese durch eine spätere Umgestaltung zustande gekommen ist. 792

Die Kapitalzusage erfüllt auch die Anforderungen des steuerrechtlichen Begriffs der bAV.[2] Auch ist in § 6a Abs. 1 Nr. 1 EStG festgelegt, dass eine Pensionsrückstellung nur gebildet werden darf, wenn und soweit der Pensionsberechtigte einen Rechtsanspruch auf **einmalige** oder laufende Pensionsleistungen hat. 793

---

1 § 1 Abs. 1 BetrAVG.
2 BMF, Schreiben v. 6.12.2017, Rz. 1, BStBl 2018 I S. 147.

b) Umgestaltung in eine Kapitalzusage

794 Der Umgestaltungsvorgang unterliegt grundsätzlich der Prüfung auf der zweiten Prüfungsstufe gem. § 8 Abs. 3 Satz 2 KStG. Das Rechtsgeschäft muss daher sowohl den Anforderungen des **materiellen** als auch – im Falle eines beherrschenden GGf oder einer diesem nahestehenden Person – des **formellen Fremdvergleichs** entsprechen.

aa) Materieller Fremdvergleich

795 Im Rahmen des materiellen Fremdvergleichs unterliegt das Rechtsgeschäft der Prüfung in den Bereichen Ernsthaftigkeit, Erdienbarkeit, Angemessenheit, Finanzierbarkeit, Probezeit, Unverfallbarkeit und Üblichkeit.

796 Hinsichtlich der Ernsthaftigkeit, der Angemessenheit, der Finanzierbarkeit, der Probezeit und der Unverfallbarkeit ergeben sich durch die Umgestaltung keine Aspekte, die eine erneute Prüfung des Versorgungsversprechens auslösen würden. Die im Rahmen der Üblichkeit und der Erdienbarkeit auftretenden Fragestellungen können wie folgt beantwortet werden:

(1) Üblichkeit

797 Die Umgestaltung in eine Kapitalzusage ist im Rahmen der allgemeinen Vertragsfreiheit zivilrechtlich zulässig. Sie ist für sich gesehen prinzipiell auch aus steuerrechtlicher Sicht zu akzeptieren. Die nachträgliche Umgestaltung in eine Kapitalzusage führt zu einer Änderung der Ausgestaltung des bisherigen Schuldverhältnisses. Anstelle der bisher zugesagten lebenslangen Altersrente wird die GmbH zukünftig die bestehende Versorgungsverpflichtung in Form einer unter ertragsteuerrechtlichen Gesichtspunkten als wertgleich zu beurteilenden Kapitalleistung erbringen (siehe hierzu Rz. 1534).

798 Eine Abweichung von den ursprünglichen Vereinbarungen über die Zusage von Pensionsleistungen muss in Anbetracht des Umstandes, dass auch bei anderen Dauerschuldverhältnissen zwischen der Kapitalgesellschaft und ihren Gesellschaftern eine nachträgliche Änderung getroffener Vereinbarungen möglich ist, jedenfalls dann als üblich beurteilt werden, wenn deren Inhalt sich ausschließlich auf die Form der Erfüllung der Pensionsanrechte bezieht.

799 Dass dies auch der BFH so beurteilt, ergibt sich aus Sicht der Autoren anhand der Entscheidung v. 7.3.2018.[1] Darin hatte der BFH über einen Fall zu urteilen,

---

1 BFH, Urteil v. 7.3.2018 - I R 89/15, NWB DokID: WAAAG-87341.

bei dem die Parteien hinsichtlich der bestehenden Gf-Pensionszusage das Folgende vereinbart hatten:

▶ Begrenzung der Versorgungsleistungen in Höhe des Past Service und Umgestaltung der diesbezüglichen Versorgungsleistungen zugunsten einer Kapitalleistung i. H. d. Barwertes

▶ Übertragung des Future Service auf eine rückgedeckte Unterstützungskasse bei Beibehaltung des bisherigen Verpflichtungsumfangs.

Diese Form der Gestaltung wurde von der FinVerw nicht beanstandet. Deren Kritik richtete sich alleine gegen eine weitere, im Anschluss daran eingerichtete, Unterstützungskassenzusage, die der Gf mittels Entgeltumwandlung finanzierte und die aus Sicht der FinVerw aufgrund der begrenzten Restdienstzeit als nicht mehr erdienbar zu beurteilen war. Das von der Steuerpflichtigen eingeleitete FG-Verfahren führte dazu, dass das FG Thüringen mit Entscheidung v. 25. 6. 2015[1] die Erdienbarkeit bejahte. Dies wurde im anschließenden Revisionsverfahren dann vom BFH auch so bestätigt. Ferner nutzte der BFH die Gelegenheit, seine zuletzt vertretene – und vielfach kritisierte – Auffassung bzgl. des Wechsels des Durchführungswegs klarzustellen.   800

Hinsichtlich der Umgestaltung der bisher bestehenden unmittelbaren Pensionszusage, welche die Vereinbarung zur Umgestaltung des Past Service zugunsten einer Kapitalzusage beinhaltet, sah jedoch weder das FG noch der BFH einen Anlass zur Beanstandung. Dies kann u. E. nur als ein eindeutiges Indiz zugunsten der Üblichkeit einer derartigen Vertragsänderung gewertet werden.   801

Darüber hinaus hat der BFH im Rahmen dieser Entscheidung den **Rechtssatz der wertgleichen Umstellung einer Direktzusage** geprägt. So stellte der BFH klar, dass eine erneute Prüfung der Erdienbarkeit der Versorgungszusage dann nicht gerechtfertigt ist, wenn eine bestehende Versorgungszusage **ohne finanzielle Mehrbelastung für die GmbH** geändert wird. Konsequenter Weise muss davon ausgegangen werden, dass dieser Rechtssatz auch auf die Üblichkeit einer solchen Vertragsänderung anzuwenden ist. Andernfalls hätte der BFH der Gestaltung unter Bezugnahme auf die fehlende Üblichkeit die Anerkennung verweigert. In der Folge kann jede Vertragsänderung, die für die GmbH zu keiner finanziellen Mehrbelastung führt, als betrieblich veranlasst beurteilt werden.   802

---

[1] FG Thüringen, Urteil v. 25. 6. 2015 - 1 K 136/15, EFG 2016 S. 1634.

803 Eine andere Beurteilung ergibt sich selbst dann nicht, wenn man das Rechtsgeschäft unter dem Gesichtspunkt des **doppelten Fremdvergleichs** einer Prüfung unterwirft und dabei die Sicht des Gf in den Fremdvergleich miteinbezieht. So kann der Gf z. B. durch die Kapitalisierung der Versorgungsleistungen ausschließen, dass im Falle eines Ablebens wesentliche Teile seiner Versorgungsansprüche untergehen. Ferner gewinnt der Versorgungsberechtigte im Falle einer Kapitalisierung die Dispositionsfreiheit über das Versorgungskapital. Er kann die ihm dann zur Verfügung stehenden Mittel nach freiem Belieben in seinem Privatvermögen verwenden. Insbesondere besteht die Möglichkeit die Anfangsjahre des Ruhestands, die die Aussicht auf eine höhere Vitalität und Mobilität beinhalten, mit einem Mehr an Finanzmittel auszustatten und somit die Lebensqualität in dieser Lebensphase zu steigern. Dies zeigt, dass die Umgestaltung auch für den Gf erhebliche Vorteile mit sich bringt.

804 Zwar könnte zum einen der Verlust der Absicherung des Langlebigkeitsrisikos und zum anderen der Umstand, dass die Höhe der Kapitalleistung nicht ausreichen wird, um die bisher durch die GmbH zugesagte Rente im Privatvermögen wieder zu erlangen, als Nachteile einer Umgestaltung begriffen werden. Das erste Argument wäre grundsätzlich anzuerkennen, wobei dem dadurch begegnet werden könnte, dass man den Nachteil z. B. durch eine Gehaltsanpassung ausgleicht. Das zweite Argument ist aus steuerrechtlicher Sicht solange grundsätzlich ungeeignet, solange der Fiskus die Kapitalisierung auf der Grundlage des Barwertes nach § 6a EStG als wertgleich im steuerrechtlichen Sinne beurteilt (siehe BMF, Schreiben v. 6.4.2005). Insgesamt kann das den beiden Aspekten beizumessende Gewicht nicht dazu führen, dass die Gestaltung im Rahmen des doppelten Fremdvergleichs als unüblich beurteilt werden könnte.

805 Ferner ist zu bedenken, dass der doppelte Fremdvergleich aus Sicht des BFH nur über einen indiziellen Aspekt verfügt, dessen Gewicht nicht sonderlich hoch anzusetzen ist (siehe hierzu Rz. 3655).

(2) Erdienbarkeit

806 Die wertgleiche Umgestaltung einer lebenslangen Altersrente in eine Kapitalzusage, die ohne einen weiteren Eingriff in die weiteren Versorgungsbedingungen durchgeführt wird (wie z. B. Erweiterung um weitere biometrische Risiken), stellt eine Änderung der materiellen Versorgungsbedingungen hinsichtlich der Leistungsform dar, ohne dass dabei wertmäßig in den Umfang des Versorgungsversprechens eingegriffen wird. Es handelt sich somit um die Änderung einer bestehenden Pensionszusage und nicht um eine Neuzusage.

Ausgehend von der Annahme, dass die Umgestaltung das Gebot der Wertgleichheit erfüllt (siehe hierzu Rz. 1577), kommt es durch die Umgestaltung auch nicht zu einer Erhöhung der bisher zugesagten Versorgungsleistungen. 807

Da die wertgleiche Umgestaltung weder zu einer Neuzusage noch zu einer Erhöhung der bisher bereits zugesagten Versorgungsleistungen führt, können die Kriterien der Erdienbarkeit auch nicht zur steuerrechtlichen Beurteilung des Rechtsgeschäftes herangezogen werden. Daher kann die Umgestaltung im Falle eines beherrschenden GGf auch dann stattfinden, wenn bis zum Zeitpunkt der erstmaligen Inanspruchnahme der Versorgungsleistung keine zehn Jahre Restdienstzeit mehr vorhanden sind. 808

Dass dies auch der BFH so beurteilt, ergibt sich unzweifelhaft anhand der Entscheidung v. 7. 3. 2018.[1] Darin hatte der BFH über einen Fall zu urteilen, bei dem die Parteien u. a. hinsichtlich der bestehenden Gf-Pensionszusage die Übertragung des Future Service auf eine rückgedeckte Unterstützungskasse vereinbart haben. Der dem Future Service bisher zuzuordnende Verpflichtungsumfang wurde im Zuge der Übertragung unverändert beibehalten. 809

Diese Form der Gestaltung wurde weder von der FinVerw noch vom FG Thüringen noch vom BFH beanstandet. Das FG Thüringen ist auf diesen Aspekt der Umgestaltung in keiner Weise eingegangen ist, da sich der Rechtsstreit auf die Erdienbarkeit einer später erteilten Gehaltsumwandlungszusage bezog. Der BFH hat die Entscheidung zu I R 89/15 jedoch dazu genutzt, um seine zuletzt vertretene – und vielfach kritisierte – Auffassung bzgl. des Wechsels des Durchführungswegs klarzustellen.[2] Nach der nun vertretenen Auffassung gilt gem. Leitsatz der Entscheidung das Folgende: 810

„Wird bei einer bestehenden Versorgungszusage lediglich der Durchführungsweg gewechselt (wertgleiche Umstellung einer Direktzusage in eine Unterstützungskassenzusage), so löst allein diese Änderung keine erneute Erdienbarkeitsprüfung aus."

Zur Begründung dieser Klarstellung enthält das Urteil unter der Rz. 30 folgende Ausführungen:

„Indes hat der Senat nicht grundsätzlicher Weise den Rechtssatz aufgestellt, dass bei der Umstellung des Durchführungswegs einer ursprünglich betrieblich veranlassten Versorgungszusage stets zu prüfen wäre, ob die Versorgung noch erdient werden kann. Der dem Urteil in BFHE 254, 428, BStBl 2017 II S. 66 zugrundelie-

---

[1] BFH, Urteil v. 7. 3. 2018 - I R 89/15, NWB DokID: WAAAG-87341.
[2] BFH, Urteil v. 20. 7. 2016 - I R 33/15, BStBl 2017 II S. 66.

gende Sachverhalt war vielmehr dadurch gekennzeichnet, dass mit der Änderung des Durchführungswegs zugleich eine Erhöhung der zugesagten Versorgungsleistungen verbunden war. **Das damals zuständige FA hatte deshalb (lediglich) den auf die Zusageerhöhung entfallenden Teil der Beitragszahlung als vGA qualifiziert.** *Somit wurde nicht nur das steuerrechtlich maßgebliche Rechtsregime für die Zusage gewechselt (Direktzusage i. S. d. § 6a EStG einerseits, Unterstützungskasse gemäß § 4d EStG andererseits), sondern zugleich ein Lebenssachverhalt verwirklicht, der nach allgemeinen Grundsätzen eine Erdienbarkeitsprüfung auslöst (Senatsurteile in BFHE 223, 64, BStBl 2013 II S. 39; in BFHE 250, 82, BStBl 2015 II S. 1022), so dass die grundsätzlich dem Tatgericht obliegende Gesamtwürdigung des Vorgangs als Neuzusage mangels entsprechender Revisionsrügen nicht zu beanstanden war.* ***Eine erneute Prüfung der Erdienbarkeit der Versorgungszusage ist jedoch, wie erläutert, nicht gerechtfertigt, wenn eine bereits bestehende Versorgungszusage ohne finanzielle Mehrbelastung für das Unternehmen geändert wird.*"

811 Danach ist u. E. festzustellen, dass die Umgestaltung einer bisher rentenförmig zugesagten Versorgungsleistung zugunsten einer Kapitalzusage keine erneute Prüfung der Erdienbarkeit auslöst, wenn die bereits bestehende Pensionszusage ohne finanzielle Mehrbelastung für die GmbH geändert wird. Mit der BFH-Entscheidung werden nunmehr auch diejenigen Literaturstimmen endgültig entkräftet, die bisher die Auffassung vertreten haben, dass bei jeder substanziellen Vertragsanpassung die Einhaltung der Erdienbarkeitskriterien erforderlich wäre.

(3) Gebot der Wertgleichheit

812 Unter Berücksichtigung der obigen Ausführungen ist daher bei der Umgestaltung einer einem GGf gegenüber bestehenden rentenförmigen Pensionszusage zugunsten einer Kapitalzusage zwingend auf das **Gebot der Wertgleichheit** zu achten. Andernfalls könnte das Rechtsgeschäft entweder zu einer nicht mehr erdienbaren Zusageerhöhung (Kapitalleistung zu hoch) oder zu einem Verzicht (Kapitalleistung zu niedrig) führen.

813 Der Transformationsvorgang, innerhalb dessen die Rente in eine Kapitalleistung überführt wird, ist unter Anwendung der anerkannten Regeln der Versicherungsmathematik durchzuführen. Als Transformator dient hierzu der Anwartschaftsbarwert der bisherigen Pensionszusage. Das BMF hat mit dem Schreiben v. 14. 8. 2012[1] klargestellt, dass die Frage eines möglichen Teilver-

---

[1] BMF, Schreiben v. 14. 8. 2012, BStBl 2012 I S. 874.

zichtes auf der Grundlage des Anwartschaftsbarwertes nach § 6a EStG zu prüfen ist. Daraus ergibt sich zwangsläufig, dass ein Teilverzicht bzw. eine nicht mehr erdienbare Erhöhung der Pensionszusage dann nicht entstehen kann, wenn die Barwerte der Zusage vor und nach der Änderung derselben identisch sind.

Darüber hinaus sind die Ausführungen der FinVerw gem. BMF-Schreiben v. 6. 4. 2005[1] zu beachten. Darin hat das BMF zur „Bilanzsteuerlichen Berücksichtigung von Abfindungsklauseln in Pensionszusagen nach § 6a EStG" Stellung genommen. Im Rahmen dieser Verwaltungsanweisung hat das BMF die Voraussetzungen festgelegt, die bei der Formulierung von Abfindungsklauseln in der vertraglichen Vereinbarung zur Pensionszusage zwingend zu beachten sind, um eine Steuerschädlichkeit zu vermeiden. Ferner ist dem BMF-Schreiben auch zu entnehmen, unter welchen Voraussetzungen die FinVerw von einer wertgleichen Kapitalleistung ausgeht. Danach ist aus ertragsteuerrechtlicher Sicht von einer Wertgleichheit auszugehen, wenn die Kapitalleistung (hier Abfindung) auf der Grundlage des sich gem. § 6a EStG ergebenden Barwertes ermittelt wird. 814

Danach ist festzustellen, dass 815

▶ eine Bewertung anhand des Anwartschaftsbarwertes gem. § 6a EStG als wertgleich im steuerrechtlichen Sinne zu beurteilen ist, und

▶ das Gebot der Wertgleichheit erfüllt wird, wenn die Barwerte der Zusage vor und nach der Änderung derselben identisch sind.

bb) Formeller Fremdvergleich

Im Rahmen des formellen Fremdvergleichs, der ausschließlich bei einem beherrschenden GGf und diesem nahestehenden Personen anzustellen ist (siehe hierzu Rz. 3625), ist zu prüfen, ob das Rechtsgeschäft die für diesen Personenkreis geltenden Sonderanforderungen erfüllen kann. Dazu rechnen die zivilrechtliche Wirksamkeit, das Klarheits- und Eindeutigkeitsgebot, das Nachzahlungs- und Rückwirkungsverbot und die tatsächliche Durchführung. 816

Ausgehend davon, dass die Umgestaltung im Rahmen einer zivilrechtlich wirksamen Änderungsvereinbarung erfolgt, die die Umgestaltung dem Grunde und der Höhe nach klar und eindeutig regelt, ergeben sich durch die Umgestaltung keine weiteren Aspekte, die eine erneute Prüfung des Versorgungsversprechens im Rahmen des formellen Fremdvergleichs auslösen würden. 817

---

1 BMF, Schreiben v. 6. 4. 2005, BStBl 2005 I S. 619.

c) Vorzeitige Ausübung eines bestehenden Kapitalwahlrechts

818 Die obigen Ausführungen gelten analog für den Fall der vorzeitigen Ausübung eines bestehenden Kapitalwahlrechts.

819 Die vorzeitige Ausübung des bestehenden Kapitalwahlrechts, beinhaltet lediglich die Ausübung einer bestehenden Erfüllungsoption. Ein Eingriff in die weiteren Versorgungsbedingungen ist damit nicht verbunden. Es handelt sich somit um die Konkretisierung einer bestehenden Pensionszusage und nicht um eine Änderung derselben. Die GmbH wird zukünftig die bestehende Versorgungsverpflichtung in Form einer unter ertragsteuerrechtlichen Gesichtspunkten als wertgleich zu beurteilenden Kapitalleistung erbringen. Die vorzeitige Ausübung der Option folgt i.d.R. klaren Motiven, welche ausschließlich als betrieblich veranlasst zu beurteilen sind.

820 Vor diesem Hintergrund muss auch die vorzeitige Ausübung einer Erfüllungsoption der betrieblichen Sphäre zugeordnet werden.

821–827 *(Einstweilen frei)*

4. Bilanz(steuer-)rechtliche Behandlung der Kapitalleistung

a) Während der Anwartschaftsphase

aa) Steuerbilanz

828 Die bilanzsteuerrechtliche Behandlung der unmittelbaren Pensionsverpflichtung erfährt durch die Umgestaltung zugunsten einer Kapitalzusage die auf der Grundlage des Anwartschaftsbarwertes gem. § 6a EStG durchgeführt wurde, der Höhe nach keine wesentliche Veränderung. Der Bewertung des Verpflichtungsumfangs ist nach der Umgestaltung zwar die Kapitalleistung zugrunde zu legen. War der Leistungsumfang bisher jedoch auf eine reine Altersrente begrenzt, so führt dies der Höhe nach zu keiner Veränderung der Pensionsrückstellung. In Abhängigkeit von weiteren Leistungsinhalten und deren Behandlung bei der Umgestaltung können sich minimale Abweichungen ergeben.

829 In der Vergangenheit vertrat die FinVerw die Auffassung, dass vererbliche Versorgungszusagen bis zum Erbfall – und somit auch während der Anwart-

schaftsphase – nach § 6a EStG zu bewerten sind.[1] Mit Schreiben v. 18. 9. 2017[2] hat die FinVerw ihre bisher vertretene Rechtsauffassung dahingehend eingeschränkt, dass eine Pensionszusage, die die Vererblichkeit von Versorgungsanwartschaften oder Versorgungsleistungen vorsieht, nur noch dann als bAV zu beurteilen ist, wenn nach den Bestimmungen der Zusage vorrangig Hinterbliebene i. S. d. Rz. 4 des BMF-Schreibens v. 6. 12. 2017 als Erben benannt sind. In diesem Falle ordnet die FinVerw bis zum Eintritt des Erbfalls eine Bewertung gem. § 6a EStG an. Dies kann u. E. für alle diejenigen Pensionszusagen Anwendung finden, bei denen die ratenweise Auszahlung der Kapitalleistung sowie deren Vererblichkeit fest vereinbart wurde.

Ist die ratenweise Auszahlung, sowie deren Vererblichkeit jedoch nur ein optionaler Bestandteil der Versorgungsbedingungen, so kann unter Berücksichtigung der aufschiebenden Wirkung der Optionsregelung u. E. auch dann eine Bewertung gem. § 6a EStG stattfinden, wenn die Konkretisierung der begünstigten Erben i. S. d. Auffassung der FinVerw erst zum Zeitpunkt der tatsächlichen Vereinbarung zur ratenweisen Auszahlung erfolgt. 830

bb) Handelsbilanz

Die handelsbilanzielle Behandlung der unmittelbaren Pensionsverpflichtung erfährt durch die Umgestaltung zugunsten einer Kapitalzusage die auf der Grundlage des Anwartschaftsbarwertes gem. § 6a EStG durchgeführt wurde eine grundlegende Veränderung. Der Bewertung des Verpflichtungsumfangs ist nach der Umgestaltung die so ermittelte Kapitalleistung zugrunde zu legen. 831

Da der Verpflichtungsumfang damit **auf die Höhe der nach § 6a EStG ermittelten Kapitalleistung beschränkt wird**, werden die künftigen Veränderungen des Rechnungszinsfußes keinen Einfluss mehr auf die Höhe des handelsrechtlichen Rentenbarwertes (Endwert der anzusammelnden Pensionsrückstellung) mehr ausüben. Während der Rentenbarwert bei einer rentenförmigen Verpflichtung den besten Schätzwert der in der Zukunft zu erwartenden Pensionsleistungen abbildet, der nach oben hin offen ist und wesentlich von dem anzuwendenden Rechnungszinsfuß beeinflusst wird, wird der Rentenbarwert bei einer Kapitalzusage durch die Höhe der Kapitalleistung ersetzt. Die handelsrechtliche Pensionsrückstellung findet damit ihren (gedeckten) Endwert, den sie während 832

---

1 Vgl. Estler, BetrAV 5/2013 S. 384 sowie BMF, Schreiben v. 27. 8. 2007 - IV B 2 – S 2176/07/0006, n. v.
2 BMF, Schreiben v. 18. 9. 2017, BStBl 2017 I S. 1293.

der Anwartschaftsphase nicht übersteigen kann. Die Wirkungen der Zinsschmelze beschränken sich daher zukünftig ausschließlich auf die Anwartschaftsphase, können dort – aufgrund der beschränkenden Wirkung der Umgestaltung – aber keine exorbitanten Wirkungen mehr erzielen.

833 Im Ergebnis kommt es im Jahr der Umgestaltung zu einer außerordentlichen Reduzierung der handelsrechtlichen Pensionsrückstellung und in der Folge zu einer nachhaltigen und dauerhaften Entlastung der Handelsbilanz.

b) Bei ratenweiser Auszahlung

aa) Steuerbilanz

834 Wird die Ratenzahlungsoption ausgeübt, so stellt sich die Frage, in welchem Umfang die noch ausstehenden Raten in der Steuerbilanz abzubilden sind. Obwohl es sich bei den Ratenzahlungen unstrittig um Pensionsleistungen handelt, bestehen in diesem Zeitraum keine biologischen Risiken mehr, sofern die noch ausstehenden Ratenzahlungen vererblich sind. Die ungewisse Verbindlichkeit aus der Anwartschaftsphase hat sich mit Eintritt des Versorgungsfalles (Erreichen der Altersgrenze) zu einer gewissen Verbindlichkeit verfestigt. Die GmbH weiß nunmehr definitiv, zu welchem Zeitpunkt sie welche Teilbeträge zu leisten hat. Dies gilt im Falle der Vererblichkeit auch nach einem Ableben des Gf.

835 Aus Sicht der Autoren wäre daher die gewisse Verbindlichkeit in der Ratenzahlungsphase nach § 6 Abs. 1 Nr. 3 EStG zu bewerten. Sofern die Ratenzahlung unverzinslich vereinbart wurde, wäre die entstandene, aber noch nicht fällige Verbindlichkeit mit 5,5 % auf den jeweiligen Bilanzstichtag abzuzinsen. Für den Fall, dass hinsichtlich der noch nicht fälligen Ratenzahlungen eine Verzinsung vereinbart wurde, wäre die Verbindlichkeit mit ihrem Nominalwert in Ansatz zu bringen.

836 Die FinVerw vermochte sich dieser Sichtweise schon in der Vergangenheit nicht anzuschließen.[1] Mit BMF-Schreiben v. 18. 9. 2017[2] ordnet die FinVerw nunmehr in der Auszahlungsphase eine Bewertung gem. § 6a EStG an, sofern nach der Zusage vorrangig Hinterbliebene i. S. d. Rz. 4 des BMF-Schreibens v. 6. 12. 2017 benannt sind.

---

1 Vgl. Estler, BetrAV 5/2013 S. 384 sowie BMF, Schreiben v. 27. 8. 2007 – IV B 2 – S2176/07/0006, n.V.

2 BMF, Schreiben v. 18. 9. 2017, BStBl 2017 I S. 1293.

> **BERATUNGSHINWEIS:**
>
> Aus der BP-Praxis ist den Autoren bekannt dass die Betriebsprüfer bei der Bewertung von vererblichen Teilbeträgen eine Bewertung nach § 6a EStG derart anwenden, dass – die Vereinbarung einer Verzinsung der noch ausstehenden Raten vorausgesetzt – die Teilbeträge zunächst mit dem vertraglich vereinbarten Zinsfuß aufgezinst werden und im Anschluss daran eine Abzinsung gem. § 6a EStG mit 6,0 % vorgenommen wird. Ein biometrisches Risiko wird dabei nicht mehr berücksichtigt.

Nur soweit bei Eintritt des Vererbungsfalls Leistungen an Hinterbliebene erbracht werden, die dem engen Hinterbliebenenbegriff nicht entsprechen, hat gem. BMF-Schreiben v. 18.9.2017 eine Bewertung nach § 6 EStG stattzufinden.   837

bb) Handelsbilanz

Folgt man der Betrachtungsweise, dass es sich bei den noch ausstehenden vererblichen Raten um **gewisse Verbindlichkeiten** handelt, so sind diese in der Handelsbilanz mit ihrem Nominalwert anzusetzen. Dies gilt auch dann, wenn die Raten unverzinslich gestaltet wurden, da handelsrechtlich eine Abzinsung nach herrschender Meinung als ein Verstoß gegen das Realisationsprinzip beurteilt wird.[1]   838

Folgt man der Sichtweise der FinVerw hinsichtlich der Bewertungsmethodik und des Ansatzes als **Pensionsrückstellung**, so hat auch für die Zwecke der Handelsbilanz die oben beschriebene Auf- und Abzinsung stattzufinden. Da der Abstand der beiden Zinsfüße deutlich geringer sein wird, wird sich auch die Wirkung des Zinseffektes deutlich verringern.   839

> **BERATUNGSHINWEIS:**
>
> In der Praxis wird es sich empfehlen, die handelsbilanzielle Passivierung an die Zuordnung in der Steuerbilanz anzupassen, da es sich ansonsten ergeben könnte, dass die Versorgungsverpflichtung in der Steuerbilanz als Pensionsrückstellung und in der Handelsbilanz als Verbindlichkeit ausgewiesen wird.

(*Einstweilen frei*)   840–845

5. Lohn- und Einkommensteuerrechtliche Behandlung

Arbeitslohn ist i. S. d. § 11 Abs. 1 Satz 1 EStG mit der **Erlangung der wirtschaftlichen Verfügungsmacht** zugeflossen; das ist i. d. R. der Zeitpunkt des Eintritts   846

---

[1] Vgl. Hoffmann/Lüdenbach, Bilanzierung, 9. Aufl., § 253, S. 751, Rz. 33.

des Leistungserfolgs oder der Möglichkeit, den Leistungserfolg herbeizuführen.

847 Geldbeträge fließen dem Steuerpflichtigen dementsprechend regelmäßig dadurch zu, dass sie bar ausgezahlt oder einem Konto des Empfängers bei einem Kreditinstitut gutgeschrieben werden. Da sich die Erlangung der wirtschaftlichen Verfügungsmacht nach den tatsächlichen Verhältnissen richtet, kann der Zufluss grundsätzlich nicht fingiert werden.

a) Zufluss bei Einmalzahlung

848 Die Umgestaltung in eine Kapitalzusage bringt im Zeitpunkt der Umgestaltung zunächst keine lohnsteuerrechtlichen Folgen für den Gf mit sich. Diese ergeben sich erst im Zeitpunkt des Zuflusses der Versorgungsleistung. Mit der Zahlung der Kapitalleistung kommt es beim Gf zum Zufluss von Arbeitslohn gem. § 19 EStG.[1]

849 Gemäß der Rz. 147 des BMF-Schreiben v. 6.12.2017 gilt für Kapitalleistungen das Folgende:

„Werden Versorgungsleistungen nicht fortlaufend, sondern in einer Summe gezahlt, handelt es sich um Vergütungen (Arbeitslohn) für mehrjährige Tätigkeiten im Sinne des § 34 Abs. 2 Nr. 4 EStG (vgl. BFH-Urteil vom 12.4.2007, BStBl 2007 II S. 581), die bei Zusammenballung als außerordentliche Einkünfte nach § 34 Abs. 1 EStG zu besteuern sind. Die Gründe für eine Kapitalisierung von Versorgungsbezügen sind dabei unerheblich."

Mit dem Schreiben v. 6.12.2017 hat das BMF die Diskussion, die im Anschluss an die BFH-Entscheidung v. 20.9.2016[2] bzgl. der Anwendung der Fünftelungsregelung entstanden war, beendet. Danach ist klar, dass im Bereich der Einkünfte aus nichtselbständiger Arbeit nach wie vor die Fünftelungsregelung zur Anwendung kommt. Der Anwendungsbereich der BFH-Entscheidung erstreckt sich ausschließlich auf Kapitalleistungen, die aus Direktversicherungs-, Pensionskassen- und Pensionsfondszusagen stammen. Begründet wird dies mit der fehlenden Außergewöhnlichkeit, die gem. § 34 Abs. 2 EStG erforderlich ist.[3]

850 Eine fundierte Aussage darüber, ob die Anwendung der sog. Fünftelungsregelung tatsächlich für eine steuerliche Entlastung sorgen kann, kann erst im Zeitpunkt des Eintritts des Versorgungsfalles und unter Berücksichtigung der

---

1 BMF, Schreiben v. 6.12.2017, Rz. 146, BStBl 2018 I S. 147.
2 BFH, Urteil v. 20.9.2016 - X R 23/15, BStBl 2017 II S. 347.
3 BMF, Schreiben v. 6.12.2017, Rz. 149, BStBl 2018 I S. 147.

dann vorherrschenden Besteuerungsmerkmale des Versorgungsberechtigten getroffen werden.

b) Zufluss bei Teilzahlungen

Will der Geschäftsführer die zusammengeballte Besteuerung der Kapitalleistung vermeiden (z. B. weil die Fünftelungsregelung ins Leere geht), so lässt sich dies z. B. über eine **ratenweise Auszahlung der Kapitalleistung** erreichen. 851

Diese Form der Gestaltung beinhaltet grundsätzlich die Möglichkeit, dass über eine ratenweise Auszahlung der Kapitalleistung die Gesamtsteuerbelastung reduziert werden kann, da bei einer ratenweisen Auszahlung der Kapitalleistung der Gf jeweils nur den Teilbetrag zu versteuern hat, der ihm im jeweiligen Veranlagungszeitraum zufließt. Es besteht daher die widerlegbare Vermutung, dass – z. B. bei einer Auszahlung in zehn Teilbeträgen – die Summe der Steuerbelastungen der einzelnen Teilbeträge unterhalb der Steuerbelastung liegen könnte, die sich bei einer Versteuerung der Kapitalleistung bei einer Auszahlung in einem Betrag ergeben würde. 852

Es ist jedoch zu beachten, dass im Falle von Teilauszahlungen in mehreren Kalenderjahren der Tatbestand der Zusammenballung nicht mehr erfüllt werden kann. In der Folge kommt die Anwendung der Tarifermäßigung des § 34 Abs. 1 EStG für die Teilzahlungen nicht in Betracht.[1] 853

BERATUNGSHINWEIS:

Beinhaltet die Teilzahlungsvereinbarung auch eine Verzinsung der noch nicht ausbezahlten Teilbeträge, so stellt sich die Frage, ob die Zinserträge dem Bereich der Einkünfte aus nichtselbständiger Arbeit (§ 19 EStG) oder den Einkünften aus Kapitalvermögen (§ 20 EStG) zuzuordnen sind?

U. E. ist diese Frage bisher noch nicht abschließend geklärt. Da die FinVerw Zinsen auf Rentennachzahlungen gem. § 20 Abs. 1 Nr. 7 EStG den Einkünften aus Kapitalvermögen zuordnet,[2] erscheint es u. E. plausibel, diese Behandlung auch auf die diesbezüglichen Zinserträge anzuwenden.

c) Zuflussfiktion bei beherrschenden Gesellschafter-Geschäftsführern

Bei beherrschenden GGf einer Kapitalgesellschaft macht die Rechtsprechung eine **Ausnahme vom Prinzip der Erlangung der wirtschaftlichen Verfügungsmacht**. Bei diesem Personenkreis wird angenommen, dass sie über eine von 854

---

1 BMF, Schreiben v. 6. 12. 2017, Rz. 147, BStBl 2018 I S. 147.
2 BMF, Schreiben v. 4. 7. 2016, BStBl 2016 I S. 645.

der Gesellschaft geschuldete Vergütung bereits im Zeitpunkt der Fälligkeit verfügen können und ihnen damit entsprechende Einnahmen zugeflossen sind.[1] Allerdings werden von dieser Zuflussfiktion nur Gehaltsbeträge und sonstige Vergütungen erfasst, die die GmbH den sie beherrschenden Gesellschaftern schuldet und die sich bei der Ermittlung ihres Einkommens ausgewirkt haben.

855 Diese Handhabung wurde auch von der FinVerw im Rahmen des BMF-Schreibens v. 12.5.2014 bestätigt.[2] Klarstellend führt das BMF aus, dass es aus Sicht der FinVerw dabei nicht darauf ankommt, ob sich der Vorgang in der Bilanz der GmbH tatsächlich gewinnmindernd ausgewirkt hat (etwa durch die Bildung einer Verbindlichkeit). Vielmehr kommt es nur darauf an, ob eine solche Verbindlichkeit nach den Grundsätzen ordnungsmäßiger Buchführung hätte gebildet werden müssen.

BERATUNGSHINWEIS:
Bei der Gestaltung der Vereinbarung zur ratenweisen Auszahlung ist darauf zu achten, dass zu den einzelnen Teilbeträgen deren Fälligkeit zu separaten Stichtagen innerhalb der jeweiligen Jahre vereinbart wird und die Auszahlung derselben erst mit deren Fälligkeit erfolgt. Damit fallen Fälligkeit und Auszahlung auf ein und denselben Zeitpunkt. Ein Zufluss von Arbeitslohn findet daher auch bei einem beherrschenden GGf erst im Zeitpunkt der Auszahlung des jeweiligen Teilbetrags statt.

856–860 *(Einstweilen frei)*

6. Sozialversicherungsrechtliche Behandlung der Kapitalleistung

861 Geschäftsführer die der **Versicherungspflicht in der gesetzlichen Krankenversicherung** unterliegen, oder die dort als **freiwilliges Mitglied** versichert sind, haben bei der Ruhestandsplanung zu beachten, dass der Gesetzgeber es für angebracht hält, die aus einer Pensionszusage resultierenden Versorgungsleistungen mit dem vollen Beitragssatz zu belasten.

a) Gesetzliche Krankenversicherung

862 Zu den beitragspflichtigen Versorgungsbezügen i.S.d. § 229 SGB V rechnen nicht nur rentenförmige Versorgungsleistungen (siehe hierzu Rz. 3903). Nach § 229 Abs. 1 Satz 3 SGB V in der seit dem 1.1.2004 geltenden Fassung unterlie-

---

1 BFH, Urteil v. 14.2.1984 - VIII R 221/80, BStBl 1984 II S. 480; BFH v. 16.11.1993 - VIII R 33/92, BStBl 1994 II S. 632; BFH v. 3.2.2011 - VI R 4/10, BStBl 2014 II S. 493 und BFH v. 15.5.2013 - VI R 24/12, BStBl 2014 II S. 495.
2 BMF, Schreiben v. 12.5.2014, BStBl 2014 I S. 860.

gen Kapitalleistungen oder Kapitalabfindungen, die der Alters- oder Hinterbliebenenversorgung oder der Versorgung bei verminderter Erwerbsfähigkeit dienen, nunmehr auch dann der **Beitragspflicht in der GKV**, wenn eine solche Leistung bereits vor Eintritt des Versorgungsfalls vereinbart oder zugesagt worden ist (§ 229 Abs. 1 Satz 3 Variante 2 SGB V).

Damit werden nun sowohl ursprünglich zugesagte Kapitalleistungen, als auch wahlweise vereinbarte Kapitalleistungen, als auch Kapitalabfindungen – unabhängig davon, ob diese an die Stelle eines laufend zu zahlenden Versorgungsbezugs treten, oder ob sie vor Eintritt des Versorgungsfalles vereinbart und umgesetzt werden, von der Beitragspflicht erfasst.[1]   863

Als Beitragsbemessungsgrundlage dient der Zahlbetrag der Versorgungsbezüge. Die Kapitalleistung wird mit einem Betrag i. H. v. **1/120 der Leistung als monatlicher Zahlbetrag** der Beitragsermittlung über einen Zeitraum von maximal 120 Monaten (zehn Jahre) zugrunde gelegt.[2]   864

Dies gilt auch dann, wenn die Kapitalleistung nicht in einem Betrag, sondern in **mehreren Raten/Teilbeträgen** zur Auszahlung gebracht wird.[3] Dies hat das BSG hat in seiner Entscheidung v. 17. 3. 2010 deutlich gemacht. Aus Sicht des BSG wird die ratenweise ausbezahlte bAV als nicht regelmäßig wiederkehrende Leistung vom sachlichen Anwendungsbereich des § 229 Abs. 1 Satz 3 SGB V erfasst. Etwaigen Einreden hinsichtlich möglicher verfassungsrechtlicher Bedenken gegen diese Einschätzung hat das BSG gleich eine Abfuhr erteilt (siehe hierzu Rz. 3907).   865

Auf die Versorgungsbezüge findet der bundeseinheitlich allgemeine Beitragssatz der Krankenversicherung Anwendung.[4] Der derzeit gültige allgemeine Beitragssatz beläuft sich auf 14,6 %. Hinzu kommt der von der jeweiligen Krankenkasse individuell erhobene Zusatzbeitrag.[5] Die Spanne der Zusatzbeiträge bewegt sich im Jahre 2018 in einem Bereich zwischen 0,59 % und 1,70 %.[6] Ferner ist der Beitrag für die gesetzliche Pflegeversicherung zu entrichten. Der derzeit gültige Beitragssatz beläuft sich auf 2,55 %. Sofern der Versorgungsempfänger kinderlos ist, hat er auch auf die betriebliche Rente den Beitragszuschlag i. H. v. 0,25 % zu entrichten. **Die Gesamtbeitragsbelastung** bewegt sich somit in einer Bandbreite zwischen 17,74 % und 19,1 %.   866

---

1 Vgl. *Lehnert* in Sommer, SGB V, § 229 SGB V, Rz. 36 ff., Stand: 27. 2. 2018. § 248 Satz 1 SGB V.
2 § 229 Abs. 1 Satz 3 SGB V.
3 BSG, Urteil v. 17. 3. 2010 - B 12 KR 5/09 R, NWB DokID: VAAAD-44104.
4 § 248 Satz 1 SGB V.
5 § 242 SGB V.
6 www.krankenkassen.de.

867 Die Beitragserhebung erfolgt maximal bis zur Höhe der in der GKV geltenden **Beitragsbemessungsgrenze**. Die BBG in der Kranken- und Pflegeversicherung ist an die nach § 6 Abs. 7 SGB V geltende besondere Jahresarbeitsentgeltgrenze angebunden. Sie beträgt in der Kranken und Pflegeversicherung für das Jahr 2018 bundeseinheitlich jährlich 53.100 € bzw. monatlich 4.425 €.

868 Die aus Versorgungsbezügen herrührende Beitragsbelastung hat der versicherungspflichtige Gf alleine zu tragen.[1] Entsprechendes gilt für einen freiwillig in der GKV versicherten Gf.

b) Private Krankenversicherung

869 Nach der der privaten Krankenversicherung zugrunde liegenden Konzeption, findet eine Beitragsbemessung unabhängig vom Einkommen der versicherten Person statt. Der Beitrag bemisst sich stattdessen anhand der biometrischen Grundlagen, des Gesundheitszustands der versicherten Person sowie des zu versichernden Leistungsumfangs.

870 Durch die einkommensunabhängige Beitragsbemessung ergibt es sich, dass derjenige Gf, der sein Krankheitsrisiko über eine private Krankenversicherung absichert, durch eine Kapitalleistung, die aus einer unmittelbaren Pensionszusage stammt, keine zusätzliche Beitragsbelastung zu verkraften hat.

871–878 (*Einstweilen frei*)

7. Der praktische Fall

a) Fallbeschreibung

879 Die A-Handels-GmbH hat ihrem alleinigen GGf, Herrn AA, im Jahre 2005 eine unmittelbare Pensionszusage erteilt. Herr AA weist folgende **persönlichen Merkmale/Daten** auf:

Geschlecht	Männlich
Geburtsdatum	31. 12. 1968
Diensteintritt	31. 12. 2000 (im Alter von 32 Jahren)
Status KStG	beherrschender GGf
Status BetrAVG	Unternehmer

---

[1] § 250 Abs. 1 Nr. 1 SGB V.

7. Der praktische Fall

Die Herrn AA gegenüber erteilte Pensionszusage weist folgende **Inhalte/Bewertungsparameter** auf:

Zusageerteilung	31.12.2005 (im Alter von 37 Jahren)
Pensionsalter	65 (erreicht am 31.12.2033)
Altersrente mtl.	5.000 €
Berufsunfähigkeitsrente mtl.	0 €
Witwenrente mtl.	0 €
Rentenanpassung gem. VPI D	2,0 % (Trendannahme für HGB)

Die Bilanzen der A-Handels GmbH weisen per 31.12.2018 voraussichtlich folgende **Werte** auf:

	Steuerbilanz	Handelsbilanz
Pensionsrückstellung 31.12.2018	210.811 €	458.490 €
Aktivwert 31.12.2018	0 €	0 €
Rückdeckungsquote 31.12.2018	0 %	0 %

Die **Vorausschau auf die künftige Entwicklung** der Bilanzwerte führt voraussichtlich zu folgenden Wertansätzen:

	Steuerbilanz	Handelsbilanz
Pensionsrückstellung 31.12.2019	230.281 €	533.557 €
Voraussichtlicher Aktivwert 31.12.2019	0 €	0 €
Rückdeckungsquote 31.12.2019	0 %	0 %
Pensionsrückstellung 31.12.2033	688.663 €	1.314.548 €
Voraussichtliche Ablaufleistung	0 €	0 €
Rückdeckungsquote 31.12.2033	0 %	0 %

Das von der A-Handels-GmbH in Auftrag gegebene Gutachten zur Pensionszusage zeigt eindeutig auf, dass die voraussichtliche Entwicklung der Pensionsrückstellungen in der Zukunft zu einer inakzeptablen Belastung der Handelsbilanz führen werden. Auf die Schaffung von zweckgebundenem Vermögen hat AA bisher verzichtet. Die Erfüllung der Pensionsverpflichtung stellt die GmbH in ihrer momentanen Verfassung noch vor keine Probleme. Aufgrund der absehbaren Belastung der Handelsbilanz möchte AA aber die bestehende Rentenzusage zugunsten einer Kapitalzusage umgestalten.

Da AA das Bilanzbild deutlich verbessern möchte, richtet er an seine Berater folgende Fragen:

b) Welche kurzfristige Entlastungswirkung ergibt sich durch die Umgestaltung?

880 Im vorliegenden praktischen Fall würde die wertgleiche Umgestaltung dazu führen, dass der versorgungsberechtigte Gf anstelle der bisher zugesagten lebenslangen Altersrente i. H. v. mtl. 5.000 € zukünftig bei Erreichen der vereinbarten Altersgrenze ein **Alterskapital i. H. v. 688.663 €** erhalten würde. Im Folgenden werden die Auswirkungen dargestellt, die sich im praktischen Fall ergeben würden.

881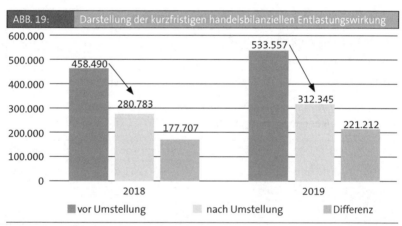

ABB. 19: Darstellung der kurzfristigen handelsbilanziellen Entlastungswirkung

Ergebnis: Die HGB-Rückstellung wird bereits in 2018 um 177.707 € reduziert (und damit um rd. 39 %)! Im Jahr 2019 ergibt sich eine weitere Entlastung von 43.505 €, so dass sich die Gesamt-Entlastung per 31.12.2019 auf 221.212 € beläuft.

7. Der praktische Fall

c) Welche langfristigen Entlastungswirkungen ergeben sich durch die Umgestaltung?

Vor Umgestaltung ist mit folgender Rückstellungsentwicklung zu rechnen: 882

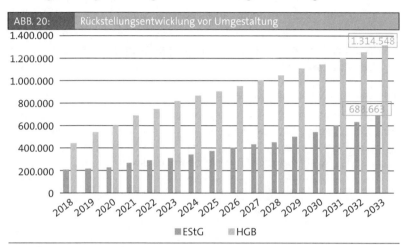

ABB. 20: Rückstellungsentwicklung vor Umgestaltung

Ergebnis: Der zwischen HGB- und EStG-Rückstellung festzustellende Differenzbetrag summiert sich in der Ist-Situation bis zum Pensionsalter auf einen Betrag i. H. v. 625.885 €. Damit übersteigt die HGB-Rückstellung die EStG-Rückstellung um rd. 90 %!

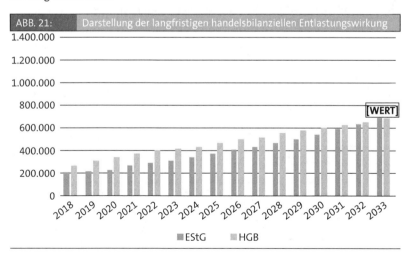

ABB. 21: Darstellung der langfristigen handelsbilanziellen Entlastungswirkung 883

Ergebnis: Die HGB-Rückstellung wird nach der Umgestaltung auf eine Kapitalzusage auf die Höhe der Kapitalleistung begrenzt (hier: 688.663 €). Zum Pensionsalter sind die Rückstellungen der Höhe nach identisch. Das Entstehen der absehbaren zusätzlichen Belastung des handelsrechtlichen Ergebnisses i. H. v. 625.885 € wird durch die Umgestaltung auf eine Kapitalzusage verhindert!

d) Wie verändert sich die Versorgungssituation des Geschäftsführers?

aa) Bisherige Versorgungssituation

884   Untersucht man zunächst die Versorgungssituation des Gf unter Zugrundelegung der bisherigen Rentenzusage und der Annahme einer 2 %igen Rentensteigerung sowie einer durchschnittlichen Steuerbelastung von 33 % in der Rentenphase, so ergeben sich folgende Versorgungswerte:

im Alter von	Brutto-Rente p. a.	Steuerbelastung	Netto-Rente p. a.
65	60.000 €	19.800 €	40.200 €
75	71.706 €	23.663 €	48.043 €
85	87.409 €	28.845 €	58.564 €

Die so ermittelte Netto-Rente bildet nun die Grundlage für die weiteren Vergleichsbetrachtungen.

bb) Veränderungen durch die Umgestaltung zugunsten einer Kapitalleistung

885   Untersucht man in einem nächsten Schritt die Auswirkungen der Umgestaltung auf eine Kapitalzusage bei gleichzeitiger Annahme, dass die durch die Umgestaltung freigesetzten Gewinne i. H. v. 625.885 € in voller Höhe mit Erreichen der Altersgrenze an den Gesellschafter ausgeschüttet werden, so ergeben sich folgende Versorgungswerte:

	Brutto-Kapital	Steuerbelastung	Netto-Kapital
Kapitalleistung Pensionszusage	688.663 €	305.147 €	383.516 €
Gewinnausschüttung GmbH	625.885 €	165.108 €	460.777 €
Gesamt	1.314.548 €	470.255 €	844.293 €

7. Der praktische Fall

Erläuterung: Die o. g. Betrachtung unterstellt für die Kapitalleistung aus der Pensionszusage eine Steuerbelastung i. H. v. 44,31 % (also ohne KiSt und ohne Entlastung aus der sog. Fünftelungsregelung). Ferner wird angenommen, dass die Gewinnausschüttung erst zum Pensionsalter stattfindet, so dass etwaige Zinserträge aus der Wiederanlage der Gewinnausschüttung keine Berücksichtigung finden. Die angenommene Steuerbelastung für die Gewinnausschüttung beträgt 26,38 % (Abgeltungssteuer ohne KiSt). Ferner wird angenommen, dass der Geschäftsführer privat krankenversichert ist.

Geht man nun im Weiteren davon aus, dass der Gf den ihm zufließenden **Netto-Kapitalbetrag i. H. v. 844.293 €** in seinem Privatvermögen mit einem durchschnittlichen Zinsertrag i. H. v. 2,5 % p. a. anlegen kann, und er in den Jahren seines Ruhestandes **jährlich den Betrag aus dem Konto entnimmt,** der sich durch die Addition der ursprünglich zu erwartenden Netto-Rente und der Steuerbelastung auf die erzielten Zinserträge ermittelt, so ergeben sich folgende Versorgungswerte:

886

im Alter von	Zinserträge p. a. vor Steuern	Steuer-Belastung	Netto-Rente p. a.	Rest-Kapital nach Entnahmen
65	20.605 €	5.436 €	40.200 €	819.262 €
75	13.643 €	3.599 €	48.043 €	531.757 €
85	1.977 €	522 €	58.564 €	51.258 €

Erläuterung: Die o. g. Betrachtung berücksichtigt für die Zinserträge eine Steuerbelastung i. H. v. 26,38 % (Abgeltungssteuer ohne KiSt).

Die Vergleichsbetrachtung führt im Ergebnis dazu, dass nach der Umgestaltung auf eine Kapitalleistung **über einen Zeitraum von knapp 21 Jahren** eine Versorgungssituation hergestellt werden kann, die in der Netto-Betrachtung exakt der Situation entspricht, die für die ursprünglich zugesagte Rentenleistung ermittelt wurde.

887

Nach Ablauf dieses Zeitraums ist jedoch das im Privatvermögen verwaltete Kapital durch die Entnahmen aufgezehrt. Die Ist-Situation mit der lebenslangen Rentenzahlung entwickelt damit ihren wahren Vorteil erst dann, wenn der Versorgungsberechtigte älter als 86 Jahre wird. Zur Einschätzung dieses Ergebnisses sei darauf hingewiesen, dass nach der aktuellen Sterbetafel des Statistischen Bundesamtes ein heute 65-jähriger davon ausgehen kann, dass er rd. 83 Jahre alt werden wird. Das dargestellte Ergebnis beinhaltet somit einen Sicherheitspuffer von rd. drei Jahren. Dies ist im Hinblick darauf, dass die amtli-

888

che Sterbetafel 2014/2016 nur die in der Vergangenheit stattgefundene Entwicklung abbildet, auch als sachgerecht zu beurteilen.

e) Welche weiteren Gestaltungsmöglichkeiten stehen dem Geschäftsführer zur Verfügung?

889 Würde sich der Gf alternativ dazu entscheiden, die durch die Umgestaltung freigesetzten Gewinne i. H. v. 625.885 € in voller Höhe in eine **Unterstützungskassenzusage** zu investieren, so hätte die GmbH der Unterstützungskasse jährlich einen Beitrag i. H. v. 41.725 € zuzuwenden. Die Unterstützungskasse würde die Zuwendung ihrerseits zur Dotierung einer Rückdeckungsversicherung verwenden. Nach einer aktuellen Berechnung, die bei einer führenden deutschen Lebensversicherungsgesellschaft eingeholt wurde, würden sich daraus folgende Versorgungswerte ergeben:

im Alter von	Rente p. a. garantiert	Rente p. a. inkl. Überschüsse	Kapital garantiert	Kapital inkl. Überschüsse
65	22.288,92 €	28.799,40 €	625.875 €	808.688 €

Erläuterung: Die o. g. Überschüsse sind nicht garantiert. Sie sind von der künftigen Entwicklung des Kapitalmarktes abhängig. Die o. g. Werte stellen Bruttowerte dar. Sie unterliegen der Versteuerung gem. § 19 EStG. Eine vertiefende Untersuchung der Nettowerte erfolgt hierzu nicht.

890 Der Geschäftsführer könnte bei Erreichen der Regelaltersrente wählen, ob er die Versorgungsleistung in der Form einer lebenslangen Rente oder einer einmaligen Kapitalleistung beziehen möchte. Da die Versorgungsleistungen aus der Pensionszusage nach der Umgestaltung über eine Kapitalleistung erbracht werden wird, erscheint es interessant, die Unterstützungskassenleistung im Wege einer lebenslangen Rente zu wählen. Die beiden Versorgungswege würden sich somit optimal ergänzen.

891–894 (*Einstweilen frei*)

8. Zusammenfassung

895 Die Null-Zins-Politik der EZB bringt im Bereich der handelsrechtlichen Bewertung unmittelbarer Versorgungsverpflichtungen nur schwer zu akzeptierende Auswirkungen mit sich. Die im Zuge der negativen Zinsentwicklung explosionsartig zunehmenden handelsrechtlichen Pensionsrückstellungen werden auch in den nächsten Jahren noch zu erheblichen Ergebnisbelastungen führen. Damit einhergehend kommt es zu einer inakzeptablen Reduzierung des Aus-

8. Zusammenfassung

schüttungsvolumens sowie zu einer schmerzhaften Abschmelzung des Eigenkapitals.

Im Bereich der **Gf-Versorgung** löst die erkennbare Entwicklung einen **zwingen-**   896
den Handlungsbedarf für die Trägerunternehmen aus, dem über unterschiedliche Maßnahmen Rechnung getragen werden kann.

Kapital statt Rente: so lautet das Motto der oben beschriebenen Handlungs-   897
option zur Eindämmung der handelsrechtlichen Ergebnisbelastung.

Durch die **Umgestaltung zugunsten einer Kapitalzusage,** wird das sog. Lang-   898
lebigkeitsrisiko eliminiert. Aus einer ungewissen Verpflichtung wird eine kalkulierbare Pensionsverbindlichkeit. Die ungewollte Ausweitung der handelsrechtlichen Pensionsrückstellungen wird dadurch verhindert. Das bisher blockierte Ausschüttungsvolumen wird wieder freigesetzt und steht zur weiteren Disposition zur Verfügung.

(*Einstweilen frei*)   899–909

VI. Reduzierung der Pensionsverpflichtung – Anpassung, Herabsetzung, Widerruf, Verzicht

Die schonungslose Aufklärung der Geschäftsleitung hinsichtlich der wirtschaftlichen Lage der dem Gf gegenüber erteilten Pensionszusage führt in der Beratungspraxis nicht selten zu einer ausgesprochenen Verärgerung bei den betroffenen Mandanten. Die Erkenntnis, dass das einstige Steuersparmodell die ursprünglichen Ziele weit verfehlen und die bAV in der eingeplanten Höhe nicht zur Verfügung stehen wird, bereitet vielen Gf Kopfzerbrechen. Dies gilt insbesondere in den Fällen, in denen die Pensionszusage einen wesentlichen Baustein der Altersvorsorgeplanung des Gf darstellt und der Betroffene feststellen muss, dass die Aufrechterhaltung seines Lebensstandards im Ruhestand durch den teilweisen Ausfall der betrieblichen Rente als späteres Erwerbsersatzeinkommen erheblich gefährdet erscheint.   910

1. Reduzierung der Pensionsverpflichtung: Plausibler Lösungsansatz mit Tücken

Ist der erste Ärger dann einmal verraucht, ergibt es sich regelmäßig, dass als erster Lösungsansatz die Reduzierung der Pensionszusage verfolgt wird. Dabei liegt es nahe, dass viele Gf zunächst die Anpassung der Pensionszusage an die noch zu erwartende Ablaufleistung der Rückdeckungsversicherung ins Auge fassen. Diese Überlegung erscheint dem als Kaufmann handelnden Gf auf den ersten Blick als nahe liegend. Die meisten Gf handeln dabei nach dem Motto „Ich möchte meine GmbH schließlich nicht überbelasten. Deshalb bin ich halt mit dem zufrieden, was die Versicherung hergibt". Der Vorsatz für sich ist löblich und entspricht wohl auch dem so oft geforderten Handlungsmaßstab eines ordentlichen und gewissenhaften Geschäftsleiters. **Allein die Umsetzung ist nicht ganz einfach:**   911

a) Rechtsbeziehungen bei einer unmittelbaren Pensionszusage

Zum einen verkennt dieser Lösungsansatz die unterschiedlichen Vertragsbeziehungen, die sich aus der Pensionszusage und der Rückdeckungsversicherung ergeben. Anders als bei einer privaten Lebensversicherung leiten sich die Versorgungsansprüche des Gf ausschließlich aus den Bestimmungen der vertraglichen Vereinbarung zur Pensionszusage ab.   912

VI. Reduzierung der Pensionsverpflichtung

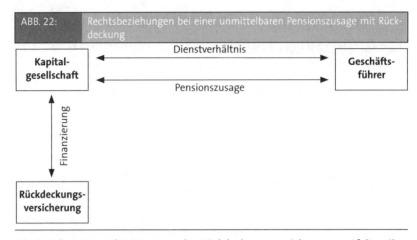

ABB. 22: Rechtsbeziehungen bei einer unmittelbaren Pensionszusage mit Rückdeckung

913   Die Regelungen und Leistungen der Rückdeckungsversicherung entfalten ihre Wirkung nur unmittelbar der GmbH gegenüber, da diese als Versicherungsnehmer der Vertragspartner der Versicherungsgesellschaft ist und die Rückdeckungsversicherung lediglich eine Maßnahme darstellt, die die GmbH ergreift, um die zugesagten Versorgungsleistungen bei Eintritt des Versorgungsfalles auch finanzieren zu können. Ergibt es sich, dass die Leistungen der Rückdeckungsversicherung nicht ausreichen, um die zugesagten Versorgungsleistungen zu finanzieren, so hat dies keine unmittelbare Auswirkung auf die Höhe der zugesagten Versorgungsleistungen. Vielmehr hat die GmbH die nicht gedeckte Differenz aus ihren eigenen Mitteln zu bestreiten.

b) Eingriff in die zugesagten Versorgungsleistungen

914   Zum anderen ist aus steuerlicher Sicht immer dann besondere Vorsicht geboten, wenn in die Höhe der einem GGf zugesagten Versorgungsleistungen eingegriffen werden soll.

915   Im Zusammenhang mit einem Eingriff in die zugesagten Versorgungsleistungen ist zwischen folgenden Rechtsgeschäften zu unterscheiden:

aa) Einvernehmliche Herabsetzung

916   Eine einvernehmliche Herabsetzung der Pensionszusage beruht auf einer **einheitlichen Willensbildung der beiden an der Versorgungszusage beteiligten Parteien**. Sie sind sich darüber einig, dass die bisher bestehende Pensionszusage reduziert und ggf. an die wirtschaftliche Leistungsfähigkeit der Gesellschaft angepasst wird. Sie wird in einer individualrechtlichen Änderungsverein-

barung dokumentiert, aus der sich die ausdrückliche Zustimmung des Gf ergibt (siehe hierzu Rz. 3084). Eine Herabsetzung kann sowohl die Höhe der Versorgungsleistungen als auch die Leistungsarten umfassen.

bb) Einseitiger Widerruf/Einseitige Kürzung

Der Widerruf einer Pensionszusage beruht ebenso wie die Kürzung auf einer **einseitigen Willenserklärung des Trägerunternehmens**, die empfangs-, aber nicht zustimmungsbedürftig ist. Die Rechtswirksamkeit des Widerrufs bzw. der Kürzung hängt davon ab, welche Gründe seitens des Arbeitgebers zur Begründung des Widerrufs herangezogen werden. Er hat sich dabei an die Maßstäbe zu halten, die von der Rechtsprechung zu §§ 313, 314 BGB entwickelt wurden (siehe hierzu Rz. 3085). 917

cc) Verzicht

Ein Verzicht ist immer dann gegeben, wenn der **Versorgungsberechtigte seinen Rechtsanspruch** auf bereits bestehende Versorgungsanwartschaften **ohne Gegenleistung aufgibt**. Ein Verzicht beruht auf einer einseitigen Willenserklärung des Versorgungsberechtigten, die i. d. R. im Rahmen eines Erlassvertrages i. S. d. § 397 Abs. 1 BGB vereinbart wird. 918

Ein Verzicht i. S. d. BFH-Rechtsprechung kann auch im Zusammenhang mit einer einvernehmlichen Herabsetzung oder mit einem einseitigen Widerruf bzw. einer einseitigen Kürzung der Pensionszusage einhergehen. 919

Nach den Grundsätzen des Beschlusses des GrS v. 9. 6. 1997[1] ist stets zu prüfen, ob im Zusammenhang mit der Reduzierung des Versorgungsversprechens ein sog. Verzicht eingetreten ist. Ist dies zu bejahen, führt der Verzicht u. U. zu einer **verdeckten Einlage**. 920

c) Verdeckte Einlage

Im Folgenden wird zunächst die Definition des Begriffs der verdeckten Einlage durch die FinVerw, Literatur und Rechtsprechung dargestellt, um im Anschluss daran auf das Entstehen einer verdeckten Einlage im Zusammenhang mit einer Pensionszusage einzugehen: 921

---

[1] Beschluss des GrS v. 9. 6. 1997 - GrS 1/94, BStBl 1998 II S. 307.

aa) Definition der Finanzverwaltung

922 Die **FinVerw** beschreibt das Entstehen einer verdeckten Einlage in **R 8.9 KStR** wie folgt:

„*(1) Eine verdeckte Einlage i. S. d. § 8 Abs. 3 Satz 3 KStG **liegt vor**, wenn ein Gesellschafter oder eine ihm nahestehende Person der Körperschaft außerhalb der gesellschaftsrechtlichen Einlagen einen **einlagefähigen Vermögensvorteil** zuwendet und diese Zuwendung durch das Gesellschaftsverhältnis veranlasst ist.*

*(2) § 4 Abs. 1 Satz 1, § 6 Abs. 1 Nr. 5 EStG finden gem. § 8 Abs. 1 KStG **auch auf Kapitalgesellschaften** Anwendung, obwohl hier Einlegender und Empfänger der Einlage verschiedene Rechtsträger sind (finaler Einlagebegriff).*

*(3) **Voraussetzung für die Annahme** einer verdeckten Einlage ist stets, dass die Zuwendung des Gesellschafters oder einer ihm nahestehenden Person durch das Gesellschaftsverhältnis veranlasst ist. Eine Veranlassung durch das Gesellschaftsverhältnis ist nur dann gegeben, wenn ein Nichtgesellschafter bei Anwendung der Sorgfalt eines ordentlichen Kaufmanns den Vermögensvorteil der Gesellschaft nicht eingeräumt hätte, was **grundsätzlich durch Fremdvergleich festzustellen** ist.*

*(4) **Die Bewertung verdeckter Einlagen** hat grundsätzlich mit dem Teilwert zu erfolgen (§ 8 Abs. 1 KStG i. V. m. § 6 Abs. 1 Nr. 5 und Abs. 6 EStG). § 6 Abs. 1 Nr. 5 Satz 1 Buchst. b EStG findet keine Anwendung, weil die verdeckte Einlage von Anteilen an einer Kapitalgesellschaft i. S. d. § 17 Abs. 1 Satz 1 EStG in eine Kapitalgesellschaft gem. § 17 Abs. 1 Satz 2 EStG beim Einlegenden einer Veräußerung gleichgestellt wird und es somit bei ihm zum Einlagezeitpunkt zu einer Besteuerung der stillen Reserven kommt. Entsprechendes gilt in Fällen des § 20 Abs. 2 Satz 2 EStG für § 6 Abs. 1 Nr. 5 Satz 1 Buchst. c EStG. § 6 Abs. 1 Nr. 5 Satz 1 Buchst. a EStG ist in den Fällen zu beachten, in denen das eingelegte Wirtschaftsgut innerhalb der letzten drei Jahre vor dem Zeitpunkt der Zuführung angeschafft oder hergestellt worden ist, es sich aber nicht um eine verdeckte Einlage in eine Kapitalgesellschaft gem. § 23 Abs. 1 Satz 1 oder § 20 Abs. 2 Satz 2 EStG handelt, die als Veräußerung gilt und folglich im Einlagezeitpunkt ebenfalls zu einer Besteuerung der stillen Reserven führt.*

*(5) Für die Qualifizierung von Leistungen als verdeckte Einlagen sind die **Umstände maßgebend**, die bestanden, als der Verpflichtete seine Zusage auf die Leistung gegeben hat. Ändern sich diese Umstände durch das Ausscheiden nicht, dann sind die Leistungen auch nach dem Ausscheiden des bisherigen Gesellschafters weiterhin als verdeckte Einlagen zu qualifizieren.*"

bb) Verdeckte Einlage in der Literatur

In der **einschlägigen Literatur** wird der Begriff der verdeckten Einlage wie folgt definiert:

923

„Verdeckte Einlagen betreffen im Eigenkapital der Gesellschaft nicht unmittelbar erfasste Gesellschafterbeiträge, d. h. solche, die sich in der Gewinn- und Verlustrechnung abspielen. Charakteristisch ist die fehlende Gegenleistung in Form von Gesellschaftsrechten. Es handelt sich um Vermögensmehrungen, die dem Unternehmen aus dem außerbetrieblichen Bereich des Unternehmers zufließen und die steuerlich nicht erfasst werden sollen (§ 8 Abs. 3 Satz 3 KStG). Die Gegenleistung wird nicht in der möglichen Reflexwirkung der verdeckten Einlage auf den Wert der Anteile an der Kapitalgesellschaft gesehen. Eine verdeckte Einlage liegt vor, wenn ein Gesellschafter einer Kapitalgesellschaft außerhalb der gesellschaftsrechtlichen Vorschriften Vermögensvorteile zuwendet, die ein Nicht-Gesellschafter bei Anwendung der Sorgfalt eines ordentlichen und gewissenhaften Kaufmanns der Gesellschaft nicht eingeräumt hätte. Es gelten insoweit die gleichen Tatbestandsmerkmale wie bei der vGA. Zu beachten ist allerdings, dass es für die verdeckte Einlage keine Definition gibt, die der vGA genau spiegelbildlich entspräche; würde nämlich nicht nur die Vermögensmehrung, sondern auch die verhinderte Vermögensminderung berücksichtigt, müsste sich die verdeckte Einlage von bilanziellen Anforderungen an den Vermögensvorteil verabschieden. Daher würde diese Definition zu weit gefasst sein. Maßgebender Zeitpunkt ist das Verpflichtungsgeschäft, nicht das Erfüllungsgeschäft.

Als Gegenstand der verdeckten Einlage kommen nur solche Wirtschaftsgüter in Betracht, die das Vermögen der Kapitalgesellschaft mehren, sei es durch den Ansatz oder die Erhöhung eines Aktivpostens oder den Wegfall oder die Minderung eines Passivpostens. Maßgeblich ist das Bilanzrecht; insofern ist entscheidend, inwieweit Bilanzposten in eine Bilanz hätten eingestellt werden müssen. Auf die tatsächliche Bilanzierung kommt es indes nicht an."[1]

cc) Definition durch die Rechtsprechung

„Eine verdeckte Einlage liegt nach ständiger Rechtsprechung des BFH vor, wenn ein Gesellschafter oder eine ihm nahestehende Person der Gesellschaft einen einlagefähigen Vermögensvorteil zuwendet, ohne dass der Gesellschafter hierfür neue Gesellschaftsanteile erhält, und wenn diese Zuwendung ihre Ursache im Gesellschaftsverhältnis hat. Letztere Voraussetzung ist gegeben, wenn ein Nicht-

924

---

1 *Roser* in Gosch, KStG, 3. Aufl., § 8 Rz. 105 f.

Gesellschafter der Gesellschaft den Vermögensvorteil bei Anwendung der Sorgfalt eines ordentlichen Kaufmanns nicht eingeräumt hätte.

Als verdeckte Einlagen sind nur Wirtschaftsgüter geeignet, die das Vermögen der Kapitalgesellschaft vermehrt haben, sei es durch den Ansatz oder die Erhöhung eines Aktivpostens, sei es durch den Wegfall oder die Verminderung des Passivpostens. Ob das Vermögen der Kapitalgesellschaft durch den Ansatz oder die Erhöhung des Aktivpostens oder durch den Wegfall oder die Verminderung eines Passivpostens vermehrt ist, bestimmt sich nach Bilanzrecht. Insofern ist maßgeblich, inwieweit Bilanzposten in eine Bilanz hätten eingestellt werden müssen, die zum Zeitpunkt des Verzichts erstellt worden wäre."[1]

dd) Verdeckte Einlage im Zusammenhang mit einer Pensionszusage

925 Unter Berücksichtigung der zuvor dargestellten Definitionen einer verdeckten Einlage **führt demzufolge ein (teilweiser) Verzicht auf eine Pensionszusage** immer dann zu einer verdeckten Einlage, wenn

- die **Gründe** für den Verzicht nicht in der betrieblichen Sphäre, sondern **in der Gesellschafterstellung liegen** und
- der GGf oder eine ihm nahe stehende Person durch einen Verzicht auf eine werthaltige Pensionszusage **der Gesellschaft einen einlagefähigen Vermögensvorteil zuwendet.**

926 **Zur Klärung der Rechtsfolgen** eines Verzichts auf eine Pensionszusage sind also zwingend folgende Fragen zu beantworten:

- Wann liegt eine betriebliche bzw. eine gesellschaftliche Veranlassung eines Verzichts vor (siehe hierzu Rz. 980, 934)?
- Unter welchen Umständen kann von einer werthaltigen Pensionszusage (einlagefähiger Vermögensvorteil) ausgegangen werden (siehe hierzu Rz. 1126)?
- Kann eine verdeckte Einlage auch dann vermieden werden, wenn keine betriebliche Veranlassung gegeben ist (siehe hierzu Rz. 1163)?

927 Einen wesentlichen Beitrag zur Klärung dieser Fragestellungen hat das **BMF mit Schreiben v. 14. 8. 2012**[2] geleistet. Mit den Ausführungen dieses Schreibens hat das BMF einem beispiellosen verwaltungsinternen und über Jahre hinweg andauernden „Kasperltheater" ein eindeutiges Ende gesetzt. Das BMF-

---

1 BFH, Urteil v. 23. 8. 2017 - VI R 4/16, BStBl 2018 II S. 208.
2 BMF, Schreiben v. 14. 8. 2012, BStBl 2012 I S. 874.

Schreiben und dessen Bedeutung für die Praxis wird in diesem Kapitel ausführlich unter der Rz. 1181 behandelt.

Im Vorfeld der Klärung der o. a. grundsätzlichen Rechtsfragen, erscheint es zweckmäßig, zunächst die zwingenden Rechtsfolgen darzustellen, die sich im Zusammenhang mit einem Verzicht sowohl für den GGf als auch für die GmbH ergeben. 928

(*Einstweilen frei*) 929–933

2. Rechtsfolgen eines gesellschaftlich veranlassten Verzichts

Die Rechtsfolgen eines gesellschaftlich veranlassten Verzichts auf eine werthaltige Pensionszusage lassen sich zusammenfassend wie folgt darstellen: 934

Steuerliche Auswirkungen bei

GmbH	GGf
Ertrag i. H. d. (teilweise) aufzulösenden Pensionsrückstellung (§ 6a EStG)	**Zufluss** i. H. d. Wiederbeschaffungswertes (§ 19 EStG)
Außerbilanzielle Reduzierung des Einkommens i. H. d. Wiederbeschaffungswertes	**Nachträgliche Anschaffungskosten** i. H. d. Wiederbeschaffungswertes
Erhöhung des steuerlichen **Einlagekontos** i. H. d. Wiederbeschaffungswertes (§ 27 KStG)	

Um die Rechtsfolgen und deren wirtschaftliche Auswirkungen nachvollziehen zu können, werden diese nachfolgend im Einzelnen erläutert.

a) Auswirkungen beim Gesellschafter-Geschäftsführer

Infolge eines gesellschaftlich veranlassten Pensionsverzichts ergeben sich beim GGf folgende Auswirkungen: 935

H 8.9 KStH führt hierzu das Folgende aus:

„Aus der Annahme einer verdeckten Einlage folgt andererseits beim Gesellschafter zwingend die Annahme eines **Zuflusses von Arbeitslohn** bei gleichzeitiger **Erhöhung der Anschaffungskosten** für die Anteile an der Kapitalgesellschaft (BFH v. 9. 6. 1997 - GrS 1/94, BStBl 1998 II S. 307).

VI. Reduzierung der Pensionsverpflichtung

> *Sowohl hinsichtlich der **Bewertung der verdeckten Einlage** als auch hinsichtlich des Zuflusses beim Gesellschafter ist auf den Teilwert der Pensionszusage abzustellen und nicht auf den gem. § 6a EStG ermittelten Teilwert der Pensionsrückstellung der Kapitalgesellschaft. Bei der Ermittlung des Teilwerts ist die Bonität der zur Pensionszahlung verpflichteten Kapitalgesellschaft zu berücksichtigen (BFH v. 15.10.1997 - I R 58/93, BStBl 1998 II S. 305)."*[1]

aa) Einkünfte aus nichtselbständiger Arbeit

936 Mit der Pensionszusage erhält der GGf ein Anwartschaftsrecht, das zum Bestandteil seines Privatvermögens wird. Verzichtet der GGf auf diesen Teil seines Vermögens gegenüber der verpflichteten GmbH, erzielt die Gesellschaft einen Vermögensvorteil, da sie von dieser Verpflichtung befreit wird.[2]

937 Ein gesellschaftlich veranlasster Verzicht auf eine Pensionsanwartschaft führt beim GGf insoweit zu einer **verdeckten Einlage**, als die Pensionsanwartschaft als werthaltig zu beurteilen ist. Mit dem Verzicht verfügt der GGf über seine Pensionszusage. Die Realisierung führt i. H. d. verdeckten Einlage zu einem fiktiven Zufluss, der insoweit eine Versteuerung des Teilwertes im Rahmen der Einkünfte **aus nichtselbständiger Arbeit i. S. d. § 19 EStG** auslöst.[3] Mittlerweile ist auch geklärt, dass es sich insoweit um eine Vergütung für eine mehrjährige Tätigkeit handelt, bei der die Anwendung der Fünftelungsregelung gem. § 34 Abs. 1 und Abs. 2 Nr. 4 EStG in Betracht kommt.[4]

938 Der Teilwert der aufgegebenen Versorgungsanwartschaften ist in diesem Falle jedoch nicht identisch mit dem Teilwert nach § 6a EStG. Er ist nach den Grundsätzen des BFH-Urteils v. 15.10.1997,[5] vielmehr unter Beachtung der allgemeinen Teilwertermittlungsgrundsätze – im Zweifel nach den **Wiederbeschaffungskosten** – zu ermitteln. Danach kommt es darauf an, welchen Betrag der Versorgungsbegünstigte an anderer Stelle hätte aufwenden müssen, um eine gleich hohe Versorgungsanwartschaft gegen einen vergleichbaren Schuldner zu erlangen. Damit hat der BFH eine relative Bewertung der Einlage aus Sicht des Gesellschafters vorgegeben.[6] Der BFH hat diese ertragsteuerrechtliche Beurteilung mit seiner Entscheidung v. 23.8.2017 erneut bestätigt.[7]

---

1 H 8.9 KStH 2015 (Verzicht auf Pensionsanwartschaftsrechte).
2 Vgl. Beschluss des GrS v. 9.6.1997 - GrS 1/94, BStBl 1998 II S. 307.
3 Siehe hierzu BFH, Urteil v. 23.8.2017 - VI R 4/16, BStBl 2018 II S. 208.
4 BFH, Urteil v. 23.8.2017 - VI R 4/16, BStBl 2018 II S. 208.
5 BFH, Urteil v. 15.10.1997 - I R 58/93, BStBl 1998 II S. 305.
6 Vgl. *Roser* in Gosch, KStG, 3. Aufl., § 8 Rz. 118.
7 BFH, Urteil v. 23.8.2017 - VI R 4/16, BStBl 2018 II S. 208.

Die Fachwelt ist sich einig, dass ein Wiederbeschaffungswert nur dadurch ermittelt werden kann, dass eine Einmalprämie für eine Rentenversicherung in der privaten Versicherungswirtschaft als Grundlage herangezogen wird. Dadurch ergibt sich aber, dass der Teilwert der aufgegebenen Versorgungsanwartschaft nach den Kalkulationsgrundlagen der Versicherungswirtschaft ermittelt wird. Eine derart ermittelte Einmalprämie wird den Teilwert nach § 6a EStG bei Weitem übersteigen. 939

Für den GGf entsteht somit eine völlig inakzeptable Situation: Er muss nämlich in Kauf nehmen, dass sein **Privatvermögen** durch die Versteuerung des Wiederbeschaffungswertes mit erheblichen **Steuerzahlungen belastet** wird, obwohl er auf seine Pensionszusage ganz oder teilweise entschädigungslos verzichtet hat und ihm daher im Zusammenhang mit diesem Verzicht **keinerlei Finanzmittel zugeflossen** sind. 940

bb) Nachträgliche Anschaffungskosten

Allerdings ergibt sich im Falle einer Veräußerung der GmbH-Anteile insoweit eine Teilkompensation dieses steuerlichen „Super-Gaus", als i. H. d. verdeckten Einlage (also i. H. des Wiederbeschaffungswertes) **nachträgliche Anschaffungskosten auf den GmbH-Anteil** entstehen.[1] Diese führen nämlich im Falle der Veräußerung der GmbH-Anteile zu einer Reduzierung des steuerpflichtigen Veräußerungsgewinns. 941

Da der Veräußerungsgewinn aber nach den Grundsätzen des **Teileinkünfteverfahrens** zu versteuern ist, kann diese Steuerentlastung die vorherige Steuerbelastung leider nur teilweise ausgleichen. Es verbleibt selbst im Falle einer zeitnahen Veräußerung der GmbH-Anteile eine erhebliche steuerliche Belastung des Gf, die dieser i. d. R. wohl nur dann verkraften kann, wenn die Veräußerung seiner Gesellschaftsanteile zu einem entsprechenden Veräußerungserlös führen wird, der der Höhe nach dazu geeignet ist, dass er daraus seinen gewohnten Lebensstandard auch nach Ausscheiden aus dem aktiven Erwerbsleben finanzieren kann. 942

Im Rahmen der Restrukturierung von Pensionszusagen für GGf gilt es daher, gerade diese ungewollte Steuerbelastung des Gf zu vermeiden. 943

(Einstweilen frei) 944–945

---

[1] Vgl. Beschluss des GrS v. 9. 6. 1997 - GrS 1/94, BStBl 1998 II S. 307, s. a. H 8.9 KStH 2015 (Verzicht auf Pensionsanwartschaftsrechte).

b) Auswirkungen bei der GmbH

aa) Gewinnerhöhende Auflösung der Pensionsrückstellung

946 Für die Handelsbilanz bestimmt § 249 Abs. 2 Satz 2 HGB, dass eine Pensionsrückstellung nur aufgelöst werden darf, soweit der Grund für ihre Bildung entfallen ist. Der gleiche Grundsatz gilt auch für die Steuerbilanz.[1]

947 Durch den Verzicht des GGf auf die Pensionszusage wird die GmbH von der Pensionsverpflichtung endgültig befreit. Die GmbH hat demzufolge die bisher passivierte Pensionsrückstellung insoweit gewinnerhöhend aufzulösen, als sie auf die aufgegebenen Versorgungsanwartschaften entfällt. Dieser Grundsatz gilt sowohl für die Handels- als auch für die Steuerbilanz des Trägerunternehmens.

948 In diesem Zusammenhang ist zu beachten, dass das in § 6a EStG verankerte Teilwertverfahren immer den Zeitwert der gesamten Pensionsverpflichtung ermittelt. **Wird während der Anwartschaftsphase auf Teile der Pensionszusage verzichtet**, so kommt es unweigerlich zu einer teilweisen gewinnerhöhenden Auflösung der bisher gebildeten Pensionsrückstellung. Die Pensionsrückstellung folgt im Verzichtsjahr unweigerlich der Reduzierung des Verpflichtungsumfangs. Ebenso zwangsläufig findet dann – von dieser reduzierten Basis aus – in den Folgejahren wieder ein versicherungsmathematisch bedingtes Anwachsen bis zur Höhe des Rentenbarwertes der reduzierten Versorgungsleistungen statt.

---

[1] R 6a Abs. 21 Satz 1 EStR.

2. Rechtsfolgen eines gesellschaftlich veranlassten Verzichts

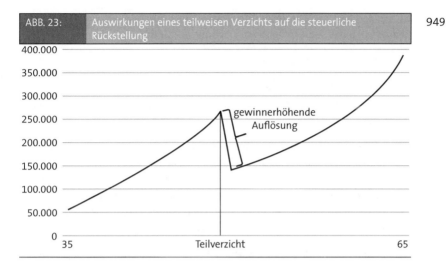

ABB. 23: Auswirkungen eines teilweisen Verzichts auf die steuerliche Rückstellung

949

Etwas anderes gilt jedoch für die **handelsbilanzielle Abbildung** einer teilweise während der Anwartschaftsphase reduzierten Pensionszusage:

950

Zunächst ist zu prüfen, ob auch nach der Herabsetzung noch ein weiteres Erdienen stattfindet. Ist dies der Fall, so kann die bisherige Bewertungsmethodik auf dem reduzierten Niveau fortgesetzt werden. Ist dies nicht der Fall, so ist die verbleibende Pensionsverpflichtung gem. IDW zwingend mit dem Anwartschaftsbarwert zu bewerten (siehe hierzu auch Rz. 3517).[1]

951

bb) Steuerlicher Aufwand durch verdeckte Einlage

Falls im Zusammenhang mit dem Verzicht eine verdeckte Einlage in die Gesellschaft entstanden ist (gesellschaftliche Veranlassung plus Werthaltigkeit), ist das Ergebnis der GmbH nach § 4 Abs. 1 Satz 5 EStG nach den Grundsätzen der Entscheidung des GrS v. 9.6.1997 außerhalb der Bilanz durch eine Absetzung in Höhe des Teilwerts der verdeckten Einlage (Wiederbeschaffungswert) nochmals zu korrigieren.

952

Der Verzicht auf eine Pensionszusage führt durch den Wegfall der zuvor passivierten Verbindlichkeit der GmbH zu einer Vermögensmehrung, die nach handelsrechtlichen Grundsätzen als Gewinn ausgewiesen werden kann. Dem ist steuerrechtlich jedoch durch einen Abzug einer verdeckten Einlage zu begegnen, wenn der Gesellschafter den Erlass im Hinblick auf das Gesellschaftsver-

953

---

[1] IDW RS HFA 30, Rz. 61.

VI. Reduzierung der Pensionsverpflichtung

hältnis gewährt hat. **Die verdeckte Einlage führt somit außerbilanziell zu einer Reduzierung des steuerpflichtigen Gewinns der GmbH.**

H 8.9 KStH führt hierzu das Folgende aus:

*„Der durch die Ausbuchung der Pensionsrückstellung bei der Kapitalgesellschaft zu erfassende Gewinn ist im Rahmen der Einkommensermittlung in Höhe des Werts der verdeckten Einlage **wieder in Abzug zu bringen**.*

*Sowohl hinsichtlich der **Bewertung der verdeckten Einlage** als auch hinsichtlich des Zuflusses beim Gesellschafter ist auf den Teilwert der Pensionszusage abzustellen und nicht auf den gem. § 6a EStG ermittelten Teilwert der Pensionsrückstellung der Kapitalgesellschaft. Bei der Ermittlung des Teilwerts ist die Bonität der zur Pensionszahlung verpflichteten Kapitalgesellschaft zu berücksichtigen (BFH v. 15.10.1997 - I R 58/93, BStBl 1998 II S. 305)."*

954 Da der nach dem Wiederbeschaffungskostenprinzip ermittelte Teilwert der aufgegebenen Pensionszusage immer höher sein wird, als der Teilwert nach § 6a EStG, **führt der Verzicht auf die Pensionszusage auf der Ebene der GmbH per Saldo immer zu einem steuerlichen Aufwand.**

955 Dieses Ergebnis mag zunächst verwundern. Es ist jedoch der Tatsache geschuldet, dass die Ergebniskorrekturen auf der Ebene der GmbH nach unterschiedlichen Bewertungsverfahren vorzunehmen sind:

▶ **Bilanzinterne** (gewinnerhöhende) Auflösung der Pensionsrückstellung anhand einer Bewertung gem. **§ 6a EStG,**

▶ **außerbilanzielle** (reduzierende) Korrektur des Einkommens anhand einer Bewertung nach dem **Wiederbeschaffungsprinzip**

2. Rechtsfolgen eines gesellschaftlich veranlassten Verzichts

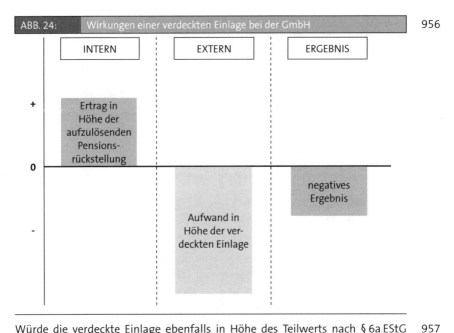

ABB. 24: Wirkungen einer verdeckten Einlage bei der GmbH

Würde die verdeckte Einlage ebenfalls in Höhe des Teilwerts nach § 6a EStG bewertet werden, so würde die außerbilanzielle Korrektur der Höhe nach der gewinnerhöhenden Auflösung der Pensionsrückstellung entsprechen. Ein Verzicht auf eine Pensionszusage würde auf der Ebene der GmbH dann steuerneutral vonstattengehen. Auch hinsichtlich des fiktiven Zuflusses würde sich eine deutlich niedrigere Belastung ergeben.

c) Auswirkungen bei den Mit-Gesellschaftern: Schenkungsteuerbarkeit disquotaler verdeckter Einlagen

Die Frage, ob verdeckte Einlagen schenkungsteuerbar sind, unterlag in der jüngeren Vergangenheit einem lebhaften Wechsel. Die FinVerw hat nunmehr mit dem gleich lautenden Erlass der obersten Finanzbehörden der Länder v. 20.4.2018[1] zu der Frage der Schenkungsteuerbarkeit disquotaler verdeckter Einlagen Stellung genommen (siehe hierzu Rz. 3986).

Nach den Ausführungen dieses Erlasses ist festzuhalten, dass eine disquotale verdeckte Einlage im Rahmen der Bestimmungen zu § 7 Abs. 8 Satz 1 ErbStG sehr wohl zu einem schenkungsteuerbaren Vorgang führen kann. § 7 Abs. 8

---

[1] Oberste Finanzbehörden der Länder, Erlass v. 20.4.2018 - S 3806, BStBl 2018 I S. 632.

Satz 1 ErbStG **fingiert nämlich eine Schenkung** zwischen dem an eine Kapitalgesellschaft Leistenden und der natürlichen Person oder Stiftung, die an der Kapitalgesellschaft unmittelbar oder mittelbar beteiligt ist, und deren Anteile an der Gesellschaft durch die Leistung im gemeinen Wert steigen.

960 Überträgt man diese Rechtsgrundsätze auf den entschädigungslosen Verzicht eines GGf auf seine Pensionszusage, so ergeben sich folgende Auswirkungen:

Allein-Gesellschafter

Verzichtet ein Allein-Gesellschafter auf seine Pensionszusage, so führt dies auch dann nicht zu einem schenkungsteuerbaren Vorgang, wenn damit eine verdeckte Einlage einhergeht.

Mit-Gesellschafter

Verzichtet jedoch ein Mit-Gesellschafter, der neben weiteren Gesellschaftern an der GmbH beteiligt ist, entschädigungslos auf seine Pensionszusage und geht damit eine verdeckte Einlage einher (Werthaltigkeit zzgl. gesellschaftliche Veranlassung), **so kommt es zu einer steuerbaren Schenkung des verzichtenden Gesellschafters (Zuwendender) an seine Mit-Gesellschafter (Zuwendungsempfänger)**. Voraussetzung ist jedoch, dass die Mit-Gesellschafter nicht ihrerseits eine wertgleiche verdeckte Einlage (z. B. durch einen Pensionsverzicht) erbringen und der Verzicht nach dem 13. 12. 2011 stattfindet.

961 Maßgeblich für die Feststellung der Bereicherung i. S. v. § 10 Abs. 1 ErbStG ist nicht der Wert der Einlage, sondern die in den Anteilen der Mit-Gesellschafter eingetretene Werterhöhung (Erhöhung des gemeinen Werts der Anteile an der Kapitalgesellschaft). Maßgeblich sind die allgemeinen Regelungen für die Bewertung nicht notierter Anteile (§ 11 Abs. 2 BewG, ggf. i. V. m. §§ 199 ff. BewG). Um die Höhe der Schenkungsteuer ermitteln zu können, muss daher eine zweifache Bewertung der Anteile der Mit-Gesellschafter nach den Vorschriften des BewG sowohl vor der Einlage als auch danach erfolgen.

962–965 *(Einstweilen frei)*

3. Rechtsfolgen eines betrieblich veranlassten Verzichts

966 Für den Fall, dass der Verzicht im Zusammenhang mit einer betrieblichen Veranlassung zustande gekommen ist, vereinfacht sich die steuerliche Behandlung deutlich.

3. Rechtsfolgen eines betrieblich veranlassten Verzichts

Steuerliche Auswirkungen bei

GmbH	GGf
Ertrag i. H. d. (teilweise) aufzulösenden Pensionsrückstellung (§ 6a EStG)	KEINE

a) Auswirkungen beim Gesellschafter-Geschäftsführer

Ein betrieblich veranlasster Verzicht führt auf der Ebene des GGf nicht zu einer fiktiven Versteuerung des Wiederbeschaffungswertes im Rahmen der Einkünfte aus nichtselbständiger Arbeit. Auch kommt es nicht zum Entstehen nachträglicher Anschaffungskosten. Durch die betriebliche Veranlassung wird die Privatsphäre des GGf abgeschirmt; der Verzicht bleibt für ihn steuerneutral. Die ertragsteuerrechtlichen Auswirkungen beschränken sich ausschließlich auf die Ebene der GmbH.

967

b) Auswirkungen bei der GmbH

aa) Gewinnerhöhende Auflösung der Pensionsrückstellung

An der Tatsache, dass die GmbH durch den Verzicht von ihrer Pensionsverpflichtung (teilweise) befreit wird, ändert sich durch eine betriebliche Veranlassung des Rechtsgeschäftes grundsätzlich nichts. Die GmbH muss deswegen auch in diesem Falle die bisher gebildete Pensionsrückstellung insoweit auflösen, als sie auf die aufgegebenen Versorgungsanwartschaften entfällt. Hinsichtlich der Wirkungen wird auf Rz. 946 verwiesen.

968

bb) Steuerlicher Aufwand durch verdeckte Einlage

Die Voraussetzungen zur Annahme einer verdeckten Einlage sind jedoch im Falle einer betrieblich veranlassten Herabsetzung nicht gegeben, da die Vermögenszuwendung eben nicht auf der Gesellschafterstellung des Versorgungsberechtigten beruht. Somit kommt es bei einem betrieblich veranlassten Verzicht auch nicht zu einer außerbilanziellen Ergebniskorrektur der GmbH. Die Wirkungen eines betrieblich veranlassten Verzichts beschränken sich daher ausschließlich auf die bilanzinterne Ergebniskorrektur.

969

c) Auswirkungen bei den Mit-Gesellschaftern

Im Falle einer betrieblich veranlassten Herabsetzung kommt es auch nicht zu einer schenkungsteuerrechtlich relevanten Zuwendung an die Mit-Gesellschafter. Nach den Ausführungen in Tz. 3.3.7 des koordinierten Ländererlasses v. 20. 4. 2018 ist davon auszugehen, dass es in diesem Falle an einem steuer-

970

baren Vorgang mangelt, weil der Gläubiger einer wertlosen Forderung nichts aus seinem Vermögen hergibt, sondern lediglich uneinbringbare Werte gegen Erwerbsaussichten umschichtet. Es mangelt insoweit an einer Vermögensverschiebung von dem Verzichtenden an die Mit-Gesellschafter.

971–974 (Einstweilen frei)

4. Gesellschaftliche Veranlassung eines Verzichts

975 Die Veranlassung eines Verzichts ist grundsätzlich im Wege des materiellen Fremdvergleiches zu ermitteln. Dabei ist festzustellen, ob ein Fremd-Gf bei Anwendung der Sorgfaltspflicht des ordentlichen und gewissenhaften Geschäftsleiters unter sonst gleichen Umständen die Pensionsanrechte aufgegeben hätte.[1] Dies kann aus Sicht des BFH nur in seltenen Ausnahmefällen angenommen werden.

976 Aus Sicht der FinVerw ist die Diskussion um die Veranlassung des Verzichts bereits entschieden. Das **Bayerische Landesamt für Steuern** veröffentlichte mit Verfügung v. 15. 2. 2007,[2] **die mit den obersten Finanzbehörden des Bundes und der Länder koordinierte Verwaltungsauffassung**. Danach gilt das Folgende:

„Der Verzicht (Widerruf oder Einschränkung im Wege eines Erlass-, Schuldaufhebungs- oder Änderungsvertrages) des Gesellschafter-Geschäftsführers ist *regelmäßig als im Gesellschaftsverhältnis veranlasst anzusehen.*"

977 Danach muss davon ausgegangen werden, dass die FinVerw im Grundsatz davon ausgeht, dass jeder Verzicht zunächst der Gesellschafter-Stellung zuzurechnen ist. Eine betriebliche Veranlassung eines Verzichts kann auf der Grundlage der von der FinVerw vertretenen Rechtsauffassung nur noch in begründeten Ausnahmefällen angenommen werden, die in der koordinierten Verfügung des BayLfSt v. 15. 2. 2007 definiert werden und auf die im Folgenden eingegangen wird.

978–979 (Einstweilen frei)

---

[1] BFH, Urteil v. 23. 8. 2017 - VI R 4/16, BStBl 2018 II S. 208.
[2] Bayerisches Landesamt für Steuern, Verfügung v. 15. 2. 2007 - S 2742-26 St31 N, NWB DokID: OAAAC-38776.

5. Betriebliche Veranlassung eines Verzichts

Die betriebliche Veranlassung eines Verzichts wird von der FinVerw seit jeher anhand des steuerlichen Kriteriums der **Finanzierbarkeit** festgemacht. Allerdings haben sich die diesbezüglichen Rahmenbedingungen in der Vergangenheit erheblich verändert: 980

In der Vergangenheit hatte die FinVerw zum Thema „Finanzierbarkeit von Pensionsverpflichtungen gegenüber beherrschenden GGf" eine klare Rechtsauffassung vertreten. In der Tz. 2 des BMF-Schreibens v. 14. 5. 1999[1] hatte sie zum Ausdruck gebracht, dass ein ordentlicher und gewissenhafter Geschäftsleiter eine Anpassung der Pensionszusage herbeiführen würde, wenn sich die wirtschaftliche Lage der Gesellschaft in den Jahren nach deren Erteilung verschlechtert. Daraus hatte sie die Anforderung abgeleitet, dass die Pensionszusage zu kürzen sei, soweit ihre Finanzierbarkeit entfallen ist. Eine derartige Kürzung hatte die FinVerw als betrieblich veranlasst beurteilt, was zur Folge hatte, dass in diesem Zusammenhang kein gesellschaftlich veranlasster Verzicht des GGf entstehen konnte. 981

Nachdem der BFH dieser Rechtsauffassung mit fünf verschiedenen Urteilen innerhalb von knapp vier Jahren kategorisch widersprochen hatte, hatte die FinVerw im Herbst des Jahres 2005 „klein beigegeben". Mit BMF-Schreiben v. 6. 9. 2005[2] hat die FinVerw ihre bisherige Auffassung ersatzlos aufgehoben. Künftig beurteilt sich die Finanzierbarkeit einer Pensionszusage gegenüber einem beherrschenden GGf nach den Grundsätzen, die der BFH entwickelt hat.[3] Die Rechtsgrundsätze der BFH-Urteile sind auch auf nicht beherrschende GGf anzuwenden. 982

Im Anschluss an das BMF-Schreiben v. 6. 9. 2005 kam es in der Fachwelt zu einem leichten Vakuum. War doch die Möglichkeit, bei einer Verschlechterung der wirtschaftlichen Lage der Gesellschaft einen betrieblich veranlassten Verzicht auf Teile der Pensionszusage zu erklären, entfallen. Der damit ausgelösten Diskussion über die zukünftigen Möglichkeiten eines steuerunschädlichen Verzichts bereitete die FinVerw erst mit einiger Verzögerung ein Ende. Zunächst äußerte sich die **OFD Hannover** mit ihrer Verfügung v. 15. 12. 2006[4] zu dieser Frage. 983

---

1 BMF, Schreiben v. 14. 5. 1999, BStBl 1999 I S. 512.
2 BMF, Schreiben v. 6. 9. 2005, BStBl 2005 I S. 875.
3 BFH, Urteile v. 8. 11. 2000 - I R 70/99, BStBl 2005 II S. 653; BFH v. 20. 12. 2000 - I R 15/00, BStBl 2005 II S. 657; BFH v. 7. 11. 2001 - I R 79/00, BStBl 2005 II S. 659 und v. 4. 9. 2002 - I R 7/01, BStBl 2005 II S. 662; sowie BFH v. 31. 3. 2004 - I R 65/03, BStBl 2005 II S. 664.
4 OFD Hannover, Verfügung. v. 15. 12. 2006 - S 2741 - 117 - StO 241, NWB DokID: GAAAC-35186.

VI. Reduzierung der Pensionsverpflichtung

984　Im Anschluss daran veröffentlichte das **Bayerische Landesamt für Steuern** mit Verfügung v. 15. 2. 2007[1] **die mit den obersten Finanzbehörden des Bundes und der Länder koordinierte Verwaltungsauffassung** und führte das Folgende aus:

„Im BMF-Schreiben v. 14. 5. 1999 (BStBl 1999 I S. 512) war in Tz. 2 geregelt, dass der Verzicht auf eine Pensionszusage, die nicht mehr finanzierbar ist, betrieblich veranlasst ist. Eine Nichtfinanzierbarkeit war nach der damaligen Verwaltungsauffassung bereits dann gegeben, wenn nach dem sog. Worst-Case-Szenario bei einem unmittelbar nach dem Bilanzstichtag eintretenden Versorgungsfall (Bilanzsprungrisiko) der Barwert der künftigen Pensionsverpflichtungen zu einer bilanziellen Überschuldung geführt hätte. **Aufgrund der Anwendung der BFH-Rechtsprechung zur Finanzierbarkeit kommt es zu einer Verschiebung des Zeitpunktes, zu dem eine Pensionszusage nicht mehr als finanzierbar gewertet wird.** *Nach Aufhebung der Tz. 2 des BMF-Schreibens vom 14. 5. 1999 stellte sich deshalb die Frage, unter welchen Voraussetzungen ein Verzicht auf eine Pensionszusage – insbesondere ein Verzicht bereits vor Eintritt der insolvenzrechtlichen Überschuldung – betrieblich veranlasst ist.*

Es bestand Einvernehmen, dass bei einer nach den Urteilen des BFH v. 8. 11. 2000 (BStBl 2005 II S. 653), v. 20. 12. 2000 (BStBl 2005 II S. 657), v. 7. 11. 2001 (BStBl 2005 II S. 659) und v. 4. 9. 2002 (BStBl 2005 II S. 662) nicht finanzierbaren Pensionszusage ein Verzicht im Regelfall als betrieblich veranlasst zu werten ist.

Bei der Prüfung der gesellschaftsrechtlichen bzw. betrieblichen Veranlassung einer unterbliebenen Anpassung einer Pensionszusage und eines Verzichts auf eine Pensionszusage sind die nämlichen Kriterien anzuwenden. **Daraus folgt, dass ein Verzicht auf eine Pensionszusage vor dem Zeitpunkt, in dem sie nicht mehr finanzierbar ist, grundsätzlich als gesellschaftsrechtlich veranlasst anzusehen ist.** *Etwas anderes kann nur dann gelten, wenn im Ausnahmefall weitere Umstände hinzutreten, die den Rückschluss erlauben, dass auch ein fremder dritter Gf auf seine Pensionszusage verzichtet hätte.*

Die Sitzungsteilnehmer erklärten ihr Einverständnis mit dieser Auffassung und einigten sich auf folgende Handhabung:

Der Verzicht (Widerruf oder Einschränkung im Wege eines Erlass-, Schuldaufhebungs- oder Änderungsvertrages) des Gesellschafter-Geschäftsführers ist regelmäßig als im Gesellschaftsverhältnis veranlasst anzusehen.

---

1 Bayerisches Landesamt für Steuern, Verfügung v. 15. 2. 2007 - S 2742-26 St31 N, NWB DokID: OAAAC-38776.

Von einer betrieblichen Veranlassung des Verzichts ist hingegen auszugehen, wenn die Pensionszusage im Verzichtszeitpunkt nach der Rechtsprechung des BFH in den Urteilen v. 8.11.2000 (BStBl 2005 II S.653), v. 20.12.2000 (BStBl 2005 II S.657), v. 7.11.2001 (BStBl 2005 II S.659) und v. 4.9.2002 (BStBl 2005 II S.662) nicht finanzierbar ist.

*Dient der Verzicht der Vermeidung einer **drohenden Überschuldung** der Gesellschaft im insolvenzrechtlichen Sinne und steht er im Zusammenhang mit weiteren die Überschuldung vermeidenden Maßnahmen (wie insbesondere einer Absenkung des Aktivgehaltes), ist er entsprechend den allgemeinen Grundsätzen nur dann betrieblich veranlasst, wenn sich auch ein Fremdgeschäftsführer zu einem Verzicht bereit erklärt hätte."*

Nach diesen Grundsätzen ist daher davon auszugehen, dass der Verzicht eines GGf regelmäßig als im Gesellschaftsverhältnis veranlasst anzusehen ist.   985

Für die Annahme einer betrieblichen Veranlassung definiert die FinVerw somit zwei Ausnahmetatbestände: 986

▶ **Mangelnde Finanzierbarkeit** nach Eintritt einer Überschuldung i. S. d. InsO

▶ **Sanierung** der GmbH zur Vermeidung einer **drohenden Überschuldung**

Im Folgenden ist somit zu untersuchen, unter welchen Voraussetzungen die beiden Ausnahmeregelungen Anwendung finden und inwieweit sie zu einem steuerunschädlichen Verzicht auf eine Pensionszusage führen können.   987

(*Einstweilen frei*)   988–992

6. Herabsetzung wegen mangelnder Finanzierbarkeit (Erste Ausnahmeregel)

Von einer ausnahmsweisen betrieblichen Veranlassung des Verzichts ist nach den Grundsätzen der Verfügung des LfSt Bayern v.15.2.2007 auszugehen, wenn die Pensionszusage im Verzichtszeitpunkt nach der Rechtsprechung des BFH[1] **als nicht mehr finanzierbar zu beurteilen ist.**   993

Die Finanzierbarkeit der Pensionsverpflichtung wird damit zum alleinigen Kriterium bestimmt, um die betriebliche Veranlassung eines Verzichts auf eine Pensionszusage zu beurteilen.   994

---

1 BFH, Urteile v. 8.11.2000 - I R 70/99, BStBl 2005 II S.653; BFH v. 20.12.2000 - I R 15/00, BStBl 2005 II S.657; BFH v. 7.11.2001 - I R 79/00, BStBl 2005 II S.659 und BFH v. 4.9.2002 - I R 7/01, BStBl 2005 II S.662.

VI. Reduzierung der Pensionsverpflichtung

995 Im Gegensatz zu anders lautenden Literaturauffassungen kann eine mangelnde Finanzierbarkeit auf keinen Fall bereits aus dem sog. Pensionsdefizit abgeleitet werden, welches sich in der Praxis in vielen Fällen durch die Unterdeckung der Rückdeckungsversicherung infolge der Absenkung der Überschussbeteiligung der Versicherungswirtschaft ergibt. Die Rückdeckungsversicherung stellt eine rechtlich selbständige Vorsorgemaßnahme des Versorgungsträgers dar. Sie wird im Regelfall (reine Leistungszusage) nicht zur Geschäftsgrundlage für die rechtlich selbständige vertragliche Vereinbarung zur Pensionszusage. Kommt es auf der Vertragsebene zwischen Trägerunternehmen und Versicherungsgesellschaft zu einer Leistungsstörung, so betrifft dies unmittelbar nur die beiden Vertragsparteien. Ein Widerrufs- oder Herabsetzungstatbestand lässt sich daraus selbst dann nicht herstellen, wenn die vertragliche Vereinbarung zur Pensionszusage die sog. steuerunschädlichen Widerrufsvorbehalte beinhaltet.

996 Die Voraussetzung der mangelnden Finanzierbarkeit ist grundsätzlich erst dann erfüllt, wenn die Passivierung der Pensionsverpflichtung zu einer Überschuldung der Gesellschaft im insolvenzrechtlichen Sinne geführt hat.[1]

a) Überschuldung i. S. d. InsO

997 Eine Überschuldung liegt nach der Legaldefinition des § 19 Abs. 2 Satz 1 InsO dann vor, wenn das Vermögen der Gesellschaft die bestehenden Verbindlichkeiten nicht mehr deckt, es sei denn, die Fortführung des Unternehmens ist nach den Umständen überwiegend wahrscheinlich.

998 § 19 InsO hat in kurzer Folge durch das Finanzmarktstabilisierungsgesetz (FMStG) mit Wirkung ab 18. 10. 2008[2] und das Gesetz zur Modernisierung des GmbH-Rechts und zur Bekämpfung von Missbräuchen (MoMiG) mit Wirkung ab 1. 11. 2008[3] Änderungen erfahren, wobei die Neufassung des Abs. 2 durch das FMStG zeitlich befristet sein sollte bis zum 31. 12. 2010. Durch das Gesetz zur Erleichterung der Sanierung von Unternehmen (ESUG) v. 24. 9. 2009[4] wurde die ursprüngliche Befristung des Abs. 2 bis zum 31. 12. 2013 verlängert. Durch das Gesetz zur Einführung einer Rechtsbehelfsbelehrung im Zivilprozess

---

1 BFH, Urteile v. 20. 12. 2000 - I R 15/00, BStBl 2005 II S. 657; BFH v. 7. 11. 2001 - I R 79/00, BStBl 2005 II S. 659 und BFH v. 4. 9. 2002 - I R 7/01, BStBl 2005 II S. 662.
2 FMStG v. 17. 10. 2008, BGBl 2008 I S. 1982.
3 MoMiG v. 23. 10. 2008, BGBl 2008 I S. 2026.
4 ESUG v. 24. 9. 2009, BGBl 2009 I S. 3151.

und zur Änderung anderer Vorschriften (RechtsBehEG) v. 5.12.2012[1] hat der Gesetzgeber die Befristung dann mit Wirkung zum 12.12.2012 aufgehoben.

Die durch das FMStG zum 18.10.2008 in Kraft getretene Änderung der InsO soll ausweislich der Gesetzesbegründung dafür sorgen, dass Unternehmen mit einer positiven Fortführungsprognose nicht in Folge der Bankenkrise in die Insolvenz geraten. Deswegen wurde § 19 Abs. 2 Satz 1 InsO zunächst zeitlich begrenzt geändert (zunächst bis zum 31.12.2010; dann aber verlängert bis zum 31.12.2013) und bestimmt, dass innerhalb dieses Zeitraumes eine Überschuldung nur dann eintritt, wenn das Vermögen des Schuldners die bestehenden Verbindlichkeiten nicht mehr deckt und (zusätzlich) eine negative Fortführungsprognose besteht. Durch die Aufhebung der zeitlichen Befristung gilt der modifizierte zweistufige Überschuldungsbegriff nunmehr zeitlich unbefristet fort. Daher liegt eine rechtliche Überschuldung nur noch dann vor, wenn neben einer rechnerischen Überschuldung auch noch eine negative Fortbestehensprognose besteht.

999

b) Überschuldungsprüfung gem. IDW S 11

Das IDW hat am 29.1.2015 den neuen Standard zur Beurteilung des Vorliegens von Insolvenzeröffnungsgründen verabschiedet[2] und ihn mit Fassung v. 22.8.2016 ergänzt.[3] Damit liefert das IDW ein Regelwerk, welches unter Berücksichtigung der höchstrichterlichen Rechtsprechung die Anforderungen an die Beurteilung des Vorliegens von Insolvenzeröffnungsgründen aufstellt.

1000

Die Anforderungen sind bei der Beurteilung von Insolvenzeröffnungsgründen zugrunde zu legen. Sie richten sich sowohl an die gesetzlichen Vertreter, als auch an die Berufsträger mit (Annex-) Kompetenz zur Rechtsberatung (insb. Rechtsanwälte/Wirtschaftsprüfer/Steuerberater), die von den gesetzlichen Vertretern zur Beurteilung des Vorliegens von Insolvenzeröffnungsgründen hinzugezogen werden, bzw. die im Rahmen eines Sanierungskonzeptes die Insolvenzreife beurteilen.

1001

Gemäß IDW S 11 gilt im Hinblick auf eine Überschuldungsprüfung gem. § 19 Abs. 2 Satz 1 InsO das Folgende:

---

1 RechtsBehEG v. 5.12.2012, BGBl 2012 I S. 2418.
2 IDW Life 4/2015.
3 IDW Life 3/2017.

VI. Reduzierung der Pensionsverpflichtung

aa) Aufbau der Überschuldungsprüfung

1002 „Die inhaltliche Ausgestaltung der Überschuldungsprüfung ist im Gesetz lediglich rudimentär geregelt. Zur Erreichung einer nachvollziehbaren Beurteilung ist ein sachgerechtes methodisches Vorgehen erforderlich.

Die Überschuldungsprüfung erfordert in aller Regel ein **zweistufiges Vorgehen**:

▶ Auf der ersten Stufe sind Überlebenschancen des Unternehmens in einer Fortbestehensprognose zu beurteilen. Bei einer positiven Fortbestehensprognose liegt keine Überschuldung i. S. d. § 19 Abs. 2 Satz 1 InsO vor.

▶ Im Falle einer negativen Fortbestehensprognose sind auf der zweiten Stufe Vermögen und Schulden des Unternehmens in einem **stichtagsbezogenen Status zu Liquidationswerten** gegenüberzustellen. In diesem Fall liegt zumindest eine drohende Zahlungsunfähigkeit und somit ein Insolvenzantragsrecht vor. Ist darüber hinaus das sich aus dem Überschuldungsstatus ergebende Reinvermögen negativ, liegt zusätzlich eine Überschuldung vor, die eine Antragspflicht begründet."[1]

bb) Fortbestehensprognose

1003 ▶ „Zur Feststellung einer künftigen, der Fortführung des Unternehmens entgegenstehenden Liquiditätslücke ist ausgehend von der Stichtagsliquidität im Prüfungszeitpunkt die gesamte finanzielle Entwicklung des Unternehmens für den Prognosezeitraum in einer Fortbestehensprognose darzustellen.

▶ Die Fortbestehensprognose ist das wertende Gesamturteil über die Lebensfähigkeit des Unternehmens in der vorhersehbaren Zukunft. Sie wird auf Grundlage des Unternehmenskonzepts und des auf der integrierten Planung abgeleiteten Finanzplans getroffen.

▶ Die Fortbestehensprognose soll eine Aussage dazu ermöglichen, ob vor dem Hintergrund der getroffenen Annahmen und der daraus abgeleiteten Auswirkungen auf die zukünftige Ertrags- und Liquiditätslage ausreichende finanzielle Mittel zur Verfügung stehen, die im Planungshorizont jeweils fälligen Verbindlichkeiten bedienen zu können. Sie ist eine **reine Zahlungsfähigkeitsprognose**.

▶ Der Prognosezeitraum für die insolvenzrechtliche Fortbestehensprognose umfasst aufgrund im Zeitablauf zunehmender Prognoseunsicherheit in der Regel nur das laufende sowie das folgende Geschäftsjahr."[2]

---

[1] IDW S 11 Rz. 52 f.
[2] IDW S 11 Rz. 68 ff.

cc) Überschuldungsstatus

▶ „Im Falle einer positiven Fortbestehensprognose liegt keine Überschuldung vor; die Aufstellung eines Überschuldungsstatus ist in diesem Fall nicht erforderlich. Ist die Prognose hingegen negativ, ist festzustellen, ob neben der drohenden Zahlungsunfähigkeit auch der Insolvenzeröffnungsgrund der Überschuldung vorliegt. Dazu sind das Vermögen und die Schulden in einem stichtagsbezogenen Status (Überschuldungsstatus) gegenüberzustellen. Ein sich daraus ergebendes negatives Reinvermögen begründet eine Insolvenzantragspflicht.

1004

▶ Praktischer Ausgangspunkt für die Erstellung des Überschuldungsstatus ist regelmäßig ein zeitnaher handelsrechtlicher Jahres- oder Zwischenabschluss. Allerdings sind handelsrechtliche Grundsätze, wie z. B. Anschaffungskosten-, Imparitäts-, Realisations- und Vorsichtsprinzip nicht maßgeblich. Vielmehr sind die Ansatz- und Bewertungsgrundsätze im Überschuldungsstatus mangels gesetzlicher spezieller Vorschriften am Zweck der Überschuldungsprüfung auszurichten.

▶ Vermögenswerte und Schulden werden im Überschuldungsstatus mit Liquidationswerten angesetzt. Dabei sind – anders als im handelsrechtlichen Jahresabschluss – ggf. vorhandene stille Reserven und Lasten aufzudecken.

▶ Bei der Ermittlung der Liquidationswerte ist auf Grundlage von Verwertungskonzept und Finanzplan von der jeweils wahrscheinlichsten Verwertungsmöglichkeit auszugehen. Entscheidend ist, wie viel ein potenzieller Erwerber für den immateriellen oder materiellen Vermögenswert auszugeben bereit ist.

▶ *Pensionsverpflichtungen sind mit dem Ablösewert zu bewerten.* Zur Gewährleistung eines vollständigen Schuldenausweises sind Pensionsrückstellungen auch für mittelbare Pensionsverpflichtungen und Verpflichtungen aus Altzusagen zu passivieren. Verfallbare Ansprüche sind nicht zu berücksichtigen, soweit sie gemäß der Verwertungsprognose nicht bedient werden müssen.

▶ Gesellschafterdarlehen oder Rechtshandlungen, die einem solchen Darlehen wirtschaftlich entsprechen, für die gemäß § 39 Abs. 2 InsO zwischen Gläubiger und Schuldner der Nachrang im Insolvenzverfahren hinter den in § 39 Abs. 1 Nr. 1 bis 5 InsO bezeichneten Forderungen vereinbart worden ist, sind nicht zu passivieren. Gleiches gilt für entsprechende Verbindlichkeiten gegenüber einem Dritten."[1]

---

1 IDW S 11 Rz. 57 ff.

VI. Reduzierung der Pensionsverpflichtung

1005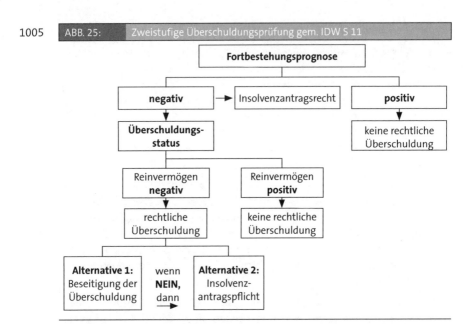

1006 Nach der vom IDW vertretenen Auffassung hat der Gf somit zunächst eine Fortbestehensprognose zu erstellen. Diese ist eine reine Zahlungsfähigkeitsprognose (Cash-Flow Betrachtung), die max. die nächsten beiden Geschäftsjahre umfasst. Ist deren Ergebnis positiv liegt keine Überschuldung im rechtlichen Sinne vor.

1007 Führt die Fortbestehensprognose zu einem negativen Ergebnis, hat der Gf eine Überschuldungsbilanz zu erstellen, die die Vermögenspositionen und Schulden der Gesellschaft anhand von Liquidationswerten abbildet. Ist das danach feststellbare Reinvermögen positiv, so liegt keine rechtliche Überschuldung vor. Ein sich daraus ergebendes negatives Reinvermögen, begründet eine Insolvenzantragspflicht. In diesem Falle hat der Gf maximal drei Wochen Zeit, um die rechtliche Überschuldung durch geeignete Maßnahmen zu beseitigen, anderenfalls muss er spätestens nach Ablauf dieser Frist einen Eröffnungsantrag zu stellen.[1]

---

1 § 15a Abs. 1 Satz 1 InsO.

6. Herabsetzung wegen mangelnder Finanzierbarkeit (Erste Ausnahmeregel)

(1) Ansatz der Pensionsverpflichtung in der Überschuldungsbilanz

Nach der vom IDW vertretenen Auffassung sind Pensionsverpflichtungen aus unmittelbaren Pensionszusagen mit dem Ablösewert zu bewerten; verfallbare Ansprüche sind nicht zu berücksichtigen, soweit sie gemäß der Verwertungsprognose nicht bedient werden müssen. Eine nähere Definition des Begriffes „Ablösewert" enthält der IDW Standard nicht. 1008

U. E. ist bei konsequenter Anwendung des Liquidationsgedankens der Ablösewert in erster Linie i. H. einer **Einmalprämie** zu bestimmen, die im Rahmen des Abschlusses einer Liquidationsversicherung an die – die Pensionsverpflichtung übernehmende – Versicherungsgesellschaft zu leisten wäre. Im Falle eines **Leistungsanwärters** wäre dabei die Prämie zu ermitteln, die für die zum Stichtag des Überschuldungsstatus unverfallbar erworbenen Versorgungsanwartschaften (Past Service) aufzubringen wäre. Der Future Service bleibt konsequenterweise außer Betracht. Im Falle eines **Leistungsempfängers** wäre dabei die Prämie zu ermitteln, die für die zum Stichtag des Überschuldungsstatus fälligen Versorgungsansprüche aufzubringen wäre. 1009

Hilfsweise käme u. E. auch eine Bewertung mit dem handelsrechtlichen Barwert – unter Anwendung des Rechnungszinsfußes auf der Grundlage einer siebenjährigen Durchschnittsbildung – in Frage. 1010

Eine andere Bewertung des Ablösewertes käme u. E. ausnahmsweise nur dann in Frage, wenn in der vertraglichen Vereinbarung zur Pensionszusage eine Kapitalisierungsklausel enthalten wäre, deren Regelungsinhalt es ermöglichen würde, dass die GmbH die bestehende Pensionsverpflichtung im Zeitpunkt der Liquidation einseitig mittels Zahlung einer einmaligen Kapitalleistung mit zivilrechtlicher Wirksamkeit erfüllen/ablösen könnte. In diesem Falle würde die nach den vertraglichen Regelungen zu ermittelnde Kapitalleistung die Höhe des Ablösewertes definieren. 1011

(2) Gesellschafterdarlehen mit Rangrücktritt

In der betrieblichen Praxis ist regelmäßig zu beobachten, dass die Gesellschafter mittelständischer Unternehmungen ihren Gesellschaften Darlehen zur Unternehmensfinanzierung zur Verfügung stellen. Dies geschieht insbesondere dann, wenn die Geschäftsentwicklung eine marktseitige Finanzierung der Gesellschaft nicht ermöglicht. 1012

Derartigen Gesellschafterdarlehen ist bei der Anpassung der Pensionsverpflichtung an die wirtschaftliche Leistungsfähigkeit der Gesellschaft nach der ersten Ausnahmeregel besondere Aufmerksamkeit entgegenzubringen. Dies 1013

VI. Reduzierung der Pensionsverpflichtung

gilt insbesondere vor dem Hintergrund, dass die Gläubiger in vielen Fällen mit der Schuldnerin einen Rangrücktritt vereinbaren.

1014   Der die insolvenzrechtliche Überschuldung vermeidende Rangrücktritt wurde in der Fassung des MoMiG durch § 19 Abs. 2 Satz 2 InsO ab dem 1.11.2008 erstmals gesetzlich kodifiziert. Nunmehr sind Gesellschafterdarlehen bei der Ermittlung des Überschuldungsstatus nicht mehr zu berücksichtigen, wenn zwischen Gläubiger und Schuldner gem. § 39 Abs. 2 InsO der Nachrang im Insolvenzverfahren hinter den in § 39 Abs. 1 Nr. 1 bis 5 InsO bezeichneten Forderungen vereinbart worden ist.

1015   Die Beteiligten versuchen mit dem Rangrücktritt zweierlei Wirkungen zu erreichen: Zum einen soll der Rangrücktritt den insolvenzrechtlichen Überschuldungsstatus vermeiden. Zum anderen ist eine erfolgswirksame Ausbuchung der Verbindlichkeit in der Steuerbilanz zu vermeiden.

1016   **Die Zielsetzung des Rangrücktritts lässt sich auch so formulieren:** Insolvenzrechtlich darf die Verbindlichkeit nicht bilanziert werden, steuerrechtlich muss sie jedoch weiterhin Bestandteil der Bilanz sein.

1017   Die Vereinbarung eines Rangrücktritts hat keinen Einfluss auf die handelsrechtliche Bilanzierung der Verbindlichkeit. Im Gegensatz zu einem Forderungsverzicht mindert sich oder erlischt die Verbindlichkeit nicht. Diese wird weiterhin geschuldet und stellt für den Schuldner eine wirtschaftliche Belastung dar; lediglich die Rangfolge der Tilgung ändert sich. Die Verbindlichkeit ist weiterhin als Fremdkapital in der Handelsbilanz der Gesellschaft auszuweisen.

1018   Im Hinblick auf den Ausweis in der Steuerbilanz ist jedoch die Regelung von § 5 Abs. 2a EStG zu beachten. Danach sind für Verpflichtungen, die nur zu erfüllen sind, soweit künftig Einnahmen oder Gewinne anfallen, Verbindlichkeiten oder Rückstellungen – mangels gegenwärtiger wirtschaftlicher Belastung – erst dann in der Steuerbilanz anzusetzen, wenn die Einnahmen oder Gewinne tatsächlich angefallen sind.

1019   Wird der Rangrücktritt derart spezifiziert, dass die Verbindlichkeit **nur aus einem zukünftigen Bilanzgewinn und aus einem etwaigen Liquidationsüberschuss zu tilgen** ist, so unterliegt dieser dem Passivierungsverbot des § 5 Abs. 2a EStG. In diesem Fall ist die Verbindlichkeit daher **in der Steuerbilanz der GmbH ergebniswirksam** auszubuchen. Darüber hinaus ist bei einem derart spezifizierten Rangrücktritt nach der vom BFH vertretenen Rechtsauffassung der hierdurch ausgelöste Wegfallgewinn, sofern er auf dem Gesellschaftsver-

6. Herabsetzung wegen mangelnder Finanzierbarkeit (Erste Ausnahmeregel)

hältnis beruht, durch den Ansatz einer verdeckten Einlage in Höhe des werthaltigen Teils der betroffenen Forderung zu neutralisieren.[1]

Wird der Rangrücktritt jedoch derart spezifiziert, dass er **auch die Tilgung aus sonstigem freien Vermögen zulässt**, so liegen die Voraussetzungen des § 5 Abs. 2a EStG nicht vor. In diesem Fall erfolgt auch in der Steuerbilanz der GmbH weiterhin eine **Passivierung** der Verbindlichkeit. Die Zielsetzungen eines Rangrücktritts werden daher mit einem derart spezifizierten Rangrücktritt erfüllt.

1020

Im Zusammenhang mit den Bemühungen, die Gf-Pensionszusage wegen mangelnder Finanzierbarkeit herabsetzen zu können, führt ein vorher vereinbarten Rangrücktritt zu einem Gesellschafterdarlehen jedoch dazu, dass dadurch entweder

1021

▶ das potenzielle Herabsetzungsvolumen deutlich reduziert wird, da der Umfang des negativen Reinvermögens entsprechend reduziert wird, oder

▶ die Herabsetzung unmöglich gemacht wird, da damit die rechtliche Überschuldung gänzlich beseitigt wird.

BERATUNGSHINWEIS:

Der Rangrücktritt zu bestehenden Gesellschafterdarlehen ist u. E. dann als ein geeignetes Instrument zu beurteilen, wenn einer rechtlichen Überschuldung entgegengewirkt werden soll, die Herabsetzung der Pensionszusage aber (noch) nicht in Frage kommt. Falls gewollt, könnte u. E. auch hinsichtlich der Pensionszusage ein Rangrücktritt vereinbart werden. Auf eine steuerkonforme Gestaltung ist in jedem Falle zwingend zu achten.

Soll jedoch vordergründig die Herabsetzung der Pensionszusage verfolgt werden, so würde ein im Vorfeld eines Pensionsverzichts vereinbarter Rangrücktritt zu einem Gesellschafterdarlehen – wie oben dargestellt – im Hinblick auf das Herabsetzungsvorhaben i. d. R. kontraproduktiv wirken. Aus Sicht der Autoren sollte in diesem Fall das Instrument des Rangrücktritts für den Fall zurückgestellt werden, dass nach dem Pensionsverzicht noch ein negatives Reinvermögen verbleiben sollte.

1022

(Einstweilen frei) 1023–1028

---

1 BFH, Urteile v. 15. 4. 2015 - I R 44/14, BStBl 2015 II S. 769, sowie BFH v. 10. 8. 2016 - I R 25/15, BStBl 2017 II S. 670.

c) Durchführung der Herabsetzung wegen mangelnder Finanzierbarkeit

1029 Bei einer vertiefenden Auseinandersetzung mit den Rahmenbedingungen, die für einen ausnahmsweise betrieblich veranlassten Verzicht vorherrschen, tritt die Problematik zu Tage, dass die maßgebende Verwaltungsanweisung der FinVerw[1] aus dem Jahre 2007 stammt. Eine Anpassung an den – in 2008 zunächst übergangsweise und mit Wirkung zum 12.12.2012 zeitlich unbefristeten – modifizierten zweistufigen Überschuldungsbegriff hat bisher in keiner Weise stattgefunden.

1030 Dies ist deswegen von Belang, da vor der krisenbedingten Neuregelung des Überschuldungsbegriffs unstrittig eine rein rechnerische Überschuldung ausreichte, um die Voraussetzungen für eine betrieblich veranlasste Herabsetzung einer Gf-Pensionszusage vornehmen zu können. Die Wirkung der Fortbestehensprognose war nur darauf bezogen, welche Wertansätze der Überschuldungsbilanz zugrunde zu legen waren (Fortführungswerte oder Liquidationswerte).

1031 **So steht die Frage im Raum,** ob nach der Neuregelung des Überschuldungsbegriffs die betriebliche Veranlassung einer Herabsetzung nach wie vor dann angenommen werden kann, wenn

▶ eine **rechnerische** Überschuldung festzustellen ist, oder

▶ ob dies nur dann der Fall ist, wenn eine **rechtliche** Überschuldung i. S. d. nun geltenden § 19 Abs. 2 Satz 1 InsO vorliegt?

aa) Rechtliche vs. rechnerische Überschuldung

1032 Die in der jüngsten Zeit gesammelten Erfahrungen mit der Finanzverwaltung zeigen, dass diese mittlerweile dazu neigt, die Verfügung vom 15.2.2007 derart auszulegen, dass eine mangelnde Finanzierbarkeit nur bei Vorliegen einer rechtlichen Überschuldung i. S. d. nun geltenden § 19 Abs. 2 Satz 1 InsO anzunehmen ist.

1033 Folgt man dieser Rechtsauffassung, so wäre es zwingend erforderlich, dass der Gf zusätzlich zur Überschuldungsbilanz eine Fortbestehensprognose erstellt. Die Möglichkeit eines betrieblich veranlassten Verzichts würde sich aber nur dann ergeben, wenn die im Rahmen der Fortbestehensprognose angestellte Zahlungsfähigkeitsprognose zu einem negativen Ergebnis führen würde. In ei-

---

1 Bayerisches Landesamt für Steuern, Verfügung. v. 15.2.2007 - S 2742-26 St31 N, NWB DokID: OAAAC-38776.

6. Herabsetzung wegen mangelnder Finanzierbarkeit (Erste Ausnahmeregel)

nem solchen Fall, würde der Gf zur Kenntnis nehmen müssen, dass ihm nur drei Wochen verbleiben würden, um die Problematik zu lösen und die Eröffnung eines Insolvenzverfahrens abzuwenden (siehe hierzu Rz. 1041).

Handelt es sich bei dem versorgungsberechtigten Gf um einen **Leistungsanwärter**, so würde die unmittelbar folgende Herabsetzung der Pensionszusage zwar zu einer Entlastung der Bilanz führen; die Maßnahme hätte jedoch keine unmittelbare Auswirkung auf die Fortbestehensprognose. Kann die Auflösung der Pensionsrückstellung die eingetretene Überschuldung nicht beseitigen (weil auch nach der Auflösung der Pensionsrückstellung des Reinvermögen noch negativ ist), so wird die isolierte Maßnahme eines Pensionsverzichts nicht dazu führen können, dass die Insolvenzantragspflicht abgewendet werden kann. Am Ende bliebe sowohl die Fortbestehensprognose negativ, als auch das Reinvermögen. Es bedürfte daher zwingend weiterer geeigneter Sanierungsmaßnahmen. 1034

U.U. könnte sich jedoch insoweit eine Entlastung ergeben, als das bestehende Finanzierungskonzept auf die Fortbestehensprognose einwirkt. Da im Rahmen der Finanzierung Dotierungen oder Beiträge zu erbringen sind, wirken diese auf das Ergebnis der Cash-Flow-Betrachtung ein. Eine Reduzierung oder Aussetzung dieser Aufwendungen würde somit eine Verbesserung hinsichtlich des Ergebnisses der Fortbestehensprognose herbeiführen. In der Praxis muss im Einzelfall ermittelt werden, welche Maßnahme welches Ergebnis erzeugt und ob eine isolierte oder eine kumulative Umsetzung der Eingriffe erfolgen soll. 1035

Handelt es sich beim versorgungsberechtigten Gf um einen **Leistungsempfänger**, so würde der Verzicht auf die Pensionszusage sowohl die Fortbestehensprognose, als auch die Überschuldungsbilanz berühren. Dabei könnte es sich ergeben, dass – in Abhängigkeit von den Umständen des Einzelfalls – (entweder) die negative Fortbestehensprognose und/oder die rechnerische Überschuldung beseitigt wird. Würde am Ende einer der beiden Tatbestände beseitigt werden können, so würde damit die Insolvenzantragspflicht entfallen. 1036

Bei näherer Betrachtung erscheint es jedoch höchst zweifelhaft, ob es als sachgerecht beurteilt werden kann, das Vorliegen einer rechtlichen Überschuldung, die auf dem modifizierten zweistufigen Überschuldungsbegriff beruht, als Voraussetzung für eine betriebliche Veranlassung zu definieren. Dies wird anhand folgenden Beispiels deutlich: 1037

VI. Reduzierung der Pensionsverpflichtung

Fall 1: Leistungsanwärter, rechnerische Überschuldung, positive Fortbestehensprognose

Reinvermögen	- 1.000.000 €
Höhe der Pensionsrückstellung	800.000 €
Ergebnis der Fortbestehensprognose	**+ 10.000 €**

1038 Bei Vorliegen dieser Voraussetzungen wäre der **Verzicht als gesellschaftlich veranlasst** zu beurteilen, da die positive Cash-Flow Betrachtung der nächsten beiden Jahre zu einer positiven Fortbestehensprognose führen und dementsprechend eine rechtliche Überschuldung gem. § 19 Abs. 2 Satz 1 InsO nicht vorliegen würde.

Fall 2: Leistungsanwärter, rechnerische Überschuldung, negative Fortbestehensprognose

Reinvermögen	- 1.000.000 €
Höhe der Pensionsrückstellung	800.000 €
Ergebnis der Fortbestehensprognose	**- 10.000 €**

1039 Bei Vorliegen dieser Voraussetzungen wäre ein **betrieblich veranlasster Verzicht in voller Höhe** zulässig, da die negative Cash-Flow Betrachtung der nächsten beiden Jahre zu einer negativen Fortbestehensprognose führen und dementsprechend eine rechtliche Überschuldung gem. § 19 Abs. 2 Satz 1 InsO vorliegen würde. Der Verzicht auf die Pensionszusage würde zwar einen wesentlichen Beitrag zur Verbesserung des Bilanzbildes leisten. Die Insolvenzantragspflicht würde aber auch nach dem vollen Pensionsverzicht noch unverändert fortbestehen (Reinvermögen nach Verzicht: - 200.000 €).

1040 **Im Vergleich der beiden Fallgestaltungen wird deutlich,** dass eine minimale Abweichung in der Cash-Flow Betrachtung (hier z. B. um 20.000 €) darüber entscheiden könnte, ob auf eine Pensionsverpflichtung (hier z. B. mit einem Verpflichtungsumfang i. H. v. 800.000 €) mit betrieblicher Veranlassung verzichtet werden könnte. Ein derartiges Ergebnis erscheint unbillig und in gewisser Weise auch willkürlich. Daraus resultiert u. E. die latente Gefahr, dass der Gf zur Ermöglichung eines betrieblich veranlassten Verzichts dazu verleitet werden könnte, die Fortbestehensprognose so zu gestalten, dass sie am Ende ein leicht negatives Ergebnis erzeugt. Damit würde er sich aber in eine Position begeben, die einen weiteren Handlungszwang auslösen könnte. Wenn nämlich – wie zuvor dargestellt – nach der gewinnerhöhenden Auflösung der passivierten Pensionsrückstellung immer noch ein negatives Reinvermögen verbliebe, so wäre der Gf gezwungen, weitere Sanierungsmaßnahmen zu ergreifen, die entweder den Überschuldungsstatus, oder die negative Cash-Flow

6. Herabsetzung wegen mangelnder Finanzierbarkeit (Erste Ausnahmeregel)

Betrachtung beseitigen. Denkbar wäre z. B. ein temporärer Gehaltsverzicht, oder im Falle von bestehenden Gesellschafterdarlehen ein diesbezüglicher Rangrücktritt.

In der Praxis steht der Gf aber dann vor dem Problem, dass die Umsetzung des Sanierungspakets innerhalb eines Zeitraums von drei Wochen stattzufinden hat, sofern er den Anforderungen der InsO entsprechen und einen strafbewehrten Verstoß vermeiden möchte.[1]   1041

In der Regel wird der Geschäftsführer aber zu einem solchen Sanierungspaket nur dann bereit sein, wenn er davon ausgehen kann, dass die FinVerw den Verzicht auf die Pensionszusage als betrieblich veranlasst beurteilen wird und es daher weder zu einer verdeckten Einlage, noch zu einem fiktiven Lohnzufluss kommt. Zur Erlangung der hierzu notwendigen Rechtssicherheit wäre es daher erforderlich und zweckmäßig die steuerrechtliche Behandlung des geplanten Pensionsverzichts von der FinVerw im Rahmen einer verbindlichen Auskunft gem. § 89 Abs. 2 AO bestätigen zu lassen. In der Praxis kann aber keinesfalls davon ausgegangen werden, dass ein Antrag auf verbindliche Auskunft innerhalb der zur Verfügung stehenden Drei-Wochen-Frist durch die FinVerw beantwortet werden kann (Anmerkung: nach § 89 Abs. 2 Satz 4 AO soll nämlich über den Antrag auf Erteilung einer verbindlichen Auskunft innerhalb von sechs Monaten ab Eingang des Antrags entschieden werden). Diese Konstellation bringt den Gf in eine wahre Zwickmühle: 1042

So kann er sich **entweder** dafür entscheiden,   1043

▶ den Antrag auf Erteilung der verbindlichen Auskunft beim Finanzamt zu stellen und somit einen strafrechtlich relevanten Verstoß gegen § 15a Abs. 2 Satz 1 InsO, sowie die Übernahme der persönlichen Haftung gem. § 64 GmbHG in Kauf zu nehmen, **oder**

▶ den Pensionsverzicht ohne vorherigen „Segen" der FinVerw durchzuführen und Gefahr zu laufen, dass es im Anschluss daran (oft Jahre später) zum steuerlichen „Super-Gau" kommen könnte.

Dabei besteht die grundsätzliche Problematik, dass die FinVerw bei einer Jahre später stattfindenden Betriebsprüfung auf eine bessere Erkenntnis zurückgreifen kann, die im Zeitablauf der zwischenzeitlich vergangenen Jahre eingetreten sein könnte und die u. U. im Nachhinein die Beurteilung des damaligen Sachverhaltes in ein völlig anderes Licht rücken könnte (so geschehen z. B. im Urteil des FG Berlin-Brandenburg v. 6. 9. 2016[2]).   1044

---

1 § 15a Abs. 1, 4 und 5 InsO.
2 FG Berlin-Brandenburg, Urteil v. 6. 9. 2016 - 6 K 6168/13, EFG 2016 S. 1916.

VI. Reduzierung der Pensionsverpflichtung

1045 In einer derart misslichen Lage befand sich im Jahre 2016 eine Mandantin, die von den Autoren beraten wurde. Die GmbH verfügte damals über eine ausgeprägte Überschuldung (Negatives Reinvermögen i. H.v. über 100 Mio. €). Die handelsrechtlichen Pensionsrückstellungen für die Gf-Pensionszusagen beliefen sich auf rd. 10 Mio. €. Die Fortbestehensprognose war grundsätzlich negativ. Eine namhafte WP-Gesellschaft hat daraufhin ein Sanierungskonzept entwickelt, welches sowohl den Verkauf der Gesellschaft, als auch den Verzicht der Gf auf die Pensionszusagen und weitreichende Zugeständnisse der finanzierenden Banken zum Inhalt hatte. Die Gf entschieden sich, in dieser Lage hinsichtlich der geplanten Pensionsverzichte bei den Finanzbehörden eine verbindliche Auskunft einzuholen. Auf Seiten der FinVerw waren sowohl die bayerische, als auch die nordrhein-westfälische FinVerw involviert.

1046 Nach rd. vier-monatiger Bearbeitungszeit **erging seitens der FinVerw eine verbindliche Auskunft mit folgendem Inhalt:**

„1. Der entschädigungslose Verzicht des noch immer beherrschenden GGf „X" und des ehemaligen beherrschenden GGf „Y" auf ihre unmittelbaren Pensionsanwartschaften gegenüber der Firma „Z" kann als betrieblich veranlasst beurteilt werden, wenn

▶ *die „Z" auch nach dem Verzicht auf die Pensionszusagen einen nicht durch Eigenkapital gedeckten Fehlbetrag ausweist, und*

▶ *die „Z" über eine negative Fortführungsprognose verfügt.*

Begründung:

Bei Vorliegen dieses Sachverhaltes wäre die „Z" im Zeitpunkt des Verzichts insolvenzrechtlich überschuldet und die Pensionszusagen im Verzichtszeitpunkt nach der Rechtsprechung des BFH in den Urteilen v. 8.11.2000 (BStBl 2005 II S. 653), v. 20.12.2000 (BStBl 2005 II S. 657), v. 7.11.2001 (BStBl 2005 II S. 659) und v. 4.9.2002 (BStBl 2005 II S. 662) nicht finanzierbar und damit betrieblich veranlasst.

1. Außerdem kann der entschädigungslose Verzicht des noch immer beherrschenden GGf „X" und des ehemaligen beherrschenden GGf „Y" auf ihre unmittelbaren Pensionsanwartschaften gegenüber der Firma „Z" auch dann als betrieblich veranlasst beurteilt werden, wenn

▶ *die „Z" auch nach dem Verzicht auf die Pensionszusagen einen nicht durch Eigenkapital gedeckten Fehlbetrag ausweist, und*

▶ *bei der „Z" nur die erfolgreiche Umsetzung des umfangreichen Sanierungskonzeptes zu einer positiven Fortbestehensprognose führt, und*

6. Herabsetzung wegen mangelnder Finanzierbarkeit (Erste Ausnahmeregel)

> ▶ *der Verzicht der beiden Versorgungsberechtigten im Rahmen dieses Sanierungskonzeptes erfolgt, und*
> ▶ *auch die finanzierenden Banken das Sanierungskonzept mittragen und unterstützen.*
>
> **Begründung:**
> *Bei diesem Sachverhalt besteht zwar keine insolvenzrechtliche Überschuldung. Da der Verzicht der Pensionsanwartschaften aber Teil eines Sanierungskonzeptes und Grundlage für die positive Fortführungsprognose ist, kann von einer betrieblichen Veranlassung ausgegangen werden. Dies gilt insbesondere, weil auch fremde Dritte, die finanzierenden Banken, das Finanzierungskonzept mittragen. Auf die diesbezügliche Rechtsprechung des Bundesfinanzhof wird verwiesen."*

Mit den **Ausführungen zur Tz. 1** hat die FinVerw im geschilderten Fall bestätigt, dass ein (teilweiser) Verzicht auf Pensionsanwartschaften grundsätzlich betrieblich veranlasst ist, wenn eine Überschuldung i. S. d. § 19 Abs. 2 Satz 1 InsO vorliegt. Darüber hinaus bestätigte die FinVerw im geschilderten Fall, dass auch ein vollständiger Verzicht auf die Pensionsanwartschaften als betrieblich veranlasst zu beurteilen ist, sofern auch nach dem Verzicht noch eine rechnerische Überschuldung der Kapitalgesellschaft vorliegt.

Die **Ausführungen zu Tz. 2** bedürfen u. E. einer kritischen Würdigung:

Die FinVerw führt zur Begründung mit Satz 1 zunächst aus, dass unter den geschilderten Bedingungen keine insolvenzrechtliche Überschuldung vorliegen würde. Dies trifft so jedoch nicht zu, denn die insolvenzrechtliche Überschuldung wird nur dadurch vermieden, dass aus einer negativen Fortbestehensprognose eine positive wird und dies wird wiederum nur dann eintreten, wenn das Sanierungskonzept insgesamt umgesetzt werden kann. Die FinVerw legt damit der Auskunft einen wirtschaftlichen und rechtlichen Zustand zugrunde, der de facto erst nach einer erfolgreichen Umsetzung des Sanierungskonzeptes erreicht werden kann, wobei die Umsetzung des Sanierungskonzeptes zwingend die positive Auskunft der FinVerw erfordert. Damit entsteht eine Konstellation die nicht aufzulösende Abhängigkeiten schafft.

Im Anschluss daran würdigt die FinVerw mit Satz 2 dann den Umstand, dass der Verzicht auf die Pensionsanwartschaften Teil des Sanierungskonzeptes und Grundlage für die positive Fortbestehensprognose ist. Wobei sie zur Bekräftigung ihrer Sichtweise auf die Mitwirkung von fremden Dritten verweist.

Im Ergebnis lässt sich die Verbindliche Auskunft u. E. so verstehen, dass ein Pensionsverzicht, auch dann als betrieblich veranlasst beurteilt werden kann, wenn er als Teil eines Sanierungskonzepts die Grundlage dafür bildet, dass aus

1047

1048

1049

1050

VI. Reduzierung der Pensionsverpflichtung

einer negativen Fortbestehensprognose eine positive wird. Dies gilt auch unter Berücksichtigung der o. a. Kritik an der von der FinVerw vorgetragenen Begründung.

> **BERATUNGSHINWEIS:**
>
> Die obige Auseinandersetzung mit der mangelnden Finanzierbarkeit einer Pensionszusage verdeutlicht die Komplexität und die Unausgewogenheit, die die Thematik insbesondere dadurch erhält, wenn man der mangelnden Finanzierbarkeit den modifizierten Überschuldungsbegriff zugrunde legt. Daraus lässt sich u. E. der Gedankengang entwickeln, die mangelnde Finanzierbarkeit als ein rein ertragsteuerrechtliches Rechtsinstitut zu begreifen, welches ausschließlich auf die bilanzrechtliche Beurteilung der wirtschaftlichen Lage der KKapitalgesellschaft abzustellen – und die Frage nach einem Vorliegen einer rechtlichen Überschuldung i. S. d. zweistufigen Überschuldungsbegriffs zu vernachlässig – hat. In der Folge würde die mangelnde Finanzierbarkeit ausschließlich anhand einer rechnerischen Überschuldung beurteilt werden. Die mit der Übernahme des zweistufigen Überschuldungsbegriffs einhergehende Problematik würde damit ad acta gelegt. Ferner würde die zuvor beschriebene Zwickmühle, der der betroffene GGf gegenübersteht, aufgelöst werden. Auch kann u. E. davon ausgegangen werden, dass der ordentliche und gewissenhafte Geschäftsleiter auch schon bei Eintritt der rechnerischen Überschuldung einem Handlungszwang unterworfen wird. Zwar besteht dieser nicht in Form einer Insolvenzantragspflicht; der ordentliche und gewissenhafte Geschäftsleiter hätte jedoch auch ohne einen insolvenzrechtlichen Zwang dafür zu sorgen, dass die eingetretene rechnerische Überschuldung schnellstmöglich beseitigt wird.
>
> Der obige Gedankengang wird u. E. auch durch die rechtskräftige Entscheidung des FG München v. 9. 4. 2018 - 7 K 729/17, BB 2018 S. 2481, unterstützt. In diesem Verfahren hat das FG München bei der Prüfung der Werthaltigkeit eines Gesellschafterdarlehens auf das handelsrechtliche Eigenkapital der GmbH bei Aufdeckung etwaig vorhandener stiller Reserven abgestellt.
>
> Nach alledem erscheint es u. E. als sachgerecht, die betriebliche Veranlassung eines Pensionsverzichts ausschließlich vom Bestand einer rechnerischen Überschuldung abhängig zu machen.
>
> Obige Ausführungen verdeutlichen unzweifelhaft, dass im Zusammenhang mit einer Herabsetzung wegen mangelnder Finanzierbarkeit eine offene Rechtsfrage besteht, die zwingend und zeitnah einer Klärung bedarf. Die FinVerw ist daher aufgefordert, die Verfügung v. 15. 2. 2007 an die in der Zwischenzeit stattgefundene rechtliche Entwicklung anzupassen und für klare Verhältnisse zu sorgen.

bb) Umsetzung der Herabsetzung

1051 Ausgehend von der Annahme, dass die mangelnde Finanzierbarkeit eine rechtliche Überschuldung erfordert, hat der Gf sowohl eine Fortbestehensprognose, als auch eine Überschuldungsbilanz zu erstellen. Die Fortbestehensprognose wird in Form eines Finanzplans erstellt, der über die kommenden beiden Jahre

6. Herabsetzung wegen mangelnder Finanzierbarkeit (Erste Ausnahmeregel)

die erwarteten Ein- und Auszahlungen gegenübergestellt (Cash-Flow Betrachtung).

Die Überschuldungsbilanz wird i. d. R. auf eine zeitnahen Handelsbilanz oder einen handelsbilanziellen Zwischenabschluss aufgebaut. Vermögen und Schulden sind dabei zu Liquidationswerten in Ansatz zu bringen. Die bestehende Pensionsverpflichtung ist mit ihrem Ablösewert zu passivieren (siehe hierzu Rz. 1004). 1052

Der nicht durch Eigenkapital gedeckte Fehlbetrag (negatives Reinvermögen) der Überschuldungsbilanz liefert dann die Bemessungsgrundlage zur Herabsetzung der Versorgungsleistungen. An diesem Punkt des Verfahrens ist zu berücksichtigen, dass die eingetretene Überschuldung nicht zwingend die Grundlage für eine vollständige Herabsetzung der zugesagten Versorgungsleistungen liefert. Dies ist ausnahmsweise nur dann der Fall, wenn nach Auflösung des entsprechenden Passivpostens zur Pensionsverpflichtung noch ein negatives Reinvermögen verbleiben würde. 1053

Anderenfalls kann die Anpassung an die wirtschaftliche Leistungsfähigkeit der Gesellschaft der Höhe nach nur insoweit erfolgen, als dies zur Beseitigung der eingetretenen Überschuldung notwendig ist. Denn nur insoweit kann von einer betrieblichen Veranlassung ausgegangen werden. Das Anpassungsvolumen muss in Abhängigkeit von der Ermittlung des Ablösewerts ermittelt werden (Beitrag zugunsten einer Liquidationsversicherung vs. versicherungsmathematischer Barwert). Dabei ist festzustellen, welche Versorgungsleistungen sich ergeben, wenn die bisher zugesagten Versorgungsleistungen auf das Maß gekürzt werden, welches sich ergibt, wenn der Wertansatz der Pensionsverpflichtung in der Überschuldungsbilanz um den nicht durch Eigenkapital gedeckten Fehlbetrag reduziert wird. 1054

BERATUNGSHINWEIS:

In diesem Zusammenhang ist zwingend die vorherrschende Literaturauffassung zu berücksichtigen, dass im Falle des Bestehens einer zugunsten des Gf verpfändeten Rückdeckungsversicherung die Werthaltigkeit der Pensionszusage mindestens i. H. d. Teiles gegeben ist, der aus dem vorhandenen Wert der Rückdeckungsversicherung finanziert werden kann. In diesem Falle bildet somit der Wert der Rückdeckungsversicherung die Untergrenze, bis zu deren Höhe in den Bestand der Pensionszusage reduzierend eingegriffen werden kann. Die Deckung der zugesagten Versorgungsleistungen durch die verpfändete Rückdeckungsversicherung ist nach Auffassung der Autoren stichtagsbezogen unter Berücksichtigung der aus den bis zum Stichtag geleisteten Beiträgen sich ergebenden versicherten Leistungen zu beurteilen. Nur so kann die Bedeckungsprüfung den unterschiedlichen Rechnungsgrundlagen gerecht werden. Auf keinen Fall kann dies dadurch erfolgen, dass der Aktivwert der Rückdeckungsversicherung der steuerlichen Pensionsrückstellung gegenübergestellt wird.

VI. Reduzierung der Pensionsverpflichtung

1055 Zur Anpassung der Pensionsverpflichtung an die wirtschaftliche Leistungsfähigkeit der in die Überschuldung geratenen Kapitalgesellschaft ist diese im Rahmen einer einvernehmlichen vertraglichen Änderungsvereinbarung herabzusetzen. Zwingende Voraussetzung ist dabei die Genehmigung durch die Gesellschafterversammlung, da ansonsten die notwendige zivilrechtliche Wirksamkeit der Änderungsvereinbarung nicht erreicht wird (siehe hierzu Rz. 3096).

1056 Im Rahmen der einvernehmlichen Änderungsvereinbarung sind dann die Versorgungsleistungen auf das ermittelte Maß zu kürzen. Dies berechtigt wiederum zur teilweisen gewinnerhöhenden Auflösung der Pensionsrückstellung in der Überschuldungsbilanz, in deren Folge dann u.U. die eingetretene Überschuldung beseitigt wird.

1057 Im nächsten Schritt ist die durchgeführte Herabsetzung der Pensionszusage in der Handels- und Steuerbilanz der Kapitalgesellschaft umzusetzen. Dabei sind dann wieder die jeweils sich ergebenden Wertansätze auf der Grundlage der dann noch bestehenden (angepassten) Pensionsverpflichtung zu berücksichtigen.

1058 Ob die gewinnerhöhende Auflösung der Pensionsrückstellung in der Steuerbilanz zu einer Steuerbelastung führt, kann nur anhand der Umstände des jeweiligen Einzelfalles beurteilt werden. In vielen Fällen verfügt die Kapitalgesellschaft jedoch über ein Verlustvolumen, welches die (teilweise) gewinnerhöhende Auflösung der Pensionsrückstellung ohne das Entstehen einer zusätzlichen Steuerbelastung ermöglicht.

1059–1070 (*Einstweilen frei*)

7. Herabsetzung wegen drohender Überschuldung (Zweite Ausnahmeregel)

1071 Befindet sich die Kapitalgesellschaft in einer Krise deren Ausmaß jedoch **noch nicht** so ausgeprägt ist, dass bereits **von einer mangelnden Finanzierbarkeit der Pensionszusage ausgegangen werden könnte**, will die GmbH den Eintritt einer Überschuldung aber durch ein entsprechendes Sanierungskonzept verhindern, so bestimmt die koordinierte Verfügung des BayLfSt v. 15. 2. 2007 das Folgende:

„Dient der Verzicht der Vermeidung einer drohenden Überschuldung der Gesellschaft im insolvenzrechtlichen Sinne und steht er im Zusammenhang mit weiteren die Überschuldung vermeidenden Maßnahmen (wie insbesondere einer Absenkung des Aktivgehaltes), ist er entsprechend den allgemeinen Grundsätzen

7. Herabsetzung wegen drohender Überschuldung (Zweite Ausnahmeregel)

nur dann betrieblich veranlasst, wenn sich auch ein Fremdgeschäftsführer zu einem Verzicht bereit erklärt hätte."

Innerhalb der zweiten Ausnahmeregel ist eine betriebliche Veranlassung somit nur dann anzunehmen, wenn 1072

- ▶ die Anpassung der Versorgungsleistungen in ein **Sanierungskonzept** eingebettet wird und
- ▶ dabei **weitere die Überschuldung vermeidende Maßnahmen** ergriffen werden, die insbes. die Absenkung des Aktivgehaltes beinhalten, und
- ▶ sich auch ein **Fremd-Gf** zu einem Verzicht bereit erklärt hätte.

Die so definierte zweite Ausnahmeregelung trifft in der Praxis auf **erhebliche Umsetzungsprobleme**. Den von der FinVerw definierten Rahmenbedingungen fehlt es an Klarheit und Eindeutigkeit. Weder ist erkennbar, wann denn der Tatbestand der drohenden Überschuldung erreicht sein soll, noch lässt sich der Formulierung entnehmen, wie denn ein den Anforderungen entsprechendes Sanierungskonzept auszusehen hat. 1073

a) Drohende Überschuldung

Grundsätzlich stellt sich auch hier die Frage, ob die drohende Überschuldung i. S. d. Verfügung v. 15. 2. 2007 auf eine drohende rechnerische, oder auf eine drohende rechtliche Überschuldung abzielt? Denkbar wäre auch, dass jede rechnerische Überschuldung auch als eine drohende rechtliche Überschuldung interpretiert wird. Eine Antwort auf diese Frage steht bis heute leider aus. 1074

Folgt man der offensichtlich von der Finanzverwaltung favorisierten Rechtsauffassung, dass eine Überschuldung i. S. d. Verfügung v. 15. 2. 2007 nunmehr als eine Überschuldung i. S. d. modifizierten zweistufigen Überschuldungsbegriffs zu verstehen ist, so erscheint es u. E. plausibel, eine rechnerische Überschuldung als eine drohende Überschuldung i. S. d. Verwaltungsauffassung zu qualifizieren. 1075

b) Sanierungskonzept

Die Anforderungen an die weiteren Maßnahmen, die zur Vermeidung einer Überschuldung zu ergreifen sind, werden seitens der FinVerw nur insoweit definiert, als explizit eine Absenkung des Aktivengehalts gefordert wird. In welchem Umfang und über welchen Zeitraum dies stattzufinden hat, bleibt offen. Entsprechendes gilt für alle weiteren Anforderungen und Maßnahmen. 1076

1077 Somit ist vollkommen offen, anhand welcher Maßnahmen die diesbezügliche Anforderung der FinVerw erfüllt werden kann.

c) Fremdvergleich

1078 Spätestens bei der Prüfung der zuletzt genannten Voraussetzung, nach der eine betriebliche Veranlassung ausnahmsweise nur dann anzunehmen ist, wenn sich auch ein Fremd-Gf zu einem Verzicht bereit erklären würde, gerät die Umsetzung der Verwaltungsauffassung in einen erheblichen Problembereich. Die diesbezügliche Prüfung erfordert nämlich die Feststellung eines angemessenen Verhaltens eines Fremd-Gf im Rahmen eines hypothetischen Fremdvergleichs, wobei dessen Ergebnis nicht unerheblich von den Umständen des Einzelfalls beeinflusst wird:

1079 Sollte sich der ehemalige Fremd-Gf bereits in der **Leistungsphase** befinden, so kann im Rahmen eines hypothetischen Fremdvergleichs u. E. nicht davon ausgegangen werden, dass dieser bereit wäre, nach Beendigung des Dienstverhältnisses und während des Leistungsbezugs auf seine vollumfänglich erdienten Versorgungsansprüche zu verzichten. Zumal ein derartiger Verzicht gegen § 3 BetrAVG verstoßen würde.

1080 Im Falle eines **Leistungsanwärters** erscheint es u. E. als plausibel, dass ein Fremd-Gf im Falle einer drohenden Überschuldung bestenfalls dazu bereit sein wird, auf künftige noch nicht erdiente Anteile seiner Versorgungsanwartschaften (Future Service) zu verzichten. Dies insbesondere deswegen, da im Stadium einer drohenden Überschuldung davon ausgegangen werden kann, dass noch keine derartige Zwangslage eingetreten ist, die es zwingend rechtfertigen würde, dass ein Fremd-Gf auf bereits erdiente Vergütungsbestandteile verzichten würde.

1081 Eine Bereitschaft, auch auf bereits unverfallbar erworbene Versorgungsanwartschaften (Past Service) zu verzichten, könnte u. E. bestenfalls dann angenommen werden, wenn sich die Krise der Kapitalgesellschaft derart verschlechtert hat, dass aus einer drohenden eine tatsächliche Überschuldung wurde. Und ein derartiger Sachverhalt wird vom sachlichen Anwendungsbereich der zweiten Ausnahmeregelung nicht mehr erfasst.

> **BERATUNGSHINWEIS:**
> U. E. kann erst nach Eintritt einer Überschuldung von einer Zwangslage ausgegangen werden. Der Fremd-Gf stünde dann nämlich vor der Entscheidung, entweder auf Teile seiner Vergütung und/oder auch auf die unverfallbaren Pensionsanwartschaften zu verzichten, oder anderenfalls den Verlust seiner Position als Gf in Kauf zu nehmen. An

7. Herabsetzung wegen drohender Überschuldung (Zweite Ausnahmeregel)

dieser Stelle wird die Entscheidung des Fremd-Gf womöglich auch davon abhängen, in welcher Lebensphase er sich befindet:

▶ Hat der Fremd-Gf das 60. Lebensjahr bereits überschritten so spricht die Wahrscheinlichkeit u. E. eher dafür, dass er auch dann nicht dazu bereit wäre, auf den Past Service zu verzichten, wenn dies noch mit § 3 BetrAVG vereinbar wäre. Zumal dem über 60-jährigen Gf nicht mehr genügend Zeit zur Verfügung stehen würde, um den Verlust der Versorgungsanwartschaften kompensieren zu können. Diese Einschätzung wird umso wahrscheinlicher, wenn man auch noch den Umstand in die Überlegung miteinbezieht, dass die Versorgungsanwartschaften des Fremd-Gf dem gesetzlichen Insolvenzschutz durch den PSVaG unterliegen.

▶ Demgegenüber erscheint es u. E. durchaus als vorstellbar, dass der 40-jährige Fremd-Gf in Anbetracht des drohenden Verlustes seiner Gf-Position nach Eintritt einer Überschuldung dazu bereit wäre, auch auf seinen Past Service zu verzichten. Zumal dem 40-jährigen Gf noch genügend Zeit zur Verfügung stehen würde, um den Verlust der Versorgungsanwartschaften kompensieren zu können.

Unter Berücksichtigung der zuvor dargestellten Überlegungen ist an dieser Stelle festzustellen, dass der anzustellende hypothetische Fremdvergleich zu dem Ergebnis führen wird, dass sich ein Fremd-Gf im Stadium der drohenden Überschuldung nur dann zu einem Verzicht bereit erklären würde, wenn er sich noch in der Anwartschaftsphase befindet. Der Umfang des realistischer Weise möglichen Verzichts würde sich aber auf diejenigen Teilanwartschaften begrenzen, auf die der Fremd-Gf zum Verzichtszeitpunkt noch keinen unverfallbaren Anspruch erworben hat (Future Service). 1082

Untermauert wird diese Sichtweise nun auch durch den BFH. In seiner Entscheidung v. 23. 8. 2017[1] hat der BFH dargelegt, dass s. E. im Rahmen eines Fremdvergleichs nur in seltenen Ausnahmefällen davon ausgegangen werden kann, dass ein Fremd-Gf auf seine bereits erdienten werthaltigen Pensionsanwartschaften verzichten wird. Dies gilt selbst dann, wenn sich die wirtschaftliche Lage der Kapitalgesellschaft nach Zusage des Ruhegehalts wesentlich verschlechtert hat. In einem solche Falle wird ein Fremd-Gf regelmäßig nur dann auf eine erdiente (werthaltige) Pensionsanwartschaft verzichten, wenn die Pensionszusage einen Widerrufsvorbehalt für diesen Fall vorsieht oder die Kapitalgesellschaft aus anderen Gründen einen Anspruch auf Anpassung der Pensionszusage auch für die Vergangenheit hat. 1083

Anmerkung: Mit der Entscheidung bestätigt der BFH grundsätzlich die oben dargestellten Ergebnisse eines Fremdvergleichs. Die Verweisung des BFH auf einen in der Pensionszusage enthaltenen Widerrufsvorbehalt vermag in diesem Zusammenhang zu verwundern, da ein derartiger Vorbehalt einem 1084

---

1 BFH, Urteil v. 23. 8. 2017 - VI R 4/16, BStBl 2018 II S. 208.

VI. Reduzierung der Pensionsverpflichtung

Fremd-Gf gegenüber hinsichtlich eines Eingriffs in den Past Service rechtswirksam nicht durchgesetzt werden kann (siehe hierzu Rz. 1112).

1085 Da die Begrenzung der Versorgungsanwartschaften auf die Höhe der unverfallbaren Teilanwartschaften (bzw. der Verzicht auf den Future Service) **bei einer einvernehmlichen Änderung der Pensionszusage** spätestens nach dem Ergehen des BMF-Schreibens v. 14. 8. 2012[1] auch nach den Grundsätzen der sog. Past Service-Methode erfolgen kann, ohne dass die FinVerw hierbei einen fiktiven Lohnzufluss und eine verdeckte Einlage annimmt, verfügt die zweite Ausnahmeregel in der aktuellen Beratungspraxis u. E. dann über keinerlei Relevanz mehr, wenn eine einvernehmliche Änderung der Pensionszusage in Frage kommt.

d) Durchführung einer Anpassung nach der zweiten Ausnahmeregel

1086 Von einer Herabsetzung einer Pensionszusage, die auf der Grundlage der zweiten Ausnahmeregel durchgeführt werden soll, kann nach Auffassung der Autoren nur abgeraten werden. Die der Verfügung v. 15. 2. 2007 diesbezüglich zu entnehmenden Anforderungen der FinVerw können denjenigen Anforderungen, die FinVerw ansonsten hinsichtlich Klarheit- und Eindeutigkeit an die Steuerpflichtigen richtet, nicht gerecht werden. Die Umsetzung einer derartig begründeten Herabsetzung ist daher mit einem hohen Risikopotenzial verbunden.

1087 Die Einholung einer Verbindlichen Auskunft würde daher obligatorisch erscheinen. Mit einer befriedigenden Beantwortung eines diesbezüglichen Antrags durch die Finanzbehörden kann jedoch nicht gerechnet werden, weil die FinVerw die Frage der drohenden Überschuldung sowie der Ausgestaltung des Sanierungskonzepts nicht als eine offene Rechtsfrage, sondern als eine Frage des Sachverhalts beurteilt.

1088 Da sich der Anwendungsbereich der zweiten Ausnahmeregel nach der hier vertretenen Rechtsauffassung nur auf den Bereich des Future Service erstrecken kann, und mittlerweile zweifelsfrei geklärt ist, dass eine Anpassung der Pensionszusage, die sich ausschließlich auf den Bereich des Future Service beschränkt, auch ohne verdeckte Einlage und fiktivem Lohnzufluss rechtssicher gestaltet werden kann, verfügt die zweite Ausnahmeregel im Falle einer einvernehmlichen Herabsetzung über keine Daseinsberechtigung mehr.

---

1 BMF, Schreiben v. 14. 8. 2012, BStBl 2012 I S. 874.

(Einstweilen frei) 1089–1094

8. Verzicht gegen Besserungsschein

In der Praxis finden sich immer wieder Gestaltungen, bei denen der GGf auf seine Pensonszusage gegen Gewährung eines Besserungsscheins verzichtet hat. Zu den in diesem Zusammenhang auftretenden Fragestellungen hat das BMF mit Schreiben v. 2.12.2003 Stellung genommen.[1] 1095

Der Erlass einer Forderung eines Gesellschafters gegenüber der Gesellschaft führt aus Sicht der Gesellschaft zum Erlöschen einer Verbindlichkeit. Die Vereinbarung, dass die Forderung bei Eintritt der im Besserungsschein genannten Bedingungen wieder auflebt, steht dem nicht entgegen. 1096

Für die steuerrechtliche Beurteilung des Forderungsverzichts gegen Besserungsschein gelten auf Ebene der Gesellschaft **auch die Grundsätze des Beschlusses des GrS v. 9.6.1997**. Die bisher bei der Gesellschaft ausgewiesene Verbindlichkeit gegenüber dem GGf ist i. H. d. Betrags auszubuchen, auf den der Verzicht erklärt wurde. Die Grundsätze zum Entstehen einer verdeckten Einlage bzw. Versteuerung als fiktive Einkünfte des GGf sind unverändert anzuwenden. 1097

Der ursprünglich ausgebuchte Betrag des Verzichts ist im **Zeitpunkt des Eintritts des Besserungsfalls** (auflösende Bedingung) wieder als Verbindlichkeit vermögensmindernd einzubuchen. Soweit die ursprüngliche Ausbuchung nach den Grundsätzen des Beschlusses des GrS v. 9.6.1997 als verdeckte Einlage zu beurteilen war, gilt diese als zurückgewährt. 1098

Der Verzicht gegen Gewährung eines Besserungsscheins stellt somit einen Gestaltungsweg dar, der die Möglichkeit offen hält, dass die Pensionszusage bei einer nachhaltigen Verbesserung der wirtschaftlichen Lage der Kapitalgesellschaft wieder aufleben kann. Vor den negativen Folgen des Beschlusses des GrS kann die Gestaltung jedoch nicht abschirmen. 1099

(Einstweilen frei) 1100–1104

9. Steuerunschädliche Widerrufsvorbehalte

Oftmals beruft sich der Arbeitgeber bei einer Reduzierung der Pensionszusage auf die in den meisten Pensionszusagen vorhandenen sog. „steuerunschädlichen Mustervorbehalte", die die FinVerw in R 6a Abs. 4 EStR vorgegeben hat 1105

---

[1] BMF, Schreiben v. 2.12.2003, BStBl 2003 I S. 648.

(siehe hierzu Rz. 3426). Diese Mustervorbehalte sollen aus Sicht der FinVerw sicherstellen, dass ein Widerruf des Versorgungsversprechens **nicht nach freiem Belieben des Arbeitgebers**, sondern nur unter Wahrung der Grundsätze des **billigen Ermessens** – also unter gleichzeitiger Abwägung der Interessen sowohl des Versorgungsträgers als auch des Versorgungsberechtigten – erfolgen kann.

1106 **Die Möglichkeit eines Widerrufs nach freiem Belieben** stellt einen Verstoß gegen die allgemeinen steuerrechtlichen Grundsätze zur Anerkennung der Pensionszusage dar. Nach § 6a Abs. 1 Nr. 2 EStG darf für eine Pensionszusage nur dann eine Pensionsrückstellung gebildet werden, wenn die Pensionszusage „*keinen Vorbehalt enthält, dass die Pensionsanwartschaft oder die Pensionsleistung gemindert oder entzogen werden kann, oder ein solcher Vorbehalt sich nur auf Tatbestände erstreckt, bei deren Vorliegen nach allgemeinen Rechtsgrundsätzen unter Beachtung billigen Ermessens eine Minderung oder ein Entzug der Pensionsanwartschaft oder der Pensionsleistung zulässig ist*". Dasselbe gilt im Falle des Ausschlusses des Rechtsanspruchs oder bei Verwendung eines Freiwilligkeitsvorbehalts.

1107 Es ist höchstrichterlich geklärt, dass die steuerunschädlichen Mustervorbehalte lediglich nur über einen deklaratorischen Charakter verfügen, die kein eigenständiges Recht zum Widerruf begründen. Sie drücken i. d. R. nur klarstellend aus, was nach ständiger Rechtsprechung des BAG und den in der Wissenschaft seit langem erarbeiteten Rechtsgrundsätzen aufgrund von § 242 BGB (ab 2002 vgl. auch § 313 BGB) auch dort Geltung beansprucht, wo ein solcher Vorbehalt nicht ausdrücklich in dem Versorgungsversprechen enthalten ist. Das BAG sieht sie daher regelmäßig auch nur als Formulierungsversuche für die auch ohne Vorbehalte geltende Rechtslage an.[1]

1108 Verschiedentlich wird von den Finanzbehörden die Auffassung vertreten, dass eine Pensionszusage an einen GGf dann nicht mehr dem Fremdvergleich standhalten könnte, wenn sie die o. a. steuerunschädlichen Mustervorbehalte nicht beinhalten würde. Dieser Auffassung ist mit der o. a. Begründung entgegenzutreten. Für den Fall der wirtschaftlichen Notlage gilt das umso mehr, wenn man berücksichtigt, dass bei abhängig Beschäftigten das Recht auf einen Widerruf gesetzlich insolvenzgeschützter Versorgungsanwartschaften ab dem 1. 1. 1999 auch dann entfallen ist, wenn in der Versorgungszusage ein ausdrücklicher Widerrufsvorbehalt enthalten ist.

1109–1110 (*Einstweilen frei*)

---

[1] BAG, Urteil v. 19. 2. 2008 - 3 AZR 290/06, NWB DokID: EAAAC-80198.

10. Widerruf wegen wirtschaftlicher Notlage

Steht eine einvernehmliche Herabsetzung nicht zur Debatte, sondern die **einseitige Änderung der Pensionszusage** im Wege eines Widerrufs, so ist das Folgende zu beachten:

1111

a) Fremd-Geschäftsführer und als Nicht-Arbeitnehmer zu beurteilender Gesellschafter-Geschäftsführer

Der Eintritt einer wirtschaftlichen Notlage ist als **Unterfall zur Störung der allgemeinen Geschäftsgrundlage** zu werten. Bis zum 31. 12. 1998 war es arbeitsrechtlich zulässig, dass der Arbeitgeber beim Vorliegen einer wirtschaftlichen Notlage auch in den Past Service reduzierend eingegriffen hat, sofern aus den zur Begründung des Widerrufs aufgeführten Sachverhalten eine nachhaltige Bestandsgefährdung der Kapitalgesellschaft resultierte.

1112

Mit der Streichung des Sicherungsfalles „Wirtschaftliche Notlage" zum 1. 1. 1999 hat der Gesetzgeber zum Ausdruck gebracht, dass er die Auffassung vertritt, dass ab diesem Zeitpunkt **ein Widerruf der gesetzlich unverfallbaren (erdienten) und somit insolvenzgeschützten Versorgungsanwartschaften arbeitsrechtlich nicht mehr zulässig ist**. Diese Auffassung hat das BAG bestätigt.[1] Demnach geht auch das BAG davon aus, dass ab dem 1. 1. 1999 der Widerruf gesetzlich unverfallbarer Anwartschaften wegen einer wirtschaftlichen Notlage arbeitsrechtlich nicht mehr zulässig ist. Der Begründung des Urteils ist zu entnehmen, dass das BAG davon ausgeht, dass das Widerrufsrecht und der Insolvenzschutz zwingend miteinander zu verknüpfen sind. Durch die Streichung des Sicherungsfalles „Wirtschaftliche Notlage" ist nach Auffassung des BAG auch das Widerrufsrecht entfallen.

1113

Dies gilt unabhängig davon, ob in der vertraglichen Vereinbarung zur Pensionszusage ein Widerrufsvorbehalt (siehe hierzu Rz. 3426) enthalten ist, der einen Widerruf bei Eintritt einer wirtschaftlichen Notlage ermöglichen würde. Denn eine derartige Klausel verfügt nicht über einen konstitutiven, sondern lediglich über einen deklaratorischen Charakter.[2]

1114

Damit kann bei einer Gf-Pensionszusage die einem **Fremd-Gf oder** einem GGf gegenüber erteilt wurde, der als sog. **Nicht-Arbeitnehmer** i. S. d. § 17 Abs. 1 Satz 2 BetrAVG zu beurteilen ist, im Falle einer wirtschaftlichen Notlage (z. B. drohende Überschuldung) mittels **eines einseitigen Widerrufs** durch die

1115

---

1 BAG, Urteil v. 17. 6. 2003 - 3 AZR 396/02, DB 2004 S. 324.
2 Vgl. BAG, Urteil v. 19. 2. 2008 - 3 AZR 290/06, NWB DokID: EAAAC-80198.

GmbH, eine rechtswirksame Anpassung der dem GGf gegenüber erteilten Pensionszusage nur hinsichtlich der noch nicht erdienten Anwartschaften (sog. Future Service) erreicht werden. Der Past Service bleibt unantastbar.

b) Als Unternehmer zu beurteilender Gesellschafter-Geschäftsführer

1116 Eine Pensionszusage, die einem als Unternehmer zu beurteilenden GGf gegenüber erteilt wurde, unterliegt nicht dem Geltungsbereich des BetrAVG. In der Folge wird diese Pensionszusage auch nicht durch die arbeitsrechtlichen Schutzvorschriften des BetrAVG geschützt.

1117 Daher kann eine **einseitige Vertragsanpassung** durch die Kapitalgesellschaft gem. §§ 313, 314 BGB (Störung der Geschäftsgrundlage, Kündigung von Dauerschuldverhältnissen aus wichtigem Grund) in Betracht kommen (siehe hierzu Rz. 3085).

1118 Eine **Störung der Geschäftsgrundlage** ist gem. § 313 Abs. 1 BGB dann anzunehmen, wenn sich die Umstände, die zur Grundlage des Vertrags geworden sind, nach Vertragsschluss schwerwiegend verändert haben und die Parteien das Rechtsgeschäft nicht oder mit anderem Inhalt geschlossen hätten, sofern sie diese Veränderung vorausgesehen hätten. Eine Anpassung der Pensionszusage setzt allerdings voraus, dass der Kapitalgesellschaft bei Berücksichtigung aller Umstände des Einzelfalls ein Festhalten am unveränderten Vertrag nicht zugemutet werden kann.

1119 Nach den allgemein geltenden Grundsätzen kann die Störung der Geschäftsgrundlage **nur ein nach billigem Ermessen auszuübendes Anpassungsrecht** der Kapitalgesellschaft auslösen. D. h., dass sowohl die Belange des Versorgungsträgers, als auch des Versorgungsberechtigten zu berücksichtigen sind. Daraus ergibt sich zwingend der Grundsatz, dass der einseitige Eingriff in die bestehenden Versorgungsanrechte **einer Angemessenheitsprüfung unterliegt**.

1120 Auch beim Unternehmer gilt dies unabhängig davon, ob in der vertraglichen Vereinbarung zur Pensionszusage ein Widerrufsvorbehalt enthalten ist, der einen Widerruf bei Eintritt einer wirtschaftlichen Notlage ermöglichen würde. Zwar wäre die Klausel dem Unternehmer gegenüber durchsetzbar, da die betriebsrentenrechtlichen Schutzvorschriften auf diese Zusage nicht wirken. Sie wird jedoch nicht benötigt, da die entsprechenden rechtlichen Rahmenbedingungen auch ohne das Vorhandensein einer Widerrufsklausel gelten.

1121 Der einseitige Eingriff in die bisher zugesagten Versorgungsleistungen unterliegt unter ertragsteuerrechtlichen Gesichtspunkten wieder dem materiellen

Fremdvergleich. Führt das Ergebnis des Fremdvergleichs dazu, dass ein Fremd-Gf den einseitigen Widerruf dem Grunde oder der Höhe nach nicht hingenommen hätte, so ist das Rechtsgeschäft insoweit der Gesellschafterstellung zuzuordnen.

(*Einstweilen frei*) 1122–1125

11. Einlagefähiger Vermögensvorteil als Voraussetzung einer verdeckten Einlage

Der Aspekt des einlagefähigen Vermögensvorteils wird in diesem Zusammenhang oftmals als gegeben betrachtet bzw. es fehlt bei Abhandlungen zu diesem Thema jegliche kritische Auseinandersetzung mit diesem **zwingend für das Entstehen einer verdeckten Einlage notwendigen Erfordernis**. 1126

Ein einlagefähiger Vermögensvorteil kann im Zusammenhang mit dem Verzicht auf eine Pensionszusage nur dann vorliegen, wenn es sich um werthaltige Versorgungsanwartschaften oder Versorgungsansprüche handelt. 1127

a) Interdisziplinäre Betrachtung notwendig

Um die Werthaltigkeit der Versorgungsanwartschaften im Sinne einer verdeckten Einlage rechtlich beurteilen zu können, ist es zwingend notwendig, **die arbeits- bzw. betriebsrentenrechtlichen Besonderheiten** der betrieblichen Altersversorgung **parallel zu den körperschaftsteuerrechtlichen Anforderungen** einer verdeckten Einlage zu untersuchen und die Ergebnisse in Einklang zu bringen. Nur auf diesem interdisziplinären Wege lässt sich die Frage einer verdeckten Einlage abschließend beantworten. 1128

Vor dem oben dargestellten Hintergrund ist die **Werthaltigkeit einer Pensionsanwartschaft auf zwei unterschiedlichen Ebenen** zu beurteilen: 1129

b) Ebene 1: Wirtschaftliche Leistungsfähigkeit des Versorgungsträgers

Nach den Grundsätzen der Verfügung des LfSt Bayern v. 15. 2. 2007[1] ist davon auszugehen, dass ein Verzicht eins GGf auf eine Pensionszusage vor dem Zeitpunkt, in dem sie nicht mehr finanzierbar ist, grundsätzlich als gesellschaftsrechtlich veranlasst anzusehen ist. Von einer betrieblichen Veranlassung we- 1130

---

[1] Bayerisches Landesamt für Steuern, Verfügung v. 15. 2. 2007 - S 2742-26 St31 N, NWB DokID: OAAAC-38776.

gen mangelnder Werthaltigkeit ist jedoch ausnahmsweise dann auszugehen, wenn

- ▶ die Pensionszusage im Verzichtszeitpunkt nach der Rechtsprechung des BFH in den Urteilen v. 8.11.2000,[1] v. 20.12.2000,[2] v. 7.11.2001[3] und v. 4.9.2002[4] als nicht mehr finanzierbar zu beurteilen ist

oder

- ▶ der Verzicht im Zusammenhang mit der Vermeidung einer drohenden Überschuldung der Gesellschaft im insolvenzrechtlichen Sinne steht und dabei weitere die Überschuldung vermeidende Maßnahmen (wie insbesondere die Absenkung des Aktivengehaltes) erfolgen und sich auch ein Fremd-Gf zu einem Verzicht bereit erklärt hätte.

1131 In diesen Ausnahmefällen wird der Verzicht mangels Werthaltigkeit als betrieblich veranlasst beurteilt, mit der Rechtsfolge, dass die Entstehung einer verdeckten Einlage – und damit auch eines fiktiven Zuflusses – ausscheidet (siehe hierzu Rz. 993, 1071).

1132 **Ist die Werthaltigkeit der Versorgungsanwartschaften auf der ersten Ebene zu bejahen,** so ist die Werthaltigkeit unter Berücksichtigung der arbeits- bzw. dienstvertraglichen Rechtsgrundsätze auf der zweiten Ebene der Werthaltigkeit zu prüfen.

1133 Die zweite Ebene ist z. B. in den Fällen maßgebend, in denen die versorgungstragende Gesellschaft wirtschaftlich als gesund beurteilt werden kann, sie jedoch nicht mehr willens ist, weitere Mittel zur Schließung des entstandenen Pensionsdefizits aufzuwenden.

c) Ebene 2: Besitzstand des versorgungsberechtigten Gesellschafter-Geschäftsführers

1134 Zur Feststellung des Besitzstandes des versorgungsberechtigten GGf ist hinsichtlich der zugesagten Versorgungsleistungen zwischen den **bereits erdienten Anwartschaften** (Past Service) und den in der Zukunft **erst noch zu erdienenden Anwartschaften** (Future Service) zu unterscheiden:

---

1 BStBl 2005 II S. 65.
2 BStBl 2005 II S. 657.
3 BStBl 2005 II S. 659.
4 BStBl 2005 II S. 662.

aa) Past Service: Erdienter Vergütungsbestandteil mit eigentumsähnlichem Charakter

Von entscheidender Bedeutung ist in diesem Zusammenhang die Tatsache, dass die **Versorgungsanwartschaften nach allgemein anerkannten Rechtsgrundsätzen nur hinsichtlich des Past Service einen eigentumsähnlichen Charakter erlangt haben**. Dies ergibt sich zum einen aus den einschlägigen Bestimmungen des BetrAVG und der ständigen Rechtsprechung des BGH und BAG und zum anderen i. d. R. aus der zwischen den Vertragsparteien getroffenen vertraglichen Vereinbarung. 1135

Dabei ist unstrittig, dass die bAV einen Bestandteil der Vergütungsabrede zwischen den Vertragsparteien darstellt, die im Zeitablauf als Vergütung für erbrachte Leistungen im Betrieb verdient werden muss.[1] Auch ist gesetzlich festgelegt, dass der Vergütungsbestandteil bAV über die Zeit der Beschäftigung ratierlich erdient werden muss. In § 2 Abs. 1 BetrAVG hat der Gesetzgeber zur Bestimmung der unverfallbar erworbenen Versorgungsanwartschaften das ratierliche Erdienungs- und Berechnungsverfahren verankert und konkretisiert. In der Regel wird dieses ratierliche Erdienungsverfahren auch in Pensionszusagen an GGf verankert und von der FinVerw auch anerkannt.[2] Demzufolge werden die Versorgungsanwartschaften auch bei GGf-Zusagen in dem Verhältnis erdient, in dem die zum Berechnungszeitpunkt bisher geleistete Dienstzeit zur bis zum Erreichen des vereinbarten Pensionsalters maximal möglichen Dienstzeit steht. Im Falle eines beherrschenden GGf tritt an die Stelle des Diensteintritts der Zeitpunkt der Zusageerteilung. 1136

Zwar beziehen sich die Formulierungen des § 2 Abs. 1 BetrAVG ihrem Wortlaut nach nur auf die Anwendungsfälle, in denen ein Versorgungsfall wegen Erreichen der Altersgrenze, wegen Invalidität oder Tod eintritt und der Versorgungsberechtigte vorher aus dem Unternehmen ausgeschieden ist. Das BAG hat jedoch eindeutig entschieden, dass die Grundsätze zur Feststellung der unverfallbar erworbenen Anwartschaften der Höhe nach auch in denjenigen Fällen anzuwenden sind, in denen es zu beurteilen gilt, ob die durch den Arbeitgeber vorgenommene Änderung der Versorgungszusage arbeitsrechtlich zulässig ist. So hat das BAG in der Entscheidung v. 17. 4. 1985 das Folgende ausgeführt:[3] 1137

---

1 Vgl. hierzu Beschluss des GrS des BFH v. 9. 6. 1997 - GrS 1/94, BStBl 1998 II S. 307.
2 BMF, Schreiben v. 9. 12. 2002, BStBl 2002 I S. 1393.
3 BAG, Urteil v. 17. 4. 1985 - 3 AZR 72/83, DB 1986 S. 228.

VI. Reduzierung der Pensionsverpflichtung

> „Den Sockel aller denkbaren Besitzstände bildet der Teilbetrag, der dem anwartschaftsberechtigten Arbeitnehmer selbst dann nicht mehr entzogen werden könnte, wenn das Arbeitsverhältnis zur Zeit der Neuregelung beendet würde oder wenn der Arbeitgeber Konkurs anmelden müsste. Dieser unverfallbare und insolvenzgeschützte Teilbetrag ist gem. § 2 BetrAVG zeitanteilig zu berechnen und verändert sich nach dem Berechnungsstichtag nicht mehr, weil spätere Veränderungen der Versorgungsregelung oder der Bemessungsgrundlagen für diesen erdienten Teilbetrag außer Betracht bleiben (§ 2 Abs. 5 BetrAVG)."

1138 Damit hat das BAG entschieden, **dass auch bei Fortbestand des Arbeitsverhältnisses** der unverfallbar erworbene Teilbetrag (Past Service) in Form einer Alsob-Leistung unter Anwendung der gesetzlich vorgeschriebenen Berechnungsmethode zu ermitteln ist. Dieser Rechtsgrundsatz wurde durch das BAG in weiteren Entscheidungen regelmäßig bestätigt. Damit ist festzustellen, dass nach der höchstrichterlichen Rechtsprechung die horizontale Aufteilung der erteilten Versorgungsanwartschaften zum Zwecke der Ermittlung der Besitzstände des Versorgungsberechtigten auch bei Fortbestand des Beschäftigungsverhältnisses rechtlich zulässig bzw. durch das BAG sogar vorgeschrieben wurde.

1139 Auch der GrS des BFH hat in dieser Entscheidung v. 9.6.1997 ausgeführt, dass der Versorgungsberechtigte mit der Pensionszusage ein Anwartschaftsrecht erlangt, das einen Bestandteil seines Vermögens bildet, und die Anwartschaft im Zeitablauf als Vergütung für erbrachte Leistungen verdient werden muss. In dem im Anschluss an die Entscheidung des GrS zu diesem Fall ergangenen BFH-Urteil v. 15.10.1997,[1] führte der BFH dann aus, dass es „außerdem von Bedeutung sein kann, ob die Pension unverfallbar ist oder sie voraussetzt, dass der Berechtigte bis zum Pensionsfall für den Verpflichteten nichtselbständig tätig ist". Eine darüber hinausgehende vertiefende Auseinandersetzung mit dieser Rechtsfrage fand seitens des BFH nicht mehr statt, da er das Verfahren wegen Sachverhaltsfragen wieder an das FG Rheinland-Pfalz zurückverweisen musste.

bb) Future Service: Noch nicht erdienter Vergütungsbestandteil ohne eigentumsähnlichem Charakter

1140 Hinsichtlich des rechtlichen Charakters des Future Service ist festzustellen, dass dieser für den Versorgungsberechtigten lediglich die **Chance auf den Zuerwerb weiterer Teile der insgesamt zugesagten Versorgungsanwartschaften**

---

[1] BFH-Urteil v. 15.10.1997 - I R 58/93, BStBl 1998 II S. 305.

11. Einlagefähiger Vermögensvorteil als Voraussetzung einer verdeckten Einlage

darstellt. Das Stattfinden des Zuerwerbs ist jedoch davon abhängig, ob die vertragliche Vereinbarung zur Pensionszusage in dieser Form bestehen bleibt und der GGf in Erfüllung des der vertraglichen Vereinbarung zugrunde liegenden Austauschverhältnisses auch seine Gegenleistung in Form der Ausübung der Gf-Tätigkeit erbringt.

Der rechtliche Charakter des Future Service wird dann deutlich sichtbar, wenn man die Beendigung des Dienstverhältnisses unterstellt. In diesem Falle bleiben die Versorgungsanwartschaften des GGf auch nur insoweit aufrechterhalten, als er in der Vergangenheit seine Gegenleistung in Form der Diensterfüllung erbracht hat (Past Service). Der Future Service geht bei einer vorzeitigen Beendigung des Dienstverhältnisses somit ersatzlos unter. 1141

Aber auch bei Fortsetzung des Dienstverhältnisses kann der rechtliche Charakter des Future Service unter Berücksichtigung der vom BAG zum sog. Drei-Stufen-Modell entwickelten Rechtsgrundsätze nachvollzogen werden.[1] Der Future Service wurde vom BAG der dritten Stufe des Drei-Stufen-Modells zugeordnet, die aus Sicht des Senats für am wenigsten schutzwürdig erachtet wird. Zur Herabsetzung des Future Service reicht es demnach aus, wenn der Arbeitgeber lediglich sog. sachlich proportionale Gründe aufführen und nachvollziehbar darlegen kann. Zur Begründung dieser rechtlichen Auffassung führt das BAG aus, dass es sich hinsichtlich des **Future Service um noch nicht erdiente Versorgungsanwartschaften handelt und somit eine Rechtsposition mit eigentumsähnlichem Charakter noch nicht entstanden ist.** 1142

Dass das ratierliche Erdienungsverfahren auch im Steuerrecht anerkannt ist, ergibt sich anhand mehrerer Tatbestände und Verwaltungsanweisungen: 1143

Zum einen hat das BMF mit Schreiben v. 9.12.2002[2] mitgeteilt, dass Vereinbarungen über eine Unverfallbarkeit in Zusagen auf Leistungen der bAV an GGf einer GmbH grundsätzlich dann nicht als durch das Gesellschaftsverhältnis veranlasst anzusehen sind, wenn es sich um eine sofortige ratierliche Unverfallbarkeit handelt. Damit wird klar und eindeutig zum Ausdruck gebracht, dass die Vereinbarung einer ratierlichen Unverfallbarkeit als üblich und somit betrieblich veranlasst zu beurteilen ist. 1144

---

1 BAG, Urteile v. 8.12.1981-3 ABR 53/80, BAGE 36 S.327, 337f.; v. 17.4.1985-3 AZR 72/83, BAGE S.49, 57, 65ff.; BAG v. 17.3.1987-3 AZR 64/84, BAGE S.54, 261, 270ff.; BAG v. 22.5.1990-3 AZR 128/89, BAGE S.65, 157, 161; BAG v. 11.5.1999-3 AZR 21/89, BAGE S.91, 310, 318f.
2 BMF, Schreiben v. 9.12.2002, BStBl 2002 I S.1393.

1145 Zum anderen sind die Anweisungen zu beachten, die seitens des BMF im Schreiben v. 26. 10. 2006[1] zum Thema Übertragung von Versorgungsverpflichtungen und Versorgungsanwartschaften auf Pensionsfonds ergangen sind. Zur Übertragung von Versorgungsanwartschaften aktiver Beschäftigter führt das BMF unter der Tz. 1.b Folgendes aus:

„*Bei einer entgeltlichen Übertragung von Versorgungsanwartschaften aktiver Beschäftigter kommt die Anwendung von § 3 Nr. 66 EStG nur für Zahlungen an den Pensionsfonds in Betracht, die für die bis zum Zeitpunkt der Übertragung bereits erdienten Versorgungsanwartschaften geleistet wurden.*

Zahlungen an den Pensionsfonds für zukünftig noch zu erdienende Anwartschaften sind ausschließlich in dem begrenzten Rahmen des § 3 Nr. 63 EStG lohnsteuerfrei."

1146 Das BMF hat damit für den Fall, dass eine Versorgungsanwartschaft eines noch aktiven Versorgungsanwärters auf einen Pensionsfonds übertragen werden soll, entschieden, dass die Bestimmungen des § 3 Nr. 66 EStG nur insoweit Anwendung finden sollen, als es die Übertragung der bis zum Zeitpunkt der Übertragung bereits erdienten Versorgungsanwartschaften betrifft.

1147 Die Umsetzung dieser Rechtsauffassung erreicht das BMF dadurch, dass es die zugesagten Versorgungsleistungen rechnerisch trennt und in einen bereits erdienten (Past Service) bzw. in einen zukünftig noch zu erdienenden Teilbetrag (Future Service) aufteilt.

1148 Damit hat das BMF für den Fall einer Übertragung von Versorgungsanwartschaften auf einen Pensionsfonds dasselbe Verfahren bestimmt, das innerhalb der Past Service-Methode zur Aufteilung der zugesagten Versorgungsleistungen herangezogen wird.

1149 Von besonderer Bedeutung ist dabei auch die Tatsache, dass die Regelungen zur Übertragung von Versorgungsanwartschaften aktiver Beschäftigter **von einem Fortbestand des Beschäftigungsverhältnisses ausgehen.** Somit wird seitens des BMF für die exakt identische Ausgangsposition (Änderung der Pensionszusage bei Fortbestand des Beschäftigungsverhältnisses) eine zu den Grundsätzen der Past Service-Methode identische Lösung vorgeschrieben.

1150 Darüber hinaus ist zu bedenken, dass die Tatsache, dass es das BMF zulässt, dass die zugesagten Versorgungsleistungen für die Zwecke der Übertragung auf einen Pensionsfonds in unterschiedliche Teilbereiche (Besitzstände) aufgeteilt und den entsprechenden sachlichen Steuerbefreiungstatbeständen zu-

---

[1] BMF, Schreiben v. 26. 10. 2006, BStBl 2006 I S. 709.

geordnet werden, es bei Anwendung vernünftiger Denkgesetze kaum mehr ermöglicht, dies für die Zwecke einer Herabsetzung nicht zuzulassen.

Schließlich ist auch noch zu berücksichtigen, dass auch das mit Einführung des BetrAVG im Jahre 1974 eingeführte **Teilwertverfahren,** das der ertragsteuerlichen Bewertung der bestehenden Pensionsverpflichtungen seitdem zugrunde zu legen ist, davon ausgeht, dass die Versorgungsanwartschaften über die Fortdauer des Beschäftigungsverhältnisses ratierlich erdient werden müssen. Dies wird dadurch zum Ausdruck gebracht, dass der Barwert der noch ausstehenden Prämien vom Barwert der künftigen Leistungen in Abzug gebracht werden muss, wobei der Prämienbarwert den Teil der noch nicht erdienten Versorgungsanwartschaften repräsentiert.[1] Auch die Behandlung der Versorgungsleistungen bei einer Bewertung nach dem Anwartschaftsbarwertverfahren führt zu keinem anderen Ergebnis. Denn dort wird – wie bereits geschildert – von vornherein dem Umstand Rechnung getragen, dass die Versorgungsanwartschaften ratierlich erdient werden müssen. 1151

Auch die BFH-Rechtsprechung hat schon vor Jahren eindeutig zum Ausdruck gebracht, dass die Pensionszusage nicht als ein einheitlicher Vermögensvorteil zu beurteilen ist. In einer fortlaufenden Auseinandersetzung im Hinblick auf die Finanzierbarkeit einer Pensionszusage hat der BFH den Bestrebungen der FinVerw, die Pensionszusage als ein einheitliches Wirtschaftsgut zu qualifizieren (sog. Einheitstheorie), regelmäßig wiederkehrend eine Abfuhr erteilt.[2] Im Rahmen dieser Entscheidungen hatte der BFH eindeutig die Auffassung vertreten, dass die jeweils für unterschiedliche Versorgungsfälle zugesagten Versorgungsleistungen als selbständige Wirtschaftsgüter zu behandeln sind (sog. segmentierte Betrachtungsweise). So ist es demnach nicht zulässig, aus der mangelnden Finanzierbarkeit einer für den Invaliditätsfall bestehenden Pensionsverpflichtung auch auf die mangelnde Finanzierbarkeit der zugesagten Altersrente zu schließen. Wenn nach den Grundsätzen der BFH-Rechtsprechung die erteilte Versorgungszusage anhand der einzelnen Versorgungsfälle segmentiert und **vertikal in rechtlich selbständige Wirtschaftsgüter unterteilt werden kann,** so kann nach Auffassung der Autoren auch davon ausgegangen werden, dass der BFH auch die **horizontale Teilung** der Versorgungsleistungen zum Zwecke der Besitzstandsermittlung zulassen wird. 1152

---

1 OFD Hannover, Verfügung v. 11. 8. 2009 - S 2742 – 202 – StO 241, NWB DokID: CAAAD-31606.
2 BFH, Urteile v. 8.11.2000 – I R 70/99, BStBl 2005 II S. 653; BFH v. 20.12.2000 - I R 15/00, BStBl 2005 II S. 657; BFH v. 7.11.2001 - I R 79/00, BStBl 2005 II S. 659 und v. 4.9.2002 - I R 7/01, BStBl 2005 II S. 662, sowie v. 31.3.2004 - I R 65/03, BStBl 2005 II S. 664.

VI. Reduzierung der Pensionsverpflichtung

1153 Die hier vorgetragene Rechtsauffassung wird auch durch die BFH-Entscheidung v. 8. 6. 2011 eindeutig bestätigt.[1] In dem dort zu entscheidenden Fall hatten vier jeweils zu gleichen Teilen beteiligte GGf ihre Gesellschaftsanteile veräußert und ihre Anstellungsverträge aufgelöst. Ihre Anwartschaften aus den Pensionszusagen gingen in diesem Zuge unter, da die bisherigen Teilansprüche auf der Grundlage der vertraglichen Vereinbarungen noch nicht den Status der Unverfallbarkeit erreicht hatten. Zutreffender Weise hat der BFH (ebenso wie die das FG Düsseldorf als Vorinstanz) in diesem Falle angenommen, dass einem verfallbaren Pensionsanspruch ein wirtschaftlicher Wert nur dann zukommt, wenn im Zeitpunkt des Verzichts auf die Versorgungszusage noch die Möglichkeit besteht, dass diese unverfallbar wird. Ist es dagegen ausgeschlossen, dass der Pensionsanspruch in der Zukunft noch in die Unverfallbarkeit hineinwächst, steht fest, dass keine Zahlungen auf die Pensionszusage erfolgen werden. Das rechtfertigt die Annahme, dass ein fremder Dritter ihn weder entgeltlich erwerben noch ihm im Rahmen eines Erwerbs der Beteiligung einen eigenständigen Wert beimessen würde (siehe hierzu auch Rz. 1221).

1154 **Nach alledem ist festzustellen,** dass diejenigen Teilanwartschaften, die dem Future Service zuzurechnen sind, diejenigen Anforderungen, die für das Entstehen einer verdeckten Einlage i. S. d. § 8 Abs. 3 Satz 3 KStG hinsichtlich der Zuwendung eines einlagefähigen Vermögensvorteils zu erfüllen wären, nicht erfüllen können.

1155 In der Folge führt **ein leistungsmindernder Eingriff in den Future Service**
- ▶ **weder zu einer verdeckten Einlage**
- ▶ **noch zu einem fiktiven Lohnzufluss beim versorgungsberechtigten GGf.**

1156–1162 (*Einstweilen frei*)

12. Herabsetzung nach den Grundsätzen der Past Service-Methode

1163 Die obige rechtliche Würdigung führt im Ergebnis zu einem **praktikablen Lösungsansatz**, mittels dessen sich die Versorgungsanwartschaften eines GGf während der Leistungsphase steuerunschädlich herabsetzen lassen: **der Past Service-Methode.**

---

[1] BFH, Urteil v. 8. 6. 2011 - I R 62/10; NWB DokID: EAAAD-47604.

a) Past Service-Methode: Lösungsweg für Leistungsanwärter

Wird nun auf der Grundlage der obigen rechtlichen Würdigung die vertragliche Vereinbarung zur Pensionszusage mit Wirkung für die Zukunft derart geändert, dass dabei eine **Herabsetzung des Future Service** vereinbart wird, so kann darin **keine verdeckte Einlage** zu sehen sein, da die körperschaftsteuerrechtlichen Anforderungen an einen einlagefähigen Vermögensvorteil insoweit nicht erfüllt sind. 1164

Eine verdeckte Einlage mit den beschriebenen negativen steuerlichen Folgen für die Versorgungsberechtigten könnte nur dann angenommen werden, wenn der Versorgungsberechtigte auf Teile seiner bereits erdienten Anwartschaften (Past Service) verzichten würde. 1165

Diese rechtliche Beurteilung eröffnet bei der Restrukturierung von Pensionszusagen eines noch aktiven GGf die Gestaltungsmöglichkeit, dass **ohne negative steuerliche Folgen in den Future Service** im Wege der einvernehmlichen Herabsetzung **eingegriffen** werden kann, da insoweit kein einlagefähiger Vermögensvorteil gegeben ist. **Im schlimmsten (besten) Falle kann der Future Service sogar ersatzlos entfallen.** 1166

Selbst wenn die Zuwendung durch das Gesellschaftsverhältnis veranlasst sein sollte (was durchaus als Regelfall angenommen werden kann), so kann die vom BFH geforderte Werthaltigkeit nur insoweit gegeben sein, als der Versorgungsberechtigte bereits einen unverfallbaren Anspruch auf die zugesagten Versorgungsleistungen erworben hat. Die Frage nach der Veranlassung des Rechtsgeschäfts ist daher für die Wirkung der Past Service-Methode nicht von Bedeutung. 1167

> **BERATUNGSHINWEIS:**
> Klarstellend sei darauf hingewiesen, dass dieser Lösungsansatz seine Wirkung nur während der Leistungsphase entfalten kann, da die Differenzierung zwischen Past und Future Service nur dann stattfinden kann, wenn die Erdienungsphase noch nicht abgeschlossen ist. Dabei gilt, je jünger der GGf im Zeitpunkt der Herabsetzung ist, desto größer fällt die Entlastungswirkung aus.
>
> Die Past Service-Methode steht daher weder bei unverfallbar ausgeschiedenen Versorgungsberechtigten, noch bei technischen Rentnern, noch bei Leistungsempfängern zur Verfügung.

b) Der Weg zur Durchsetzung der Past Service-Methode

Auf der Grundlage der oben dargestellten rechtlichen Grundlage hatte der Senior der beiden Autoren den Weg einer **Herabsetzung nach den Grundsätzen der Past Service-Methode** vor Jahren entwickelt und diese Gestaltungsmög- 1168

VI. Reduzierung der Pensionsverpflichtung

lichkeit auch bundesweit veröffentlicht. Dabei konnte der Senior-Autor darüber berichten, dass er derartige Herabsetzungen in vielen Fällen und in unterschiedlichen Bundesländern mit Zustimmung der jeweils zuständigen Finanzverwaltung (im Rahmen von verbindlichen Auskünften) erfolgreich umsetzen konnte.

1169 Nachdem die Past Service-Methode auf ein breites Interesse in der Fachwelt gestoßen war, sind im Laufe der Zeit mehrere Fachautoren mit entsprechenden Veröffentlichungen der Rechtsauffassung beigetreten.[1] Auch von Seiten der FinVerw sind namhafte Fachautoren dieser rechtlichen Beurteilung beigetreten.[2]

1170 Demgegenüber bildeten sich aber auch Auffassungen, die eine Begrenzung auf die Höhe der erdienten Anwartschaften für steuerschädlich erachteten und in diesem Zusammenhang das Entstehen einer verdeckten Einlage annehmen wollten.[3] Eine vertiefende Auseinandersetzung mit den in diesem Zusammenhang vorgetragenen Thesen brachte jedoch schnell und eindeutig zum Vorschein, dass diese nicht zu überzeugen vermochten.

1171 Seitens der FinVerw ist zunächst die OFD Hannover in Erscheinung getreten, die sich mit Verfügung v. 11. 8. 2009[4] zu Wort gemeldet hatte. Die dort vertretene Rechtsauffassung brachte insoweit eine eindeutige Bestätigung, als diese klarstellte, dass die Herabsetzung nach den Grundsätzen der Past Service-Methode zwar zu einem Einfrieren der Versorgungsanwartschaften führt; nicht jedoch zu einem Einfrieren der bisher gebildeten Pensionsrückstellung. Leider führte die Verfügung der OFD Hannover marktseitig zu einiger Verwirrung, da diese verschiedentlich dahin gehend interpretiert wurde, dass deren Ausführungen eine Herabsetzung nach der Past Service-Methode verhindern würden.[5] Dem war jedoch keinesfalls so.

1172 Ende des Jahres 2009 sorgte das Finanzministerium des Landes Nordrhein-Westfalen (FinMin NRW) über ein gehöriges Maß an Konfusion, welches An-

---

[1] So z. B. Förster, Steuerliche Folgen der Übertragung von Pensionszusagen, DStR 2006 S. 2149; Alt/Stadelbauer, Abfindung von und Verzicht auf Pensionszusagen, DStR 2009 S. 2551; Briese, Auslagerung von Pensionsanwartschaften auf Pensionsfonds, BB 2009 S. 2733; Uckermann, BAV und Zeitwertkonten, Stuttgart, 1. Aufl. 2009, S. 208; Jeske, Fallstricke bei Pensionszusagen an beherrschende GGf vermeiden, NWB 2010 S. 694.

[2] So z. B. Alber, Aktuelle Fragen bei Pensionszusagen an GGF, BetrAV 5/2007 S. 415.

[3] So z. B. Janssen, Zwei gefährliche Irrtümer bei Pensionszusagen, NWB Heft 11/2009 S. 796 sowie in Heft 10/2010 S. 772; aber auch Wellisch, Ablösung und Auslagerung von Pensionszusagen, NWB 2009 S. 2470.

[4] OFD Hannover, Verfügung v. 11. 8. 2009 - S 2742 - 202 - StO 241, NWB DokID: CAAAD-31606.

[5] Vgl. Janssen, Ein gefährlicher Irrtum bei Pensionszusagen – Ein Update, NWB 2010 S. 772.

12. Herabsetzung nach den Grundsätzen der Past Service-Methode

lass zu einer fast drei Jahre andauernden verwaltungsinternen Auseinandersetzung gab. Mit Erlass v. 17.12.2009[1] nahm das FinMin NRW unter der Überschrift *„Steuerliche Auswirkungen des Verzichts eines Gesellschafter-Geschäftsführers auf eine Pensionsanwartschaft gegenüber seiner Kapitalgesellschaft"* zu den Rechtsfolgen eines Pensionsverzichts Stellung:

Der wesentliche Mangel der Verwaltungsanweisung fand sich in der Tz. II. Dort wurde u. a. folgende Rechtsauffassung vertreten: 1173

„1. Nach dem Grundsatz des § 6a EStG, die Pensionsrückstellung bis zum vertraglich vereinbarten Pensionsalter gleichmäßig aufzubauen, ist ein Verzicht nur auf den Future Service mit der Folge des Einfrierens der bereits gebildeten Pensionsrückstellung nicht möglich.

2. Es liegt eine verdeckte Einlage vor, weil ein Nichtgesellschafter im Regelfall eine Reduzierung seiner Pensionsanwartschaft ohne Gegenleistung nicht vereinbart hätte. Für die Frage, ob eine verdeckte Einlage vorliegt, ist es unerheblich, in welcher Höhe die Pensionsanwartschaft zum Zeitpunkt des Verzichts in der Änderungsvereinbarung zur Pensionszusage von den Vertragsparteien als erdient bzw. unverfallbar bezeichnet wird. Die Anwartschaft stellt einen einheitlichen Vermögensvorteil dar. Verzichtet der GGf auf einen Teil der ihm zugesagten Versorgungsbezüge, so betrifft dieser Verzicht sowohl den bereits erdienten als auch den noch nicht erdienten Teil der Anwartschaft. Eine Aufteilung der Anwartschaft in der Weise, dass ein Verzicht nur auf den nicht erdienten Teil angenommen werden könnte, ist im Hinblick auf die Einheitlichkeit dieses Vermögensvorteils ausgeschlossen."

Bereits im Rahmen der 2. Auflage dieses Buches wurde detailliert nachgewiesen, dass die vom FinMin NRW mit Erlass v. 17.12.2009 veröffentlichte Rechtsauffassung insgesamt als unschlüssig und fehlerhaft und in ihrer Gesamtheit als unzutreffend zu beurteilen war. Der Erlass missachtete sowohl die geltende Rechtslage als auch die diesbezüglichen Verwaltungsanweisungen. Nach Auffassung des Senior-Autors handelte es sich somit um einen rechtswidrigen Verwaltungsakt. Dies veranlasste den Senior-Autor gegen den Erlass öffentlich vorzugehen, verbunden mit der dringenden Forderung, diesen unverzüglich zu ändern oder aufzuheben. 1174

Dieses Ziel konnte allerdings erst rd. drei Jahre später erreicht werden. Die zwischenzeitlich stattgefundene Entwicklung konnte aus Sicht eines neutralen Beobachters wohl am besten mit einem "Kasperltheater" verglichen werden, 1175

---

[1] FinMin NRW, Erlass v. 17.12.2009 - S 2743-10-V-B 4, NWB DokID: CAAAD-38576.

in dem sich auf eine eindrucksvolle Art und Weise die Untauglichkeit unseres föderalen Systems in einer zunehmend komplexer werdenden Rechtswelt verdeutlichte. Erst mit der Veröffentlichung des BMF-Schreiben v. 14.8.2012 konnte der unwürdigen verwaltungsinternen Auseinandersetzung ein Ende gesetzt werden.[1]

1176–1180 (*Einstweilen frei*)

c) Das BMF-Schreiben v. 14. 8. 2012

1181 Ganz nach dem Motto „**Was lange währt, wird endlich gut**" konnte die Fachwelt dann Mitte August 2012 endlich aufatmen:

Unter der Überschrift: „*Verzicht des Gesellschafter-Geschäftsführers einer Kapitalgesellschaft auf eine Pensionsanwartschaft als verdeckte Einlage (§ 8 Absatz 3 Satz 3 KStG); Verzicht auf künftig noch zu erdienende Pensionsanwartschaften (sog. Future Service)*", brachte das BMF folgende Rechtsauffassung zu der so strittigen Thematik zur Veröffentlichung:

„*Unter Bezugnahme auf die Erörterung mit den obersten Finanzbehörden der Länder gilt zur ertragsteuerlichen Behandlung des Verzichts eines Gesellschafter-Geschäftsführers auf eine Pensionsanwartschaft gegenüber seiner Kapitalgesellschaft Folgendes:*

1. Nach dem BFH-Beschluss v. 9.6.1997 (GrS 1/94, BStBl 1998 II S. 307) führt der durch das Gesellschaftsverhältnis veranlasste Verzicht eines Gesellschafter-Geschäftsführers auf eine werthaltige Forderung gegenüber seiner Kapitalgesellschaft zu einer verdeckten Einlage nach § 8 Abs. 3 Satz 3 KStG in die Kapitalgesellschaft und zu einem Zufluss von Einnahmen beim Gesellschafter-Gf. Diese Grundsätze gelten auch bei einem Verzicht des Gesellschafter-Geschäftsführers auf eine Pensionsanwartschaft. Für die Bewertung der verdeckten Einlage ist dabei nach dem BFH-Urteil v. 15.10.1997 (I R 58/93, BStBl 1998 II S. 305) auf den Teilwert der Pensionsanwartschaft des Gesellschafter-Geschäftsführers abzustellen und nicht auf den gemäß § 6a EStG ermittelten Teilwert der Pensionsverbindlichkeit der Kapitalgesellschaft. Der Teilwert ist dabei unter Beachtung der allgemeinen Teilwertermittlungsgrundsätze im Zweifel nach den Wiederbeschaffungskosten zu ermitteln. Demnach kommt es darauf an, welchen Betrag der Versorgungsberechtigte zu dem Zeitpunkt des Verzichtes hätte aufwenden müssen, um eine gleich hohe Pensionsanwartschaft gegen einen vergleichbaren Schuldner zu erwer-

---

[1] BMF, Schreiben v. 14.8.2012, BStBl 2012 I S. 874.

ben. Dabei kann die Bonität des Forderungsschuldners berücksichtigt werden. Außerdem kann von Bedeutung sein, ob die Pension unverfallbar ist oder ob sie voraussetzt, dass der Berechtigte bis zum Pensionsfall für den Verpflichteten nichtselbständig tätig ist (BFH-Urteil v. 15.10.1997 - I R 58/93, BStBl 1998 II S. 305).

2. Im Falle des vollständigen Verzichts auf eine Pensionsanwartschaft vor Eintritt des Versorgungsfalls liegt eine verdeckte Einlage in Höhe des bis zum Verzichtszeitpunkt bereits erdienten Anteils des Versorgungsanspruches vor. Bei einem teilweisen Verzicht ist eine verdeckte Einlage insoweit anzunehmen, als der Barwert der bis zu dem Verzichtszeitpunkt bereits erdienten Versorgungsleistungen des Gesellschafter-Geschäftsführers den Barwert der nach dem Teilverzicht noch verbleibenden Versorgungsleistungen übersteigt. Dies gilt unabhängig davon, ob sich die Verzichtsvereinbarung der Bezeichnung nach nur auf künftig noch zu erdienende Anwartschaften (sog. Future Service) bezieht oder ob es sich dabei um eine durch das Gesellschaftsverhältnis veranlasste Änderung einer Pensionszusage handelt, die mit einer Reduzierung der bisher zugesagten Versorgungsleistungen verbunden ist.

3. Es wird nicht beanstandet, wenn als erdienter Teil der Versorgungsleistungen bei einer Leistungszusage an einen beherrschenden Gesellschafter-Geschäftsführer der Teilanspruch aus den bisher zugesagten Versorgungsleistungen angesetzt wird, der dem Verhältnis der ab Erteilung der Pensionszusage bis zum Verzichtszeitpunkt abgeleisteten Dienstzeit (s) einerseits und der ab Erteilung der Pensionszusage bis zu der in der Pensionszusage vorgesehenen festen Altersgrenze (t) andererseits entspricht (zeitanteilig erdienter Anwartschaftsbarwert ab Pensionszusage – s/t). Bei einem nicht beherrschenden Gesellschafter-Geschäftsführer ist insoweit nicht auf den Zeitpunkt der (erstmaligen) Erteilung einer Pensionszusage, sondern auf den Beginn des Dienstverhältnisses abzustellen (sog. m/n-Anwartschaftsbarwert).

Beispiel:

▶ *Beherrschender Gesellschafter-Geschäftsführer einer GmbH, geb. 1.1.1960*

▶ *Diensteintritt in die GmbH am 1.1.1986*

▶ *Zusage am 1.1.1996 einer Alters- und Invalidenrente über 3.000 €/monatlich*

▶ *Pensionseintritt mit Vollendung des 66. Lebensjahres*

▶ *Herabsetzung der Versorgungsanwartschaft am 1.1.2011 auf 1.500 €/monatlich*

Lösung:

Ermittlung des erdienten Anteils der Versorgungsleistungen zum Zeitpunkt der Herabsetzung:

Quotient nach Rz. 3:

tatsächlich geleistete Dienstjahre ab Zusageerteilung (da beherrschend)/maximal mögliche Dienstjahre ab Zusageerteilung = 15/30 = 0,5

Erdienter Anteil zum 1.1.2011: 1.500 €/monatlich

Ergebnis:

Da die nach Herabsetzung noch verbleibenden Versorgungsleistungen genau dem bereits erdienten Anteil entsprechen, beträgt der Wert der verdeckten Einlage nach § 8 Abs. 3 Satz 3 KStG 0 €.

4. Bei der Berechnung des Barwerts der bis zum Verzichtszeitpunkt erdienten sowie des Barwerts der danach herabgesetzten Pensionsanwartschaft sind die gleichen, im Verzichtszeitpunkt anerkannten Rechnungsgrundlagen und anerkannten Regeln der Versicherungsmathematik anzuwenden. Es wird dabei für den Barwertvergleich nicht beanstandet, wenn die Rechnungsgrundlagen verwendet werden, die am vorangegangenen Bilanzstichtag der steuerlichen Bewertung der Pensionsverpflichtung zugrunde lagen."

aa) Beurteilung des BMF-Schreibens v. 14.8.2012

1182 **Mit dieser Verwaltungsanweisung hat das BMF die Zeit der lähmenden Unsicherheit mit einem Schlag beendet.** Das BMF hat in einer überraschend positiven Art und Weise für Rechtsklarheit gesorgt und dabei die vom Senior-Autor entwickelte und bundesweit veröffentlichte Rechtsauffassung zu 100 % bestätigt. Gleichzeitig wurde der vom FinMin NRW vertretenen Rechtsauffassung[1] eine gehörige Abfuhr erteilt.

1183 Des Weiteren ist festzustellen, dass der **Erlass v. 14.8.2012**

▶ sowohl für den Fall eines **vollständigen Verzichts eines Leistungsanwärters**,

▶ als auch für den Fall eines **Teilverzichts** (Verzicht auf den Future Service),

▶ als auch für den praxisrelevanten Fall der **wertgleichen Umgestaltungen**,

das so lange herbeigesehnte Maß an **Rechtssicherheit** herbeiführt.

1184 Im Folgenden gehen die Autoren auf die einzelnen Bestimmungen des BMF-Schreibens ein. Aus Sicht der Autoren ist dieses BMF-Schreiben **in seiner Gesamtheit als ein herausragender Schritt in der Rechtsgeschichte der Gf-Versor-

---

1 FinMin NRW, Erlass v. 17.12.2009 - S 2743-10-V-B 4, NWB DokID: CAAAD-38576.

12. Herabsetzung nach den Grundsätzen der Past Service-Methode

gung zu bewerten, welcher es nun den vielen kleinen und mittelständischen GmbHs ermöglicht, auf der Grundlage einer gefestigten und als sachgerecht zu beurteilenden Verwaltungsauffassung die Umgestaltung der bestehenden Gf-Pensionszusagen in Angriff zu nehmen.

bb) Stellungnahme zu den Regelungsinhalten des BMF-Schreibens v. 14. 8. 2012

Rz. 1:	Steuerrechtliche Rahmenbedingungen eines Pensionsverzichts
Rz. 2 Satz 1:	Vollständiger Verzicht vor Eintritt des Versorgungsfalls
Rz. 2 Satz 2:	Teilweiser Verzicht vor Eintritt des Versorgungsfalls und wertgleiche Umgestaltungen
Rz. 3:	Past Service-Ermittlung
Rz. 4:	Barwertermittlung

Zu den einzelnen Punkten des BMF-Schreibens nehmen die Autoren nun wie folgt Stellung:

(1) Steuerrechtliche Rahmenbedingungen eines Pensionsverzichts

Die Rz. 1 des Erlasses beschreibt zunächst die steuerrechtlichen Rahmenbedingungen eines Pensionsverzichts anhand der vom BFH entwickelten Rechtsgrundsätze. Dabei bezieht sich das BMF hinsichtlich des **Entstehens einer verdeckten Einlage** auf den BFH-Beschluss v. 9. 6. 1997[1] und führt aus, dass diese Grundsätze auch bei einem Verzicht eines GGf auf eine Pensionsanwartschaft (also vor Eintritt des Leistungsfalles) gelten. Danach führt der durch das Gesellschaftsverhältnis veranlasste Verzicht eines GGf auf eine werthaltige Forderung zu einer verdeckten Einlage nach § 8 Abs. 3 Satz 3 KStG und zum Zufluss von Einnahmen beim GGf.

1185

Hinsichtlich der **Bewertung der verdeckten Einlage** verweist das BMF auf das BFH-Urteil v. 15. 10. 1997.[2] Danach ermittelt sich der Wert der verdeckten Einlage nicht nach § 6a EStG, sondern nach dem Teilwert der Pensionsanwartschaft, der unter Beachtung der allgemeinen Teilwertermittlungsgrundsätze festzustellen ist, im Zweifel nach den Wiederbeschaffungskosten. Demnach kommt es darauf an, welchen Betrag der Versorgungsberechtigte zum Zeitpunkt des Verzichtes hätte aufwenden müssen, um eine gleich hohe Pensions-

1186

---
1 BFH, Beschluss v. 9. 6. 1997 - GrS 1/94, BStBl 1998 II S. 307.
2 BFH, Urteil v. 15. 10. 1997 - I R 58/93, BStBl 1998 II S. 305.

VI. Reduzierung der Pensionsverpflichtung

anwartschaft gegen einen vergleichbaren Schuldner zu erwerben. Dabei kann die Bonität des Forderungsschuldners berücksichtigt werden. Außerdem kann von Bedeutung sein, ob die Pension unverfallbar ist oder ob sie voraussetzt, dass der Berechtigte bis zum Pensionsfall für den Verpflichteten nichtselbständig tätig ist.

1187 Die **Ausführungen der Rn. 1** sind insgesamt nicht zu beanstanden. Sie **geben die Grundsätze der BFH-Rechtsprechung in zutreffender Art und Weise wieder.** Sie stellen dar, unter welchen Umständen bei einem Pensionsverzicht eine verdeckte Einlage entsteht und wie diese zu bewerten ist. Die diesbezüglichen Ausführungen des BMF-Schreibens verfügen somit nur über einen klarstellenden Charakter.

(2) Vollständiger Verzicht vor Eintritt des Versorgungsfalls

1188 **Die Rz. 2 stellt in Satz 1** zunächst klar, dass im Falle eines **vollständigen Verzichts** auf eine Pensionsanwartschaft vor Eintritt des Versorgungsfalles **eine verdeckte Einlage nur i. H. d. bis zum Verzichtszeitpunktes bereits erdienten Anteils der zugesagten Versorgungsleistungen** (sog. Past Service) vorliegt.

1189 Es ist aus Sicht der Fachwelt sehr zu begrüßen, dass sich das BMF in seinen Ausführungen nicht nur auf die steuerrechtlichen Konsequenzen eines Teilverzichts konzentriert hat. Mit diesem einen Satz zur steuerrechtlichen Beurteilung eines vollständigen Verzichts bestätigt das BMF die bereits in H 40 KStH 2008 veröffentlichte Rechtsauffassung, auf die der Senior-Autor in der Vergangenheit u. a. Bezug genommen hatte, um die Zustimmung der FinVerw zu der von ihm entwickelten Rechtsauffassung zu belegen. Ferner bestätigt das BMF bereits mit diesem Satz, dass nur hinsichtlich des Past Service von der Einlage eines einlagefähigen Vermögensvorteils ausgegangen werden kann.

1190 Die entsprechende Bestätigung findet sich mittlerweile in H 8.9 KStH 2015. Dort wird die obige Handhabung nochmals dargelegt und auch auf das hier behandelte BMF-Schreiben verwiesen.

1191 **Damit ist nun auch klar,** dass im Falle eines vollständigen Verzichts nur für die Teile der entschädigungslos aufgegebenen Versorgungsanwartschaften der Wiederbeschaffungswert zu ermitteln ist, auf die der GGf zum Zeitpunkt des Verzichts einen unverfallbaren Anspruch erworben hat. Die Ermittlung der unverfallbaren Versorgungsanwartschaften der Höhe nach richtet sich nach den Bestimmungen der Rn. 3.

(3) Teilweiser Verzicht vor Eintritt des Versorgungsfalls

Folgerichtig führt das BMF-Schreiben in **Satz 2 der Rz. 2** aus, dass bei einem teilweisen Verzicht eine verdeckte Einlage nur insoweit anzunehmen ist, 1192

- als der **Barwert** der bis zum Teilverzicht bereits erdienten Versorgungsleistungen
- den **Barwert** der nach dem Teilverzicht noch verbleibenden Versorgungsleistungen übersteigt.

Damit macht das BMF-Schreiben den **Barwert-Vergleich zur Bemessungsgrundlage** für die Feststellung eines möglichen Teilverzichts. Dieser Weg führt auf den ersten Blick zu einer unnötigen Verkomplizierung der Thematik, denn danach hat zur Ermittlung eines Teilverzichts ein Vergleich auf der Grundlage der jeweiligen Anwartschaftsbarwerte stattzufinden. Der tiefere Sinn des Barwert-Vergleichs erschließ sich dem Betrachter jedoch auf den zweiten Blick (siehe Rz. 1204). 1193

Zur Ermittlung eines möglichen Teilverzichts sind somit folgende Schritte zu absolvieren: 1194

1. Ermittlung des Past Service des GGf
2. Ermittlung des Anwartschaftsbarwertes des Past Service
3. Festlegung der zukünftigen Versorgungsleistungen
4. Ermittlung des Anwartschaftsbarwertes der zukünftigen Versorgungsleistungen
5. Vergleich zwischen Anwartschaftsbarwert nach 2. und 4.

Der gemäß 5. durchzuführende Barwert-Vergleich kann zu folgenden Ergebnissen bzw. Rechtsfolgen führen: 1195

VI. Reduzierung der Pensionsverpflichtung

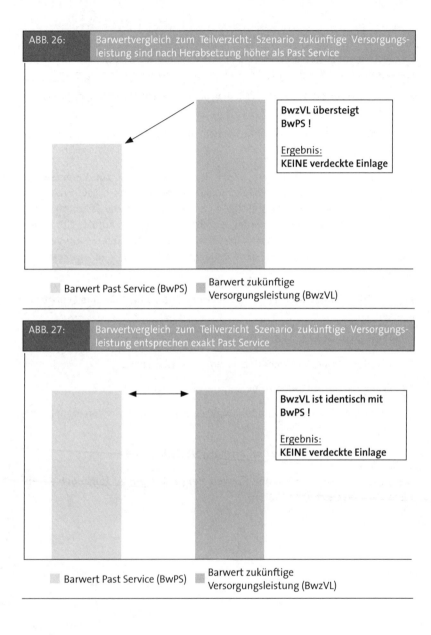

12. Herabsetzung nach den Grundsätzen der Past Service-Methode

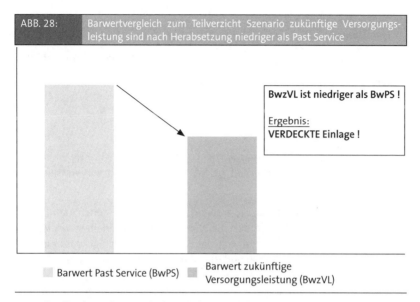

ABB. 28: Barwertvergleich zum Teilverzicht Szenario zukünftige Versorgungsleistung sind nach Herabsetzung niedriger als Past Service

BwzVL ist niedriger als BwPS!

Ergebnis:
VERDECKTE Einlage!

Barwert Past Service (BwPS)   Barwert zukünftige Versorgungsleistung (BwzVL)

Danach gilt, dass eine verdeckte Einlage nur dann entstehen kann, wenn der Anwartschaftsbarwert der zukünftigen Leistungen den Anwartschaftsbarwert des Past Service unterschreitet (siehe Abbildung 27). 1196

In der Rechtsfolge kommt es in einem solchen Fall dann auch zwingend zu einem fiktiven Zufluss beim GGf. Die Bewertung der verdeckten Einlage bzw. des fiktiv zugeflossenen Betrags richtet sich nach den Grundsätzen der BFH-Entscheidung v. 15.10.1997[1] (Bewertung i. H. d. Wiederbeschaffungswertes). 1197

In den beiden anderen o. a. Fällen (Abbildungen 25 und 26) findet aus Sicht des GGf eine steuerunschädliche Herabsetzung statt! In diesen Fällen kommt es aber zwingend zu einer teilweisen gewinnerhöhenden Auflösung der bisher gebildeten Pensionsrückstellung.[2] Die ertragsteuerrechtliche Auswirkung verbleibt somit ausschließlich und abschließend bei der Gesellschaft. 1198

Bei konsequenter Anwendung des o. g. Rechtsatzes kann folgende Grundregel aufgestellt werden: Werden die Versorgungsleistungen der bisherigen Pensionszusage 1199

▶ exakt auf die Höhe der bis zum Änderungszeitpunkt unverfallbar erworbenen Versorgungsanwartschaften begrenzt (eingefroren),

---

1 BFH, Urteil v. 15.10.1997 - I R 58/93, BStBl 1998 II S. 305.
2 OFD Hannover, Verfügung v. 11.8.2009 - S 2742 - 202 - StO 241, NWB DokID: CAAAD-31606.

▶ ohne dass zeitgleich eine Umgestaltung der Versorgungsleistungen vorgenommen wird,

so wird der von der FinVerw definierte Barwertvergleich zwangsläufig erfüllt!

1200 Es kann somit weder zu einer verdeckten Einlage noch zu einem fiktiven Zufluss kommen!

(4) Wertgleiche Umgestaltungen

1201 Mit der Regelung zum teilweisen Verzicht hat das BMF gleichzeitig einen weiteren praxisrelevanten Sachverhalt gelöst. **Die Behandlung von wertgleichen Umgestaltungen.**

1202 Durch die Bestimmung, dass ein Teilverzicht nur dann entstehen kann, wenn der Barwert des Past Service den Barwert der noch verbleibenden Versorgungsanwartschaften übersteigt, hat das BMF auch festgelegt, dass **ein Teilverzicht auch dann nicht stattfindet,** wenn die bisher zugesagten Versorgungsleistungen so umgestaltet werden, dass am Ende der Umgestaltung der Anwartschaftsbarwert der neu gestalteten Versorgungsleistungen mindestens dem Barwert der bisherigen Versorgungsleistungen entspricht (wertgleiche Umgestaltung).

1203 Somit ist der Senior-Autor auch in dieser Hinsicht vollumfänglich bestätigt worden. **Es ist daher steuerunschädlich möglich, die einzelnen Versorgungsfälle inhaltlich neu auszurichten** (z. B. Altersrente erhöhen, BU-Rente herabsetzen oder umgekehrt, oder Witwenrente entfernen zugunsten einer Erhöhung der Alters- und BU-Rente), sofern die Umgestaltung nicht zu einer Reduzierung des Anwartschaftsbarwertes führt.

1204 Damit wird auf den zweiten Blick auch klar, warum das BMF den Ansatz des Barwertvergleichs übernommen hat. Dieser ist nämlich in den Fällen sachgerecht, in denen neben der Herabsetzung zeitgleich auch eine Umgestaltung der Versorgungsleistungen vorgenommen wird. Auch im Falle einer bloßen Umgestaltung der Versorgungsleistungen kann das Entstehen eines Teilverzichts am besten über den Barwertvergleich geprüft werden.

(5) Vereinfachungsregelung zum Teilverzicht

1205 Mit Satz 3 der Rz. 2 stellt das BMF darüber hinaus klar, dass die in Satz 2 getroffene Aussage zum Entstehen einer verdeckten Einlage im Falle eines Teilverzichts **auch dann gilt,** wenn in der Änderungsvereinbarung zur Pensionszusage ein durch das Gesellschaftsverhältnis veranlasster **Pauschalverzicht** er-

12. Herabsetzung nach den Grundsätzen der Past Service-Methode

klärt wird, bei dem nicht explizit auf einen Verzicht des Future Service eingegangen wird.

Satz 3 der Rn. 2 schafft somit eine **positive Vereinfachungsregelung**, für die bei einer stringenten Anwendung der Rechtsgrundlagen der Past Service-Methode eigentlich kein Raum vorhanden ist. Da der Inhalt der Vereinfachungsregelung aus Sicht der betroffenen Steuerpflichtigen jedoch eindeutig positiv zu beurteilen ist, darf diese auch begrüßt werden. Nichtsdestotrotz raten die Autoren schon alleine aus zivilrechtlichen Gründen auch weiterhin dazu, bei einer Herabsetzung nach den Grundsätzen der Past Service-Methode die Änderungsvereinbarung so zu formulieren, dass dieser klar und eindeutig zu entnehmen ist, dass sich die Herabsetzung ausschließlich auf den Teilbereich des Future Service bezieht. 1206

(6) Past Service-Ermittlung

Mit Satz 1 der Rz. 3 bestimmt das BMF das **Verfahren zur Ermittlung des Past Service** im Falle einer reinen Leistungszusage. Die Rz. 3 enthält keine weiterführenden Informationen, wie z. B. im Falle einer beitragsorientierten Leistungszusage oder einer im Wege einer Entgeltumwandlung finanzierten Versorgungszusage zu verfahren ist. Daher ist davon auszugehen, dass in diesen Fällen auf den Regelungsinhalt der Versorgungszusage abzustellen ist. 1207

Bei einem beherrschenden GGf ermittelt sich im Falle einer Leistungszusage der erdiente (unverfallbar erworbene) Teil der Versorgungsleistungen (sog. Past Service) aus dem Teilanspruch der sich anhand des Verhältnisses ermittelt, 1208

▶ in dem die **tatsächlich ab Erteilung der Pensionszusage** bis zum Änderungszeitpunkt zurückgelegte Dienstzeit

▶ zur ab Erteilung der Pensionszusage maximal möglichen Dienstzeit steht.

Für diese Methode hat das BMF die Bezeichnung „**s/t-tel-Verfahren**" geprägt. 1209

Bei einem NICHT beherrschenden GGf ermittelt sich im Falle einer Leistungszusage der erdiente (unverfallbar erworbene) Teil der Versorgungsleistungen (sog. Past Service) aus dem Teilanspruch, der sich anhand des Verhältnisses ermittelt, 1210

▶ in dem die **tatsächlich ab Diensteintritt** bis zum Änderungszeitpunkt zurückgelegte Dienstzeit

▶ zur ab Diensteintritt maximal möglichen Dienstzeit steht.

Diese Methode basiert auf dem im BetrAVG verankerten „**m/n-tel-Verfahren**".

VI. Reduzierung der Pensionsverpflichtung

1211 Zur Verdeutlichung der Wirkungen eines Teilverzichts enthält das BMF-Schreiben unter der Rz. 3 ein Beispiel für einen beherrschenden GGf, der mit 26 Jahren in die Dienst der GmbH eingetreten ist und dem zehn Jahre später eine Pensionszusage (offensichtlich in Form einer Leistungszusage) erteilt wurde. Die Versorgungsleistungen beinhalten Anwartschaften auf Zahlung einer Alters- und BU-Rente in einer mtl. Höhe von 3.000 €. Als Regelaltersgrenze wurde das 66. Lebensjahr vereinbart.

1212 An seinem 51. Geburtstag werden seine Anwartschaften exakt auf die Hälfte herabgesetzt. Da der s/t-tel-Quotient (gerechnet ab dem Zeitpunkt der Zusageerteilung) exakt 50 % beträgt, entsprechen die herabgesetzten Versorgungsleistungen der Höhe nach genau dem unverfallbar erworbenen Teilanspruch. Das Beispiel kommt daher zu dem Ergebnis, dass die verdeckte Einlage nach § 8 Abs. 3 Satz 3 KStG 0 € beträgt.

(7) Barwertermittlung

1213 In der Rz. 4 legt das BMF fest, dass für die Berechnung der jeweiligen Anwartschaftsbarwerte die anerkannten Regeln der Versicherungsmathematik sowie die gleichen Rechnungsgrundlagen anzuwenden sind.

1214 Dabei wird es zugelassen, dass die versicherungsmathematische Bewertung anhand der Rechnungsgrundlagen durchgeführt wird, die am letzten Bilanzstichtag der ertragsteuerlichen Bewertung zugrunde lagen.

1215–1219 (*Einstweilen frei*)

d) Bestätigung der Past Service-Methode durch die Rechtsprechung

1220 Der BFH hat sich in der jüngeren Vergangenheit mit mehreren Fällen beschäftigen müssen, in denen

- ▶ entweder die Herabsetzung der Pensionsleistungen Gegenstand der Auseinandersetzung waren, oder
- ▶ neben einer Herabsetzung nach der Past Service-Methode über eine anderweitige Rechtsfrage gestritten wurde.

Auf die diesbezüglichen Verfahren wird im Folgenden kurz eingegangen:

12. Herabsetzung nach den Grundsätzen der Past Service-Methode

aa) Unmittelbare Entscheidungen zur Herabsetzung einer Pensionszusage

(1) BFH, Urteil v. 8. 6. 2011 – I R 61/10

Mit Urteil v. 8. 6. 2011 hatte der BFH über einen Sachverhalt zu entscheiden, bei dem die Pensionsanwartschaften der GGf (vier an der Zahl) im Zuge der Veräußerungen ihrer Geschäftsanteile an der Kapitalgesellschaft und der Beendigung der kausalen Dienstverhältnisse verfallen waren. Die vertragliche Vereinbarung zur Unverfallbarkeit der Versorgungsanwartschaften regelte eine Anwendbarkeit der §§ 1 und 2 BetrAVG. Bei dem Ausscheiden aus dem kausalen Dienstverhältnis bestand die Pensionszusage jeweils rd. neun Jahre. Die Voraussetzungen für einen unverfallbaren Anspruch gem. § 1 BetrAVG waren demnach nicht erfüllt; die Versorgungsanwartschaften waren somit im Zeitpunkt des Ausscheidens verfallbar. 1221

Die Steuerpflichtige hatte die Pensionsrückstellungen erfolgsneutral auf das Rücklagenkonto gebucht, da sie von einer Werthaltigkeit derselben ausging. Das Finanzamt hatte diese Handhabung verworfen und eine einkommenserhöhende Auflösung der Pensionsrückstellung vorgenommen. Eine außerbilanzielle Ergebniskorrektur lehnte das Finanzamt wegen mangelnder Werthaltigkeit der Pensionsanwartschaften ab. Dagegen wandte sich die Steuerpflichtige. 1222

Der BFH bestätigte im o. g. Revisionsverfahren, die einkommenserhöhende Auflösung der Pensionsrückstellung. 1223

Denn entweder fehlt es bereits an einer verdeckten Einlage, *„sei es,*

▶ *weil die Versorgungsanwartschaften im Zeitpunkt der Verzichte noch verfallen konnten – sie also lediglich einen aufschiebend bedingten Anspruch auf Pensionszahlungen bei Eintritt des Versorgungsfalls repräsentieren – und damit zu diesem Zeitpunkt mangels vorherigen Zuflusses beim Anwartschaftsberechtigten nicht einlagefähig waren,*

▶ *weil man annähme, dass die mit den Verzichten einhergehende Beendigung der Anstellungsverhältnisse als Geschäftsführer im Zuge der Veräußerung der Geschäftsanteile nicht durch das Gesellschaftsverhältnis (mit-)veranlasst gewesen ist.“*[1]

Selbst bei der Annahme einer verdeckten Einlage dem Grunde nach, *„sei es,* 1224

▶ *weil die Verzichte Gegenstand der vertraglichen Vereinbarung zur Anteilsübertragung waren,*

---

1 BFH, Urteil v. 8. 6. 2011 - I R 62/10, Rz. 11, NWB DokID: HAAAD-93378.

VI. Reduzierung der Pensionsverpflichtung

▶ *weil die Altgesellschafter aus diesem Grund einer vorzeitigen Auflösung ihrer Anstellungsverträge zugestimmt haben, was wiederrum verhinderte, dass die Pensionsanwartschaften unverfallbar werden konnten"*[1]

entschied der BFH, dass die Pensionsanwartschaften *„als wertlos anzusehen und mit null zu bewerten"*[2] sind.

1225 Zutreffender Weise hat der BFH (ebenso wie die das FG Düsseldorf als Vorinstanz) in diesem Falle angenommen, dass einem verfallbaren Pensionsanspruch ein wirtschaftlicher Wert nur dann zukommt, wenn im Zeitpunkt des Verzichts auf die Versorgungszusage noch die Möglichkeit besteht, dass diese unverfallbar wird. Ist es dagegen ausgeschlossen, dass der Pensionsanspruch in der Zukunft noch in die Unverfallbarkeit hineinwächst, steht fest, dass keine Zahlungen auf die Pensionszusage erfolgen werden. Das rechtfertigt die Annahme, dass ein fremder Dritter ihn weder entgeltlich erwerben noch ihm im Rahmen eines Erwerbs der Beteiligung einen eigenständigen Wert beimessen würde.

1226 Der BFH hat damit verdeutlicht, dass der Verzicht auf verfallbare Anwartschaften in keinem Falle zu einer außerbilanziellen Ergebniskorrektur führen kann. Daraus folgt zwangsläufig, dass es auch nicht zu einem fiktiven Lohnzufluss beim Versorgungsberechtigten kommen kann.

(2) BFH, Urteil v. 23. 8. 2017 – VI R 4/16

1227 Mit Urteil v. 23. 8. 2017 hatte der BFH über einen Sachverhalt zu entscheiden, bei dem der alleinige GGf zur Vermeidung einer Überversorgung auf Teile seiner Pensionsanwartschaften verzichtete (u. a. auch auf bereits erdiente Pensionsanwartschaften).

1228 Der BFH entschied in diesem Fall, dass

▶ dem GGf durch den Verzicht auf bereits erdiente (werthaltige) Pensionsansprüche **Arbeitslohn zugeflossen** ist[3] und

▶ ein Verzicht auf eine bereits erdiente (werthaltige) Pensionsanwartschaft regelmäßig durch das Gesellschaftsverhältnis veranlasst ist und daher zu einer **verdeckten Einlage** führt.[4]

---

1 BFH, Urteil v. 8. 6. 2011 - I R 62/10, Rz. 12, NWB DokID: HAAAD-93378.
2 BFH, Urteil v. 8. 6. 2011 - I R 62/10, Rz. 5, NWB DokID: HAAAD-93378.
3 BFH, Urteil v. 23. 8. 2017 - VI R 4/16, Rz. 19, BStBl 2018 II S. 208.
4 BFH, Urteil v. 23. 8. 2017 - VI R 4/16, Rz. 24, BStBl 2018 II S. 208.

12. Herabsetzung nach den Grundsätzen der Past Service-Methode

Der Verzicht auf bereits erdiente (werthaltige) Pensionsanwartschaften ist auch dann nicht betrieblich veranlasst, wenn er zur **Vermeidung einer Überversorgung** i. S. d. § 6a EStG erklärt wird, da ein Fremd-Gf (Fremdvergleich) den bereits erdienten Teil der Versorgungsanwartschaft selbst dann nicht aufgeben würde, wenn die Überversorgung i. S. d. § 6a EStG zu einer teilweisen Auflösung der bisherigen Pensionsrückstellung führt.[1] 1229

Wie den Ausführungen zu entnehmen ist, wurde vom BFH lediglich der Verzicht auf die bereits erdienten (werthaltigen) Pensionsanwartschaften (Past Service) kritisiert. Der Verzicht auf den Future Service wird hingegen in keiner Weise thematisiert. In der Folge kann das Urteil nur derart verstanden werden, dass der Verzicht auf den Future Service weder zu einer verdeckten Einlage, noch zu einem fiktiven Lohnzufluss führt. 1230

bb) Mittelbare Entscheidungen zur Herabsetzung einer Pensionszusage

(1) BFH, Urteil v. 20. 7. 2016 – I R 33/15

Mit Urteil v. 20. 7. 2016 hatte der BFH über einen Sachverhalt zu entscheiden, bei dem der Future Service auf eine Unterstützungskasse ausgelagert wurde, während der Past Service weiterhin als unmittelbare Pensionszusage verblieben ist. 1231

Sowohl das FG, als auch der BFH beurteilten im streitgegenständlichen Sachverhalt die Auslagerung des Future Service *„nicht lediglich als Änderung einer bestehenden Versorgungszusage, sondern als eine Neuzusage"*,[2] die die Kriterien der Erdienbarkeit zu erfüllen hätte.[3] *„Dass die auf die zurückliegende Dienstzeit entfallende Altersversorgung (sog. past service) ausdrücklich von dem die verbleibende Dienstzeit betreffenden Versorgungsversprechen abgekoppelt wurde (Nr. 1 der Änderungsvereinbarung), belegt ebenfalls den Charakter der Vereinbarung als Neuzusage."*[4] 1232

Wie den Ausführungen zu entnehmen ist, wurde vom BFH lediglich der Wechsel des Durchführungsweges für den Future Service unter dem Kriterium der Erdienbarkeit kritisiert. Der Verzicht auf den Future Service wird hingegen nicht thematisiert. Dies wäre u. E. durchaus geboten, sofern man der rechtlichen Beurteilung des BFH folgen wollte. Denn wenn der BFH die Auslagerung 1233

---

[1] BFH, Urteil v. 23. 8. 2017 - VI R 4/16, Rz. 25, BStBl 2018 II S. 208.
[2] BFH, Urteil v. 20. 7. 2016 - I R 33/15, Rz. 21, BStBl 2017 II S. 66.
[3] BFH, Urteil v. 20. 7. 2016 - I R 33/15, Rz. 16, BStBl 2017 II S. 66.
[4] BFH, Urteil v. 20. 7. 2016 - I R 33/15, Rz. 21, BStBl 2017 II S. 66.

VI. Reduzierung der Pensionsverpflichtung

des Future Service auf eine Unterstützungskasse als Neuzusage wertet, müsste daraus zwingend folgen, dass auf den Future Service aus der unmittelbaren Pensionszusage verzichtet wurde. Diese Rechtsfolge hat der BFH jedoch nicht gezogen. Die diesbezügliche Auffassung zur Beurteilung eines Wechsels des Durchführungswegs hat der BFH jedoch mittlerweile wieder korrigiert.[1]

(2) BFH, Urteil v. 18. 8. 2016 – VI R 46/13

1234 Mit Urteil v. 18. 8. 2016 hatte der BFH über einen Sachverhalt zu entscheiden, bei dem im Zuge der Veräußerung der Geschäftsanteile die Pensionszusage des beherrschenden GGf auf seine Rentner-GmbH gegen Leistung eines Übertragungswertes übertragen wurde. Im unmittelbaren Vorfeld der Übertragung der Pensionszusage wurde diese auf den erdienten Teil begrenzt.

1235 Der BFH entschied, dass die als Gegenleistung für die Schuldübernahme zur Pensionszusage geleistete Zahlung nicht zum Zufluss von Arbeitslohn geführt hat.[2]

1236 Die zuvor durchgeführte Begrenzung der Versorgungsleistungen auf den erdienten Teil wurde vom BFH nicht beanstandet. Dies ergibt sich eindeutig daraus, wenn man in die Betrachtung auch noch das parallel laufende Verfahren zu VI R 18/13[3] miteinbezieht.

1237 Anders als in der Entscheidung zu VI R 46/13 wurde in der sog. Leitsatzentscheidung zu VI R 18/13 der Fall eines Leistungsempfängers beurteilt, bei dem die Pensionszusage anlässlich der Übertragung derart umgestaltet wurde, dass die Leistungsdauer auf den Zeitpunkt begrenzt wurde, zu dem die Ablaufleistung der Rückdeckungsversicherung aufgebraucht ist.

1238 Der BFH hat das Verfahren zu VI R 18/13 an das FG zurückverwiesen, um vom FG feststellen zu lassen, ob mit der Umgestaltung der Pensionszusage ein teilweiser Verzicht und damit evtl. eine zum Zufluss beim Kläger führende und mit dem Teilwert zu bewertende verdeckte Einlage begründet war.

1239 Dagegen hat der BFH die Gestaltung im Verfahren zu VI R 46/13, in der der GGf auf den Future Service ohne eine erkennbare Gegenleistung verzichtet hat, als unbedenklich beurteilt, da der Senat in diesem Fall in der Sache selbst entschieden hat und eine Zurückverweisung an das FG unterblieben ist.

---

1 BFH, Urteil v. 7. 3. 2018 - I R 89/15, NWB DokID: WAAAG-87341.
2 BFH, Urteil v. 18. 8. 2016 - I R 46/13, Rz. 12, NWB DokID: AAAAF-85886.
3 BFH, Urteil v. 18. 8. 2016 - I R 18/13, Rz. 12, BStBl 2017 II S. 730.

(3) BFH, Urteil v. 7. 3. 2018 – I R 89/15

Mit Urteil v. 7. 3. 2018 hatte der BFH über einen Sachverhalt zu entscheiden, bei dem dem GGf eine (mittelbare) Pensionszusage erteilt wurde, die dieser im Wege einer Entgeltumwandlung finanziert. Vorausgegangen war der Gestaltung auch eine Umgestaltung einer seit Jahren bestehenden (arbeitgeberfinanzierten) Pensionszusage. Dabei wurde der Past Service weiterhin im Wege einer unmittelbaren Pensionszusage finanziert, während der Future Service bei Beibehaltung des bisherigen Leistungsumfangs auf eine Unterstützungskasse übertragen wurde. 1240

Der BFH entschied im streitgegenständlichen Verfahren, dass bei einer Entgeltumwandlung regelmäßig das Kriterium der Erdienbarkeit nicht zu prüfen ist. Darüber hinaus wurde in diesem Urteil auch der zuvor vom BFH aufgestellte Grundsatz,[1] dass ein Wechsel des Durchführungswegs für den Future Service zugleich immer eine Neuzusage darstellt, welche das Kriterium der Erdienbarkeit zu erfüllen hätte, klarstellend korrigiert. 1241

Die Umgestaltung der bisherigen Pensionszusage (Begrenzung der unmittelbaren Pensionszusage auf den Past Service) wurde weder von der Finanzbehörde, noch vom FG, noch vom BFH beanstandet. 1242

(*Einstweilen frei*) 1243–1247

e) Rechtsfolgen der Past Service-Methode

aa) Auswirkungen beim Gesellschafter-Geschäftsführer (Past Service-Methode)

Eine Herabsetzung nach den Grundsätzen der Past Service-Methode führt auf der Ebene des GGf nicht zu einer fiktiven Versteuerung des Wiederbeschaffungswertes im Rahmen der Einkünfte aus nichtselbständiger Arbeit. Auch kommt es nicht zum Entstehen nachträglicher Anschaffungskosten. Die Privatsphäre des GGf bleibt ebenso wie bei einer betrieblich veranlassten Herabsetzung abgeschirmt; der Verzicht bleibt für ihn steuerneutral. Die ertragsteuerrechtlichen Auswirkungen beschränken sich ausschließlich auf die Ebene der GmbH. 1248

---

1 BFH, Urteil v. 20. 7. 2016 - I R 33/15, Rz. 21, BStBl 2017 II S. 66.

VI. Reduzierung der Pensionsverpflichtung

bb) Auswirkungen bei der GmbH

(1) Gewinnerhöhende Auflösung der Pensionsrückstellung

1249 Durch die Herabsetzung wird die GmbH teilweise von ihrer Pensionsverpflichtung befreit. Die GmbH muss deswegen auch in diesem Falle die bisher gebildete Pensionsrückstellung insoweit auflösen, als sie auf die aufgegebenen Versorgungsanwartschaften entfällt.

1250 Hinsichtlich der kurz- und langfristigen Entwicklungen in der **Steuerbilanz** der GmbH wird auf Rz. 948 verwiesen.

BERATUNGSHINWEIS:

Ob die gewinnerhöhende Auflösung der Pensionsrückstellung in der Steuerbilanz zu einer Steuerbelastung führt, kann nur anhand der Umstände des jeweiligen Einzelfalles beurteilt werden. Da in diesen Fällen i. d. R. noch keine Überschuldung eingetreten ist, muss die Trägergesellschaft durch die Anwendung der Past Service-Methode mit einer zusätzlichen Steuerbelastung rechnen. Diese sollte im Vorfeld der Gestaltung anhand einer versicherungsmathematischen Prognoserechnung ermittelt werden, so dass der Umfang der steuerlichen Belastung vor einer Entscheidung zugunsten einer Herabsetzung geklärt ist. In der Steuerbelastung der GmbH kann man dann gerne den „sauren Apfel" sehen, in den es bei einer Herabsetzung nach der Past Service-Methode zu beißen gilt. Die dabei entstehenden Schmerzen werden jedoch in jedem Fall weitaus weniger stark ausgeprägt sein, als diejenigen, die sich bei einer ungeschmälerten Fortführung der Pensionszusage in der Zukunft noch ergeben würden.

1251 Zu beachten ist, dass für die **handelsbilanzielle Abbildung** einer eingefrorenen Pensionszusage eigene Rahmenbedingungen gelten:

1252 In der **Handelsbilanz** ist ein Ausweis der Pensionsrückstellung für den Past Service nach dem Teilwertverfahren nicht mehr zulässig. Der handelsrechtliche Erfüllungsbetrag für eine Pensionszusage, bei der ein weiteres Erdienen von Anwartschaften in der Zukunft nicht mehr stattfindet, ist nach der Anweisung des IDW zukünftig nach den Grundsätzen des **Anwartschaftsbarwertverfahrens** zu ermitteln.[1] Das IDW hat damit die einzig richtige Entscheidung zur Bewertung von eingefrorenen Pensionszusagen getroffen. Durch die Veränderung der Bewertungsmethodik ergibt es sich i. d. R., dass die handelsbilanzielle Entlastung im Jahr der Umgestaltung deutlich geringer ausfällt, als die steuerbilanzielle. Dafür kommt es in der Handelsbilanz in den Folgejahren zu deutlich geringeren Zuführungen, so dass die Entlastungswirkung von Jahr zu Jahr zunimmt.

---

1 IDW RS HFA 30, Rz. 61.

12. Herabsetzung nach den Grundsätzen der Past Service-Methode

> **BERATUNGSHINWEIS:**
> Die Autoren erlauben es sich an dieser Stelle anzumerken, dass es auch für die Zwecke der Steuerbilanz sachgerecht wäre, eine eingefrorene Zusage mit dem Anwartschaftsbarwert zu bewerten. Die Situation einer eingefrorenen Pensionszusage ist letztendlich mit derjenigen eines mit unverfallbaren Versorgungsanwartschaften ausgeschiedenen Leistungsanwärters identisch: Die Versorgungsanwartschaften sind der Höhe nach festgeschrieben. Weder findet zukünftig eine Steigerung durch ein weiteres Erdienen noch durch anderweitige Umstände statt. Die Anwartschaften verharren in ihrem Status.
>
> Und für derartige Anwartschaften ordnet das EStG bekannter Weise in § 6a Abs. 3 Satz 2 Nr. 2 EStG die Bewertung mit dem Anwartschaftsbarwert an. Die dortige Beschränkung auf den Fall der Beendigung des Dienstverhältnisses sowie den Eintritt des Versorgungsfalls erscheint mittlerweile als überholt. Sie wäre dringend anzupassen.

(2) Steuerlicher Aufwand durch verdeckte Einlage

Die Voraussetzungen zur Annahme einer verdeckten Einlage sind im Falle einer Herabsetzung nach der Past Service-Methode nicht gegeben. Somit kommt es auch nicht zu einer außerbilanziellen Ergebniskorrektur der GmbH. Die Wirkungen beschränken sich ausschließlich auf die bilanzinterne Ergebniskorrektur. 1253

(3) Auswirkungen bei den Mit-Gesellschaftern

Im Falle einer Herabsetzung nach der Past Service-Methode kommt es ebenso wie bei einer betrieblich veranlassten Herabsetzung auch nicht zu einer schenkungsteuerrechtlich relevanten Zuwendung an die Mit-Gesellschafter. 1254

f) Umsetzung einer Anpassung nach der Past Service-Methode

Zur Anpassung der Pensionsverpflichtung im Rahmen der Past Service-Methode sind die bisher zugesagten Versorgungsleistungen im Rahmen einer einvernehmlichen vertraglichen Änderungsvereinbarung herabzusetzen. Zwingende Voraussetzung ist auch in diesem Fall die Genehmigung durch die Gesellschafterversammlung, da ansonsten die notwendige zivilrechtliche Wirksamkeit der Änderungsvereinbarung nicht erreicht wird. 1255

Zur Ermittlung des Herabsetzungsvolumens ist – wie oben dargestellt – eine Ermittlung der bisher erdienten Versorgungsanwartschaften (Past Service) sowie des dazugehörigen Anwartschaftsbarwertes zwingend notwendig. Die ermittelten Werte sind mit den zukünftigen Versorgungsleistungen und dem entsprechenden Anwartschaftsbarwert abzugleichen. 1256

VI. Reduzierung der Pensionsverpflichtung

1257 Die notwendige Änderungsvereinbarung zur Pensionszusage muss dann den stattgefundenen Eingriff in den Future Service auch klar und eindeutig zum Ausdruck bringen. Die Autoren empfehlen dabei auf die steuerliche Vereinfachungsregelung der Rz. 2 des BMF-Schreibens v. 14. 8. 2012 schon alleine unter zivilrechtlichen Aspekten zu verzichten.

1258 Die Herabsetzung muss vom Betriebsprüfer sowohl hinsichtlich der Methodik als auch ihrer materiellen Auswirkung klar und eindeutig nachvollzogen werden können. Zu diesem Zweck erscheint es ratsam, die Ermittlung der erdienten Anwartschaften und deren Aufrechterhaltung in der Änderungsvereinbarung auszuweisen.

1259 Im nächsten Schritt ist die durchgeführte Herabsetzung der Pensionszusage sowohl in der Handels- als auch in der Steuerbilanz der Kapitalgesellschaft umzusetzen. Dabei sind die jeweiligen Wertansätze der dann noch bestehenden (angepassten) Pensionsverpflichtung entsprechend den jeweils geltenden Bewertungs- und Ansatzvorgaben zu berücksichtigen.

> **BERATUNGSHINWEIS:**
>
> In der jüngeren Vergangenheit sind den Autoren mehrere Fälle zur Begutachtung vorgelegt worden, in denen nicht zur Rechtsberatung zugelassene „Berater" nur als untauglich zu beurteilende Hilfestellung bei der Umsetzung der Past Service-Methode geleistet haben. In der Folge kam es sowohl zu falsch ermittelten Past Service-Beträgen, die Teilverzichte und falsche Bilanzen nach sich gezogen haben. Darüber hinaus konnten die vertraglichen Vereinbarungen zur Umsetzung der Past Service-Methode die an derartige Änderungsvereinbarungen zu stellenden Anforderungen in keiner Weise erfüllen (fehlender Barwertvergleich; keine hinreichende Bestimmung dem Grunde und der Höhe nach; Verstoß gegen das Klarheits- und Eindeutigkeitsgebot).

1260 Die Beseitigung derartiger „Beratungsfehler" verursacht in der Praxis einen finanziellen Aufwand, der i. d. R. deutlich über dem Aufwand liegen wird, der entstanden wäre, wenn man die Aufgabenstellung von Beginn an einem kompetenten und legitimierten Rechtsdienstleister übertragen hätte.

1261 Es wird daher dringend angeraten, zur Durchführung einer diesbezüglichen Beratung und zur Umsetzung einer Herabsetzung nach der Past Service-Methode (insbesondere den notwendigen Berechnungen und der Vertragsgestaltung) einen versierten Fachmann hinzuzuziehen, der darüber hinaus über die notwendige Zulassung zur Rechtsberatung auf dem Gebiet der betrieblichen Altersversorgung verfügt. Im Zweifel kann die Zulassung eines Anbieters problemlos unter www.rechtsdienstleistungsregister.de hinterfragt werden.

1262–1267 *(Einstweilen frei)*

13. Der erste praktische Fall: Herabsetzung nach der Past Service-Methode

a) Fallbeschreibung

Die B-Consulting GmbH hat ihrem GGf, Herrn BB, im Jahre 2009 eine Pensionszusage erteilt. Herr BB weist folgende **persönlichen Merkmale/Daten** auf:

1268

Geschlecht	Männlich
Geburtsdatum	31.12.1968
Diensteintritt	31.12.2003 (im Alter von 35 Jahren)
Status KStG	Nicht beherrschender GGf
Status BetrAVG	Nicht-Arbeitnehmer

Die Herrn BB gegenüber erteilte Pensionszusage weist folgende **Inhalte/Bewertungsparameter** auf:

Zusageerteilung	31.12.2009 (im Alter von 41 Jahren)
Pensionsalter	65 (erreicht am 31.12.2033)
Altersrente mtl.	5.000 €
Berufsunfähigkeitsrente mtl.	5.000 €
Witwenrente mtl.	3.000 €
Rentenanpassung gem. VPI D	2,0 % (Trendannahme für HGB)

Die Bilanzen der B-Consulting GmbH weisen per 31.12.2017 folgende **Werte** auf:

	Steuerbilanz	Handelsbilanz
Pensionsrückstellung 31.12.2017	228.750 €	460.036 €
Aktivwert 31.12.2017	130.000 €	130.000 €
Rückdeckungsquote 31.12.2017	56,83 %	28,26 %

Die **Vorausschau auf die künftige Entwicklung** der Bilanzwerte führt voraussichtlich zu folgenden Wertansätzen:

VI. Reduzierung der Pensionsverpflichtung

	Steuerbilanz	Handelsbilanz
Pensionsrückstellung 31.12.2018	250.943 €	552.331 €
Aktivwert 31.12.2018	150.000 €	150.000 €
Rückdeckungsquote 31.12.2018	59,77 %	27,16 %
Pensionsrückstellung 31.12.2033	768.684 €	1.627.321 €
Voraussichtliche Ablaufleistung	390.000 €	390.000 €
Rückdeckungsquote 31.12.2033	50,74 %	23,97 %

Das von der B-Consulting GmbH in Auftrag gegebene Gutachten zur Pensionszusage zeigt eindeutig, dass das bestehende Versorgungskonzept in dieser Form nicht mehr zukunftsfähig ist, da es sowohl für die GmbH (als Versorgungsträger) als auch für den GGf (als Versorgungsberechtigter) erhebliche Risiken beinhaltet. Da BB beabsichtigt, die Gesellschaft später einmal zu veräußern, richtet er an seine Berater folgende Fragen, die er für die notwendige Restrukturierung unbedingt beantwortet haben möchte:

b) Welche Folgen würden sich bei einem pauschalen Verzicht ergeben?

1269   Zur Verdeutlichung der Wirkungen eines gesellschaftlich veranlassten Verzichts wird zunächst unterstellt, dass die Pensionszusage per 31.12.2018 soweit reduziert werden würde, dass sie unter Anwendung der Rechnungsgrundlagen des § 6a EStG künftig aus der Ablaufleistung der RDV finanziert werden könnte. Da die steuerrechtliche Rückdeckungsquote (Verhältnis von möglicher Ablaufleistung der RDV zu Barwert der Pensionsleistungen zum 65. Lebensjahr) bei 50,74 % liegt, soll die Pensionszusage pauschal um 50% gekürzt bzw. auf eine monatliche Rente i. H. v. 2.500 € reduziert werden.

1270   Die steuerrechtliche Pensionsrückstellung für die reduzierte Zusage würde sich per 31.12.2018 auf 125.472 € belaufen. Die Wiederbeschaffungskosten für den Teilverzicht i. H. v. monatlich 2.500 € würden 657.500 € betragen. Der Wiederbeschaffungswert wurde anhand einer Einmalprämie, die für eine aufgeschobene Rentenversicherung bei einem namhaften deutschen Versicherer zu entrichten wäre, ermittelt.

13. Der erste praktische Fall: Herabsetzung nach der Past Service-Methode

Unter Berücksichtigung dieser Faktoren würde sich **für die Steuerbilanz der GmbH** bei einem pauschalen Verzicht des BB folgendes Bild ergeben **(die Wirkungen des BMF-Schreibens v. 14. 8. 2012 sind dabei ganz bewusst noch nicht berücksichtigt):** 1271

gewinnerhöhende Auflösung (innerhalb der Steuerbilanz) i. H. d. Teilwertes der Pensionsrückstellung		+103.278 €
Pensionsrückstellung am 31. 12. 2017	228.750 €	
Pensionsrückstellung am 31. 12. 2018	125.472 €	
Aufwand (außerhalb der Steuerbilanz) i. H. d. Wiederbeschaffungswertes Einmalprämie aufgeschobene RV		−657.500 €
steuerl. Ergebnisveränderung GmbH in 2018		**−554.222 €**

Der gewinnerhöhenden Auflösung der Pensionsrückstellung würde die außerhalb der Steuerbilanz stattfindende Absetzung der verdeckten Einlage i. H. d. Wiederbeschaffungswertes (Einmalprämie in eine private Rentenversicherung) gegenüberstehen. Die oben dargestellte Behandlung des pauschalen Verzichtes unterstellt, würde das steuerliche Betriebsergebnis der GmbH durch diesen Verzicht um insgesamt 554.222 € belastet werden.

Da BB nur 20 % der GmbH-Anteile hält, würde es durch den Verzicht darüber hinaus zu einer disquotalen verdeckten Einlage kommen, die zu einer **schenkungsteuerrechtlichen Zuwendung an den Mitgesellschafter von BB** führen würde. 1272

Die Auswirkungen des pauschalen Verzichts würden sich **bei BB** wie folgt darstellen (auch hier bleiben die Wirkungen des BMF-Schreibens v. 14. 8. 2012 zunächst außen vor): 1273

steuerpflichtiger Arbeitslohn gem. § 19 EStG i. H. d. Wiederbeschaffungswertes	+657.500 €
private Steuerbelastung in 2018 ESt, SoliZ, KiSt (Spitzensteuerbelastung)	−312.312 €
nachträgliche Anschaffungskosten GmbH-Anteil	657.500 €

Ein derartiger Verzicht würde – die oben dargestellte Behandlung unterstellt – dazu führen, dass BB aus seinem Privatvermögen Steuerzahlungen i. H. v. 312.312 € zu bestreiten hätte. Die Anschaffungskosten seines GmbH-Anteils würden sich nachträglich um 657.500 € erhöhen.

c) Kann eine Herabsetzung ohne negative steuerliche Folgen vorgenommen werden?

1274 Unabhängig von einer betrieblichen Veranlassung der geplanten Herabsetzung könnte eine Anpassung der erteilten Pensionszusage nach der sog. Past Service-Methode vorgenommen werden. Die FinVerw hat mit BMF-Schreiben v. 14.8.2012 die Grundregeln zur steuerunschädlichen Durchführung eines Teilverzichts festgelegt (siehe hierzu Rz. 1181).

1275 Zur Vermeidung eines steuerschädlichen Teilverzichts sind demnach folgende Schritte zu absolvieren:

1. Ermittlung des Past Service des GGf
2. Ermittlung des Anwartschaftsbarwertes des Past Service
3. Festlegung der zukünftigen Versorgungsleistungen
4. Ermittlung des Anwartschaftsbarwertes der zukünftigen Versorgungsleistungen
5. Vergleich zwischen Anwartschaftsbarwert nach 2. und 4.

aa) Schritt 1: Ermittlung des Past Service

1276 Auf der Grundlage der o.g. Eckdaten ermittelt sich zum Änderungszeitpunkt folgender Past Service:

	bisher zugesagte Versorgungsleistungen	Past Service	Future Service
Tage	10.958 T	5.479 T	5.479 T
in %	100 %	50,00 %	50,00 %
Alters- und BU-Rente mtl.	5.000 €	2.500 €	2.500 €
Witwenrente mtl.	3.000 €	1.500 €	1.500 €

Da BB nicht als beherrschender GGf zu beurteilen ist, wurde bei der Ermittlung des Past Service auf einen Erdienungszeitraum abgestellt, der die Zeit ab Diensteintritt bis zum vereinbarten Pensionsalter umfasst. In der weiteren Betrachtung wird daher von einem Past Service i. H. v. 50 % ausgegangen.

bb) Schritt 2: Ermittlung des Anwartschaftsbarwertes des Past Service

Der Anwartschaftsbarwert des Past Service gem. § 6a EStG beläuft sich zum Änderungszeitpunkt auf 177.506 €.

1277

cc) Schritt 3: Festlegung der zukünftigen Versorgungsleistungen

Unter Berücksichtigung der prognostizierten Ablaufleistung der Rückdeckungsversicherung sollen die künftigen Versorgungsleistungen auf 50 % der ursprünglich zugesagten Versorgungsleistungen herabgesetzt werden. Demnach ergeben sich zukünftig noch folgende Versorgungsleistungen:

1278

Alters- und BU-Rente	mtl. 2.500 €
Witwenrente	mtl. 1.500 €

dd) Schritt 4: Ermittlung des Anwartschaftsbarwertes der zukünftigen Versorgungsleistungen

Der Anwartschaftsbarwert der zukünftigen Versorgungsleistungen gem. § 6a EStG beläuft sich zum Änderungszeitpunkt ebenfalls auf 177.506 €.

1279

ee) Schritt 5: Vergleich der Barwerte nach Schritt 2 und Schritt 4

Barwert des Past Service:	177.506 €
Barwert der zukünftigen Versorgungsleistungen:	177.506 €

Damit entspricht der Barwert der zukünftigen Versorgungsleistungen dem Barwert der bisher unverfallbar erworbenen Teilansprüche. Die Bedingung des Satzes 2 der Rz. 2 des BMF-Schreibens v. 14. 8. 2012 ist somit erfüllt, da der Barwert nach Schritt 2 den Barwert nach Schritt 4 nicht übersteigt. **Die oben dargestellte Herabsetzung führt somit weder zu einer verdeckten Einlage noch zu einem fiktiven Zufluss bei BB.**

1280

Eine Reduzierung, die darüber hinaus auch noch in den Past Service eingreifen würde, könnte nur stattfinden, wenn die Werthaltigkeit der Pensionszusage aufgrund der Ausnahmetatbestände des koordinierten Ländererlasses v. 15. 2. 2007 nicht mehr gegeben wäre. In diesem Zusammenhang wäre dann jedoch auch die bestehende Rückdeckungsversicherung zu beachten, da diese an BB verpfändet wurde.

1281

Auch wird mit einer derartigen Herabsetzung das Entstehen eines schenkungsteuerrechtlich relevanten Vorgangs vermieden, da es nicht mehr zum Entstehen einer verdeckten Einlage kommt.

1282

d) Welche Auswirkungen würden sich durch die Herabsetzung für die GmbH ergeben?

1283 Durch die Herabsetzung der Versorgungsleistungen kommt es zwingend zu einer teilweisen gewinnerhöhenden Auflösung der bisher gebildeten Pensionsrückstellung (siehe Verfügung der OFD Hannover v. 11. 8. 2009). Die Gewinnauswirkung verbleibt somit abschließend bei der Gesellschaft.

	Steuerbilanz	Handelsbilanz
1. Aktuelle Lage		
Teilwert per 31. 12. 2017	228.750 €	460.036 €
Teilwert / Barwert per 31. 12. 2018	125.472 €	442.511 €
Gewinnerhöhende Auflösung in 2018	103.278 €	17.525 €
2. Forecast		
Barwert zum 65. Lebensjahr	384.342 €	813.661 €
vor. Ablaufleistung Rückdeckungsversicherung	390.000 €	390.000 €
Rückdeckungsquote zum 65. Lebensjahr	101,47 %	47,93 %

Die Herabsetzung der Versorgungsleistungen führt in der Steuerbilanz der Gesellschaft im Wirtschaftsjahr 2018 zu einer gewinnerhöhenden Auflösung der Pensionsrückstellung i. H. v. 103.278 €. Die daraus resultierende Steuerbelastung der GmbH stellt quasi den „sauren Apfel" dar, in den die GmbH zu beißen hat, um die erwünschte Begrenzung des Verpflichtungsumfangs erreichen zu können.

In der Handelsbilanz der Gesellschaft ergibt sich eine gewinnerhöhende Auflösung der Pensionsrückstellung i. H. v. 17.525 €. Die Auflösung wird durch den Wechsel vom Teilwert auf den Barwert der Pensionsverpflichtung abgemildert (siehe hierzu Rz. 1252). Die zukünftige Entwicklung der handelsrechtlichen Pensionsrückstellung wird jedoch erheblich eingebremst (Barwert zum 65. Lebensjahr: 1.627.321 € vs. 813.661 €).

1284–1288 *(Einstweilen frei)*

14. Der zweite praktische Fall: Herabsetzung wegen mangelnder Finanzierbarkeit

a) Fallbeschreibung

Die C-Partner-GmbH hat ihrem alleinigen GGf, Herrn CC, im Jahre 1999 eine Pensionszusage erteilt. Herr CC weist folgende **persönlichen Merkmale/Daten** auf: 1289

Geschlecht	Männlich
Geburtsdatum	31.12.1958
Diensteintritt	31.12.1995 (im Alter von 37 Jahren)
Status KStG	beherrschender GGf
Status BetrAVG	Unternehmer

Die Herrn CC gegenüber erteilte Pensionszusage weist folgende **Inhalte/Bewertungsparameter** auf:

Zusageerteilung	31.12.2000 (im Alter von 42 Jahren)
Pensionsalter	65 (erreicht am 31.12.2023)
Altersrente mtl.	5.000 €
Berufsunfähigkeitsrente mtl.	5.000 €
Witwenrente mtl.	3.000 €
Rentenanpassung	keine

Die Bilanzen der C-Partner-GmbH weisen per 31.12.2017 folgende **Werte** auf:

	Steuerbilanz	Handelsbilanz
Pensionsrückstellung 31.12.2017	484.527 €	666.916 €
Aktivwert 31.12.2017	0 €	0 €
Eigenkapital 31.12.2017	240.000 €	50.000 €

Vorausschau auf die voraussichtlichen Bilanzwerte zum 31.12.2018:

	Steuerbilanz	Handelsbilanz
Pensionsrückstellung 31.12.2018	520.267 €	756.363 €
Aktivwert 31.12.2018	0 €	0 €

VI. Reduzierung der Pensionsverpflichtung

Jahresergebnis 2018	- 200.000 €	- 250.000 €
Eigenkapital 31.12.2018	40.000 €	- 200.000 €

Da die C-Partner-GmbH durch eine negative Geschäftsentwicklung im Wirtschaftsjahr 2018 ein voraussichtliches handelsrechtliches Jahresergebnis i. H. v. - 250.000 € erwirtschaften und sie somit per 31.12.2018 in die rechnerische Überschuldung geraten wird, steht die Werthaltigkeit der CC gegenüber erteilten Pensionszusage in Zweifel. Da die C-Partner-GmbH in der Vergangenheit darüber hinaus auf den Abschluss einer Rückdeckungsversicherung verzichtet hatte, hat sie nun ein Gutachten zur Pensionszusage im Auftrag gegeben, um die Möglichkeiten einer Anpassung der Versorgungszusage klären zu lassen.

Da CC beabsichtigt, teilweise auf die Pensionszusage zu verzichten, um die Kapitalgesellschaft zu sanieren, richtet er an seine Berater folgende Fragen, die er in diesem Zusammenhang unbedingt beantwortet haben möchte:

b) In welchem Umfang kann CC auf die Pensionszusage wegen der Überschuldung verzichten?

1290 Der Eintritt der Überschuldung stellt einen Ausnahmetatbestand i. S. d. koordinierten Ländererlasses v. 15.2.2007 dar. Allerdings ist der Tatbestand der Überschuldung nicht anhand der Steuer- oder Handelsbilanz festzustellen. Vielmehr ist nach der von der FinVerw vertretenen Rechtsauffassung die Handlungsgrenze des ordentlichen und gewissenhaften Geschäftsleiters erst dann gegeben, wenn sich eine Überschuldung i. S. d. InsO ergeben hat.

1291 Dementsprechend hat CC eine Überschuldungsbilanz aufzustellen, anhand derer festzustellen ist, ob bei Anwendung der Vorschriften der InsO die vorhandenen Verbindlichkeiten der Gesellschaft deren Vermögen übersteigen. Vermögen und Schulden sind dabei zu Liquidationswerten anzusetzen. Die Pensionsverpflichtung ist mit ihrem Ablösewert in Ansatz zu bringen.

1292 Zusätzlich hat CC eine Fortbestehensprognose über einen Zeitraum von max. zwei Jahren zu erstellen. Im Rahmen der Fortbestehensprognose ist die Zahlungsfähigkeit der Kapitalgesellschaft zu prüfen.

1293 Führt die Überschuldungsbilanz zu einem negativen Reinvermögen und ist darüber hinaus die Fortbestehensprognose negativ, so kann die bestehende Pensionszusage insoweit angepasst werden, als dies zur Beseitigung der eingetretenen Überschuldung notwendig ist. Insoweit wird seitens der FinVerw von einer betrieblichen Veranlassung ausgegangen. Die mit der Anpassung einhergehende teilweise gewinnerhöhende Auflösung der Pensionsrückstellung verbleibt auf der Ebene der GmbH. Ein fiktiver Lohnzufluss bei CC wird in diesem Fall nicht ausgelöst.

aa) Einmalprämie an Liquidationsversicherung als Ablösewert

CC hat somit zunächst für die **C-Partner GmbH eine Überschuldungsbilanz zum 31.12.2018** zu erstellen. Dabei ergeben sich – ausgehend von der Handelsbilanz zum 31.12.2018 – **folgende Korrekturen** in den Wertansätzen:

1294

Aktiva		Passiva	
Anlagevermögen	- 50.000 €	Eigenkapital (Reinvermögen)	- 706.067 €
Umlaufvermögen	- 50.000 €	Pensionsrückstellung	+ 606.067 €

Der Ansatz der Liquidationswerte führt auf der Aktivseite der Überschuldungsbilanz zu einer Reduzierung der Wertansätze um 100.000 €.

Die **Bewertung der Pensionsverpflichtung mit dem Ablösewert** erzeugt einen Wertansatz i. H. v. 1.362.430 € und somit eine Erhöhung des Erfüllungsbetrags um 606.067 €. Der Ablösewert wurde anhand eines Einmalbeitrags in eine Liquidationsversicherung ermittelt, mittels derer die per 31.12.2018 unverfallbar erworbenen Anwartschaften (Past Service) auf Garantiebasis von der Versicherungsgesellschaft übernommen würden.

HINWEIS:
Würde der Einmalbeitrag in die Liquidationsversicherung unter Einbeziehung der nicht garantierten Überschüsse ermittelt werden, so ergäbe sich ein Ablösewert i. H. v. 1.008.875 €.

Der Past Service wurde wie folgt ermittelt:

	bisher zugesagte Versorgungsleistungen	Past Service	Future Service
Tage	8.400 T	**6.574 T**	1.826 T
in %	100 %	**78,26 %**	21,74 %
Alters- und BU-Rente mtl.	5.000 €	**3.913 €**	1.087 €
Witwenrente mtl.	3.000 €	**2.348 €**	652 €

Da CC als beherrschender GGf zu beurteilen ist, wurde bei der Ermittlung des Past Service auf einen Erdienungszeitraum abgestellt, der die Zeit ab erstmali-

VI. Reduzierung der Pensionsverpflichtung

ger Zusageerteilung bis zum vereinbarten Pensionsalter umfasst. In der weiteren Betrachtung wird daher von einem Past Service i. H. v. 78,26 % ausgegangen.

Per Saldo ergibt sich im Rahmen der Überschuldungsbilanz – im Vergleich zur Handelsbilanz – eine weitere Eigenkapitalbelastung i. H. v. 706.067 €. **Das Reinvermögen der Überschuldungsbilanz beläuft sich danach auf -906.067 €.**

Die Fortbestehensprognose weist über die kommenden zwei Jahre einen saldierten kumulierten Cash-Flow i. H. v. -50.000 € aus.

Damit ist die Gesellschaft rechtlich überschuldet i. S. d. § 19 Abs. 2 Satz 1 InsO.

BERATUNGSHINWEIS:
An diesem Punkt des Verfahrens sei angemerkt, dass die Erstellung der Überschuldungsbilanz hier zu Dokumentationszwecken stark vereinfacht dargestellt wird. Je nach Art des Betriebes kann sich die Erstellung der Überschuldungsbilanz auch in der Praxis relativ einfach gestalten (z. B. reiner Dienstleistungsbetrieb ohne nennenswertes Anlage- und Umlaufvermögen). Es treten in der Praxis jedoch auch Konstellationen auf, die die Erstellung der Überschuldungsbilanz ganz erheblich erschweren und die ggfs. die Hinzuziehung weiterer externer Fachleute erforderlich machen, um die entsprechenden Wertansätze für die Überschuldungsbilanz zu ermitteln (z. B. Bauträgergesellschaft mit erheblichen Eigenbestand an Immobilien und Grundstücken).

Zur weiteren Lösung der Aufgabenstellung bedarf es nun der Ermittlung des Herabsetzungsvolumens: So ist nun auf der Grundlage, auf der die Ermittlung des Ablösewertes erfolgte, zu ermitteln, welche Versorgungsleistungen zukünftig noch gewährt werden können, wenn der Wertansatz der per 31.12.2018 erdienten Versorgungsanwartschaften um den o. g. Fehlbetrag i. H. v. 906.067 € gekürzt wird.

Das Ergebnis des Transformationsvorgangs zeigt, dass bei einer Reduzierung des Ablösewertes von 1.362.430 € um 906.067 € auf 456.363 € die Versorgungsleistungen hinsichtlich des Past Service auf folgende Höhe reduziert werden können:

Alters- und BU-Rente mtl.	1.316 €
Hinterbliebenenrente mtl.	790 €

Demzufolge ergibt sich folgende **Korrektur der Überschuldungsbilanz**:

Eigenkapital der Überschuldungsbilanz zum 31.12.2018:	−906.067 €
Korrektur Passivseite:	
Auflösung der Pensionsrückstellung	+906.067 €

14. Der zweite praktische Fall: Herabsetzung wegen mangelnder Finanzierbarkeit

Korrigiertes **Eigenkapital der Überschuldungsbilanz zum 31.12.2018:** 0 €

Die o. g. Höhe der Versorgungsleistungen repräsentiert den rechnerischen Past Service per 31.12.2018. Es wird im Folgenden davon ausgegangen, dass im Rahmen der zur Herabsetzung der Pensionsleistungen erforderlichen Änderungsvereinbarung die Versorgungsleistungen in dieser Höhe festgeschrieben werden und ein weiterer Zuwachs zukünftig nicht mehr stattfindet.

Die bisher festgestellte Überschuldung kann also durch die Anpassung der Versorgungsleistungen auf eine Alters- und BU-Rente i. H. v. mtl. 1.316 € (Witwenrente i. H. v. 60 %) beseitigt werden. Nach den Erfahrungen der Autoren lässt die FinVerw eine Anpassung nur insoweit zu, als damit ein geringfügig positives Eigenkapital geschaffen wird. Eine darüber hinausgehende Reduzierung würde nicht mehr in den Bereich der betrieblichen Veranlassung fallen.

bb) Handelsrechtlicher versicherungsmathematischer Barwert als Ablösewert

CC hat somit zunächst für die **C-Partner GmbH eine Überschuldungsbilanz zum 31.12.2018** zu erstellen. Dabei ergeben sich – ausgehend von der Handelsbilanz zum 31.12.2018 – **folgende Korrekturen** in den Wertansätzen:

Aktiva		Passiva	
Anlagevermögen	- 50.000 €	Eigenkapital (Reinvermögen)	- 127.138 €
Umlaufvermögen	- 50.000 €	Pensionsrückstellung	+ 27.138 €

Der Ansatz der Liquidationswerte führt auf der Aktivseite der Überschuldungsbilanz zu einer Reduzierung der Wertansätze um 100.000 €.

Die **Bewertung der Pensionsverpflichtung mit dem Ablösewert** erzeugt einen Wertansatz i. H. v. 783.501 €. Der Ablösewert wurde anhand einer versicherungsmathematischen handelsrechtlichen Bewertung der per 31.12.2018 unverfallbar erworbenen Anwartschaften (Past Service) – unter Zugrundelegung des siebenjährigen Durchschnittszinses i. H. v. 2,30 % – ermittelt.

Per Saldo ergibt sich im Rahmen der Überschuldungsbilanz – im Vergleich zur Handelsbilanz – eine weitere Eigenkapitalbelastung i. H. v. 127.138 €. **Das Reinvermögen der Überschuldungsbilanz beläuft sich danach auf - 327.138 €.**

Die Fortbestehensprognose weist über die kommenden zwei Jahre einen saldierten kumulierten Cash-Flow i. H. v. - 50.000 € aus.

VI. Reduzierung der Pensionsverpflichtung

Damit ist die Gesellschaft rechtlich überschuldet i. S. d. § 19 Abs. 2 Satz 1 InsO.

Zur weiteren Lösung der Aufgabenstellung bedarf es nun der Ermittlung des Herabsetzungsvolumens: So ist nun auf der Grundlage, auf der die Ermittlung des Ablösewertes erfolgte, zu ermitteln, welche Versorgungsleistungen zukünftig noch gewährt werden können, wenn der Wertansatz der per 31.12.2018 erdienten Versorgungsanwartschaften um den o. g. Fehlbetrag i. H. v. 327.138 € gekürzt wird.

Das Ergebnis des Transformationsvorgangs zeigt, dass bei einer Reduzierung des Ablösewertes von 783.504 € um 327.138 € auf 456.363 € die Versorgungsleistungen hinsichtlich des Past Service auf folgende Höhe reduziert werden können:

Alters- und BU-Rente mtl.	2.279 €
Hinterbliebenenrente mtl.	1.367 €

Demzufolge ergibt sich folgende **Korrektur der Überschuldungsbilanz:**

Eigenkapital der Überschuldungsbilanz zum 31.12.2018:	- 327.138 €
Korrektur Passivseite:	
Auflösung der Pensionsrückstellung	+ 327.138 €
Korrigiertes **Eigenkapital der Überschuldungsbilanz zum 31.12.2018:**	0 €

Die o. g. Höhe der Versorgungsleistungen repräsentiert den rechnerischen Past Service per 31.12.2018. Es wird im Folgenden davon ausgegangen, dass im Rahmen der zur Herabsetzung der Pensionsleistungen erforderlichen Änderungsvereinbarung die Versorgungsleistungen in dieser Höhe festgeschrieben werden und ein weiterer Zuwachs zukünftig nicht mehr stattfindet.

Die bisher festgestellte Überschuldung kann also durch die Anpassung der Versorgungsleistungen auf eine Alters- und BU-Rente i. H. v. mtl. 2.279 € (Witwenrente i. H. v. 60 %) beseitigt werden. Nach den Erfahrungen der Autoren lässt die FinVerw eine Anpassung nur insoweit zu, als damit ein geringfügig positives Eigenkapital geschaffen wird. Eine darüber hinausgehende Reduzierung würde nicht mehr in den Bereich der betrieblichen Veranlassung fallen.

cc) Vergleich der unterschiedlichen Bewertungsmethoden

Im Vergleich zur Herabsetzung auf der Grundlage einer Einmalprämie in eine Liquidationsversicherung lässt sich feststellen, dass sich die materiellen Auswirkungen wie folgt unterscheiden:

Past Service nach Herabsetzung	Liquidationsversicherung	Handelsrechtlicher Barwert
Alters- und BU-Rente mtl.	1.316 €	2.279 €
Hinterbliebenenrente mtl.	790 €	1.367 €

Das Ergebnis verdeutlicht, dass das Ergebnis des Herabsetzungsvorgangs, bzw. das Herabsetzungsvolumen erheblich von der Bewertungsmethodik des Ablösewerts beeinflusst wird. Eine Bewertung anhand eines Einmalbeitrags in eine Liquidationsversicherung führt zu einer Ausweitung des Überschuldungsumfangs und i. d. F. zu einer Vergrößerung des Herabsetzungsvolumens.

c) Welche steuerlichen Folgen ergeben sich im Falle eines überschuldungsbedingten Verzichts?

aa) Einmalprämie an Liquidationsversicherung als Ablösewert

Verbleibt zum Abschluss nur noch der Vollzug der Anpassung in der Steuer- und Handelsbilanz der C-Partner GmbH. Dies führt zu folgenden Ergebnissen:

Gewinn- und Verlust-Rechnung	Steuerbilanz	Handelsbilanz
vorläufiges Jahresergebnis zum 31.12.2018:	– 200.000 €	– 250.000 €
Pensionsrückstellung vor Herabsetzung	520.267 €	756.363 €
Pensionsrückstellung nach Herabsetzung	136.934 €	227.441 €
Gewinnerhöhende Auflösung der Pensionsrückstellung:	+ 383.333 €	+ 528.922 €
Korrigiertes Jahresergebnis 2018:	183.333 €	278.922 €

Bilanz	Steuerbilanz	Handelsbilanz
vorläufiges Eigenkapital zum 31.12.2018:	40.000 €	– 200.000 €
Korrektur Pensionsrückstellung:	+ 383.333 €	+ 528.922 €
Korrigiertes Eigenkapital zum 31.12.2018:	423.333 €	328.922 €

VI. Reduzierung der Pensionsverpflichtung

bb) Handelsrechtlicher versicherungsmathematischer Barwert als Ablösewert

1299 Verbleibt zum Abschluss nur noch der Vollzug der Anpassung in der Steuer- und Handelsbilanz der C-Partner GmbH. Dies führt zu folgenden Ergebnissen:

Gewinn- und Verlust-Rechnung	Steuerbilanz	Handelsbilanz
vorläufiges Jahresergebnis zum 31.12.2018:	−200.000 €	−250.000 €
Pensionsrückstellung vor Herabsetzung	520.267 €	756.363 €
Pensionsrückstellung nach Herabsetzung	237.138 €	393.875 €
Gewinnerhöhende Auflösung der Pensionsrückstellung:	+283.129 €	+362.488 €
Korrigiertes Jahresergebnis 2018:	83.129 €	112.488 €

Bilanz	Steuerbilanz	Handelsbilanz
vorläufiges Eigenkapital zum 31.12.2018:	40.000 €	−200.000 €
Korrektur Pensionsrückstellung:	+283.129 €	+362.488 €
Korrigiertes Eigenkapital zum 31.12.2018:	323.129 €	162.488 €

cc) Vergleich der unterschiedlichen Bewertungsmethoden

1300 Im Vergleich zur Herabsetzung auf der Grundlage einer Einmalprämie in eine Liquidationsversicherung lässt sich feststellen, dass sich die materiellen Auswirkungen wie folgt unterscheiden:

Korrigiertes Jahresergebnis 2018	Liquidationsversicherung	Handelsrechtlicher Barwert
Steuerbilanz	183.333 €	83.129 €
Handelsbilanz	278.922 €	112.488 €

Korrigiertes Eigenkapital 2018	Liquidationsversicherung	Handelsrechtlicher Barwert
Steuerbilanz	423.333 €	323.129 €
Handelsbilanz	328.922 €	162.488 €

1301 Das Ergebnis verdeutlicht auch an dieser Stelle, dass die Folgewirkungen des Herabsetzungsvorgangs erheblich von der Bewertungsmethodik des Ablösewerts beeinflusst werden. Eine Bewertung anhand eines Einmalbeitrags in eine Liquidationsversicherung führt sowohl steuer- als auch handelsbilanziell zu einem höheren Jahresergebnis, sowie zu einem höheren Eigenkapital. Im untersuchten Fall würde dies allerdings auch eine höhere Steuerbelastung auslösen.

(Einstweilen frei) 1302–1305

15. Zusammenfassung

Die steuerunschädliche Reduzierung einer einem GGf gegenüber erteilten Pensionszusage erfordert mittlerweile die volle Aufmerksamkeit des Beraters. Die überaus komplexen rechtlichen Rahmenbedingungen der unterschiedlichen Rechtsgebiete vereinigen sich zu einer tückischen Falle, in der sich Berater und Mandant sehr schnell verstricken können. 1306

Für aktive Anwärter empfiehlt es sich, zunächst die Reduzierung der Pensionsverpflichtung nach den Grundsätzen der Past Service-Methode über die Begrenzung der Versorgungsanwartschaften auf die Höhe der erdienten Anwartschaften herbeizuführen. Zur Umsetzung dieses Lösungsansatzes bedarf es einer klar und eindeutig formulierten Änderungsvereinbarung, auf deren zivilrechtliche Wirksamkeit zwingend zu achten ist. Nach einer jahrelangen verwaltungsinternen Auseinandersetzung hat die FinVerw diesem Lösungsansatz mit der Veröffentlichung des BMF-Schreibens v. 14. 8. 2012 ihren Segen erteilt. Auf dieser Grundlage ist es mittlerweile möglich, auf der Grundlage einer gefestigten und als sachgerecht zu beurteilenden Verwaltungsauffassung die Umgestaltung der bestehenden Gf-Versorgungen in Angriff zu nehmen. 1307

Die Anpassung der Pensionszusage an die wirtschaftliche Leistungsfähigkeit der Kapitalgesellschaft hat nach Inkrafttreten des BilMoG erheblich an Bedeutung gewonnen, da sich in der Praxis die Fälle mehren, in denen die Kapitalgesellschaft aufgrund der anhaltenden Null-Zins-Politik der EZB an den Rande einer, bzw. in die Überschuldung geraten. Da in diesen Fällen u. U. eine betrieblich veranlasste Anpassung der zugesagten Versorgungsleistungen in Frage kommt, bedarf dies im Einzelfall einer individuellen Prüfung. 1308

Die Komplexität einer Herabsetzung wegen mangelnder Finanzierbarkeit hat nach der Modifikation des § 19 Abs. 2 Satz 1 InsO erheblich zugenommen. Zudem benötigt der Rechtsanwender vertiefende Kenntnisse hinsichtlich der Bewertung von Pensionsverpflichtungen, um eine derartige Anpassung sachgerecht gestalten zu können. 1309

VI. Reduzierung der Pensionsverpflichtung

1310   Und zu guter Letzt dürfen zukünftig auch die schenkungsteuerrechtlichen Aspekte nicht übersehen werden, die bei einer disquotalen verdeckten Einlage erschwerend hinzutreten.

1311–1319   (*Einstweilen frei*)

VII. Rente und Gehalt – Fortsetzung der aktiven Tätigkeit nach Vollendung des Pensionsalters

In der Beratungspraxis häufen sich die Fälle, in denen die versorgungsberechtigten GGf die in ihrer Pensionszusage vereinbarte Regelaltersgrenze erreichen oder kurz vor deren Vollendung stehen. In vielen Fällen möchten die betroffenen GGf den Übertritt in den Ruhestand flexibel gestalten. Sei es, weil es der Übergang auf den Nachfolger erfordert, sei es weil sich der GGf einfach noch viel zu fit fühlt, um sich schon aus dem Erwerbsleben zurückzuziehen, oder weil es schlichtweg die finanzielle Lage des GGf noch nicht ermöglicht, dass er bereits mit Erreichen der vereinbarten Regelaltersgrenze auf sein Aktivengehalt verzichtet. 1320

Viele GGf äußern dabei den nachvollziehbaren Wunsch, dass sie nach Vollendung der Altersgrenze gerne sowohl ihr Gf-Gehalt, als auch die zugesagte und erdiente Altersrente beziehen möchten. Eine Vorstellung, die auf den ersten Blick sehr plausibel erscheint. Schließlich wurde der Versorgungsanspruch ja über viele Jahre hinweg erdient. Leider macht auch hier – wie so oft – das Steuerrecht einen „Strich durch die Rechnung", denn BFH und FinVerw gehen gleichermaßen davon aus, dass eine parallele und ungeschmälerte Zahlung von Rente und Gehalt zwingend zu einer vGA führt. 1321

1. Ausscheiden aus dem Dienstverhältnis

Die Möglichkeit Rente und Gehalt parallel zu beziehen besteht grundsätzlich nur dann, wenn die vertragliche Vereinbarung zur Pensionszusage den Bezug einer Altersrente alleine nur von der Vollendung des Pensionsalters abhängig macht und ein Ausscheiden aus dem kausalen Dienstverhältnis nicht vereinbart wurde. 1322

Ist dagegen in der vertraglichen Vereinbarung zur Pensionszusage das Ausscheiden aus dem kausalen Dienstverhältnis als Bedingung für das Entstehen des „Anspruchs Altersrente" vereinbart worden, kommt eine parallele Zahlung von Rente und Gehalt ohne ein Ausscheiden aus dem kausalen Dienstverhältnis nicht in Frage. Würde die Kapitalgesellschaft die Rente auch ohne ein Ausscheiden aus dem kausalen Dienstverhältnis an den GGf leisten, so würde dies unstrittig zu einer vGA dem Grunde nach führen, da dem GGf damit eine Versorgungsleistung zugewendet werden würde, auf deren Auszahlung noch kein zivilrechtlicher Anspruch besteht. 1323

1324 Die Diskussion um die ertragsteuerrechtliche Behandlung eines parallelen Bezugs von Rente und Gehalt betrifft daher ausschließlich diejenigen Konstellationen, in denen die vertragliche Vereinbarung zur Pensionszusage den Bezug einer Altersrente alleine nur von der Vollendung des Pensionsalters abhängig macht und ein Ausscheiden aus dem kausalen Dienstverhältnis nicht vereinbart wurde.

1325–1329 (*Einstweilen frei*)

2. Rente und Gehalt aus Sicht des BFH

1330 Die Kernproblematik der parallelen Zahlung der beiden Vergütungselemente besteht zum einen darin, dass Leistungen aus einer Pensionszusage nach der vom BFH vertretenen Rechtsauffassung im ertragsteuerrechtlichen Sinne **ausschließlich als Erwerbsersatzeinkommen** zu beurteilen sind, d. h. sie finden ihre Berechtigung nur dort, wo die Versorgungsleistungen an die Stelle wegfallenden aktiven Einkommens treten.

1331 Zum anderen macht der BFH deutlich, dass er davon ausgeht, dass eine parallele Zahlung von Rente und Gehalt das Wesen einer Pensionszusage in Richtung eines **Lebensversicherungsvertrags** verändert. Und dies soll dem Charakter einer Pensionszusage widersprechen.

1332 Diese Rechtsgrundsätze hat der BFH zunächst in 2008 aufgestellt und sie dann in 2013 bestätigt. Auf die beiden diesbezüglichen Urteile wird im Folgenden eingegangen.

a) BFH, Urteil v. 5. 3. 2008 – I R 12/07

1333 In der **Entscheidung v. 5. 3. 2008**[1] hatte der BFH über einen Fall zu entscheiden, bei dem der beherrschende GGf das ihm in der Pensionszusage eingeräumte Kapitalwahlrecht ausgeübt hatte, ohne, dass er aus der Gf-Tätigkeit ausgeschieden war. In diesem Fall kam der I. Senat des BFH zu folgendem Ergebnis:

„*Es ist aus körperschaftsteuerrechtlicher Sicht grundsätzlich nicht zu beanstanden, wenn die Zusage der Altersversorgung nicht von dem Ausscheiden des Begünstigten aus dem Dienstverhältnis als Geschäftsführer mit Eintritt des Versorgungsfalls abhängig gemacht wird (Abgrenzung zum Senatsurteil v. 2. 12. 1992 - I R 54/91, BFHE 170, 119, BStBl 1993 II S. 311). In diesem Fall würde ein ordent-*

---

[1] BFH, Urteil v. 5. 3. 2008 - I R 12/07, BStBl 2015 II S. 409.

licher und gewissenhafter Geschäftsleiter allerdings verlangen, dass das Einkommen aus der fortbestehenden Tätigkeit als Geschäftsführer auf die Versorgungsleistung angerechnet wird. Das ist im Rahmen eines versicherungsmathematischen Abschlags auch bei der Kapitalabfindung zu berücksichtigen."[1]

*„Die Altersrente ist zwar Teil des Entgelts für die geleistete Arbeit. Sie soll aber in erster Linie zur Deckung des Versorgungsbedarfs beitragen, **regelmäßig also erst beim Wegfall der Bezüge aus dem Arbeitsverhältnis einsetzen**. Dadurch, dass im Streitfall einerseits eine Kapitalabfindung und keine laufende Altersrente geleistet wurde und andererseits das Arbeitsverhältnis in der bisherigen Weise fortgesetzt wurde, wurde dieser eigentliche Zweck der betrieblichen Altersversorgung indes für die Zeit der Weiterarbeit in der bisherigen Weise verfehlt; die zugesagte Altersversorgung **erhält dadurch den ihr wesensfremden Charakter einer Kapitallebensversicherung**. So gesehen schließen sich die wechselseitig uneingeschränkten Zahlungen der kapitalisierten Renten und der Gehälter für die aktive Tätigkeit jedenfalls aus der hier maßgeblichen Sicht des Leistenden grundsätzlich aus."*[2]

b) BFH, Urteil v. 23. 10. 2013 – I R 60/12

In der **Entscheidung v. 23. 10. 2013**[3] hatte der BFH über folgenden Fall zu entscheiden: 1334

Die Klägerin hatte mit Vereinbarungen v. 1. 10. 1991 ihren jeweils zu 50 % beteiligten GGfs, den Herren P und J, jeweils eine unmittelbare Pensionszusage erteilt. Die Bedingungen der vertraglichen Vereinbarungen sahen vor, dass das Ruhegehalt bei Vollendung der Regelaltersgrenze (für P das 65.; für J das 67. Lebensjahr) gezahlt werden sollte, ohne dass hierfür die Beendigung des Dienstverhältnisses als zwingende Voraussetzung definiert wurde.

Die Klägerin bildete in Ihren Bilanzen für die Streitjahre 1999 und 2000 entsprechende Pensionsrückstellungen, die der Höhe nach nicht strittig waren.

J vollendete am 8. 3. 2000 sein 67. Lebensjahr, so dass der Versorgungsfall eintrat. Am 29. 2. 2000 vereinbarte die Klägerin mit J, dass dieser ab dem 1. 3. 2000 seine Tätigkeit als Gf auf 20 % reduziert und hierfür ein von 12.000 DM auf 3.000 DM abgesenktes monatliches Gehalt gezahlt wird, wobei der Vertrag zunächst bis zum 30. 4. 2002 gelten sollte. Gleichzeitig zahlte die

---

1 BFH, Urteil v. 5. 3. 2008 - I R 12/07, Leitsatz Rz. 2, BStBl 2015 II S. 409.
2 BFH, Urteil v. 5. 3. 2008 - I R 12/07, Gründe Rz. II. 2.a, BStBl 2015 II S. 409.
3 BFH, Urteil v. 23. 10. 2013 - I R 60/12, BStBl 2015 II S. 413.

Klägerin an J ab März 2000 die vereinbarte monatliche Pension von 2.725 DM (1.393,27 €), die allerdings bei der Auszahlung nicht gesondert als Pension deklariert wurde.

1335 In diesem Fall kam der I. Senat des BFH zu folgendem Ergebnis:

„Zwar ist die Vorinstanz in revisionsrechtlich nicht zu beanstandender Weise davon ausgegangen, dass die Zusage einer Altersversorgung im Hinblick auf die versprochene Altersrente nicht unbedingt das Ausscheiden des Begünstigten aus dem Betrieb oder die Beendigung des Dienstverhältnisses einfordert. Es genügt, wenn für den Eintritt des Versorgungsfalls nur die Vollendung des vorgesehenen Lebensjahres vorgesehen ist. Insbesondere verliert die Versorgung dadurch nicht ihren Charakter als betriebliche Altersversorgung. [...] Die Vorinstanz hat jedoch – und auch insoweit verweist der Senat auf sein Urteil in BFHE 220, 454 – nicht hinreichend berücksichtigt, dass sich die Fortführung des Arbeitsverhältnisses unter gleichzeitigem Bezug von Rente einerseits und laufendem Geschäftsführergehalt andererseits nur bedingt mit den Anforderungen verträgt, die für das Handeln des gedachten ordentlichen und gewissenhaften Geschäftsleiters einer Kapitalgesellschaft maßgeblich sind. **Ein solcher Geschäftsleiter hätte entweder verlangt***, das Einkommen aus der fortbestehenden Tätigkeit als Geschäftsführer auf die Versorgungsleistung in Gestalt der Kapitalabfindung anzurechnen, oder aber den vereinbarten Eintritt der Versorgungsfälligkeit – ggf. unter Vereinbarung eines nach versicherungsmathematischen Maßstäben berechneten Barwertausgleichs – aufzuschieben, bis der Begünstigte endgültig seine Geschäftsführerfunktion beendet hat.* **Beides parallel gezahlt hätte er jedoch nicht***. Denn auch wenn die Altersrente Teil des Entgelts für die geleistete Arbeit und sie als solche, was die Vergangenheit anbelangt, „erdient" worden ist, so soll sie doch gleichwohl in erster Linie zur Deckung des Versorgungsbedarfs beitragen, regelmäßig also erst beim Wegfall der Bezüge aus dem Arbeitsverhältnis einsetzen. Letztlich ist es die Weiterbeschäftigung über das Pensionsalter hinaus, die aus steuerrechtlicher Sicht Skepsis erweckt, nicht die erdiente Pension, und so gesehen schließen sich die wechselseitig uneingeschränkten Zahlungen der Rente und des Gehalts für die aktive Tätigkeit jedenfalls aus der hier maßgeblichen Sicht des Leistenden grundsätzlich aus; die möglicherweise entgegenstehende Interessenlage des Begünstigten ist insoweit unbeachtlich. Der Senat hält daran fest, dass sich der ordentliche und gewissenhafte Geschäftsleiter an dieser typischen Sichtweise im Rahmen des hier anzustellenden hypothetischen Fremdvergleichs orientieren und dadurch verhindern wird, dass der Gesellschafter-Geschäftsführer die GmbH als beliebige Quelle sowohl einer Altersversorgung als auch einer laufenden Tätigkeit „benützt". Dass ein solcher Geschäftsführer neben seinem laufenden Gehalt durchaus Altersbezüge beziehen kann, welche aus*

*einem anderen Dienstverhältnis herrühren, widerspricht dem ebenso wenig wie der Umstand, dass der „verrentete" Geschäftsführer ggf. in anderer Funktion, beispielsweise als Berater, für die Kapitalgesellschaft tätig werden und neben einer solchen Funktion Altersbezüge vereinnahmen kann. Auf der anderen Seite ist der Gesellschafter-Geschäftsführer keineswegs – wie aber vielfach und auch von der Klägerin in der mündlichen Verhandlung behauptet wird – gehindert, als Geschäftsführer weiterzuarbeiten; er muss dann bei gleichzeitigem Bezug von Gehalt und Rente allerdings bereit sein, nach den normativen Wertungen des Körperschaftsteuerrechts den „Nachteil" einer vGA zu tragen. [...] Dadurch, dass im Streitfall eine laufende Altersrente geleistet und zugleich das Arbeitsverhältnis in der bisherigen Weise gegen laufendes Gehalt fortgesetzt wurde, wurde der eigentliche Zweck der betrieblichen Altersversorgung für die Zeit der Weiterarbeit in der bisherigen Weise mithin verfehlt. Dass J seine vertragliche Arbeitszeit ebenso wie sein laufendes Gehalt fortan abgesenkt hat, kann dem nicht mit Erfolg entgegenhalten werden. Abgesehen davon, dass sich eine **„Teilzeittätigkeit" ohnehin nur schwerlich mit dem Aufgabenbild eines Gesellschafter-Geschäftsführers vereinbaren lässt** (s. z. B. – bezogen auf Überstundenvergütungen – Senatsbeschluss v. 7. 2. 2007 – I B 69/06, BFH/NV 2007 S. 1192, m.w.N.), ändert auch eine solche Tätigkeitsverringerung nichts an dem aufgezeigten Ergebnis des hypothetischen Fremdvergleichs."*[1]

c) Kritische Auseinandersetzung

Die vom BFH vertretene Sichtweise ist dazu geeignet in mehreren Punkten deutliche Kritik auszulösen. Dies bezieht sich sowohl auf das Ergebnis des hypothetischen Fremdvergleichs, als auch auf die Modalitäten der Anrechnung, insb. bei Zahlung einer Kapitalleistung.

1336

aa) Hypothetischer Fremdvergleich

Der BFH kommt im Rahmen des hypothetischen Fremdvergleichs zu dem Ergebnis, dass ein ordentlicher und gewissenhafter Geschäftsleiter verlangen würde, dass das Einkommen aus der fortbestehenden Tätigkeit als Gf auf die Versorgungsleistung angerechnet wird. Bei diesem Ergebnis geht der BFH offensichtlich *„insoweit von einem stillschweigenden und „immanenten" Anrechnungsvorbehalt aus, der dem (seinerzeit gegebenen) Versorgungsversprechen einerseits und dem (neuerlichen) Versprechen auf laufende Gehaltsfortzahlung*

1337

---

[1] BFH, Urteil v. 23. 10. 2013 - I R 60/12, Rz. 11 ff., BStBl 2015 II S. 413.

andererseits zugrunde gelegt wird".[1] Eine derartige Annahme ist jedoch schlichtweg als absurd zu beurteilen, denn es kann grundsätzlich davon ausgegangen werden, dass die Parteien im Zeitpunkt des Abschlusses des Pensionsvertrags bewusst vereinbart haben, dass der Anspruch auf Zahlung der Altersrente mit Erreichen der Regelaltersgrenze unabhängig vom Ausscheiden aus dem Dienstverhältnis (und nur in einem solchen Fall stellt sich die zu diskutierende Problematik) entstehen soll.

1338 Auf die Frage inwieweit in der Praxis der gedachte Geschäftsleiter auch über die notwendige zivilrechtliche Grundlage zu einer einseitigen Anrechnung verfügen würde, geht der BFH in seiner Urteilsbegründung jedoch nicht ein. Die einseitige Anrechnungsmöglichkeit wäre u. E. nur dann gegeben, wenn der Dienstvertrag mit Erreichen der Altersgrenze enden würde und für die Weiterbeschäftigung eine neue Vertragsgrundlage zu schaffen wäre.

1339 Wäre eine altersbedingte Beendigung jedoch nicht Gegenstand des Dienstvertrags (was in der Praxis dem Regelfall entspricht), so hätte auch der gedachte ordentliche und gewissenhafte Geschäftsleiter keine zivilrechtliche Grundlage, um die vom BFH geforderte Anrechnung vorzunehmen. Ein gedachter stillschweigender Anrechnungsvorbehalt kann an dieser Stelle keine zivilrechtliche Rechtsgrundlage schaffen. Dem ordentlichen und gewissenhaften Geschäftsleiter bliebe in diesem Fall wohl nur das Instrument der Änderungskündigung, wobei die GmbH gleichzeitig das Risiko in Kauf zu nehmen hätte, dass der Gf das neue Angebot ablehnen und im Anschluss daran aus dem Dienstverhältnis ausscheiden würde. Da die zivilrechtliche Legitimierung für die geforderte Anrechnung somit i. d. R. nicht gegeben sein wird, erscheint es bei näherer Betrachtung als verwunderlich, dass der BFH das Ergebnis des hypothetischen Fremdvergleichs anhand eines rechtswidrigen Handelns eines Geschäftsleiters ermittelt. Pacta sunt servanda[2] – der wichtigste Grundsatz des öffentlichen und privaten Vertragsrechts – hat wohl auch für den Handlungsmaßstab zu gelten, an den man den ordentlichen und gewissenhaften Geschäftsleiter im Rahmen des hypothetischen Fremdvergleichs messen sollte. Das vom BFH „herbeigezauberte" Ergebnis ist daher als unschlüssig und realitätsfern zu bewerten und in der Folge abzulehnen.

1340 Zudem sei an dieser Stelle erlaubt, einmal die Frage zu stellen, wie denn der Fremdvergleich aussehen würde, wenn der GGf seine Versorgungsansprüche mittels einer Entgeltumwandlung finanziert hätte. Es wäre interessant zu wis-

---

1 Gosch, KStG, 3. Aufl., § 8 Rz. 1133.
2 Zu deutsch: Verträge sind einzuhalten.

sen, ob der BFH auch in diesem Fall auf eine Anrechnung bestehen würde? Sollte dies der Fall sein, so wäre dies wohl mit einer Enteignung gleichzusetzen.

bb) Anrechnungsmodalitäten

Der BFH nennt in den o. g. Urteilen die **Anrechnung des Einkommens aus der fortbestehenden Tätigkeit als Gf auf die Versorgungsleistung** als Voraussetzung für das Nicht-Vorliegen einer vGA. Die vom BFH gewählte Formulierung ist u. E. für den Fall einer einmaligen Kapitalleistung (der der Entscheidung v. 5. 3. 2008 zugrunde lag) unter systematischen Gesichtspunkten nachvollziehbar. 1341

Legt man dieser Vorgabe jedoch den Fall einer **monatlichen Rentenleistung** zugrunde (wie in der Entscheidung v. 23. 10. 2013), so kann die gewählte Formulierung unter systematischen Gesichtspunkten nicht zu einem praktikablen Ergebnis führen. Ausgehend davon, dass das Aktiven-Gehalt auch nach Vollendung der Regelaltersgrenze dem Aktiven-Gehalt vor Vollendung der Regelaltersgrenze entspricht (was bei einer unveränderten Gf-Tätigkeit mit unverändertem Umfang wohl in den meisten Fällen der Fall sein wird), wird das Aktiven-Gehalt (zumeist) höher sein, als die fällige Altersrente. In diesem Fall würde durch die Anrechnung des Aktiven-Gehaltes die **Pensionsleistung auf null reduziert** werden. Im Ergebnis wird damit das Aktiven-Gehalt in unveränderter Höhe fortgezahlt, ohne dass eine Rentenzahlung stattfindet. 1342

1343 Die folgende Abbildung dient der Illustration dieses Falls:

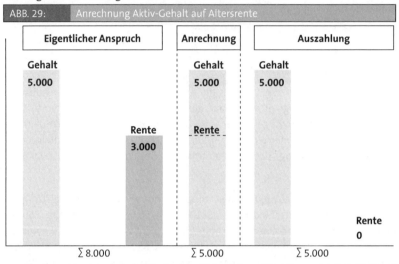
ABB. 29: Anrechnung Aktiv-Gehalt auf Altersrente

1344 Unter systematischen Gesichtspunkten wäre u. E. im Falle einer monatlichen Rentenzahlung die Anrechnung der Pensionsleistung auf das Einkommen aus der fortbestehenden Tätigkeit als Gf vorzunehmen:

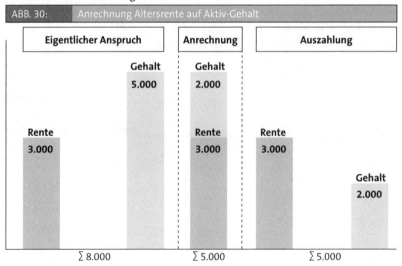
ABB. 30: Anrechnung Altersrente auf Aktiv-Gehalt

Im Ergebnis führt diese Form der Anrechnung zur Zahlung von (reduziertem) Gehalt und Rente.

2. Rente und Gehalt aus Sicht des BFH

U. E. würde die vom BFH vorgegebene Handlungsweise (Anrechnung des Aktiven-Gehalts auf die Altersrente) nur in den Fällen zu einem systematisch korrekten Ergebnis führen, in denen das Aktiven-Gehalt die Höhe der Altersrente unterscheiden würde. Damit wird aber zugleich ein Fall der Überversorgung beschrieben. 1345

Im Ergebnis stellt sich die Anrechnung bei paralleler Zahlung von Rente und Gehalt u. E. wie folgt dar: 1346

▶ Der jeweils **höhere Betrag** der beiden Vergütungsbestandteile definiert den **Höchstbetrag** der bestehenden Anspruchsgrundlage, den die Summe aus Rente und Gehalt zur Einhaltung der Steuerkonformität nicht übersteigen darf.

▶ Der jeweils **niedrigere Betrag** der beiden Vergütungsbestandteile ist zur Einhaltung der Steuerkonformität auf den höheren Betrag **anzurechnen**.

cc) Anrechnungsmodalitäten bei Kapitalleistung

Der BFH nennt in seiner Entscheidung v. 5. 3. 2008 als Voraussetzung für das Nicht-Vorliegen einer vGA die Anrechnung des Einkommens aus der fortbestehenden Tätigkeit als Gf auf die Versorgungsleistung, die im Falle einer **Kapitalleistung im Rahmen eines versicherungsmathematischen Abschlags** stattzufinden hat. Der BFH unterlässt es jedoch diese Vorgehensweise in seiner Entscheidung zu konkretisieren. Auch die FinVerw hat es bisher nicht für notwendig erachtet, zu den Anrechnungsmodalitäten im Falle einer Kapitalleistung konkretisierende Vorgaben zu formulieren. 1347

In der Literatur findet sich die Auffassung, dass sich der einzubeziehende Berechnungsfaktor für den Abschlag an den Erwartungen zu orientieren hat, die die Parteien über die voraussichtliche Dauer des fortzuführenden Dienstverhältnisses hegen.[1] 1348

Die vom BFH gewählte Bezeichnung des versicherungsmathematischen Abschlags ermöglicht es leider nicht, diesen Terminus konkret zu bestimmen; vielmehr bedarf es einer Auslegung. So könnte ein derartiger Abschlag in Form eines **pauschalen versicherungsmathematischen Abschlags** in Frage kommen, der sich womöglich an der getroffenen vertraglichen Vereinbarung zur vorzeitigen Inanspruchnahme der Altersleistung orientieren könnte (z. B. 0,3 % bis 0,5 % je Monat). Alternativ könnte die Ermittlung des Abschlags aber auch in Form des **versicherungsmathematischen Barwertes** derjenigen Gehaltszahlun- 1349

---

[1] Siehe hierzu *Gosch*, KStG, 3. Aufl., § 8 Rz. 1133a.

gen in Frage kommen, die für die voraussichtliche Dauer der Fortsetzung der Gf-Tätigkeit voraussichtlich gewährt werden.

1350 Aufgrund der bestehenden Unsicherheiten sollte eine derartige Gestaltung vor deren Umsetzung im Rahmen eines Antrags auf Erteilung einer verbindlichen Auskunft mit der zuständigen Finanzbehörde geklärt werden.

1351–1359 *(Einstweilen frei)*

3. Rente und Gehalt aus Sicht der Finanzverwaltung

1360 Die FinVerw hat sich lange Jahre nicht der vom BFH vertretenen Auffassung anschließen können, da die vom BFH vertretene Sichtweise mit der engen Sichtweise der FinVerw gem. BMF-Schreiben v. 11.11.1999[1] kollidierte. So konnte sich die FinVerw erst im Jahre 2015 dazu durchringen, die beiden zuvor genannten BFH-Entscheidungen im BStBl zu veröffentlichen. Erst mit BMF-Schreiben v. 18.9.2017[2] kam es dann zu einer Veröffentlichung der neuen Verwaltungsauffassung, anhand deren Inhalte es dem BMF wieder einmal nicht gelungen ist, alle offenen Fragestellungen zu beantworten.

a) BMF-Schreiben v. 11.11.1999

1361 Die FinVerw selbst hat sich im Jahre 1999 zu den Anforderungen an die steuerrechtliche Anerkennung einer bAV geäußert. Diese wurden mit dem BMF-Schreiben v. 11.11.1999 wie folgt beschrieben:

„Eine Zusage auf Leistungen der betrieblichen Altersversorgung i. S. des § 1 Betriebsrentengesetz liegt nur vor, wenn das Dienstverhältnis im Zeitpunkt des Eintritts des Versorgungsfalls formal beendet ist. Eine Zusage, nach denen Leistungen fällig werden, ohne daß das Dienstverhältnis formal beendet ist, ist nicht als Zusage auf Leistungen der betrieblichen Altersversorgung anzusehen. Für eine derartige Verpflichtung darf insoweit keine Rückstellung nach § 6a EStG gebildet werden. Für die Zuordnung der Zusage ist die jeweils getroffene schriftliche Vereinbarung maßgebend." [3]

1362 Die FinVerw vertrat damit die Auffassung, dass eine Pensionszusage, die Leistungen auch ohne Beendigung des Dienstverhältnisses in Aussicht stellt, nicht mehr als eine bAV zu beurteilen war. In der Folge durften für eine derartige Zusage in der Steuerbilanz der Kapitalgesellschaft keine Pensionsrückstellun-

---

[1] BMF, Schreiben v. 11.11.1999, BStBl 1999 I S. 959.
[2] BMF, Schreiben v. 18.9.2017, BStBl 2017 I S. 1293.
[3] BMF, Schreiben v. 11.11.1999, Rz. 2, BStBl 1999 I S. 959.

gen gebildet werden. Der BFH hat in den beiden zuvor genannten Entscheidungen dieser Sichtweise deutlich widersprochen und festgelegt, dass eine derartige Zusage sehr wohl auch im ertragsteuerrechtlichen Sinne als bAV zu beurteilen ist.

Mit BMF-Schreiben v. 18. 9. 2017 hat die FinVerw endgültig klein bei gegeben und erklärt, dass die Rz. 2 des BMF-Schreibens v. 11. 11. 1999 nicht mehr weiter anzuwenden ist.

1363

b) BMF-Schreiben v 18. 9. 2017

Mit BMF-Schreiben v. 18. 9. 2017 hat die FinVerw zur bilanzsteuerrechtlichen Berücksichtigung von Versorgungsleistungen, die ohne die Voraussetzung des Ausscheidens aus dem Dienstverhältnis gewährt werden, Stellung genommen.

1364

Das BMF-Schreiben enthält für den Fall, dass die Pensionszusage eine Versorgungsleistung auch **ohne Ausscheiden aus dem Dienstverhältnis** zulässt, folgende maßgeblichen Ausführungen:

1365

- *"Pensionsrückstellungen nach § 6a EStG können wegen der **Ausgeglichenheitsvermutung von Arbeitsleistung und Entgelt** grundsätzlich nur auf Basis der nach dem Ausscheiden aus dem Dienstverhältnis zu gewährenden Leistungen angesetzt und bewertet werden.*

- *Enthält eine Pensionszusage im Sinne von § 6a EStG **keine Aussagen zum Ausscheiden** aus dem Dienstverhältnis als Voraussetzung für die Gewährung der Versorgungsleistungen nach Eintritt des Versorgungsfalles, ist davon auszugehen, dass zeitgleich mit der Inanspruchnahme der Leistungen auch das Arbeitsverhältnis beendet wird. [...] In der Anwartschaftsphase ist die Versorgungsverpflichtung nach § 6a Abs. 3 Satz 2 Nr. 1 EStG zu bewerten.*

- *Werden bei Eintritt der Invalidität oder bei Erreichen einer vereinbarten Altersgrenze die schriftlich zugesagten Versorgungsleistungen gewährt, gilt der Versorgungsfall auch dann als eingetreten, wenn das Arbeitsverhältnis weiter bestehen bleibt. Ab diesem Zeitpunkt ist die Pensionsrückstellung nach § 6a Abs. 3 Satz 2 Nr. 2 EStG zu berechnen.*

- *Werden die zugesagten Versorgungsleistungen bei Erreichen einer bestimmten Altersgrenze oder bei Eintritt der Invalidität unter entsprechender Herabsetzung des Beschäftigungsgrades und des Arbeitslohns nur teilweise in Anspruch genommen, gilt der Versorgungsfall insoweit als eingetreten. In diesem Fall ist die Bewertung der Pensionsverpflichtung an Bilanzstichtagen zwischen der erstmaligen teilweisen Inanspruchnahme von Versorgungsleis-*

tungen und dem Erreichen des vom Steuerpflichtigen zulässigerweise gewählten Finanzierungsendalters (sog. rechnerisches Pensionsalter) für bilanzsteuerliche Zwecke aufzuteilen. Soweit Leistungen bereits gewährt werden, gilt Randnummer 3 entsprechend. Für die noch nicht laufenden Leistungen ist bis zum Erreichen des maßgebenden rechnerischen Pensionsalters weiterhin § 6a Abs. 3 Satz 2 Nr. 1 EStG maßgebend. Für Bilanzstichtage nach Erreichen des rechnerischen Pensionsalters bedarf es einer Aufteilung nicht, da in diesen Fällen die Bewertung der noch nicht laufenden Leistungen nach § 6a Abs. 3 Satz 2 Nr. 1 EStG (Teilwert eines sog. technischen Rentners) dem Barwert nach § 6a Abs. 3 Satz 2 Nr. 2 EStG entspricht. Die Nachholung von Fehlbeträgen gemäß § 6a Abs. 4 Satz 5 EStG ist nur insoweit zulässig, als der Versorgungsfall nach Satz 1 als eingetreten gilt."[1]

1366 Hinsichtlich der **körperschaftsteuerlichen Regelung für GGf** von Kapitalgesellschaften enthält das BMF-Schreiben folgende maßgeblichen Ausführungen:

▶ „Die körperschaftsteuerlichen Regelungen für Gesellschafter-Geschäftsführer von Kapitalgesellschaften bleiben unberührt (BFH-Urteile v. 5. 3. 2008, a. a. O. und vom 23. 10. 2013, a. a. O.).

▶ In der Anwartschaftsphase ist eine Pensionszusage an den Gesellschafter-Geschäftsführer, die zwar die Vollendung des vereinbarten Pensionsalters voraussetzt, nicht jedoch dessen Ausscheiden aus dem Betrieb oder die Beendigung des Dienstverhältnisses, **körperschaftsteuerrechtlich grundsätzlich nicht zu beanstanden**. Sie führt nicht von vorneherein wegen Unüblichkeit oder fehlender Ernsthaftigkeit zu einer verdeckten Gewinnausschüttung.

▶ In der Auszahlungsphase der Pension führt die **parallele Zahlung** von Geschäftsführergehalt und Pension – sowohl bei einem beherrschenden als auch bei einem nicht beherrschenden – Gesellschafter-Geschäftsführer zu einer **verdeckten Gewinnausschüttung**, soweit das Aktivgehalt nicht auf die Pensionsleistung angerechnet wird.

▶ Die Grundsätze gelten sowohl bei monatlicher Pensionsleistung als auch bei Ausübung eines vereinbarten Kapitalwahlrechts bei Erreichen der vereinbarten Altersgrenze.

▶ Die Auflösung der Pensionsrückstellung steht der Annahme einer verdeckten Gewinnausschüttung nicht entgegen. Eine verdeckte Gewinnausschüttung ist auch dann zu bejahen, wenn das Aktivgehalt und die Arbeitszeit nach Eintritt des Versorgungsfalls deutlich reduziert werden, da eine „**Teilzeittätig-**

---

[1] BMF, Schreiben v. 18. 9. 2017, Rz. 1 bis 8, BStBl 2017 I S. 1293.

keit" *mit dem Aufgabenbild eines Gesellschafter-Geschäftsführers nicht vereinbar ist."*[1]

c) Kritische Auseinandersetzung

Mit den Ausführungen des BMF-Schreibens v. 18. 9. 2017 hat sich die FinVerw in allen wesentlichen Punkten der vom BFH vertretenen Rechtsauffassung angeschlossen (insoweit gelten die unter Rz. 1336 vorgetragenen Kritikpunkte entsprechend). Dies ist auf den ersten Blick insoweit zu begrüßen, als es zu einer Vereinheitlichung von höchstrichterlicher Rechtsprechung und Verwaltungsmeinung kommt. 1367

Bei einer näheren Analyse der Verwaltungsanweisung drängt sich jedoch der Eindruck auf, dass es sich die FinVerw wieder einmal sehr einfach gemacht hat. Denn dieses BMF-Schreiben hätte der FinVerw grundsätzlich die einmalige Gelegenheit geboten, zu wesentlichen offenen Fragestellungen, die sich bei Fortsetzung der aktiven Tätigkeit nach Vollendung der Regelaltersgrenze ergeben, Stellung zu nehmen. So ist eine kritische Auseinandersetzung mit der Systematik der Anrechnung (insbes. bei Kapitalleistungen) ebenso unterblieben, wie eine Darstellung der Verwaltungsauffassung zu möglichen Handlungsoptionen (siehe hierzu Rz. 1377). 1368

Daher ist festzustellen, dass die Verwaltungsanweisung insgesamt weit hinter ihren Möglichkeiten zurück bleibt. 1369

(Einstweilen frei) 1370–1376

4. Gestaltungsmöglichkeiten

Die Frage nach der Gestaltung im Falle einer Weiterbeschäftigung über die vereinbarte Regelaltersgrenze hinaus gewinnt vor dem Hintergrund der aktuellen demografischen Entwicklung zunehmend an Bedeutung. Immer mehr GGf stehen mittlerweile vor der Frage, über welchen Weg sie Dienst- und Pensionsvertrag unter einen Hut bekommen, ohne dabei Gefahr zu laufen, dass die FinVerw bei einer (späteren) Betriebsprüfung den Vereinbarungen (teilweise) die betriebliche Veranlassung aberkennen wird. 1377

Im Folgenden wird auf die in diesem Zusammenhang vorhandenen Gestaltungsmöglichkeiten eingegangen: 1378

---

[1] BMF, Schreiben v. 18. 9. 2017, Rz. 10, BStBl 2017 I S. 1293.

a) Unveränderte Vertragsfortführung

1379 Grundsätzlich steht es den Parteien offen, die bestehende Vertragslage unverändert fortzuführen. Die Wirkungen der unveränderten Vertragsfortführung sind in Abhängigkeit von der Ausgestaltung der Zugangsvoraussetzungen für den Bezug der Altersleistung zu untersuchen und zu beurteilen:

aa) Zusage ohne Ausscheiden als Zugangsvoraussetzung

1380 Wird das Dienstverhältnis derart fortgesetzt, dass zwar das Gehalt unverändert weitergezahlt wird, die Zahlung der Versorgungsleistung jedoch unterbleibt, so ist unter zivilrechtlichen Gesichtspunkten festzustellen, dass der bestehende Anspruch des GGf auf Zahlung der Altersleistung nicht befriedigt wird. Ohne eine entsprechende Vereinbarung zur Anrechnung wäre daher davon auszugehen, dass der GGf insoweit auf seinen Versorgungsanspruch verzichtet hat.

(1) Altersrente

1381 Ist die Altersleistung in Form einer Rente zugesagt, so ist u. E. unter ertragsteuerrechtlichen Gesichtspunkten davon auszugehen, dass die stillschweigende Nicht-Zahlung der Altersrente als ein konkludentes Handeln i. S. d. vom BFH verordneten – und von der FinVerw übernommenen – Anrechnung zu begreifen ist und daher davon ausgegangen werden kann, dass die stillschweigende Nicht-Zahlung als eine stillschweigende Anrechnung zu beurteilen ist. In der Folge kann ferner davon ausgegangen werden, dass es im Ergebnis weder zu einem Verzicht, noch zu einer verdeckten Einlage, noch zu einem fiktiven Lohnzufluss beim GGf kommen kann (Anmerkung: Diese Beurteilung beschreibt den Regelfall, dass die Aktiven-Vergütung die Pensionsleistung der Höhe nach übersteigt).

(2) Alterskapital

1382 Ist die Altersleistung in Form einer einmaligen Kapitalzahlung zugesagt, so wirft die Betrachtung der ertragsteuerrechtlichen Beurteilung u. E. folgende Zweifelsfragen auf:

1383 So stellt sich zunächst die Frage ob

▶ die stillschweigende Nicht-Zahlung zu einem vollständigen oder teilweisen **Verzicht** führen kann, oder

▶ ob in der stillschweigenden Nicht-Zahlung eine stillschweigende **Verschiebung der Fälligkeit** bis zur Beendigung des Dienstverhältnisses zu sehen ist?

Handelt es sich beim versorgungsberechtigten **GGf um einen beherrschenden**, so stellt sich darüber hinaus die Frage, ob auch bei einer stillschweigenden Nicht-Zahlung hinsichtlich der Kapitalleistung ein **Zufluss von Arbeitslohn** i. S. d. § 19 EStG anzunehmen ist, da diese mit Erreichen der Regelaltersgrenze fällig geworden ist? 1384

Da eine rechtssichere Beantwortung der o. a. Zweifelsfragen nicht möglich ist, sollte eine derartige Gestaltung in der Praxis tunlichst vermieden werden. 1385

bb) Zusage mit Ausscheiden als Zugangsvoraussetzung

Ist nach der vertraglichen Vereinbarung zur Pensionszusage ein Bezug der Altersleistung nur nach dem Ausscheiden aus dem kausalen Dienstverhältnis möglich, so verfügt der GGf mit Vollendung des Pensionsalters zwar über einen erdienten Anspruch auf Zahlung der Altersleistung. Dessen Fälligkeit wird jedoch aufschiebend bedingt bis zum Zeitpunkt der Beendigung des Dienstverhältnisses hinausgeschoben. 1386

Wird das Dienstverhältnis auch nach Vollendung der Regelaltersgrenze unverändert und ohne Zahlung der Versorgungsleistung fortgesetzt, so ist dies weder unter zivil- noch unter ertragsteuerrechtlichen Gesichtspunkten zu kritisieren, sofern die Fortsetzung nach den Bedingungen des Gf-Dienstvertrags ohne weitere Vereinbarung möglich ist. 1387

Ein Verzicht des GGf kann bei einer unveränderten Fortsetzung nicht entstehen, da der GGf solange er noch aktiv für die Kapitalgesellschaft tätig ist, noch nicht über einen fälligen Anspruch verfügt. 1388

Im Rahmen eines hypothetischen Fremdvergleichs stellt sich jedoch die Frage inwieweit ein Fremd-Gf dazu bereit wäre, die Verschiebung seiner Rentenzahlung auf einen späteren Zeitpunkt ohne Gewährung eines angemessenen Ausgleichs hinzunehmen (siehe hierzu Rz. 3653)? 1389

(Einstweilen frei) 1390–1395

b) Gehalt und Rente zahlen

Grundsätzlich steht es den Parteien auch offen, die Rente neben dem Gehalt zur Auszahlung zu bringen. Die Zahlung einer Rente, die erkennbar als vGA zu 1396 beurteilen ist, wird in der Praxis wohl nur im Falle eines Allein-GGf in Frage kommen.

1397   Sollte die Kapitalgesellschaft neben dem GGf noch weitere Gesellschafter haben, so kann davon ausgegangen werden, dass sich diese gegen eine Rentenzahlung zur Wehr setzen würden, da die Kapitalgesellschaft damit Zahlungen zu leisten hätte, die im Rahmen der ertragsteuerrechtlichen Gewinnermittlung nicht berücksichtigt werden dürften. Der Kapitalgesellschaft würde damit unmittelbar und den Mit-Gesellschaftern mittelbar ein entsprechender Schaden entstehen.

aa) Zusage ohne Ausscheiden als Zugangsvoraussetzung

1398   Ist nach der vertraglichen Vereinbarung zur Pensionszusage ein Bezug der Altersleistung auch ohne dem Ausscheiden aus dem kausalen Dienstverhältnis möglich, so verfügt der GGf mit Vollendung des Pensionsalters über einen Anspruch auf Zahlung der Altersleistung. Wird der Versorgungsanspruch parallel zur Gehaltszahlung befriedigt, so bedarf es aus ertragsteuerrechtlicher Sicht der zuvor dargestellten Anrechnung. Andernfalls würde die Rentenzahlung zu einer vGA führen.

1399   Der BFH hat in seiner Entscheidung v. 23.10.2013 deutlich gemacht, dass es sehr wohl möglich ist, dass der GGf die Rente neben dem Gehalt beziehen kann. Der GGf *„muss dann bei gleichzeitigem Bezug von Gehalt und Rente allerdings bereit sein, nach den normativen Wertungen des Körperschaftsteuerrechts den „Nachteil" einer vGA zu tragen."* [1]

1400   An dieser Rechtslage würde sich auch dann nichts ändern, wenn der GGf zukünftig den zeitlichen Umfang seiner aktiven Tätigkeit deutlich reduzieren und seine Vergütung daran anpassen würde. Denn BFH und FinVerw gehen gleichermaßen davon aus, dass sich eine **„Teilzeittätigkeit"** mit dem Aufgabenbild eines GGf nicht vereinbaren lässt.[2] In diesem Zusammenhang ist jedoch auf eine interessante Entscheidung des FG Schleswig-Holstein hinzuweisen.[3] Das FG hielt eine Teilzeitbeschäftigung als Gf in einem Falle grundsätzlich für zulässig, in dem die Gesamtverantwortlichkeit des Gf lediglich im Innenverhältnis eingeschränkt und das Aktivengehalt deutlich reduziert wurde

---

1 BFH, Urteil v. 23.10.2013 - I R 60/12, Rz. 13, BStBl 2015 II S. 413.
2 BFH, Urteil v. 23.10.2013 - I R 60/12, Rz. 14, BStBl 2015 II S. 413; BMF, Schreiben v. 18.9.2017, Rz. 10, BStBl 2017 I S. 1293.
3 Schleswig-Holsteinisches FG, Urteil v. 4.7.2017 - 1 K 201/14, NWB DokID: UAAAG-53562.

4. Gestaltungsmöglichkeiten

(siehe hierzu Rz. 1448). Das Revisionsverfahren ist beim BFH unter dem Az. I R 56/17[1] anhängig.

bb) Zusage mit Ausscheiden als Zugangsvoraussetzung

Ist nach der vertraglichen Vereinbarung zur Pensionszusage ein Bezug der Altersleistung nur nach dem Ausscheiden aus dem kausalen Dienstverhältnis möglich, so verfügt der GGf mit Vollendung des Pensionsalters zwar über einen erdienten Anspruch auf Zahlung der Altersleistung. Dessen Fälligkeit wird jedoch aufschiebend bedingt bis zum Zeitpunkt der Beendigung des Dienstverhältnisses hinausgeschoben. 1401

Würde die Kapitalgesellschaft die Rente auch ohne ein Ausscheiden aus dem kausalen Dienstverhältnis an den GGf leisten, so würde dies unstrittig zu einer vGA dem Grunde nach führen, da dem GGf damit eine Versorgungsleistung zugewendet werden würde, auf deren Auszahlung noch kein zivilrechtlicher Anspruch besteht. 1402

(*Einstweilen frei*) 1403–1408

c) Fortsetzung der Tätigkeit und Schaffung eines angemessenen Ausgleichs

Auch steht es den Parteien frei, die Versorgungsbedingungen im Falle einer Fortsetzung der Gf-Tätigkeit anzupassen. Aus Sicht des Gf ist festzustellen, dass dieser bei einer Fortsetzung der aktiven Tätigkeit insoweit einen Nachteil erleidet, als die erdiente Versorgungsleistung erst zu einem späteren Zeitpunkt zur Auszahlung gelangt. Dass diese Sachlage es ermöglicht bzw. erfordert, dem GGf einen angemessenen Ausgleich zu gewähren, ist im Grundsatz nicht umstritten. 1409

Daher kann im Rahmen eines hypothetischen Fremdvergleichs davon ausgegangen werden, dass ein Fremd-Gf ein Hinausschieben der Rentenzahlungen wohl nur dann akzeptieren würde, wenn ihm hierfür ein angemessener Ausgleich gewährt wird. Dies ist bei der Gesamtbeurteilung eines sog. „**Leistungsmoratoriums**" zu berücksichtigen. Wenn also der BFH die Auffassung vertritt, dass ein ordentlicher und gewissenhafter Geschäftsleiter keinesfalls Rente und Gehalt zahlen würde, so ist diesem im Rahmen des Fremdvergleichs unter Wahrung logischer Denkgesetze aber auch zuzugestehen, dass er dem 1410

---

1 BFH - I R 56/17, Verfahrensverlauf, NWB DokID: DAAAG-70368.

berechtigten Ansinnen des Fremd-Gf auf Gewährung eines angemessenen Ausgleichs nachkommen würde.

Die Ausgleichsgewährung lässt sich wie folgt gestalten:

aa) Pauschale Gleitklausel vs. Barwertausgleich

1411 Eine zeitgemäße vertragliche Vereinbarung zur Pensionszusage sieht von vorneherein eine sog. positive Gleitklausel vor, mittels derer – i.d.R. spiegelbildlich zur Kürzung bei Inanspruchnahme einer vorgezogenen Altersrente – vereinbart wird, dass sich die Versorgungsleistungen um einen pauschalen versicherungsmathematischen Zuschlag pro Monat der Weiterbeschäftigung erhöhen. Als angemessen wird i.d.R. ein monatlicher Zuschlag in einer Bandbreite von 0,3 % bis 0,5 % beurteilt. Dies lässt sich im Fremdvergleich auch mit Verweis auf § 77 Abs. 2 Nr. 2 Buchst. b SGB VI begründen. Dort wird für die gesetzliche Rentenversicherung ein Zuschlag i.H.v. 0,5 % pro Monat für den Fall definiert, dass die Regelaltersrente trotz erfüllter Wartezeit nicht in Anspruch genommen wird.

1412 Diese Form der **pauschalierenden Vereinbarung** basiert auf dem Gedanken des Barwertausgleichs. Im Vergleich zur Barwertmethode handelt es sich bei der Vereinbarung eines versicherungsmathematischen Zuschlags aber um eine Vereinfachungsregelung. Dabei wird aus Vereinfachungsgründen davon ausgegangen, dass ein derartiger Zuschlag zu einem wertgleichen Ausgleich des Nachteils führt. Eine konkrete versicherungsmathematische Berechnung wird dadurch hinfällig.

1413 Wollte man den wertgleichen **Ausgleich des Nachteils anhand der Barwertmethode** stattfinden lassen, so würde dies erfordern, dass man solange der GGf noch aktiv tätig ist, den Barwert der künftigen Pensionsleistungen in Höhe des Rentenbarwertes, der sich zum Erreichen des vereinbarten Pensionsalter ermittelt, der Höhe nach beibehält und auf den jeweiligen Stichtag überträgt. Im nächsten Schritt wären dann auf der Grundlage des Barwertes die daraus abzuleitenden Versorgungsleistungen zu ermitteln. Da der Barwert nach Vollendung des Rentenalters bei einer statischen Festbetragsrente kontinuierlich sinken würde, führt die Beibehaltung des Barwertes automatisch zu einer wertgleichen Erhöhung der Altersleistung.

1414 **Musterfall:**

Im Folgenden sollen die unterschiedlichen Wirkungen anhand eines Musterfalls dargestellt werden. Dabei wird davon ausgegangen, dass der GGf am 31.12.2018 versicherungstechnisch 65 Jahre alt ist. Der GGf verfügt über eine

Pensionszusage, die ausschließlich eine Altersrente i. H.v. mtl. 3.000 € vorsieht. Es wird davon ausgegangen, dass der GGf seine Gf-Tätigkeit noch bis zum 70. Lebensjahr fortsetzen wird.

Eine pauschale Vereinbarung würde zu folgender Entwicklung führen:

Stichtag	Alter	vm Zuschlag 0,3% pro Monat	mtl. Altersrente	Barwert gem. § 6a EStG
31.12.2018	65	0 %	3.000 €	389.528 €
31.12.2019	66	3,6 %	3.108 €	394.723 €
31.12.2020	67	7,2 %	3.216 €	399.131 €
31.12.2021	68	10,8 %	3.324 €	402.727 €
31.12.2022	69	14,4 %	3.432 €	405.482 €
31.12.2023	70	18,0 %	3.540 €	407.362 €

Ergebnis: Die pauschale Vereinbarung würde bei einem Zuschlag i. H.v. 0,3 % pro Monat der Weiterbeschäftigung im Laufe von fünf Jahren zu einer Erhöhung der ursprünglich zugesagten Altersrente i. H.v. 18 % führen. In der Folge käme es hinsichtlich des versicherungsmathematischen Barwerts bis zum 70. Lebensjahr zu einer leichten Erhöhung i. H.v. rd. 4,5 %. Das Ergebnis der Vereinfachungsregelung bewegt sich somit in einem als akzeptabel zu bezeichnenden Rahmen.

Obwohl sich bei einem Zuschlag i. H.v. 0,5 % pro Monat eine deutlich höhere Abweichung ergeben wird, kann selbst diese noch als fremdüblich und somit als wertgleich beurteilt werden. Dies hat das FG Köln in seiner Entscheidung v. 6.4.2017[1] bestätigt (siehe hierzu Rz. 1418).

Eine Vereinbarung zum Barwertausgleich würde zu folgender Entwicklung führen:

Stichtag	Alter	vm Zuschlag - entfällt -	mtl. Altersrente	Barwert gem. § 6a EStG
31.12.2018	65		3.000,00 €	389.528 €
31.12.2019	66		3.067,10 €	389.528 €
31.12.2020	67		3.138,62 €	389.528 €
31.12.2021	68		3.215,06 €	389.528 €

---

[1] FG Köln; Urteil v. 6.4.2017 - 10 K 2310/15, EFG 2017 S. 1537.

31.12.2022	69		3.296,97 €	389.528 €
31.12.2023	70		3.385,02 €	389.528 €

Ergebnis: Die Anpassung der Versorgungsleistungen anhand der Barwertmethode würde im Laufe von fünf Jahren zu einer Erhöhung der ursprünglich zugesagten Altersrente i. H. v. 12,83 % führen. Eine Erhöhung des versicherungsmathematischen Barwerts kann aus methodischen Gründen nicht entstehen. Das Ergebnis der Barwertmethode führt zu einer korrekten Abbildung des Gedankens des wertgleichen Ausgleichs. Die Differenz zur Vereinfachungsregelung bewegt sich in einem als akzeptabel zu bezeichnenden Rahmen.

Enthält die ursprüngliche Vereinbarung zur Pensionszusage eine der beschriebenen Gleitklauseln, so wird diese seitens der FinVerw sowohl dem Grunde, als auch der Höhe nach akzeptiert. In der Praxis ist jedoch festzustellen, dass diejenigen Gleitklauseln, die den Wertausgleich anhand eines pauschalen versicherungsmathematischen Zuschlags gewähren, deutlich bevorzugt werden. Dies wohl auch deswegen, da dieses Verfahren im Bereich der vorgezogenen Altersrente üblich und unumstritten ist.

bb) Nachträgliche Anpassung

1415   Ist die ursprüngliche Vereinbarung zur Pensionszusage an dieser Stelle „blank", d. h., dass in der vertraglichen Vereinbarung zur Pensionszusage keine Regelung für eine Weiterbeschäftigung über die Regelaltersgrenze hinaus getroffen wurde (was leider den Regelfall darstellt), so ist festzustellen, dass die Pensionszusage diesbezüglich über einen wesentlichen konzeptionellen Mangel verfügt, der als eine Regelungslücke zu beurteilen ist. Diese ist im Rahmen einer Restrukturierung grundsätzlich zu schließen.

1416   Eine diesbezügliche nachträgliche Änderung der Versorgungsbestimmungen wird i. d. R. auch von der FinVerw anerkannt. Allerdings finden sich in der Literatur auch kritische Stimmen und in der Praxis trifft man auch vereinzelt auf Fachprüfer, die eine derartige Vertragsanpassung kritisch beurteilen. Anlass für die Kritik ist die Annahme, dass eine nachträglich und nicht rechtzeitig eingeführte Gleitklausel zu einer nicht mehr erdienbaren Erhöhung und zu einem Verstoß gegen das Höchstalter führen würde. Unterstützt wird diese rechtliche Beurteilung nun auch durch ein Urteil des FG Köln v. 6. 4. 2017.[1]

---

[1] FG Köln; Urteil v. 6. 4. 2017 - 10 K 2310/15, EFG 2017 S. 1537.

Die diesbezügliche rechtliche Beurteilung der Fachprüfer ist ebenso unzutreffend, wie das Urteil des FG Köln in seinem Ergebnis als eine richterliche Fehlleistung zu beurteilen ist. Beides bedarf daher einer kritischen Würdigung.

(1) FG Köln, Urteil v. 6. 4. 2017 – 10 K 2310/15

Im Rahmen des Verfahrens zu 10 K 2310/15 hatte das FG Köln über einen Fall zu entscheiden, in dem dem beherrschenden GGf einer Steuerberatungsgesellschaft im Jahre 1991 eine Pensionszusage erteilt wurde, deren Fälligkeit ausschließlich vom Erreichen der Regelaltersgrenze abhing. Die Vereinbarung zur Pensionszusage enthielt zwar eine Bestimmung zur vorzeitigen Inanspruchnahme der Altersrente; nicht jedoch für den umgekehrten Fall. Eine derartige Bestimmung wurde erst im Januar 2009 – und somit eine Woche bevor der GGf das 65. Lebensjahr vollendete – vereinbart. Hierzu wurde vereinbart, dass sich die volle monatliche Pension angemessen erhöhen soll, d. h. sie erhöhe sich „unter Berücksichtigung des vereinbarten monatlichen Abschlags von 0,5 %". Der GGf setzte danach seine Tätigkeit fort, reduzierte die Altersrente von mtl. 4.601,39 € auf 900 € und reduzierte in gleicher Höhe sein Aktivengehalt.

Die Pensionszusage wurde dann mit Wirkung zum 31. 12. 2009 und unter Berücksichtigung eines Zuschlags von 6 % (12 Monate a 0,5 %) auf eine pauschal dotierte Unterstützungskasse übertragen. Auf dieser Grundlage hat die Steuerberatungsgesellschaft der U-Kasse einen Betrag i. H. v. 643.860 € zugwendet und als Aufwand verbucht.

Das FG Köln hat den Zuschlag der Höhe nach für angemessen und fremdüblich beurteilt. Dem Grunde nach hat das FG aber die bereits von der FinVerw vertretene Rechtsauffassung bestätigt und entschieden, dass diejenigen Zuwendungen, die anteilig auf den Zuschlag i. H. v. 6 % entfallen (hier: 29.187 €), nicht als betrieblich veranlasst zu beurteilen waren und daher das Einkommen der Klägerin nicht mindern durften.

Die Entscheidung des FG Köln v. 6. 4. 2017 führte zu folgendem Leitsatz:

„Die vom BFH für Pensionszusagen aufgestellten Erdienensgrundsätze gelten auch im Falle einer erst kurz vor Erreichen des vereinbarten Pensionsalters und jenseits des 60. Lebensjahres geschlossenen Vereinbarung über eine barwerterhaltende Pensionserhöhung bei Weiterbeschäftigung des beherrschenden Gesellschafter-Geschäftsführers."

Zur Begründung dieser Entscheidung führt das FG Köln das Folgende aus:

"Dies vorausgeschickt ist die Höhe des vorliegend vereinbarten Ausgleichs für den späteren Auszahlungsbeginn der vollen Altersrente von 0,5 % pro Monat als solche zunächst rechtlich nicht zu beanstanden. In der einschlägigen Fachliteratur wird insoweit im Rahmen des Fremdvergleichs auf die Regelungen zur gesetzlichen Rentenversicherung (§ 77 Abs. 2 Satz 1 Nr. 2 Buchst. b SGB VI) hingewiesen, wonach sich bei späterem Rentenbezug die Rente ebenfalls um 0,5 % pro Monat des späteren Rentenbezugs gegenüber dem Regelrentenalter erhöht. Mit Verweis auf die Satzungsregelungen der Versorgungswerke der Angehörigen freier Berufe wird teilweise sogar eine Erhöhung von bis zu 0,6 % pro Monat für unproblematisch gehalten. Die vorliegend vorgenommene Erhöhung der im Zeitpunkt des Beginns des vollen Pensionsbezugs zu gewährenden Zahlung erscheint bei Orientierung hieran durchaus angemessen.

Gleichwohl ist die am 5. 1. 2009 getroffene Vereinbarung über die Erhöhung der T zugesagten vollen Altersrente um 0,5 % für jeden Monat seiner Weiterarbeit über die Vollendung seines 65. Lebensjahres am ....01.2009 hinaus jedoch nicht mit dem Nachzahlungsverbot und den vom BFH entwickelten Erdienungsgrundsätzen vereinbar. [...]

Für die Praxis folgt hieraus, dass eine unveränderte Weiterbeschäftigung des Gesellschafter-Geschäftsführers nach Erreichen des vereinbarten Pensionsalter unter gleichzeitiger Auszahlung einer Pension steuerunschädlich nur im Falle der vollen Anrechnung der Pension auf das Aktivgehalt (oder umgekehrt) möglich ist. Hierdurch kommt es im Ergebnis jedoch zu einem echten Verlust von Teilen der bereits erdienten Altersrente. Soll dies vermieden werden, so bleibt nur die Möglichkeit einer Weiterbeschäftigung ohne Auszahlung der Pension im Sinne eines „Leistungsmoratoriums" – entweder mit oder ohne Vornahme eines Bartwertausgleichs für den aufgrund der Weiterbeschäftigung aufgeschobenen Rentenbeginn – oder aber der Beendigung des Dienstverhältnisses als Geschäftsführer mit anschließender Aufnahme einer (fremdüblich ausgestalteten) anderweitigen Tätigkeit für die Gesellschaft (z. B. als Berater, auf Grundlage eines neu abgeschlossenen Anstellungsvertrags zu wesentlich geänderten Konditionen etc.) oder ggf. auch ein mit dieser verbundenes Unternehmen. Nicht zu verkennen ist jedoch, dass auch die letzteren Handlungsalternativen – insbesondere die Weiterbeschäftigung unter Aufschub von Pensionszahlungen und Erhöhung der Pensionsansprüche als Ausgleich für den späteren Pensionsbeginn – mit steuerlichen Unwägbarkeiten verbunden sind (dazu sogleich). [...]

Während der Dauer seiner Weiterbeschäftigung auf Grundlage des bisherigen Geschäftsführervertrags über das Erreichen des vereinbarten Pensionsalters am 12. 1. 2009 hinaus erhielt T weiterhin Bezüge in Höhe seines vollen Aktivgehalts als Geschäftsführer, wenn auch anteilig i. H. v. 900 € deklariert als Pension und nur in Höhe des überschießenden Betrags als Geschäftsführergehalt. Eine Auszahlung der ursprünglich vertraglich vereinbarten und von T erdienten Pension in der vertraglich vereinbarten und von T erdienten Höhe sollte erst mit der Beendigung seiner bisherigen Geschäftsführertätigkeit erfolgen. Im Ergebnis wurde somit keine Anrechnung der Pension auf die Geschäftsführerbezüge im Sinne eines echten „Verlusts" von Teilen der bereits von T erdienten Altersrente vereinbart, sondern vielmehr eine vergleichbare Vereinbarung wie im Falle der Weiterbeschäftigung unter Aufschub der Pension und Ausgleich des erst später einsetzenden Rentenbeginns getroffen. Das am ....01.2009 Vereinbarte ist daher aus Sicht des erkennenden Senats an den für diese Fallgruppe geltenden Maßstäben zu messen.

Ob eine Rentenerhöhung zum Ausgleich einer aufgrund der Weiterbeschäftigung des Gesellschafter-Geschäftsführers verkürzten Bezugsdauer unabhängig von den allgemeinen Grundsätzen des erforderlichen Erdienungszeitraums steuerlich anzuerkennen ist, wurde in der Rechtsprechung – soweit ersichtlich – bislang noch nicht ausdrücklich thematisiert und ist in den einschlägigen Kommentierungen und Literaturbeiträgen umstritten. [...]

Teilweise wird insoweit die Auffassung vertreten, *dass ein grundsätzlicher Verstoß gegen das Kriterium der Erdienbarkeit und gegen das Nachzahlungsverbot im Falle einer erst nachträglich erfolgenden Vereinbarung der Erhöhung der Rentenzahlungen aufgrund der Weiterbeschäftigung des Gesellschafter-Geschäftsführers und eines dadurch bedingten späteren Leistungsbezugs nicht ersichtlich sei. Zur Begründung wird von den Vertretern dieser Ansicht zum einen darauf abgestellt, dass eine Verletzung des Erdienenszeitraums nach dem BFH nur dann vorliege, wenn zwischen dem Pensionszusagezeitpunkt und dem vorgesehenen Eintritt in den Ruhestand nicht ein Zeitraum von mindestens 10 Jahren liege. Unter dem „vorgesehenen Eintritt in den Ruhestand" sei das vertraglich vereinbarte Pensionsalter zu verstehen, welches durch einen späteren Leistungsbezug aufgrund nicht erfolgten Ausscheidens aus der Geschäftsführertätigkeit jedoch nicht verändert werde. Zum anderen sei die Vereinbarung eines Zuschlags zur Altersrente zum Ausgleich eines späteren Leistungsbezugs schon gar nicht als „Erhöhung" der Rente im Sinne der Erdienbarkeit der (anteiligen) Pensionszusage zu verstehen, da durch den Zuschlag lediglich der Barwert der Pensionsleistung erhalten, d. h. eine Reduzierung von bereits erdienten Pensionsanwartschaften vermieden werden solle.*

Nach der Gegenauffassung *sind hingegen auch bei der Vereinbarung einer höheren Pensionsleistung zum Ausgleich einer erst später einsetzenden Auszahlung* *der Pension wegen Weiterbeschäftigung über den vorgesehenen Pensionszeitpunkt hinaus der Erdienenszeitraum von 10 Jahren und die Altersgrenze von 60 Jahren zu beachten; differenzierend Schütz, NWB 2012 S. 2996, 2997 (der die Erdienensdauer zwar grdsl. für beachtlich hält, eine vGA aber im Ergebnis verneint, wenn betriebliche Belange ausschlaggebend für die Weiterbeschäftigung des Gesellschafter-Geschäftsführers sind). Eine erst im oder kurz vor dem Zeitpunkt des vereinbarten Pensionseintrittsalters getroffene Bartwertausgleichsvereinbarung widerspreche daher den Erdienbarkeitsgrundsätzen.*

Ungeachtet der durchaus gewichtigen Argumente der erstgenannten Ansicht schließt sich der erkennende Senat der aus seiner Sicht überzeugenden zuletzt genannten Auffassung an.

Die von dieser angeführten BFH-Entscheidungen deuten nach Auffassung des Senats in Verbindung mit dem BFH-Urteil v. 23. 10. 2013 (I R 60/12) in der Tat darauf hin, dass der BFH ein Hinausschieben des Rentenbeginns unter Vereinbarung eines Barwertausgleichs für die spätere Auszahlung zwar als grundsätzlich mögliche Ausweichgestaltung zu der im Falle der Weiterbeschäftigung des Gesellschafter-Geschäftsführers über das vereinbarte Renteneintrittsalter hinaus andernfalls erforderlichen Anrechnung der Geschäftsführerbezüge auf die Pension ansieht, insoweit jedoch eine mindestens 10 Jahre vor dem Erreichen des Versorgungsalters (z. B. bereits bei Erteilung der Pensionszusage) und vor der Vollendung des 60. Lebensjahres geschlossene entsprechende Vereinbarung für erforderlich hält. Wenn die Möglichkeit einer Kapitalabfindung nach dem BFH zwingend bereits im Zeitpunkt der Pensionszusage vereinbart sein muss, um eine vGA zu vermeiden, dann muss dies konsequenterweise auch für pensionsbedingte Zahlungen bei Hinausschieben des Pensionseintritts gelten.

Dies zugrunde gelegt erscheint die im Streitfall erst unmittelbar vor Vollendung des vereinbarten Pensionsalters von 65 Jahren geschlossene „Ad-hoc-Vereinbarung" vom ….01.2009 über Zuschläge zur Pension zum Ausgleich des hinausgeschobenen Zahlungsbeginns vor dem Hintergrund der BFH-Rechtsprechung – insbesondere in dem Verfahren I R 28/13 – nicht mit dem Nachzahlungsverbot sowie den Grundsätzen der Erdienbarkeit vereinbar."

(2) Keine Anwendung der Erdienbarkeitsgrundsätze

1421   Der Annahme einer nicht mehr erdienbaren Erhöhung der Versorgungsleistungen ist mit folgender Argumentation entgegenzutreten:

▶ Die Ergänzung der Pensionszusage durch eine angemessene Gleitklausel führt zu keiner realen Erhöhung der bisher zugesagten Versorgungsleistungen, sondern zur Schaffung eines fremdüblichen und wertgleichen Ausgleichs.

▶ Die Vereinbarung eines „Leistungsmoratoriums" ist keine Vertragsänderung, die eine Prüfung nach den Grundsätzen der Erdienbarkeit auslösen würde.

Die Begründung des FG Köln lässt die Wirkungen des zuvor beschriebenen Barwertausgleichs vollkommen außer Betracht. Das FG erkennt zwar an, dass der BFH in seiner Entscheidung v. 23. 10. 2013[1] darauf hingewiesen hat, dass ein ordentlicher und gewissenhafter Geschäftsleiter den vereinbarten Eintritt der Versorgungsfälligkeit – ggf. unter Vereinbarung eines nach versicherungsmathematischen Maßstäben berechneten Barwertausgleichs – aufschieben würde. Gleichzeitig lässt sich das FG aber dazu hinreißen, seine **Entscheidung auf der Vermutung aufzubauen,** dass der BFH für eine derartige Vereinbarung die Erdienbarkeit und die Einhaltung des Höchstalters fordern würde. Eine rechtlich haltbare und nachvollziehbare Begründung bleibt das FG Köln leider schuldig. Damit erhält die FG-Entscheidung die Qualität einer Vorhersage, die anhand der Methode des Kaffeesatzlesens erstellt wurde. 1422

Anzumerken ist ferner, dass der Verweis auf die Grundsätze, die der BFH im Zusammenhang mit einer Abfindung einer Pensionszusage aufgestellt hat, vollkommen ins Leere geht, da die dort herrschenden Rahmenbedingungen in keiner Weise mit der hier zu klärenden Rechtsfrage verglichen werden können. Zudem ist es keinesfalls so, dass eine Abfindung zwingend einer vertraglichen Regelung bedarf, die die Einhaltung der Erdienbarkeitskriterien erfordern würde. Vielmehr hat sich mittlerweile die Auffassung durchgesetzt, dass selbst eine Abfindung, die vorher nicht Gegenstand des Pensionsvertrags war, und die mit Eintritt des Versorgungsfalls vorgenommen wird, lediglich als eine Änderung der Zahlungsabrede zu beurteilen ist. Dies gilt auch im Falle eines beherrschenden GGf. 1423

Bei der **Analyse der FG-Entscheidung** ist zunächst festzustellen, dass es den Grundsätzen logischen Denkens widerspricht, wenn angenommen wird, dass der BFH im Rahmen einer Urteilsbegründung auf eine Gestaltung hinweist, die nach seinem Dafürhalten dem Handlungsmaßstab eines ordentlichen und gewissenhaften Geschäfteliters entspricht, und gleichzeitig davon ausgegangen wird, dass der BFH diesen Lösungsweg „vermutlich" für steuerschädlich – weil nicht betrieblich veranlasst – halten wird. Schlüssig ist vielmehr, dass der BFH im selben Zuge angemerkt hätte, dass an dieser Stelle aber die Anforde- 1424

---

[1] BFH, Urteil v. 23. 10. 2013 - I R 60/12, Rz. 11 ff., BStBl 2015 II S. 413.

rungen der Erdienbarkeit und des Höchstalters zu beachten wären. Da er dies nicht getan hat, ist auch davon auszugehen, dass er dies nicht für erforderlich gehalten hat. Diese Auslegung wird umso plausibler, wenn man in Betracht zieht, dass der BFH im weiteren Verlauf der Entscheidung zu I R 60/12 weitere Gestaltungshinweise gibt, wie der Problematik steuerkonform aus dem Weg gegangen werden kann (z. B. Beratertätigkeit). Insofern kann der vom FG gewählten Auslegung nicht gefolgt werden.

1425 Unabhängig davon hat der BFH mit seiner Entscheidung v. 7. 3. 2018[1] mittlerweile den **Rechtssatz der wertgleichen Umgestaltung** einer unmittelbaren Pensionszusage geprägt. Der vom FG Köln vorgetragenen Argumentation wurde damit der Boden entzogen.

1426 Denn danach gilt nunmehr, **dass eine erneute Prüfung der Erdienbarkeit der Versorgungszusage dann nicht gerechtfertigt ist, wenn eine bestehende Versorgungszusage ohne finanzielle Mehrbelastung für die GmbH geändert wird.**

1427 In der Folge kann davon ausgegangen werden, dass jede Vertragsänderung, die für die GmbH zu keiner finanziellen Mehrbelastung führt, als betrieblich veranlasst beurteilt werden kann. Und da diese Bedingung auch bei der nachträglichen Einräumung einer Gleitklausel erfüllt wird, kann davon ausgegangen, dass die diesbezügliche Schließung der vertraglichen Regelungslücke als betrieblich veranlasst beurteilt werden kann. Der Rechtssatz der wertgleichen Umgestaltung kann darüber hinaus nicht durch die Höchstaltersgrenze von 60 Jahren eingeschränkt werden.

1428 Im Übrigen hat der BFH mit dem Rechtssatz der wertgleichen Umgestaltung nur das bestätigt, was die FinVerw bereits mit BMF-Schreiben v. 14. 8. 2012 veröffentlicht hat.[2] Dort hat die FinVerw den Barwert-Vergleich zur Bemessungsgrundlage für die Feststellung eines Teilverzichts gemacht. Zur Feststellung eines Verzichts sind die Barwerte der Versorgungsleistungen vor (hier nur bezogen auf den Past Service) und nach einer Änderung zu vergleichen. Sind diese identisch, oder ist der der Barwert der künftigen Versorgungsleistungen höher als der Barwert des Past Service, so ist es im Zusammenhang mit der Änderung nicht zu einem Teilverzicht gekommen (siehe hierzu Rz. 1181). Wenn anhand dieses Verfahren aus Sicht der FinVerw die Frage eines Teilverzichts zu klären ist, so muss es bei Anwendung logischer Denkgesetze auch im umgekehrten Fall als Maßstab dienen.

---

1 BFH, Urteil v. 7. 3. 2018 - I R 89/15, NWB DokID: WAAAG-87341.
2 BMF, Schreiben v. 14. 8. 2012, BStBl 2012 I S. 874.

4. Gestaltungsmöglichkeiten

Selbst wenn man von der Annahme ausgehen würde, dass mit der nachträglichen Vereinbarung zur Weiterbeschäftigung eine Erhöhung der Versorgungsleistungen verbunden wäre, so würde dies nicht zur Anwendung der für die Erdienbarkeit geltenden Maßstäbe führen. Denn die Fristen der Erdienbarkeit können nach den Grundsätzen der gefestigten BFH-Rechtsprechung mangels eindeutiger gesetzlicher Vorgaben nicht im Sinne allgemeingültiger zwingender Voraussetzungen verstanden werden, die unabdingbar wären. **Ist aufgrund der Gegebenheiten des Einzelfalles anderweitig sichergestellt, dass mit der Zusage die künftige Arbeitsleistung des Gf abgegolten werden soll,** so kann die betriebliche Veranlassung der (Erhöhung der) Pensionszusage auch dann erreicht werden, wenn die besagten Zeiträume nicht erfüllt werden.[1]

1429

Danach bedarf es der Erfüllung der Mindest-Erdienbarkeitszeiten dann nicht, wenn im zu beurteilenden Fall sichergestellt werden kann, dass mit der Erhöhung der Versorgungsleistungen ausschließlich die künftige Arbeitsleistung des GGf abgegolten werden soll. Und genauso verhält es sich im Falle einer nachträglichen Vereinbarung zur Weiterbeschäftigung:

1430

Der im Rahmen der Gleitklausel gewährte Wertausgleich, der zu einer nominellen (aber nicht zu einer realen Erhöhung) der Versorgungsleistungen führt, ist ausschließlich denjenigen Zeiten zuzuordnen, die der GGf nach Vollendung der vereinbarten Regelaltersgrenze absolviert. Die entsprechenden Anpassungen können sowohl dem Grunde, als auch der Höhe nach eindeutig der Arbeitsleistung zugeordnet werden, die der GGf nach dem Abschluss der diesbezüglichen Vereinbarung ableistet.

1431

Mit dieser Argumentation wird zugleich deutlich, dass in einem derartigen Rechtsgeschäft auch kein Verstoß gegen das für den Personenkreis der beherrschenden GGf geltenden Nachzahlungs- und Rückwirkungsverbot gesehen werden kann.

1432

Nach alledem führt eine nachträgliche Änderung der Pensionszusage, die die Schaffung einer angemessenen Regelung für den Fall der Weiterbeschäftigung über das vereinbarte Pensionsalter hinaus zum Inhalt hat, selbst dann nicht zu einem Verstoß gegen die Grundätze der Erdienbarkeit, wenn diese unmittelbar vor dem Erreichen der vereinbarten Regelaltersgrenze getroffen wird. Dies gilt auch für den Personenkreis der beherrschenden GGf.

1433

(Einstweilen frei)   1434–1440

---

[1] Vgl. BFH, Urteil v. 23.9.2008 - I R 62/07, BStBl 2013 II S. 39.

d) Beendigung des Dienstverhältnisses und Aufnahme einer neuen Tätigkeit

1441 Es war lange Zeit nicht geklärt, ob es unter ertragsteuerrechtlichen Gesichtspunkten zulässig sein kann, das kausale Dienstverhältnis zu beenden, die Rente zu beziehen und parallel dazu wieder für die Kapitalgesellschaft im Rahmen eines neuen Rechtsverhältnisses tätig zu werden. Der BFH hat in seiner Entscheidung v. 23. 10. 2013[1] hierzu das Folgende ausgeführt:

„Der Senat hält daran fest, dass sich der ordentliche und gewissenhafte Geschäftsleiter an dieser typischen Sichtweise im Rahmen des hier anzustellenden hypothetischen Fremdvergleichs orientieren und dadurch verhindern wird, dass der Gesellschafter-Geschäftsführer die GmbH als beliebige Quelle sowohl einer Altersversorgung als auch einer laufenden Tätigkeit „benützt". Dass ein solcher Geschäftsführer neben seinem laufenden Gehalt durchaus Altersbezüge beziehen kann, welche aus einem anderen Dienstverhältnis herrühren, widerspricht dem ebenso wenig wie der Umstand, dass der „verrentete" Geschäftsführer ggf. in anderer Funktion, beispielsweise als Berater, für die Kapitalgesellschaft tätig werden und neben einer solchen Funktion Altersbezüge vereinnahmen kann."

1442 Damit hat der BFH die Tür für derartige Gestaltungen aufgestoßen. Da die FinVerw die o. g. BFH-Entscheidung v. 23. 10. 2013 in 2015 im BStBl veröffentlicht hat, kann davon ausgegangen werden, dass die FinVerw die vom BFH vertretene Sichtweise anerkennt. Eine entsprechende Verlautbarung zu den diesbezüglich auftretenden Fragestellungen hat die FinVerw bisher aber unterlassen.

U. E. ist in diesem Zusammenhang das Folgende zu beachten:

aa) Neue Tätigkeit für die bisherige GmbH

1443 Auf der Grundlage der BFH-Entscheidung v. 23. 10. 2013 kann nun davon ausgegangen werden, dass der „verrentete" Gf

▶ sowohl im Rahmen eines **anderen Dienstverhältnisses**,

▶ als auch im Rahmen einer **anderen Funktion** (z. B. als Berater),

für die GmbH tätig werden kann, ohne dass dadurch der Rentenbezug zu einer „steuerschädlichen" Leistung werden würde.

1444 Ausschlaggebend ist in allen Fällen, dass das **kausale Dienstverhältnis**, also das Dienstverhältnis, in dessen Rahmen die Pensionszusage erteilt wurde, tatsächlich beendet wird.

---

[1] BFH, Urteil v. 23. 10. 2013 - I R 60/12, Rz. 11 ff., BStBl 2015 II S. 413.

4. Gestaltungsmöglichkeiten

Die Organstellung als Gf ist davon unabhängig zu betrachten. Denn rechtlich ist zwischen der Organstellung des Gf und dem zugrunde liegenden Dienstverhältnis zu unterscheiden.[1] Zwar können die beiden Rechtspositionen tatsächlich und auch rechtlich erhebliche Auswirkungen aufeinander haben. Nach den Grundsätzen der Trennungstheorie begründen Organstellung und Anstellung aber verschiedene Rechtsverhältnisse, die ein unterschiedliches Schicksal haben können. So kann das Gf-Verhältnis auch mitgliedschaftsrechtlich ausgestaltet werden.[2] Auch ist die Organstellung grundsätzlich unabhängig vom Dienstvertrag wirksam.[3] Die Übernahme der Organstellung ist auch ohne eine Vergütung denkbar. Grundsätzlich ergibt sich der Vergütungsanspruch des Gf aus dem Dienstvertrag und nicht aus dem Organverhältnis.[4] Danach ist es also rechtlich zulässig, dass das kausale Dienstverhältnis als Gf beendet, die Organstellung als Gf aber beibehalten wird, ohne dass dafür eine Vergütung zu entrichten ist. Diese rechtliche Beurteilung wird durch die Entscheidung des FG Rheinland-Pfalz v. 30.11.2016 - 1 K 1730/14 bestätigt. In dem zu entscheidenden Fall hat das FG den eindeutigen Zusammenhang zwischen Dienstverhältnis und Pensionszusage bestätigt, und die Inanspruchnahme der Pensionsleistung nach der Beendigung des Dienstverhältnisses unter Beibehaltung der Organstellung abgesegnet.

1445

Das neue Rechtsverhältnis zur neuen Tätigkeit darf sich aber bei einer objektiven Betrachtung nicht nur als eine bloße Fortsetzung der bisherigen Tätigkeit, die nur aus rein steuerrechtlichen Gründen in einem neuen Rechtskleid auftritt, darstellen. Vielmehr muss sich die neue Tätigkeit in Art, Inhalt, Umfang und Höhe der Vergütung deutlich von der bisherigen Gf-Tätigkeit abgrenzen.

1446

(1) Mit neuen Anstellungsvertrag

Nach alledem muss es als zulässig beurteilt werden, dass der Gf nach dem Ausscheiden aus dem kausalen Dienstverhältnis die Rente bezieht und parallel dazu mit der Kapitalgesellschaft einen neuen Anstellungsvertrag abschließt, in dessen Rahmen eine neue Form der Tätigkeit vereinbart wird, die sich deutlich von der bisherigen Gf-Tätigkeit abgrenzen lässt und die die o. g. Kriterien erfüllt. Dies muss nach der hier vertretenen Rechtsauffassung zumindest dann gelten, wenn neben der Gf-Position auch die Organstellung aufgegeben wird.

1447

---

1 BGH, Urteil v. 14.11.1983 - II ZR 33/83, BGHZ 89 S. 48.
2 Vgl. *Beck-Heeb* in Gehrlein/Born/Simon, GmbHG, 3. Aufl., Anh. § 6, Rz. 1.
3 Vgl. *Beck-Heeb* in Gehrlein/Born/Simon, GmbHG, 3. Aufl., Anh. § 6, Rz. 3.
4 Vgl. *Beck-Heeb* in Gehrlein/Born/Simon, GmbHG, 3. Aufl., Anh. § 6, Rz. 62.

Dabei darf es keine Rolle spielen, ob die neue Tätigkeit als Vollzeit- oder als Teilzeitbeschäftigung ausgestaltet wird.

1448 Bezüglich der ertragsteuerrechtlichen Beurteilung eines "**Teilzeit-Gf**" ist auf die Entscheidung des FG Schleswig-Holstein v. 4.7.2017 hinzuweisen.[1] Im Rahmen dieses Verfahrens hatte das FG über eine Konstellation zu entscheiden, innerhalb derer die Kapitalgesellschaft den mit dem GGf bestehenden kausalen Dienstvertrag mit Erreichen des Pensionsalters aufgelöst, die Zahlung der Rente in voller Höhe (mtl. 3.417,10 €) aufgenommen und mit dem Gf einen neuen Gf-Anstellungsvertrag geschlossen hat. Allerdings wurden im Rahmen des neuen Rechtsverhältnisses die Aufgabenbereiche des Gf auf zwei Teilgebiete beschränkt. Die mtl. Vergütung betrug dementsprechend auch nur noch 1.500 € (vorher mtl. 7.731 €). Sie wurde neben der Rente ohne Anrechnung ausbezahlt.

Die Entscheidung des Schleswig-Holsteinischen FG mündete hinsichtlich der Teilzeit-Tätigkeit in folgendem Leitsatz:

„Hat ein Gesellschaftsgeschäftsführer die ihm zugesagte Pension mit Vollendung seines 65. Lebensjahres erdient und arbeitet er anschließend mit einem neuen Geschäftsführeranstellungsvertrag in Teilzeit und mit reduzierten Bezügen weiter, so ist sein Pensionsanspruch nicht gemäß der in der Pensionszusage enthaltenen Obergrenze auf 75 % der reduzierten (Teilzeit-)Bezüge gedeckelt."

Zur Begründung führte das FG das Folgende aus:

„Der Abschluss des Arbeitsvertrages vom 1.10.2009 beinhaltet bei richtigem Verständnis keine Reduzierung der aus dem aufgelösten Altvertrag gezahlten Vergütung. Er stellt vielmehr eine eigenständige Neuregelung des Dienstverhältnisses mit einer darauf abgestimmten Vergütungsneuregelung dar. Unter § 1 des (neuen) Arbeitsvertrages ist ausdrücklich festgehalten, dass Herr A nur noch mit eingeschränkter Verantwortlichkeit für die Klägerin tätig sein sollte. Das Aufgabengebiet ist wie folgt benannt: „beratende Tätigkeiten sowie beaufsichtigen des geplanten Neubau". Es ist sodann im letzten Satz festgehalten: „Eine Anpassung der Vergütung ist nur bei der Übertragung einer höherwertigen Tätigkeit vorzunehmen". Vor diesem Hintergrund versteht das Gericht die unter § 4 des Arbeitsvertrages als Gegenleistung vorgesehene monatliche Bruttovergütung von 1.500 € nicht als Reduzierung der Altvergütung, sondern lediglich als natürliche Konsequenz und Ausdruck der fortan nur noch eingeschränkten Verantwortlichkeit des Herrn A. **Eine andere Beurteilung ist hier auch nicht deshalb ge-**

---

[1] Schleswig-Holsteinisches FG, Urteil v. 4.7.2017 - 1 K 201/14, NWB DokID: UAAAG-53562.

4. Gestaltungsmöglichkeiten

rechtfertigt, weil Herr A weiterhin „als Geschäftsführer" tätig war. Zwar ist ein GmbH-Geschäftsführer im Außenverhältnis für die Belange der GmbH allzuständig. Es ist jedoch zulässig, diese Gesamtverantwortlichkeit im Innenverhältnis einzuschränken. In dieser Weise ist hier verfahren worden, sodass anstellungsrechtlich nicht mehr von einem unveränderten Tätigkeitsbereich auszugehen ist. Dass die Vertragsparteien bewusst eine Zäsur zwischen Alt- und Neuvertrag gestalten wollten, kommt indiziell auch in der zeitlich vorgelagerten ausdrücklichen Auflösung des Altvertrages zum Ausdruck."

Das Revisionsverfahren ist beim BFH unter dem AZ I R 56/17 anhängig. Es wird angeraten derartige Gestaltungen bis zur Entscheidung des BFH aufzuschieben. 1449

(2) Mit Minijob

In der Praxis tritt oft die Frage auf, ob denn die Rente neben einem Minijob gezahlt werden kann. Diese Frage kann nur in Abhängigkeit von der Frage der sozialversicherungsrechtlichen Beurteilung des Gf beantwortet werden: 1450

Minijob eines Selbständigen i. S. d. Sozialversicherungsrechts 1451

Nach der Entscheidung des FG Baden-Württemberg v. 21.7.2015[1] kommt für das Gehalt eines GGf, der zu 50 % an der GmbH beteiligt ist, eine Lohnsteuerpauschalierung nach § 40a Abs. 2a i.V.m. Abs. 2 EStG nicht in Betracht, da nach sozialversicherungsrechtlichen Maßstäben kein geringfügiges Beschäftigungsverhältnis vorliegt.

Zur Begründung führt das FG u. a. das Folgende aus:

„Eine Lohnsteuerpauschalierung nach § 40a Abs. 2a i.V.m. Abs. 2 EStG kann nur für das Arbeitsentgelt aus einer geringfügigen Beschäftigung i.S.d. § 8 Abs. 1 Nr. 1 oder des § 8a des SGB IV vorgenommen werden. Dies setzt zunächst voraus, dass die Tätigkeit überhaupt die Merkmale einer sozialversicherungsrechtlichen Beschäftigung i. S. d. § 7 SGB IV erfüllt. Im Rahmen des § 40a Abs. 2a i.V.m. Abs. 2 EStG ist das Vorliegen eines (geringfügigen) Beschäftigungsverhältnisses wegen des Verweises auf §§ 8, 8a SGB IV nämlich allein nach sozialversicherungsrechtlichen Maßstäben zu beurteilen."

Danach kommt ein Minijob dann nicht in Frage, wenn der „verrentete" Gf auch nach der Beendigung des kausalen Dienstverhältnisses noch kraft seiner

---

[1] FG Baden-Württemberg, Urteil v. 21.7.2015 - 11 K 3633/13, EFG 2015 S. 2074.

VII. Rente und Gehalt – Fortsetzung der aktiven Tätigkeit

Beteiligung als Selbständiger im sozialversicherungsrechtlichen Sinne zu beurteilen ist.

1452 **Minijob bei einer Beschäftigung i. S. d. § 7 SGB IV**

Kann der Gf nach seiner „Verrentung" keinen wesentlichen Einfluss auf die Geschicke der Kapitalgesellschaft mehr nehmen, da er seine Beteiligung entweder auf eine Minderbeteiligung ohne Sperrminorität reduziert oder diese sogar ganz aufgegeben hat, so dass das neue Rechtsverhältnis als eine Beschäftigung i. S. d. § 7 SGB IV beurteilt werden kann, so kann das neue Rechtsverhältnis als Minijob behandelt werden.

1453 Nach dem BFH-Urteil v. 27. 7. 1990[1] steht der dem normalen Lohnsteuer-Abzug unterliegende Bezug von betrieblichen Ruhegeldern der Pauschalierung der Lohnsteuer nach § 40a EStG des von demselben Arbeitgeber erhaltenen Lohns für eine tatsächlich ausgeübte Aushilfstätigkeit nicht entgegen.

1454 Die FinVerw verweist in H 40a LStH 2017 auf die o. g. BFH-Entscheidung. Einer Lohnsteuerpauschalierung für den Lohn aus dem Minijob steht daher in einem solchen Fall nichts im Wege.

(3) Mit Beratervertrag

1455 Seit der BFH in seiner Entscheidung v. 23. 10. 2013[2] explizit auf die Gestaltung mittels einer Beratertätigkeit verwiesen hat, hat sich die Beurteilung derartiger Gestaltung grundsätzlich verändert. In der Zeit vor dieser Entscheidung konnte nämlich davon ausgegangen werden, dass die FinVerw derartige Konstellationen besonders kritisch beurteilte. Mittlerweile lässt die FinVerw Gestaltungen, die eine Beratertätigkeit des „verrenteten" Gf beinhalten zu. Allerdings ist damit kein Freibrief verbunden, denn die Rahmenbedingungen der Beratertätigkeit müssen so gestaltet sein, dass sie den Anforderungen des Fremdvergleichs entsprechen können.

1456 So hat das FG des Landes Sachsen-Anhalt mit Entscheidung v. 13. 7. 2016[3] eine Gestaltung verworfen, bei der eine GmbH mit zwei Gesellschaftern jeweils Beratungsverträge geschlossen hatte. Die Regelungsinhalte der Vereinbarungen wertete das FG als derart unkonkret, dass es davon ausging, dass ein ordentlicher und gewissenhafter Geschäftsleiter eine derartige Vereinbarung mit einem Dritten nicht getroffen hätte. Das FG sah daher in der Vereinbarung eine

---

1 BFH, Urteil v. 27. 7. 1990 - VI R 20/89, BStBl 1990 II S. 931.
2 BFH, Urteil v. 23. 10. 2013 - I R 60/12, Rz. 11 ff., BStBl 2015 II S. 413.
3 FG des Landes Sachsen-Anhalt, Urteil v. 13. 7. 2016 - 3 K 467/16, NWB DokID: AAAAG-45982.

Art „Freibrief" hinsichtlich der geschuldeten Tätigkeit. In der Folge wurden sämtliche Honorarzahlungen als vGA beurteilt. Ferner wurde auch die vergünstigte Fahrzeuggestellung bemängelt. Dies wäre aus Sicht des FG zumindest dann unüblich, wenn dem Berater auch noch die Möglichkeit eingeräumt wird, Reisekosten gesondert in Rechnung zu stellen.

Der Fall gibt Anlass, um die Formulierung eines Beratungsvertrags einem versierten Berater zu übertragen. 1457

bb) Für einen neuen Arbeitgeber

Die Übernahme einer neuen Tätigkeit für einen anderen Arbeitgeber kann dann nicht beanstandet werden, wenn es sich um einen eigenen und unabhängigen Rechtsträger handelt. 1458

Bestenfalls wäre vorstellbar, dass die „Verlagerung" der bisherigen Tätigkeit auf eine verbundene Kapitalgesellschaft (Mutter-, Tochter- oder Schwestergesellschaft) den Argwohn der FinVerw erwecken könnte. Erfüllt das neue Rechtsverhältnis jedoch die o. a. Kriterien, anhand derer eine eindeutige Abgrenzung zur bisherigen Gf-Tätigkeit vorgenommen werden kann, so ist auch die neue Tätigkeit für die verbundene Kapitalgesellschaft anzuerkennen. 1459

(*Einstweilen frei*) 1460–1469

5. Zusammenfassung

Die parallele Zahlung von Rente und Gehalt führt aus ertragsteuerrechtlicher Sicht dazu, dass der eigentliche Zweck der Pensionszusage verfehlt wird. Letztlich ist es die Weiterbeschäftigung über das Pensionsalter hinaus, die aus steuerrechtlicher Sicht Anlass zur Skepsis gibt. Aus Sicht des BFH schließen sich daher die wechselseitig uneingeschränkten Zahlungen der Rente und des Gehalts für die aktive Tätigkeit aus Sicht der GmbH grundsätzlich aus. 1470

Diese Sichtweise gibt Anlass zu deutlicher Kritik. Nichtsdestotrotz wird in der Praxis die restriktive und praxisfremde Sicht des BFH und der FinVerw zu beachten sein. D. h. jedoch nicht, dass es keine Auswege aus diesem Dilemma geben würde. Da diese jedoch durch ein nur schwer zu durchdringendes Labyrinth führen, wird die Suche nach einem steuerkonformen Weg nur noch dann gelingen können, wenn diese unter Hinzuziehung eines spezialisierten Beraters vorgenommen wird. 1471

(*Einstweilen frei*) 1472–1480

VIII. Abfindung der Pensionszusage – Entpflichtung und Transfer ins Privatvermögen

1. Motive, Wesen, Formen und Folgen einer Abfindung

Die Abfindung einer Pensionszusage wird in der Praxis gerne als Lösungsansatz in Betracht gezogen, wenn die Kapitalgesellschaft von der bestehenden Pensionsverpflichtung befreit werden soll. Der Weg erscheint auf den ersten Blick dazu geeignet zu sein, die Kapitalgesellschaft mittels Zahlung eines einmaligen Kapitalbetrags von der bestehenden Versorgungsschuld zu entpflichten. Eine genauere Auseinandersetzung mit dem Thema Abfindung bringt jedoch eine erhebliche Komplexität zum Vorschein, bei der, sowohl betriebsrenten-, als auch ertragsteuerrechtliche Komponenten zu berücksichtigen und miteinander zu vereinbaren sind. 1481

a) Motive für eine Abfindung der Pensionszusage

Das Hauptmotiv, das die Beteiligten mit der Abfindung der Pensionszusage verfolgen, liegt i. d. R. in der Entpflichtung der Kapitalgesellschaft. Dieses tritt oftmals im Zusammenhang mit dem Ausscheiden des Gf, oder mit dem geplanten Verkauf der Kapitalgesellschaft in den Vordergrund. 1482

Die **Abfindung** der Pensionszusage stellt die **einzige Möglichkeit** dar, um 1483
► das **aufgebaute Versorgungskapital** ins **Privatvermögen** des Gf zu transferieren und
► gleichzeitig die Kapitalgesellschaft vollständig von der übernommenen **Versorgungsverpflichtung** zu **entpflichten** und zu enthaften.

Die Abfindung der Pensionszusage könnte somit auf den ersten Blick eine Art Königsweg darstellen, wenn die Entpflichtung der Kapitalgesellschaft erreicht werden soll. Leider macht einem auch hier die Steuer wieder einen Strich durch die Rechnung. Die Abfindung rechnet im Zeitpunkt der Zahlung beim Gf zu den Einkünften aus nichtselbständiger Arbeit i. S. d. § 19 EStG (siehe hierzu Rz. 3850). 1484

Gerade **der Aspekt der sofortigen Steuerpflicht** sorgt dafür, dass im Zusammenhang mit der Abfindung von Pensionszusagen immer wieder die Auffassung vertreten wird, dass die Attraktivität einer Abfindung unter der sofortigen Belastung der Kapitalleistung mit der zu entrichtenden Einkommensteuer 1485 (nebst Solidaritätszuschlag und evtl. Kirchensteuer) erheblich leidet. Vereinzelt findet sich sogar die Empfehlung, deswegen von einer Abfindung Abstand zu nehmen. Dieser Auffassung können sich die Autoren pauschal nicht anschließen, da sie der festen Überzeugung sind, dass man bei derartigen Entscheidungen die Wirtschaftlichkeit des Vorhabens in den Vordergrund zu stellen hat. Die steuerliche Belastung der Abfindungszahlung stellt nur einen Teilaspekt dar, den es bei der Entscheidung über die Vorteilhaftigkeit des Vorhabens zu bewerten gilt.

1486–1490 (*Einstweilen frei*)

b) Wesen einer Abfindung

1491 Aus Sicht der Autoren ist der Charakter eines Abfindungsvorgangs sowohl aus wirtschaftlicher, als auch aus rein juristischer Sicht zu beurteilen. Je nachdem, welcher Betrachtung man den Vorrang einräumt, ergeben sich in steuerrechtlicher Hinsicht erheblich abweichende Ergebnisse.

aa) Wirtschaftliche Betrachtung des Abfindungsvorgangs

1492 Aus rein wirtschaftlicher Sicht wird **der Pensionsanspruch** des Versorgungsberechtigten mit der Abfindung durch die Zahlung einer einmaligen wertgleichen Kapitalleistung **erfüllt**. Der Regelungsgehalt einer Abfindungsvereinbarung bezieht sich unter wirtschaftlichen Gesichtspunkten ausschließlich auf den Zahlungsmodus für die Erfüllung eines in der Vergangenheit erworbenen Pensionsanspruchs, ohne wertmäßig in die Höhe des verdienten Anspruchs einzugreifen. Die Abfindung wirkt nicht auf den Zeitpunkt der Erteilung der Pensionszusage zurück, sondern stellt einen punktuellen Vorgang dar, mit dem das Dauerschuldverhältnis der Pensionszusage für die Zukunft an veränderte wirtschaftliche Rahmenbedingungen angepasst wird. Dem Versorgungsberechtigten wird hierbei nicht mehr gewährt, als er aufgrund des erworbenen Pensionsanspruchs beanspruchen kann.

1493 Diese Form der Betrachtung wurde so sowohl vom FG Köln[1], als auch vom FG Münster[2] der steuerrechtlichen Beurteilung des Abfindungsvorgangs zugrunde gelegt. In der Folge wurden die Abfindungen vom jeweiligen FG auch steuerlich anerkannt.

---

1 FG Köln, Urteil v. 17. 3. 2005 - 13 K 1531/03, NWB DokID: CAAAB-53826.
2 FG Münster, Urteil v. 23. 3. 2009 - 9 K 319/02, NWB DokID: MAAAD-28896.

bb) Juristische Betrachtung des Abfindungsvorgangs

Aus rein juristischer Sicht ist ein Abfindungsvorgang wesentlich differenzierter zu betrachten. Auf der Grundlage der höchstrichterlichen Rechtsprechung[1] stellt sich der Abfindungsvorgang wie folgt dar:

1494

"Unter Abfindung im Sinne dieser Vorschrift (Anm. § 3 BetrAVG) ist ein Vertrag zu verstehen, durch den

a) *der Anwartschaftsberechtigte auf seine **Anwartschaft verzichtet** und*

b) *durch den sich der Arbeitgeber verpflichtet, dafür eine **Entschädigung** zu zahlen."*[2]

Diese rechtliche Qualifikation des Abfindungsvorgangs zeigt, dass der BGH davon ausgeht, dass die Abfindung als Entschädigung für den Verzicht des Versorgungsberechtigten auf seine Anwartschaft auf Zahlung einer lebenslangen Altersrente gewährt wird. Diese Beurteilung hat der BGH auch in seiner Entscheidung v. 28. 9. 2009[3] nochmals bestätigt.

1495

Diese Form der Betrachtung wurde vom BFH[4] der steuerrechtlichen Beurteilung des Abfindungsvorgangs zugrunde gelegt. In der Folge wurde der Abfindungsvorgang vom BFH in zwei rechtlich selbständige Geschäftsvorfälle aufgeteilt und aufgrund ihrer wechselseitigen gesellschaftlichen Veranlassung getrennt voneinander gewürdigt (siehe hierzu Rz. 1634).

1496

BERATUNGSHINWEIS:

Im Rahmen der Entscheidung v. 28. 9. 2009 hat der BGH jedoch folgende Klausel als ein Kapitaloptionsrecht beurteilt, welches nicht mit dem Abfindungsverbot nach § 3 BetrAVG kollidiert:

„6. Abfindung von Rentenleistungen

6.1. Der Versorgungsberechtigte und die Firma können die Abfindung einer laufenden Altersrente ganz oder teilweise verlangen. Die zu schließende Vereinbarung bedarf der Schriftform. Als Abfindungsbetrag wird ein einmaliger Kapitalbetrag gezahlt.

6.2. Die Höhe der Kapitalabfindung berechnet sich unter Zugrundelegung der anerkannten Regeln der Versicherungsmathematik zum Zeitpunkt der Abfindungsvereinbarung.

6.3. Mit der Zahlung einer Kapitalabfindung sind insoweit alle Ansprüche aus der Pensionszusage abgegolten."[5]

Obwohl die in der vertraglichen Vereinbarung zur Pensionszusage verankerte Kapitalisierungsklausel ausdrücklich den Terminus Abfindung verwendete, wurde diese Klausel

---

1 BGH, Urteil v. 15. 7. 2002 - II ZR 192/00, NWB DokID: KAAAB-97806.
2 BGH, Urteil v. 15. 7. 2002 - II ZR 192/00, Tz. II. 2., NWB DokID: KAAAB-97806.
3 BGH, Urteil v. 28. 9. 2009 - II ZR 12/09, NWB DokID: HAAAD-34484.
4 BFH, Urteil v. 14. 3. 2006 - I R 38/05, NWB DokID: JAAAB-88782.
5 OLG Stuttgart, Urteil v. 17. 12. 2008 - 14 U 34/08, Rz. 15, juris.

zunächst vom OLG Stuttgart[1] als eine Ersetzungsbefugnis und anschließend vom BGH als ein Kapitaloptionsrecht beurteilt. Beide Instanzen haben entschieden, dass eine derartige Klausel nicht gegen das in § 3 BetrAVG normierte Abfindungsverbot verstößt. Offensichtlich haben beide gerichtlichen Instanzen die Klausel nicht anhand ihres Wortlautes, sondern anhand ihres Regelungsinhalts beurteilt.

Diese Entscheidung wirft die Frage auf, inwieweit eine in der vertraglichen Vereinbarung zur Pensionszusage aufgenommene Abfindungsklausel (die auch noch ausdrücklich den Terminus Abfindung verwendet) bei deren Umsetzung dann auch tatsächlich als eine Abfindungszahlung i. S. d. juristischen Definition des Terminus beurteilt werden kann. Folgt man den hinter dieser Entscheidung stehenden Gedanken, so könnte man zu der Auffassung gelangen, dass eine Abfindung im juristischen Sinne immer nur dann anzunehmen wäre, wenn diese ad hoc vor deren Umsetzung (und nicht schon vorher in der vertraglichen Vereinbarung zur Pensionszusage) vereinbart wird.

In diesem Fall wäre unter betriebsrentenrechtlicher Sicht dann davon auszugehen, dass Abfindungsklauseln zumindest dann nicht gegen das in § 3 BetrAVG normierte Abfindungsverbot verstoßen könnten, wenn sie – wie im entschiedenen Fall – in ihrer Anwendung auf den Eintritt eines Versorgungsfalls abstellen.

1497–1500 (*Einstweilen frei*)

c) Formen der Abfindung

1501 Eine Abfindung kann zu unterschiedlichen Zeitpunkten und aus unterschiedlichen Anlässen in Frage kommen. Dabei ist zu unterscheiden, ob die Abfindung noch während des aktiven Dienstverhältnisses, anlässlich eines vorzeitigen Ausscheidens, bei Eintritt eines Versorgungsfalls oder erst während der Leistungsphase stattfinden soll.

1502

ABB. 31: Zeitpunkte und Anlässe einer Abfindung

---

1 OLG Stuttgart, Urteil v. 17.12.2008 - 14 U 34/08, juris.

2. Betriebsrentenrechtliche Zulässigkeit einer Abfindung

Die o. g. Formen der Abfindung sind jeweils eigenständig im Hinblick auf ihre betriebsrentenrechtliche Zulässigkeit und die ertragsteuerrechtliche Behandlung zu beurteilen.

d) Folgen einer Abfindung

Die Abfindung des Pensionsanspruchs ermöglicht die vollständige Trennung vom versorgungsberechtigten Gf und führt zur **endgültigen Verlagerung des Versorgungskapitals in dessen private Vermögenssphäre**. 1503

Die Abfindung ist definitiv der einzige Gestaltungsweg, der dem Gf die volle Dispositionsfreiheit über das Netto-Versorgungskapital verschafft. Der Gf kann frei entscheiden, wie er mit dem einmaligen Kapitalzufluss verfährt. So obliegt es einzig und allein seiner Entscheidung, ob er z. B. 1504

▶ in eine private Altersversorgung investiert,

▶ seine Immobilie entschuldet,

▶ die Mittel konsumiert (also zweckentfremdet) oder

▶ Teile des Kapitals vorzeitig auf seine künftigen Erben überträgt.

Die Abfindung der Pensionszusage führt sowohl in schuldrechtlicher, als auch in wirtschaftlicher Hinsicht zu einer abschließenden Beendigung des bisher bestehenden Versorgungsverhältnisses. Daher hat der Gf bei einer Abfindung seiner Pensionszusage stets zu beachten, dass er mit der Kapitalisierung seiner Rentenansprüche auch das Risiko selbst übernommen hat, dass er deutlich länger lebt, als es der Kalkulation der Abfindung zugrunde gelegt wurde. 1505

(*Einstweilen frei*) 1506–1510

2. Betriebsrentenrechtliche Zulässigkeit einer Abfindung

Für den Fall, dass eine Pensionszusage, die einem GmbH-Gf gegenüber erteilt wurde, durch eine Abfindungszahlung abgegolten werden soll, muss **zwingend im Vorfeld der Gestaltung die Anwendbarkeit des BetrAVG** auf diese Pensionszusage geprüft werden (siehe hierzu Rz. 2841). 1511

Auch wenn § 3 BetrAVG die Abfindungsmöglichkeiten positiv beschreibt, so enthält er doch ein **Abfindungsverbot**, denn das Vorliegen eines gesetzlichen Verbotes bestimmt sich nicht nach der wörtlichen Fassung des Gesetzestextes. Vielmehr ist der Verbotstatbestand aus dem Sinn und Zweck der Vorschrift abzuleiten (§ 134 BGB). Der Sinn und Zweck des § 3 BetrAVG liegt eindeutig darin, eine Abfindung in all den Fällen auszuschließen, in denen sie nicht zugelassen 1512

VIII. Abfindung der Pensionszusage – Entpflichtung und Transfer ins Privatvermögen

ist. Der Gesetzgeber wollte der von ihm befürchteten Zweckentfremdung der Versorgungsleistungen entgegenwirken.

1513 Erfolgt eine Abfindungszahlung entgegen der Regelung des § 3 BetrAVG, so ist davon auszugehen, dass sowohl die **schuldrechtliche Vereinbarung** über die Abfindung als auch das **Erfüllungsgeschäft** in Form der Abfindungszahlung gem. § 134 BGB **nichtig** sein wird (siehe hierzu Rz. 3059).

1514 Unterliegt die Pensionszusage dem persönlichen Geltungsbereich des BetrAVG (Fremd-Gf, minderbeteiligter Gf), so kann eine Abfindung nur innerhalb der von § 3 BetrAVG vorgegebenen Grenzen erfolgen. Etwas anderes kann nur dann gelten, wenn

▶ § 3 BetrAVG zivilrechtlich wirksam abbedungen worden wäre[1] (siehe hierzu Rz. 2861), oder

▶ die vertragliche Vereinbarung zur Pensionszusage eine Klausel enthält, die als Kapitaloptionsrecht zu beurteilen wäre und daher nicht gegen § 3 BetrAVG verstoßen würde[2] (siehe hierzu Rz. 634).

1515 Nur wenn die **Pensionszusage** an den GmbH-Gf infolge dessen Unternehmerstellung **nicht** in den **Geltungsbereich** des **BetrAVG** fällt, sind die o. g. Einschränkungen für die Abfindung bedeutungslos. Sollte jedoch fatalerweise innerhalb der vertraglichen Vereinbarung zur Pensionszusage die Anwendung des BetrAVG individualvertraglich vereinbart worden sein (z. B. über eine Generalklausel, die erklärt, dass im Übrigen die Bestimmungen des BetrAVG auf die Pensionszusage Anwendung finden), so gilt das Abfindungsverbot des § 3 BetrAVG auch für diese Pensionszusage.

1516–1520 (*Einstweilen frei*)

3. Anforderungen der Finanzverwaltung an Abfindungsklauseln

1521 Mit Schreiben v. 6. 4. 2005[3] hat das Bundesfinanzministerium zur *„Bilanzsteuerlichen Berücksichtigung von Abfindungsklauseln in Pensionszusagen nach § 6a EStG"* Stellung genommen.

1522 Im Rahmen dieser Verwaltungsanweisung hat das BMF die Voraussetzungen festgelegt, die bei der **Formulierung von Abfindungsklauseln in der vertragli-**

---

1 BGH, Urteil v. 23. 5. 2017 - II Z R 6/16, NWB DokID: CAAAG49703.
2 BGH, Urteil v. 28. 9. 2009 - II ZR 12/09, NWB DokID: HAAAD-34484.
3 BMF, Schreiben v. 6. 4. 2005, BStBl 2005 I S. 519.

3. Anforderungen der Finanzverwaltung an Abfindungsklauseln

chen Vereinbarung zur Pensionszusage zwingend zu beachten sind, um eine Steuerschädlichkeit zu vermeiden. Ferner ist dem BMF-Schreiben auch zu entnehmen, unter welchen Voraussetzungen die FinVerw von einer **wertgleichen Kapitalleistung** ausgeht.

Die darin vertretene Verwaltungsauffassung zwang im Jahre 2005 jeden Steuerberater dazu, die in seiner Mandantschaft bestehenden Pensionszusagen dahingehend zu prüfen, ob sie mit einer steuerschädlichen Abfindungsklausel infiziert sind. Für diese Fälle bestand nach der in Tz. 4 des BMF-Schreibens gewährten Übergangsfrist bis zum 31.12.2005 Zeit, um die steuerschädliche Klausel schriftlich an die neue Verwaltungsauffassung anzupassen. — 1523

Falls die **Reparatur** einer **steuerschädlichen Abfindungsklausel** innerhalb der gewährten Übergangsfrist **unterblieben sein sollte, scheidet** nach den Anweisungen des BMF-Schreibens die **Bildung einer Pensionsrückstellung insgesamt aus**. Die in vielen Pensionszusagen verankerten Abfindungsregelungen beinhalten somit ein nicht unerhebliches Betriebsprüfungsrisiko, welches droht, sich — im Fall der nicht sachgerechten Reparatur — zu einem Haftungsfall des Steuerberaters zu erweitern. Denn die im worst case vorzunehmende gewinnerhöhende Auflösung der gesamten bisher gebildeten Pensionsrückstellung und die dadurch ausgelöste Steuerzahlung können u. U. eine mittelständische GmbH, die oftmals nur über einen eingeschränkten Finanzierungsspielraum verfügt, in ihrer Existenz gefährden. Die haftungsrechtliche Auseinandersetzung mit dem Steuerberater ist in diesem Fall vorprogrammiert. — 1524

Die Ausführungen des BMF-Schreibens und die Grundlagen der darin vertretenen Rechtsauffassung erschließen sich dem aufmerksamen Leser leider erst dann, wenn er sich die Mühe macht, auch das dem BMF-Schreiben zugrunde liegende BFH-Urteil[1] durchzuarbeiten, das erst im Jahre 2005 im BStBl veröffentlicht wurde. — 1525

Erst danach wird klar erkennbar, dass die Bestimmungen des BMF-Schreibens im Hinblick auf ihre Anwendbarkeit aufzuteilen sind und ein wesentlicher Teil der Anforderungen an Abfindungsklauseln sich in erster Linie auf ein in der Pensionszusage vereinbartes **einseitiges Abfindungsrecht zugunsten des Arbeitgebers** bezieht. — 1526

Mit dem Urteil v. 10.11.1998 hatte der BFH über einen Fall zu entscheiden, in dem die Pensionszusage an den alleinigen GGf folgende Abfindungsregelung beinhaltete: — 1527

---

1 BFH, Urteil v. 10.11.1998 - I R 49/97, BStBl 2005 II S. 261.

„Die Gesellschaft behält sich vor, Versorgungsverpflichtungen (Anwartschaften und laufende Leistungen) durch die Zahlung einmaliger Kapitalabfindungen abzugelten. Bei der Berechnung der Kapitalabfindung werden die gleichen Rechnungsgrundlagen und -grundsätze angewandt wie im letzten vor der Kapitalisierung erstellten versicherungsmathematischen Gutachten."[1]

Der BFH beurteilte die vertragliche Regelung dahingehend, dass die dem Gf versprochene Pensionszusage aufgrund der o. g. Klausel unter dem **Vorbehalt einer (jederzeitigen) Abfindung** durch eine einmalige Kapitalleistung steht, deren Berechnung sich nach den jeweils gleichen Rechnungsgrundlagen und -grundsätzen richten soll wie *„im letzten vor der Kapitalisierung erstellten versicherungsmathematischen Gutachten"*. Die Formulierung im Hinblick auf die Berechnung der Abfindungshöhe übersetzte der BFH wie folgt: *„Die Höhe der abgeltenden Kapitalleistung bestimmt sich nach dem Teilwert (vgl. § 6a Abs. 3 EStG, § 104 Abs. 3 BewG) in jenem Zeitpunkt, in dem die Klägerin von dem ihr vorbehaltenen Recht der Abfindung Gebrauch macht"*[2].

1528 Diese Erkenntnis veranlasste den BFH zu der Feststellung, dass unter diesen Voraussetzungen der Abfindungsbetrag dem Wert des (gesamten) Versorgungsversprechens nicht mehr äquivalent gegenüber steht. Gerade die darin liegende Minderung soll nach der vom BFH vertretenen Auffassung indes durch die Regelungen in § 6a Abs. 1 Nr. 2 EStG und § 104 Abs. 1 Nr. 2 BewG verhindert werden.

1529 Seine Rechtsauffassung fasste der BFH wie folgt zusammen: *„Es ist hiernach ausgeschlossen, den Abfindungsbetrag nach der vom Arbeitgeber gebildeten Pensionsrückstellung oder dem Teilwert gem. § 6a Abs. 3 EStG, § 104 Abs. 3 BewG („Soll-Pensionsrückstellung") auszurichten. Abzustellen ist vielmehr auf den Barwert der Versorgungsleistungen, die der Arbeitgeber künftig ohne die Abfindung aufzubringen hätte."*[3]

1530 **Das Ergebnis dieses Urteils erscheint folgerichtig und logisch.** Deshalb wurde es von Fachleuten bei der Formulierung von Abfindungsklauseln auch schon vor seiner Veröffentlichung im BStBl berücksichtigt.

1531 Nach Auffassung der Autoren **birgt ein einseitiges Abfindungsrecht des Arbeitgebers die versteckte Möglichkeit eines Widerrufs nach freiem Belieben**, denn die GmbH hatte nach dieser Vereinbarung die Möglichkeit, das weitere Anwachsen der Versorgungsansprüche durch eine jederzeitige Kapitalisierung zu

---

[1] BFH, Urteil v. 10. 11. 1998 - I R 49/97, Tz. I., BStBl 2005 II S. 261.
[2] BFH, Urteil v. 10. 11. 1998 - I R 49/97, Tz. II., BStBl 2005 II S. 261.
[3] BFH, Urteil v. 10. 11. 1998 - I R 49/97, Tz. II., BStBl 2005 II S. 261.

verhindern. Eine derartige Regelung widerspricht dem in § 6a Abs. 1 Nr. 2 EStG verankerten Gebot der Ernsthaftigkeit, demzufolge eine Pensionsrückstellung nur gebildet werden darf, wenn die Pensionszusage keinen Vorbehalt enthält, der es dem Versorgungsverpflichteten ermöglicht, die Pensionsanwartschaft oder die Pensionsleistung nach freiem Belieben zu mindern oder zu entziehen, oder wenn ein solcher Vorbehalt sich nur auf Tatbestände erstreckt, bei deren Vorliegen nach allgemeinen Rechtsgrundsätzen unter Beachtung billigen Ermessens eine Minderung oder ein Entzug der Pensionsanwartschaft oder der Pensionsleistung zulässig ist.

Darüber hinaus liegt auch in der **Abfindung zum Teilwert eine versteckte Widerrufsmöglichkeit**, denn eine Abfindung zum Teilwert widerspricht dem Grundsatz der Gleichwertigkeit der Abfindungszahlung mit der Pensionsanwartschaft. Diese Gleichwertigkeit ist nach der Auffassung des BFH nur gegeben, wenn der mögliche Abfindungsbetrag mindestens dem Wert des gesamten Versorgungsversprechens zum Abfindungszeitpunkt entspricht. 1532

Auf der Grundlage dieses Urteils hat das BMF im Schreiben v. 6. 4. 2005 **zwei grundsätzliche Vorgaben** definiert, die bei der bilanzsteuerlichen Berücksichtigung von Abfindungsklauseln in Pensionszusagen nach § 6a EStG seither zu berücksichtigen sind: 1533

▶ **Gleichwertigkeit** der Abfindung und der ursprünglichen Pensionszusage,
▶ **Schriftliche Festlegung** des Verfahrens zur Ermittlung der Abfindungshöhe.

Die zur Erfüllung o. g. Voraussetzungen notwendigen Kriterien werden vom BMF wie folgt definiert:

a) Gleichwertigkeit der Abfindung und der ursprünglichen Pensionszusage

aa) Abfindung zum Teilwert

In Tz. 2 des BMF-Schreibens wird zum Ausdruck gebracht, dass Abfindungsklauseln in Pensionszusagen zu einer **Steuerschädlichkeit** i. S. d. § 6a Abs. 1 Nr. 2 EStG und damit zu einem Nichtausweis der Pensionsrückstellungen führen, wenn sie gegenüber **aktiven Anwärtern die Abfindung zum Teilwert** gem. § 6a Abs. 3 Satz 2 Nr. 1 EStG vorsehen. 1534

Dieser Grundsatz gilt nach Auffassung der Autoren **für alle Formen von Abfindungsklauseln**. Somit würde auch bei einem dem Versorgungsberechtigten eingeräumten Optionsrecht, das es ihm ermöglicht, anstelle der vereinbarten 1535

VIII. Abfindung der Pensionszusage – Entpflichtung und Transfer ins Privatvermögen

Rente eine einmalige Kapitalleistung zu wählen, die Regelung, dass die Kapitalisierung zum Teilwert erfolgen soll, zur Steuerschädlichkeit führen.

1536 Für den Fall, dass die Pensionszusage eines GGf zum Teilwert abgefunden werden sollte, stellt sich darüber hinaus automatisch die Problematik eines darin liegenden Teilverzichts.

bb) Abfindung des vollen unquotierten Anspruchs

1537 Dagegen führt ein Abfindungsrecht, das sich für aktive Anwärter nach dem Barwert der künftigen Pensionsleistungen i.S.v. § 6a Abs. 3 Satz 2 Nr. 1 EStG zum Zeitpunkt der Abfindung bemisst, zur Steuerunschädlichkeit. Dabei wird durch den in Klammern stehenden Hinweis „*d. h. der volle unquotierte Anspruch*" zum Ausdruck gebracht, dass sich die Höhe der Abfindung nicht nach dem bis zum Zeitpunkt der Abfindung erdienten zeitanteiligen Anspruch bemessen darf, sondern dass die Steuerunschädlichkeit nur dann gegeben ist, wenn der Abfindungsbetrag dem gesamten ursprünglich zugesagten Wert der Pensionszusage entspricht.

1538 Dieser Grundsatz kann nach Auffassung der Autoren **nur für ein einseitiges Abfindungsrecht des Arbeitgebers** gelten, denn mit dieser Anforderung soll genau der Fall verhindert werden, der dem BFH zur Entscheidung vorgelegen hat. Mit der **Bedingung**, dass nur der volle **unquotierte Anspruch** abgefunden werden darf, soll in der Praxis **verhindert** werden, dass sich der Arbeitgeber über ein einseitiges Abfindungsrecht praktisch durch die Hintertür aus der **Versorgungsverpflichtung verabschiedet**.

1539 In der Praxis wird diese Anforderung wohl auch zum beabsichtigten Ergebnis führen. So werden einseitige Abfindungsrechte des Arbeitgebers aus den vertraglichen Regelungen zu Pensionszusagen verschwinden. Denn es macht aus wirtschaftlicher Sicht keinen Sinn, dass ein Arbeitgeber seinem Mitarbeiter eine Abfindung gewährt, die auch die Teile seiner Pensionsanwartschaft beinhaltet, auf die der Versorgungsberechtigte erst durch seine in der Zukunft zu erbringenden Dienste einen Anspruch erwerben würde. Das Risiko, dass der Arbeitnehmer seinen Teil der arbeitsvertraglichen Vereinbarung in der Zukunft nicht erbringt (aus welchen Gründen auch immer), erscheint unkalkulierbar.

1540 Diese Überlegung zeigt deutlich auf, dass eine Übertragung dieses Grundsatzes auf eine Optionsregelung zugunsten des Arbeitnehmers schon allein aus dem o.g. Gedanken heraus ausscheidet, da der Arbeitnehmer dadurch die Möglichkeit erhalten würde, jederzeit die Abfindung seiner vollen unquotierten Versorgungsleistung zu verlangen, und dies, obwohl er vielleicht erst einen Bruchteil seiner Dienstzeit erbracht hat.

3. Anforderungen der Finanzverwaltung an Abfindungsklauseln

Unabhängig davon würde sich für den Fall, dass die Höhe der Abfindung einer Pensionszusage, die einem GGf gegenüber erteilt wurde, unter Berücksichtigung des vollen unquotierten Anspruchs ermittelt werden würde, automatisch die Problematik einer verdeckten Gewinnausschüttung stellen. Für die Personengruppe der **GGf** scheidet demzufolge eine **Abfindungsklausel**, die ein **einseitiges Abfindungsrecht** der GmbH zu den von der FinVerw aufgestellten Bedingungen beinhaltet, definitiv aus. 1541

cc) Abfindung laufender Leistungen und unverfallbarer Anwartschaften

Die Steuerunschädlichkeit soll auch für die Abfindung von laufenden Versorgungsleistungen und unverfallbaren Anwartschaften gegenüber ausgeschiedenen Anwärtern gelten, wenn vertraglich als Abfindungsbetrag der Barwert der künftigen Pensionsleistungen gem. § 6a Abs. 3 Satz 2 Nr. 2 EStG vorgesehen ist. Dabei wird durch den in Klammern stehenden Hinweis *„sofern arbeitsrechtlich zulässig"* darauf hingewiesen, dass nach der Neufassung des § 3 BetrAVG die Zulässigkeit von Abfindungszahlungen arbeitsrechtlich erheblich eingeschränkt wurde (siehe hierzu Rz. 2919). 1542

Dieser Grundsatz gilt nach Auffassung der Autoren wieder **für alle Formen von Abfindungsklauseln**. Im Gegensatz zur Regelung bei aktiven Anwärtern wirft die für die Abfindung von laufenden Versorgungsleistungen und von unverfallbaren Anwartschaften gegenüber bereits ausgeschiedenen Mitarbeitern aufgestellte Bedingung (Abfindung zum künftigen Barwert der Pensionsleistungen) in der Praxis keine unüberwindbaren Probleme auf. In diesen Fällen werden grundsätzlich nur Versorgungsleistungen abgefunden, die der Versorgungsberechtigte auch durch bereits in der Vergangenheit geleistete Dienste ins Verdienen gebracht hat. Demzufolge kann eine derartige Abfindungsregelung sowohl bei einem einseitigen Abfindungsrecht zugunsten des Arbeitgebers als auch bei einem Optionsrecht zugunsten des Arbeitnehmers vereinbart werden. 1543

(Einstweilen frei) 1544–1550

b) Schriftliche Festlegung des Verfahrens zur Ermittlung der Abfindungshöhe

So erläuterungswürdig die Ausführungen des BMF zur Gleichwertigkeit der Abfindungszahlung auch sind, so unmissverständlich sind die unter Rz. 3 des 1551

BMF-Schreibens getroffenen Aussagen zur Schriftformerfordernis. Demnach gilt das **Erfordernis der Schriftform nach dem BMF-Schreiben v. 28.8.2001**[1] entsprechend für eine in einer Pensionszusage enthaltene Abfindungsklausel.

Das BMF-Schreiben v. 28.8.2001 führt zur Schriftformerfordernis das Folgende aus: *„Voraussetzung für die steuerliche Anerkennung einer Pensionsrückstellung nach § 6a EStG ist u. a. eine schriftlich erteilte Pensionszusage (§ 6a Abs. 1 Nr. 3 EStG). Die Vereinbarung muss neben dem Zusagezeitpunkt eindeutige und präzise Angaben zu Art, Form, Voraussetzungen und Höhe der in Aussicht gestellten künftigen Leistungen enthalten (vgl. hierzu auch R 41 Abs. 7 EStR 1984). Sofern es zur eindeutigen Ermittlung der in Aussicht gestellten Leistungen erforderlich ist, sind auch Angaben für die versicherungsmathematische Ermittlung der Höhe der Versorgungsverpflichtung (z. B. anzuwendender Rechnungszinsfuß oder anzuwendende biometrische Ausscheidewahrscheinlichkeiten) schriftlich festzulegen."*

1552 Werden diese Anforderungen missachtet, so kommt es nach Tz. 3 des BMF-Schreibens v. 6.4.2005 zur vollen gewinnerhöhenden Auflösung der Pensionsrückstellung: *„Wird das Berechnungsverfahren zur Ermittlung der Abfindungshöhe nicht eindeutig und schriftlich fixiert, scheidet die Bildung einer Pensionsrückstellung insgesamt aus."*

1553 Mit diesen Kriterien wird auch das sog. Klarheits- und Eindeutigkeitsgebot zur Voraussetzung gemacht. Auslegungsbedürftige Formulierungen wie in dem durch den BFH zu entscheidenden Fall sollten demzufolge unbedingt vermieden werden.

1554 Hinsichtlich der Wahrung des Schriftformerfordernisses bzw. des Klarheits- und Eindeutigkeitsgebots hat das FG Schleswig-Holstein in zwei Entscheidungen, datiert vom 21.2.2017,[2] der restriktiven Rechtsauffassung der FinVerw widersprochen. Zu beiden Entscheidungen sind beim BFH Revisionsverfahren anhängig.[3] Deren Ausgang bleibt abzuwarten.

c) Beurteilung

1555 Das BMF greift mit dem Schreiben v. 6.4.2005 eine Thematik auf, die der BFH bereits rd. sieben Jahre vorher nach Meinung der Autoren folgerichtig ent-

---

1 BMF, Schreiben v. 28.8.2001, BStBl 2001 I S. 594.
2 Schleswig-Holsteinisches FG, Urteile v. 21.2.2017 - 1 K 141/15, NWB DokID: XAAAG-44920; v. 21.2.2017 - 1 K 68/14, NWB DokID: HAAAG-44921.
3 BFH - XI R 48/17, Verfahrensverlauf, NWB DokID: ZAAAG-70420; BFH - XI R 47/17, Verfahrensverlauf, NWB DokID: CAAAG-70419.

schieden hat. Die FinVerw übernimmt die Grundsätze des Urteils v. 10.11.1998 und macht sie auch zu ihren Spielregeln.

Auch nach der Veröffentlichung des BMF-Schreibens v. 6.4.2005 bleibt es möglich, Pensionszusagen für GmbH-Gf mit Abfindungsklauseln zu versehen. Die vom BMF veröffentlichten Grundsätze und deren Folgen bei Nichtbeachtung zwingen insbesondere die auf der Beratungsseite Tätigen, bei der Formulierung von Abfindungsklauseln eine besondere Sorgfalt walten zu lassen. 1556

(*Einstweilen frei*) 1557–1562

4. Betriebliche Veranlassung dem Grunde nach

Die FinVerw geht davon aus, dass eine Abfindungszahlung nur dann zu den abzugsfähigen Betriebsausgaben der GmbH rechnet, wenn diese selbst betrieblich veranlasst ist. Das Rechtsgeschäft zur Abfindung der Pensionszusage wird als ein rechtlich selbständiges Erfüllungsgeschäft beurteilt, welches sowohl zivil-, betriebsrenten-, als auch ertragsteuerrechtlich unabhängig vom Verpflichtungsgeschäft zu behandeln ist. Diese Rechtsauffassung hat der BFH erstmals mit seiner Entscheidung v. 14.3.2006[1] vertreten und mit Entscheidung v. 11.9.2013[2] bestätigt. 1563

a) Betriebliche Veranlassung einer Abfindungszahlung

Ob die Abfindung als betrieblich veranlasst beurteilt werden kann, ist in jedem Einzelfall anhand der hierzu vorherrschenden individuellen Umstände zu prüfen. Dabei ist anhand eines hypothetischen Fremdvergleichs festzustellen, ob die im Einzelfall maßgebliche Willensrichtung der an dem Rechtsgeschäft beteiligten Personen der betrieblichen Sphäre zugerechnet werden kann. Eine pauschale Aussage darüber, wann von einer betrieblichen Veranlassung ausgegangen werden kann, ist im aktuell vorherrschenden Umfeld leider nicht möglich. 1564

Da auf Seiten der FinVerw aktuell keine einheitliche Willensbildung im Hinblick auf die Beurteilung von Abfindungen erkennbar ist, wird dringend angeraten, Gestaltungen, die eine Abfindung zum Gegenstand haben, im Wege eines Antrags auf Erteilung einer verbindlichen Auskunft mit der FinVerw abzustimmen. 1565

---

1 BFH, Urteil v. 14.3.2006 - I R 38/05, NWB DokID: JAAAB-88782.
2 BFH, Urteil v. 11.9.2013 - I R 28/13, BStBl 2014 II S. 726.

aa) Betriebliche Veranlassung einer Abfindung in der Praxis

1566 Im Rahmen der Beratungspraxis haben die Autoren bundesweit in verschiedenen Konstellationen verbindliche Auskünfte zu geplanten Abfindungsgestaltungen betreut. Daher kann berichtet werden, in welchen Fällen die FinVerw u. a. eine betrieblich veranlasste Abfindungszahlung bestätigt hat:

- Vereinbarungsgemäße Abfindung bei Verkauf der GmbH-Anteile und Ausscheiden aus dem Dienstverhältnis (beherrschender GGf)
- „Ad hoc-Abfindung" der Witwenrente nach Ableben des beherrschenden GGf
- „Ad hoc-Abfindung" bei Liquidation der Kapitalgesellschaft (beherrschender GGf, sowohl Anwärter, als auch Leistungsempfänger)
- „Ad hoc-Abfindung" während des Leistungsbezugs (nahestehende Person eines beherrschenden GGf)
- „Ad hoc-Abfindung" bei Fortbestand des Dienstverhältnisses zur Sicherung der Weiterentwicklung der Kapitalgesellschaft (nicht beherrschender GGf)

HINWEIS:
Unter „ad hoc-Abfindung" ist eine Vereinbarung zu verstehen, die erst im unmittelbaren Vorfeld der Gestaltung getroffen wird und die bisher nicht Bestandteil der vertraglichen Vereinbarung zur Pensionszusage war.

Die o. a. Fälle beschreiben Fälle aus der betrieblichen Beratungspraxis. Es kann jedoch nicht automatisch davon ausgegangen werden, dass die im Einzelfall erreichte Zustimmung der FinVerw in allen anderen Fällen zwingend auch so erteilt wird.

bb) Entscheidungen zur betrieblichen Veranlassung einer Abfindung

(1) FG Münster im Fall von beherrschenden Gesellschafter-Geschäftsführern

1567 Szenario: Ad hoc-Abfindung zugunsten von zwei beherrschenden GGf anlässlich des Verkaufs der Gesellschaftsanteile

Mit dem **Urteil v. 23. 3. 2009**[1] hat das **FG Münster** im Fall zweier jeweils zu 50 % beteiligter GGf, deren Pensionszusage im Zuge der Veräußerung der GmbH-Anteile und auf Druck des Erwerbers hin abgefunden wurden, als betrieblich veranlasst beurteilt. Die GGf waren nach Beurteilung des FG als **beherrschende GGf im steuerrechtlichen Sinne und als Unternehmer im betriebsrentenrechtlichen Sinne** zu beurteilen. Zur Begründung der betrieblichen Veranlassung führte das FG Münster u. a. das Folgende aus:

---

1 FG Münster, Urteil v. 23. 3. 2009 - 9 K 319/02, NWB DokID: MAAAD-28896.

4. Betriebliche Veranlassung dem Grunde nach

„Eine Abweichung von den ursprünglichen Vereinbarungen über die Zusage von Pensionsansprüchen muss in Anbetracht des Umstandes, dass auch bei anderen Dauerschuldverhältnissen zwischen einer Kapitalgesellschaft und ihren Gesellschaftern eine nachträgliche Änderung getroffener Vereinbarungen möglich oder zur Vermeidung verdeckter Gewinnausschüttungen sogar geboten ist (vgl. Streck/Schwedhelm, KStG, § 8 Rz. 228), nach Auffassung des Senates jedenfalls dann möglich sein, wenn die Abfindungsvereinbarung nicht auf bloßen Wunsch des beherrschenden Gesellschafters abgeschlossen wird, sondern – wie vorliegend – auf dem Umstand beruht, dass die Anteile an der Kapitalgesellschaft veräußert werden und die Erwerber die Gesellschaftsanteile nur unter Befreiung von den Pensionslasten übernehmen wollen. [...] Es liegt des Weiteren keine gesellschaftsrechtliche Veranlassung der Vereinbarung v. 17.11.1997 wegen Verstoßes gegen ein Abfindungsverbot vor. Das gesetzliche Abfindungsverbot aus § 3 Abs. 1 BetrAVG greift vorliegend nicht ein, da die Beigeladenen zu jeweils 50 v. H. an der Klin. beteiligt waren und damit nicht dem Anwendungsbereich des § 17 BetrAVG unterfallen. [...] Auch ein ordentlicher und gewissenhafter Geschäftsleiter hätte für den Verzicht auf die Pensionsansprüche eine Abfindung erbringen müssen, denn den Beigeladenen standen – wie zwischen den Beteiligten unstreitig ist – zivilrechtlich wirksam begründete, den Anforderungen des § 6a EStG entsprechende und nicht durch das Gesellschaftsverhältnis zwischen der GmbH und den Beigeladenen veranlasste (insbesondere im Zeitpunkt der Erteilung der Zusagen erdienbare und finanzierbare) Pensionsansprüche gegen die GmbH zu. [...] Eine Veranlassung der Vereinbarung v. 17.11.1997 durch das Gesellschaftsverhältnis kann entgegen der Ansicht des Bekl. auch nicht daraus hergeleitet werden, dass sie im Zusammenhang mit dem Verkauf der Anteile geschlossen wurde. Auch wenn es zutrifft, dass es ohne den Verkauf der Anteile nicht zum Abschluss der Vereinbarung v. 17.11.1997 gekommen wäre, so ist diese dennoch den schuldrechtlichen und nicht den gesellschaftsrechtlichen Beziehungen zwischen der GmbH und den Beigeladenen zuzuordnen. Insbesondere kann nicht davon ausgegangen werden, dass die Abfindungsvereinbarung deshalb durch das Gesellschaftsverhältnis veranlasst ist, weil sie bei einer Veräußerung der Anteile ausschließlich im Interesse des Gesellschafters erfolgt (so aber Neumann, vGA und verdeckte Einlage, 2. Aufl., S. 408 und Haßelberg, GmbHR 2003, 992). Im Streitfall war die Interessenlage schon deshalb eine andere, weil – wie die Klin. unbestritten dargelegt hat – die Erwerber der Anteile nicht gewillt waren, diese ohne Befreiung von den Pensionslasten zu übernehmen. In einem solchen Fall ist der Abschluss der Abfindungsvereinbarung vielmehr betrieblich und nicht gesellschaftsrechtlich veranlasst."

VIII. Abfindung der Pensionszusage – Entpflichtung und Transfer ins Privatvermögen

1568 Die Ausführungen des FG Münster waren seinerzeit eindeutig und bedürfen aus Sicht der Autoren keiner weiteren Erläuterung mehr. Die zunächst seitens der FinVerw eingelegte Revision wurde dann auch wieder zurückgenommen.[1] Die vom FG Münster vertretene Rechtsauffassung dürfte jedoch mittlerweile durch die BFH-Entscheidung v. 11. 9. 2013[2] überholt sein.

(2) BFH im Fall eines nicht beherrschenden Gesellschafter-Geschäftsführers

1569 Szenario: **Vereinbarungsgemäße Abfindung zugunsten eines nicht beherrschenden GGf bei Ausscheiden aus dem Dienstverhältnis anlässlich des Verkaufs der Geschäftsanteile**

Mit dem **Urteil v. 28. 4. 2010**[3] hat dann der **BFH** zur betrieblichen Veranlassung einer Abfindungszahlung an einen nicht beherrschenden GGf Stellung genommen und hierzu die folgende Rechtsauffassung veröffentlicht:

„Die Abfindung oder die entgeltliche Ablösung einer Pensionszusage, um dadurch den Verkauf der Geschäftsanteile der GmbH zu ermöglichen, ist jedenfalls dann regelmäßig nicht durch das Gesellschaftsverhältnis mitveranlasst, wenn die Leistungen vereinbarungsgemäß im Zusammenhang mit der Beendigung des Dienstverhältnisses eines nicht beherrschenden Gesellschafters stehen."[4]

1570 Damit hat der BFH im Fall eines nicht beherrschenden GGf eine Abfindung unter folgenden Voraussetzungen **als betrieblich veranlasst** anerkannt:

▶ Die Abfindung erfolgt zur Ermöglichung des Verkaufs der Geschäftsanteile und

▶ die Leistungen stehen vereinbarungsgemäß im Zusammenhang mit der Beendigung des Dienstverhältnisses.

1571 Dabei ist jedoch zu beachten, dass die Fallkonstellation in dem diesbezüglichen Urteil durchaus eine besondere war. Nach den Ausführungen des Urteils handelte es sich bei dem Versorgungsberechtigten zwar um einen **nicht beherrschenden GGf i. S. d. Steuerrechts**. Im betriebsrentenrechtlichen Sinne war er jedoch aufgrund der dort geltenden Zusammenrechnungstheorie als **Unternehmer** zu beurteilen, so dass die betreffende Pensionszusage nicht in den Geltungsbereich des BetrAVG gefallen war. In dem Zusammenhang hat der BFH klargestellt, dass die Feststellung, dass die GGf tatsächlich gleich gelager-

---

1 BFH, Beschluss v. 9. 10. 2009 - I R 58/09, nicht dokumentiert, juris.
2 BFH, Urteil v. 11. 9. 2013 - I R 28/13, BStBl 2014 II S. 726.
3 BFH, Urteil v, 28. 4. 2010 - I R 78/08, BStBl 2013 II S. 41.
4 BFH, Urteil v, 28. 4. 2010 - I R 78/08, Leitsatz Tz. 8, BStBl 2013 II S. 41.

te Interessen verfolgen, im betriebsrentenrechtlichen Sinne nicht erforderlich ist. Insoweit hat der BFH damit anerkannt, dass sich die Voraussetzungen, unter denen das BetrAVG eine GGf-Gruppe als beherrschend (Unternehmer) beurteilt, grundsätzlich von denjenigen unterscheiden, die der Senat bei der Prüfung, ob eine vGA vorliegt, an eine beherrschende GGf-Gruppe zu stellen hat. Wäre die Zusage stattdessen dem Geltungsbereich des BetrAVG unterlegen, so hätte eine Abfindung, die im Zusammenhang mit dem Ausscheiden aus dem Dienstverhältnis gewährt worden wäre, grundsätzlich gegen das Abfindungsverbot des § 3 BetrAVG verstoßen. In der Rechtsfolge wäre die Abfindung nach § 134 BGB nichtig gewesen. Eine andere Beurteilung wäre nur in denjenigen Fällen zutreffend, in denen § 3 BetrAVG wirksam abbedungen worden wäre (siehe hierzu Rz. 2918).

(*Einstweilen frei*) 1572–1575

5. Betriebliche Veranlassung der Höhe nach

Wird das Rechtsgeschäft zur Abfindung dem Grunde nach als betrieblich veranlasst beurteilt, so stellt sich im nächsten Schritt die Frage, ob die gegenständliche Kapitalleistung auch der Höhe nach als betrieblich veranlasst zu beurteilen ist. 1576

Der Höhe nach ist eine Abfindungszahlung nur dann als betrieblich veranlasst zu beurteilen, wenn die **Gleichwertigkeit zwischen Abfindung und Pensionsanspruch** gegeben ist. Ist dies nicht der Fall, so ergeben sich – je nach Höhe der Abfindungszahlung – unterschiedliche Konsequenzen. Dies kann **sowohl zu einem Teilverzicht als auch zu einer vGA der Höhe** nach führen. 1577

a) Ermittlung der Abfindungshöhe

Das entscheidende Kriterium zur Annahme einer verdeckten Einlage oder einer vGA der Höhe nach stellt die Frage dar, ob der Abfindungsbetrag definitiv vom Wert des Rentenanspruchs abweicht, den der Gf zivilrechtlich beanspruchen kann. Nur wenn dies der Fall ist, erscheint es nach Auffassung der Autoren gerechtfertigt, die vorstehenden Rechtsfolgen anzunehmen. 1578

Ist die Abfindung in der vertraglichen Vereinbarung zur Pensionszusage sachgerecht geregelt (also unter Angabe der anzuwendenden Rechnungsgrundlagen), so besteht der zivilrechtliche Anspruch i. H. d. vertraglich vereinbarten Einmalleistung. **Ist dies jedoch nicht der Fall,** so ist der zivilrechtliche Anspruch in der Abfindungsvereinbarung festzulegen. Die tatsächliche Höhe der Einmal- 1579 leistung wird dabei über die zu bestimmenden Rechnungsgrundlagen gesteuert.

1580 Ob die vereinbarte Abfindung dem **Gebot der Wertgleichheit** entspricht, ist anhand der unterschiedlichen Bewertungsmethoden zur Ermittlung der Abfindungshöhe zu beurteilen. Die Höhe der steuerlich zulässigen Abfindung richtet sich weder nach der bisher gebildeten Pensionsrückstellung, noch nach dem Rückkaufswert oder der Ablaufleistung der Rückdeckungsversicherung. Die Höhe des Abfindungsbetrags bestimmt sich einzig und allein anhand des **Barwerts der künftigen Pensionsleistungen**.

aa) Wirtschaftliche Betrachtung

1581 Wird die Abfindung im Zusammenhang mit dem Ausscheiden aus dem Dienstverhältnis oder während des Dienstverhältnisses vereinbart, so bildet die Höhe der erdienten Versorgungsanwartschaften die Bemessungsgrundlage für die Ermittlung der wertgleichen Kapitalleistung. Im Fall eines beherrschenden GGf ist darüber hinaus zu berücksichtigen, dass die FinVerw die Ermittlung der erdienten Versorgungsanwartschaften für diesen Personenkreis unter Hinweis auf das Rückwirkungs- und Nachzahlungsverbot nur nach dem sog. Gegenwartswertverfahren zulässt. Der Erdienungszeitraum beginnt damit erst mit dem Zeitpunkt der Zusageerteilung (s/t-tel) und nicht rückwirkend mit dem Zeitpunkt des Diensteintritts (m/n-tel).[1]

1582 Bei der Bewertung der künftigen Versorgungsleistungen sind die Rechnungsgrundlagen und die anerkannten Regeln der Versicherungsmathematik zugrunde zu legen. Der Barwert der künftigen Versorgungsleistungen beschreibt damit den Wert (gewogenes Mittel), den die zukünftigen Rentenzahlungen zum Zeitpunkt der Bewertung besitzen (unter Berücksichtigung eines zur Abzinsung der künftigen Rentenzahlungen definierten Zinssatzes und der Wahrscheinlichkeit, dass die Renten auch zu zahlen sind).

1583 Führt man die Überlegungen zur wirtschaftlichen Betrachtung konsequent zu Ende, so gelangt man zu dem Ergebnis, dass ein wertgleicher Abfindungsbetrag aus der Sicht der verpflichteten Kapitalgesellschaft und unter Berücksichtigung der Sorgfaltspflicht eines ordentlichen und gewissenhaften Geschäftsleiters dem nach handelsrechtlichen Kriterien ermittelten kaufmännisch vernünftigen Erfüllungsbetrag entsprechen müsste. Dabei erscheint es sachgerecht, dass die handelsrechtliche Bewertung unter Zugrundelegung des Rehnungszinsfußes durchgeführt wird, der sich bei Anwendung der siebenjäh-

---

[1] BMF, Schreiben v. 9.12.2002, BStBl 2002 I S. 1393.

rigen Durchschnittsbildung ergibt. Aus der Sicht des versorgungsberechtigten GGf würde sich sogar eine Bewertung nach dem Prinzip der Wiederbeschaffungskosten begründen lassen.

bb) Betriebsrentenrechtliche Betrachtung

Für alle Zusagen, die in den Geltungsbereich des BetrAVG fallen, bestimmt sich die Ermittlung des Abfindungsbetrages nach den diesbezüglichen gesetzlichen Bestimmungen des § 3 Abs. 5 BetrAVG i. V. m. § 4 Abs. 5 BetrAVG (siehe hierzu Rz. 2930). 1584

Für **Abfindungen von Unternehmerzusagen**, die sich außerhalb des Geltungsbereichs des BetrAVG bewegen, finden die Bestimmungen der § 3 Abs. 5 und § 4 Abs. 5 BetrAVG **keine Anwendung**. Sie können in diesen Fällen bestenfalls als Orientierungshilfe zur Bestimmung der Abfindungshöhe herangezogen werden. 1585

cc) Steuerrechtliche Betrachtung

Dass die FinVerw zur Frage der Wertgleichheit eine völlig eigenständige Rechtsauffassung vertritt, hat sie im **BMF-Schreiben v. 6. 4. 2005**[1] zum Ausdruck gebracht: 1586

Danach erfüllen Abfindungszahlungen dann das Gebot der **Wertgleichheit im steuerrechtlichen Sinne**, wenn vertraglich als Abfindungsbetrag der **Barwert der künftigen Pensionsleistungen gem. § 6a Abs. 3 Satz 2 Nr. 1 und 2 EStG** vorgesehen ist. Die FinVerw macht damit die steuerrechtliche Bewertung zum Maßstab, wenn es um die Beurteilung der Wertgleichheit zwischen einer lebenslangen Rentenzahlung und einer einmaligen Kapitalleistung geht. Sie räumt damit der **steuerrechtlichen Betrachtung den Vorrang** vor der wirtschaftlichen Betrachtung ein. Auch räumt sie der Betrachtung aus Sicht der Kapitalgesellschaft den Vorrang ein. Diese Wertung ist unter dem Gesichtspunkt des Mindestwertansatzes auch im aktuellen Umfeld noch zu rechtfertigen. 1587

Somit kann grundsätzlich davon ausgegangen werden, dass eine Abfindungszahlung, die auf dem Barwert gem. § 6a Abs. 3 Satz 2 Nr. 1 oder 2 EStG fußt, von der FinVerw im steuerrechtlichen Sinne als wertgleich anerkannt wird. Aus Sicht der Beteiligten ist diese Sichtweise zu begrüßen, da die Erfahrung 1588

---

[1] BMF, Schreiben v. 6. 4. 2005, BStBl 2005 I S. 619.

zeigt, dass diese i. d. R. an einer eher niedrig gehaltenen Bewertung des Abfindungsbetrages interessiert sind.

dd) Abfindungshöhe in der betrieblichen Praxis

1589 Die Autoren können anhand ihrer Erfahrungen aus der Beratungspraxis bestätigen, dass die FinVerw eine Abfindung zum steuerrechtlichen Barwert gem. § 6a Abs. 3 Satz 2 Nr. 1 oder 2 EStG als betrieblich veranlasst beurteilt. So wurde diese Beurteilung in der Vergangenheit durch eine Vielzahl von Fällen im gesamten Bundesgebiet im Rahmen von verbindlichen Auskünften von der FinVerw bestätigt.

1590 Auch kann darüber berichtet werden, dass Abfindungszahlungen, deren Höhe anhand einer handelsrechtlichen Bewertung ermittelt wurde, ebenfalls den Segen der FinVerw fanden. Demgegenüber wurden Abfindungszahlungen, die auf der Grundlage des Wiederbeschaffungswertes ermittelt wurden, unter Hinweis auf die versicherungsspezifische Kalkulation der Höhe nach als nicht betrieblich veranlasst beurteilt.

1591–1595 (Einstweilen frei)

b) Verdeckte Einlage oder verdeckte Gewinnausschüttung der Höhe nach

1596 Kann die Höhe der Abfindungszahlung das Gebot der Gleichwertigkeit im steuerrechtlichen Sinne nicht erfüllen, so ergeben sich – je nach Höhe der Abfindungszahlung – unterschiedliche Konsequenzen. Dies kann **sowohl zu einem Teilverzicht als auch zu einer vGA der Höhe** nach führen.

5. Betriebliche Veranlassung der Höhe nach

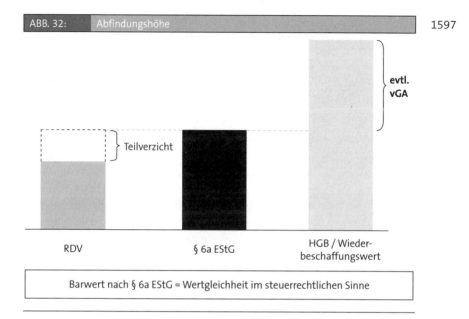

ABB. 32: Abfindungshöhe

aa) Abfindung zu niedrig: Teilverzicht

(1) Verdeckte Einlage

Bleibt die Abfindungszahlung der Höhe nach unterhalb des Wertes des Pensionsanspruchs, liegt insoweit ein **Teilverzicht** vor. Zu den Rechtsfolgen eines (Teil-)Verzichts (verdeckte Einlage, fiktiver Lohnzufluss) siehe Rz. 937.

1598

(2) Abfindung gegen Übertragung der Rückdeckungsversicherung

Das Problem eines Teilverzichts entsteht regelmäßig auch dann, wenn sich die Parteien darauf einigen, dass die Pensionszusage gegen Übertragung der Rückdeckungsversicherung stattfinden soll. Da sich die Wertgleichheit des Abfindungsbetrags ausschließlich nach dem Barwert der künftigen Pensionsleistungen richtet und der in der Rückdeckungsversicherung vorhandene Zeitwert diesen i. d. R. deutlich unterschreiten wird, führt diese Gestaltung auch dann, wenn sie als betrieblich veranlasst zu beurteilen ist, zu einer verdeckten Einlage i. H. d. nicht bedeckten Teilbetrags. Aus einem solchen Modell wird somit relativ schnell ein Haftungsfall für die beteiligten Berater.

1599

1600 Diese rechtliche Beurteilung wurde finanzgerichtlich bestätigt. So hat das FG Münster in der Entscheidung v. 23. 3. 2009[1] – unter Bezugnahme auf das BFH-Urteil v. 15. 10. 1997[2] – entschieden, dass der GGf durch den Verzicht auf die Ansprüche aus den Pensionszusagen Einlagen in die GmbH getätigt hat, soweit der Teilwert der unverfallbaren Pensionsanwartschaften den Wert der Ansprüche aus den Rückdeckungsversicherungen überstiegen hat.

(3) Schenkungsteuerbarkeit disquotaler verdeckter Einlagen

1601 Im Fall einer disquotalen verdeckten Einlage ist darüber hinaus der schenkungsteuerrechtliche Aspekt zu betrachten. Für Erwerbe, für die die Steuer nach dem 13. 12. 2011 entsteht, **fingiert § 7 Abs. 8 Satz 1 ErbStG eine Schenkung** zwischen dem an eine Kapitalgesellschaft Leistenden und der natürlichen Person oder Stiftung, die an der Kapitalgesellschaft unmittelbar oder mittelbar beteiligt ist, und deren Anteile an der Kapitalgesellschaft durch die Leistung im gemeinen Wert steigen (siehe hierzu Rz. 3986).[3]

bb) Abfindung zu hoch: verdeckte Gewinnausschüttung

1602 Ist die Gleichwertigkeit zwischen Abfindung und Pensionsanspruch nicht gegeben und **übersteigt die Abfindungszahlung den Wert des Pensionsanspruchs, liegt insoweit eine vGA** vor, die den Gewinn der Kapitalgesellschaft nicht mindern darf.

1603 Inwieweit eine Abfindungszahlung die nicht auf dem Barwert nach § 6a EStG beruht und die diesen der Höhe nach übersteigt, zu einer vGA führt, ist immer im Einzelfall mit der zuständigen Finanzbehörde abzustimmen, da es insoweit innerhalb der FinVerw keine bundesweit einheitliche Vorgehensweise gibt (siehe hierzu Rz. 1578).

1604–1610 (*Einstweilen frei*)

6. Rechtsfolgen einer betrieblich veranlassten Abfindungszahlung

1611 Die Rechtsfolgen einer betrieblich veranlassten Abfindungszahlung lassen sich zusammenfassend wie folgt darstellen:

---

1 FG Münster, Urteil v. 23. 3. 2009 - 9 K 319/02, NWB DokID: MAAAD-28896.
2 BFH, Urteil v. 15. 10. 1997 - I R 58/93, BStBl 1998 II S. 305.
3 Oberste Finanzbehörden der Länder, Erlass v. 20. 4. 2018, BStBl 2018 I S. 632.

6. Rechtsfolgen einer betrieblich veranlassten Abfindungszahlung

GmbH	GGf
Ertrag i. H. d. gewinnerhöhend aufzulösenden Pensionsrückstellung	**Arbeitslohn** i. H. d. Abfindung (Ausnahme: fehlende Wertgleichheit)
Aufwand i. H. d. Abfindung	**Fünftelungsregelung** gem. § 34 Abs. 1 EStG

Um die Rechtsfolgen einer betrieblich veranlassten Abfindung und deren wirtschaftliche Auswirkungen nachvollziehen zu können, werden diese nachfolgend im Einzelnen erläutert.

a) Auswirkungen beim Gesellschafter-Geschäftsführer

aa) Einkünfte aus nichtselbständiger Arbeit

Rentenzahlungen an den GGf, die die GmbH aufgrund einer dem GGf gegenüber erteilten unmittelbaren Pensionszusage zu leisten hat, rechnen zu den Einkünften aus nichtselbständiger Arbeit i. S. d. § 19 EStG.[1] 1612

Die Abfindung des laufenden Rentenanspruchs führt grundsätzlich zu keiner Änderung des Charakters der zu beziehenden Leistung. Es verbleibt daher bei der Behandlung als steuerpflichtiger Arbeitslohn. Dabei spielt es auch keine Rolle, ob die Abfindung für eine Versorgungsanwartschaft oder für einen bereits laufenden Versorgungsanspruch gewährt wird. 1613

bb) Vergütung für eine mehrjährige Tätigkeit

§ 34 Abs. 1 EStG in der aktuell gültigen Fassung gewährt für alle außerordentlichen Einkünfte eine Tarifvergünstigung, die durch die sog. Fünftelungsregelung realisiert wird. 1614

Als außerordentliche Einkünfte kommen u. a. **Vergütungen, die für eine mehrjährige Tätigkeit** gewährt werden (§ 34 Abs. 2 Nr. 4 EStG), in Betracht. Die Abfindung einer Pensionszusage ist als eine Vergütung für eine mehrjährige Tätigkeit zu behandeln. 1615

Gemäß der Rz. 147 des BMF-Schreibens v. 6. 12. 2017 gilt für Kapitalleistungen das Folgende:

„Werden Versorgungsleistungen nicht fortlaufend, sondern in einer Summe gezahlt, handelt es sich um Vergütungen (Arbeitslohn) für mehrjährige Tätigkeiten

---

[1] BMF, Schreiben v. 6. 12. 2017, Rz. 146, BStBl 2018 I S. 147.

im Sinne des § 34 Abs. 2 Nr. 4 EStG (vgl. BFH-Urteil v. 12. 4. 2007, BStBl 2007 II S. 581), die bei Zusammenballung als außerordentliche Einkünfte nach § 34 Abs. 1 EStG zu besteuern sind. Die Gründe für eine Kapitalisierung von Versorgungsbezügen sind dabei unerheblich."

1616 Mit dem Schreiben v. 6. 12. 2017 hat das BMF die Diskussion, die im Anschluss an die BFH-Entscheidung v. 20. 9. 2016[1] bzgl. der Anwendung der Fünftelungsregelung entstanden war, beendet. Danach ist klar, dass im Bereich der Einkünfte aus nichtselbständiger Arbeit nach wie vor die Fünftelungsregelung zur Anwendung kommt. Der Anwendungsbereich der BFH-Entscheidung erstreckt sich ausschließlich auf Kapitalleistungen, die aus Direktversicherungs-, Pensionskassen- und Pensionsfondszusagen stammen. Begründet wird dies mit der fehlenden Außergewöhnlichkeit, die gem. § 34 Abs. 2 EStG erforderlich ist.[2]

1617 Eine fundierte Aussage darüber, ob die Anwendung der sog. Fünftelungsregelung tatsächlich für eine steuerliche Entlastung sorgen kann, kann erst im Zeitpunkt des Eintritts des Versorgungsfalls und unter Berücksichtigung der dann vorherrschenden Besteuerungsmerkmale des Versorgungsberechtigten getroffen werden.

1618–1620 (*Einstweilen frei*)

b) Auswirkungen bei der GmbH

aa) Gewinnerhöhende Auflösung der Pensionsrückstellung

1621 Für die Handelsbilanz bestimmt § 249 Abs. 2 Satz 2 HGB, dass eine Pensionsrückstellung nur aufgelöst werden darf, soweit der Grund für ihre Bildung entfallen ist. Der gleiche Grundsatz gilt auch für die Steuerbilanz.[3]

1622 Durch die Abfindungszahlung wird die Kapitalgesellschaft von der Pensionsverpflichtung endgültig befreit. Die Kapitalgesellschaft hat demzufolge die bisher passivierte Pensionsrückstellung insoweit gewinnerhöhend aufzulösen, als sie auf die abgefundenen Versorgungsanrechte entfällt. Dieser Grundsatz gilt sowohl für die Handels- als auch für die Steuerbilanz des Trägerunternehmens.

---

1 BFH, Urteil v. 20. 9. 2016 - X R 23/15, BStBl 2017 II S. 347.
2 BMF, Schreiben v. 6. 12. 2017, Rz. 149, BStBl 2018 I S. 147.
3 R 6a Abs. 21 Satz 1 EStR.

bb) Aufwand durch die Abfindungszahlung

Die Abfindungszahlung ist als Personalaufwand zu verbuchen. Sie rechnet in voller Höhe zu den abzugsfähigen Betriebsausgaben der Kapitalgesellschaft (§ 4 Abs. 4 EStG).   1623

Eine **steuerneutrale Abfindung** ergibt sich nur in den Fällen, in denen **laufende Versorgungsleistungen** in Höhe des Barwertes gem. § 6a EStG abgefunden werden.   1624

Im Fall der **Abfindung von Versorgungsanwartschaften** wird sich selbst dann eine **Ergebnisauswirkung** ergeben, wenn für die Ermittlung der Abfindung der steuerliche Anwartschaftsbarwert der erdienten Anwartschaften gem. § 6a EStG maßgebend ist. Liegt der Anwartschaftsbarwert unter dem bisherigen Teilwert, so ergibt sich in Höhe der Differenz ein außerordentlicher Ertrag in der GmbH. Liegt der Abfindungsbetrag über dem steuerlichen Teilwert, so ermittelt sich aus dem Abfindungsvorgang ein außerordentlicher Aufwand.   1625

(*Einstweilen frei*)   1626–1630

7. Gesellschaftliche Veranlassung dem Grunde nach

Die FinVerw geht davon aus, dass eine Abfindungszahlung dann nicht das Ergebnis der Kapitalgesellschaft mindern darf, wenn deren Veranlassung der Gesellschafterstellung zuzurechnen ist. Das Rechtsgeschäft zur Abfindung der Pensionszusage wird als ein rechtlich selbständiges Erfüllungsgeschäft beurteilt, welches sowohl zivil-, betriebsrenten-, als auch ertragsteuerrechtlich unabhängig vom Verpflichtungsgeschäft zu behandeln ist. Diese Rechtsauffassung hat der BFH erstmals mit seiner Entscheidung v. 14.3.2006[1] vertreten und mit Entscheidung v. 11.9.2013[2] bestätigt.   1631

a) Gesellschaftliche Veranlassung einer Abfindungszahlung

Ob die Abfindung als gesellschaftlich veranlasst beurteilt werden muss, ist in jedem Einzelfall anhand der hierzu vorherrschenden individuellen Umstände zu prüfen. Dabei ist anhand eines hypothetischen Fremdvergleichs festzustellen, ob die im Einzelfall maßgebliche Willensrichtung der an dem Rechtsgeschäft beteiligten Personen der Gesellschafterstellung zugerechnet werden muss. Eine pauschale Aussage darüber, wann von einer gesellschaftlichen Ver-   1632

---

[1] BFH, Urteil v. 14.3.2006 - I R 38/05, NWB DokID: JAAAB-88782.
[2] BFH, Urteil v. 11.9.2013 - I R 28/13, BStBl 2014 II S. 726.

VIII. Abfindung der Pensionszusage – Entpflichtung und Transfer ins Privatvermögen

anlassung ausgegangen werden muss, ist im aktuell vorherrschenden Umfeld leider nicht möglich.

1633 Da auf Seiten der FinVerw aktuell keine einheitliche Willensbildung im Hinblick auf die Beurteilung von Abfindungen erkennbar ist, wird dringend angeraten, Gestaltungen, die eine Abfindung zum Gegenstand haben, im Wege eines Antrags auf Erteilung einer verbindlichen Auskunft mit der FinVerw abzustimmen.

b) Entscheidungen zur gesellschaftlichen Veranlassung einer Abfindung

1634 Der BFH hat zunächst mit seiner Entscheidung v. 14. 3. 2006 die Welt der Abfindungen auf den Kopf gestellt. Ausgehend von der juristischen Definition des Begriffes einer Abfindung hat er den Abfindungsvorgang in zwei selbständige Geschäftsvorfälle aufgeteilt, die im Fall einer gesellschaftlichen Veranlassung zu einer doppelten Besteuerung beim GGf führen. Im Jahr 2013 hat der BFH dann zwei weitere Grundsatzentscheidungen zur Behandlung einer Abfindung, bzw. einer Kapitalleistung getroffen.

aa) BFH, Urteil v. 14. 3. 2006 – I R 38/05

1635 Szenario: Ad hoc-Abfindung an einen beherrschenden GGf bei Ausscheiden aus dem Dienstverhältnis anlässlich des Verkaufs der Gesellschaftsanteile und dispositiver Vereinbarung des BetrAVG

(1) Die BFH-Entscheidung im Einzelnen

1636 Mit **Urteil v. 14. 3. 2006**[1] hat der **BFH** über eine Gestaltung entschieden, bei der die zu 51 % bzw. 49 % beteiligten Gesellschafter N und X auf die ihnen anlässlich ihrer Tätigkeit für die Kapitalgesellschaft erteilten Pensionszusagen – unter gleichzeitiger Übertragung der hierfür abgeschlossenen Rückdeckungsversicherungen – verzichtet haben. Das Finanzamt hatte im Fall des Gesellschafters X die Übertragung der Ansprüche der Rückdeckungsversicherung in voller Höhe als vGA behandelt. Zur Begründung führte das Finanzamt aus, dass *„die nachträglich getroffene Abfindungsregelung inhaltlich einem Fremdvergleich nicht standhalte, da sie gegen das Verbot des § 3 BetrAVG verstoße. Dies gelte namentlich für den Minderheitsgesellschafter X, für den das BetrAVG unmittelbar anwendbar sei."*

---

[1] BFH, Urteil v. 14. 3. 2006 - I R 38/05, NWB DokID: JAAAB-88782.

Dieser Auffassung hatte sich das FG Köln[1] im finanzgerichtlichen Verfahren nicht angeschlossen. Vielmehr hatte das FG die Rechtsposition der klagenden GmbH in vollem Umfang bestätigt und deutlich zum Ausdruck gebracht, dass *„der Beklagte die Übertragung der Rückdeckungsansprüche für die Pensionszusage des X zu Unrecht als vGA behandelt hat"*. Da die Rechtssache nach Auffassung des FG Köln von grundsätzlicher Bedeutung und die Abfindung einer Pensionsanwartschaft bislang noch nicht Gegenstand der höchstrichterlichen Rechtsprechung war, hatte das FG die Revision zugelassen.

Mit Urteil v. 14. 3. 2006 hat der BFH das Folgende entschieden:

„1. Zahlt eine GmbH ihrem (beherrschenden) Gesellschafter-Geschäftsführer bei dessen Ausscheiden aus dem Unternehmen im Zusammenhang mit der Veräußerung der Gesellschaftsanteile eine Abfindung für dessen Verzicht auf die ihm erteilte betriebliche Pensionszusage, obwohl vereinbart war, dass im Fall des vorzeitigen Ausscheidens des Begünstigten das grundsätzliche Abfindungsverbot des § 3 Abs. 1 BetrAVG (a. F.) Anwendung finden sollte, ist regelmäßig eine gesellschaftliche Veranlassung und damit eine verdeckte Gewinnausschüttung anzunehmen. Das gilt unabhängig davon, dass der Gesellschafter im Laufe der Zeit seine beherrschende Stellung und seine Geschäftsführerfunktion aufgibt und seitdem unter Aufrechterhaltung der Versorgungszusage für die GmbH als Arbeitnehmer tätig geworden ist (sog. Statuswechsel).

2. Die Übertragung der Ansprüche aus einer Rückdeckungsversicherung für eine vertraglich unverfallbare Pensionszusage an den Gesellschafter einer GmbH führt bei der GmbH auch dann zu einer Vermögensminderung als Voraussetzung einer verdeckten Gewinnausschüttung, wenn der Begünstigte zeitgleich auf seine Anwartschaftsrechte auf die Versorgung verzichtet. Der Verzicht führt zu einer verdeckten Einlage."[2]

Der BFH begründete die Entscheidung damit, dass die Parteien in Ziff. 3 der Pensionszusage für den Fall des vorzeitigen Ausscheidens **die Anwendung des BetrAVG dispositiv vereinbart** hatten. Damit gilt – so führt der BFH aus – für diese Pensionszusage neben § 2 Abs. 1 BetrAVG a. F. vor allem § 3 BetrAVG a. F. und das darin gesetzlich bestimmte grundsätzliche Abfindungsverbot für unverfallbare Anwartschaften, die mehr als zehn Jahre vor dem Ausscheiden aus dem Unternehmen erteilt wurden.

---

1 FG Köln, Urteil v. 17. 3. 2005 - 13 K 1531/03, NWB DokID: CAAAB-53826.
2 BFH, Urteil v. 14. 3. 2006 - I R 38/05, Leitsätze, NWB DokID: JAAAB-88782.

„Die so vereinbarten Voraussetzungen des Abfindungsverbots des § 3 Abs. 1 Satz 1 BetrAVG a. F. (i. V. m. der individualvertraglichen Pensionserteilung) waren bezogen auf die Person des X erfüllt. [...] Die Klägerin war aufgrund der mit X getroffenen Zusageabreden infolgedessen in Einklang mit der gesetzlichen Regelung verpflichtet, die eingegangenen Rentenverpflichtungen auf „ewig" beizubehalten."[1]

1639 Die Abfindung der Pensionszusage stand somit im Gegensatz zu der getroffenen vertraglichen Regelung.

„In der Nichtdurchführung einer Abmachung, die eine Kapitalgesellschaft mit ihrem beherrschenden Gesellschafter – wie dies X seinerzeit im Zeitpunkt der Zusageerteilung und später gemeinsam mit N aufgrund gleich gelagerter Interessen war – geschlossen hat, liegt ein Anhaltspunkt, der die regelmäßige Vermutung einer gesellschaftlichen Veranlassung rechtfertigt."[2]

1640 Aus Sicht des BFH ist der Abfindungsvorgang in zwei selbständige voneinander zu trennende Geschäftsvorfälle aufzuteilen:
- **Entschädigungsloser Verzicht** auf die Pensionszusage
- **Abfindung** durch Zahlung oder Vermögensübertragung.

1641 Beide Geschäftsvorfälle sind nach Auffassung des BFH aufgrund ihrer wechselseitigen gesellschaftlichen Veranlassung getrennt voneinander zu würdigen.[3]

1642 Sind die beiden Geschäftsvorfälle nicht als betrieblich veranlasst zu beurteilen, so führt
- der Verzicht zu einer **verdeckten Einlage** und
- die Abfindungszahlung zu einer **verdeckten Gewinnausschüttung**.

(2) Die BFH-Entscheidung in der Analyse

1643 Der BFH ist damit der vom FG Köln vertretenen Auffassung, dass die dispositive Vereinbarung der Parteien zur Anwendbarkeit des BetrAVG durch den Abschluss des Aufhebungsvertrages konkludent wieder außer Kraft gesetzt wurde, entgegengetreten.

Das Ergebnis dieses Verfahrens basiert nach Auffassung der Autoren letztendlich auf einer rechtlichen Fehlkonstruktion der Pensionszusage. Die darin getroffene Vereinbarung, *„dass sich bei vorzeitigem Ausscheiden aus den Diensten*

---

1 BFH, Urteil v. 14. 3. 2006 - I R 38/05, Rz. 20, NWB DokID: JAAAB-88782.
2 BFH, Urteil v. 14. 3. 2006 - I R 38/05, Rz. 22, NWB DokID: JAAAB-88782.
3 BFH, Urteil v. 14. 3. 2006 - I R 38/05, Rz. 23, NWB DokID: JAAAB-88782.

7. Gesellschaftliche Veranlassung dem Grunde nach

der Gesellschaft der Leistungsanspruch nach den Vorschriften des Gesetzes zur Verbesserung der betrieblichen Altersversorgung (BetrAVG) richten soll", wurde vom BFH wesentlich umfangreicher ausgelegt, als es von den Parteien wohl beabsichtigt war. Derartige Klauseln finden sich regelmäßig in Pensionszusagen an Gf. Sie zielen darauf ab, dass die Ermittlung der erdienten Anwartschaften im Fall eines vorzeitigen Ausscheidens nach dem im BetrAVG festgelegten Berechnungsverfahren (m/n-tel-Methode) erfolgen soll. Dass mit der gewählten Formulierung auch die Anwendbarkeit des § 3 BetrAVG a. F. vereinbart wurde, lag sicher nicht im Interesse der Vertragsparteien.

Damit liefert dieses BFH-Urteil wieder ein hervorragendes Beispiel dafür, dass Pensionszusagen für GGf einer permanenten rechtlichen Pflege zu unterziehen sind. Die Beantwortung der die Fachwelt interessierenden Fragen zur Übertragung der Rückdeckungsversicherung und zur Anwendung des Nachzahlungsverbotes konnte der BFH somit umgehen.

Die Sichtweise des BFH, nach der der Abfindungsvorgang in zwei selbständige voneinander zu trennende Geschäftsvorfälle aufzuteilen und getrennt voneinander zu würdigen ist, führt für den betroffenen GGf zu einem verheerenden Ergebnis: Die doppelte Besteuerung seiner Abfindung!

1644

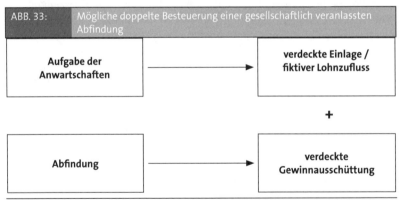

ABB. 33: Mögliche doppelte Besteuerung einer gesellschaftlich veranlassten Abfindung

Die steuerrechtliche Würdigung des BFH fußt auf der juristischen Beurteilung des Abfindungsvorgangs (siehe hierzu Rz. 1494). So hat der BGH in seiner Entscheidung v. 15. 7. 2002[1] den Charakter einer Abfindung wie folgt beschrieben:

---

1 BGH, Urteil v. 15. 7. 2002 - II ZR 192/00, NWB DokID: KAAAB-97806.

"Unter Abfindung im Sinne dieser Vorschrift (Anm. § 3 BetrAVG) ist ein Vertrag zu verstehen, durch den der Anwartschaftsberechtigte auf seine Anwartschaft verzichtet und durch den sich der Arbeitgeber verpflichtet dafür eine Entschädigung zu zahlen."[1]

1645 Diese rechtliche Qualifikation des Abfindungsvorgangs zeigt zwar, dass der BGH davon ausgeht, dass die Abfindung als Entschädigung für den Verzicht des Versorgungsberechtigten auf seine Anwartschaft auf Zahlung einer lebenslangen Altersrente gewährt wird. Die Grundlage für die zweidimensionale Behandlung eines Abfindungsvorgangs wurde damit durch den BGH geschaffen.

1646 Jedoch kann den Grundsätzen der BGH-Entscheidung nach Ansicht der Autoren nicht entnommen werden, dass aus der Zweiteilung des Rechtsgeschäftes der Tatbestand eines entschädigungslosen Verzichts abgeleitet werden kann. Vielmehr ist die juristische Beurteilung des BGH aus Sicht der Autoren dahingehend auszulegen, dass es sich bei dem Verzicht um einen Verzicht unter Auflage handelt, wobei die Auflage in Form der Entschädigungszahlung als vereinbart gelten kann. Im Rahmen der Abfindungsvereinbarung kommt es also dazu, dass der Gläubiger (Gf) seinem Schuldner (Kapitalgesellschaft) die Schuld nur gegen Gewährung (Auflage) einer wertgleichen Entschädigung erlässt. Ebenso ist der Arbeitgeber nur dann dazu bereit, eine Entschädigung zu leisten, wenn der Versorgungsberechtigte bereit ist auf seine Versorgungsanwartschaften zu verzichten. Somit ist eindeutig festzustellen, dass es sich grundsätzlich zwar um zwei Schritte handelt, die juristisch jedoch im Wege eines Vertrags vereinbart werden und somit als ein einheitlicher Geschäftsvorfall zu behandeln sind, bei dem die Willenserklärung der einen Partei jeweils von der Willenserklärung der anderen Partei abhängig ist. Für eine rechtliche Würdigung, die den erklärten Verzicht und die gewährte Entschädigung voneinander trennt und sie als selbständige – wechselseitig gesellschaftlich veranlasste – Geschäftsvorfälle behandelt, bleibt nach Auffassung der Autoren absolut kein Raum.

1647 Die vom BFH entwickelte Fiktion eines entschädigungslosen Verzichts ist daher nach Meinung der Autoren unzutreffend. Grundlage der Abfindung ist in der betrieblichen Praxis eine Abfindungsvereinbarung, die nach ihrem Regelungsgehalt niemals als entschädigungsloser Erlassvertrag i. S. d. § 397 BGB zu beurteilen ist.

---

1 BGH, Urteil v. 15. 7. 2002 - II ZR 192/00, Tz. II. 2., NWB DokID: KAAAB-97806.

7. Gesellschaftliche Veranlassung dem Grunde nach

Abschließend ist festzustellen, dass die Anwendung der Rechtsgrundsätze der BFH-Entscheidung auch wirtschaftlich zu einem völlig abwegigen Ergebnis führen, da der GGf bei einer gesellschaftlich veranlassten Abfindungszahlung im Endeffekt – und ohne wirklich nachvollziehbaren Grund – den Gegenwert seiner Pensionszusage zweimal zu versteuern hat; einmal im Rahmen der Einkünfte aus nichtselbständiger Arbeit und ein zweites Mal als Kapitaleinkünfte (siehe hierzu Rz. 1644). Der betroffene GGf wird im Fall einer gesellschaftlich veranlassten Abfindung i. d. R. eine Steuerbelastung erleiden, die die ihm gewährte Abfindung übersteigen kann. 1648

Der BFH hat damit ein echtes **Vermögensvernichtungsmodell** entwickelt! 1649

bb) BFH, Urteil v. 11. 9. 2013 – I R 28/13

Szenario: Ad hoc-Abfindung an einen beherrschenden GGf bei Fortbestand des Dienstverhältnisses anlässlich des Verkaufs von Geschäftsanteilen an den Sohn 1650

(1) Die BFH-Entscheidung im Einzelnen

Mit Urteil v. 11. 9. 2013[1] hat der BFH über eine Gestaltung entschieden, bei der ein im Jahre 1954 geborener **beherrschender GGf** (WL) an seinen Sohn Teile seiner Geschäftsanteile übertrug und im Zuge dieser gesellschaftsrechtlichen Umgestaltung mit der Kapitalgesellschaft vereinbarte, dass er – um seinem Sohn eine von Pensionsansprüchen unbelastete Gesellschaft übergeben zu können – mit Wirkung vom August 2006 auf seinen Pensionsanspruch gegen Abfindung und Zahlung eines Einmalbetrags i. H. v. 171.268 € verzichtet. Die vertragliche Vereinbarung zur Pensionszusage stammte vom April 1990. Eine Vereinbarung zu einer möglichen Abfindung der Pensionanrechte war nicht Gegenstand der Pensionszusage. 1651

Das Finanzamt behandelte die Abfindungszahlung als vGA. Die Klage gegen den hiernach ergangenen Körperschaftsteuer-Bescheid war erfolgreich. Das FG Nürnberg gab ihr durch Urteil v. 27. 11. 2012[2] statt. 1652

Mit Urteil v. 11. 9. 2013 hat der BFH der – gegen das Urteil vom FG Nürnberg gerichteten – Klage der FinVerw stattgegeben und das Folgende entschieden:

„1. Zahlt eine GmbH ihrem beherrschenden (und weiterhin als Geschäftsführer tätigen) Gesellschafter-Geschäftsführer aus Anlass der Übertragung von Gesell-

---

[1] BFH, Urteil v. 11. 9. 2013 - I R 28/13, BStBl 2014 II S. 726.
[2] FG Nürnberg, Urteil v. 27. 11. 2012 - 1 K 229/11, NWB DokID: OAAAE-41384.

schaftsanteilen auf seinen Sohn eine Abfindung gegen Verzicht auf die ihm erteilte betriebliche Pensionszusage, obschon als Versorgungsfälle ursprünglich nur die dauernde Arbeitsunfähigkeit und die Beendigung des Geschäftsführervertrages mit oder nach Vollendung des 65. Lebensjahres vereinbart waren, ist regelmäßig eine Veranlassung durch das Gesellschaftsverhältnis und damit eine vGA anzunehmen.

2. Sagt eine GmbH ihrem beherrschenden Gesellschafter-Geschäftsführer an Stelle der monatlichen Rente „spontan" die Zahlung einer Kapitalabfindung der Versorgungsanwartschaft zu, so ist die gezahlte Abfindung regelmäßig verdeckte Gewinnausschüttung (Anschluss an Senatsurteil v. 15. 9. 2004 - I R 62/03, BFHE 207, 443, BStBl 2005 II S. 176). Überdies unterfällt die Zahlung der Kapitalabfindung an Stelle der Rente dem Schriftlichkeitserfordernis in § 6a Abs. 1 Nr. 3 EStG 2002.

3. Die Kapitalabfindung führt bei der GmbH auch dann zu einer Vermögensminderung als Voraussetzung einer verdeckten Gewinnausschüttung, wenn der Begünstigte zeitgleich auf seine Anwartschaftsrechte auf die Versorgung verzichtet und die bis dahin gebildete Pensionsrückstellung erfolgswirksam aufgelöst wird. Es gilt insofern eine geschäftsvorfallbezogene, nicht aber eine handelsbilanzielle Betrachtungsweise (Anschluss an Senatsurteile v. 14. 3. 2006 - I R 38/05, BFH/NV 2006 S. 1515, und v. 5. 3. 2008 - I R 12/07, BFHE 220, 454; Klarstellung des Senatsurteils v. 28. 4. 2010 - I R 78/08, BFHE 229, 234, BStBl 2013 II S. 41)."[1]

Der BFH begründete die Entscheidung damit, dass es „unter den Gegebenheiten des Streitfalls an der erforderlichen vorherigen klaren und eindeutigen Abmachung über die Kapitalabfindung fehlte. Denn im ursprünglichen Geschäftsführervertrag selbst war solches nicht vorgesehen. Das versprochene Ruhegehalt war vielmehr erst bei bzw. nach Eintritt der aufschiebenden sowie auflösenden Bedingungen nach Maßgabe entsprechender pro rata-Zahlungen fällig. Dass WL bereits einen rechnerischen Teil der Anwartschaft „erdient" hatte und dass dieser Teil nach den Feststellungen des FG infolge der Abfindungszahlung nicht überschritten worden war, ändert daran nichts. Ausschlaggebend ist allein, dass auch der Anspruch auf den bereits erdienten Teil der Anwartschaft dem begünstigten WL im Zahlungszeitpunkt nicht zustand, sondern ausweislich der Zusagebedingungen von weiteren unabdingbaren Umständen abhing, deren (Nicht-)Eintritt in diesem Zeitpunkt weder absehbar noch verlässlich prognostizierbar war. Der spätere tatsächliche Eintritt des Versorgungsfalls bei angenommener fortbeste-

---

1 BFH, Urteil v. 11. 9. 2013 - I R 28/13, Leitsätze, BStBl 2014 II S. 726.

7. Gesellschaftliche Veranlassung dem Grunde nach

hender Versorgungsanwartschaft konnte deswegen nicht schlicht als „wahrscheinlich" unterstellt werden."[1]

„Jedenfalls in Anbetracht dieser Besonderheiten des Streitfalls reichte es aber nicht aus, dass sich die Beteiligten „ad hoc" kurz vor der beabsichtigten (Teil-)Abfindung der Versorgungsanwartschaft auf einen Nachtrag zu der Pensionszusage verständigt haben, durch die die besagten aufschiebenden und auflösenden Bedingungen gegen die Abfindung – also sozusagen gegen „Generalquittung" – aufgehoben wurden. Dem Erfordernis der klaren und eindeutigen und vorherigen Abmachung zwischen der Kapitalgesellschaft und dem beherrschenden Gesellschafter wurde nicht mehr genügt, wodurch wiederum eine im Gesellschaftlichen gründende (Mit-)Veranlassung der geleisteten Zahlung indiziert wird und eine solche Veranlassung mangels tragfähiger Gegenindizien anzunehmen ist (s. a. Senatsurteil v. 15. 9. 2004 - I R 62/03, BFHE 207, 443, BStBl 2005 II S. 176, dort zur Gewährung einer Sonderprovision)."[2]

(2) Die BFH-Entscheidung in der Analyse

Der BFH ist damit der vom FG Nürnberg vertretenen Auffassung, welche den Abfindungsvorgang als betrieblich veranlasst beurteilte, entgegengetreten. Mit der Entscheidung hat der BFH den Begriff der „ad hoc-Abfindung" geprägt. Damit wird eine Abfindungsvereinbarung beschrieben, die die Parteien erst kurz vor der beabsichtigten Abfindung der Versorgungsanwartschaften schließen, ohne dass eine derartige Möglichkeit bereits in der bisher gültigen Vereinbarung zur Pensionszusage niedergelegt war. 1653

In der ad hoc-Abfindung sieht der BFH einen Verstoß gegen das Nachzahlungs- und Rückwirkungsverbot. Dies verdeutlicht, dass sich der Anwendungsbereich dieser Entscheidung ausschließlich auf den Personenkreis der beherrschenden GGf beziehen kann. Darüber hinaus ist davon auszugehen, dass die Grundsätze dieser Entscheidung auch nur bei einer Abfindung während der Anwartschaftsphase Anwendung finden können, da nur in einem solchen Fall die vom BFH angenommene vertragswidrige Erfüllung in Frage kommen kann. 1654

Der BFH hat im Rahmen dieser Entscheidung offen gelassen, ob in einem solchen Fall bereits die parallele Zahlung von Abfindung und Gehalt zu einer Steuerschädlichkeit führen würde. Auch hat er sich nicht dazu geäußert, inwieweit die Anteilsveräußerung zu einer betrieblichen Veranlassung führen könnte. 1655

---

1 BFH, Urteil v. 11. 9. 2013 - I R 28/13, Rz. 16, BStBl 2014 II S. 726.
2 BFH, Urteil v. 11. 9. 2013 - I R 28/13, Rz. 17, BStBl 2014 II S. 726.

VIII. Abfindung der Pensionszusage – Entpflichtung und Transfer ins Privatvermögen

1656 Dagegen hat der BFH die Grundsätze der Entscheidung v. 14. 3. 2006 nochmals ausdrücklich bestätigt. Die diesbezüglichen Ausführungen lassen es jedoch nicht zu, eindeutig zu bestimmen, ob dies nur für die Trennung von Abfindungszahlung und Auflösung der Pensionsrückstellung gilt, oder ob dies auch für die Trennung von Verzicht und Abfindungszahlung gelten soll. Da darüber hinaus das Entstehen einer verdeckten Einlage der Entscheidung nicht entnommen werden kann, ist dieses Urteil dazu geeignet an dieser Stelle ein gewisses Maß an Unsicherheit zurückzulassen.

BERATUNGSHINWEIS:

In der Praxis kann ein Sachverhalt – wie er im entschiedenen Fall vorlag – u. E. nicht von vornherein steuerkonform geregelt werden, da es unter dem Gesichtspunkt der Ernsthaftigkeit nicht zu vertreten wäre, wenn in die vertragliche Vereinbarung zur Pensionszusage von vornherein eine Klausel aufgenommen würde, die bei fortbestehendem Dienstverhältnis im Fall eines Gesellschafterwechsels die Abfindung der Pensionszusage vorsehen, bzw. zulassen würde.

cc) **BFH, Urteil v. 23. 10. 2013 – I R 89/12**

1657 Szenario: Vertragswidrige Auszahlung der Kapitalleistung an einen beherrschenden GGf nach Vollendung des Pensionsalters bei Fortbestand des Dienstverhältnisses

(1) Die BFH-Entscheidung im Einzelnen

1658 Mit Urteil v. 23. 10. 2013[1] hat der BFH über eine Gestaltung entschieden, bei der die – einem **beherrschenden GGf** (HM) – gegenüber erteilte Pensionszusage entgegen der zugrundeliegenden Versorgungsvereinbarung vor Beendigung des Dienstverhältnisses erfüllt wurde. In der Versorgungszusage war die Fälligkeit der zugesagten Kapitalleistung sowohl vom Erreichen des vereinbarten Pensionsalters, als auch vom Ausscheiden aus dem Dienstverhältnis abhängig. Die Kapitalgesellschaft hat die Versorgungsleistung nach Vollendung des Pensionsalters an den GGf ausgezahlt, obwohl dieser seine Gf-Tätigkeit unverändert fortsetzte.

Mit Urteil v. 23. 10. 2013 hat der BFH das Folgende entschieden:

„1. Findet eine GmbH die einem beherrschenden – oder infolge gleichgelagerter Interessen steuerrechtlich als beherrschend behandelten – Gesellschafter-Geschäftsführer erteilte Zusage auf eine einmalige Kapitalleistung entgegen der zugrundeliegenden Versorgungsvereinbarung vor der Beendigung des Dienstver-

---

1 BFH, Urteil v. 23. 10. 2013 - I R 89/12, BStBl 2014 II S. 729.

hältnisses in einem Einmalbetrag durch Auszahlung der fälligen Beträge aus einer Rückdeckungsversicherung ab, indiziert das die im Gesellschaftsverhältnis liegende Veranlassung der Kapitalabfindung.

2. Die Kapitalabfindung führt bei der GmbH auch dann zu einer Vermögensminderung als Voraussetzung einer verdeckten Gewinnausschüttung, wenn zeitgleich die für die Pensionszusage gebildete Pensionsrückstellung aufgelöst wird. Es gilt insofern eine geschäftsvorfallbezogene, nicht aber eine handelsbilanzielle Betrachtungsweise (Anschluss an Senatsurteile v. 14. 3. 2006 - I R 38/05, BFH/NV 2006 S. 1515, und v. 5. 3. 2008 - I R 12/07, BFHE 220, 454; Klarstellung des Senatsurteils v. 28. 4. 2010 - I R 78/08, BFHE 229, 234, BStBl 2013 II S. 41)."[1]

Der BFH begründete die Entscheidung damit, dass „*der in Nr. 1 der Vereinbarung aufgenommene Zusagepassus „Sie erhalten eine einmalige Kapitalzahlung in Höhe von 750.000 DM, wenn Sie nach vollendetem 60. Lebensjahr aus unseren Diensten ausscheiden" so zu verstehen, dass die Leistungsfähigkeit auch von dem Ausscheiden des HM aus dem aktiven Dienst abhängt. [...] Wird das Kapital dessen ungeachtet und trotz unveränderter Weiterbeschäftigung von HM als Geschäftsführer bereits „mit" vollendetem 60. Lebensjahr ausbezahlt, dann indiziert dies die im Gesellschaftsverhältnis gründende Veranlassung der Zahlung. Die vorzeitige Auszahlung dürfte sich in der Tat – wie das FG zutreffend ausführt – nur durch die gesellschaftsrechtliche Verbundenheit des Geschäftsführers erklären lassen: Bei einem fremden Dritten wäre überprüft worden, ob und wann die Zahlung zu erfolgen hat. Dass sich die Klägerin alleine auf den Zeitpunkt der Auszahlung des Versicherungsguthabens durch die Rückdeckungsversicherung verlassen hat, ohne auf die vertraglich vereinbarte Fälligkeit zu achten, ist allein der gesellschaftsrechtlichen Stellung des Geschäftsführers geschuldet.*"[2]

1659

(2) Die BFH-Entscheidung in der Analyse

Die BFH-Entscheidung bedarf keiner tiefergehenden Analyse, da es auf der Hand liegt, dass die Zahlung einer Versorgungsleistung vor Erfüllung der vertraglich vereinbarten Zugangsvoraussetzungen der Gesellschafterstellung zuzuordnen ist.

1660

Es ist jedoch darauf hinzuweisen, **dass die Leitsätze insoweit in die Irre führen,** als in Bezug auf den zu entscheidenden Sachverhalt der Begriff „Kapitalabfindung" verwendet wird. Dies deswegen, da der zu entscheidende Fall die er-

1661

---

1 BFH, Urteil v. 23. 10. 2013 - I R 89/12, Leitsätze, BStBl 2014 II S. 729.
2 BFH, Urteil v. 23. 10. 2013 - I R 89/12, Rz. 20 f., BStBl 2014 II S. 729.

tragsteuerrechtliche Behandlung einer vorzeitigen – und daher vertragswidrig – ausbezahlten Kapitalleistung zum Gegenstand hat. Eine vorzeitige Zahlung einer zugesagten Kapitalleistung stellt jedoch keine Kapitalabfindung dar. Daher wird der Begriff der Kapitalabfindung im Verlauf der Entscheidung auch nicht verwendet. Die Entscheidung ist daher von den beiden zuvor genannten BFH-Entscheidungen insoweit abzugrenzen, als im vorliegenden Fall weder ein Verzicht noch eine Entschädigungszahlung in Frage kommen kann. Vielmehr wird nur die Frage geklärt, ob eine Zahlung vor deren Fälligkeit als betrieblich veranlasst beurteilt werden kann.

1662–1670 (*Einstweilen frei*)

8. Rechtsfolgen einer gesellschaftlich veranlassten Abfindungszahlung

1671 Da die Entscheidung des BFH v. 11. 9. 2013 zwar auf die Entscheidung v. 14. 3. 2006 Bezug nimmt, die Entscheidung jedoch in keiner Weise auf das Entstehen einer verdeckten Einlage eingeht, tritt hinsichtlich der Rechtsfolgen einer gesellschaftlich veranlassten Abfindungszahlung die Frage auf, ob der BFH

▶ auf den ausdrücklichen Verweis hinsichtlich einer verdeckten Einlage deswegen verzichtet hat, weil er eine explizite Nennung nicht für notwendig erachtete, oder

▶ in dem zu entscheidenden Sachverhalt eine Veranlassung dazu sah, zwar eine vGA, nicht jedoch eine verdeckte Einlage anzunehmen.

1672 Diese Frage kann u. E. aktuell nicht abschließend beantwortet werden. Die FinVerw hat sich hierzu bisher in keiner Weise geäußert. Es kann lediglich festgestellt werden, dass die FinVerw zwar die Entscheidung v. 11. 9. 2013 im BStBl veröffentlicht hat, nicht jedoch die Entscheidung v. 14. 3. 2006.

1673 Auch kann die Fragestellung anhand der praktischen Erfahrungen nicht geklärt werden. Lediglich in der einschlägigen Literatur finden sich entsprechende Hinweise. So wird hierzu u. a. die Auffassung vertreten, dass es durchaus denkbar ist, dass die beiden dem Abfindungsvorgang innewohnenden Geschäftsvorfälle (Verzicht und Entschädigung) getrennt voneinander gewürdigt und hinsichtlich ihrer Veranlassung unterschiedlich beurteilt werden können. Eine betriebliche Veranlassung des Verzichts wird dabei für den Fall als wahrscheinlich beurteilt, in dem die Entschädigungszahlung die aufgegebenen Anwartschaften wertgleich ersetzt.[1] Eine eindeutige Klärung der offenen Rechtsfrage kann anhand der Literaturmeinungen aber auch nicht stattfinden.

Da damit hinsichtlich des Entstehens einer verdeckten Einlage ein hohes Maß an Unsicherheit vorhanden ist, werden im Folgenden nicht nur die Rechtsfolgen anhand des BFH-Urteils v. 14. 3. 2006 dargestellt, sondern auch diejenigen Rechtsfolgen, die sich ergeben würden, wenn leidglich die Abfindungszahlung selbst – nicht jedoch der Verzicht – als gesellschaftlich veranlasst beurteilt werden würde.

1674

a) Gesellschaftliche Veranlassung von Verzicht und Abfindungszahlung

Wird der Abfindungsvorgang hinsichtlich der beiden Geschäftsvorfälle als gesellschaftlich veranlasst beurteilt, so lassen sich die damit einhergehenden Rechtsfolgen wie folgt zusammenfassend darstellen:

1675

Steuerrechtliche Auswirkungen	
GmbH	GGf
Ertrag i. H. d. gewinnerhöhend aufzulösenden Pensionsrückstellung	**vGA** i. H. d. gewährten Abfindung (Abgeltungsteuer)
Aufwand i. H. d. Abfindung	zzgl. **Arbeitslohn** i. H. d. Wiederbeschaffungswertes
Außerbilanzielle Korrektur der Abfindung (vGA) und der verdeckten Einlage i. H. d. Wiederbeschaffungswertes	**Nachträgliche Anschaffungskosten** i. H. d. Wiederbeschaffungswertes

Die o. g. Rechtsfolgen basieren auf den Grundsätzen der BFH-Entscheidung v. 14. 3. 2006. Dabei hatte der BFH den Abfindungsvorgang in zwei getrennte Geschäftsvorfälle aufgeteilt (Verzicht und Entschädigung) und diese einer jeweils eigenständigen ertragsteuerrechtlichen Beurteilung unterworfen. Eine wirtschaftliche Neutralisierung beider Vorgänge hat der BFH angesichts ihrer wechselseitigen gesellschaftlichen Veranlassung verneint.

1676

---

1 Siehe hierzu *Otto* in Blomeyer/Rolfs/Otto, BetrAVG, 7. Aufl., StR F Rz. 430b f. S. 1924.

VIII. Abfindung der Pensionszusage – Entpflichtung und Transfer ins Privatvermögen

aa) Auswirkungen beim Gesellschafter-Geschäftsführer

1677 Gemäß BFH v. 14.3.2006 führt eine gesellschaftlich veranlasste Abfindungszahlung zur Aufteilung des Abfindungsvorgangs in zwei zu trennende Geschäftsvorfälle:

1. **Entschädigungsloser Verzicht** auf die Pensionszusage
2. **Abfindung** durch Zahlung oder Vermögensübertragung.

1678 Beide Geschäftsvorfälle sind nach Auffassung des BFH **aufgrund ihrer wechselseitigen gesellschaftlichen Veranlassung** getrennt voneinander zu würdigen. So ergibt es sich, dass der angenommene Verzicht zu einer **verdeckten Einlage** und die Abfindung (im Urteilsfall erbracht durch die Übertragung der Rückdeckungsversicherung) zu einer **verdeckten Gewinnausschüttung** führen.

(1) Einkünfte aus Kapitalvermögen

1679 Die durch die Abfindungszahlung entstehende vGA unterliegt **in vollem Umfang** der Einkommensteuer, die dann in Form einer Abgeltungsteuer mit 25 % zzgl. Solidaritätszuschlag von 1,375 % erhoben wird.

1680 Auf **Antrag** des GGf kann die vGA in seine Veranlagung zur Einkommensteuer einbezogen werden. Das **Jahressteuergesetz 2008** hat Gesellschaftern/Anteilseignern, die

► zu **mindestens 25 %** an einer Kapitalgesellschaft beteiligt sind oder

► zu **mindestens 1 %** an einer Kapitalgesellschaft beteiligt **und** für sie **beruflich tätig** sind,

eine **Option zur Anwendung des Teileinkünfteverfahrens** eingeräumt (§ 32d Abs. 2 Nr. 3 EStG).

(2) Einkünfte aus nichtselbständiger Arbeit

1681 Der vom BFH angenommene Verzicht auf die Pensionszusage führt beim betroffenen GGf zum fiktiven Zufluss von Arbeitslohn i.S.d. § 19 EStG. Steuerpflichtig ist dabei der Teilwert der aufgegebenen Pensionsanwartschaften, der nach dem Wiederbeschaffungskostenprinzip zu ermitteln ist.[1]

1682 Insoweit handelt es sich um eine Vergütung für eine mehrjährige Tätigkeit, bei der die Anwendung der Fünftelungsregelung (§ 34 Abs. 1 und Abs. 2 Nr. 4 EStG) in Betracht kommt (siehe hierzu auch Rz. 3850).[2]

---

[1] BFH, Urteil v. 15.10.1997 - I R 58/93, BStBl 1998 II S. 305.
[2] BFH, Urteil v. 23.8.2017 - VI R 4/16, BStBl 2018 II S. 208.

(3) Nachträgliche Anschaffungskosten

In Höhe der verdeckten Einlage (also i. H. d. Wiederbeschaffungswertes) ergeben sich **nachträgliche Anschaffungskosten auf den GmbH-Anteil**. Diese führen im Fall der Veräußerung der GmbH-Anteile zu einer Reduzierung des steuerpflichtigen Veräußerungsgewinns. Da der Veräußerungsgewinn nach den Grundsätzen des Teileinkünfteverfahrens zu versteuern ist, kann diese Steuerentlastung die vorherige Steuerbelastung aber nur teilweise ausgleichen. Es verbleibt selbst im Fall einer zeitnahen Veräußerung der GmbH-Anteile eine erhebliche steuerliche Belastung des GGf, die dieser i. d. R. wohl nur dann verkraften kann, wenn die Veräußerung seiner Gesellschaftsanteile zu einem entsprechenden Veräußerungserlös führen wird, der der Höhe nach dazu geeignet ist, dass er damit seinen gewohnten Lebensstandard auch nach Ausscheiden aus dem aktiven Erwerbsleben finanzieren kann.

1683

bb) Auswirkungen bei der GmbH

(1) Gewinnerhöhende Auflösung der Pensionsrückstellung

Für die Handelsbilanz bestimmt § 249 Abs. 2 Satz 2 HGB, dass eine Pensionsrückstellung nur aufgelöst werden darf, soweit der Grund für ihre Bildung entfallen ist. Der gleiche Grundsatz gilt auch für die Steuerbilanz.[1]

1684

Durch die Abfindungszahlung wird die Kapitalgesellschaft von der Pensionsverpflichtung endgültig befreit. Die Kapitalgesellschaft hat demzufolge die bisher passivierte Pensionsrückstellung insoweit gewinnerhöhend aufzulösen, als sie auf die abgefundenen Versorgungsanrechte entfällt. Dieser Grundsatz gilt sowohl für die Handels- als auch für die Steuerbilanz des Trägerunternehmens.

1685

(2) Steuerlicher Aufwand durch verdeckte Einlage

Der Verzicht auf eine Pensionszusage führt durch den Wegfall der zuvor passivierten Verbindlichkeit der Kapitalgesellschaft zu einer Vermögensmehrung, die nach handelsrechtlichen Grundsätzen als Gewinn ausgewiesen werden kann. Dem ist steuerrechtlich jedoch durch einen Abzug einer verdeckten Einlage zu begegnen, wenn der Gesellschafter den Erlass im Hinblick auf das Gesellschaftsverhältnis gewährt hat. Da im Zusammenhang mit dem Verzicht eine verdeckte Einlage in die Kapitalgesellschaft entstanden ist, ist das Ergebnis der GmbH nach § 4 Abs. 1 Satz 5 EStG nach den Grundsätzen der Entschei-

1686

---

[1] R 6a Abs. 21 Satz 1 EStR.

dung des GrS v. 9. 6. 1997[1] außerhalb der Bilanz durch eine Absetzung i. H. d. Teilwerts der verdeckten Einlage (Wiederbeschaffungswert) wieder zu korrigieren.

1687 Die verdeckte Einlage führt somit außerbilanziell zu einer Reduzierung des steuerpflichtigen Gewinns der GmbH.

(3) Nichtabzugsfähigkeit der Abfindungszahlung

1688 Da die Abfindungszahlung ebenfalls als gesellschaftlich veranlasst beurteilt wird, liegt **insoweit eine vGA** vor, die den Gewinn der Kapitalgesellschaft nicht mindern darf.

1689 Bilanztechnisch ist der Steuerbilanzgewinn der tatsächlichen, von der Kapitalgesellschaft unter Beachtung des Maßgeblichkeitsgrundsatzes aufgestellten Steuerbilanz mit dem Bilanzgewinn einer (fiktiven) Steuerbilanz zu vergleichen und um die auf einer vGA beruhenden Abweichungen – außerhalb der Bilanz – zu erhöhen. Die erforderliche Korrektur hat in dem Zeitpunkt und in der Höhe zu erfolgen, in dem der Bilanzgewinn und damit das Einkommen durch den Vorgang gemindert worden ist.

cc) Auswirkungen bei den Mit-Gesellschaftern: Schenkungsteuerbarkeit einer gesellschaftlich veranlassten Abfindungszahlung

1690 Eine Berührung mit den schenkungsteuerrechtlichen Vorschriften ergibt sich nur noch in dem Fall, in dem es im Zusammenhang mit dem gesellschaftlich veranlassten Verzicht zu einer disquotalen verdeckten Einlage kommt (siehe hierzu Rz. 3986).

1691–1698 (*Einstweilen frei*)

b) Gesellschaftliche Veranlassung der Abfindungszahlung bei betrieblicher Veranlassung des Verzichts

1699 Wird der Abfindungsvorgang derart qualifiziert, dass zwar die Abfindungszahlung als gesellschaftlich veranlasst beurteilt wird, nicht jedoch die Aufgabe der Anwartschaften (Verzicht), so lassen sich die damit einhergehenden Rechtsfolgen wie folgt zusammenfassend darstellen:

---

[1] GrS v. 9. 6. 1997 - GrS 1/94, BStBl 1998 II S. 307.

Steuerrechtliche Auswirkungen	
GmbH	**GGf**
Ertrag i. H. d. gewinnerhöhend aufzulösenden Pensionsrückstellung	**vGA** i. H. d. gewährten Abfindung (Abgeltungsteuer)
Aufwand i. H. d. Abfindung	
Außerbilanzielle Korrektur der Abfindung (vGA) i. H. d. Wiederbeschaffungswertes	

Die o. g. Rechtsfolgen basieren auf den Grundsätzen der BFH-Entscheidung v. 11. 9. 2013, sofern man den fehlenden Hinweis auf das Entstehen einer verdeckten Einlage derart auslegt, dass im entschiedenen Fall seitens des BFH keine verdeckte Einlage angenommen wurde.

In diesem Fall würden sich die Rechtsfolgen auf diejenigen Auswirkungen beschränken, die im Zusammenhang mit der Abfindungszahlung und deren Qualifikation als vGA entstehen. Insoweit wird an dieser Stelle auf die vorstehenden Ausführungen verwiesen.

In Ermangelung einer verdeckten Einlage käme es weder zu einem fiktiven Lohnzufluss beim GGf, noch zu einer diesbezüglichen außerbilanziellen Ergebniskorrektur bei der Kapitalgesellschaft.

(*Einstweilen frei*)

9. Abfindung während der Anwartschaftsphase

Zur Beurteilung einer Abfindung während der Anwartschaftsphase ist es zwingend notwendig, auf die betriebsrenten- und ertragsteuerrechtlichen Rahmenbedingungen gesondert einzugehen. Die Umsetzung einer Abfindung kommt nur dann in Frage, wenn die Rahmenbedingungen des zu behandelnden Einzelfalls sowohl mit den betriebsrenten-, als auch mit den ertragsteuerrechtlichen Bedingungen in Einklang gebracht werden können.

Dabei ist zu beachten, dass es in der Praxis durchaus vorkommt, dass Gestaltungen auftreten, in denen der ertragsteuerrechtliche Status vom betriebsrentenrechtlichen Status abweicht.[1] Daher ist es in diesem Zusammenhang zwingend notwendig, die ertragsteuerrechtlichen Begrifflichkeiten (beherrschender GGf, nicht beherrschender GGf, nahestehende Person) und die betriebsrenten-

---

[1] Vgl. BFH, Urteil v. 28. 4. 2010 - I R 78/08, BStBl 2013 II S. 41.

VIII. Abfindung der Pensionszusage – Entpflichtung und Transfer ins Privatvermögen

rechtlichen Begrifflichkeiten (Unternehmer, Nicht-Arbeitnehmer), sowie deren jeweilige Rechtsfolgen zu unterscheiden.

1711 Wenn nachfolgend beschrieben wird, dass eine Abfindung mit betrieblicher Veranlassung gestaltet werden kann, so gilt dies immer nur dann, wenn die Abfindung auch betriebsrentenrechtlich zulässig ist.

a) Abfindung bei Fortsetzung des Dienstverhältnisses

aa) Betriebsrentenrechtliche Beurteilung

1712 Eine Abfindung der Pensionszusage ist während des aktiven Dienstverhältnisses grundsätzlich auch dann möglich, wenn die Pensionszusage dem Geltungsbereich des BetrAVG unterliegt. Eine derartige Gestaltung wird vom Abfindungsverbot des § 3 BetrAVG nicht erfasst (siehe hierzu Rz. 2921). Daher ist in diesem speziellen Fall der betriebsrentenrechtliche Status des GGf für die Frage der betriebsrentenrechtlichen Zulässigkeit der Abfindung nicht von Belang.

bb) Ertragsteuerrechtliche Beurteilung

1713 Grundsätzlich gilt, dass Gegenstand von Abfindungsvereinbarungen während der Anwartschaftsphase nur die bis zum Abfindungszeitpunkt unverfallbar erworbenen Anwartschaften (Past Service) sein können. Würde der Future Service mit abgegolten werden, so würde der GGf insoweit eine Leistung erhalten, auf die er noch keinen Anspruch erworben hat. Dies würde zwangsläufig eine vGA nach sich ziehen.

(1) Beherrschender Gesellschafter-Geschäftsführer

1714 Da nach den Grundsätzen der BFH-Entscheidung v. 11. 9. 2013[1] eine ad hoc-Abfindung als vertragswidrige Erfüllung zu beurteilen ist, kann eine vertragskonforme Abfindung bei Fortsetzung des Dienstverhältnisses nur dann erreicht werden, wenn es sich um eine Abfindung handelt, die auf einer **im Vorhinein klar und eindeutig vereinbarten Abfindungsklausel** beruht.

1715 U. E. wird es jedoch nicht gelingen, eine derartige Abfindungsklausel von vornherein in die Pensionszusage zu integrieren. Denn unter dem Gesichtspunkt der Ernsthaftigkeit wäre es u. E. nicht zu vertreten, wenn in die vertragliche Vereinbarung zur Pensionszusage von vornherein eine Klausel aufgenommen

---

[1] BFH, Urteil v. 11. 9. 2013 - I R 28/13, BStBl 2014 II S. 726.

9. Abfindung während der Anwartschaftsphase

würde, die bei fortbestehendem Dienstverhältnis die Abfindung der Pensionszusage vorsehen bzw. zulassen würde.

Im Ergebnis lässt sich feststellen, dass eine steuerkonforme Abfindung eines beherrschenden GGf bei Fortsetzung des Dienstverhältnisses im aktuell vorherrschenden Umfeld nicht erreicht werden kann. 1716

Entsprechendes gilt für eine einem beherrschenden GGf nahestehende Person. 1717

(2) Nicht beherrschender Gesellschafter-Geschäftsführer

Auch für den Personenkreis der nicht beherrschenden GGf besteht unter Ernsthaftigkeitsgesichtspunkten u. E. die vorstehend geschilderte Problematik bzgl. einer von vornherein vereinbarten Klausel, die bei Fortsetzung des Dienstverhältnisses eine Abfindung vorsehen, bzw. zulassen würde. 1718

Da für einen nicht beherrschenden GGf die Beschränkungen des Rückwirkungs- und Nachzahlungsverbots jedoch nicht greifen, kann für diesen u. E. eine betrieblich veranlasste ad hoc-Abfindung bei Fortsetzung des Dienstverhältnisses erreicht werden. Die Grundsätze der BFH-Entscheidung v. 11.9.2013 bzgl. einer ad hoc-Abfindung finden auf nicht beherrschende GGf keine Anwendung. Voraussetzung für die Anerkennung der betrieblichen Veranlassung ist jedoch das Vorliegen eines **objektiv nachvollziehbaren Grundes**, wie z. B. die Veräußerung der Geschäftsanteile, die Liquidation oder die Umwandlung der Kapitalgesellschaft. 1719

Entsprechendes gilt für eine einem nicht beherrschenden GGf nahestehende Person. 1720

b) Abfindung bei vorzeitigem Ausscheiden aus dem Dienstverhältnis

aa) Betriebsrentenrechtliche Beurteilung

(1) Unternehmer

Da für den Personenkreis der Unternehmer die betriebsrentenrechtlichen Regelungen keine Anwendung finden, kann einer Abfindung, die anlässlich eines vorzeitigen Ausscheidens vereinbart wird, § 3 BetrAVG nicht entgegenstehen. 1721

(2) Nicht-Arbeitnehmer

Eine Abfindung der Pensionszusage ist im Zusammenhang mit dem vorzeitigen Ausscheiden des GGf aus dem Dienstverhältnis dann betriebsrentenrecht- 1722

VIII. Abfindung der Pensionszusage – Entpflichtung und Transfer ins Privatvermögen

lich nicht zulässig, wenn die Pensionszusage dem Geltungsbereich des BetrAVG unterliegt. Eine derartige Gestaltung wird vom Abfindungsverbot des § 3 Abs. 1 BetrAVG erfasst (siehe hierzu Rz. 2919). Daher ist es in diesem speziellen Fall zwingend notwendig, den betriebsrentenrechtlichen Status des GGf für die Frage der betriebsrentenrechtlichen Zulässigkeit der Abfindung zu prüfen.

1723 Eine Abfindung die gegen das gesetzlich normierte Abfindungsverbot verstößt, ist zivilrechtlich gem. § 134 BGB nichtig. In der Folge wäre das Rechtsgeschäft unter ertragsteuerrechtlichen Gesichtspunkten zwingend der Gesellschafterstellung zuzuordnen.

1724 Etwas anderes würde nur dann gelten, wenn die Anwendung des § 3 BetrAVG zivilrechtlich wirksam abbedungen wurde (siehe hierzu Rz. 2918).

bb) Ertragsteuerrechtliche Beurteilung

(1) Beherrschender Gesellschafter-Geschäftsführer

1725 Die Anforderungen des Rückwirkungs- und Nachzahlungsverbots gelten auch im Fall eines vorzeitigen Ausscheidens aus dem kausalen Dienstverhältnis. Daher wäre eine ad hoc-Abfindung auch in diesem Fall als gesellschaftlich veranlasst zu beurteilen.

1726 Im Gegensatz zur Abfindung bei Fortsetzung des Dienstverhältnisses ist es u. E. jedoch möglich, eine Klausel in die vertragliche Vereinbarung zur Pensionszusage zu integrieren, die es ermöglicht, dass die bis zum Zeitpunkt des Ausscheidens unverfallbar erworbenen Anwartschaften durch die Zahlung einer einmaligen Kapitalleistung im Zeitpunkt des Ausscheidens aus dem kausalen Dienstverhältnis abgegolten werden. Eine derartige Klausel steht in unmittelbarem Zusammenhang mit dem Schicksal des kausalen Dienstverhältnis. Wird dieses vorzeitig beendet, so erscheint es plausibel, dass die – anlässlich des Ausscheidens stattfindende – Abfindung als ein wirtschaftlicher Vorgang beurteilt wird, der auch dann der betrieblichen Sphäre zuzurechnen ist, wenn diese außerhalb eines Verkaufs der Gesellschaftsanteile oder einer ähnlichen gesellschaftsrechtlichen Veränderung vorgenommen wird.

1727 Ist die Abfindungsklausel in der ursprünglichen vertraglichen Vereinbarung zur Pensionszusage nicht enthalten und soll diese zu einem späteren Zeitpunkt in die Pensionszusage integriert werden, so stellt sich die Frage, ob eine derartige Vertragsänderung eine erneute Prüfung der Erdienbarkeitskriterien auslösen kann. Diese Frage wurde u. E. durch die BFH-Entscheidung v.

7.3.2018[1] entschieden. Im Rahmen dieser Entscheidung hat der BFH den Grundsatz einer wertgleichen Umstellung der Pensionszusage geprägt. Danach ist eine erneute Prüfung der Erdienbarkeit der Versorgungszusage dann nicht gerechtfertigt, wenn eine bestehende Versorgungszusage ohne finanzielle Mehrbelastung für die GmbH geändert wird. Diese Voraussetzung ist u. E. zumindest dann erfüllt, wenn die Abfindung als wertgleich im ertragsteuerrechtlichen Sinne beurteilt werden kann.

Am Ende verbleibt nur die Frage, inwieweit im Zusammenhang mit einer – kurz vor der Durchführung der Abfindung – vereinbarten Ergänzung der Pensionszusage um eine Abfindungsklausel eine missbräuchliche Gestaltung angenommen werden kann, anhand derer die Wirkungen des Rückwirkungs- und Nachzahlungsverbots umgangen werden sollen. Da der BFH den Begriff „ad hoc" in zeitlicher Hinsicht leider nicht präzisiert hat, bedarf dieser einer Auslegung. U. E. kann von einer ad hoc-Abfindung wirklich nur dann ausgegangen werden, wenn die Ergänzung der vertraglichen Vereinbarung zur Pensionszusage um eine Abfindungsklausel (Verfügungsgeschäft) im unmittelbaren zeitlichen Vorfeld des Abschlusses der tatsächlichen Abfindungsvereinbarung (Erfüllungsgeschäft) durchgeführt wird. Liegt zwischen Verfügungs- und Erfüllungsgeschäft ein Zeitraum von ein bis zwei Jahren, so kann u. E. nicht mehr von einer ad hoc-Abfindung ausgegangen werden. 1728

Entsprechendes gilt für eine einem beherrschenden GGf nahestehende Person. 1729

BERATUNGSHINWEIS:

Es wird empfohlen, entsprechende Klauseln derart auszugestalten, dass eine Abfindung nur in beiderseitigem Einvernehmen stattfinden kann, sodass es weder zu einer Benachteiligung des GGf, noch zu einer Benachteiligung der Kapitalgesellschaft kommen kann.

(2) Nicht beherrschender Gesellschafter-Geschäftsführer

Eine vertragsgemäße Abfindung bei vorzeitigem Ausscheiden aus dem kausalen Dienstverhältnis muss u. E. im Fall eines nicht beherrschenden GGf als betrieblich veranlasst beurteilt werden. Im Fall einer vertragsgemäßen Abfindung hat der BFH bereits entschieden, dass diese regelmäßig dann nicht durch das Gesellschaftsverhältnis veranlasst ist, wenn dadurch der Verkauf der Gesellschaftsanteile ermöglicht wird.[2] 1730

---

1 BFH, Urteil v. 7.3.2018 - I R 89/15, NWB DokID: WAAAG-87341.
2 Vgl. BFH, Urteil v. 28.4.2010 - I R 78/08, BStBl 2013 II S. 41.

VIII. Abfindung der Pensionszusage – Entpflichtung und Transfer ins Privatvermögen

1731 U. E. muss eine vertragsgemäße Abfindung bei einem vorzeitigen Ausscheiden eines nicht beherrschenden GGf auch außerhalb eines Verkaufs der Gesellschaftsanteile oder einer ähnlichen gesellschaftsrechtlichen Veränderung als betrieblich veranlasst beurteilt werden.

1732 Da für diesen Personenkreis das Rückwirkungs- und Nachzahlungsverbot nicht greift, muss u. E. eine ad hoc-Abfindung bei vorzeitigem Ausscheiden aus dem kausalen Dienstverhältnis dann als betrieblich veranlasst beurteilt werden, wenn diese im Zusammenhang mit objektiv nachvollziehbaren Gründen – wie z. B. dem Verkauf der Gesellschaftsanteile – steht. Ob dies jedoch auch dann gilt, wenn solche nachvollziehbaren Gründe nicht vorliegen, ist im Einzelfall mit der zuständigen Finanzbehörde zu klären.

1733 Hinsichtlich einer nachträglichen Integration einer Abfindungsklausel in die ursprüngliche vertragliche Vereinbarung zur Pensionszusage wird auf die Ausführungen unter Rz. 801 verwiesen.

1734 Entsprechendes gilt für eine einem nicht beherrschenden GGf nahestehende Person.

c) Zusammenfassung

1735 Sofern die Abfindung während der Anwartschaftsphase **betriebsrentenrechtlich zulässig** ist, können die vorstehenden Ausführungen zur ertragsteuerrechtlichen Beurteilung des Abfindungsvorgangs wie folgt zusammengefasst und schematisch dargestellt werden:

1736 ABB. 34: Abfindung während der Anwartschaftsphase

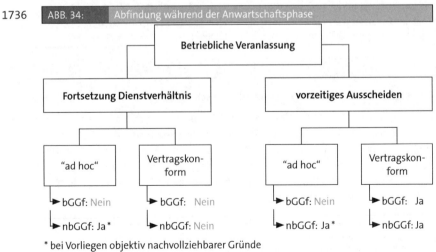

* bei Vorliegen objektiv nachvollziehbarer Gründe

(Einstweilen frei) 1737–1745

10. Abfindung während der Leistungsphase

Auch bei der Beurteilung einer Abfindung während der Leistungsphase ist es zwingend notwendig, auf die betriebsrenten- und ertragsteuerrechtlichen Rahmenbedingungen gesondert einzugehen. Die zur Abfindung während der Anwartschaftsphase getroffenen Aussagen gelten entsprechend (siehe Rz. 1709).   1746

Auch hier gilt wiederum, dass wenn nachfolgend beschrieben wird, dass eine Abfindung mit betrieblicher Veranlassung gestaltet werden kann, dies immer nur dann gilt, wenn die Abfindung auch betriebsrentenrechtlich zulässig ist.   1747

a) Abfindung bei Rentenübertritt

aa) Betriebsrentenrechtliche Beurteilung

(1) Unternehmer

Da für den Personenkreis der Unternehmer die betriebsrentenrechtlichen Regelungen keine Anwendung finden, kann einer Abfindung, die anlässlich eines Rentenübertritts vereinbart wird, § 3 BetrAVG nicht entgegenstehen.   1748

(2) Nicht-Arbeitnehmer

Eine Abfindung der Pensionszusage im Zusammenhang mit dem Rentenübertritt des GGf ist betriebsrentenrechtlich nicht zulässig, wenn die Pensionszusage dem Geltungsbereich des BetrAVG unterliegt. Auch eine derartige Gestaltung wird vom Abfindungsverbot des § 3 Abs. 1 BetrAVG erfasst (siehe hierzu Rz. 2919). Daher ist es auch in diesem speziellen Fall zwingend notwendig, den betriebsrentenrechtlichen Status des GGf für die Frage der betriebsrentenrechtlichen Zulässigkeit der Abfindung zu prüfen.   1749

Eine Abfindung die gegen das gesetzlich normierte Abfindungsverbot verstößt, ist zivilrechtlich gem. § 134 BGB nichtig. In der Folge wäre das Rechtsgeschäft unter ertragsteuerrechtlichen Gesichtspunkten zwingend der Gesellschafterstellung zuzuordnen.   1750

Etwas anderes würde nur dann gelten, wenn die Anwendung des § 3 BetrAVG zivilrechtlich wirksam abbedungen wurde (siehe hierzu Rz. 2918).   1751

VIII. Abfindung der Pensionszusage – Entpflichtung und Transfer ins Privatvermögen

1752 Folgt man der Auslegung des BGH gem. Entscheidung v. 28.9.2009,[1] wonach eine Abfindungsklausel die den Parteien das Recht einräumt, bei Eintritt eines Versorgungsfalls die Abfindung der Rente zu verlangen, als ein **Kapitaloptionsrecht** zu beurteilen ist, welches nicht gegen § 3 BetrAVG verstößt, so würde eine derartige Klausel bei einem Rentenübertritt auch zu einer zulässigen Kapitalisierung führen (siehe hierzu Rz. 634).

bb) Ertragsteuerrechtliche Beurteilung

1753 Mit Eintritt des Leistungsfalls tritt die juristische Betrachtung des Abfindungsvorgangs (siehe hierzu Rz. 1494) in den Hintergrund.

1754 Anhand der praktischen Erfahrungen können die Autoren darüber berichten, dass sich auf Seiten der FinVerw mittlerweile die Auffassung verfestigt hat, dass mit Eintritt eines Versorgungsfalls die wirtschaftliche Betrachtung des Abfindungsvorgangs (siehe hierzu Rz. 1492) in den Vordergrund tritt. Dementsprechend wird davon ausgegangen, dass sich der Regelungsgehalt einer Abfindungsvereinbarung ausschließlich auf den Zahlungsmodus für die Erfüllung eines in der Vergangenheit erworbenen Pensionsanspruchs bezieht, ohne dabei wertmäßig in die Höhe des verdienten Anspruchs einzugreifen. Eine diesbezügliche einheitliche Verwaltungsanweisung (z.B. im Rahmen eines BMF-Schreibens) ist leider bisher noch nicht ergangen. Daher bedarf die Behandlung einer Abfindung während der Leistungsphase nach wie vor einer individuellen Abstimmung mit der zuständigen Finanzbehörde.

(1) Beherrschender Gesellschafter-Geschäftsführer

1755 Bei der wirtschaftlichen Betrachtungsweise einer Abfindung wird auch davon ausgegangen, dass diese nicht auf den Zeitpunkt der Erteilung der Pensionszusage zurückwirkt. Vielmehr wird die Abfindung unter wirtschaftlichen Gesichtspunkten derart qualifiziert, dass diese einen punktuellen Vorgang darstellt, mit dem das Dauerschuldverhältnis der Pensionszusage mit Wirkung für die Zukunft an veränderte wirtschaftliche Rahmenbedingungen angepasst wird.

1756 In der Folge kann davon ausgegangen werden, dass eine Abfindung, die bei Eintritt des Versorgungsfalls vorgenommen wird, als betrieblich veranlasst zu beurteilen ist. Dies gilt unabhängig davon, ob die Abfindung bereits Gegenstand der vertraglichen Vereinbarung zur Pensionszusage war, oder ob diese

---

1 BGH, Urteil v. 28.9.2009 - II ZR 12/09, NWB DokID: HAAAD-34484.

ad hoc vereinbart wird. Bei einer ad hoc-Abfindung kann u. E. kein Verstoß gegen das Rückwirkungs- und Nachzahlungsverbot angenommen werden.

Entsprechendes gilt für eine einem beherrschenden GGf nahestehende Person. 1757

(2) Nicht beherrschender Gesellschafter-Geschäftsführer

Unter Berücksichtigung des Umstands, dass die FinVerw eine Abfindung bei Renteneintritt anhand des wirtschaftlichen Charakters der Abfindung beurteilt, ist u. E. sowohl eine vertragsgemäße Abfindung, als auch eine ad hoc-Abfindung als betrieblich veranlasst zu beurteilen. 1758

Entsprechendes gilt für eine einem nicht beherrschenden GGf nahestehende Person. 1759

b) Abfindung bei bereits laufender Leistung

aa) Betriebsrentenrechtliche Beurteilung

(1) Unternehmer

Da für den Personenkreis der Unternehmer die betriebsrentenrechtlichen Regelungen keine Anwendung finden, kann einer Abfindung, die während der Leistungsphase vereinbart wird, § 3 BetrAVG nicht entgegenstehen. 1760

(2) Nicht-Arbeitnehmer

Eine Abfindung von laufenden Leistungen ist nach dem Wortlaut des § 3 Abs. 1 BetrAVG betriebsrentenrechtlich ausgeschlossen, sofern die Pensionszusage dem Geltungsbereich des BetrAVG unterliegt. 1761

Ein Verstoß gegen § 3 BetrAVG soll nach der in der Literatur vertretenen Rechtsauffassung selbst dann vorliegen, wenn in der Pensionszusage ein Kapitalwahlrecht oder eine Ersetzungsbefugnis vereinbart wurde. Wird das Kapitalwahlrecht zu Rentenbeginn nicht ausgeübt, so soll dieses ihre Bedeutung verlieren, da nach Ingangsetzung der Rente keine Anwartschaft mehr vorliegt und laufende Leistungen ausdrücklich von einer Abfindung ausgeschlossen sind.[1] Dieser Beurteilung ist dann zuzustimmen, wenn das Kapitaloptionsrecht nur für den Fall des Rentenübertritts vereinbart wurde. Ist das Kapitaloptionsrecht jedoch derart ausgestaltet, dass es die Kapitalisierung sowohl zum Zeitpunkt des Rentenübertritts als auch während der Leistungsphase zulässt, so 1762

---

[1] Vgl. *Pakirnus* in Schlewig/Henssler/Schipp/Schnitker, Arbeitsrecht der BAV, Teil 11, Rz. 36, S. 14 f.

VIII. Abfindung der Pensionszusage – Entpflichtung und Transfer ins Privatvermögen

ist eine derartige Klausel u. E. als eine Abbedingung des § 3 BetrAVG zu beurteilen (siehe hierzu Rz. 2918). Unabhängig von einer etwaigen Kapitalisierungsklausel wäre eine Abfindung auch dann betriebsrentenrechtlich zulässig, wenn die Anwendung des § 3 BetrAVG zivilrechtlich wirksam abbedungen wurde, oder die laufende Rentenleistung erstmals vor dem 1.1.2005 eingesetzt hat (siehe hierzu Rz. 2922).

1763 Daher ist es auch in diesem speziellen Fall zwingend notwendig, sowohl den betriebsrentenrechtlichen Status des GGf, als auch die vertragliche Ausgestaltung der Pensionszusage (insb. hinsichtlich der Abfindungsklausel) für die Frage der betriebsrentenrechtlichen Zulässigkeit der Abfindung zu prüfen.

1764 Eine Abfindung die gegen das gesetzlich normierte Abfindungsverbot verstößt, ist zivilrechtlich gem. § 134 BGB nichtig. In der Folge wäre das Rechtsgeschäft unter ertragsteuerrechtlichen Gesichtspunkten zwingend der Gesellschafterstellung zuzuordnen.

bb) Ertragsteuerrechtliche Beurteilung

1765 Mit Eintritt des Leistungsfalls tritt die juristische Betrachtung des Abfindungsvorgangs (siehe hierzu Rz. 1494) in den Hintergrund. Diese Beurteilung gilt entsprechend für die gesamte Leistungsphase.

(1) Beherrschender Gesellschafter-Geschäftsführer

1766 Bei der wirtschaftlichen Betrachtungsweise einer Abfindung wird davon ausgegangen, dass diese nicht auf den Zeitpunkt der Erteilung der Pensionszusage zurückwirkt. Vielmehr wird die Abfindung unter wirtschaftlichen Gesichtspunkten derart qualifiziert, dass diese einen punktuellen Vorgang darstellt, mit dem das Dauerschuldverhältnis der Pensionszusage mit Wirkung für die Zukunft an veränderte wirtschaftliche Rahmenbedingungen angepasst wird.

1767 In der Folge kann davon ausgegangen werden, dass die Abfindung einer laufenden Leistung als betrieblich veranlasst zu beurteilen ist. Dies gilt unabhängig davon, ob die Abfindung bereits Gegenstand der vertraglichen Vereinbarung zur Pensionszusage war, oder ob diese ad hoc vereinbart wird. Bei einer ad hoc-Abfindung kann u. E. kein Verstoß gegen das Rückwirkungs- und Nachzahlungsverbot angenommen werden.

1768 Entsprechendes gilt für eine einem beherrschenden GGf nahestehende Person.

(2) Nicht beherrschender Gesellschafter-Geschäftsführer

Unter Berücksichtigung des Umstands, dass die FinVerw eine Abfindung bei bereits laufender Leistung anhand des wirtschaftlichen Charakters der Abfindung beurteilt, ist u. E. sowohl eine vertragsgemäße Abfindung, als auch eine ad hoc-Abfindung als betrieblich veranlasst zu beurteilen. 1769

Entsprechendes gilt für eine einem nicht beherrschenden GGf nahestehende Person. 1770

c) Zusammenfassung

Sofern die Abfindung während der Leistungsphase **betriebsrentenrechtlich zulässig** ist, können die vorstehenden Ausführungen zur ertragsteuerrechtlichen Beurteilung des Abfindungsvorgangs wie folgt zusammengefasst und schematisch dargestellt werden: 1771

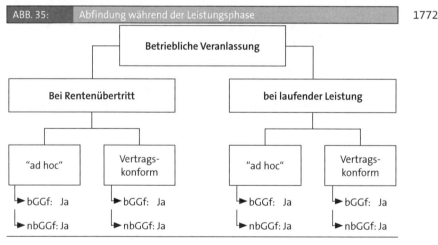

ABB. 35: Abfindung während der Leistungsphase 1772

(*Einstweilen frei*) 1773–1778

11. Kapitalwahlrecht statt Abfindung

Zur Vermeidung der mit einer Abfindung einhergehenden (betriebsrenten- und ertragsteuerechtlichen) Probleme wird angeraten, bestehende Pensionszusagen hinsichtlich der zukünftigen Kapitalisierungsmöglichkeiten zugunsten eines Kapitalwahlrechts umzugestalten. Ob die neue Klausel dann tatsächlich als Kapitalwahlrecht oder eher als eine Ersetzungsbefugnis zu beurteilen ist, ist u. E. nicht von entscheidender Bedeutung, da nach der vom BGH vertre- 1779 tenen Rechtsauffassung auch eine Ersetzungsbefugnis als ein Kapitaloptionsrecht beurteilt wurde, welches nicht mit § 3 BetrAVG kollidiert.

1780 Ferner sollte das Kapitalwahlrecht sowohl eine vollständige, als auch eine teilweise Kapitalisierung ermöglichen. Auch ist darauf zu achten, dass die Kapitalisierung der Pensionsansprüche sowohl bei Eintritt des Versorgungsfalls, als auch während der Leistungsphase ermöglicht wird.

1781 Mit einer derartigen Kapitalisierungsklausel wird ein Maximum an Flexibilität erreicht. Zudem wird u. E. damit einer Aufteilung des Kapitalisierungsvorgangs in einen Verzicht und eine Entschädigungszahlung entgegengewirkt, da die Kapitalisierung auf der Grundlage eines Kapitaloptionsrechts zu einer optionalen Erfüllung des Anspruchs führt und somit nie als eine Abfindung beurteilt werden kann.

1782–1785 (*Einstweilen frei*)

12. Der erste praktische Fall: Betrieblich veranlasste Abfindung

a) Fallbeschreibung

1786 Die D-Services GmbH hat ihrem alleinigen GGf DD im Jahre 1993 eine Pensionszusage erteilt. Herr DD weist folgende **persönlichen Merkmale/Daten** auf:

Geschlecht	Männlich
Geburtsdatum	31. 12. 1953
Diensteintritt	31. 12. 1988 (im Alter von 35 Jahren)
Status KStG	Beherrschender GGf
Status BetrAVG	Unternehmer

Die Herrn DD gegenüber erteilte Pensionszusage weist folgende **Inhalte/Bewertungsparameter** auf:

Zusageerteilung	31. 12. 1993 (im Alter von 40 Jahren)
Pensionsalter	65 (erreicht am 31. 12. 2018)
Altersrente mtl.	3.000 €
Berufsunfähigkeitsrente mtl.	3.000 €
Witwenrente mtl.	1.800 €
Rentenanpassung	keine

12. Der erste praktische Fall: Betrieblich veranlasste Abfindung

Die Bilanzen der D-Services GmbH weisen per 31.12.2017 folgende **Werte** auf:

	Steuerbilanz	Handelsbilanz
Pensionsrückstellung 31.12.2017	411.635 €	527.480 €
Aktivwert 31.12.2017	280.000 €	280.000 €
Rückdeckungsquote 31.12.2017	68,02 %	53,08 %

Die **Vorausschau auf die künftige Entwicklung** der Bilanzwerte führt voraussichtlich zu folgenden Wertansätzen:

	Steuerbilanz	Handelsbilanz
Pensionsrückstellung 31.12.2018	444.232 €	591.066 €
Voraussichtliche Ablaufleistung	300.000 €	300.000 €
Rückdeckungsquote 31.12.2018	67,53 %	50,76 %

Der versorgungsberechtigte GGf – Herr DD – möchte nun mit Erreichen des Pensionsalters **aus dem kausalen Dienstverhältnis ausscheiden** und in den Ruhestand treten. In diesem Zuge soll die Pensionszusage abgefunden werden. Es wird im Folgenden davon ausgegangen, dass die Abfindungszahlung im Zuge des Rentenübertritts als dem Grunde nach betrieblich veranlasst beurteilt wird.

b) Folgen einer betrieblich veranlassten Abfindung i. H. d. Ablaufleistung der Rückdeckungsversicherung (Teilverzicht)

Die Ablaufleistung der Rückdeckungsversicherung beträgt aktuell 300.000 €. Da die Ablaufleistung der Versicherung dem Barwert der künftigen Pensionsleistungen nicht wertgleich gegenübersteht (bzw. nur zu rd. 67,5 % bedeckt), **verzichtet DD in diesem Fall auf den Teil seiner erdienten Anwartschaften**, der quotierlich nicht durch die Ablaufleistung der Rückdeckungsversicherung gedeckt ist (rd. 32,5 %).

Bei Anwendung der Rechtsauffassung gem. BFH v. 14.3.2006 kommt es zu einem entschädigungslosen Verzicht (Teilverzicht) und in dessen Rechtsfolge zu

1787

1788

einer verdeckten Einlage, die mit dem Wiederbeschaffungswert in Ansatz zu bringen ist. Der Wiederbeschaffungswert – ermittelt anhand einer Einmalprämie in eine sofort beginnende Rentenversicherung – beläuft sich auf 337.750 € und ist von DD im Rahmen der Einkünfte aus nichtselbständiger Tätigkeit zu versteuern. Gemäß der Entscheidung des BFH v. 15.10.1997[1] kann bei der Bewertung der verdeckten Einlage auch die Bonität der unterschiedlichen Schuldner Einfluss auf die Höhe des Wiederbeschaffungswerts haben. Ein derartiger Bonitätsabschlag wurde bei der vorstehenden Wertermittlung noch nicht berücksichtigt.

1789 In derselben Höhe entstehen für DD nachträgliche Anschaffungskosten auf die GmbH-Anteile. Da die verdeckte Einlage das steuerliche Betriebsergebnis der GmbH nicht beeinflussen darf, ist diese i. H. d. ermittelten Wiederbeschaffungswertes außerhalb der Steuerbilanz als Aufwand zu verbuchen.

Die Auswirkungen bei der **D-Services GmbH** lassen sich wie folgt darstellen:

	Steuer	Liquidität
Gewinnerhöhende Auflösung der Pensionsrückstellung	+ 444.232 €	
Zufluss i. H. d. Ablaufleistung		+ 300.000 €
Abfindungszahlung i. H. d. Ablaufleistung	- 300.000 €	- 300.000 €
Aufwand (außerhalb der Steuerbilanz) i. H. d. Wiederbeschaffungswertes des Teilverzichts	- 337.750 €	
Ergebnisveränderung GmbH in 2018	- 193.518 €	
Steuerersparnis 30 %		+ 58.055 €
Liquiditätsveränderung GmbH		+ 58.055 €

Ergebnis: Die außerbilanzielle Korrektur der verdeckten Einlage führt im Ergebnis für die D-Services GmbH zu einem steuerlichen Verlust. Es wird davon ausgegangen, dass der steuerliche Verlust der D-Services GmbH zu einer Steuerersparnis führt.

Die diesbezüglichen Auswirkungen würden bei **DD** zu folgendem Ergebnis führen:

---

[1] BFH, Urteil v. 15.10.1997 - I R 58/93, BStBl 1998 II S. 305.

12. Der erste praktische Fall: Betrieblich veranlasste Abfindung

	Steuer	Liquidität
Abfindungszahlung i. H. d. Ablaufleistung	+ 300.000 €	+ 300.000 €
Fiktiver Zufluss i. H. d. Wiederbeschaffungswertes (Verzicht)	+ 337.750 €	
steuerpflichtiger Arbeitslohn gem. § 19 EStG	+ 637.750 €	
private Steuerbelastung in 2018 ESt, SoliZ, KiSt (Gesamt 47,5%)		− 302.931 €
Netto-Abfindungsbetrag		− 2.931 €
nachträgliche Anschaffungskosten GmbH-Anteil	+ 337.750 €	

Ergebnis: Obwohl D tatsächlich nur 300.000 € brutto zufließen, hat er aufgrund des Teilverzichts einen Arbeitslohn in einer gesamten Höhe von 637.750 € zu versteuern. Der Brutto-Abfindungsbetrag wird durch die insgesamt entstehende Steuerbelastung komplett aufgezehrt. Am Ende **verbleibt eine Netto-Abfindung i. H. v. − 2.931 €.** Etwaige Wirkungen aus der Anwendung der Fünftelungsregelung wurden dabei noch nicht berücksichtigt. Diese könnten nur zu einer Reduzierung der Steuerbelastung und zu einer Erhöhung des Netto-Abfindungsbetrags führen. Damit liefert bereits das Beispiel eines Teilverzichts i. H. v. 32,5 % den Beweis dafür, dass die vom BFH vertretene Rechtsauffassung im Ergebnis zu einer Vermögensvernichtung führt.

c) Folgen einer betrieblich veranlassten Abfindung i. H. d. steuerrechtlichen Barwerts (wertgleiche Erfüllung)

Da sich in diesem Fall nach der im BMF-Schreiben v. 6. 4. 2005 **von der FinVerw vertretenen Auffassung Abfindungszahlung und Barwert der künftigen Pensionsleistungen wertgleich gegenüberstehen,** löst diese Gestaltung weder einen Verzicht noch eine verdeckte Einlage aus.

1790

Die Auswirkungen bei der **D-Services GmbH** lassen sich wie folgt darstellen:

	Steuer	Liquidität
Pensionsrückstellung	+ 444.232 €	
Zufluss i. H. d. Ablaufleistung		+ 300.000 €
Abfindungszahlung (steuerrechtlicher Barwert)	− 444.232 €	− 444.232 €
Ergebnisveränderung GmbH in 2018	0 €	
Steuerersparnis	0 €	0 €
Liquiditätsveränderung GmbH		− 144.232 €

Ergebnis: Die Abfindung i. H. d. steuerrechtlichen Barwertes führt für die D-Services GmbH zu einer steuerneutralen Abfindung. Da die Höhe der zu leistenden Abfindungszahlung jedoch die Ablaufleistung der Rückdeckungsversicherung um rd. 144.000 € übersteigt, ergibt sich insoweit eine Liquiditätsbelastung für die Kapitalgesellschaft.

Die diesbezüglichen Auswirkungen würden bei **DD** zu folgendem Ergebnis führen:

	Steuer	Liquidität
steuerpflichtiger Arbeitslohn gem. § 19 EStG	+ 444.232 €	+ 444.232 €
private Steuerbelastung in 2018 ESt, SoliZ, KiSt (Gesamt 47,5 %)		− 211.010 €
Netto-Abfindungsbetrag		233.222 €

Ergebnis: Da mit der Abfindung i. H. d. steuerrechtlichen Barwertes eine wertgleiche Befriedigung der Versorgungsansprüche einhergeht, hat DD nur denjenigen Betrag als Einkünfte aus nichtselbständiger Arbeit zu versteuern, der ihm auch tatsächlich zufließt. Am Ende verbleibt ein Netto-Abfindungsbetrag i. H. v. 52,5 % des tatsächlichen Abfindungsbetrags. Etwaige Wirkungen aus der Anwendung der Fünftelungsregelung wurden dabei noch nicht berücksichtigt. Diese könnten nur zu einer Reduzierung der Steuerbelastung und zu einer Erhöhung des Netto-Abfindungsbetrags führen.

1791–1794 (*Einstweilen frei*)

13. Der zweite praktische Fall: Gesellschaftlich veranlasste Abfindung

a) Fallbeschreibung

1795 Im zweiten praktischen Fall wird die gesellschaftlich veranlasste Abfindung ebenfalls anhand der von der D-Services GmbH erteilten Pensionszusage untersucht. Die Merkmale des Falles entsprechen daher denjenigen des ersten praktischen Falls (siehe hierzu Rz. 1786).

Im Gegensatz zum ersten praktischen Fall, wird nun jedoch davon ausgegangen, dass der versorgungsberechtigte GGf – Herr DD – trotz des Erreichens des Pensionsalters **seine aktive Tätigkeit als GGf im Rahmen des kausalen Dienst-**

13. Der zweite praktische Fall: Gesellschaftlich veranlasste Abfindung

verhältnisses fortsetzen und zugleich eine Abfindung hinsichtlich seiner Pensionsansprüche beziehen möchte. Es wird im Folgenden davon ausgegangen, dass die Abfindungszahlung bei Fortsetzung der aktiven Tätigkeit als dem Grunde nach gesellschaftlich veranlasst beurteilt wird.

Auch in einem solchen Fall sind die Folgen **der Abfindung von der Höhe der gewährten Kapitalzahlung abhängig.**

Da DD nach der Fiktion der BFH-Rechtsprechung gem. Entscheidung vom 14. 3. 2006 auf die volle Pensionszusage entschädigungslos verzichtet, kommt es in der Rechtsfolge zu einer verdeckten Einlage, die mit dem Wiederbeschaffungswert in Ansatz zu bringen ist.

Der Wiederbeschaffungswert – ermittelt anhand einer Einmalprämie in eine sofort beginnende Rentenversicherung – beläuft sich auf 1.039.250 € und ist von DD im Rahmen der Einkünfte aus nichtselbständiger Tätigkeit zu versteuern. Ein Bonitätsabschlag wurde bei der vorstehenden Wertermittlung – wie im ersten praktischen Fall – noch nicht berücksichtigt.

In derselben Höhe entstehen für DD nachträgliche Anschaffungskosten auf die GmbH-Anteile. Da die verdeckte Einlage das steuerliche Betriebsergebnis der GmbH nicht beeinflussen darf, ist der Wiederbeschaffungswert außerhalb der Steuerbilanz als Aufwand zu verbuchen.

b) Folgen einer gesellschaftlich veranlassten Abfindung i. H. d. Ablaufleistung der Rückdeckungsversicherung

Die Abfindungszahlung i. H. d. Ablaufleistung der Rückdeckungsversicherung beträgt 300.000 €. Da die Abfindung nach dem angenommenen entschädigungslosen Verzicht als gesellschaftlich veranlasst zu beurteilen ist, kommt es zu einer vGA dem Grunde nach. Die Abfindungszahlung ist somit außerhalb der Steuerbilanz wieder dem Gewinn hinzuzurechnen.

Die Auswirkungen bei der **D-Services GmbH** lassen sich wie folgt darstellen:

	Steuer	Liquidität
Gewinnerhöhende Auflösung der Pensionsrückstellung	+ 444.232 €	
Zufluss i. H. d. Ablaufleistung		+ 300.000 €
Abfindungszahlung (Ablaufleistung)	– 300.000 €	– 300.000 €
Aufwand (außerhalb der Steuerbilanz) i. H. d. Wiederbeschaffungswertes	– 1.039.250 €	

VIII. Abfindung der Pensionszusage – Entpflichtung und Transfer ins Privatvermögen

Ergebniskorrektur (außerhalb der Steuerbilanz) durch verdeckte Gewinnausschüttung	+ 300.000 €	
Ergebnisveränderung GmbH in 2018	– 595.018 €	
Steuerersparnis 30 %		+ 178.505 €
Liquiditätsveränderung GmbH		+ 178.505 €

Ergebnis: Die außerbilanzielle Korrektur der verdeckten Einlage führt im Ergebnis für die D-Services GmbH zu einem Verlust. Es wird davon ausgegangen, dass der steuerliche Verlust der D-Services GmbH zu einer Steuerersparnis führt.

Die diesbezüglichen Auswirkungen würden bei **DD** zu folgendem Ergebnis führen:

	Steuer	Liquidität
Steuerpflichtiger (fiktiver) Arbeitslohn gem. § 19 EStG i. H. d. Wiederbeschaffungskosten	+ 1.039.250 €	
Einkünfte aus Kapitalvermögen gem. § 20 EStG i. H. d. Abfindungsbetrags	+ 300.000 €	+ 300.000 €
steuerpflichtige Einkünfte	+ 1.339.250 €	
private Steuerbelastung in 2018 ESt, SoliZ, KiSt (Gesamt 47,5 %)	– 493.644 €	
Abgeltungsteuer (inkl. SoliZ u. KiSt; Gesamt 27,8 %)	– 83.400 €	
Gesamt-Steuerbelastung	– 577.044 €	– 577.044 €
Netto-Abfindungsbetrag		– 277.044 €
nachträgliche Anschaffungskosten GmbH-Anteil	+ 1.039.250 €	

1797 Die steuerliche Behandlung des Sachverhaltes führt zu einem realitätsfernen **Ergebnis:** Die Steuerzahlung würde im Fall einer Abfindung i. H. d. Ablaufleistung der Rückdeckungsversicherung um rd. 92,35 % höher ausfallen als der Abfindungsbetrag selbst!

13. Der zweite praktische Fall: Gesellschaftlich veranlasste Abfindung

Dabei ist zu beachten, dass der Wiederbeschaffungswert durch die aktuelle Kalkulation der Versicherungsgesellschaften vor dem Hintergrund der anhaltenden Nullzinspolitik der EZB geprägt wird. Er ist dementsprechend in den letzten Jahren stetig gestiegen.

Nur im Fall einer Veräußerung würde die unangemessene Steuerbelastung teilweise kompensiert werden (entweder durch Reduzierung des steuerpflichtigen Veräußerungserlöses oder durch Verlust i. S. d. § 17 EStG).

c) Folgen einer gesellschaftlich veranlassten Abfindung i. H. d. steuerrechtlichen Barwerts

Im Fall einer gesellschaftlich veranlassten Abfindung führt die Erhöhung des Abfindungsbetrags bei der GmbH zu **keiner Veränderung des steuerpflichtigen Ergebnisses**, da der Abfindungsbetrag außerhalb der Steuerbilanz wieder hinzugerechnet wird. Lediglich die Liquidität der GmbH wird durch die Erhöhung der Abfindung beeinträchtigt.

Für DD ist jedoch festzustellen, dass sich durch die Erhöhung der Abfindung eine Verbesserung der Gesamtsituation erreichen lässt.

Die Auswirkungen bei der **D-Services GmbH** lassen sich wie folgt darstellen:

	Steuer	Liquidität
Gewinnerhöhende Auflösung der Pensionsrückstellung	+444.232 €	
Zufluss i. H. d. Ablaufleistung		+300.000 €
Abfindungszahlung	−444.232 €	−444.232 €
Aufwand (außerhalb der Steuerbilanz) i. H. d. Wiederbeschaffungswertes	−1.039.250 €	
Ergebniskorrektur (außerhalb der Steuerbilanz) durch verdeckte Gewinnausschüttung	+444.232 €	
Ergebnisveränderung GmbH in 2018	−595.018 €	
Steuerersparnis 30 %		+178.505 €
Liquiditätsveränderung GmbH		+34.273 €

Ergebnis: Das für die D-Services GmbH entstehende Ergebnis wird durch die höhere Abfindungszahlung im Saldo nicht verändert, da diese außerbilanziell wieder neutralisiert wird. Es wird davon ausgegangen, dass der steuerliche

VIII. Abfindung der Pensionszusage – Entpflichtung und Transfer ins Privatvermögen

Verlust der D-Services GmbH zu einer Steuerersparnis führt. Die Liquidität wird durch die höhere Abfindungszahlung belastet. Die diesbezüglichen Auswirkungen würden bei **DD** zu folgendem Ergebnis führen:

	Steuer	Liquidität
Steuerpflichtiger (fiktiver) Arbeitslohn gem. § 19 EStG i. H. d. Wiederbeschaffungskosten	+ 1.039.250 €	
Einkünfte aus Kapitalvermögen gem. § 20 EStG i. H. d. Abfindungsbetrags	+ 444.232 €	+ 444.232 €
steuerpflichtige Einkünfte	+ 1.483.482 €	
private Steuerbelastung in 2018 ESt, SoliZ, KiSt (Gesamt 47,5 %)	– 493.644 €	
Abgeltungsteuer (inkl. SoliZ u. KiSt; Gesamt 27,8 %)	– 123.496 €	
Gesamt-Steuerbelastung	– 617.140 €	– 617.140 €
Netto-Abfindungsbetrag		– 172.908 €
nachträgliche Anschaffungskosten GmbH-Anteil	+ 1.039.250 €	

Die Steuerzahlung würde im Fall einer Abfindung i. H. d. Barwertes nach § 6a EStG um rd. 38,92 % höher ausfallen als der Abfindungsbetrag selbst! Durch die Erhöhung des Abfindungsbetrags auf den steuerrechtlichen Barwert wird erreicht, dass der Netto-Abfindungsbetrag „nur" noch bei -172.908 € liegt (vs. -277.044 €). **Die steuerliche Behandlung des Sachverhaltes führt jedoch immer noch zu einem realitätsfernen Ergebnis!**

1801 Nur im Fall einer Veräußerung würde die unangemessene Steuerbelastung teilweise kompensiert werden (entweder durch Reduzierung des steuerpflichtigen Veräußerungserlöses oder durch Verlust i. S. d. § 17 EStG).

1802–1805 *(Einstweilen frei)*

14. Zusammenfassung

1806 Die Abfindung einer Pensionszusage ist wohl die einzige Gestaltungsform, die es ermöglicht, dass das aufgebaute Versorgungskapital ins Privatvermögen

14. Zusammenfassung

des GGf transferiert und gleichzeitig die GmbH vollständig von der übernommenen Versorgungsverpflichtung entlastet und enthaftet wird.

Da verschiedene Bewertungsmethoden zur Verfügung stehen, ist im Hinblick auf die Ermittlung der Abfindungshöhe zunächst zu klären, wo der Wille der beteiligten Parteien angesiedelt ist. In diesem Zusammenhang werden sowohl die wirtschaftliche Leistungsfähigkeit der Kapitalgesellschaft, als auch das bereits im Betriebsvermögen der Kapitalgesellschaft aufgebaute Versorgungskapital eine entscheidende Rolle spielen. So kann es durchaus im Interesse der Parteien liegen, dass die Abfindung deutlich höher ausfällt, als dies nach der fiskalischen Bewertungsmethode der Fall ist. In anderen Fällen mag es sein, dass das Interesse der Parteien dahingeht, die Abfindung so niedrig wie möglich zu halten, um die Belastung der GmbH nicht in die Höhe zu treiben. 1807

Eine Bewertung des Abfindungsbetrages nach den Vorschriften des § 6a EStG wurde bisher von den Finanzbehörden als unter steuerrechtlichen Gesichtspunkten wertgleich anerkannt. Sie entspricht jedoch aus Sicht des versorgungsberechtigten GGf definitiv nicht dem tatsächlichen/wirtschaftlichen Wert der künftigen Versorgungsleistungen. 1808

Die Abfindung einer Pensionszusage stellt auch nach den jüngsten BFH-Urteilen eine der Varianten dar, die der anspruchsvolle Berater in seinem Repertoire haben sollte, wenn er mit Aufgabenstellungen rund um die Pensionszusage an einen GGf konfrontiert wird. Die Komplexität der Materie hat durch die jüngsten BFH-Urteile allerdings nochmals deutlich zugenommen. 1809

Die veränderten Rechtsgrundlagen zwingen jeden GGf und dessen Steuerberater dazu, die in seinem Bestand befindlichen Pensionszusagen dahingehend zu überprüfen, 1810

▶ ob die vertragliche Vereinbarung zur Pensionszusage eine Kapitalisierungsklausel beinhaltet und sollte dies der Fall sein,
▶ wie eine derartige Kapitalisierungsklausel ausgestaltet ist.

Eine zweifelhafte/steuerschädliche Kapitalisierungsklausel bedarf zwingend der Überarbeitung. Eine Pensionszusage ohne jegliche Kapitalisierungsklausel bedarf zwingend der Ergänzung. Dies gilt insbesondere für den Personenkreis der beherrschenden GGf. Darüber hinaus ist eine Kapitalisierungsklausel auch für diejenigen GGf von besonderer Bedeutung, die im betriebsrentenrechtlichen Sinne als Nicht-Arbeitnehmer zu beurteilen sind. Ggfs. kann auch die Abbedingung des § 3 BetrAVG für diesen Personenkreis in Frage kommen. 1811

Sollte im Zusammenhang mit den Bedingungen einer Abfindung bei den Beteiligten der Wunsch nach einer Rechtssicherheit bestehen, so wird dringend 1812

VIII. Abfindung der Pensionszusage – Entpflichtung und Transfer ins Privatvermögen

angeraten, den Sachverhalt vor Abschluss der Abfindungsvereinbarung im Wege einer verbindlichen Auskunft mit den zuständigen Finanzbehörden zu klären.

1813–1820 (*Einstweilen frei*)

IX. Rentner-GmbH – Entpflichtung und Übertragung auf einen eigenen Rechtsträger

1. Motive, Wesen, Formen und Folgen einer Übertragung auf eine Rentner-GmbH

Die Übertragung einer Pensionszusage auf eine Rentner-GmbH wird in der Praxis seit dem maßgeblichen BFH-Urteil v. 18. 8. 2016[1] immer häufiger nachgefragt. Eine vertiefende Analyse des Themas Rentner-GmbH bringt jedoch auch bei diesem Entpflichtungskonzept eine erhebliche Komplexität zum Vorschein, bei der sowohl betriebsrenten-, als auch lohn-, bilanz-, körperschaftsteuer- und schuldrechtliche Komponenten zu berücksichtigen und miteinander zu vereinbaren sind.

a) Motive einer Übertragung auf eine Rentner-GmbH

Das Hauptmotiv, das die Beteiligten mit der Übertragung der Pensionszusage auf eine Rentner-GmbH verfolgen, liegt – ebenso wie bei der Abfindung – i. d. R. in der Entpflichtung der Kapitalgesellschaft. Die Ausgangssituation aus Sicht der Kapitalgesellschaft ist daher mit der einer Abfindung vergleichbar. Anders als bei der Abfindung steht jedoch bei der Übertragung der Pensionszusage auf die Rentner-GmbH die Fortführung der Pensionszusage in Form der rentenförmigen Versorgungsleistungen im Vordergrund. Dieses Motiv steht in unmittelbarem Zusammenhang mit dem Ziel, die bei einer Abfindung entstehende sofortige Steuerbelastung zu vermeiden.

Die Übertragung einer Geschäftsführer-Pensionszusage auf eine Rentner-GmbH stellt die einzige Möglichkeit dar,

▶ die GmbH vollständig von der übernommenen Versorgungsverpflichtung zu entpflichten und zu enthaften,

▶ die Schmälerung des aufgebauten Versorgungskapitals durch eine sofortige Steuerbelastung zu vermeiden

▶ und die Dispositionshoheit über das Versorgungskapital zu erhalten.

Die Übertragung der Pensionszusage auf eine Rentner-GmbH könnte somit auf den ersten Blick den idealen Weg zur Realisierung der vorstehenden Vor-

---

[1] BFH, Urteil v. 18. 8. 2016 - VI R 18/13, BStBl 2017 II S. 730.

teile darstellen. Demgegenüber stehen jedoch der damit einhergehende Verwaltungsaufwand, sowie die hohe Komplexität bei der Entwicklung und Durchführung des entsprechenden Übertragungskonzeptes.

b) Wesen einer Rentner-GmbH

1825   Die Rentner-GmbH ist eine Gesellschaft, die sich hinsichtlich ihres Gesellschaftszweckes ausschließlich auf die Übernahme und Erfüllung von Gf-Pensionszusagen beschränkt. Sie bietet ein Lösungsmodell für all diejenigen GmbHs, die sich von einer oder mehreren bestehenden Gf-Pensionszusage(n) befreien und dabei ungewollte Steuerzahlungen vermeiden möchten. Die Rentner-GmbH stellt keinen Ausweg dar, über den eine deutlich unterfinanzierte Pensionszusage auf billige Art und Weise entsorgt werden könnte.

1826   Als Rentner-GmbH kann sowohl eine bereits bestehende Kapitalgesellschaft, als auch eine speziell zu diesem Zweck neu gegründete Kapitalgesellschaft fungieren. Bei der Gründung einer neuen Kapitalgesellschaft sind die allgemein für eine Kapitalgesellschaft-Gründung geltenden Rahmenbedingungen zu beachten. Auch wäre eine Übernahme der Pensionszusage durch eine PersGes grundsätzlich gestaltbar. Hinsichtlich der Gesellschafterstruktur bestehen keine Vorgaben oder Beschränkungen. Daher können sowohl der versorgungsberechtigte GGf, als auch z. B. Mitglieder seiner Familie am Stammkapital der Rentner-GmbH beteiligt werden. Entsprechendes gilt für die Position des Gf.

1827   Seit der maßgeblichen Entscheidung des BFH v. 18. 8. 2016 ist darüber hinaus höchstrichterlich geklärt, dass die Rentner-GmbH über keinen eigenen operativen Geschäftsbetrieb verfügen muss, der über den Geschäftsbereich „Pensionsmanagement" hinaus gehen würde. Daher ist es grundsätzlich ausreichend, wenn sich der Gesellschaftszweck der Rentner-GmbH auf die Übernahme und die Erfüllung der Pensionsverpflichtung beschränkt.

1828   Neben dem Weg der Übernahme der Gf-Pensionszusage durch eine (originäre) Rentner-GmbH besteht darüber hinaus die Möglichkeit einer abgeleiteten Rentner-GmbH. Diese ergibt sich z. B. bei einer Fortführung der ursprünglichen GmbH als Rentner-GmbH (entweder nach Aufgabe der Geschäftstätigkeit oder nach einem Asset Deal).

1829–1830   (*Einstweilen frei*)

c) Formen einer Übertragung auf eine Rentner-GmbH

Die Übertragung der Pensionszusage auf eine Rentner-GmbH kann über unterschiedliche Wege durchgeführt werden:
- ▶ Rechtsgeschäftlichen Einzelrechtsnachfolge
- ▶ Partielle Gesamtrechtsnachfolge
- ▶ Schuldbeitritt und/oder Erfüllungsübernahme

1831

aa) Rechtsgeschäftliche Einzelrechtsnachfolge

Die Übertragung einer Pensionszusage findet i. d. R. im Wege der rechtsgeschäftlichen Einzelrechtsnachfolge (sog. Singularsukzession) statt. Dabei wird im Rahmen eines Rechtsgeschäftes (Übertragungsvereinbarung) der Übergang von den aus der Pensionszusage stammenden Rechten und Pflichten von einem Rechtssubjekt (ehemaliger Versorgungsträger als Rechtsvorgänger) auf ein anderes Rechtssubjekt (neuer Versorgungsträger als Rechtsnachfolger) vereinbart. Die Rechtsfolgen ergeben sich per Vertrag.

1832

Die **privative Schuldübernahme** im Wege der rechtsgeschäftliche Einzelrechtsnachfolge findet ihre zivilrechtliche Normierung in den §§ 414 ff. BGB (siehe hierzu Rz. 3128). Für Übertragungen, die innerhalb der Schutzbestimmungen des BetrAVG vereinbart werden, definiert § 4 BetrAVG ein lex specialis zu den Bestimmungen der §§ 414 ff. BGB, wobei die Bestimmungen des § 4 BetrAVG die zivilrechtlich bestehende Übertragungsfreiheit für Pensionszusagen, die in den Anwendungsbereich des BetrAVG fallen, beschränkt.

1833

bb) Partielle Gesamtrechtsnachfolge

Die Übertragung einer Pensionszusage lässt sich auch im Wege der partiellen Gesamtrechtsnachfolge (**sog. Universalsukzession**) gestalten. Auch bei dieser Übertragungsform wird die Übertragung im Rahmen eines Rechtsgeschäftes (Übertragungsvereinbarung) zwischen den Parteien vereinbart. Die Rechtsfolgen ergeben sich im Falle einer umwandlungsrechtlichen Spaltung jedoch per Gesetz (§ 131 UmwG).

1834

Im Zusammenhang mit der Übertragung einer Pensionszusage im Wege der partiellen Gesamtrechtsnachfolge stehen grundsätzlich die Arten der Spaltung gem. § 123 UmwG zur Verfügung (Aufspaltung, Abspaltung, Ausgliederung). U. E. empfiehlt es sich, die Konzeption zur Übertragung der Pensionszusage über eine umwandlungsrechtliche Ausgliederung gem. § 123 Abs. 3 UmwG auszugestalten.

1835

IX. Rentner-GmbH – Entpflichtung und Übertragung auf einen eigenen Rechtsträger

1836 Da sich der sachliche Anwendungsbereich des § 4 BetrAVG nur auf die Fälle der rechtsgeschäftlichen Einzelrechtsnachfolge erstreckt, findet das diesbezügliche Übertragungsverbot auf Fälle der partiellen Gesamtrechtsnachfolge keine Anwendung.

cc) Schuldbeitritt und/oder Erfüllungsübernahme

1837 Neben den Fällen der Rechtsnachfolge könnte eine Rentner-GmbH auch im Wege eines Schuldbeitritts und/oder einer Erfüllungsübernahme (siehe hierzu Rz. 3140, 3145) konzipiert werden. Schuldbeitritt und Erfüllungsübernahme differenzieren sich jedoch von den Fällen der Rechtsnachfolge dadurch, dass es nicht zu einem Schuldnerwechsel kommt. Vielmehr würde die Rentner-GmbH den (ehemaligen) Versorgungsträger von der Pensionsverpflichtung lediglich wirtschaftlich befreien.

1838 Da sich der sachliche Anwendungsbereich des § 4 BetrAVG nur auf die Fälle der rechtsgeschäftlichen Einzelrechtsnachfolge erstreckt, findet das diesbezügliche Übertragungsverbot auch auf die Fälle des Schuldbeitritts, bzw. der Erfüllungsübernahme keine Anwendung.

1839–1843 *(Einstweilen frei)*

d) Folgen einer Übertragung auf eine Rentner-GmbH

1844 Bei den vorstehend ausgeführten Übertragungsformen ist hinsichtlich der rechtlichen und wirtschaftlichen Folgen, die die Übertragung auslöst, zu unterscheiden.

aa) Rechtliche und wirtschaftliche Entpflichtung

1845 Bei der privativen Schuldübernahme im Wege der **rechtsgeschäftlichen Einzelrechtsnachfolge** kommt es mit der Erfüllung der aus der Übertragungsvereinbarung resultierenden beiderseitigen Pflichten (Übernahme der Versorgungsverpflichtung und Leistung des Ablösungs-/Ausgleichsbetrags) zu einer **sofortigen** (schuld)rechtlichen und wirtschaftlichen Entpflichtung und Enthaftung des ehemaligen Versorgungsträgers. Im Falle der Übertragung gem. § 415 BGB tritt die sofortige (schuld)rechtliche und wirtschaftliche Entpflichtung und Enthaftung des ehemaligen Versorgungsträgers erst in dem Zeitpunkt ein, in dem der GGf (Gläubiger) der Übertragung zustimmt.

1846 Anders als bei der privativen Schuldübernahme gem. der §§ 414 ff. BGB tritt bei der **partiellen Gesamtrechtsnachfolge** eine Enthaftung des ehemaligen

Versorgungsträgers erst mit **zeitlicher Verzögerung** ein. Dies aufgrund der im UmwG festgelegten Gläubigerschutzbestimmungen (§ 133 UmwG).

bb) Wirtschaftliche Entpflichtung

Anders als in den Fällen der Rechtsnachfolge führt sowohl der Schuldbeitritt, als auch die Erfüllungsübernahme nicht zu einem Schuldnerwechsel und in der Folge auch nicht zu einer (schuld)rechtlichen Entpflichtung des (ehemaligen) Versorgungsträgers. In diesen Fällen kommt es lediglich zu einer wirtschaftlichen Entpflichtung des (ehemaligen) Versorgungsträgers. 1847

(*Einstweilen frei*) 1848–1850

2. BFH, Urteil v. 18. 8. 2016 – VI R 18/13

Mit der Entscheidung v. 18. 8. 2016[1] hatte der BFH über folgenden Sachverhalt zu entscheiden: Die A-GmbH hatte ihrem alleinigen Gf und Mehrheits-Gesellschafter ein Ruhegehalt i. H. v. 50 % seiner letzten Vergütung zugesagt. Zur Finanzierung der Altersversorgung wurde eine Lebensversicherung abgeschlossen, die im Streitjahr bereits ausgezahlt war. Der Auszahlungsbetrag betrug ca. 467.000 €. Das Vermögen war getrennt von dem Betriebsvermögen der GmbH angelegt. Mit Vereinbarung v. 15. 9. 2006 wurde das Ruhegehalt auf 3.500 € monatlich festgelegt. Zur Finanzierung des Ruhegehaltes stellte die GmbH ein Kapital von 467.000 € zur Verfügung. Die Verpflichtung zur Zahlung der Rente endet, wenn dieses Kapital aufgebraucht ist. 1851

Der Kläger gründete die B-GmbH, deren einziger Zweck darin bestehen sollte, das Finanzierungskapital zu verwalten und die Ruhegehaltsverpflichtung zu erfüllen. Einziger Gf und alleiniger Gesellschafter dieser GmbH war der Kläger. Mit notariellem Vertrag vom 28. 9. 2006 veräußerte der Kläger sämtliche Geschäftsanteile an eine dritte Firma. In dem Kaufvertrag war vereinbart, dass die Pensionsverpflichtung nicht auf den Erwerber, sondern auf die B-GmbH übergehen sollte. Dementsprechend übernahm die B-GmbH mit Vertrag vom 30. 11. 2006 alle Rechte und Pflichten aus der dem Kläger gewährten Pensionszusage gegen Zahlung einer Vergütung i. H. v. 467.000 €. Der Kläger stimmte der Übertragung zu.

Der Beklagte (Finanzbehörde) wertete diese Vorgänge i. H. v. 467.000 € als Einnahmen des Klägers aus nichtselbständiger Arbeit und gewährte in dem Bescheid vom 20. 3. 2009 eine Tarifermäßigung nach § 34 Abs. 1 EStG. Die Kläger

---

[1] BFH, Urteil v. 18. 8. 2016 - VI R 18/13, BStBl 2017 II S. 730.

erhoben am 15. 4. 2009 Einspruch. Dieser wurde mit Einspruchsentscheidung vom 27. 1. 2012 als unbegründet zurückgewiesen.
Die Kläger haben hiergegen am 16. 2. 2012 Klage beim FG Düsseldorf erhoben. Das FG Düsseldorf hat mit Entscheidung v. 24. 10. 2012[1] unter Verweis auf die BFH-Entscheidung v. 12. 4. 2007[2] die Klage als unbegründet abgewiesen, die Revision jedoch zugelassen.

a) Die BFH-Entscheidung im Einzelnen

1852 Der BFH hat dem Antrag der Revisionskläger entsprochen. Das FG-Urteil wurde aufgehoben. Gleichzeitig wurde das Verfahren an das FG zurückverwiesen, da das FG noch zu klären hat, ob mit der Neuvereinbarung des Ruhegehaltes zwischen der A-GmbH und dem Kläger ein teilweiser Verzicht und damit eine zum Zufluss beim Kläger führende und mit dem Teilwert zu bewertende verdeckte Einlage begründet war.

1853 Hinsichtlich der Frage, ob der Ablösungsbetrags beim Kläger zu einem Zufluss von Arbeitslohn geführt hat, hat der BFH jedoch eine Entscheidung zugunsten der Kläger getroffen. Danach ist das FG zu Unrecht davon ausgegangen, dass die von der A-GmbH als Gegenleistung für die Übernahme der Pensionszusage an die B-GmbH gezahlte Ablöse beim Kläger zu einem Zufluss von Arbeitslohn geführt hat. Diese Entscheidung hat der BFH durch die Entscheidung im anhängigen Parallelverfahren VI R 46/13,[3] die am gleichen Tag getroffen wurde, eindeutig bestätigt.

1854 **Die Urteilsbegründung lässt sich wie folgt zusammenfassen:**

▶ Ein **Zufluss ist ausnahmsweise** nur noch dann anzunehmen, wenn der Versorgungsberechtigte über ein Wahlrecht verfügt, den Ablösungsbetrag alternativ an sich auszahlen zu lassen (Hinweis: Ein in der Pensionszusage enthaltenes Kapitalwahlrecht stellt kein Wahlrecht in diesem Sinne dar).

▶ Mit der Zahlung der Ablöse hat die A-GmbH keinen Anspruch des Klägers erfüllt, sondern einen Anspruch der B-GmbH aus der Übertragungsvereinbarung. Das Rechtsgeschäft ist daher als eine **bloße Schuldübernahme** gem. § 415 Abs. 1 BGB zu beurteilen. Unter Bezugnahme auf § 4 Abs. 2 Nr. 1 BetrAVG sowie BMF v. 24. 7. 2013[4] geht der BFH davon aus, dass ein bloßer Schuldnerwechsel noch keinen Zufluss bewirkt.

---

1 FG Düsseldorf, Urteil v. 24. 10. 2012 - 7 K 609/12 E, NWB DokID: OAAAE-37785.
2 BFH, Urteil v. 12. 4. 2007 - VI 6/02, BStBl 2007 II S. 581.
3 BFH, Urteil v. 18. 8. 2016 - VI R 46/13, NWB DokID: AAAAF-85886.
4 BMF, Schreiben v. 24. 7. 2013, Rz. 328, BStBl 2013 I S. 1022.

▶ Es ist unerheblich, ob die B-GmbH neue Arbeitgeberin des Klägers geworden ist.
▶ Die Gestaltung ist wirtschaftlich nicht mit der Dotierung eines externen Versorgungsträgers vergleichbar.
▶ Die Entscheidung steht im Einklang mit der BFH-Entscheidung v. 6.4.2007, da der VI. Senat dort einen Zufluss aufgrund des bestehenden Wahlrechts – das der Senat im Sinne einer vorzeitigen Erfüllung der Pensionszusage würdigte – angenommen hat.
▶ Auch die beherrschende Stellung des GGf führt nicht zu einem Zufluss, da dies das Trennungsprinzip zwischen einer Kapitalgesellschaft als selbständigen Rechtsträger und ihren Gesellschaftern missachtet.
▶ Auch die Zustimmung des Klägers als Versorgungsberechtigter zur Übertragung führt nicht zu einem Zufluss, da er damit noch keine Verfügungsmacht über den Ablösebetrag erhielt. Vielmehr war die Zustimmung Voraussetzung für die Befreiung der A-GmbH von der Pensionsverpflichtung.

Im Einzelnen führte der BFH zur Begründung seiner Entscheidung u. a. das Folgende aus:

„Der Zufluss von Arbeitslohn ist ferner zu bejahen, wenn der Arbeitgeber mit seinen Leistungen dem Arbeitnehmer einen unmittelbaren und unentziehbaren Rechtsanspruch gegen einen Dritten verschafft (Senatsurteil v. 16.4.1999 - VI R 66/97, BFHE 188, 338, BStBl 2000 II S. 408). Auch in diesem Fall wird der Zufluss aber nicht durch das Versprechen des Arbeitgebers, z. B. Versicherungsschutz zu gewähren, herbeigeführt, sondern erst durch die Erfüllung dieses Versprechens, insbesondere durch die Leistung der Versicherungsbeiträge in der Weise, dass ein eigener unentziehbarer Anspruch des Arbeitnehmers auf die Versicherungsleistung entsteht.

Demzufolge sind Ausgaben des Arbeitgebers für die Zukunftssicherung gegenwärtig zufließender Arbeitslohn, wenn sich die Sache – wirtschaftlich betrachtet - so darstellt, als ob der Arbeitgeber dem Arbeitnehmer Beträge zur Verfügung gestellt und der Arbeitnehmer sie zum Erwerb einer Zukunftssicherungsleistung verwendet hätte (Senatsurteil v. 15.7.1977 - VI R 109/74, BFHE 123, 37, BStBl 1977 II S. 761). Kein gegenwärtig zufließender Arbeitslohn, sondern eine Versorgungszusage liegt demgegenüber vor, wenn der Arbeitgeber dem Arbeitnehmer eine Versorgung aus eigenen Mitteln zusagt; in diesem Fall unterliegen erst die späteren aufgrund der Zusage geleisteten Versorgungszahlungen der Lohnsteuer." [...]

„Nach diesen Grundsätzen hat weder die dem Kläger erteilte Direktzusage noch die von der A-GmbH als Gegenleistung für die Schuldübernahme an die B-GmbH geleistete Zahlung in Höhe von 467.000 € zu zusätzlichem Arbeitslohn des Klägers geführt." [...]

„Dem steht die Rechtsprechung nicht entgegen, nach der ein Zufluss von Arbeitslohn zu bejahen ist, wenn der Arbeitgeber mit seinen Leistungen dem Arbeitnehmer einen unmittelbaren und unentziehbaren Rechtsanspruch gegen einen Dritten verschafft (z. B. Senatsurteil BFHE 188, 338 BStBl 2000 II S. 408). Zum einen wurde im Streitfall durch den bloßen Schuldnerwechsel kein weiterer Anspruch des A aus der Pensionszusage begründet. Es blieb vielmehr bei dem bloßen Versprechen, die zugesagten Leistungen in der Zukunft zu erbringen.

Zum anderen hat die A-GmbH den Anspruch des Klägers auf die künftigen Pensionsleistungen mit der Zahlung an die B-GmbH auch noch nicht wirtschaftlich erfüllt. Über den zur Übertragung der Pensionsverpflichtung auf die B-GmbH verwendeten Betrag konnte der Kläger nicht verfügen. **Im Streitfall kann nicht davon ausgegangen werden, die Sache stelle sich wirtschaftlich betrachtet so dar, als ob die A-GmbH dem Kläger den Betrag zur Verfügung gestellt und dieser ihn zum Erwerb einer Zukunftssicherung verwendet habe.**" [...]

Nichts anderes ergibt sich aus dem Senatsurteil in BFHE 217, BStBl 2007 II S. 581. Dort hat der erkennende Senat entschieden, dass die Ablösung einer vom Arbeitgeber erteilten Pensionszusage beim Arbeitnehmer auch dann zum Zufluss von Arbeitslohn führt, wenn der Ablösungsbetrag auf Verlangen des Arbeitnehmers zur Übernahme der Pensionsverpflichtung an einen Dritten gezahlt wird. In diesem Fall sah der Senat in der Zahlung des Ablösungsbetrags durch den Arbeitgeber wirtschaftlich eine vorzeitige Erfüllung des Anspruchs aus einer in der Vergangenheit erteilten Pensionszusage. Die Entscheidung ist indes durch die Besonderheit geprägt, dass dem Gesellschafter-Geschäftsführer ein Wahlrecht eingeräumt war, die Zahlung an sich selbst (gegen Verzicht) oder an eine GmbH gegen Übernahme der Pensionsverpflichtung zu verlangen. Die in Ausübung des Wahlrechts auf Verlangen des Gesellschafter-Geschäftsführers erfolgte Zahlung an die „Pensions-GmbH" würdigte der Senat als vorzeitige Erfüllung der Pensionszusage.

Ein solches Wahlrecht war dem Kläger nach den den Senat bindenden Feststellungen des FG (§ 118 Abs. 2 FGO) vorliegend nicht eingeräumt. Es kann entgegen der Ansicht des FG und der Finanzverwaltung auch nicht allein deshalb angenommen werden, weil es der Kläger als alleiniger Geschäftsführer und Mehrheitsgesellschafter „faktisch" in der Hand hatte, darüber zu entscheiden, wie die A-GmbH das Verkaufshindernis „Pensionszusage" beseitigen sollte. Eine solche

Auffassung missachtet das sowohl im Gesellschaftsrecht als auch im Steuerrecht allgemein anerkannte Trennungsprinzip zwischen einer Kapitalgesellschaft als selbständigem Rechtsträger und ihren Gesellschaftern.

Weiter begründete die Zustimmung des Klägers zur Übertragung der Pensionsverpflichtung von der A-GmbH auf die B-GmbH noch keine Verfügungsmacht über den Ablösebetrag. Diese war vielmehr (lediglich) Voraussetzung für die Befreiung der A-GmbH von der Pensionsverpflichtung, die damit inhaltlich unverändert auf die B-GmbH überging und fortbestand."[1]

b) Die BFH-Entscheidung in der Analyse

Die BFH-Entscheidung vom 18.8.2016 stellt im Ergebnis eine echte Überraschung dar (entsprechendes gilt für die Parallelentscheidung im Verfahren zu VI R 46/13). So war auf der Grundlage der BFH-Entscheidung v. 12.4.2007 keinesfalls damit zu rechnen, dass der BFH sich im Rahmen dieser Verfahren auf die Seite der Revisionskläger schlagen und die Annahme eines Zuflusses von steuerpflichtigem Arbeitslohn verneinen würde.

1855

Der BFH vollzieht in seiner Urteilsbegründung u. E. eine Rolle seitwärts, mittels der er versucht, die aktuelle Entscheidung so darzustellen, als würde diese im Einklang mit den Grundsätzen der Entscheidung v. 12.4.2007 stehen. Dem ist aber definitiv nicht so.

1856

Die aktuelle Urteilsbegründung bemüht sich redlich die Entscheidung v. 12.4.2007 so darzustellen, als wäre diese damals ausschließlich aufgrund des Sonderfaktors Wahlrecht zugunsten eines Zuflusses ausgefallen. Wer die Begründung der Entscheidung v. 12.4.2007 aufmerksam studiert, wird dabei auf eine maßgebliche Ungereimtheit stoßen. So hatte der BFH die damalige Entscheidung auch unter Hinweis auf folgenden Aspekt begründet:

1857

„Für den Zufluss des Ablösungsbetrags im Streitjahr spricht auch, ein Vergleich mit der ab dem Jahre 2002 geltenden Vorschrift des § 3 Nr. 66 EStG in der Fassung des Altersvermögensgesetz v. 26.6.2001 (BGBl 2001 I S. 1310, BStBl 2001 I S. 420), wonach Leistungen des Arbeitgebers oder einer Unterstützungskasse an einen Pensionsfonds zur Übernahme bestehender Versorgungsverpflichtungen oder Versorgungsanwartschaften durch einen Pensionsfonds bei Vorliegen eines Antrags nach § 4d Abs. 3 EStG oder § 4e Abs. 3 EStG steuerfrei sind. Die Neuregelung geht davon aus, dass die genannten Leistungen beim Arbeitnehmer zu steu-

---

[1] BFH, Urteil v. 18.8.2016 - VI R 18/13, Rz. 15 ff., BStBl 2017 II S. 730.

IX. Rentner-GmbH – Entpflichtung und Übertragung auf einen eigenen Rechtsträger

erbarem Arbeitslohn führen (vgl. BT-Drucks. 14/5150 S. 34; Schmidt/Heinicke, a. a. O., § 3 „Altersvorsorge" Anm. c)."[1]

1858　Der Hinweis auf den sachlichen Steuerbefreiungstatbestand des § 3 Nr. 66 EStG war derart formuliert, dass man ihn u. E. nur so verstehen konnte, dass der BFH seinerzeit die Übertragung auf die Rentner-GmbH rechtlich und wirtschaftlich mit der Übertragung auf einen Pensionsfonds gleichgestellt hat. Diese Einschätzung war u. E. damals zutreffend – und sie ist es auch heute noch. Auf eine weitergehende Auseinandersetzung mit der in diesem Zusammenhang vorzutragenden Kritik wird im Hinblick auf die positiven Auswirkungen, die diese Entscheidung für die betriebliche Praxis mit sich bringt, an dieser Stelle verzichtet.

1859　Der BFH ist immer für eine Überraschung gut, wenn es um die ertragsteuerrechtliche Beurteilung der bAV geht. Ganz nach dem Motto: Erstens kommt es anders und zweitens als man denkt, hat sich der erkennende Senat u. E. über seine eigenen Rechtsgrundsätze hinweggesetzt. Dieses Mal überraschender Weise zugunsten der Steuerpflichtigen – was selten genug vorkommt!

1860　Unabhängig davon sind die Entscheidungen des BFH insbesondere aus Sicht der betroffenen Gesellschaften und deren Gf grundsätzlich zu begrüßen. Die Entscheidungen v. 18. 8. 2016 sind jedoch Segen und Fluch zugleich: So hat der BFH entschieden, dass die Übertragung einer einem GGf gegenüber erteilten unmittelbaren Pensionszusage auf eine neu gegründete GmbH, deren Anteile der GGf selbst hält, nicht zum steuerbaren Zufluss von Arbeitslohn führt. Damit hat er zwar die wesentliche Schranke beseitigt, durch die eine derartige Gestaltung bisher abgeblockt wurde und das Tor für eine am Markt zu erwartende Gestaltungs-Lawine in Richtung Rentner-GmbH weit geöffnet.

1861　Die darüber hinaus gehenden rechtlichen Problemstellungen, die sowohl die betriebsrentenrechtliche Zulässigkeit der Gestaltung als auch die körperschaftsteuerrechtliche Behandlung des Übertragungsvorgangs beinhalten, bleiben aber unbeantwortet. So besteht die latente Gefahr, dass der Markt in seiner überschwänglichen Freude über die lohnsteuerrechtliche Freistellung der Übertragung die weiteren Gefahren schlichtweg verkennt und damit dem Fiskus ins offene Messer läuft. Auch nach den denkwürdigen BFH-Urteilen v. 18. 8. 2016 gilt weiterhin das Motto: Vorsicht ist die Mutter der Porzellankiste!

---

[1] BFH, Urteil v. 12. 4. 2007 - VI 6/02, Rz. 16, BStBl 2007 II S. 581.

> **BERATUNGSHINWEIS:**
> Mit Entscheidung v. 13.7.2017 hat das FG Düsseldorf[1] die Annahme eines lohnsteuerpflichtigen Zuflusses in einem Fall verneint, in dem eine GmbH eine Pensionszusage eines beherrschenden GGf im Zuge des Erwerbs des Mandantenstamms und des Inventars der bisher versorgungstragenden GmbH übernommen hat. Mit der Übernahme der Pensionszusage wurde die Kaufpreisverpflichtung beglichen. Das FG Düsseldorf begründete seine Entscheidung mit Verweis auf die BFH-Entscheidung v. 18.8.2016 zu VI R 18/13, während die FinVerw sich auf die vorherige BFH-Entscheidung v. 12.4.2007 zu VI R 6/02 bezog. Das FG Düsseldorf hatte die Revision nicht zugelassen. Nachdem die Revision durch den BFH zugelassen wurde, ist diese beim BFH unter dem Az. X R 42/17[2] anhängig. Der Ausgang des Verfahrens bleibt abzuwarten.

(Einstweilen frei) 1862–1864

3. BMF-Schreiben v. 4.7.2017

In einer selten zuvor erlebten Geschwindigkeit hat die FinVerw binnen Ablauf einer Jahresfrist auf die Entscheidung des BFH zu VI R 18/13 reagiert. Mit Datum v. 4.7.2017 hat das BMF in diesem Zusammenhang wie folgt Stellung genommen:

„Das o. g. BFH-Urteil v. 18.8.2016 ist zum speziellen Fall der Ablösung einer vom Arbeitgeber erteilten Pensionszusage eines beherrschenden Gesellschafter-Geschäftsführers, der nicht unter das Betriebsrentengesetz fällt, ergangen. **Es ist in gleichgelagerten Fällen anzuwenden.** *Führt danach die Zahlung des Ablösungsbetrags an den die Pensionsverpflichtung übernehmenden Dritten nicht zu einem Zufluss von Arbeitslohn beim Gesellschafter-Geschäftsführer, liegt Zufluss von Arbeitslohn im Zeitpunkt der Auszahlung der späteren (Versorgungs-)Leistungen vor (§ 24 Nr. 2, § 2 Abs. 1 Satz 1 Nr. 4 und § 19 Abs. 1 Satz 1 Nr. 2 EStG). Der übernehmende Dritte hat die Lohnsteuer dann einzubehalten und alle anderen lohnsteuerlichen Arbeitgeberpflichten zu erfüllen.*

Anders als in dem mit o. g. BFH-Urteil v. 18.8.2016 entschiedenen Fall **fließt einem Arbeitnehmer allerdings dann Arbeitslohn zu,** *wenn der Durchführungsweg nach dem Betriebsrentengesetz von einer Pensions-/Direktzusage oder von einer Versorgungszusage über eine Unterstützungskasse auf einen Pensionsfonds, eine Pensionskasse oder eine Direktversicherung gewechselt wird und der Arbeitgeber in diesem Zusammenhang einen Ablösungsbetrag zahlt (§ 19 EStG). Dies steht im Einklang mit der ständigen Rechtsprechung des BFH, wonach bei Zukunftssicherungsleistungen dann von Arbeitslohn auszugehen ist, wenn die Leistung*

1865

---

1 FG Düsseldorf, Urteil v. 13.7.2017 - 9 K 1804/16 E, NWB DokID: SAAAG-71202.
2 BFH X R 42/17, Verfahrensverlauf, NWB DokID: ZAAAG-81378.

> des Arbeitgebers an einen Dritten (Versicherer) erfolgt und sich der Vorgang – wirtschaftlich betrachtet – so darstellt, als ob der Arbeitgeber dem Arbeitnehmer die Mittel zur Verfügung gestellt und der Arbeitnehmer sie zum Zweck seiner Zukunftssicherung verwendet hat (u. a. BFH-Urteil v. 5. 7. 2012 - VI R 11/11, BStBl 2013 II S. 190). Der Ablösungsbetrag kann in diesem Fall nur unter den entsprechenden Voraussetzungen des § 3 Nr. 66 oder § 3 Nr. 63 EStG steuerfrei bleiben. Von einem steuerpflichtigen Ablösungsbetrag hat der Arbeitgeber Lohnsteuer einzubehalten (§ 38 EStG)."[1]

1866 Damit hat die FinVerw dahingehend für Rechtssicherheit gesorgt, dass Gestaltungen, die die Übertragung der Pensionszusage auf einen neuen Rechtsträger bei Beibehaltung der unmittelbaren Durchführung zum Inhalt haben, somit im Übertragungszeitpunkt nicht zum Zufluss von Arbeitslohn i. S. v. § 19 EStG führen. Dies gilt jedoch nur dann, wenn der GGf nicht über ein Wahlrecht verfügt, den Ablösungsbetrag alternativ an sich auszahlen zu lassen.

1867 Die Steuerbefreiung wird jedoch in den Fällen, in denen es im Zuge der Übertragung zu einem Wechsel des Durchführungsweges auf einen Pensionsfonds, eine Pensionskasse oder eine Direktversicherung kommt, nicht gewährt. Eine Steuerbefreiung kommt in diesen Fällen nur insoweit in Betracht, als es § 3 Nr. 66 oder § 3 Nr. 63 EStG ermöglicht.

1868–1870 (Einstweilen frei)

4. Vor- und Nachteile einer Rentner-GmbH

1871 Zunächst ist zur Vermeidung unnötiger Missverständnisse klar und eindeutig darauf hinzuweisen, dass die Rentner-GmbH keinen Ausweg darstellt, über den deutlich unterfinanzierte Pensionszusagen auf billige Art und Weise entsorgt werden könnten.

1872 Vielmehr eröffnet das Lösungsmodell einer Rentner-GmbH denjenigen Kapitalgesellschaft, die im Zuge oder in Vorbereitung auf eine Nachfolgeplanung von der bestehenden Pensionsverpflichtung entpflichtet und enthaftet werden möchten, nun einen **legalen Weg zur Auslagerung der Pensionszusage, ohne dass** dabei – wie bei einer Auslagerung auf einen externen Versorgungsträger ansonsten üblich – die **Dispositionshoheit über das Versorgungskapital** verloren gehen, oder die **Gefahr eines Sterblichkeitsverlustes** bestehen würde.

1873 Dabei werden „so ganz nebenbei" die **stillen Lasten aufwandswirksam mobilisiert**, die durch die Ansatz- und Bewertungsbeschränkungen des § 6a EStG in

---

[1] BMF, Schreiben v. 4. 7. 2017, BStBl 2017 I S. 883.

4. Vor- und Nachteile einer Rentner-GmbH

der Vergangenheit in der Steuerbilanz des ehemaligen Versorgungsträgers entstanden sind, wobei der **Übernahmefolgegewinn** auf der Ebene der Rentner-GmbH **mit den Verlusten** aus dem laufenden Pensionsbetrieb **verrechnet werden kann.**

Darüber hinaus wird im Vergleich zu einer möglichen Kapitalisierung/Abfindung der sofortige Abfluss von hohen einmaligen Steuerzahlungen vermieden.

Im Folgenden werden die Vor- und Nachteile einer Rentner-GmbH in stichpunktartiger Form dargestellt:

a) Vorteile

▶ lohnsteuerfreie Übertragung

▶ Trennung von operativem Geschäft und Pensionszusage

▶ Schuldbefreiung bei Übertragungen

▶ Ermöglichung einer lastenfreien Nachfolgeplanung

▶ aufwandswirksame Mobilisierung der aus § 6a EStG stammenden stillen Lasten beim ehemaligen Versorgungsträger

▶ Verrechnung des Übernahmefolgegewinns mit den Verlusten der Rentner-GmbH

▶ Versorgungskapital unterliegt weiterhin der eigenen Dispositionshoheit

▶ Ausschluss von Sterblichkeitsverlusten

b) Nachteile

▶ Aufwand zur Gründung einer neuen Gesellschaft

▶ Aufwand zur laufenden Betreuung der Rentner-GmbH (Verwaltungskosten)

▶ Aufwand zur Betreuung des Versorgungskapitals (Asset-Management)

BERATUNGSHINWEIS:

Aufgrund der aufwandsbezogenen Nachteile kommt das Lösungsmodell einer Rentner-GmbH u. E. nur für Pensionszusagen in Frage, die unter materiellen Gesichtspunkten einen gewissen Mindestumfang erreichen.

(Einstweilen frei)

5. Schema zur rechtlichen Prüfungen von Übertragungsvorgängen

1881 Jede Übertragung/Schuldübernahme muss im Vorfeld der Umsetzung einer vierstufigen Prüfung unterzogen werden. Dabei gilt es festzustellen, ob die Übertragung/Schuldübernahme betriebsrentenrechtlich zulässig ist und welche lohn-, bilanz-, körperschaftsteuer- und schuldrechtlichen Folgen der Übertragungsvorgang auslösen würde.

1882 Demzufolge stellt sich das **vierstufige Prüfungsschema** wie folgt dar:

Stufe 1: **betriebsrentenrechtliche** Zulässigkeit der Übertragung
Stufe 2: **lohnsteuerrechtliche** Behandlung der Übertragung
Stufe 3: **bilanz- und körperschaftsteuerrechtliche** Behandlung der Übertragung
Stufe 4: **schuldrechtliche** Konsequenzen der Übertragung

1883 Nur wenn am Ende einer derartigen Prüfung, alle vier Stufen zu einem positiven Ergebnis geführt haben, wird der Übertragungsvorgang zur Zufriedenheit aller Beteiligten durchgeführt werden können.

1884 Die Übertragung einer GGf-Pensionszusage bedarf in jedem Fall zunächst einer grundlegenden betriebsrentenrechtlichen Statusfeststellung, die zwingend über die gesamte Dienstzeit des GGf vorzunehmen ist. Nur in Abhängigkeit des betriebsrentenrechtlichen Status des versorgungsberechtigten GGf kann die weitere Vorgehensweise zur Übertragung der Pensionszusage festgelegt werden.

1885–1888 *(Einstweilen frei)*

6. Betriebsrentenrechtliche Zulässigkeit von Übertragungsvorgängen

1889 Über die betriebsrentenrechtliche Prüfung der Gf-Pensionszusage werden die Weichen für die weitere Ausgestaltung des Übertragungskonzeptes gestellt. Dabei kommt der Frage, ob die zu übertragende Pensionszusage ganz (oder anteilig) dem Geltungsbereich des BetrAVG unterliegt, eine entscheidende Bedeutung zu. Nähere Ausführungen zum betriebsrentenrechtlichen Statusfeststellungsverfahren siehe Rz. 2841 ff.

6. Betriebsrentenrechtliche Zulässigkeit von Übertragungsvorgängen

a) Anwendbarkeit des BetrAVG

Unterliegt die zu übertragende Pensionszusage sowohl dem sachlichen, als auch dem persönlichen Geltungsbereich des BetrAVG, so sind die im BetrAVG normierten Schutzbestimmungen zwingend auf die zu übertragende Pensionszusage anzuwenden. 1890

§ 4 BetrAVG definiert für den Fall einer Übertragung einer Pensionszusage eine Verbotsnorm, wonach unverfallbare Anwartschaften und laufende Leistungen nur bei Vorliegen eines – in den Absätzen 2 bis 4 normierten – Ausnahmetatbestandes betriebsrentenrechtlich zulässig ist (siehe hierzu Rz. 2951). 1891

Vom sachlichen Anwendungsbereich des in § 4 BetrAVG normierten Übertragungsverbots werden jedoch nur Übertragungsvorgänge erfasst, die im Wege der rechtsgeschäftlichen Einzelrechtsnachfolge durchgeführt werden. 1892

Ist die Anwendung des BetrAVG zu bejahen, schafft das Übertragungsverbot eine **schier unüberwindbare Hürde**: Hat das betriebsrentenrechtliche Statusfeststellungsverfahren hervorgebracht, dass der GGf im Laufe seiner Beschäftigungshistorie ganz oder teilweise als Arbeitnehmer oder als sog. Nicht-Arbeitnehmer i. S. d. § 17 Abs. 1 Satz 2 BetrAVG zu beurteilen war, so kann eine zivilrechtlich wirksame Übertragung auf einen anderen Rechtsträger **insoweit nicht erfolgen, als die Pensionszusage in den Geltungsbereich des BetrAVG fällt**. 1893

Sollte eine Übertragung entgegen des gesetzlich normierten Übertragungsverbots vereinbart werden, so ist dieses Rechtsgeschäft gem. § 134 BGB als nichtig zu beurteilen (Verstoß gegen ein gesetzliches Verbot). In der Folge wird der bisherige Versorgungsträger trotz rechtsgeschäftlicher Vereinbarung nicht von der Pensionsverpflichtung befreit. 1894

Die Anwendung des Übertragungsverbots scheidet nur in denjenigen Fällen aus, in denen 1895

▶ die Anwendung des § 4 BetrAVG zivilrechtlich **wirksam abbedungen** wurde (siehe hierzu Rz. 2969), oder

▶ die Pensionszusage im Einvernehmen der beteiligten Parteien vom ehemaligen auf den **neuen Arbeitgeber** übertragen wird, oder

▶ die Übertragung der Pensionszusage im Wege einer **partiellen Gesamtrechtsnachfolge** stattfindet.

b) Keine Anwendbarkeit des BetrAVG

1896 Unterliegt die zu übertragende Pensionszusage nicht dem Geltungsbereich des BetrAVG, so sind die im BetrAVG normierten Schutzbestimmungen nicht auf die zu übertragende Pensionszusage anzuwenden. Insoweit findet das in § 4 BetrAVG normierte Übertragungsverbot auf die zu übertragende Pensionszusage keine Anwendung.

1897 § 4 BetrAVG würde nur in denjenigen Fällen auf eine Pensionszusage, die nicht dem Geltungsbereich des BetrAVG unterliegt, Anwendung finden, in denen die Anwendung der Regelungen des BetrAVG – oder des § 4 BetrAVG im speziellen – dispositiv in der vertraglichen Vereinbarung zur Pensionszusage geregelt wurde.

1898 Findet § 4 BetrAVG keine Anwendung auf die zu übertragende Pensionszusage, so bestehen insoweit betriebsrentenrechtlich keine Einschränkungen hinsichtlich des Übertragungsvorgangs. Die Übertragung richtet sich in einem solchen Fall ausschließlich nach den Vorschriften des BGB (rechtsgeschäftliche Einzelrechtsnachfolge). Es gilt insoweit das Prinzip der Prvatautonomie und der Vertragsfreiheit.

1899–1905 (*Einstweilen frei*)

7. Übertragung im Wege der rechtsgeschäftlichen Einzelrechtsnachfolge gem. §§ 414 ff. BGB

1906 In der Regel wird eine Übertragung der Pensionszusage im Wege der rechtsgeschäftlichen Einzelrechtsnachfolge gem. § 415 Abs. 1 BGB stattfinden („Vertrag zwischen Schuldner und Übernehmer"). Hinsichtlich der zivilrechtlichen Konzeption des § 415 BGB wird auf Rz. 3130 ff. verwiesen.

1907 Die nachfolgenden Ausführungen behandeln den Anwendungsfall einer Unternehmerzusage (im betriebsrentenrechtlichen Sinne). D. h. die dargestellte Beurteilung gilt nur für diejenigen Pensionszusagen, die über die gesamte Dienstzeit im betriebsrentenrechtlichen Status eines Unternehmers erdient wurden, und für die deswegen die Schutzbestimmungen des BetrAVG – hier insbes. § 4 – keine Anwendung finden.

a) Lohnsteuerrechtliche Behandlung des Übertragungsvorgangs

aa) Lohnsteuerfreie Übertragung gem. BFH

Die lohnsteuerrechtliche Behandlung des Übertragungsvorgangs wurde in den beiden BFH-Entscheidungen v. 18. 8. 2016[1] gleichlautend wie folgt beantwortet:

▶ **Ein Zufluss ist ausnahmsweise nur noch dann anzunehmen,** wenn der Versorgungsberechtigte über ein Wahlrecht verfügt, den Ablösungsbetrag alternativ an sich auszahlen zu lassen.

▶ **Die beherrschende Stellung des GGf** und die sich daraus ergebende Gestaltungshoheit führen nicht zu einem Zufluss, da dies das Trennungsprinzip zwischen einer Kapitalgesellschaft als selbständigen Rechtsträger und ihren Gesellschaftern missachtet.

▶ **Auch die Zustimmung des GGf** als Versorgungsberechtigter zur Übertragung führt nicht zu einem Zufluss, da er damit noch keine Verfügungsmacht über den Ablösebetrag erhält. Vielmehr ist die Zustimmung Voraussetzung für die Befreiung des bisherigen Versorgungsträgers von der Pensionsverpflichtung.

Die vorstehenden Rechtsgrundsätze sind aus den beiden Urteilsbegründungen klar und deutlich nachvollziehbar. **Eine weitere wesentliche Entscheidung** des BFH wird u. E. erst erkennbar, wenn man die beiden Urteilsfälle miteinander vergleicht:

Während die sog. Leitsatzentscheidung **VI R 18/13** den Fall eines **Leistungsempfängers** beurteilt, bei dem die Pensionszusage anlässlich der Übertragung derart umgestaltet wurde, dass die Leistungsdauer auf den Zeitpunkt begrenzt wurde, zu dem die Ablaufleistung der Rückdeckungsversicherung aufgebraucht ist, wurde in der Entscheidung zu **VI R 46/13 die Übertragung einer in der Anwartschaftsphase** befindlichen Pensionszusage behandelt, die im Zuge der Übertragung auf die Höhe der bis zum Übertragungszeitpunkt unverfallbar erworbenen Versorgungsanwartschaften begrenzt wurde.

Danach wird deutlich, dass der Übertragungsvorgang sowohl bei Übertragungen, die während der Anwartschaftsphase, als auch bei Übertragungen, die während der Leistungsphase durchgeführt werden, **nicht zum lohnsteuerpflichtigen Zufluss von Arbeitslohn** i. S. d. § 19 EStG führt. Dies gilt jedoch nur

---
[1] BFH, Urteile v. 18. 8. 2016 - VI R 18/13, BStBl 2017 II S. 730; BFH v. 18. 8. 2016 - VI R 46/13, NWB DokID: AAAAF-85886.

dann, wenn der GGf nicht über ein Wahlrecht verfügt, den Ablösungsbetrag alternativ an sich auszahlen zu lassen.

1912 Die diesbezügliche lohnsteuerrechtliche Behandlung hat die FinVerw mit BMF-Schreiben v. 4.7.2017[1] bestätigt (siehe hierzu Rz. 1865).

bb) Weiterhin offene lohnsteuerrechtliche Fragen

1913 Durch die maßgeblichen BFH-Urteile wurden u. E. jedoch folgende – bei einer Übertragung der Pensionszusage auf eine Rentner-GmbH – lohnsteuerrechtliche Fragestellungen noch nicht beantwortet:

▶ Führt die Umgestaltung einer Pensionszusage, die die **Leistungsdauer** auf den Zeitpunkt **begrenzt**, zu dem die Ablaufleistung der Rückdeckungsversicherung aufgebraucht ist, zu einem Zufluss von Arbeitslohn?

▶ Führt ein **Verzicht** des GGf auf den gegenüber des ehemaligen Versorgungsträgers bestehenden (potenziellen) **Schadensersatzanspruch** zu einem Zufluss von Arbeitslohn?

▶ Führt eine Übertragung, die in Anlehnung an den Übertragungsweg gem. § 4 Abs. 2 Nr. 2 **BetrAVG** durchgeführt wird, zu einem Zufluss von Arbeitslohn?

(1) Möglicher Lohnzufluss wegen Begrenzung der Rentenlaufzeit?

1914 Die Rechtsfrage, die den BFH im Verfahren zu VI R 18/13 veranlasst hat, das Verfahren an das zuständige FG zurückzuverweisen, lässt sich u. E. anhand der von der FinVerw zutreffender Weise im BMF-Schreiben v. 14.8.2012[2] vertretenen Rechtsauffassung klar und eindeutig beantworten.

1915 Danach ist die Frage nach dem Entstehen eines Teilverzichts auf der Grundlage des versicherungsmathematischen Barwertes der Pensionszusage vor und nach deren Umgestaltung zu klären (Barwertvergleich). Zur Umsetzung dieses Barwertvergleichs ist die Zusage in ihrer jeweiligen Form vor und nach der Umgestaltung gesondert versicherungsmathematisch zu bewerten. Da es sich im betreffenden Fall um einen Leistungsempfänger handelt, muss bei der Bewertung der ursprünglichen Zusage nicht mehr geprüft werden, in welchem Umfang unverfallbare Versorgungsanwartschaften entstanden sind.

1916 Führen die beiden Bewertungen zu dem Ergebnis, dass der Barwert der nach der Umgestaltung noch bestehenden Pensionsverpflichtung unterhalb des

---

1 BMF, Schreiben v. 4.7.2017, BStBl 2017 I S. 883.
2 BMF, Schreiben v. 14.8.2012, BStBl 2012 I S. 874.

Barwertes der ursprünglichen Pensionsverpflichtung liegt, so hat die Umgestaltung zu einem teilweisen Verzicht geführt, in dessen Folge es zu einer verdeckten Einlage und zu einem fiktiven Lohnzufluss beim GGf kommt. Die Bewertung der verdeckten Einlage richtet sich nach den Grundsätzen des BFH-Urteils v. 15.10.1997.[1]

(2) Möglicher Lohnzufluss wegen Verzicht auf Schadensersatzansprüche?

Nach den Grundsätzen der BAG-Entscheidung v. 11.3.2008[2] ist davon auszugehen, dass eine **unzureichende Ausstattung einer Rentner-GmbH** zwar nicht zur Unwirksamkeit des Rechtsgeschäftes führt; sie **kann aber Schadensersatzansprüche auslösen**. Verletzt der ehemalige Versorgungsträger seine diesbezügliche Verpflichtung, so macht er sich gegenüber dem Pensionsberechtigten schadensersatzpflichtig.

Fraglich ist im Falle der Übertragung einer Pensionszusage zugunsten eines GGf allerdings, ob dessen persönliche Mitwirkung bei der Übertragung seinen Schadensersatzanspruch entfallen lässt bzw. sich zumindest im Rahmen eines Mitverschuldens i.S.d. § 254 BGB auswirken muss? Denn ohne die Zustimmung des GGf zur Übertragung der Pensionsverpflichtung würde diese gar nicht zustandekommen. Macht der GGf anschließend Schadensersatzansprüche geltend, so würde er sich zu seinem eigenen Verhalten in Widerspruch setzen.

Unabhängig von der Beurteilung der vorstehenden Frage kann der Versorgungsberechtigte bereits im Zeitpunkt der Übertragung der Pensionsverpflichtung auf seinen (potenziellen) Schadensersatzanspruch gegenüber des ehemaligen Versorgungsträgers verzichten. Verzichtet der GGf bereits im Zuge der Übertragung der unmittelbaren Pensionszusage auf seinen (potenziellen) Schadensersatzanspruch, so stellt sich u.E. die Frage, ob ein derartiger Verzicht des GGf auf den Schadensersatzanspruch zu einem fiktiven Zufluss von Arbeitslohn und zu einer verdeckten Einlage führen kann?

Ein steuerpflichtiger Zufluss von Arbeitslohn kann u.E. dann nicht angenommen werden, wenn die im Rahmen der Übertragung die zu leistenden Vermögenswerte (Ausgleichsbetrag) der Höhe nach derart bestimmt werden, dass diese den aus vernünftiger kaufmännischer Sicht notwendigen Erfüllungsbetrag entsprechen. Damit werden u.E. die Anforderungen der BAG-Rechtsprechung erfüllt, das eine ausreichende finanzielle Ausstattung dann

1917

1918

1919

1920

---

1 BFH, Urteil v. 15.10.1997 - I R 58/93, BStBl 1998 II S. 305.
2 BAG, Entscheidung v. 11.3.2008 - 3 AZR 358/06, NZA 2009 S. 790.

angenommen hat, wenn die Rentner-GmbH „bei einer realistischen betriebswirtschaftlichen Betrachtung genügend leistungsfähig ist".

1921 Ein Lohnzufluss im Zusammenhang mit einem Verzicht auf etwaige Schadensersatzansprüche scheidet u. E. auch deswegen aus, da der Schadensersatzanspruch nicht als Anspruch aus dem Dienstverhältnis anzusehen ist, sondern vielmehr einen Ersatz für entgangene Einnahmen i. S. d. § 24 EStG darstellt. Ein Zufluss ist hier ferner auch deswegen nicht anzunehmen, da der Verzicht des GGf unter der aufschiebenden Bedingung steht, dass dieser erst nach Aufzehrung des Versorgungskapitals und Eintritt eines Schadensersatzanspruchs wirksam wird und somit noch nicht als realisiert beurteilt werden kann.

1922 Auch die Annahme einer verdeckten Einlage wird aus den vorstehenden Gründen nicht in Betracht kommen, da der aufschiebend bedingte Verzicht auf eine Forderung ohne Eintritt der Bedingung kein einlagefähiges Wirtschaftsgut darstellt.

1923 Danach kann davon ausgegangen werden, dass es **bei einer sachgerechten Gestaltung** – insbesondere im Hinblick auf die finanzielle Ausstattung der Rentner-GmbH – im Zusammenhang mit einem Verzicht auf etwaige Schadensersatzansprüche weder zu einem Zufluss von steuerpflichtigem Arbeitslohn gem. § 19 EStG, noch zu einer verdeckten Einlage kommt.

(3) Möglicher Lohnzufluss bei Übertragung in Anlehnung an § 4 Abs. 2 Nr. 2 BetrAVG?

1924 Anders als bei einer Übertragung in Anlehnung an § 4 Abs. 2 Nr. 1 BetrAVG, die als eine reine Schuldübernahme zu beurteilen ist, führt eine Übertragung in Anlehnung an § 4 Abs. 2 Nr. 2 BetrAVG nicht zu einem Schuldnerwechsel. Dies deswegen, da in diesem Fall nicht die Pensionsverpflichtung Gegenstand der Übertragung ist; vielmehr wird der Wert der vom GGf unverfallbar erworbenen Versorgungsanwartschaften unter der Auflage auf den neuen Versorgungsträger übertragen, dass dieser auf der Grundlage des Ausgleichsbetrags eine wertgleiche Pensionszusage zu erteilen hat (siehe hierzu Rz. 2956 ff.).

1925 Während eine Übertragung innerhalb der Schutzbestimmungen des BetrAVG gem. § 4 Abs. 2 Nr. 2 BetrAVG zwingend die Übertragung auf einen neuen Arbeitgeber vorschreibt, bedarf es dieser zwingenden Voraussetzung bei einer Übertragung in Anlehnung an § 4 Abs. 2 Nr. 2 BetrAVG nicht. Demzufolge ist auch der sachliche Steuerbefreiungstatbestand des § 3 Nr. 55 EStG auf den im BetrAVG vorgesehen Übertragungsfall abgestellt.

7. Übertragung gem. §§ 414 ff. BGB

Denn gem. § 3 Nr. 55 EStG ist der in den Fällen des § 4 Abs. 2 Nr. 2 BetrAVG geleistete Übertragungswert nach § 4 Abs. 5 BetrAVG steuerfrei, wenn die bAV beim ehemaligen und neuen Arbeitgeber über einen Pensionsfonds, eine Pensionskasse oder ein Unternehmen der Lebensversicherung durchgeführt wird. Dies gilt auch dann, wenn der Übertragungswert vom ehemaligen Arbeitgeber oder von einer Unterstützungskasse an den **neuen Arbeitgeber** oder eine andere Unterstützungskasse geleistet wird. 1926

Demzufolge kann an dieser Stelle bereits festgestellt werden, dass eine Übertragung der Pensionszusage in Anlehnung an § 4 Abs. 2 Nr. 2 BetrAVG in denjenigen Fällen nicht zu einem Zufluss von Arbeitslohn führt, in denen die **Voraussetzung des neuen Arbeitgebers gegeben** ist. Da damit jedoch nicht der klassische Fall einer Übertragung auf eine Rentner-GmbH beschrieben wird, stellt sich die Frage, ob eine Übertragung der Pensionszusage in Anlehnung an § 4 Abs. 2 Nr. 2 BetrAVG in denjenigen Fällen zu einem Zufluss von Arbeitslohn führt, in denen die **Voraussetzung des neuen Arbeitgebers nicht gegeben** ist. 1927

Die maßgeblichen BFH-Urteile v. 18.8.2016 definieren nicht explizit, ob es sich bei den entschiedenen Sachverhalten um Übertragungen in Anlehnung an § 4 Abs. 2 Nr. 1 oder Nr. 2 BetrAVG handelte. Beide Urteile benennen jedoch explizit eine *„(bloße) Schuldübernahme nach § 415 Abs. 1 BGB"*. Diese Tatsache ist u. E. zweifelsfrei - in Verbindung mit den in den Urteilen jeweils getroffene Wortwahl *„Übernahme der Pensionsverpflichtung"* − dahingehend zu werten, dass den jeweils entschiedenen Sachverhalten eine Übertragung in Anlehnung an § 4 Abs. 2 Nr. 1 BetrAVG und somit ein reiner Schuldnerwechsel zugrunde lag. 1928

Die Ausführungen des maßgeblichen BMF-Schreibens beziehen sich auf die *„Ablösung einer vom Arbeitgeber erteilten Pensionszusage"* und *„die Zahlung des Ablösungsbetrags an den die Pensionsverpflichtung übernehmenden Dritten"*. Während sich die erste Aussage noch mit einer Übertragung in Anlehnung an § 4 Abs. 2 Nr. 2 BetrAVG vereinbaren ließe, ist dies bei der zweiten Aussage u. E. wohl nicht mehr der Fall. 1929

Die Frage, ob die Lohnsteuerfreiheit auch bei einem Übertragungsvorgang, der in Anlehnung an § 4 Abs. 2 Nr. 2 BetrAVG durchgeführt wird, greift, kann u. E. weder anhand der Urteilsbegründungen des BFH, noch anhand der Ausführungen der FinVerw zweifelsfrei beantwortet werden. 1930

Aufgrund der lohnsteuerrechtlichen Systematik, die für den Fall einer Übertragung gem. § 4 Abs. 2 Nr. 2 BetrAVG eine an sich lohnsteuerpflichtige Übertragung definiert und diese nur über den sachlichen Steuerbefreiungstatbestands des § 3 Nr. 55 EStG von der Lohnsteuer befreit, muss u. E. davon ausgegangen 1931 werden, dass eine Übertragung, die außerhalb des BetrAVG in Anlehnung an den in § 4 Abs. 2 Nr. 2 BetrAVG definierten Übertragungsweg durchgeführt wird und die die Voraussetzungen des neuen Arbeitgebers nicht erfüllt, einen lohnsteuerpflichtigen Zufluss von Arbeitslohn gem. § 19 EStG auslöst.

1932   U. E. erscheint es vor dem Hintergrund, dass Gestaltungen zur Übertragungen von Pensionszusagen jetzt auch außerhalb eines Arbeitgeberwechsels als lohnsteuerfreier Vorgang behandelt werden, als unbillig, eine differenzierte lohnsteuerrechtliche Behandlung des Übertragungsvorgangs in Abhängigkeit vom Übertragungsweg stattfinden zu lassen.

1933–1938   (*Einstweilen frei*)

b) Körperschaftsteuerrechtliche Behandlung des Übertragungsvorgangs

1939   Die ertragsteuerrechtliche Prüfung einer unmittelbaren Pensionszusage an einen GGf unterliegt einer ganz speziellen zweistufigen Systematik (siehe hierzu Rz. 3571).

1940   **Erste Prüfungsstufe (Bilanzinterne Prüfung)**

Innerhalb der ersten Prüfungsstufe wird anhand der in § 6a Abs. 1 EStG festgelegten Voraussetzungen die **Zulässigkeit der Bildung einer Pensionsrückstellung** in der Steuerbilanz der die Versorgung tragenden Kapitalgesellschaft hinterfragt.

1941   **Zweite Prüfungsstufe (Bilanzexterne Prüfung)**

Ist die Pensionsrückstellung in der Steuerbilanz dem Grunde und der Höhe nach zutreffend bilanziert, so ist auf der zweiten Prüfungsstufe des § 8 Abs. 3 Satz 2 KStG zu prüfen, **ob und inwieweit die Pensionsverpflichtung auf einer vGA beruht.** Bei dieser Prüfung sind insbesondere die Aspekte Ernsthaftigkeit, Erdienbarkeit und Angemessenheit zu prüfen (siehe hierzu Rz. 3586).

1942   Die körperschaftsteuerrechtliche Prüfung des zu beurteilenden Rechtsgeschäfts hat dem Grunde und der Höhe nach sowohl auf der Ebene des ehemaligen, als auch des neuen Versorgungsträgers zu erfolgen.

aa) Beim ehemaligen Versorgungsträger

(1) Betriebliche Veranlassung dem Grunde nach

1943   Aus Sicht des ehemaligen Versorgungsträgers stellt sich zunächst die Rechtsfrage, ob die Übertragung einer unmittelbaren Pensionszusage eines GGf im

7. Übertragung gem. §§ 414 ff. BGB

Wege der rechtsgeschäftlichen Einzelrechtsnachfolge dem Grunde nach als betrieblich veranlasst beurteilt werden kann?

U. E. ist hinsichtlich der konkreten Veranlassung festzustellen, dass die Übertragung der unmittelbaren Pensionszusage i. d. R. einem klaren Motiv folgt, welches ausschließlich als betrieblich veranlasst zu beurteilen ist: Die Trennung des operativen Geschäftsbetriebs vom „Geschäftsbereich Pensionszusage" zur Ermöglichung der Weiterentwicklung der Gesellschaft.

1944

Zieht man dieses Motiv als alleinig tragendes Motiv in Zweifel, so ist die betriebliche Veranlassung dem Grunde nach u. E. zu bejahen, sofern die Gestaltung die Anforderungen des formellen und materiellen Fremdvergleichs erfüllen kann.

1945

(2) Betriebliche Veranlassung der Höhe nach

Ist die Übertragung dem Grunde nach anzuerkennen, stellt sich im weiteren Verlauf die Frage nach der Angemessenheit des Übertragungswertes, der als Ausgleichsbetrag – und somit als Entgelt – für die Übernahme der Pensionsverpflichtung durch die Rentner-GmbH an diese zu leisten ist. Eine Übertragung ohne entsprechende Gegenleistung würde u. E. dazu führen, dass das Rechtsgeschäft bereits dem Grunde nach als unüblich zu beurteilen wäre.

1946

(3) Rechtsfolgen bei einem unangemessenen Ausgleichsbetrag

Gewährt der ehemalige Versorgungsträger der Rentner-GmbH **einen zu hohen oder zu niedrigen Ausgleichsbetrag** und sind an beiden Gesellschaften dieselben, oder nahestehende Personen beteiligt (wovon i. d. R. auszugehen ist), so führt dies nach den Grundsätzen der sog. Dreieckstheorie zu folgenden Rechtsfolgen:[1]

▶ **Ist der Ausgleichsbetrag zu hoch,** so führt dies in Höhe des als unangemessen zu beurteilenden Teilbetrags zu einer **mittelbaren vGA des ehemaligen Versorgungsträgers an ihren Gesellschafter,** der seinerseits den zugewendeten Vermögensvorteil verdeckt in die Rentner-GmbH einlegt. Der unangemessene Teilbetrag wird somit ertragsteuerrechtlich nicht als Entgelt, sondern als Gewinnverwendung zugunsten der Gesellschafter behandelt.

1947

▶ **Ist der Ausgleichsbetrag zu niedrig,** so wird das Rechtsgeschäft ertragsteuerrechtlich so behandelt, als hätte der ehemalige Versorgungsträger ein angemessenes Entgelt an die Rentner-GmbH entrichtet. In der Folge wird

---

1 BFH, Urteil v. 28. 1. 1992 - VIII R 207/85, BStBl 1992 II S. 605.

dann angenommen, dass die **Rentner-GmbH den fehlenden Teilbetrag an den Gesellschafter verdeckt ausgeschüttet hat**, wobei dieser den Betrag wieder verdeckt in das Betriebsvermögen des ehemaligen Versorgungsträgers eingelegt hat.

1948 In beiden Fällen kommt es somit zu einer vGA und einer verdeckten Einlage – allerdings in unterschiedliche Richtungen. Dabei gilt der Grundsatz, dass in beiden Fällen derjenige Teilbetrag, der bei der einen Gesellschaft als vGA beurteilt wird, in die andere Gesellschaft verdeckt eingelegt wird. Zur Vermeidung einer derartig komplexen Besteuerungssituation, ist es daher zwingend notwendig, der Bestimmung des Ausgleichsbetrags die notwendige Priorität einzuräumen.

(4) Bestimmung eines angemessenen Ausgleichsbetrags

1949 Die Bestimmung des angemessenen Ausgleichsbetrags hat anhand des Status des jeweiligen Versorgungsberechtigten zu erfolgen:

1950 Handelt es sich bei dem Versorgungsberechtigten um einen **Leistungsempfänger**, so hat der Ausgleichsbetrag dem Barwert der künftigen Versorgungsleistungen zu entsprechen. Befindet sich der Versorgungsberechtigte jedoch noch in der **Anwartschaftsphase**, so ist der Ausgleichsbetrag nach dem Barwert der bis zum Übertragungszeitpunkt unverfallbar erworbenen Versorgungsanwartschaften (sog. Past Service) zu ermitteln. Würde in diesem Zuge auch der Future Service berücksichtigt werden, so würde damit derjenige Teil der Versorgungszusage abgegolten werden, auf den der GGf im Übertragungszeitpunkt noch keinen Anspruch erworben hat. Dies würde unmittelbar zu einer vGA führen.

1951 Eine Norm zur ertragsteuerrechtlichen Definition eines angemessenen Übertragungswertes (Ausgleichsbetrags) existiert bis dato nicht. Eine gesetzliche Definition des Übertragungswertes findet sich ausschließlich in § 4 Abs. 5 BetrAVG. Danach entspricht der Übertragungswert bei einer unmittelbaren Pensionszusage dem Barwert der künftigen Versorgungsleistung im Zeitpunkt der Übertragung. Bei der Berechnung des Barwertes sind die Rechnungsgrundlagen sowie die anerkannten Regeln der Versicherungsmathematik anzuwenden.

1952 Die gesetzliche Definition des Übertragungswertes begrenzt sich somit ausschließlich auf die Beschreibung des einzusetzenden Verfahrens. Eine Regelung zur Bestimmung der notwendigen Rechnungsgrundlagen – wie insbesondere der zu verwendenden Sterbetafel und des angemessenen Rechnungszinses – ist jedoch nicht Gegenstand der Norm.

7. Übertragung gem. §§ 414 ff. BGB

Damit hat der Gesetzgeber die Bestimmung der anzuwendenden Rechnungsgrundlagen auch bei denjenigen Versorgungszusagen, die in den Geltungsbereich des BetrAVG fallen, in die Hände der am Übertragungsvorgang beteiligten Parteien gelegt. Berücksichtigt man die Tatsache, dass das BetrAVG vom Gesetzgeber als Arbeitnehmerschutzgesetz in Kraft gesetzt wurde, so kommt man zu der logischen Konsequenz, dass eine Bestimmung der Rechnungsgrundlagen auch dann den an der Übertragung beteiligten Parteien obliegt, wenn die zu übertragende Pensionszusage nicht in den Geltungsbereich des BetrAVG fällt. 1953

Der BFH hat in seiner Entscheidung v. 12.12.2012 zur Bestimmung des Übertragungswertes das Folgende ausgeführt: 1954

„Den Einwänden des FA in Bezug auf den aus seiner Sicht zu geringen Abzinsungszinssatz von 3,25 % und auf die Berücksichtigung eines jährlichen Kaufkraftausgleichs von 2,0 % muss nicht weiter nachgegangen werden. Denn im **Grundsatz ist der „Übertragungswert" der Pensionsverpflichtungen frei aushandelbar** *(vgl. Höfer, DB 2012 S. 2130, 2131 f.). Anhaltspunkte für eine Fehlbewertung sind nicht ersichtlich."*[1]

Folgt man dieser beachtenswerten Sichtweise des BFH, so kann davon ausgegangen werden, dass der Übertragungswert zwischen den Parteien frei ausgehandelt werden kann, sofern er nicht erkennbar auf einer Fehlbewertung beruht. 1955

In seinen beiden Entscheidungen v. 18.8.2016 musste sich der BFH zur Frage der Angemessenheit des Ausgleichsbetrags nicht äußern, da in beiden Verfahren die Höhe des Ausgleichsbetrags nicht Gegenstand der Auseinandersetzung war. Der BFH hat in diesem Zusammenhang jedoch darauf hingewiesen, dass die Vereinbarung eines **Risiko- oder Sicherheitszuschlags** in Frage kommen könnte. Die FinVerw erkennt bei Übertragungen, die auf externe Versorgungsträger, wie z.B. einem Pensionsfonds, durchgeführt werden, einen Risiko- oder Sicherheitszuschlag in einer Größenordnung von 5 % bis 7 % an. 1956

Die Frage nach der ertragsteuerrechtlichen Bestimmung eines als angemessen zu beurteilenden Ausgleichsbetrags wird in der Literatur unterschiedlich dargestellt. Sie bedarf daher einer näheren Betrachtung, die im Folgenden angestellt wird: 1957

U.E. scheidet eine rein ertragsteuerrechtliche Beurteilung des Übertragungswertes auf der Grundlage der Vorschriften des § 6a EStG grundsätzlich aus, da 1958

---

1 BFH, Urteil v. 12.12.2012 - I R 28/11, Rz. 43, BStBl 2017 II S. 1265.

es mittlerweile eine unstrittige Tatsache ist, dass die ertragsteuerliche Bewertung zu einer spürbaren Unterbewertung der bestehenden Pensionsverpflichtung führt. § 6a EStG beschränkt die Bewertung der Pensionsverpflichtung insbesondere durch die Anwendung eines als marktfern zu bezeichnenden Rechnungszinssatzes i. H. v. 6,0 %. Als Folge daraus wird die wirtschaftliche Belastungswirkung der arbeitgeberseitigen Pensionszusage nicht sachgerecht abgebildet; es erfolgt eine leistungswidrige Besteuerung von Scheingewinnen.[1]

1959 Vor diesem Hintergrund ist festzustellen, dass der Anwendungsbereich des § 6a EStG nur noch auf die ertragsteuerrechtliche Gewinnermittlung beschränkt sein kann. Keinesfalls kann er als Maßstab herangezogen werden, um die fremdübliche Angemessenheit einer Vermögensposition zu beurteilen, die als Entgelt zwischen den Parteien für die Übernahme einer Pensionsverpflichtung ausgetauscht werden soll.

1960 Ein Übertragungswert in Höhe des Barwertes gem. § 6a EStG kann den Anforderungen eines Fremdvergleichs keinesfalls mehr entsprechen, da es ausgeschlossen werden kann, dass sich ein fremder Dritter auf dieser Grundlage zur Übernahme der Pensionsverpflichtung entscheiden würde. Dies auch deswegen, da ein ordentlicher und gewissenhafter Geschäftsleiter auch die Besonderheit zu beachten hat, dass eine neu gegründete Rentner-GmbH bei einer derartigen Gestaltung im Moment nach der Übernahme in eine Überschuldung verfallen würde.

1961 Eine Ermittlung des Übertragungswertes kann vielmehr nur dann die Anforderungen des materiellen Fremdvergleichs erfüllen, wenn sie anhand einer betriebswirtschaftlich vernünftigen Wertermittlung beruht. Diese ist dann gegeben, wenn die Grundsätze beachtet werden, die der ordentliche und gewissenhafte Geschäftsleiter einer Bewertung zugrunde legen würde und die auf dem **nach vernünftiger kaufmännischer Beurteilung notwendigen Erfüllungsbetrag** gem. § 253 Abs. 1 Satz 2 HGB beruht.

1962 Hinsichtlich des Rechnungszinses ist u. E. auch nach der gesetzlichen Neuregelung des § 253 HGB im Februar 2016 auf denjenigen Rechnungszins abzustellen, der sich unter Anwendung des Durchschnittsbildungszeitraums von sieben Jahren am Bewertungsstichtag ermittelt, da sich nur bei Zugrundelegung des siebenjährigen Durchschnittsbildungszeitraums die tatsächlich aus der bestehenden Pensionsverpflichtung bestehende finanzielle Belastung ermitteln lässt. Und in eben dieser Höhe bestimmt sich dann der angemessene Ausgleichsbetrag.

---

1 Siehe Prinz, Entwicklungsperspektiven im Bilanzsteuerrecht, DB 2016 S. 13.

7. Übertragung gem. §§ 414 ff. BGB

Diese Rechtsfassung hat jüngst auch der BGH bestätigt. In dem Beschluss v. 24. 8. 2016 führt der BGH hierzu das Folgende aus: 1963

„Der vom Gesetzgeber des Bilanzrechtsmodernisierungsgesetzes ursprünglich gewählte Siebenjahreszeitraum beruht auf einer langfristigen Zinsbeobachtung seit dem Jahre 1960 (vgl. Stapf/Elgg, BB 2009 S. 2134, 2136). Durch die Zugrundelegung eines über sieben Geschäftsjahre geglätteten Durchschnittszinses sollte nach den Vorstellungen des Gesetzgebers ein hinreichender Glättungseffekt erzeugt werden, der die nicht durch die Geschäftstätigkeit der Unternehmen verursachten Ertragsschwankungen beseitigt und deshalb zu einer realitätsgerechten Bewertung der Pensionsverpflichtung führt (vgl. BT-Drucks. 16/10067 S. 54). **Es ist auch mit Blick auf die gesetzliche Neuregelung nicht ersichtlich, dass der Gesetzgeber von dieser grundlegenden Beurteilung abweichen wollte.** *Die Neuregelung dient im Interesse der bilanzierenden Unternehmen allein der Abmilderung der Niedrigzinsphase und nicht dazu, das handelsrechtliche Vorsichtsprinzip oder die Fähigkeit der Unternehmen einzuschränken, die von ihnen eingegangenen Pensionsverpflichtungen erfüllen zu können (vgl. BT-Drucks. 18/7584 S. 149). Aus diesem Grunde darf das bilanzierende Unternehmen solche Erträge, die ihm aus dem geringeren Ansatz der Pensionsrückstellungen aufgrund der Ausweitung des Betrachtungszeitraums nach der Neufassung des § 253 Abs. 2 Satz 1 HGB entstehen (sog. Unterschiedsbetrag nach § 253 Abs. 6 Satz 1 HGB), gemäß § 253 Abs. 6 Satz 2 HGB nicht ausschütten, so dass die jeweilige Entlastung beim Pensionsrückstellungsaufwand das Unternehmen nicht verlassen soll.*

Damit hat der Gesetzgeber hinreichend deutlich zum Ausdruck gebracht*, dass er für die Ermittlung eines angemessenen Finanzbedarfs für die Pensionsverpflichtungen die bisherige Durchschnittsbildung über sieben Jahre weiterhin für realitätsgerecht und angemessen hält (vgl. Budinger/Wrobel, NZFam 2016 S. 420)."*[1]

Die diesbezüglichen Ausführungen des BGH sind in ihrem Wortlaut u. E. derart klar und eindeutig, dass an der Angemessenheit des Ausgleichsbetrags der Höhe nach, der auf der Grundlage des siebenjährigen Rechnungszinses ermittelt wird, keine ernsthaften Zweifel bestehen können. 1964

In Anbetracht der Tatsachen, dass 1965

▶ der BFH in den beiden Entscheidungen v. 18. 8. 2016 auf die Vereinbarung eines **Risiko- oder Sicherheitszuschlags** verwiesen hat, ohne die Frage jedoch abschließend zu beantworten, sowie

---

1 BGH, Beschluss v. 24. 8. 2016 - XII ZB 84/13, Rz. 32, NWB DokID: JAAAF-84042.

▶ der handelsrechtliche Rechnungszins in naher Zukunft seine Talfahrt weiter fortsetzen wird,

erscheint es als angemessen, die beiden vorstehenden Aspekte bei der Ermittlung des Ausgleichsbetrags zu berücksichtigen. Dies kann entweder dadurch geschehen, dass der Ausgleichsbetrag auf der Grundlage des stichtagsbezogenen Rechnungszinses ermittelt und um einen pauschalen Risiko-/Sicherheitszuschlag i. H. v. 5 % bis 7 % erhöht wird, oder dass die in der Zukunft bestehenden Risiken mittels Ansatz eines reduzierten, die zukünftige Entwicklung des Rechnungszinses berücksichtigenden, Rechnungszinsfuß berücksichtigt werden.

1966 Falls gewollt, könnte man daneben noch eine **Verwaltungskostenpauschale** vereinbaren. Eine derartige Pauschale wird übrigens auch von Versicherungsgesellschaften erhoben, wenn diese Pensionsverpflichtungen im Rahmen einer sog. Liquidations-Direktversicherung übernehmen.

bb) Beim neuen Versorgungsträger

(1) Betriebliche Veranlassung dem Grunde nach

1967 Die Üblichkeit des Übertragungsvorgangs bedarf hinsichtlich der vom BFH und der FinVerw gleichermaßen geforderten Probezeit einer besonderen Beurteilung. Zunächst ist zwischen einer personenbezogenen und einer gesellschaftsbezogenen Probezeit zu unterscheiden[1] (siehe hierzu Rz. 3749).

1968 Die Problematik der Probezeit stellt sich im Falle der rechtsgeschäftlichen Übertragung einer GGf-Pensionszusage auf eine Rentner-GmbH dann, wenn

▶ der neue Versorgungsträger im unmittelbaren Vorfeld der Übertragung neu gegründet wird, oder

▶ es sich um eine bestehende GmbH handelt, die noch keine fünf Jahre existiert

und die Einhaltung der Probezeit-Fristen nicht vorgesehen ist.

1969 Die Frage, inwieweit das Kriterium der Probezeit auch im Falle einer rechtsgeschäftlichen Übertragung einer GGf-Pensionszusage auf eine Rentner-GmbH Anwendung finden soll, ist jedoch abschießend noch nicht geklärt.

1970 Die ertragsteuerrechtliche Beurteilung des zu beurteilenden Rechtsgeschäfts kann u. E. nicht durch die bloße Anwendung des BMF-Schreibens v.

---

1 BMF, Schreiben v. 14. 12. 2012, BStBl 2013 I S. 58.

7. Übertragung gem. §§ 414 ff. BGB

14.12.2012 erfolgen. Dies würde dem Inhalt des Übertragungsvorgangs nicht gerecht werden. Dies insbesondere deswegen, da die Übertragung einer GGf-Pensionszusage u. E. nicht vom sachlichen Anwendungsbereich des BMF-Schreibens erfasst wird.

Es bedarf daher einer teleologischen Auslegung der im o. g. BMF-Schreiben aufgestellten Rechtsgrundsätze, die den Sinn und Zweck der Bestimmungen auf die besonderen Umstände des zu beurteilenden Sachverhaltes überträgt. Dabei ist zu würdigen, dass sich der Gegenstand des Rechtsgeschäftes im Falle eines **Leistungsempfängers** ausschließlich auf die Übertragung bereits fälliger – und somit in vollem Umfang erdienter – Versorgungsansprüche konzentriert, und diese durch die Vereinnahmung eines angemessenen Ausgleichbetrags sowohl unter zivilrechtlichen als auch unter wirtschaftlichen Gesichtspunkt als ausfinanziert zu beurteilen sind. 1971

Diese Form der Übertragung führt aus Sicht des neuen Versorgungsträgers zu einer deutlich veränderten Risikosituation. In einem solchen Fall ist davon auszugehen, dass ein ordentlicher und gewissenhafter Geschäftsleiter das Risiko der Übernahme der Versorgungsverpflichtung auch dann eingehen würde, wenn der Gf seine Befähigung noch nicht unter Beweis gestellt hätte und/oder die Ertragsfähigkeit der GmbH noch nicht zuverlässig beurteilt werden könnte. In der Folge ist davon auszugehen, dass die Übernahme der Pensionszusage beim neuen Versorgungsträger dem Grunde nach als betrieblich veranlasst zu beurteilen ist. Auch die Entscheidung des FG München v. 29. 5. 2001[1] steht dieser Beurteilung nicht entgegen, da Gegenstand dieses Verfahrens die vollumfängliche Übertragung einer Pensionszusage eines noch in der Anwartschaftsphase befindlichen GGf war. 1972

Die vorstehenden Ausführungen gelten auch im Falle eines **Leistungsanwärters**. Unter dem Aspekt der Probezeit kann dies jedoch nur insoweit gelten, als es die bis zum Übertragungszeitpunkt unverfallbar erworbenen Versorgungsanwartschaften (sog. Past Service) betrifft. 1973

(2) Betriebliche Veranlassung der Höhe nach

Die Ausführungen der Rz. 1949 zur Bestimmung des angemessenen Ausgleichsbetrags gelten uneingeschränkt auch für den neuen Versorgungsträger. 1974

Ferner ist bei der ertragsteuerrechtlichen Beurteilung des Rechtsgeschäftes aus Sicht der Rentner-GmbH zwingend der Umstand zu würdigen, dass die 1975

---

[1] FG München, Urteil v. 29. 5. 2001 - 6 K 5166/00, NWB DokID: GAAAB-10357.

IX. Rentner-GmbH – Entpflichtung und Übertragung auf einen eigenen Rechtsträger

Vereinbarung eines Ausgleichsbetrags, der der Höhe nach unterhalb der nach handelsrechtlichen Grundsätzen zu bildenden Pensionsrückstellung liegen würde, i.d.R. eine neu gegründete Rentner-GmbH im Moment nach der Übernahme in die Überschuldung führen würde. Die Übernahme einer Pensionsverpflichtung zu derartigen Bedingungen kann daher nicht mir der Sorgfaltspflicht eines ordentlichen und gewissenhaften Geschäftsleiters in Einklang gebracht werden.

1976–1980 (*Einstweilen frei*)

c) Bilanz(steuer-)rechtliche Behandlung des Übertragungsvorgangs

1981 Übertragungsvorgänge zu Pensionszusagen lösen bilanzrechtliche Folgen aus, die sowohl beim ehemaligen Versorgungsträger (übertragende Gesellschaft), als auch beim neuen Versorgungsträger (übernehmende Gesellschaft) zu berücksichtigen sind. Die bilanzrechtliche Behandlung gewinnt umso mehr an Bedeutung, wenn die bisherige ertragsteuerrechtliche Bewertung der Pensionsverpflichtung in der Steuerbilanz zum Aufbau stiller Lasten geführt hat und diese im Rahmen der Übertragung durch die Erbringung eines Entgelts in Höhe eines angemessenen Ausgleichsbetrags aufwandswirksam aufgedeckt werden.

1982 Zur ertragsteuerrechtlichen Behandlung derartiger Übertragungsmodelle hat der BFH bisher die Auffassung vertreten, dass es sich um einen Veräußerungsvorgang handelt, der beim ehemaligen Versorgungsträger steuermindernd wirkt, während die Anschaffung der Pensionsverpflichtung beim neuen Versorgungsträger erfolgsneutral realisiert werden kann[1]

1983 Dieser Betrachtungsweise ist die FinVerw entgegengetreten. Ihre Initiative hat den Gesetzgeber dazu veranlasst, die steuerbilanzielle Behandlung derartiger Übertragungsvorgänge – entgegen der BFH-Rechtsprechung – im Rahmen des AIFM-StAnpG v. 18.12.2013[2] neu zu regeln.

1984 Nun richtet sich die steuerbilanzielle Behandlung **beim ehemaligen Versorgungsträger (ursprünglich Verpflichteten) nach §4f EStG während für den neuen Versorgungsträger (Übernehmenden) §5 Abs.7 EStG maßgeblich ist.** Der sachliche Anwendungsbereich der gesetzlichen Neuregelungen erstreckt

---

1 BFH, Urteile v. 26.4.2012 - IV R 43/09, BStBl 2017 II S.1228; sowie BFH v. 12.12.2012 - I R 28/11, BStBl 2017 II S.1265.

2 Gesetz zur Anpassung des Investmentgesetzes und anderer Gesetze an das AIFM-Umsetzungsgesetz; BGBl 2013 I S.4318.

sich sowohl auf die Einzelrechtsnachfolge (§§ 414 ff. BGB) als auch auf die Sonder- oder Gesamtrechtsnachfolge nach dem UmwG.[1]

Die FinVerw hat mit BMF-Schreiben v. 30. 11. 2017[2] zur bilanzsteuerrechtlichen Behandlung von Schuldübernahmen Stellung genommen. Die nachfolgende Darstellung berücksichtigt die von der FinVerw vertretene Rechtsauffassung.

1985

aa) Beim ehemaligen Versorgungsträger

Gegenstand der Übertragung i. S. d. § 4f EStG sind Verpflichtungen, die beim ehemaligen Versorgungsträger (ursprünglich Verpflichteten) Ansatzverboten, -beschränkungen oder Bewertungsvorbehalten unterliegen haben (§ 4f Abs. 1 Satz 1 EStG). Im Zusammenhang mit Pensionsverpflichtungen sind solche Beschränkungen in § 6a Abs. 1 EStG als auch in § 6a Abs. 3, 4 EStG enthalten. Daher eröffnet sich der Anwendungsbereich des § 4f EStG im Falle einer Übertragung einer Pensionsverpflichtung.

1986

(1) Grundregel: Aufwandsverteilung auf 15 Jahre

Die weiteren Bestimmungen des § 4f Abs. 1 Satz 1 EStG führen zunächst dazu, dass der mit der Übertragung einhergehende Aufwand nicht sofort und in vollem Umfang im Übertragungsjahr als Betriebsausgabe verbucht werden kann. Vielmehr wird eine gleichmäßige Verteilung über einen Zeitraum von 15 Jahren (Übertragungsjahr und weitere 14 Jahre) vorgeschrieben.

1987

(2) Modifizierung der Aufwandsverteilung

§ 4f Abs. 1 Satz 2 EStG modifiziert diese Grundregel für den Fall, dass auf Grund der Übertragung ein Passivposten gewinnhöhend aufzulösen ist. In einem solchen Fall lässt es der Gesetzgeber zu, dass der mit der Übertragung einhergehende Aufwand im Übertragungsjahr bis zur Höhe des aufzulösenden Passivposten als Betriebsausgabe abgezogen werden kann und nur der diesen Betrag übersteigende Teilbetrag auf das Übertragungsjahr und die folgenden 14 Wirtschaftsjahre gleichmäßig verteilt werden muss.

1988

Da im Zusammenhang mit der Übertragung einer Pensionsverpflichtung die bisher gebildete Pensionsrückstellung beim Übertragenden gewinnhöhend

1989

---

1 BT-Drucks. 18/68 S. 73.
2 BMF, Schreiben v. 30. 11. 2017, BStBl 2017 I S. 1619.

aufzulösen ist,[1] eröffnet sich dadurch der Anwendungsbereich der Modifizierungsregelung gem. § 4f Abs. 1 Satz 2 EStG.

(3) Ausnahmen von der Aufwandsverteilung

1990 Es kommt jedoch nicht in jedem Falle zu einer Aufwandsverteilung. § 4f Abs. 1 Satz 3 EStG enthält nämlich drei Ausnahmetatbestände, in denen eine Verteilung des Aufwands unterbleibt. In folgenden Fällen wirken sich die durch die Übertragung entstehenden Betriebsausgaben in voller Höhe sofort im Wirtschaftsjahr der Übertragung aus:

- ▶ Schuldübernahme im Rahmen einer **Veräußerung oder Aufgabe eines ganzen Betriebes** oder des gesamten Mitunternehmeranteils,
- ▶ **Wechsel eines Arbeitnehmers** unter Mitnahme seiner erworbenen Pensionsansprüche zu einem neuen Arbeitgeber,
- ▶ Übertragender ist als **kleiner oder mittlerer Betrieb** zu beurteilen.

1991 Der Ausnahmetatbestand der Betriebsveräußerung bzw. der Betriebsaufgabe greift nur dann, wenn die Schuldübernahme im Rahmen einer Veräußerung oder Aufgabe des ganzen Betriebs oder des gesamten Mitunternehmeranteils i. S. d. §§ 14, 16 Abs. 1, 3 und 3a sowie des § 18 Abs. 3 EStG erfolgt. Nicht zweifelsfrei geklärt ist u. E. ob der Ausnahmetatbestand auch auf Kapitalgesellschaften angewendet werden kann. U. E. scheidet eine Anwendung im Falle eines Share-Deals aus, da dieser unter § 17 EStG zu subsumieren ist und eine Veräußerung i. S. d. § 17 EStG nicht von der Formulierung des § 4f Abs. 1 Satz 3 EStG erfasst wird. In der Literatur finden sich aber auch Stimmen, die eine Anwendung bejahen.[2] Die **Ausnahmetatbestände § 4f Abs. 1 Satz 3 EStG finden jedoch keine Anwendungen im Falle eines Schuldbeitritts oder einer Erfüllungsübernahme**, da für diese nur die Sätze 1, 2 und 7 des Absatzes 1 gelten.[3]

bb) Beim neuen Versorgungsträger

1992 Der neu eingefügte **§ 5 Abs. 7 EStG** soll nach den Ausführungen der Gesetzesbegründung u. a. vermeiden, dass Passivierungsbeschränkungen, die dazu beitragen, das Aufkommen der Unternehmensbesteuerung sicherzustellen, bis zur erstmaligen Anwendung des § 4f EStG ins Leere laufen.

---

1 R 6a Abs. 21 Satz 1 EStR.
2 Vgl. Frotscher/Geurts, EStG, § 4f Rz. 34.
3 § 4f Abs. 2 EStG.

7. Übertragung gem. §§ 414 ff. BGB

(1) Fortführung der Passivierungsbeschränkungen

§ 5 Abs. 7 Satz 1 EStG ordnet daher an, dass der Übernehmende und dessen Rechtsnachfolger in der ersten nach der Übernahme aufzustellenden Steuerbilanz die Ansatzverbote, -beschränkungen und Bewertungsvorbehalte zu beachten hat, die auch für den ursprünglich Verpflichteten gegolten haben. Somit verliert eine Pensionsverpflichtung im Rahmen ihrer Übertragung ihren Charakter nicht, so dass die Pensionsverpflichtung auch in der Zukunft beim Übernehmenden den Passivierungsbeschränkungen des § 6a EStG unterliegt. 1993

Dies bedeutet, dass der Übernehmende zum Zeitpunkt der Übernahme der Lasten diese entsprechend der BFH-Rechtsprechung in Höhe des Ausgleichsbetrags passivieren kann. Der Anschaffungsvorgang an sich ist daher weiterhin erfolgsneutral. Erst in der Schlussbilanz des Übertragungsjahres sind die Passivierungsbeschränkungen des § 6a EStG erstmals anzuwenden. 1994

(2) Gewinnmindernde Rücklage

Sofern sich aus der Anwendung der Sätze 1 bis 3 des § 5 Abs. 7 EStG beim Übernehmenden ein Gewinn ergibt, ist dieser grundsätzlich im Wirtschaftsjahr der Übernahme zu versteuern. 1995

Der Übernehmer kann nach § 5 Abs. 7 Satz 5 EStG jeweils in Höhe von vierzehn Fünfzehntel dieses Gewinns eine gewinnmindernde Rücklage bilden, die in den folgenden vierzehn Wirtschaftsjahren mit mindestens einem Vierzehntel gewinnerhöhend aufzulösen ist. Der folgende Satz 6 ordnet an, dass die verbleibende Rücklage aufzulösen ist, wenn die zugrundeliegende Verpflichtung vor Ablauf des Auflösungszeitraums nicht mehr besteht. 1996

Durch die gewinnmindernde Rücklage besteht für den Übernehmenden die Möglichkeit, den Übernahmegewinn im Übertragungsjahr größten Teils zu neutralisieren und dessen Realisierung auf den Verteilungszeitraum von insgesamt 15 Jahren zu strecken. Dadurch, dass die Gewinnrücklage nach dem Gesetzeswortlaut nicht zwingend gleichmäßig, sondern nur in Höhe eines Mindestbetrags aufzulösen ist, ergibt sich darüber hinaus für den Übernehmenden die Gestaltungsmöglichkeit, die Auflösung der Gewinnrücklage in Anlehnung an sein Ergebnis zu steuern. 1997

cc) Handelsrechtliche Behandlung

Die handelsbilanzielle Behandlung des Übertragungsvorgangs bzw. der zukünftigen Pensionsverpflichtungen richtet sich nach den einschlägigen handelsrechtlichen Vorschriften, insbesondere nach der IDW-Stellungnahme zur 1998

IX. Rentner-GmbH – Entpflichtung und Übertragung auf einen eigenen Rechtsträger

Rechnungslegung (IDW RS HFA 30).[1] Die einschränkenden Regelungen des AIFM-StAnpG entfalten für die Handelsbilanz keine Wirkung.

(1) Beim ehemaligen Versorgungsträger

1999 Besteht zwischen dem ehemaligen und dem neuen Versorgungsträger eine vertragliche Vereinbarung, die als Schuldübernahme zu werten ist, ist die bisher in der Handelsbilanz des ehemaligen Versorgungsträgers gebildete Pensionsrückstellung in voller Höhe gewinnerhöhend aufzulösen.

2000 Den Ausgleichsbetrag kann er dagegen im Übertragungsjahr in voller Höhe als Aufwand verbuchen. Wenn der Ausgleichsbetrag die aufzulösende Pensionsrückstellung übersteigt (was dann der Fall sein wird, wenn der Ausgleichsbetrag auf der Grundlage des siebenjährigen Zinssatzes ermittelt wird), ergibt sich in der Folge ein handelsrechtlicher "Übertragungsfolgeverlust".

(2) Beim neuen Versorgungsträger

2001 Als Ausfluss der Schuldübernahmevereinbarung hat der neue Versorgungsträger in seiner Handelsbilanz eine den Vorschriften der §§ 249, 253 HGB entsprechende Pensionsrückstellung zu bilden.

2002 Den Ausgleichsbetrag hat er dagegen im Übernahmejahr in voller Höhe als Betriebseinnahme zu verbuchen. Wenn das vereinnahmte Entgelt die erstmals zu bildende Pensionsrückstellung übersteigt (was dann der Fall sein wird, wenn der Ausgleichsbetrag auf der Grundlage des siebenjährigen Zinssatzes ermittelt wird), ergibt sich in der Folge ein handelsrechtlicher „Übernahmefolgegewinn".

2003 Nach IDW RS HFA 30, Tz. 104a, ist die entgeltliche Schuldübernahme beim neuen Versorgungsträger jedoch **dann erfolgsneutral einzubuchen**, wenn der erhaltene Ausgleichsbetrag den nach vernünftiger kaufmännischer Beurteilung notwendigen Erfüllungsbetrag der Verpflichtung übersteigt. Nähere Hinweise zur Zugangs- und Folgebewertung enthält die IDW-Anweisung leider nicht.

2004 **In der Literatur findet sich hierzu folgende Auslegung:**[2]
► Sollte der Ausgleichsbetrag zwischen der bei Übernahme mit dem Zehn-Jahresdurchschnittszins anzusetzenden Pensionsrückstellung und der mit dem Sieben-Jahresdurchschnittszins ermittelten Pensionsrückstellung lie-

---

1 IDW Stellungnahme zur Rechnungslegung: Handelsrechtliche Bilanzierung von Altersversorgungsverpflichtungen (IDW RS HFA 30 n. F.), IDW Life, Heft 1 S. 102.
2 Vgl. Thaut, WP Praxis 2017 S. 208 ff.

gen, so wäre die Pensionsrückstellung in Höhe des Ausgleichsbetrags zu bilden. Zusätzlich wäre ein Unterschiedsbetrag im Anhang auszuweisen.

▶ Sollte der Ausgleichsbetrag über der Pensionsrückstellung liegen, die sich bei Anwendung des 7-Jahresdurchschnittszinses ermittelt, so darf der neue Versorgungsträger weder im Zugangszeitpunkt, noch an den Folgeabschlussstichtagen in seiner Handelsbilanz einen Übernahmefolgegewinn ausweisen. In diesem Falle würde u. E. eine weitere Zuführung zu den Pensionsrückstellung erst in dem Wirtschaftsjahr erfolgen, in dem die entsprechenden Pensionsrückstellungen erstmals die Anschaffungskosten übersteigen würden.

Das DRSC hat im Rahmen der 30. Sitzung des HGB-Fachausschusses am 1. 12. 2016 hierzu folgenden Beschluss gefasst: 2005

„Gewöhnlich wird das erhaltene Entgelt für die Übernahme der Pensionsverpflichtungen höher als deren passivierter Wert beim abgebenden Unternehmen (Wert gemäß § 253 HGB) sein. Der HGB-FA spricht sich vorläufig dafür aus, dass das übernehmende Unternehmen eine Pensionsrückstellung für die übernommenen Pensionsverpflichtungen bildet, bewertet entsprechend den Vorschriften von § 253 HGB.

Die Entstehung einer Differenz zwischen dem erhaltenen Entgelt und dem Wert der Pensionsrückstellung gemäß § 253 HGB versteht der HGB-FA als Ergebnis der Verwendung von unterschiedlichen Abzinsungssätzen, die für die Bewertung gemäß § 253 HGB (Durchschnittszins der letzten zehn Jahre) und für die Kaufpreisfindung (aktuelle Marktzinssätze) verwendet werden und ggf. als Entgelt für die Risikoübernahme und sonstige Gebühren (z. B. Verwaltungsgebühren).

▶ *Für die aus der Verwendung unterschiedlicher Zinssätze resultierende Differenz ist nach vorläufiger Auffassung des HGB-Fachausschusses eine Rückstellung zu bilden, die über zehn Jahre (Zeitraum der Durchschnittsbildung) aufzulösen ist.*

▶ *Für den ggf. vorliegenden Entgeltbestandteil für sonstige Gebühren erachtet der HGB-Fachausschuss vorläufig die Bildung eines passiven Rechnungsabgrenzungspostens für sachgerecht. Dieser wäre über den voraussichtlichen Verlauf verursachungsgerecht aufzulösen. Wenn der verursachungsgerechte Verlauf nicht bestimmt werden kann, wird eine lineare Auflösung über die durchschnittliche Laufzeit der Pensionsverpflichtungen als sachgerecht angesehen."*[1]

---

[1] DRSC, Ergebnisbericht der 30. Sitzung des HGB-Fachausschusses v. 30.11. – 1.12. 2016, abgerufen unter www.drsc.de.

IX. Rentner-GmbH – Entpflichtung und Übertragung auf einen eigenen Rechtsträger

2006 Dieses Modell wird auch von der Deutschen Aktuarvereinigung in vergleichbarer Weise vertreten.[1] Diese Vorgehensweise erscheint den Autoren sach- und praxisgerecht. Für die Auflösung des passiven Rechnungsabgrenzungspostens wird in Anlehnung an die Vereinfachungsregel gem. § 253 Abs. 2 HGB eine Laufzeit von 15 Jahren für sachgerecht beurteilt.

2007–2010 (*Einstweilen frei*)

d) Schuldrechtliche Behandlung des Übertragungsvorgangs

2011 Bei der privativen Schuldübernahme im Wege der **rechtsgeschäftlichen Einzelrechtsnachfolge** kommt es mit der Erfüllung der aus der Übertragungsvereinbarung resultierenden beiderseitigen Pflichten (Übernahme der Versorgungsverpflichtung und Leistung des Ablösungs-/Ausgleichsbetrags) zu einer **sofortigen** (schuld)rechtlichen und wirtschaftlichen Entpflichtung und Enthaftung des ehemaligen Versorgungsträgers.

2012 Im Falle der Übertragung gem. § 415 BGB tritt die sofortige (schuld)rechtliche und wirtschaftliche Entpflichtung und Enthaftung des ehemaligen Versorgungsträgers erst in dem Zeitpunkt ein, in dem der GGf (Gläubiger) der Übertragung zustimmt.

2013–2015 (*Einstweilen frei*)

8. Übertragung im Wege der rechtsgeschäftlichen Einzelrechtsnachfolge gem. § 4 BetrAVG (Arbeitgeberwechsel)

2016 Hat das betriebsrentenrechtliche Statusfeststellungsverfahren zum Vorschein gebracht, dass die zu übertragende Gf-Pensionszusage ganz oder teilweise in den Geltungsbereich des BetrAVG fällt, so scheidet eine Übertragung der Pensionszusage im Wege der rechtsgeschäftlichen Einzelrechtsnachfolge außerhalb eines Arbeitgeberwechsels aufgrund des in § 4 BetrAVG normierten Übertragungsverbots aus.

2017 Für den Personenkreis der **Leistungsempfänger**, die den Schutzbestimmungen des BetrAVG unterliegen, lässt sich daher eine Rentner-GmbH im Wege der rechtsgeschäftlichen Einzelrechtsnachfolge nicht realisieren, da für diesen Personenkreis eine Übertragung innerhalb des § 4 BetrAVG an der zwingenden

---

1 Siehe hierzu DAV, Ergebnisbericht des Fachausschusses Altersversorgung, Handelsrechtliche Bilanzierung entgeltlich übernommener Versorgungsverpflichtungen v. 27.10.2017, abgerufen unter www.aktuar.de.

8. Übertragung gem. § 4 BetrAVG (Arbeitgeberwechsel)

Voraussetzung des neuen Arbeitgebers scheitert.[1] Für Leistungsempfänger, die den Schutzbestimmungen des BetrAVG unterliegen, verbleibt daher nur die Möglichkeit eine Rentner-GmbH über den Weg der partiellen Gesamtrechtsnachfolge (siehe hier Rz. 2055), einen Schuldbeitritt (siehe hier Rz. 2091), oder eine Erfüllungsübernahme (siehe hier Rz. 2111) zu realisieren.

Für den Personenkreis der **Leistungsanwärter**, die den Schutzbestimmungen des BetrAVG unterliegen, lässt sich die Rentner-GmbH aufgrund der Beschränkungen des § 4 BetrAVG im Wege der rechtsgeschäftlichen Einzelrechtsnachfolge nur über einen Umweg realisieren. Der Umweg beinhaltet einen zwingend **notwendigen Zwischenschritt**, der die **Übertragung auf einen neuen Arbeitgeber** und die spätere Verwendung des neuen Versorgungsträgers als Rentner-GmbH beinhaltet. 2018

Hierzu ist es zwingend erforderlich, dass der neue Versorgungsträger einen eigenen Geschäftsbetrieb einrichtet und operativ tätig wird. Ferner bedarf es der Beendigung des kausalen Dienstverhältnisses beim ehemaligen Versorgungsträger und der Begründung eines neuen Dienstverhältnisses mit dem versorgungsberechtigten Gf beim neuen Versorgungsträger. Wird in diesem Umfeld die Gf-Pensionszusage vom ehemaligen auf den neuen Arbeitgeber übertragen, so werden die diesbezüglichen Voraussetzungen des § 4 Abs. 2 BetrAVG erfüllt. 2019

Da es bei Unternehmensverkäufen in der Praxis regelmäßig dazu kommt, dass der Veräußerer während eines Übergangszeitraums noch für den Erwerber bzw. seinen bisherigen Dienstherren tätig wird, eröffnet eine derartige Gestaltung die Möglichkeit, dass der neue Versorgungsträger für den ehemaligen Versorgungsträger als Berater tätig wird. 2020

Im Hinblick auf die Gestaltung der Gesellschafterkonstellation beim neuen Versorgungsträger gilt es darauf hinzuweisen, dass der versorgungsberechtigte Gf beim neuen Versorgungsträger im Zeitpunkt der Übertragung keine Unternehmerstellung bekleiden sollte. Denn nach der vom PSVaG vertretenen Rechtsauffassung lässt § 4 Abs. 2 BetrAVG aufgrund seines Wortlauts keine Übertragung auf einen Schuldner zu, bei dem der ehemalige Arbeitnehmer/Nicht-Arbeitnehmer als Unternehmer zu beurteilen ist. Dies begründet der PSVaG damit, dass die einschlägige Fallgruppe des § 4 Abs. 2 BetrAVG nur die Übertragung auf einen neuen Arbeitgeber zulässt. Wird der bisher als Arbeitnehmer/Nicht-Arbeitnehmer zu beurteilende Versorgungsberechtigte nun für eine Gesellschaft tätig, bei der er im betriebsrentenrechtlichen Sinne als Un- 2021

---

1 Siehe hierzu PSV-Merkblatt M300/15.

ternehmer zu beurteilen ist, so wäre diese Gesellschaft zwar als neuer Dienstherr des Versorgungsberechtigten zu beurteilen; nicht jedoch als dessen neuer Arbeitgeber.

2022 Folgt man dieser Auffassung, so kann eine wirksame Übertragung einer dem Geltungsbereich des BetrAVG unterliegenden Pensionszusage nur dann erreicht werden, wenn es im Zuge des Arbeitgeberwechsels nicht zu einem Statuswechsel zugunsten einer Unternehmerstellung kommt.

2023 Zusätzlich zur Realisierung einer Rentner-GmbH über den Weg der rechtsgeschäftlichen Einzelrechtsnachfolge verbleibt jedoch auch noch die Möglichkeit, die Rentner-GmbH über den Weg der partiellen Gesamtrechtsnachfolge (siehe hier Rz. 2055), einen Schuldbeitritt (siehe hier Rz. 2091), oder eine Erfüllungsübernahme (siehe hier Rz. 2111) zu realisieren.

a) Lohnsteuerrechtliche Behandlung des Übertragungsvorgangs

aa) Übertragung gem. § 4 Abs. 2 Nr. 1 BetrAVG

2024 Bei einer einvernehmlichen Übertragung nach § 4 Abs. 2 Nr. 1 BetrAVG handelt es sich um eine schuldbefreiende Übernahme der bestehenden Pensionsverpflichtung und somit um einen bloßen Schuldnerwechsel. Wird die Pensionszusage sowohl beim alten als auch beim neuen Arbeitgeber unmittelbar durchgeführt, so liegt in der Übernahme der Pensionszusage kein lohnsteuerlich relevanter Vorgang.[1]

bb) Übertragung gem. § 4 Abs. 2 Nr. 2 BetrAVG

2025 Wird nicht die bestehende Pensionszusage auf den neuen Arbeitgeber übertragen, sondern nach § 4 Abs. 2 Nr. 2 BetrAVG der Wert der beim bisherigen Arbeitgeber unverfallbar erworbenen Versorgungsanwartschaften, und erteilt der neue Arbeitgeber daraufhin dem Versorgungsberechtigten eine wertgleiche unmittelbare Pensionszusage, so richtet sich die lohnsteuerrechtliche Beurteilung des Übertragungsvorgangs nach § 3 Nr. 55 EStG.

2026 Nach § 3 Nr. 55 EStG bleibt der Übertragungswert, der nach § 4 Abs. 2 Nr. 2 BetrAVG vom bisherigen Arbeitgeber an den neuen Arbeitgeber geleistet wird lohnsteuerfrei, wenn die bisher unmittelbar durchgeführte Pensionszusage

---

1 BMF, Schreiben v. 6.12.2017, Rz. 62, BStBl 2018 I S. 147.

8. Übertragung gem. § 4 BetrAVG (Arbeitgeberwechsel)

auch beim neuen Arbeitgeber unmittelbar oder über eine Unterstützungskasse durchgeführt wird.

Gemäß BMF-Schreiben v. 6.12.2017 gilt für eine Übertragung einer Pensionszusage nach § 4 Abs. 2 Nr. 2 BetrAVG das Folgende:

„Steuerfreiheit nach § 3 Nr. 55 EStG

Gemäß § 4 Abs. 2 Nr. 2 BetrAVG kann nach Beendigung des Arbeitsverhältnisses im Einvernehmen des ehemaligen mit dem neuen Arbeitgeber sowie dem Arbeitnehmer der Wert der vom Arbeitnehmer erworbenen Altersversorgung (Übertragungswert nach § 4 Abs. 5 BetrAVG) auf den neuen Arbeitgeber übertragen werden, wenn dieser eine wertgleiche Zusage erteilt. § 4 Abs. 3 BetrAVG gibt dem Arbeitnehmer für Versorgungszusagen, die nach dem 31.12.2004 erteilt werden, das Recht, innerhalb eines Jahres nach Beendigung des Arbeitsverhältnisses von seinem ehemaligen Arbeitgeber zu verlangen, dass der Übertragungswert auf den neuen Arbeitgeber übertragen wird, wenn die betriebliche Altersversorgung beim ehemaligen Arbeitgeber über einen Pensionsfonds, eine Pensionskasse oder eine Direktversicherung durchgeführt worden ist und der Übertragungswert die im Zeitpunkt der Übertragung maßgebliche Beitragsbemessungsgrenze in der allgemeinen Rentenversicherung (West) nicht übersteigt.

Die Anwendung der Steuerbefreiungsvorschrift des § 3 Nr. 55 EStG setzt aufgrund des Verweises auf die Vorschriften des Betriebsrentengesetzes die Beendigung des bisherigen Dienstverhältnisses und ein anderes Dienstverhältnis voraus. Die Übernahme der Versorgungszusage durch einen Arbeitgeber, bei dem der Arbeitnehmer bereits beschäftigt ist, ist betriebsrentenrechtlich unschädlich und steht daher der Anwendung der Steuerbefreiungsvorschrift nicht entgegen. § 3 Nr. 55 EStG und Rz. 57 gelten entsprechend für Arbeitnehmer, die nicht in der gesetzlichen Rentenversicherung pflichtversichert sind (z. B. beherrschende Gesellschafter-Geschäftsführer oder geringfügig Beschäftigte).

Die Steuerfreiheit gilt sowohl für Versorgungszusagen, die gesetzlich unverfallbar sind, als auch für Versorgungszusagen, die aufgrund vertraglicher Vereinbarungen mit oder ohne Fristerfordernis unverfallbar sind (§ 3 Nr. 55 Satz 1 Halbsatz 2 EStG).

Der geleistete Übertragungswert ist nach § 3 Nr. 55 Satz 1 EStG steuerfrei, wenn die betriebliche Altersversorgung sowohl beim ehemaligen Arbeitgeber als auch beim neuen Arbeitgeber über einen Pensionsfonds, eine Pensionskasse oder eine Direktversicherung durchgeführt wird. Es ist nicht Voraussetzung, dass beide Arbeitgeber auch den gleichen Durchführungsweg gewählt haben. Um eine Rückabwicklung der steuerlichen Behandlung der Beitragsleistungen an einen Pensi-

onsfonds, eine Pensionskasse oder eine Direktversicherung vor der Übertragung (Steuerfreiheit nach § 3 Nr. 63, 66 EStG, individuelle Besteuerung, Besteuerung nach § 40b EStG) zu verhindern, bestimmt § 3 Nr. 55 Satz 3 EStG, dass die auf dem Übertragungsbetrag beruhenden Versorgungsleistungen weiterhin zu den Einkünften gehören, zu denen sie gehört hätten, wenn eine Übertragung nach § 4 BetrAVG nicht stattgefunden hätte. Der Übertragungswert ist gem. § 3 Nr. 55 Satz 2 EStG auch steuerfrei, wenn er vom ehemaligen Arbeitgeber oder von einer Unterstützungskasse an den neuen Arbeitgeber oder an eine andere Unterstützungskasse geleistet wird.

Die Steuerfreiheit des § 3 Nr. 55 EStG kommt jedoch nicht in Betracht, wenn die betriebliche Altersversorgung beim ehemaligen Arbeitgeber als Direktzusage oder mittels einer Unterstützungskasse ausgestaltet war, während sie beim neuen Arbeitgeber über einen Pensionsfonds, eine Pensionskasse oder eine Direktversicherung abgewickelt wird. Dies gilt auch für den umgekehrten Fall. Ebenso kommt die Steuerfreiheit nach § 3 Nr. 55 EStG bei einem Betriebsübergang nach § 613a BGB nicht in Betracht, da in einem solchen Fall die Regelung des § 4 BetrAVG keine Anwendung findet."[1]

2028–2032 (Einstweilen frei)

b) Körperschaftsteuerrechtliche Behandlung des Übertragungsvorgangs

2033 Es gelten die Ausführungen unter Rz. 1939 ff. entsprechend.

c) Bilanz(steuer-)rechtliche Behandlung des Übertragungsvorgangs

aa) Beim ehemaligen Versorgungsträger

2034 Gemäß § 4f Abs. 1 Satz 3 EStG unterbleibt eine Verteilung des Aufwands (siehe hierzu Rz. 1990) im Falle des Wechsels eines Versorgungsberechtigten unter Mitnahme seiner erworbenen Pensionsansprüche zu einem neuen Arbeitgeber. Die FinVerw hat dies im Rahmen des BMF-Schreibens v. 30. 11. 2017 bestätigt.[2] Daher kann der ehemalige Versorgungsträger den vollen Ausgleichsbetrag im Übertragungsjahr als Betriebsausgaben verbuchen.

---

1 BMF, Schreiben v. 6. 12. 2017, Rz. 57 ff., BStBl 2018 I S. 147.
2 BMF, Schreiben v. 30. 11. 2017, Rz. 29, BStBl 2017 I S. 1619.

8. Übertragung gem. § 4 BetrAVG (Arbeitgeberwechsel)

bb) Beim neuen Versorgungsträger

Gemäß BMF-Schreiben v. 30.11.2017 gilt hinsichtlich der Bewertung von Pensionsverpflichtungen, die im Rahmen eines Arbeitgeberwechsels auf den neuen Arbeitgeber übertragen werden, das Folgende:

„In den Fällen der Übernahme von Pensionsverpflichtungen gegenüber Arbeitnehmern, die bisher in einem anderen Unternehmen tätig waren (Unternehmenswechsel), unter gleichzeitiger Übernahme von Vermögenswerten gilt für die Bewertung der Pensionsverpflichtungen die Sonderregelung des § 5 Abs. 7 Satz 4 EStG: Bei der Ermittlung des Teilwertes der jeweiligen Verpflichtung ist der Jahresbetrag nach § 6a Abs. 3 Satz 2 Nr. 1 EStG so zu bemessen, dass zu Beginn des Wirtschaftsjahres der Übernahme der Barwert der Jahresbeträge zusammen mit den übernommenen Vermögenswerten gleich dem Barwert der künftigen Pensionsleistungen ist, wobei sich kein negativer Jahresbetrag ergeben darf. Das gilt unabhängig von der Anzahl der übernommenen Pensionsverpflichtungen. Bei Betriebsübergängen gemäß § 613a BGB kommt die Anwendung der Sonderregelung nach § 5 Abs. 7 Satz 4 EStG nicht in Betracht, da in diesen Fällen der neue Betriebsinhaber in die Rechte und Pflichten aus den bestehenden Arbeitsverhältnissen eintritt und kein Unternehmenswechsel erfolgt."[1]

Diese Regelung führt in der Praxis zu folgender Handhabung: Leistet der bisherige Arbeitgeber an den neuen Arbeitgeber einen Ausgleichsbetrag in der Form eines Übertragungswerts, so ist die Pensionsverpflichtung zum Zwecke der Bewertung bei der übernehmenden Gesellschaft aufzuspalten:

- ▶ Die **übernommene (gedeckte) Pensionsverpflichtung** ist mit dem Barwert gem. § 6a Abs. 3 Satz 2 Nr. 2 EStG (sog. Anwartschaftsbarwert) in Ansatz zu bringen.

- ▶ Für den **restlichen Teil** der Verpflichtung ist die Rückstellung regulär und unter Zugrundelegung des Beginns des neuen Dienstverhältnisses zu bewerten.

Dieses Verfahren wird in der Praxis auch als sog. Huckepack- oder als Teilwertsplittingverfahren bezeichnet. Bei einer sachgerechten Gestaltung entspricht der gedeckte Teil der Pensionsverpflichtung dem Past Service und der nicht gedeckte Teil dem Future Service. Wird im Zuge des Arbeitgeberwechsels nur der Past Service auf den neuen Arbeitgeber übertragen und dieser durch einen angemessenen Ausgleichsbetrag gedeckt, so ist die Pensionsverpflichtung beim

---

1 BMF, Schreiben v. 30.11.2017, Rz. 27, BStBl 2017 I S. 1619.

IX. Rentner-GmbH – Entpflichtung und Übertragung auf einen eigenen Rechtsträger

neuen Versorgungsträger in vollem Umfang mit dem Barwert gem. § 6a Abs. 3 Satz 2 Nr. 2 EStG in Ansatz zu bringen.

2038 In der Literatur wurde bisher die Auffassung vertreten, dass die **Möglichkeit einer Rücklagenbildung dann nicht gegeben ist,** wenn es im Falle eines Arbeitgeberwechsels zu einer Übernahme einer Pensionsverpflichtung unter gleichzeitiger Übertragung von Vermögenswerten kommt.[1] Begründet wird dies damit, dass sich die bilanzsteuerrechtliche Behandlung dieser Gestaltung nach § 5 Abs. 7 Satz 4 EStG richtet, die Rücklagenbildung aber auf diejenigen Fallgestaltungen begrenzt ist, bei denen sich ein Gewinn ergibt, der aus der Anwendung der Sätze 1 bis 3 des § 5 Abs. 7 EStG resultiert.

2039 Eine derartige Interpretation ist aus dem Willen des Gesetzgebers nicht abzuleiten. In der Gesetzesbegründung findet sich lediglich der Hinweis, dass die bisherigen Bestimmungen des R 6a Abs. 13 EStR 2012 klarstellend in § 5 Abs. 7 Satz 4 EStG übernommen werden.[2]

2040 Gemäß BMF-Schreiben v. 30. 11. 2017 gilt hinsichtlich der Bildung einer **gewinnmindernden Rücklage** bei einem Arbeitgeberwechsel gilt das Folgende:

„Für den Gewinn, der sich aus der Anwendung von § 5 Abs. 7 EStG ergibt, kann gem. § 5 Abs. 7 Satz 5 EStG jeweils i. H. v. 14/15 eine gewinnmindernde Rücklage gebildet werden, die in den folgenden 14 Wirtschaftsjahren jeweils mit mindestens 1/14 gewinnerhöhend aufzulösen ist (Auflösungszeitraum)."[3]

2041 Nach dem o. a. Wortlaut des BMF-Schreibens lässt die FinVerw eine Rücklagenbildung dann zu, wenn sich aus der Anwendung von § 5 Abs. 7 EStG ein Gewinn ergibt. Eine Begrenzung der Rücklagenbildung auf die Sätze 1 bis 3 des § 5 Abs. 7 EStG kann dem BMF-Schreiben nicht entnommen werden. Daher kann davon ausgegangen werden, dass die FinVerw die Rücklagenbildung auch dann zulässt, wenn es im Falle eines Arbeitgeberwechsels zu einer Übernahme einer Pensionsverpflichtung unter gleichzeitiger Übertragung von Vermögenswerten kommt.

2042 Dieses Ergebnis erscheint sachgerecht, da auch die Übernahme einer Pensionsverpflichtung im Falle eines Arbeitgeberwechsels unter gleichzeitiger Übertragung von Pensionsverpflichtungen vom sachlichen Anwendungsbereich des § 5 Abs. 7 Satz 1 EStG erfasst wird. Die Regelung in § 5 Abs. 7 Satz 4 EStG stellt lediglich ein lex specialis zu Satz 1 dar, dessen Regelungsinhalt für die dort be-

---

1 Siehe u. a. Veit/Hainz, Steuerbilanzielle Zweifelsfragen beim AIFM-StAnpG im Hinblick auf betriebliche Versorgungsverpflichtungen, BB 2014 S. 1323.
2 BT-Drucks. 740/13 S. 117.
3 BMF, Schreiben v. 30. 11. 2017, Rz. 11, BStBl 2017 I S. 1619.

schriebene Fallgestaltung eine spezielle Form der Bewertung und des Ansatzes für die Steuerbilanz umfasst. Dies ergibt sich zwangsläufig aus der in Satz 4 gewählten Formulierung, „…*ist Satz 1 mit der Maßgabe anzuwenden, dass bei der Ermittlung des Teilwertes*…".

Eine andere Interpretation verbietet sich im Übrigen auch unter dem Gesichtspunkt der Förderung der Portabilität von betrieblichen Versorgungsanwartschaften. Hätte der übernehmende Arbeitgeber den Übernahmefolgegewinn im Wirtschaftsjahr der Verpflichtungsübernahme in voller Höhe zu versteuern, so kann davon ausgegangen werden, dass die Bereitschaft des Übernehmenden für eine Verpflichtungsübernahme in der Regel derart belastet werden würde, dass dieser eine Übernahme ablehnen würde. Dies auch vor dem Hintergrund, dass die Steuerbelastung die betriebswirtschaftliche Planung erheblich erschüttern würde. Daher hätte der Übernehmende einen Steuerzuschlag vom Übertragenden zu fordern, der dann aus Sicht des Übertragenden wohl dazu führen würde, dass dessen Übertragungsbereitschaft verloren gehen würde. Damit würde durch die sofortige Steuerpflicht eine Art Zwickmühle geschaffen werden, die letztendlich die Verpflichtungsübernahme verhindern würde. 2043

cc) Handelsrechtliche Behandlung

Es gelten die Ausführungen unter Rz. 1998 entsprechend. 2044

d) Schuldrechtliche Behandlung des Übertragungsvorgangs

Hinsichtlich der Schuldübernahme im Wege der rechtsgeschäftlichen Einzelrechtsnachfolge gem. **§ 4 Abs. 2 Nr. 1 BetrAVG** gelten die Ausführungen unter Rz. 2011 entsprechend. 2045

Wird die Übertragung gem. **§ 4 Abs. 2 Nr. 2 BetrAVG** durchgeführt, so erlischt die Zusage des ehemaligen Arbeitgebers/Versorgungsträgers gem. § 4 Abs. 6 BetrAVG mit der vollständigen Übertragung des Übertragungswerts. Zu diesem Zeitpunkt findet eine **sofortige** (schuld)rechtliche und wirtschaftliche Entpflichtung und Enthaftung des ehemaligen Versorgungsträgers statt; eine Subsidiärhaftung nach § 1 Abs. 1 Satz 3 BetrAVG besteht ab diesem Zeitpunkt nicht mehr. 2046

(*Einstweilen frei*) 2047–2054

9. Übertragung im Wege der partiellen Gesamtrechtsnachfolge gem. § 123 UmwG

2055 Kommt eine Übertragung im Wege der rechtsgeschäftlichen Einzelrechtsnachfolge infolge einer Kollision mit dem Übertragungsverbot des § 4 BetrAVG nicht in Frage, so ist die Möglichkeit einer Übertragung im Wege der partiellen Gesamtrechtsnachfolge zu prüfen.

2056 Da sich der sachliche Anwendungsbereich des § 4 BetrAVG nur auf diejenigen Übertragungsfälle erstreckt, die im Wege der rechtsgeschäftlichen Einzelrechtsnachfolge (sog. Singularsukzession) gestaltet werden, findet das Übertragungsverbot des § 4 BetrAVG **keine Anwendung auf die** Fälle des Betriebsübergangs (§ 613a BGB) und der **(partiellen) Gesamtrechtsnachfolge** (sog. Universalsukzession), wie z. B. auf die Erbfolge, die Verschmelzung oder die Spaltung von Unternehmen nach dem UmwG.

2057 Dies schafft für diejenigen Pensionszusagen, für die eine Übertragung im Wege der rechtsgeschäftlichen Einzelrechtsnachfolge am Übertragungsverbot des § 4 BetrAVG scheitert (Leistungsempfänger und Leistungsanwärter ohne Möglichkeit zur Gestaltung über einen Arbeitgeberwechsel), die **Ausweichmöglichkeit**, die Übertragung auf eine Rentner-GmbH im Wege der **partiellen Gesamtrechtsnachfolge** durchzuführen.

2058 Im Falle eines **Leistungsempfängers** lässt sich das Übertragungsmodell u. E. am besten über eine **umwandlungsrechtliche Ausgliederung** der unmittelbaren Pensionszusage **gem. § 123 Abs. 3 UmwG** realisieren. Dabei wird die Pensionszusage im Rahmen einer **partiellen Gesamtrechtnachfolge** in eine eigens hierfür neu zu gründende Tochtergesellschaft ausgegliedert (**Ausgliederung zur Neugründung**). Bei der Gründung einer neuen GmbH sind die allgemein für eine GmbH-Gründung geltenden Rahmenbedingungen zu beachten.

2059 Die Gesellschaftsanteile der Rentner-GmbH hält systembedingt der ehemalige Versorgungsträger, der dadurch zur Muttergesellschaft wird. Der Gesellschaftszweck der neuen Tochtergesellschaft liegt ausschließlich in der Durchführung und Erfüllung der ausgegliederten Pensionszusage. Die Organstellung des Gf der Rentner-GmbH wird i. d. R. der Versorgungsberechtigte übernehmen.

2060 Alternativ kann die Ausgliederung auch auf eine bereits bestehende Tochtergesellschaft durchgeführt werden (**Ausgliederung zur Aufnahme**).

9. Übertragung im Wege der partiellen Gesamtrechtsnachfolge gem. § 123 UmwG

Die Ausgliederung eignet sich u. E. auch für Gf-Pensionszusagen, die sich noch in der Anwartschaftsphase befinden. Aber auch hier gilt der Grundsatz, dass eine Pensionszusage eines **Leistungsanwärters** nur hinsichtlich des Past Service auf die Tochtergesellschaft ausgegliedert werden kann. Eine vollständige Ausgliederung wäre nur dann möglich, wenn auch das kausale Dienstverhältnis in die Tochter-GmbH ausgegliedert werden würde.

2061

Nach Abschluss des Ausgliederungsvorgangs ist es möglich, dass der versorgungsberechtigte GGf (oder diesem nahestehende Personen) die Anteile an der Tochtergesellschaft übernehmen.

2062

Die Besonderheiten, die bei einem Ausgliederungsmodell zu beachten sind, bedürfen einer individuellen und ausführlichen Betrachtung, auf die im Folgenden eingegangen wird:

2063

a) Lohnsteuerrechtliche Behandlung des Übertragungsvorgangs

Die FinVerw hat mit BMF-Schreiben v. 6.12.2017[1] hinsichtlich der lohnsteuerrechtlichen Behandlung einer Übertragung im Wege der partiellen Gesamtrechtsnachfolge das Folgende verfügt:

2064

„Bei der *Übernahme von Pensionsverpflichtungen* gegen Entgelt durch Beitritt eines Dritten in eine Pensionsverpflichtung (Schuldbeitritt) oder *durch Ausgliederung* von Pensionsverpflichtungen – ohne inhaltliche Veränderung der Zusage – handelt es sich weiterhin um eine Direktzusage des Arbeitgebers. Aus lohnsteuerlicher Sicht bleibt es folglich bei den für eine Direktzusage geltenden steuerlichen Regelungen, d. h. es liegen **erst bei Auszahlung** der Versorgungsleistungen – durch den Dritten bzw. durch die Pensionsgesellschaft anstelle des Arbeitgebers – Einkünfte im Sinne des § 19 EStG vor. Der Lohnsteuerabzug kann in diesem Fall mit Zustimmung des Finanzamts anstelle vom Arbeitgeber auch von dem Dritten bzw. der Pensionsgesellschaft vorgenommen werden (§ 38 Abs. 3a Satz 2 EStG). Die vorstehenden Ausführungen gelten entsprechend, wenn es sich nach dem Umwandlungsgesetz nicht um eine Ausgliederung, sondern um eine Abspaltung handelt."[2]

Damit bestätigt die FinVerw, dass die Übertragung einer Pensionszusage im Wege einer umwandlungsrechtlichen Ausgliederung im Zeitpunkt der Ausgliederung nicht zu einem lohnsteuerpflichtigen Zufluss beim Versorgungsberech-

2065

---

1 BMF, Schreiben v. 6.12.2017, Rz. 64, BStBl 2018 I S. 147.
2 BMF, Schreiben v. 6.12.2017, Rz. 64, BStBl 2018 I S. 147.

tigten führt, sofern der Durchführungsweg der unmittelbaren Pensionszusage beibehalten wird. Ein lohnsteuerpflichtiger Zufluss entsteht erst im Zeitpunkt der Auszahlung der Versorgungsleistung.

2066 Fraglich ist jedoch auch bei der Übertragungsform, ob der Verzicht des GGf auf den potentiellen Schadensersatzanspruch gegenüber dem ehemaligen Versorgungsträger zu einem Lohnzufluss führt (siehe hierzu Rz. 1917).

2067–2070 (*Einstweilen frei*)

b) Körperschaftsteuerrechtliche Behandlung des Übertragungsvorgangs

2071 Es gelten grundsätzlich die Ausführungen unter Rz. 1939 ff. entsprechend.

2072 Für die Einhaltung einer Probezeit besteht im Falle einer partiellen Gesamtrechtsnachfolge aber kein Raum, da die Tochter-GmbH insoweit gesetzlicher Rechtsnachfolger der Muttergesellschaft ist, sind die bei der Muttergesellschaft absolvierten Probezeiten nach der Ausgliederung der Tochter-GmbH zuzurechnen (sog. Fußstapfentheorie).

c) Umwandlungssteuerrechtliche Behandlung des Übertragungsvorgangs

2073 Das UmwStG ermöglicht es grundsätzlich, dass im Rahmen einer Ausgliederung eine steuerneutrale Übertragung von Vermögensteilen stattfinden kann. Dies wird durch die Fortführung der Buchwerte ermöglicht; eine Aufdeckung der stillen Reserven unterbleibt (§ 15 Abs. 1 UmwStG).

2074 **Voraussetzung für die steuerneutrale Ausgliederung** ist jedoch, dass Gegenstand der Ausgliederung ein **Teilbetrieb** i. S. d. §§ 15, 20, 24 UmwStG ist. Der BFH hat – für deutsche nationale ertragsteuerrechtliche Zwecke – den Teilbetrieb als einen organisatorisch geschlossenen, mit einer gewissen Selbständigkeit ausgestatteten Teil eines Gesamtbetriebs definiert, der für sich betrachtet alle Merkmale eines Betriebs i. S. d. EStG erfüllt und als solcher nach Art eines selbständigen Zweigbetriebs lebensfähig ist.[1] Für den Teilbetriebsbegriff im Rahmen der §§ 15, 20, 24 UmwStG wird dagegen in der Literatur zunehmend auf die Vorgaben aus Art. 2j der Fusionsrichtlinie[2] zurückgegriffen. Dieser Teilbetriebsbegriff gilt aber noch als teilweise ungeklärt. Die FinVerw legt den europäischen Teilbetriebsbegriff offenbar sehr restriktiv aus und for-

---

1 BFH, Urteil v. 10.10.2001 - XI R 35/00, NWB DokID: DAAAA-68008.
2 Mittlerweile Richtlinie 2009/133/EG des Rates v. 19.10.2009.

9. Übertragung im Wege der partiellen Gesamtrechtsnachfolge gem. § 123 UmwG

dert, dass sämtliche funktional wesentlichen Betriebsgrundlagen sowie die nach wirtschaftlichen Zusammenhängen zuordenbaren Wirtschaftsgüter übertragen werden müssen.

Gegenstand der Ausgliederung ist im Rahmen des vorliegenden Konzepts der „Pensionsbetrieb" des Unternehmens, der lediglich die Pensionsverpflichtung und die zugewiesenen Vermögenspositionen umfasst. Die **Anforderungen an einen Teilbetrieb** im umwandlungssteuerrechtlichen Sinne können damit u. E. jedoch **nicht erfüllt** werden. Die Ausgliederung der Pensionszusage fällt damit zwar in den Geltungsbereich des UmwG, nicht jedoch in den Anwendungsbereich des UmwStG. 2075

Die ertragsteuerrechtliche Behandlung des Übertragungsvorgangs richtet sich somit nach den allgemein gültigen Grundsätzen, die für ertragsteuerrechtliche Zwecke zu Einzelveräußerungen der jeweiligen Wirtschaftsgüter zur Anwendung kommen. D. h., dass es bei einer Ausgliederung von Wirtschaftsgütern, deren Buchwerte beim ehemaligen Versorgungsträger unterhalb der Verkehrswerte liegen, zu einer Aufdeckung der stillen Reserven kommt. Dieser Umstand bereitet grundsätzlich keine Probleme, sofern z. B. Rückdeckungsversicherungen oder Bankguthaben auf die Tochter-GmbH ausgegliedert werden. Sollen jedoch z. B. Immobilien oder Wertpapiere ausgegliedert werden, deren Buchwerte die Verkehrswerte (ggf. erheblich) unterschreiten, so würde dies zu entsprechenden Übertragungsfolgegewinnen führen. 2076

(*Einstweilen frei*) 2077–2080

d) Bilanz(steuer-)rechtliche Behandlung des Übertragungsvorgangs

Der sachliche Anwendungsbereich der gesetzlichen Neuregelungen erstreckt sich sowohl auf die Einzelrechtsnachfolge (§§ 414, 415 ff BGB) als auch auf die Sonder- oder Gesamtrechtsnachfolge nach dem UmwG.[1] 2081

Daher gelten für die bilanz(steuer-)rechtliche Behandlung die Ausführungen unter Rz. 1981 ff. entsprechend. 2082

e) Schuldrechtliche Behandlung des Übertragungsvorgangs

Anders als bei der rechtsgeschäftlichen Schuldübernahme gem. der §§ 414 ff. BGB, die außerhalb des BetrAVG vereinbart werden kann, und bei der die Schuldbefreiung des übertragenden Rechtsträgers (ehemaliger Versorgungs- 2083

---

[1] Vgl. BT-Drucks. 18/68 S. 73.

IX. Rentner-GmbH – Entpflichtung und Übertragung auf einen eigenen Rechtsträger

träger) unmittelbar mit der Erfüllung der vertraglichen Pflichten (und ggf. der Zustimmung des Gläubigers) stattfindet, tritt bei der partiellen Gesamtrechtsnachfolge eine Enthaftung des ehemaligen Versorgungsträgers erst mit zeitlicher Verzögerung ein. Dies aufgrund der im UmwG festgelegten Gläubigerschutzbestimmungen.

2084 Nach § 133 Abs. 1 Satz 1 UmwG haften die an der Spaltung beteiligten Rechtsträger für alle vor dem Wirksamwerden der Spaltung begründeten Verbindlichkeiten des ehemaligen Versorgungsträgers als Gesamtschuldner. Der Rechtsträger dem die Verbindlichkeit zugeordnet wurde (hier: Rentner-GmbH als neuer Versorgungsträger) schuldet als Hauptschuldner deren Erfüllung. Entsprechendes gilt für den ehemaligen Versorgungsträger als Mithaftender. Aufgrund der Gesamtschuldnerschaft können die Gläubiger nach § 421 BGB die Leistung nach ihrem Belieben von jedem beteiligten Rechtsträger ganz oder teilweise fordern. Eine Verpflichtung zur vorrangigen Inanspruchnahme des Hauptschuldners besteht nicht.

2085 Die Haftung erstreckt sich auf alle Verbindlichkeiten, die in der Person des ehemaligen Versorgungsträgers bis zum Zeitpunkt des Wirksamwerdens der Spaltung begründet worden sind. Die Nachhaftungsfrist beträgt gem. § 133 Abs. 3 Satz 1 UmwG fünf Jahre.

2086 Gemäß § 133 Abs. 3 Satz 2 UmwG verlängert sich die Nachhaftungsfrist für Versorgungsverpflichtungen aufgrund des BetrAVG auf einen Zeitraum von zehn Jahren. Eine schuldrechtliche Entpflichtung findet daher erst nach Ablauf der gesetzlichen Frist statt.

> **BERATUNGSHINWEIS:**
> Bei einer Ausgliederung einer Unternehmerzusage, die nicht dem Geltungsbereich des BetrAVG unterliegt, beläuft sich die Nachhaftungsfrist gem. § 133 Abs. 3 Satz 1 UmwG auf fünf Jahre, da eine Unternehmerzusage nicht als eine Versorgungsverpflichtung aufgrund des BetrAVG zu beurteilen ist.

2087–2090 *(Einstweilen frei)*

10. Schuldbeitritt

2091 Im Gegensatz zur privativen (befreienden) Schuldübernahme führt der Schuldbeitritt zu einer **kumulativen Schuldübernahme**, die auch als Schuldmitübernahme bezeichnet wird. Beim Schuldbeitritt tritt der (Mit-)Übernehmer zusätzlich zur Kapitalgesellschaft (bisheriger Schuldner) in das Schuldverhältnis ein. Beide werden zu Gesamtschuldnern i. S. d. § 421 BGB (siehe hierzu auch Rz. 3140).

10. Schuldbeitritt

Im Gegensatz zur privativen Schuldübernahme, die zu einer schuldrechtlich abschließenden Enthaftung der Kapitalgesellschaft (bisheriger Schuldner) führt, kommt es im Falle eines Schuldbeitritts lediglich zu einer wirtschaftlichen Enthaftung der Kapitalgesellschaft, da der (Mit-)Übernehmer lediglich als weiterer Schuldner neben die Kapitalgesellschaft tritt und die sog. Primär-Schuldnerschaft der Kapitalgesellschaft damit im Verhältnis zum Gf (Gläubiger) in keiner Weise tangiert, oder beseitigt wird. Die Bedingungen des übernommenen Versorgungsverhältnisses bleiben inhaltlich unverändert.   2092

Unter wirtschaftlichen Gesichtspunkten ist zu beachten, dass dem ursprünglich Verpflichteten im Falle eines Schuldbeitritts damit das Rest-Risiko einer späteren Inanspruchnahme verbleibt. Das gilt selbst dann, wenn der Schuldbeitritt mit einer Freistellungsverpflichtung seitens des Beitretenden verbunden wird und insbesondere im Falle einer Insolvenz des Beitretenden. Wollte der ursprünglich Verpflichtete dieses Risiko begrenzen oder ausschließen, so bedürfte es einer entsprechenden Gestaltung zur Absicherung seiner Rechtsposition. Der Schuldbeitritt stellt daher eine abgeschwächte Form der Rentner-GmbH dar.   2093

a) Lohnsteuerrechtliche Behandlung des Übertragungsvorgangs

Gemäß BMF-Schreiben v. 6.12.2017[1] löst der Schuldbeitritt keinen lohnsteuerpflichtigen Vorgang aus. Es gelten daher die Ausführungen unter Rz. 1908 ff. entsprechend.   2094

b) Körperschaftsteuerrechtliche Behandlung des Übertragungsvorgangs

Es gelten grundsätzlich die Ausführungen unter Rz. 1939 ff. entsprechend.   2095

Für die Einhaltung einer Probezeit besteht im Falle eines Schuldbeitritts aber definitiv kein Raum, da die Pensionszusage nicht auf den Beitretenden übergeht.   2096

---

[1] BMF, Schreiben v. 6.12.2017, Rz. 64, BStBl 2018 I S. 147.

c) Bilanz(steuer-)rechtliche Behandlung des Übertragungsvorgangs

aa) Beim ursprünglichen Versorgungsträger

2097　Gemäß § 4f Abs. 2 EStG gelten die Bestimmungen des § 4f Abs. 1 Satz 1, 2 und 7 EStG im Falle eines Schuldbeitritts entsprechend. Somit sind nun auch im Falle eines Schuldbeitritts – entgegen der vorherigen Rechtsauffassung der FinVerw – die beim ursprünglich Verpflichteten gebildeten Pensionsrückstellungen in der Steuerbilanz gewinnerhöhend aufzulösen. Der die bisherige Pensionsrückstellung übersteigende Teilbetrag der Gegenleistung ist auf 15 Jahre zu verteilen. Es gelten daher die Ausführungen unter Rz. 1986 ff. entsprechend.

2098　Die Ausnahmetatbestände des § 4f Abs. 1 Satz 3 EStG finden im Falle eines Schuldbeitritts keine Anwendung. Die Aktivierung einer Forderung aus dem Freistellungsanspruch entfällt dementsprechend.

bb) Beim beitretenden Versorgungsträger

2099　Für den beitretenden Versorgungsträger ordnet § 5 Abs. 7 Satz 2 EStG an, dass auch dieser in der Folgezeit die Passivierungsbeschränkungen des § 6a EStG zu beachten hat. Die Möglichkeit der gewinnmindernden Rücklage steht nach § 5 Abs. 7 Satz 5 EStG auch dem beitretenden Versorgungsträger zu.

2100　Es gelten daher die Ausführungen unter Rz. 1992 ff. entsprechend.

cc) Handelsrechtliche Behandlung

2101　Das IDW hat auch zur handelsrechtlichen Behandlung von Schuldbeitritten mit Erfüllungsübernahmen im RS HFA 30 Stellung genommen.[1]

2102　Gemäß IDW RS HFA 30 Rz. 101a gilt für die Handelsbilanz der **ursprünglich verpflichteten GmbH** das Folgende:

„Beim übertragenden Unternehmen, das rechtlich zur gesamten Leistung verpflichtet bleibt, sind die Pensionsrückstellungen auszubuchen, soweit keine Inanspruchnahme aus der gesamtschuldnerischen Haftung droht. Risiken, die beim übertragenden Unternehmen verbleiben, sind nach allgemeinen Grundsätzen zu berücksichtigen."

1　IDW Stellungnahme zur Rechnungslegung: Handelsrechtliche Bilanzierung von Altersversorgungsverpflichtungen (IDW RS HFA 30 n. F.), IDW Life, Heft 1 S. 102.

Gemäß IDW RS HFA 30 Rz 101 gilt für die Handelsbilanz der **beitretenden GmbH** das Folgende: 2103

„*Aufgrund der vom übernehmenden Unternehmen eingegangenen Freistellungsverpflichtung ist von diesem nach § 249 Abs. 1 Satz 1 HGB der von ihm übernommene Teil der Verpflichtung zu passivieren.*"

Zusammenfassend ist festzustellen, dass im Falle eines Schuldbeitritts die Verpflichtung zur Passivierung der Pensionsrückstellung in der Handelsbilanz auf die beitretende Gesellschaft übergeht, sofern davon ausgegangen werden kann, dass dem ursprünglich verpflichteten Versorgungsträger keine Inanspruchnahme aus der gesamtschuldnerischen Haftung droht. 2104

d) Schuldrechtliche Behandlung des Übertragungsvorgangs

Im Falle eines **Schuldbeitritts** (mit Erfüllungsübernahme) kommt es lediglich zu einer **wirtschaftlichen Enthaftung**. D. h., dass es zwar zu einer bilanziellen Entpflichtung des bisherigen Versorgungsträgers kommt. Eine abschließende schuldrechtliche Befreiung von den Pensionsverpflichtungen findet jedoch nicht statt. Vielmehr bleibt – in Abhängigkeit von der gewählten Gestaltung – eine unterschiedlich ausgeprägte Schuldnerposition erhalten. 2105

(*Einstweilen frei*) 2106–2110

11. Erfüllungsübernahme

Die Erfüllungsübernahme findet seine gesetzliche Normierung in § 329 BGB. Ähnlich wie es beim Schuldbeitritt der Fall ist, liegt der Erfüllungsübernahme ein Vertrag zwischen Schuldner und (Mit-)Übernehmer zugrunde. Der Unterschied zum Schuldbeitritt liegt jedoch darin, dass durch die Erfüllungsübernahme die Rechtsposition des Gläubigers in keiner Weise berührt wird (siehe hierzu Rz. 3145). 2111

Die Erfüllungsübernahme entfaltet ihre Wirkung lediglich im Innenverhältnis zwischen der Kapitalgesellschaft (Schuldner) und dem (Mit-)Übernehmer Wirkung. Der gravierende Unterschied zum Schuldbeitritt liegt darin, dass der (Mit-)Übernehmer nicht zum Schuldner im Verhältnis zum Gf (Gläubiger) wird. Dem Gf (Gläubiger) zur Erfüllung der zugesagten Leistungen verpflichtet ist weiterhin lediglich die Kapitalgesellschaft (Schuldner). Im Innenverhältnis stellt jedoch der (Mit-)Übernehmer die Kapitalgesellschaft (Schuldner) von der Leistungspflicht frei, so dass die wirtschaftliche Belastung letztendlich der (Mit-)Übernehmer trägt. 2112

2113 Auch im Falle einer reinen Erfüllungsübernahme besteht für den ursprünglich Verpflichteten das Rest-Risiko einer späteren Insolvenz des (Mit-)Übernehmers. Wollte der ursprünglich Verpflichtete dieses Risiko begrenzen oder ausschließen, so bedürfte es einer entsprechenden Gestaltung zur Absicherung seiner Rechtsposition. Die Erfüllungsübernahme stellt daher die schwächste Form der Rentner-GmbH dar.

a) Lohnsteuerrechtliche Behandlung des Übertragungsvorgangs

2114 Die maßgebliche Verwaltungsanweisung[1] erwähnt die Gestaltung einer alleinigen Erfüllungsübernahme nicht explizit. Nachdem jedoch die Gestaltung des Schuldbeitritts explizit lohnsteuerfrei gestellt wird, und die Erfüllungsübernahme eine schwächere Ausprägung des Schuldbeitritts darstellt, müssen u. E. die Ausführungen unter Rz. 1908 ff. entsprechend für die alleinige Erfüllungsübernahme gelten.

b) Körperschaftsteuerrechtliche Behandlung des Übertragungsvorgangs

2115 Es gelten die Ausführungen unter Rz. 1939 ff. entsprechend.

c) Bilanz(steuer-)rechtliche Behandlung des Übertragungsvorgangs

aa) Beim freigestellten Versorgungsträger

2116 Gemäß § 4f Abs. 2 EStG gelten die Bestimmungen des § 4f Abs. 1 Satz 1, 2 und 7 EStG im Falle einer Erfüllungsübernahme entsprechend. Somit sind nun auch im Falle einer Erfüllungsübernahme – entgegen der vorherigen Rechtsauffassung der FinVerw – die beim freigestellten Versorgungsträger gebildeten Pensionsrückstellungen in der Steuerbilanz gewinnerhöhend aufzulösen. Der die bisherige Pensionsrückstellung übersteigende Teilbetrag der Gegenleistung ist auf 15 Jahre zu verteilen. Es gelten daher die Ausführungen unter Rz. 1986 ff. entsprechend.

2117 Die Ausnahmetatbestände des § 4f Abs. 1 Satz 3 EStG finden im Falle einer Erfüllungsübernahme keine Anwendung. Die Aktivierung einer Forderung aus dem Freistellungsanspruch entfällt dementsprechend.

---

1 BMF, Schreiben v. 6. 12. 2017, Rz. 64, BStBl 2018 I S. 147.

11. Erfüllungsübernahme

bb) Beim freistellenden Versorgungsträger

Für den freistellenden Versorgungsträger ordnet § 5 Abs. 7 Satz 2 EStG an, dass auch dieser in der Folgezeit die Passivierungsbeschränkungen des § 6a EStG zu beachten hat. Die Möglichkeit der gewinnmindernden Rücklage steht nach § 5 Abs. 7 Satz 5 EStG auch dem freistellenden Versorgungsträger zu.   2118

Es gelten daher die Ausführungen unter Rz. 1992 ff. entsprechend.   2119

cc) Handelsrechtliche Behandlung

Das IDW hat auch zur handelsrechtlichen Behandlung von alleinigen Erfüllungsübernahmen im Innenverhältnis im RS HFA 30 Stellung genommen.[1]   2120

Gemäß IDW RS HFA 30 Rz. 103 gilt für die Handelsbilanz des **freigestellten Versorgungsträgers** das Folgende: 2121

„Beim freigestellten Unternehmen bleiben Ansatz und Bewertung der Verpflichtung von der Erfüllungsübernahme unberührt. Der durch die vertragliche Vereinbarung im Innenverhältnis begründete Freistellungsanspruch des freigestellten Unternehmens gegenüber dem freistellenden Unternehmen ist beim freigestellten Unternehmen zu aktivieren (Bruttodarstellung; vgl. Tz. 21). Die Höhe des zu aktivierenden Freistellungsanspruchs ist begrenzt auf den Buchwert der bilanzierten Verpflichtung. Soweit die geleisteten Ausgaben zur Erlangung des Freistellungsanspruchs diesen Betrag übersteigen, sind sie als Aufwand zu erfassen."

Gemäß IDW RS HFA 30 Rz. 102 gilt für die Handelsbilanz des **freistellenden Versorgungsträgers** das Folgende: 2122

„Die vom freistellenden Unternehmen eingegangene Freistellungsverpflichtung ist nach § 249 Abs. 1 Satz 1 HGB zu passivieren."

Zusammenfassend ist festzustellen, dass im Falle einer alleinigen Erfüllungsübernahme im Innenverhältnis die Verpflichtung zur Passivierung der Pensionsrückstellung in der Handelsbilanz bei beiden Gesellschaften besteht. Darüber hinaus ist der Freistellungsanspruch in der Handelsbilanz der freigestellten GmbH zu aktivieren (Bruttomethode). Die Behandlung nach der Bruttomethode wird in der Literatur deutlich kritisiert. Begründet wird die Kritik damit, dass eine Bilanzierung nach der Bruttomethode nicht mit den Grundsätzen ordnungsmäßiger Buchführung in Einklang gebracht werden kann.[2]   2123

---

[1] IDW Stellungnahme zur Rechnungslegung: Handelsrechtliche Bilanzierung von Altersversorgungsverpflichtungen (IDW RS HFA 30 n. F.), IDW Life, Heft 1 S. 102.

[2] Siehe hierzu Klein, Anmerkungen zum IDW RS HFA 30 n. F. zur sog. Bruttobilanzierung bei einer reinen Erfüllungsübernahme, DB 2017 S. 1789 ff.

dd) Unterschiedliche steuer- und handelsrechtliche Behandlung

2124 Die Analyse der bilanzrechtlichen Behandlung einer alleinigen Erfüllungsübernahme offenbart auf der Ebene des freigestellten Versorgungsträgers eine erstaunliche Abweichung. Während § 4f Abs. 2 EStG die alleinige Erfüllungsübernahme dazu berechtigt, die Pensionsrückstellung in der Steuerbilanz des freigestellten Versorgungsträgers aufzulösen, vertritt das IDW die Auffassung, dass die Qualität einer alleinigen Erfüllungsübernahme die Auflösung der Pensionsrückstellung in der Handelsbilanz nicht zulässt. Vielmehr hat in der Handelsbilanz eine Abbildung des Rechtsgeschäftes nach der Bruttomethode zu erfolgen.

d) Schuldrechtliche Behandlung des Übertragungsvorgangs

2125 Im Falle einer **alleinigen Erfüllungsübernahme** kommt es lediglich zu einer **wirtschaftlichen Enthaftung im Innenverhältnis**. Eine abschließende schuldrechtliche Befreiung von den Pensionsverpflichtungen findet daher nicht statt. Vielmehr bleibt die Primär-Schuldnerposition im Außenverhältnis unberührt.

2126–2130 (*Einstweilen frei*)

12. Abgeleitete Rentner-GmbH

2131 Die zuvor genannten Lösungsmöglichkeiten zielten bisher allesamt darauf ab, die Pensionsverpflichtung vom bisherigen Versorgungsträger zum Zwecke der Entpflichtung auf einen neuen Versorgungsträger zu übertragen (rechtsgeschäftliche Einzelrechtsnachfolge, partielle Gesamtrechtsnachfolge), oder diesen in die Erfüllung der Versorgungsverpflichtung miteinzubeziehen (Schuldbeitritt, Erfüllungsübernahme).

2132 Das Ziel einer Rentner-GmbH lässt sich aber auch über den umkehrten Weg erreichen: Dabei wird der bisherige Versorgungsträger dadurch zur (späteren) Rentner-GmbH, indem er sich von seinem operativen Geschäftsbetrieb trennt und dabei die bestehende Pensionsverpflichtung zurückbehält. Eine derartig herbeigeführte Rentner-GmbH wird als eine abgeleitete Rentner-GmbH bezeichnet.

2133 Zur Erreichung einer abgeleiteten Rentner-GmbH stehen grundsätzlich zwei unterschiedliche Wege zur Verfügung:

- ▶ **Ausgliederung** des operativen Geschäftsbetriebs gem. § 123 Abs. 3 UmwG in eine Tochtergesellschaft i.V.m. einem späteren Verkauf der Tochtergesellschaft

- ▶ Verkauf des operativen Geschäftsbetriebs im Wege eines **Asset Deal**

12. Abgeleitete Rentner-GmbH

a) Ausgliederung des operativen Geschäftsbetriebs

Das Konzept der abgeleiteten Rentner-GmbH mittels Ausgliederung des operativen Geschäftsbetriebs wird dadurch gekennzeichnet, dass die Pensionszusage in keiner Weise berührt wird, da sie beim ursprünglichen Versorgungsträger in unveränderter Form fortbesteht. Daher können die vorstehenden Fragestellungen, die im Zusammenhang mit der Übertragung der Pensionszusage entstehen, nicht auftreten. Weder ist die betriebsrentenrechtliche Behandlung der Pensionszusage von Bedeutung, noch kommt es insoweit zu einer steuerrechtlichen Berührung. 2134

Im Rahmen der Ausgliederung sind diejenigen Vermögensteile zu bestimmen, die der Pensionsverpflichtung als Zweckvermögen zugeordnet und zurückbehalten werden. Alle darüber hinausgehenden Aktiva und Passiva werden zusammen mit dem operativen Geschäftsbetrieb auf die Tochtergesellschaft ausgegliedert. Die Ausgliederung kann sowohl zur Aufnahme, als auch zur Neugründung erfolgen. Im Rahmen der Ausgliederung des operativen Geschäftsbetriebs sind die umwandlungssteuerrechtlichen Anforderungen des sechsten Teils des UmwStG (§§ 20 bis 23 UmwStG) zu beachten. 2135

Dabei ist von grundlegender Bedeutung, dass 2136

▶ in diesem Zusammenhang sämtliche Wirtschaftsgüter, die zu den wesentlichen Grundlagen des Einbringungsgegenstandes gehören (operativer Geschäftsbetrieb), auf die neue Kapitalgesellschaft übergehen müssen.

▶ im Falle einer umwandlungsrechtlichen Ausgliederung die Anforderung, dass sowohl beim ausgliedernden Rechtsträger, als auch beim ausgegliederten Rechtsträger ein Teilbetrieb bestehen muss, nicht greift.[1]

Mit Abschluss des Ausgliederungsvorgangs entsteht eine Holding-Struktur, bei der der Versorgungsträger die Position der Muttergesellschaft (Holding) innehat. Das operative Business wird von der Tochtergesellschaft betrieben. 2137

Dieser Lösungsweg kommt in der Praxis oftmals bei Leistungsanwärtern zur Anwendung, die ihr Unternehmen durch eine derartige Umstrukturierung auf einen späteren Verkauf vorbereiten möchten. Die Frage, ob auch bei der Muttergesellschaft noch Pensionsanwartschaften erdient werden können, ist von der Positionierung des Gf-Dienstverhältnisses abhängig. Wird das Gf-Dienstverhältnis im Zuge der Ausgliederung der Tochtergesellschaft zugeordnet, so 2138

---

1 § 20 Abs. 1 UmwStG.

kommt ein weiteres Erdienen nicht mehr in Frage, so dass die Pensionszusage in der Muttergesellschaft in Höhe des Past Service fortzuführen ist. Verbleibt das Gf-Dienstverhältnis auch nach der Ausgliederung in der Muttergesellschaft (ggf. i.V.m. einem Dienstleistungsvertrag mit der Tochtergesellschaft), so kann die Pensionszusage unverändert fortgeführt werden.

2139 Der Verkauf des operativen Geschäftsbetriebs findet dann derart statt, dass die Tochtergesellschaft im Wege eines Share Deals veräußert wird. Der Verkaufserlös fließt dann der Muttergesellschaft zu und steht dort zusammen mit dem zweckgebundenen Vermögen zur Erfüllung der Pensionsverpflichtung zur Verfügung. Liegt zwischen der Ausgliederung und dem Share Deal ein Zeitraum von mind. sieben Jahren, so bleiben diejenigen stillen Reserven, die im Rahmen der Ausgliederung übertragen wurden (sog. Einbringungsgewinn I), steuerfrei.[1] Der Gewinn aus der Veräußerung der Tochtergesellschaft bleibt bei der Muttergesellschaft gem. § 8b Abs. 2 KStG in jedem Falle steuerfrei (mit Ausnahme eines Anteils i. H. v. 5 %; § 8b Abs. 3 KStG).

2140–2145 (*Einstweilen frei*)

b) Asset Deal

2146 Auch das Konzept der abgeleiteten Rentner-GmbH mittels Verkauf des operativen Geschäftsbetriebs über einen Asset Deal wird dadurch gekennzeichnet, dass die Pensionszusage in keiner Weise berührt wird, da sie beim ursprünglichen Versorgungsträger in unveränderter Form fortbesteht. Daher können auch in diesem Fall die vorstehenden Fragestellungen, die im Zusammenhang mit der Übertragung der Pensionszusage entstehen, nicht auftreten. Weder ist die betriebsrentenrechtliche Behandlung der Pensionszusage von Bedeutung, noch kommt es insoweit zu einer steuerrechtlichen Berührung.

2147 Anders als beim Share Deal, bei dem die Gesellschafter ihre Gesellschaftsanteile an den Erwerber veräußern, tritt beim Asset Deal eine strukturelle Veränderung auf: Als Veräußerer tritt im Falle eine Asset Deals die Gesellschaft auf. Gegenstand der Veräußerung ist das Betriebsvermögen der Gesellschaft. In der Folge fließt der Veräußerungserlös nicht ins Privatvermögen der Gesellschafter, sondern ins Betriebsvermögen der veräußernden Kapitalgesellschaft.

2148 Der Versorgungsträger wird am Ende des Asset Deals in eine Rentner-GmbH umgewidmet. Er übernimmt nach Abschluss des Asset Deals die Aufgabe des Pensionsmanagements.

---

1 § 22 Abs. 1 UmwStG.

12. Abgeleitete Rentner-GmbH

Da beim **Asset Deal** die Kapitalgesellschaft als Verkäufer auftritt, hat diese den Veräußerungserlös (Kaufpreis abzgl. der Buchwerte) zu versteuern (Körperschaft- und Gewerbesteuer). Im Zuge der Veräußerung kommt es zur Aufdeckung der evtl. vorhandenen stillen Reserven. Da sich durch die Unternehmensteuerreform 2008 die Steuerbelastung einer GmbH auf rd. 30 % reduziert hat, wurde der im Vergleich zum Share Deal bestehende steuerliche Nachteil des Asset Deals deutlich reduziert. 2149

Für den Erwerber bringt der Asset Deal unter steuerlichen Gesichtspunkten sogar erhebliche Vorteile, da er den Kaufpreis für die abnutzbaren Wirtschaftsgüter als Anschaffungskosten verbuchen und entsprechend abschreiben kann. Ein evtl. Überkaufpreis wird als Firmenwert (Goodwill) erfasst und i. d. R. über eine Nutzungsdauer von 15 Jahren abgeschrieben. Dieser Umstand sollte vom Verkäufer dazu genutzt werden, um in der Verhandlung mit dem Erwerber einen höheren Kaufpreis zu erzielen. 2150

Den Geschäftsführer selbst trifft im Rahmen des Asset Deals keine steuerliche Belastung. Eine Versteuerung greift erst dann, wenn die Betriebsrente zur Auszahlung gebracht wird. Die Rentenzahlungen sind dann als Einkünfte i. S. d. § 19 EStG zu versteuern. 2151

(*Einstweilen frei*) 2152–2155

c) Finanzielle Ausstattung der abgeleiteten Rentner-GmbH

Eine dauerhafte Fortführung der abgeleiteten Rentner-GmbH ist in beiden Fällen nur dann wirklich sinnvoll, wenn diese zu Beginn der Leistungsphase über eine finanzielle Ausstattung verfügt, die die nachhaltige Finanzierung der Pensionsverpflichtung für wahrscheinlich erscheinen lässt. Dies ist wohl nur dann der Fall, wenn die Deckungsmittel mindestens dem Barwert der Pensionsverpflichtung entsprechen, der sich bei einer **handelsrechtlichen Bewertung** – unter Anwendung des siebenjährigen Durchschnittszinssatzes – ermittelt. 2156

Sollten die vorhandenen Vermögenswerte deutlich unter dieser Messlatte verbleiben, so lässt sich im Rahmen einer Prognosebetrachtung ermitteln, inwieweit die Deckungsmittel dazu geeignet sein werden, die Rentenverpflichtung auch tatsächlich zu erfüllen. Im Rahmen einer betriebswirtschaftlichen Planungsrechnung ist es möglich, die voraussichtliche Rentenfinanzierungsdauer zu bestimmen. Wesentlich beeinflusst wird diese Planungsrechnung natürlich von der Höhe des der Betrachtung zugrunde gelegten Rechnungszinses. Dieser sollte den vorherrschenden Verhältnissen des Kapitalmarktes im Bereich der laufzeit- und risikoadäquaten Anlageformen angepasst werden. 2157

2158 Ferner ist es im Falle einer unzureichenden Kapitalausstattung möglich, aus einer derartigen Planungsrechnung detaillierte Erkenntnisse über den Zeitpunkt einer möglichen Überschuldung der Rentner-GmbH, bzw. den Moment der eintretenden Zahlungsunfähigkeit zu gewinnen. Dabei ist der Umstand zu berücksichtigen, dass die umgebaute Rentner-GmbH ab dem Zeitpunkt des Beginns der Rentenzahlung nur noch Verluste erwirtschaften wird.

2159–2160 (*Einstweilen frei*)

d) Handlungsalternativen bei einer erheblichen Unterfinanzierung

2161 Im Falle einer erheblichen Unterfinanzierung stehen folgende Handlungsalternativen zur Verfügung:

- ▶ Kapitalisierung (ggf. i.V. m. einem Teilverzicht)
- ▶ Liquidation der Kapitalgesellschaft i.V. m. Übertragung auf eine Liquidationsversicherung (ggf. i.V m. einem Teilverzicht)
- ▶ anfängliche Rentenzahlung i.V. m. späterer Herabsetzung wegen mangelnder Finanzierbarkeit (ggf. schrittweise)
- ▶ anfängliche Rentenzahlung i.V. m. späterer Kapitalisierung/Liquidation (ggf. i.V. m. einem Teilverzicht)

2162–2164 (*Einstweilen frei*)

13. Der praktische Fall

a) Fallbeschreibung

2165 Die E-Management-GmbH hat ihrem alleinigen GGf – Herrn EE – im Jahre 1995 eine Pensionszusage erteilt. Herr EE weist folgende **persönlichen Merkmale/Daten** auf:

Geschlecht	Männlich
Geburtsdatum	31.12.1953
Diensteintritt	31.12.1990 (im Alter von 37 Jahren)
Status KStG	Beherrschender GGf
Status BetrAVG	Unternehmer

Die Herrn EE gegenüber erteilte Pensionszusage weist folgende **Inhalte/Bewertungsparameter** auf:

13. Der praktische Fall

Zusageerteilung	31.12.1995 (im Alter von 42 Jahren)
Pensionsalter	65 (erreicht am 31.12.2018)
Altersrente mtl.	7.500 €
Berufsunfähigkeitsrente mtl.	0 €
Witwenrente mtl.	0 €
Rentenanpassung fest zugesagt	2,0 % p. a.

Die Bilanzen der E-Management-GmbH weisen per 31.12.2017 folgende **Werte** auf:

	Steuerbilanz	Handelsbilanz
Pensionsrückstellung 31.12.2017	1.064.043 €	1.352.104 €
Aktivwert 31.12.2017	0 €	0 €
Rückdeckungsquote 31.12.2017	0 %	0 %

Die **Vorausschau auf die künftige Entwicklung** der Bilanzwerte führt voraussichtlich zu folgenden Wertansätzen:

	Steuerbilanz	Handelsbilanz
Pensionsrückstellung 31.12.2018	1.153.039 €	1.517.159 €
Voraussichtliche Ablaufleistung	0 €	0 €
Rückdeckungsquote 31.12.2018	0 %	0 %

Der versorgungsberechtigte GGf – Herr EE – möchte nun mit Erreichen des Pensionsalters **aus dem kausalen Dienstverhältnis ausscheiden** und in den Ruhestand treten und in diesem Zuge seine Geschäftsanteile an der E-Management-GmbH veräußern. Der potenzielle Erwerber stellt jedoch die Bedingung, die E-Management-GmbH von der Herrn EE gegenüber bestehenden Pensionszusage zu entpflichten. Herr EE möchte daher seine Pensionszusage von der E-Management-GmbH auf seine eigene Rentner-GmbH mit schuldrechtlich befreiender Wirkung übertragen.

Da Herr EE betriebsrentenrechtlich als Unternehmer zu beurteilen ist, wird die Übertragung der Pensionszusage auf die Rentner-GmbH im Wege der rechtsgeschäftlichen Einzelrechtsnachfolge gem. § 415 Abs. 1 BGB durchgeführt. Als Stichtag der Übertragung wird der 31.12.2018 herangezogen.

Als Ausgleichsbetrag wird von den Parteien der handelsrechtliche Barwert der künftigen Pensionsleistungen, unter Zugrundelegung eines Sieben-Jahresdurchschnittszinses zzgl. eines Sicherheitszuschlags i. H. v. 7,0 %, vereinbart:

Barwert mit 7-Jahreszins (2,30 %)	1.675.353 €
7,0 % Sicherheitszuschlag	117.275 €
Ausgleichsbetrag	**1.792.628 €**

Die E-Management-GmbH wird daher der Rentner-GmbH einen **Ausgleichsbetrag i. H. v. 1.792.628 €** zukommen lassen. Die entsprechenden finanziellen Mittel sind bei der E-Management-GmbH verfügbar.

b) Folgen für den ehemaligen Versorgungsträger

2166 Mit der Übertragung der Pensionszusage im Wege der rechtsgeschäftlichen Einzelrechtsnachfolge gem. § 415 Abs. 1 BGB und der Zustimmung von Herrn EE erlischt die Pensionszusage beim ehemaligen Versorgungsträger (E-Management-GmbH) vollumfänglich mit schuldbefreiender Wirkung. Eine Nachhaftung des ehemaligen Versorgungsträgers existiert nicht.

2167 Im Jahr der Übertragung hat der ehemalige Versorgungsträger die gebildeten Pensionsrückstellungen vollumfänglich aufzulösen. In Höhe der ertragsteuerrechtlich aufzulösenden Pensionsrückstellung kann der Ausgleichsbetrag im Jahr der Übertragung als Betriebsausgabe abgezogen werden; der überschießende Anteil des Ausgleichsbetrags stellt den Übertragungsfolgeverlust dar, welcher im Jahr der Übertragung mit 1/15-tel als Betriebsausgabe in Ansatz gebracht werden darf. Der nun noch verbleibende Anteil des Übertragungsfolgeverlusts ist auf die nächsten 14 Jahre zu verteilen und mit jeweils 1/14 als Betriebsausgabe in Ansatz zu bringen (Anmerkung: Es wird dabei davon ausgegangen, dass die Veräußerung einer Kapitalgesellschaft keinen Ausnahmetatbestand i. S. d. § 4f Abs. 1 Satz 3 EStG darstellt).

2168 Durch die Bestimmung des Ausgleichsbetrags in Höhe des handelsrechtlichen Barwertes werden die stillen Lasten, die die Steuerbilanz aufgrund der Bewertungsbeschränkungen des § 6a EStG bisher beinhaltete, aufwandswirksam mobilisiert. Die Abzugsfähigkeit des diesbezüglichen Teilbetrags erfolgt jedoch über einen Zeitraum von 15 Jahren.

2169 Die Auswirkungen bei der **E-Management-GmbH** lassen sich wie folgt darstellen:

13. Der praktische Fall

	Steuerbilanz		Handelsbilanz
aufzulösende Pensionsrückstellung		1.064.043 €	1.352.104 - €
abzgl. sofort abzugsfähiger Ausgleichsbetrag		- 1.064.043 €	- 1.792.628 - €
Übertragungsfolgeverlust	728.585 €		440.524 €
abzgl. 1/15-tel		- 48.572 €	
Ergebnis im Übertragungsjahr (2018)		- 48.572 €	- 440.524 €
verbleibender Übertragungsfolgeverlust	680.013 €		0 €
Verteilung auf 14 Jahre zu jeweils		48.572 €	

Ergebnis: Die E-Management-GmbH hat im Jahr der Übertragung die gebildeten Pensionsrückstellungen vollumfänglich aufzulösen. Handelsrechtlich ergibt sich durch den sofortigen Abzug des Ausgleichsbetrags ein Übertragungsfolgeverlust im Jahr der Übertragung i.H.v. 440.524 €. Ertragsteuerrechtlich ist der Übertragungsfolgeverlust im Jahr der Übertragung auf 1/15-tel begrenzt, so dass sich das ertragsteuerrechtliche Ergebnis in 2018 auf -48.572 € beläuft. In den folgenden 14 Wirtschaftsjahren ist aus dem verbleibenden Übertragungsfolgeverlust jeweils ein Betrag i.H.v. 48.572 € als Betriebsausgabe in Abzug zu bringen. Die E-Management-GmbH wird aus dem Übertragungsfolgeverlust in den folgenden 14 Jahren noch eine Steuerersparnis i.H.v. 204.004 € erzielen.

c) Folgen für den neuen Versorgungsträger

Die Rentner-GmbH hat in den Bilanzen zum Ende des Jahres der Übernahme erstmals Pensionsrückstellungen zu bilden. Ertragsteuerrechtlich ist die Pensionsrückstellung gem. § 6a EStG zu bilden. Handelsrechtlich ist die Pensionsrückstellung gem. §§ 249, 253 HGB zu bilden. Nach Auffassung des IDW darf sich insoweit kein Übernahmefolgegewinn ergeben.

Der ertragsteuerrechtliche Übernahmefolgegewinn kann optional im Wirtschaftsjahr der Übernahme auf 1/15-tel beschränkt und auf die folgenden 14 Jahre zu jeweils mindestens 1/15-tel verteilt werden.

IX. Rentner-GmbH – Entpflichtung und Übertragung auf einen eigenen Rechtsträger

2172   Die Auswirkungen bei der **Rentner-GmbH** lassen sich wie folgt darstellen:

		Steuerbilanz		Handelsbilanz
vereinnahmter Ausgleichsbetrag		1.792.628 €		1.792.628 €
abzgl. zu bildende Rückstellungen		- 1.153.039 €		- 1.792.628 €
Übernahmefolgegewinn	639.589 €		0 €	
abzgl. gewinnmindernde Rücklage 14/15-tel		- 596.950 €		
Ergebnis im Übernahmejahr (2018)		42.639 €		0 €
Verbleibende gewinnmindernde Rücklage	596.950 €		0 €	
Auflösung in den folgenden 14 Jahren zu mind.		42.639 €		

Ergebnis: Handelsrechtlich hat die Gesamtrückstellung dem Ausgleichsbetrag zu entsprechen, um die geforderte Erfolgsneutralität herzustellen. Da die nach § 253 HGB zu bildende Pensionsrückstellung einen Betrag i. H. v. 1.517.159 € umfasst, ist in Höhe des Differenzbetrags (275.469 €) noch eine zweite Rückstellung für die Zinsdifferenz zu bilden, die anschließend über zehn Jahre aufzulösen ist.

2173   Ertragsteuerrechtlich ist die Pensionsrückstellung jedoch zwingend gem. § 6a EStG zu bilden, sodass sich insoweit ein Übernahmefolgegewinn i. H. v. 639.589 € ergibt, welcher im Wirtschaftsjahr der Übertragung – bei Bildung einer gewinnmindernden Rücklage – optional mit nur 42.639 € in Ansatz gebracht werden kann. Die sich daraus ergebende gewinnmindernde Rücklage ist dann auf die folgenden 14 Jahre zu verteilen und mit jeweils mindestens 42.639 € in Ansatz zu bringen.

2174   In den Folgejahren wird die Rentner-GmbH ausschließlich Verluste erzielen. Die Höhe der Verluste ist jedoch abhängig von der Höhe und der Struktur der Kapital-/Zinserträge, die die Rentner-GmbH aus der Anlage des Ausgleichsbetrags erzielen kann. Die operativen Verluste können mit der gewinnerhöhenden Auflösung der Rücklage verrechnet werden. Dies kann – je nach den Umständen des Einzelfalls – dazu führen, dass die gewinnerhöhende Auflösung der gebildeten Rücklage steuerneutral vorgenommen werden kann.

(Einstweilen frei) 2175–2180

14. Zusammenfassung

Der BFH hat mit seinen beiden Entscheidungen v. 18. 8. 2016 die Tür zur Rentner-GmbH weit aufgestoßen. Nach Veröffentlichung der beiden Entscheidungen im November 2016 hat sich in der betrieblichen Praxis das Interesse an dem Lösungsmodell einer Rentner-GmbH sprunghaft erhöht. Mit einer außergewöhnlich schnellen Reaktion hat die FinVerw das stark gestiegene Interesse an der Rentner-GmbH nochmals zusätzlich befeuert. 2181

Der Lösungsweg der Rentner-GmbH verfügt über ein echtes Alleinstellungsmerkmal. Er ist definitiv die einzige Möglichkeit um 2182

▶ die GmbH vollständig von der Gf-Pensionszusage zu entpflichten und zu enthaften,

▶ die Schmälerung des aufgebauten Versorgungskapitals durch eine sofortige Steuerbelastung zu vermeiden

▶ und die Dispositionshoheit über das Versogungskapital zu erhalten.

Die Rentner-GmbH vermag mit den vorstehend genannten Vorteilen zu verlocken und zu überzeugen. Der Weg zur erfolgreichen Realisierung ist allerdings mit allerlei Hürden versehen und dennoch kann eine Rentner-GmbH in jedem Falle über unterschiedliche Formen und Wege realisiert werden. 2183

Um festzustellen, welcher Weg zur optimalen Realisierung der Rentner-GmbH beschritten werden soll, bedarf es zwingend einer umfangreichen und sachgerechten Aufklärung des rechtlichen und wirtschaftlichen Umfeldes der zu übertragenden Pensionszusage, der Berücksichtigung der persönlichen Zielvorstellungen des GGf, sowie der individuellen Gestaltung eines geeigneten Übertragungs-Konzeptes. 2184

Die Gestaltungen die einen Schuldbeitritt oder eine Erfüllungsübernahme zum Inhalt haben, können den bisherigen Versorgungsträger zwar wirtschaftlich entpflichten, nicht jedoch schuldrechtlich. Inwieweit ein derartiger Weg im Bereich der Gf-Pensionszusage im Einzelfall als geeignet beurteilt werden kann, ist der Prüfung im Rahmen des jeweiligen Einzelfalles vorbehalten. 2185

Die Realisierung einer Rentner-GmbH über den Weg der abgeleiteten Rentner-GmbH kann in vielen Fällen eine attraktive Alternative darstellen. 2186

(Einstweilen frei) 2187–2195

X. Wechsel des Durchführungswegs – Übertragung auf externe Versorgungsträger i. S. d. BetrAVG

1. Motive, Wesen, Formen und Folgen eines Wechsel des Durchführungswegs

Das BetrAVG definiert in § 1b BetrAVG vier weitere Durchführungswege, über die eine betriebliche Versorgungszusage mittelbar durchgeführt und finanziert werden kann (Direktversicherung, Pensionskasse, Pensionsfonds und Unterstützungskasse; siehe hierzu Rz. 2887). Wird eine bisher unmittelbar durchgeführte Pensionszusage auf einen externen Versorgungsträger i. S. d. BetrAVG übertragen, so führt dies zu einem Wechsel des Durchführungswegs. In der Praxis wird in diesem Zusammenhang regelmäßig der Begriff „Auslagerung" verwendet. 2196

Grundsätzlich steht jeder externe Durchführungsweg für eine Auslagerung/ Übertragung einer bisher unmittelbar durchgeführten Pensionszusage zur Verfügung. In der Praxis der Gf-Versorgung kommen jedoch – aufgrund der steuerrechtlichen Rahmenbedingungen – nur die Durchführungswege **Pensionsfonds und Unterstützungskasse** für eine Auslagerung einer Gf-Pensionszusage in Frage. Daher wird im Folgenden auch nur auf diese beiden Durchführungswege eingegangen. 2197

Die vertiefende Beschäftigung mit den Rahmenbedingungen, die für die Durchführungswege Pensionsfonds und Unterstützungskasse gelten, bringt hervor, dass diese unterschiedlich ausgestaltet und hierfür unterschiedliche Besteuerungsbedingungen zu berücksichtigen sind. Daher bedarf auch eine Gestaltung, die den Wechsel des Durchführungswegs zum Inhalt hat, einer intensiven Analyse und einer individuellen Konzeption. 2198

a) Motive eines Wechsel des Durchführungswegs

Das Hauptmotiv, das die Beteiligten mit einem Wechsel des Durchführungswegs verfolgen, entspricht demjenigen, welches auch einer Übertragung der Pensionszusage auf eine Rentner-GmbH zugrunde liegt (siehe hierzu Rz. 1822). Auch hier stehen die bilanzielle Entlastung der Kapitalgesellschaft und die (rentenförmige) Fortführung der Pensionszusage im Vordergrund. Unter schuldrechtlichen Gesichtspunkten ist ein Wechsel des Durchführungswegs je- 2199

X. Übertragung auf externe Versorgungsträger i. S. d. BetrAVG

doch deutlich von einer Übertragung im Wege einer rechtsgeschäftlichen Einzelrechtsnachfolge abzugrenzen.

2200 Ferner ist in diesem Zusammenhang festzustellen, dass Übertragungen auf einen Pensionsfonds und/oder auf eine Unterstützungskasse in der jüngeren Vergangenheit sehr stark durch die europäische Finanzmarktpolitik beeinflusst wurden. Die dadurch notwendig gewordene Reduzierung der Überschussbeteiligung hat zu einer spürbaren Erhöhung der Prämien geführt, die im Ergebnis für derartige Übertragungskonzepte zu einer erheblichen Belastung geworden ist.

2201–2204 (*Einstweilen frei*)

b) Wesen eines externen Versorgungsträgers i. S. d. BetrAVG

2205 Das Aufgabengebiet der beiden o. g. externen Versorgungsträger besteht ausschließlich in der Durchführung betrieblicher Versorgungszusagen. Ein wesentlicher Unterschied zwischen den beiden Durchführungswegen ist im Bereich des Rechtsanspruches festzustellen. Während die Unterstützungskasse per Legaldefinitionen keinen Rechtsanspruch auf ihre Leistungen einräumen darf, ist der Pensionsfonds zur Einräumung eines Rechtsanspruchs verpflichtet.[1]

aa) Unterstützungskasse

2206 Die Unterstützungskasse ist eine rechtsfähige, rechtlich selbständige Versorgungseinrichtung, die auf ihre Leistungen **keinen Rechtsanspruch** gewährt (§ 1b Abs. 4 Satz 1 BetrAVG). Die Unterstützungskasse wird in der Rechtsform eines eingetragenen Vereins, einer GmbH oder einer Stiftung geführt. Da Unterstützungskassen keinen Rechtsanspruch auf ihre Leistungen einräumen dürfen, betreiben sie kein Versicherungsgeschäft und unterliegen deshalb nicht der strengen Kontrolle der BaFin (Bundesanstalt für Finanzdienstleistungsaufsicht). Sie können ihr Kapital frei anlegen.

2207 **Der Ausschluss des Rechtsanspruchs** ist jedoch aufgrund der Entwicklung der Rechtsprechung nur noch formaler Natur. Aus dem Arbeitsverhältnis besteht ein Rechtsanspruch des Arbeitnehmers gegenüber seinem Arbeitgeber. Das BAG hat in seinen Entscheidungen v. 16. 2. 2010[2] sowie v. 15. 2. 2011[3] zur Fra-

---

1 § 1b Satz 1 BetrAVG spricht von einem Rechtsanspruch; § 236 Abs. 1 Satz 1 Nr. 3 VAG von einem Anspruch.
2 BAG, Urteil v. 16. 2. 2010 - 3 AZR 181/08, NWB DokID: VAAAD-47270.
3 BAG, Urteil v. 15. 2. 2011 - 3 AZR 35/09, NWB DokID: ZAAAD-86701.

ge des Widerrufs von Unterstützungskassenzusagen Stellung genommen und dabei die ständige Rechtsprechung bestätigt, dass der für Unterstützungskassen geltende Ausschluss des Rechtsanspruchs nicht etwa zur Freiwilligkeit der Leistungserbringung führt. **Vielmehr bedeutet der Leistungsausschluss lediglich, dass es ein Widerrufsrecht gibt, welches an sachliche Gründe gebunden ist.** Diese sachlichen Gründe unterliegen den Grundsätzen des Vertrauensschutzes und der Verhältnismäßigkeit. Somit kann ein Widerruf einer Unterstützungskassenzusage auch nur unter Wahrung des vom BAG entwickelten Drei-Stufen-Modells stattfinden.

Unterstützungskassen können für einen oder mehrere Arbeitgeber (Trägerunternehmen) tätig werden. Durch die Aufnahme des Versorgungsträgers als Mitglied der Unterstützungskasse kann die Unterstützungskasse den Zugehörigen des Trägerunternehmens Versorgungsleistungen versprechen, die von der Unterstützungskasse zu zahlen, aber von dem jeweiligen Trägerunternehmen durch freiwillige Zuwendungen zu finanzieren sind. 2208

Die in § 4d EStG verankerten Regelungen zur steuerlichen Behandlung von Zuwendungen an Unterstützungskassen führen zu einer Zweiteilung des Durchführungsweges der Unterstützungskasse: 2209

▶ **Pauschal dotierte** (polsterfinanzierte) Unterstützungskasse

▶ **Rückgedeckte** Unterstützungskasse.

▶ Das wesentliche Merkmal zur Abgrenzung der beiden unterschiedlichen Formen der Unterstützungskasse ist in der Kapitalanlage zu finden. Während die rückgedeckte Unterstützungskasse ihre Mittel in Rückdeckungsversicherungen investiert, nutzt die pauschal dotierte (polsterfinanzierte) Unterstützungskasse die **Möglichkeiten der freien Kapitalanlage.** Der pauschal dotierten Unterstützungskasse erschließt sich somit der gesamte Markt der Kapitalanlage. Sie kann das Versorgungskapital entweder im eigenen Vermögen verwalten und managen oder es im Wege einer Darlehensgewährung wieder an das Trägerunternehmen ausleihen. 2210

▶ Die beiden Ausprägungen der Unterstützungskasse führen zu erheblichen Unterschieden innerhalb des Durchführungswegs Unterstützungskasse, auf die im Rahmen dieses Kapitels eingegangen wird. 2211

bb) Pensionsfonds

Bei einem Pensionsfonds handelt es sich um eine rechtsfähige Versorgungseinrichtung, die nach § 236 Abs. 1 VAG 2212

X. Übertragung auf externe Versorgungsträger i. S. d. BetrAVG

- ► im Wege des Kapitaldeckungsverfahrens Leistungen der bAV für einen oder mehrere Arbeitgeber zugunsten von Arbeitnehmern erbringt,
- ► die Höhe der Leistungen oder die Höhe der für diese Leistungen zu entrichtenden künftigen Beiträge nicht für alle vorgesehenen Leistungsfälle durch versicherungsförmige Garantien zusagen darf,
- ► den Arbeitnehmern einen eigenen **Anspruch** auf Leistungen gegen den Pensionsfonds einräumt und
- ► verpflichtet ist, die Altersvorsorgeleistungen als lebenslange Zahlung oder als Einmalzahlung zu erbringen.

2213 ► Eine lebenslange Zahlung kann mit einem teilweisen oder vollständigen Kapitalwahlrecht verbunden werden.

2214 Ein Pensionsfonds benötigt für seine Geschäftstätigkeit die Erlaubnis der BaFin als der zuständigen Aufsichtsbehörde (§ 236 Abs. 4 VAG). Er darf nur in der Rechtsform der Aktiengesellschaft oder des Pensionsfondsvereins auf Gegenseitigkeit betrieben werden.

2215 Beim Durchführungsweg des Pensionsfonds handelt es sich um den jüngsten der fünf Durchführungswege der bAV, da dieser erst zum 1.1.2002 durch das Altersvermögensgesetz[1] neu geschaffen wurde. In Deutschland wurden bis August 2017 30 Pensionsfonds von der BaFin zum Geschäftsbetrieb zugelassen. Der Pensionsfonds grenzt sich in zwei wesentlichen Bereichen von Lebensversicherungsunternehmen und Pensionskassen ab:

(1) Liberale Kapitalanlage

2216 Der Pensionsfonds verfügt über eine viel größere Freiheit bei der Anlage der vereinnahmten Gelder.[2] Im Vergleich mit den Anlagevorschriften, die für eine Direktversicherung oder eine Pensionskasse gelten, zeigt sich, dass die für den Pensionsfonds geltenden Anlagevorschriften deutlich liberaler ausgestaltet wurden. Dies vor dem Hintergrund, dem Pensionsfonds die Möglichkeit zu eröffnen, höhere Renditen erwirtschaften zu können.

(2) Garantiebegrenzung

2217 Lebensversicherungen und Pensionskassen kennzeichnen sich dadurch, dass sie für einen bestimmten künftigen Beitrag für jeden Versorgungsfall eine bestimmte Versorgungsleistung garantieren. Eine derartige Beitrags-Leistungs-

---

1 Altersvermögensgesetz (AVmG), erlassen am: 26. 6. 2001, BGBl 2001 I S. 1310.
2 § 239 VAG i.V. m. § 240 Satz 1 Nr. 8 VAG.

garantie darf der Pensionsfonds aufgrund der in § 236 Abs. 1 Satz 1 Nr. 2 VAG verankerten Regelung nicht für alle Leistungsfälle abgeben. Entweder muss er bei Vereinbarung einer festen Beitragszahlung für bestimmte Leistungsfälle von einer versicherungsförmigen Leistungsgarantie absehen oder aber bei der Garantie von Leistungen das Recht besitzen, andere als die ursprünglich kalkulierten Beiträge erheben zu dürfen.

Da der **Ausschluss einer festen Beitrags-Leistungsgarantie nur für künftige Beiträge** gilt, ist es jedoch möglich, dass ein Pensionsfonds eine vollständige Beitrags-Leistungsgarantie für bereits vereinnahmte Beiträge abgibt. Von dieser Möglichkeit machen die Pensionsfonds insbesondere im Zusammenhang mit der Übernahme von bestehenden Pensionsverpflichtungen gegen Einmalbeitrag Gebrauch. 2218

(*Einstweilen frei*) 2219–2224

c) Formen eines Wechsel des Durchführungswegs

Ein Wechsel des Durchführungswegs kann in unterschiedlicher Form erfolgen, der sowohl eine teilweise, als auch eine vollständige „Übertragung" der Versorgungsverpflichtung zum Inhalt haben kann. So kann z. B. 2225

▶ nur für den Past Service,

▶ nur für den Future Service, oder

▶ für die insgesamt zugesagt Versorgungsanwartschaften/-leistungen

der Durchführungsweg von einer unmittelbaren Pensionszusage auf einen externen Versorgungsträger gewechselt werden. Dabei ist es auch möglich die bestehende Pensionsverpflichtung auf zwei verschiedene externe Versorgungsträger zu „übertragen".

In Abhängigkeit von dem externen Versorgungsträger, über den die Versorgungszusage zukünftig durchgeführt werden soll, existieren unterschiedliche Besteuerungsbedingungen, die die Rahmenbedingungen des Wechsels definieren, insb. im Hinblick auf Art und Form der für die „Übernahme" der Pensionszusage zu erbringenden Zahlungen und deren steuerrechtliche Berücksichtigung im Rahmen der abzugsfähigen Betriebsausgaben. 2226

Die Vereinbarung zum Wechsel des Durchführungswegs ist immer im Rahmen eines Rechtsgeschäfts (Verfügungsgeschäft) zu vereinbaren. Im Rahmen der Gf-Versorgung wird dies i. d. R. einvernehmlich beschlossen und mittels einer Änderungs- und Übertragungsvereinbarung umgesetzt werden. Die diesbezügliche Änderung bedarf zur Erlangung der zivilrechtlichen Wirksamkeit 2227

X. Übertragung auf externe Versorgungsträger i. S. d. BetrAVG

zwingend eines Beschlusses durch die Gesellschafterversammlung der Kapitalgesellschaft.

2228–2230 (*Einstweilen frei*)

d) Folgen eines Wechsel des Durchführungswegs

2231 Bei den vorstehend ausgeführten Übertragungsformen ist hinsichtlich der rechtlichen und wirtschaftlichen Folgen, die die Übertragung auslöst, zu unterscheiden. Maßgebend ist dabei wieder die Frage der betriebsrentenrechtlichen Beurteilung der Gf-Pensionszusage.

aa) Wirtschaftliche Entpflichtung (innerhalb des BetrAVG)

2232 Fällt die Gf-Pensionszusage in den Geltungsbereich des BetrAVG, so führt der Wechsel des Durchführungswegs zwar zum Wechsel der Primärschuldnerschaft (diese geht auf den externen Versorgungsträger über), die Sekundärschuldnerschaft (sog. Subsidiär- oder Auffanghaftung) bleibt jedoch gem. der in § 1 Abs. 1 Satz 3 BetrAVG definierten gesetzlichen Erfüllungsverpflichtung des Arbeitgebers beim Arbeitgeber. D. h., dass der Arbeitgeber dann wieder unmittelbar für die zugesagten Versorgungsleistungen einzustehen hat, wenn der externe Versorgungsträger (aus welchen Gründen auch immer) nicht mehr zur Leistung im Stande ist. Die gesetzliche Erfüllungsverpflichtung kann nicht abbedungen werden.[1] Daher ist der Wechsel des Durchführungswegs im schuldrechtlichen Sinne auch als eine atypische Schuldübernahme zu qualifizieren.

2233 Daher ist festzustellen, dass im Falle einer Übertragung einer Gf-Pensionszusage, die sich innerhalb des BetrAVG bewegt, auf einen externen Versorgungsträger i. S. d. BetrAVG lediglich eine wirtschaftliche Entpflichtung erreicht werden kann.

BERATUNGSHINWEIS:
Da ein Wechsel des Durchführungswegs nicht mit einem abschließenden Schuldnerwechsel einhergeht, fällt die Übertragung einer dem BetrAVG unterliegenden Gf-Pensionszusage auf einen externen Versorgungsträger i. S. d. BetrAVG nicht in den sachlichen Anwendungsbereich des § 4 BetrAVG. Das in § 4 BetrAVG normierte Übertragungsverbot greift nur in den Fällen, in denen im Wege der rechtsgeschäftlichen Einzelrechtsnachfolge ein abschließender Schuldnerwechsel zustande kommt.

---

1 § 19 Abs. 1 BetrAVG.

bb) Rechtliche und wirtschaftliche Entpflichtung (außerhalb des BetrAVG)

Unterliegt die Gf-Pensionszusage nicht dem Geltungsbereich des BetrAVG, da diese einem Unternehmer gegenüber erteilt wurde, so wird der Wechsel des Durchführungswegs außerhalb des BetrAVG durchgeführt. In der Folge findet die gesetzliche Erfüllungsverpflichtung des Arbeitgebers keine Anwendung. 2234

Die unmittelbare Pensionszusage könnte daher grundsätzlich im Rahmen einer Vereinbarung gem. §§ 414 ff. BGB mit schuldbefreiender Wirkung auf einen externen Versorgungsträger übertragen werden. Eine solche Vereinbarung würde dann zu einem Schuldnerwechsel führen (privative Schuldübernahme). In der Praxis ist aktuell jedoch leider festzustellen, dass sich am Markt kein in Deutschland ansässiger Anbieter mehr findet, der eine unmittelbare schuldbefreiende Übernahme einer Gf-Pensionszusage zeichnen würde. Auch an dieser Stelle machen sich die negativen Auswirkungen der europäischen Finanzpolitik deutlich bemerkbar. So besteht die Möglichkeit einer schuldrechtlichen Entpflichtung an dieser Stelle nur noch rechtstheoretisch. 2235

Vielmehr wird in der Praxis im Rahmen der mit den externen Versorgungsträgern zu treffenden vertraglichen Vereinbarungen regelmäßig die Übernahme der Schuldnerschaft nur dergestalt vereinbart, dass der externe Versorgungsträger die Versorgungsverpflichtung als Primärschuldner übernimmt und die Haftung der Kapitalgesellschaft wieder auflebt, sofern der externe Versorgungsträger dazu gezwungen ist, die Leistungen zu kürzen oder einzustellen (vertragliche Erfüllungsverpflichtung). 2236

Die Einordnung dieser schuldrechtlichen Konzeption in die schuldrechtlichen Rahmenbedingungen des BGB fällt nicht leicht. Während der übernehmende Versorgungsträger 2237

▶ bei der privaten Schuldübernahme an die Stelle des bisherigen Versorgungsträgers und

▶ beim Schuldbeitritt neben den bisherigen Versorgungsträger tritt,

▶ tritt er beim Wechsel des Durchführungswegs vor den bisherigen Versorgungsträger, ohne diesen von der Versorgungsschuld abschließend freizustellen.

Diese atypische Form der Schuldübernahme ist im BGB u. E. nicht geregelt. Sie enthält sowohl Elemente des Schuldnerwechsels, als auch des Schuldbeitritts. Beim Schuldbeitritt kommt es zu einer Gesamtschuldnerschaft, die dem Versorgungsberechtigten die freie Wahl einräumt, welchen Schuldner er in Anspruch nimmt. Eine derartige Konstruktion ist jedoch nicht Gegenstand der schuldrechtlichen Konzeption bei einem Wechsel des Durchführungswegs. 2238

Vielmehr tritt der externe Versorgungsträger als Primärschuldner vor den bisherigen Versorgungsträger. Der Versorgungsanspruch des Versorgungsberechtigten richtet sich nach der Übertragung ausschließlich gegen den externen Versorgungsträger. Eine Inanspruchnahme des bisherigen Versorgungsträgers ist nur auf den Ausnahmefall beschränkt, in dem der Primärschuldner ganz oder teilweise ausfallen sollte. U. E. stellt der Wechsel des Durchführungswegs daher eine Unterform der Schuldübernahme dar, mit der Besonderheit, dass zusätzlich zum Primärschuldner noch ein Sekundärschuldner besteht, der die Auffanghaftung trägt.

2239 Wird der Übertragungsvorgang derart fehlerhaft gestaltet, dass dieser z. B. nur zwischen der Kapitalgesellschaft und einer Unterstützungskasse vereinbart wird, ohne, dass die Übertragung durch die Gesellschafterversammlung genehmigt wird und ohne, dass der GGf hierzu seine Zustimmung erteilt hat, so ist in der Folge davon auszugehen, dass das Rechtsgeschäft nicht mit zivilrechtlicher Wirkung zustande gekommen ist. In der Folge ist der Übertragungsvorgang als eine alleinige Erfüllungsübernahme i. S. d. § 329 BGB zu beurteilen (siehe hierzu Rz. 3145).

2240 Nach alledem muss im aktuellen Umfeld davon ausgegangen werden, dass auch im Falle einer Übertragung einer Unternehmerzusage auf einen externen Versorgungsträger lediglich eine wirtschaftliche Entpflichtung erreicht werden kann.

BERATUNGSHINWEIS:

An dieser Stelle ist anzumerken, dass damit die Übertragung der Gf-Pensionszusage auf einen externen Versorgungsträger i. S. d. BetrAVG in denjenigen Fällen, in denen zwingend eine schuldbefreiende Entpflichtung und Enthaftung der Kapitalgesellschaft gefordert wird (z. B. Verkauf, Unternehmensnachfolge) einen irreparablen Nachteil erleidet. In diesen Fällen sind u. E. dann diejenigen Lösungswege, die eine schuldbefreiende Entpflichtung und Enthaftung der Kapitalgesellschaft ermöglichen (Kapitalisierung, Übertragung auf eine Rentner-GmbH), zwingend zu bevorzugen.

2241–2245 *(Einstweilen frei)*

2. Übertragung auf eine rückgedeckte Unterstützungskasse

a) Rückgedeckte Unterstützungskasse

2246 Sogenannte rückgedeckte Unterstützungskassen i. S. d. § 4d Abs. 1 Satz 1 Nr. 1 Buchst. c EStG haben sich dafür entschieden, das aus den Zuwendungen der Trägerunternehmen stammende **Versorgungskapital ausschließlich in Rück-**

deckungsversicherungen anzulegen. Das darin investierte Kapital unterliegt dann wieder der Aufsicht der BaFin, da Versicherungsgesellschaften dazu gezwungen sind, nach den Vorschriften des Versicherungsaufsichtsgesetzes (VAG) zu handeln. Die Rückdeckungsversicherung rechnet zum Vermögen der Kasse. Weder das Trägerunternehmen noch der Versorgungsberechtigte haben einen Anspruch gegen die Versicherungsgesellschaft.

Offene rückgedeckte Unterstützungskassen stellt der Markt in ausreichender Anzahl zur Verfügung. Nahezu jede namhafte deutsche Versicherungsgesellschaft verfügt über ein derartiges Instrument. Neben den versicherungsabhängigen Unterstützungskassen existieren am Markt auch sog. unabhängige Unterstützungskassen, die dem Trägerunternehmen die Möglichkeit verschaffen, seine Versorgungsverpflichtungen über verschiedene Tarife verschiedener Lebensversicherungsgesellschaften zu finanzieren. 2247

aa) Steuerlich abzugsfähige Zuwendungen

Nach § 4d Abs. 1 Satz 1 EStG dürfen Zuwendungen an eine Unterstützungskasse vom Trägerunternehmen als Betriebsausgaben abgezogen werden, soweit die Leistungen der Kasse, wenn sei vom Trägerunternehmen unmittelbar erbracht würden, bei diesem betrieblich veranlasst wären und die Beiträge gewisse Höchstgrenzen nicht überschreiten. 2248

Nach § 4d Abs. 1 Satz 1 Nr. 1 Buchst. c EStG darf das Trägerunternehmen den Betrag des Beitrags an die Unterstützungskasse zuwenden, *„den die Kasse an einen Versicherer zahlt, soweit sie sich die Mittel für ihre Versorgungsleistungen, die der Leistungsanwärter oder Leistungsempfänger nach den Verhältnissen am Schluss des Wirtschaftsjahres der Zuwendung erhalten kann, durch Abschluss einer Versicherung verschafft".*

(1) Leistungsanwärter

Die Finanzierung künftiger Versorgungsverpflichtungen (**Leistungsanwärter**) kann im Falle des Abschlusses einer Rückdeckungsversicherung nur gegen laufende und der Höhe nach gleich bleibende oder steigende Prämien steuerwirksam erfolgen.[1] Eine gleich bleibende Prämie liegt jedoch auch vor, wenn die von der Unterstützungskasse jährlich zu zahlende Prämie mit Gewinngutschriften (Überschüssen) aus dem Versicherungsvertrag verrechnet wird. In diesen Fällen kann der Kasse nur der verbleibende Restbetrag steuerbegüns- 2249

---

1 § 4d Abs. 1 Satz 1 Nr. 1 Buchst. c Satz 2 EStG.

X. Übertragung auf externe Versorgungsträger i. S. d. BetrAVG

tigt zugewendet werden.[1] Vor Vollendung des 23. Lebensjahrs[2] dürfen Zuwendungen nur für die Invaliditäts- oder Hinterbliebenenversorgung getätigt werden. Zuwendungen an die Unterstützungskasse, die vor Erreichen des Mindestalters für Leistungen der Altersversorgung getätigt werden, sind nur dann steuerlich abzugsfähig, wenn die Leistungsanwartschaft bereits unverfallbar ist.[3]

(2) Leistungsempfänger

2250 Werden die zugesagten Leistungen erst nach Eintritt des Versorgungsfalles (**Leistungsempfänger**) rückgedeckt, können hierfür Einmalprämien mit steuerlicher Wirkung zugewendet werden. § 4d Abs. 1 Satz 1 Nr. 1 Buchst. c Satz 2 bis 4 EStG ist nicht anzuwenden.[4] Gem. den Ausführungen im BMF-Schreiben v. 18. 9. 2017 kann eine steuerwirksame Zuwendung erst nach einem Ausscheiden aus dem kausalen Dienstverhältnis erfolgen, da als Leistungsempfänger i. S. d. § 4d EStG nur ehemalige Arbeitnehmer zu beurteilen sind.[5]

(3) Darlehensgewährung

2251 Der Abzug für Zuwendungen des Trägerunternehmens ist jedoch für den Fall ausgeschlossen, dass die Ansprüche aus der Versicherung der **Sicherung eines Darlehens** dienen.[6] Eine Darlehensgewährung (z. B. im Wege der Beleihung der Rückdeckungsversicherungen) an das Trägerunternehmen ist somit mit entsprechenden steuerlichen Nachteilen verbunden.

(4) Begrenzung der Zuwendungen

2252 Die Zuwendungen werden insgesamt **nur so lange zum Betriebsausgabenabzug zugelassen**, soweit das Vermögen der Kasse das zulässige Kassenvermögen nicht überschreitet.[7] Die Begrenzung der möglichen Zuwendungen soll eine Überfinanzierung der Unterstützungskasse – und somit mögliche Gestaltungsmissbräuche – verhindern.

---

1 R 4d Abs. 9 Satz 2 und 3 EStR.
2 Bei Zusagen, die zwischen dem 1. 1. 2009 und dem 31. 12. 2017 erteilt wurden, gilt das Alter 27; bei Zusagen, die vor dem 1. 1. 2009 erteilt wurden, gilt das Alter 28.
3 § 4d Abs. 1 Satz 1 Nr. 1 Buchst. c Satz 3 EStG.
4 R 4d Abs. 7 EStR.
5 BMF, Schreiben v. 18. 9. 2017, Rz. 6, BStBl 2017 I S. 1293.
6 § 4d Abs. 1 Satz 1 Nr. 1 Buchst. c Satz 4 EStG.
7 § 4d Abs. 1 Satz 1 Nr. 1 Satz 2 i. V. m. Abs. 1 Satz 1 Nr. 2 Satz 2 EStG.

2. Übertragung auf eine rückgedeckte Unterstützungskasse

bb) Zulässiges und tatsächliches Kassenvermögen

Zur Ermittlung des bestehenden Dotierungsrahmens ist es notwendig, am Schluss des Wirtschaftsjahres sowohl das zulässige, als auch das tatsächliche Kassenvermögen zu ermitteln. 2253

(1) Zulässiges Kassenvermögen

Bei der Ermittlung des zulässigen Kassenvermögens ist die Rückdeckungsversicherung mit dem geschäftsplanmäßigen Deckungskapital der Versicherung am Schluss des Wirtschaftsjahres in Ansatz zu bringen. Die in der Rückdeckungsversicherung entstehenden Überschüsse (Guthaben aus Beitragsrückerstattung) bleiben bei der Ermittlung des zulässigen Kassenvermögens außen vor. 2254

(2) Tatsächliches Kassenvermögen

Bei der Ermittlung des tatsächlichen Kassenvermögens ist der Wert der Versicherung jedoch i. H. d. geschäftsplanmäßigen Deckungskapitals zuzüglich der Überschüsse in Ansatz zu bringen.[1] 2255

So ergibt es sich, dass eine rückgedeckte Unterstützungskasse Gefahr läuft, in eine Überdotierung zu geraten. Diese Gefahr besteht insbesondere dann, wenn die Überschussanteile der Rückdeckungsversicherungen – wie bei Lebensversicherungen üblich – im Wege der verzinslichen Ansammlung dem Versicherungsvertrag gutgeschrieben werden. Um dieser Problematik aus dem Weg zu gehen, verwenden rückgedeckte Unterstützungskassen i. d. R. die Überschussanteile zur Beitragsverrechnung oder zur Bildung eines neuen Deckungskapitals innerhalb eines sog. Bonussystems. 2256

(Einstweilen frei) 2257–2260

b) Geschäftsführerversorgung über eine rückgedeckte Unterstützungskasse

Leistungsempfänger können grundsätzlich alle Personen sein, die in einer Beziehung zu einem Trägerunternehmen der Unterstützungskasse stehen oder gestanden haben. Zum Kreis der Versorgungsberechtigten zählen daher auch GGf einer GmbH. 2261

---

[1] § 4d Abs. 1 Nr. 1 Satz 3 Halbsatz 2 EStG.

2262 Da die **Unterstützungskasse aufgrund ihrer sozialen Funktion** als Durchführungsweg der bAV nur dann von der Körperschaftsteuerpflicht befreit ist, wenn sie die in § 5 Abs. 1 Nr. 3 KStG sowie die in den §§ 1 bis 3 KStDV genannten Voraussetzungen erfüllt, ist bei der GGf-Versorgung darauf zu achten, dass die Unterstützungskasse die Vorschriften im Hinblick auf die Leistungsempfänger und die Leistungsgrenzen einhält.

2263 Nach § 1 Nr. 1 KStDV dürfen sich die **Leistungsempfänger** einer Unterstützungskasse nicht in der Mehrzahl aus Gesellschaftern und deren Angehörigen zusammensetzen. Die Unterstützungskasse hat daher auf das Verhältnis zwischen leistungsberechtigten Arbeitnehmern und Gesellschaftern zu achten.

2264 Nach § 3 Nr. 3 i. V. m. § 2 KStDV dürfen die von der Unterstützungskasse **zugesagten Alters- oder Invaliditätsrenten** den Jahresbetrag i. H. v. 25.769 € nicht überschreiten. Für bis zu 12 % der Versorgungsberechtigten darf die Unterstützungskasse höhere Versorgungsleistungen gewähren (maximal 38.654 €). Für bis zu 4 % der Versorgungsberechtigten darf die Versorgungszusage ohne Einhaltung bestimmter Höchstgrenzen eingerichtet werden, wobei die Nutzung der 4 %-Regelung auf den Spielraum der 12 %-Regelung angerechnet wird.[1] Die Unterstützungskasse hat daher darauf zu achten, dass sich die zugesagten Versorgungsleistungen innerhalb dieser Grenzen bewegen.

2265 Ferner ist die Vorgabe des § 4d Abs. 1 Satz 1 EStG zu beachten, nach der die Zuwendungen beim Trägerunternehmen nur dann als Betriebsausgaben abgezogen werden dürfen, soweit die Leistungen der Kasse, wenn sie vom Trägerunternehmen unmittelbar erbracht würden, bei diesem betrieblich veranlasst wären. Danach gelten für die Erteilung von Unterstützungskassenzusagen dieselben Kriterien, die auch im Zusammenhang mit der Erteilung einer unmittelbaren GGf-Pensionszusage einzuhalten sind (siehe hierzu Rz. 2248).

2266–2269 (*Einstweilen frei*)

c) Übertragungsmöglichkeiten auf eine rückgedeckte Unterstützungskasse

2270 Grundsätzlich können sowohl Versorgungsanwartschaften, als auch laufende Versorgungsleistungen auf eine rückgedeckte Unterstützungskasse übertragen werden.

2271 Allerdings ist in der Praxis zu berücksichtigen, dass nicht in jedem Fall die bestehende Pensionszusage eins zu eins über eine Rückdeckungsversicherung

---

1 § 2 Abs. 2 Satz 3 KStDV.

2. Übertragung auf eine rückgedeckte Unterstützungskasse

abgebildet werden kann. So kann es notwendig sein, dass die Pensionszusage vor der Übertragung auf eine Unterstützungskasse so modifiziert werden muss, dass sie anschließend in das Leistungsspektrum des Rückdeckungstarifes transferiert werden kann.

Da die steuerlichen Rahmenbedingungen für die Auslagerung von Leistungsanwärtern und Leistungsempfängern so stark differieren, ergeben sich extrem unterschiedliche Auswirkungen. Der Einsatz eines Übertragungsmodells kann somit in unterschiedlichen Rahmenbedingungen von Interesse sein. 2272

aa) Übertragung von Leistungsanwärtern

Die Finanzierung künftiger Versorgungsverpflichtungen (**Leistungsanwärter**) kann im Falle des Abschlusses einer Rückdeckungsversicherung nur gegen laufende und der Höhe nach gleich bleibende oder steigende Prämien steuerwirksam erfolgen.[1] 2273

(1) Vollständige Übertragung auf eine rückgedeckte Unterstützungskasse

Die **vollständige Übertragung** der Pensionszusage eines Leistungsanwärters auf eine rückgedeckte Unterstützungskasse führt im Endeffekt zum **Abbruch des bisherigen Finanzierungskonzeptes**. Da bei der Auslagerung von Versorgungsanwartschaften auf eine Unterstützungskasse der bisherige Finanzierungszeitraum nicht über einen entsprechenden Einmalbeitrag auf die Unterstützungskasse übertragen werden kann, kommt es insoweit praktisch zu einem Neubeginn des Finanzierungskonzeptes. 2274

---

1 § 4d Abs. 1 Satz 1 Nr. 1 Buchst. c Satz 2 EStG.

X. Übertragung auf externe Versorgungsträger i. S. d. BetrAVG

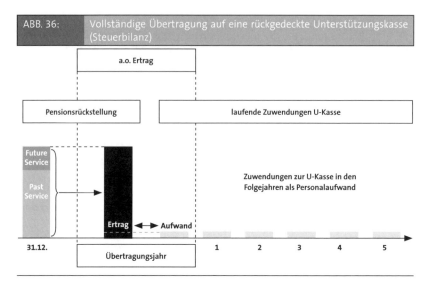

2275   Da der gewinnerhöhenden Auflösung der Pensionsrückstellung nur die Zuwendung i. H. d. Jahresbeitrags der Unterstützungskassenrückdeckung gegenübersteht, kommt es im Falle der vollständigen **Übertragung eines Leistungsanwärters** im Übertragungsjahr zu einem **außerordentlichen Ertrag**. Dies kann insbesondere für die Kapitalgesellschaft von Interesse sein, die über aufgelaufene Verluste verfügen. Durch die Übertragung lässt sich in diesem Szenario eine deutliche Bilanzverbesserung erreichen, ohne dass dadurch sofort ungewollte Steuerzahlungen entstehen.

2276   In der Beratungspraxis stellt die Übertragung der vollen Versorgungsverpflichtung eines Leistungsanwärters jedoch den **Ausnahmefall** dar. Dies liegt wohl daran, dass die steuerlichen Bestimmungen zur Dotierung der Unterstützungskasse im Falle der Übertragung eines Leistungsanwärters keine Einmalprämie zulassen.

2277   **Der hauptsächliche Anwendungsfall** liegt somit in der Übertragung der in der Zukunft noch zu erdienenden Versorgungsanwartschaften (Future Service). Denn nur in diesem Fall wird die Dotierungsbestimmung zur Erbringung einer laufenden Prämie den wirtschaftlichen Interessen der Trägerunternehmen gerecht.

(2) Teilweise Übertragung auf eine rückgedeckte Unterstützungskasse

2278   Die **teilweise Übertragung** der Pensionszusage eines Leistungsanwärters auf eine rückgedeckte Unterstützungskasse führt zu einer teilweisen **Neustruktu-**

2. Übertragung auf eine rückgedeckte Unterstützungskasse

rierung des bisherigen Finanzierungskonzeptes. Da sich dieser Anwendungsfall in der Praxis ausschließlich auf die zukünftig noch zu erdienenden Versorgungsanwartschaften bezieht (sog. Future Service), wirkt die Neustrukturierung auch nur mit Wirkung für die Zukunft. Die bisher unverfallbar erworbenen Versorgungsanwartschaften werden weiterhin im Rahmen einer unmittelbaren Pensionszusage durchgeführt und finanziert.

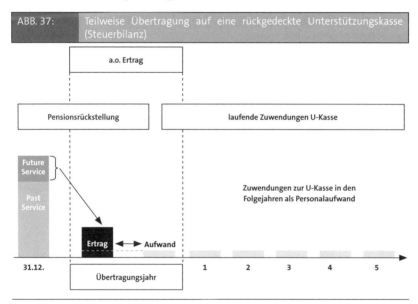

ABB. 37: Teilweise Übertragung auf eine rückgedeckte Unterstützungskasse (Steuerbilanz)

Die gewinnerhöhende Auflösung der Pensionsrückstellung bezieht sich jetzt nur noch auf den Teil der Rückstellung, der bisher dem Future Service zuzuordnen war. Jetzt steht der Auflösung für den Future Service die Zuwendung i. H. d. Jahresbeitrags der Unterstützungskassenrückdeckung gegenüber. In der Regel wird sich auch im Falle der **Teilübertragung eines Leistungsanwärters** im Übertragungsjahr ein **außerordentlicher Ertrag ergeben**. Dieser wird jedoch – im Vergleich zu Vollauslagerung – deutlich geringer ausfallen.

2279

BERATUNGSHINWEIS:

Eine wertgleiche Übertragung des Future Service auf eine Unterstützungskasse löst keine erneute Erdienbarkeitsprüfung aus, sodass die Übertragung z. B. auch nach Vollendung des 60. Lebensjahres durchgeführt werden kann (siehe hierzu Rz. 3708). Die

X. Übertragung auf externe Versorgungsträger i. S. d. BetrAVG

hierzu entstandene Verwirrung auf der Grundlage der BFH-Entscheidung vom 20. 7. 2016[1] hat der BFH selbst mit Entscheidung v: 7. 3. 2018[2] beseitigt.

bb) Übertragung von Leistungsempfängern

2280 Bereits laufende Versorgungsverpflichtungen (**Leistungsempfänger**) dürfen dagegen steuerwirksam über Einmalprämien finanziert werden.[3]

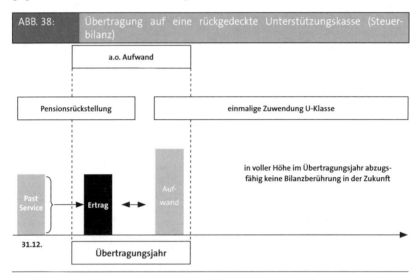

ABB. 38: Übertragung auf eine rückgedeckte Unterstützungskasse (Steuerbilanz)

2281 Auch die **vollständige Übertragung** der Pensionszusage eines Leistungsempfängers auf eine rückgedeckte Unterstützungskasse führt zum Abbruch des bisherigen Finanzierungskonzeptes. Da bei der Auslagerung von fälligen Leistungen auf eine Unterstützungskasse der bisherige Finanzierungszeitraum jedoch mittels eines entsprechenden Einmalbeitrags auf die Unterstützungskasse übertragen werden kann, erfolgt die **vollständige (Nach-)Finanzierung der Versorgungsverpflichtung im Jahr der Übertragung**.

2282 Da der Einmalbeitrag auf den Rechnungsgrundlagen der Rückdeckungsversicherung beruht, wird dieser die bisherige Pensionsrückstellung der Höhe nach deutlich übersteigen.

---

1 BFH, Urteil v. 20. 7. 2016 - I R 33/15, BStBl 2017 II S. 66.
2 BFH, Urteil v. 7. 3. 2018 - I R 89/15, NWB DokID WAAAG 87341.
3 R 4d Abs. 7 EStR.

2. Übertragung auf eine rückgedeckte Unterstützungskasse

Da der gewinnerhöhenden Auflösung der Pensionsrückstellung die Zuwendung in Höhe des Einmalbeitrags der Unterstützungskassenrückdeckung gegenübersteht, kommt es im Falle der **Übertragung eines Leistungsempfängers** im Übertragungsjahr zu einem **außerordentlichen Aufwand**. Dies kann insbesondere für die Kapitalgesellschaft von Interesse sein, die nach Wegen suchen, in Zeiten hoher Gewinne eine Reduzierung ihrer Steuerbelastungen zu erreichen. 2283

(*Einstweilen frei*) 2284–2288

d) Bilanz(steuer-)rechtliche Behandlung

Da durch die Übertragung der Pensionszusage auf eine rückgedeckte Unterstützungskasse von einer unmittelbaren auf eine mittelbare Durchführung gewechselt wird, ändert sich damit auch die bilanzrechtliche Behandlung des Versorgungsversprechens. Die bilanzsteuerrechtliche Behandlung des Übertragungsvorgangs unterscheidet sich jedoch maßgeblich von der handelsrechtlichen. 2289

aa) Steuerbilanz

Werden unmittelbare Pensionszusagen auf eine Unterstützungskasse übertragen, müssen die bisher nach § 6a Abs. 3 EStG in der Steuerbilanz gebildeten Pensionsrückstellungen insoweit gewinnerhöhend aufgelöst werden, als sich die Höhe der Pensionsverpflichtung gemindert hat (siehe hierzu Rz. 3443). 2290

Steuerbilanziell kommt es daher ausschließlich darauf an, ob bzw. inwieweit sich die bisher unmittelbar durchgeführte Pensionsverpflichtung durch die Übertragung auf die Unterstützungskasse gemindert hat. Dies gilt selbst dann, wenn die Pensionsverpflichtung während der Anwartschaftsphase auf eine Unterstützungskasse übertragen und zukünftig mittels gleichbleibender Jahresbeträge finanziert wird. 2291

bb) Handelsbilanz

Für mittelbare Versorgungsverpflichtungen besteht gem. **Art. 28 Abs. 1 Satz 2 EGHGB** eine **Ausnahmeregelung** zur grundsätzlichen Passivierungspflicht des § 249 HGB. Danach braucht für eine mittelbare Verpflichtung aus einer Versorgungszusage in keinem Fall eine Rückstellung gebildet zu werden (Passivierungswahlrecht). 2292

Das IDW hat mit seiner Stellungnahme zur Rechnungslegung die folgende Handhabung festgelegt: 2293

X. Übertragung auf externe Versorgungsträger i. S. d. BetrAVG

„Bei einem Wechsel des Durchführungswegs von einer unmittelbaren in eine mittelbare Zusage bzw. bei der zusätzlichen Einschaltung einer Versorgungseinrichtung ist eine Pensionsrückstellung **nur insoweit auszubuchen**, als sich der Bilanzierende seiner unmittelbaren Verpflichtung entledigt. Dies ist bspw. dann der Fall, wenn der Bilanzierende die bestehenden unmittelbaren Altersversorgungsverpflichtungen gegen Zahlung eines Einmalbeitrags auf einen Pensionsfonds überträgt. Eine Differenz zwischen dem höheren Einmalbeitrag und dem bislang passivierten Rückstellungsbetrag ist sofort in voller Höhe aufwandswirksam zu erfassen.

Im Falle der Einschaltung einer Versorgungseinrichtung erlöschen die Altersversorgungsverpflichtungen aufgrund der Subsidiärhaftung des Bilanzierenden nicht endgültig. Verbleibt aufgrund eines nicht ausreichenden Vermögens der Versorgungseinrichtung **eine Unterdeckung**, bezogen auf den bisherigen Erfüllungsbetrag der Verpflichtung nach § 253 Abs. 1 Satz 2, Abs. 2 HGB, so **besteht insoweit weiterhin eine Rückstellungspflicht**. Ein Wegfall des Rückstellungsgrunds i. S. v. § 249 Abs. 2 Satz 2 HGB liegt nicht vor. Daher ist eine Auflösung der Rückstellung unter Bezugnahme auf das für mittelbare Altersversorgungsverpflichtungen bestehende Passivierungswahlrecht gem. Artikel 28 Abs. 1 Satz 2 EGHGB nicht zulässig.

Ist der Betrag der Unterdeckung an **folgenden Abschlussstichtagen** gestiegen oder liegt eine Unterdeckung erstmals zu einem späteren Abschlussstichtag vor, kann in Bezug auf den Erhöhungsbetrag nach Artikel 28 Abs. 1 Satz 2 EGHGB auf eine Rückstellungsbildung verzichtet werden. Der Betrag ist dann nach Artikel 28 Abs. 2 bzw. Artikel 48 Abs. 6 EGHGB im Anhang anzugeben. Wird der Versorgungseinrichtung später weiteres Vermögen zugewendet, führt dies zunächst zu einer Verminderung des im Anhang anzugebenden Teils der Unterdeckung. Eine Verminderung der Pensionsrückstellung ist nur dann vorzunehmen, wenn der Betrag der Unterdeckung den Buchwert der Rückstellung unterschreitet."[1]

2294 Damit hat das IDW dem Markt klare Handlungsanweisungen an die Hand gegeben, die aus Sicht der Autoren als sachgerecht und praktikabel zu beurteilen sind:

▶ Im Falle einer Übertragung ist demzufolge ein Abgleich zwischen dem handelsrechtlichen Erfüllungsbetrag und dem Kassenvermögen der externen Versorgungseinrichtung durchzuführen. Nur im dem Fall, dass das Kassenvermögen die Höhe der handelsrechtlich zu bildenden Pensionsrückstellung erreicht bzw. übersteigt, kann die Pensionsrückstellung in der Han-

---

[1] IDW RS HFA 30, Rz. 46 bis 48.

2. Übertragung auf eine rückgedeckte Unterstützungskasse

delsbilanz des bisherigen Versorgungsträgers in vollem Umfang aufgelöst werden. Im Falle einer Unterdeckung ist die Pensionsrückstellung in dem die Unterdeckung betreffenden Umfang noch in der Handelsbilanz auszuweisen.

▶ Sollte sich die Unterdeckung in den folgenden Wirtschaftsjahren verringern, so ist die Pensionsrückstellung entsprechend aufzulösen.

▶ Sollte sich die Unterdeckung in den folgenden Wirtschaftsjahren ausweiten, so kann insoweit gem. Art. 28 Abs. 1 Satz 2 EGHGB auf die Bildung einer Pensionsrückstellung verzichtet werden. Der Betrag ist jedoch im Anhang auszuweisen. Sollte dem Versorgungsträger später weiteres Vermögen zugewendet werden, so ist vorrangig der im Anhang ausgewiesene Fehlbetrag zu verringern.

Bezogen auf den Fall der Übertragung auf eine Unterstützungskasse führen diese Grundsätze zu folgendem Ergebnis: 2295

(1) Leistungsanwärter

Da die Dotierungsbeschränkungen des § 4d EStG bei Leistungsanwärtern die sowohl Nachfinanzierung des Past Service, als auch die Finanzierung des Future Service mittels eines Einmalbeitrags verhindern, kann in der Unterstützungskasse ein Kassenvermögen nur sukzessive mittels der laufenden Jahreszuwendungen aufgebaut werden. 2296

Dies führt bei einer **vollständigen Übertragung** dazu, dass eine Auflösung der handelsrechtlichen Pensionsrückstellung nur insoweit erfolgen kann, als sich der Versorgungsträger seiner unmittelbaren Versorgungsverpflichtung entledigt hat. Dies ist anhand eines Abgleichs zwischen dem handelsrechtlichen Erfüllungsbetrag und dem aufgebauten Kassenvermögen festzustellen. Sofern der handelsrechtliche Erfüllungsbetrag das aufgebaute Kassenvermögen des externen Versorgungsträgers übersteigt, ist in Höhe des Differenzbetrags eine Pensionsrückstellung auszuweisen. 2297

Im Falle einer **teilweisen Übertragung** (hier Future Service) ist für den Past Service die ungeschmälerte Pensionsrückstellung in der Handelsbilanz auszuweisen. Dabei ist darauf zu achten, dass die Rückstellung für den Past Service nach der Übertragung des Future Service in Höhe des Anwartschaftsbarwertes in der Handelsbilanz auszuweisen ist, da nach der zutreffenden Auffassung 2298 des IDW eine eingefrorene Anwartschaft durch den herkömmlichen Teilwert nicht mehr sachgerecht abgebildet werden kann.[1]

2299 Der o. g. Abgleich konzentriert sich nun ausschließlich auf den Future Service. Dabei erscheint es nur als sachgerecht, wenn auch die aus dem Future Service stammende Pensionsverpflichtung nach dem Anwartschaftsbarwertverfahren bewertet wird. Da bei einer Bewertung nach dem quotierten Anwartschaftsbarwertverfahren nur die unverfallbaren Anwartschaften der Bewertung zugrunde gelegt werden, führt dies im Ergebnis dann dazu, dass der Erfüllungsbetrag für den Future Service im Übertragungszeitpunkt null beträgt, so dass die Pensionsrückstellung in der Handelsbilanz in der Zukunft auf die für den Past Service zu bildende Rückstellung beschränkt ist.

(2) Leistungsempfänger

2300 Da aufgrund der dem Versicherungsvertrag zugrunde liegenden Rechnungsgrundlagen mit hinreichender Sicherheit davon ausgegangen werden kann, dass der zur vollen Übertragung einer laufenden Leistung notwendige Einmalbeitrag zur Rückdeckungsversicherung der Unterstützungskasse die handelsrechtliche Pensionsrückstellung deutlich übersteigen wird und in der Folge auch das Kassenvermögen der Unterstützungskasse die handelsrechtliche Pensionsrückstellung übersteigen wird, ist die Pensionsrückstellung in der Handelsbilanz des bisherigen Versorgungsträgers in voller Höhe aufzulösen.

2301–2309 *(Einstweilen frei)*

3. Übertragung auf eine pauschal dotierte Unterstützungskasse

a) Pauschal dotierte Unterstützungskasse

2310 Unterstützungskassen, die ihre **Kapitalanlagen frei gestalten,** werden als sog. pauschal dotierte (oder polsterfinanzierte) Unterstützungskassen bezeichnet. Der pauschal dotierten Unterstützungskasse erschließt sich somit der gesamte Markt der Kapitalanlage. Sie kann das Versorgungskapital entweder im eigenen Vermögen verwalten und managen oder es im Wege einer Darlehensgewährung wieder an das Trägerunternehmen ausleihen.

2311 Offene, pauschal dotierte Unterstützungskassen werden am Markt i. d. R. von privaten Teilnehmern organisiert und verwaltet. Leider zeigt die Praxis, dass

---

[1] IDW RS HFA 30, Rz. 61.

3. Übertragung auf eine pauschal dotierte Unterstützungskasse

die Betreiber pauschal dotierter Unterstützungskassen diesen anspruchsvollen Weg zur Finanzierung betrieblicher Versorgungszusagen gerne missbrauchen. Unter Überschriften wie „pauschaldotierte Unterstützungskassen: die eigene Bank im Unternehmen" werden Modelle auf aggressive Art und Weise vertrieben, die den Aspekt der Unternehmensfinanzierung in den Vordergrund stellen und die Risiken von Versorgungszusagen bagatellisieren (siehe hierzu Rz. 2347).

Dem Unterschied in der Kapitalanlage folgt auch die **steuerrechtliche Behandlung** der Unterstützungskasse. § 4d EStG kann als ein Musterbeispiel für die Verkomplizierung des deutschen Steuerrechts angeführt werden. Es kann davon ausgegangen werden, dass sich die Bandbreite der darin getroffenen Regelungen nur noch dem absoluten Fachmann erschließt. Die nachfolgenden Ausführungen können daher auch nur die wesentlichen Merkmale der Besteuerung der pauschal dotierten Unterstützungskasse wiedergeben. 2312

(*Einstweilen frei*) 2313–2315

b) Zulässige Vermögensbereiche der pauschal dotierten Unterstützungskasse

In Abhängigkeit vom Status des Versorgungsberechtigten darf die Unterstützungskasse zwei Vermögensbereiche einrichten: 2316

Leistungsanwärter: Reservepolster
Leistungsempfänger: Deckungskapital

aa) Reservepolster für Leistungsanwärter

Für den Kreis der **Leistungsanwärter** darf die pauschal dotierte Unterstützungskasse lediglich ein sog. **Reservepolster** aufbauen. Ausgehend von der Tatsache, dass die Unterstützungskasse den Versorgungsberechtigten keinen Rechtsanspruch gewähren darf, begrenzt der Gesetzgeber die Dotierung des Reservepolsters durch die entsprechenden Bestimmungen zur Ermittlung des zulässigen Kassenvermögens. Das Reservepolster ist nach Ansicht des Gesetzgebers wohl nur dazu gedacht, eine Art Reserve für den Fall zu bilden, dass das Trägerunternehmen die Zuwendungen zum Deckungskapital bei Eintritt des Leistungsfalls nicht rechtzeitig oder nicht in voller Höhe leisten kann. 2317

Anders als bei der rückgedeckten Unterstützungskasse ist deswegen eine periodengerechte Ausfinanzierung der Leistungsanwärtern gegenüber erteilten Pensionszusagen durch jährlich gleich bleibende Zuwendungen über eine pau- 2318

X. Übertragung auf externe Versorgungsträger i. S. d. BetrAVG

schal dotierte Unterstützungskasse grundsätzlich nicht möglich (siehe hierzu Rz. 2325, 2334).

bb) Deckungskapital für Leistungsempfänger

2319 Die **vollständige Finanzierung** der Versorgungsverpflichtung soll nach dem Willen des Gesetzgebers – im Hinblick auf den fehlenden Rechtsanspruch – **erst ab Eintritt des Versorgungsfalls** erfolgen. Für laufende Leistungen (also nach Eintritt des Versorgungsfalls) darf das Trägerunternehmen deswegen (Einmal-)Zuwendungen ins Deckungskapital der Unterstützungskasse i. H. d. dem EStG in der Anlage 1 beigefügten Tabelle als Betriebsausgabe verbuchen (bei einem 65-jährigen GGf z. B. das 11-fache der Jahresrente).

2320–2323 *(Einstweilen frei)*

c) Steuerlich abzugsfähige Zuwendungen

2324 Die Regelungen des § 4d Abs. 1 Satz 1 Nr. 1 EStG gelten für Unterstützungskassen, die lebenslänglich laufende Leistungen gewähren. Sie beschränken als lex specialis zu § 4 Abs. 4 EStG den grundsätzlich unbeschränkten Betriebsausgabenabzug betrieblicher Aufwendungen. Allerdings ist es für die Höhe der abziehbaren Zuwendungen beim Trägerunternehmen unbeachtlich, ob die Unterstützungskasse von der Körperschaftsteuer befreit ist oder nicht.[1]

aa) Zuwendungen für Leistungsanwärter

2325 Nach § 4d Abs. 1 Satz 1 Nr. 1 Buchst. b EStG darf das Trägerunternehmen in jedem Wirtschaftsjahr für jeden Leistungsanwärter, dem die Kasse eine Altersversorgung gewährt, maximal 25 % der jährlichen Versorgungsleistungen steuerbegünstigt zur Bildung des Reservepolsters zuwenden. Dabei spielt es keine Rolle, ob neben der Altersversorgung auch noch Leistungen für den Fall der Invalidität oder für den Fall des Ablebens zugesagt sind. Maßgebend sind jeweils die Verhältnisse am Schluss des Wirtschaftsjahres.

2326 Werden nur Invaliditäts- oder Hinterbliebenenleistungen gewährt, reduziert sich die steuerbegünstigte Zuwendung auf 6 % der jährlichen Versorgungsleistungen.

---

[1] R 4d Abs. 1 Satz 1 EStR.

Als Leistungsanwärter gilt jeder Zugehörige des Trägerunternehmens, der von der Unterstützungskasse schriftlich zugesagte Leistungen erhalten kann und der am Schluss des Wirtschaftsjahrs, in dem die Zuwendung erfolgt, das 23. Lebensjahrs[1] vollendet hat.[2] Für die Ermittlung **der Höhe der zulässigen Zuwendungen zum Reservepolster** besteht für das Unternehmen ein Wahlrecht. Das **Trägerunternehmen** kann 2227

▶ von den **jährlichen Versorgungsleistungen** ausgehen, welche die jeweils begünstigten Leistungsanwärter im jeweils letzten Zeitpunkt der Anwartschaft, spätestens im Zeitpunkt der Vollendung des 65. Lebensjahres, nach dem Leistungsplan der Kasse erhalten können (Grundsatzregel), oder stattdessen

▶ vom **Durchschnittsbetrag** der von der Kasse im Wirtschaftsjahr tatsächlich gewährten lebenslänglich laufenden Leistungen ausgehen (Sonderregel).

Eine Dotierungsbeschränkung, die das Reservepolster nur auf ein Notfall-Niveau beschränkt, lässt sich aus diesen Vorschriften noch nicht entnehmen. Sie ergibt sich erst durch die Regelungen zum zulässigen Kassenvermögen. 2328

bb) Zuwendungen für Leistungsempfänger

Nach § 4d Abs. 1 Satz 1 Nr. 1 Buchst. a EStG darf das Trägerunternehmen für laufende Leistungen das zur Finanzierung der Versorgungsverpflichtung **notwendige Deckungskapital** der Unterstützungskasse mit steuerlicher Wirkung zuwenden. Gem. den Ausführungen im BMF-Schreiben v. 18.9.2017 kann eine steuerwirksame Zuwendung erst nach einem Ausscheiden aus dem kausalen Dienstverhältnis erfolgen, da als Leistungsempfänger i. S. d. § 4d EStG nur ehemalige Arbeitnehmer zu beurteilen sind.[3] 2329

Das Deckungskapital kann der Kasse sofort bei Beginn der Leistungen oder, solange der Leistungsempfänger lebt, in einem späteren Wirtschaftsjahr in einem Betrag oder verteilt auf mehrere Wirtschaftsjahre zugewendet werden.[4] Das maximal zuwendungsfähige **Deckungskapital** ist **pauschal zu bestimmen**; es ergibt sich aus der als Anlage 1 zum EStG beigefügten Tabelle. Die dort aufgeführte Tabelle bestimmt in Abhängigkeit vom erreichten Alter des Leistungsempfängers einen Vervielfältiger, mit dem die jährliche Versorgungsleis- 2330

---

1 Bei Zusagen, die zwischen dem 1.1.2009 und dem 31.12.2017 erteilt wurden, gilt das Alter 27; bei Zusagen, die vor dem 1.1.2009 erteilt wurden, gilt das Alter 28.
2 § 4d Abs. 1 Satz 1 Nr. 1 Buchst. b Satz 2 und 5 EStG.
3 BMF, Schreiben v. 18.9.2017, Rz. 6, BStBl 2017 I S. 1293.
4 R 4d Abs. 3 Satz 1 EStR.

X. Übertragung auf externe Versorgungsträger i. S. d. BetrAVG

tung zu multiplizieren ist. Der Vervielfältiger beruht noch auf einem Rechnungszins i. H. v. 5,5 % und beinhaltet eine 60 %ige Witwenrentenanwartschaft. Der Vervielfältiger ist unabhängig von der Zusammensetzung der tatsächlichen Versorgungsleistung zur Ermittlung des Deckungskapitals anzuwenden.

2331 Da etwaige Zuwendungen zum Reservepolster nicht auf die Zuwendungen zum Deckungskapital angerechnet werden, kann bei Eintritt des Versorgungsfalles das volle Deckungskapital auch in den Fällen zugewendet werden, in denen für den jeweiligen Leistungsanwärter bereits Zuwendungen zum Reservepolster getätigt wurden. Ähnliches gilt für Zuwendungen im Falle des Ablebens eines Leistungsempfängers. Das Deckungskapital für die Rente an den überlebenden Ehegatten darf selbst dann nochmals ungeschmälert zugewendet werden, wenn das Deckungskapital für die Rente an den früheren Leistungsempfänger bereits voll zugewendet wurde.[1]

2332 Die Zuwendungen werden auch bei der pauschal dotierten Unterstützungskasse nur so lange zum Betriebsausgabenabzug zugelassen, als das tatsächliche Kassenvermögen das zulässige Kassenvermögen nicht überschreitet (siehe hierzu Rz. 2252).

cc) Kassenvermögen der Unterstützungskasse

2333 Zur Ermittlung des bestehenden Dotierungsrahmens ist es notwendig, am Schluss eines jeden Wirtschaftsjahres sowohl das zulässige als auch das tatsächliche Kassenvermögen zu ermitteln.

(1) Zulässiges Kassenvermögen

2334 Für die pauschal dotierte Unterstützungskasse ergibt sich die Definition des zulässigen Kassenvermögens aus § 4d Abs. 1 Satz 1 Nr. 1 Satz 4 EStG. Demnach ist das zulässige Kassenvermögen auf die Summe folgender Größen begrenzt:

Leistungsanwärter:	Achtfache der abzugsfähigen Zuwendungen
Leistungsempfänger:	Deckungskapital nach Anlage 1

Die steuerlich abzugsfähigen Zuwendungen finden also ihre **Begrenzung durch die Definition des zulässigen Kassenvermögens.** Dies gilt insbesondere für die Zuwendungen zum Reservepolster, da hier die zulässige Grenze letzt-

---

[1] R 4d Abs. 3 Satz 3 EStR.

endlich bei zwei Jahresrenten gezogen wird (25 % der jährlichen Versorgungsleistung × 8).

Auch die vorher geschilderten Möglichkeiten zur Mehrfachdotierung des Deckungskapitals finden hier ihre Grenzen, denn letztendlich bildet das Deckungskapital nach der Anlage 1 die zulässige Obergrenze. Das nicht verbrauchte Deckungskapital eines verstorbenen Leistungsempfängers wird zwar künftig bei der Ermittlung des tatsächlichen Kassenvermögens berücksichtigt, nicht jedoch beim zulässigen Kassenvermögen. Somit kommt es indirekt doch zu einer Anrechnung bei der steuerbegünstigten Zuwendung des Deckungskapitals für die Witwenrente. 2335

(2) Tatsächliches Kassenvermögen

Bei der Ermittlung des tatsächlichen Kassenvermögens ist der Wert der künftigen Versorgungsleistungen nicht zu berücksichtigen.[1] Daraus ergibt sich, dass das Vermögen der Kasse als Reinvermögen definiert wird. Von der Summe der Aktiva ist die Summe der Passiva abzuziehen. Dabei ist jedoch die Schuld aus den künftigen Versorgungsleistungen nicht zu berücksichtigen, obwohl sie i. d. R. die Hauptschuld der Kasse darstellen wird. 2336

Zu den Aktiva rechnen alle Vermögenspositionen der Unterstützungskasse. Diese beinhalten auch sämtliche aus dem Kapital erzielten Kapitalerträge. Zu den Kapitalerträgen rechnen auch die Zinseinnahmen aus der Darlehensgewährung an das Trägerunternehmen. Kapitalerträge und Zinseinnahmen führen somit zu einer Erhöhung des tatsächlichen Kassenvermögens. Da mit jeder Erhöhung des tatsächlichen Kassenvermögens eine **Reduzierung des Dotierungsrahmens** verbunden ist, ergibt es sich in der Praxis, dass weder die Zuwendungen ins Reservepolster noch die zum Deckungskapital der Kasse in voller Höhe ausgeschöpft werden können. 2337

Bei der Ermittlung der Aktiva ist eventuell vorhandener Grundbesitz mit 200 % des Einheitswertes anzusetzen. Das übrige Vermögen ist mit dem gemeinen Wert am Schluss des Wirtschaftsjahres zu bewerten. Folglich ist davon auszugehen, dass für die Bewertung des übrigen Vermögens die Vorschriften des Bewertungsgesetzes gelten. 2338

(*Einstweilen frei*) 2339–2344

---

1 § 4d Abs. 1 Satz 1 Nr. 1 Satz 2 EStG.

d) Geschäftsführerversorgung über eine pauschal dotierte Unterstützungskasse

2345 Leistungsempfänger einer pauschal dotierten Unterstützungskasse können grundsätzlich alle Personen sein, die in einer Beziehung zu einem Trägerunternehmen der Unterstützungskasse stehen oder gestanden haben. Zum Kreis der Versorgungsberechtigten zählen daher auch GGf einer GmbH (siehe hierzu Rz. 2261).

2346 Die pauschal dotierte Unterstützungskasse würde sich grundsätzlich sehr gut zur Ausgestaltung von GGf-Versorgungszusagen eignen, da die Finanzierung in diesem Falle über eine mittelbare Versorgungszusage stattfindet, die die GmbH dem Gf über die Unterstützungskasse erteilt.

2347 In der Praxis ist jedoch festzustellen, dass das Instrument der pauschal dotierten Unterstützungskasse von dubiosen Anbietern zweckentfremdet wird. Diese Marktteilnehmer schmücken sich gerne mit aufwertenden Unternehmensbezeichnungen wie „Akademie" oder „Institut" um am Markt den Eindruck von Kompetenz und Neutralität zu erwecken. Beides ist jedoch bei näherer Betrachtung nur im Ausnahmefall vorhanden. So wird die pauschal dotierte Unterstützungskasse als ein Weg angepriesen, der es ermöglichen würde, mit minimalem Aufwand eine GGf-Pensionszusage zu entsorgen.

2348 Dabei werden z. B. Konstruktionen angeboten, die

▶ die Übertragung einer Gf-Pensionszusage auf eine pauschal dotierte Unterstützungskasse beinhalten und

▶ die im Anschluss an die Übertragung die Ausreichung der Mittel im Rahmen eines Darlehens an den Gf privat beinhalten und

▶ die im Falle des Ablebens die Auszahlung des Restkapitals an die Erben vorsehen.

2349 Eine derartige Konstruktion ist in mehreren Punkten als ungeeignet zu beurteilen. So ist zunächst zu beachten, dass die Übertragung auf eine pauschal dotierte Unterstützungskasse keinesfalls zu einer schuldrechtlichen Entpflichtung der GmbH führt. Die Ausreichung der Mittel an den GGf im Wege der Darlehensgewährung beinhaltet darüber hinaus erhebliche Unwägbarkeiten. Und zu guter Letzt ist zu beachten, dass davon auszugehen ist, dass die Vererbung des Kapitals keinesfalls mit den bestehenden Versorgungsbedingungen in Einklang zu bringen ist. Das Konstrukt als solches ist daher als risikobehaftet und im Ergebnis als ungeeignet zu beurteilen.

2350 Darüber hinaus ist den Autoren in der Praxis auch ein Fall begegnet, in dem die pauschal dotierte Unterstützungskasse nach einer Übertragung einer Gf-

3. Übertragung auf eine pauschal dotierte Unterstützungskasse

Pensionszusage große Teile des Deckungskapitals in Inhaberschuldverschreibungen eines deutschen Emittenten investiert hat, der nur wenige Monate nach Ausgabe der Papiere die entsprechenden Zinszahlungen einstellen und im Anschluss daran Insolvenz anmelden musste. Dieser Fall zeigt, dass auch ohne eine Darlehensgewährung erhebliche Risiken in der Anlage der Deckungsmittel bestehen können.

Bereits häufiger wurden den Autoren in der Praxis Fälle zugetragen, in denen der pauschal dotierten Unterstützungskasse Einmalbeiträge zugewendet wurden, obwohl der GGf zwar das Pensionsalter vollendet, aber die aktive Tätigkeit für das Unternehmen noch nicht beendet hatte (siehe hierzu Rz. 399 ff.). In der Folge wurde der Betriebsausgabenabzug für die einmalige Zuwendung versagt, bzw. auf einen Betrag i. H. v. 25 % der Jahresrente begrenzt.   2351

BERATUNGSHINWEIS:
Die am Markt hinsichtlich pauschal dotierter Unterstützungskassen vorherrschende Situation kann daher durchaus als eine besondere beurteilt werden, die berechtigten Anlass dazu gibt, bei entsprechenden Angeboten ein erhöhtes Maß an Vorsicht und Skepsis walten zu lassen. Es wird daher dringend angeraten, vor dem Abschluss eines derartigen Übertragungsmodells zwingend den Rat eines neutralen und zur Rechtsberatung zugelassenen Beraters einzuholen.

(Einstweilen frei)   2352–2354

e) Übertragungsmöglichkeiten auf eine pauschal dotierte Unterstützungskasse

Grundsätzlich können sowohl Versorgungsanwartschaften als auch laufende Versorgungsleistungen auf eine pauschal dotierte Unterstützungskasse übertragen werden.   2355

Da die steuerlichen Rahmenbedingungen für die Übertragung von Leistungsanwärtern und Leistungsempfängern so stark differieren, ergeben sich extrem unterschiedliche Auswirkungen.   2356

aa) Leistungsanwärter

Da es bei der **Vollübertragung von Versorgungsanwartschaften** auf eine pauschal dotierte Unterstützungskasse – ebenso wie bei der rückgedeckten Unterstützungskasse – zu einem **Neubeginn des Finanzierungsverfahrens** kommt, der im Übertragungsjahr zu einem **außerordentlichen Ertrag** des Trägerunternehmens führt, kann die Nutzung dieses Effektes insbesondere für diejenigen Kapitalgesellschaft von hohem Interesse sein, die aufgelaufene Verluste bilanziell beseitigen möchten.   2357

X. Übertragung auf externe Versorgungsträger i. S. d. BetrAVG

2358

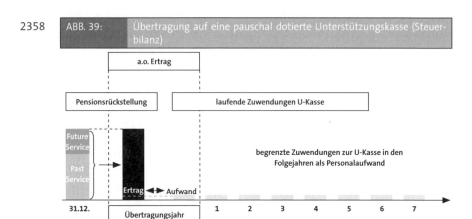

ABB. 39: Übertragung auf eine pauschal dotierte Unterstützungskasse (Steuerbilanz)

bb) Leistungsempfänger

2359 Im Falle der Übertragung von **laufenden Versorgungsverpflichtungen** zeigt die pauschal dotierte Unterstützungskasse eine wesentliche Differenz zur rückgedeckten Unterstützungskasse, da in diesem Falle die zu erbringende Zuwendung pauschal (und nicht anhand eines Versicherungstarifs) ermittelt wird. Nach der Tabelle in der Anlage 1 des EStG beträgt bei einem 65-jährigen Gf der Einmalbeitrag das 11-fache der jährlichen Versorgungsleistung.

2360 Die GmbH hat im Falle der Übertragung die ertragsteuerrechtliche Pensionsrückstellung in vollem Umfang gewinnerhöhend aufzulösen. Die einmalige Zuwendung an die Unterstützungskasse kann sie aufwandswirksam verbuchen. Eine Ergebniswirkung wird nur i. H. d. Differenz eintreten. Da eine einmalige Zuwendung ins Deckungskapital i. d. R. nur minimal von der Höhe der Pensionsrückstellung nach § 6a EStG abweicht, kann eine **laufende Versorgungsverpflichtung annähernd steuerneutral auf eine pauschal dotierte Unterstützungskasse übertragen** werden.

3. Übertragung auf eine pauschal dotierte Unterstützungskasse

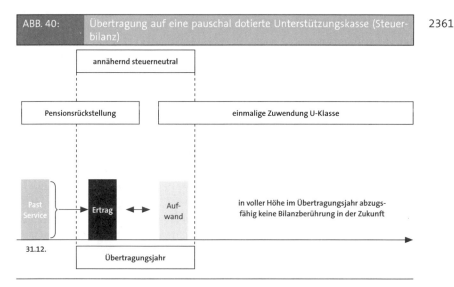

ABB. 40: Übertragung auf eine pauschal dotierte Unterstützungskasse (Steuerbilanz) — 2361

(Einstweilen frei) — 2362–2364

f) Bilanz(steuer-)rechtliche Behandlung

Da durch die Übertragung der Pensionszusage auf eine pauschal dotierte Unterstützungskasse von einer unmittelbaren auf eine mittelbare Durchführung gewechselt wird, ändert sich damit auch die bilanzrechtliche Behandlung des Versorgungsversprechens. Die bilanzsteuerrechtliche Behandlung des Übertragungsvorgangs unterscheidet sich jedoch maßgeblich von der handelsrechtlichen. — 2365

aa) Steuerbilanz

Die bilanzsteuerrechtliche Behandlung ist für beide Ausprägungen der Unterstützungskasse identisch. Es gelten daher die Rz. 2290 entsprechend. — 2366

bb) Handelsbilanz

Die Grundregeln für die handelsrechtliche Bilanzierung sind für beide Ausprägungen der Unterstützungskasse identisch. Es gelten daher die Rz. 2292 entsprechend. — 2367

Bezogen auf den Fall der Übertragung auf eine pauschal dotierte Unterstützungskasse führen diese Grundsätze zu folgendem Ergebnis: — 2368

503

X. Übertragung auf externe Versorgungsträger i. S. d. BetrAVG

(1) Leistungsanwärter

2369 Die Auswirkungen im Falle eines Leistungsanwärters sind mit denen einer Übertragung auf eine rückgedeckte Unterstützungskasse identisch. Es gelten daher die Rz. 2296 entsprechend.

(2) Leistungsempfänger

2370 Da aufgrund der pauschalen Dotierung der Unterstützungskasse davon ausgegangen werden kann, dass die zur vollen Übertragung einer laufenden Leistung zulässige Einmalzuwendung an die pauschal dotierte Unterstützungskasse die handelsrechtliche Pensionsrückstellung deutlich unterschreiten und in der Folge auch das Kassenvermögen der Unterstützungskasse die handelsrechtliche Pensionsrückstellung nicht erreichen wird, ist anhand eines Abgleichs zwischen dem handelsrechtlichen Erfüllungsbetrag und dem aufgebauten Kassenvermögen die Unterdeckung der Kasse festzustellen.

2371 Die Übertragung einer laufenden Versorgungsverpflichtung auf eine pauschal dotierte Unterstützungskasse wird daher nur zu einer teilweisen Auflösung der bisher in der Handelsbilanz der Kapitalgesellschaft gebildeten Pensionsrückstellung führen können. In Höhe des Differenzbetrags ist eine Pensionsrückstellung auszuweisen.

2372–2374 (*Einstweilen frei*)

g) Darlehensgewährung an das Trägerunternehmen

2375 Grundsätzlich eröffnet sich bei der pauschal dotierten Unterstützungskasse die Möglichkeit, dass die Unterstützungskasse das Deckungskapital in Form eines Darlehens wieder an die Kapitalgesellschaft ausreicht. Die Kapitalgesellschaft kann dann über die Verwendung der Darlehensmittel entscheiden. So kann sie diese Mittel sowohl zur Unternehmensfinanzierung, als auch zur Anlage innerhalb des Betriebsvermögens einsetzen.

2376 Die Anlage der Deckungsmittel kann insbesondere für diejenigen Unternehmen von Interesse sein, die die Anlage des Versorgungskapitals im Betriebsvermögen der GmbH überwiegend in Aktien oder ähnlichen Anlageprodukten gestalten möchten.

Die Nutzung des Innenfinanzierungseffektes zur Unternehmensfinanzierung beinhaltet erhebliche Risiken auf die im Folgenden noch eingegangen wird.

3. Übertragung auf eine pauschal dotierte Unterstützungskasse

aa) Innenfinanzierung mittels Darlehensgewährung

Über die Darlehensgewährung kommt es im Trägerunternehmen zu einem Innenfinanzierungseffekt i. H. d. Steuerentlastung. Die Dotierung der Unterstützungskasse belastet die Liquidität des Trägerunternehmens zunächst nur i. H. d. Nach-Steuer-Aufwandes. Die Rückflüsse durch die Darlehensgewährung führen jedoch i. H. d. Brutto-Dotierung zu einer Liquiditätserhöhung. Die gewonnene Liquidität steht dann wieder zur Anlage- oder Unternehmensfinanzierung zur Verfügung.

2377

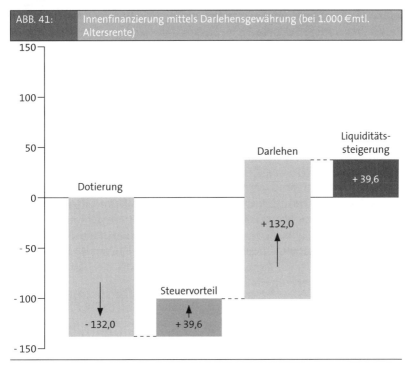

ABB. 41: Innenfinanzierung mittels Darlehensgewährung (bei 1.000 €mtl. Altersrente)

Die im Anschluss an eine Darlehensgewährung zu leistenden Zinszahlungen an die Unterstützungskasse führen beim Trägerunternehmen zu abzugsfähigen Betriebsausgaben, während sie die Unterstützungskasse steuerfrei vereinnahmen kann. Voraussetzung ist hierfür jedoch, dass sie im körperschaftsteuerrechtlichen Sinne als soziale Einrichtung zu beurteilen ist. Die Zinserträge kann die Unterstützungskasse entweder wieder im Darlehenswege an das Trägerunternehmen ausreichen, um den Innenfinanzierungseffekt fortzusetzen, oder sie kann daraus die fälligen Rentenleistungen bestreiten.

2378

X. Übertragung auf externe Versorgungsträger i. S. d. BetrAVG

2379 Gewährt die Unterstützungskasse dem Trägerunternehmen ein Darlehen, so muss die Darlehensgewährung den Interessen der Unterstützungskasse entsprechen. Wird das Darlehen gewährt, um das Trägerunternehmen zu Lasten der Kasse zu begünstigen, entfällt die Steuerbefreiung, da das Vermögen der Kasse nicht mehr ausschließlich für deren satzungsmäßigen sozialen Zweck verwendet wird. Das Darlehen muss deshalb angemessen verzinst werden. **Ob die Verzinsung einer Darlehensforderung angemessen ist, hängt von den Umständen des Einzelfalls ab.** Meist werden für die Beurteilung der Angemessenheit von Bedeutung sein: die Höhe des Darlehens, die Kündigungsfristen, der Zeitraum, für den die Zinsvereinbarung gilt, und die Höhe des marktüblichen Zinses für derartige Geldanlagen im Zeitpunkt der Festlegung des Zinssatzes.

bb) Risiken einer Darlehensgewährung

2380 Bei einem Finanzierungsmodell, das **ausschließlich eine modellhafte Darlehensgewährung** an das Trägerunternehmen beinhaltet, **besteht u. E. aktuell die Gefahr**, dass die FinVerw versuchen wird, die Üblichkeit der Gestaltung unter dem Aspekt eines Fremdvergleichs zu untergraben. Dies insbesondere dann, wenn die Darlehensgewährung zu Konditionen stattfindet, zu denen eine Darlehensausreichung an einen fremden Dritten nicht stattfinden würde. Dies wäre z. B. dann anzunehmen, wenn die Darlehensgewährung ohne Stellung adäquater Sicherheiten erfolgen würde und die Werthaltigkeit der Darlehensforderung unter Berücksichtigung der Vermögenslage des Darlehensnehmers (Trägerunternehmen) als nicht mehr gegeben zu beurteilen wäre. In einem solchen Fall hätte nämlich der Vorstand der Unterstützungskasse die Verpflichtung, entweder die ausreichende Besicherung oder die Rückzahlung der ausgereichten Darlehensmittel einzufordern.

2381 Diese Anforderung hat die Verwaltung auch in **R 5.4 Abs. 2 KStR** zum Ausdruck gebracht: *„Bei einer Darlehensgewährung der Unterstützungskasse an das Trägerunternehmen muss gewährleistet sein, dass die wirtschaftliche Leistungsfähigkeit des Betriebs in ausreichendem Maße für die Sicherheit der Mittel bürgt. Ist diese Voraussetzung nicht gegeben, so müssen die Mittel der Kasse in angemessener Frist aus dem Betrieb ausgesondert und in anderer Weise angelegt werden."*

2382 Missachtet der Vorstand der Unterstützungskasse diesen Grundsatz und verfällt das Trägerunternehmen anschließend in die Insolvenz, so handelt er u. U. pflichtwidrig. Neben der steuerlichen Problematik würde dann auch noch eine evtl. Schadensersatzpflicht des Vorstands der Unterstützungskasse zur Debatte stehen.

4. Übertragung auf einen Pensionsfonds

> **BERATUNGSHINWEIS:**
>
> Unter Berücksichtigung der vorstehenden Ausführungen verursacht die aktuelle Kapitalmarktsituation u. E. an dieser Stelle ein gewisses Maß an Unsicherheit hinsichtlich der Modalitäten, die bei der Darlehensgewährung zu berücksichtigen sind. Üblicherweise agieren pauschal dotierte Unterstützungskassen mit einer Verzinsung i. H. v. 9 % ± x. Inwieweit eine derartige Verzinsung im aktuellen Marktumfeld noch als angemessen beurteilt werden kann, bedarf einer kritischen Würdigung.

cc) Bilanz(steuer-)rechtliche Wirkung einer Darlehensgewährung

Unter bilanz(steuer-)rechtlichen Aspekten ist zu bedenken, dass eine bilanzbereinigende Wirkung mit dem Finanzierungsmodell der Darlehensgewährung nicht verbunden ist. Auf der Passivseite wird die bisherige ungewisse Verbindlichkeit in Form der Pensionsrückstellung durch eine gewisse Verbindlichkeit in Form des Darlehens der Unterstützungskasse ersetzt (Passivtausch). 2383

Die aus der Darlehensgewährung stammenden Mittel finden sich auf der Aktivseite i. d. R. im Anlagevermögen wieder. Die normalerweise mit einer Auslagerung verbundenen Zielsetzungen des Trägerunternehmens hinsichtlich einer Bilanzverkürzung lassen sich also mit einem Beleihungsmodell nur bedingt realisieren. Schließlich ist auch zu bedenken, dass die Chancen und Risiken einer derartigen Gestaltung dann in vollem Umfang beim Trägerunternehmen liegen. 2384

(*Einstweilen frei*) 2385–2390

4. Übertragung auf einen Pensionsfonds

a) Pensionsfonds

Der Pensionsfonds ist eine rechtsfähige Versorgungseinrichtung, die dem Versorgungsberechtigten einen (Rechts-)Anspruch auf Leistungen im Versorgungsfall einräumt.[1] Hinsichtlich der weiteren Wesensmerkmale eines Pensionsfonds wird auf Rz. 2212 verwiesen. 2391

b) Geschäftsführerversorgung über einen Pensionsfonds

Der Durchführungsweg des Pensionsfonds steht u. E. auch dem Personenkreis der GGf zur Verfügung. Dies gilt unabhängig davon, ob der GGf kraft seiner Beteiligung über eine beherrschende Stellung verfügt, oder ob dies nicht der 2392

---

1 § 1b Abs. 3 Satz 1 BetrAVG; § 236 Abs. 1 VAG.

X. Übertragung auf externe Versorgungsträger i. S. d. BetrAVG

Fall ist. Die FinVerw hat im BMF-Schreiben v. 6. 12. 2017 u. E. unzweifelhaft erklärt, dass zum begünstigen Personenkreis der sachlichen Steuerbefreiungstatbestände nach § 3 Nr. 63 EStG und § 3 Nr. 66 EStG alle Arbeitnehmer (§ 1 LStDV) gehören, unabhängig davon, ob sie in der gesetzlichen Rentenversicherung pflichtversichert sind oder nicht.[1] In dem dazugehörigen Klammerzusatz zur Rz. 23 wird dargelegt, dass die FinVerw auch beherrschende GGf zu diesem Personenkreis subsumiert.

2393 Etwas anderes ergibt sich u. E. auch nicht aus der rechtskräftigen Entscheidung des Thüringer FG v. 28. 9. 2017[2]. Im Rahmen der diesbezüglichen finanzgerichtlichen Auseinandersetzung hat das FG Thüringen eine lohnsteuerfreie Übertragung auf einen Pensionsfonds verneint. Im zu entscheidenden Fall hatte eine Versicherungsgesellschaft die Verpflichtung aus der Versorgungsregelung zugunsten einer für diese selbständig tätigen Versicherungsvertreterin, die Einkünfte aus Gewerbebetrieb erzielte, auf einen Pensionsfonds übertragen. Dies begründete das FG im Wesentlichen damit, dass die Versicherungsgesellschaft für ihre (ehemalige) Versicherungsvertreterin kein Arbeitgeber i. S. d. § 3 Nr. 66 EStG war. Aufgrund einer in den Vorschriften fehlenden Definition des Begriffs des Arbeitgebers ist auf die in § 1 LStDV enthaltenen Definitionen abzustellen. Die Entscheidung kann u. E. deswegen nachvollzogen werden, da die Versicherungsvertreterin nicht im Rahmen eines Dienstverhältnisses für die Versicherungsgesellschaft tätig war und sie Einkünfte aus Gewerbebetrieb erzielt hat. Eine derartige Konstellation kann jedoch u. E. nicht mit der eines GGf einer Kapitalgesellschaft verglichen werden.

2394 Der Pensionsfonds ist unter steuerrechtlichen Gesichtspunkten ein privilegierter Durchführungsweg. Denn der Pensionsfonds ist unter den externen Versorgungsträgern der einzige Durchführungsweg, dem es mit steuerrechtlicher Wirkung gestattet ist, bestehenden unmittelbare Pensionszusagen auch schon während der Anwartschaft mittels Leistung eines Einmalbeitrags zu übernehmen. Der **Hauptanwendungsfall** der Übertragung einer unmittelbaren Gf-Pensionszusage auf einen Pensionsfonds beschränkt sich jedoch auf die Übertragung bereits erdienter Versorgungsanwartschaften (Past Service). Verantwortlich ist hierfür – ebenso wie bei der Unterstützungskasse – die steuerrechtliche Behandlung des Übertragungsvorgangs. Wie die nachfolgenden Ausführungen zeigen, lässt die FinVerw eine Übertragung mittels eines Einmalbeitrags nur hinsichtlich des Past Service zu.

---

1 BMF, Schreiben v. 6. 12. 2017, Rz. 23 und 56, BStBl 2018 I S. 147.
2 Thüringer FG v. 28. 9. 2017 - 2 K 266/16, NWB DokID: SAAAG-62532.

c) Pensionsplan und Vertragsgestaltung

Das über einen Pensionsfonds zu erfüllende Versorgungsversprechen beruht auf einem Vertrag zugunsten Dritter, der wiederum auf dem Arbeitsvertrag basiert. Vertragspartner des Pensionsfonds ist grundsätzlich der Arbeitgeber. Die Regelungen, die der Arbeitgeber und der Pensionsfonds miteinander vereinbaren, werden i. d. R. als **Pensionsfondsvertrag** bezeichnet. 2395

Aufgrund der geltenden Rahmenbedingungen können Trägerunternehmen bei Übertragungen zwischen zwei grundsätzlichen Formen der Pensionsplangestaltung wählen: 2396

- ▶ der Übertragung mittels eines versicherungsförmigen Pensionsplans,
- ▶ der Übertragung mittels eines nicht-versicherungsförmigen Pensionsplans.[1]

Im Rahmen eines **versicherungsförmigen Pensionsplans** garantiert der Pensionsfonds die zugesagten (übernommenen) Versorgungsleistungen i. d. r. sowohl während der Anwartschafts- als auch während der Rentenphase. Der Pensionsfonds ist auch bei einer versicherungsförmigen Durchführung nicht gezwungen, auf seine Anlagefreiheiten zu verzichten. Er kann sich jedoch eine Selbstbeschränkung auferlegen und sein Anlageverhalten an der für Lebensversicherer geltenden Anlageverordnung ausrichten. In der Praxis geschieht dies dadurch, dass der Pensionsfonds die bestehende Versorgungsverpflichtung mittels eines Versicherungsvertrages rückdeckt. 2397

Im Rahmen eines **nicht-versicherungsförmigen Pensionsplans** i. S. d. § 236 Abs. 2 VAG steht es dem Pensionsfonds frei, die Deckungsmittel im Rahmen der Pensionsfonds-Kapitalanlageverordnung (PFKapAV) anzulegen. Eine Leistungsgarantie kann nicht Gegenstand eines nicht-versicherungsförmigen Pensionsplans sein. Der Markt hat hierzu zwei Hauptanwendungsfälle entwickelt: 2398

- ▶ den kapitalmarktorientierten Pensionsplan, bei dem die Deckungsmittel i. d. R. über Investmentfonds angelegt werden, und
- ▶ den nicht-versicherungsförmigen Pensionsplan mit Anlage der Deckungsmittel in Versicherungsprodukten.

Bei der nicht-versicherungsförmigen Kalkulation ist es zulässig, dass der Pensionsfonds 2399

- ▶ einen am Markt orientierten, **vorsichtig geschätzten Zinssatz** verwendet,
- ▶ eine **Sterbetafel** einsetzt, die dem **besten Schätzwert** entspricht,
- ▶ die **Kostensätze** nur für einen **bestimmten Zeitraum** festschreibt.

---

[1] § 236 Abs. 2 VAG.

X. Übertragung auf externe Versorgungsträger i. S. d. BetrAVG

2400 Die danach möglichen verschiedenen Pensionspläne können wie folgt kategorisiert werden:

Kategorie	Ausgestaltung des Pensionsplans
Sicherheit	versicherungsförmiger Pensionsplan
Ausgewogen	nicht-versicherungsförmiger Pensionsplan mit Anlage in Versicherungsprodukten
Chance	nicht-versicherungsförmiger Pensionsplan mit Anlage in Investmentfonds

Die Entscheidung über die **Risikoverteilung** steht in unmittelbarem Zusammenhang mit dem zur Übertragung der Pensionszusage zu entrichtenden **Einmalbeitrag**. Es leuchtet ein, dass die Einmalprämie des Pensionsfonds umso höher ausfällt, je mehr Risiken der externe Versorgungsträger übernehmen soll. Die Wahl der Bedingungen obliegt dem Trägerunternehmen.

2401–2403 *(Einstweilen frei)*

d) Ertragsteuerrechtliche Rahmenbedingungen der Übertragung auf einen Pensionsfonds

2404 Nach § 4d Abs. 2 EStG dürfen Beiträge an einen Pensionsfonds dann nicht als Betriebsausgaben abgezogen werden, soweit die Leistungen des Fonds, wenn sie vom Trägerunternehmen unmittelbar erbracht würden, bei diesem nicht betrieblich veranlasst wären.

aa) Steuerneutrale Übertragung nach § 4e Abs. 3 EStG

2405 In § 4e Abs. 3 EStG findet sich eine Spezial-Regelung, die es auch Kapitalgesellschaft ermöglicht, die ihren Gf gegenüber erteilten Pensionszusagen auf einen Pensionsfonds zu übertragen. Damit hat der Gesetzgeber im Rahmen des AVmG eine von der Wirtschaft dringend geforderte Gestaltungsmöglichkeit zur bilanziellen Auslagerung von unmittelbaren Pensionsverpflichtungen geschaffen.

2406 Nach dem Wortlaut des **§ 4e Abs. 3 EStG** kann der Steuerpflichtige (die GmbH) auf Antrag die insgesamt erforderlichen Leistungen (Beiträge) an einen Pensionsfonds zur teilweisen oder vollständigen Übernahme einer bestehenden Versorgungsverpflichtung oder Versorgungsanwartschaft durch den Pensionsfonds erst in den dem Wirtschaftsjahr der Übertragung folgenden zehn Wirt-

4. Übertragung auf einen Pensionsfonds

schaftsjahren gleichmäßig verteilt als Betriebsausgabe abziehen. Das so beschriebene Antragsverfahren steht in unmittelbarem Zusammenhang mit der Steuerbefreiung des **§ 3 Nr. 66 EStG**. Danach bleiben die Leistungen (Beiträge) eines Arbeitgebers an einen Pensionsfonds zur Übernahme bestehender Versorgungsverpflichtungen oder Versorgungsanwartschaften durch den Pensionsfonds lohnsteuerfrei, wenn ein Antrag nach § 4e Abs. 3 EStG gestellt worden ist.

Dieser zweigliedrigen Vorschrift bedurfte es, um die **lohnsteuerfreie Übertragung** von unmittelbaren **Pensionsverpflichtungen auf den Pensionsfonds** zu ermöglichen. Da der Pensionsfonds dem Versorgungsberechtigten einen unmittelbaren (Rechts-)Anspruch gewähren muss, führt die Dotierung des Pensionsfonds seitens des Trägerunternehmens im Zeitpunkt der Dotierung grundsätzlich zu steuerpflichtigen Einkünften beim Versorgungsberechtigten. Da die Übertragung bestehender Pensionsverpflichtungen i. d. R. gegen Leistung eines Einmalbeitrags stattfindet, würde eine derartige Versteuerung in der Praxis aber die Übertragung der Pensionsverpflichtung grundsätzlich verhindern. Entsprechend der Regelung des § 3 Nr. 66 EStG kann die Steuerbelastung des Gf jedoch vermieden werden, wenn die GmbH den unwiderruflichen Antrag i. S. d. § 4e Abs. 3 EStG stellt und sich mit einer Verteilung der Einmalprämie auf die folgenden zehn Wirtschaftsjahre einverstanden erklärt.

2407

Ist im **Jahr der Übertragung** eine **Pensionsrückstellung** nach § 6a EStG **gewinnerhöhend aufzulösen** (was systembedingt immer dann der Fall ist, wenn es sich nicht um eine Altzusage handelt, bei der das Passivierungswahlrecht genutzt wurde), so darf die Einmalprämie im Jahr der Übertragung i. H. d. diesbezüglich aufzulösenden Pensionsrückstellung als Betriebsausgabe abgezogen werden (§ 4e Abs. 3 Satz 3 EStG). Dies führt dazu, dass das Ergebnis der Kapitalgesellschaft im Jahr der Übertragung durch den Übertragungsvorgang nicht beeinflusst wird (**ergebnisneutrale Übertragung**). Der die Höhe der aufgelösten Pensionsrückstellung übersteigende Betrag der Einmalprämie ist in diesem Falle auf die der Übertragung folgenden zehn Wirtschaftsjahre gleichmäßig zu verteilen.

2408

X. Übertragung auf externe Versorgungsträger i. S. d. BetrAVG

2409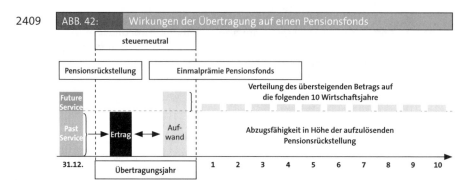

bb) Ausführungen der Finanzverwaltung zur Übertragung von Pensionszusagen auf einen Pensionsfonds

2410 Die FinVerw hat mit den zur Übertragung von Pensionszusagen auf einen Pensionsfonds einhergehenden Fragestellungen mit zwei BMF-Schreiben,[1] die im Abstand von neun Jahren ergangen sind, Stellung genommen. Die wesentlichen Grundsätze der sich daraus ergebenden Verwaltungsauffassung werden im Folgenden zusammenfassend dargestellt:

(1) Leistungsempfänger und unverfallbar Ausgeschiedene

2411 Die Regelungen für Leistungsempfänger und unverfallbar Ausgeschiedene sind bereits im BMF-Schreiben v. 26. 10. 2006[2] klar und eindeutig formuliert:

2412 In Rz. 1 des BMF-Schreibens verdeutlicht die FinVerw, dass die Leistungen eines Arbeitgebers an einen Pensionsfonds zur Übernahme bestehender Versorgungsverpflichtungen gegenüber Leistungsempfängern und unverfallbarer Versorgungsanwartschaften ausgeschiedener Versorgungsberechtigter insgesamt nach § 3 Nr. 66 EStG steuerfrei bleiben, wenn ein Antrag nach § 4e Abs. 3 EStG gestellt wird.

(2) Aktiv Beschäftigte

2413 In Rz. 2 und 3 des BMF-Schreibens v. 26. 10. 2006[3] stellt die FinVerw zur Übertragung von Versorgungsanwartschaften aktiver Beschäftigter den Grundsatz

---

1 BMF, Schreiben v. 26. 10. 2006, BStBl 2006 I S. 709; BMF, Schreiben v. 10. 7. 2015, BStBl 2015 I S. 544.
2 BMF, Schreiben v. 26. 10. 2006, BStBl 2006 I S. 709.
3 BMF, Schreiben v. 26. 10. 2006, BStBl 2006 I S. 709.

4. Übertragung auf einen Pensionsfonds

auf, dass bei einer entgeltlichen Übertragung von Versorgungsanwartschaften aktiver Beschäftigter die **Anwendung von § 3 Nr. 66 EStG** nur für Zahlungen an den Pensionsfonds in Betracht kommt, die für die bis zum Zeitpunkt der Übertragung **erdienten Versorgungsanwartschaften** geleistet werden (Past Service) und dass Zahlungen an den Pensionsfonds, die für **zukünftig noch zu erdienende Versorgungsanwartschaften** geleistet werden, ausschließlich in dem begrenzten Rahmen des **§ 3 Nr. 63 EStG** lohnsteuerfrei bleiben.

Die ursprüngliche Auffassung zur Ermittlung des erdienten Teils der Pensionszusage, die die Definition eines eigenständigen steuerrechtlichen Past Service zum Inhalt hatte und die in der Literatur heftig kritisiert wurde, hat die FinVerw mit BMF-Schreiben v. 10. 7. 2015[1] für alle Übertragungen, die ab dem 1. 1. 2016 stattfinden, korrigiert. Danach gilt nun das Folgende: 2414

*„Die bis zum Zeitpunkt der Übertragung erdienten Versorgungsanwartschaften sind **entsprechend** den Regelungen in **§ 2 BetrAVG** zu ermitteln. Dabei ist auf den jeweiligen Übertragungszeitpunkt abzustellen.*

Soll nicht der erdiente Teil der zugesagten Versorgungsleistungen auf den Pensionsfonds übertragen werden, sondern ein konstanter Alters-, Invaliden- und Hinterbliebenenrentenanspruch durch den Pensionsfondstarif abgedeckt werden, ist durch einen Barwertvergleich auf Basis aktueller, steuerlich anerkannter Rechnungsgrundlagen für die Bewertung von Pensionsverpflichtungen gemäß § 6a EStG die Gleichwertigkeit des rechnerisch übertragungsfähigen sog. Past Service mit der auf den Pensionsfonds übertragenen Versorgung nachzuweisen.

*Die körperschaftsteuerlichen Regelungen für **beherrschende Gesellschafter-Geschäftsführer** von Kapitalgesellschaften bleiben unberührt. Dies gilt insbesondere auch für das Rückwirkungs- und Nachzahlungsverbot. Demzufolge können steuerlich zugesagte Versorgungsleistungen und deren Erhöhungen erst ab dem Zeitpunkt der Zusage oder Erhöhung erdient werden."*[2]

Die Ermittlung des Past Service folgt nun den allgemein anerkannten Grundsätzen.

Erfolgt bei aktiv Beschäftigten eine Übertragung im Rahmen eines **Gesamtplans** derart, dass zunächst eine nach § 3 Nr. 66 EStG begünstigte Übertragung des Past Service stattfindet und anschließend regelmäßig wiederkehrend (z. B. jährlich) die dann neu erdienten Anwartschaften auf den Pensionsfonds übertragen werden, sind die weiteren Übertragungen auf den Pensionsfonds nicht 2415

---

1 BMF, Schreiben v. 10. 7. 2015, BStBl 2015 I S. 544.
2 BMF, Schreiben v. 10. 7. 2015, Rz. 3 bis 5, BStBl 2015 I S. 544.

X. Übertragung auf externe Versorgungsträger i. S. d. BetrAVG

nach § 3 Nr. 66 EStG begünstigt, sondern nur im Rahmen des § 3 Nr. 63 EStG steuerfrei.[1]

(3) Insgesamt erforderliche Leistungen

2416   Rz. 6 des BMF-Schreibens v. 26. 10. 2006[2] regelt, dass sämtliche zur Übernahme der Pensionsverpflichtung durch den Pensionsfonds erbrachten Leistungen – und somit auch Nachschusszahlung aufgrund einer Unterdeckung – als Betriebsausgaben abgezogen werden dürfen. Jedoch gilt hinsichtlich evtl. Nachschusszahlung, dass diese der Besteuerung des erstmaligen Einmalbeitrags folgen, da ein Antrag nach § 4e Abs. 3 EStG nur einheitlich gestellt werden kann. Wurde für den erstmaligen Einmalbeitrag ein Antrag nach § 4e Abs. 3 EStG gestellt, so wirkt dieser automatisch auch für evtl. Nachschusszahlungen. Ebenso verhält es sich, sofern für den erstmaligen Einmalbeitrag kein Antrag nach § 4e Abs. 3 EStG gestellt wurde.

(4) Verteilung von Nachbeiträgen und Nachschusszahlungen

2417   In Rz. 7 verfügt das BMF hinsichtlich der Abzugsfähigkeit der insgesamt zur Übertragung notwendigen Leistungen über den Verteilungszeitraum das Folgende:

„Der zehnjährige Verteilungszeitraum beginnt bei einer Bilanzierung nach § 4 Abs. 1 und § 5 EStG in dem dem Wirtschaftsjahr des Entstehens der Leistungsverpflichtung folgenden Wirtschaftsjahr und bei einer Gewinnermittlung nach § 4 Abs. 3 EStG in dem der Leistung folgenden Wirtschaftsjahr. Das gilt auch für die Verteilung einer möglichen Nachschusszahlung, wobei es unerheblich ist, ob noch innerhalb des ursprünglichen Zehnjahresraumes nach dem Wirtschaftsjahr der Übertragung der Versorgungsverpflichtung oder Versorgungsanwartschaft oder erst zu einem späteren Zeitpunkt die Leistungsverpflichtung entsteht oder die Zahlung geleistet wird."[3]

2418   Nach diesen Regelungen ist davon auszugehen, dass sowohl die

▶ evtl. bei Übergang in die Leistungsphase zu entrichtenden Nachbeiträge

▶ als auch die in der Leistungsphase evtl. zu erbringenden Nachschusszahlungen

---

1 BMF, Schreiben v. 6. 12. 2017, Rz. 56, BStBl 2018 I S. 147.
2 BMF, Schreiben v. 26. 10. 2006, BStBl 2006 I S. 709.
3 BMF, Schreiben v. 26. 10. 2006, Rz. 7, BStBl 2006 I S. 709.

▶ grundsätzlich immer dann auf jeweils einen neuen Zehnjahreszeitraum zu verteilen sind, wenn auch die erstmaligen Aufwendungen auf einen Zehnjahreszeitraum verteilt wurden.

Die Ausführungen zur Verteilungssystematik erscheinen bei näherer Betrachtung nur bedingt durchdacht: So bleibt auch nach Ergehen des BMF-Schreibens v. 10. 7. 2015[1] noch ungeklärt, wie mit den noch ausstehenden Teilbeträgen zu verfahren ist, wenn die Kapitalgesellschaft innerhalb eines Zehnjahreszeitraums liquidiert werden soll. Darüber hinaus kann es sich auch ergeben, dass die Kapitalgesellschaft durch das vorzeitige Ableben des Gf einen Sterblichkeitsgewinn vereinnahmt, der dazu führt, dass die Rückerstattung des eingebrachten Versorgungskapitals im betreffenden Wirtschaftsjahr in voller Höhe gewinnerhöhend zu verbuchen ist, obwohl noch Teilbeträge aus der seinerzeitigen Beitragszahlung innerhalb eines laufenden Zehnjahreszeitraums nicht aufwandswirksam verbucht werden konnten. 2419

Darüber hinaus ist die äußerst restriktive **Verwaltungsauffassung** hinsichtlich der Verteilungssystematik zu kritisieren. Es leuchtet nicht ein, dass die FinVerw für jede Beitragsleistung einen neuen Zehnjahreszeitraum in Gang setzen möchte. Die Verwaltung schießt nach Ansicht der Autoren mit ihrer Auslegung der Regelung des § 4 Abs. 3 EStG über das vom Gesetzgeber vorgesehene Ziel hinaus und verursacht mit der vertretenen Rechtsauffassung einen inakzeptablen Verwaltungsaufwand. 2420

So kann davon ausgegangen werden, dass der Gesetzgeber mit der Verteilung der insgesamt notwendigen Leistungen auf die folgenden zehn Wirtschaftsjahre nur einer übermäßigen Belastung der öffentlichen Finanzhaushalte durch stattfindende Übertragungen aus dem Weg gehen wollte. Es wäre daher sachgerecht, die Beiträge, die nach dem Jahr der Übertragung geleistet werden, gleichmäßig auf die noch verbleibenden Jahre des ersten Zehnjahreszeitraums zu verteilen. Nach Ablauf des Zehnjahreszeitraums zu erbringende Beiträge müssten ebenso wie die in der Leistungsphase zu erbringenden Nachschusszahlungen im entsprechenden Wirtschaftsjahr in voller Höhe als abzugsfähiger Aufwand behandelt werden. 2421

(5) Künftige Rentenanpassungen

Das BMF-Schreiben v. 10. 7. 2015 führt zur Berücksichtigung von künftigen Rentenanpassungen bei einer Übertragung einer Pensionszusage auf einen Pensionsfonds das Folgende aus: 2422

---

1 BMF, Schreiben v. 10. 7. 2015, BStBl 2015 I S. 544.

X. Übertragung auf externe Versorgungsträger i. S. d. BetrAVG

„Bei einer entgeltlichen Übertragung von Versorgungsanwartschaften aktiver Beschäftigter kommt die Anwendung von § 3 Nummer 66 EStG nur für Zahlungen an den Pensionsfonds in Betracht, die für die bis zum Zeitpunkt der Übertragung bereits erdienten Versorgungsanwartschaften geleistet werden (Randnummer 2 des BMF-Schreibens vom 26.10.2006, a. a. O.).

Künftige Rentenanpassungen für zum Zeitpunkt der Übertragung bereits erdiente Versorgungsanwartschaften stellen keine bestehende Verpflichtung im Sinne von § 4e Absatz 3 Satz 1 EStG dar, soweit sie noch nicht fest zugesagt sind. Aus Vereinfachungsgründen kann jedoch für Verpflichtungen, die einer Anpassungsprüfungspflicht gemäß § 16 Abs. 1 BetrAVG unterliegen, eine jährliche pauschale Erhöhung von bis zu einem Prozent berücksichtigt werden."[1]

2423 Damit hat die FinVerw eine praktikable Regelung für die Berücksichtigung der auf der gesetzlichen Anpassungsprüfungsverpflichtung des § 16 Abs. 1 BetrAVG beruhenden künftigen Rentenanpassungen gefunden. Eine Ausführung inwieweit diese Regelung auch für vertraglich vereinbarte Anpassungen gelten soll, die z. B. auf einer Indexklausel beruhen, ist dem BMF-Schreiben leider nicht zu entnehmen. U. E. muss die Vereinfachungsregelung analog auch für nicht bestimmte künftige Rentenanpassungen gelten, die auf einer vertraglichen Verpflichtung beruhen.

(6) Maßgebende Rückstellung i. S. v. § 4e Abs. 3 Satz 3 EStG

2424 Mit BMF-Schreiben v. 10.7.2015 hat die FinVerw in zwei entscheidenden Punkten die von der Verwaltung hinsichtlich der für den sofortigen Betriebsausgabenabzug maßgeblichen Pensionsrückstellung gem. § 6a EStG vertretenen Auffassung konkretisiert.

*„Ist infolge der Übertragung einer Versorgungsverpflichtung oder Versorgungsanwartschaft auf einen Pensionsfonds eine Pensionsrückstellung aufzulösen (§ 4e Abs. 3 Satz 3 EStG), ist bei der Ermittlung der sofort als Betriebsausgaben abzugsfähigen Leistungen auf die **am vorangegangenen Bilanzstichtag gebildete Pensionsrückstellung** abzustellen. Weicht der Übertragungszeitpunkt vom Bilanzstichtag ab, kommt eine Zugrundelegung der (fiktiven) Pensionsrückstellung, die zu diesem Zeitpunkt maßgebend wäre, auch dann nicht in Betracht, wenn eine gebildete Rückstellung nicht aufzulösen ist (z. B. bei einer Erhöhung der Pensionsleistungen nach dem letzten Bilanzstichtag und vor dem Übertragungszeitpunkt).*

---

1 BMF, Schreiben v. 10.7.2015, Rz. 1 und 2, BStBl 2015 I S. 544.

4. Übertragung auf einen Pensionsfonds

*Wird der erdiente Teil einer Versorgungsanwartschaft auf einen Pensionsfonds übertragen, ist der sofortige Betriebsausgabenabzug nach § 4e Abs. 3 Satz 3 EStG nur möglich, soweit die **Auflösung der Pensionsrückstellung auf der Übertragung des erdienten Teils auf den Pensionsfonds beruht.*"[1]

Die beiden o. g. Grundregeln wurden im Rahmen eines finanzgerichtlichen Verfahrens vor dem FG München auf den Prüfstand gestellt.[2] Gegenstand der Auseinandersetzung war die kombinierte Übertragung einer Pensionszusage eines beherrschenden GGf auf einen Pensionsfonds (Past Service) und auf eine Unterstützungskasse (Future Service). Das FG München schloss sich der von der FinVerw vertretenen Handhabung insoweit an, als es die Grundregel betrifft, die die Bezugnahme auf die am vorangegangen Bilanzstichtag gebildete Pensionsrückstellung zum Inhalt hat. Die Begrenzung der Abzugsfähigkeit der Einmalprämie auf die Höhe der auf den Past Service entfallenden Pensionsrückstellung hat das FG München aber abgelehnt. Die Entscheidung stützt das FG München auf den Wortlaut des § 4e Abs. 3 Satz 3 EStG und auf die Auslegung des Teilwertverfahrens gem. § 6a EStG, wonach die dementsprechend ermittelte Pensionsrückstellung nur den Past Service präsentiert. Die Revision wurde zugelassen. Sie ist beim BFH unter dem Az. XI R 52/17[3] anhängig.

2425

U. E. ist die vom FG München vertretene Rechtsauffassung unzutreffend, da das FG übersieht, dass die Auflösung der Pensionsrückstellung im Rahmen eines Kombi-Modells auf zwei rechtlich getrennt voneinander zu beurteilenden Rechtsgeschäften beruht. Daher muss u. E. die Auffassung der FinVerw als maßgeblich und zutreffend betrachtet werden. Etwas anderes würde sich nur dann ergeben, wenn der BFH der vom FG München vertretenen Rechtsauffassung zustimmen sollte.

2426

In seiner Entscheidung v. 27. 9. 2018 zu 6 K 814/16 hat das FG Köln im Falle einer Übertragung einer GGf-Pensionszusage auf einen Pensionsfonds den Zufluss von steuerpflichtigen Arbeitslohn angenommen. Dies deswegen, da die übertragende GmbH keinen Antrag gem. § 4e Abs. 3 EStG zur Verteilung der Einmalprämie gestellt hatte. Die Begründung stützte das FG Köln darauf, dass sich der Vorgang bei wirtschaftlicher Betrachtung so darstellt, als hätte die GmbH dem GGf Mittel zur Verfügung gestellt, die dieser dann aufgewandt hat, um vom Pensionsfonds eine Pensionszusage zu erhalten, mit welcher er

2427

---

1 BMF, Schreiben v. 10. 7. 2015, Rz. 6 und 7, BStBl 2015 I S. 544.
2 FG München, Urteil v. 4. 10. 2017 - 6 K 3285/14, NWB DokID: VAAAG-83559.
3 BFH - XI R 52/17 Verfahrensverlauf, NWB DokID: CAAAG-89147.

X. Übertragung auf externe Versorgungsträger i. S. d. BetrAVG

unabhängig von der GmbH ist. Die Revision wurde zugelassen. Der weitere Verfahrensverlauf bleibt abzuwarten.

2428–2430 (*Einstweilen frei*)

e) Bilanz(steuer-)rechtliche Behandlung

2431 Da durch die Übertragung der Pensionszusage auf einen Pensionsfonds von einer unmittelbaren auf eine mittelbare Durchführung gewechselt wird, ändert sich damit auch die bilanzrechtliche Behandlung des Versorgungsversprechens. Die bilanzsteuerrechtliche Behandlung des Übertragungsvorgangs unterscheidet sich jedoch maßgeblich von der handelsrechtlichen.

aa) Steuerbilanz

2432 Werden unmittelbare Pensionszusagen auf einen Pensionsfonds übertragen, müssen die bisher nach § 6a EStG gebildeten Pensionsrückstellungen insoweit gewinnerhöhend aufgelöst werden, als sich die Höhe der unmittelbaren Pensionsverpflichtung gemindert hat.[1]

(1) Leistungsanwärter

2433 Da in der Anwartschaftsphase nur der Past Service steuerwirksam auf einen Pensionsfonds übertragen werden kann und der Future Service ohne ein weiteres Rechtsgeschäft (z. B. Verzicht, Übertragung auf Unterstützungskasse) grundsätzlich weiterhin bestehen bleiben würde, wäre die Pensionsrückstellung durch die Übertragung auf einen Pensionsfonds nur in Höhe des Past Service aufzulösen. In Höhe des Future Service würde die Pensionsrückstellung grundsätzlich weiterhin bestehen bleiben.

(2) Leistungsempfänger

2434 Da bei Leistungsempfängern grundsätzlich die insgesamt zugesagten Versorgungsleistungen auf einen Pensionsfonds übertragen werden können, kann insoweit die Pensionsrückstellung in voller Höhe aufgelöst werden.

(3) Bilanzielle Behandlung des Übernahmebeitrags

2435 Die (beschränkte) Abzugsfähigkeit der an den Pensionsfonds zu leistenden Einmalprämie bestimmt sich nach § 4e Abs. 3 EStG i. V. m. § 3 Nr. 66 EStG und den

---

1 R 6a Abs. 21 EStR.

4. Übertragung auf einen Pensionsfonds

beiden vorstehend behandelten BMF-Schreiben v. 26. 10. 2006, sowie v. 10. 7. 2015 (siehe hierzu Rz. 2410 ff.).

bb) Handelsbilanz

Die Grundregeln für die handelsrechtliche Bilanzierung einer Übertragung auf einen Pensionsfonds entsprechen denen bei einer Übertragung auf eine Unterstützungskasse. Es gelten daher die Rz. 2292 entsprechend. 2436

Bezogen auf den Fall der Übertragung auf einen Pensionsfonds führen diese Grundsätze zu folgendem Ergebnis:

(1) Leistungsanwärter

Da die steuerrechtlichen Restriktionen nur eine Übertragung des Past Service zulassen, scheidet eine vollständige Übertragung einer unmittelbaren Pensionszusage auf einen Pensionsfonds in der Praxis aus. Da die (teilweise) Übertragung jedoch mittels eines Einmalbeitrags steuerrechtlich zulässig ist, entsteht beim Pensionsfonds sofort ein Kassenvermögen, welches insbesondere bei einer **versicherungsförmigen Übertragung** den handelsrechtlichen Erfüllungsbetrag deutlich übersteigen wird. Somit wird bei einer versicherungsförmigen Übertragung die bisher handelsrechtlich gebildete Pensionsrückstellung i. d. R. in voller Höhe aufzulösen sein. 2437

Bei einer **kapitalmarktorientierten** (nicht versicherungsförmigen) **Übertragung** kann es sich theoretisch – in Abhängigkeit von den gewählten Rechnungsgrundlagen – ergeben, dass das beim Pensionsfonds durch den Einmalbeitrag entstehende Kassenvermögen den handelsrechtlichen Erfüllungsbetrag der Höhe nach nicht erreicht. In diesem Falle wäre i. H. d. Differenzbetrags noch eine Pensionsrückstellung auszuweisen. 2438

(2) Leistungsempfänger

Die Ausführungen zum Leistungsanwärter gelten uneingeschränkt auch für den Bereich der Leistungsempfänger. Die Ausführungen beziehen sich in diesem Falle jedoch auf die volle Übertragung der laufenden Leistungen. 2439

(3) Bilanzielle Behandlung des Übernahmebeitrags

Der **Übernahmebeitrag** (Einmalbeitrag an den Pensionsfonds) stellt einen Aufwand dar, der gem. § 275 Abs. 2 Nr. 6 Buchst. b HGB als Aufwand für Altersversorgung in der Gewinn- und Verlustrechnung der Kapitalgesellschaft zu erfassen ist. Der Differenzbetrag, der bei Inanspruchnahme der steuerrechtlichen 2440

X. Übertragung auf externe Versorgungsträger i. S. d. BetrAVG

Optionsregelung des § 4e Abs. 3 EStG in der Steuerbilanz auf die dem Jahr der Übertragung folgenden zehn Wirtschaftsjahre gleichmäßig zu verteilen ist, ist handelsrechtlich im Jahr der Übertragung in voller Höhe als Aufwand zu verbuchen. Das hat das IDW unmissverständlich klargestellt.[1]

2441–2444 (Einstweilen frei)

5. Kombinierte Übertragung auf Pensionsfonds und Unterstützungskasse

2445 Pensionsfonds und Unterstützungskasse bilden durch die unterschiedlichen Rahmenbedingungen, in denen sich diese beiden mittelbaren Durchführungswege der bAV bewegen, ein ideales Paar, um bestehende GGf-Pensionszusagen **während der Anwartschaftsphase vollständig auf die externen Versorgungsträger zu übertragen.**

2446 Wie bereits ausgeführt, ist eine lohnsteuerfreie Übertragung auf einen Pensionsfonds nur insoweit durch die Spezial-Regelung des § 4e Abs. 3 EStG gedeckt, als bereits erdiente Anwartschaften (sog. Past Service) übertragen werden. Der für die Übertragung der noch zu erdienenden Anwartschaften (sog. Future Service) auf einen Pensionsfonds noch zur Verfügung stehende Dotierungsrahmen des § 3 Nr. 63 EStG i. H. v. 6.240 € p. a. wird i. d. R. bei Weitem nicht ausreichen, um bestehende GGf-Pensionszusagen auch insoweit auf einen Pensionsfonds zu übertragen.

2447 Um dieser Problematik aus dem Weg zu gehen, ist es daher erforderlich, für die zukünftige Gestaltung des Future Service einen weiteren mittelbaren Durchführungsweg heranzuziehen: die Unterstützungskasse.

2448 Wie bereits ausgeführt, eignet sich die rückgedeckte Unterstützungskasse bestens für die Übernahme des Future Service. Insbesondere die steuerrechtlichen Rahmenbedingungen führen dazu, dass sich die Unterstützungskasse optimal mit dem Pensionsfonds ergänzt.

2449 Die logische Verknüpfung der unterschiedlichen Rahmenbedingungen führt zu einem Kombi-Modell, das mittlerweile auch in der Literatur grundsätzlich positiv beurteilt wird. Die hierzu entstandene Verwirrung auf der Grundlage der BFH-Entscheidung v. 20. 7. 2016[2] hat der BFH selbst mit Entscheidung v. 7. 3. 2018[3] wieder beseitigt.

---

1 IDW RS HFA 30, Rz. 46 Satz 3.
2 BFH, Urteil v. 20. 7. 2016 - I R 33/15, BStBl 2017 II S. 66.
3 BFH, Urteil v. 7. 3. 2018 - I R 89/15, NWB DokID WAAAG 87341.

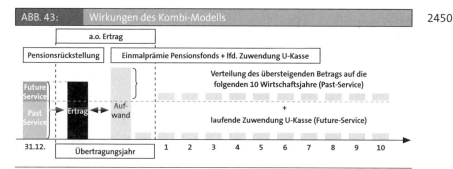

2450

Bei den Wirkungen des Kombi-Modells addieren sich die unterschiedlichen Effekte der beiden Durchführungswege:

Der **Past Service** wird unter Aufrechterhaltung der bisherigen Leistungszusage auf einen Pensionsfonds übertragen und mittels eines Einmalbeitrags ausfinanziert. 2451

Der **Future Service** wird im Zuge der Übertragung auf eine rückgedeckte Unterstützungskasse auf eine beitragsorientierte Leistungszusage umgestellt und zukünftig mittels periodengerechter laufender Beiträge bedient. 2452

(*Einstweilen frei*) 2453–2456

6. Der praktische Fall

a) Fallbeschreibung

Die B-Consulting GmbH hat ihrem GGf, Herrn BB, im Jahre 2009 eine Pensionszusage erteilt. Herr BB weist folgende **persönlichen Merkmale/Daten** auf: 2457

Geschlecht	Männlich
Geburtsdatum	31.12.1968
Diensteintritt	31.12.2003 (im Alter von 35 Jahren)
Status KStG	Nicht beherrschender GGf
Status BetrAVG	Nicht-Arbeitnehmer

Die Herrn BB gegenüber erteilte Pensionszusage weist folgende **Inhalte/Bewertungsparameter** auf:

Zusageerteilung	31.12.2009 (im Alter von 41 Jahren)
Pensionsalter	65 (erreicht am 31.12.2033)

X. Übertragung auf externe Versorgungsträger i. S. d. BetrAVG

Altersrente mtl.	5.000 €
Berufsunfähigkeitsrente mtl.	5.000 €
Witwenrente mtl.	3.000 €
Rentenanpassung gem. VPI D	2,0 % (Trendannahme für HGB)

Die Bilanzen der B-Consulting GmbH weisen per 31.12.2017 folgende **Werte** auf:

	Steuerbilanz	Handelsbilanz
Pensionsrückstellung 31.12.2017	228.750 €	460.036 €
Aktivwert 31.12.2017	130.000 €	130.000 €
Rückdeckungsquote 31.12.2017	56,83 %	28,26 %

Die **Vorausschau auf die künftige Entwicklung** der Bilanzwerte führt voraussichtlich zu folgenden Wertansätzen:

	Steuerbilanz	Handelsbilanz
Pensionsrückstellung 31.12.2018	250.943 €	552.331 €
Aktivwert 31.12.2018	150.000 €	150.000 €
Rückdeckungsquote 31.12.2018	59,77 %	27,16 %
Pensionsrückstellung 31.12.2033	768.684 €	1.627.321 €
Voraussichtliche Ablaufleistung	390.000 €	390.000 €
Rückdeckungsquote 31.12.2033	50,74 %	23,97 %

Das von der B-Consulting GmbH in Auftrag gegebene Gutachten zur Pensionszusage zeigt eindeutig, dass das bestehende Versorgungskonzept in dieser Form nicht mehr zukunftsfähig ist, da es sowohl für die GmbH (als Versorgungsträger) als auch für den GGf (als Versorgungsberechtigter) erhebliche Risiken beinhaltet. Da BB überlegt, ob er die Pensionsverpflichtung zukünftig nicht besser über externe Versorgungsträger finanzieren soll, richtet er an seine Berater folgende Frage, die er für die notwendige Restrukturierung unbedingt beantwortet haben möchte:

6. Der praktische Fall

b) Welche Folgen ergeben sich bei einer Übertragung der Pensionszusage nach dem Kombi-Modell?

Die Übertragung der Pensionszusage nach dem Kombi-Modell findet wie folgt statt:

Der Past Service wird auf einen Pensionsfonds, der Future Service auf eine rückgedeckte Unterstützungskasse übertragen. Als Übertragungsstichtag wird der 31.12.2018 gewählt.

Auf der Grundlage der o. g. Eckdaten ermitteln sich zum Übertragungsstichtag folgende Versorgungsleistungen:

	bisher zugesagte Versorgungsleistungen	Past Service	Future Service
Tage	10.958 T	5.479 T	5.479 T
in %	100 %	50,00 %	50,00 %
Alters- und BU-Rente mtl.	5.000 €	2.500 €	2.500 €
Witwenrente mtl.	3.000 €	1.500 €	1.500 €

Die Übertragung des Past Service findet versicherungsförmig (Variante „Sicherheit") mittels eines **Einmalbeitrags i.H.v. 857.600 €** statt; die Übertragung des Future Service wird mittels laufender gleichbleibender Zuwendungen i.H.v. **jährlich 65.850 €** finanziert. In beiden Fällen werden die übertragenen Versorgungsleistungen vom externen Versorgungsträger anhand der o. g. Beiträge garantiert.

Die Auswirkungen bei der **B-Consulting GmbH** im Wirtschaftsjahr 2018 lassen sich – unter der Annahme eines Antrags gem. § 4e Abs. 3 EStG – wie folgt darstellen:

	Steuerbilanz		Handelsbilanz
aufzulösende Pensionsrückstellung		228.750 €	460.036 €
abzgl. Einmalbeitrag (P-Fonds)		- 114.375 - €	- 857.600 €
Abzugrenzender Einmalbeitrag (P-Fonds)	743.225 €		0 €
abzgl. Jahreszuwendung für 2018 (U-Kasse)		- 65.850 €	- 65.850 €

X. Übertragung auf externe Versorgungsträger i. S. d. BetrAVG

Ergebnis im Übertragungsjahr (2018)	48.525 €	- 463.414 €
jährliche Betriebsausgabe für die nächsten 10 Jahre (P-Fonds)	74.323 €	0 €
jährliche Betriebsausgabe bis zum Pensionsalter (U-Kasse)	65.850 €	65.850 €

Da das beim Pensionsfonds aufgrund des Einmalbeitrags aufgebaute Deckungskapital die Höhe des handelsrechtlichen Erfüllungsbetrag deutlich übersteigt, kann die bisher gebildete Pensionsrückstellung im Zuge der Übertragung sowohl in der Steuer-, als auch in der Handelsbilanz der B-Consulting GmbH in voller Höhe aufgelöst werden.

2462 Aufgrund der unterschiedlichen Behandlung des an den Pensionsfonds zu leistenden Einmalbeitrags wird der Übertragungsvorgang im Wirtschaftsjahr 2018 in der Steuer- und Handelsbilanz der B-Consulting GmbH zu erheblich unterschiedlichen Ergebnissen führen:

2463 Während der Übertragungsvorgang in der **Steuerbilanz einen Gewinn i. H. v. 48.525 €** erzeugt, führt die uneingeschränkte Abzugsfähigkeit des Einmalbeitrags in der **Handelsbilanz zu einem Verlust i. H. v. 463.414 €**. Dabei wurde die von der FinVerw vertretene Rechtauffassung berücksichtigt, die in der Steuerbilanz einen Abzug des an den Pensionsfonds zu leistenden Einmalbeitrags nur insoweit zulässt, als die aufzulösende Pensionsrückstellung auf den Past Service entfällt.

2464 In den folgenden zehn Wirtschaftsjahren wird das steuerrechtliche Ergebnis der B-Consulting GmbH durch die Auflösung des abgegrenzten Einmalbeitrags an den Pensionsfonds i. H. v. jährlich 74.323 € reduziert. Die jährliche Zuwendung zugunsten der Unterstützungskasse i. H. v. 65.850 € ist sowohl in der Steuer-, als auch in der Handelsbilanz in voller Höhe als Aufwand zu verbuchen.

2465 Die **Liquiditätsbetrachtung per 31. 12. 2018** würde sich wie folgt darstellen:

	Liquidität
Zufluss aus Auflösung der Rückdeckungsversicherung	+ 150.000 €
Einmalbeitrag in den Pensionsfonds	- 857.600 €
Zuwendung an die Unterstützungskasse	- 65.850 €

6. Der praktische Fall

Steuerbelastung (30 % auf 48.525 €)	- 14.558 €
Liquidität	- 788.008 €

Eine **Reduzierung der Liquiditätsbelastung** könnte durch die Ausgestaltung des Pensionsplans erreicht werden. Für die Übertragung des Past Service auf einen Pensionsfonds stehen nämlich – neben der vorstehend gewählten versicherungsförmigen Variante „Sicherheit" – noch die nicht-versicherungsförmigen Varianten „Ausgewogen" und „Chance" zur Verfügung. Der jeweilige Einmalbeitrag würde sich in Abhängigkeit der gewählten Variante auf folgende Höhe belaufen:

2466

Variante	Einmalbeitrag
Sicherheit	857.600 €
Ausgewogen	507.350 €
Chance (Rechnungszins 2,5 %)	437.500 €

Die Liquiditätsbelastung durch die Übertragung der Pensionszusage auf die externen Versorgungsträger würde sich in Abhängigkeit von der Pensionsplangestaltung in folgendem Umfang verbessern:

2467

Variante	Liquidität
Sicherheit	- 788.088 €
Ausgewogen	- 437.838 €
Chance (Rechnungszins 2,5 %)	- 367.988 €

Das **ertragsteuerrechtliche Ergebnis** im Übertragungsjahr würde durch die Wahl der Variante „Ausgewogen" oder „Chance" nicht beeinflusst; das Ergebnis im Übertragungsjahr würde auch bei diesen Varianten 48.525 € betragen. Jedoch würde die Höhe der in den folgenden zehn Wirtschaftsjahren abzugsfähigen Betriebsausgaben auf jährlich 39.298 € (Variante „Ausgewogen"), bzw. auf jährlich 32.313 € (Variante „Chance") sinken.

2468

Das **handelsrechtliche Ergebnis** im Übertragungsjahr würde jedoch durch die Wahl der Variante „Ausgewogen" oder „Chance" sehr wohl beeinflusst werden. Hier würde sich das handelsrechtliche Ergebnis im Übertragungsjahr auf - 113.164 € (Variante „Ausgewogen"), bzw. auf - 43.314 € (Variante „Chance") belaufen. Sollte sich die B-Consulting GmbH für die Variante "Chance" entscheiden, so würde dies dazu führen, dass in der Handelsbilanz der B-Consulting GmbH nicht in vollem Umfang aufgelöst werden könnte.

2469

X. Übertragung auf externe Versorgungsträger i. S. d. BetrAVG

2470–2475 (*Einstweilen frei*)

7. Zusammenfassung

2476 Grundsätzlich kann die Kapitalgesellschaft mit dem Wechsel des Durchführungswegs erreichen, dass die bestehende Pensionsverpflichtung nicht mehr in ihren Bilanzen passiviert werden muss. Sofern die Kapitalgesellschaft vordergründig dieses Ziel verfolgt, erscheint eine Übertragung auf einen Pensionsfonds und/oder auf eine Unterstützungskasse als ein geeignetes Instrument.

2477 Grundsätzlich führen die unterschiedlichen Möglichkeiten zu einer Vielzahl von denkbaren Gestaltungen. Diese können wie folgt zusammengefasst werden:

Past Service	Future Service
Pensionszusage	Unterstützungskasse
Pensionsfonds	Pensionszusage
Unterstützungskasse	Pensionszusage
Unterstützungskasse	Unterstützungskasse
Pensionsfonds	Unterstützungskasse

2478 Der Wechsel des Durchführungswegs kann jedoch dann nicht mehr zu einem sachgerechten Ergebnis führen, wenn die Kapitalgesellschaft mit der Übertragung auch eine abschließende schuldrechtliche Entpflichtung erreichen möchte. Dieses Ziel kann im aktuellen Umfeld nicht realisiert werden. Die Übertragung auf einen externen Versorgungsträger verfügt daher an dieser Stelle über einen irreparablen Nachteil.

2479 Die Beratung zu Übertragungskonzepten, die einen Wechsel des Durchführungswegs beinhalten, stellt erhebliche Anforderungen an den Berater. Leider ist in der Praxis festzustellen, dass derartige Modelle vordergründig von Vermittlern der Finanzdienstleistungsbranche vertrieben werden. Die sachgerechte und neutrale Beratung kommt dabei leider allzu häufig zu kurz. Insbesondere wird der Aspekt der schuldrechtlichen Konsequenzen gerne unterschlagen. Auch im Bereich der nicht-versicherungsförmigen Übertragungsmodelle ist immer wieder festzustellen, dass über die damit einhergehenden Haftungsrisiken nicht ausreichend informiert wird.

2480 Ein besonders negatives Beispiel liefert hierzu leider der Markt der pauschal dotierten Unterstützungskassen. Die innerhalb dieses Marktes tätigen Ver-

7. Zusammenfassung

mittler erweisen der bAV einen Bärendienst, indem sie die pauschal dotierte Unterstützungskasse vordergründig als Instrument der Unternehmensfinanzierung anpreisen und dabei Modelle anbieten, die den Ansprüchen einer nachhaltigen Altersversorgung in keiner Weise gerecht werden können. Diese Marktlage ist besonders zu bedauern, da die pauschal dotierte Unterstützungskasse grundsätzlich auch für eine GGf-Pensionszusage einen attraktiven Durchführungsweg darstellen würde, sofern sie in einer sachgerechten Art und Weise eingerichtet und sorgfältig fortlaufend gepflegt werden würde.

(*Einstweilen frei*)　　　　　　　　　　　　　　　　　　　　　　2481–2486

XI. Übertragung im Falle der Liquidation – Betriebsaufgabe ohne Nachfolger

Aufgrund der demografischen Entwicklung in unserem Lande häufen sich zunehmend diejenigen Fälle, in denen die Kapitalgesellschaft aus altersbedingten Gründen vom bisherigen GGf nicht mehr fortgeführt werden kann. Gerade bei kleinen Kapitalgesellschaften, die oftmals ein sehr spezielles Geschäftsmodell verfolgen, ist der Fortbestand der Kapitalgesellschaft regelmäßig sehr stark an die Person des GGf gebunden. Kann ein adäquater Nachfolger nicht gefunden werden und kommt ein Verkauf an einen fremden Dritten nicht zustande, so steht der GGf vor der Frage, ob er die Kapitalgesellschaft als Rentner-GmbH fortführen möchte, oder ob er es bevorzugt den Geschäftsbetrieb einzustellen und die Kapitalgesellschaft abzuwickeln. 2487

Die Abwicklung der Kapitalgesellschaft erfolgt im Rahmen einer ordentlichen Liquidation. Bei der Liquidation handelt es sich um ein gesetzlich normiertes Abwicklungsverfahren.[1] Innerhalb des Verfahrens hat der Liquidator die Aufgabe die laufenden Geschäfte zu beendigen, die Verpflichtungen der aufgelösten Kapitalgesellschaft zu erfüllen, die Forderungen derselben einzuziehen und das Vermögen der Kapitalgesellschaft in Geld umzusetzen.[2] 2488

Im Rahmen der Liquidation wird sich regelmäßig herausstellen, dass die Fortsetzung bestehender Dauerschuldverhältnisse (z. B. Pensionszusage) mit einer in Liquidation befindlichen Kapitalgesellschaft unmöglich sein wird. Dies kann nach §§ 313, 314 BGB Anlass zu Vertragsänderungen oder Kündigungen geben.[3] Das Liquidationsverfahren zwingt den Liquidator daher hinsichtlich der bestehenden unmittelbaren Pensionsverpflichtung eine finale Lösung herbei zu führen, die die abschließende schuldrechtliche Entpflichtung der Kapitalgesellschaft zum Inhalt hat. 2489

1. Handlungsoptionen im Zuge der Liquidation

Hinsichtlich der notwendigen schuldrechtlichen Entpflichtung der Kapitalgesellschaft stehen dem Liquidator folgende Lösungswege zur Verfügung: 2490

▶ Erfüllung mittels Zahlung einer einmaligen **Kapitalleistung**
▶ Entschädigungsloser (Teil-)**Verzicht**
▶ Übertragung auf eine **Liquidationsversicherung**

---

1 §§ 60 bis 77 GmbHG.
2 § 70 Satz 1 GmbHG.
3 Vgl. *Beckmann/Hofmann* in Gehrlein/Born/Simon, GmbHG, 3. Aufl., Vor §§ 60 ff. Rz. 5 S. 1647.

XI. Übertragung im Falle der Liquidation – Betriebsaufgabe ohne Nachfolger

2491 Die Zahlung einer **einmaligen Kapitalleistung** führt zu einer wirtschaftlichen **Erfüllung des Versorgungsanspruchs** und zu einer schuldrechtlichen Befreiung der Kapitalgesellschaft. Auf welcher Grundlage die Kapitalisierung erfolgen kann, ist abhängig von den Inhalten der vertraglichen Vereinbarung zur Pensionszusage (Kapitalwahlrecht, Kapitalabfindung) und von der betriebsrentenrechtlichen Beurteilung des Versorgungsversprechens (siehe hierzu Rz. 2841).

2492 Ist danach die Kapitalisierung im Wege einer Abfindung vorzunehmen, so stellt sich auch im Rahmen einer Liquidation der Gesellschaft die Frage, ob eine in diesem Zusammenhang stattfindende Abfindung als betrieblich veranlasst zu beurteilen ist. Diese Frage ist u. E. eindeutig zu bejahen. Denn die Entpflichtung der Kapitalgesellschaft ist durch die Liquidation vorgegeben. Sie steht außerhalb der Einflussnahme des GGf und findet ihre Motivation unzweifelhaft in der betrieblichen Sphäre. Dies muss auch im Falle eines beherrschenden GGf gelten. Hinsichtlich der Abfindung kann diese Aussage letztendlich jedoch nur dann gelten, wenn die Abfindung nicht gegen das Abfindungsverbot des § 3 BetrAVG verstößt.

2493 Sollte die Vermögenslage der Kapitalgesellschaft nicht ausreichen, um eine wertgleiche Abfindungszahlung leisten zu können, so wird der versorgungsberechtigte GGf in diesem Zusammenhang einen Teilverzicht leisten müssen. Zu den Rechtsfolgen siehe Rz. 2526 ff.

2494 Die entgegengesetzte Lösung würde einen **entschädigungslosen Verzicht** des GGf auf seine Versorgungsanrechte zum Inhalt haben. Ein entschädigungsloser Verzicht des GGf führt unter wirtschaftlichen Gesichtspunkten zu einem **Untergang des Versorgungsanspruchs**, er hat jedoch ebenfalls die schuldrechtliche Befreiung der Kapitalgesellschaft zur Folge. Eine betriebliche Veranlassung kommt in diesem Zusammenhang nur insoweit in Betracht, als die aufgegebenen Versorgungsanrechte nach den Grundsätzen der mangelnden Finanzierbarkeit als nicht mehr werthaltig zu beurteilen sind (siehe hierzu Rz. 993 ff.). Sollte der Verzicht gegen § 3 BetrAVG verstoßen, so würde dies zwangsläufig die gesellschaftliche Veranlassung des Rechtsgeschäfts bedingen. In der Folge würde die Kapitalgesellschaft nicht von der Versorgungsschuld befreit werden.

2495–2499 *(Einstweilen frei)*

2. Übertragung auf eine Liquidationsversicherung

Der Gesetzgeber hat mit der sog. **Liquidationsversicherung** ein Ventil für all diejenigen Betriebe geschaffen, für die sich kein adäquater Nachfolger finden lässt oder die aus wirtschaftlichen Gründen die Geschäftstätigkeit einstellen möchten, bevor es zu einer Insolvenz kommt. 2500

Die Übertragung auf eine Liquidationsversicherung führt unter wirtschaftlichen Gesichtspunkten – im Gegensatz zu einer Kapitalisierung oder zu einem Verzicht – zu einer **Fortführung des bisherigen Versorgungsverhältnisses** und zu einer schuldrechtlichen Befreiung der Kapitalgesellschaft. 2501

Die Inanspruchnahme dieser Sonderbestimmung wird daher nur für diejenigen Gf von Interesse sein, die zum einen das **Langlebigkeitsrisiko absichern** und zum anderen **nicht mehr den Aufwand betreiben möchten**, der mit der Fortführung der Kapitalgesellschaft als Rentner-GmbH einhergeht (Kapitalanlage, Bilanzerstellung u. Ä.). 2502

Mit der folgenden Formulierung ermöglicht § 4 Abs. 4 BetrAVG, dass Unternehmen nicht mehr nur noch deswegen am Leben erhalten werden müssen, weil sie in der Vergangenheit einmal betriebliche Versorgungszusagen erteilt haben: „*Wird die Betriebstätigkeit eingestellt und das Unternehmen liquidiert, kann eine Zusage von einer Pensionskasse oder einem Unternehmen der Lebensversicherung ohne Zustimmung des Arbeitnehmers oder Versorgungsempfängers übernommen werden, wenn sichergestellt ist, dass die Überschussanteile ab Rentenbeginn entsprechend § 16 Abs. 3 Nr. 2 verwendet werden. § 2 Abs. 2 Satz 4 bis 6 gilt entsprechend.*" 2503

Zwingende Voraussetzung für die Inanspruchnahme der besonderen Übertragungsmöglichkeit des § 4 Abs. 4 BetrAVG ist die **Einstellung der Betriebstätigkeit und die anschließende Liquidation** des Unternehmens. Im Zusammenhang mit der Liquidation darf die bestehende Pensionszusage **auf eine Pensionskasse oder eine Lebensversicherungsgesellschaft übertragen** werden. Als weitere Voraussetzungen müssen folgende Punkte erfüllt werden: 2504

▶ Verwendung der Überschussanteile zur Rentenerhöhung,
▶ keine Beleihung oder Abtretung durch den Arbeitnehmer,
▶ keine Kündigung durch den Arbeitnehmer.

Die Zustimmung des Versorgungsberechtigten ist nach dem ausdrücklichen Wortlaut des Gesetzestextes in diesem Sonderfall nicht erforderlich. Dies wird auch durch die Neufassung des § 150 Abs. 2 VVG deutlich, der auch die Ein- 2505 holung der Einwilligung des Versorgungsberechtigten bei Lebensversicherungen im Bereich der bAV ausdrücklich ausschließt.

2506 Die Übertragung einer Pensionszusage auf eine Liquidationsversicherung wird durch § 4 Abs. 4 BetrAVG vorgegeben. Diese Vorschrift findet zwar keine unmittelbare Anwendung auf Unternehmer-Zusagen. In der Praxis wird die schuldbefreiende Übertragung einer unmittelbaren Pensionszusage eines beherrschenden GGf aber in Anlehnung an die Bestimmung des § 4 Abs. 4 BetrAVG durchgeführt. Zivilrechtlich handelt es sich bei dem Übertragungsvorgang dann um eine Übertragung gem. § 415 Abs. 1 BGB (siehe hierzu Rz. 3136).

2507–2510 *(Einstweilen frei)*

3. Rechtsfolgen der Übertragung auf eine Liquidationsversicherung

a) Auswirkungen beim Gesellschafter-Geschäftsführer

aa) Lohnsteuerfreie Übertragung

2511 Da Sinn und Zweck der Sonderregelung des § 4 Abs. 4 BetrAVG sowohl in der Förderung der bAV als auch in der Verwaltungsvereinfachung zu suchen sind, hat der Gesetzgeber im **§ 3 Nr. 65 Satz 1 Buchst. b EStG** dafür gesorgt, dass im Falle der Liquidation die Pensionszusage **lohnsteuerfrei übertragen** werden kann. Nach § 3 Nr. 65 Satz 1 Buchst. b EStG bleiben Leistungen zur Übernahme von Versorgungsleistungen oder unverfallbaren Versorgungsanwartschaften durch eine Pensionskasse oder ein Unternehmen der Lebensversicherung in den in § 4 Abs. 4 BetrAVG bezeichneten Fällen lohnsteuerfrei.

2512 Hinsichtlich der Anwendbarkeit der Sonderregelung hat sich die FinVerw großzügig gezeigt. Sie lässt es zu, dass die Steuerbefreiung des § 3 Nr. 65 Satz 1 Buchst. b EStG sowohl für GGf als auch für **beherrschende GGf** Anwendung finden darf, obwohl dieser Personenkreis nicht in den Geltungsbereich des BetrAVG fällt.[1]

bb) Versteuerung der späteren Rentenleistungen

2513 Durch die Übertragung der Pensionszusage auf eine Pensionskasse oder eine Lebensversicherung tritt keine Veränderung in der Besteuerungssituation des

---

1 R 3.65 Abs. 1 Satz 3 LStR 2015.

Versorgungsberechtigten ein. Die später von der übernehmenden Pensionskasse oder Lebensversicherungsgesellschaft zu leistenden Renten rechnen zu der Einkunftsart, zu denen die Versorgungsleistungen gehören würden, wenn eine Übertragung nicht stattgefunden hätte.[1] Somit rechnen die aus der unmittelbaren Pensionszusage herrührenden Rentenzahlungen auch nach ihrer Übertragung noch zu den Einkünften aus nichtselbständiger Arbeit i. S. d. § 19 EStG. Für die Erhebung der Lohnsteuer gelten die Pensionskasse oder der Lebensversicherer als Arbeitgeber und der Leistungsempfänger als Arbeitnehmer.[2]

b) Auswirkungen bei der GmbH

Die Pensionsverpflichtung wird mit schuldbefreiender Wirkung auf eine Pensionskasse oder ein Unternehmen der Lebensversicherung übertragen.[3] Die GmbH wird somit rechtlich und wirtschaftlich von der Pensionsverpflichtung befreit. Sie kann im Anschluss an die Übertragung liquidiert werden. 2514

Da die unmittelbare Pensionsverpflichtung durch die Übertragung auf den externen Versorgungsträger entfällt, ist die bisher gebildete Pensionsrückstellung in voller Höhe gewinnerhöhend aufzulösen. Dies gilt sowohl für die Steuer- als auch für die Handelsbilanz der Kapitalgesellschaft. 2515

Zwar ist davon auszugehen, dass der Übertragungsvorgang in den sachlichen Anwendungsbereich des § 4f EStG fällt, der im Grundsatz eine Aufwandsverteilung vorsieht. Gemäß § 4f Abs. 1 Satz 3 EStG unterbleibt jedoch eine Verteilung des sich ergebenden Aufwands, wenn die Schuldübernahme im Rahmen einer Veräußerung oder Aufgabe des gesamten Betriebes erfolgt. Die zur Übernahme notwendige Leistung an den Versorgungsträger in Form eines Einmalbeitrages ist daher in voller Höhe als betrieblicher Aufwand zu verbuchen.[4] 2516

(*Einstweilen frei*) 2517–2520

4. Ermittlung des Übertragungswertes

Die Ermittlung des Übertragungswertes erfolgt sowohl im Falle der Übertragung auf eine Pensionskasse als auch bei der Übertragung auf einen Lebensversicherer anhand der Rechnungsgrundlagen, die der jeweilige Versorgungs- 2521

---

1 § 3 Nr. 65 Satz 2 EStG.
2 § 3 Nr. 65 Satz 4 EStG.
3 § 4 Abs. 6 BetrAVG bei einer Übertragung innerhalb des BetrAVG; § 415 BGB bei einer Übertragung außerhalb des BetrAVG.
4 § 4 Abs. 4 EStG.

träger zur Kalkulation seiner Tarife verwendet. Dabei werden sich zwischen Pensionskasse und Lebensversicherer kaum Unterschiede ergeben, da beide Versorgungsträger mit denselben Rechnungsgrundlagen operieren. Die biometrischen Risiken werden unter Verwendung der Sterbetafeln DAV 2004 R kalkuliert. Der Rechnungszins beträgt aktuell 0,90 %.

2522 Da die Rechnungsgrundlagen des externen Versorgungsträgers damit von den Rechnungsgrundlagen abweichen, die bisher bei der steuer- und handelsrechtlichen Bewertung der unmittelbaren Pensionszusage zugrunde gelegt wurden (Heubeck-Richttafeln, Rechnungszins 6 % bzw. atmender Rechnungszins), ist auf den ersten Blick erkennbar, dass der vom externen Versorgungsträger geforderte Übertragungswert (Einmalbeitrag) die bisherigen Passivwerte der Pensionsverpflichtung bei Weitem übersteigen wird. Die dabei möglichen Dimensionen verdeutlicht der in Rz. 2541 folgende Praxisfall.

2523–2525 (Einstweilen frei)

5. Liquidation und Teilverzicht (bei Unterfinanzierung)

2526 Im Rahmen der Aufgabe der Geschäftstätigkeit ergibt es sich nicht selten, dass die vorhandene **Rückdeckungsversicherung nicht ausreicht,** um die Dotierung der Liquidationsversicherung in vollem Umfang zu finanzieren (Unterfinanzierung). Sollte auch die Verwertung des sonstigen Vermögens der Kapitalgesellschaft nicht zu Erlösen führen, die der Höhe nach geeignet sind, den entstandenen Finanzbedarf zu decken, wird eine Übertragung der Pensionszusage auf eine Pensionskasse oder ein Lebensversicherungsunternehmen in vollem Umfang nicht möglich sein. Somit steht der Gf vor der Frage, ob er in einem solchen Fall die bestehende Pensionszusage nur insoweit im Rahmen einer Liquidationsversicherung übertragen darf, als der Kapitalgesellschaft hierfür die Mittel zur Verfügung stehen.

2527 Da sich weder aus § 4 Abs. 4 BetrAVG noch aus § 3 Nr. 65 Satz 1 Buchst. b EStG ergibt, dass die Pensionszusage nur in ihrer gesamten Höhe auf eine Pensionskasse oder ein Lebensversicherungsunternehmen übertragen werden darf, ist davon auszugehen, dass auch nur eine teilweise Übertragung mittels einer Liquidationsversicherung steuerunschädlich möglich ist. Eine andere Betrachtung würde den Sinn und Zweck der Vorschrift unterlaufen.

2528 Gibt der GGf im nächsten Schritt den darüber hinausgehenden, nicht mehr finanzierbaren Teil der Pensionszusage ohne weitere Gegenleistung auf, so stellt sich zwangsläufig die Frage, ob ein derartiger Verzicht zu einer verdeck-

5. Liquidation und Teilverzicht (bei Unterfinanzierung)

ten Einlage und somit zu einer Versteuerung des Wiederbeschaffungswertes im Privatvermögen des GGf führen kann?

In einem solchen Falle ist zunächst zu prüfen, ob für einen im Zusammenhang mit einer Liquidation entstehenden **Teilverzicht eine betriebliche Veranlassung** anzunehmen ist. Unter Berücksichtigung der BFH-Rechtsprechung ist u. E. davon auszugehen, dass selbst in diesem Falle keine betriebliche Veranlassung gegeben ist, da der hierfür anzustellende hypothetische Fremdvergleich u. E. zu dem Ergebnis führt, dass der Umstand einer Liquidation es nicht ermöglicht, dass einem Fremd-Gf die bereits erdienten Versorgungsanwartschaften bzw. die fälligen Ansprüche entzogen werden können. 2529

Die Autoren gehen daher davon aus, dass der Verzicht durch die **Gesellschafterstellung veranlasst ist.** Sie stellen in ihren weiteren Überlegungen vielmehr auf die **Werthaltigkeit des Pensionsanspruchs** ab. Soweit die Werthaltigkeit zu verneinen ist, sind die Voraussetzungen für das Entstehen einer verdeckten Einlage nämlich nicht erfüllt. 2530

Daher bleibt zunächst zu prüfen, inwieweit die aufgegebenen Versorgungsanwartschaften in den Bereich des Past Service entfallen. Denn nur insoweit könnte eine verdeckte Einlage dem Grunde nach angenommen werden. Für die auf den Future Service entfallenden Versorgungsanwartschaften mangelt es nämlich von vornherein an einem einlagefähigen Vermögensvorteil (siehe hierzu Rz. 1140). Führt diese Ermittlung zu dem Ergebnis, dass der GGf auch auf Teile seiner bereits erdienten Versorgungsanwartschaften verzichtet, bleibt im letzten Schritt die Prüfung der diesbezüglichen Werthaltigkeit. Nur wenn diese zu bejahen ist, kann es zu einer verdeckten Einlage kommen (entsprechendes gilt für bereits laufende Leistungen). 2531

Eine **Werthaltigkeit der aufgegebenen Versorgungsanwartschaften** ist mit Sicherheit nur für den Teil der Versorgungsanwartschaften zu bejahen, der sich zukünftig durch die Liquidationsversicherung finanzieren lässt. Voraussetzung für diese rechtliche Folge ist allerdings, dass die Gesellschaft über die Mittel der Rückdeckungsversicherung hinaus sämtliche zur Verfügung stehenden Mittel verwendet, um die Dotierung der Liquidationsversicherung vorzunehmen (Abwicklungskosten ausgenommen). Wenn der GGf auf die darüber hinausgehenden Versorgungsansprüche dann entschädigungslos verzichtet, so kann diesbezüglich wegen mangelnder Werthaltigkeit keine verdeckte Einlage angenommen werden. Dies gilt auch dann, wenn der GGf dabei auf bereits unverfallbar erworbene Versorgungsanwartschaften (sog. Past Service) verzichtet. In diesem Sonderfall kommt es dann zwar zu einer verdeckten Einlage dem Grunde nach, die der Höhe nach jedoch mit 0 € zu bewerten ist. Eine 2532

XI. Übertragung im Falle der Liquidation – Betriebsaufgabe ohne Nachfolger

Werterhellung seiner Anrechte ist im Hinblick auf die Liquidation der GmbH in jedem Falle ausgeschlossen.

2533 Die Autoren können darauf verweisen, dass es ihnen mit der o. a. Begründung in einer Vielzahl von Fällen gelungen ist, eine teilweise Übertragung auf eine Liquidationsversicherung mit dem Segen der FinVerw (in Form einer verbindlichen Auskunft) erfolgreich umzusetzen.

2534 **Zu einem anderen Ergebnis kommt man wohl dann,** wenn die Kapitalgesellschaft nur die Mittel aus der Rückdeckungsversicherung bereitstellt und das darüber hinaus aus der Verwertung des sonstigen Vermögens zur Verfügung stehende Kapital zurückbehält. In diesem Fall ist davon auszugehen, dass eine verdeckte Einlage insoweit anzunehmen ist, als die Pensionszusage unter Einsatz des noch verfügbaren Kapitals hätte übertragen werden können.

2535 Die obigen Ausführungen zum Teilverzicht im Zuge der Liquidation gelten entsprechend, wenn sich der GGf anstelle der Übertragung auf eine Lebensversicherung zugunsten einer Kapitalisierung entscheidet.

2336–2540 *(Einstweilen frei)*

6. Der praktische Fall

a) Fallbeschreibung

2541 Die D-Services GmbH hat ihrem alleinigen GGf DD im Jahre 1993 eine Pensionszusage erteilt. Herr DD weist folgende **persönlichen Merkmale/Daten** auf:

Geschlecht	Männlich
Geburtsdatum	31. 12. 1953
Diensteintritt	31. 12. 1988 (im Alter von 35 Jahren)
Status KStG	Beherrschender GGf
Status BetrAVG	Unternehmer

Die Herrn DD gegenüber erteilte Pensionszusage weist folgende **Inhalte/Bewertungsparameter** auf:

Zusageerteilung	31. 12. 1993 (im Alter von 40 Jahren)
Pensionsalter	65 (erreicht am 31. 12. 2018)
Altersrente mtl.	3.000 €
Berufsunfähigkeitsrente mtl.	3.000 €
Witwenrente mtl.	1.800 €
Rentenanpassung	keine

6. Der praktische Fall

Die Bilanzen der D-Services GmbH weisen per 31.12.2017 folgende **Werte** auf:

	Steuerbilanz	Handelsbilanz
Pensionsrückstellung 31.12.2017	411.635 €	527.480 €
Aktivwert 31.12.2017	280.000 €	280.000 €
Rückdeckungsquote 31.12.2017	68,02 %	53,08 %

Die **Vorausschau auf die künftige Entwicklung** der Bilanzwerte führt voraussichtlich zu folgenden Wertansätzen:

	Steuerbilanz	Handelsbilanz
Pensionsrückstellung 31.12.2018	444.232 €	591.066 €
Voraussichtliche Ablaufleistung	300.000 €	300.000 €
Rückdeckungsquote 31.12.2018	67,53 %	50,76 %

Da es DD nicht gelungen ist, die GmbH-Anteile zu veräußern, denkt er nun darüber nach, die Betriebstätigkeit einzustellen und **die Gesellschaft zu liquidieren**. In diesem Zusammenhang richtet er an seinen Berater folgende Frage:

b) Welche Folgen ergeben sich bei einer Übertragung auf eine Liquidationsversicherung?

Da die unmittelbare Pensionsverpflichtung durch die Übertragung auf einen Lebensversicherer entfällt, ist die bisher gebildete Pensionsrückstellung sowohl in der Steuer- als auch in der Handelsbilanz in voller Höhe gewinnerhöhend aufzulösen. Die Leistung an den Lebensversicherer in Form eines Einmalbeitrages ist in voller Höhe als betrieblicher Aufwand zu verbuchen. Da der zur Übertragung **notwendige Einmalbeitrag i. H. v. 1.039.250 €** aufgrund der versicherungsspezifischen Kalkulation die Pensionsrückstellung um rd. 152 % übersteigt, erleidet die GmbH eine erhebliche Ergebnis- und Liquiditätsbelastung.

2542

XI. Übertragung im Falle der Liquidation – Betriebsaufgabe ohne Nachfolger

2543   Die **Ergebnisauswirkungen** bei der **D-Services GmbH** lassen sich wie folgt darstellen:

	Steuerbilanz	Handelsbilanz
Gewinnerhöhende Auflösung der Pensionsrückstellung	+411.635 €	+527.480 €
Einmalprämie Liquidationsversicherung	-1.039.250 €	-1.039.250 €
Ergebnisveränderung GmbH in 2018	-627.615 €	-511.770 €

Die **Liquiditätsauswirkungen** bei der **D-Services GmbH** lassen sich wie folgt darstellen:

	Liquidität
Ablaufleistung Rückdeckungsversicherung	+300.000 €
Einmalprämie Liquidationsversicherung	-1.039.250 €
Steuerersparnis (30% auf 627.615 €)	+188.285 €
Liquiditätsveränderung GmbH in 2018	-550.965 €

Die o. a. Steuerersparnis bleibt im Einzelfall zu prüfen.

Die Übertragung kann lohnsteuerfrei erfolgen.[1] Sie führt bei DD im Zeitpunkt der Übertragung zu keinem steuerpflichtigen Zufluss.

Die diesbezüglichen Auswirkungen würden bei **DD** zu folgendem Ergebnis führen:

steuerpflichtiger Arbeitslohn gem. § 19 EStG	0 €
private Steuerbelastung in 2018 ESt, SoliZ, KiSt	**0 €**

DD würde bei Eintritt des Versorgungsfalles die Rentenleistungen in voller Höhe vom übernehmenden externen Versorgungsträger erhalten. Die späteren Rentenleistungen hat er unverändert nach § 19 EStG zu versteuern.

2544   **Sollte die D-Services-GmbH nur über die Ablaufleistung aus der Rückdeckungsversicherung i. H. v. 300.000 € verfügen** und wäre sie nicht in der Lage, darüber hinausgehende Mittel zur Dotierung der Liquidationsversicherung einzusetzen, so würde sich damit **lediglich eine lebenslange Altersrente i. H. v. anfänglich rd. 866 € finanzieren lassen**. DD müsste in diesem Fall auf rd. 71 % seiner Pensionsansprüche entschädigungslos verzichten. Hinsichtlich der auf-

---

[1] § 3 Nr. 65 Satz 1 Buchst. b EStG.

zugebenden Pensionsansprüche würde es nach Auffassung der Autoren zwar zu einer verdeckten Einlage dem Grunde nach, nicht jedoch zu einer verdeckten Einlage der Höhe nach kommen, da diese als nicht werthaltig und somit mit 0 € zu beurteilen/bewerten wären (siehe hierzu Rz. 2532).

(*Einstweilen frei*) 2545–2550

7. Zusammenfassung

Der Gesetzgeber hat mit der Einführung der Sonderregelung des § 4 Abs. 4 BetrAVG eine praktikable und verwaltungsvereinfachende Möglichkeit geschaffen, um im Falle der Liquidation die Übertragung der Versorgungsanwartschaft auf einen externen Versorgungsträger zu ermöglichen. Die Gesellschaft wird durch die Leistung eines Einmalbeitrages von der bisherigen Pensionsverbindlichkeit befreit und kann anschließend liquidiert werden. Diese Lösung ist besonders für die Zielgruppe hochinteressant, die kein besonderes Interesse daran verspürt, die Kapitalgesellschaft nur wegen der Pensionszusage weiter am Leben zu erhalten und die die **Fortführung des bisherigen Versorgungsverhältnisses** und die **Absicherung des Langlebigkeitsrisikos als Ziel** verfolgt. Die Lösungsmöglichkeit der Liquidationsversicherung kann auch im Anschluss an einen Asset Deal gewählt werden. 2551

Wie so oft besteht aber auch bei der Liquidationsversicherung ein nicht unerheblicher Pferdefuß: Die unterschiedlichen Rechnungsgrundlagen führen zwangsläufig dazu, dass die Gesellschaft entweder deutlich mehr Mittel für die Übertragung einsetzen muss oder aber der GGf in Kauf nehmen muss, dass wesentliche Teile seiner Versorgungsanwartschaft untergehen. 2552

Für den in der Praxis regelmäßig vorkommenden Fall, dass die liquiden Mittel der Kapitalgesellschaft nicht ausreichen, um die Liquidationsversicherung zu dotieren, kann nach Auffassung der Autoren eine steuerneutrale Übertragung dann stattfinden, wenn der Kapitalgesellschaft über den geleisteten Einmalbeitrag hinaus keine weiteren Finanzmittel mehr zur Verfügung stehen. 2553

Ob es sinnvoll ist, die zur Verfügung stehende Lösungsmöglichkeit der Liquidationsversicherung zum Einsatz zu bringen, lässt sich immer nur anhand der individuellen Umstände des Einzelfalles beurteilen. 2554

(*Einstweilen frei*) 2555–2560

XII. Steuer-optimierte und risiko-minimierte Gestaltung einer Geschäftsführer-Versorgung

Die vorstehenden Kapitel haben deutlich gemacht, dass die Gf-Versorgung mit erheblichen Hürden und Fallen versehen ist. Die vielfältigen Möglichkeiten zur Durchführung und Finanzierung einer Gf-Versorgung sind in der Praxis für Unternehmen und deren Geschäftsleiter kaum mehr durchschaubar. Sollten sich Interessenten, die sich mit der Neueinrichtung einer Gf-Versorgung beschäftigen, durch die Angebotsfülle durchgearbeitet haben, so scheitern sie i. d. R. spätestens bei der steuerrechtlichen Behandlung derselben. FinVerw und Rechtsprechung haben insbesondere im Bereich der Gf-Versorgung dafür gesorgt, dass die Beherrschung dieser Disziplin nur noch absoluten und spezialisierten Fachleuten vorbehalten bleibt. 2561

Leider führt diese Situation in der Praxis dazu, dass viele kleine und mittelständische Kapitalgesellschaften mittlerweile davor zurückschrecken, ihren Geschäftsleitern noch unmittelbare Pensionszusagen zu erteilen. Und dies, obwohl der Versorgungsbedarf dieses Personenkreises noch nie so hoch war, wie er es in der heutigen Zeit ist. Aus Sicht der Autoren handelt es sich dabei jedoch um eine eindeutige Fehlreaktion. 2562

Der nachfolgende Musterfall soll der nachrückenden Generation von Gf aufzeigen, dass es sehr wohl auch heute noch möglich ist, für sie eine zeitgemäße Gf-Versorgung einzurichten, ohne dass die Kapitalgesellschaft dabei unkalkulierbare Risiken übernehmen müsste, die sie in der Zukunft evtl. überfordern könnten. 2563

1. Musterfall/Sachverhalt

Im Jahre 2008 wurde die F-Franchise-GmbH (FFG) von ihrem 100 %igen Gesellschafter und Gf, Herrn FF, gegründet. Die Gesellschaft hat sich mittlerweile erfolgreich am Markt etabliert. Da FF mit der Vollendung seines 40. Lebensjahrs auch eine Altersgrenze erreicht, die es ihm für geboten erscheinen lässt, sich vertiefend mit seiner Altersversorgung zu beschäftigen, möchte er für sich eine Gf-Versorgung in der Form einer unmittelbaren Pensionszusage einrichten. 2564

FF macht zu seiner Versorgungssituation folgende Angaben:

FF ist Jahrgang 1978. Er ist verheiratet und Vater zweier Kinder. Seine Ehefrau ist zurzeit nicht berufstätig. Sein Jahres-Bruttogehalt beträgt ohne Tantieme

120.000 €. Es erhöhte sich in den letzten Jahren um eine durchschnittliche Jahrestantieme i. H. v. 30.000 €. FF unterliegt nicht der Versicherungspflicht in der Sozialversicherung. Er ist privat krankenversichert.

Zur Absicherung der Berufsunfähigkeit und der Hinterbliebenenversorgung hat er in der Vergangenheit bereits eine Direktversicherung und private Risikoversicherungen abgeschlossen. Die einzurichtende Pensionszusage soll sich dementsprechend auf die Schaffung einer angemessenen Altersversorgung konzentrieren.

Hinsichtlich der neu einzurichtenden Pensionszusage nennt FF folgende Zielvorstellungen:

- ▶ keine unkalkulierbaren Risiken für die GmbH
- ▶ keine Belastung des Bilanzbildes
- ▶ individuell und flexibel gestaltbar
- ▶ keine Anlage in Form einer Versicherung
- ▶ Erhaltung der Dispositionsfreiheit über das Versorgungskapital
- ▶ steuerlich optimiert
- ▶ insolvenzgeschützt
- ▶ steuerbar in einer Krise
- ▶ kein späteres Verkaufshindernis für die GmbH

FF ist bereit, anfänglich eine Einmalanlage i. H. v. 50.000 € zu tätigen. Ferner kann die FFG jährliche Dotierungen bis zu 15.000 € aufbringen. Hinsichtlich der Kapitalanlage erklärt FF, dass er einer aktienorientierten Anlage der Deckungsmittel aufgeschlossen gegenübersteht.

Als Regelaltersgrenze hat FF das 67. Lebensjahr vorgegeben.

2. Einrichtung einer unmittelbaren Pensionszusage in Form einer Kapitalzusage

2565 Die o. g. Zielvorstellungen können über die Einrichtung einer unmittelbaren Pensionszusage in Form einer Kapitalzusage erfüllt werden. Die Einrichtung der unmittelbaren Pensionszusage soll zum 31. 12. 2018 erfolgen.

Das diesbezügliche **Versorgungskonzept** kann wie folgt beschrieben werden:

a) Elemente der Kapitalzusage

2566 Inhalt der Pensionszusage ist die Zusage auf Gewährung eines **einmaligen Alterskapitals i. H. v. 500.000 €**. Zugangsvoraussetzung ist das Ausscheiden aus

2. Einrichtung einer unmittelbaren Pensionszusage in Form einer Kapitalzusage

dem Dienstverhältnis nach Vollendung des 67. Lebensjahres. Vorzeitige Versorgungsrisiken bleiben wunschgemäß außen vor.

Weitere wichtige Inhalte der Pensionszusage: 2567
- ▶ Vorgezogenes Alterskapital ab dem 62. Lebensjahr möglich
- ▶ Gleitklausel zur Anpassung des Alterskapitals bei einer Weiterbeschäftigung über das 67. Lebensjahr hinaus
- ▶ Option zur ratenweisen Auszahlung des Alterskapitals
- ▶ Unverfallbarkeit ab Zusageerteilung
- ▶ Kapitalisierung im Falle eines vorzeitigen Ausscheidens möglich

Damit beinhaltet die vertragliche Vereinbarung zur Pensionszusage wesentliche Elemente, die für eine sachgerechte und flexible Steuerung des Versorgungskonzeptes dringend benötigt werden. 2568

b) Steueroptimierte Gestaltung

Die Erteilung einer derartigen Pensionszusage birgt unter ertragsteuerrechtlichen Gesichtspunkten ein **echtes Steuersparpotenzial**, welches in der aktuellen Beratungslandschaft kaum erkannt wird. Dieses zeigt sich, wenn man die Besteuerungssituation einer GmbH und deren Gesellschafter untersucht und sie mit derjenigen Situation vergleicht, die sich bei Erteilung einer Pensionszusage in Form einer Kapitalzusage ergibt. 2569

aa) Besteuerung der GmbH und deren Gesellschafter

Die GmbH erzielt Einkünfte aus Gewerbebetrieb i. S. d. § 15 EStG. Auf das von der GmbH erzielte Jahresergebnis hat die Gesellschaft sowohl Körperschaft- (zzgl. Solidaritätszuschlag) als auch Gewerbesteuer zu entrichten. Während der KöSt-Satz mit 15 % und der Solidaritätszuschlag mit 5,5 % auf die KöSt festgeschrieben ist, ist die GewSt-Belastung vom Standort des Unternehmens bzw. vom Gewerbesteuer-Hebesatz der jeweiligen Kommune abhängig, in der die GmbH ihr Unternehmen betreibt. 2570

Das von der GmbH erzielte Jahresergebnis steht nach Abzug der von der GmbH zu entrichtenden Ertragsteuern zur Ausschüttung an den/die Gesellschafter zur Verfügung. Im Falle einer Ausschüttung erzielt der jeweilige Gesellschafter Einkünfte aus Kapitalvermögen i. S. d. § 20 EStG. Auf die Gewinnausschüttung hat der jeweilige Gesellschafter dann nochmals eine Belastung durch die Abgeltungssteuer zu verkraften. Unter Umständen wäre auch eine Besteuerung nach dem Teileinkünfteverfahren möglich (siehe hierzu Rz. 3597). 2571

XII. Gestaltung einer Geschäftsführer-Versorgung

2572 **Ausgehend davon, dass**
- ▶ der Vor-Steuer-Gewinn einer GmbH zunächst auf der Ebene der GmbH mit einer (angenommenen) Gesamtsteuerbelastung i. H. v. 30 % (KöSt und GewSt) belegt wird,
- ▶ und die folgende Gewinnausschüttung dann beim Gesellschafter nochmals mit einer Gesamtsteuerbelastung von 26,375 % (Abgeltungsteuer zzgl. Soli) belastet wird,
- ▶ beträgt die Gesamtsteuerbelastung 48,46 % bzw.
- ▶ der Netto-Zufluss beim Gesellschafter nur noch 51,54 %.

Dieses Ergebnis lässt sich wie folgt belegen:

Jahresergebnis GmbH vor Steuern	100.000 €
abzgl. KöSt und GewSt (pauschal 30 %)	-30.000 €
Jahresergebnis nach Steuern	70.000 €
Gewinnausschüttung:	**70.000 €**
abzgl. Abgeltungssteuer (26,375 %)	-18.463 €
Netto-Zufluss (51,54 %):	**51.537 €**

2573 Untersucht man die Gesamtsteuerbelastung, die bei einem Gewerbesteuer-**Hebesatz i. H. v. 490** entsteht (z. B. München), so erhöht sich diese für den Gesellschafter der GmbH auf 50,65 %. In der Folge beträgt der **Netto-Zufluss für den Gesellschafter nur noch 49,35 %.** D. h., dass ein Gesellschafter einer in München ansässigen GmbH mehr als die Hälfte seines Vor-Steuer-Gewinns an den Staat abzuführen hat, wenn er sich nicht dafür entscheidet, den Gewinn im Betriebsvermögen der GmbH zu thesaurieren. Ein derartiges Ergebnis fordert es geradezu heraus, dass die betroffenen Personen auf legalen Wegen nach Mitteln suchen, über die eine derartige Steuerbelastung vermieden werden kann.

bb) Steueroptimierung durch die Erteilung einer Pensionszusage

2574 Erteilt die GmbH ihrem GGf eine Pensionszusage, so hat sie dafür in ihrer Steuerbilanz Pensionsrückstellungen zu bilden. Die Pensionsrückstellungen stellen buchmäßigen Aufwand dar; sie führen zu einer Reduzierung des Jahresergebnisses vor Steuern.

2575 Erteilt die GmbH ihrem GGf eine Pensionszusage in Form einer Kapitalzusage i. H. v. 500.000 €, so hat die GmbH bis zum Erreichen der Regelaltersgrenze in ihrer Steuerbilanz schrittweise Pensionsrückstellungen in einer kumulierten

2. Einrichtung einer unmittelbaren Pensionszusage in Form einer Kapitalzusage

Höhe von 500.000 € zu bilden. In der Folge stellt die GmbH damit einen Teilbetrag in Höhe der kumulierten Pensionsrückstellung von der Besteuerung auf der Ebene der GmbH frei. Eine Versteuerung dieses Teilbetrags findet erst dann statt, wenn die Kapitalleistung dem GGf zufließt.

Durch die Erteilung einer Pensionszusage in der Form einer Kapitalzusage verlagert die GmbH damit systematisch einen Teilbetrag in Höhe der kumulierten Pensionsrückstellung vom Bereich der Einkünfte aus Gewerbebetrieb (§ 15 EStG) bzw. der Einkünfte aus Kapitalvermögen (§ 20 EStG) in den Bereich der Einkünfte aus nichtselbständiger Arbeit (§ 19 EStG). Gelingt es durch diese Verlagerung eine Reduzierung der oben dargestellten **Gesamtsteuerbelastung i. H. v. 48,46 %** zu erreichen, so führt eine Pensionszusage, die in Form einer Kapitalzusage erteilt wird, für den Gesellschafter der GmbH zu einer echten und abschließenden Steuerersparnis.

2576

BERATUNGSHINWEIS:

Wird die Pensionszusage in Form einer lebenslangen Rentenzahlung erteilt, so wird der ertragsteuerliche Effekt der Pensionsrückstellung i. d. R. als ein Steuerstundungseffekt beschrieben. Dies deswegen, da die Pensionsrückstellung in der Anwartschaftsphase schrittweise auf- und in der Rentenphase schrittweise wieder abgebaut wird.

Im Falle einer Kapitalzusage wird die Pensionsrückstellung jedoch während der Anwartschaftsphase schrittweise aufgebaut und im Zeitpunkt der Auszahlung der Kapitalleistung auf einen Schlag aufgelöst. Der gewinnerhöhenden Auflösung der Pensionsrückstellung stellt die GmbH aber im selben Moment die Kapitalleistung an den GGf als abzugsfähige Personalkosten in gleicher Höhe gegenüber. Die Auszahlung bleibt damit steuerneutral. Der Steuereffekt der GmbH, den diese durch die in der Anwartschaftsphase aufgebaute Pensionsrückstellung erzielt hat, bleibt dadurch dauerhaft erhalten.

(1) Auswirkungen im Musterfall der FFG

Untersucht man nun **die Auswirkungen, die die Erteilung einer Kapitalzusage i. H. v. 500.000 € im zuvor definierten Musterfall der FFG mit sich bringt**, so ergibt sich – bezogen auf den Betrag i. H. v. 500.000 € – folgendes Bild:

2577

Steuerbelastung OHNE Pensionszusage:

kumuliertes Ergebnis GmbH vor Steuern (2018 bis 2045)	500.000 €
abzgl. KöSt und GewSt (pauschal 30 %)	-150.000 €
kumuliertes Ergebnis nach Steuern (2018 bis 2045)	350.000 €
Gewinnausschüttung (in 2045)	350.000 €
abzgl. Abgeltungsteuer (26,375 %)	-92.313 €
Netto-Zufluss OHNE Pensionszusage (51,54 %):	**257.687 €**

XII. Gestaltung einer Geschäftsführer-Versorgung

Anmerkung: Etwaige Zinswirkungen sind dabei bewusst noch nicht berücksichtigt.

Steuerbelastung MIT Pensionszusage:

kumuliertes Ergebnis GmbH vor Pensionszusage (2018 bis 2045)	500.000 €
abzgl. Pensionsrückstellung (2018 bis 2045)	-500.000 €
kumuliertes Ergebnis nach Pensionszusage (2018 bis 2045)	0 €
abzgl. KöSt und GewSt (pauschal 30 %)	0 €
kumuliertes Ergebnis nach Steuern	0 €
Gewinnausschüttung (in 2045)	0 €
abzgl. Abgeltungsteuer (26,375 %)	0 €
Kapitalleistung aus Pensionszusage (in 2045)	500.000 €
abzgl. ESt und Soli (36,94 %)	-184.705 €
Netto-Zufluss MIT Pensionszusage (63,06%):	315.295 €

Anmerkung: Etwaige Zinswirkungen sind dabei bewusst noch nicht berücksichtigt.

Ergebnis:

Netto-Zufluss	in €	Gesamt-Steuerbelastung	Netto-Quote
MIT Pensionszusage	315.295 €	36,94%	63,06%
OHNE Pensionszusage	257.687 €	48,46%	51,54%
Differenz	57.608 €	-11,52%	11,52%

Durch die Erteilung der Pensionszusage kann die **Gesamtsteuerbelastung um 11,52 %** gesenkt werden. Die Netto-Quote wird in derselben Höhe verbessert. Im Ergebnis wird dadurch **über die gesamte Laufzeit eine Gesamtsteuerersparnis i. H. v. 57.608 €** erzielt.

2. Einrichtung einer unmittelbaren Pensionszusage in Form einer Kapitalzusage

BERATUNGSHINWEIS:

Gelingt es der GmbH durch die Steuereffekte, die durch die Bildung der Pensionsrückstellung in der Anwartschaftsphase erzeugt werden, entsprechende Kapitalerträge zu erzielen, so wird sich der Steuerspareffekt entsprechend vergrößern.

Begründung: Die Kapitalleistung ist im Bereich der Einkünfte aus nichtselbständiger Arbeit gem. § 19 EStG i.V.m. § 34 Abs. 1 und Abs. 2 Nr. 4 EStG im Rahmen der sog. Fünftelungsregelung zu versteuern (siehe hierzu Rz. 3850). Dabei wird methodisch zunächst die Steuerbelastung auf das erste Fünftel der Kapitalleistung (hier: 100.000 €) ermittelt und diese dann auf die weiteren vier Fünftel übertragen. Ausgangspunkt ist dabei das regulär zu versteuernde Einkommen (also das zu versteuernde Einkommen des betreffenden Veranlagungszeitraums ohne Kapitalleistung).

Ausgehend davon, dass das **regulär zu versteuernde Einkommen** von FF im Jahr des Zuflusses der Kapitalleistung 30.000 € beträgt, so lösen die ersten 100.000 € der Kapitalleistung eine Steuerbelastung i. H. v. 36.941 € aus (ESt: 34.974 €; Soli: 1.967 €). Die **Gesamtsteuerbelastung beläuft sich somit auf 36,94 %**. Übertragen auf die gesamte Kapitalleistung ermittelt sich somit auf die Kapitalleistung eine Steuerbelastung i. H. v. 184.705 €. Die Netto-Kapitalleistung beträgt somit 315.295 € bzw. 63,06 % der Brutto-Kapitalleistung.

Würde FF hinsichtlich der Versteuerung der Gewinnausschüttung i. H. v. 350.000 € zum Teileinkünfteverfahren gem. § 32d Abs. 2 Nr. 3 EStG optieren, so hätte er Einkünfte aus Kapitalvermögen i. H. v. 210.000 € (350.000 € * 60 %) anhand der tariflichen Einkommensteuer zu versteuern. Diese Einkünfte würden eine Gesamt-Steuerbelastung i. H. v. 85.682 € auslösen (40,80 %). Im Vergleich zur Versteuerung nach den Bestimmungen der Abgeltungssteuer würde FF somit seine Steuerbelastung, die ohne Pensionszusage entstehen würde, um 6.631 € reduzieren. Am Ende erzeugt die Pensionszusage auch in diesem Fall noch eine Steuerersparnis i. H. v. 50.977 €.

(2) Sensitivitätsanalyse

Geht man davon aus, dass das **regulär zu versteuernde Einkommen 50.000 €** beträgt, so erhöht sich die **Gesamtsteuerbelastung für die Kapitalleistung auf 40,14 %**. Übertragen auf die gesamte Kapitalleistung ermittelt sich somit auf die Kapitalleistung eine Steuerbelastung i. H. v. 200.714 €. Die Netto-Kapitalleistung beträgt somit 299.286 € bzw. 59,86 % der Brutto-Kapitalleistung. Die Steuerersparnis beläuft sich auch in diesem Fall auf 41.599 €. Die Option zum Teileinkünfteverfahren würde das Ergebnis nur noch um 3.427 € verschlechtern, so dass sich die Steuerersparnis immer noch auf 38.172 € belaufen würde.

XII. Gestaltung einer Geschäftsführer-Versorgung

2579 Das Ergebnis zeigt, dass die zu erzielende Steuerentlastung im Wesentlichen von der Höhe des regulär zu versteuernden Einkommens im Jahr des Zuflusses der Kapitalleistung beeinflusst wird. Dabei gilt:

Je höher das regulär zu versteuernde Einkommen ist, desto geringer fällt die Steuerentlastung aus.

Ab einem regulär zu versteuernden Einkommen von 109.900 € (Ehegatten, Splittingtabelle) bzw. 54.950 € bei Alleinstehenden, wird die Fünftelungsregelung ins Leere gehen. D. h., dass in diesem Bereich der Grenzsteuersatz von 42 % zzgl. Soli erreicht wird. Aber selbst in diesem Bereich wird die Kapitalleistung „nur" mit 44,31 % belastet. Übertragen auf die gesamte Kapitalleistung ermittelt sich somit auf die Kapitalleistung eine Steuerbelastung i. H. v. 221.550 €. Die Netto-Kapitalleistung beträgt demnach 287.450 € bzw. 55,69 % der Brutto-Kapitalleistung.

2580 **Dieses Teilergebnis führt zu der grundsätzlichen Feststellung,** dass eine Verlagerung der Einkünfte der GmbH über eine Pensionszusage in den Bereich der Einkünfte aus nichtselbständiger Arbeit für den Gesellschafter der GmbH **auch dann noch eine Steuerersparnis erzeugt,** wenn der Gesellschafter den Zufluss aus der Pensionszusage im Bereich des **Grenzsteuersatzes zu versteuern hat.** Die Nutzung der Fünftelungsregelung kann optional zu einer (deutlichen) Verbesserung des Ergebnisses führen.

cc) Optimierung durch Teilauszahlung

2581 Eine weitere Verbesserung des Ergebnisses lässt sich erzielen, wenn die Kapitalleistung nicht in einem Betrag zur Auszahlung gelangt, sondern diese z. B. über einen Zeitraum von zehn Jahren ausbezahlt wird. Zwar geht in diesem Falle die Begünstigung im Rahmen der Fünftelungsregelung verloren (siehe hierzu Rz. 3851). Die Effekte aus der tariflichen Besteuerung gleichen dies i. d. R. aber mehr als aus.

Ermittelt man die diesbezügliche Steuerbelastung im Falle der FFG so führt dies zu folgendem Ergebnis:

Bei einer Teilauszahlung in **10 gleichen Jahresraten i. H. v. 50.000 €** würde sich – in Abhängigkeit vom regulär zu versteuernden Einkommen – folgende Steuerbelastung auf die Teilzahlungsbeträge ermitteln.

reguläres zvE	ESt	Soli	Gesamtsteuer	in %
30.000 €	14.958,00 €	866,10 €	15.824,10 €	31,65
50.000 €	17.160,00 €	943,50 €	18.103,80 €	36,21

2. Einrichtung einer unmittelbaren Pensionszusage in Form einer Kapitalzusage

Im **Ausgangsfall** (reguläres zu versteuerndes Einkommen: 30.000 €) würde sich somit die Steuerbelastung auf die Kapitalleistung von 36,94 % auf 31,65 % reduzieren. Im **alternativen Szenario** (reguläres zu versteuerndes Einkommen: 50.000 €) würde sich die Steuerbelastung auf die Kapitalleistung von 40,14 % auf 36,21 % reduzieren.

In beiden Fällen lässt sich durch die Teilauszahlung nochmals ein deutlicher Steuerspareffekt erzielen.

(*Einstweilen frei*) 2582–2586

c) Risikominimierte Gestaltung

Durch die Erteilung einer Kapitalzusage wird das Hauptrisiko einer herkömmlichen Pensionszusage eliminiert: Das **Langlebigkeitsrisiko**. 2587

Die mit dem Langlebigkeitsrisiko einhergehende Unkalkulierbarkeit, die aufgrund einer lebenslang zugesagten Versorgungsleistung besteht, wird über den Weg der Kapitalzusage beseitigt. Durch die Kapitalzusage entsteht eine klar kalkulierbare Versorgungsverpflichtung. Ferner bleiben rentenförmige Leistungen auch für den Fall der vorzeitigen Versorgungsrisiken – und somit das Berufsunfähigkeits- und Hinterbliebenenrisiko – außen vor. 2588

Über die Form der Kapitalzusage wird auch das **handelsbilanzielle Risiko** ausgeschaltet, da die Höhe der Kapitalleistung die Höhe der maximalen Rückstellungshöhe definiert (siehe hierzu Rz. 2613). 2589

Die Frage des **Kapitalanlagerisikos** wird über die Art der Versorgungszusage gesteuert: 2590

Die vorstehend beschriebene Kapitalzusage ist als **Leistungszusage** ausgestaltet. Dies beinhaltet für die Kapitalgesellschaft zum einen das Kapitalanlagerisiko, zum anderen bietet es jedoch die maximale Gestaltungsfreiheit bei der Ausgestaltung der Dotierung. Da die Dotierung kein verbindliches Element der Leistungszusage darstellt, könnte diese während der Laufzeit an die Entwicklung der Kapitalgesellschaft angepasst werden. Damit könnten z. B. einmalige Zuzahlungen geleistet oder im Falle einer positiven Entwicklung des Depots eine Reduzierung der laufenden Dotierung vorgenommen werden. Ferner beinhaltet dieses Konzept die Möglichkeit, dass im Rahmen der ertragsteuerrechtlichen Bewertung auf die zugesagte Leistung abgestellt werden kann. In der Folge kann im Jahr der Zusageerteilung eine entsprechende Erstrückstellung gebildet werden.

XII. Gestaltung einer Geschäftsführer-Versorgung

2591   Grundsätzlich wäre es auch möglich ein derartiges Konzept im Wege einer **beitragsorientierten Leistungszusage** einzurichten. Das Kapitalanlagerisiko würde dadurch reduziert. Die Gestaltungsfreiheiten und die Rückstellungbildung würden jedoch darunter leiden, da zum einen dann eine verbindliche Regelung zur Dotierung getroffen werden müsste und zum anderen die Rückstellungsbildung nur auf die Höhe der Garantieleistung abgestellt werden dürfte. Die Erstrückstellung würde sich dadurch erheblich reduzieren.

2592   **Außerhalb des BetrAVG** wäre es grundsätzlich auch möglich eine reine **Beitragszusage** einzurichten. Dabei würde sich die Versorgungsleistung ausschließlich anhand der Wertentwicklung des Depots bemessen. Das Kapitalanlagerisiko würde dadurch zwar komplett eliminiert werden; die Gestaltungsfreiheiten in der Dotierung würden jedoch erheblich eingeschränkt werden. Die Effekte der Rückstellungsbildung gingen zudem verloren, da die Finanzverwaltung einer reinen Beitragszusage keinen Versorgungscharakter beimisst.[1] Daher müsste die Beitragszusage mit einer Mindestleistung versehen werden, die dann der Ermittlung der Pensionsrückstellung zugrunde gelegt werden könnte.

2593   Ob bei einer Gestaltung im Wege einer beitragsorientierten Leistungszusage oder einer Beitragszusage mit Mindestleistung einmalige Anlagebeträge in das Konzept eingebracht werden können, bedarf einer individuellen Prüfung anhand der Umstände des Einzelfalles.

2594   Für sämtliche Zusageformen gilt jedoch, dass in Verbindung mit einem **intelligenten Finanzierungskonzept** über die gesamte Laufzeit dafür gesorgt werden kann, dass auch im Falle eines **Störfalles** (wie z. B. Krise der GmbH oder vorzeitiger Verkauf) jederzeit eine ausreichende Bedeckung für die bis zu diesem Zeitpunkt zeitanteilig unverfallbar erworbenen Versorgungsanwartschaften (Past Service) besteht.

2595–2598   *(Einstweilen frei)*

d) Finanzierung der Kapitalzusage

2599   Die Finanzierung der Kapitalzusage soll über ein sog. **Asset Funding-Modell** erfolgen, welches unterschiedliche Formen der Kapitalanlage beinhalten kann. Da die Ausgestaltung eines derartigen Anlage-/Finanzierungskonzepts einer

---

[1] OFD Koblenz; Vfg. v. 15. 10. 2003 - S 2176 A – St 41 2, NWB DokID: XAAAB-16348.

2. Einrichtung einer unmittelbaren Pensionszusage in Form einer Kapitalzusage

fachkundigen Beratung durch einen spezialisierten Anlageberater bedarf, wird ein individuelles Finanzierungskonzept erst in einem zweiten Schritt durch einen derartigen Dienstleister auszuarbeiten sein. Die Ausarbeitungen im Rahmen des Konzeptes zur Einrichtung der Kapitalzusage beinhalten daher die Anlage der Mittel in einem **fiktiven Anlagedepot** sowie eine beispielhafte Performance/Wertentwicklung des Versorgungskapitals, anhand derer die Wirkungen und die Gestaltungsmöglichkeiten dargestellt und verdeutlicht werden.

Grundmodell: Dabei werden im **Grundmodell** eine durchschnittliche Wertentwicklung von **2,5 %** sowie eine volle Steuerpflicht der Kapitalerträge unterstellt.

2600

Dies führt zu folgenden Eckpunkten:

Einmalanlage	Laufende Dotierung p. a.	Kapitalertrag p. a.	Steuerpflicht Kapitalerträge	Deckungsvermögen bei Erreichen Pensionsalter
50.000 €	10.360 €	2,5 %	100 %	500.000 €

Sensitivitätsanalyse 1: Abweichender Kapitalertrag

Im Rahmen einer **Sensitivitätsanalyse 1** werden dann die Abweichungen ermittelt, die sich bei einer Veränderung der Wertentwicklung um **-1,5 %** sowie um **+1,5 %** ergeben.

Dies führt zu folgenden Eckpunkten:

2601

Einmalanlage	Laufende Dotierung p. a.	Kapitalertrag p. a.	Steuerpflicht Kapitalerträge	Deckungsvermögen bei Erreichen Pensionsalter
50.000 €	13.960 €	1,0 %	100 %	500.000 €
50.000 €	7.270 €	4,0 %	100 %	500.000 €

Sensitivitätsanalyse 2: Abweichender Kapitalertrag und reduzierte Steuerpflicht

Im Rahmen der **Sensitivitätsanalyse 2** werden dann noch die Wirkungen dargestellt, die sich ergeben, wenn die Kapitalanlage in Form von **Aktien** erfolgt

XII. Gestaltung einer Geschäftsführer-Versorgung

und infolge dessen davon ausgegangen wird, dass der **steuerpflichtige Anteil der Kapitalerträge nur noch 5 %** beträgt.[1]

Dies führt zu folgenden Eckpunkten:

Einmalanlage	Laufende Dotierung p. a.	Kapitalertrag p. a.	Steuerpflicht Kapitalerträge	Deckungsvermögen bei Erreichen Pensionsalter
50.000 €	13.960 €	1,0 %	5 %	500.000 €
50.000 €	10.360 €	2,5 %	5 %	500.000 €
50.000 €	7.270 €	4,0 %	5 %	500.000 €

2602 **Dotierungen:** Wunschgemäß wird davon ausgegangen, dass die FFG im Jahr der Einrichtung der Pensionszusage einen einmaligen Kapitalbetrag i. H. v. 50.000 € zur Anlage bringt. Die darüber hinaus notwendigen jährlichen Dotierungen werden jeweils zu Beginn des Wirtschaftsjahres in einem Betrag geleistet.

BERATUNGSHINWEIS:

Im Rahmen der Sensitivitätsanalyse 2 wird auf die Steuerfreistellung des § 8b KStG Bezug genommen. Danach bleiben z. B. Gewinnanteile (Dividenden) aus Aktien, die eine Kapitalgesellschaft aus einer entsprechenden Beteiligung vereinnahmt bei der empfangenden Kapitalgesellschaft steuerfrei.[2] Ferner bleiben auch Gewinne aus einer Veräußerung einer entsprechenden Beteiligung bei der Kapitalgesellschaft grundsätzlich steuerfrei.[3] Im Falle eines steuerfreien Veräußerungsgewinns gelten lediglich 5 % des Gewinns als nicht abzugsfähige Betriebsausgaben.[4] § 8b KStG ist jedoch nach der jüngsten Reform der Investmentbesteuerung nicht mehr auf Investmenterträge anzuwenden, die im Rahmen eines Investmentfonds erzielt werden (§ 16 Abs. 3 InvStG). Werden die Fondsanteile jedoch im Betriebsvermögen einer Kapitalgesellschaft gehalten, so wird bei Aktienfonds auf der Ebene des Anlegers eine Teilfreistellung der steuerbaren Investmenterträge i. H. v. 80 % gewährt (§ 20 Abs. 1 Satz 3 InvStG). Damit wird ein Ausgleich dafür geschaffen, dass Investmentfonds seit dem 1.1.2018 mit ihren inländischen Einkünften der deutschen Körperschaftsteuer unterliegen und hierfür eine Steuer in Höhe von 15 % zu entrichten haben.

Die steuerbegünstigte Behandlung von Beteiligungserträgen kann im Rahmen eines individuellen Finanzierungskonzeptes genutzt werden. Ob die Form einer aktienbasierten Anlagestrategie auch zu der jeweils betroffenen Kapitalgesellschaft passt, bedarf einer individuellen Prüfung anhand der Umstände des Einzelfalles.

---

1 § 8b KStG.
2 § 8b Abs. 1 KStG.
3 § 8b Abs. 2 KStG.
4 § 8b Abs. 3 KStG.

2. Einrichtung einer unmittelbaren Pensionszusage in Form einer Kapitalzusage

(*Einstweilen frei*)   2603–2606

e) Bilanzielle Behandlung

Die Herrn FF gegenüber einzurichtende Pensionszusage wird unmittelbar durch die FFG durchgeführt. Daher ist die Pensionszusage mittels der Bildung von Pensionsrückstellungen in den Bilanzen der FFG abzubilden.   2607

Da vorliegend die Finanzierung der Pensionsverpflichtung über ein fiktives Anlagedepot – und nicht über eine Rückdeckungsversicherung – angenommen wird, findet hinsichtlich des anzulegenden Einmalkapitals sowie der fortlaufenden Dotierungen lediglich ein ergebnisneutraler Aktivtausch statt. Daher beschränkt sich die bilanzielle Auswirkung auf das Jahresergebnis zunächst ausschließlich auf die aus der Zuführung zur Pensionsrückstellung resultierende Wirkung. In der Folgezeit sind die innerhalb des Depots erzielten Kapitalerträge bilanzrechtlich zu würdigen und zu erfassen.   2608

aa) Erstrückstellung im Jahr der Einrichtung

Die unmittelbare Pensionsverpflichtung wird sowohl für die Zwecke der Steuer- als auch für die Handelsbilanz mit dem (modifizierten) Teilwertverfahren bewertet.   2609

Danach ergeben sich per **31.12.2018** voraussichtlich folgende **Pensionsrückstellungen**:   2610

Steuerbilanz	Handelsbilanz (3,20 %)
51.005 €	10.865 €

Durch die Erstzuführung zur ertragsteuerrechtlichen Pensionsrückstellung i.H.v. 51.005 € kann im Jahr der Zusageerteilung ein Teilbetrag des Jahresgewinns der Versteuerung vorenthalten werden, der ziemlich genau dem anzulegenden Einmalkapital entspricht.

Da Herr FF als beherrschender GGf im steuerrechtlichen Sinne zu beurteilen ist, ist die vertragliche Regelung zur Unverfallbarkeit derart ausgestaltet, dass ein Erdienen erst ab dem Zeitpunkt der Zusageerteilung stattfindet (sog. s/t-tel). Dies wird bei der handelsrechtlichen Bewertung in der Form berücksichtigt, dass der Finanzierungsbeginn auf den Beginn des Jahres der Zusageerteilung abstellt, während bei der steuerrechtlichen Bewertung auf den Beginn des Jahres des Diensteintritts abzustellen ist.[1] In der Folge ergibt sich im   2611

---

[1] § 6a Abs. 3 Satz 2 Nr. 1 Satz 2 EStG.

XII. Gestaltung einer Geschäftsführer-Versorgung

Jahr der Zusageerteilung die atypische Situation, dass die ertragsteuerrechtliche Pensionsrückstellung die handelsrechtliche übersteigt.

bb) Rückstellungsverlauf bis zum Pensionsalter

2612 Im weiteren Verlauf der Anwartschaftsphase wird sich die handelsrechtliche Pensionsrückstellung zunächst an die steuerrechtliche annähern, um sie nach Ablauf von sechs Jahren erstmals zu überholen. In den Folgejahren wird sich die handelsrechtliche Pensionsrückstellung leicht von der steuerrechtlichen entfernen, um sich gegen Ende der Anwartschaftsphase wieder anzunähern. Da die Zusage als Kapitalzusage ausgestaltet ist, wird durch die zugesagte Kapitalleistung sowohl für die Steuer- als auch für die Handelsbilanz der Endwert der Pensionsrückstellung definiert.

Der voraussichtliche **Verlauf der Pensionsrückstellungen** stellt sich wie folgt dar:

2613 **ABB. 44:** Vergleich Verlauf Steuerrecht zu Handelsrecht (vor Saldierung)

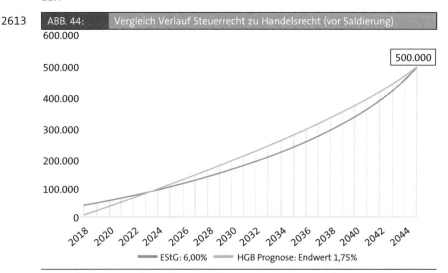

Die Grafik bestätigt die obige Schilderung und verdeutlicht, dass die spezielle Form der Zusage nur zu minimalen Abweichungen zwischen der steuer- und handelsbilanziellen Pensionsrückstellung führt.

2614 Im Hinblick auf die Handelsbilanz ist jedoch zu berücksichtigen, dass der vorstehend dargestellte Verlauf die Brutto-Pensionsrückstellung darstellt. Da das Guthaben des fiktiven Anlagekontos an FF verpfändet wird, handelt es sich insoweit um **zweckgebundenes Deckungsvermögens** i. S. d. § 246 Abs. 2 Satz 2

2. Einrichtung einer unmittelbaren Pensionszusage in Form einer Kapitalzusage

HGB. Das zweckgebundene Vermögen ist in der Handelsbilanz mit seinem Zeitwert zu aktivieren.[1] Die Pensionsrückstellung ist daher in der Handelsbilanz der FFG nur in Höhe des **Netto-Verpflichtungsumfangs**, der durch die Saldierung der beiden Positionen zu ermitteln ist, auszuweisen.

Die **Saldierung** stellt sich voraussichtlich wie folgt dar:

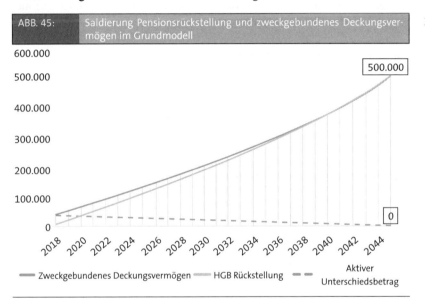

ABB. 45: Saldierung Pensionsrückstellung und zweckgebundenes Deckungsvermögen im Grundmodell

2615

Die Abbildung verdeutlicht, dass das Zusammenspiel von Kapitalzusage und Finanzierungskonzept dazu führt, dass das zweckgebundene Deckungsvermögen die Brutto-Pensionsverpflichtung auch bei Berücksichtigung des zu erwartenden weiteren Rückgangs des Rechnungszinsfußes über die gesamte Laufzeit übersteigen wird. Dies gilt sowohl im Grundmodell, als auch bei den im Rahmen der Sensitivitätsanalyse angestellten Vergleichsberechnungen, sofern die geplanten Dotierungen entsprechend auch durchgeführt werden. Daher wird in der Handelsbilanz bei einem planmäßigen Verlauf keine Pensionsrückstellung zu passivieren sein. Vielmehr wird die Überdeckung in der Handelsbilanz am Schluss der Aktivseite unter der Position „*aktiver Unterschiedsbetrag aus der Vermögensverrechnung*" auszuweisen sein.

---

1 § 246 Abs. 2 Satz 3 HGB.

f) Liquiditäts- und Finanzierungswirkungen

2616 Die Finanzierung der unmittelbaren Pensionsverpflichtung über ein Asset Funding-Modell wird während der Anwartschaftsphase maßgeblich durch den erzielbaren Kapitalertrag und dessen steuerrechtlicher Behandlung beeinflusst. Im Rahmen der Konzepterstellung wird daher mit verschiedenen Kapitalerträgen und unterschiedlichen steuerrechtlichen Behandlungen operiert (Grundmodell mit Sensitivitätsanalysen).

aa) Liquidität im Jahr der Einrichtung

2617 Die Liquidität im Jahr der Einrichtung der unmittelbaren Pensionszusage ist unabhängig vom zugrunde gelegten Finanzierungsmodell.

2618 Die folgende Betrachtung gilt daher für sämtliche vorstehend dargestellten Finanzierungsvariationen:

		Liquidität
Dotierung in fiktives Anlagekonto		- 50.000 €
Steuerliches Ergebnis	*- 51.005 €*	
Steuerersparnis (30 % auf steuerliches Ergebnis)		+ 15.302 €
Liquidität nach Steuern		- 34.698 €

Die Einmalanlage wird daher zu 30% aus dem Steuereffekt der Erst-Rückstellung finanziert.

bb) Liquiditätsentwicklung bis zum Pensionsalter

2619 Die Liquiditätsentwicklung ist im Verlauf der Anwartschaftsphase maßgeblich von dem zugrunde gelegten Kapitalertrag und der steuerrechtlichen Behandlung der Kapitalerträge abhängig.

(1) Grundmodell

2620 Über die gesamte Anwartschaftsphase ergibt sich im Grundmodell (2,5 % Kapitalertrag, volle Steuerpflicht) folgende Liquiditätsentwicklung:

		Liquidität
Dotierung in fiktives Anlagekonto		- 329.720 €
Steuerliches Ergebnis	*- 329.720 €*	

2. Einrichtung einer unmittelbaren Pensionszusage in Form einer Kapitalzusage

Steuerersparnis (30% auf steuerliches Ergebnis)		+98.916 €
Liquidität nach Steuern		-230.804 €

Das Ergebnis zeigt, dass die FFG über die gesamte Anwartschaftsphase für die Finanzierung einer Versorgungsleistung i. H. v. 500.000 € eine Liquiditätsbelastung i. H. v. 230.804 € erleidet. Die Versorgungsleistung wird damit i. H. v. **46,16%** aus eigenen Mitteln der Kapitalgesellschaft bestritten.

(2) Sensitivitätsanalyse 1

Über die gesamte Anwartschaftsphase ergibt sich bei den Sensitivitätsanalysen 1 (1,0 % bzw. 4,0 % Kapitalertrag, volle Steuerpflicht) folgende Liquiditätsentwicklung:

	Liquidität bei 1,0 %	Liquidität bei 4,0 %
Dotierung in fiktives Anlagekonto	-426.920 €	-246.290 €
Steuerliches Ergebnis	*-426.920 €*	*-246.290 €*
Steuerersparnis (3 0% auf steuerliches Ergebnis)	+128.076 €	+73.887 €
Liquidität nach Steuern	-298.844 €	-172.403 €

Das Ergebnis zeigt über die gesamte Anwartschaftsphase, dass

▶ die Dotierung in Abhängigkeit des angenommenen Kapitalertrags entsprechend zu- bzw. abnimmt,

▶ das steuerliche Ergebnis der Dotierungsveränderung folgt und

▶ die Liquiditätsbelastung nach Steuern bei sinkendem Kapitalertrag steigt, bzw. bei steigendem Kapitalertrag sinkt.

Bei einem Kapitalertrag i. H. v. 1,0 % muss die FFG für die Finanzierung der Versorgungsleistung i. H. v. 500.000 € eine Liquiditätsbelastung i. H. v. 298.844 € in Kauf nehmen. Die Versorgungsleistung kann damit i. H. v. **59,77 %** aus eigenen Mitteln der Kapitalgesellschaft bestritten werden. Im Best-Case-Szenario, welches einen Kapitalertrag i. H. v. 4,0 % annimmt, reduziert sich die Liquiditätsbelastung der GmbH deutlich. So hat sie nur noch 172.402 € bzw. 34,38 % aus ihren eigenen Mitteln aufzuwenden, um eine Versorgungsleistung i. H. v. 500.000 € finanzieren zu können.

XII. Gestaltung einer Geschäftsführer-Versorgung

2623

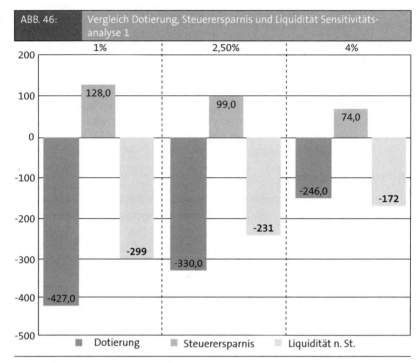

ABB. 46: Vergleich Dotierung, Steuerersparnis und Liquidität Sensitivitätsanalyse 1

(3) Sensitivitätsanalyse 2

2624 Über die gesamte Anwartschaftsphase ergibt sich bei den Sensitivitätsanalysen 2 (1,0 % bzw. 2,5 % bzw. 4,0 % Kapitalertrag, 5 % Steuerpflicht) folgende Liquiditätsentwicklung:

	Liquidität bei 1,0%	Liquidität bei 2,5%	Liquidität bei 4,0%
Dotierung in fiktives Anlagekonto	- 426.920 €	- 329.720 €	- 246.290 €
Steuerliches Ergebnis	- 496.346 €	- 491.486 €	- 487.315 €
Steuerersparnis (30 % auf steuerliches Ergebnis)	+ 148.904 €	+ 147.446 €	+ 146.194 €
Liquidität nach Steuern	- 278.016 €	- 182.274 €	- 100.096 €

2. Einrichtung einer unmittelbaren Pensionszusage in Form einer Kapitalzusage

Das Ergebnis zeigt über die gesamte Anwartschaftsphase, dass
- die Dotierung von der Steuerpflicht der Kapitalerträge nicht beeinflusst wird,
- das steuerliche Ergebnis nahezu auf einem einheitlichen Niveau verharrt und
- die Liquiditätsbelastung nach Steuern deutlich verbessert und in Abhängigkeit vom Kapitalertrag verringert.

2625

Die Liquiditätsbelastung nach Steuern verändert sich wie folgt:

	Liquidität nach Steuern	Belastung der Eigenmittel
bei 1,0%	- 278.016 €	55,60 %
bei 2,5%	- 182.274 €	36,45 %
bei 4,0%	- 100.096 €	20,02 %

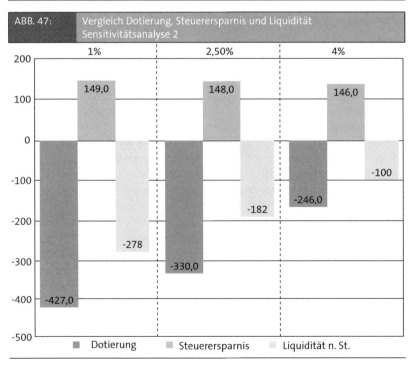

ABB. 47: Vergleich Dotierung, Steuerersparnis und Liquidität Sensitivitätsanalyse 2

2626

(4) Liquiditätsbelastung in Abhängigkeit von der Steuerpflicht der Kapitalerträge

2627 Die nachfolgende Abbildung soll verdeutlichen, welchen Einfluss die Steuerpflicht der Kapitalerträge auf die Liquiditätsbelastung nach Steuern ausüben kann:

2628 ABB. 48: Vergleich Liquidität n. Steuern Sensitivitätsanalyse 1 vs. Sensitivitätsanalyse 2

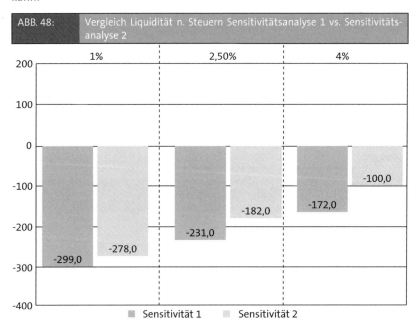

Die Abbildung zeigt deutlich, dass die Liquiditätsbelastung der Kapitalgesellschaft in der Nach-Steuer-Betrachtung sowohl von der Wertentwicklung des fiktiven Anlagekontos, als auch von der steuerrechtlichen Behandlung der Kapitalerträge abhängig ist. So beträgt die Liquiditätsbelastung im untersuchten Worst Case-Szenario (1,0% Kapitalertrag, volle Steuerpflicht) rd. 300.000 €, während im untersuchten Best Case-Szenario (4,0% Kapitalertrag, 5% Steuerpflicht) die Liquiditätsbelastung nur noch rd. 100.000 € beträgt.

(5) Kapitalertragsanalyse

2629 Anhand der abschließenden Sensitivitätsbetrachtung soll ermittelt werden, welcher Kapitalertrag notwendig wäre, um bei einer aktienbasierten Anlagestrategie (steuerpflichtiger Anteil 5%) die Belastung der Eigenmittel der FFG auf 0% zu reduzieren.

4. Zusammenfassung

Ergebnis der Kapitalertragsanalyse: Sollte das fiktive Anlagekonto mit einer durchschnittlichen Wertentwicklung i. H. v. 6,2 % betrieben werden können, so würde die FFG die Versorgungsleistung i. H. v. 500.000 € vollumfänglich aus Kapitalerträgen und der Steuerersparnis finanzieren können.

(Einstweilen frei) 2630–2635

3. Optionale Ergänzung: Tantieme-Umwandlung

Zur Deckung des über die Kapitalzusage hinausgehenden Versorgungsbedarfs hinaus besteht grundsätzlich die Möglichkeit die Gf-Versorgung durch eine flexible Form der arbeitnehmerfinanzierten Pensionszusage noch zu ergänzen. Bei Bedarf kann dies durch den Weg der Tantieme-Umwandlung realisiert werden. 2636

Hierzu würde im Unternehmen eine Versorgungsordnung eingerichtet werden, die FF für die Zukunft die Möglichkeit verschaffen würde, aus seinem jeweiligen Tantiemeanspruch einen jährlich frei wählbaren Teilbetrag zugunsten einer weiteren Pensionszusage zu verwenden. Dabei stünde es FF jedes Jahr aufs Neue frei, sich für oder gegen eine Tantieme-Umwandlung zu entscheiden. 2637

Würde FF erstmals eine Entscheidung zugunsten der Umwandlung treffen, so würde ihm die FFG eine weitere – arbeitnehmerfinanzierte – unmittelbare Pensionszusage erteilen. Die Pensionszusage könnte sowohl als Leistungszusage, als auch als beitragsorientierte Leistungszusage gestaltet werden. Der aus der Umwandlung resultierende Betrag würde dann als Einmalanlage zweckgebunden angelegt und zugunsten von FF verpfändet werden. Die Frage der Anlage könnte flexibel gehandhabt werden (z. B. Depot oder Rückdeckungsversicherung). Spätere Umwandlungen würden dann zu einer Erhöhung der Versorgungsleistungen führen. 2638

(Einstweilen frei) 2639–2644

4. Zusammenfassung

Das vorgeschlagene Versorgungssystem erfüllte sämtliche Anforderungen, die FF an seine Gf-Versorgung gestellt hat: 2645

Es ist in hohem Maße individuell und flexibel gestaltbar und vermeidet unkalkulierbare Risiken und ungewollte Bilanzbelastungen für die Gesellschaft. Das Versorgungssystem ist steuerlich optimiert. Die mit einer herkömmlichen Pensionszusage einhergehenden Risiken werden auf allen Ebenen auf ein Mini- 2646 mum reduziert. Die Versorgungsanrechte werden durch eine sachgerechte Verpfändungsvereinbarung zivilrechtlich insolvenzgeschützt. Selbst im Falle eines Verkaufs der Gesellschaftsanteile stellt eine derart konzipierte Pensionszusage kein Hindernis dar, da die Versorgungsverpflichtung jederzeit ausreichend gedeckt ist und die Zusage kein Langlebigkeitsrisiko beinhaltet. Auch im Falle einer Krise kann entsprechend reagiert werden.

2647 Mit einer ergänzenden Versorgung, die mittels Tantieme-Umwandlung finanziert wird, kann darüber hinaus eine mit der Entwicklung der Kapitalgesellschaft korrespondierende Versorgungskomponente geschaffen werden.

2648 Das beschriebene (zweistufige) Versorgungssystem beweist eindrucksvoll, dass es unserer mittelständischen Wirtschaft auch in der Zukunft möglich sein wird, der Generation der jungen Geschäftsleiter eine attraktive Gf-Versorgung als einen wesentlichen Bestandteil einer angemessenen Gf-Vergütung zur Verfügung zu stellen.

2649 Eines kann jedoch auch das dargestellte (zweistufige) Versorgungssystem nicht: Sämtliche Veränderungen der Zukunft jetzt schon voraussehen!

Deswegen ist immer wieder darauf hinzuweisen, dass die gewünschten Versorgungsziele langfristig wohl nur dann erreicht werden können, wenn die Gf-Versorgung einer fortlaufenden rechtlichen und wirtschaftlichen Pflege durch entsprechende Fachleute unterworfen wird.

2650–2660 (*Einstweilen frei*)

Anhang
I. Berufsrecht: BAV und Rechtsberatung

1. BAV: Berufsrechtliches Minenfeld

Steuerberater und Wirtschaftsprüfer werden von ihren Mandanten verstärkt mit Fragestellungen zur Neueinrichtung oder Neugestaltung einer bereits bestehenden bAV konfrontiert. Typischerweise läuft die Anfrage des Mandanten nach folgendem Muster: 2661

▶ Der Mandant legt seinem Steuerberater ein Produktangebot oder eine Ausarbeitung zur Einrichtung oder Neugestaltung einer bAV vor, die von einem Finanzdienstleister oder einem „Beratungsunternehmen" für die bAV erstellt wurde. Insbesondere im Bereich der Geschäftsführer-Versorgung ist festzustellen, dass diese Angebote auch gleich die „unterschriftsreifen" Vertragswerke enthalten.

▶ Der Mandant bittet seinen Steuerberater, anhand der vorgelegten Unterlagen die Vorteilhaftigkeit der vorgeschlagenen Maßnahme zu beurteilen. Hierzu soll er sowohl die Konstruktion als auch die Kalkulation des angebotenen Produktes, die steuerliche Behandlung der bAV und die vorgelegten Verträge prüfen als auch die rechtliche Beratung übernehmen oder ggf. neue Verträge zur beabsichtigten Versorgungszusage erstellen.

Dass die Mandanten mit einer derartigen Erwartungshaltung die Anforderungen an ihren Steuerberater völlig überziehen und ihn darüber hinaus sogar noch zwingen, gegen die in Deutschland geltenden Grundsätze der Rechtsberatung zu verstoßen, ist ihnen i. d. R. nicht bewusst. Sind sie es doch gewohnt, dass ihr Steuerberater ihr erster Ansprechpartner ist, wenn es um wesentliche betriebswirtschaftliche oder finanzielle Entscheidungen geht. Kommt der Steuerberater den Anforderungen seines Mandanten nach, begibt er sich auf ein berufsrechtliches Minenfeld, denn 2662

▶ die bAV präsentiert sich als ein hochkomplexes und interdisziplinäres Beratungsfeld, das der klassische Steuerberater mangels Spezialisierung nicht vollumfänglich beherrschen kann.

▶ Darüber hinaus läuft der Steuerberater Gefahr, Beratungsleistungen zu erbringen, die den Bereich der Steuerberatung überschreiten und eine Zulassung zur Rechtsberatung erfordern.

Verfügt der Steuerberater nicht über die notwendige Zulassung zur Rechtsberatung (was i. d. R. der Fall sein wird) und versäumt es, seinen Mandanten auf die Problematik hinzuweisen, dass bereits die vom Anbieter vorgelegten 2663

Ausarbeitungen den Tatbestand der unerlaubten Rechtsberatung erfüllen, ergeben sich für beide Seiten weitreichende Folgen, die im Einzelnen in den nachfolgenden Ausführungen behandelt werden.

2664–2665 (*Einstweilen frei*)

2. Der Beratungsmarkt der bAV

2666 Beratung in Fragen der bAV wird in Deutschland von den unterschiedlichsten Marktteilnehmern angeboten. Die wenigsten dieser Marktteilnehmer verfügen jedoch über die notwendige Zulassung zur Rechtsberatung.

2667 Die Palette der Anbieter ist kaum zu überblicken. Ein Interessent hat die Auswahl aus einer Vielzahl von kleinen Finanzdienstleistern, Versicherungsagenturen, Versicherungsmaklern oder Anbietern von versicherungsmathematischen Gutachten. Ferner findet sich eine statthafte Anzahl von Beratungs- oder Vorsorgemanagementgesellschaften, bzw. Firmen, die unter solchen Bezeichnungen wie „Institut" ihre Leistungen anbieten. Auch lassen sich zahllose große Finanzvertriebe bzw. -institute identifizieren, die sich das Thema bAV auf die Fahne geschrieben haben.

2668 Ganz oben auf der Liste der Anbieter findet sich jedoch mit weitem Abstand eine Branche, die es in der Vergangenheit exzellent verstanden hat, die Position als führender Kompetenzträger auf dem Gebiet der bAV für sich zu besetzen: die Versicherungswirtschaft.

2669 Findige Versicherungsmanager haben schon vor längerer Zeit das Rechtsgebiet der bAV für die Versicherungswirtschaft entdeckt und es als ein lukratives Geschäftsfeld identifiziert, welches sich hervorragend zum Vertrieb der unterschiedlichsten Versicherungsprodukte eignete. In der Folgezeit wurde das Thema mit erheblichem Marketingaufwand über verschiedene Vertriebswege in die unterschiedlichen Zielgruppen transportiert. In vielen Fällen haben die Versicherungsgesellschaften Beratungs- oder Vorsorgemanagementgesellschaften als Tochtergesellschaften gegründet.

2670 Leider waren die Bemühungen der Versicherungswirtschaft in der Vergangenheit so erfolgreich, dass das Rechtsgebiet der bAV in der Gegenwart von allen Schichten der Bevölkerung mit dem Thema Versicherung gleichgesetzt wird. Eine Unterscheidung zwischen dem die Bedingungen des Pensionsversprechens regelnden Rechtsgebiet der bAV auf der einen und dem Thema Versicherung als eine Maßnahme des Trägerunternehmens zur Finanzierung bzw. Risikoabsicherung auf der anderen Seite findet beim Verbraucher praktisch nicht statt.

I. Berufsrecht: BAV und Rechtsberatung

Diese pauschalierende und die unterschiedlichen Rechtsbeziehungen verkennende Beurteilung, die bei Mitarbeitern und Unternehmensleitern gleichermaßen verbreitet ist, ist auf eine erhebliche Fehleinschätzung der rechtlichen Rahmenbedingungen und Zusammenhänge zurückzuführen. Die Begründung für diese gravierende Entwicklung ist im Wesentlichen wohl in der unzureichenden Aufklärung und Beratung der Beteiligten zu finden. 2671

Problematisch wird es besonders dann, wenn nicht ausreichend im Bereich der bAV qualifizierte Vertriebsmitarbeiter die direkte Arbeitgeber- und Arbeitnehmerberatung ausführen und hierbei mit dem Selbstverständnis auftreten, dass ihr Haus der einzig legitime „Full-Service-Dienstleister der bAV" mit der Befugnis zur rechtlichen Beratung sei. Denn zum Leistungsangebot zählt dabei nicht nur die Erstellung von Versicherungsangeboten, sondern auch die Ausarbeitung betriebswirtschaftlicher Betrachtungen, die Erstellung versicherungsmathematischer Gutachten sowie die rechtliche Gestaltung sämtlicher Vertragsunterlagen zur Versorgungszusage und die steuerliche Beratung rund um die bAV. 2672

Zur Förderung des Vertriebs stellen etliche Versicherer darüber hinaus ihren verschiedenen Vermittlern auch heute noch „Rundum-Software-Lösungen" zur Verfügung, die nach dem Erfassen einiger standardisierter Parameter innerhalb weniger Minuten ein Komplett-Angebot erstellen und dabei auch noch die fertigen Vertragsunterlagen liefern. Leider gehen bei dieser Art der Verkaufsförderung wesentliche Elemente einer individualisierten Beratung – die bei einem so anspruchsvollen und interdisziplinären Aufgabengebiet wie der bAV zwingend notwendig ist – völlig verloren. All dies hat in der betrieblichen Praxis – wie sich heute deutlich zeigt – zu erheblichen Konsequenzen geführt, die sowohl bei Versorgungsträgern als auch bei Versorgungsberechtigten zu signifikanten wirtschaftlichen Problemen geführt haben. 2673

BERATUNGSHINWEIS:
Eine Zulassung zur Rechtsberatung kann weder auf der Grundlage eines Zertifikates, welches bei einem privaten Fortbildungsunternehmen oder bei einer IHK erworben wurde, noch auf der Grundlage einer Zulassung gem. § 34 GewO erlangt werden. Auch ein versicherungsmathematischer Sachverständiger (Aktuar) ist ohne entsprechende Zulassung als Rentenberater/Rechtsanwalt nicht zur Rechtsberatung in Fragen der bAV legitimiert. Soll die Legitimation eines Anbieters geprüft werden, so kann dies anhand des Rechtsdienstleistungsregisters unter www.rechtsdienstleistungsregister.de in kürzester Zeit und minimalem Aufwand erfolgen. Führt die dortige Suche zu einer Negativmeldung, so ist davon auszugehen, dass der betreffende Anbieter nicht zur rechtlichen Beratung in Fragen der bAV befugt ist.

(Einstweilen frei) 2674–2678

Anhang

3. Exemplarischer Beispielfall zur unerlaubten Rechtsberatung

2679 Als Beleg für diese inakzeptablen Marktverhältnisse dient folgender konkreter Fall aus der betrieblichen Praxis:

Im konkreten Fall wurde eine bundesweit tätige Beratungsgesellschaft für betriebliches Vorsorgemanagement GmbH (kurz XYZ-GmbH) von einer mittelständischen Gesellschaft beauftragt, die Pensionszusage an eine weibliche Versorgungsberechtigte aus dem Jahre 2002 auf Honorarbasis zu überprüfen. Ein Blick in das Handelsregister der Gesellschaft zeigt, dass deren Geschäftszweck *„insbesondere die Beratung auf allen Gebieten der bAV und den Vertrieb von Produkten der bAV sowie alle damit zusammenhängenden Geschäfte"* umfasst. Über eine Zulassung zur Rechtsberatung verfügt die XYZ-GmbH jedoch nicht!

Die zu prüfende unmittelbare Versorgungszusage beinhaltete Versorgungsanwartschaften auf Altersrente ab dem 65. Lebensjahr, die bisher mittels einer Rückdeckungsversicherung finanziert wurden. Die Versorgungsberechtigte war zur Geschäftsführerin der GmbH bestellt. Sie war kraft ihrer Beteiligung am Stammkapital der Gesellschaft als beherrschende Gesellschafter-Geschäftsführerin im steuerlichen Sinne zu beurteilen. Die Zusage unterlag nicht dem persönlichen Geltungsbereich des Betriebsrentengesetzes (BetrAVG).

a) Übersicht zur Ausarbeitung

2680 Die XYZ-GmbH erstellte im Rahmen des Auftrags eine Ausarbeitung mit dem Titel „Überprüfung einer Pensionszusage". Die vorgelegte Ausarbeitung der XYZ-GmbH beinhaltete folgende Unterlagen:

Allgemeine Hinweise: Handlungsauftrag und Summary	3 Seiten
Berechnungen: Altersrentenleistung, Rückdeckungsvorschlag	9 Seiten
Anlagen: Pensionszusage, Gesellschafterbeschluss	5 Seiten

b) Rechtliche Prüfung

2681 Die XYZ-GmbH führte zunächst in ihrer Ausarbeitung unter der Rubrik Allgemeine Hinweise das Folgende aus:

„Auf Veranlassung von A. B., Consultant unseres Hauses, haben wir Ihre Versorgungszusage von Frau C. D. vom xx. xx. xxxx in rechtlicher Hinsicht überprüft."

2682 Ferner wurde erläutert, dass die Pensionszusage anhand einer Checkliste auf ihre inhaltliche Vollständigkeit hin durchgesehen wurde, *„welche (mangels Anwendungsbereich des Betriebsrentengesetzes) u. E. einer Regelung bedürfen oder*

I. Berufsrecht: BAV und Rechtsberatung

aber zweckmäßig sind, um steuerliche Beanstandungen möglichst auszuschließen".

Das Ergebnis der rechtlichen und inhaltlichen Überprüfung der Pensionszusage hatte die XYZ-GmbH auf einer Seite textlich zusammengefasst. Die darin zu findenden Aussagen und Feststellungen berührten sowohl betriebsrenten- als auch zivilrechtliche Aspekte. Ferner wurde detailliert auf steuerrechtliche Fragestellungen eingegangen. Abschließend wurde auch noch die insolvenzrechtliche Behandlung der Pensionszusage erläutert.

2683

c) Neue vertragliche Vereinbarungen

Auf Basis dieser Aussagen und Feststellungen hatte die XYZ-GmbH darüber hinaus personalisierte Ausfertigungen eines Gesellschafterbeschlusses und einer Neufassung der vertraglichen Vereinbarung zur Pensionszusage gefertigt und der Ausarbeitung unter der Rubrik "Anlagen" beigefügt.

2684

d) Finanzierungsprüfung

Der Mittelteil der Ausarbeitung enthielt unter der Rubrik „Berechnungen" eine Finanzierungsanalyse. Unter der Überschrift „Ernsthaftigkeit und Finanzierbarkeit von Pensionszusagen" fanden sich dort oberflächliche Ausführungen zu diesem Themengebiet. Die folgende Ermittlung des Finanzierungsgrades unternahm den Versuch, eine mögliche Rückdeckungsquote der bestehenden Pensionsverpflichtung zu ermitteln. Der sog. Wiederbeschaffungswert (oder auch Versichererbarwert genannt) wurde anhand eines Angebotes der Muttergesellschaft der XYZ-GmbH, der XY-Lebensversicherungs AG, ermittelt. Das Angebot wurde unter der Überschrift „Beispiel für eine XY-Rentenversicherung" der Ausarbeitung beigefügt. Die Ausarbeitung beinhaltete darüber hinaus einen Rückstellungswertverlauf, der die Entwicklung der Pensionsrückstellung in den Jahren 2002 bis 2023 darstellen sollte.

2685

e) Fehlende Legitimation

Bei Durchsicht der vorgelegten Ausarbeitung der XYZ-GmbH war festzustellen, dass darin keinerlei Hinweise auf die in Deutschland geltenden Grundsätze der Rechts- und Steuerberatung und deren Auswirkungen auf die bAV zu finden sind. Auch fehlten jegliche Erläuterungen zu den Auftragsbedingungen sowie der Haftung des Auftragnehmers.

2686

f) Obligatorische Vorgehensweise

Da der Anbieter dieser „Beratungsleistung" in diesem Geschäftsfeld u. a. auch für eine bundesweit bekannte Bankengruppe tätig ist, kann davon ausgegangen werden, dass die anhand des konkreten Sachverhaltes geschilderte Vor-

2687

567

gehensweise der XYZ-GmbH in dieser Art und Weise in nicht unerheblichem Umfang in ganz Deutschland wiederzufinden ist.

2688–2692 (*Einstweilen frei*)

4. Rechtsberatung nach dem Rechtsdienstleistungsgesetz (RDG)

2693 Die unter Tz. 3 dargestellte Vorgehensweise ist – unter Beachtung der in Deutschland geltenden Grundsätze der Rechts- und Steuerberatung – völlig inakzeptabel. Dies gilt sowohl für die Ratsuchenden, als auch für die ordentlich zur Rechts- und Steuerberatung zugelassenen Marktteilnehmer. Es muss auf das schärfste kritisiert werden, dass sich unterschiedliche Marktteilnehmer auf dem Gebiet der bAV mit einer seltenen Skrupellosigkeit bewegen und sich dabei permanent über die vom Gesetzgeber zum Schutz der Ratsuchenden geschaffenen Grundsätze der Rechts- und Steuerberatung hinwegsetzen.

Unter Beachtung der Normen des RDG gilt das Folgende:

a) Der Begriff der Rechtsdienstleistung gem. § 2 RDG

2694 Nach § 2 Abs. 1 RDG ist Rechtsdienstleistung jede Tätigkeit in konkreten fremden Angelegenheiten, sobald sie eine rechtliche Prüfung des Einzelfalls erfordert.

2695 Eine Rechtsdienstleistung erfordert somit drei Voraussetzungen:

▶ eine konkrete rechtliche Fragestellung,

▶ in einem Einzelfall,

▶ die einer bestimmten Person zugeordnet werden kann.

2696 Ist eines dieser Merkmale nicht erfüllt, so liegt keine Rechtsdienstleistung i. S. v. § 2 Abs. 1 RDG vor.

2697 Die vorstehenden Kriterien werden von den hier zu beurteilenden Tätigkeiten der Vertriebs- und Unternehmensberatungsgesellschaften erfüllt: Es geht bei den zu beurteilenden Tätigkeiten um konkrete rechtliche Fragestellungen (nämlich solche des Arbeits-, Betriebsrenten-, Zivil-, Gesellschafts-, Insolvenz- und Steuerrechts in Bezug auf Sachverhalte aus dem Bereich der bAV), die einen Einzelfall betreffen (Überprüfung konkreter bereits existierender Versorgungs-/Pensionszusagen; Beratung im Hinblick auf die Neuimplementierung von Formen der bAV; Vorbereitung von Verträgen zur Neuimplementierung von bestimmten Formen der bAV) und einer bestimmten Person (nämlich dem konkreten Kunden) zuzuordnen sind.

2698 Diese Sichtweise wurde mittlerweile auch durch den BGH bestätigt. Danach erfasst der Begriff der Rechtsdienstleistung gem. § 2 Abs. 1 RDG **jede konkrete**

I. Berufsrecht: BAV und Rechtsberatung

Subsumtion eines Sachverhaltes unter die maßgeblichen rechtlichen Bestimmungen, die über eine bloße schematische Anwendung von Rechtsnormen, ohne weitere rechtliche Prüfung hinausgeht. Ob es sich um eine einfache, oder schwierige Rechtsfrage handelt, ist dabei unerheblich.[1]

Der BGH hat im Rahmen dieser Entscheidung deutlich zum Ausdruck gebracht, dass der mit dem RDG verfolgte Kontrollzweck nicht durch eine einengende Auslegung des Begriffs der Rechtsdienstleistung erreicht werden kann. Es besteht somit kein Raum für die Beschränkung des Tatbestands auf Fälle einer „besonderen rechtlichen Prüfung". 2699

b) Erfordernis einer rechtlichen Erlaubnis gem. § 3 RDG

Nach § 3 RDG ist die selbständige Erbringung außergerichtlicher Rechtsdienstleistungen nur in dem Umfang zulässig, in dem sie durch das RDG oder aufgrund anderer Gesetze erlaubt ist. 2700

§ 3 RDG stellt damit klar, dass Rechtsdienstleistungen nur auf der Grundlage einer gesetzlichen Erlaubnis erbracht werden dürfen. Damit ist die Erbringung außergerichtlicher Rechtsdienstleistungen (§ 2 RDG) im Bereich der bAV grundsätzlich – d. h., soweit nicht erlaubnisfreie Nebenleistungen nach § 5 RDG vorliegen – zugelassenen Rechtsanwälten und registrierten Rentenberatern i. S. d. § 10 Abs. 1 Nr. 2 RDG vorbehalten. 2701

c) Erbringung von Rechtsdienstleistungen durch zugelassene/registrierte Gesellschaften

Den zugelassenen Rechtsanwälten sind zugelassene Rechtsanwaltsgesellschaften gleichzustellen. Diese müssen die Voraussetzungen der §§ 59c ff. BRAO erfüllen. Korrespondierend sind den zugelassenen Rentenberatern die in § 10 Abs. 1 RDG genannten Gesellschaften gleichgestellt, welche als Rentenberater bei der zuständigen Behörde registriert sind. Diese sog. Rentenberatungsgesellschaften müssen nach § 12 Abs. 4 Satz 1 RDG mindestens eine Person benennen, die die Qualifikation als registrierter Rentenberater vorweist (sog. qualifizierte Person). Diese qualifizierte Person trägt die volle Verantwortung für die Erbringung der Rechtsdienstleistungen durch die Rentenberatungsgesellschaft. Die qualifizierte Person muss nach § 12 Abs. 4 Satz 2 RDG in dem Unternehmen dauerhaft beschäftigt sein und in allen Angelegenheiten, die die Rechtsdienstleistungen des Unternehmens betreffen, zur Vertretung nach außen hin berechtigt sein. Die qualifizierte Person muss im Bereich der Rechtsdienstleistungen die alleinige Entscheidungs- und Vertretungsbefugnis 2702

---

1 BGH, Urteil v. 14. 1. 2016 - I ZR 107/14, NWB DokID: DAAAF-89757.

innehaben. Nicht ausreichend ist es, wenn die qualifizierte Person nur für einzelne Rechtsangelegenheiten Vollmacht erhält. Ferner muss die qualifizierte Person die Rechtsdienstleistungsangelegenheiten weisungsfrei führen können; d. h., sie muss diese Angelegenheiten eigenverantwortlich führen und leiten können.[1]

2703 Gesellschaften, welche nicht zugelassene Rechtsanwaltsgesellschaften i. S. d. §§ 59c ff. BRAO bzw. nicht registrierte Rentenberatungsgesellschaften i. S. v. § 10 Abs. 1 RDG sind, können sich nicht darauf berufen, dass die von ihnen erbrachten Rechtsdienstleistungen durch angestellte Syndikusanwälte bzw. Rentenberater bearbeitet werden. Entscheidend ist, dass die Gesellschaft selbst eine Rechtsberatungserlaubnis besitzt. Auch durch die Hinzuziehung eines nicht angestellten Rechtsanwalts als „Erfüllungsgehilfe" kann keine zulässige Rechtsdienstleistung herbeigeführt werden. Dies ergibt sich daraus, dass im Rahmen des Gesetzgebungsverfahrens diese ursprünglich in § 5 Abs. 3 RDG vorgesehene Möglichkeit fallen gelassen wurde.

2704 Diese Rechtsauffassung wurde bereits im Jahre 2009 vom BGH bestätigt. In dieser Entscheidung hat der BGH deutlich zum Ausdruck gebracht, dass eine Besorgung fremder Rechtsangelegenheiten, die ohne entsprechende Erlaubnis erbracht wird, auch unter der Geltung des RDG nicht deswegen gerechtfertigt ist, weil sich der Handelnde dabei der Hilfe eines Rechtsanwalts bedient.[2] Interessant ist auch das Ergebnis dieses Verfahrens:

2705 Die Beklagte wurde unter Androhung eines für jeden Fall der Zuwiderhandlung festzusetzenden Ordnungsgeldes bis zu 250.000 €, ersatzweise Ordnungshaft bis zu sechs Monaten, verurteilt, es zu unterlassen, im geschäftlichen Verkehr zu Zwecken des Wettbewerbs irreführend zu werben bzw. werben zu lassen.

d) Rechtsdienstleistungen im Zusammenhang mit einer anderen Tätigkeit gem. § 5 RDG

2706 § 5 Abs. 1 RDG regelt die Zulässigkeit von Rechtsdienstleistungen i. S. d. § 2 RDG, wenn sie als Nebenleistung einer nicht erlaubnispflichtigen Haupttätigkeit erbracht werden. Die Regelung soll damit einen Ausgleich zwischen dem Interesse der nicht spezifisch rechtsdienstleistenden Berufe an der ungehinderten Ausübung ihres Berufs und dem Schutz der Rechtsuchenden vor unqualifiziertem Rechtsrat schaffen.

---

1 Vgl. Unseld/Degen, Rechtsdienstleistungsgesetz, § 12 Rz. 45 ff.
2 BGH, Urteil v. 29. 7. 2009 - I ZR 166/06, NWB DokID: XAAAD-28943.

Als Ausnahmevorschrift ist § 5 RDG jedoch eng auszulegen.[1] § 5 Abs. 1 RDG setzt somit voraus, dass 2707

▶ die Rechtsdienstleistung Nebenleistung zu einer (nicht erlaubnispflichtigen) Haupttätigkeit ist und

▶ die Rechtsdienstleistung im Zusammenhang mit einer anderen Haupttätigkeit steht, zu deren Berufs- oder Tätigkeitsbild die Rechtsdienstleistung gehört.

Es muss daher ein zwingender und konkreter sachlicher Zusammenhang zwischen Haupt- und Nebenleistung vorliegen. 2708

Zu berücksichtigen sind ferner die Rechtskenntnisse, die für die Haupttätigkeit erforderlich sind. Die Berücksichtigung der für die Haupttätigkeit notwendigen Rechtskenntnisse dient einerseits dazu, auch den nicht primär rechtsdienstleistenden Berufen die nach Art. 12 Abs. 1 GG geschützte, ungehinderte Ausübung ihres Berufs zu ermöglichen und gleichzeitig ein gewisses Niveau der Rechtsdienstleistungen zu gewährleisten. 2709

Überträgt man die vorstehend dargestellten Kriterien auf die hier zu beurteilenden Tätigkeiten, so ergibt sich folgendes Ergebnis: 2710

Nach einem im Jahre 2008 ergangenen Urteil des BGH zur Auslegung von § 4 Nr. 5 StBerG kann eine erfolgreiche Beratung im Bereich der bAV ohne Berücksichtigung der steuerlichen Aspekte nicht stattfinden, weil ansonsten wesentliche finanzielle Auswirkungen nicht berücksichtigt würden.[2] Vor diesem Hintergrund war nach Auffassung des BGH im entschiedenen Fall nicht eindeutig bestimmbar, ob wirtschaftliche oder steuerrechtliche Gesichtspunkte für das Tätigwerden der beklagten Unternehmensberatungsgesellschaft im Hinblick auf die Beratung zur Einrichtung einer bAV im Vordergrund standen. Bei dem steuerlichen Teil der Beratung in Bezug auf die Einrichtung einer bAV handelte es sich deshalb nach Auffassung des BGH nicht nur um eine untergeordnete Nebentätigkeit, sondern um einen gewichtigen Teil der gesamten Beratungstätigkeit. Im Lichte dieser Rechtsprechung ist jedenfalls die steuerrechtliche Komponente der hier zu beurteilenden Beratungstätigkeiten zu Fragen der bAV nicht als Nebenleistung i. S. d. § 5 Abs. 1 RDG einzustufen. 2711

Entsprechendes gilt auch für die rechtliche Komponente der hier zu beurteilenden Beratungstätigkeiten. Eine erfolgreiche Beratung im Bereich der bAV kann 2712

---

1 Vgl. *Hirtz* in Grunewald/Römermann, Rechtsdienstleistungsgesetz, § 5 RDG Rz. 14.
2 BGH, Urteil v. 20. 3. 2008 - IX ZR 238/06, NWB DokID: AAAAC-78138; zur Erläuterung: § 4 Nr. 5 StBerG eröffnet Nichtberufsträgern – in ähnlicher Weise wie § 5 RDG – für Nebentätigkeiten die Befugnis zur geschäftsmäßigen Hilfeleistung in Steuersachen.

nur erreicht werden, wenn wirtschaftliche/finanzmathematische, steuerliche und rechtliche Aspekte gleichermaßen berücksichtigt werden. Vor diesem Hintergrund steht für den Kunden die rechtliche Beratung in den genannten Gebieten ebenso im Mittelpunkt wie die wirtschaftliche oder steuerrechtliche Beratung.

2713   Die Vermittlung von Lebens- oder Rentenversicherungen oder die finanzmathematische/wirtschaftliche Beratung im Bereich der bAV weist keinen zwingenden inneren sachlichen Zusammenhang zur rechtlichen Beratung im Bereich der bAV auf. Allein der Umstand, dass es der Kunde als „praktisch" empfinden könnte, in Bezug auf Fragen der bAV rechtliche und wirtschaftliche Beratung „aus einer Hand" zu erhalten, reicht nicht aus, um den von § 5 Abs. 1 Satz 1 RDG geforderten sachlichen Zusammenhang herzustellen. Die Rechtsprechung, der zufolge es Wirtschaftsprüfern verwehrt ist, Kaufverträge, Gesellschaftsverträge oder Umwandlungsverträge als Nebenleistung zu ihrer wirtschaftsprüfenden Haupttätigkeit zu entwerfen, ist auf die hier zu beurteilenden Tätigkeiten uneingeschränkt übertragbar.

2714   Eine sachgerechte Bewertung der betrieblichen Beratungspraxis wird am Ende immer zu der Feststellung führen, dass die konzeptionelle Beratung sowohl bei der Neueinrichtung als auch bei einer Restrukturierung von betrieblichen Versorgungszusagen im Vordergrund stehen muss. Die konzeptionelle Beratung wird im Wesentlichen durch die rechtliche Gestaltung geprägt, so dass die rechtliche Beratung immer am Anfang aller Überlegungen stattzufinden hat. Eine sachgerechte Beratung hinsichtlich der Finanzierung und/oder Risikobedeckung kann immer erst dann vorgenommen werden, wenn die konzeptionelle und rechtliche Gestaltung des aus der Versorgungszusage resultierenden Schuldverhältnisses und dessen einzelne Versorgungsbausteine feststehen. In der Folge verbietet es sich geradezu, die rechtliche Beratung als eine mögliche Nebenleistung zur finanziellen Beratung zu qualifizieren. Diese logische Beratungskette und deren Auswirkungen werden leider bei vielen rechtstheoretischen Auseinandersetzungen über den Umfang einer erlaubnisfreien Nebenleistung übersehen.

2715   Der BGH hat mittlerweile die Anforderungen, die an eine rechtliche Prüfung i. S. v. § 2 Abs. 1 RDG zu stellen sind, klar und eindeutig definiert.[1] In diesem Zusammenhang hat er auch eindeutig die Grenzen aufgezeigt, die für die Erbringung einer erlaubnisfreien Nebenleistung zu beachten sind. Nach dieser Entscheidung dürften keine Zweifel mehr darüber bestehen, dass die recht-

---

1 BGH, Urteil v. 14. 1. 2016 - I ZR 107/14, NWB DokID: DAAAF-89757.

I. Berufsrecht: BAV und Rechtsberatung

liche Beratung zur bAV keinesfalls als Nebenleistung einer Finanzierungsberatung beurteilt werden kann.

(*Einstweilen frei*) 2716–2719

5. Gutachten zum RDG

Der Bundesverband der Rechtsberater für bAV und Zeitwertkonten e.V. (BRBZ) hatte bereits im Jahre 2009 ein Gutachten bzgl. der Erlaubnispflicht im Bereich der rechtlichen und steuerlichen Beratung zur bAV erstellen lassen. 2720

Da der Markt für Beratungsleistungen zur bAV auf dieses Gutachten heftig reagiert hat und verschiedene Interessengruppen versucht haben, sich mit aller Macht gegen die Bestätigung einer Erlaubnispflicht zu stemmen, hat der BRBZ im Laufe des Jahres 2011 ein weiteres Gutachten in Auftrag gegeben. Gutachter war kein geringerer als **Prof. Dr. Martin Henssler**, der als Leiter des Instituts für Arbeits- und Wirtschaftsrecht der Universität Köln und Präsident des Deutschen Juristentags in der Fachwelt einen absolut unzweifelhaften Ruf genießt. 2721

Die Ergebnisse dieses Gutachtens lassen sich wie folgt zusammenfassen: 2722

▶ Versicherungsmakler und Versicherungsvertreter verfügen nicht über die erforderliche Befugnis zur Erbringung von Rechtsdienstleistungen.

▶ Der Gesetzgeber hat den Versicherungsmaklern in § 34d Gewerbeordnung (GewO) keine umfassende (rechtliche), sondern nur eine produktakzessorische Beratungsbefugnis zugesprochen. Bei der Beratungstätigkeit eines Versicherungsmaklers muss in jedem Fall der Versicherungsvertrag im Vordergrund stehen. Die allgemeine rechtliche Beratung, welche Art der bAV zu empfehlen und wie sie individual- und kollektiv-arbeitsrechtlich umzusetzen ist, wird von der akzessorischen Beratungsbefugnis nicht umfasst.

▶ Die rechtliche Beratung im Rahmen der bAV steht in keiner Abhängigkeit zu einem zu vermittelnden Finanzdienstleistungsprodukt. Vielmehr sind beide Tätigkeiten völlig autark voneinander zu erledigen.

▶ Die Informationspflicht gem. § 61 Abs. 1 Versicherungsvertragsgesetz (VVG) gewährt Versicherungsvermittlern keine eigenständige Rechtsdienstleistungsbefugnis. Die Pflicht zur Information endet dort, wo die Grenze zur erlaubnispflichtigen Rechtsdienstleistung verläuft. Setzt die umfassende Information eine rechtliche Beratung voraus, so muss der Versicherungsvermittler den Kunden allgemein über potentielle Rechte und Risiken aufklären und im Übrigen auf eine fachkundige Beratung durch einen Rechtsanwalt oder Rentenberater verweisen.

- ▶ Da dem Versicherungsvermittler die zweitberufliche Tätigkeit als Rechtsdienstleister verwehrt ist, kann die Rechtsdienstleistung folglich keine zulässige Nebenleistung i. S. d. § 5 RDG sein. Im Übrigen würden die bei der bAV-Beratung anfallenden Tätigkeiten ihrem Umfang und ihrer Qualität nach keine Neben-, sondern eine Hauptleistung darstellen.
- ▶ Die Berufe des Versicherungsmaklers und des Versicherungsvertreters sind mit dem Beruf des Rentenberaters unvereinbar. Ein Rentenberater, der gleichzeitig Versicherungsvermittlung oder -vertretung anbietet, ist persönlich ungeeignet i. S. d. § 12 Abs. 1 RDG. Insoweit lassen sich die – vom BGH und vom BVerfG im Rahmen von § 7 Nr. 8, § 14 Abs. 2 Nr. 8 BRAO anerkannten – Grundsätze zur Unvereinbarkeit des Berufs des Rechtsanwalts mit den Berufen des Versicherungsmaklers und des Versicherungsvertreters auf den Berufsstand des Rentenberaters übertragen.
- ▶ Juristische Personen und Gesellschaften ohne Rechtspersönlichkeit können nicht als Rentenberatungsgesellschaft registriert werden, wenn sie zugleich Versicherungsvermittlung oder -vertretung anbieten wollen.
- ▶ Der Grundsatz der Verhältnismäßigkeit gebietet es nicht, eine Doppelregistrierung als Rentenberater und Versicherungsmakler durch die Anordnung von Auflagen nach § 10 Abs. 3 RDG zu ermöglichen. Solche Auflagen bieten keinen ausreichenden Schutz der Rechtssuchenden und des Rechtsverkehrs, da sie die Gefahr einer Interessenskollision nicht ausschließen; sie entsprechen zudem nicht dem Charakter des RDG als Verbotsgesetz mit Erlaubnisvorbehalt.

2723 Damit wurde durch Prof. Dr. Henssler eindeutig und unzweifelhaft nachgewiesen, dass die von der Versicherungswirtschaft angeführten Argumente (§ 34 GewO, § 61 VVG, Doppelzulassung), denen zufolge eine Rechtsberatung durch nicht registrierte Personen zulässig sein soll, ins Leere gehen.

2724 Die Erkenntnisse dieses Gutachtens haben mittlerweile auch ihren Niederschlag in der Literatur gefunden. So hat Prof. Dr. Henssler die Funktion eines Mit-Herausgebers eines führenden arbeitsrechtlichen Kommentars zur bAV übernommen.[1] In Teil 3 des arbeitsrechtlichen Kommentars hat sich Herr Prof. Dr. Henssler ausführlich mit den rechtlichen Rahmenbedingungen beschäftigt, die für die Beratung über die bAV und den Vertrieb von Versicherungsprodukten gelten.[2]

2725–2728 (Einstweilen frei)

---

1 *Henssler* in Schlewing/Henssler/Schipp/Schnitker, Arbeitsrecht der bAV, Teil 3, Stand: Mai 2018.
2 *Henssler* in Schlewing/Henssler/Schipp/Schnitker, Arbeitsrecht der bAV, Teil 3, Stand: Mai 2018.

I. Berufsrecht: BAV und Rechtsberatung

6. Rechtswidrige Zulassungen

In der Praxis ist immer wieder festzustellen, dass Anbieter mittlerweile eine Eintragung ins Rechtsdienstleistungsregister erlangt haben, die mit den Regularien des RDG nicht in Einklang zu bringen sind. Diese Zulassungen müssen daher als rechtswidrig beurteilt werden. Dies gilt insbesondere für diejenigen Zulassungen, die 100 %-igen Tochtergesellschaften von Versicherungsunternehmen erteilt wurden.   2729

Eines der obersten Ziele, die der Gesetzgeber mit dem RDG verfolgt, ist der Schutz des Rechtsuchenden vor unqualifizierter, oder interessensbestimmter Rechtsberatung. Wird einem Rechtsträger die Erlaubnis zur Rechtsberatung erteilt, dessen Muttergesellschaft ein Anbieter von Finanz- oder Versicherungsprodukten ist, so muss davon ausgegangen werden, dass sich aus dieser Konstellation eine nicht zu beseitigende Gefahr einer Interessenskollision ergibt. Die dringend notwendige Unabhängigkeit und Eigenverantwortlichkeit des Rechtsberaters wird dadurch in einem nicht mehr mit den Schutzbestimmungen des RDG zu vereinbarenden Maße beeinträchtigt.   2730

Entsprechendes muss für die Fälle gelten, in denen Anbietern von Finanz- oder Versicherungsprodukten eine Zulassung nach dem RDG unter folgenden Auflagen erteilt wurde: 2731

▶ Die ... GmbH ist verpflichtet, bei allen Mandanten als Rentenberater sicherzustellen, dass durch die gleichzeitige Tätigkeit als Versicherungsmakler für denselben Kunde keine Tätigkeiten doppelt vergütet werden. Dies ist nachzuweisen durch:
  – Offenlegung der einkalkulierten Abschlussprovision gegenüber dem Kunden.
  – Keine Vereinbarung einmaliger Abschlussprovision mit dem Versicherer, sondern ausschließlich Abschluss ungezillmerter Tarife ohne oder nur mit laufender Provision.
  – Detaillierter Nachweis aller Tätigkeiten als Rentenberater und Makler für den Kunden.

▶ Außerdem ist die ... GmbH verpflichtet, jeden Mandanten nach einer durchgeführten Beratung als Rentenberater deutlich darauf hinzuweisen, dass die Umsetzung des vorgeschlagenen Konzepts durch einen beliebigen Versicherungsvermittler erfolgen kann und nicht zwingend durch die ... GmbH erfolgen muss.

Eine Zulassung unter diesen Rahmenbedingungen stellt eine Umgehung des gesetzgeberischen Willens dar. Der Gesetzgeber ist u. E. daher aufgefordert,   2732 die Zulassungsregularien klarer zu fassen und die einzelnen Bundesländer klar und eindeutig zu instruieren.

2733–2735 (*Einstweilen frei*)

7. Folgen der unerlaubten Rechtsberatung

2736 Kommt es infolge einer unerlaubten Rechtsberatung zu einem Vermögensschaden, ergeben sich für die beteiligten Berater weitreichende Folgen:

- ▶ Nichtigkeit des Auftragsverhältnisses gem. § 134 BGB,
- ▶ Verlust des Honoraranspruchs,
- ▶ ggf. Schadensersatz aus unerlaubter Handlung gem. § 823 Abs. 2 BGB i.V. m. § 3 RDG,
- ▶ fehlende Deckung durch die Berufshaftpflichtversicherung des Anbieters,
- ▶ Ordnungswidrigkeit gem. § 20 RDG; kann mit einer Geldbuße bis zu 5.000 € geahndet werden (§ 20 Abs. 2 RDG),
- ▶ wettbewerbswidriges Verhalten i. S. d. § 4 Nr. 10 UWG,
- ▶ ggf. standesrechtliche Maßnahmen nebst Bußgeld.

2737 Gegen einen Verstoß gegen die Grundsätze zur Erbringung von Rechtsdienstleistungen nach dem RDG kann grundsätzlich im Wege der wettbewerbsrechtlichen Unterlassungsklage vorgegangen werden:

2738 Durch die Erbringung von Rechtsdienstleistungen werden Wettbewerbshandlungen i. S. d. § 2 Abs. 1 Nr. 1 UWG vorgenommen. Der Ausübende tritt durch seine Tätigkeit zu den zugelassenen Rechtsanwälten und den anderen zur Rechtsdienstleistung zugelassenen Personen in Wettbewerb. Aus einer objektiven Wettbewerbshandlung ist nach der Lebenserfahrung regelmäßig auch auf die Absicht zu schließen, den Wettbewerb zu fördern, wenn nicht besondere Umstände dagegen sprechen und der Wettbewerbszweck nicht völlig hinter die eigentlichen Beweggründe zurücktritt. Ein Verstoß gegen das RDG stellt gleichzeitig eine unlautere Wettbewerbshandlung i. S. d. § 3 UWG dar.

2739 Darüber hinaus stellt ein Verstoß gegen ein Gesetz, das durch den Erlaubniszwang einen Verstoß gegen die Grenzen der Zulässigkeit des Wettbewerbs festlegt, stets ein wettbewerbswidriges Verhalten in Form des Vorsprungs durch Rechtsbruch dar und erfüllt damit die Voraussetzungen des § 4 Nr. 10 UWG. Zudem können abhängig von den Umständen des Einzelfalls gute Gründe dafür sprechen, dass ein Anbieter, der, ohne über die nach dem RDG erforderliche Erlaubnis zu verfügen, öffentlich damit wirbt, erlaubnispflichtige rechtliche und steuerliche Beratungsleistungen im Bereich der bAV zu erbringen, den Straftatbestand des § 16 Abs. 1 UWG (strafbare Werbung) erfüllt, der als Strafmaßnahmen eine Freiheitsstrafe von bis zu zwei Jahren oder eine Geldstrafe vorsieht.

Führt eine unerlaubte Rechtsberatung zu einer Falschberatung, in deren Folge es zu einem (i.d.R. erheblichen) Vermögensschaden kommt, so würde der wirklich Leidtragende der geschädigte Mandant sein. Bei der Durchsetzung seiner Schadensersatzansprüche wird er sich zunächst im Kreis drehen:

▶ Denn der Finanzdienstleister/Unternehmensberater wird ihn auf die Versicherungsgesellschaft verweisen. Schließlich hat er ja nur den Text übernommen, den ihm der Versicherer zur Verfügung gestellt hat.

▶ Die Versicherungsgesellschaft wiederum wird jede Haftung ablehnen, da sie ja lediglich ein unverbindliches Vertragsmuster geliefert hat und darüber hinaus darauf hinweisen wird, dass sie keine Rechtsberatung erbringen darf.

▶ Bleibt nur noch der Steuerberater! Schließlich ist er für den Mandanten die Person des Vertrauens. Mit dem Hinweis „Du hast das doch alles geprüft! Wie konnte das denn passieren?" wird der Mandant seinen Steuerberater in die Verantwortung nehmen. Und der wird es schwer haben, diese zu verneinen!

Sind die Verantwortlichen identifiziert und soll der entstandene Vermögensschaden ersetzt werden, so eröffnet sich für den Geschädigten ein weiteres erhebliches Problem: Der fehlende Versicherungsschutz! Weder der Finanzdienstleister/Unternehmensberater noch der Steuerberater verfügen für einen derartigen Vermögensschaden über eine Deckung durch ihre Vermögensschadenhaftpflichtversicherung. Diese wird nämlich unter Hinweis auf den Verstoß gegen die Grundsätze der Rechtsberatung und die dafür fehlende Deckung die Übernahme des eingetretenen Vermögensschadens verweigern. Für die verantwortlichen Berater bedeutet dies, dass sie notfalls ihr Privatvermögen angreifen müssen, um den entstandenen Vermögensschaden zu ersetzen. Sollte ein Ersatz des Schadens auf diesem Wege nicht möglich sein, wird dies für den geschädigten Mandanten bedeuten, dass seine berechtigten Schadensersatzansprüche ins Leere gehen. Spätestens an diesem Punkt wird deutlich, mit welchen wirtschaftlichen Gefahren die unerlaubte Rechtsberatung für alle Beteiligten verbunden ist. 2741

(Einstweilen frei) 2742–2745

II. Betriebsrentenrecht: Anwendbarkeit des BetrAVG auf Pensionszusagen an GmbH-Geschäftsführer

1. Einführung

Mit Wirkung zum 22.12.1974 trat das Gesetz zur Verbesserung der betrieblichen Altersversorgung, auch Betriebsrentengesetz (BetrAVG) genannt, in Kraft. Das BetrAVG kann somit im Jahre 2019 auf ein 45-jähriges Bestehen zurückblicken. In den neuen Bundesländern trat das BetrAVG dagegen erst zum 1.1.1992 in Kraft, weshalb Versorgungszusagen, die in den neuen Bundesländern vor dem 1.1.1992 erteilt wurden **nicht** dem Geltungsbereich des BetrAVG unterliegen.[1]

2746

Das BetrAVG stellt die erste gesetzliche Regelung zur bAV in arbeitsrechtlicher Sicht dar. Auslöser des Gesetzgebungsverfahrens zum BetrAVG war die grundlegende Entscheidung des BAG zur Unverfallbarkeit.[2]

2747

Als Begründung für die Einführung des BetrAVG wird im Gesetzesentwurf folgendes ausgeführt:

2748

„*Eine derartige gesetzliche Regelung wird für erforderlich gehalten, weil die bisherige freie Vertragsgestaltung – die überwiegend als rechtlicher Entstehungsgrund der betrieblichen Altersversorgung in Betracht kommt – nicht in allen Fällen eine Berücksichtigung der sozialen Belange der Arbeitnehmer gewährleisten konnte. [...] Der Arbeitnehmer kann i.d.R. auf ihren Inhalt keinen Einfluss nehmen. Seine Stellung gestattet es nur selten, seine berechtigten Interessen zur Geltung zu bringen. Da somit die Vertragsfreiheit in diesem Bereich ein echtes Aushandeln der gegenseitigen Belange nicht ermöglicht, sollen die sozial schwächeren Vertragspartner durch die gesetzlichen Mindestnormen geschützt werden.*"[3]

Der **Sinn und Zweck** des BetrAVG besteht demnach darin,

2749

▶ die begünstigten Arbeitnehmer vor missbräuchlichen Gestaltungen zu schützen und

▶ den sozialen Charakter der bAV aufrecht zu erhalten.

Das BetrAVG stellt inhaltlich somit ein reines **Arbeitnehmerschutzgesetz** dar.

---

1 Vgl. *Uebelhack* in aba, H-BetrAV, Teil I, Kap. 10, S. 14 f., Rz. 25.
2 BAG, Urteil v. 10.3.1972 - 3 AZR 278/71, juris.
3 Gesetzentwurf der Bundesregierung v. 26.11.1973, BT-Drucks. 7/1281 S. 19.

2750 In den Schutzbereich des BetrAVG fallen aber nicht nur – wie zunächst zu vermuten wäre – klassische Arbeitnehmer. Der Gesetzgeber hat es darüber hinaus für erforderlich gehalten, den Schutzbereich des Gesetzes auch auf den Personenkreis der arbeitnehmerähnlichen Personen (sog. Nicht-Arbeitnehmer) zu erweitern. Dies kann dazu führen, dass auch Versorgungszusagen an GmbH-Gf in den Geltungsbereich des BetrAVG fallen. Dadurch entsteht eine erhebliche rechtliche Problematik, deren Relevanz in der Praxis häufig nicht erkannt wird.

2751 Von den Schutzbestimmungen des BetrAVG darf gem. § 19 Abs. 3 BetrAVG nur dann abgewichen werden, wenn **zugunsten** des Versorgungsberechtigten von der gesetzlichen Regelung abgewichen wird. § 19 Abs. 1 BetrAVG definiert jedoch für diesen Grundsatz einen Ausnahmetatbestand für Regelungen, die innerhalb von Tarifverträgen vereinbart werden.

2722 Das BAG hat bereits im Jahr 2009 entschieden, dass die Ausnahmeregelung für Tarifvertragsparteien auch auf den Personenkreis der Organperson anwendbar ist. Dies wurde jüngst höchstrichterlich durch den BGH bestätigt.[1] Demnach dürfen auch für Organpersonen die in § 19 Abs. 1 BetrAVG abschließend aufgezählten Normen des BetrAVG zivilrechtlich wirksam abbedungen werden.

2753–2755 *(Einstweilen frei)*

2. Sachlicher Geltungsbereich des BetrAVG

a) Legaldefinition der bAV

2756 Die **Legaldefinition** des Begriffes der bAV findet sich in § 1 Abs. 1 Satz 1 BetrAVG. Aus dem dortigen Inhalt erschließt sich auch der sachliche Geltungsbereich des Gesetzes.

2757 Demnach eröffnet sich der **sachliche Geltungsbereich** des BetrAVG nur dann, wenn

▶ einem Arbeitnehmer

▶ Leistungen der Alters-, Invaliditäts- oder Hinterbliebenenversorgung (biologisches Ereignis)

▶ aus Anlass eines Arbeitsverhältnisses

▶ vom Arbeitgeber zugesagt werden.

---

[1] BAG, Urteil v. 21.4.2009 - 3 AZR 285/07, NWB DokID: VAAAD-29570; BGH, Urteil v. 23.5.2017 - II ZR 6/16, NWB DokID: CAAAG-49703.

II. Betriebsrentenrecht: Anwendbarkeit auf Pensionszusagen an GmbH-Gf

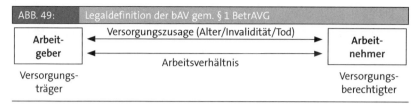

ABB. 49: Legaldefinition der bAV gem. § 1 BetrAVG

Sind die vorgenannten Kriterien erfüllt, liegt begrifflich eine bAV vor, mit der Folge, dass sämtliche zwingenden Regelungen des BetrAVG auf die zu beurteilende Versorgungszusage Anwendung finden (sofern sich auch der persönliche Geltungsbereich hinsichtlich der zu beurteilenden Versorgungszusage eröffnet). 2758

b) Arbeitnehmer

§ 17 Abs. 1 Satz 1 BetrAVG bestimmt, dass als **Arbeitnehmer** i. S. d. §§ 1 bis 16 BetrAVG Arbeiter und Angestellte, sowie die zu ihrer Berufsausbildung Beschäftigte gelten. 2759

In den Schutzbereich des BetrAVG fallen aber nicht nur – wie zunächst zu vermuten wäre – klassische Arbeitnehmer. Der Gesetzgeber hat es darüber hinaus für erforderlich gehalten, weitere Personenkreise in den Schutzbereich des Gesetzes einzubeziehen. So erweitert § 17 Abs. 1 Satz 2 BetrAVG den persönlichen Geltungsbereich des BetrAVG auch auf sog. „Nicht-Arbeitnehmer". Dies kann dazu führen, dass auch Versorgungszusagen an GmbH-Gf in den Geltungsbereich des BetrAVG fallen. 2760

Bezüglich einer weiterführenden Auseinandersetzung mit dieser Thematik wird auf die Rz. 2779 ff. verwiesen. 2761

c) Leistungen

Gemäß der Legaldefinition der bAV müssen dem Versorgungsberechtigten **Leistungen** zugesagt werden. 2762

Als verschiedene Leistungsformen in Betracht kommen: 2763

▶ lebenslange Renten,
▶ einmalige Kapitalleistungen,
▶ ratenweise Auszahlung eines Kapitals und
▶ Zeitrenten.[1]

---

1 Kisters-Kölkes, Grundzüge BetrAV, 9. Aufl., S. 53, Rz. 192.

d) Biologisches Ereignis

2764 Eine Leistung der bAV kann durch folgende **biologische Ereignisse** ausgelöst werden:

- Alter,
- Invalidität oder
- Tod

Dabei ergibt es sich in der Praxis regelmäßig, dass Versorgungsfälle nacheinander ausgelöst werden.

ABB. 50: Biologische Ereignisse und mögliche Übergänge

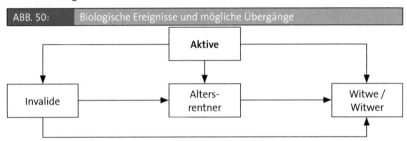

2765 Die „**feste Altersgrenze**" bezeichnet den Zeitpunkt, zu dem nach den Bestimmungen der Versorgungszusage im Regelfall mit einer Inanspruchnahme der Betriebsrente und einem altersbedingten Ausscheiden aus dem Berufs- und Erwerbsleben zu rechnen ist. Nicht erforderlich ist, dass das Ende des Arbeitsverhältnisses von vornherein bindend festgelegt wird.[1] Dies ist auch nicht Bestandteil der Legaldefinition in § 1 Abs. 1 Satz 1 BetrAVG.

2766 „*Invalidität ist ein im Einzelnen ausfüllbarer Begriff*",[2] da das Gesetz den Begriff der Invalidität nicht definiert. „*Üblich ist, sich an die Begriffe der gesetzlichen Rentenversicherung „anzulehnen", also an die teilweise oder volle Erwerbsminderung i. S. v. § 43 SGB VI.*"[3]

2767 Der Begriff der **Hinterbliebenenversorgung** lehnt sich an die Definition der §§ 46, 48 SGB VI an, wonach als Hinterbliebene

- Witwen,
- Witwer,
- Waisen sowie
- „frühere Ehegatten"

---

1 BAG, Urteil v. 17. 9. 2008 - 3 AZR 865/06, NWB DokID: HAAAD-03133.
2 Kisters-Kölkes, Grundzüge BetrAV, 9. Aufl., S. 11, Rz. 34.
3 Kisters-Kölkes, Grundzüge BetrAV, 9. Aufl., S. 11, Rz. 34.

II. Betriebsrentenrecht: Anwendbarkeit auf Pensionszusagen an GmbH-Gf

in Betracht kommen. Hinterbliebener im steuerrechtlichen Sinne kann ebenso ein eingetragener Lebenspartner sein.[1] Getrennt lebende Ehegatten können ausgeschlossen werden.[2]

e) Aus Anlass eines Arbeitsverhältnisses

„*Eine Versorgungszusage ist nur dann „aus Anlass" eines Arbeitsverhältnisses oder Beschäftigungsverhältnisses, i. S. d. § 17 Abs. 1 Satz 2 BetrAVG erteilt, wenn zwischen ihr und dem Arbeits-/Beschäftigungsverhältnis ein ursächlicher Zusammenhang besteht. Erforderlich ist eine Kausalitätsprüfung, die alle Umstände des Einzelfalls berücksichtigt.*"[3]

2768

„*Eine Altersversorgung ist dann nicht „aus Anlass" des Arbeitsverhältnisses oder der Tätigkeit für ein Unternehmen i. S. d. § 1 Abs. 1 Satz 1, § 17 Abs. 1 Satz 2 BetrAVG zugesagt, wenn eine GmbH nur ihren Gesellschaftern eine Versorgung verspricht und wenn deren Art und Höhe bei Beschäftigten, die nicht Gesellschafter sind, wirtschaftlich nicht vertretbar wäre.*"[4]

Somit kann eine Versorgungszusage zugunsten eines Gesellschafters einer GmbH, die ausschließlich aufgrund der Gesellschafterstellung erteilt wurde, in keinem Fall als bAV i. S. d. BetrAVG eingestuft werden, da die Versorgungszusage nicht Ausfluss eines Arbeitsverhältnisses oder einer Tätigkeit für ein Unternehmen sein kann.

2769

f) Versorgungszweck

Eine Zusage auf betriebliche Versorgungsleistungen muss zwingend einen Versorgungscharakter besitzen, um als Versorgungszusage i. S. d. BetrAVG beurteilt werden zu können. Dies ist grundsätzlich nur dann der Fall, wenn die Versorgungsleistungen durch ein **biologisches Ereignis** (Alter/Invalidität/Tod) ausgelöst werden.

2770

Werden Ansprüche nicht durch eines der o. g. biologischen Ereignisse ausgelöst und dienen die Leistungen auch nicht der **Versorgung**, sondern einem anderen Zweck - wie z. B. Notfallleistungen, Beihilfen in unverschuldeten wirtschaftlichen Notlagen – so handelt es sich nicht um eine bAV i. S. d. BetrAVG.[5]

2771

---

1 BMF, Schreiben v. 25. 7. 2002, BStBl 2002 I S. 706.
2 BAG, Urteil v. 28. 3. 1995 - 3 AZR 343/94, juris.
3 BAG, Urteil v. 19. 1. 2010 - 3 AZR 42/08, NWB DokID: BAAAD-44287.
4 BAG, Urteil v. 25. 1. 2000 - 3 AZR 769/98, NWB DokID: OAAAB-93963.
5 BAG, Urteil v. 25. 10. 1994 - 3 AZR 279/94, juris.

Anhang

2772 Insbesondere bei Gewährung einer der folgenden Leistungen handelt es sich **nicht** um eine bAV:

- ▶ Übergangsgelder
- ▶ Weihnachtsgelder
- ▶ Jubiläumsgaben
- ▶ Tantiemezahlungen
- ▶ Zuschüsse zu Krankengeldern, Kuren, Operationskosten, Zahnbehandlungen
- ▶ Zuschüsse bei Todesfällen (Sterbegelder), Sterbegeldversicherungen
- ▶ Treueprämien, Treueprämienversicherungen[1]

3. Persönlicher Geltungsbereich des BetrAVG

a) Zweckgebundene Definition der schutzbedürftigen Personenkreise

2773 Das BetrAVG verfolgt zwei Ziele:

- ▶ Es sollen zunächst diejenigen Personen geschützt werden, die auf die Versorgungsvereinbarung mit dem Arbeitgeber *„wegen der regelmäßig stärkeren Position ihres Vertragspartners oft keinen oder **nur geringen Einfluss nehmen können"*.[2]
- ▶ Darüber hinaus sollen alle Personen geschützt werden, die im Alter oder bei Invalidität **auf die betriebliche Versorgung angewiesen sind**.[3]

2774 Bei der Untersuchung des persönlichen Geltungsbereiches des BetrAVG sind daher **folgende Personengruppen zu unterscheiden**:

- ▶ Arbeitnehmer,
- ▶ Nicht-Arbeitnehmer und
- ▶ Unternehmer.

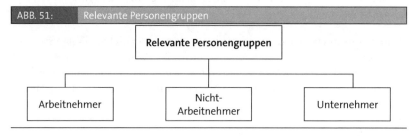

ABB. 51: Relevante Personengruppen

---

1 Vgl. PSV-Merkblatt 300/M 4, Rz. 2.1.3.
2 BT-Drucks. 7/1281 S. 30.
3 Vgl. *Rolfs* in Blomeyer/Rolfs/Otto, BetrAVG, 7. Aufl., S. 1189, Rz. 2.

b) Arbeitnehmer

Gemäß § 17 Abs. 1 Satz 1 BetrAVG sind Arbeitnehmer i. S. d. §§ 1 bis 16 BetrAVG Arbeiter und Angestellte, einschließlich der zu ihrer Berufsausbildung Beschäftigten.

2775

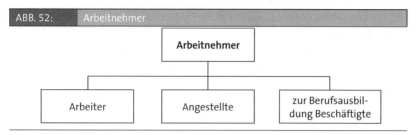

ABB. 52: Arbeitnehmer

aa) Arbeiter und Angestellte

Da das BetrAVG selbst keine nähere Definition des Arbeitnehmerbegriffes enthält, wird davon ausgegangen, dass der **allgemeine Arbeitnehmerbegriff** bei der Subsumption des § 17 Abs. 1 Satz 1 BetrAVG herangezogen werden kann.[1] Arbeiter und Angestellte sind nach der auf Alfred Hueck zurückgehenden, heute nahezu unangefochtenen Begriffsbestimmung diejenigen Personen, die aufgrund eines privatrechtlichen Vertrages im Dienste eines anderen zur Leistung weisungsgebundener, fremdbestimmter Arbeit in persönlicher Abhängigkeit verpflichtet sind.[2]

2776

bb) Zur Berufsausbildung beschäftigte Personen

Gemäß § 17 Abs. 1 Satz 1 Halbsatz 2 BetrAVG werden auch zur Berufsausbildung Beschäftigte vom persönlichen Geltungsbereich des BetrAVG erfasst.

2777

Eine Definition der zur Berufsausbildung beschäftigten Personen findet sich in § 1 Abs. 2 BBiG v. 14. 8. 1969. „*Danach stehen solche Personen in einem Berufsbildungsverhältnis, die aufgrund eines geordneten Arbeitsganges eine breit angelegte berufliche Grundausbildung erhalten und die für die Berufsausübung notwendigen fachlichen Fähigkeiten und Kenntnisse vermittelt bekommen, wobei ihnen zugleich ermöglicht wird, die erforderliche Berufserfahrung zu erwerben.*"[3]

2778

---

1 Vgl. *Höfer* in Höfer/de Groot/Küpper/Reich, BetrAVG, Band I, § 17 S. 5 Rz. 7; vgl. BAG, Urteil v. 25. 1. 2000 - 3 AZR 769/98, NWB DokID: OAAAB-93963.
2 § 611a Abs. 1 BGB.
3 *Höfer* in Höfer/de Groot/Küpper/Reich, BetrAVG, Band I, § 17 S. 16 Rz. 40.

c) Nicht-Arbeitnehmer

2779 **§ 17 Abs. 1 Satz 2 BetrAVG erweitert den persönlichen Geltungsbereich des BetrAVG** auch auf den Personenkreis der sog. Nicht-Arbeitnehmer. Demnach gelten die Bestimmungen der §§ 1 bis 16 BetrAVG auch für **Personen, die nicht Arbeitnehmer sind**, wenn ihnen Leistungen der Alters-, Invaliditäts- und Hinterbliebenenversorgung **aus Anlass ihrer Tätigkeit für ein Unternehmen** zugesagt worden sind.

2780 Würde man die Vorschrift des § 17 Abs. 1 Satz 2 BetrAVG allein aufgrund seines Wortlautes auslegen, so käme man zu der Auffassung, dass der persönliche Geltungsbereich des Gesetzes **alle denkbaren Personengruppen** umfassen würde. Demnach wäre das BetrAVG also z. B. auch auf eine Zusage zugunsten eines GGf einer Einmann-GmbH anwendbar.

2781 In der Literatur hat sich jedoch eine einheitliche kritische Meinung zu dieser Vorschrift herauskristallisiert, die eine **teleologische Auslegung** dieser Vorschrift als notwendig erachtet. Die Vorschrift sei zu breit ausgelegt. Es könne nicht Sinn und Zweck der Vorschrift sein, einen GGf einer Einmann-GmbH in den persönlichen Geltungsbereich des BetrAVG einzubeziehen.[1]

2782 Der herrschenden Meinung folgend hätte der Gesetzgeber vielmehr die Formulierung [...] „aus Anlass ihrer Tätigkeit für ein *fremdes* Unternehmen" [...] verwenden müssen,[2] da dies das Hauptkriterium für eine Einstufung als sog. Nicht-Arbeitnehmer und somit das Hauptunterscheidungsmerkmal zum Unternehmer darstellt (siehe hierzu Rz. 2796). Dieser Auffassung hat sich dann auch die höchstrichterliche Rechtsprechung in mehreren BGH-Urteilen angeschlossen.[3]

2783 Als **Nicht-Arbeitnehmer i. S. d. § 17 Abs. 1 Satz 2 BetrAVG** fallen somit folgende Personenkreise in den erweiterten persönlichen Geltungsbereich des BetrAVG:
- ▶ arbeitnehmerähnliche Personen,
- ▶ nicht abhängige Selbständige,
- ▶ Fremd-Gf,
- ▶ mitarbeitender Gesellschafter im fremden Unternehmen und
- ▶ GGf im fremden Unternehmen.

---

[1] Vgl. *Rolfs* in Blomeyer/Rolfs/Otto, BetrAVG, 7. Aufl., S. 1198, Rz. 42; vgl. *Heubeck* u. a./Höhne: Kommentar zum Betriebsrentengesetz, Band I, 2. Auflage, Band II 1978, § 17, Rz. 49 f.; vgl. *Höfer* in Höfer/de Groot/Küpper/Reich, BetrAVG, Band I, § 17 S. 17 f. Rz. 45 f.; vgl. Langohr-Plato, Betriebliche Altersversorgung, 7. Aufl., S. 245, Rz. 1116.

[2] Vgl. Langohr-Plato, Betriebliche Altersversorgung, 7. Aufl., S. 245, Rz. 1117; vgl. *Diller* in Schlewing/Henssler/Schipp/Schnitker, Arbeitsrecht der bAV, Teil 4 B S. 7 Rz. 26.

[3] Vgl. BGH, Urteil v. 28. 4. 1980 - II ZR 254/78, juris; vgl. BGH, Urteil v. 9. 6. 1980 - II ZR 255/78, juris; vgl. BGH, Urteil v. 28. 1. 1991 - II ZR 29/90, NJW-RR 1991 S. 746.

II. Betriebsrentenrecht: Anwendbarkeit auf Pensionszusagen an GmbH-Gf

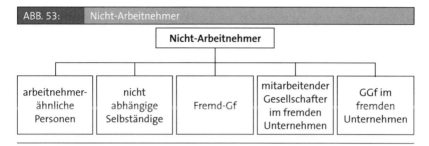

aa) Arbeitnehmerähnliche Personen

Die Personengruppe der arbeitnehmerähnlichen Personen steht den Arbeitnehmern i. S. d. § 17 Abs. 1 Satz 1 BetrAVG am nächsten.   2784

Merkmale einer arbeitnehmerähnlichen Person sind: 2785

► Rechtliche Selbständigkeit (kein persönliches Abhängigkeitsverhältnis zum Arbeitgeber),

► Wirtschaftliche Abhängigkeit (trägt kein Unternehmerrisiko) und

► Soziale Schutzbedürftigkeit.

Bei der Beurteilung, ob eine Person als arbeitnehmerähnlich einzustufen ist, kommt es nicht auf den erklärten Willen der Parteien, sondern auf eine objektive Betrachtung der tatsächlich durchgeführten Beziehung an.[1]   2786

bb) Nicht abhängige Selbständige

Die Personengruppe der nicht abhängigen Selbständigen unterscheidet sich von den arbeitnehmerähnlichen Personen vor allem im Merkmal der wirtschaftlichen Abhängigkeit.[2]   2787

Zu den **nicht abhängig Selbständigen** gehören vor allem: 2788

► Angehörige der freien Berufe,

► Rechtsanwälte,

► Wirtschaftsprüfer,

► Steuerberater,

► etc.[3]

---

1 Vgl. *Höfer* in Höfer/de Groot/Küpper/Reich, BetrAVG, Band I, § 17 S. 24 Rz. 65; vgl. BAG, Urteil v. 28. 6. 1973 - 5 AZR 19/73, juris.
2 Vgl. *Rolfs* in Blomeyer/Rolfs/Otto, Betriebsrentengesetz, 7. Aufl., S. 1204, Rz. 77.
3 Vgl. *Diller* in Schlewing/Henssler/Schipp/Schnitker, Arbeitsrecht der bAV, Teil 4 B S. 9 Rz. 39.

Anhang

ABB. 54: Nicht abhängige Selbständige

BERATUNGSHINWEIS:
Einigt sich ein Unternehmen z. B. mit seinem Steuerberater darauf, dass dieser anstelle eines laufenden Honorars eine unmittelbare Pensionszusage erhält, so fällt diese gem. § 17 Abs. 1 Satz 2 BetrAVG in den persönlichen Geltungsbereich des Gesetzes.[1]

cc) Fremd-Geschäftsführer

2789 Zu den Organmitgliedern ohne Beteiligung rechnet bei der GmbH deren Gf.[2] Dieser übt nach herrschender Meinung auch dann eine Arbeitgeberfunktion aus und ist somit nicht als Arbeitnehmer i. S. d. § 17 Abs. 1 Satz 1 BetrAVG einzustufen, wenn er nicht am Stammkapital der GmbH beteiligt ist.[3]

2790 Sie werden aber durch § 17 Abs. 1 Satz 2 BetrAVG in den persönlichen Geltungsbereich des BetrAVG miteinbezogen, da *„die Versorgungsbezüge für sie Existenz sichernde Funktionen haben, so dass insofern auch regelmäßig eine wirtschaftliche Abhängigkeit besteht."*[4]

dd) Mitarbeitender Gesellschafter im fremden Unternehmen

2791 Für die Beurteilung, ob eine unmittelbare Pensionszusage zugunsten eines mitarbeitenden Gesellschafters in den persönlichen Geltungsbereich des BetrAVG fällt, gilt es folgende Frage zu beantworten:

2792 **Ist er für das eigene oder ein fremdes Unternehmen tätig?** Diese Frage wird hauptsächlich durch
- die **Höhe der Beteiligung am Stammkapital** der Gesellschaft und
- der damit verbundenen **Ausprägung der Leitungsmacht** entschieden.

Diese Frage ist anhand einer wirtschaftlichen Betrachtung zu beantworten.[5]

---

1 Vgl. BGH, Urteil v. 13. 7. 2006 - IX ZR 90/05, NWB DokID: PAAAC-01052.
2 BAG, Urteil v. 29. 5. 2000 - II ZR 380/98, juris.
3 Vgl. *Diller* in Schlewing/Henssler/Schipp/Schnitker, Arbeitsrecht der bAV, Teil 4 B, S. 10 Rz. 40.
4 *Rolfs* in Blomeyer/Rolfs/Otto, BetrAVG, 7. Aufl., S. 1204, Rz. 79; vgl. BGH, Urteil v. 8. 12. 1977 - II ZR 219/75, BB 1978 S. 275.
5 BGH, Urteil v. 25. 1. 2000 - III AZR 769/98, NWB DokID: OAAAB-93963.

So ist davon auszugehen, dass ein mitarbeitender Gesellschafter, der nicht auch über die dienstvertragliche Leitungsmacht verfügt, nicht für sein eigenes Unternehmen tätig ist. Er rechnet somit zum Personenkreis des § 17 Abs. 1 Satz 2 BetrAVG. In der Folge fällt die ihm gegenüber erteilte Pensionszusage in den persönlichen Geltungsbereich des BetrAVG. Eine Einbeziehung in die Zusammenrechnung scheidet aus.[1]

2793

Es erscheint jedoch als nicht sachgerecht, diese Beurteilung auch auf denjenigen mitarbeitenden Gesellschafter anzuwenden, der über die Mehrheit der Gesellschaftsanteile verfügt. Dies vor dem Hintergrund der Entscheidung des BAG v. 6. 5. 1998. Danach kann ein Gesellschafter nur dann Arbeitnehmer einer GmbH sein, wenn der Gf diesem gegenüber weisungsbefugt ist. Hat aber ein Gesellschafter als Kapitaleigner einen so großen Einfluss auf die Führung der Gesellschaft, **dass er über die Gesellschafterstellung letztlich auch die Leitungsmacht innehat**, so unterliegt er nicht dem Weisungsrecht des Gf. Dies ist dann der Fall, wenn dem Gesellschafter mehr als 50 % der Anteile (Stimmrechte) zustehen.[2] In einem solchen Falle ist daher davon auszugehen, dass der mitarbeitende Mehrheits-Gesellschafter als Unternehmer im eigenen Unternehmen zu beurteilen ist.

2794

BERATUNGSHINWEIS:

Wird einem Gesellschafter, der keine Tätigkeit im Unternehmen inne hat, eine Zusage rein aufgrund der Gesellschafterstellung erteilt, so ist bei der Prüfung des sachlichen Anwendungsbereiches (siehe hierzu Rz. 2756) bereits festzustellen, dass sich dieser nicht eröffnet. Die Notwendigkeit einer Prüfung des persönlichen Geltungsbereiches entfällt somit für eine derartige Zusage.

ee) Gesellschafter-Geschäftsführer im fremden Unternehmen

Auch für diesen Personenkreis gilt es, die unter Rz. 2792 dargestellten Fragen zu beantworten. Bezüglich den Ausführungen zu der Personengruppe der GGf, für die § 17 Abs. 1 Satz 2 BetrAVG anwendbar ist, wird auf Rz. 2808, im Besonderen auf Rz. 2819, verwiesen.

2795

d) Unternehmer

Unternehmer, denen anlässlich ihrer **Tätigkeit im eigenen Unternehmen** eine **Pensionszusage** erteilt wurde, rechnen nicht zum **erweiterten Personenkreis** des § 17 Abs. 1 Satz 2 BetrAVG.

2796

---

1 Vgl. *Höfer* in Höfer/de Groot/Küpper/Reich, BetrAVG, Band I, § 17 S. 37 Rz. 98.
2 BAG, Urteil v. 6. 5. 1998 - 5 AZR 612/97, BB 1998 S. 1800.

2797 Der BGH führt dazu Folgendes aus:

„Einigermaßen zuverlässige Anhaltspunkte für eine Antwort auf die Frage, inwieweit der Schutzzweck des Betriebsrentengesetzes es notwendig erscheinen läßt, trotz der weiten Fassung des § 17 Abs. 1 Satz 2 BetrAVG bestimmte Versorgungsempfänger von der Anwendung des Gesetzes auszunehmen, weil es ersichtlich nicht für sie geschaffen ist, bietet der Umstand, daß Einzelkaufleute eindeutig nicht darunter fallen, soweit es um Ihre Versorgung aus dem eigenen Betrieb geht. Bei ihnen scheitert eine Anwendung des Betriebsrentengesetzes schon an dem rechtlichen Hindernis, daß niemand sein eigener Schuldner und damit auch nicht der Gläubiger einer selbst erteilten Versorgungszusage sein kann.

*Darüber hinaus legt der Wortlaut des § 17 Abs. 1 Satz 2 BetrAVG, der Nicht-Arbeitnehmer in den Schutz der §§ 1 bis 16 BetrAVG einbezieht, sofern ihnen Versorgungsleistungen „aus Anlass ihrer Tätigkeit für ein Unternehmen zugesagt worden sind", den Schluss nahe, dass die Versorgungsleistungen **ihren Grund in der Arbeit für ein fremdes Unternehmen haben müssen**; denn bei Bezügen aus eigener Unternehmertätigkeit spricht man im Allgemeinen nicht davon, dass diese aus Anlass der Tätigkeit „für" ein Unternehmen „zugesagt" worden seien. In dieser Beschränkung auf Versorgungsansprüche, die durch eine Fremdtätigkeit verdient worden sind, kommt über die rechtliche Konstruktion hinaus der schon vermerkte Grundcharakter des Betriebsrentengesetzes als reines Arbeitnehmerschutzgesetzes zum Ausdruck.*

Eine innere Rechtfertigung findet sich in dem Gedanken, daß die unternehmerische Freiheit, die durch eine entsprechende Einkommenschance und persönliche Unabhängigkeit gekennzeichnet ist, nicht ohne die Eigenverantwortlichkeit des Unternehmens denkbar ist, die auch das Wagnis einschließt, das eingesetzte Kapital und die Früchte der unternehmerischen Tätigkeit wieder zu verlieren. Das zeigt sich besonders deutlich im Insolvenzfall: Es wäre mit der sozialpolitischen Grundkonzeption des Gesetzes kaum vereinbar, wenn ein Unternehmer die Folgen eines Fehlschlagens seiner eigenwirtschaftlichen Betätigung auf die Gesamtheit der zur Insolvenzsicherung beitragenden Unternehmen dadurch abwälzen dürfte, dass er vom Beklagten (PSVaG) Versorgungsleistungen verlangt, die wirtschaftlich als Unternehmerlohn zu betrachten sind.

Hieraus läßt sich der allgemeine Grundgedanke ableiten, daß Personen, die selbst Unternehmer sind, den Schutz des Gesetzes nicht genießen sollen.

Von daher erweist es sich als notwendig, Versorgungsberechtigte auch insoweit von der Geltung des Betriebsrentengesetzes auszunehmen, als ihre Ansprüche auf Dienstleistungen beruhen, die sie bei natürlicher Betrachtung für das eigene Unternehmen, sei es auch gegenüber einem formalrechtlich selbständigen Unternehmensträger, erbracht haben. Dies trifft auf solche Personen zu, die sowohl

vermögens- als auch einflußmäßig mit dem Unternehmen, für das sie arbeiten, so sehr verbunden sind, daß sie es als ihr eigenes betrachten können und deshalb unter dem Gesichtspunkt der Pensionssicherung dem Inhaber eines Einzelunternehmens gleichzusetzen sind. Dazu gehört bei Kapitalgesellschaften in erster Linie der Alleingesellschafter, der sich als Unternehmensleiter eine Versorgungszusage selbst gegeben oder sonstwie verschafft hat. Es leuchtet ohne weiteres ein, daß ein solcher Gesellschafter wegen einer Tätigkeit für das wirtschaftlich ihm allein gehörende Unternehmen keine durch das Betriebsrentengesetz besonders gesicherte und damit konkursfeste Versorgungsrente erwarten kann.
Zu den Personen, die wegen einer unternehmerähnlichen Stellung nicht unter § 17 Abs. 1 Satz 2 BetrAVG fallen, soweit sie ihre Pensionsberechtigung durch eine Tätigkeit für "ihr" Unternehmen erworben haben, ist darüber hinaus jeder Mehrheitsgesellschafter zu rechnen. Denn auch bei ihm überwiegt die auf der hohen Kapitalbeteiligung in Verbindung mit einer entsprechenden Leitungsmacht beruhende Unternehmerstellung die dienstvertragliche Einkleidung seiner Unternehmenstätigkeit noch so eindeutig, daß der Charakter von Versorgungsbezügen als Unternehmerlohn gegenüber ihrer rechtlichen Eigenschaft als Betriebsrente ganz in den Vordergrund tritt und den Vergleich mit den gesetzlich nicht gesicherten Entnahmen eines Einzelkaufmanns nahe legt."[1]

Danach sind bei Kapitalgesellschaften die **Höhe des Kapitaleinsatzes** und die Möglichkeit, auf die **Leitung des Unternehmens** Einfluss zu nehmen, ausschlaggebend dafür, ob der Versorgungsberechtigte in den persönlichen Geltungsbereich des BetrAVG fällt. 2798

Möglichkeiten zur Einflussnahme haben nach der Auffassung des PSVaG: 2799

- ▶ Gf einer GmbH,
- ▶ Vorstandsmitglieder einer AG, eG oder eV,
- ▶ sowie Personen, die lediglich im Innenverhältnis über eine geschäftsführerähnliche Leitungsmacht verfügen (z. B. Prokuristen mit Einzelvertretungsvollmacht).[2]

Unterschieden werden muss folglich zwischen folgenden Beteiligungsverhältnissen: 2800

- ▶ Allein-GGf (100 %),
- ▶ Mehrheits-GGf (über 50 %),
- ▶ GGf mit exakt 50 %-iger Beteiligung und
- ▶ Minderheits-GGf (weniger als 50 %).

---

1 BGH, Urteil v. 28. 4. 1980 - II ZR 254/78, juris.
2 Vgl. PSV-Merkblatt 300/M 1, Rz. 3.3.

Anhang

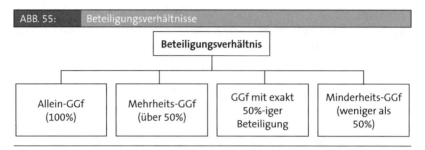

ABB. 55: Beteiligungsverhältnisse

BERATUNGSHINWEIS:

Es gilt hier besonders hervorzuheben, dass es sich bei den nachfolgend dargestellten Rechtsgrundsätzen um solche handelt, die auf einer typisierenden Betrachtung der Rechtsprechung und der Literatur beruhen. Maßgebend sind dennoch immer die Umstände des Einzelfalles, weshalb es unerlässlich ist, diese in jedem Falle zu prüfen. Daher ist es auch grundsätzlich möglich, dass im Falle dessen, dass ein zu beurteilender Einzelfall von einer besonderen Konstellation geprägt wird, von der typisierenden Betrachtung abgewichen werden kann.

aa) Allein-Gesellschafter-Geschäftsführer

2801 Allein-Gesellschafter ist, wer sämtliche Anteile einer GmbH besitzt.

2802 Der Allein-GGf kann sich zwar formal durchaus eine Versorgungszusage von der Kapitalgesellschaft erteilen lassen, da die Gesellschaft ihm gegenüber rechtlich selbständig ist. Jedoch muss das Unternehmen dem Allein-Gesellschafter zugerechnet werden.[1]

2803 Versorgungszusagen, die Allein-Gesellschaftern gegenüber erteilt wurden, tragen überwiegend den Charakter des **„Unternehmenslohns"**. Die Schutzbestimmungen des BetrAVG sind demnach **nicht** auf Allein-Gesellschafter anzuwenden.

bb) Mehrheits-Gesellschafter-Geschäftsführer

2804 In der Literatur wird das BGH-Urteil v. 28.4.1980[2] teilweise so interpretiert, dass als Mehrheits-Gesellschafter gilt, wer **zumindest** 50 % der Anteile einer GmbH besitzt.[3] Dies lässt sich aber aus den Entscheidungsgründen des Urteils nicht eindeutig ableiten. Einzig die Formulierung des amtlichen Leitsatzes

---

1 Vgl. *Rolfs* in Blomeyer/Rolfs/Otto, BetrAVG, 7. Aufl., S. 1206, Rz. 85; BGH, Urteil v. 28.4.1980 - II ZR 254/78, juris.
2 BGH, Urteil v. 28.4.1980 - II ZR 254/78, juris.
3 Vgl. *Rolfs* in Blomeyer/Rolfs/Otto, BetrAVG, 7. Aufl., S. 1206, Rz. 88; BGH, Urteil v. 28.4.1980 - II ZR 254/78, juris.

II. Betriebsrentenrecht: Anwendbarkeit auf Pensionszusagen an GmbH-Gf

könnte als Grundlage für eine derartige Interpretation dienen. Danach seien die Versorgungsansprüche eines GGf mit einer unter 50 %-igen Beteiligung insolvenzgesichert. Diese Formulierung bietet ein breites Spektrum an Auslegungsmöglichkeiten.

An dieser Stelle vertreten die Autoren eine gegenteilige Auffassung. So wird unsererseits das o. g. BGH-Urteil so interpretiert, dass als Mehrheits-Gesellschafter nur derjenige gelten kann, der mit **mehr als 50 %** an der Gesellschaft beteiligt ist. 2805

Mehrheits-GGf fallen **nicht** in den persönlichen Geltungsbereich des BetrAVG. Mehrheits-GGf haben nach Auffassung des BGH infolge ihrer hohen Kapitalbeteiligung und einer entsprechenden Leitungsmacht eine **Unternehmerstellung**. Ihre Versorgungsbezüge tragen – ebenso wie beim Allein-GGf – überwiegend den Charakter des „**Unternehmerlohns**", so dass das BetrAVG auf Mehrheits-Gesellschafter nicht anzuwenden ist.[1] 2806

Es sind jedoch auch Konstellationen denkbar, in denen auch ein Mehrheits-GGf aufgrund einer beschränkten Leitungsmacht in den persönlichen Geltungsbereich des BetrAVG fällt. Dies kann z. B. dann der Fall sein, wenn satzungsgemäß den anderen Gf höhere Einflussmöglichkeiten eingeräumt wurden.[2] 2807

cc) Gesellschafter-Geschäftsführer mit exakt 50 %-iger Beteiligung

Ist für einen GGf, der mit exakt 50 % an der Gesellschaft beteiligt ist, das BetrAVG anwendbar? 2808

Diese Frage hat in der Praxis eine durchaus bedeutende Rolle, da ein GGf mit exakt 50 %-iger Beteiligung am Stammkapital der Gesellschaft absolut keine Ausnahme darstellt. 2809

Die Auffassungen, wie diese Frage zu beantworten ist, gehen auseinander: 2810

Einigkeit herrscht darüber, dass **begrifflich** eine Mehrheits-Beteiligung vorliegt, wenn der Anteil eines GGf am Stammkapital der Gesellschaft **mehr als 50 %** beträgt. Einigkeit herrscht auch darüber, dass es sich begrifflich um eine Minderheits-Beteiligung handelt, wenn der Anteil **weniger als 50 %** beträgt. 2811

Insofern könnte es sich bei einer exakt 50 %-igen Beteiligung begrifflich um eine **Paritätsbeteiligung** handeln. 2812

---

1 Vgl. *Rolfs* in Blomeyer/Rolfs/Otto, BetrAVG, 7. Aufl., S. 1206, Rz. 87; BGH, Urteil v. 28. 4. 1980 - II ZR 254/78, juris.
2 Vgl. *Diller* in Schlewing/Henssler/Schipp/Schnitker, Arbeitsrecht der bAV, Teil 4 B S. 13 Rz. 53.

Anhang

2813 Von einem „eigenen" Unternehmen kann nach Auffassung verschiedener Autoren bei einer exakt 50 %-igen Beteiligung nicht die Rede sein, so dass viel für die Subsumption unter § 17 Abs. 1 Satz 2 BetrAVG und der damit verbundenen **Anwendung der Regelungen des BetrAVG** spräche. Auch wenn seine Beteiligungsquote ihm die Möglichkeit gibt, alle Entscheidungen innerhalb der Gesellschafterversammlung zu blockieren, er die Geschäfte frei von Weisungen seiner Mitgesellschafter führen kann und es diesen nicht möglich ist, ihn gegen seinen Willen aus der Geschäftsführung abzuberufen, hätte er ihrer Meinung nach **nicht** die notwendige Leitungsmacht.[1]

2814 Die gegenteilige Auffassung mehrerer Autoren, nach der ein GGf mit exakt 50 %-iger Beteiligung **nicht** in den persönlichen Geltungsbereich des BetrAVG fällt, bedient sich grundsätzlich der gleichen Begründung, die jedoch gegenteilig interpretiert wird. Demnach würde es für die Bejahung einer Unternehmerstellung ausreichen, dass der GGf mit 50,00 % Beteiligung alle Beschlüsse der Gesellschaft blockieren kann, er die Geschäfte frei von Weisungen seiner Mit-Gesellschafter führen kann und es diesen nicht möglich ist, ihn gegen seinen Willen aus der Geschäftsführung abzuberufen. Daraus würde sich eine Stellung und eine Leitungsmacht ergeben, die es als gerechtfertigt erscheinen lässt, den 50 %-Gesellschafter als **Unternehmer im eigenen Unternehmen** zu beurteilen.[2]

2815 Der **BGH** hat sich zu einem GGf, der mit genau 50 % am Kapital der Gesellschaft beteiligt ist, in seinem Urteil v. 9. 6. 1980 geäußert. In dem vom BGH beschriebenen Szenario besaßen zwei Gesellschafter der Gesellschaft jeweils 50 % der Anteile. Nur einer dieser Gesellschafter war aber gleichzeitig auch Gf der Gesellschaft. Der BGH geht in seiner rechtlichen Würdigung davon aus, dass aufgrund der gleichgerichteten wirtschaftlichen Interessen beider Gesellschafter der Kompromisszwang, der aus einer 50 %-igen Beteiligung beider Gesellschafter hervorgeht, kein Hindernis darstellt, wenn es gilt, hinsichtlich der Geschäftsleitung zu einer Übereinstimmung zu gelangen. **Dies hat zur Folge, dass die Gesellschafter stets ihren Willen zur Geltung bringen können,** weshalb der BGH es, unter Verweis auf die in Wirtschaftskreisen übliche Anschauung, für gerechtfertigt erachtet, dass der GGf mit 50 %-Anteilen als Unterneh-

---

[1] Vgl. *Diller* in Schlewing/Henssler/Schipp/Schnitker, Arbeitsrecht der bAV, Teil 4 B S. 13 Rz. 52; vgl. Brandes, Die Rechtsprechung des Bundesgerichtshofs zum Betriebsrentengesetz, BetrAV 1990 S. 12 (14); vgl. *Rolfs* in Blomeyer/Rolfs/Otto, BetrAVG, 7. Aufl., S. 1207, Rz. 89; vgl. *Huber* in Kisters-Kölkes/Berenz/Huber, BetrAVG, 7. Aufl., S. 535 Rz. 6.

[2] Vgl. *Höfer* in Höfer/de Groot/Küpper/Reich, BetrAVG, Band I, § 17 S. 33 Rz. 87; vgl. Brandes, Die Rechtsprechung des Bundesgerichtshofs zum Betriebsrentengesetz, BetrAV 1990 S. 12 (14).

mer im eigenen Unternehmen und nicht lediglich als Beschäftigter mit gleichzeitiger Kapitalanlage zu beurteilen ist.[1]

Der **PSVaG** folgt der Rechtsauffassung des BGH. In seinem Merkblatt stellt der PSVaG klar, dass ein GGf **ab einer Beteiligung von 50 %** nicht mehr insolvenzgesichert ist, sofern er die GmbH als alleiniger Gf führt.[2]

2816

Aus dem o.g. Urteil des BGH lassen sich keine sachlichen Gründe finden, warum diese Rechtsauffassung nur dann gelten soll, wenn zwei Gesellschafter zu je 50 % beteiligt sind. So ist davon auszugehen, dass diese Rechtsauffassung auch auf ein Szenario Anwendung findet, in dem ein GGf 50 % der Anteile der Gesellschaft hält, während neben ihm noch mehrere Minderheits-Gesellschafter an der Gesellschaft beteiligt sind.

2817

Nach einer sachlichen Abwägung der unterschiedlichen Sichtweisen, der höchstrichterlichen Rechtsprechung des BGH, sowie dem teleologischen Sinn und Zweck des § 17 Abs. 1 Satz 2 BetrAVG, wird an dieser Stelle die Auffassung vertreten, dass ein GGf mit exakt 50 %-iger Beteiligung am Stammkapital der Gesellschaft als **Unternehmer im eigenen Unternehmen** zu beurteilen ist, so dass das BetrAVG auf unmittelbare Pensionszusagen zugunsten von GGf mit exakt 50 %-iger Beteiligung **nicht anwendbar** ist.

2818

dd) Minderheits-Gesellschafter-Geschäftsführer

Das BGH-Urteil v. 28.4.1980[3] lässt in seinem amtlichen Leitsatz den Schluss zu, dass als Minderheits-Gesellschafter gilt, wer mit einem Anteil von **unter 50 %** an einer GmbH beteiligt ist. Dies wird von der Literatur und der herrschenden Meinung so übernommen. Auch der PSVaG schließt sich dieser Meinung in seinem Merkblatt an. Ein mit weniger als 50 % an der Gesellschaft beteiligter GGf unterliegt der Auffassung des PSVaG nach der Insolvenzsicherung.[4]

2819

Minderheits-GGf unterliegen nach den Ausführungen des BGH-Urteils grundsätzlich dem **Geltungsbereich des BetrAVG**.[5] *„Ihre nicht ausreichende Kapitalbeteiligung und die daraus resultierende mangelnde Leitungsmacht macht sie im Regelfall nicht zu Unternehmern."*[6]

2820

---

1 BGH, Urteil v. 9.6.1980 - II ZR 255/78, DB 1980 S. 1588.
2 Siehe hierzu PSV-Merkblatt 300/M 1, Rz. 3.3.1.2.
3 BGH, Urteil v. 28.4.1980 - II ZR 254/78, juris.
4 Siehe hierzu PSV-Merkblatt 300/M 1, Rz. 3.3.1.2.
5 BGH, Urteil v. 28.4.1980 - II ZR 254/78, juris.
6 *Diller* in Schlewing/Henssler/Schipp/Schnitker, Arbeitsrecht der bAV, Teil 4 B S. 13 Rz. 54.

„Je nach den Umständen des Einzelfalls sind diesen Gesellschaftern aber die Anteile anderer Gesellschafter zuzurechnen"[1] (sog. **Zusammenrechnungstheorie**).

2821 Die Grundsätze der Zusammenrechnungstheorie sind anzuwenden, wenn *„die Minderheits-GGf* **gemeinsam mit anderen geschäftsführenden Gesellschaftern über die Gesellschaftsmehrheit verfügen** *[...]. Der BGH geht davon aus, dass die GGf über eine „Stimmrechtsbündelung" in der Lage sind, Entscheidungen des Unternehmens in ihrem Sinne zu beeinflussen."*[2]

2822 Ist der andere oder einer der anderen Minderheits-Gesellschafter z. B. nur **Prokurist**, so wird in der Literatur die Auffassung vertreten, dass ihm diese Stellung nicht ausreichend Einfluss auf die Geschäftspolitik gibt, so dass seine Beteiligungsquote bei der Zusammenrechnung der Anteile der Minderheits-Gesellschafter unbeachtet bleibt.[3] Der PSVaG hingegen wertet z. B. einen Prokuristen mit Einzelvertretungsvollmacht als eine Person, die auf die Leitung des Unternehmens Einfluss nehmen kann. Eine Zusammenrechnung wäre nach Meinung des PSVaG demnach möglich.[4] Eine höchstrichterliche Entscheidung zu dieser Rechtsfrage steht bislang noch aus.

2823 Eine Zusammenrechnung von mehreren Minderheits-GGf findet auch dort seine Grenzen, wo der Anteilsbesitz des geschäftsführenden Minderheits-Gesellschafters **„unbedeutend"** ist. Dies ist regelmäßig der Fall, wenn der Anteil am Stammkapital der Gesellschaft **weniger als 10 %** beträgt. „Ein mit weniger als 10 % beteiligter GGf fällt also stets unter das BetrAVG".[5]

2824 Der PSVaG hat die geltenden Rechtsgrundsätze zur Zusammenrechnung in seinem **Merkblatt 300/M 1** wie folgt zusammengefasst:

Mehrere Gf mit Beteiligung am Kapital und/oder Stimmrecht der GmbH:

Zusammenrechnung der Anteile am Kapital und/oder Stimmrecht wegen gleichgerichteter Interessenslage mit folgendem Ergebnis:

▶ zusammengerechnete Anteile von **nicht** mehr als 50 % → Insolvenzsicherung für alle

---

1 *Rolfs* in Blomeyer/Rolfs/Otto, BetrAVG, 7. Aufl., S. 1207, Rz. 89.
2 *Diller* in Schlewing/Henssler/Schipp/Schnitker, Arbeitsrecht der bAV, Teil 4 B S. 14 Rz. 55, vgl. BGH, Urteil v. 9. 6. 1980 - II ZR 255/78, DB 1980 S. 1588.
3 Vgl. *Diller* in Schlewing/Henssler/Schipp/Schnitker, Arbeitsrecht der bAV, Teil 4 B S. 15 Rz. 59; vgl. *Höfer/de Groot/Küpper/Reich*, BetrAVG, Band I, § 17 S. 37 Rz. 99.
4 Vgl. PSV-Merkblatt 300/M1.
5 *Diller* in Schlewing/Henssler/Schipp/Schnitker, Arbeitsrecht der bAV, Teil 4 B S. 15 Rz. 60; BGH, Urteil v. 28. 1. 1991 - II ZR 29/90, NJW-RR 1991 S. 746.

- ▶ zusammengerechnete Anteile von **mehr** als 50 % → Insolvenzsicherung für keinen

Ausnahmen hiervon: **Keine Zusammenrechnung** bei: 2825

- ▶ Beteiligung eines der Gesellschafter von **mehr** als 50 % → Keine Insolvenzsicherung für den Mehrheits-Gesellschafter, aber Insolvenzsicherung für den oder die übrigen Gesellschafter
- ▶ einer Minderheitsbeteiligung einzelner (nicht aller) Gf von **unter** 10 % → Insolvenzsicherung für den/die Minderheits-Gesellschafter, für den/die übrigen Gesellschafter beurteilt sich die Insolvenzsicherung nach der o. g. Zusammenrechnungstheorie

Wenn der PSVaG hier von einer Insolvenzsicherung für den GGf spricht, ist dies gleichbedeutend mit einer verpflichtenden Anwendung der Schutzbestimmungen des BetrAVG auf die Versorgungszusage zugunsten des GGf. 2826

Verfügen die Minderheits-GGf **gemeinsam** nur über **exakt** 50 % der Anteile, so entsteht die gleiche Problematik, die schon unter Rz. 2808 ff. ausgeführt wurde. Der **BGH** hat in einem solchen Falle allerdings entschieden, dass bei der Zusammenrechnung der Anteile von Minderheits-GGf die zusammengerechnete Beteiligung am Stammkapital **mehr als 50 % betragen muss**, um sie als Unternehmer im eigenen Unternehmen beurteilen zu können.[1] Dieser Rechtsauffassung hat sich wiederum der **PSVaG** angeschlossen, der Insolvenzschutz bei zusammengerechneten Anteilen nur dann gewährt, wenn diese **50 % und weniger** betragen.[2] 2827

Verfügen Minderheits-GGf nach der Zusammenrechnungstheorie zusammen also über **exakt 50 %**, so muss man nach der Rechtsprechung des BGH und der Rechtsauffassung des PSVaG davon ausgehen, dass alle Minderheits-GGf in den persönlichen Geltungsbereich des BetrAVG fallen. 2828

BERATUNGSHINWEIS:

Betrachtet man die Voraussetzungen, die für eine Beurteilung als Unternehmer im eigenen Unternehmen vorliegen müssen, so kommt man bei einem alleinigen GGf zu dem Ergebnis, dass für diesen eine Beteiligung i. H. v. mindestens 50 % als ausreichend beurteilt wird. Werden die Anteile mehrerer GGf zusammengerechnet, so benötigen diese nach der vom PSVaG vertretenen Rechtsauffassung aber gemeinsam eine Beteiligung i. H. v. mehr als 50 %. Für eine derartige Differenzierung zwischen einem alleinigen GGf und mehreren GGf findet sich aber weder in der Literatur, noch in der höchstrichterlichen Rechtsprechung eine sachlich nachvollziehbare Begründung.

---

1 BGH, Urteil v. 9. 6. 1980 - II ZR 255/78, DB 1980 S. 1588.
2 PSV-Merkblatt 300/M 1, Rz. 3.3.1.3.

e) Überblick über den persönlichen Geltungsbereich des BetrAVG

2829 Nachfolgend werden durch Abbildungen die Ergebnisse der vorherigen Textziffern zusammengefasst und so ein Überblick über den persönlichen Geltungsbereich und somit über die Anwendbarkeit des BetrAVG auf unmittelbare Versorgungszusagen an GmbH-Gf geschaffen:

2830 Für den persönlichen Geltungsbereich des BetrAVG gilt im Allgemeinen Folgendes:

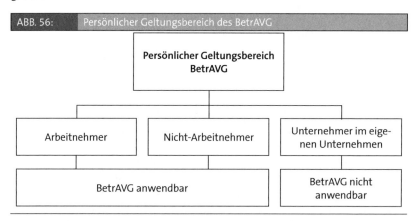

ABB. 56: Persönlicher Geltungsbereich des BetrAVG

Für Arbeitnehmer und Nicht-Arbeitnehmer eröffnet sich gem. § 17 Abs. 1 der persönliche Geltungsbereich des BetrAVG.

2831 Die Statusbeurteilung von geschäftsführenden Gesellschaftern richtet sich nach folgenden Grundsätzen:

II. Betriebsrentenrecht: Anwendbarkeit auf Pensionszusagen an GmbH-Gf

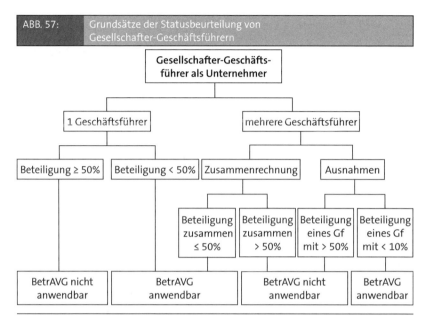

ABB. 57: Grundsätze der Statusbeurteilung von Gesellschafter-Geschäftsführern

BERATUNGSHINWEIS:

Die Statusbeurteilung von geschäftsführenden Gesellschaftern bedarf einer individuellen Betrachtung, die die Umstände des Einzelfalls würdigt. Führt diese Analyse zu dem Ergebnis, dass der geschäftsführende Gesellschafter als Unternehmer im eigenen Unternehmen zu beurteilen ist, so sind die Schutzbestimmungen des BetrAVG auf die ihm gegenüber erteilte Versorgungszusage nicht anzuwenden.

f) Statuswechsel

Häufig lassen sich in der Praxis Fallgestaltungen finden, in denen der Versorgungsberechtigte innerhalb eines Unternehmens „Karriere" macht. Versorgungsberechtigte durchlaufen im Laufe ihres Arbeitslebens unterschiedliche Positionen, welche zu **unterschiedlichen Ergebnissen im Rahmen der betriebsrentenrechtlichen Statusfeststellung** führen können. Dies gilt auch für den Personenkreis der GmbH-Gf. 2832

Denkbar sind hier folgende Konstellationen: 2833

▶ vom Arbeitnehmer/Nicht-Arbeitnehmer zum Unternehmer

▶ vom Unternehmer zum Arbeitnehmer/Nicht-Arbeitnehmer

▶ wiederholter Wechsel zwischen Arbeitnehmer/Nicht-Arbeitnehmer und Unternehmer

Anhang

2834 In der Praxis werden die Folgen eines Statuswechsels häufig nicht erkannt. So ergibt es sich, dass in Unkenntnis der Sach- und Rechtslage Gestaltungen getroffen werden, die mit erheblich rechtlichen und wirtschaftlichen Problemen behaftet sind.

2835 Dies beruht u. a. darauf, dass die Zeit der (Nicht-)Arbeitnehmertätigkeit auch dann in den persönlichen Geltungsbereich des BetrAVG fällt, wenn der geschäftsführende Gesellschafter später in eine Unternehmerstellung wechselt (entsprechendes gilt auch im umgekehrten Fall). *„Der BGH nimmt eine zeitanteilige Aufteilung vor, d. h. die gezahlte Rente wird im Insolvenzfall im **Verhältnis der Tätigkeitszeit als „Nicht-Unternehmer" zur Gesamttätigkeitszeit aufgeteilt."*[1] Dabei kommt es auch nicht darauf an, zu welchem Zeitpunkt die Versorgungszusage erteilt wurde, sondern nur darauf, inwieweit das Ruhegeld durch eine Tätigkeit als (Nicht-)Arbeitnehmer und inwieweit es durch eine solche als Unternehmer verdient worden ist.[2]

2836 Dies auch vor dem Hintergrund, dass der BGH es für den Regelfall hält, dass eine betriebliche Pensionszusage immer auch als Gegenleistung/Entgelt für die bereits im Unternehmen verbrachte Dienstzeit zu beurteilen ist. Eine anderweitige Beurteilung lässt der BGH ausnahmsweise nur dann zu, wenn hierfür klar nachvollziehbare triftige Gründe vorgebracht werden können und darüber hinaus dargelegt werden kann, in welcher Höhe die Zusage erteilt worden wäre, wenn diese auch die Vergangenheit mit berücksichtigen würde.[3] Ausschlaggebend ist demnach – wie oben dargestellt – einzig und allein das Verhältnis der relevanten Zeiten zueinander.

2837 Diese Rechtsgrundsätze werden auch vom PSVaG so bestätigt. Dem diesbezüglichen Merkblatt ist darüber hinaus zu entnehmen, dass der PSVaG davon ausgeht, dass eine Insolvenzsicherung im Stadium eines Anwärters nur dann besteht, wenn der Versorgungsberechtigte durch Tätigkeitszeiten, die er als Arbeitnehmer erbracht hat, die gesetzlichen Unverfallbarkeitsfristen erfüllen kann. Dies ist gleichbedeutend mit der Frage der Anwendbarkeit des BetrAVG, da sich der gesetzliche Insolvenzschutz nur dann einstellt, wenn die Anwendbarkeit des BetrAVG bejaht werden kann. Folgt man dieser Auffassung, so ist im Falle einer Zusageerteilung zugunsten eines Unternehmers, die zeitlich **nach einem Statuswechsel** vom Arbeitnehmer/Nicht-Arbeitnehmer zum Unternehmer erfolgt, die Erfüllung der o. g. Anforderungen grundsätzlich nicht

---

1 *Diller* in Schlewing/Henssler/Schipp/Schnitker, Arbeitsrecht der bAV, Teil 4 B, S. 17 Rz. 64.
2 BGH, Urteil v. 9. 6. 1980 - II ZR 255/78, DB 1980 S. 1588.
3 BGH, Urteil v. 25. 9. 1989 - II ZR 259/88, BB 1990 S. 637.

möglich. Insofern ist die Anwendbarkeit des BetrAVG während der Anwartschaftsphase zu verneinen. Diese rechtliche Beurteilung ändert sich in dem Moment, in dem ein Versorgungsfall eintritt. Damit sind die aus der Pensionszusage stammenden Anwartschaften zu einem fälligen Anspruch und somit zu einem sog. Vollrecht erstarkt. In diesem Falle greift nun anteilig (wie oben beschrieben) das BetrAVG und zwar unabhängig davon, ob der Versorgungsberechtigte die gesetzlichen Unverfallbarkeitsfristen innerhalb einer (Nicht-)Arbeitnehmerzeit erfüllt hat.[1]

Im Ergebnis ist festzustellen, dass die Teile der Versorgungsleistungen, die der Versorgungsberechtigte als Arbeitnehmer/Nicht-Arbeitnehmer erdient hat, auch nach einem Statuswechsel dem Geltungsbereich des BetrAVG unterliegen und somit als verhaftet bezeichnet werden können. „*Die Aufteilung ist von der Konzeption des BGH her durchaus folgerichtig. Das Gesetz schützt nur die Versorgungsleistungen, die als „Arbeitnehmer-Lohn" und nicht jene, die als „Unternehmer-Lohn" anzusehen sind.*"[2]   2838

Beispiel zum Statuswechsel   2839

Pensionsalter:	65
Altersrente:	3.000 € mtl.
Geburtsdatum Gf:	1.1.1955
Diensteintritt:	1.1.1980 → Angestellter
Zusagedatum:	1.1.1983 → Angestellter
Anteilskauf:	1.1.1985 → Angestellter, Beteiligung am Stammkapital i.H.v. 25 %
Geschäftsführer:	1.1.1990 → Ernennung zum Gf, Beteiligung unverändert
Anteilskauf:	1.1.1995 → alleiniger Gf, Beteiligung am Stammkapital i.H.v. 100 %
Dienstaustritt:	31.12.2019 → Übertritt in den Ruhestand (am 1.1.2020)

---

[1] PSV-Merkblatt 300/M 1, Rz. 3.5.
[2] *Rolfs* in Blomeyer/Rolfs/Otto, BetrAVG, 7. Aufl., S. 1212 f., Rz. 115.

Anhang

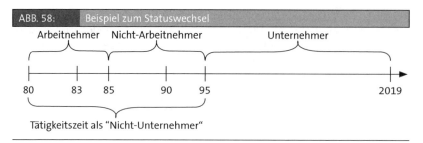

ABB. 58: Beispiel zum Statuswechsel

Gesamttätigkeit:	40 Jahre (von 1980 bis 2019)
Tätigkeit als „Nicht-Unternehmer":	15 Jahre (von 1980 bis 1994)
Verhältnis der Tätigkeitszeit als „Nicht-Unternehmer" zur Gesamttätigkeitszeit:	15/40 = 37,5 %
Rente, die in den Geltungsbereich des BetrAVG fällt:	3.000 € x 37,5 % = **1.125 €**

2840 Bei weiteren Gestaltungen sind für den oben dargestellten Teil der Versorgungsrechte zwingend die Schutzbestimmungen des BetrAVG anzuwenden.

g) Betriebsrentenrechtliches Statusfeststellungsverfahren

2841 Der Zweck des **betriebsrentenrechtlichen Statusfeststellungsverfahrens** liegt darin, nach arbeitsrechtlichen Grundsätzen zu prüfen, ob eine Versorgungszusage sowohl in den sachlichen, als auch in den persönlichen Geltungsbereich des BetrAVG fällt.

2842 Neben dem betriebsrentenrechtlichen Statusfeststellungsverfahren verfügen in der Praxis noch das steuerrechtliche Statusfeststellungsverfahren und das sozialversicherungsrechtliche Statusfeststellungsverfahren über eine herausragende Bedeutung.

2843 Die Prüfung entsprechend dieser Rechtsgebiete hat jedoch einzeln und getrennt voneinander zu erfolgen. So herrscht in der Praxis häufig der Irrglaube vor, ein GmbH-Gf würde betriebsrentenrechtlich dann automatisch als Unternehmer gelten, wenn er sozialversicherungsrechtlich als Selbständiger i. S. d. SGB, oder steuerrechtlich als beherrschender GGf zu beurteilen ist. Dem ist nicht so.

2844 Tatsächlich gibt es sowohl beim sozialversicherungsrechtlichen, als auch beim steuerrechtlichen und auch beim betriebsrentenrechtlichen Statusfeststellungsverfahren Merkmale, die identisch miteinander sind. Es gibt aber auch Merkmale, dich sich erheblich voneinander unterscheiden und somit zu völlig unterschiedlichen Ergebnissen in den einzelnen Statusfeststellungsverfahren führen können.

So hat der Bundesfinanzhof (BFH) in seinem Urteil entschieden, dass drei GGf betriebsrentenrechtlich als Unternehmer im eigenen Unternehmen zu beurteilen waren, obwohl sie steuerrechtlich als nicht-beherrschend galten.[1] 2845

Betriebsrentenrechtlich reicht es für eine Zusammenrechnung der Anteile der Gesellschafter aus, dass alle zum Gf berufen sind und ihre Beteiligung nicht ganz unbedeutend ist (siehe hierzu Rz. 2821). 2846

Steuerrechtlich reicht es für eine Zusammenrechnung der Anteile nicht aus, dass sie alle zu Gf berufen sind und über eine nicht ganz unbedeutende Beteiligung an der Gesellschaft verfügen. Zusätzlich zu diesen Kriterien ist es notwendig, dass die Gesellschafter **gleichgerichtete wirtschaftliche Interessen** verfolgen. Nur dann erfolgt steuerrechtlich eine Zusammenrechnung ihrer Anteile an der Gesellschaft. 2847

Die Voraussetzungen, unter denen das BetrAVG eine GGf-Gruppe als beherrschend beurteilt (betriebsrentenrechtliches Statusfeststellungsverfahren) unterscheiden sich also im Punkt der tatsächlich gleich gelagerten Interessen von den Anforderungen, die der Senat bei der Prüfung, ob eine vGA an eine beherrschende Gesellschaftergruppe vorliegt (steuerrechtliches Statusfeststellungsverfahren) fordert. 2848

Das **sozialversicherungsrechtliche Statusfeststellungsverfahren** findet seine gesetzliche Normierung in § 7a Abs. 1 Satz 1 SGB IV. Das betriebsrentenrechtliche Statusfeststellungsverfahren hingegen ist nicht gesetzlich normiert. So gibt es weder eine zuständige Behörde, noch ein vorgeschriebenes Verwaltungsverfahren. Es unterliegt dem Prinzip der **eigenverantwortlichen Selbstveranlagung**. Die Durchführung des betriebsrentenrechtlichen Statusfeststellungsverfahrens ist demnach eine **Obliegenheit der Geschäftsführung**.[2] 2849

BERATUNGSHINWEIS:

Als Folge des Prinzips der eigenverantwortlichen Selbstveranlagung, hat die Geschäftsleitung bei jeder betrieblichen Versorgungszusage die sie erteilt, selbständig zu prüfen, ob diese sowohl in den sachlichen, als auch in den persönlichen Geltungsbereich des BetrAVG fällt. Sollte die Geschäftsleitung nicht in der Lage sein, das betriebsrentenrechtliche Statusfeststellungsverfahren durchzuführen, so ist es an ihr einen externen Berater hinzuzuziehen, der im Namen der Geschäftsleitung das betriebsrentenrechtliche Statusfeststellungsverfahren durchführt. Dabei hat die Geschäftsleitung darauf

---

1 BFH, Urteil v. 28. 4. 2010 - I R 78/08, BStBl 2013 II S. 41.
2 Vgl. *Hoppenrath* in aba, H-BetrAV, Teil I, Kapitel 100 S. 37 Rz. 110.

zu achten, dass ihre Wahl auf einen legitimierten Rechtsdienstleister fällt (Rentenberater, Rechtsanwalt), da das Statusfeststellungsverfahren eindeutig dem Bereich der Rechtsberatung zuzuordnen ist. Dies v. a. vor dem Hintergrund, da das Verschulden des Erfüllungsgehilfen gem. § 278 BGB der Geschäftsleitung zuzurechnen ist.

2850 In der betrieblichen Praxis herrscht oft Unkenntnis zu diesen besonderen Anforderungen des betriebsrentenrechtlichen Statusfeststellungsverfahrens. Dies gilt sowohl im Bereich der steuerberatenden Berufe, als auch für die Finanzdienstleistung. Daraus resultiert eines der größten Probleme in der betrieblichen Praxis der Gf-Versorgung.

2851–2860 (*Einstweilen frei*)

4. Abdingbarkeit des BetrAVG

2861 Wie bereits zuvor dargestellt gilt im Grundsatz Folgendes:

2862 Unterliegt die Pensionszusage sowohl dem sachlichen, als auch dem persönlichen Geltungsbereich, so sind die Schutzbestimmungen des BetrAVG grundsätzlich zwingend anzuwenden.

2863 Von den Schutzbestimmungen des BetrAVG darf gem. § 19 Abs. 3 BetrAVG grundsätzlich nur zugunsten des Versorgungsberechtigten abgewichen werden. § 19 Abs. 1 BetrAVG definiert jedoch für diesen Grundsatz einen Ausnahmetatbestand für Regelungen, die innerhalb von Tarifverträgen vereinbart werden.

2864 Das BAG hat bereits im Jahre 2009 entschieden, dass die Ausnahmeregelung für Tarifvertragsparteien auch auf den Personenkreis der **Organperson** anwendbar ist. Dies wurde jüngst höchstrichterlich durch den BGH bestätigt.[1] Demnach dürfen auch für Organpersonen die in § 19 Abs. 1 BetrAVG abschließend aufgezählten Normen des BetrAVG zivilrechtlich wirksam abbedungen werden. Die Ausgestaltung einer derartigen Abbedingung ist jedoch aktuell noch nicht abschließend geklärt. Insbesondere hinsichtlich des Zeitpunktes, zu dem eine wirksame Abbedingung vereinbart sein muss, herrscht aktuell noch Unklarheit. Hier stellt sich insbesondere die Frage, ob die Abbedingung der Schutzbestimmungen des BetrAVG bereits von vornherein in der Pensionsvereinbarung vorgesehen sein muss, oder ob eine derartige Abbedingung auch nachträglich, bzw. „ad-hoc" vereinbart werden kann.

---

1 BAG, Urteil v. 21. 4. 2009 - 3 AZR 285/07, NWB DokID: VAAAD-29570; BGH, Urteil v. 23. 5. 2017 - II ZR 6/16, NWB DokID: CAAAG-49703.

II. Betriebsrentenrecht: Anwendbarkeit auf Pensionszusagen an GmbH-Gf

In der Literatur lässt sich die Auffassung finden, dass die Abbedingung im Zeitpunkt der Begründung des Dienstverhältnisses vereinbart werden muss.[1] 2865

In dem vor dem BGH verhandelten Fall wurde die Abbedingung des § 3 BetrAVG in der ersten vertraglichen Vereinbarung zur Pensionszusage mit folgendem Wortlaut vereinbart: *„Auf diese Versorgungszusage findet das Betriebsrentengesetz mit Ausnahme des Abfindungsverbots aus § 3 des Gesetzes in seiner jeweiligen Fassung Anwendung, soweit diese Versorgungszusage nicht ausdrücklich günstigere Regelungen für den Versorgungsberechtigten enthält."* 2866

Wird demnach die Anwendung des BetrAVG ausdrücklich in der ersten vertraglichen Vereinbarung zur Pensionszusage (teilweise) verneint, so stellt dies gem. dem vorstehenden BGH-Urteil eine wirksame Abbedingungen der Regelungen des BetrAVG dar. 2867

Nicht abschließend geklärt ist jedoch, ob 2868

► eine nachträgliche ausdrückliche (teilweise) Abbedingung (z. B. durch einen Nachtrag, oder eine Änderungsvereinbarung) der Schutzbestimmungen des BetrAVG wirksam vereinbart werden kann,

► eine von vornherein vereinbarte Kapitalisierungsregelung eine wirksame Abbedingung des § 3 BetrAVG darstellen kann, ohne dass die Regelung explizit von einer Abbedingung des § 3 BetrAVG spricht,

► eine nachträglich vereinbarte Kapitalisierungsregelung (z. B. durch einen Nachtrag, oder eine Änderungsvereinbarung) eine wirksame Abbedingung des § 3 BetrAVG darstellen kann, ohne dass die Regelung explizit von einer Abbedingung des § 3 BetrAVG spricht,

► eine „ad-hoc"-Abbedingung des § 3 BetrAVG im Zeitpunkt der Kapitalisierung der Versorgungsanwartschaften zivilrechtlich wirksam ist.

Entsprechendes gilt hinsichtlich der Abbedingung der unter § 19 Abs. 1 BetrAVG aufgezählten Normen. 2869

Die Literatur liefert zum Zeitpunkt der Erstellung dieses Werkes zu diesen Fragestellungen noch keine Antworten. U. E. sollte eine (teilweise) Abbedingung der Schutzbestimmungen des BetrAVG während der Anwartschaftsphase auch nachträglich (z. B. durch einen Nachtrag, oder eine Änderungsvereinbarung) möglich sein. Dagegen bestehen u. E. gegen eine „ad-hoc"-Abbedingung systematische Bedenken. Denn eine derartige Gestaltung würde es ermöglichen, die Schutzbestimmungen des BetrAVG nachträglich, im unmittelbaren Vorfeld des geplanten Rechtsgeschäftes, zu umgehen. 2870

---

[1] Vgl. Kisters-Kölkes, Grundzüge BetrAV, 9. Aufl., S. 62, Rz. 227.

2871 Darüber hinaus sollte es u. E. möglich sein, eine vertraglich vereinbarte Regelung, die nicht explizit auf die korrespondierende gesetzliche Bestimmung eingeht und die im Vergleich zu dieser für den Versorgungsberechtigten als nachteilig zu beurteilen ist, als eine Abbedingung der jeweils korrespondierenden gesetzlichen Bestimmung auszulegen (z. B. Abfindungsregelung bei Rentenübertritt trotz Anwendbarkeit des BetrAVG; oder s/t-tel Regelung trotz Anwendbarkeit des BetrAVG). Dabei ist der Grundsatz „falsa demonstratio non nocet" zu beachten, der besagt, dass sich der Regelungsgehalt einer Vereinbarung nach deren Inhalt und nicht nach deren Bezeichnung zu richten hat.

2872 Diese Ausführungen gelten grundsätzlich für alle gem. § 19 Abs. 1 BetrAVG abdingbaren Schutzbestimmungen.

BERATUNGSHINWEIS:

Sofern die Schutzbestimmungen des BetrAVG auf die zu beurteilende Pensionszusage Anwendung finden, gilt, dass Rechtsgeschäfte, die gegen die Schutzbestimmungen des BetrAVG verstoßen, gem. § 134 BGB nichtig sind. Die Rechtsfolgen des nichtigen Rechtsgeschäftes können Sie im Folgenden dem jeweiligen Kapitel entnehmen.

2873–2878 *(Einstweilen frei)*

5. Relevante Regelungen des BetrAVG

2879 Im Folgenden wird auf die Bestimmungen des BetrAVG eingegangen, die für den **Personenkreis der GmbH-Gf** über eine wesentliche Relevanz hinsichtlich der damit einhergehenden Gestaltungsbeschränkungen verfügen.

2880 Hier sind v. a. die gesetzlichen Bestimmungen zu folgenden Inhalten zu beachten:

- ▶ Zusageformen (§ 1 BetrAVG)
- ▶ Durchführungswege (§§ 1, 1b BetrAVG)
- ▶ Unverfallbarkeit (§§ 1b, 2 BetrAVG)
- ▶ Abfindungsverbot (§ 3 BetrAVG)
- ▶ Übertragungsverbot (§ 4 BetrAVG)
- ▶ Vorzeitige Altersrente (§ 6 BetrAVG)
- ▶ Insolvenzschutz (§§ 7 ff. BetrAVG)
- ▶ Anpassungsprüfungspflicht (§ 16 BetrAVG)

a) Zusageformen

2881 Das BetrAVG enthält eine abschließende Auflistung der möglichen Zusageformen einer unmittelbaren Pensionszusage. Im Bereich der Gf-Versorgung sind folgende Zusageformen von Bedeutung:

II. Betriebsrentenrecht: Anwendbarkeit auf Pensionszusagen an GmbH-Gf

- Leistungszusage,
- Beitragsorientierte Leistungszusage und
- Entgeltumwandlung

Die **Leistungszusage** stellt die Urform der bAV dar. Sie ist in § 1 Abs. 1 Satz 1 BetrAVG normiert und bildet die Grundlage für die gesetzliche Legaldefinition der bAV. Die in der Praxis am häufigsten vorzufindenden Gestaltungsformen der Leistungszusage sind die

- Festbetragszusage und die
- gehaltsabhängige Zusage.

§ 1 Abs. 2 Nr. 1 BetrAVG bestimmt darüber hinaus die **beitragsorientierte Leistungszusage** als zweite Zusageform der bAV. Der Arbeitgeber verpflichtet sich hierbei, bestimmte Beiträge für eine Anwartschaft auf Alters-, Invaliditäts- oder Hinterbliebenenversorgung aufzubringen, um auf dieser Grundlage konkrete Versorgungsleistungen zu bestimmen.

Auch die **Entgeltumwandlung** ist für den Personenkreis der Gf durchaus von Bedeutung. Gemäß § 1 Abs. 2 Nr. 3 BetrAVG liegt bAV auch vor, wenn künftige Entgeltansprüche in eine wertgleiche Anwartschaft auf Versorgungsleistungen umgewandelt werden (Entgeltumwandlung).

Seit dem 1.1.2002 ist im BetrAVG der Anspruch auf Entgeltumwandlung verankert. Nach § 1a Abs. 1 Satz 1 BetrAVG kann der Versorgungsberechtigte vom Arbeitgeber **verlangen**, dass von seinen künftigen Entgeltansprüchen bis zu 4 % der jeweiligen Beitragsbemessungsgrenze in der allgemeinen Rentenversicherung durch Entgeltumwandlung für seine bAV verwendet werden.

BERATUNGSHINWEIS:
Das BetrAVG führt in § 1 Abs. 2 Nr. 2 mit der Beitragszusage mit Mindestleistung eine weitere Zusageform auf. In der Literatur herrscht Uneinigkeit darüber, ob diese Zusageform auf den Durchführungsweg der unmittelbaren Pensionszusage anwendbar ist. Außerhalb des BetrAVG kann eine Pensionszusage mit Mindestleistung u. E. sehr wohl gestaltet werden.

Das BetrAVG sieht in § 1 Abs. 2 Nr. 2a eine **reine Beitragszusage** vor. Diese wurde durch das Betriebsrentenstärkungsgesetz in das System des BetrAVG integriert. Eine reine Beitragszusage kommt jedoch nur bei den Durchführungswegen Pensionsfonds, Pensionskasse und Direktversicherung in Betracht und entfaltet daher für den Durchführungsweg der unmittelbaren Pensionszusage, sowie für den Personenkreis der GGf keine Relevanz. Eine reine Beitragszusage kann jedoch für Pensionszusagen, die nicht dem Schutzbereich des BetrAVG unterliegen, beliebig ausgestaltet werden.

2882

2883

2884

2885

2886

b) Durchführungswege

2887 Das Betriebsrentengesetz definiert in den § 1 Abs. 1 Satz 2, § 1b Abs. 2 bis 4 BetrAVG explizit die fünf unterschiedlichen Durchführungswege der bAV, die grundsätzlich auch im Bereich der Gf-Versorgung von Bedeutung sind. Diese Auflistung ist abschließend.

2888 Den Unternehmen stehen grundsätzlich alle fünf Durchführungswege für die Gestaltung der individuellen bAV zur Verfügung.

aa) Die fünf Durchführungswege des BetrAVG

2889 Folgende Durchführungswege werden durch das BetrAVG normiert:

- ▶ Direktzusage (§ 1 Abs. 1 Satz 2 BetrAVG),
- ▶ Direktversicherung (§ 1b Abs. 2 BetrAVG),
- ▶ Pensionskasse (§ 1b Abs. 3 BetrAVG),
- ▶ Pensionsfonds und (§ 1b Abs. 3 BetrAVG)
- ▶ Unterstützungskasse (§ 1b Abs. 4 BetrAVG).

ABB. 59: Durchführungswege des BetrAVG

Durchführungswege des BetrAVG				
Mittelbar				Unmittelbar
Direktversicherung	Pensionskasse	Pensionsfonds	Unterstützungskasse	Direktzusage
§ 1b (2) BetrAVG	§ 1b (3) BetrAVG	§ 1b (3) BetrAVG	§ 1b (4) BetrAVG	§ 1 (1) BetrAVG

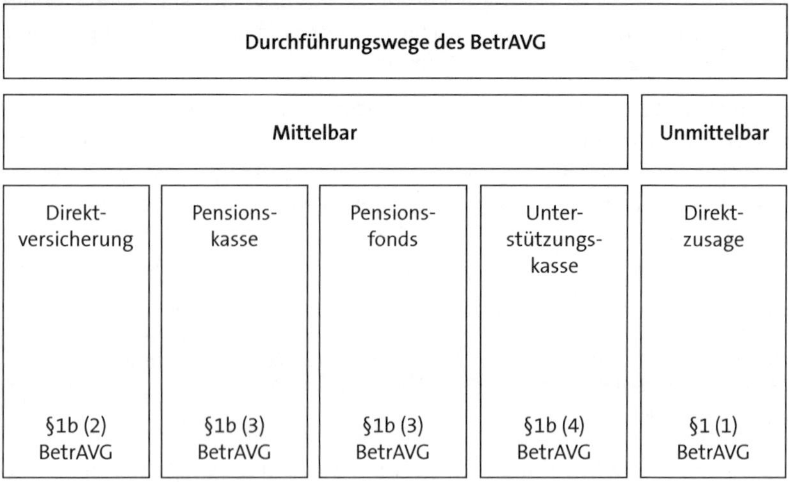

2890 Eine Differenzierung zwischen mittelbarem und unmittelbarem Durchführungsweg wird in § 1 Abs. 1 Satz 2 BetrAVG ausdrücklich angesprochen.[1] Bei einer mittelbaren Versorgungszusage wird bei der Begründung des Versorgungsverhältnisses zwischen dem Versorgungsberechtigtem und dem Arbeit-

---

[1] Vgl. Kisters-Kölkes, Grundzüge BetrAV, 9. Aufl., S. 17, Rz. 6.

II. Betriebsrentenrecht: Anwendbarkeit auf Pensionszusagen an GmbH-Gf

geber ein **externer rechtlich selbständiger Versorgungsträger** geschaltet. Es entsteht somit eine Dreiecksbeziehung zwischen Arbeitgeber, Versorgungsberechtigtem und externem Versorgungsträger.[1]

Bei dem unmittelbaren Durchführungsweg der Direktzusage wird zwischen dem Unternehmen (Versorgungsträger) und dem Versorgungsberechtigten ein unmittelbares Versorgungsverhältnis begründet, welches die unmittelbare Erbringung der zugesagten Versorgungsleistungen direkt durch den Versorgungsträger zum Inhalt hat.[2]

2891

Die Analyse der in der bAV per 31.12.2016 vorhandenen Deckungsmittel zeigt eindeutig, dass der Durchführungsweg der Direktzusage in der bAV noch immer deutlich dominiert:

2892

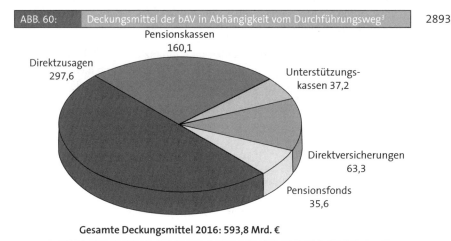

ABB. 60: Deckungsmittel der bAV in Abhängigkeit vom Durchführungsweg[3]

- Direktzusagen 297,6
- Pensionskassen 160,1
- Unterstützungskassen 37,2
- Direktversicherungen 63,3
- Pensionsfonds 35,6

Gesamte Deckungsmittel 2016: 593,8 Mrd. €

2893

So stammt rd. die Hälfte der Deckungsmittel aller Versorgungszusagen aus dem Durchführungsweg der Direktzusage (50,11 %).

bb) Die Direktzusage (unmittelbare Pensionszusage)

Die unmittelbare Pensionszusage ist der einzige Durchführungsweg, bei der der Arbeitgeber, dem Versorgungsberechtigten verspricht, **die zugesagten Leistungen** der bAV bei Eintritt des Versorgungsfalles **unmittelbar und selbst zu erbringen**. Träger bei der unmittelbaren Pensionszusage ist somit der Ar-

2894

---

1 Vgl. Kisters-Kölkes, Grundzüge BetrAV, 9. Aufl., S. 17, Rz. 57.
2 Vgl. Kisters-Kölkes, Grundzüge BetrAV, 9. Aufl., S. 15, Rz. 52.
3 Schwind, Die Deckungsmittel der bAV in 2016, BetrAV 4/2018 S. 309 f.

beitgeber selbst. Es wird kein externer Träger eingeschaltet, der die Leistungen aus der Versorgungszusage bei Eintritt des Versorgungsfalles erbringt.[1]

2895 Bezüglich einer grafischen Darstellung der Rechtsbeziehungen der Parteien bei der unmittelbaren Pensionszusage wird auf die **Abbildung 49** verwiesen.

2896 Bei der unmittelbaren Pensionszusage *„erfolgt eine planmäßige Vorausfinanzierung der zugesagten Versorgungsleistungen über während der Anwartschaftszeit gebildete* **Pensionsrückstellungen** *(Anwartschaftsdeckungsverfahren), die steuerlich nach Maßgabe des § 6a EStG anerkannt werden. Mit ihnen wird während der betrieblichen Tätigkeit des Versorgungsberechtigten – der Anwartschaftszeit – innerhalb des Unternehmens der Betrag „angespart", der bei Eintritt des Versorgungsfalls nach versicherungsmathematischen Grundsätzen berechnet zur Verfügung stehen muss, um daraus [...] die zugesagten Versorgungsleistungen erbringen zu können."*[2]

2897 Die Rückstellungsbildung bewirkt einen **Innenfinanzierungseffekt**. Dieser entsteht dadurch, dass die Zuführungen zur Pensionsrückstellung nicht versteuert werden. Versteuert wird erst die Auflösung der Pensionsrückstellung. Es entsteht eine **Steuerstundung**, keine Steuervergünstigung.

Näheres hierzu siehe Rz. 3311 ff.

c) Subsidiärhaftung

2898 Unterliegt die zu beurteilende Versorgungszusage dem Geltungsbereich des BetrAVG, so ist die gesetzliche Erfüllungsverpflichtung des Arbeitgebers (sog. Subsidiärhaftung) von wesentlicher Bedeutung. In § 1 Abs. 1 Satz 3 BetrAVG hat der Gesetzgeber die Subsidiärhaftung verankert. Danach hat der Arbeitgeber für die Erfüllung der von ihm zugesagten Leistungen auch dann einzustehen, wenn die Durchführung nicht unmittelbar über ihn erfolgt.

2899 Der Gesetzgeber hat mit dieser Regelung klargestellt, dass *„der Arbeitgeber sich seiner Verpflichtung nicht dadurch entledigen kann, dass er betriebliche Altersversorgung über einen externen Versorgungsträger durchführt. Ihn trifft insoweit vielmehr eine Einstandspflicht, nach der er dem Arbeitnehmer im Versorgungsfall die zugesagten Leistungen ggf. zu verschaffen hat."*[3]

---

1 Vgl. Kisters-Kölkes, Grundzüge BetrAV, 9. Aufl., S. 15, Rz. 52.
2 *Uebelhack* in aba, H-BetrAV, Teil I, Kap. 10, S. 107, Rz. 397.
3 Langohr-Plato, Betriebliche Altersversorgung, 7. Aufl., S. 73 f., Rz. 298; vgl. BAG, Urteil v. 22.12.2009 - 3 AZR 136/08, NWB DokID: MAAAD-40274; vgl. BAG, Urteil v. 12.6.2007 - 3 AZR 186/06, NWB DokID: MAAAC-61386.

Dies hat insbesondere dann Bedeutung, wenn der Arbeitgeber die Versorgungszusage übertragen möchte. Eine schuldbefreiende Übertragung innerhalb der Grenzen des BetrAVG wird daher auf diejenigen Fälle begrenzt, die sich aus den Ausnahmetatbeständen des § 4 BetrAVG ergeben (siehe hierzu Rz. 2951 ff.). 2900

Die Subsidiärhaftung kann gem. § 19 Abs. 1 BetrAVG nicht abbedungen werden! 2901

d) Unverfallbarkeit

BAV besitzt sowohl Entgelt- als auch Versorgungscharakter. Auch eine Teilbetriebstreue soll „belohnt" werden. Ein Verfallen der kompletten Leistungen aus der bAV bei einem vorzeitigen Ausscheiden des Versorgungsberechtigten aus den Diensten der Gesellschaft, ohne Eintritt eines Versorgungsfalls, wäre demnach unbillig.[1] 2902

Der herausragenden Bedeutung der Unverfallbarkeit hat das BAG mit seiner grundlegenden Entscheidung zur Unverfallbarkeit Rechnung getragen.[2] Der Gesetzgeber hielt es daraufhin für notwendig eine arbeitsrechtliche Regelung zu schaffen. 2903

Er hat deshalb im BetrAVG ein zweistufiges System verankert, dass den unverfallbaren Anspruch wie folgt definiert: 2904

▶ **Unverfallbarkeit dem Grunde nach (§ 1b BetrAVG)**
▶ **Unverfallbarkeit der Höhe nach (§ 2 BetrAVG).**

aa) Unverfallbarkeit dem Grunde nach

Gemäß § 1b Abs. 1 Satz 1 BetrAVG bleibt einem Versorgungsberechtigten, dem Leistungen aus der bAV nach dem 31. 12. 2017 zugesagt worden sind, die Anwartschaft dem Grunde nach erhalten, wenn das Arbeitsverhältnis vor Eintritt des Versorgungsfalls, jedoch nach Vollendung des **21. Lebensjahres** endet und die Versorgungszusage zu diesem Zeitpunkt **mindestens drei Jahre bestanden** hat (**unverfallbare Anwartschaft**). 2905

Gemäß § 1b Abs. 1 Satz 2 BetrAVG behält ein Versorgungsberechtigter seine Anwartschaft auch dann, wenn er aufgrund einer **Vorruhestandsregelung** ausscheidet und ohne das vorherige Ausscheiden die Wartezeit und die sonstigen Voraussetzungen für den Bezug von Leistungen der bAV hätte erfüllen können. 2906

---

1 Vgl. Kisters-Kölkes, Grundzüge BetrAV, 9. Aufl., S. 65, Rz. 244.
2 BAG, Urteil v. 10. 3. 1972 - 3 AZR 278/71, juris.

Anhang

2907 **Keine Anwartschaft entsteht**, wenn von Anfang an feststeht, dass der Versorgungsberechtigte die Bedingungen nicht erfüllen kann, wie bspw. dann, wenn der Versorgungsberechtigte die vom Arbeitgeber finanzierte Versorgungszusage weniger als fünf Jahre vor Erreichen des Rentenalters erhalten soll, oder wenn eine Wartezeit vorgesehen ist, die der Versorgungsberechtigte bei seinem Eintritt in das Arbeitsverhältnis schon nicht mehr erreichen kann.[1]

2908 Gemäß § 1b Abs. 5 Satz 1 BetrAVG behält ein Versorgungsberechtigter seine Anwartschaften in jedem Fall, wenn die bAV durch **Entgeltumwandlung** durchgeführt wird.

(1) Übergangsregelungen

2909 Die aktuelle Rechtslage ist Ausfluss eines in der jüngsten Vergangenheit stattgefundenen Verbesserungsprozesses (aus Sicht des Versorgungsberechtigten), der zu einer deutlichen Verkürzung der Unverfallbarkeitsfristen geführt hat.

2910 So ist für Leistungen der bAV, die **vor dem 1. 1. 2001 zugesagt worden sind**, gemäß § 30f Abs. 1 BetrAVG, § 1b Abs. 1 Satz 1 BetrAVG mit der Maßgabe anzuwenden, dass die Anwartschaft erhalten bleibt, wenn das Arbeitsverhältnis vor Eintritt des Versorgungsfalls, jedoch nach Vollendung des **35. Lebensjahres** endet und die Versorgungszusage zu diesem Zeitpunkt **mindestens zehn Jahre** oder bei mindestens zwölfjähriger Betriebszugehörigkeit mindestens drei Jahre bestanden hat. In diesen Fällen bleibt die Anwartschaft dem Grunde nach auch erhalten, wenn die Zusage ab dem 1. 1. 2001 fünf Jahre bestanden hat und bei Beendigung des Arbeitsverhältnisses das 30. Lebensjahr vollendet ist.

2911 Wenn Leistungen der bAV **vor dem 1. 1. 2009 und nach dem 31. 12. 2000** zugesagt worden sind, so ist, gemäß § 30f Abs. 2 BetrAVG, § 1b Abs. 1 Satz 1 BetrAVG mit der Maßgabe anzuwenden, dass die Anwartschaft erhalten bleibt, wenn das Arbeitsverhältnis vor Eintritt des Versorgungsfalls, jedoch nach Vollendung des **30. Lebensjahres** endet und die Versorgungszusage zu diesem Zeitpunkt **mindestens fünf Jahre** bestanden hat.

2912 Wenn Leistungen der bAV **vor dem 1. 1. 2018 und nach dem 31. 12. 2008** zugesagt worden sind, so ist, gemäß § 30f Abs. 3 BetrAVG, § 1b Abs. 1 Satz 1 BetrAVG mit der Maßgabe anzuwenden, dass die Anwartschaft erhalten bleibt, wenn das Arbeitsverhältnis vor Eintritt des Versorgungsfalls, jedoch nach Vollendung des **25. Lebensjahres** endet und die Versorgungszusage zu diesem Zeitpunkt **mindestens fünf Jahre** bestanden hat.

---

1 Vgl. *Rolfs* in Blomeyer/Rolfs/Otto, BetrAVG, 7. Aufl., S. 496, Rz. 15, vgl. BAG, Urteil v. 12. 2. 2013 - 3 AZR 100/11, NWB DokID: UAAAE-65861.

(2) Abdingbarkeit gem. § 19 Abs. 1 BetrAVG

Die Unverfallbarkeit dem Grunde nach kann gem. § 19 Abs. 1 BetrAVG nicht abbedungen werden! 2913

bb) Unverfallbarkeit der Höhe nach

Die Unverfallbarkeit von Versorgungsanwartschaften der Höhe nach regelt § 2 Abs. 1 Satz 1 BetrAVG. Demnach haben ein, vor dem Eintritt des Versorgungsfalles wegen Erreichen der Altersgrenze, wegen Invalidität oder Tod, ausgeschiedener Arbeitnehmer, dessen Anwartschaften nach § 1b (i.V.m. § 30f BetrAVG) fortbesteht, und seine Hinterbliebenen **einen Anspruch mindestens in Höhe des Teiles** der ohne das vorherige Ausscheiden zustehenden Leistung, der dem Verhältnis der Dauer der Betriebszugehörigkeit zu der Zeit vom Beginn der Betriebszugehörigkeit bis zum Erreichen der Regelaltersgrenze in der gesetzlichen Rentenversicherung entspricht. An die Stelle des Erreichens der Regelaltersgrenze tritt ein früherer Zeitpunkt, wenn dieser in der Versorgungsregelung als feste Altersgrenze vorgesehen ist. 2914

Der ratierlichen Berechnung – auch **pro-rata-temporis-Methode** oder **m/n-tel Berechnung** genannt – gem. § 2 Abs. 1 Satz 1 BetrAVG liegen somit drei Komponenten zu Grunde: 2915

- ▶ die tatsächliche Betriebszugehörigkeit
- ▶ die Zeit vom Beginn der Betriebszugehörigkeit bis zum Erreichen der Regelaltersgrenze (maximal mögliche Betriebszugehörigkeit) und
- ▶ die Versorgungsleistung, die ohne ein vorzeitiges Ausscheiden fällig geworden wäre.

„Die allgemeine Formel lautet: $m/n \times V$ 2916

Dabei ist „m" die tatsächlich im Unternehmen abgeleistete Betriebszugehörigkeit und „n" die bis zur festen Altersgrenze mögliche Betriebszugehörigkeit, jeweils gerechnet nach Tagen oder Monaten[1]*, nicht nach Jahren. „V" ist die Leistung, die der Versorgungsberechtigte nach Maßgabe der ihm erteilten Zusage erhalten hätte, wenn er bis zum Eintritt des Versorgungsfalls im Unternehmen verblieben wäre"*[2] *(sog. **„Als-ob-Leistung"**).*

---

1 BAG, Urteil v. 22. 2. 1983 - 3 AZR 546/80, juris.
2 Kisters-Kölkes, Grundzüge BetrAV, 9. Aufl., S. 78, Rz. 291 f.

Anhang

2917 **(1) Beispiel zur Unverfallbarkeit auf der Grundlage einer statischen Festbetragszusage**

Geburtsdatum des Gf:	1.6.1978
Regelaltersgrenze gemäß Versorgungszusage:	65
Regelaltersrente (V):	**2.500 € mtl.**
Diensteintritt (entspricht Zusagedatum):	1.6.2003
Dienstaustritt:	1.6.2018
Erreichen der Regelaltersgrenze:	1.6.2043
Tatsächliche Dienstzeit in Tagen (m):	5.479
Mögliche Dienstzeit in Tagen (n):	14.610
Unverfallbarkeitsquotient (m/n):	5.479/14.610 = **37,50 %**
unverfallbare Anwartschaft per 1.6.2018:	2.500 € x 37,50171 % = **937,50 €**

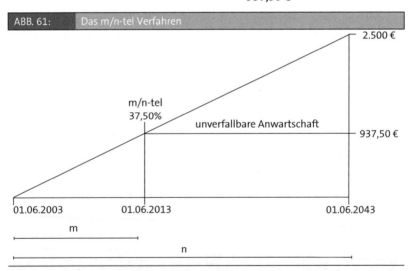

ABB. 61: Das m/n-tel Verfahren

BERATUNGSHINWEIS:

Wird die Versorgungszusage in Form einer beitragsorientierten Leistungszusage zugesagt, oder wird die Versorgungszusage durch Entgeltumwandlung finanziert, so beträgt die unverfallbare Anwartschaft des Versorgungsberechtigten gem. § 2 Abs. 5a BetrAVG die in der Zeit vom Zeitpunkt der Zusage auf bAV bis zum Ausscheiden des Versorgungsberechtigten erreichte Anwartschaft auf Leistungen aus den bis dahin umgewandelten Entgeltbestandteilen/entrichteten Beiträgen. Diese Regelung gilt gem. § 30g BetrAVG nur für Versorgungszusagen, die nach dem 31.12.2000 erteilt worden sind. Sie kann aber im Einvernehmen zwischen Arbeitgeber und Versorgungsberechtigten auch auf Versorgungszusagen angewandt werden, die vor dem 31.12.2000 erteilt worden sind.

(2) Abdingbarkeit gem. § 19 Abs. 1 BetrAVG

Die Unverfallbarkeit der Höhe nach kann gem. § 19 Abs. 1 BetrAVG abbedungen werden, d. h. hier kann für Organpersonen auch eine Regelung getroffen werden, die im Vergleich zur gesetzlichen Schutzbestimmung des § 2 BetrAVG für den Versorgungsberechtigten als nachteilig zu beurteilen ist (z. B. s/t-tel Regelung, siehe hierzu Rz. 2861 ff.). 2918

e) Abfindungsverbot

§ 3 BetrAVG enthält ein grundsätzliches Abfindungsverbot. **Unverfallbare Anwartschaften** im **Falle der Beendigung des Arbeitsverhältnisses** und **laufende Leistungen** dürfen demnach nur bei Vorliegen einer der in den Abs. 2 bis 4 normierten Ausnahmetatbestände abgefunden werden. In allen anderen Fällen gilt für Versorgungszusagen, die den Regelungen des BetrAVG unterliegen, zwingend das Abfindungsverbot (es sei denn, die gesetzliche Norm ist wirksam abbedungen worden). 2919

Über seinen Wortlaut hinaus erstreckt sich der sachliche Anwendungsbereich des § 3 Abs. 1 Satz 1 BetrAVG nicht nur auf die Abfindung einer unverfallbaren Anwartschaft durch eine einmalige Zahlung, sondern auch auf einen **entschädigungslosen Erlass der Versorgungsanwartschaft (sog. Verzicht)** in Vereinbarungen, die im Zusammenhang mit der Beendigung des Arbeitsverhältnisses getroffen werden sollen.[1] 2920

Eine Abfindung **unverfallbarer Anwartschaften** i. S. d. § 3 BetrAVG ist demnach zulässig, wenn die Abfindung bei fortbestehendem Dienstverhältnis vereinbart wird und eine Beendigung des Arbeitsverhältnisses nicht absehbar ist.[2] 2921

§ 3 BetrAVG findet allerdings gem. § 30g Abs. 3 BetrAVG keine Anwendung auf **laufende Leistungen**, die vor dem 1.1.2005 erstmals gezahlt worden sind. 2922

aa) Ausnahmetatbestände

Nach **§ 3 Abs. 2 Satz 1 BetrAVG** kann der Arbeitgeber eine Anwartschaft ohne Zustimmung des Arbeitnehmers abfinden, wenn der Monatsbetrag der aus der Anwartschaft resultierenden laufenden Leistung bei Erreichen der vorgesehenen Altersgrenze 1 %, bei Kapitalleistungen zwölf Zehntel der monatlichen Bezugsgröße nach § 18 SGB IV nicht übersteigen würde (sog. **Mini-Rente**). Dies soll nach § 3 Abs. 2 Satz 2 BetrAVG auch für die Abfindung laufender Leistungen gelten. 2923

---

1 Vgl. BAG, Urteil v. 14.6.2005 - 3 AZR 185/04, NWB DokID: DAAAB-93851.
2 Vgl. Kisters-Kölkes, Grundzüge BetrAV, 9. Aufl., S. 88, Rz. 336.

Anhang

2924 Die monatliche Bezugsgröße beträgt im Jahr 2018 3.045 €/West bzw. 2.695 €/Ost.[1] Abgefunden werden dürfen danach nur Anwartschaften und laufende Leistungen von bis zu 30,45 €/West bzw. 26,95 €/Ost monatlich, sowie Anwartschaften auf Kapitalleistungen bis zu einem Betrag von 3.654 €/West bzw. 3.234 €/Ost. Dieser Ausnahmetatbestand spielt erfahrungsgemäß im Bereich der Gf-Versorgung so gut wie keine Rolle.

2925 Gemäß § 3 Abs. 3 BetrAVG sind vom sachlichen Abfindungsverbot Abfindungen unverfallbarer Anwartschaften im Zusammenhang mit dem vorzeitigen Ausscheiden des Versorgungsberechtigten aus dem Betrieb bei **Rückerstattung gesetzlicher Rentenversicherungsbeiträge** sachlich ausgenommen. Die Beitragsrückerstattung kann vom Versorgungsberechtigten gem. § 210 Abs. 1 SGB VI beansprucht werden, wenn die Versicherungspflicht in der gesetzlichen Rentenversicherung erlischt und auch das Recht zur freiwilligen Versicherung entweder nicht besteht oder endet. Das ist gem. § 30 SGB I der Fall, wenn der ausländische Versorgungsberechtigte seinen Wohnsitz oder gewöhnlichen Aufenthalt im Ausland nimmt.[2]

2926 § 3 Abs. 3 BetrAVG gilt nicht, wenn der Versorgungsfall schon eingetreten ist.

2927 Eine weitere Abfindungsmöglichkeit findet sich in **§ 3 Abs. 4 BetrAVG**. Demnach kann der Teil der Anwartschaft, der **während eines Insolvenzverfahrens** erdient worden ist, ohne Zustimmung des Versorgungsberechtigten abgefunden werden, wenn die Betriebstätigkeit vollständig eingestellt und das Unternehmen liquidiert wird.

2928 Für den Fall einer geplanten Liquidation der Gesellschaft eröffnet § 3 BetrAVG keinen Ausnahmetatbestand. Eine Abfindung ist demnach auch für den Fall einer geplanten Liquidation nur in den Grenzen des § 3 BetrAVG zulässig.[3]

2929 Die komplexe Bestimmung des § 3 BetrAVG lässt sich schematisch wie folgt darstellen:

---

1 § 2 Verordnung über maßgebende Rechengrößen der Sozialversicherung für 2018 – Sozialversicherungs-Rechengrößenverordnung 2018 v. 16.11.2017, BGBl 2017 I S. 3778.
2 Vgl. *Rolfs* in Blomeyer/Rolfs/Otto, BetrAVG, 7. Aufl., S. 710, Rz. 87.
3 Vgl. Kisters-Kölkes, Grundzüge BetrAV, 9. Aufl., S. 91, Rz. 354.

II. Betriebsrentenrecht: Anwendbarkeit auf Pensionszusagen an GmbH-Gf

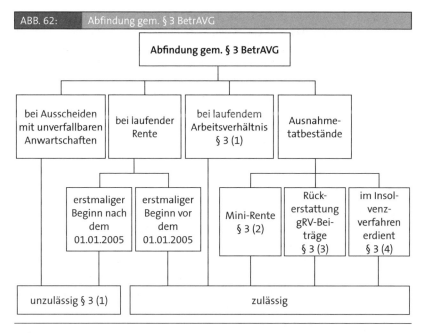

ABB. 62: Abfindung gem. § 3 BetrAVG

bb) Abfindungshöhe

Nach § 3 Abs. 5 BetrAVG gilt für die zulässigen Fälle der Abfindung (§ 3 Abs. 2 bis 4 BetrAVG) seit dem 1.1.2005 für die Berechnung des Abfindungsbetrages § 4 Abs. 5 BetrAVG entsprechend. Nach § 4 Abs. 5 BetrAVG erfolgt die Ermittlung des Übertragungswertes im Falle einer unmittelbaren Pensionszusage anhand des Barwertes der unverfallbaren künftigen Versorgungsleistung. Bei der Berechnung des Barwertes sind die Rechnungsgrundlagen sowie die anerkannten Regeln der Versicherungsmathematik anzuwenden. Anders als in der bis 2004 geltenden Fassung des § 3 Abs. 2 letzter Satz BetrAVG verweist die neue Regelung in § 4 Abs. 5 BetrAVG jedoch nicht mehr auf den in der jeweiligen Form vorgeschriebenen Rechnungszinsfuß und dessen Rechnungsgrundlagen.   2930

Es stellt sich nunmehr die Frage, ob der Gesetzgeber die Festlegung der Rechnungsgrundlagen zur Bestimmung der Abfindungszahlung den Parteien überlassen wollte oder ob es sich schlichtweg um eine gesetzgeberische Panne handelt?   2931

Unter Berücksichtigung der Tatsache, dass nach dem Gesetzeszweck die Portabilität bzw. die Übertragung von Pensionsanwartschaften gefördert werden   2932 soll, gehen die Autoren (ebenso wie führende Kommentare) davon aus, dass vieles dafür spricht, dass der Gesetzgeber zumindest bei der Bestimmung des Übertragungswertes die Erkenntnis berücksichtigt hat, dass eine Übertragung zum steuerrechtlichen Barwert in der Praxis unter fremden Dritten kaum stattfinden wird. Somit ist es für die Praxis zwingend erforderlich, dass die betroffenen Parteien über die Möglichkeit verfügen, die Höhe des Übertragungswertes unter handelsrechtlichen oder international üblichen Gesichtspunkten und unter Anwendung der Sorgfalt eines ordentlichen und gewissenhaften Geschäftsleiters zu ermitteln. Dabei würde sowohl ein marktgerechter Rechnungszins als auch eine zeitgemäße Sterbetafel herangezogen werden.

cc) Verstoß gegen das Abfindungsverbot

2933 *„Wird gegen das **Abfindungsverbot des § 3 BetrAVG** verstoßen, wird der Arbeitgeber nicht von seiner Leistungspflicht frei. Die Abfindung ist zu Unrecht erfolgt."*[1] Eine Erfüllung der Verbindlichkeit aus dem Versorgungsverhältnis tritt mit Zahlung einer rechtlich unzulässigen Abfindung nicht ein. Im Falle der unzulässigen Abfindung hat der Versorgungsberechtigte weiterhin Anspruch auf Zahlung seiner – ihm zugesagten – Versorgungsleistungen.[2] *„Wirtschaftlich betrachtet kann es somit im Falle einer unzulässigen Abfindung zu einer **doppelten Inanspruchnahme des Arbeitgebers** kommen."*[3]

2934 Die Rechtsfolgen hinsichtlich einer Rückforderung der zu Unrecht geleisteten Abfindung werden in der Literatur unterschiedlich dargestellt:

2935 Einerseits wird die Auffassung vertreten, die zu Unrecht erfolgte Abfindung könne gem. §§ 812 ff. BGB nach den Grundsätzen der **ungerechtfertigten Bereicherung** zurückgefordert werden.[4]

2936 Andererseits wird die gegenteilige Auffassung vertreten, dass § 817 Satz 2 BGB eine Forderung des Arbeitgebers gegen den Versorgungsberechtigten auf Rückerstattung des Abfindungsbetrages nach § 812 BGB **unmöglich** machen würde. Der Versorgungsberechtigte hätte im Zeitpunkt der Zahlung des Abfindungsbetrages Eigentum an den ausgezahlten Beträgen erlangt, welche sich mit den übrigen Geldmitteln des Versorgungsberechtigten nach §§ 947, 948 BGB vermischen. Hier wäre allenfalls eine Verrechnung der Abfindungszah-

---

1 Kisters-Kölkes, Grundzüge BetrAV, 9. Aufl., S. 90 Rz. 350.
2 Vgl. *Rolfs* in Blomeyer/Rolfs/Otto, BetrAVG, 7. Aufl., S. 701 f., Rz. 42 f.; vgl. BAG, Urteil v. 17. 10. 2000 - 3 AZR 7/00, NWB DokID: NAAAB-93959.
3 Kisters-Kölkes, Grundzüge BetrAV, 9. Aufl., S. 90, Rz. 350.
4 Vgl. Kisters-Kölkes, Grundzüge BetrAV, 9. Aufl., S. 90, Rz. 350.

lung für den Verlust des Arbeitsplatzes mit den späteren Versorgungsleistungen denkbar.[1]

Die **Rechtsfolge**, die eine nichtige Abfindung hinsichtlich einer Rückforderung des zu Unrecht gezahlten Abfindungsbetrages mit sich bringt, ist somit bislang noch **nicht abschließend geklärt**. Die Argumentation von Höfer erscheint jedoch plausibel, so dass davon auszugehen ist, dass die zu Unrecht geleistete Abfindung nicht zurückgefordert werden kann. Dies v. a. mit dem Hintergrund des Wortlautes des § 817 Satz 2 BGB. 2937

Auch ein entschädigungsloser **Verzicht** des Gf auf seine Versorgungsleistungen verstößt gegen das Abfindungsverbot des § 3 Abs. 1 Satz 1 BetrAVG, auch wenn sich dies aus dem Wortlaut des § 3 BetrAVG nicht erschließt. Geht man jedoch von der juristischen Definition einer Abfindung aus, nach der das Rechtsgeschäft sowohl einen Verzicht, als auch eine Entschädigungszahlung beinhaltet, wird deutlich, dass ein entschädigungsloser Verzicht auch vom Geltungsbereich des § 3 BetrAVG erfasst wird. Eine Verzichtserklärung des Versorgungsberechtigten auf seine Anwartschaften ist demnach wegen Verstoßes gegen § 3 Abs. 1 Satz 1 BetrAVG unwirksam. Das BAG hat in seinem Urteil v. 17. 6. 2014 entschieden, dass ein Unternehmen aus einer Verzichtserklärung des Versorgungsberechtigten nach Treu und Glauben nicht den Schluss ziehen könnte, dass der Versorgungsberechtigte bei Eintritt des Versorgungsfalles seine Betriebsrente nicht geltend machen würde. Da eine Verzichtserklärung gem. § 3 BetrAVG unwirksam ist, kann beim Unternehmen von vornherein kein schutzwürdiges Vertrauen darauf entstehen, die dem Kläger zugesagten Leistungen bei Eintritt des Versorgungsfalles nicht erbringen zu müssen.[2] 2938

Hinsichtlich der steuerrechtlichen Folgen einer unzulässigen Abfindung/eines unzulässigen Verzichts wird auf Rz. 1671 ff. verwiesen. 2939

dd) Abdingbarkeit gem. § 19 Abs. 1 BetrAVG

Das Abfindungsverbot kann gem. § 19 Abs. 1 BetrAVG abbedungen werden (mit Ausnahme des § 3 Abs. 2 Satz 3 BetrAVG: „Recht des Arbeitnehmers auf Übertragung"), d. h. hier kann für Organpersonen auch eine Regelung getroffen werden, die im Vergleich zur gesetzlichen Schutzbestimmung des § 3 BetrAVG für den Versorgungsberechtigten als nachteilig zu beurteilen ist (z. B. uneingeschränkte Abfindbarkeit bei Rentenübertritt). 2940

---

1 Vgl. *Höfer* in Höfer/de Groot/Küpper/Reich, BetrAVG, Band I, § 3 S. 29 Rz. 82 f.; vgl. *Rolfs* in Blomeyer/Rolfs/Otto, BetrAVG, 7. Aufl., S. 701, Rz. 43; vgl. Heubeck u. a./Höhne, Kommentar zum Betriebsrentengesetz, Band I, 2. Aufl., Band II 1978, § 3, Rz. 34.
2 Vgl. BAG, Urteil v. 17. 6. 2014 - 3 AZR 412/13, NWB DokID: AAAAE-73343.

Anhang

2941–2950 (*Einstweilen frei*)

f) Übertragungsverbot

2951 § 4 Abs. 1 BetrAVG enthält ein Übertragungsverbot, nach dem **unverfallbare Anwartschaften und laufende Leistungen** nur unter den Voraussetzungen der Absätze 2 bis 4 übertragen werden dürfen. Der Pensions-Sicherungs-Verein auf Gegenseitigkeit (**PSVaG**) vertritt die Rechtsauffassung, dass § 4 Abs. 2 BetrAVG **nicht für laufende Leistungen** gelten kann. Eine Übertragung nach § 4 Abs. 2 Nr. 1 und Nr. 2 BetrAVG wäre demnach **nur für unverfallbare Anwartschaften möglich**. Gleiches gilt für Übertragungen nach § 4 Abs. 3 BetrAVG.[1] Die Begründung ist darin zu finden, dass eine Übertragung laufender Leistungen auf einen neuen Arbeitgeber bei einer logischen Betrachtung schlichtweg nicht möglich ist. Die Bezugnahme auf die laufenden Leistungen kann sich daher nur auf den Ausnahmetatbestand des § 4 Abs. 4 BetrAVG beziehen. Dieser Rechtsauffassung ist zuzustimmen.

2952 § 4 BetrAVG findet grundsätzlich nur Anwendung im Falle einer **rechtsgeschäftlichen Einzelrechtsnachfolge** (sog. Singularsukzession); er findet keine Anwendung auf die Fälle des Betriebsübergangs (§ 613a BGB) und der Gesamtrechtsnachfolge (sog. Universalsukzession), wie z. B. auf die Erbfolge, die Verschmelzung oder die Spaltung von Unternehmen nach dem UmwG.[2]

2953 Der bloße **Wechsel des Durchführungswegs**, wie z. B. die Übertragung einer Direktzusage auf einen Pensionsfonds, ist von einer Übertragung i. S. d. § 4 BetrAVG abzugrenzen. Das heißt, dass § 4 BetrAVG auf den Wechsel eines Durchführungswegs keine Anwendung findet.[3] Ein Wechsel des Durchführungswegs findet im betriebsrentenrechtlichen Sinne nicht mit schuldbefreiender Wirkung statt, wie es bei den Ausnahmetatbeständen des § 4 BetrAVG der Fall ist. Der externe Versorgungsträger (z. B. der Pensionsfonds) übernimmt zwar gewissermaßen die Verpflichtung des Arbeitgebers. Der Arbeitgeber haftet aber dem Versorgungsberechtigten gegenüber nach § 1 Abs. 1 Satz 3 BetrAVG noch im Rahmen der sog. **Subsidiärhaftung**.

aa) Ausnahmetatbestände

2954 § 4 BetrAVG definiert drei Ausnahmetatbestände, die zu einer **zulässigen Übertragung** berechtigen:

---

1 Vgl. PSV-Merkblatt M300/15.
2 Vgl. BAG, Urteil v. 22.2.2005 - 3 AZR 499/03, NWB DokID: AAAAB-93920.
3 Vgl. *Rolfs* in Blomeyer/Rolfs/Otto, BetrAVG, 7. Aufl., S. 718, Rz. 12.

II. Betriebsrentenrecht: Anwendbarkeit auf Pensionszusagen an GmbH-Gf

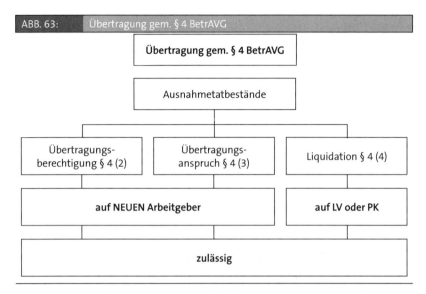

ABB. 63: Übertragung gem. § 4 BetrAVG

§ 4 Abs. 2 BetrAVG behandelt die **Übertragung** gesetzlich unverfallbarer Versorgungsanwartschaften **auf einen neuen Arbeitgeber.** Voraussetzung für eine Übertragung i S. d. § 4 Abs. 2 BetrAVG ist sowohl die Beendigung des Arbeitsverhältnisses, als auch das Einvernehmen zwischen dem ehemaligen mit dem neuen Arbeitgeber sowie dem Versorgungsberechtigten (sog. **Übertragungsberechtigung**). 2955

§ 4 Abs. 2 BetrAVG stellt **zwei Alternativen** zur Verfügung: 2956

▶ schuldbefreiende Übernahme der Zusage (§ 4 Abs. 2 Nr. 1 BetrAVG)

▶ schuldbefreiende Übertragung des Vermögenswertes (§ 4 Abs. 2 Nr. 2 BetrAVG)

Anhang

2957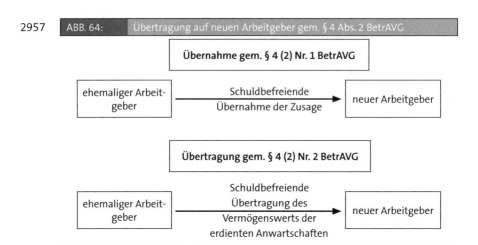

ABB. 64: Übertragung auf neuen Arbeitgeber gem. § 4 Abs. 2 BetrAVG

2958 **§ 4 Abs. 2 Nr. 1** BetrAVG behandelt die **schuldbefreiende Übernahme der bisherigen Versorgungszusage** durch den neuen Arbeitgeber, wobei dieser die Zusage in unveränderter Form fortzuführen hat. In der Praxis wird eine solche Übernahme grundsätzlich nur dann stattfinden, wenn der neue Arbeitgeber vom ehemaligen Arbeitgeber eine entsprechende Ausgleichszahlung erhält. Eine diesbezügliche gesetzliche Bestimmung fehlt jedoch.

2959 Auch die Übertragung gemäß § 4 Abs. 2 **Nr. 2** BetrAVG führt zu einer **schuldbefreienden Wirkung**. Bei dieser Form der Übertragung wird jedoch nicht die Zusage selbst, sondern der **Wert der vom Versorgungsberechtigten erworbenen unverfallbaren Anwartschaften** auf bAV (sog. **Übertragungswert**) auf den neuen Arbeitgeber übertragen. Dieser hat dann **eine wertgleiche neue Zusage zu erteilen**. Die schuldbefreiende Wirkung tritt nach der gesetzlichen Regelung des § 4 Abs. 6 BetrAVG jedoch erst dann ein, wenn der Übertragungswert vollständig auf den neuen Arbeitgeber übergegangen ist. Zu diesem Zeitpunkt erlischt die Zusage des ehemaligen Arbeitgebers. Die beiden Alternativen der Übertragung nach § 4 Abs. 2 BetrAVG unterscheiden sich somit hauptsächlich darin, dass im Falle der schuldbefreienden Übernahme nach § 4 Abs. 2 Nr. 1 ein bloßer **Schuldnerwechsel** stattfindet, während bei der schuldbefreienden Übertragung nach § 4 Abs. 2 Nr. 2 eben **kein Schuldnerwechsel** eintritt.

2960 **§ 4 Abs. 3 BetrAVG** behandelt den **Übertragungsanspruch bei den versicherungsförmigen Durchführungswegen** Pensionsfonds, Pensionskasse und Direktversicherung. Der Versorgungsberechtigte kann diese Form der Übertragung innerhalb eines Jahres nach Beendigung des Arbeitsverhältnisses verlangen, wenn die Versorgungszusage nach dem 31. 12. 2004 erteilt wurde (§ 30b

BetrAVG). Da diese Vorschrift für unmittelbare Pensionszusagen nicht von Bedeutung ist, wird auf diese nicht weiter eingegangen.

In § 4 Abs. 4 BetrAVG ist die Übernahme von Verpflichtungen bei einer **Unternehmensliquidation** normiert: Wird die Betriebstätigkeit eingestellt und das Unternehmen liquidiert, kann eine Zusage von einer Pensionskasse oder einem Unternehmen der Lebensversicherung (sog. Liquidationsversicherung) **ohne Zustimmung** des Versorgungsberechtigten übernommen werden, wenn sichergestellt ist, dass die Überschussanteile ab Rentenbeginn entsprechend § 16 Abs. 3 Nr. 2 BetrAVG verwendet werden (alle Überschussanteile müssen zur Erhöhung der Leistung verwendet werden). 2961

Die Übertragung auf eine Liquidationsversicherung gewinnt im Bereich der Gf-Versorgung in der Praxis zunehmend an Bedeutung, da die Anzahl der altersbedingten „**Betriebsaufgaben**" unter demografischen Gesichtspunkten stetig zunimmt. 2962

bb) Übertragungswert

§ 4 Abs. 5 BetrAVG beinhaltet die Definition des Übertragungswertes. Hier wird auf die unter Rz. 2930 enthaltenen Ausführungen verwiesen, da die Grundlagen zur Berechnung der Abfindungshöhe mit denen zur Berechnung des Übertragungswerts identisch sind. 2963

In der Literatur findet sich auch die Auffassung, dass im Falle einer Übertragung i. S. d. § 4 Abs. 4 BetrAVG auf eine Liquidationsversicherung ebenfalls der Übertragungswert anzusetzen sei.[1] Da dies zu deutlichen Leistungskürzungen führen würde, ist dieser Auffassung eindeutig zu **widersprechen**. Die Grundlage der Übertragung kann nur in den erworbenen Anrechten des Versorgungsberechtigten liegen. Diese sind auch nach Durchführung der Übertragung ungeschmälert aufrecht zu erhalten und zu erfüllen. Da in der Praxis eine Versicherungsgesellschaft dazu gezwungen ist, einen Einmalbeitrag zu fordern, der sich auf der Grundlage ihrer durch die Bundesanstalt für Finanzdienstleistungen (BaFin) genehmigten Rechnungsgrundlagen, sowie des maßgebenden Tarifwerkes ermittelt, wird dieser i. d. R. deutlich höher sein, als der gesetzliche Übertragungswert. 2964

cc) Verstoß gegen das Übertragungsverbot

Eine Übertragung, die gegen das **Übertragungsverbot des § 4 BetrAVG** verstößt, ist unwirksam. Der Übernahmevertrag ist gem. § 134 BGB nichtig. Die 2965

---

1 Vgl. *Rolfs* in Blomeyer/Rolfs/Otto, BetrAVG, 7. Aufl., S. 749, Rz. 145.

Rechtsfolgen des Verstoßes gegen das Übertragungsverbot werden in der Literatur unterschiedlich aufgefasst:

2966 Auf der einen Seite wird die Auffassung vertreten, dass der Versorgungsberechtigte die Versorgungsleistungen vom **Übernehmenden** dann verlangen kann, wenn die missglückte Schuldübernahme einen **Schuldbeitritt** darstellt.[1]

2967 Auf der anderen Seite wird die Auffassung vertreten, dass sich eine unwirksame Übertragung kaum aus den Willen der Vertragsparteien in einen Schuldbeitritt umdeuten lassen könne. Der Versorgungsanspruch richtet sich in diesem Fall einzig und allein gegen **Übertragenden**.[2]

2968 Einigkeit herrscht jedoch darin, dass im Regelfall davon ausgegangen werden muss, dass die Parteien eine **Erfüllungsübernahme i. S. d. § 329 BGB** im Sinn hatten. Der Übertragende hätte demnach gegen den Übernehmenden im Innenverhältnis einen **Freistellungs- oder Ersatzanspruch**.[3]

dd) Abdingbarkeit gem. § 19 Abs. 1 BetrAVG

2969 Das Übertragungsverbot kann gem. § 19 Abs. 1 BetrAVG abbedungen werden, d. h. hier kann für Organpersonen auch eine Regelung getroffen werden, die im Vergleich zur gesetzlichen Schutzbestimmung des § 4 BetrAVG für den Versorgungsberechtigten als nachteilig zu beurteilen ist (z. B. Übertragungsmöglichkeit gem. §§ 414, 415 BGB).

2970–2975 (*Einstweilen frei*)

g) Vorzeitige Altersrente

2976 Gemäß **§ 6 Satz 1 BetrAVG** kann ein Versorgungsberechtigter eine vorzeitige Altersrente aus seiner bAV dann **verlangen**, wenn er die Altersrente aus der gesetzlichen Rentenversicherung als Vollrente in Anspruch nimmt und er die in der Versorgungszusage vorgesehene Wartezeit und sonstigen Leistungsvoraussetzungen erfüllt hat.

2977 Der Versorgungsberechtigte muss also eine vorzeitige Altersrente aus der gRV beziehen. Bei dieser vorzeitigen Altersrente muss es sich zwingend um eine **Vollrente** i. S. d. § 42 SGB VI handeln.[4]

---

1 Vgl. *Rolfs* in Blomeyer/Rolfs/Otto, BetrAVG, 7. Aufl., S. 726, Rz. 44.; vgl. *Höfer* in Höfer/de Groot/Küpper/Reich, BetrAVG, Band I, § 4, S. 13 Rz. 32.
2 Vgl. *Parkinus* in Schlewing/Henssler/Schipp/Schnitker, Arbeitsrecht der bAV, Teil 12, S. 24 f., Rz. 86 ff.
3 Vgl. *Höfer* in Höfer/de Groot/Küpper/Reich, BetrAVG, Band I, § 4, S. 13 Rz. 31; vgl. *Rolfs* in Blomeyer/Rolfs/Otto, BetrAVG, 7. Aufl., S. 726, Rz. 44; vgl. *Parkinus* in Schlewing/Henssler/Schipp/Schnitker, Arbeitsrecht der bAV, Teil 12, S. 24 ff., Rz. 86 ff.
4 Vgl. *Kisters-Kölkes* in Kisters-Kölkes/Berenz/Huber, BetrAVG, 7. Aufl., S. 324, Rz. 6.

II. Betriebsrentenrecht: Anwendbarkeit auf Pensionszusagen an GmbH-Gf

Im Bereich der **Gf-Versorgung** können in folgenden Fällen vorzeitige Altersrenten in Form von Vollrenten i. S. d. § 42 SGB VI auftreten: 2978
- langjährig Versicherte (§ 36 SGB VI),
- schwerbehinderte Menschen und (§ 37 SGB VI)
- besonders langjährig Versicherte (§ 38 SGB VI).

Entrichtet ein Versorgungsberechtigter keine Beiträge zur gRV (z. B. wegen Versicherungsfreiheit), so kann dieser auch keinen **gesetzlichen** Anspruch auf eine vorzeitige Altersrente aus der gRV erwerben. In der Folge kann auch kein gesetzlicher Anspruch auf die Gewährung einer vorzeitigen Altersrente aus der bAV entstehen.[1] 2979

Fällt die Altersrente aus der gesetzlichen Rentenversicherung wieder weg, oder wird sie auf einen Teilbetrag beschränkt, so können nach **§ 6 Satz 2 BetrAVG** auch die Leistungen der bAV eingestellt werden. 2980

Gemäß **§ 6 Satz 3 BetrAVG** ist der ausgeschiedene Versorgungsberechtigte verpflichtet, dem ehemaligen Arbeitgeber die Aufnahme oder Ausübung einer Beschäftigung oder Erwerbstätigkeit, die zu einem Wegfall oder zu einer Beschränkung der Altersrente aus der gesetzlichen Rentenversicherung führt, unverzüglich anzuzeigen (sog. **Anzeigepflicht**). 2981

§ 6 BetrAVG enthält **keine Regelung** zur Bestimmung der vorzeitigen betrieblichen Altersleistung **der Höhe nach**. *„Der Arbeitgeber ist berechtigt,*[2] *eine Kürzung gegenüber der Leistung vorzunehmen, die z. B. ab Vollendung des 65. Lebensjahres bzw. der Regelaltersgrenze beansprucht werden könnte."*[3] 2982

In der Praxis hat sich eine Methode durchgesetzt, die eine **zweistufige Kürzung** der Regelaltersrente vorsieht: 2983
- **Quotierung** nach dem **m/n-tel Verfahren** zzgl.
- **versicherungsmathematischer Abschlag** (zwischen 0,3 % und 0,5 % für jeden Monat der vorzeitigen Inanspruchnahme)

Die Quotierung trägt dem verkürzten Erdienungszeitraum Rechnung, während der versicherungsmathematische Abschlag einen Ausgleich für die vorzeitige Inanspruchnahme darstellt. Derartige Kürzungen müssen aber zwingend in der Versorgungszusage enthalten sein, um zivilrechtlich wirksam umgesetzt werden zu können. 2984

---

1 Vgl. *Kisters-Kölkes* in Kisters-Kölkes/Berenz/Huber, BetrAVG, 7. Aufl., S. 324, Rz. 7.
2 BAG-Urteil v. 1. 6. 1978 - 3 AZR 216/77, juris.
3 Kisters-Kölkes, Grundzüge BetrAV, 9. Aufl., S. 107, Rz. 430 f.

aa) Verstoß gegen die Anzeigepflicht

2985 Kommt der Versorgungsberechtigte der in § 6 Satz 3 BetrAVG normierten Anzeigepflicht einer Beschäftigung oder Erwerbstätigkeit, die zu einem Wegfall oder einer Beschränkung der Al-tersrente aus der gRV führt, nicht nach, so besteht für den Arbeitgeber ein Rückforderungs-anspruch nach § 812 Abs. 1 Satz 1 BGB für die nicht geschuldeten Leistungen.

2986 Des Weiteren besteht für den Arbeitgeber ein Schadensersatzanspruch nach § 280 Abs. 1 BGB für den entstandenen Schaden, sofern der Versorgungsberechtigte die Anzeige vorsätzlich oder fahrlässig unterlassen hat.

2987 Außerdem könnte der Arbeitgeber mit seinen Bereicherungs- bzw. Ersatzansprüchen gegen weitere Rentenforderungen des Versorgungsberechtigten nach den §§ 387, 388 BGB aufrechnen.

bb) Beispiel zur vorzeitigen Altersrente mit zweistufiger Kürzung

2988 Die Versorgungszusage enthält eine zweistufige Kürzung mit einem versicherungsmathematischen Abschlag i. H. v. 0,3 % je Monat der vorzeitigen Inanspruchnahme:

Geburtsdatum des Gf:	1.6.1960
Diensteintritt (entspricht Zusagedatum):	1.6.1985
Dienstaustritt (entspricht Eintritt Ruhestand):	1.6.2020 (60. Lebensjahr)
Regelaltersgrenze:	65
Vorzeitige Altersrente gem. Versorgungszusage:	ab 60. Lebensjahr möglich
Zugesagte Altersrente:	2.500 € mtl.
1. Schritt der Kürzung (m/n-tel): m = 12.784 Tage; n = 14.610 Tage	12.784/ 14.610 = **87,50171 %** 2.500 € x 87,50171 % = **2.187,54 €**
2. Schritt der Kürzung (versicherungsmathematische Abschläge):	0,3 % x 12 x 5 = **18 %** 2.187,54 € x 82 % = **1.793,78 €**

2989 Bei einem Rentenübertritt mit Vollendung des 60. Lebensjahres könnte der Versorgungsberechtigte somit mit einer **vorgezogenen Altersrente** i. H. v. 1.793,78 € rechnen. Die zweistufige Kürzung führt insgesamt zu einer Reduzierung der Regelaltersrente um **28,25 %**.

cc) Abdingbarkeit gem. § 19 Abs. 1 BetrAVG

Die Regelungen zur vorzeitigen Altersrente können gem. § 19 Abs. 1 BetrAVG nicht abbedungen werden! 2990

(Einstweilen frei) 2991–2998

h) Insolvenzschutz

Mit Einführung des BetrAVG wurde vom Gesetzgeber der Pensions-Sicherungs-Verein (PSVaG) ins Leben gerufen. Der PSVaG gewährt Versorgungsempfängern und Versorgungsberechtigten mit unverfallbaren Anwartschaften einen gesetzlichen Insolvenzschutz, sofern sie in den Geltungsbereich des BetrAVG fallen. 2999

Träger der gesetzlichen Insolvenzsicherung ist gemäß **§ 14 Abs. 1 Satz 1 BetrAVG** der **PSVaG**. Damit dieser die Insolvenzsicherung übernimmt, sind gemäß § 10 Abs. 1 BetrAVG Beiträge aller Arbeitgeber, die Leistungen der bAV über die vier sicherungspflichtigen Durchführungswege zugesagt haben, an den PSVaG zu entrichten. Ausgenommen von der Beitragspflicht ist lediglich der Durchführungsweg der Pensionskasse. 3000

Die Insolvenzsicherung durch den PSVaG ist eine **Versicherung kraft Gesetzes**. Es besteht somit für alle Versorgungszusagen – die in den Geltungsbereich des BetrAVG fallen – Versicherungszwang.[1] 3001

Der PSVaG leistet gemäß § 7 Abs. 1 BetrAVG in folgenden Sicherungsfällen: 3002

▶ Eröffnung des Insolvenzverfahrens,

▶ Abweisung des Antrags auf Eröffnung des Insolvenzverfahrens mangels Masse,

▶ Außergerichtlicher Vergleich und

▶ Vollständige Beendigung der Betriebstätigkeit.

„Die Liquidation eines Unternehmens stellt keinen Sicherungsfall für den PSVaG dar. Im Rahmen einer Liquidation sind die Ansprüche der Versorgungsberechtigten wie die der anderen Gläubiger zu befriedigen."[2] Auch die **Insolvenz eines externen Versorgungsträgers** stellt keinen Sicherungsfall i. S. d. BetrAVG dar. 3003

Gemäß **§ 11 Abs. 1 BetrAVG** hat der Arbeitgeber dem Träger der Insolvenzsicherung eine bAV für seine Arbeitnehmer nach § 1b Abs. 1 bis 4 innerhalb von drei Monaten nach Erteilung der sicherungspflichtigen Versorgungszusage mitzuteilen. 3004

---

1 Vgl. Kisters-Kölkes, Grundzüge BetrAV, 9. Aufl., S. 112, Rz. 449.
2 *Berenz* in Kisters-Kölkes/Berenz/Huber, BetrAVG, 7. Aufl., S. 356, Rz. 30; vgl. PSV-Merkblatt 300/M 8.

3005 Eine **Vereinfachungsregelung** ermöglicht es den Unternehmen, die Versorgungszusage erst zu dem Zeitpunkt dem PSVaG zu melden, in dem die gesetzliche Unverfallbarkeit eingetreten ist.[1]

3006 Der **Umfang des Insolvenzschutzes** ist in **§ 7 Abs. 1 BetrAVG** geregelt. Danach haben Versorgungsempfänger und ihre Hinterbliebenen gegen den Träger der Insolvenzsicherung – den PSVaG – einen Anspruch in Höhe der Leistung, die der Arbeitgeber aufgrund der Versorgungszusage zu erbringen hätte, wenn das Insolvenzverfahren nicht eröffnet worden wäre. Der Anspruch auf laufende Leistungen beträgt jedoch gem. § 7 Abs. 3 BetrAVG höchstens das Dreifache der im Zeitpunkt der ersten Fälligkeit maßgebenden monatlichen Bezugsgröße gem. § 18 SGB IV (2018: 9.135 €/West; 8.085 €/Ost); bei Kapitalleistungen werden 10 % der Kapitalleistung als Jahresbetrag einer laufenden Leistung angesetzt.

3007 **§ 7 Abs. 5 Satz 3 BetrAVG** enthält eine **Missbrauchsregelung**, nach der ein Insolvenzschutz für Zusagen bzw. für Verbesserungen von Zusagen nur dann besteht, wenn diese bei Eintritt des Sicherungsfalls bereits seit mindestens zwei Jahre bestanden haben.

3008 Die Beitragspflicht beginnt mit der Erfüllung der gesetzlichen Voraussetzungen (Eintritt der gesetzlichen Unverfallbarkeit oder Aufnahme einer laufenden Leistung).[2] Anwartschaften, die vertraglich als unverfallbar vereinbart werden, werden nicht vom PSVaG für den Fall der Insolvenz gesichert, da dessen Leistungspflicht erst **mit Eintritt der gesetzlichen Unverfallbarkeit** beginnt.[3]

aa) **Verstoß gegen die Beitragspflicht**

3009 Kommt der Arbeitgeber seiner Beitragspflicht – aus welchen Gründen auch immer – **nicht** nach, so hat der PSVaG im Falle einer Insolvenz des Arbeitgebers **trotzdem zu leisten**.[4]

3010 Kommt der Arbeitgeber seiner Meldung an den PSVaG **zu spät** nach, so begeht er gem. § 12 Abs. 1 BetrAVG eine Ordnungswidrigkeit. Die **Ordnungswidrigkeit** kann gem. § 12 Abs. 2 BetrAVG mit einer Geldbuße von bis zu 2.500 € geahndet werden. Die Mindesthöhe liegt bei 5 €. Ein Verstoß gegen die Meldepflicht aufgrund von Unkenntnis der einschlägigen gesetzlichen Bestimmungen des BetrAVG wird vom PSVaG i. d. R. unter Hinweis auf § 276 BGB als fahrlässig ge-

---

1 Vgl. *Berenz* in Kisters-Kölkes/Berenz/Huber, BetrAVG, 7. Aufl., S. 456, Rz. 3 f.
2 Vgl. *Berenz* in Kisters-Kölkes/Berenz/Huber, BetrAVG, 7. Aufl., S. 421, Rz. 9.
3 Vgl. *de Groot/Rolfs* in aba e. V., H-BetrAV, Teil I, Kapitel 30, S. 73 f., Rz. 264.
4 Vgl. Kisters-Kölkes, Grundzüge BetrAV, 9. Aufl., S. 112, Rz. 449; vgl. BAG-Urteil 19. 1. 2010 - 3 AZR 409/09, NWB DokID: RAAAD-44286.

wertet. Bei Fahrlässigkeit beträgt die Geldbuße höchstens die Hälfte des angedrohten Höchstbetrags und somit 1.250 €.

Darüber hinaus kann der PSVaG gem. § 10a Abs. 1 BetrAVG für Beiträge, die wegen Verstoßes des Arbeitgebers gegen die Meldepflicht erst nach Fälligkeit erhoben werden, für jeden angefangenen Monat an einen **Säumniszuschlag** i. H. v. bis zu 1 % der nacherhobenen Beiträge erheben. 3011

Gemäß § 10a Abs. 4 BetrAVG verjähren Ansprüche auf Zahlung der Beiträge zur Insolvenzsicherung sowie Erstattungsansprüche nach Zahlung nicht geschuldeter Beiträge zur Insolvenzsicherung in sechs Jahren. Innerhalb dieses Zeitraums kann der PSVaG **zu Unrecht unterlassene Beitragszahlungen nachfordern**. Die Verjährungsfrist beginnt mit Ablauf des Kalenderjahres, in dem die Beitragspflicht entstanden oder der Erstattungsanspruch fällig geworden ist. 3012

bb) Entwicklung der Kennzahlen des PSVaG in den vergangenen Jahren[1] 3013

Geschäftsjahr	Mitglieder	BBG	Endgültiger Beitragssatz	Beitrags-volumen	Sicherungsfälle
2010	83.322	289,0 Mrd. €	1,9‰	549,2 Mio €	679
2011	90.740	295,0 Mrd. €	1,9‰	569,3 Mio €	616
2012	93.031	304,0 Mrd. €	3,0‰	916,8 Mio €	670
2013	93.765	312,0 Mrd. €	1,7‰	544,2 Mio €	746
2014	94.034	320,0 Mrd. €	1,3‰	419,2 Mio €	597
2015	94.078	327,0 Mrd. €	2,4‰	787,0 Mio €	515
2016	94.482	333,0 Mrd. €	0,0‰	2,0 Mio €	444
2017	94.795	339,0 Mrd. €	2,0‰	678,5 Mio €	429

cc) Abdingbarkeit gem. § 19 Abs. 1 BetrAVG

Die Regelungen zum gesetzlichen Insolvenzschutz können gem. § 19 Abs. 1 BetrAVG nicht abbedungen werden! 3014

(Einstweilen frei) 3015–3020

---

1 PSVaG Übersicht über die Entwicklung des PENSIONS-SICHERUNGS-VEREINS abgerufen unter www.psvag.de.

i) Anpassungsprüfungspflicht

3021 **§ 16 Abs. 1 BetrAVG** enthält die sog. Anpassungsprüfungspflicht. Danach werden die Arbeitgeber verpflichtet, **alle drei Jahre eine Anpassung der laufenden Leistungen der bAV zu prüfen** und darüber nach **billigem Ermessen** zu entscheiden. Dabei sollen insbesondere die **Belange des Versorgungsempfängers** und die **wirtschaftliche Lage des Arbeitgebers** berücksichtigt werden. Eine Anpassung muss demnach nicht vorgenommen werden, wenn dem Arbeitgeber dies aufgrund seiner wirtschaftlichen Lage nicht möglich ist. Entscheidend dabei ist, „*dass die Substanz des Unternehmens erhalten bleibt und die Arbeitsplätze der aktiven Arbeitnehmer nicht durch eine Anpassung gefährdet werden.*"[1]

3022 Gemäß § 16 Abs. 2 BetrAVG **gilt die Anpassungsprüfungspflicht als erfüllt**, wenn die Anpassung nicht geringer ist, als der Anstieg

- des **Verbraucherpreisindexes** für Deutschland oder
- der **Nettolöhne** vergleichbarer Arbeitnehmergruppen des Unternehmens

im Prüfungszeitraum.

3023 Die Ermittlung des Anpassungsbedarfs nach Maßgabe des Verbraucherpreisindexes richtet sich nach folgender Formel:

Index Monat vor Prüfungsstichtag/Index Monat vor Rentenbeginn x 100 − 100
= Teuerungsanstieg[2]

3024 Gemäß § 16 Abs. 3 Nr. 1 BetrAVG **entfällt die Anpassungsprüfungspflicht**, sofern der Arbeitgeber sich verpflichtet, die laufenden Leistungen jährlich um wenigstens **1 %** anzupassen. § 30c Abs. 1 BetrAVG enthält eine **Stichtagsregelung**, nach der die Anpassungsprüfungspflicht für laufende Leistungen nach § 16 Abs. 3 Nr. 1 BetrAVG nur dann entfällt, wenn die Versorgungszusage nach dem 31. 12. 1998 erteilt wurde.

3025 Wird die bAV durch **Entgeltumwandlung** im Wege einer Direktzusage durchgeführt, so ist der Arbeitgeber nach § 16 Abs. 5 BetrAVG verpflichtet, laufende Leistungen jährlich um **mindestens 1 %** anzupassen. Dies gilt nach § 30c Abs. 3 BetrAVG aber nur für laufende Leistungen, die auf Zusagen beruhen, die nach dem 31. 12. 2000 erteilt wurden.

3026 Ist eine Anpassung laufender Leistung i. S. d. § 16 Abs. 1 BetrAVG zu Recht unterblieben, so ist der Arbeitgeber nach § 16 Abs. 4 BetrAVG nicht verpflichtet,

---

1 Kisters-Kölkes, Grundzüge BetrAV, 9. Aufl., S. 128, Rz. 518.
2 Vgl. Statistisches Bundesamt: Häufig gestellte Fragen zum Verbraucherpreisindex, abgerufen unter www.destatis.de.

die zu Recht unterbliebene Anpassung zu einem späteren Zeitpunkt nachzuholen.

aa) Verstoß gegen die Anpassungsprüfungspflicht

Unterlässt der Arbeitgeber zu Unrecht die Rentenanpassung, so hat der Versorgungsberechtigte die Möglichkeit, eine gerichtliche Entscheidung herbeizuführen. Das Gericht hat in einem solchen Fall das sog. Letztentscheidungsrecht, wobei es nach billigem Ermessen i. S. v. § 315 BGB zu entscheiden hat. 3027

Der Anspruch auf Anpassungsprüfung und -entscheidung verjährt gem. § 18a Satz 1 BetrAVG nach dreißig Jahren. Laufende Rentenleistungen und der jeweilige Anpassungsbetrag unterliegen gem. § 18a Satz 2 BetrAVG i.V. m. § 195, 197 Abs. 2 BGB einer dreijährigen Verjährungsfrist. 3028

bb) Beispiel zur Anpassung nach Maßgabe des Verbraucherpreisindexes (2010=100)

Rentenbeginn:	1. 1. 2015	3029
Verbraucherpreisindex Dezember 2014:	106,7 %	
Prüfungsstichtag:	1. 1. 2018	
Verbraucherpreisindex Dezember 2017:	110,6 %	
Teuerungsanstieg:	110,6 % / 106,7 % - 1 x 100 % = **3,66 %**	

Die bisherige monatliche Rente wäre somit zum 1. 1. 2018 um **3,66 %** zu erhöhen.

cc) Abdingbarkeit gem. § 19 Abs. 1 BetrAVG

Die Anpassungsprüfungspflicht kann gem. § 19 Abs. 1 BetrAVG abbedungen werden, d. h. hier kann für Organpersonen auch eine Regelung getroffen werden, die im Vergleich zur gesetzlichen Schutzbestimmung des § 16 BetrAVG für den Versorgungsberechtigten als nachteilig zu beurteilen ist (z. B. Verzicht auf Anpassungsprüfung). 3030

(*Einstweilen frei*) 3031–3040

III. Zivilrecht: Zivilrechtliche Rahmenbedingungen für Pensionszusagen an GmbH-Geschäftsführer

1. Zivilrechtliche Grundlagen

Das bürgerliche Recht geht vom Grundsatz der Privatautonomie aus. Die Privatautonomie ist Teil des allgemeinen Prinzips der Selbstbestimmung des Menschen und manifestiert sich u. a. in der Vertragsfreiheit.[1] Im Zusammenhang mit der Erteilung, Änderung und Erfüllung von Pensionszusagen zugunsten von GmbH-Gf verfügen die zivilrechtlichen Rahmenbedingungen über eine weitreichende Rolle, die für die rechtliche Beurteilung des Versorgungsversprechens, bzw. der geplanten Gestaltung von grundsätzlicher Bedeutung sein kann. Daher werden im Folgenden zunächst die grundlegenden Begrifflichkeiten in allgemeiner Art und Weise dargestellt.

3041

a) Rechtsgeschäft

aa) Definition

Das Rechtsgeschäft ist das rechtstechnische Mittel zur Verwirklichung der Privatautonomie. Ein Rechtsgeschäft besteht aus mindestens einer Willenserklärung, die darauf gerichtet ist, eine bestimmte – explizit gewollte – Rechtsfolge herbeizuführen. Die gewollte Rechtsfolge ergibt sich als Ausfluss des Rechtsgeschäftes (und nicht durch die bloße Willenserklärung).

3042

bb) Willenserklärung

Willenserklärungen lassen sich als private Willensäußerungen definieren, die auf einen vom Gesetz anerkannten Rechtserfolg gerichtet sind.

3043

Eine Willenserklärung besteht aus einem objektiven und einem subjektiven Tatbestand. Der innere Wille des Erklärenden (**subjektiver Tatbestand**) bringt noch keine Willenserklärung zustande; vielmehr muss der innere Wille des Erklärenden auch gegenüber dem Empfänger geäußert werden (**objektiver Tatbestand**), damit der Empfänger überhaupt wissen kann, was der Erklärende will.

3044

(1) Objektiver Tatbestand

Der objektive Tatbestand einer Willenserklärung setzt einen nach außen gerichteten Erklärungsakt voraus (z. B. schriftliche Erklärung des Willens). Auch

3045

---

[1] Vgl. *Ellenberger* in Palandt, BGB, 77. Aufl., Überbl v § 104 S. 79 Rz. 1.

ein bloßes Schweigen kann unter bestimmten Umständen den objektiven Tatbestand einer Willenserklärung erfüllen (sog. stillschweigende Willenserklärung).

(2) Subjektiver Tatbestand

3046 Der subjektive Tatbestand einer Willenserklärung setzt sich aus drei Komponenten zusammen, nämlich dem
- ▶ Handlungswillen (der Wille bewusst zu handeln),
- ▶ Erklärungswillen (der Wille etwas rechtlich Erhebliches zu erklären) und
- ▶ Geschäftswillen (der Wille eine bestimmte Rechtsfolge herbeizuführen).

cc) Verpflichtungs-, Verfügungs- und Erfüllungsgeschäft

3047 Das deutsche Zivilrecht teilt Rechtsgeschäfte in Verpflichtungs-, Verfügungs- und Erfüllungsgeschäfte ein:

3048 **Verpflichtungsgeschäfte** begründen Schuldverhältnisse, durch die den Beteiligten Verpflichtungen verbindlich auferlegt werden (hier: Zusage auf Leistungen der bAV). Aus den Verpflichtungsgeschäften erwirbt ein Beteiligter gegen die jeweils anderen Beteiligten einen klagbaren Anspruch i.S.d. § 194 Abs. 1 BGB auf Erfüllung der Verpflichtungen.

3049 **Verfügungsgeschäfte** wirken hingegen auf ein bestehendes Recht ein, indem dieses geändert, übertragen, aufgehoben oder belastet wird (hier: z.B. Änderungsvertrag zu einer bestehenden Pensionszusage).

3050 **Erfüllungsgeschäfte** dienen der Erfüllung des Anspruches (hier: Auszahlung der zugesagten Leistungen). Sie folgen zeitlich nach dem Verpflichtungsgeschäft. Nach der vollständigen Erfüllung erlischt das Schuldverhältnis gem. § 362 Abs. 1 BGB.

dd) Einseitiges vs. mehrseitiges Rechtsgeschäft

3051 Des Weiteren werden Rechtsgeschäfte in mehrseitige und einseitige Rechtsgeschäfte unterteilt:

3052 **Mehrseitige Rechtsgeschäfte** bestehen regelmäßig aus mindestens zwei Willenserklärungen, wobei eine Einigung aller Beteiligten erforderlich ist. Den Hauptfall des mehrseitigen Rechtsgeschäftes stellt der **Vertrag** dar. Der Vertrag ist die privatautonome Regelung eines Rechtsverhältnisses durch Rechtsgeschäft aufgrund des übereinstimmenden Willens von mindestens zwei Parteien.[1] Eine besondere Art des mehrseitigen Rechtsgeschäftes stellen die **Be-**

---

1 Vgl. *Brinkmann* in Prütting/Wegen/Weinreich, BGB, 13. Aufl., Vor §§ 145 ff. S. 189, Rz. 1.

schlüsse im Gesellschaftsrecht dar. Ihre Eigenart besteht darin, dass für sie i.d.R. nicht das Prinzip der Willensübereinstimmung, sondern das Mehrheitsprinzip gilt. Beschlüsse binden demnach auch den, der sich nicht an der Abstimmung beteiligt, oder dagegen gestimmt hat.[1]

Einseitige Rechtsgeschäfte bestehen nur aus einer Willenserklärung (z. B. Anfechtung, Kündigung). Hierbei wird des Weiteren zwischen empfangsbedürftigen und nicht empfangsbedürftigen Willenserklärungen unterschieden. 3053

(1) Empfangsbedürftige Willenserklärungen

Empfangsbedürftige Willenserklärungen sind i.d.R. alle Willenserklärungen, die sich an bestimmte Personen richten und des Empfangs bedürfen. Die Willenserklärung wird gem. §§ 130 bis 132 BGB erst nach Abgabe und Zugang beim Empfänger wirksam (z. B. Kündigung). 3054

(2) Nicht empfangsbedürftige Willenserklärungen

Nicht empfangsbedürftige Willenserklärungen werden bereits mit ihrer Abgabe wirksam. Sie müssen zwar nach außen erkennbar hervortreten (objektiver Tatbestand), aber noch nicht den letztendlichen Empfänger erreichen, d. h., dass ein Zugang für das Wirksamwerden nicht erforderlich ist (z. B. Testament). 3055

ee) Auslegung von Rechtsgeschäften

Gemäß § 133 BGB ist bei einer **Auslegung einer Willenserklärung** der wirkliche Wille der Parteien zu erforschen. Zunächst ist im Wege der Auslegung das rechtliche Wollen zu klären. Lassen sich daraus keine hinreichenden Anhaltspunkte für die Streitentscheidung gewinnen, so ist nach § 242 BGB das rechtliche Sollen (Leistung nach Treu und Glauben) zu klären.[2] 3056

Die Auslegung nach § 133 BGB steht in engem Zusammenhang mit den Bestimmungen des § 157 BGB, nach denen **Verträge** so auszulegen sind, wie Treu und Glauben es mit Rücksicht auf die Verkehrssitte erfordern. *„Der sachliche Gehalt und das Verhältnis der §§ 133 und 157 BGB sind umstritten. Einerseits sind die Kriterien des § 133 BGB auch für die Auslegung von Verträgen heranzuziehen, da diese auf übereinstimmenden Willenserklärungen beruhen. Andererseits sind die Wertungen des § 157 BGB auch für die Auslegung von Willenserklärungen beachtlich. Die §§ 133 und 157 BGB sind deshalb bei der Auslegung von Willenserklärungen nebeneinander, wenn auch nicht unterschiedslos anzu-* 3057

---

1 Vgl. *Ellenberger* in Palandt, BGB, 77. Aufl., Überbl v. § 104 S. 81 Rz. 12.
2 Vgl. *Ahrens* in Prütting/Wegen/Weinreich, BGB, 13. Aufl., § 133 S. 145 Rz. 4.

wenden. *Überwiegend wird auf die Unterscheidung von nicht empfangsbedürftigen und empfangsbedürftigen Willenserklärungen abgestellt. § 133 BGB soll nur bei nicht empfangsbedürftigen Willenserklärungen maßgebend sein, während § 157 BGB auch auf empfangsbedürftige Willenserklärungen angewendet wird."*[1]

ff) Fehlerhafte Rechtsgeschäfte

3058 Die einem Rechtsgeschäft anhaftenden Mängel können von unterschiedlicher Art und Schwere sein. Dem trägt das Gesetz dadurch Rechnung, dass es verschiedene Arten der Fehlerhaftigkeit von Rechtsgeschäften unterscheidet. Neben der völligen Wirksamkeit (Gültigkeit) auf der einen und der völligen Unwirksamkeit (Nichtigkeit) auf der anderen Seite kennt es verschiedene Zwischenstufen (z. B. schwebende Unwirksamkeit).

(1) Nichtigkeit von Rechtsgeschäften

3059 Nichtigkeit bedeutet, dass das Rechtsgeschäft die nach seinem Inhalt bezweckten Rechtswirkungen von Anfang an nicht hervorbringen kann. Sie ist grundsätzlich auch dann zu beachten, wenn der durch den Nichtigkeitsgrund Geschützte das Rechtsgeschäft gelten lassen will.[2]

3060 Ein Rechtsgeschäft ist insbesondere dann nichtig, wenn

▶ es gegen ein gesetzliches Verbot verstößt (§ 134 BGB),

▶ es gegen die guten Sitten verstößt (§ 138 BGB), oder

▶ es gegen zwingende Formvorschriften verstößt (§ 125).

3061 Auch nach Wegfall des Nichtigkeitsgrundes bleibt das Rechtsgeschäft unwirksam. Zur Heilung bedarf es einer Neuvornahme. Als Neuvornahme ist auch die Bestätigung i. S. d. § 141 BGB zu beurteilen.[3] Die Wirksamkeit des Rechtsgeschäftes tritt jedoch erst im Zeitpunkt der Neuvornahme ein (**ex nunc**). Bei Verträgen sind nach der Auslegungsregelung des § 141 Abs. 2 BGB die Parteien im Zweifel verpflichtet, einander so zu stellen, wie sie bei einem von Anfang an gültigen Vertrag gestanden hätte. Die Auslegungsregel begründet daher eine schuldrechtliche Rückbeziehung.[4]

---

1 *Ahrens* in Prütting/Wegen/Weinreich, BGB, 13. Aufl., § 133, S. 145 Rz. 2 f.
2 Vgl. *Ellenberger* in Palandt, BGB, 77. Aufl., Überbl v. § 104, S. 82 Rz. 27.
3 Vgl. *Ellenberger* in Palandt, BGB, 77. Aufl., Überbl v. § 104, S. 82 Rz. 27.
4 Vgl. *Brinkmann* in Prütting/Wegen/Weinreich, BGB, 13. Aufl., Vor §§ 145 ff., S. 186, Rz. 9.

III. Zivilrecht: Zivilrechtliche Rahmenbedingungen für Pensionszusagen

(2) Schwebende Unwirksamkeit von Rechtsgeschäften

Ist ein Rechtsgeschäft derart fehlerhaft, dass es zunächst als unwirksam zu beurteilen ist, aber durch die Nachholung des fehlenden Wirksamkeitserfordernisses noch wirksam werden kann, so handelt es sich um ein schwebend unwirksames Rechtsgeschäft. In der Folge bleibt das Rechtsgeschäft solange wirkungslos, bis der Mangel geheilt wird. Wird der Mangel geheilt, so ist das Geschäft als von Anfang an wirksam zu beurteilen (sog. **rückwirkende Heilung, ex tunc**). Ist eine Heilung nicht mehr möglich, wird das schwebend unwirksame Rechtsgeschäft endgültig unwirksam.[1] 3062

Als Hauptfälle der schwebenden Unwirksamkeit von Rechtsgeschäften sind insbesondere die Folgenden zu nennen: 3063

▶ Vertreter ohne Vertretungsmacht (§ 177 BGB) und

▶ Verstoß gegen das Selbstkontrahierungsverbot (§ 181 BGB).

b) Vertragsfreiheit

Bei einem Vertrag handelt es sich um ein mehrseitiges Rechtsgeschäft, das ein Schuldverhältnis zwischen den Parteien begründet. Ein Vertrag wird jedoch nur dann wirksam, wenn mindestens zwei sich korrespondierende Willenserklärungen (Angebot[2] und Annahme[3]) hinsichtlich des wesentlichen Vertragsinhalts (sog. **essentialia negotii**) vorliegen. 3064

Für den Vertrag gilt grundsätzlich die Vertragsfreiheit. Die Vertragsfreiheit ist der wichtigste Unterfall der Privatautonomie und Ausfluss der allgemeinen Handlungsfreiheit, welche sich aus dem grundrechtlichen Recht auf Entfaltung der Persönlichkeit[4] ableiten lässt. Jeder hat das Recht auf die freie Entfaltung seiner Persönlichkeit, soweit er nicht die Rechte anderer verletzt und nicht gegen die verfassungsmäßige Ordnung oder das Sittengesetz verstößt.[5] 3065

Die Vertragsfreiheit beinhaltet: 3066

▶ die Abschlussfreiheit,

▶ die Gestaltungsfreiheit (Inhaltsfreiheit),

▶ die Formfreiheit (soweit das Gesetz nicht ein anderes vorschreibt), sowie

▶ das Benachteiligungsverbot.

---

1 Vgl. *Ellenberger* in Palandt, BGB, 77. Aufl., Überbl v. § 104, S. 82, Rz. 32.
2 § 145 BGB.
3 § 147 ff. BGB.
4 Art. 2 Abs. 1 GG.
5 Z. B. §§ 134 oder 138 BGB.

c) Dauerschuldverhältnis

3067 Der Begriff des Dauerschuldverhältnisses wird im Gesetz in § 311 Abs. 3 Satz 2 BGB verwendet. Jedoch beinhaltet die Regelung keine Legaldefinition des Begriffes des Dauerschuldverhältnisses. Die Literatur definiert ein Dauerschuldverhältnis als ein Schuldverhältnis, welches sich in seiner planmäßigen Abwicklung aufgrund von dauerhaften oder wiederkehrend entstehenden Pflichten über einen längeren Zeitraum erstreckt.[1] Charakteristisch ist zudem, dass es mittels eines Vertrags begründet wird, der eine wiederholende Leistung (und Gegenleistung) zum Inhalt hat und der im Anschluss daran keiner weiteren Vereinbarung bedarf (z. B. Arbeits-, oder Dienstvertrag).

3068 Auf Dauerschuldverhältnisse finden die allgemeinen Regelungen, die das BGB zum Recht der Schuldverhältnisse normiert, Anwendung.[2]

3069–3075 *(Einstweilen frei)*

2. Erteilung und Änderung von Pensionszusagen an GmbH-Geschäftsführer

3076 Die **Erteilung** einer unmittelbaren Pensionszusage an einen Gf (oder an eine diesem nahestehende Person) stellt grundsätzlich ein **mehrseitiges Rechts-/Verpflichtungsgeschäft** in dem zuvor definierten Sinne dar. Aufgrund des besonderen Charakters des Versorgungsverhältnisses ist eine Pensionszusage auch immer als ein **Dauerschuldverhältnis** zu beurteilen.

3077 Eine **Änderung** einer unmittelbaren Pensionszusage stellt grundsätzlich ein **mehrseitiges Rechts-/Verfügungsgeschäft** in dem zuvor definierten Sinne dar. In bestimmten Fällen kann die Änderung auch über ein einseitiges Rechts-/Verfügungsgeschäft herbeigeführt werden.

a) Erteilung einer Pensionszusage an einen GmbH-Geschäftsführer

3078 Das für die Begründung des Versorgungsverhältnisses maßgebliche Rechtsgeschäft (sog. Verpflichtungsgeschäft) wird in der bAV als **Rechtsbegründungsakt** bezeichnet.

3079 Als mögliche Rechtsbegründungsakte kommen in Frage:
- individualrechtliche Vereinbarungen (z. B. Einzelzusage, Gesamtzusage),
- kollektivrechtliche Vereinbarungen (z. B. Betriebsvereinbarung, Tarifvertrag), sowie
- Gesetze.[3]

---

1 Vgl. *Schmidt/Kessel/Kramme* in Prütting/Wegen/Weinreich, BGB, 13. Aufl., Vor §§ 241 ff., S. 343 Rz. 24.
2 BGB, Buch 2, Recht der Schuldverhältnisse, §§ 241 bis 853.
3 Vgl. *Kisters-Kölkes* in Kisters-Kölkes/Berenz/Huber, BetrAVG, 7. Aufl., § 1, S. 36 Rz. 128.

III. Zivilrecht: Zivilrechtliche Rahmenbedingungen für Pensionszusagen

Im Folgenden wird davon ausgegangen, dass in der betrieblichen Praxis eine Pensionszusage zugunsten eines Gf regelmäßig im Wege einer individualvertraglichen Vereinbarung (Einzelzusage) geschlossen wird. 3080

Bei dem Versorgungsvertrag handelt es sich daher grundsätzlich um ein mehrseitiges Rechtsgeschäft, für die die entsprechenden zivilrechtlichen Rahmenbedingungen (insb. das Recht der Schuldverhältnisse) Anwendung finden. Voraussetzung für einen Vertragsabschluss sind ein darauf gerichtetes Angebot und die entsprechende Annahme. Gegenstand des Versorgungsvertrages sind Art, Inhalt, Umfang, Höhe und Bedingungen der möglichen Versorgungsleistungen. Die Einzelzusage wird Bestandteil des Dienstvertrages und teilt dessen rechtliches Schicksal. Sie ist grundsätzlich nicht formbedürftig.[1] 3081

Da die Erteilung einer Pensionszusage dem versorgungsberechtigten Gf i. d. R. nur Vorteile verschafft, wäre es grundsätzlich möglich, dass das Versorgungsversprechen auch durch eine stillschweigende Annahme zustande kommen könnte.[2] 3082

b) Änderung einer Pensionszusage an einen GmbH-Geschäftsführer

aa) Zugunsten des Geschäftsführers

Ist die Pensionszusage durch Angebot und Annahme wirksam zustande gekommen, ist die Kapitalgesellschaft daran gebunden. Eine Änderung der Einzelzusage zugunsten des Gf (z. B. Erhöhung der Versorgungsleistungen) unterliegt u. E. den unter a) zur Erteilung einer Pensionszusage genannten Rechtsgrundsätzen. 3083

bb) Zuungunsten des Geschäftsführers

Soll jedoch in einer **einschränkenden Art und Weise** in die bestehenden Versorgungsanrechte eingegriffen werden (sog. Verfügungsgeschäft), so kann dies nur im Rahmen eines **individualrechtlichen Änderungsvertrags** stattfinden, dem der begünstigte Gf ausdrücklich zustimmen muss (**einvernehmliche Vertragsanpassung**). Eine konkludente Zustimmung des Gf zur einschränkenden Änderung kann nicht angenommen werden.[3] 3084

Abweichend von der einvernehmlichen Vertragsanpassung kommt eine **einseitige Vertragsanpassung** durch die Kapitalgesellschaft nur in den Fällen der 3085

---

1 Vgl. *Kisters-Kölkes* in Kisters-Kölkes/Berenz/Huber, BetrAVG, 7. Aufl., § 1, S. 36 Rz. 130.
2 Vgl. *Roth* in Schlewing/Henssler/Schipp/Schnitker, Arbeitsrecht der bAV, Band I, Teil 7 A, S. 5 Rz. 35.
3 Vgl. *Rößler* in Schlewing/Henssler/Schipp/Schnitker, Arbeitsrecht der bAV, Band I, Teil 15, S. 7 Rz. 59.

§§ 313, 314 BGB (Störung der Geschäftsgrundlage, Kündigung von Dauerschuldverhältnissen aus wichtigem Grund) in Betracht. Im Falle einer Anpassung/eines Widerrufs (§ 313 BGB), oder einer Kündigung (§ 314 BGB) handelt es sich um ein einseitiges empfangsbedürftiges Rechts-/Verfügungsgeschäft.

3086 Eine **Störung der Geschäftsgrundlage** ist gem. § 313 Abs. 1 BGB dann anzunehmen, wenn sich die Umstände, die zur Grundlage des Vertrags geworden sind, nach Vertragsschluss schwerwiegend verändert haben und die Parteien das Rechtsgeschäft nicht oder mit anderem Inhalt geschlossen hätten, sofern sie diese Veränderung vorausgesehen hätten. Eine Anpassung der Pensionszusage setzt allerdings voraus, dass der Kapitalgesellschaft bei Berücksichtigung aller Umstände des Einzelfalls ein Festhalten am unveränderten Vertrag nicht zugemutet werden kann.

3087 Nach den allgemein geltenden Grundsätzen kann die Störung der Geschäftsgrundlage nur ein nach billigem Ermessen auszuübendes Anpassungsrecht der Kapitalgesellschaft auslösen. D. h., dass sowohl die Belange des Versorgungsträgers, als auch des Versorgungsberechtigten zu berücksichtigen sind. Daraus ergibt sich zwingend der Grundsatz, dass der einseitige Eingriff in die bestehenden Versorgungsanrechte einer Angemessenheitsprüfung unterliegt. Die Störung der Geschäftsgrundlage kann sowohl in Folge einer Äquivalenzstörung, als auch einer Zweckverfehlung eintreten.

3088 Ist eine Anpassung des Vertrags nicht möglich oder einem Teil nicht zumutbar, so kann der benachteiligte Teil vom Vertrag zurücktreten. An die Stelle des Rücktrittsrechts tritt für Dauerschuldverhältnisse das **Recht zur Kündigung**.[1] Dauerschuldverhältnisse kann jeder Vertragsteil aus wichtigem Grund ohne Einhaltung einer Kündigungsfrist kündigen. Ein wichtiger Grund liegt vor, wenn dem kündigenden Teil unter Berücksichtigung aller Umstände des Einzelfalls und unter Abwägung der beiderseitigen Interessen die Fortsetzung des Vertragsverhältnisses bis zur vereinbarten Beendigung oder bis zum Ablauf einer Kündigungsfrist nicht zugemutet werden kann.[2]

3089 Die Kündigung nach § 314 BGB beruht nicht auf einer Vereinbarung, sondern auf Gesetz. Sie stellt daher eine außerordentliche Kündigung dar. Die Kündigung kann nur innerhalb einer angemessenen Frist nach Bekanntwerden des Kündigungsgrunds erfolgen. Die Angemessenheit bestimmt sich nicht starr,

---

1 § 313 Abs. 3 BGB.
2 § 314 Abs. 1 BGB.

sondern nach den Umständen des Einzelfalls. Die Kündigung beseitigt das Rechtsverhältnis mit Wirkung für die Zukunft (ex nunc).[1]

(Einstweilen frei) 3090–3095

3. Zivilrechtliche Wirksamkeit von Pensionszusagen an GmbH-Geschäftsführer

Eine Pensionszusage bedarf der zivilrechtlichen Wirksamkeit, um einen Rechtsanspruch auf die Versorgungsleistungen entstehen zu lassen und um steuerrechtlich anerkannt zu werden. Nach den Regelungen des BGB (und des BetrAVG) bedarf es zur Erlangung der zivilrechtlichen Wirksamkeit des Versorgungsversprechens grundsätzlich nicht der Schriftform. 3096

Das Schriftformerfordernis für die Pensionszusage an sich ergibt sich jedoch zwingend aus § 6a Abs. 1 Nr. 3 EStG. 3097

Die FinVerw vertritt zum Erfordernis der zivilrechtlichen Wirksamkeit die folgende Rechtsauffassung:[2] 3098

„Verträge mit beherrschenden Gesellschaftern müssen zivilrechtlich wirksam sein, um steuerlich anerkannt zu werden. Eine Wirksamkeitsvoraussetzung ist ein evtl. bestehendes Schriftformerfordernis (BFH v. 17.9.1992 - I R 89-98/91, BStBl 1993 II S. 141). Rechtsgeschäfte, welche der durch das Gesetz vorgeschriebenen Form ermangeln, sind gem. § 125 Satz 1 BGB nichtig. Der Mangel einer durch Rechtsgeschäft vorgeschriebenen Form hat gem. § 125 Satz 2 BGB „im Zweifel" gleichfalls Nichtigkeit zur Folge.

Maßgeblich für die Beurteilung der zivilrechtlichen Wirksamkeit ist,

▶ *ob die Einhaltung der Schriftform Gültigkeitsvoraussetzung für den geänderten Vertrag sein soll (**konstitutive Schriftform**) oder*

▶ *ob der Inhalt des Vertrags lediglich zu Beweiszwecken schriftlich niedergelegt werden soll (**deklaratorische Schriftform**)."*

Obwohl die FinVerw in H 8.5 I. KStH 2015 (Zivilrechtliche Wirksamkeit) nur auf den Personenkreis der beherrschenden GGf eingeht, gelten die o. g. Voraussetzungen auch für nicht beherrschende GGf und nahestehende Personen entsprechend. 3099

Auf dieser Grundlage ergeben sich für den Personenkreis der Gf zivilrechtliche Besonderheiten insbesondere hinsichtlich 3100

---

1 Vgl. *Grüneberg* in Palandt, BGB, 77. Aufl., § 314 S. 540 Rz. 10.
2 H 8.5 I. KStH 2015.

▶ *des Erfordernisses eines wirksamen Gesellschafterbeschlusses,*
▶ *des Verbots von Insichgeschäften, sowie*
▶ *der satzungsgemäßen Vertretungsbefugnis.*

a) Gesellschafterbeschluss

3101 Ein Gesellschafterbeschluss wird grundsätzlich im Rahmen einer Gesellschafterversammlung gefasst[1]. Erklären sich sämtliche Gesellschafter in Textform oder mit der Abgabe der Stimmen mit der zu treffenden Bestimmung einverstanden, so kann auf die Abhaltung einer Versammlung verzichtet werden.[2] Damit hat der Gesetzgeber auch das sog. Umlaufverfahren für anwendbar erklärt. Beschlüsse können somit auch per schriftlicher Abstimmung oder per E-Mail (Textform) herbeigeführt werden. Da für das Umlaufverfahren unter den Gesellschaftern Einstimmigkeit herrschen muss, eignet es sich jedoch nur für unstreitige Sachverhalte.

3102 Gemäß § 46 Nr. 5 GmbHG unterliegen der Bestimmung der Gesellschafter die Bestellung und die Abberufung von Geschäftsführern, sowie die Entlastung derselben. Darunter ist nach der Rechtsprechung des BGH auch die Änderung des Dienstvertrags eines Gf, die nicht mit der Begründung und Beendigung der Organstellung zusammenhängt, sowie dessen vertragliche Aufhebung zu subsumieren (sog. Annexkompetenz zu § 46 Nr. 5 GmbHG[3]), soweit nach Gesetz oder Satzung keine anderweitige Zuständigkeit bestimmt ist.[4] Da die Pensionszusage zum Bestandteil des Dienstvertrages wird, bedarf sowohl die Erteilung der Pensionszusage, als auch jedwede Änderung der Versorgungsbedingungen zwingend der Zustimmung durch die Gesellschafterversammlung.

3103 Das Gesetz sieht grundsätzlich keine zwingenden Formvorschriften für die Beschlussfassung der Gesellschafterversammlung vor. Lediglich für eine Einmann-GmbH existiert mit § 48 Abs. 3 GmbHG eine Regelung, die besagt, dass unverzüglich nach der Beschlussfassung eine Niederschrift aufzunehmen und zu unterschreiben ist. Dies soll jedoch nach herrschender Meinung kein materielles Wirksamkeitserfordernis darstellen.[5]

3104 Die Notwendigkeit eines schriftlich niedergelegten Gesellschafterbeschluss kann sich jedoch aus der Satzung der Kapitalgesellschaft ergeben. Wird das

---

1 § 48 Abs. 1 GmbHG
2 § 48 Abs. 2 GmbHG
3 BFH, Urteil v. 31. 5. 1995 - I R 64/94, BStBl 1996 II S. 246.
4 BGH, Urteil v. 25. 3. 1991 - II ZR 169/90, juris.
5 Vgl. *Keßler* in Daume/Keßler, Der GmbH-Geschäftsführer, 3. Aufl., S. 175 f. Rz. 667.

Protokoll zur Gesellschafterversammlung durch die Gesellschafter unterzeichnet, so gilt dies als Zustimmung zum protokollierten Inhalt. Wird das Protokoll von den Gesellschaftern (oder einzelnen) nicht unterzeichnet, so erteilen diese ihre Zustimmung zum protokollierten Inhalt, sofern sie nicht innerhalb einer angemessen Frist nach Zugang des Protokolls widersprechen.

Bei Fehlen eines wirksamen Gesellschafterbeschlusses ist die erteilte Pensionszusage zivilrechtlich unwirksam. Für eine unwirksame Pensionszusage kann weder in der Handels-, noch in der Steuerbilanz eine Pensionsrückstellung gebildet werden.[1] Auch nach Wegfall des Nichtigkeitsgrundes (hier Nachholung des Gesellschafterbeschlusses) bleibt das Rechtsgeschäft unwirksam. Zur Heilung bedarf es einer Neuvornahme. Als Neuvornahme ist auch die Bestätigung i. S. d. § 141 BGB zu beurteilen.[2] Die Wirksamkeit des Rechtsgeschäftes tritt jedoch erst im Zeitpunkt der Neuvornahme ein (**ex nunc**).

3105

b) Vertretungsbefugnis

Die Kapitalgesellschaft wird durch den Gf gerichtlich und außergerichtlich vertreten. Hat eine Gesellschaft keinen Gf (Führungslosigkeit), wird die Gesellschaft für den Fall, dass ihr gegenüber Willenserklärungen abgegeben oder Schriftstücke zugestellt werden, durch die Gesellschafter vertreten.[3]

3106

Ist nur ein Gf bestellt, so vertritt er die Kapitalgesellschaft alleine. Sind mehrere Gf bestellt, sind sie alle nur gemeinschaftlich zur Vertretung der Kapitalgesellschaft befugt, es sei denn, dass der Gesellschaftsvertrag etwas anderes bestimmt.[4] Dementsprechend können im Gesellschaftsvertrag auch einzelne Gf als alleinvertretungsberechtigt bestimmt werden. Die Personen der Gf sind im Handelsregister ebenso einzutragen, wie die Vertretungsbefugnis des jeweiligen Gf.[5] Die Eintragung verfügt jedoch – soweit es sich nicht um eine Satzungsänderung handelt – nur über eine deklaratorische Wirkung.[6]

3107

Hat die Kapitalgesellschaft einen wirksamen Beschluss zur Erteilung, oder Änderung der Pensionszusage gefasst, so kann sie sich bei Vollzug des Beschlus-

3108

---

1 BMF, Schreiben v. 21.12.1995, BStBl 1996 I S. 50; FG Hessen, Urteil v. 1.11.2007 - 4 K 1556/07, NWB DokID: GAAAC-97505.
2 Vgl. *Ellenberger* in Palandt, BGB, 77. Aufl., Überbl v. § 104 S. 82 Rz. 27.
3 § 35 Abs. 1 GmbHG.
4 § 35 Abs. 2 Satz 1 GmbHG.
5 § 10 Abs. 1 BGB; § 39 Abs. 1 GmbHG.
6 Vgl. *Keßler* in Daume/Keßler, Der GmbH-Geschäftsführer, 3. Aufl., S. 156 f. Rz. 579.

ses durch den Abschluss der Pensionszusage, bzw. einer Änderungsvereinbarung zur Pensionszusage vom Gf der GmbH vertreten lassen.[1]

3109 **Handelt ein Gf entgegen der festgelegten Vertretungsbefugnis** – indem er z. B. alleine handelt, obwohl eine Gesamtvertretung vorgeschrieben ist – so ist das durch ihn getätigte Rechtsgeschäft gem. § 177 BGB schwebend unwirksam und von der Genehmigung durch die übrigen Gesamtvertreter abhängig.[2] Wird der Mangel geheilt, so ist das Geschäft als von Anfang an wirksam zu beurteilen (sog. **rückwirkende Heilung, ex tunc**). Ist eine Heilung nicht mehr möglich, wird das schwebend unwirksame Rechtsgeschäft endgültig unwirksam.[3]

c) § 181 BGB

3110 § 181 BGB regelt, dass ein Vertreter im Namen des Vertretenen mit sich im eigenen Namen (Selbstkontrahieren) oder als Vertreter eines Dritten (Mehrfachvertretung) kein Rechtsgeschäft vornehmen kann, soweit ihm nicht ein anderes gestattet ist. Dies gilt nicht, sofern das Rechtsgeschäft ausschließlich in der Erfüllung einer Verbindlichkeit besteht.

3111 Zweck dieser Norm ist es, einen Interessenskonflikt und damit eine Schädigung einer Vertragspartei auszuschließen, da ein und dieselbe Person auf beiden Seiten des Rechtsgeschäftes mitwirkt.[4] Befinden sich alle Geschäftsanteile der Gesellschaft in der Hand eines Gesellschafters oder daneben in der Hand der Gesellschaft und ist er zugleich deren alleiniger Gf, so ist auf seine Rechtsgeschäfte mit der Gesellschaft § 181 BGB anzuwenden.[5]

3112 Eine generelle Befreiung von den Beschränkungen des § 181 BGB ist in das Handelsregister einzutragen. Dies gilt auch dann, wenn die Befreiung nur bestimmte Arten von Rechtsgeschäften erfasst. Sieht die Satzung eine Regelung vor, anhand derer der Gf von der Gesellschafterversammlung für einzelne Rechtsgeschäfte von § 181 BGB befreit werden kann, so ist dies nicht im Handelsregister einzutragen.[6]

---

1 BGH, Urteil v. 18.11.1968 - II ZR 121/67, JurionRS 1968, 12094; BFH, Urteil v. 31.5.1995 - I R 64/94, BStBl 1996 II S. 264.
2 Vgl. *Keßler* in Daume/Keßler, Der GmbH-Geschäftsführer, 3. Aufl., S. 154 f. Rz. 574.
3 Vgl. *Ellenberger* in Palandt, BGB, 77. Aufl., Überbl v. § 104 S. 82 Rz. 32.
4 Vgl. *Ellenberger* in Palandt, BGB, 77. Aufl., § 181 S. 204 Rz. 2.
5 § 35 Abs. 3 Satz 1 GmbHG.
6 § 10 Abs. 1 Satz 2 GmbHG.

Die FinVerw vertritt zur Befreiung vom Selbstkontrahierungsverbot folgende Rechtsauffassung:[1]

3113

„Änderungen des Gesellschaftsvertrags einer GmbH bedürfen gem. § 53 Abs. 2 GmbHG der notariellen Beurkundung. Die Befreiung eines Alleingesellschafters vom Selbstkontrahierungsverbot des § 181 BGB bedarf zu ihrer Wirksamkeit einer ausdrücklichen Gestattung im Gesellschaftsvertrag und der Eintragung im Handelsregister. Wird die Befreiung erst nach Abschluss von In-sich-Geschäften in der Satzung geregelt und ins Handelsregister eingetragen, sind diese als nachträglich genehmigt anzusehen. Das steuerliche Rückwirkungsverbot steht dem dann nicht entgegen, wenn den In-sich-Geschäften klare und von vornherein abgeschlossene Vereinbarungen zugrunde liegen (BFH v. 17. 9. 1992 - I R 89-98/91, BStBl 1993 II S. 141 und BFH v. 23. 10. 1996 - I R 71/95, BStBl 1999 II S. 35)."

Die FinVerw bejaht demnach eine wirksame Befreiung von § 181 BGB, wenn diese

3114

► im Gesellschaftsvertrag geregelt und
► im Handelsregister eingetragen ist.

In der Literatur herrscht die Auffassung vor, dass die Eintragung im Handelsregister zwar erforderlich ist, diese jedoch nur über einen deklaratorischen Charakter verfügt. Daraus ergibt sich, dass die Eintragung keine Wirksamkeitsvoraussetzung ist. Dementsprechend hat der BFH auch entschieden, dass alleine aufgrund einer fehlenden Eintragung der Befreiung von § 181 BGB keine vGA angenommen werden kann.[2]

3115

Rechtsgeschäfte, die gegen § 181 BGB verstoßen, sind bis zu ihrer Genehmigung durch das zuständige Gesellschaftsorgan schwebend unwirksam.[3] Wird der Mangel geheilt, so ist das Geschäft als von Anfang an wirksam zu beurteilen (sog. **rückwirkende Heilung, ex tunc**). Ist eine Heilung nicht mehr möglich, wird das schwebend unwirksame Rechtsgeschäft endgültig unwirksam.[4]

3116

(*Einstweilen frei*)

3117–3122

4. Rechtsgeschäftliche Schuldübernahme

Unterliegt eine Pensionszusage sowohl dem sachlichen, als auch dem persönlichen Geltungsbereich des BetrAVG, so lässt sich eine Übertragung der daraus resultierenden Pensionsverpflichtung nur innerhalb der Grenzen des § 4

3123

---

1 H 8.5 I. KStH 2015 (Zivilrechtliche Wirksamkeit).
2 BFH, Urteil v. 31. 5. 1995 - I R 64/94, BStBl 1996 II S. 246.
3 Vgl. *Keßler* in Daume/Keßler, Der GmbH-Geschäftsführer, 3. Aufl., S. 158 Rz. 582.
4 Vgl. *Ellenberger* in Palandt, BGB, 77. Aufl., Überbl v. § 104 S. 82 Rz. 32.

BetrAVG realisieren (siehe hierzu Rz. 2746 ff.). Dies führt dazu, dass eine Pensionsverpflichtung ohne Wechsel des Arbeitgebers nicht innerhalb der Grenzen des § 4 BetrAVG rechtswirksam übertragen werden kann (Ausnahme: rechtswirksame Abbedingung von § 4 BetrAVG, oder Liquidation der Kapitalgesellschaft).

3124 Für diejenigen Pensionszusagen, die nicht dem Geltungsbereich des BetrAVG unterliegen, finden jedoch ausschließlich die zivilrechtlichen Normen Anwendung, die für die Übertragung von Pensionszusagen, bzw. für die Enthaftung der bisherigen Kapitalgesellschaft von der bestehenden Pensionsverpflichtung diverse Gestaltungsmöglichkeiten – mit unterschiedlichen Rechtsfolgen – zur Verfügung stellen.

3125 Dabei handelt es sich um folgende Gestaltungsformen:
- Schuldübernahme gem. §§ 414, 415 BGB,
- Schuldbeitritt und
- Erfüllungsübernahme gem. 329 BGB.

3126 ABB. 65: Rechtsgeschäftliche Schuldübernahme

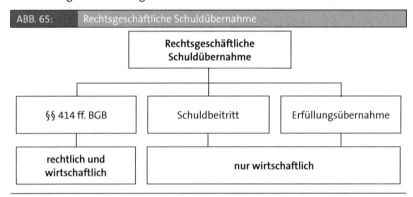

3127 Die Rechtsfolgen der o. g. Gestaltungsformen unterscheiden sich jedoch erheblich. Während die Schuldübernahme zu einer echten rechtlichen Enthaftung der bisherigen Kapitalgesellschaft führt, kommt es im Falle des Schuldbeitritts und der Erfüllungsübernahme lediglich zu einer wirtschaftlichen Enthaftung.

a) Privative Schuldübernahme

3128 Die privative Schuldübernahme (oder befreiende Schuldübernahme) richtet sich nach den §§ 414 ff. BGB. Sie eröffnen die Möglichkeit, die Pensionsverpflichtung vom bisherigen Schuldner mit rechtlich schuldbefreiender Wirkung auf einen Dritten zu übertragen. Das Zivilrecht stellt hierfür zwei unterschiedliche Wege zur Verfügung:

Nach § 414 BGB kann eine Schuld von einem Dritten durch Vertrag mit dem Gläubiger in der Weise übernommen werden, dass der Dritte an die Stelle des bisherigen Schuldners tritt. 3129

Nach § 415 BGB kann die Schuldübernahme zwischen dem die Schuld übernehmenden Dritten und dem Schuldner vereinbart werden, soweit der Gläubiger dies genehmigt. 3130

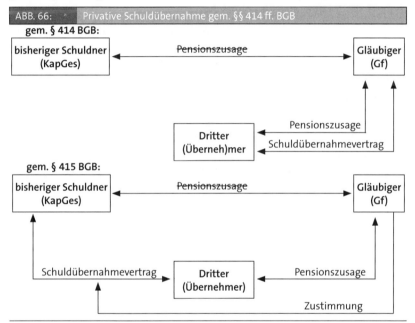

ABB. 66: Privative Schuldübernahme gem. §§ 414 ff. BGB 3131

Die Konstruktion der beiden Bestimmungen lässt zweifelsfrei erkennen, dass bei der zivilrechtlichen Beurteilung des bisherigen Schuldverhältnisses der Gläubiger die zentrale Position einnimmt. Die Schuldübernahme bedarf stets dessen Mitwirkung (entweder in Form des Vertragsschlusses, oder in Form der Genehmigung des Vertragsschlusses), denn der wirtschaftliche Wert seiner Forderung hängt maßgeblich von der Solvenz des Schuldners ab. 3132

aa) § 414 BGB: „Vertrag zwischen Gläubiger und Übernehmer"

Eine Vereinbarung zur Schuldübernahme gem. § 414 BGB muss klar und eindeutig zum Ausdruck bringen, dass der Gf (Gläubiger) die Kapitalgesellschaft (bisheriger Schuldner) aus der Pensionsverpflichtung entlassen will. Eine Vereinbarung nach § 414 BGB verfügt über eine zivilrechtliche Doppelnatur. Zum einen handelt es sich um ein Verfügungsgeschäft über die Forderung, auf- 3133 grund der Neuverpflichtung des Übernehmers gegenüber dem Gläubiger aber auch zugleich um ein Verpflichtungsgeschäft.[1]

3134 Eine Form ist für die Schuldübernahme nach § 414 BGB grundsätzlich nicht vorgeschrieben. Eine Übernahmevereinbarung sollte unter Berücksichtigung des § 6a Abs. 1 EStG unter Wahrung der Schriftform erstellt werden. Eine Mitwirkung der Kapitalgesellschaft (bisheriger Schuldner) ist nach den Bestimmungen des § 414 BGB nicht notwendig.[2]

3135 Mit Abschluss der Übernahmevereinbarung i. S. d. § 414 BGB tritt der Übernehmer an die Stelle des bisherigen Schuldners, der von seiner Leistungspflicht mit schuldrechtlich abschließender Wirkung befreit wird (sog. **rechtliche Enthaftung**). Die Bedingungen des übernommenen Versorgungsverhältnisses bleiben inhaltlich unverändert.[3]

bb) § 415 BGB: „Vertrag zwischen Schuldner und Übernehmer"

3136 Abweichend von der Schuldübernahme nach § 414 BGB schafft § 415 BGB die Möglichkeit, dass die Schuldübernahme im Rahmen eines Vertrags zwischen dem Übernehmer (Dritten) und der Kapitalgesellschaft (bisheriger Schuldner) vereinbart werden kann. Wirkungsvoraussetzung ist jedoch die Genehmigung durch den Gf (Gläubiger), die auch in Form einer vorherigen Zustimmung erbracht werden kann.

3137 Eine Form für die Schuldübernahme nach § 415 BGB ist grundsätzlich nicht vorgeschrieben. Entsprechendes gilt für die Genehmigung/Zustimmung durch den Gf. Auch hier gilt jedoch wieder das Schriftformerfordernis des § 6a Abs. 1 EStG.

3138 Wird die Genehmigung verweigert, so gilt die Schuldübernahme als nicht erfolgt.[4] Solange der Gläubiger die Genehmigung (noch) nicht erteilt hat, ist im Zweifel der Übernehmer der Kapitalgesellschaft (bisheriger Schuldner) gegenüber verpflichtet, den Gf (Gläubiger) rechtzeitig zu befriedigen.[5] Solange die Genehmigung nicht erteilt wird, befindet sich das Rechtsgeschäft in einem Schwebezustand. Während des Schwebezustands (bis zur Genehmigung) und bei einer gescheiterten Genehmigung ist das Rechtsgeschäft als Erfüllungs-

---

1 Vgl. *H.-F. Müller* in Prütting/Wegen/Weinreich, BGB, 13. Aufl., §§ 414, 415 S. 750 Rz. 2.
2 Vgl. *Schnitker/Granetzky* in Schlewing/Henssler/Schipp/Schnitker, Arbeitsrecht der bAV, Band II, Teil 17 D, S. 33 Rz. 143.
3 Vgl. *H.-F. Müller* in Prütting/Wegen/Weinreich, BGB, 13. Aufl., §§ 414, 415 S. 751 Rz. 11.
4 § 415 Abs. 2 Satz 1 BGB.
5 § 415 Abs. 3 Satz 1 BGB.

übernahme i. S. d. § 329 BGB zu beurteilen. Durch die Genehmigung des Gf (Gläubigers) wird die Schuldübernahme gem. § 184 BGB rückwirkend (**ex tunc**) wirksam.[1]

Durch eine wirksame Übernahmevereinbarung i. S. d. § 415 BGB tritt der Übernehmer an die Stelle des bisherigen Schuldners, der von seiner Leistungspflicht mit schuldrechtlich abschließender Wirkung befreit wird (sog. **rechtliche Enthaftung**). Die Bedingungen des übernommenen Versorgungsverhältnisses bleiben inhaltlich unverändert.[2]

3139

b) Kumulative Schuldübernahme: Schuldbeitritt

Im Gegensatz zur privativen (befreienden) Schuldübernahme führt der Schuldbeitritt zu einer kumulativen Schuldübernahme, die auch als Schuld**mit**übernahme bezeichnet wird. Beim Schuldbeitritt tritt der (Mit-)Übernehmer zusätzlich zur Kapitalgesellschaft (bisheriger Schuldner) in das Schuldverhältnis ein. Beide werden zu Gesamtschuldnern i. S. d. § 421 BGB.[3]

3140

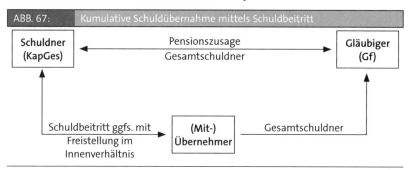

ABB. 67: Kumulative Schuldübernahme mittels Schuldbeitritt

Der rechtsgeschäftliche Schuldbeitritt ist im BGB nicht explizit geregelt. Er ist aber als reiner Verpflichtungsvertrag gem. § 311 Abs. 1 BGB zulässig. Der Schuldbeitritt bedarf eines Vertrages, den der (Mit-)Übernehmer mit dem Gf (Gläubiger), oder der Kapitalgesellschaft (bisheriger Schuldner) zu schließen hat. Kommt es zu einer Vereinbarung zwischen dem (Mit-)Übernehmer und der Kapitalgesellschaft (bisheriger Schuldner) bedarf es im Gegensatz zu § 415 BGB keiner Genehmigung des Gf (Gläubiger), da es sich um einen echten Vertrag zugunsten Dritter i. S. d. § 328 BGB handelt und der lediglich dazu führt, dass ein weiterer Schuldner dem Schuldverhältnis hinzutritt.[4]

3141

---

1 Vgl. *H.-F. Müller* in Prütting/Wegen/Weinrich, BGB, 13. Aufl., §§ 414, 415 S. 751 Rz. 6 bis 8.
2 Vgl. *H.-F. Müller* in Prütting/Wegen/Weinrich, BGB, 13. Aufl., §§ 414, 415 S. 751 Rz. 11.
3 Vgl. *Grüneberg* in Palandt, BGB, 77. Aufl., Überbl. v. § 414, S. 636, Rz. 2.
4 Vgl. *H.-F. Müller* in Prütting/Wegen/Weinrich, BGB, 13. Aufl., §§ 414, 415 S. 751 Rz. 12.

3142 Auch hinsichtlich des Schuldbeitritts gilt, dass eine Form grundsätzlich zivilrechtlich nicht vorgeschrieben ist; § 6a Abs. 1 EStG jedoch aus steuerrechtlicher Sicht die Schriftform vorschreibt.

3143 Die Rechtsfolgen des Schuldbeitritts ergeben sich aus den Bestimmungen zur Gesamtschuldnerschaft gem. §§ 421 ff. BGB. Nach § 421 Satz 1 BGB kann der Gläubiger im Falle einer Gesamtschuldnerschaft die Leistung nach seinem Belieben von jedem der Schuldner ganz oder zu einem Teil fordern. § 421 BGB schafft für den Gf (Gläubiger) somit ein echtes Wahlrecht. D. h., dass sich der Gf nach freiem Belieben aussuchen kann, welchen Schuldner er ganz oder nur zum Teil in Anspruch nehmen möchte. Daher werden in der Praxis Vereinbarungen zu einem Schuldbeitritt regelmäßig mit einer Freistellungsverpflichtung des (Mit-)Übernehmers gegenüber der Kapitalgesellschaft (bisheriger Schuldner) verbunden. Diese soll sicherstellen, dass die Kapitalgesellschaft (bisheriger Schuldner) im Falle einer Inanspruchnahme durch den Gf (Gläubiger) vom (Mit-)Übernehmer insoweit freigestellt wird.

3144 Im Gegensatz zur privativen Schuldübernahme, die zu einer schuldrechtlich abschließenden Enthaftung der Kapitalgesellschaft (bisheriger Schuldner) führt, kommt es im Falle eines Schuldbeitritts lediglich zu einer **wirtschaftlichen Enthaftung** der Kapitalgesellschaft, da der (Mit-)Übernehmer lediglich als weiterer Schuldner neben die Kapitalgesellschaft tritt und die sog. Primär-Schuldnerschaft der Kapitalgesellschaft damit im Verhältnis zum Gf (Gläubiger) in keiner Weise tangiert, oder beseitigt wird. Die Bedingungen des übernommenen Versorgungsverhältnisses bleiben inhaltlich unverändert.[1]

c) Erfüllungsübernahme

3145 Die Erfüllungsübernahme findet seine gesetzliche Normierung in § 329 BGB. Ähnlich wie es beim Schuldbeitritt der Fall ist, liegt der Erfüllungsübernahme ein Vertrag zwischen Kapitalgesellschaft (Schuldner) und (Mit-)Übernehmer zugrunde. Der Unterschied zum Schuldbeitritt liegt jedoch darin, dass durch die Erfüllungsübernahme die Rechtsposition des Gf (Gläubiger) in keiner Weise berührt wird (sog. **unechter Vertrag zugunsten Dritter**).[2]

---

[1] Vgl. *H.-F. Müller* in Prütting/Wegen/Weinreich: BGB, 13. Aufl., §§ 414, 415 S. 752 Rz. 14.
[2] Vgl. *Stürmer* in Prütting/Wegen/Weinreich, BGB, 13. Aufl., § 329 S. 644 Rz. 2.

III. Zivilrecht: Zivilrechtliche Rahmenbedingungen für Pensionszusagen

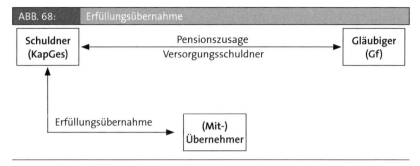

Die Erfüllungsübernahme stellt die schwächste Form der Schuldübernahme dar, denn die Erfüllungsübernahme entfaltet lediglich im Innenverhältnis zwischen der Kapitalgesellschaft (Schuldner) und dem (Mit-)Übernehmer Wirkung, nicht jedoch im Verhältnis zum Gf (Gläubiger). Der gravierende Unterschied zum Schuldbeitritt liegt darin, dass der (Mit-)Übernehmer nicht zum Primär-Schuldner im Verhältnis zum Gf (Gläubiger) wird. Dem Gf (Gläubiger) zur Erfüllung der zugesagten Leistungen verpflichtet ist weiterhin lediglich die Kapitalgesellschaft (Schuldner). Im Innenverhältnis stellt jedoch der (Mit-)Übernehmer die Kapitalgesellschaft (Schuldner) von der Leistungspflicht frei, so dass die wirtschaftliche Belastung letztendlich der (Mit-)Übernehmer trägt. 3146

Auch hinsichtlich der Erfüllungsübernahme gilt, dass eine Form grundsätzlich zivilrechtlich nicht vorgeschrieben ist; § 6a Abs. 1 EStG jedoch aus steuerrechtlicher Sicht die Schriftform vorschreibt. 3147

Die Erfüllungsübernahme führt lediglich zu einer wirtschaftlichen Entpflichtung der Kapitalgesellschaft (Schuldner). Die Bedingungen des übernommenen Versorgungsverhältnisses bleiben inhaltlich unverändert. 3148

Einen gesetzlich definierten Fall der Erfüllungsübernahme stellt z. B. die nicht genehmigte privative Schuldübernahme gem. § 415 Abs. 3 BGB dar. 3149

(Einstweilen frei) 3150–3155

5. Verpfändung von Deckungsmitteln

a) Zivilrechtlicher Insolvenzschutz mittels Verpfändung

Die Verpfändung ist das zivilrechtliche Mittel um die Anrechte aus einer unmittelbaren Pensionszusage durch die Zuordnung von Vermögensgegenständen gegen die Folgen einer Insolvenz zu schützen. Werden bisher frei verfügbare Vermögensgegenstände zugunsten der Versorgungsberechtigten verpfändet, 3156 so wird aus diesen zweckgebundenes Vermögen, die auch rechtlich der Rückdeckung der bestehenden Pensionsverpflichtung zugeordnet werden.

3157 Gegenstand einer Verpfändung an den Pensionsberechtigten, können verschiedenste Rückdeckungsmaßnahmen, die zur Finanzierung der Pensionsverpflichtung eingerichtet wurden, sein (z. B. Rückdeckungsversicherung, Wertpapierdepots, etc.). Die Kapitalgesellschaft (Versorgungsträger) bleibt z. B. bei einer Verpfändung einer Rückdeckungsversicherung Versicherungsnehmer und Bezugsberechtigter; der Gf (Pensionsberechtigter) wird durch die Verpfändung zum Pfandgläubiger.

b) Zivilrechtlicher Charakter

3158 Auf die Verpfändung von Rückdeckungsmaßnahmen finden die zivilrechtlichen Regelungen der §§ 1204 bis 1296 BGB Anwendung. Danach ist ein **Pfandrecht ein beschränkt dingliches, streng akzessorisches Recht mit dem Inhalt, die Sache bei Pfandreife zu verwerten** und sich aus dem Erlös wegen der gesicherten Forderung zu befriedigen.[1] Die Pfandreife tritt bei einer Geldforderung ein, sobald die Forderung ganz oder zum Teil fällig wird.[2]

3159 Akzessorietät beschreibt die Abhängigkeit des Bestehens eines Rechtes von dem Bestehen eines anderen Rechtes. Die aus der Verpfändung resultierenden Sicherungsrechte sind daher streng mit der gesicherten Forderung (= Versorgungsanrechte aus der Pensionszusage) verbunden.

3160 Ausfluss der **Akzessorietät der Verpfändung** ist daher, dass eine Verpfändung **dem Grunde und der Höhe nach** nur insoweit wirksam vereinbart werden kann, als nach den Bedingungen der Versorgungszusage ein Anspruch auf Versorgungsleistungen besteht:

3161 So kann zwar z. B. die Verpfändung auch die Hinterbliebenen (Witwe(r) und/oder Waisen) umfassen; sieht die Versorgungszusage jedoch keine Hinterbliebenenleistungen (Witwen(r)- und/oder Waisenrente) vor, so geht die Verpfändung insoweit ins Leere (Akzessorietät dem Grunde nach).

3162 Ähnlich verhält es sich auch hinsichtlich der Akzessorietät der Höhe nach, denn die Verpfändung der Leistungen aus den Rückdeckungsmaßnahmen ist nur in der Höhe wirksam, in der auch ein Anspruch auf Versorgungsleistungen besteht. Im Falle einer Rentenversicherung dürfte die Höhe des Versorgungsanspruchs unproblematisch zu ermitteln sein, da dabei die rentenförmige Versicherungsleistung mit der rentenförmig zugesagten Versorgungsleistung

---

[1] Vgl. *Nobbe* in Prütting/Wegen/Weinreich, BGB, 13. Aufl., Vor §§ 1204 ff. S. 2121 Rz. 1.
[2] § 1228 Abs. 2 Satz 1 BGB.

leicht abgeglichen werden kann. Ist die Rückdeckungsmaßnahme jedoch auf Kapitalbasis ausgestaltet, oder besteht die Rückdeckung in Form eines Wertpapierdepots, so ergibt sich hinsichtlich der Ermittlung der Höhe des Versorgungsanspruchs eine gewisse Problematik, die darin besteht, dass der Wert des Versorgungsanspruchs auf Kapitalbasis mit dem in der Rückdeckungsmaßnahme vorhandenen Kapital abgeglichen werden muss.[1] U. E. kann zur Ermittlung der Höhe des Versorgungsanspruches nur auf den handelsrechtlichen Rentenbarwert zurückgegriffen werden, der auf der Grundlage einer siebenjährigen Durchschnittsermittlung des Rechnungszinses zu ermitteln ist. Dies vor dem Hintergrund, dass nur damit der nach vernünftiger kaufmännischer Beurteilung notwendige Erfüllungsbetrag der Pensionsverpflichtung beschrieben wird.

Von der Verpfändung zwingend zu unterscheiden ist die Abtretung i. S. d. § 398 BGB. Mit der Abtretung findet eine rechtsgeschäftliche Übertragung der Forderung statt. In der Folge wird die Person des Gläubigers ausgewechselt. Wird eine Rückdeckungsversicherung abgetreten, so tritt der neue Gläubiger (Gf) an die Stelle des bisherigen Gläubigers (Kapitalgesellschaft).[2] Einer Zustimmung des Schuldners (z. B. Versicherungsgesellschaft) bedarf es nicht. Die Abtretung einer Rückdeckungsversicherung bewirkt daher, dass diese zu einer Direktversicherung i. S. d. § 1b Abs. 2 BetrAVG wird.[3] In der Folge rechnen die Beiträge zum steuerpflichtigen Arbeitslohn des Gf. Erfolgt die Abtretung jedoch unter Vereinbarung einer aufschiebenden Bedingung, so behält die Rückdeckungsversicherung bis zum Eintritt der vereinbarten Bedingung ihren bisherigen Charakter unverändert bei.

3163

c) Zivilrechtliche Wirksamkeitserfordernisse

Die rechtsgeschäftliche Verpfändung wird im Rahmen einer vertraglichen Vereinbarung zwischen der Kapitalgesellschaft und dem Gf schriftlich vereinbart (Verpfändungsvereinbarung). Bei Abschluss der Verpfändungsvereinbarung ist zwingend darauf zu achten, dass die Kapitalgesellschaft ordnungsgemäß vertreten wird (siehe Rz. 3096).

3164

Um eine **zivilrechtlich wirksame Verpfändung** herbeiführen zu können, ist es – aufgrund der Akzessorietät der Verpfändung mit der Hauptforderung – zwingend notwendig, dass die Pensionszusage an sich zivilrechtlich wirksam zustande gekommen ist. Ist die Pensionszusage zivilrechtlich unwirksam (z. B.

3165

---

1 § 45 Satz 1 InsO.
2 Vgl. *H.-F. Müller* in Prütting/Wegen/Weinreich, BGB, 13. Aufl., § 398 S. 731 Rz. 1.
3 R 6a Abs. 23 Satz 3 EStR.

wegen fehlendem Gesellschafterbeschluss, siehe Rz. 3096), so kann auch eine Verpfändung nicht zivilrechtlich wirksam zustande kommen. Im Rahmen einer Gf-Versorgung ist es zur zivilrechtlichen Wirksamkeit zwingend erforderlich, dass die Gesellschafterversammlung gem. § 46 Nr. 5 GmbHG einer Verpfändung zustimmt.[1]

3166 Ferner ist es erforderlich, dass in der Verpfändungsvereinbarung

▶ der Versorgungsschuldner namentlich (und am besten mit Anschrift) genannt wird,

▶ sämtliche Begünstigte (z. B. auch versorgungsberechtigte(r) Witwe(r)/Waisen) in der Verpfändungsvereinbarung namentlich (und am besten mit Geburtsdatum und Anschrift) genannt werden und diese unterzeichnen,

▶ die Pensionszusage (am besten mit Datum der Erteilung) aufgeführt wird und

▶ der Sicherungsgegenstand (z. B. Rückdeckungsversicherung mit entsprechender Versicherungsnummer) genau benannt ist.[2]

3167 Um eine Gefährdung der Wirksamkeit der Verpfändung wegen Gläubigerbenachteiligung auszuschließen,

▶ muss die Verpfändung erfolgen, solange die Gesellschaft noch wirtschaftlich gesund ist und

▶ darf nicht nur für den Fall einer Insolvenz gelten. Sie muss dauerhaft gelten.[3]

3168 Als letzte Voraussetzung für die zivilrechtliche Wirksamkeit der Verpfändungsvereinbarung muss diese nach § 1280 BGB an den Schuldner (z. B. im Falle von Rückdeckungsversicherungen an den Versicherer) angezeigt werden. Wurde die Verpfändung nicht angezeigt, so ist die Verpfändung schwebend unwirksam. Dieser Zustand kann solange durch eine wirksame Anzeige behoben werden, solange der Gläubiger noch verfügungsberechtigter Inhaber der verpfändeten Forderung ist. Die Beweislast der Anzeige liegt beim Pfandgläubiger.[4] Insoweit empfiehlt es sich, eine Bestätigung der Anzeige durch den Schuldner einzuholen. Diese stellt zwar kein Wirksamkeitserfordernis dar, ist im Hinblick auf die Beweisführung zur Anzeige der Verpfändung im Zweifel jedoch „Gold wert".

---

1 OLG Düsseldorf, Urteil v. 23. 4. 2009 - I-6 U 58/08, ZinsO 2009 S. 1599.
2 Keil/Prost, Pensions- und Unterstützungskassenzusagen an Gesellschafter-Geschäftsführer von Kapitalgesellschaften, 3. Aufl., S. 51, Rz. 180 ff.
3 Vgl. BGH, Urteil v. 10. 7. 1997 - IX ZR 161/96, BGHZ 136 S. 220.
4 Vgl. *Nobbe* in Prütting/Wegen/Weinreich, BGB, 13. Aufl., §§ 1280, 1281 S. 2162 Rz. 4.

Eine Verpfändungsvereinbarung hat von Gesetzeswegen grundsätzlich keine vorgeschriebene Form einzuhalten. In der Praxis kann es jedoch vorkommen, dass die Versicherungsbedingungen eine Schriftform für die Wirksamkeit der Verpfändung vorschreiben.[1] Ohnehin empfiehlt es sich aus Gründen der Beweissicherung die Verpfändungsvereinbarung schriftlich niederzulegen.

3169

> **BERATUNGSHINWEIS:**
>
> Gemäß § 1209 BGB ist für den Rang des Pfandrechts die Zeit der Bestellung maßgebend. Hinsichtlich der Verpfändung von Rückdeckungsinstrumenten ist daher darauf zu achten, dass das Pfandrecht zugunsten des Gf zeitlich vor dem Pfandrecht zugunsten der Hinterbliebenen bestellt wird. Wird das Pfandrecht gleichzeitig bestellt, so entsteht ein gleichrangiges Pfandrecht.[2] In einem solchen Fall sollte zwingend vertraglich der Vorrang des Pfandrechts zugunsten des Gf vereinbart werden. Eine derartige Vereinbarung ist als eine schuldrechtliche Vereinbarung der Pfändungsgläubiger untereinander nach dem Grundsatz der Vertragsfreiheit zulässig.[3]

d) Behandlung der Sicherungsgegenstände bei Eintritt einer Insolvenz

Bei Eintritt einer Insolvenz der Kapitalgesellschaft sichert das Pfandrecht dem Gf das Recht, das Sicherungsgut bei Eintritt der Pfandreife zur Erfüllung seiner Forderungen zu verwerten. Dementsprechend richtet sich die Behandlung der zur Sicherung verpfändeten Vermögensgegenstände danach, ob zum Zeitpunkt des Eintritts der Insolvenz die Pfandreife gem. § 1228 BGB (= Versorgungsanspruch) bereits vorliegt.

3170

Ist zum Zeitpunkt des Eintritts der Insolvenz die **Pfandreife noch nicht gegeben,** so verfügt der Insolvenzverwalter auf der Grundlage der BGH-Entscheidung v. 7.4.2005 über das sog. Verwertungsrecht, welches es ihm ermöglicht, in das bestehende Sicherungsverhältnis einzugreifen.[4] So kann er z. B. bei einer bestehenden Rückdeckungsversicherung das Vertragsverhältnis ohne Zustimmung des Pfandgläubigers kündigen, oder den Versicherungsvertrag beitragsfrei stellen. Das Verwertungsrecht führt jedoch nicht dazu, dass der Insolvenzverwalter die zivilrechtlich wirksam verpfändeten Vermögensbestandteile zur Insolvenzmasse heranziehen kann. Vielmehr hat er z. B. im Falle einer Kündigung der Rückdeckungsversicherung den Rückkaufswert in Höhe der zu sichernden Forderung bei einer geeigneten Stelle zu hinterlegen.[5]

3171

---

1 Vgl. Keil/Prost, Pensions- und Unterstützungskassenzusagen an Gesellschafter-Geschäftsführer von Kapitalgesellschaften, 3. Aufl., S. 48, Rz. 167.
2 Vgl. *Nobbe* in Prütting/Wegen/Weinreich, BGB, 13. Aufl., § 1209 S. 2133 Rz. 1.
3 BAG, Urteil v. 16.5.1990 - AZR 145/90, DB 1990 S. 2128.
4 BGH, Urteil v. 7.4.2005 - IX ZR 138/04, openjur.de.
5 §§ 191, 198 InsO.

3172 Zur Vermeidung einer ungewollten Kündigung kann das Kündigungsrecht zur Rückdeckungsversicherung an den versorgungsberechtigten Gf abgetreten werden. Nach der in der Literatur vertretenen Auffassung ist das Kündigungsrecht als ein unselbstständiges Gestaltungsrecht i. S. d. § 413 BGB zu beurteilen. Das Recht auf Kündigung des Vertragsverhältnisses ist danach als ein Hilfsrecht zu beurteilen, dass der Umgestaltung des gesamten Schuldverhältnisses dient. Es kann daher zusammen mit der Forderung auf den Pfandgläubiger übertragen werden.[1] Ebenso ist eine isolierte Abtretung des Kündigungsrechtes zulässig.

3173 Ist zum Zeitpunkt des Eintritts der Insolvenz die **Pfandreife bereits gegeben**, so verfügt der Gf über das Recht auf abgesonderte Befriedigung aus dem Pfandgegenstand.[2] Das Verwertungsrecht liegt somit nach Eintritt der Pfandreife ausschließlich beim Gf.[3] Er ist demnach zur Einziehung der Forderung berechtigt; der Schuldner (z. B. die Versicherungsgesellschaft) kann mit schuldbefreiender Wirkung nur noch an ihn leisten.[4]

3174 Ist eine Verpfändungsvereinbarung von Vermögensgegenständen **zivilrechtlich nicht wirksam** zustande gekommen, so ist der Insolvenzverwalter berechtigt, die Vermögensgegenstände zur Insolvenzmasse heranzuzuziehen.[5] Der Versorgungsberechtigte würde in einem solchen Fall nur in dem Umfang befriedigt werden, in dem auch die restlichen Gläubiger des insolventen Unternehmens befriedigt werden.

e) Anfechtung/Widerruf durch den Insolvenzverwalter

3175 In der Praxis ist gerade bei kleinen GmbH's immer wieder festzustellen, dass die Pensionsrückstellung in der Bilanzanalyse eine herausragende Position einnimmt. In vielen Fällen stellt dann auch die Rückdeckungsversicherung die größte Position auf der Aktivseite der Bilanz dar. Im Falle einer Insolvenz muss daher grundsätzlich davon ausgegangen werden, dass dieser Umstand beim Insolvenzverwalter Begehrlichkeiten wecken wird. Er wird daher die vertraglichen Vereinbarungen zur Pensionszusage, zur Rückdeckung und zur Verpfändung derselben einer kritischen Prüfung unterwerfen.

3176 Dabei wird er zunächst prüfen, ob es in diesem Zusammenhang zu einer Rechtshandlung gekommen ist, die zu einer Gläubigerbenachteiligung geführt

---

1 Vgl. *H.-F. Müller* in Prütting/Wegen/Weinreich, BGB, 13. Aufl., § 413 S. 750 Rz. 8.
2 § 50 Abs. 1 InsO.
3 § 173 Abs. 1 InsO.
4 § 1282 Abs. 1 Satz 1 BGB.
5 Vgl. BGH, Urteil v. 7. 4. 2005 - IX ZR 138/04, NWB DokID: MAAAC-00230.

hat und die er daher anfechten könnte.[1] Die **Anfechtung** ermöglicht dem Insolvenzverwalter, Vermögensverschiebungen, die im Vorfeld eines Insolvenzverfahrens stattgefunden haben, rückgängig zu machen. Für die Anfechtung gelten die Bestimmungen der §§ 129 bis 147 InsO. Im Falle einer erfolgreichen Anfechtung würde der Insolvenzverwalter den Zugriff auf die Rückdeckungsversicherung erhalten.[2] Eine Anfechtung einer Verpfändungsvereinbarung würde insb. dann in Frage kommen, wenn die vertragliche Vereinbarung zur Verpfändung zu einem Zeitpunkt getroffen wurde, zu dem die Insolvenz der Kapitalgesellschaft bereits absehbar war.[3]

Führt eine Anfechtung nicht zum Erfolg, und beinhaltet die vertragliche Vereinbarung zur Pensionszusage die sog. steuerunschädlichen Widerrufsklauseln,[4] so kann es sein, dass der Insolvenzverwalter im nächsten Schritt versuchen wird – unter Bezugnahme auf die im Vertrag genannten Widerrufsmöglichkeiten – die **Pensionszusage zu widerrufen**. Mit dem Widerruf der Pensionszusage würde die Forderung des Gf aus der Pensionszusage untergehen. In der Folge würde – auf Grund der strengen Akzessorietät – auch die Verpfändung ins Leere gehen und der Insolvenzverwalter hätte den Zugriff auf den Rückkaufswert. Einer derartigen Vorgehensweise sollte jedoch entschieden entgegengetreten werden. Denn es ist mittlerweile unstrittig, dass die steuerunschädlichen Widerrufsvorbehalte lediglich über einen deklaratorischen Charakter verfügen.[5] D. h., dass die Widerrufsvorbehalte nur diejenigen Rechtsgrundsätze beschreiben, die ohnehin von Gesetzeswegen gelten. Ein Widerruf der Versorgungsansprüche, bzw. der unverfallbar erworbenen Versorgungsanwartschaften wäre demgemäß nur nach den Grundsätzen möglich, die § 313 BGB für den Fall der Störung der Geschäftsgrundlage normiert. Ein derartiger Widerruf wird aber in der Praxis rechtswirksam nur in äußerst seltenen Fällen stattfinden können. 3177

(*Einstweilen frei*) 3178–3185

6. Versorgungsausgleich

Mit dem Gesetz zur Strukturreform des Versorgungsausgleichs (VersAusglG),[6] das am 1. 9. 2009 in Kraft getreten ist, wurde das Recht zum Versorgungsaus- 3186

---

1 § 129 Abs. 1 InsO.
2 § 143 Abs. 1 InsO.
3 §§ 130, 131 InsO.
4 R 6a Abs. 4 EStR.
5 U. a. BAG, Urteil v. 17. 6. 2003 - 3 AZR 396/02, DB 2004 S. 324; BAG, Urteil v. 19. 2. 2008 - 3 AZR 290/06, DB 2008 S. 1387.
6 Gesetz zur Strukturreform des Versorgungsausgleichs (VersAusglG), BGBl 2009 I S. 700.

gleich grundlegend neu geregelt. Es umfasst einschließlich der Übergangsbestimmungen gänzlich neu formulierte 54 Paragraphen. Das BGB verweist zur Durchführung des Versorgungsausgleichs nunmehr auch auf das VersAusglG, indem es in § 1587 BGB bestimmt, dass zwischen den geschiedenen Ehegatten ein Ausgleich von Anrechten nach Maßgabe des VersAusglG stattzufinden hat. Dabei wird explizit auch auf die Anrechte aus der bAV Bezug genommen.

3187 Der Versorgungsausgleich hat die Aufgabe, die von Eheleuten während der Ehe erworbenen Anrechte auf eine Versorgung wegen Alters- und Invalidität gleichmäßig aufzuteilen (sog. **Halbteilungsgrundsatz**).[1] Zu den auszugleichenden Anrechten rechnen auch die Anrechte aus der bAV.[2]

3188 Nach der Neuregelung werden die hälftig während der Ehezeit erworbenen Versorgungsanrechte nicht mehr regelmäßig in die gesetzliche Rentenversicherung umgeleitet. Vielmehr werden die zu teilenden Versorgungsanrechte in der Regel innerhalb des ursprünglichen Versorgungssystems belassen (sog. **interner Versorgungsausgleich**).[3]

3189 Das Versorgungsausgleichsrecht hat durch die Neuregelung erheblich an Komplexität gewonnen. Insbesondere im Bereich der bAV ergeben sich weitreichende Veränderungen, die zu einer erheblichen Belastung der Trägerunternehmen führen.

3190 Im Folgenden werden wesentliche Grundzüge der Neuregelungen des VersAusglG und deren Auswirkungen auf die Gf-Versorgung beschrieben:

a) Auszugleichende Anrechte

3191 Dem Versorgungsausgleich unterfallen alle Rechte auf laufende oder künftige Anrechte im In- und Ausland.[4]

3192 Ein Anrecht ist auszugleichen, sofern es

▶ **durch Arbeit** oder Vermögen geschaffen oder aufrechterhalten worden ist,

▶ der Absicherung im **Alter** oder bei **Invalidität**, insbesondere wegen verminderter Erwerbsfähigkeit, Berufsunfähigkeit oder Dienstunfähigkeit, dient und

---

1 § 1 VersAusglG.
2 § 2 Abs. 1 VersAusglG.
3 § 9 Abs. 2 VersAusglG
4 § 2 Abs. 1 VersAusglG.

▶ auf eine **Rente** gerichtet ist; ein Anrecht i. S. d. **BetrAVG** oder des Altersvorsorgeverträge-Zertifizierungsgesetzes ist **unabhängig von der Leistungsform** auszugleichen.[1]

Damit wurde im Rahmen der Reform klargestellt, dass auch betriebliche Versorgungszusagen i. S. d. BetrAVG, die auf eine Kapitalleistung gerichtet sind, in den Versorgungsausgleich einzubeziehen sind. 3193

Der Gesetzgeber nimmt in der Definition des auszugleichenden Anrechts lediglich Bezug auf die Alters- und Invaliditätsabsicherung; nicht jedoch auf die Hinterbliebenenversorgung. Die Frage, ob damit auch die Hinterbliebenenversorgung vom Geltungsbereich des VersAusglG erfasst wird, bedarf einer teleologischen Auslegung. Wird dabei auf den Sinn und Zweck des Gesetzes abgestellt, so kommt man zu dem Ergebnis, dass auch die Anrechte auf Hinterbliebenenversorgung vom Geltungsbereich des VersAusglG erfasst werden, denn auch diese dienen der Versorgung und verfügen über einen eigenständigen Wert.[2] Dieses Ergebnis wird auch durch die Gesetzesbegründung gestützt.[3] 3194

Anrechte sind nicht auszugleichen, sofern 3195

▶ **beiderseitige Anrechte** gleicher Art und die Differenz der Ausgleichswerte gering sind,[4]

▶ **einzelne Anrechte** über einen geringen Ausgleichswert verfügen,[5] oder

▶ ein Anrecht nicht ausgleichsreif ist.[6]

Die Differenz der Ausgleichswerte, bzw. der Ausgleichswert ist gering, wenn er am Ende der Ehezeit bei einem Rentenbetrag als maßgeblicher Bezugsgröße höchstens 1 Prozent, in allen anderen Fällen als Kapitalwert höchstens 120 Prozent der monatlichen Bezugsgröße nach § 18 Abs. 1 SGB IV beträgt.[7] 3196

Ein Anrecht ist **nicht ausgleichsreif,** 3197

▶ wenn es dem Grunde oder der Höhe nach nicht hinreichend verfestigt ist, insbes. als noch verfallbares Anrecht i. S. d. BetrAVG,

▶ soweit es auf eine abzuschmelzende Leistung gerichtet ist,

---

1 § 2 Abs. 2 VersAusglG.
2 Vgl. *Höfer* in Höfer/de Groot/Küpper/Reich, BetrAVG, Band I, Kap. 14, S. 13 Rz. 19.
3 BT-Drucks. 16/10144 v. 20. 8. 2008, S. 46.
4 § 18 Abs. 1 VersAusglG.
5 § 18 Abs. 2 VersAusglG.
6 § 19 Abs. 1 VersAusglG.
7 § 18 Abs. 3 VersAusglG.

- ▶ soweit sein Ausgleich für die ausgleichsberechtigte Person unwirtschaftlich wäre, oder
- ▶ wenn es bei einem ausländischen, zwischenstaatlichen oder überstaatlichen Versorgungsträger besteht.[1]

3198 Ein Wertausgleich der o.g. nicht ausgleichsreifen Anrechte findet bei einer Scheidung nicht im Rahmen des gesetzlichen Versorgungsausgleichs statt. Die entsprechenden Anrechte sind dem schuldrechtlichen Ausgleich vorbehalten. Die ausgleichsberechtigte Person kann daher ihre Ausgleichsansprüche nach der Scheidung im Rahmen der §§ 20 bis 26 VersAusglG geltend machen.

3199–3204 (Einstweilen frei)

b) Interne Teilung (Regelfall)

3205 Das VersAusglG verfolgt im Ziel die Schaffung eines sog. Einzelausgleichs nach dem Prinzip des Halbteilungsgrundsatzes. In der internen Teilung findet das VersAusglG seine zentrale Ausgleichsbestimmung. Sie soll einen gerechten Ausgleich zwischen den Eheleuten sicherstellen.[2] Nach dem Prinzip der internen Teilung und unter Wahrung des Halbteilungsgrundsatzes hat das Familiengericht zulasten der ausgleichspflichtigen Person und zugunsten der ausgleichsberechtigten Person ein Anrecht in Höhe des Ausgleichswerts bei dem Versorgungsträger zu übertragen, bei dem das Anrecht der ausgleichspflichtigen Person besteht.[3] Dabei werden die Versorgungsanwartschaften grundsätzlich innerhalb des jeweiligen Versorgungssystems intern geteilt. Ausgleichspflichtig ist immer derjenige Ehegatte, dem ein ausgleichspflichtiges ehezeitliches Anrecht zuzuordnen ist. Ausgleichsberechtigt ist immer der andere Ehegatte, dem grundsätzlich die Hälfte des auszugleichenden Rechts zusteht.[4]

3206 Die interne Teilung muss nach § 11 Abs. 1 VersAusglG die **gleichwertige Teilhabe** der Ehegatten an den in der Ehezeit erworbenen Anrechten sicherstellen. Dies ist gewährleistet, wenn im Vergleich zum Anrecht der ausgleichspflichtigen Person

- ▶ für die ausgleichsberechtigte Person ein **eigenständiges und entsprechend gesichertes Anrecht** übertragen wird,

---

1 § 19 Abs. 2 VersAusglG.
2 Vgl. *Reimers* in Prütting/Wegen/Weinreich, BGB, 13. Aufl., § 11 VersAusglG S. 3475 Rz. 1.
3 § 10 Abs. 1 VersAusglG.
4 § 1 Abs. 2 VersAusglG.

▶ ein Anrecht in Höhe des **Ausgleichswerts** mit vergleichbarer Wertentwicklung entsteht und

▶ der gleiche Risikoschutz gewährt wird; **der Versorgungsträger kann den Risikoschutz auf eine Altersversorgung beschränken**, wenn er für das nicht abgesicherte Risiko einen zusätzlichen Ausgleich bei der Altersversorgung schafft.

Das Anrecht der ausgleichsberechtigten Person ist entsprechend zu sichern.[1] Unterliegt das zu teilende Anrecht dem Geltungsbereich des BetrAVG, so wird die Anforderung durch den gesetzlichen Insolvenzschutz, den das BetrAVG bietet, erfüllt. Wurde die Zusage jedoch einem GGf erteilt, der im betriebsrentenrechtlichen Sinne als Unternehmer zu beurteilen ist, so greift der gesetzliche Insolvenzschutz nicht. In einem solchen Falle ist daher zu prüfen inwieweit die Pensionszusage bisher einem zivilrechtlichen Insolvenzschutz zugeführt wurde (z. B. durch die Verpfändung von Vermögensgegenständen). Ist dies der Fall, so ist der ausgleichsberechtigten Person eine dementsprechende Sicherung zu gewähren. Eine darüber hinausgehende Verpflichtung besteht jedoch nicht. Existierte bisher keine zivilrechtliche Insolvenzsicherung, so hat die ausgleichsberechtigte Person diese Sachlage auch für ihre Anrechte zu akzeptieren.[2]

3207

Für das Anrecht der ausgleichsberechtigten Person gelten die Regelungen über das Anrecht der ausgleichspflichtigen Person entsprechend, soweit nicht besondere Regelungen für den Versorgungsausgleich bestehen.[3]

3208

Das Verfahren erfordert es somit, dass im Rahmen des Scheidungsverfahrens zunächst für jedes Versorgungssystem

3209

▶ die erworbenen Anwartschaften,

▶ der entsprechende Ehezeitanteil,

▶ und der daraus resultierende Ausgleichswert

bestimmt werden.

Der Versorgungsträger hat den Ehezeitanteil des Anrechts in Form der für das jeweilige Versorgungssystem **maßgeblichen Bezugsgröße** (also insb. in Form eines Rentenbetrags oder eines Kapitalwerts) zu bestimmen.[4] Im Falle einer unmittelbaren Pensionszusage obliegt diese Aufgabe der Kapitalgesellschaft,

3210

---

1 § 11 Abs. 1 Nr. 1 VerAsuglG.
2 Vgl. *Höfer* in Höfer/de Groot/Küpper/Reich, BetrAVG, Band I, Kap. 14, S. 32, Rz. 62; BT-Drucks. 16/10144 S. 56.
3 § 11 Abs. 2 VersAusglG.
4 § 5 Abs. 1 VersAusglG.

die sich zur Durchführung der Ermittlung u. U. eines sachkundigen und zur Rechtsberatung legitimierten Beraters zu bedienen hat. Sodann hat der Versorgungsträger dem Familiengericht einen Vorschlag für die Bestimmung des Ausgleichswerts zu unterbreiten.

3211 Falls es sich dabei nicht um einen **Kapitalwert** handelt, hat er einen **korrespondierenden Kapitalwert** gem. § 47 VersAusglG zu bestimmen,[1] der als Hilfsgröße dem Wert zu entsprechen hat, der zum Ende der Ehezeit aufzubringen wäre, um beim Versorgungsträger der ausgleichspflichtigen Person für sie ein Anrecht in Höhe des Ausgleichswertes zu begründen.[2] Für ein Anrecht i. S. d. BetrAVG gilt der Übertragungswert nach § 4 Abs. 5 BetrAVG sowohl für den Kapitalwert, als auch für den korrespondierenden Kapitalwert.[3] Die beiden Größen sind daher der Höhe nach identisch. Der Übertragungswert beschreibt den Barwert der künftigen Pensionsleistungen, der unter Zugrundelegung der anerkannten Regeln der Versicherungsmathematik zu ermitteln ist.

3212 Die weitere Abwicklung des Versorgungsausgleichs obliegt dann dem zuständigen Familiengericht, welches über die Durchführung des Versorgungsausgleichs zu entscheiden hat.

3213 Die interne Aufteilung der Versorgungsanwartschaften bleibt im Zeitpunkt des Versorgungsausgleichs steuerneutral, d. h. dass es insoweit bei den Beteiligten zu keinen ertragsteuerlichen Folgen kommt.[4] Eine Besteuerung der Versorgungsleistungen findet erst im Zeitpunkt des Zuflusses der jeweiligen Versorgungsleistung statt. Die späteren Leistungen rechnen dann bei beiden Ehegatten zur gleichen Einkunftsart, die in Abhängigkeit vom jeweiligen Versorgungssystem zu beurteilen ist.

3214 Am Ende des Verfahrens sind die Versorgungsanwartschaften entsprechend aufgeteilt. Jeder Versorgungsberechtigte verfügt dann innerhalb des jeweiligen Versorgungssystems über rechtlich selbständige und vom geschiedenen Ehegatten unabhängige Versorgungsanrechte. Gilt für das auszugleichende Anrecht das BetrAVG, so erlangt die ausgleichsberechtigte Person mit der Übertragung des Anrechts die Stellung eines ausgeschiedenen Arbeitnehmers i. S. d. BetrAVG.[5]

---

1 § 5 Abs. 3 VersAusglG.
2 § 47 VersAusglG.
3 § 45 Abs. 1 i. V. m. § 47 Abs. 4 VersAusglG.
4 § 3 Nr. 55a EStG.
5 § 12 VersAusglG.

Die mit der internen Teilung einhergehenden Kosten (angemessene Kosten anlässlich der Erteilung, einschließlich des nachfolgenden Verwaltungsaufwands[1]) kann der bisherige Versorgungsträger jeweils hälftig mit den Anrechten beider Ehegatten verrechnen, soweit sie angemessen sind.[2]

3215

(Einstweilen frei)

3216–3220

c) Externe Teilung (Ausnahmefall)

Das VersAusglG bietet als strukturelle Ausnahme zum Regelfall der internen Teilung die Möglichkeit, dass die ausgleichspflichtigen Versorgungsanwartschaften extern geteilt werden.[3] Dabei hat das Familiengericht für die ausgleichsberechtigte Person zulasten des Anrechts der ausgleichspflichtigen Person ein Anrecht in Höhe des Ausgleichswerts **bei einem anderen Versorgungsträger** zu begründen, als demjenigen, bei dem das Anrecht der ausgleichspflichtigen Person besteht (externe Teilung).[4] Die externe Teilung soll die Grundlage dafür schaffen, dass zwischen der ausgleichsberechtigen Person und einem von ihr gewählten Versorgungsträger ein neues Versorgungsverhältnis begründet wird, welches zukünftig unabhängig vom bisherigen Versorgungsträger bestehen kann.[5]

3221

Eine externe Teilung ist nach § 14 Abs. 2 VersAusglG **nur durchzuführen, wenn**

3222

▶ die ausgleichsberechtigte Person und der Versorgungsträger der ausgleichspflichtigen Person eine externe Teilung **vereinbaren** oder

▶ der **Versorgungsträger** der ausgleichspflichtigen Person eine externe Teilung **verlangt** und der Ausgleichswert am Ende der Ehezeit bei einem Rentenbetrag als maßgeblicher Bezugsgröße **höchstens** 2 Prozent, in allen anderen Fällen als Kapitalwert höchstens 240 Prozent der monatlichen Bezugsgröße nach § 18 Abs. 1 SGB IV beträgt.

Der Gesetzgeber sieht somit entweder eine einvernehmliche externe Teilung, oder eine einseitige – durch den bisherigen Versorgungsträger – bestimmbare externe Teilung vor. Nutzt der bisherige Versorgungsträger die Option des § 14 Abs. 2 Nr. 2 VersAusglG und handelt es sich bei dem auszugleichenden Anrecht um eine Direktzusage oder eine Unterstützungskassenzusage i. S. d. BetrAVG, so darf der Ausgleichswert als Kapitalwert am Ende der Ehezeit **höchstens** die

3223

---

1 Vgl. *Reimers* in Prütting/Wegen/Weinreich, BGB, § 13 VersAusglG S. 3477 Rz. 1.
2 § 13 VersAusglG.
3 § 9 Abs. 3 VersAusglG.
4 § 14 Abs. 1 VersAusglG.
5 Vgl. *Müller-Tegethoff* in Prütting/Wegen/Weinreich, BGB, 13. Aufl., § 14 VersAusglG, S. 3477 Rz. 1.

Anhang

Beitragsbemessungsgrenze in der allgemeinen Rentenversicherung nach den §§ 159 und 160 SGB VI betragen.[1] Damit wird für diesen Fall die Obergrenze spürbar erhöht; in 2018 beträgt diese 78.000 € (BBG West), bzw. 69.600 € (BBG Ost).

3224 Bei einem Anrecht i. S. d. BetrAVG ist der Wert des Anrechts als Rentenbetrag nach § 2 BetrAVG oder der Kapitalwert nach § 4 Abs. 5 BetrAVG maßgeblich. Hierbei ist anzunehmen, dass die Betriebszugehörigkeit der ausgleichspflichtigen Person spätestens zum Ehezeitende beendet ist.[2] Mit dieser Regelung verfolgt der Gesetzgeber offensichtlich das Ziel, dass bei einer unmittelbaren Pensionszusage der Ehezeitanteil zunächst anhand einer zeitratierlichen Bewertung gem. § 2 BetrAVG ermittelt wird, um dann im nächsten Schritt den Kapitalwert in Form des Barwerts des Ehezeitanteils gem. § 4 Abs. 5 BetrAVG vom bisherigen Versorgungsträger ermitteln zu lassen.[3] Der Kapitalwert ist dann vom bisherigen Versorgungsträger als Einmalbeitrag an den neuen Versorgungsträger zu leisten.[4] Welche Rente sich aus diesem Betrag dann ergibt, ist von den Rechnungsgrundlagen, die der Kalkulation des neuen Versorgungsträgers zugrunde liegen, abhängig. Weichen die Rechnungsgrundlagen zwischen den beiden Versorgungsträgern stark voneinander ab (z. B. Rechnungszins, Lebenserwartung, etc.), so kann es sich ergeben, dass die beim neuen Versorgungsträger begründeten Anrechte der Höhe nach deutlich unterhalb der beim bisherigen Versorgungsträger ermittelten Anrechte liegen. U. U. kann dies zu einem unangemessen Ergebnis führen, welches gegen den Halbteilungsgrundsatz verstoßen könnte. Kann die Diskrepanz nicht im Rahmen eines Vergleichs gem. § 36 FamFG korrigiert werden, kann das Familiengericht die externe Teilung nicht zulassen. In der Folge ist das Anrecht intern zu teilen.[5]

3225 Mit der Zahlung des Ausgleichsbetrags wird zugunsten der ausgleichsberechtigten Person beim neuen Versorgungsträger ein rechtlich selbstständiges Anrecht begründet. Der bisherige Versorgungsträger wird mit schuldrechtlich abschließender Wirkung von der Versorgungsverpflichtung befreit.

3226 Die Auswahl des neuen Versorgungsträgers (sog. Zielversorgung) obliegt dem ausgleichsberechtigten Ehegatten. Entsprechendes gilt im Hinblick darauf, ob ein bereits bestehendes Anrecht ausgebaut oder ein neues Anrecht begründet

---

1 § 17 VersAusglG.
2 § 45 Abs. 1 VersAusglG.
3 Vgl. *Höfer* in Höfer/de Groot/Küpper/Reich, BetrAVG, Band I, Kap. 14 S. 63 Rz. 141.
4 § 14 Abs. 4 VersAusglG.
5 Vgl. Ruland, Versorgungsausgleich, 3. Aufl., 5. Kap., S. 260 Rz. 649 f.

664

werden soll.[1] Die gewählte Zielversorgung muss eine angemessene Versorgung gewährleisten.[2] Die Prüfung der Angemessenheit obliegt dem Familiengericht. Die Voraussetzung der Angemessenheit wird grundsätzlich erfüllt, wenn die Zielversorgung innerhalb der gesetzlichen Rentenversicherung, einer betrieblichen Altersversorgung (Pensionsfonds, Pensionskasse, Direktversicherung) oder im Rahmen eines Vertrags nach § 5 Altersvorsorge-Zertifizierungsgesetztes aufgebaut wird.[3]

Die Zahlung des Ausgleichsbetrags an den neuen Versorgungsträger darf nicht zu steuerpflichtigen Einnahmen oder zu einer schädlichen Verwendung bei der ausgleichspflichtigen Person führen, es sei denn, sie stimmt der Wahl der Zielversorgung zu.[4]   3227

Anders als bei der internen Teilung kann eine externe Teilung zu einer Besteuerung bei der ausgleichsberechtigten Person führen, da sie mit einem Wechsel des Versorgungsträgers und damit regelmäßig mit dem Wechsel des Versorgungssystems verbunden ist. § 3 Nr. 55b EStG stellt deshalb die Leistung des Ausgleichswerts in den Fällen der externen Teilung für beide Ehegatten steuerfrei, in denen das Prinzip der nachgelagerten Besteuerung insgesamt eingehalten wird.   3228

Soweit die späteren Leistungen bei der ausgleichsberechtigten Person jedoch nicht der nachgelagerten Besteuerung unterliegen werden, greift die Steuerbefreiung des § 3 Nr. 55b EStG nicht. In einem solchen Fall (z. B. Übertragung auf eine private Rentenversicherung) ist dann der Ausgleichswert bereits im Zeitpunkt der Übertragung bei der ausgleichsberechtigten Person zu besteuern. Mit dieser Regelung soll eine Besteuerungslücke geschlossen werden, die z. B. dadurch entstehen könnte, dass Mittel aus einer bAV auf Vorsorgeprodukte übertragen werden, deren Leistungen nur eingeschränkt der Besteuerung unterliegen.[5]   3229

Die Besteuerung der später zufließenden Leistungen erfolgt bei jedem Ehegatten unabhängig davon, zu welchen Einkünften die Leistungen beim jeweils anderen Ehegatten führen, und richtet sich danach, aus welchem Versorgungssystem sie jeweils geleistet werden.   3230

(*Einstweilen frei*)   3231–3235

---

1 § 15 Abs. 1 VersAusglG.
2 § 15 Abs. 2 VersAusglG.
3 § 15 Abs. 4 VersAusglG.
4 § 15 Abs. 3 VersAusglG.
5 Vgl. *Nacke* in Kanzler/Kraft/Bäuml, § 3 Nr. 55b EStG Rz. 494.

d) Anpassung oder Abänderung nach Rechtskraft

3236 Hat eine Entscheidung über einen Versorgungsausgleich Rechtskraft erlangt, so stehen für eine **spätere Korrektur der Entscheidung** grundsätzlich zwei Wege zur Verfügung:

- Anpassung gem. § 32 VersAusglG
- Abänderung gem. § 225 FamFG

3237 Die beiden Korrekturmöglichkeiten bestehen unabhängig voneinander. Sie können sich auch ergänzen.[1]

aa) Anpassung der Entscheidung

3238 Bei einer Anpassung der Entscheidung **bleibt die alte Entscheidung unberührt.** Diese bleibt grundsätzlich wirksam. Die sich aus ihr ergebenden Folgen werden jedoch zeitweise ausgesetzt bzw. nach dem Tod der ausgleichsberechtigten Person ohne hinreichend langen Leistungsbezug rückabgewickelt.[2]

3239 Eine Anpassung nach Rechtskraft kommt nach den Bestimmungen des VersAusglG in drei Fällen in Betracht:

- wegen Unterhalt (§§ 33, 34),
- wegen Invalidität der ausgleichspflichtigen Person (§§ 35, 36),
- wegen Tod der ausgleichspflichtigen Person (§§ 37, 38).

3240 Vom Geltungsbereich der Bestimmungen des VersAusglG (§§ 32 bis 38) zur Anpassung nach Rechtskraft werden jedoch **ausschließlich Anrechte erfasst, die auf einer öffentlich-rechtlichen Grundlage** beruhen.[3] Die in § 32 VersAusglG enthaltene Aufzählung zu den Regelsicherungssystemen ist von abschließendem Charakter.

3241 **Anrechte aus einer bAV oder einer privaten Altersversorgung** werden – als sog. ergänzende Sicherungssysteme – vom Geltungsbereich des § 32 VersAusglG **nicht erfasst.** Eine spätere Anpassung einer rechtskräftigen Entscheidung über den Versorgungsausgleich scheidet daher sowohl für Anrechte aus einer bAV als auch aus einer privaten Altersversorgung aus. Dies kann im Bereich der bAV z. B. dazu führen, dass die ausgleichspflichtige Person die Kürzung ihrer Anrechte auch dann weiterhin hinnehmen muss, wenn die ausgleichberechtigte Person vor Inanspruchnahme der ihr übertragenen Anrechte

---

1 Vgl. Ruland, Versorgungsausgleich, 3. Aufl., 10. Kap., S. 387 Rz. 1003.
2 Vgl. Ruland, Versorgungsausgleich, 3. Aufl., 10. Kap., S. 387 Rz. 1003.
3 § 32 VersAusglG.

versterben sollte. Eine Rückübertragung der Anrechte ist nach den Bestimmungen des VersAusglG ausgeschlossen.

Der Ausschluss der ergänzenden Sicherungssysteme wird in der Literatur überwiegend als verfassungswidrig beurteilt. Begründet wird dies mit einem Verstoß gegen Art. 14 Abs. 1 GG.[1] 3242

bb) **Abänderung der Entscheidung**

Eine Abänderung des Wertausgleichs ist gem. § 225 Abs. 1 FamFG **nur für Anrechte i. S. d. § 32 VersAusglG** zulässig. 3243

Bei der Abänderung der Entscheidung wird die **alte Entscheidung durch eine neue ersetzt.** Sie setzt eine rechtliche und tatsächliche Veränderung voraus, die nach dem Ende der Ehezeit eingetreten ist und die zu einer wesentlichen Änderung führt.[2] 3244

Die Wesentlichkeit ist gegeben, wenn die Änderung mindestens 5 % des bisherigen Ausgleichswerts des Anrechts beträgt und bei einem Rentenbetrag als maßgeblicher Bezugsgröße 1 %, in allen anderen Fällen als Kapitalwert 120 % der am Ende der Ehezeit maßgeblichen monatlichen Bezugsgröße nach § 18 Abs. 1 SGB IV übersteigt.[3] Eine Abänderung ist **auch dann zulässig,** wenn durch sie eine für die Versorgung der ausgleichsberechtigten Person maßgebende Wartezeit erfüllt wird.[4] Sie muss sich zugunsten eines Ehegatten oder seiner Hinterbliebenen auswirken.[5] 3245

Da vom Geltungsbereich des § 225 FamFG auch nur Anrechte i. S. d. § 32 VersAusglG erfasst werden, scheidet für Anrechte, die aus einer bAV oder einer privaten Versorgung stammen, auch eine Abänderung gem. § 225 FamFG aus. 3246

cc) **Keine Korrekturmöglichkeit für Anrechte aus einer bAV**

Nach den obigen Ausführungen kann zusammenfassend festgestellt werden, dass für Anrechte, die aus einer bAV stammen und die im Rahmen einer Entscheidung über einen Versorgungsausgleich geteilt und übertragen wurden, nach Eintritt der Rechtskraft weder die Möglichkeit einer Anpassung gem. § 32 VersAusglG noch einer Abänderung gem. § 225 FamFG besteht. 3247

---

1 Vgl. Ruland, Versorgungsausgleich, 3. Aufl., 9. Kap., S. 364 Rz. 930.
2 § 225 Abs. 2 FamFG.
3 § 225 Abs. 3 FamFG.
4 § 225 Abs. 4 FamFG.
5 § 225 Abs. 5 FamFG.

3248 Sollte es bei Anrechten aus einer bAV, die zeitratierlich bewertet wurden, zu nachträglichen wesentlichen Veränderungen kommen, so ist die Differenz schuldrechtlich auszugleichen.[1] Dabei ist jedoch zu beachten, dass diese Möglichkeit nur dann besteht, wenn die Veränderung den Ausgleichswert erhöht und es infolge dessen zu einer Änderung zugunsten der ausgleichsberechtigten Person kommt. Die Möglichkeit besteht jedoch nicht, wenn sich der Ausgleichswert verringert. Die ausgleichspflichtige Person verfügt somit über keine Möglichkeit, einen unrichtigen Wertausgleich, bei dem zu seinen Ungunsten zu hohe Anrechte auf die ausgleichsberechtigte Person übertragen wurden, nachträglich zu korrigieren.[2]

3249 Für Fälle, in denen eine Entscheidung über einen öffentlich-rechtlichen Versorgungsausgleich nach altem Recht (vor 1.9.2009) getroffen wurde, normiert § 51 VersAusglG eine Übergangsregelung. Bei einer wesentlichen Wertänderung ändert das Gericht die Entscheidung über den Versorgungsausgleich auf Antrag ab, in dem es die in den Versorgungsausgleich einbezogenen Anrechte nach den §§ 9 bis 19 VersAusglG teilt.

3250–3255 (*Einstweilen frei*)

e) Private Vereinbarungen über den Versorgungsausgleich

3256 § 6 VersAusglG räumt den **Ehegatten** weitrechende Regelungsbefugnisse ein, anhand derer diese **einvernehmlich Vereinbarungen über den Versorgungsausgleich treffen können**. So können die Ehegatten den Versorgungsausgleich insbesondere ganz oder teilweise

▶ in die Regelung der ehelichen Vermögensverhältnisse einbeziehen,

▶ ausschließen, sowie

▶ Ausgleichsansprüchen nach der Scheidung gemäß den §§ 20 bis 24 vorbehalten.[3]

3257 Die in § 6 Abs. 1 Satz 2 VersAusglG enthaltene Aufzählung zu den Regelungsmöglichkeiten ist jedoch nur von beispielhaftem Charakter. D. h., dass den Ehegatten auch die Möglichkeit offen steht, den Inhalt ihrer Vereinbarung anderweitig zu gestalten.[4] Wollen die Parteien z. B. einen Versorgungsausgleich über das Familiengericht gänzlich ausschließen, so können sie dies auf der o. g.

---

1 BT-Drucks. 16/10144, S. 97.
2 Vgl. Ruland, Versorgungsausgleich, 3. Aufl., 10. Kap., S. 385, Rz. 994.
3 § 6 Abs. 1. Satz 1 VerAusglG.
4 Vgl. *Reimers* in Prütting/Wegen/Weinreich, BGB, 13. Aufl., § 6 VersAusglG, S. 3472 Rz. 2.

Grundlage über den Abschluss einer sog. Ausschlussvereinbarung erreichen.[1] In Frage kommt sowohl der teilweise als auch der gänzliche Ausschluss. Der gänzliche Ausschluss wird wohl dann in Betracht kommen, wenn beide Ehegatten aufgrund ihrer Vermögenslage keinen sozialen Bedarf für einen Ausgleich der Versorgungsanrechte erkennen.[2] Der gänzliche Ausschluss kommt auch in Verbindung mit einer Regelung nach § 6 Abs. 1 Satz 2 Nr. 1 VersAusglG in Betracht.

Im Rahmen der Vereinbarung haben die Ehegatten dann auch festzulegen, ob im Zusammenhang mit dem Ausschluss eine Ausgleichszahlung erfolgen soll und wie sich deren Höhe bestimmt. Im Falle eines gänzlichen Ausschlusses bleiben die erworbenen Versorgungsanwartschaften der Ehegatten in allen Versorgungssystemen in unveränderter Höhe erhalten. Derjenige Ehegatte, der eine Ausgleichszahlung zu leisten hat, erfährt jedoch eine Belastung seines Privatvermögens, während der ausgleichsberechtigte Ehegatte eine Stärkung seiner privaten Vermögensebene verzeichnen kann. 3258

Auch der Zeitpunkt des Abschlusses einer Vereinbarung steht zur Disposition der Ehegatten. So kann eine Vereinbarung vor der Eheschließung (z. B. im Rahmen eines Ehevertrags), während der Ehezeit, oder aber auch erst im Zusammenhang mit der Scheidung geschlossen werden. 3259

Eine Vereinbarung über den Versorgungsausgleich, die vor Rechtskraft der Entscheidung über den Wertausgleich bei der Scheidung geschlossen wird, bedarf in jedem Falle der notariellen Beurkundung.[3] Die getroffenen Vereinbarungen müssen einer Inhalts- und Ausübungskontrolle durch das Familiengericht standhalten.[4] Das Familiengericht hat dabei die Aufgabe, die Vereinbarung hinsichtlich der formellen Wirksamkeitsvoraussetzungen zu überprüfen und die Inhalts- und Ausübungskontrolle durchzuführen. Darüber hinaus ist das Familiengericht jedoch an die Vereinbarung gebunden. 3260

Etwaige Ausgleichszahlungen, die im Rahmen einer Ausschlussvereinbarung geleistet werden, waren bis zum VZ 2014 steuerrechtlich der privaten Vermögenssphäre zuzurechnen. Ab dem VZ 2015 wurde über § 10 Abs. 1a Nr. 3 EStG ein neuer Abzugstatbestand für Ausgleichszahlungen, die gem. § 6 Abs. 1 Satz 2 Nr. 2 VersAusglG geleistet werden, geschaffen. Danach kann eine Ausgleichszahlung, die zur Vermeidung eines Versorgungsausgleichs nach der 3261

---

1 § 6 Abs. 1 Satz 2 Nr. 2 VersAusglG.
2 Vgl. *Reimers* in Prütting/Wegen/Weinreich, BGB, 13. Aufl., § 6 VersAusglG, S. 3472 Rz. 4.
3 § 7 Abs. 1 VersAusglG.
4 § 8 Abs. 1 VersAusglG.

Ehescheidung geleistet wird, von der ausgleichspflichtigen Person im Rahmen der abzugsfähigen Sonderausgaben geltend gemacht werden, sofern die ausgleichsberechtigte Person zustimmt. Die ausgleichsberechtigte Person hat dann die Ausgleichszahlung im Rahmen der sonstigen Einkünfte gem. § 22 Nr. 1a EStG zu versteuern.[1]

3262–3265 (*Einstweilen frei*)

f) Besondere Auswirkungen auf die Pensionszusage des Geschäftsführers

3266 Mit den Neuregelungen des VersAusglG werden nun auch die unmittelbaren Pensionszusagen, die Kapitalgesellschaften zugunsten ihrer Gf erteilt haben, in das Ausgleichsverfahren miteinbezogen. Die Bestimmungen des VersAusglG gelten zunächst unabhängig davon, über welchen Status der Gf verfügt.

3267 Ist der Versorgungsberechtigte jedoch im betriebsrentenrechtlichen Sinne **als Unternehmer zu beurteilen**, so finden die speziellen Vorschriften, die das VersAusglG für Anrechte i. S. d. BetrAVG vorsieht (§§ 2, 12, 17, 45, 47), auf die Anrechte, die aus der Zusage zugunsten des Gf stammen, keine Anwendung, da auf diese Pensionszusage die Bestimmungen des BetrAVG keine Anwendung finden und es sich daher nicht um Anrechte i. S. d. BetrAVG handelt. Entsprechendes gilt für diejenigen Anrechte, die der geschiedenen Gattin eines als Unternehmer zu beurteilenden GGf, im Rahmen einer versorgungsausgleichsbedingten internen Teilung zugewiesen wurden. Deren Anrechte sind als akzessorisch zu beurteilen. D. h., dass diese das rechtliche Schicksal der Anrechte des Unternehmers teilen. Dies muss auch dann gelten, wenn die Gattin für die GmbH im Rahmen eines Beschäftigungsverhältnisses als Arbeitnehmerin tätig war. Das Beschäftigungsverhältnis ist zwingend von den Anrechten abzugrenzen, die aus der Tätigkeit und der Pensionszusage des früheren Ehegatten/GGf stammen.

3268 Im Falle eines **Statuswechsels** zwischen Unternehmer- und Arbeitnehmereigenschaft richtet sich die Behandlung der Anrechte danach, inwieweit die versprochene Versorgung zeitanteilig auf die Tätigkeit als Arbeitnehmer entfällt.[2] Eine Einbeziehung in den Versorgungsausgleich kommt jedoch nur insoweit in Betracht, als die Anrechte zum Zeitpunkt des Ehezeitendes gesetzlich oder vertraglich unverfallbar waren.

3269 Dies führt u. a. dazu, dass die geschiedene Ehefrau eines als Unternehmer zu beurteilenden Gf nicht den Status eines ausgeschiedenen Anwärters i. S. d.

---

1 Vgl. *Wilhelm* in Kanzler/Kraft/Bäuml, § 10 EStG Rz 160.
2 BGH, Urteil v. 16. 1. 2014 - XII ZB 455/13, NWB DokID: DAAAE-59271.

BetrAVG erhält.[1] Auch werden die Anrechte der Ehefrau nach der realen Teilung nicht durch den PSVaG geschützt. Ferner ist davon auszugehen, dass damit auch eine Kapitalzusage, die einem als Unternehmer zu beurteilenden Gf gegenüber erteilt wurde, nicht vom sachlichen Anwendungsbereich des § 2 Abs. 2 Nr. 3 VersAusglG erfasst wird und somit nicht dem Versorgungsausgleich bei der Scheidung unterliegt.[2] In der Folge sind die Anrechte einem schuldrechtlichen Ausgleich gem. den §§ 20 bis 26 VersAusglG vorbehalten.

Die interne Teilung der Anrechte aus der Pensionszusage führt dazu, dass die geschiedene Ehefrau mit der realen Teilung der Anrechte einen eigenen unmittelbaren Rechtsanspruch gegen die GmbH aus der Pensionszusage erwirbt. Diese Versorgungsverpflichtung ist zukünftig unabhängig vom Schicksal der Gf-Zusage fortzuführen und einer eigenen versicherungsmathematischen Bewertung zuzuführen. In der Folge ergibt sich für die Kapitalgesellschaft zum einen ein erhöhter Verwaltungsaufwand und zum anderen eine ungewollte Ergebniswirkung, da die Ermittlung der diesbezüglichen Pensionsrückstellung nun auf die biometrischen Daten der geschiedenen Ehefrau abzustellen ist. Ferner besteht die Verbindung zur geschiedenen Ehefrau über die Pensionszusage bis zu deren Ableben fort.

3270

Die Verpflichtung zur Ermittlung der ausgleichsrelevanten Positionen trifft die Gesellschaft.[3] Die Gesellschaft hat somit die Aufgabe den Ehezeitanteil und den Ausgleichswert aus einer Gf-Pensionszusage in gesetzeskonformer Art und Weise zu ermitteln und diese dann dem Familiengericht mitzuteilen. In der Regel wird die Kapitalgesellschaft nicht über das hierfür notwendige Know-how verfügen. Anders als bei den mittelbaren Versorgungszusagen (wie z. B. einer Direktversicherung) können beide Werte im Falle einer unmittelbaren Pensionszusage nicht über eine Bestätigung der Versicherungsgesellschaft eingeholt werden, da die Rückdeckungsversicherung für die Ermittlung der Positionen keine Rolle spielt. Diese lassen sich unmittelbar und ausschließlich nur anhand der vertraglichen Vereinbarungen zur Pensionszusage bestimmen. Anhand der vereinbarten Versorgungsbedingungen hat eine rechtlich einwandfreie Zuordnung und Abgrenzung der Versorgungsanwartschaften zu erfolgen. Diese Aufgabenstellung erfordert zwingend die Einschaltung eines zur Rechtsberatung zugelassenen Rechtsberaters. Im nächsten Schritt folgt dann die sachgerechte versicherungsmathematische Bewertung der auszugleichenden Versorgungsanrechte.

3271

---

1 § 12 VersAusglG.
2 BGH, Urteil v. 16. 1. 2014 - XII ZB 455/13, NWB DokID: DAAAE-59271.
3 § 5 Abs. 1 VersAusglG.

> **BERATUNGSHINWEIS:**
> Leider ist marktseitig auch hier zu beobachten, dass sich die Versicherungsgesellschaften und deren Beratungstöchter auch auf diesem Gebiet über die Grundsätze der ordentlichen Rechtsberatung hinwegsetzen. Sollte dem nicht zur Rechtsberatung zugelassenen Dienstleister bei der Ermittlung der Ausgleichspositionen zur Pensionszusage ein Fehler unterlaufen, kann dies einen irreparablen Zustand verursachen, da es nach den Bestimmungen des VersAusglG keine Möglichkeit mehr gibt, einen nachteiligen rechtskräftigen Beschluss über den Versorgungsausgleich, der anhand des neuen Versorgungsausgleichsrechts für eine bAV durchgeführt wurde, abzuändern oder anzupassen (siehe hierzu Rz. 3247).

aa) Verfahren zum Wertausgleich

3272 Ist eine Pensionszusage, die zugunsten eines Gf erteilt wurde, bei der Scheidung im Rahmen eines Versorgungsausgleichs zu behandeln, so erfolgt der **Wertausgleich im Rahmen der internen Teilung** nach folgendem Verfahren:

1. Bestimmung der ausgleichspflichtigen Anrechte
2. Ermittlung des Ehezeitanteils (= während der Ehe erworbene Anrechte)
3. Ermittlung des Ausgleichswertes (= hälftiger Ehezeitanteil als Rentenbetrag/Kapitalwert/korrespondierender Kapitalwert)
4. Bestimmung des zu gewährenden Risikoschutzes (= Beschränkung auf eine Altersversorgung)
5. Ermittlung der neu zu begründenden Anrechte anhand der biometrischen Daten der ausgleichsberechtigten Person

(1) Bestimmung der ausgleichspflichtigen Anrechte

3273 Grundsätzlich bestimmt sich die Ausgleichsfähigkeit eines Anrechtes anhand § 2 VersAusglG (siehe hierzu Rz. 3191). Ausgleichspflichtig ist ein Anrecht aber grundsätzlich nur dann, wenn es auch über die **notwendige Ausgleichsreife** i. S. d. § 19 VersAusglG verfügt (siehe hierzu auch Rz. 3195). Demnach sind Anrechte, die zum Ehezeitende das Stadium der Unverfallbarkeit noch nicht erreicht haben, nicht ausgleichsreif.

3274 Entsprechendes gilt für **endgehaltsbezogene** Pensionszusagen, die ohne eine besitzstandswahrende Klausel erteilt wurden (die z. B. regelt, dass im Fall einer Gehaltsabsenkung die bisherigen Versorgungsanwartschaften der Höhe nach erhalten bleiben).[1] Dieser Umstand beruht darauf, dass die letztendlich zu gewährenden Versorgungsleistungen in einem solchen Falle erst zum Zeitpunkt

---

1 Vgl. Glockner/Hoeness/Weil, Der neue Versorgungsausgleich, § 10 S. 153 Rz. 10.

des Eintritts eines Versorgungsfalles abschließend und zutreffend ermittelt werden können.

Durch das Fehlen einer Besitzstandsklausel muss der Versorgungsberechtigte grundsätzlich damit rechnen, dass eine Gehaltsreduzierung zu einer deutlichen Schmälerung seiner Anwartschaften führt. Die Versorgungsanwartschaften stehen somit unter der aufschiebenden Bedingung, dass sich das Gehalt nicht zu seinem Nachteil verändert. Im schlechtesten Falle könnte der Gf seine Versorgungsanwartschaften sogar vollumfänglich verlieren. Dies gilt insbesondere dann, wenn es sich bei der zu beurteilenden Pensionszusage um eine „Unternehmerzusage" handelt, die sich außerhalb des Geltungsbereichs des BetrAVG bewegt. Eine derartige Gestaltung ist damit zivilrechtlich zulässig und hinsichtlich ihrer Wirkung zivilrechtlich auch nicht zu beanstanden. 3275

Bei einer endgehaltsbezogenen Pensionszusage ohne Besitzstandklausel ist im Falle einer Scheidung festzustellen, dass die Versorgungsanwartschaften zwar – in Abhängigkeit von der vertraglichen, bzw. gesetzlichen Regelung – dem Grunde nach als unverfallbar qualifiziert werden können. Der Höhe nach sind Sie jedoch als nicht hinreichend verfestigt zu beurteilen. Die Anrechte bleiben daher dem schuldrechtlichen Versorgungsausgleich vorbehalten. 3276

Bei einer **Kapitalzusage** ist zu prüfen, ob der versorgungsberechtigte GGf als Unternehmer i. S. d. BetrAVG zu beurteilen ist. Bestätigt das betriebsrentenrechtliche Statusfeststellungsverfahren die Unternehmerstellung, so rechnet die Kapitalzusage nicht zu den ausgleichspflichtigen Anrechten (siehe hierzu auch Rz. 3193). 3277

Liegen ausgleichsreife Anrechte vor, so ist das Verfahren zum Wertausgleich anhand der nachfolgenden Schritte in Gang zu setzen. 3278

(2) Ermittlung des Ehezeitanteils

Die Ehezeit beginnt mit dem ersten Tag des Monats, in dem die Ehe geschlossen worden ist und endet am letzten Tag des Monats vor Zustellung des Scheidungsantrags.[1] 3279

In den Versorgungsausgleich sind alle Anrechte einzubeziehen, die in der Ehezeit erworben wurden.[2] Das VersAusglG regelt die allgemeinen Wertermittlungsvorschriften in den §§ 39 bis 42 und die Sondervorschriften für besondere Versorgungsträger in den §§ 43 bis 46. Das Gesetz definiert grundsätzlich die **unmittelbare Bewertung** gem. § 39 VersAusglG als vorrangig anwendbar. 3280

---

1 § 3 Abs. 1 VersAusglG.
2 § 3 Abs. 2 VersAusglG.

Die unmittelbare Bewertung ist insb. bei beitragsbezogenen Versorgungszusagen anzuwenden. Richtet sich der Wert des Anrechts nicht nach den Grundsätzen der unmittelbaren Bewertung gem. § 39 (insbes. bei leistungsorientierten Versorgungszusagen), so ist der Wert des Ehezeitanteils auf der Grundlage einer **zeitratierlichen Bewertung** gem. § 40 VersAusglG zu ermitteln. Da i. d. R. Pensionszusagen in der Form einer reinen Leistungszusage erteilt werden/wurden, findet auf diese die zeitratierliche Bewertung Anwendung.

3281 Für **Anrechte i. S. d. BetrAVG** ist gem. § 45 Abs. 1 VersAusglG der Wert des Anrechts als Rentenbetrag nach § 2 BetrAVG, bzw. der Kapitalwert nach § 4 Abs. 5 BetrAVG maßgeblich. Hierbei ist anzunehmen, dass die Betriebszugehörigkeit der ausgleichspflichtigen Person spätestens zum Ehezeitende beendet ist. Der Wert des Ehezeitanteils ist nach den Grundsätzen der unmittelbaren Bewertung zu ermitteln. Ist dies nicht möglich, so ist eine zeitratierliche Bewertung durchzuführen. Hierzu ist der nach § 45 Abs. 1 VersAusglG ermittelte Wert des Anrechts mit dem Quotienten zu multiplizieren, der aus der ehezeitlichen Betriebszugehörigkeit und der gesamten Betriebszugehörigkeit bis zum Ehezeitende zu bilden ist.[1] Der Anwendungsbereich der Sondervorschrift des § 45 VersAusglG erstreckt sich ausweislich der Gesetzesbegründung nicht auf laufende Versorgungen, sondern nur auf Anwartschaften der bAV.[2] Die Bewertung laufender Leistungen richtet sich dementsprechend nach der allgemeinen Regelung des § 41 VersAusglG.

3282 Handelt es sich bei dem versorgungsberechtigen Gf um einen Unternehmer und steuerrechtlich beherrschenden GGf und ist in der vertraglichen Vereinbarung zur Pensionszusage als Beginn des Erdienungszeitraums der Zeitpunkt der Zusageerteilung bestimmt, so ist dies auch bei der Ermittlung der maximalen Betriebszugehörigkeit, die für die Bestimmung des Ehezeitanteils maßgebend ist, zu berücksichtigen. D. h., dass bei der Bildung des m/n-tel Quotienten der Beginn der Betriebszugehörigkeit auf den Zeitpunkt der Erteilung der Pensionszusage verlegt wird.

3283 Wurde die Pensionszusage des Gf nach den Grundsätzen der Past Service-Methode eingefroren (Begrenzung in Höhe der unverfallbar erworbenen Versorgungsanwartschaften), so fließen nur die nach der Herabsetzung noch bestehenden Anwartschaften in die Ermittlung des Ehezeitanteils ein. Darüber hinaus muss bei der Bildung des m/n-tel Quotienten sowohl das Ende der Be-

---

[1] § 45 Abs. 2 VersAusglG.
[2] BT-Drucks. 16/10144 S. 82.

triebszugehörigkeit, als auch das Ende der Ehezeit auf den Zeitpunkt, zu dem das Erdienen der Versorgungsanrechte beendet wurde, vorverlegt werden.

Bei einer Ehezeit von bis zu drei Jahren findet ein Versorgungsausgleich nur statt, wenn ein Ehegatte dies beantragt.[1] 3284

(3) Ermittlung des Ausgleichswerts

Die Legaldefinition des Ausgleichwertes findet sich in § 1 Abs. 2 Satz 2 VersAusglG. Danach besteht der Ausgleichswert **grundsätzlich in Höhe der Hälfte des Wertes des jeweiligen Ehezeitanteils.** 3285

Der Ausgleichswert kann entweder als Rentenbetrag nach § 2 BetrAVG oder als Kapitalwert gem. § 4 Abs. 5 BetrAVG bestimmt werden.[2] Entscheidet sich der Versorgungsträger für eine Bestimmung des Ausgleichswerts in der Form eines Rentenbetrags, so ist zusätzlich der korrespondierende Kapitalwert gem. § 47 VersAusglG zu ermitteln und anzugeben. Schon in der Gesetzesbegründung kann nachvollzogen werden, dass der Gesetzgeber davon ausgegangen ist, dass sich die Versorgungsträger i. d. R. zugunsten des Kapitalwertes entscheiden werden.[3] 3286

Kapitalwert, sowie korrespondierender Kapitalwert sind gleichermaßen auf der Grundlage des Barwertes der künftigen Pensionsleistungen gem. § 4 Abs. 5 BetrAVG zu bestimmen. Da § 4 Abs. 5 BetrAVG die Bestimmung des anzuwendenden Rechnungszinses offen lässt, entstand in der Fachwelt und in der Praxis über den im Rahmen des Versorgungsausgleichs anzuwendenden Rechnungszins eine Auseinandersetzung. Mittlerweile ist jedoch höchstrichterlich geklärt, dass im Rahmen eines Versorgungsausgleichs zur Ermittlung des Barwertes künftiger Pensionsleistungen aus einer Pensionszusage auch nach dem Inkrafttreten der Gesetzesänderung[4] als Rechnungszinssatz weiterhin der Abzinsungsfaktor nach den §§ 1 Abs. 2, 6 RückAbzinsV heranzuziehen ist, der sich aus dem geglätteten durchschnittlichen Marktzinssatz anhand eines Betrachtungszeitraums von sieben Jahren ableitet.[5] 3287

Beinhaltet jedoch die vertragliche Vereinbarung zur Pensionszusage auch eine Kapitalisierungsklausel (z. B. im Rahmen eines Kapitalwahlrechts) und ist darin die Bestimmung des Barwertes unter Zugrundelegung des ertragsteuerrecht- 3288

---

1 § 3 Abs. 3 VersAusglG.
2 § 45 Abs. 1 Satz 1 VersAusglG.
3 BT-Drucks. 16/10144 S. 82.
4 Gesetz zur Umsetzung der Wohnimmobilienkreditrichtline und zur Änderung handelsrechtlicher Vorschriften v. 11. 3. 2016, BGBl 2016 I S. 396.
5 BGH, Urteil v. 24. 8. 2016 - II ZB 84/13, NWB DokID: IAAAF-84042.

lichen Rechnungszinses (aktuell 6,0 %) vereinbart, so hat u. E. die vertragliche Regelung Vorrang. In einem solchen Falle muss u. E. auch die Bestimmung des Kapitalwertes unter Anwendung des ertragsteuerrechtlichen Rechnungszins stattfinden. Andernfalls würde dies einen Verstoß gegen den Grundsatz der gleichwertigen Teilhabe der Ehegatten gem. § 11 Abs. 1 VersAusglG darstellen.

(4) Bestimmung des zu gewährenden Risikoschutzes

3289 Die interne Teilung verlangt die gleichwertige Teilhabe der Ehegatten an den in der Ehezeit erworbenen Anrechten.[1] Zur Erfüllung dieser Anforderung ist es grundsätzlich erforderlich, dass der ausgleichberechtigten Person der gleiche Risikoschutz gewährt wird, der bisher dem zu teilenden Anrecht innewohnte.[2]

3290 § 11 Abs. 1 Nr. 3 Halbsatz 2 VersAusglG verschafft dem Versorgungsträger jedoch ein Gestaltungsrecht hinsichtlich der Bestimmung des Risikoschutzes. So verfügt der Versorgungsträger grundsätzlich über die Möglichkeit, den Risikoschutz auf die Absicherung der Altersversorgung zu beschränken, sofern er der ausgleichsberechtigten Person einen zusätzlichen Ausgleich bei der Altersversorgung gewährt. Damit kann die Kapitalgesellschaft bestimmen, ob Sie der ausgleichsberechtigten Person auch eine BU- und/oder Witwen(r)absicherung zukommen lassen möchte. In der Regel wird dies nicht der Fall sein.

3291 Entscheidet sich die Kapitalgesellschaft dafür, das neu zu begründenden Anrecht der ausgleichsberechtigten Person auf den Fall der Altersversorgung zu beschränken, so hat sie für diejenigen Risikofelder, die sie aus den Anrechten ausklammert einen wertgleichen Ausgleich zu schaffen (sog. wertgleiche Umgestaltung). Die Wertgleichheit bestimmt sich u. E. anhand desselben Verfahrens und derselben Rechnungsgrundlagen die für die Bestimmung des Kapitalwertes herangezogen wurden. Die Wertgleichheit ist gegeben, wenn der Barwert der umgestalteten Anrechte (z. B. reine Altersrente) dem Barwert der Anrechte vor der Umgestaltung entspricht (z. B. Alters-, BU- und/oder Witwen(r)rente).

(5) Ermittlung der Anrechte anhand der biometrischen Daten der ausgleichsberechtigten Person

3292 Wird bei einer rentenförmig gestalteten Leistungszusage zugunsten eines Gf der Ausgleichswert anhand des Kapitalwerts bestimmt und dieser anhand des Barwertes der künftigen Pensionsleistungen und unter Berücksichtigung des Alters und des Geschlechts der ausgleichspflichtigen Person ermittelt, so bil-

---

1 § 11 Abs. 1 Satz 1 VersAusglG.
2 § 11 Abs. 1 Nr. 3 Halbsatz 1 VersAusglG.

det der so ermittelte Ausgleichswert die Grundlage für die abschließende Bestimmung der rentenförmigen Anrechte der ausgleichsberechtigten Person. Deren letztendlich zu begründende Anrechte werden im nächsten Schritt derart ermittelt, dass die Höhe der zu schaffenden Rentenanwartschaften nun unter Beachtung des Alters und des Geschlechts der ausgleichsberechtigten Person anhand des Ausgleichswertes umgerechnet werden.[1]

Der Kapitalwert ist somit die Bemessungsgrundlage für den Transfervorgang, an dessen Ende die real zu teilenden rentenförmigen Anrechte der ausgleichspflichtigen Person anhand der Biometrie der ausgleichsberechtigten Person in die neu zu begründenden Anrechte umgerechnet werden.

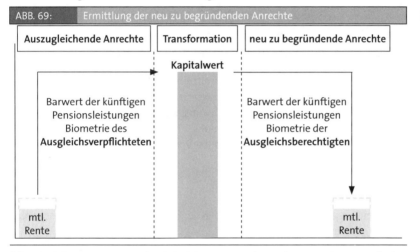

ABB. 69: Ermittlung der neu zu begründenden Anrechte

(6) Beispiel zum Wertausgleich bei interner Teilung der aus einer Geschäftsführer-Pensionszusage stammenden Anrechte

Nachfolgend wird die oben dargestellte Systematik anhand eines Beispielfalles verdeutlicht.

	Ausgleichspflichtiger	Ausgleichsberechtigter
Geschlecht	Männlich	Weiblich
Geburtsdatum	1.1.1960	1.1.1962
Eheschließung	1.1.1995	
Ehezeitende	31.8.2018	

---

1 *Höfer* in Höfer/de Groot/Küpper/Reich, BetrAVG, Band I, Kap. 14, S. 11, Rz. 13.

Anhang

Diensteintritt und Zusageerteilung	1.1.1985	/
Pensionsalter	1.1.2025 (65)	/
Status i. S. d. BetrAVG	Unternehmer	/
Altersrente mtl.	1.000 €	/
Berufsunfähigkeitsrente mtl.	1.000 €	/
Witwen(r)rente mtl.	600 €	/
Anwartschafts- / Rentendynamik	0 % / 0 %	/

Schritt 1: Bestimmung der ausgleichspflichtigen Anrechte

Da die Versorgungsleistungen der unmittelbaren Pensionszusage auf eine lebenslange monatliche Rente (Festbetragszusage) ausgerichtet sind, sind diese im Rahmen des Versorgungsausgleichs ausgleichspflichtig. Die Zusage unterliegt auf Grund der Unternehmerstellung des Gf nicht dem Geltungsbereich des BetrAVG. Die entsprechenden Sondervorschriften des VersAusglG finden daher keine Anwendung.

Schritt 2: Ermittlung des Ehezeitanteils

Die Ermittlung des Ehezeitanteils erfolgt anhand der gesetzlich vorgeschriebenen Berechnungsmethode:[1]

Betriebszugehörigkeit in der Ehezeit (m)	1.1.1995 bis 31.8.2018	8.643 Tage
Maximale Dienstzeit (n)	1.1.1985 bis 1.1.2025	14.610 Tage
Ehezeitquotient (m/n)	8.643/14.610 =	59,15811 %
Altersrente (R)	1.000 € x 59,15811 % =	591,58 €
Berufsunfähigkeitsrente (R)	1.000 € x 59,15811 % =	591,58 €
Witwen(r)rente (R)	600 € x 59,15811 % =	354,95 €

Der Ehezeitanteil bestimmt sich durch die Multiplikation der erreichbaren Versorgungsleistung (R) mit dem Ehezeitquotienten (m/n-tel).

---

[1] § 40 Abs. 2 VersAusglG.

Schritt 3: Ermittlung des Ausgleichswertes

Auf der Grundlage des Ehezeitanteils wird nun der Ausgleichswert ermittelt. Der Ausgleichswert ist der hälftige Ehezeitanteil als Rentenbetrag oder Kapitalwert. Wird der Ausgleichswert als Rentenbetrag bestimmt, ist zusätzlich der korrespondierende Kapitalwert zu bestimmen.

Im Beispielsfall wird der Ausgleichswert in Form des Kapitalwerts bestimmt. Dieser wird auf der Grundlage des Barwertes der künftigen Pensionsleistungen ermittelt. Dabei finden die biometrischen Grundlagen der ausgleichspflichtigen Person, sowie eine handelsrechtlichen Bewertung unter Zugrundelegung des siebenjährigen Rechnungszinses Anwendung.

Altersrente	591,58 € / 2 = 295,79 €
Berufsunfähigkeitsrente	591,58 € / 2 = 295,79 €
Witwen(r)rente	354,95 € / 2 = 177,47 €
Kapitalwert gem. § 4 Abs. 5 BetrAVG	**32.287 €**

Der rentenförmige Ehezeitanteil umfasst Anrechte auf eine Alters- und BU-Rente i. H. v. mtl. 295,79 € und eine Witwenrente i. H. v. mtl. 177,47 €. Der Ausgleichswert in Form des Kapitalwertes beläuft sich auf 32.287 €. Er wurde anhand eines Rechnungszinses i. H. v. 3,68 % errechnet.

Schritt 4 und 5: Bestimmung des zu gewährenden Risikoschutzes und Ermittlung der neu zu begründenden Anrechte

Auf der Grundlage des Kapitalwerts wird nun gem. § 11 Abs. 1 Satz 2 Nr. 3 VersAusglG der Risikoschutz auf eine reine Altersversorgung beschränkt.

Für den Wegfall der vorzeitigen Versorgungsrisiken (Invalidität und Tod) wird jedoch ein Ausgleich bei der Altersversorgung geschaffen (sog. wertgleiche Umgestaltung). Der Kapitalwert der reinen Altersversorgung hat dabei – nun unter Zugrundelegung der biometrischen Grundlagen der ausgleichsberechtigten Person – dem o. g. Kapitalwert der auszugleichenden Anrechte zu entsprechen. Danach ergeben sich für die ausgleichsberechtigte Person aufgrund des Versorgungsausgleichs folgende eigenständige Anrechte:

Altersrente	403,13 €
Berufsunfähigkeitsrente	0,00 €
Witwen(r)rente	0,00 €
Kapitalwert gem. § 4 Abs. 5 BetrAVG	**32.287 €**

Am Ende der wertgleichen Umgestaltung erhöhen sich die Anrechte auf eine Altersente auf mtl. 403,13 €, während die Anrechte auf BU- und Witwen(r)rente entfallen. Der Kapitalwert der reinen Altersrente beläuft sich auf 32.287 €; er entspricht damit dem Kapitalwert vor der wertgleichen Umgestaltung.

3296–3300 (*Einstweilen frei*)

bb) Unterfinanzierte Pensionszusage

3301 Leider ist in der Praxis festzustellen, dass in der überwiegenden Anzahl der Fälle die Trägerunternehmen nur eine unzureichende finanzielle Vorsorge getroffen haben. Da der übernommenen Pensionsverpflichtung keine ausreichenden Deckungsmittel gegenüberstehen, sind diese als unterfinanziert zu beurteilen. Kommt es in einem solchen Fall zu einer Scheidung, so steht die GmbH zunächst vor der Aufgabe, die aus der Pensionszusage herrührenden Versorgungsanrechte über den Weg der internen Teilung (Regelfall) aufzuteilen. Die interne Teilung führt nun aber dazu, dass die Verbindung zur geschiedenen Ehefrau über die Pensionszusage bis zu deren Ableben fortbesteht.

3302 Möchte die GmbH (oder der Gf) dies vermeiden, so wäre die GmbH gezwungen, den Weg der externen Teilung zu beschreiten (Ausnahmefall). Dabei könnten z. B. die Anrechte der geschiedenen Ehefrau auf einen externen Versorgungsträger übertragen werden. Bei einer näheren Betrachtung dieses Auswegs kommt dann zum Vorschein, dass die Rechnungsgrundlagen des externen Versorgungsträgers den zu erbringenden Einmalbeitrag „explodieren" lassen. Dies kann dazu führen, dass die vorhandenen Aktivwerte (z. B. aus der Rückdeckungsversicherung) der Höhe nach lediglich dazu geeignet sind, den Einmalbeitrag zu finanzieren. Zwar wäre mit der externen Teilung die versorgungsrechtliche Trennung von der geschiedenen Ehefrau vollzogen. Die Zusage des Gf würde dann jedoch „im Regen stehen", da das bisherige Deckungsvermögen für die Übertragung der Anrechte der geschiedenen Ehefrau aufgebraucht würde. An dieser Stelle wird dann regelmäßig von einer externen Teilung Abstand genommen. Die interne Teilung erscheint dann doch als die wirtschaftlich vernünftigere Lösung.

3303–3310 (*Einstweilen frei*)

IV. Bilanz(steuer-)recht: Bewertung, Ansatz und Wirkung von unmittelbaren Pensionsverpflichtungen nach EStG und HGB

1. Buchführungspflichten

Jeder Kaufmann im Sinne der §§ 1 bis 3, 6 HGB unterliegt gem. § 238 HGB grundsätzlich der Buchführungspflicht. Es ist gem. § 242 HGB dazu verpflichtet, zum Ende eines Geschäftsjahres, dem Bilanzstichtag, einen Jahresabschluss, d. h. eine Bilanz und eine Gewinn- und Verlustrechnung aufzustellen. Für Kapitalgesellschaften erweitert sich gemäß § 264 Abs. 1 HGB der Jahresabschluss grundsätzlich um einen Anhang und einen Lagebericht. 3311

Als Aufgaben und Ziele können für den Jahresabschluss genannt werden: 3312

▶ Dokumentation sämtlicher Geschäftsvorfälle für Rekonstruktions- und Kontrollzwecke,

▶ Informationsbereitstellung und Rechenschaftslegung über die Verwendung des überlassenen Kapitals der Eigentümer, sowie den Erfolg der Geschäftstätigkeit,

▶ Information durch Offenlegung der Vermögens-, Finanz- und Ertragslage,

▶ Bemessungsgrundlage für die Gewinnausschüttungen an die Eigner, sowie

▶ Bemessungsgrundlage für die Ertragsteuerlast des Unternehmens.

(*Einstweilen frei*) 3313–3315

2. Grundsätze ordnungsmäßiger Buchführung

Das deutsche Handelsrecht folgt prinzipienbasierten Grundsätzen, den Grundsätzen ordnungsmäßiger Buchführung (GoB). Bei den GoB handelt es sich um grundlegende Richtlinien, von denen nur in begründeten Ausnahmefällen abgewichen werden darf. Die FinVerw hat zu den GoB ausführlich Stellung genommen.[1] 3316

Im Folgenden werden die für die Pensionsrückstellungsbildung maßgebenden GoB kurz skizziert und erläutert: 3317

---

1 Vgl. BMF, Schreiben v. 14. 11. 2014, BStBl 2014 I S. 1450.

Anhang

a) Vorsichtsprinzip

3318 Das Vorsichtsprinzip ist ein zentraler Grundsatz der GoB und in § 252 Abs. 1 Nr. 4 HGB gesetzlich normiert. Das Vorsichtsprinzip drückt sich bei Gewinnen im **Realisationsprinzip** (d. h. Gewinne dürfen erst im Zeitpunkt ihrer Realisation erfasst werden) und bei drohenden Verlusten (z. B. bei Pensionsverpflichtungen) im **Imparitätsprinzip** aus.

3319 Nach den Grundsätzen des Imparitätsprinzips sind Verluste – im Unterschied zu Gewinnen – bereits dann zu bilanzieren, wenn sie mit hinreichend großer Wahrscheinlichkeit drohen (sog. verlustantizipierende Bilanzierung).[1] Ausfluss des Imparitätsprinzips ist u. a. die Regelung des § 253 HGB, auf die unter Rz. 3502 ff. detailliert eingegangen wird.

b) Grundsatz der Vollständigkeit und des Saldierungsverbots/-gebots

3320 Der Jahresabschluss hat gem. § 246 Abs. 1 HGB sämtliche Vermögensgegenstände und Schulden zu enthalten. Daher ist es nach § 246 Abs. 2 Satz 1 HGB grundsätzlich nicht zulässig, eine Saldierung von Bilanzposten der Aktiv- und Passivseite vorzunehmen (d. h. es gilt grundsätzlich ein **Saldierungsverbot**). Im Bereich der Pensionsrückstellungen existiert jedoch mit § 246 Abs. 2 Satz 2 HGB eine Ausnahmeregelung vom Saldierungsverbot. Demnach besteht bei zweckgebundenem Deckungsvermögen handelsrechtlich ein Saldierungsgebot (siehe Rz. 3533).

c) Going-Concern-Prinzip

3321 Das Going-Concern-Prinzip (§ 252 Abs. 1 Nr. 2 HGB) unterstellt, dass die Unternehmenstätigkeit über das Ende des Berichtsjahres hinaus fortgeführt wird, sofern dem nicht tatsächliche oder rechtliche Gegebenheiten entgegenstehen. Für die Bewertung von Pensionsverpflichtungen bedeutet dies, dass von einer Fortsetzung des bestehenden Arbeits-, bzw. Dienstverhältnisses und der entsprechenden unmittelbaren Pensionszusage auszugehen ist.[2]

d) Einzelbewertungsgrundsatz

3322 Der Einzelbewertungsgrundsatz (§ 252 Abs. 1 Nr. 3 HGB) besagt, dass Vermögensgegenstände und Schulden zum Abschlussstichtag **einzeln** zu bewerten sind. Für die Bewertung von Pensionsverpflichtungen bedeutet dies, dass

---

1 Vgl. Derbort/Herrmann/Mehlinger/Seeger, Bilanzierung von Pensionsverpflichtungen, S. 79 Rz. 9.
2 Vgl. Derbort/Herrmann/Mehlinger/Seeger, Bilanzierung von Pensionsverpflichtungen, S. 80 Rz. 10.

jede Pensionsverpflichtung einzeln zu bewerten ist. Ausgewiesen wird jedoch nur die kumulierte Pensionsrückstellung.[1]

e) Stichtagsprinzip

Das Stichtagsprinzip (§ 252 Abs. 1 Nr. 3 HGB) besagt, dass Vermögensgegenstände und Schulden **zum Abschlussstichtag** einzeln zu bewerten sind. Der Einfluss des Stichtagsprinzips auf Pensionsrückstellungen wird unter Rz. 3462 detailliert betrachtet.

3323

f) Periodisierungsprinzip

Das Periodisierungsprinzip (§ 252 Abs. 1 Nr. 5 HGB) besagt, dass Aufwendungen und Erträge unabhängig von den jeweiligen Zahlungszeitpunkten zu berücksichtigen sind. Vielmehr sind sie in dem Wirtschaftsjahr zu erfassen, in dem sie verursacht worden sind. Das Periodisierungsprinzip ist damit die Grundlage für die Bildung von Pensionsrückstellungen. Denn durch deren Bildung wird der Aufwand bereits während der Dienstzeit der Periode zugeordnet, in der die Versorgungsanwartschaften erdient wurden.[2]

3324

g) Ansatz- und Bewertungsstetigkeit (sog. Stetigkeitsprinzip)

Das Stetigkeitsprinzip besagt, dass die auf den vorhergehenden Jahresabschluss angewandten Ansatz- (§ 246 Abs. 3 HGB) und Bewertungsmethoden (§ 252 Abs. 1 Nr. 6 HGB) beizubehalten sind. Die Bewertung der Pensionsverpflichtung hat daher Jahr für Jahr mit denselben Annahmen und Bewertungsparametern zu erfolgen. Eine Abweichung ist nur in begründeten Ausnahmefällen zulässig.[3]

3325

BERATUNGSHINWEIS:

Ein begründeter Ausnahmefall ist u. E. dann anzunehmen, wenn von einer bisher offensichtlich fehlerhaften Bewertung auf eine sachgerechte Bewertung umgestellt wird. Der bloße Wechsel des versicherungsmathematischen Gutachters rechtfertigt für sich alleine regelmäßig keine Abweichung vom Stetigkeitsprinzip.

h) Maßgeblichkeitsprinzip

Das **Maßgeblichkeitsprinzip** gem. § 5 Abs. 1 EStG verknüpft die steuerrechtliche Gewinnermittlung mit der handelsrechtlichen Gewinnermittlung.

3326

---

1 Vgl. *Höfer* in Höfer/Veit/Verhuven, BetrAVG, Band II, Kap. 2, S. 42 f. Rz. 26.
2 Vgl. Derbort/Herrmann/Mehlinger/Seeger, Bilanzierung von Pensionsverpflichtungen, S. 80 Rz. 13.
3 Vgl. Hagemann, Pensionsrückstellungen, 2. Aufl., S. 226.

3327 Denn § 5 Abs. 1 EStG regelt, dass für den Schluss des Wirtschaftsjahres das Betriebsvermögen anzusetzen ist, das nach den **handelsrechtlichen Grundsätzen ordnungsmäßiger Buchführung** auszuweisen ist.

3328 § 5 Abs. 1 EStG definiert im Anschluss noch Ausnahmen von diesem Grundsatz, nämlich dann, wenn im Rahmen der Ausübung eines steuerlichen Wahlrechts ein anderer Ansatz gewählt wird bzw. wurde. Ein solches steuerliches Wahlrecht – wie es § 5 Abs. 1 EStG nennt – kann sich ausschließlich nach Lex specialis derogat legi generali (sog. **Lex-specialis-Grundsatz**) zu den handelsrechtlichen Regelungen ergeben.

3329 Das Bundesministerium der Finanzen hat **§ 6a EStG** als eine lex specialis zu den handelsrechtlichen Regelungen definiert.[1] Für den Ansatz und die Bewertung von Pensionsverpflichtungen wird demnach das Maßgeblichkeitsprinzip dem Grunde und der Höhe nach durchbrochen.

3330–3338 (*Einstweilen frei*)

3. Bewertung von unmittelbaren Pensionsverpflichtungen

3339 Im Folgenden wird auf die Notwendigkeit einer Bewertung von unmittelbaren Pensionsverpflichtungen und den der Bewertung zugrundeliegenden Grundlagen eingegangen.

a) Notwendigkeit einer Bewertung

3340 Hinsichtlich ihrer **steuerbilanziellen** Auswirkungen können die verschiedenen Durchführungswege der bAV (siehe hierzu Rz. 2887) wie folgt untergliedert werden:

▶ **Bildung einer Pensionsrückstellung** gem. § 6a EStG für unmittelbare Pensionszusagen

▶ **Betriebsausgabenabzug** gem. § 4 EStG i.V.m. §§ 4b, 4c, 4d, 4e EStG für die mittelbaren Durchführungswege

3341 Nur die unmittelbare Durchführung der Pensionszusage wird demnach von § 6a EStG erfasst. Demzufolge bietet ausschließlich die unmittelbare Durchführung einer betrieblichen Versorgungszusage die Möglichkeit einer steuerwirksamen Pensionsrückstellungsbildung.

3342 Hinsichtlich ihrer **handelsbilanziellen** Auswirkungen können die verschiedenen Durchführungswege der bAV wie folgt untergliedert werden:

---

[1] BMF, Schreiben v. 12.3.2010, BStBl 2010 I S. 239.

IV. Bilanz(steuer-)recht: Unmittelbare Pensionsverpflichtungen nach EStG und HGB

▶ **Pflicht zur Bildung einer Pensionsrückstellung** gem. § 249 Abs. 1 Satz 1 HGB für unmittelbare Pensionszusagen

▶ **Wahlrecht zur Bildung einer Pensionsrückstellung** gem. Art. 28 Abs. 1 Satz 2 EGHGB für die mittelbaren Durchführungswege

Eine unmittelbare Pensionsverpflichtung muss demnach für den Zweck der Passivierung der diesbezüglichen Pensionsrückstellung in der Steuer-, bzw. Handelsbilanz bewertet werden. 3343

Für eine mittelbare Durchführung einer bAV braucht handelsbilanziell eine Pensionsrückstellung in keinem Fall gebildet werden, bzw. darf steuerbilanziell eine Pensionsrückstellung in keinem Fall gebildet werden. 3344

Der tatsächliche Belastungsumfang, der sich aus einer unmittelbaren Pensionsverpflichtung insgesamt ergeben wird, unterliegt immer einer **Ungewissheit**. Dies ist auch der Grund, der eine Bewertung der unmittelbaren Pensionsverpflichtung überhaupt erst notwendig macht. 3345

Die Ungewissheit des tatsächlichen Belastungsumfangs einer unmittelbaren Pensionsverpflichtung ergibt sich aus den folgenden **Charakteristika** einer unmittelbaren Pensionsverpflichtung: 3346

▶ Beginn und Ende der Zahlungsströme sind unbekannt. Sie werden von Ereignissen beeinflusst, die in der Person des/der Versorgungsberechtigten und ggf. seiner Hinterbliebenen begründet und deren Realisierung im Voraus nicht bekannt sind (Rentenbezugsdauer, Zeitpunkt des Ablebens, Eintritt einer Berufsunfähigkeit etc.).

▶ In Abhängigkeit von der Ausgestaltung der Versorgungszusage können die in der Zukunft zu erbringenden Versorgungsleistungen der Höhe nach variieren. Sie sind u.U. internen oder externen Faktoren (z.B. Gehaltsentwicklung, Rentensteigerung, Inflation, Entwicklung anrechenbarer Leistungen, Rechtsprechung) ausgesetzt.

▶ Die in der Zukunft zu erbringenden Versorgungsleistungen werden zu unterschiedlichen Zeitpunkten fällig. Daher können die einzelnen Zahlungen nicht direkt miteinander verglichen werden.[1]

„*Die Grundidee der Bewertung besteht nun darin, die Ungewissheit über Beginn und Ende der Zahlungen und deren Entwicklung durch möglichst gut abgesicherte Annahmen und die zeitliche Dimension der Zahlungsströme durch An-*

---

1 Vgl. *Engbroks* in aba, H-BetrAV, S. 16 Rz. 50, s. a. Derbort/Herrmann/Mehlinger/Seeger, Bilanzierung von Pensionsverpflichtungen, S. 65 Rz. 16.

Anhang

satz eines wirtschaftlich im jeweiligen Bewertungskontext zu begründenden Zinses zu überwinden."[1]

3347 Die Pensionsrückstellung basiert demnach auf dem Prinzip des **besten Schätzwerts (best estimate)**.

3348 Dafür kommt – vereinfacht dargestellt – folgendes Verfahren zur Anwendung: Sämtliche mögliche Zahlungen werden bestmöglich quantifiziert, mit der Wahrscheinlichkeit ihres Eintritts gewichtet und auf den Bewertungsstichtag abgezinst. Die abgezinsten Teilbeträge werden dann addiert und ergeben in der Summe die Pensionsrückstellung.[2]

b) Status des Versorgungsberechtigten

3349 Bei der Bewertung einer unmittelbaren Pensionsverpflichtung muss der jeweilige Status des Versorgungsberechtigten berücksichtigt werden.

3350 Hierbei kommen folgende Konstellationen in Frage:

Status	Beschreibung
Aktiver	Der Versorgungsfall ist noch nicht eingetreten; der Versorgungsberechtigte ist noch aktiv für das Unternehmen tätig.
Unverfallbar Ausgeschiedener	Der Versorgungsfall ist noch nicht eingetreten; der Versorgungsberechtigte ist jedoch bereits mit unverfallbaren Anwartschaften aus dem Unternehmen ausgeschieden.
Altersrentner	Der Versorgungsfall Pensionsalter ist eingetreten. Die Altersrente wird gezahlt.
Invalidenrentner	Der Versorgungsfall Invalidität ist eingetreten. Die Invalidenrente wird gezahlt.
Hinterbliebenenrentner	Der Versorgungsfall Tod ist eingetreten. Die Hinterbliebenenrente wird gezahlt.
Technischer Rentner	Der Versorgungsberechtigte hat das Pensionsalter bereits überschritten, ist jedoch noch aktiv für das Unternehmen tätig und bezieht keine Altersrente.

---

1 *Engbroks* in aba, H-BetrAV, S. 16 Rz. 50.
2 Vgl. *Engbroks* in aba, H-BetrAV, S. 17 Rz. 51.

IV. Bilanz(steuer-)recht: Unmittelbare Pensionsverpflichtungen nach EStG und HGB

Der Versorgungsberechtigte kann von einem Status in einen anderen wechseln (z. B. durch Erreichen des Pensionsalters, Invalidität, Tod, Fluktuation). Um die Wahrscheinlichkeit eines Wechsels des Status abzubilden, werden sog. Ausscheideordnungen herangezogen.

3351

c) Ausscheideordnungen

Zur Gewichtung der Wahrscheinlichkeit des Eintritts der jeweiligen Zahlungen werden sog. **Ausscheideordnungen** herangezogen. Ausscheideordnungen beschreiben, *„wie sich eine Gesamtheit von Personen, ausgehend von einem bestimmten Alter, mit der Zeit entwickelt, wenn jede Person aus mehreren Ursachen ausscheiden kann"*[1] (Invalidität, Tod als Aktiver, Fluktuation).

3352

Darüber hinaus kann der/die Versorgungsberechtigte mit Erreichen des Pensionsalters planmäßig aus dem Arbeits-/Dienstverhältnis ausscheiden.

3353

Die FinVerw legt der Bewertung der Pensionsverpflichtung das wohl bekannteste Tafelwerk für diese Gesamtheit zugrunde (**Richttafeln 2005 G von Klaus Heubeck**).[2] Dabei beschreibt der Buchstabe „G" die Richttafeln als sog. Generationentafeln, die erstmals eine Lebenserwartung in Abhängigkeit des Geburtsjahrs enthalten.[3] Die Heubeck-Richttafeln 2005 G verwenden zwei Populationsmodelle.

3354

BERATUNGSHINWEIS:

Mit BMF-Schreiben v. 19.10.2018[4] hat die Finanzverwaltung die neu erschienenen Richttafeln 2018 G von Klaus Heubeck als mit den anerkannten versicherungsmathematischen Grundsätzen i. S. d. § 6a Abs. 3 Satz 3 EStG übereinstimmend anerkannt. Die Richttafeln 2018 G können erstmals der Bewertung von Pensionsrückstellungen am Ende des Wirtschaftsjahres zugrunde gelegt werden, das nach dem 20.7.2018 endet. Die Richttafeln 2005 G dürfen letztmals für das Wirtschaftsjahr verwendet werden, das vor dem 30.6.2019 endet. Somit sind für alle Wirtschaftsjahre, die nach dem 29.6.2019 enden verpflichtend die Richttafeln 2018 G zu verwenden. Gemäß § 6a Abs. 4 Satz 2 EStG ist der Unterschiedsbetrag aufgrund der erstmaligen Anwendung neuer biometrischer Rechnungsgrundlagen auf drei Wirtschaftsjahre gleichmäßig zu verteilen.

aa) Populationsmodell Aktivenbestand

---

1 *Engbroks* in aba: H-BetrAV, S. 18; Rz. 55.
2 Vgl. BMF, Schreiben v. 16.12.2005, BStBl 2005 I S. 1054; siehe auch Keil/Prost: Pensions- und Unterstützungskassenzusagen an Gesellschafter-Geschäftsführer von Kapitalgesellschaften, 3. Aufl., S. 8 Rz. 30, s. a. *Engbroks* in aba, H-BetrAV, S. 19 Rz. 55.
3 Vgl. *Höfer* in Höfer/Veit/Verhuven, BetrAVG, Band II, Kap. 2, S. 249 Rz. 537.
4 BMF, Schreiben v. 19.10.2018 – IV C 6 – S 2176/07/10004:001, NWB DokID: HAAAG-98265.

3355 Das **Populationsmodell Aktivenbestand** wird in der Regel der Bewertung einer Pensionsverpflichtung zugrunde gelegt, deren Zusage auch Leistungen für den Fall einer Invalidität vorsieht.

Folgende Übergänge (Statuswechsel) werden in diesem Populationsmodell berücksichtigt:

Populationsmodell Aktivenbestand

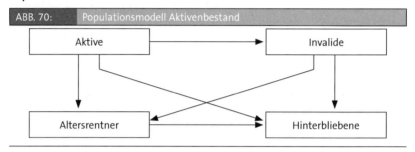

ABB. 70: Populationsmodell Aktivenbestand

bb) Populationsmodell Gesamtbestand

3356 Das **Populationsmodell Gesamtbestand** wird in der Regel der Bewertung einer Pensionsverpflichtung zugrunde gelegt, deren Zusage keine Leistungen für den Fall einer Invalidität vorsieht.

Folgende Übergänge (Statuswechsel) werden in diesem Populationsmodell berücksichtigt:

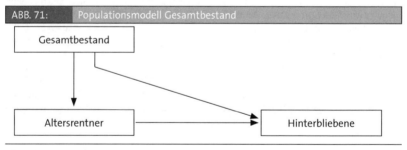

ABB. 71: Populationsmodell Gesamtbestand

d) Rechnungszins

3357 Sämtliche – mit der Wahrscheinlichkeit ihres Eintritts gewichteten – möglichen Zahlungen werden auf den Bewertungsstichtag abgezinst. Dementsprechend kommt dem anzuwendenden Rechnungszins bei der Bewertung unmittelbarer Pensionsverpflichtungen eine herausragende Bedeutung zu.

3358 Hinsichtlich des bei der Bewertung anzuwendenden Rechnungszinses existieren für die ertragsteuerliche, sowie für die handelsrechtliche Bewertung eigenständige Rechtsnormen. So definiert § 6a EStG einen seit dem Jahre 1982 festgeschriebenen Rechnungszinssatz i. H. v. 6,0 %, während § 253 HGB einen variablen Rechnungszinssatz definiert, der monatlich von der Deutschen Bundesbank zu ermitteln und bekanntzugeben ist (sog. atmender Rechnungszins).

Auf die Details des zur ertragsteuerrechtlichen Bewertung der Pensionsverpflichtung anzuwendenden Rechnungszinssatzes wird in Rz. 3841; auf die Details des zur handelsrechtlichen Bewertung der Pensionsverpflichtung anzuwendenden Rechnungszinssatzes wird in Rz. 3518 im Detail eingegangen. 3359

e) Bewertungsverfahren

Für die Bewertung von Pensionsverpflichtungen bedarf es versicherungsmathematischer Bewertungsverfahren, die – gem. dem Periodisierungsprinzip – eine periodengerechte Zuordnung des Versorgungsaufwands auf diejenigen Zeitabschnitte ermöglichen, in denen der korrespondierende Aufwand entstanden ist. 3360

„Hierbei besteht der Grundgedanke, dass die Verpflichtung nicht in Gänze in einem Moment entsteht, sondern über die Dienstzeit erdient wird. Somit bildet ein Unternehmen im Zeitpunkt der Zusageerteilung nicht etwa eine Rückstellung in der Höhe des gesamten Barwerts. Stattdessen wird bei den gängigen Periodisierungsverfahren die Rückstellung über die Dienstzeit, also bis zum Eintritt des Leistungsfalls oder dem vorzeitigen unverfallbaren Ausscheiden, periodengerecht angesammelt."[1]

In der Praxis treten am häufigsten folgende Bewertungsverfahren auf: 3361

▶ (Modifiziertes) Teilwertverfahren,

▶ Projected-Unit-Credit-Methode (PUC-Methode),

▶ Quotiertes Anwartschaftsbarwertverfahren

Das zur Bewertung der Pensionsverpflichtung heranzuziehende Verfahren übt einen erheblichen Einfluss auf die Höhe des bilanziellen Wertansatzes aus (siehe Rz. 3393 ff.). 3362

Als Basis für jedes Bewertungsverfahren dient die Barwertermittlung. 3363

aa) Grundlagen der Barwertermittlung

Unabhängig von dem Bewertungsverfahren, aus der sich die Höhe der Pensionsrückstellung letztendlich ergibt, ist der Barwert einer Pensionsverpflichtung von zentraler Bedeutung. 3364

---

1 Derbort/Herrmann/Mehlinger/Seeger, Bilanzierung von Pensionsverpflichtungen, S. 72, Rz. 34.

Anhang

3365 Der Barwert einer ungewissen Verpflichtung kann am einfachsten anhand eines Zahlungsstroms charakterisiert werden. *„Ein Zahlungsstrom besteht aus einer Anzahl von in der Zukunft liegenden Zeitpunkten, den Zahlungszeitpunkten, bei deren Erreichen bestimmte durch die Verpflichtung beschriebene Zahlungen, die Zahlbeträge, zu leisten [...] sind."*[1]

3366 Während bei einer gewissen Verbindlichkeit die in der Zukunft zu leistenden Zahlungen bereits dem Grunde und der Höhe nach feststehen, können bei einer ungewissen Verbindlichkeit in der Zukunft verschiedene Szenarien eintreten. Welches Szenario in der Zukunft tatsächlich eintritt, ist an den entsprechenden Bilanzstichtagen jedoch noch nicht bekannt.

(1) Finanzmathematischer Barwert

3367 Bei der **Barwertermittlung einer gewissen Verbindlichkeit** werden die in der Zukunft zu leistenden Zahlungen jeweils auf den aktuellen Bilanzstichtag abgezinst. Die abgezinsten Beträge werden aufsummiert und ergeben in Summe den sog. finanzmathematischen Barwert.

3368 Der **finanzmathematische Barwert** kann demnach als Formel folgendermaßen dargestellt werden:[2]

$$\Sigma \text{ Leistung in } €/(1+i)k^* y$$

i = Rechnungszins
k = Jahr

3369 In folgendem Beispiel zur Ermittlung des finanzmathematischen Barwerts seien folgende Parameter der Bewertung zugrunde zu legen:
- ▶ Versorgungsberechtigter ist 65 Jahre alt
- ▶ Als Pensionsleistung wurden 1.000 € mtl. vereinbart
- ▶ Der Rechnungszins (i) beträgt 4,0 %
- ▶ Betrachtet wird ein 5-Jahres-Zeitraum

Jahr k	Leistung in €	Abgezinste Leistung in € $i = 4{,}0\%$
0	12.000,00	12.000,00
1	12.000,00	11.538,46

---

1 *Engbroks* in aba, H-BetrAV, S. 20 Rz. 61.
2 Vgl. Derbort/Herrmann/Mehlinger/Seeger, Bilanzierung von Pensionsverpflichtungen, S. 70, Rz. 29.

2	12.000,00	11.094,67
3	12.000,00	10.667,96
4	12.000,00	10.257,65
Gesamt	60.000,00	55.558,74

Der finanzmathematische Barwert in diesem Beispiel beträgt somit zu Beginn des Betrachtungszeitraums 55.558,74 €.

(2) Versicherungsmathematischer Barwert

Bei der **Barwertermittlung einer ungewissen Verbindlichkeit** werden zunächst die gleichen Schritte wie bei der Bewertung einer gewissen Verbindlichkeit durchgeführt und um einen weiteren Schritt ergänzt. Die jeweiligen Zahlungen werden nun nämlich noch mit der Wahrscheinlichkeit ihres Eintritts gewichtet und ergeben insgesamt den sog. versicherungsmathematischen Barwert. 3370

Der **versicherungsmathematische Barwert** kann demnach als Formel folgendermaßen dargestellt werden: 3371

$$\Sigma \text{ Leistung in } €/(1+i)^k * y$$

i = Rechnungszins
k = Jahr
y = Wahrscheinlichkeit des Eintritts der Zahlung

Für das nachfolgende Beispiel zum versicherungsmathematischen Barwert sollen die Angaben aus dem zuvor dargestellten Beispiel dienen: 3372

Jahr k	Leistung in €	Abgezinste Leistung in € i = 4,0 %	Wahrscheinlichkeit des Eintritts der Zahlung y	Mit Wahrscheinlichkeit gewichtete abgezinste Leistung in €
0	12.000,00	12.000,00	1,000000	12.000,00
1	12.000,00	11.538,46	0,984255	11.356,79
2	12.000,00	11.094,67	0,967403	10.733,02
3	12.000,00	10.667,96	0,949436	10.128,54
4	12.000,00	10.257,65	0,930357	9.543,28
Gesamt	60.000,00	55.558,74		53.761,63

Der versicherungsmathematische Barwert (also inkl. Sterblichkeit) beläuft sich somit zu Beginn des Betrachtungszeitraums auf 53.761,63 € und ist demnach um 1.797,11 € **geringer** als der finanzmathematische Barwert.

bb) Teilwertverfahren

3373 Das Teilwertverfahren ist ein sog. **Gleichverteilungsverfahren**, d. h. die Rückstellung wird mit gleichbleibendem Aufwand über die gesamte Anwartschaftszeit des Versorgungsberechtigten angesammelt.[1]

3374 Es ist gem. § 6a Abs. 3 Satz 1 EStG das einzige bei der ertragsteuerrechtlichen Ermittlung der Pensionsrückstellung zulässige Bewertungsverfahren.

(1) Teilwert während der Anwartschaftsphase

3375 Gemäß § 6a Abs. 3 Satz 2 Nr. 1 EStG gilt der Teilwert einer Pensionsverpflichtung **vor Beendigung des Dienstverhältnisses** des Pensionsberechtigten als der Barwert der künftigen Pensionsleistungen (versicherungsmathematisch) am Schluss des Wirtschaftsjahres abzüglich des sich auf denselben Zeitpunkt ergebenden Barwerts betragsmäßig gleichbleibender Jahresbeträge.

3376 Die Teilwertermittlung kann als Formel somit folgendermaßen formuliert werden:

Barwert der künftigen Pensionsleistungen am Schluss des Wirtschaftsjahres
./.
Barwert betragsmäßig gleichbleibender Jahresbeträge am Schluss des Wirtschaftsjahres

Dabei repräsentieren die Jahresbeträge den fiktiven Netto-Beitrag, den der Arbeitgeber an eine Lebensversicherungsgesellschaft zu leisten hätte, um die erteilte unmittelbare Pensionszusage mittels gleichbleibender Jahresprämien finanzieren zu können.

Weitere Besonderheiten zum ertragsteuerlichen Teilwertverfahren siehe Rz. 3453.

(2) Teilwert während der Leistungsphase, bzw. für unverfallbar Ausgeschiedene

3377 Gemäß § 6a Abs. 3 Satz 2 Nr. 2 EStG gilt als Teilwert einer Pensionsverpflichtung **nach Beendigung des Dienstverhältnisses** des Pensionsberechtigten unter Aufrechterhaltung seiner Pensionsanwartschaft oder **nach Eintritt des Ver-**

---

[1] Vgl. Derbort/Herrmann/Mehlinger/Seeger, Bilanzierung von Pensionsverpflichtungen, S. 72, Rz. 35.

sorgungsfalls der (versicherungsmathematische) Barwert der künftigen Pensionsleistungen am Schluss des Wirtschaftsjahres.

(3) Teilwert eines technischen Rentner

Der Teilwert eines sog. technischen Rentners ist nach § 6a Abs. 3 Satz 2 Nr. 1 EStG zu ermitteln. Dieser entspricht jedoch dem Barwert nach § 6a Abs. 3 Satz 2 Nr. 2 EStG.[1]

3378

Die Versorgungsverpflichtung gegenüber einem technischen Rentner ist demnach mit dem Barwert der an sich fälligen Leistung zu bewerten. Eine Neuberechnung des Verteilungszeitraums für die Teilwertprämie ist gem. R 6a Abs. 11 Satz 12 EStR nicht geboten.[2]

3379

(4) Teilwert vs. Barwert

Wie die Definition des Teilwerts nach § 6a Abs. 3 Satz 2 Nr. 1 EStG zeigt, ist Ausgangslage für die Teilwertberechnung der (versicherungsmathematische) Barwert der künftigen Pensionsleistungen. Davon ist der (versicherungsmathematische) Barwert der künftigen Jahresbeträge abzuziehen. Der Teilwert ist somit eine vom Barwert abgeleitete Größe. Die Ermittlung des Teilwerts setzt demnach zwingend die vorherige Ermittlung des Barwerts voraus.

3380

Die folgende Abbildung stellt den Verlauf der drei relevanten Bewertungsgrößen (Teilwert, Barwert der künftigen Pensionsleistungen, Barwert der Jahresbeträge) bis zum Erreichen des Pensionsalters gegenüber.

3381

In folgendem Beispiel seien folgende Parameter der Bewertung zugrunde zu legen:

3382

- ▶ Der Versorgungsberechtigte ist zu Beginn des Betrachtungszeitraums versicherungstechnisch 23 Jahre alt
- ▶ Als Pensionsleistung wurden mtl. 1.000 € Altersrente vereinbart (ohne Anwartschafts- bzw. Rentendynamik)
- ▶ Pensionsalter ist das 67. Lebensjahr
- ▶ Der Rechnungszins beträgt 6,0 %

---

1 Vgl. BMF, Schreiben v. 18. 9. 2017, BStBl 2017 I S. 1293.
2 Vgl. *Höfer* in Höfer/Veit/Verhuven, BetrAVG, Band II, Kap. 2, S. 184/4 Rz. 353.

Anhang

3383

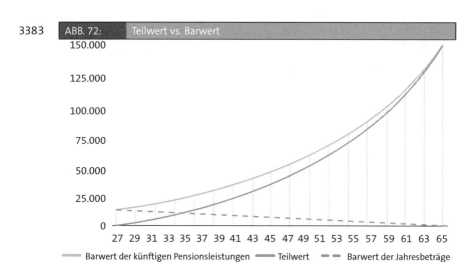

ABB. 72: Teilwert vs. Barwert

cc) Modifiziertes Teilwertverfahren

3384 Für das sog. modifizierte Teilwertverfahren gelten grundsätzlich die Ausführungen des Teilwertverfahrens gem. Rz. 3377, d. h. dass die Systematik des modifizierten Teilwertverfahrens der Systematik des Teilwertverfahrens folgt.

3385 Das charakteristische des modifizierten Teilwertverfahrens ist jedoch, dass es das ertragsteuerrechtliche Teilwertverfahren (siehe hierzu Rz. 3453) den Anforderungen des Handelsrechts anpasst, indem z. B. der Rechnungszins nicht auf 6 % (siehe hierzu Rz. 3481) festgeschrieben ist und die steuerlichen Mindestalter (siehe hierzu Rz. 3456) nicht existieren.[1]

BERATUNGSHINWEIS:

Bei einer Bewertung anhand des modifizierten Teilwertverfahrens kann es u.U. angebracht sein, den Finanzierungsbeginn – in Abhängigkeit vom betriebsrenten- und körperschaftsteuerrechtlichen Status, bzw. der vertraglich vereinbarten Unverfallbarkeitsregelung – auf den Zeitpunkt der erstmaligen Erteilung der Pensionszusage (sog. Gegenwartswertverfahren) zu setzen.

dd) Projected-Unit-Credit-Methode

3386 Die Projected-Unit-Credit-Methode (sog. **PUC-Methode**) ist im Gegensatz zum Teilwertverfahren als sog. **Ansammlungsverfahrens** zu charakterisieren. Dieses zeichnet sich dadurch aus, dass die Verpflichtung nach den arbeitsrechtlichen

---

[1] Vgl. Engbroks in aba, H-BetrAV, S. 49 Rz. 145, s. a. Höfer in Höfer/Veit/Verhuven, BetrAVG, Band II, Kap. 48 S. 45 f. Rz. 94 f.

Vorschriften des Erdienens angesammelt wird.[1] Es handelt sich des Weiteren um ein (versicherungsmathematisches) **Anwartschaftsbarwertverfahren**.

Bei der PUC-Methode erfolgt die Verteilung – konform zum Teilwertverfahren – über die Dienstzeit des Versorgungsberechtigten. Jedoch wird bei der PUC-Methode – im Gegensatz zum Teilwertverfahren – nicht mehr die gesamte Anwartschaft bewertet, sondern nur noch ein Teil der Anwartschaft, nämlich **der erdiente/unverfallbar erworbene Teil (sog. Past Service)**. 3387

Die Hauptschwierigkeit bei der PUC-Methode besteht in der Ermittlung des erdienten Teils der Anwartschaft, da dieser nicht mit dem vom BetrAVG[2] definierten Begriff der ratierlichen Anwartschaften (m/n-tel-Anspruch) übereinstimmt. Es „*gelten nämlich auch die zugesagten Leistungen der folgenden Jahre als erdient und zwar nach Maßgabe der Dienstzeit bis zum Bewertungsstichtag im Verhältnis zur Dienstzeit bis zum möglichen Fälligwerden der Leistungen (degressiver m/n-tel-Anspruch).*"[3] Es handelt sich demnach insoweit um ein **degressiv quotiertes Anwartschaftsbarwertverfahren**. 3388

Im Gegensatz zum (modifizierten) Teilwertverfahren führt die PUC-Methode nicht zu einer Gleichverteilung des Aufwands im Verlauf der Anwartschaftsphase. Vielmehr kommt es im Rahmen der PUC-Methode mit zunehmendem Alter zu einem **steigenden Versorgungsaufwand**. 3389

BERATUNGSHINWEIS:

Bei einer Bewertung anhand der PUC-Methode kann es u.U. angebracht sein, den Finanzierungsbeginn – in Abhängigkeit vom betriebsrenten- und körperschaftsteuerrechtlichen Status, bzw. der vertraglich vereinbarten Unverfallbarkeitsregelung – auf den Zeitpunkt der erstmaligen Erteilung der Pensionszusage zu setzen.

ee) Quotiertes Anwartschaftsbarwertverfahren

Das sog. quotierte Anwartschaftsbarwertverfahren ist – wie die PUC-Methode – ein Vertreter des **Ansammlungsverfahrens**. Es handelt sich des Weiteren – ebenfalls wie die PUC-Methode – um ein (versicherungsmathematisches) **Anwartschaftsbarwertverfahren**. 3390

Das quotierte Anwartschaftsbarwertverfahren stellt auf das im BetrAVG verankerte **m/n-tel-Verfahren** zur Ermittlung der unverfallbaren Versorgungsanwartschaften[4] ab. Dabei werden die zum jeweiligen Bewertungsstichtag be- 3391

---

1 Vgl. Derbort/Herrmann/Mehlinger/Seeger, Bilanzierung von Pensionsverpflichtungen, S. 73, Rz. 36.
2 § 2 BetrAVG.
3 Vgl. *Engbroks* in aba, H-BetrAV, S. 53 Rz. 159.
4 § 2 BetrAVG.

Anhang

stehenden unverfallbaren Versorgungsanwartschaften ermittelt und der Bewertung der bestehenden Pensionsverpflichtung anhand des korrespondierenden Anwartschaftsbarwerts zugrunde gelegt.

3392 Die Höhe der unverfallbar erworbenen Versorgungsanwartschaften regelt grundsätzlich § 2 Abs. 1 Satz 1 BetrAVG. Weitere Ausführungen zu den Regelungen des § 2 Abs. 1 Satz 1 BetrAVG siehe Rz. 2914 ff.

BERATUNGSHINWEIS:

In Abhängigkeit vom betriebsrenten- und körperschaftsteuerrechtlichen Status kann die vertraglich vereinbarte Unverfallbarkeitsregelung auch eine Erdienung der unverfallbar erworbenen Versorgungsanwartschaften ab dem Zeitpunkt der erstmaligen Zusageerteilung / der jeweiligen Zusageerhöhung vorsehen (sog. s/t-tel).

ff) Vergleich der verschiedenen Bewertungsverfahren

3393 Das zur Bewertung der Pensionsverpflichtung heranzuziehende Verfahren übt einen erheblichen Einfluss auf die Höhe des bilanziellen Wertansatzes aus.

3394 Anhand folgenden Beispiels soll vereinfachend gezeigt werden, wie sich die Pensionsrückstellung im Verlauf der Anwartschafts- und der Rentenphase bei den unterschiedlichen Bewertungsverfahren entwickelt.

Geburtsdatum des Gf:	31. 12. 1985
Diensteintritt:	31. 12. 2012 im Alter von 27 Jahren
Zusageerteilung:	31. 12. 2017 im Alter von 32 Jahren
Pensionsalter gemäß Versorgungszusage:	67 erreicht am 31. 12. 2052
Altersrente:	1.000 € mtl.
Berufsunfähigkeits- und Witwenrente:	0 € mtl.
Anwartschafts- und Rentendynamik:	0 %

(1) Vergleich bei gleichem Rechnungszins

3395 Die folgenden Verlaufskurven wurden allesamt mit einem Rechnungszins in Höhe von 6,0 % ermittelt, um die Unterschiede der Bewertungsverfahren rechnungszinsunabhängig darzustellen.

IV. Bilanz(steuer-)recht: Unmittelbare Pensionsverpflichtungen nach EStG und HGB

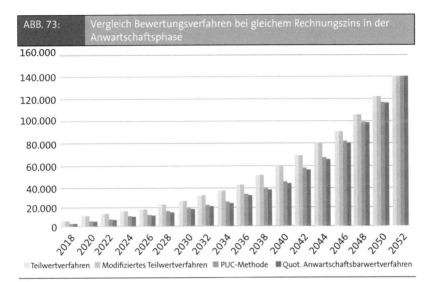

ABB. 73: Vergleich Bewertungsverfahren bei gleichem Rechnungszins in der Anwartschaftsphase

■ Teilwertverfahren ■ Modifiziertes Teilwertverfahren ■ PUC-Methode ■ Quot. Anwartschaftsbarwertverfahren

Auf der Grundlage des zuvor definierten Beispiels lassen sich zur – rechnungszins-unabhängigen – Anwartschaftsphase folgende Kernaussagen treffen: 3396

► Das **modifizierte Teilwertverfahren** ergibt im untersuchten Fall während der gesamten Anwartschaftsphase die höchsten Wertansätze. Die Begründung hierin findet sich im Zeitpunkt des Finanzierungsbeginns: während das ertragsteuerliche Teilwertverfahren die Mindestalter (siehe hierzu Rz. 3384) als frühestmöglichen Finanzierungsbeginn ansetzt, bildet beim modifizierten Teilwertverfahren der tatsächliche Diensteintritt den Finanzierungsbeginn. Der aufgezeigte Unterschied tritt jedoch nur in denjenigen Fällen zu Tage, in denen das tatsächliche Alter im Zeitpunkt des Diensteintritts das ertragsteuerrechtliche Mindestalter unterschreitet.

► Eine Bewertung der Pensionsverpflichtung auf der Grundlage der **PUC-Methode** und des **quotierten Anwartschaftsbarwertverfahrens** ergeben während der gesamten Anwartschaftsphase nur minimal unterschiedliche Wertansätze. Diese Bewertungsverfahren führen während der gesamten Anwartschaftsphase zu den niedrigsten Wertansätzen.

► Je mehr sich der Versorgungsberechtigte dem Pensionsalter nähert, desto mehr nähern sich die jeweiligen Wertansätze an, bis sie schließlich im Zeitpunkt des Erreichens des Pensionsalters identisch sind.

► Die Ergebnisse zeigen deutlich, dass sich die Systematik des ertragsteuerlichen und des modifizierten Teilwertverfahrens entsprechen (sog. Gleichverteilungsverfahren), während der PUC-Methode und dem quotierten An-

Anhang

wartschaftsbarwertverfahren die gleiche Systematik innewohnt (sog. Ansammlungsverfahren). Die Gleichverteilungsverfahren generieren demnach im Verlauf der Anwartschaftsphase ausnahmslos höhere Wertansätze, als die Ansammlungsverfahren.

Verlauf der jeweiligen Wertansätze während der Rentenphase:

3397

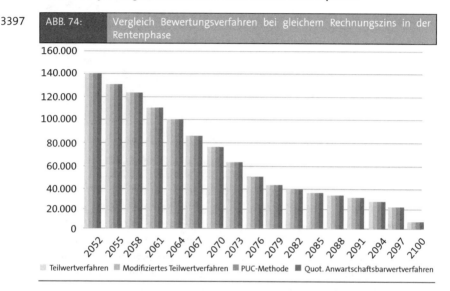

ABB. 74: Vergleich Bewertungsverfahren bei gleichem Rechnungszins in der Rentenphase

3398 Auf der Grundlage des zuvor definierten Beispiels lässt sich für die – rechnungszins-unabhängige – Rentenphase folgende Kernaussage treffen:

▶ Die Wertansätze nach den jeweiligen Bewertungsverfahren sind während der gesamten Rentenphase identisch.

(2) Vergleich bei abweichendem Rechnungszins

3399 Im Folgenden werden die Verlaufskurven anhand des für das jeweilige Bewertungsverfahren vorgeschriebenen Rechnungszinses ermittelt (EStG: 6,0 %; HGB: 3,20 %), um nun einen detaillierten Einblick in die Abweichungen – inkl. der Berücksichtigung des jeweils anzuwendenden Rechnungszinses – zu erlangen.

Verlauf der jeweiligen Wertansätze während der Anwartschaftsphase:

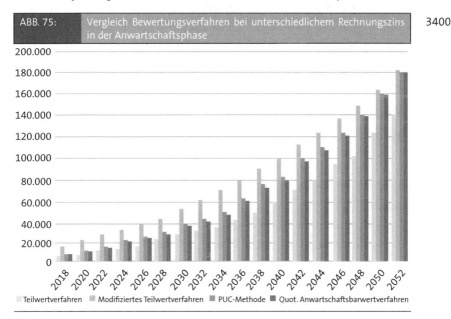

ABB. 75: Vergleich Bewertungsverfahren bei unterschiedlichem Rechnungszins in der Anwartschaftsphase

3400

Auf der Grundlage des zuvor definierten Beispiels lassen sich zur – rechnungszins-abhängigen – Anwartschaftsphase folgende Kernaussagen treffen:

3401

▶ Die **Absenkung des handelsrechtlichen Rechnungszinses** von 6,0 % auf 3,20 % führt ausnahmslos zu einer Erhöhung der Pensionsrückstellung.

▶ Das **ertragsteuerliche Teilwertverfahren** ergibt während der gesamten Anwartschaftsphase die (mit Abstand) niedrigsten Wertansätze.

▶ Das **modifizierte Teilwertverfahren** ergibt während der gesamten Anwartschaftsphase die (mit Abstand) höchsten Wertansätze.

▶ Eine Bewertung der Pensionsverpflichtung auf der Grundlage der **PUC-Methode** und des **quotierten Anwartschaftsbarwertverfahrens** ergeben während der gesamten Anwartschaftsphase nur minimal unterschiedliche Wertansätze, wobei der Verlauf der PUC-Methode leicht über dem Verlauf des quotierten Anwartschaftsbarwertverfahrens liegt.

▶ Je mehr sich der Versorgungsberechtigte dem Pensionsalter nähert, desto mehr nähern sich die jeweiligen handelsrechtlichen Wertansätze an, bis sie schließlich im Zeitpunkt des Erreichens des Pensionsalters identisch sind.

Anhang

Verlauf der jeweiligen Wertansätze während der Rentenphase:

3402

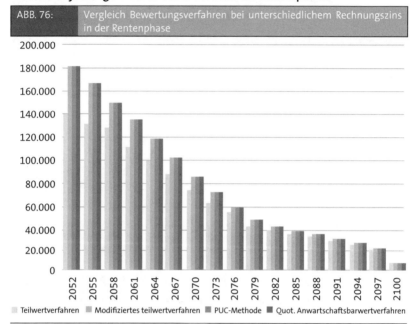

ABB. 76: Vergleich Bewertungsverfahren bei unterschiedlichem Rechnungszins in der Rentenphase

3403 Auf der Grundlage des zuvor definierten Beispiels lassen sich für die – rechnungszins-abhängige – Rentenphase folgende Kernaussagen treffen:
- ▶ Die Wertansätze nach den jeweiligen handelsrechtlichen Bewertungsverfahren zum Beginn der Rentenphase sind identisch. Auch während der gesamten Rentenphase ist es für den handelsrechtlichen Wertansatz unerheblich, welches Bewertungsverfahren verwendet wird.
- ▶ Je älter der Versorgungsberechtigte in der Rentenphase am Bewertungsstichtag ist, desto mehr nähern sich die handels- und steuerrechtliche Kurve an.

3404–3410 (*Einstweilen frei*)

4. Ansatz unmittelbarer Pensionsverpflichtungen in der Ertragsteuerbilanz

3411 Die rechtlichen Grundlagen der ertragsteuerrechtlichen Bewertung von Pensionsverpflichtungen, können wie folgt untergliedert werden:
- ▶ Gesetz (§ 6a EStG)
- ▶ Richtlinien (R 6a EStR)
- ▶ Hinweise (H 6a EStH)
- ▶ Verwaltungsanweisungen (z. B. BMF-Schreiben v. 3. 11. 2004, 9. 12. 2016)
- ▶ Rechtsprechung (z. B. BFH-Urteil v. 15. 9. 2004, 22. 5. 2013)

IV. Bilanz(steuer-)recht: Unmittelbare Pensionsverpflichtungen nach EStG und HGB

Die rechtliche Hauptgrundlage für die Bildung von Pensionsrückstellungen stellt § 6a EStG dar. § 6a EStG ist **lex specialis** zu § 6 EStG und regelt, wann eine Pensionsrückstellung in der Steuerbilanz einer Gesellschaft gebildet werden darf (Rückstellungsbildung dem Grunde nach) und in welcher Höhe sie gebildet werden darf (Rückstellungsbildung der Höhe nach).[1]

3412

Für unmittelbare Pensionszusagen, die nach dem 31.12.1986 erteilt wurden (sog. **Neuzusagen**), besteht nach dem Maßgeblichkeitsgrundsatz eine **Passivierungspflicht**.[2] Für sog. **Altzusagen**, die vor dem 1.1.1987 erteilt wurden, gilt ein Passivierungswahlrecht.[3]

3413

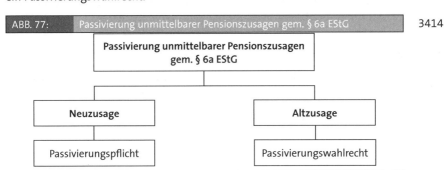

ABB. 77: Passivierung unmittelbarer Pensionszusagen gem. § 6a EStG

3414

Die maßgebliche Norm des § 6a EStG ist wie folgt strukturiert:

▶ Abs. 1: Beschränkungen dem Grunde nach (sog. Mindestvoraussetzungen)

▶ Abs. 2: Voraussetzungen für eine erstmalige Bildung einer Pensionsrückstellung

▶ Abs. 3 und Abs. 4: Ansatzbeschränkungen der Höhe nach und

▶ Abs. 5: Erweiterung des Anwendungsbereichs des § 6a EStG auf andere Rechtsverhältnisse

a) Pensionsrückstellungsbildung dem Grunde nach

§ 6a Abs. 1 EStG definiert die Mindestvoraussetzungen, die für die Bildung einer Pensionsrückstellung in der Steuerbilanz der Gesellschaft zu erfüllen sind.

3415

---

1 Vgl. Teschke in Kanzler/Kraft/Bäuml, § 6 EStG Rz. 7.
2 Vgl. R 6a Abs. 1 Satz 1 EStR; siehe auch *Höfer* in Höfer/Veit/Verhuven, BetrAVG, Band II, Kap. 2 S. 39 f. Rz. 17 ff.; s. a. *Otto* in Blomeyer/Rolfs/Otto, BetrAVG, 7. Aufl., S. 1467 Rz. 391; s. a. Hagemann, Pensionsrückstellungen, 2. Aufl., S. 280.
3 Vgl. Hagemann: Pensionsrückstellungen, 2. Aufl., S. 280, sowie Teschke in Kanzler/Kraft/Bäuml: § 6 EStG Rz. 11.

3416 Danach müssen folgende Anforderungen kumulativ erfüllt werden:
- ▶ der Pensionsberechtigte muss über einen **Rechtsanspruch** auf einmalige oder laufende Pensionsleistungen verfügen,
- ▶ die Pensionszusage darf **keine Pensionsleistungen in Abhängigkeit von künftigen gewinnabhängigen Bezügen** vorsehen,
- ▶ die Pensionszusage darf **keinen steuerschädlichen Vorbehalt** enthalten, dass die Pensionsanwartschaft oder die Pensionsleistungen gemindert oder entzogen werden können, oder ein solcher Vorbehalt sich nur auf Tatbestände erstreckt, bei deren Vorliegen nach allgemeinen Rechtsgrundsätzen unter Beachtung billigen Ermessens eine Minderung oder ein Entzug der Pensionsanwartschaft oder der Pensionsleistung zulässig ist,
- ▶ die Pensionszusage muss **schriftlich** erteilt sein und
- ▶ muss **eindeutige Angaben zu Art, Form, Voraussetzungen und Höhe der in Aussicht gestellten künftigen Leistungen** enthalten.

3417 Werden die o. a. Anforderungen durch die der Prüfung unterliegenden Pensionszusage erfüllt, so ist die GmbH dem Grunde nach zur Bildung einer Pensionsrückstellung in ihrer Steuerbilanz berechtigt. Nach § 6a Abs. 1 Satz 1 erster Halbsatz EStG darf für eine Pensionsverpflichtung eine Pensionsrückstellung gebildet werden, wenn und soweit die Voraussetzungen der folgenden Nr. 1 bis 3 erfüllt werden. Die Bildung der Pensionsrückstellung der Höhe nach richtet sich dann nach § 6a Abs. 3 und 4 EStG.

3418 Wird jedoch eine der o. a. Voraussetzungen nicht erfüllt, so scheidet die Bildung einer Pensionsrückstellung insoweit aus. D. h., dass die Bildung einer Pensionsrückstellung insoweit zulässig ist, wie die fünf Sondervoraussetzungen des § 6a Abs. 1 EStG erfüllt werden. Dies hat der Gesetzgeber im Rahmen des JStG 1997 mittels einer Ergänzung des § 6a Abs. 1 EStG durch den Zusatz „und soweit" sichergestellt. Wenn also beispielsweise eine Versorgungszusage nur in hälftiger Höhe mit einem Rechtsanspruch ausgestattet ist, kann für diesen Teil die Pensionsrückstellung gebildet werden. Für die andere Hälfte ist keine steuerliche Rückstellungsbildung zulässig, da insoweit die Sondervoraussetzung des Rechtsanspruchs nicht erfüllt werden.[1]

---

[1] *Höfer* in Höfer/Veit/Verhuven: BetrAVG, Band II, Kap. 2, S. 72 Rz. 95.

aa) Rechtsanspruch auf einmalige oder laufende Pensionsleistungen

§ 6a Abs. 1 Nr. 1 EStG fordert als Mindestvoraussetzung für eine Rückstellungsbildung, dass dem Pensionsberechtigten ein dem Grunde und der Höhe nach (einklagbarer) **Rechtsanspruch** i. S. d. **§ 194 BGB**[1] vom Zusagenden eingeräumt worden sein muss.[2] Ein Rechtsanspruch kann nur auf der Grundlage eines zivilrechtlich wirksamen Versorgungsversprechens entstehen (siehe hierzu Rz. 3041 ff.), das dem Pensionsberechtigten einen verbindlichen und einklagbaren Anspruch auf die zugesagten Versorgungsleistungen einräumt (also z. B. keine Freiwilligkeit der Leistungen). 3419

Voraussetzung für die Rückstellungsbildung ist darüber hinaus, dass der Rechtsanspruch bereits am Bilanzstichtag vorliegt.[3] Dabei ist es für das Erfüllen des Kriteriums „Rechtsanspruch" unerheblich, ob es sich bei den zugesagten Leistungen um laufende (monatliche) Rentenleistungen, oder um eine einmalige Kapitalleistung handelt.[4] 3420

R 6a Abs. 2 EStR zählt verschiedene Möglichkeiten auf, wodurch ein Rechtsanspruch entstehen kann: 3421

► Einzelvertrag (Individualvereinbarung),
► Gesamtzusage (Pensionsordnung),
► Betriebsvereinbarung,
► Tarifvertrag, oder
► Besoldungsordnung.

bb) Pensionsleistungen in Abhängigkeit von künftigen gewinnabhängigen Bezügen

§ 6a Abs. 1 Nr. 2 EStG fordert als Mindestvoraussetzung für eine Rückstellungsbildung, dass die Pensionszusage keine Pensionsleistungen in Abhängigkeit von künftigen gewinnabhängigen Bezügen vorsieht. 3422

Die Nichtabhängigkeit von **zukünftigen Gewinnen** soll insbesondere verhindern, dass es zu jährlich schwankenden Zuführungen kommt.[5] 3423

---

1 Ein Rechtsanspruch i. S. d. § 194 Abs. 1 BGB ist das Recht, von einem anderen ein Tun oder Unterlassen zu verlangen.
2 Vgl. Teschke in Kanzler/Kraft/Bäuml, § 6 EStG Rz. 19, s. a. Derbort/Herrmann/Mehlinger/Seeger, Bilanzierung von Pensionsverpflichtungen, S. 113, Rz. 17.
3 Vgl. Derbort/Herrmann/Mehlinger/Seeger, Bilanzierung von Pensionsverpflichtungen, S. 113, Rz. 17.
4 Vgl. *Höfer* in Höfer/Veit/Verhuven, BetrAVG, Band II, Kap. 2, S. 69 Rz. 86.
5 Vgl. BT-Drucks. 13/5952 S. 94.

3424 Jedoch kann es für eine Rückstellungsbildung nach § 6a EStG unschädlich sein, wenn die Pensionsleistungen auf **vergangenen Gewinnen** beruhen und vom Arbeitgeber schriftlich bestätigt wurden.[1]

3425 Für den Fall, dass eine Pensionszusage auch Leistungen in Abhängigkeit von künftigen variablen Bezügen vorsieht, ist die daraus resultierende Pensionsverpflichtung nur **insoweit** rückstellungsfähig, als sich die Leistungen auf das Festgehalt, sowie gewinnunabhängige Zuschläge und Boni beziehen.[2]

cc) Steuerschädlicher Vorbehalt

3426 hinaus, dass die Pensionszusage keinen Vorbehalt enthält, dass die Pensionsanwartschaft oder die Pensionsleistungen gemindert oder entzogen werden können, oder ein solcher Vorbehalt sich nur auf Tatbestände erstreckt, bei deren Vorliegen nach allgemeinen Rechtsgrundsätzen unter Beachtung billigen Ermessens eine Minderung oder ein Entzug der Pensionsanwartschaft oder der Pensionsleistung zulässig ist.

3427 Kriterium für einen **steuerschädlichen Vorbehalt** ist, dass der Arbeitgeber die Pensionszusage **beliebig widerrufen kann**, d. h. nach seinen eigenen Interessen ohne Berücksichtigung der Interessen des Pensionsberechtigten.[3]

3428 Entsprechende Formulierungen könnten gem. R 6a Abs. 3 EStR u. a. folgendermaßen lauten:

- „freiwillig und ohne Rechtsanspruch",
- „jederzeitiger Widerruf vorbehalten",
- „ein Rechtsanspruch auf die Leistungen besteht nicht", oder
- „die Leistungen sind unverbindlich".

3429 Liegt ein steuerschädlicher Vorbehalt vor, darf eine Pensionsrückstellung während der Anwartschaftszeit nicht gebildet werden. Erst bei Eintritt des Leistungsfalls ist die Bildung einer Pensionsrückstellung zulässig.[4]

3430 Ein **steuerunschädlicher Vorbehalt** liegt gem. R 6a Abs. 4 EStR dann vor, wenn der Arbeitgeber den Widerruf der Pensionszusage bei geänderten Verhältnissen nur **nach billigem Ermessen** (§ 315 BGB), d. h. unter verständiger Abwä-

---

[1] Vgl. H 6a Abs. 1 EStH; s. a. BMF, Schreiben v. 18.10.2013, BStBl 2013 I S. 1268.
[2] Vgl. *Lucius/Oecking/Zimmermann* in aba, H-BetrAV, Bewertung und Finanzierung von Versorgungsverpflichtungen, S. 71 Rz. 234.
[3] Vgl. R 6a Abs. 3 Satz 1 EStR; s. a. Teschke in Kanzler/Kraft/Bäuml: § 6 EStG Rz. 24; s. a. *Lucius/Oecking/Zimmermann* in aba, H-BetrAV, Bewertung und Finanzierung von Versorgungsverpflichtungen, S. 70, Rz. 233; siehe auch Derbort/Herrmann/Mehlinger/Seeger, Bilanzierung von Pensionsverpflichtungen, S. 113, Rz. 19.
[4] R 6a Abs. 3 Satz 6 EStR.

gung der berechtigten Interessen des Pensionsberechtigten einerseits und des Unternehmens andererseits aussprechen kann.

Das gilt in der Regel für die Vorbehalte, die eine Anpassung der zugesagten Pensionen an nicht voraussehbare künftige Entwicklungen oder Ereignisse, insbesondere bei einer wesentlichen Verschlechterung der wirtschaftlichen Lage des Unternehmens, einer wesentlichen Änderung der Sozialversicherungsverhältnisse oder der Vorschriften über die steuerliche Behandlung der Pensionsverpflichtungen oder bei einer Treupflichtverletzung des Arbeitnehmers vorsehen.[1] 3431

Gemäß R 6a Abs. 4 Satz 3 EStR sind z. B. die folgenden Vorbehalte als unschädlich anzusehen: 3432

1. als **allgemeiner Vorbehalt**:

"Die Firma behält sich vor, die Leistungen zu kürzen oder einzustellen, wenn die bei Erteilung der Pensionszusage maßgebenden Verhältnisse sich nachhaltig so wesentlich geändert haben, dass der Firma die Aufrechterhaltung der zugesagten Leistungen auch unter objektiver Beachtung der Belange des Pensionsberechtigten nicht mehr zugemutet werden kann";

2. als **spezielle Vorbehalte**:

"Die Firma behält sich vor, die zugesagten Leistungen zu kürzen oder einzustellen, wenn

a) *die wirtschaftliche Lage des Unternehmens sich nachhaltig so wesentlich verschlechtert hat, dass ihm eine Aufrechterhaltung der zugesagten Leistungen nicht mehr zugemutet werden kann, oder*

b) *der Personenkreis, die Beiträge, die Leistungen oder das Pensionierungsalter bei der gesetzlichen Sozialversicherung oder anderen Versorgungseinrichtungen mit Rechtsanspruch sich wesentlich ändern, oder*

c) *die rechtliche, insbesondere die steuerrechtliche Behandlung der Aufwendungen, die zur planmäßigen Finanzierung der Versorgungsleistungen von der Firma gemacht werden oder gemacht worden sind, sich so wesentlich ändert, dass der Firma die Aufrechterhaltung der zugesagten Leistungen nicht mehr zugemutet werden kann, oder*

---

[1] R 6a Abs. 4 Satz 2 EStR.

> d) *der Pensionsberechtigte Handlungen begeht, die in grober Weise gegen Treu und Glauben verstoßen oder zu einer fristlosen Entlassung berechtigen würden",*

oder inhaltlich ähnliche Formulierungen.

3433 Die steuerunschädlichen Vorbehalte besitzen jedoch nur deklaratorischen Charakter, da sie kein eigenständiges Recht zum Widerruf begründen können, sondern vielmehr nur das klarstellend zum Ausdruck bringen, was nach ständiger Rechtsprechung auch dort gilt, wo solche Vorbehalte nicht ausdrücklich in der Versorgungszusage enthalten sind.[1]

dd) Schriftformerfordernis

3434 § 6a Abs. 1 Nr. 3 EStG fordert als Mindestvoraussetzung für eine Rückstellungsbildung, dass die Pensionszusage schriftlich erteilt wurde.

3435 Gemäß R 6a Abs. 7 Satz 1 EStR kommt für die nach § 6a Abs. 1 Nr. 3 EStG vorgeschriebene **Schriftform** jede schriftliche Festlegung in Betracht, aus der sich der Pensionsanspruch nach Art und Höhe ergibt, z. B. aus

- einer individualvertraglichen Vereinbarung,
- einer Gesamtzusage (Pensionsordnung),
- einer Betriebsvereinbarung,
- einem Tarifvertrag, oder
- einem Gerichtsurteil.

3436 Voraussetzung für die Rückstellungsbildung ist darüber hinaus, dass die Schriftform bereits am Bilanzstichtag vorliegt.[2]

3437 Die Pensionsrückstellung muss **insoweit** gebildet werden, als sich die Versorgungsleistungen aus der schriftlichen Festlegung dem Grunde und der Höhe nach ergeben.[3]

3438 Für Pensionsverpflichtungen aus betrieblicher Übung, oder aus dem Gleichbehandlungsgrundsatz dürfen in Ermangelung der Schriftform keine Pensionsrückstellungen gebildet werden.[4]

---

[1] Vgl. BAG, Urteil v. 19.2.2008 - 3 AZR 290/06, NWB DokID: EAAAC-80198.
[2] R 6a Abs. 7 Satz 3 EStR.
[3] R 6a Abs. 7 Satz 5 EStR.
[4] R 6a Abs. 7 Satz 4 EStR.

IV. Bilanz(steuer-)recht: Unmittelbare Pensionsverpflichtungen nach EStG und HGB

ee) Eindeutige Angaben zu den in Aussicht gestellten künftigen Leistungen

§ 6a Abs. 1 Nr. 3 EStG fordert als Mindestvoraussetzung für eine Rückstellungsbildung gem. dem **Klarheits- und Eindeutigkeitsgebot**, dass die Pensionszusage die vier Eindeutigkeitskriterien erfüllt: 3439

Danach hat die vertragliche Regelung zur Pensionszusage eindeutige schriftliche Angaben zu Art, Form, Voraussetzungen und Höhe der in Aussicht gestellten künftigen Leistungen zu enthalten.

Sofern es zur eindeutigen Ermittlung der in Aussicht gestellten Leistungen erforderlich ist, sind auch Angaben für die versicherungsmathematische Ermittlung der Höhe der Versorgungsverpflichtung (z. B. anzuwendender Rechnungszinsfuß oder anzuwendende biometrische Ausscheidewahrscheinlichkeiten) schriftlich festzulegen.[1] 3440

Ein Verstoß gegen die Anforderungen des Klarheits- und Eindeutigkeitsgebots kann nur insoweit zu einer (Teil-)Auflösung der der bisher gebildeten Pensionsrückstellung führen, als die Bestimmungen, die dem Klarheits- und Eindeutigkeitsgebot nicht entsprechen können, auch auf die bisher gebildete Pensionsrückstellung Einfluss genommen haben. Entspricht z. B. die vertragliche Vereinbarung zur vorgezogenen Altersrente nicht den gesetzlichen Anforderungen und hat diese auf die bisher gebildete Pensionsrückstellung keinen Einfluss, da diese unter Zugrundelegung der Regelaltersgrenze ermittelt wurde, so kann dieser Mangel auch nicht dazu führen, dass die bisher gebildete Pensionsrückstellung ganz oder teilweise aufzulösen wäre.[2] Ferner hat die Rechtsprechung der von der Finanzverwaltung vertretenen Sichtweise, dass Bestimmungen zu einer Pensionszusage keiner Auslegung mehr zugänglich wären, mittlerweile mehrfach widersprochen. So hat z. B. das Finanzgericht Schleswig-Holstein – entgegen der von der FinVerw vertretenen Rechtsauffassung – erst kürzlich entschieden, dass auch Pensionszusagen auslegungsfähig sind. D. h., dass der Regelungsinhalt der vertraglichen Vereinbarung bei Formulierungsschwächen im Wege der Auslegung zu ermitteln ist und nicht automatisch gegen die Mindestvoraussetzungen des § 6a EStG verstößt.[3] Die Revision hierzu wurde zugelassen. Auch das FG Rheinland-Pfalz hat in seiner Entscheidung vom 30. 11. 2016 zu 1 K 1730/14 klar und eindeutig entschieden, dass Pensionszusagen auch im Falle eine beherrschenden GGf einer Auslegung nach den Regeln des BGB zugänglich sind. 3441

---

1 Vgl. H 6a Abs. 7 EStH, s. a. BMF, Schreiben v. 28. 8. 2001, BStBl 2001 I S. 594.
2 Vgl. hierzu auch Höfer, BetrAVG Band II, Kap. 2, Rz. 171.
3 FG Schleswig-Holstein, Urteil v. 21. 2. 2017 - 1 K 68/14, NWB DokID: HAAAG-44921.

Anhang

ff) Erstmalige Bildung von Pensionsrückstellungen

3442 Gemäß § 6a Abs. 2 EStG darf eine Pensionsrückstellung erstmalig gebildet werden

1. vor Eintritt des Versorgungsfalls für das Wirtschaftsjahr, in dem die **Pensionszusage erteilt** wird, frühestens jedoch für das Wirtschaftsjahr, bis zu dessen Mitte der Pensionsberechtigte bei

    a) erstmals nach dem 31.12.2017 zugesagten Pensionsleistungen das **23. Lebensjahr** vollendet,

    b) erstmals nach dem 31.12.2008 und vor dem 1.1.2018 zugesagten Pensionsleistungen das **27. Lebensjahr** vollendet,

    c) erstmals nach dem 31.12.2000 und vor dem 1.1.2009 zugesagten Pensionsleistungen das **28. Lebensjahr** vollendet,

    d) erstmals vor dem 1.1.2001 zugesagten Pensionsleistungen das **30. Lebensjahr** vollendet

    oder für das Wirtschaftsjahr, in dessen Verlauf die Pensionsanwartschaft gemäß den Vorschriften des BetrAVG **unverfallbar**[1] wird,

2. **nach Eintritt des Versorgungsfalls** für das Wirtschaftsjahr, in dem der **Versorgungsfall eintritt**.

gg) Auflösung von Pensionsrückstellungen

3443 Auflösungen oder Teilauflösungen in der Steuerbilanz sind nur insoweit zulässig, als sich die Höhe der Pensionsverpflichtung gemindert hat. Wird die Pensionszusage widerrufen, ist die Pensionsrückstellung in der nächstfolgenden Bilanz gewinnerhöhend aufzulösen und ist erst wieder zu passivieren, wenn die Zusage mit unschädlichen Vorbehalten wieder in Kraft gesetzt wird (z. B. durch rechtskräftiges Urteil oder Vergleich). Ist die Rückstellung ganz oder teilweise aufgelöst worden, ohne dass sich die Pensionsverpflichtung entsprechend geändert hat, ist die Steuerbilanz insoweit unrichtig. Dieser Fehler ist im Wege der Bilanzberichtigung zu korrigieren. Dabei ist die Rückstellung in Höhe des Betrags anzusetzen, der nicht hätte aufgelöst werden dürfen, höchstens jedoch mit dem Teilwert der Pensionsverpflichtung.[2]

3444 Nach dem Zeitpunkt des vertraglich vorgesehenen Eintritts des Versorgungsfalles oder eines gewählten früheren Zeitpunktes ist die Pensionsrückstellung

---

[1] Siehe § 1b Abs. 1, § 30f BetrAVG.
[2] R 6a Abs. 21 EStR.

in jedem Wirtschaftsjahr in Höhe des Unterschiedsbetrages zwischen dem versicherungsmathematischen Barwert der künftigen Pensionsleistungen am Schluss des Wirtschaftsjahres und der am Schluss des vorangegangenen Wirtschaftsjahres passivierten Pensionsrückstellung gewinnerhöhend aufzulösen; die laufenden Pensionsleistungen sind dabei als Betriebsausgaben abzusetzen. Eine Pensionsrückstellung ist auch dann in Höhe des Unterschiedsbetrages aufzulösen, wenn der Pensionsberechtigte nach dem Zeitpunkt des vertraglich vorgesehenen Eintritts des Versorgungsfalles noch weiter gegen Entgelt tätig bleibt (technischer Rentner), es sei denn, dass bereits die Bildung der Rückstellung auf die Zeit bis zu dem voraussichtlichen Ende der Beschäftigung des Versorgungsberechtigten verteilt worden ist.[1]

(Einstweilen frei) 3445–3450

b) Pensionsrückstellungsbildung der Höhe nach

§ 6a Abs. 3 EStG enthält die Bestimmungen zur Höhe der ertragsteuerrechtlichen Pensionsrückstellung. 3451

Gemäß § 6a Abs. 3 Satz 1 EStG darf eine Pensionsrückstellung höchstens mit dem **Teilwert der Pensionsverpflichtung** angesetzt werden. § 6a Abs. 3 Satz 1 EStG definiert den Teilwert somit als Obergrenze.[2] 3452

aa) Teilwertverfahren

Wie in Rz. 3376 bereits beschrieben folgt die Teilwertermittlung folgender Formel: 3453

Barwert der künftigen Pensionsleistungen am Schluss des Wirtschaftsjahres
./.
Barwert betragsmäßig gleichbleibender Jahresbeträge am Schluss des Wirtschaftsjahres

Gemäß § 6a Abs. 3 Satz 1 Nr. 1 Satz 2 EStG sind die **Jahresbeträge** so zu bemessen, dass am Beginn des Wirtschaftsjahres, in dem das Dienstverhältnis begonnen hat, ihr Barwert gleich dem Barwert der künftigen Pensionsleistungen ist; die künftigen Pensionsleistungen sind dabei mit dem Betrag anzusetzen, der sich nach den Verhältnissen am Bilanzstichtag ergibt. 3454

Bei der Ermittlung der Jahresbeträge wird unterstellt, dass die Pensionszusage in der aktuellen Höhe ab dem Eintritt in das Unternehmen, **frühestens jedoch** 3455

---

[1] R 6a Abs. 22 EStR.
[2] Vgl. Teschke in Kanzler/Kraft/Bäuml, § 6 EStG Rz. 52.

Anhang

ab einem gewissen **Mindestalter**, bestanden hat. Es wird hierbei also nicht auf den Zeitpunkt der Zusageerteilung abgestellt.

3456 Gemäß R 6a Abs. 10 Satz 2 EStR sind bei der Ermittlung des Teilwertes einer Pensionsverpflichtung – in Abhängigkeit vom Zeitpunkt der Erteilung der Pensionszusage – folgende **Mindestalter** zu beachten:

Erteilung der Pensionszusage	Maßgebendes Mindestalter
vor dem 1.1.2001	30
zwischen 1.1.2001 und 31.12.2008	28
zwischen 1.1.2009 und 31.12.2017	27
nach dem 1.1.2018	23[1]

3457 Durch den Ansatz der o. g. jeweiligen Mindestalter soll dem Umstand eines Wegfalls von Pensionsverpflichtungen infolge Fluktuation näherungsweise Rechnung getragen werden.[2]

3458 Es sind die Jahresbeträge zugrunde zu legen, die vom Beginn des Wirtschaftsjahres, in dem das Dienstverhältnis begonnen hat, frühestens jedoch ab dem o. g. jeweiligen Mindestalter, bis zu dem in der Pensionszusage vorgesehenen Zeitpunkt des Eintritts des Versorgungsfalls rechnungsmäßig aufzubringen sind.

3459 Grundsätzlich ist gem. R 6a Abs. 11 Satz 1 EStR bei der Ermittlung des Teilwertes der Pensionsanwartschaft auf das **vertraglich vereinbarte Pensionsalter** abzustellen.

3460 Für die Bildung von Pensionsrückstellungen für **beherrschende GGf** von Kapitalgesellschaften hat die FinVerw bislang in R 6a Abs. 8 Satz 1 EStR die Auffassung vertreten, dass hierbei ein geburtsjahrabhängiges **Mindestpensionsalter** anzusetzen wäre:

Geburtsjahr	Mindestpensionsalter
bis 1952	65
ab 1953 bis 1961	66
ab 1962	67

---

1 Siehe Art. 2 Nr. 2 a) 1. a) „Änderung des Einkommensteuergesetzes" des Gesetzes zur Umsetzung der EU-Mobilitäts-Richtlinie, BStBl 2015 I S. 55; siehe auch *Höfer* in Höfer/Veit/Verhuven, BetrAVG, Band II, Kap. 2, S. 119 Rz. 199.5.

2 Vgl. *Lucius/Oecking/Zimmermann* in aba, H-BetrAV, Bewertung und Finanzierung von Versorgungsverpflichtungen, S. 71, Rz. 237, siehe auch *Otto* in Blomeyer/Rolfs/Otto, BetrAVG, 7. Aufl., S. 1488, Rz. 445.

Dieser Auffassung hat der BFH jedoch widersprochen.[1] Die FinVerw hat sich der Auffassung des BFH angeschlossen und eine Anwendung des R 6a Abs. 8 EStR in der bisherigen Form aufgegeben.[2] Daher wird nunmehr auch bei dem Personenkreis der beherrschenden GGf wieder das vertraglich vereinbarte Pensionsalter der Bewertung der Pensionsverpflichtung zugrunde gelegt.

3461

bb) Stichtagsprinzip

Gemäß § 6a Abs. 3 Satz 2 Nr. 1 Satz 4 EStG dürfen Erhöhungen oder Verminderungen der Pensionsleistungen nach dem Schluss des Wirtschaftsjahres, die hinsichtlich des Zeitpunktes ihres Wirksamwerdens oder ihres Umfangs ungewiss sind, bei der Berechnung des Barwerts der künftigen Pensionsleistungen und der Jahresbeträge erst dann berücksichtigt werden, wenn sie eingetreten sind (sog. **strenges Stichtagsprinzip**).

3462

(1) Überversorgung

Ausfluss dieses strengen Stichtagsprinzips ist u. a., dass eine **Überversorgungsprüfung** stattzufinden hat, nach der die Pensionsleistungen (inkl. gesetzlicher Rentenleistungen und Leistungen aus den mittelbaren Durchführungswegen der bAV) insgesamt nur höchstens 75 % der Aktivbezüge betragen dürfen.[3] Damit soll vermieden werden, dass Aufwand vorgezogen wird, der bei üblicher Leistungsplangestaltung erst in künftigen Perioden verrechnet werden kann. Dabei ist es unerheblich, ob der Versorgungsverpflichtete für die Verpflichtung eine Rückdeckungsversicherung abgeschlossen oder die Ansprüche aus der Rückdeckungsversicherung an den Berechtigten verpfändet hat.[4]

3463

Es sind **sämtliche Aktivbezüge** des Versorgungsberechtigten am Bilanzstichtag zu berücksichtigen. Dabei ist es unerheblich, ob die Bezüge zu Rentenleistungen führen. Die Aktivbezüge entsprechen dem Arbeitslohn i. S. d. § 2 LStDV. Soweit variable Gehaltsbestandteile (z. B. Tantieme, Boni, Sachzuwendungen) einzubeziehen sind, ist der Durchschnitt dieser Bezüge aus den letzten fünf Jahren maßgebend.[5]

3464

Die Überversorgungsprüfung ist bei **Festbetragszusagen**, sowie Zusagen mit garantierter Anwartschafts- und/oder garantierter Rentendynamik vorzunehmen. Sieht die Pensionszusage an Stelle von lebenslänglich laufenden Rentenleistungen eine einmalige Kapitalleistung vor, gelten 10 % der Kapitalleistung

3465

---

1 BFH, Urteil v. 11. 9. 2013 - I R 72/12, BStBl 2016 II S. 1008.
2 BMF, Schreiben v. 9. 12. 2016, BStBl 2016 I S. 1427.
3 BMF, Schreiben v. 3. 11. 2004, Rz. 7 ff., BStBl 2004 I S. 1045.
4 BMF, Schreiben v. 3. 11. 2004, Rz. 7, BStBl 2004 I S. 1045.
5 BMF, Schreiben v. 3. 11. 2004, Rz. 9, 11, BStBl 2004 I S. 1045.

als für die Überversorgungsprüfung maßgeblicher Jahresbetrag einer lebenslänglich laufenden Rentenleistung.

3466 Eine Überversorgungprüfung hat jedoch nur für **Leistungsanwärter** zu erfolgen, da bei laufenden und ausfinanzierten Rentenleistungen eine Überversorgung regelmäßig nicht in Betracht kommt.[1] Ebenso wenig kommt eine Überversorgung bei endgehaltsabhängigen oder beitragsorientierten Zusagen, sowie Zusagen aus Entgeltumwandlung in Betracht.[2]

3467 Bei einer Verminderung der Aktivbezüge in einer **Unternehmenskrise** (d. h. bei einer nur vorübergehenden betriebsbedingten Gehaltsherabsetzung) muss es nicht zwingend sofort zu einer Absenkung der Versorgung kommen, um einen Verstoß gegen die Überversorgungsgrundsätze zu vermeiden.[3] Wenn den Anforderungen an das Schriftformerfordernisses des § 6a Abs. 1 Nr. 3 EStG genügt ist,[4] kann insoweit von der Annahme einer Überversorgung abzusehen sein.

BERATUNGSHINWEIS:
Im Falle einer gehaltsgebundenen Festbetragszusage, bei der sich die Entwicklung der Versorgungsleistungen während der Anwartschaftszeit anhand der Veränderung des Festgehaltes bemisst, führt eine vorübergehende Herabsetzung der Aktivbezüge in der Krise der Gesellschaft auf null € dann zum Verlust der Pensionsanwartschaften, wenn in der vertraglichen Vereinbarung zur Pensionszusage keine Besitzstandsklausel vereinbart wurde. Soll in diesem Fall eine Herabsetzung der Versorgungsanwartschaften vermieden werden, so bedarf es zwingend einer entsprechenden schriftlichen Vereinbarung.[5]

3468 Im Falle einer **dauerhaften Herabsetzung** der Bezüge, die außerhalb einer Unternehmenskrise vorgenommen wird, kann es geboten sein, bei der Prüfung der stichtagsbezogenen aktuellen Aktivbezügen des Versorgungsberechtigten auf eine modifizierte Betrachtungsweise abzustellen, die den Maßstab im Sinne einer zeitanteiligen Betrachtung an die stattgefundene Absenkung der Bezüge anpasst.[6] Der I. Senat des BFH hält die Modifizierung des Stichtagsbezugs gerechtfertigt. Nach dessen Auffassung kommt es bei einem GGf – mit Blick auf dessen Aufgabenbild – nicht auf dessen Beschäftigungsgrad, sondern auf dessen Vergütungshöhe an.[7]

---

1 BMF, Schreiben v. 3.11.2004, Rz. 6, BStBl 2004 I S. 1045.
2 BMF, Schreiben v. 3.11.2004, Rz. 16, 18, BStBl 2004 I S. 1045.
3 Siehe hierzu BFH, Urteil v. 27.3.2012 - I R 56/11, BStBl 2012 II S. 665.
4 Vgl. BFH, Urteil v. 12.10.2010 - I R 17, 18/10, NWB DokID: HAAAD-60621.
5 Vgl. BFH, Urteil v. 12.10.2010 - I R 17, 18/10, NWB DokID: HAAAD-60621.
6 BMF, Schreiben v. 3.11.2004, Rz. 19, BStBl 2004 I S. 1045.
7 Siehe hierzu BFH, Urteil v. 20.12.2016 - I R 4/15, BStBl 2017 II S. 678.

Der Grundsatz, dass eine nicht nur vorübergehende Gehaltsabsenkung regelmäßig zu einer Überversorgung führt, sofern die Altersversorgung nicht entsprechend gesenkt wird, gilt jedoch nicht für bereits erdiente Anwartschaft (**Past Service**), die bis zur Absenkung der Aktivbezüge nicht als überversorgend zu beurteilen waren.[1] In der Folge kann eine Absenkung der Aktivbezüge, die zeitlich nach dem Einfrieren der Pensionsanwartschaften nach den Grundsätzen der sog. Past Service-Methode erfolgt, auch dann nicht zu einer Überversorgung führen, wenn die Aktivbezüge derart abgesenkt werden, dass sie der Höhe nach unterhalb der eingefrorenen Versorgungsanwartschaften verbleiben. 3469

Eine Überversorgung ist jedoch bei der Zusage einer sog. **Nur-Pension** anzunehmen. Dies gilt insbesondere dann, wenn es sich um eine arbeitgeberfinanzierte Nur-Pension handelt. Handelt es sich hingegen um eine Nur-Pension auf der Grundlage einer ernsthaft vereinbarten Entgeltumwandlung, so ist diese nicht als überversorgend zu beurteilen.[2] Eine Nur-Pension beschreibt eine Gestaltung, bei der der Gf keinerlei Aktivbezüge bezieht, sondern ihm ausschließlich eine Pensionszusage als Vergütung zugesagt wird. 3470

Bei einer unzulässigen Überversorgung kann die Pensionsverpflichtung bei der Bewertung der Pensionsrückstellung nach § 6a EStG nur **insoweit** berücksichtigt werden, als sie die 75 %-Grenze nicht überschreitet.[3] Im Falle einer Nur-Pension ist die Bildung einer Pensionsrückstellung gänzlich ausgeschlossen,[4] sofern diese nicht auf einer ernsthaft vereinbarten Entgeltumwandlung veruht. 3471

Werden im weiteren Verlauf die Voraussetzungen zur vollständigen Anerkennung wieder erfüllt (z. B. Erhöhung der Aktivbezüge, Eintritt des Leistungsfalls), so ist zum nächstfolgenden Bilanzstichtag in der Steuerbilanz der Gesellschaft wieder die vollumfängliche Pensionsrückstellung zu passivieren. Insoweit kommt es zu einer Nachholung der bisher von der Passivierung ausgeschlossenen Pensionsrückstellungen.[5] 3472

---

1 Siehe hierzu BFH, Urteil v. 23. 8. 2017 - VI R 4/16, Rz. 25, BStBl 2018 II S. 208.
2 Siehe hierzu BMF, Schreiben v. 13. 12. 2012, BStBl 2013 I S. 35.
3 BMF, Schreiben v. 3. 11. 2004, Rz. 20, BStBl 2004 I S. 1045.
4 Siehe hierzu BMF, Schreiben v. 13. 12. 2012, BStBl 2013 I S. 35.
5 Siehe hierzu § 6a Abs. 4 Satz 1 EStG; BFH, Urteil v. 28. 4. 2010 - I R 78/08, Rz. 23, BStBl 2013 II S. 41.

Anhang

(2) Anwartschafts- und/oder Rentendynamik

3473 Ausfluss des strengen Stichtagsprinzips ist u. a. auch, dass eine Anwartschafts- und/oder Rentendynamik nur insoweit bei der Berechnung der Rückstellung berücksichtigt werden darf, als sie am Bilanzstichtag der Höhe nach feststeht. Das bedeutet, dass eine jährliche Rentendynamik in Höhe eines **fest zugesagten Prozentsatzes** bei der Rückstellungsberechnung berücksichtigt werden darf/muss, während eine Rentendynamik, die sich z. B. nach dem prozentualen Anstieg der Lebenshaltungskosten bemisst (sog. Indexklausel) und damit am Bilanzstichtag der Höhe nach ungewiss ist, bei der Rückstellungsberechnung nicht berücksichtigt werden darf.[1]

3474 Der BFH hat jedoch als **Obergrenze** eine fest zugesagte (Renten)Dynamik i. H. v. 3,0 % p. a. definiert.[2]

3475 Wird die Versorgungsanwartschaft nach dem Bilanzstichtag erhöht, steht die Erhöhung jedoch bereits am Bilanzstichtag fest, so darf die erhöhte Leistung bereits zum Bilanzstichtag der Bewertung zugrunde gelegt werden. Der Zeitraum zwischen dem Bilanzstichtag und dem Zeitpunkt, in dem die bereits feststehenden künftige Leistungserhöhung wirksam wird, ist rechnerisch als Rentenaufschubzeit (bei laufenden Leistungen), bzw. als Wartezeit (bei Anwartschaften) zu charakterisieren.[3]

(3) Nachholverbot

3476 § 6a Abs. 4 Satz 1 EStG beinhaltet das sog. Nachholverbot. Demnach darf eine Pensionsrückstellung in einem Wirtschaftsjahr höchstens um den Unterschied zwischen dem Teilwert der Pensionsverpflichtung am Schluss des Wirtschaftsjahres und am Schluss des vorangegangenen Wirtschaftsjahres erhöht werden. Nur dieser Verpflichtungszuwachs – die jährliche Zuführung zur Pensionsrückstellung – darf demnach den steuerlichen Gewinn mindern.

3477 Wurden in der Vergangenheit Zuführungen zur Pensionsrückstellung **zu Unrecht** unterlassen, so dürfen diese grundsätzlich nicht mehr nachgeholt werden. Eine Nachholung der bislang unterlassenen Zuführungen darf frühestens am Schluss des Wirtschaftsjahres erfolgen, in dem das Dienstverhältnis des Pensionsberechtigten unter Aufrechterhaltung seiner Pensionsanwartschaft endet, oder der Versorgungsfall eintritt.[4]

---

1 Vgl. *Lucius/Oecking/Zimmermann* in aba, H-BetrAV, Bewertung und Finanzierung von Versorgungsverpflichtungen, S. 70 Rz. 232.
2 BFH, Urteil v. 15. 9. 2004 - I R 62/03, BStBl 2005 II S. 176.
3 *Vgl.* Höfer in Höfer/Veit/Verhuven: BetrAVG, Band II, Kap. 2 S. 192 Rz. 373.
4 § 6a Abs. 4 Satz 5 EStG.

Solange der Pensionsberechtigte seine Versorgungsleistungen nicht tatsächlich beansprucht (technischer Rentner), kann ein Fehlbetrag nicht nachgeholt werden. Zur Nachholung bedarf es zwingend der tatsächlichen Inanspruchnahme der Versorgungsleistung.[1]

3478

In der Literatur lässt sich auch die Meinung auffinden, nach der das Nachholverbot gem. dem Gesetzeszweck nur für sog. Altzusagen Anwendung finden darf; nicht jedoch für sog. Neuzusagen, da für diese eine generelle Passivierungspflicht gilt. Gesetzeszweck des sog. Nachholverbotes sei es demnach, für Altzusagen – für die ein Passivierungswahlrecht besteht – Gewinnmanipulationen zu verhindern, indem in Jahren mit geringen Gewinnen, bzw. Verlusten Zuführungen unterlassen und in Jahren mit hohen Gewinnen Zuführungen nachgeholt werden.[2] Der BFH hat jedoch entschieden, dass das Nachholverbot auch auf Neuzusagen Anwendung findet.[3]

3479

Anzumerken ist noch, dass die aba im Rahmen der im Jahre 2018 in Gang gesetzten Reformbemühungen zu § 6a EStG die **Abschaffung des Nachholverbots** fordert.

3480

cc) Rechnungszins

Gemäß § 6a Abs. 3 Satz 3 EStG ist bei der Berechnung des Teilwerts der Pensionsverpflichtung ein **Rechnungszinsfuß in Höhe von 6,0 %** anzuwenden.

3481

§ 6a EStG weicht somit hinsichtlich des anzuwendenden Rechnungszinsfußes von § 6 EStG ab, der gem. Abs. 1 Nr. 3a. Buchst. e für die übrigen Rückstellungen einen Rechnungszinsfuß i. H. v. 5,5 % vorschreibt.

3482

Zur Verfassungsmäßigkeit des § 6a Abs. 3 Satz 3 EStG siehe Rz. 48 ff.

dd) Anerkannte Regeln der Versicherungsmathematik

Gemäß § 6a Abs. 3 Satz 3 EStG sind bei der Berechnung des Teilwerts der Pensionsverpflichtung die **anerkannten Regeln der Versicherungsmathematik** anzuwenden.

3483

„Die Versicherungsmathematik ist ein Teilgebiet der Wahrscheinlichkeitstheorie. [...] Die Pensionsversicherungsmathematik hat sich aus der Lebensversicherungsmathematik entwickelt. Sie beschäftigt sich speziell mit Bewertungsfragen

---

1 Vgl. *Höfer* in Höfer/Veit/Verhuven, BetrAVG, Band II, Kap. 2, S. 184/4 Rz. 354.
2 Siehe hierzu *Höfer* in Höfer/Veit/Verhuven, BetrAVG, Band II, Kap. 2, S. 40 ff. Rz. 21 ff.
3 Siehe hierzu BFH, Urteil v. 14.1.2009 - I R 5/08, BStBl 2009 II S. 457.

Anhang

im Rahmen der betrieblichen Altersversorgung. Hierbei geht es um die biologischen Risiken Invalidität, Tod und Langlebigkeit."[1]

*„Als anerkannte Ausscheideordnungen gelten bei der FinVerw derzeit die „**Richttafeln 2005 G**" von Klaus Heubeck.*[2] *Der Ansatz modifizierter „Richttafeln" oder anderer Sterbetafeln ist nur dann möglich, wenn die Anforderungen der FinVerw*[3] *eingehalten werden."*[4]

*„Als anerkanntes **Formelwerk** werden von der FinVerw die zu den „Richttafeln" gehörenden Formeln anerkannt; diese werden daher in aller Regel auch der Bewertung zugrunde gelegt."*[5]

BERATUNGSHINWEIS:

Mit BMF-Schreiben vom 19.10.2018 hat die Finanzverwaltung die neu erschienenen Richttafeln 2018 G von Klaus Heubeck als mit den anerkannten versicherungsmathematischen Grundsätzen i. S. d. § 6a Abs. 3 Satz 3 EStG übereinstimmend anerkannt. Die Richttafeln 2018 G können erstmals der Bewertung von Pensionsrückstellungen am Ende des Wirtschaftsjahres zugrunde gelegt werden, das nach dem 20.7.2018 endet. Die Richttafeln 2005 G dürfen letztmals für das Wirtschaftsjahr verwendet werden, das vor dem 30.6.2019 endet. Somit sind für alle Wirtschaftsjahre, die nach dem 29.6.2019 enden verpflichtend die Richttafeln 2018 G zu verwenden.

3484 Da eine **Fluktuation** bereits durch das Mindestalter (siehe Rz. 3456) für den Finanzierungsbeginn pauschal berücksichtigt wird, ist der Ansatz expliziter Fluktuationswahrscheinlichkeiten nicht zulässig.[6]

3485–3490 (*Einstweilen frei*)

5. Ansatz unmittelbarer Pensionsverpflichtungen in der Handelsbilanz

3491 Die Bewertung von Pensionsverpflichtungen für die Zwecke der Handelsbilanz hat im Jahre 2009 durch die Einführung des Bilanzrechtsmodernisierungsgesetzes (BilMoG) eine fundamentale Änderung erfahren. Das BilMoG und das

---

1 Hagemann, Pensionsrückstellungen, 2. Aufl., S. 45.
2 Vgl. BMF, Schreiben v. 16.12.2005, BStBl 2005 I S. 1054; siehe auch Keil/Prost, Pensions- und Unterstützungskassenzusagen an Gesellschafter-Geschäftsführer von Kapitalgesellschaften, 3. Aufl., S. 8 Rz. 30.
3 Vgl. BMF, Schreiben v. 9.12.2011, BStBl 2011 I S. 1247.
4 *Lucius/Oecking/Zimmermann* in aba, H-BetrAV, Bewertung und Finanzierung von Versorgungsverpflichtungen, S. 73, Rz. 243.
5 Vgl. *Lucius/Oecking/Zimmermann* in aba, H-BetrAV, Bewertung und Finanzierung von Versorgungsverpflichtungen, S. 73, Rz. 245.
6 Vgl. *Lucius/Oecking/Zimmermann* in aba, H-BetrAV, Bewertung und Finanzierung von Versorgungsverpflichtungen, S. 73, Rz. 244; siehe auch Hagemann, Pensionsrückstellungen, 2. Aufl., S. 302.

dadurch geänderte HGB befassen sich erstmals sehr ausführlich mit der Rechnungslegung für betriebliche Altersversorgung.

Die für die handelsrechtliche Bewertung von Pensionsverpflichtungen einschlägigen rechtlichen Grundlagen können wie folgt untergliedert werden: 3492

▶ Gesetze (§§ 249, 253, 264 HGB, Art. 28, 67 EGHGB)

▶ Stellungnahmen (IDW Stellungnahme zur Rechnungslegung: Handelsrechtliche Bilanzierung von Altersversorgungsverpflichtungen (IDW RS HFA 30 in der Fassung vom 16. 12. 2016)

a) Pensionsrückstellungsbildung dem Grunde nach

Die grundlegende Norm für die Bildung von Pensionsrückstellungen in der Handelsbilanz stellt § 249 HGB dar, denn gemäß Abs. 1 sind **Rückstellungen für ungewisse Verbindlichkeiten** zu bilden. 3493

Da künftige Pensionszahlungen hinsichtlich ihrer tatsächlichen Höhe und des Zeitpunktes ihrer Fälligkeit ungewiss sind und des Weiteren bei Versorgungsanwärtern im Allgemeinen ungewiss ist, ob, wie lange und in welcher Höhe eine Versorgungsleistung zu zahlen sein wird, zählen Pensionsverpflichtungen zu den ungewissen Verbindlichkeiten, für die gem. § 249 Abs. 1 HGB eine Rückstellung zu bilden ist.[1] 3494

Unmittelbare Pensionszusagen, die nach dem 31. 12. 1986 erteilt wurden (sog. **Neuzusagen**), unterliegen einer **Passivierungspflicht**.[2] 3495

Gemäß Art. 28 Abs. 1 EGHGB besteht für Pensionszusagen, die vor dem 1. 1. 1987 erteilt wurden, sowie für nach dem 31. 12. 1986 eingetretene Erhöhungen von Pensionszusagen, die vor dem 1. 1. 1987 erteilt wurden (sog. **Altzusagen**), ein **Passivierungswahlrecht**. Für nicht passivierte Altzusagen besteht nach Abs. 2 des Art. 28 EGHGB eine Ausweispflicht im Anhang, in dem der in der Bilanz nicht ausgewiesene Rückstellungsbetrag in einer Summe ausgewiesen werden muss. 3496

Die Passivierung unmittelbarer Pensionszusagen in der Handelsbilanz dem Grunde nach kann demnach grafisch wie folgt dargestellt werden: 3497

---

1 Vgl. *Lucius/Oecking/Zimmermann* in aba, H-BetrAV, Bewertung und Finanzierung von Versorgungsverpflichtungen, S. 57, Rz. 177; siehe auch IDW RS HFA 30, Rz. 11.

2 Vgl. *Lucius/Oecking/Zimmermann* in aba, H-BetrAV, Bewertung und Finanzierung von Versorgungsverpflichtungen, S. 57, Rz. 177; siehe auch IDW RS HFA 30, Rz. 11.

Anhang

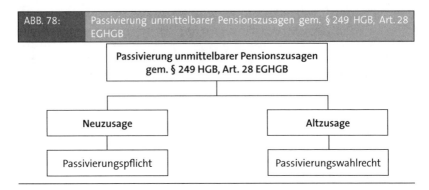

ABB. 78: Passivierung unmittelbarer Pensionszusagen gem. § 249 HGB, Art. 28 EGHGB

3498 Für die Auflösung von Pensionsrückstellungen in der Handelsbilanz gilt gem. § 249 Abs. 2 Satz 2 HGB das Folgende:

Die Pensionsrückstellung darf nur insoweit aufgelöst werden, als der Grund für die Bildung der Pensionsrückstellung entfallen ist (sog. Auflösungsverbot). Dies kann zum einen durch die planmäßige Erfüllung und zum anderen durch den Wegfall (ganz oder teilweise) der Versorgungsverpflichtung geschehen.[1] Das Auflösungsverbot gilt für alle Rückstellungen, also auch im Falle freiwillig gebildeter Pensionsrückstellungen aufgrund des Passivierungswahlrechts nach Art. 28 Abs. 1 EGHGB.[2]

3499 Der Einschluss einer Wartezeitklausel, oder etwaiger Widerrufsklauseln in der Versorgungszusage verhindert eine Rückstellungsbildung in der Handelsbilanz nicht. Es gilt auch in solchen Fällen die Passivierungspflicht, bzw. in den o. g. Ausnahmefällen das Passivierungswahlrecht.[3]

3500 Eine Rückstellungspflicht besteht jedoch dann nicht, wenn die Erteilung einer Versorgungszusage lediglich unverbindlich in Aussicht gestellt wird, oder im Einzelfall von einem künftigen ungewissen Ereignis abhängt, dessen Eintritt vom Bilanzierenden bestimmt werden kann.[4]

3501 Das IDW geht in seiner Stellungnahme RS HFA 30 n. F. explizit auch auf unmittelbare Pensionszusagen zugunsten von Organmitgliedern ein. Demnach sind Altersversorgungsverpflichtungen, die anlässlich eines Dienstverhältnisses ge-

---

1 Vgl. *Lucius/Oecking/Zimmermann* in aba, H-BetrAV, Bewertung und Finanzierung von Versorgungsverpflichtungen, S. 57, Rz. 177.
2 Vgl. Hagemann, Pensionsrückstellungen, 2. Aufl., S. 225.
3 Vgl. IDW RS HFA 30, Rz. 17.
4 Vgl. IDW RS HFA 30, Rz. 19.

genüber einem Organmitglied zugesagt worden sind, explizit von den einschlägigen Regelungen erfasst.[1]

b) Pensionsrückstellungsbildung der Höhe nach

Hinsichtlich der in der Handelsbilanz zu bildenden Pensionsrückstellung der Höhe nach ist § 253 HGB die einschlägige Norm.

3502

aa) Notwendiger Erfüllungsbetrag

So regelt § 253 Abs. 1 Satz 1 HGB, dass Rückstellungen in Höhe des **nach vernünftiger kaufmännischer Beurteilung notwendigen Erfüllungsbetrags** anzusetzen sind.

3503

Der Gesetzgeber verwendet in § 253 Abs. 1 Satz 1 HGB explizit den Begriff Erfüllungsbetrag, ohne diesen näher zu definieren. Das IDW geht in seiner Stellungnahme RS HFA 30 n. F. davon aus, dass der Gesetzgeber mit der Verwendung des Begriffs „Erfüllungsbetrag" klarstellen möchte, dass bei der Bewertung der Pensionsverpflichtung Preis- und Kostenentwicklungen zu berücksichtigen sind, die sich bis zum voraussichtlichen Erfüllungszeitpunkt der Verpflichtung vollziehen (sog. kaufmännisch vernünftiger Erfüllungsbetrag).[2]

3504

Speziell im Zusammenhang mit Verpflichtungen aus unmittelbaren Pensionszusagen bedeutet dies, dass bei der Ermittlung der korrespondierenden Rückstellung insb. künftige Lohn-, Gehalts- und Rententrends zu berücksichtigen sind, auch wenn diese vertraglich, bzw. gesetzlich noch nicht garantiert sind (sog. zukunftsorientierte Bewertung).[3]

3505

Es sind jedoch nur solche Lohn-, Gehalts- und Rententrends zu berücksichtigen, die auf begründeten Erwartungen und hinreichend objektiven Hinweisen beruhen (z. B. aufgrund von Erfahrungswerten aus der Vergangenheit), um zu vermeiden, dass eine handelsrechtliche Rückstellungsbewertung nicht zu einer reinen und subjektiv gesteuerten „Abschätzung" abgestuft wird. Eine Berücksichtigung von Steigerungen der Altersversorgungsverpflichtungen aufgrund externer, singulärer Ereignisse (z. B. nach dem Abschlussstichtag verabschiedete gesetzliche Vorschriften) ist nicht zulässig.[4]

3506

Lohn-/Gehaltstrends sind grundsätzlich nur bei gehaltsabhängig ausgestalteten Pensionszusagen bei der Bewertung miteinzubeziehen, da Festbetragsrenten in der Anwartschaftsphase nicht an das Gehaltsniveau gekoppelt sind und

3507

---

1 Vgl. IDW RS HFA 30, Rz. 7.
2 Vgl. IDW RS HFA 30, Rz. 51.
3 Vgl. IDW RS HFA 30, Rz. 51.
4 Vgl. IDW RS HFA 30, Rz. 52.

sich demnach auch nicht automatisch erhöhen, sobald sich das Aktivengehalt erhöht.

3508 Aktuell wird in Fachkreisen ein künftiger Lohn-/Gehaltstrend in einer Bandbreite von jährlich 2,0% bis 3,0 % als angemessen beurteilt.[1]

3509 Rentendynamiken sind für Pensionszusagen bei der Bewertung einzubeziehen, die dem sachlichen und persönlichen Geltungsbereich des BetrAVG unterliegen und auf die dementsprechend die Anpassungsprüfungspflicht des § 16 BetrAVG anzuwenden ist. Des Weiteren ist eine Rentendynamik bei der handelsrechtlichen Bewertung der Pensionsverpflichtung zu berücksichtigen, sofern die Pensionszusage z. B. eine sog. Index-, bzw. Loyalitätsklausel beinhaltet.

3510 Aktuell wird in Fachkreisen eine künftige Rentendynamik in einer Bandbreite von jährlich 1,3 % bis 2,0 % als angemessen beurteilt.[2]

3511 Bei der Bestimmung des notwendigen Erfüllungsbetrags sind sämtliche Trendannahmen zu berücksichtigen, die seine Höhe beeinflussen können (z. B. Anwartschaftstrends, Wahrscheinlichkeit der Inanspruchnahme einer Rentenoption, Fluktuation).[3]

3512 Während das Handelsrecht somit hinsichtlich der Bewertung von unmittelbaren Pensionsverpflichtungen einen zukunftsorientierten Ansatz vorschreibt, gilt im Steuerrecht die streng stichtagsbezogene Bewertung.

bb) Bewertungsverfahren

3513 Das Gesetz definiert kein zwingend anzuwendendes Bewertungsverfahren. *„Maßstab für die Angemessenheit eines Bewertungsverfahrens sind allein „die anerkannten Regeln der Versicherungsmathematik", sowie die „vernünftige kaufmännische Beurteilung"."*[4]

3514 Das IDW führt in seiner Stellungnahme RS HFA 30 n. F. Rz. 60 folgende Anforderungen an das handelsrechtlich anzuwendende Bewertungsverfahren auf:

▶ Es sind die anerkannten Regeln der Versicherungsmathematik anzuwenden.

---

1 Vgl. Höfer/Hagemann/Neumeier, Versorgungsverpflichtungen in den Konzern- und Jahresabschlüssen 2017, DB 2017, S. 2688.
2 Vgl. Höfer/Hagemann/Neumeier, Versorgungsverpflichtungen in den Konzern- und Jahresabschlüssen 2017, DB 2017 S. 2688.
3 Vgl. IDW RS HFA 30, Rz. 53.
4 *Lucius/Oecking/Zimmermann* in aba, H-BetrAV, Bewertung und Finanzierung von Versorgungsverpflichtungen, S. 62, Rz. 198.

IV. Bilanz(steuer-)recht: Unmittelbare Pensionsverpflichtungen nach EStG und HGB

▶ Laufende Rentenverpflichtungen sowie Altersversorgungsverpflichtungen gegenüber unverfallbar Ausgeschiedenen sind mit ihrem Barwert anzusetzen.

▶ Bei Pensionsanwartschaften aktiv tätiger Anwärter muss die Mittelansammlung grundsätzlich über die Aktivitätsperiode des einzelnen Versorgungsanwärters erfolgen. Die Ergebnisse der Mittelansammlung müssen zu einer betriebswirtschaftlich angemessen Darstellung der Belastung beim Bilanzierenden führen.

Gemäß IDW RS HFA 30 n. F. Rz. 61 erfüllen die o. g. Anforderungen grundsätzlich folgende Bewertungsverfahren: 3515

▶ Modifiziertes Teilwertverfahren (siehe Rz. 3384) und

▶ PUC-Methode (siehe Rz. 3386).

Darüber hinaus erfüllt auch das sog. quotierte Anwartschaftsbarwertverfahren (siehe Rz. 3390) die Anforderungen des IDW, ohne dass dieses jedoch explizit in RS HFA 30 n. F. genannt wird. 3516

Jedoch kann es bei vertraglichen Besonderheiten vorkommen, dass eines der o. g. Bewertungsverfahren zu unsachgerechten Bewertungsergebnissen führt. Eine derartige Besonderheit liegt bspw. dann vor, wenn aufgrund einer Änderung der ursprünglichen Zusage in den zukünftigen Dienstjahren keine Anwartschaftszuwächse mehr erworben werden (sog. Verzicht auf den Future-Service). Eine gleichmäßige Neuverteilung der bis zur Änderung erworbenen Besitzstände, wie es dem Teilwertverfahren innewohnt, würde dann zu einer wirtschaftlich nicht sachgerechten Teilauflösung der Pensionsrückstellung führen. In einem derartigen Fall hat eine Bewertung der unmittelbaren Pensionsverpflichtung daher zwingend mit dem Barwert (der unverfallbar erworbenen Versorgungsanwartschaften) zu erfolgen.[1] 3517

cc) Rechnungszins

Der zur handelsrechtlichen Bewertung von Pensionsverpflichtungen anzuwendende Rechnungszinsfuß ist – im Gegensatz zum anzuwendenden Bewertungsverfahren – im Gesetz explizit festgeschrieben. 3518

So regelt § 253 Abs. 2 Satz 1 HGB, dass die Abzinsung von Rückstellungen für Altersversorgungsverpflichtungen anhand des der Restlaufzeit der Verpflichtung entsprechenden durchschnittlichen Marktzinssatzes, basierend auf einer **zehnjährigen Durchschnittsbildung**, zu erfolgen hat. § 253 Abs. 2 Satz 2 HGB 3519

---

1 Vgl. IDW RS HFA 30, Rz. 61.

Anhang

definiert eine Vereinfachungsregelung, nach der Rückstellungen für Altersversorgungsverpflichtungen pauschal mit dem durchschnittlichen Marktzinssatz abgezinst werden dürfen, der sich bei einer **angenommen Restlaufzeit von 15 Jahren**, basierend auf einer zehnjährigen Durchschnittsbildung, ergibt (mittlere Duration). Gemäß § 253 Abs. 2 Satz 4 HGB wird der anzuwendende Rechnungszinssatz von der Deutschen Bundesbank nach Maßgabe einer Rechtsverordnung (Rückstellungsabzinsungsverordnung) ermittelt und monatlich neu bekannt gegeben.

3520 Gemäß § 253 Abs. 6 HGB hat für jedes Geschäftsjahr parallel zu der Bewertung der Pensionsverpflichtung unter Anwendung des Rechnungszinses, der auf einer zehnjährigen Durchschnittsbildung beruht, eine Bewertung der Pensionsverpflichtung unter Anwendung des Rechnungszinses zu erfolgen, der auf einer **siebenjährigen Durchschnittsbildung** beruht.

3521 Der Unterschiedsbetrag zwischen den beiden Bewertungen unterliegt einer Ausschüttungssperre und ist im Anhang der Bilanz auszuweisen.

3522 Die oben dargestellte Regelung wurde im Februar/März 2016 mit dem Gesetz zur Umsetzung der Wohnimmobilienkreditrichtlinie und zur Änderung handelsrechtlicher Vorschriften[1] in das HGB eingefügt. Vor dieser Neuregelung galt für die Bewertung der Pensionsverpflichtung der Rechnungszinssatz als maßgebend, der auf einer siebenjährigen Durchschnittsbildung beruhte.

3523 Im Folgenden wird die Entwicklung des handelsrechtlich anzuwenden Rechnungszinses seit Inkrafttreten des BilMoG zum 31.12. jeden Jahres dargestellt:

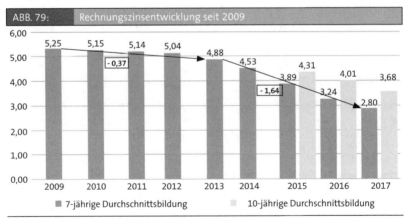

ABB. 79: Rechnungszinsentwicklung seit 2009

---

[1] BGBl 2016 I S. 396.

IV. Bilanz(steuer-)recht: Unmittelbare Pensionsverpflichtungen nach EStG und HGB

Anhand der Abbildung wird deutlich, dass der handelsrechtlich anzuwendende Rechnungszinsfuß (auf Basis der siebenjährigen Durchschnittsbildung) in der Zeitspanne zwischen 12.2009 und 12.2013 um „nur" 0,37 % gesunken ist, während er in der Zeitspanne zwischen 12.2013 und 12.2016 um 1,64 % abgeschmolzen ist (sog. Zinsschmelze). 3524

Für das Wirtschaftsjahr, das nach dem 31.12.2014 begann und vor dem 1.1.2016 endete war die Anwendung des Rechnungszinses, der auf einer zehnjährigen Durchschnittsbildung beruhte, optional. 3525

Die zuletzt von der Deutschen Bundesbank veröffentlichten Rechnungszinssätze belaufen sich auf folgende Prozentbeträge: 3526

	siebenjährige Durchschnittsbildung	zehnjährige Durchschnittsbildung
31.10.2018	2,40 % (7)	3,29 % (10)

Die aktuell veröffentlichen Rechnungszinssätze per 10.2018 zeigen, dass der auf einer siebenjährigen Durchschnittsbildung beruhende Rechnungszins seit 12.2017 nochmals um 0,40 % gesunken ist, während der auf einer zehnjährigen Durchschnittsbildung beruhende Rechnungszins im gleichen Zeitraum um 0,39 % gesunken ist.

Aufgrund der aktuell vorherrschenden Verhältnisse lässt sich bereits jetzt für die kommenden Bilanzstichtage (jeweils zum 31.12.) folgendes Zinssenkungs-Szenario ableiten: 3527

ABB. 80: Prognostizierte Rechnungszinsentwicklung 3528

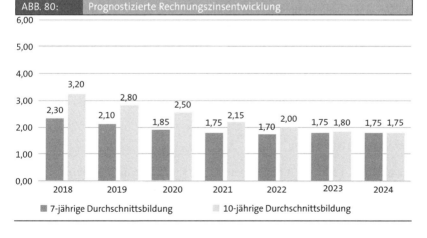

3529 Anhand des Schaubildes kann festgestellt werden, dass der Rechnungszinsrückgang voraussichtlich bis mindestens 2024 fortschreiten wird. Die aktuellen Prognosen zeigen, dass sich der Rechnungszins, der auf der siebenjährigen Durchschnittsbildung beruht, voraussichtlich auf einem Niveau von 1,75 % stabilisieren wird. Ferner wird anhand des Schaubildes deutlich, dass die Neuregelung des Rechnungszinses, die im Februar/März 2016 stattgefunden hat, spätestens im Jahr 2024 keinerlei bilanzielle Entlastung mehr erbringen wird.

dd) Anerkannte Regeln der Versicherungsmathematik

3530 Gesetzlich sind die anerkannten Regeln der Versicherungsmathematik nicht definiert.

3531 Gemäß IDW RS HFA 30 n. F. Rz. 62 sind für die Bewertung von Altersversorgungsverpflichtungen folgende Rechnungsgrundlagen, bzw. -annahmen zu verwenden:

▶ Die Sterbe- und Invalidisierungswahrscheinlichkeiten müssen unter Verwendung zeitnaher Beobachtungswerte und zulässiger mathematisch-statistischer Methoden erstellt worden sein; sie können allgemein anerkannten Tabellenwerken entnommen werden (bspw. Richttafeln 2005 G von Klaus Heubeck; nun die Richttafeln 2018 G von Klaus Heubeck).

▶ Die Fluktuation für die im Unternehmen tätigen Versorgungsberechtigten ist zu berücksichtigen. Unter der Fluktuation ist die (durchschnittliche) altersabhängige Wahrscheinlichkeit zu verstehen, dass ein Versorgungsberechtigter vorzeitig durch Kündigung das Unternehmen ohne Eintritt des Versorgungsfalls verlässt.

▶ Die in die Bewertung eingehende Altersgrenze ist unter Beachtung der vertraglich vorgesehenen Altersgrenze und der voraussichtlichen Pensionierungsgewohnheiten der jeweiligen Versorgungsbestände festzulegen.

3532 Die Berücksichtigung einer Fluktuation findet jedoch regelmäßig nur bei der Bewertung von Kollektivbeständen statt. Bei der Bewertung einer Individualzusage, insbesondere zugunsten eines GGf, wird eine Fluktuation in der Praxis nicht in Ansatz gebracht.

ee) Deckungsvermögen

3533 § 246 Abs. 2 Satz 2 HGB begründet als lex specialis eine Durchbrechung des Saldierungsverbots, denn § 246 Abs. 2 Satz 2 HGB regelt, dass Vermögensgegenstände, die dem Zugriff aller übrigen Gläubiger entzogen sind und ausschließlich der Erfüllung von Schulden aus Altersversorgungsverpflichtungen dienen (sog. Zweckexklusivität), mit diesen Schulden zu verrechnen sind.[1] In solchen Fällen kommt es somit in der Handelsbilanz zum Ausweis der Netto-Pensionsverpflichtung. Deckungsvermögen i. S. d. § 246 Abs. 2 Satz 2 HGB ist in der Handelsbilanz erfolgswirksam mit den beizulegenden Zeitwert zu bewerten. Nach § 268 Abs. 8 Satz 3 i.V. m. Satz 1 HGB besteht für Kapitalgesellschaften eine Ausschüttungssperre in Höhe des die Anschaffungskosten übersteigenden Zeitwerts des Deckungsvermögens abzüglich korrespondierender passiver latenter Steuern.

ff) Übergangsregelung nach Art. 67 EGHGB

Artikel 67 Abs. 1 EGHGB beinhaltet eine Regelung, die den Übergang von der handelsrechtlichen Bewertung der Pensionsverpflichtung vor Einführung des BilMoG zu der handelsrechtlichen Bewertung der Pensionsverpflichtung nach Einführung des BilMoG regelt. 3534

So ist, soweit aufgrund der geänderten Bewertung der laufenden Pensionen oder Anwartschaften auf Pensionen eine Zuführung zu den Rückstellungen erforderlich ist, dieser Betrag bis spätestens zum 31.12.2024 in jedem Geschäftsjahr zu mindestens einem Fünfzehntel aufzulösen. 3535

Die Auflösung des umstellungsbedingten Übergangsbetrags muss nicht einem im Voraus festgelegten Plan folgen. Daraus folgt, dass auch eine schnellere Auflösung über einen kürzeren Zeitraum möglich ist. So könnte z. B. der noch zu verteilende Übergangsbetrag auch in voller Höhe in einem der folgenden Wirtschaftsjahre der handelsrechtlichen Pensionsrückstellung zugeführt werden.[2] 3536

Beispiel zur Übergangsregelung des Art. 67 Abs. 1 EGHGB (Werte in €): 3537

Rückstellung vor Einführung des BilMoG:	135.000
Rückstellung nach Einführung des BilMoG:	150.000
Übergangsbetrag:	15.000

---

[1] Vgl. *Otto* in Blomeyer/Rolfs/Otto, BetrAVG, 7. Aufl., S. 1458, Rz. 367.
[2] Vgl. Lucius/Oecking/Zimmermann in aba: H-BetrAV, Bewertung und Finanzierung von Versorgungsverpflichtungen, S. 58 f. Rz. 183.

Anhang

Jahr	Zuführung	Kumulierte Zuführung	Noch zu verteilender Übergangsbetrag
1	1.000	1.000	14.000
2	1.000	2.000	13.000
3	1.000	3.000	12.000
4	1.000	4.000	11.000
5	1.000	5.000	10.000
6	1.000	6.000	9.000
7	1.000	7.000	8.000
8	1.000	8.000	7.000
9	1.000	9.000	6.000
10	1.000	10.000	5.000
11	1.000	11.000	4.000
12	1.000	12.000	3.000
13	1.000	13.000	2.000
14	1.000	14.000	1.000
15	1.000	15.000	0

3538–3544   (*Einstweilen frei*)

6. Ertragsteuer- und handelsrechtliche Passivierung im Vergleich

3545   In den vorangegangenen Textziffern wurden sowohl die Besonderheiten der ertragsteuer-, als auch der handelsrechtlichen Bewertung detailliert erläutert. Im Folgenden werden die zuvor dargestellten Erkenntnisse tabellarisch gegenübergestellt werden:

Teilgebiet	Ertragsteuerrecht	Handelsrecht
Bildung dem Grunde nach:	Neuzusage: Passivierungspflicht Altzusage: Passivierungswahlrecht	
Anforderungen:	Rechtsanspruch Keine Abhängigkeit von gewinnabhängigen Bezügen Keine steuerschädlichen Vorbehalte Schriftform Eindeutige Angaben	Rechtsanspruch (zivilrechtliche Wirksamkeit)

Bildung der Höhe nach:	Teilwert	Erfüllungsbetrag
Bewertungsverfahren	Teilwertverfahren	Mod. Teilwertverfahren PUC-Methode Quot. Anwartschaftsbarwertverfahren
Einbeziehung von Preis- und Kostensteigerungen	Nur wenn vertraglich fest zugesagt (Stichtagsprinzip)	Gehalts-/Lohntrends Rententrends
Rechnungszins	6,0 %	Durchschnittlicher Marktzinssatz bei zehnjähriger Durchschnittsbildung (Anhang: siebenjährige Durchschnittsbildung)
Begrenzung der Höhe nach	75 % der Aktivenbezüge	keine
Anerkannte Regeln der Versicherungsmathematik	Heubeck-Richttafeln 2005G/2018G Fluktuation mittels Mindestalter Vertraglich zugesagtes Pensionsalter	Heubeck-Richttafeln 2018 G Fluktuationswahrscheinlichkeit Vertraglich zugesagtes Pensionsalter
Erstmalige Bildung	ab 2018: 23 Jahre, oder Eintritt Unverfallbarkeit, oder Eintritt Versorgungsfall	Im Wirtschaftsjahr des Entstehens der Pensionsverpflichtung

7. Wirkungen der Pensionsverpflichtung auf die Gewinnermittlung

a) Anwartschaftsphase

aa) Unmittelbare Pensionsverpflichtung

Die Zuführungen zur Pensionsrückstellung rechnen zu den **abzugsfähigen Betriebsausgaben** der Kapitalgesellschaft i. S. d. § 4 Abs. 4 EStG. Die Zuführung zur Pensionsrückstellung ist je Wirtschaftsjahr der Höhe nach auf den Unterschiedsbetrag begrenzt, der sich zwischen dem Teilwert der Pensionsverpflich- 3546 tung am Schluss des Wirtschaftsjahres und am Schluss des vorangegangenen Wirtschaftsjahres ermittelt.[1]

bb) Rückdeckungsversicherung

3547 Eine Rückdeckungsversicherung ist ein Versicherungsvertrag, den der Arbeitgeber (als Versicherungsnehmer) auf das Leben des Arbeitnehmers (als versicherte Person) zur Finanzierung der unmittelbaren Pensionszusage abschließt und bei der der Arbeitgeber hinsichtlich der Versicherungsleistungen über die Bezugsberechtigung verfügt.

3548 Die Beiträge zu einer Rückdeckungsversicherung rechnen zu den **abzugsfähigen Betriebsausgaben** der Kapitalgesellschaft gem. § 4 Abs. 4 EStG. Dies gilt sowohl für laufende, als auch für einmalige Beitragszahlungen. Im Gegenzug hat die Kapitalgesellschaft den Wert des Versicherungsvertrages ergebniswirksam **zu aktivieren**. D. h., dass sich in Höhe des jeweiligen Zuwachses des Versicherungswertes eine Gewinnerhöhung ergibt.

3549 Per Saldo ermittelt sich die **Ergebniswirkung einer Rückdeckungsversicherung** folgendermaßen:

dem Wirtschaftsjahr zuzurechnender Zuwachs des Aktivwertes

./.

dem Wirtschaftsjahr zuzurechnender Beitrag

Pensionsverpflichtung und Versicherungsanspruch sind getrennt voneinander zu bilanzieren; eine Saldierung der beiden Bilanzpositionen in der Steuerbilanz der Kapitalgesellschaft ist unzulässig.

> **BERATUNGSHINWEIS:**
>
> In der Praxis ist immer wieder festzustellen, dass die bilanzsteuerrechtliche Behandlung einer Rückdeckungsversicherung fälschlicherweise mit einer im Privatvermögen abgeschlossenen Lebensversicherung verwechselt wird. Die Rechtsfolgen der beiden Versicherungsgeschäfte sind jedoch zwingend voneinander abzugrenzen. Während private Lebensversicherungen, die vor Inkrafttreten der Neuregelungen durch das AltEinkG abgeschlossen wurden, bei Einhaltung gewisser steuerrechtlicher Anforderungen in voller Höhe steuerfrei bleiben, rechnet eine Rückdeckungsversicherung ab dem Zeitpunkt des Versicherungsbeginns zum Betriebsvermögen der Kapitalgesellschaft und wird somit von Beginn an als in voller Höhe steuerpflichtig behandelt.

---

1 § 6a Abs. 4 Satz 1 EStG.

b) Leistungsphase
aa) Unmittelbare Pensionsverpflichtung
(1) Zusage auf laufende lebenslange Rentenleistungen

Nach Eintritt des Leistungsfalls wird die bisher gebildete Pensionsrückstellung nach versicherungsmathematischen Grundsätzen i. d. R. wieder abgebaut. Der Umfang des schrittweisen Abbaus ist abhängig von der Leistungsplangestaltung, insbes. von dem Bestehen einer Rentenanpassung und deren Umfang. In der Leistungsphase kommt es daher zu einer schrittweisen gewinnerhöhenden Auflösung der Pensionsrückstellung. Die jährlichen Auflösungen rechnen zu den **steuerpflichtigen Betriebseinnahmen** des jeweiligen Wirtschaftsjahres. 3550

Der versicherungsmathematische Abbau der Pensionsrückstellung ist grundsätzlich auf das 115. Lebensjahr ausgerichtet. D. h., dass bei einem Ableben vor diesem Zeitpunkt die dann noch bestehende Pensionsverpflichtung auf das Maß der verbleibenden Pensionsverpflichtung (Hinterbliebenenrente) sprungweise zu reduzieren ist. Besteht keine Hinterbliebenenrenten-Verpflichtung, ist die Pensionsrückstellung an dem Bilanzstichtag, der dem Ableben des Gf folgt, in voller Höhe gewinnerhöhend aufzulösen. 3551

Die laufenden Rentenzahlungen rechnen zu den **abzugsfähigen Betriebsausgaben** gem. § 4 Abs. 4 EStG. 3552

BERATUNGSHINWEIS:

Grundsätzlich kann davon ausgegangen werden, dass die zu zahlenden Rentenleistungen die jeweils aufzulösenden Teilbeträge der Pensionsrückstellung übersteigen werden. Daher kommt es in der Leistungsphase in der saldierten Wirkung der Pensionszusage ausschließlich zu Verlusten.

(2) Zusage auf einmalige Kapitalleistungen

Nach Eintritt des Leistungsfalls und Erfüllung der Auszahlungsverpflichtung ist die bisher gebildete Pensionsrückstellung am folgenden Bilanzstichtag in vollem Umfang gewinnerhöhend aufzulösen (**steuerpflichtige Betriebseinnahmen**). 3553

Demgegenüber rechnet die einmalige Kapitalleistung zu den **abzugsfähigen Betriebsausgaben** gem. § 4 Abs. 4 EStG. 3554

BERATUNGSHINWEIS:

Grundsätzlich kann davon ausgegangen werden, dass im Falle einer Erfüllung zum vereinbarten Regelalter die zu zahlende Kapitalleistung der insgesamt aufzulösenden Pensionsrückstellung entspricht. Daher kommt es im Wirtschaftsjahr der Erfüllung der Kapitalleistung in den Fällen, in denen der Versorgungsberechtigte bereits am Bilanzstichtag des Vorjahres versicherungsmathematisch das Versorgungsalter erreicht hat, in der saldierten Wirkung der Pensionszusage zu einem erfolgsneutralen Ergebnis. Hat der

Versorgungsberechtigte aufgrund der versicherungsmathematischen Altersbestimmung am Vorjahresstichtag die Regelaltersgrenze noch nicht erreicht, so kommt es im Wirtschaftsjahr der Erfüllung der Kapitalleistung in der saldierten Wirkung der Pensionszusage zu einem Verlust in Höhe der noch ausstehenden Zuführung.

bb) Rückdeckungsversicherung

(1) Rentenversicherung

3555 Die Versicherungsleistung, die die Versicherungsgesellschaft in Form der laufenden Rente an die Kapitalgesellschaft zur Auszahlung bringt, rechnet bei dieser zu den **steuerpflichtigen Betriebseinnahmen**.

3556 Parallel dazu ergibt sich innerhalb des Versicherungsvertrages ein Abbau des Deckungskapitals, welches zu einem schrittweisen Abbau des Aktivwertes der Rückdeckungsversicherung führt. Die im Wirtschaftsjahr eingetretene Verminderung des Aktivwertes rechnet zu den **abzugsfähigen Betriebsausgaben** gem. § 4 Abs. 4 EStG.

BERATUNGSHINWEIS:

In der Praxis ist häufig festzustellen, dass den beteiligten Parteien (Kapitalgesellschaft und versorgungsberechtigter Gf) die Unabhängigkeit von Versicherungsleistung und vertraglich vereinbarter Versorgungsleistung nicht entsprechend bewusst ist. Dementsprechend können in der Praxis Fallgestaltungen angetroffen werden, in denen die Versicherungsleistungen eins zu eins an den versorgungsberechtigten Gf „weitergereicht" werden, ohne dass dabei dessen vertraglicher Anspruch berücksichtigt wird. Dies kann jedoch zu erheblichen zivil- und steuerrechtlichen Problemstellungen führen. Somit ist es uns an dieser Stelle ein dringendes Bedürfnis, darauf hinzuweisen, dass sich der Versorgungsanspruch des berechtigten Gf ausschließlich aus den Bedingungen der Pensionszusage ableitet. Die Leistungen aus der Rückdeckungsversicherung stellen insoweit nur einen Finanzierungsbaustein dar.

(2) Kapitalbildende Lebensversicherung

3557 Die Versicherungsleistung, die die Versicherungsgesellschaft in Form einer einmaligen Ablaufleistung an die Kapitalgesellschaft zur Auszahlung bringt, rechnet bei dieser zu den **steuerpflichtigen Betriebseinnahmen**.

3558 Demgegenüber ist der bisher gebildete Aktivwert der Rückdeckungsversicherung an dem der Auszahlung folgenden Bilanzstichtag **aufwandswirksam** in voller Höhe aufzulösen.

3559 Im Wirtschaftsjahr der Auszahlung der Ablaufleistung begrenzt sich die Ergebniswirkung somit auf den Differenzbetrag zwischen Ablaufleistung und Aktivwert zum vorangegangenen Bilanzstichtag (ggf. unter Berücksichtigung noch geleisteter Beiträge).

3560–3570 (*Einstweilen frei*)

V. Körperschaftsteuerrecht: Ertragsteuerrechtliche Prüfung von Pensionszusagen an GmbH-Geschäftsführer

1. Systematik des zweistufigen Prüfungsverfahrens

Die ertragsteuerrechtliche Prüfung einer unmittelbaren Pensionszusage an einen GmbH-Gf unterliegt einer ganz speziellen Systematik, die bei der Beurteilung des Versorgungsversprechens zwingend zu berücksichtigen ist. 3571

So hat die Prüfung stets anhand eines zweistufigen Prüfungsverfahrens zu erfolgen. 3572

	Prüfung gem.	Prüfungsgegenstand	Rechtsfolge
1. Stufe	§ 6a EStG	**Bildung** einer Pensionsrückstellung	**Bilanzinterne** Korrektur der Pensionsrückstellung
2. Stufe	§ 8 Abs. 3 Satz 2 KStG	**Betriebliche Veranlassung** der Zusage	**Bilanzexterne** Hinzurechnung der vGA

In der **ersten Prüfungsstufe** erfolgt zunächst und grundsätzlich eine formelle Prüfung nach § 6a Abs. 1 EStG. Diese beinhaltet die Zulässigkeit der Bildung einer Pensionsrückstellung **dem Grunde nach**. Die Bildung der Pensionsrückstellung **der Höhe nach** richtet sich im Folgenden nach § 6a Abs. 3 und 4 EStG. 3573

Sind die Grundvoraussetzungen des § 6a EStG durch die zu beurteilende Pensionszusage erfüllt und handelt es sich beim Versorgungsberechtigten um einen GGf (oder um eine dem GGf nahestehende Person), so ist in der **zweiten Prüfungsstufe** das Vorliegen einer verdeckten Gewinnausschüttung (vGA) gem. § 8 Abs. 3 Satz 2 KStG auszuschließen.[1] 3574

Da sich die Rechtsfolgen der beiden Prüfungsstufen deutlich unterscheiden, sind diese zwingend klar zu trennen. Keinesfalls darf es zugelassen werden, dass z. B. ein Verstoß auf der zweiten Prüfungsstufe mit der Auflösung der Pensionsrückstellung innerhalb der Steuerbilanz geahndet werden soll. 3575

2. Erste Prüfungsstufe: Bildung einer Pensionsrückstellung gem. § 6a EStG

§ 6a Abs. 1 EStG definiert die Mindestvoraussetzungen, die für die Bildung einer Pensionsrückstellung in der Steuerbilanz der Gesellschaft zu erfüllen sind. 3576

---

1 R 8.7 KStR 2015.

a) Mindestanforderungen gem. § 6a Abs. 1 EStG

3577 Danach müssen folgende Anforderungen kumulativ erfüllt werden:

- ▶ der Pensionsberechtigte muss über einen **Rechtsanspruch** auf einmalige oder laufende Pensionsleistungen verfügen,

- ▶ die Pensionszusage darf **keine Pensionsleistungen in Abhängigkeit von künftigen gewinnabhängigen Bezügen** vorsehen,

- ▶ die Pensionszusage darf **keinen steuerschädlichen Vorbehalt** enthalten, dass die Pensionsanwartschaft oder die Pensionsleistungen gemindert oder entzogen werden können, oder ein solcher Vorbehalt sich nur auf Tatbestände erstreckt, bei deren Vorliegen nach allgemeinen Rechtsgrundsätzen unter Beachtung billigen Ermessens eine Minderung oder ein Entzug der Pensionsanwartschaft oder der Pensionsleistung zulässig ist,

- ▶ die Pensionszusage muss **schriftlich** erteilt sein und

- ▶ muss **eindeutige Angaben zu Art, Form, Voraussetzungen und Höhe der in Aussicht gestellten künftigen Leistungen** enthalten.

3578 Werden die o. a. Anforderungen durch die der Prüfung unterliegenden Pensionszusage erfüllt, so ist die GmbH dem Grunde nach zur Bildung einer Pensionsrückstellung in ihrer Steuerbilanz berechtigt.

3579 Die Bildung der Pensionsrückstellung der Höhe nach richtet sich dann nach § 6a Abs. 3 und 4 EStG. Dort finden dann auch die Themen „Überversorgung" und „Nachholungsverbot" ihre Anwendung.

b) Rechtsfolgen bei Nicht-Erfüllung der Mindestanforderungen gem. § 6a Abs. 1 EStG

3580 Wird eine der o. a. Voraussetzungen nicht erfüllt, so scheidet die Bildung einer Pensionsrückstellung insoweit aus. D. h., dass die Bildung einer Pensionsrückstellung insoweit zulässig ist, wie die fünf Sondervoraussetzungen des § 6a Abs. EStG erfüllt werden. Dies hat der Gesetzgeber im Rahmen des JStG 1997 mittels einer Ergänzung des § 6a Abs. 1 EStG durch den Zusatz „und soweit" sichergestellt. Wenn also beispielsweise eine Versorgungszusage nur in hälftiger Höhe mit einem Rechtsanspruch ausgestattet ist, kann für diesen Teil die Pensionsrückstellung gebildet werden. Für die andere Hälfte ist keine steuerliche Rückstellungsbildung zulässig, da insoweit die Sondervoraussetzung des Rechtsanspruchs nicht erfüllt werden.[1]

---

[1] Vgl. *Höfer* in Höfer/Veit/Verhuven, BetrAVG, Band II, Kap. 2, S. 72 Rz. 95.

Weitere Ausführungen zur ersten Prüfungsstufe finden Sie in Kapitel IV. des Anhangs unter den Rz. 3411 ff. 3581

(*Einstweilen frei*) 3582–3585

3. Zweite Prüfungsstufe: betriebliche Veranlassung gem. § 8 Abs. 3 Satz 2 KStG

Ist die Pensionsrückstellung in der Steuerbilanz dem Grunde und der Höhe nach zutreffend bilanziert, und handelt es sich beim Versorgungsberechtigten um einen GGf (oder um eine dem GGf nahestehende Person), ist in einem zweiten Schritt zu prüfen, ob und inwieweit die Pensionsverpflichtung auf einer vGA beruht.[1] 3586

a) Betriebliche Veranlassung

Im Rahmen der zweiten Prüfungsstufe wird die ertragssteuerrechtliche Anerkennung der unmittelbaren Pensionszusage nach den zum § 8 Abs. 3 Satz 2 KStG entwickelten Rechtsgrundsätzen hinterfragt. Danach wird eine Pensionszusage nur dann anerkannt, wenn sie als betrieblich veranlasst beurteilt werden kann. Ist die Pensionszusage als nicht betrieblich veranlasst zu beurteilen, so ist sie insoweit als vGA zu behandeln. 3587

Bei der körperschaftsteuerrechtlichen Prüfung des zu beurteilenden Rechtsgeschäftes im Rahmen des anzustellenden Fremdvergleichs geht es also darum, die Gesellschaftssphäre von der betrieblichen Sphäre abzugrenzen. Der wesentliche Grund für das Aufspüren einer vGA liegt in der **Trennung zwischen Einkommenserzielung und Einkommensverwendung.** Während eine (betrieblich veranlasste) Vermögensminderung (verhinderte Vermögensmehrung) aufgrund einer schuldrechtlichen Veranlassung der Ermittlung des Einkommens zuzurechnen ist, bewegt sich die gesellschaftsrechtlich veranlasste Vermögensminderung (verhinderte Vermögensmehrung) im Bereich der Einkommensverwendung. 3588

Aus Sicht der FinVerw sind unabhängig von der Höhe der Beteiligung des versorgungsberechtigten GGf bei der Prüfung der betrieblichen Veranlassung einer Pensionszusage **insbesondere die folgenden Aspekte zu beachten:** 3589

▶ Ernsthaftigkeit,
▶ Erdienbarkeit und
▶ Angemessenheit.[2]

---

[1] R 8.7 Satz 5 KStR 2015.
[2] R 8.7 Satz 6 KStR 2015.

3590 Darüber hinaus neigt die FinVerw dazu, die betriebliche Veranlassung im Rahmen des erweiterten materiellen Fremdvergleichs auch anhand der Üblichkeit der gewählten Gestaltung zu beurteilen. Dient doch die angenommene Unüblichkeit der FinVerw in vielen Fällen dazu, um bestehenden vertraglichen Regelungen die steuerrechtliche Anerkennung zu versagen (siehe hierzu Rz. 278 ff.).

b) Verdeckte Gewinnausschüttung (vGA)

3591 Eine vGA im Sinne des § 8 Abs. 3 Satz 2 KStG liegt dann vor, wenn eine **Vermögensminderung oder verhinderte Vermögensmehrung** bei der Gesellschaft eintritt, die

- ▶ durch das **Gesellschaftsverhältnis** veranlasst ist,
- ▶ sich auf die **Höhe des Unterschiedsbetrags** gem. § 4 Abs. 1 Satz 1 EStG auswirkt und
- ▶ nicht auf einem den gesellschaftsrechtlichen Vorschriften entsprechenden **Gewinnverteilungsbeschluss** beruht.[1]

3592 Eine Veranlassung durch das Gesellschaftsverhältnis wird vom BFH immer dann angenommen, wenn die Kapitalgesellschaft ihrem Gesellschafter einen Vermögensvorteil zuwendet, den sie bei Anwendung der Sorgfalt eines ordentlichen und gewissenhaften Geschäftsleiters einem Nicht-Gesellschafter nicht gewährt hätte.[2]

3593 Eine vGA kann sowohl dem Grunde als auch der Höhe nach entstehen:

- ▶ Eine **vGA dem Grunde nach** ist immer dann anzunehmen, wenn die gewählte Gestaltung nach den Grundsätzen des Fremdvergleichs als nicht betrieblich veranlasst zu beurteilen ist. Sie ist zwingende Rechtsfolge im Rahmen des formellen Fremdvergleichs.
- ▶ Ist die Pensionszusage grundsätzlich als betrieblich veranlasst einzustufen, die Höhe der Versorgungsleistungen jedoch als unüblich zu beurteilen, so führt dies zu einer **vGA der Höhe nach**. Sie ist i. d. R. Rechtsfolge des materiellen Fremdvergleichs.

c) Rechtsfolgen einer vGA

3594 Kommt es im Zusammenhang mit einer Pensionszusage zu einer vGA, so führt dies zu einer außerbilanziellen Korrektur. Dabei wird der Gewinn der Gesellschaft im Rahmen der körperschaftsteuerlichen Einkommensermittlung und

---

1 R 8.5 Abs. 1 Satz 1 KStR 2015.
2 U. a. BFH, Urteil v. 11. 2. 1987 - I R 177/83, BStBl 1987 II S. 461; weitere Urteile siehe H 8.5 KStH 2015 Tz. III (Allgemeines).

somit außerhalb der Steuerbilanz um den Betrag der vGA erhöht (sog. bilanzexterne Korrektur).¹

Anders als bei einem Verstoß gegen die formellen Grundvoraussetzungen des § 6a EStG (erste Prüfungsstufe) kann in diesem Fall eine Korrektur nur noch dann erfolgen, wenn die Veranlagung des Wirtschaftsjahres in dem die vGA entstanden ist, noch berichtigt werden kann. Dies führt dazu, dass z. B. nur der Teilbetrag der Pensionsrückstellung der Korrektur zugrunde gelegt werden kann, der auf das entsprechende Wirtschaftsjahr entfällt. Die Korrektur früherer, bereits bestandskräftiger Wirtschaftsjahre ist unzulässig.² 3595

Ab dem Veranlagungszeitraum 2009 unterliegen Gewinnausschüttungen auf im Privatvermögen gehaltene GmbH-Anteile **in vollem Umfang** der Einkommensteuer, die dann in Form einer Abgeltungsteuer mit 25 % zzgl. Solidaritätszuschlag von 1,375 % erhoben wird. Hierzu rechnen auch verdeckte Gewinnausschüttungen (§ 20 Abs. 1 Nr. 1 Satz 2 EStG). 3596

Auf **Antrag** des Gf kann die vGA in seine Veranlagung zur Einkommensteuer einbezogen werden. Das **Jahressteuergesetz 2008** hat Gesellschaftern/Anteilseignern, die 3597

▶ zu **mindestens 25 %** an einer Kapitalgesellschaft beteiligt sind oder

▶ zu **mindestens 1 %** an einer Kapitalgesellschaft beteiligt **und** für sie **beruflich tätig** sind,

eine **Option zur Anwendung des Teileinkünfteverfahrens** eingeräumt (§ 32d Abs. 2 Nr. 3 EStG).

(*Einstweilen frei*) 3598–3602

4. Betroffene Personenkreise

a) Begünstigter einer vGA

Begünstigter einer vGA ist derjenige, der die gesellschaftsrechtliche Stellung innehat. Wer dies ist, bestimmt sich nach zivilrechtlichen Maßstäben. Begünstigter der vGA ist also i. d. R. der Anteilseigner i. S. d. § 20 Abs. 5 EStG. Anteilseigner ist danach derjenige, dem nach § 39 AO die Anteile an dem Kapitalvermögen im Zeitpunkt des Gewinnverteilungsbeschlusses zuzurechnen sind. Eine vGA an einen Nicht-Gesellschafter ist regelmäßig nur dann möglich, wenn es sich um eine einem Gesellschafter nahestehende Person handelt.³ 3603

---

1 BMF, Schreiben v. 28. 5. 2002, BStBl 2002 I S. 603.
2 BMF, Schreiben v. 28. 5. 2002, BStBl 2002 I S. 603.
3 Vgl. Gosch, KStG, 3. Aufl., § 8 Rz. 211.

b) Beherrschender Gesellschafter-Geschäftsführer

3604 Eine beherrschende Stellung ist immer dann anzunehmen, wenn der GGf über die Macht zur Leitung des Unternehmens verfügt und er in der Lage ist, seinen Willen in der Gesellschafterversammlung durchzusetzen.

aa) Beurteilung anhand der Beteiligungsquote

3605 Der Umfang der Leitungsmacht beurteilt sich anhand der Beteiligungsquote am Stammkapital der Gesellschaft. Hält der Gesellschafter **mehr als 50 % der Anteile**, ist davon auszugehen, dass er in Folge der aus dieser Beteiligung resultierenden Stimmrechte in der Lage ist, seinen Willen durchzusetzen und die Körperschaft zu dem betreffenden Verhalten zu zwingen.[1] Bei abweichender Stimmbeteiligung entscheidet regelmäßig deren Umfang, es sei denn, es bestehen Anhaltspunkte dafür, dass der Gesellschafter seinen Willen anderweitig durchsetzen kann.[2]

3606 Eine beherrschende Stellung i. S. d. KStG liegt daher i. d. R. dann nicht vor, wenn der GGf **nur über 50 % der Stimmrechte** verfügt. Nach Auffassung des BFH kann es in einem solchen Fall jedoch ausnahmsweise zu einer sog. faktischen Beherrschung kommen, wenn besondere Umstände hinzutreten, die eine Beherrschung der Gesellschaft begründen können.[3]

3607 Handelt es sich bei dem begünstigten GGf um einen **Minderheits-Gesellschafter**, so kann auch dieser eine beherrschende Stellung erlangen, wenn mehrere GGf gleich gerichtete wirtschaftliche Interessen verfolgen.[4] In diesem Falle werden deren Beteiligungen zur Beurteilung einer beherrschenden Stellung nämlich zusammengerechnet. Dies kann z. B. dann der Fall sein, wenn den betroffenen Gesellschaftern zeitgleich eine inhaltsgleiche Versorgungszusage erteilt wurde und der einzelne Begünstigte auf die Zustimmung des mitbegünstigten Gesellschafters angewiesen war.

3608 Die Annahme einer **gleichlaufenden Interessenlage** bedarf jedoch stets einer Prüfung des jeweiligen Einzelfalles. Ein steuerlich beachtlicher Interessengleichklang sollte generell nicht flächendeckend, sondern nur geschäftsvorfallbezogen angenommen werden. Und dies nur dann, wenn zu gleichen Teilen, oder unterschiedlich beteiligten Gesellschaftern ein gleichlaufender Vorteil im Umfang ihrer Beteiligungsquote zugutekommt.[5] Die Tatsache, dass die Gesell-

---

1 BFH, Urteil v. 13. 12. 1989 - I R 99/87, BStBl 1990 II S. 454.
2 Vgl. Gosch, KStG, 3. Aufl., § 8 Rz. 220.
3 BFH, Urteil v. 23. 10. 1985 - I R 247/81, BStBl 1986 II S. 195.
4 BFH, Urteil v. 25. 10. 1995 - I R 9/95, BStBl 1997 II S. 703.
5 Vgl. Gosch, KStG, 3. Aufl. § 8 Rz. 222.

schafter nahe Angehörige sind, reicht alleine nicht aus, um gleichgerichtete Interessen anzunehmen; vielmehr müssen weitere Anhaltspunkte hinzutreten.[1]

bb) Besondere Anforderungen für beherrschende Gesellschafter-Geschäftsführer

Ist der versorgungsberechtigte Gf nach diesen Rechtsgrundsätzen als beherrschender GGf zu beurteilen, so kann eine vGA auch dann anzunehmen sein, wenn die Kapitalgesellschaft eine Leistung erbringt, für die es an einer 3609

- ▶ zivilrechtlich wirksamen,
- ▶ klaren und eindeutigen,
- ▶ im Voraus getroffenen und
- ▶ tatsächlich durchgeführten Vereinbarung

fehlt.[2]

Weiter Ausführungen hierzu finden Sie unter den Rz. 3625 ff.

c) Nahestehende Personen

Zum Kreis der dem Gesellschafter nahestehenden Personen zählen sowohl natürliche, als auch juristische Personen, u. U. auch Personenhandelsgesellschaften. Zur Begründung des Nahestehens reicht jede Beziehung eines Gesellschafters der Kapitalgesellschaft zu einer anderen Person aus, die den Schluss zulässt, sie habe die Vorteilszuwendung der Kapitalgesellschaft an die andere Person beeinflusst. Ehegatten können als nahestehende Personen angesehen werden. Beziehungen, die ein Nahestehen begründen, können familien-, gesellschafts-, schuldrechtlicher, oder auch rein tatsächlicher Art sein. Eine beherrschende Stellung ist für ein Nahestehen nicht erforderlich.[3] 3610

Eine vGA, die einer nahestehenden Person i. S. d. KStG zufließt, ist steuerrechtlich stets dem Gesellschafter als Einnahme zuzurechnen, es sei denn, die nahestehende Person ist selbst Gesellschafter. Darauf, dass der betreffende Gesellschafter selbst einen Vermögensvorteil erlangt, kommt es nach der von der FinVerw vertretenen Rechtsauffassung nicht an.[4] Die dem Gesellschafter zuzurechnende Kapitaleinkunft wird sodann von diesem in einkommensteuerrechtlich unbeachtlicher Weise verwendet. 3611

(*Einstweilen frei*) 3612–3615

---

1 BFH, Urteil v. 1. 2. 1989 - I R 73/85, BStBl 1989 II S. 522.
2 R 8.5 Abs. 2 Satz 1 KStR 2015.
3 H 8.5 KStH 2015.
4 BMF, Schreiben v. 20. 5. 1999, BStBl 1999 I S. 514.

5. Prüfungsmaßstab Fremdvergleich

3616 Das zu beurteilende Rechtsgeschäft muss um zu einer vGA werden zu können durch das Gesellschaftsverhältnis veranlasst und nicht nur verursacht sein. Dabei besteht die Aufgabe darin, festzustellen, wann und unter welchen Umständen eine Veranlassung durch das Gesellschaftsverhältnis anzunehmen ist.

a) Fremdvergleich als Maßstab der Handlungsveranlassung

3617 *„Richtigerweise hat der Fremdvergleich aus steuerlicher Sicht seine Rechtsgrundlage im Veranlassungsgrundsatz. Der Fremdvergleich dient dazu, die wahre Handlungsveranlassung in jenen Fällen aufzudecken, in denen sie sich nicht (ausnahmsweise) in Gestalt einer konkreten Veranlassung offenbart. Der Fremdvergleich dient (als unbestimmter Rechtsbegriff und zugleich als Hilfsmittel) dazu, die im Einzelfall maßgebliche Willensrichtung der an einem tatsächlichen Lebensvorgang beteiligten Personen festzustellen."*[1]

3618 Als Maßstab für den Fremdvergleich hat die Rechtsprechung die Rechtsfigur des **ordentlichen und gewissenhaften Geschäftsleiters** entwickelt. Dabei handelt es sich um eine typisierte Denkfigur, deren hypothetisches Verhalten der Prüfung der Veranlassungsfrage zugrunde zu legen ist. Im Bereich der Pensionszusage ist zwingend zu beachten, dass sich der Gf einer GmbH nicht mit einem beliebigen Arbeitnehmer vergleichen lässt. Vergleichssubjekt ist vielmehr i.d.R. der Gf in vergleichbarer Position mit vergleichbarem (und erreichbarem) Wissens- und Erfahrungsstand.[2] Bei der Bewertung der Rechtsfigur des ordentlichen und gewissenhaften Geschäftsleiters ist immer davon auszugehen, dass es sich um einen fremden und unabhängigen Geschäftsleiter handelt, der nicht am Stammkapital der Gesellschaft beteiligt ist.

3619 Das Verhalten eines ordentlichen und gewissenhaften Geschäftsleiters liefert jedoch keine allein und als einzig richtig zu beurteilende Handlungsanweisung, denn den ordentlichen und gewissenhaften Geschäftsleiter als Typus gibt es in der Realität nicht. Die Rechtsfigur liefert lediglich die Leitidee für das Verhalten eines Geschäftsleiters. Dabei wird die Rechtsfigur von dem Gedanken getragen, dass der Geschäftsleiter sein Verhalten in verantwortungsvoller Weise darauf ausrichten wird, Vorteile für die Gesellschaft wahrzunehmen und entsprechende Schäden von der Gesellschaft abzuwenden. Als Maßstab dienen die kaufmännischen Gepflogenheiten, das Verkehrsübliche und das wirtschaftlich Vernünftige.

---

1 Gosch, KStG, 3. Aufl., § 8 Rz. 290.
2 Vgl. Gosch, KStG, 3. Aufl., § 8 Rz. 300a.

b) Schemata zur Veranlassungsprüfung

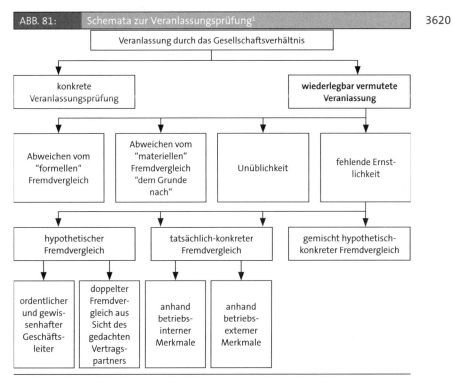

ABB. 81: Schemata zur Veranlassungsprüfung[1]   3620

(Einstweilen frei)   3621–3624

6. Formeller Fremdvergleich

a) Betroffene Personenkreise

Ist der Versorgungsberechtigte als **beherrschender GGf** i. S. d. KStG zu beurteilen, oder handelt es sich um eine einem beherrschenden GGf **nahestehende Person**, so stellt die FinVerw und die Rechtsprechung erhöhte Anforderungen (Sonderanforderungen) an die betriebliche Veranlassung einer Pensionszusage.   3625

---

1 Vgl. Gosch, KStG, 3. Aufl., § 8 Rz. 284.

3626 Die beherrschende Stellung muss im Zeitpunkt der Vereinbarung oder des Vollzugs der Vermögensminderung oder der verhinderten Vermögensmehrung gegeben sein.[1]

b) Sonderanforderungen

3627 Pensionszusagen, die zugunsten des o. g. Personenkreises erteilt werden, sind nur dann als betrieblich veranlasst zu beurteilen, wenn die Kapitalgesellschaft eine Leistung erbringt, die auf einer

- ▶ zivilrechtlich wirksamen,
- ▶ klaren und eindeutigen und
- ▶ im Voraus getroffenen

Vereinbarung beruht und die tatsächlich durchgeführt wird.[2]

3628 Die Sonderanforderungen stellen demnach eine Variante des Fremdvergleichs dar.

3629 Dabei lässt sich die FinVerw von dem Gedanken leiten, dass ein beherrschender GGf seine beherrschende Stellung dazu nutzen wird, um seine eigenen Interessen in der Gesellschaft durchzusetzen und dabei auch nicht davor zurückscheuen wird, die Interessen der FinVerw hinten anzustellen, oder sie womöglich gänzlich zu missachten. Die Sonderanforderungen dienen also ausschließlich der Missbrauchsvermeidung. So soll in erster Linie verhindert werden, dass der beherrschende GGf über die Möglichkeit verfügt, den Gewinn der Kapitalgesellschaft frei zu manipulieren. Ferner soll der beherrschende GGf dazu gezwungen werden, sein Wahlrecht mit dem er darüber bestimmt, ob er mit der Kapitalgesellschaft auf schuld- oder gesellschaftsrechtlicher Ebene verkehren will, rechtzeitig auszuüben.

aa) Zivilrechtliche Wirksamkeit

3630 Die Frage der zivilrechtlichen Wirksamkeit ist auf Grund der Anforderungen des § 6a Abs. 1 EStG bereits zwingend im Rahmen der ersten Prüfungsstufe zu beurteilen. Ist die zivilrechtliche Wirksamkeit des Versorgungsversprechens nicht gegeben, so scheidet die Bildung einer Pensionsrückstellung innerhalb der Steuerbilanz der Kapitalgesellschaft aus. In der Folge wird die Pensionsverpflichtung keine Vermögensminderung herbeigeführt haben die eine vGA auslösen könnte.

---

1 R 8.5 Abs. 2 Satz 2 KStR 2015.
2 R 8.5 Abs. 2 Satz 1 KStR 2015.

Der Punkt spielt demzufolge im Rahmen des formellen Fremdvergleichs, der im Zusammenhang mit einer unmittelbaren Pensionszusage an einen GGf anzustellen ist, nur noch eine untergeordnete Rolle, da bei Feststellung einer zivilrechtlichen Unwirksamkeit der Versorgungsregelung bereits eine bilanzinterne Korrektur innerhalb der ersten Prüfungsstufe vorzunehmen wäre.

3631

bb) Klarheits- und Eindeutigkeitsgebot

Vergleichbares gilt auch für die Sonderanforderung hinsichtlich des Klarheits- und Eindeutigkeitsgebotes, da auch in diesem Punkt der § 6a Abs. 1 Nr. 3 EStG bereits bestimmt, dass eine Pensionszusage eindeutige Angaben zu Art, Form, Voraussetzungen und Höhe der in Aussicht gestellten Leistungen beinhalten muss.

3632

Der Punkt spielt demzufolge im Rahmen des formellen Fremdvergleichs, der im Zusammenhang mit einer unmittelbaren Pensionszusage an einen GGf anzustellen ist, ebenfalls nur noch eine untergeordnete Rolle, da bei einem Verstoß gegen das Klarheits- und Eindeutigkeitsgebot bereits eine bilanzinterne Korrektur innerhalb der ersten Prüfungsstufe vorzunehmen wäre.

3633

Eine Relevanz kann sich jedoch dann ergeben, wenn der Verstoß gegen das Klarheits- und Eindeutigkeitsgebots auf der ersten Prüfungsstufe ohne Auswirkung blieb, da der Mangel keine Auswirkung auf die bisher gebildete Pensionsrückstellung hatte. Dies wäre z. B. im Bereich der vorgezogenen Altersrente möglich. Nimmt der beherrschende GGf dann auf der Grundlage einer unklaren Bestimmung die vorgezogene Altersrente in Anspruch, kann diese als vGA gewertet werden. Diese Qualifizierung ist u. E. jedoch nur dann rechtlich zulässig, wenn der Sinn der Klausel nicht im Rahmen einer Auslegung nach den Regeln des BGB ermittelt werden kann.

cc) Nachzahlungs- und Rückwirkungsverbot

Eine grundlegend andere Sachlage ergibt sich jedoch hinsichtlich der Sonderanforderung einer im Voraus zu treffenden Vereinbarung. Das sog. Nachzahlungs- und Rückwirkungsverbot soll nämlich verhindern, dass der beherrschende GGf seine ihm obliegende Leitungsmacht dazu nutzt, um den Gewinn der Kapitalgesellschaft willkürlich zu beeinflussen. Zur Vermeidung einer ungewollten nachträglichen Beeinflussung des Betriebsergebnisses der Kapitalgesellschaft ist es daher erforderlich, dass Vereinbarungen zwischen der Kapitalgesellschaft und dem diese beherrschenden GGf zwingend im Voraus getroffen werden müssen.

3634

> **BERATUNGSHINWEIS:**
> An einer solchen rechtzeitigen Vereinbarung fehlt es nach Auffassung des BFH z. B. dann, wenn in der ursprünglichen Vereinbarung zur Pensionszusage an einen beherrschenden GGf keine Abfindungsklausel enthalten war, diese jedoch im Zuge der Übertragung von Gesellschaftsanteilen und deutlich vor der vertraglich vereinbarten Fälligkeit vertragswidrig und „ad hoc" abgefunden wird.[1]

dd) Tatsächliche Durchführung

3635 Die Rechtsprechung unterstellt im Grundsatz, dass unter fremden Dritten erwartet und verlangt werde, dass das vereinbarte auch tatsächlich durchgeführt und umgesetzt wird. Daran misst sie das Ernsthaftigkeitserfordernis.[2]

3636 Das Fehlen der tatsächlichen Durchführung ist ein gewichtiges Indiz dafür, dass die Vereinbarung nicht ernstlich gemeint ist.[3] Ob eine Vereinbarung tatsächlich durchgeführt wurde (Ist-Vereinbarung), orientiert sich an den durch die Soll-Vereinbarung gesetzten Vorgaben. Geringfügige Abweichungen können ggfs. unbeachtlich sein, wenn ansonsten an der Ernstlichkeit des Vorgangs keine Zweifel bestehen.[4]

> **BERATUNGSHINWEIS:**
> An einer tatsächlichen Durchführung fehlt es nach Auffassung des BFH z. B. dann, wenn ein beherrschender GGf vor Ablauf der erforderlichen Erdienungsfrist vorzeitig und ohne erkennbaren plausiblen Grund aus dem mit der Kapitalgesellschaft bestehenden Dienstverhältnis ausscheidet.[5]

c) Rechtsfolgen

3637 Werden die o. g. Sonderanforderungen missachtet und wird die daraus abzuleitende indizielle Vermutung einer gesellschaftlichen Veranlassung nicht widerlegt, so ist das zu beurteilenden Rechtsgeschäft bereits **dem Grunde nach als vGA einzustufen**. Auf eine darüber hinausgehende Angemessenheitsprüfung hinsichtlich der Höhe des zu beurteilenden Rechtsgeschäftes kommt es dann nicht mehr an.

3638 Wurde auf der Grundlage des gesellschaftlich veranlassten Rechtsgeschäftes eine Gegenleistung erbracht, so ist diese folgerichtig als gesellschaftlich veranlasste Einlage zu beurteilen.

---

1 BFH, Urteil v. 11. 9. 2013 - I R 28/13, BStBl 2014 II S. 726.
2 Vgl. Gosch, KStG, 3. Aufl., § 8 Rz. 331.
3 H 8.5 KStH 2015 Tz. I (Tatsächliche Durchführung von Vereinbarungen).
4 Vgl. Gosch, KStG, 3. Aufl., § 8 Rz. 332.
5 BFH, Urteil v.25. 6. 2014 - I R 76/13, NWB DokID: GAAAE-72210.

(Einstweilen frei) 3639–3644

7. Materieller Fremdvergleich

a) Betroffene Personenkreise

Anders als beim formellen Fremdvergleich, dessen Anwendungsbereich nur die Personenkreise des beherrschenden GGf, sowie den diesen nahestehenden Personen umfasst, erstreckt sich der Anwendungsbereich des materiellen Fremdvergleichs im Hinblick auf die Prüfung von unmittelbaren Pensionszusagen auf alle mitarbeitenden Gesellschafter und den diesen nahestehenden Personen, sowie auf alle GGf (sowohl beherrschend, als auch nicht beherrschend) und den diesen nahestehenden Personen. 3645

b) Ausprägungen des materiellen Fremdvergleichs

Ob ein Rechtsgeschäft als vGA zu beurteilen ist, bestimmt sich in erster Linie anhand der Frage, ob die Vermögensminderung (verhinderte Vermögensmehrung) in materiell-rechtlicher Hinsicht dem Fremdvergleich standhalten kann. Der materielle Fremdvergleich ist anhand einer generalisierenden Betrachtung durchzuführen, zu dessen Umsetzung die Rechtsprechung schablonenartige Kriterien vorgegeben und die die zu prüfende Pensionszusage zu erfüllen hat.[1] 3646

Der materielle Fremdvergleich ist – in Abhängigkeit von den Umständen des zu beurteilenden Rechtsgeschäftes – in einigen oder all seinen Facetten durchzuführen. Hierfür kommen in Frage, ein 3647

▶ tatsächlich-konkreter Abgleich mit betriebsinternen und/oder -externen Faktoren,

▶ hypothetischer Abgleich (ordentlicher Geschäftsleiter; doppelter Fremdvergleich) und

▶ gemischt hypothetisch-konkreter Abgleich.

Alle Vergleichsmethoden stehen insoweit unverbunden und sich wechselseitig ergänzend nebeneinander. Sie schließen sich weder aus, noch kollidieren sie miteinander. Der Rechtsanwender kann sich ihrer beliebig nach den Notwendigkeiten des Einzelfalles bedienen und daraus (widerlegbare) Vermutungen ableiten.[2] 3648

„Neben den Methoden des materiellen Fremdvergleiches im engeren Sinne stehen jene des *materiellen Fremdvergleichs im weiteren Sinne*. Es sind dies sonstige Hilfskriterien im Rahmen der Veranlassungsprüfung, namentlich jene der 3649

---

1 Vgl. Ahrend/Förster/Rößler, Steuerrecht der bAV, Band II, Teil VI S. 86 Rz. 576.
2 Vgl. Gosch, KStG, 3. Aufl., § 8 Rz. 340.

Ernsthaftigkeit (Ernstlichkeit) und der Üblichkeit. Letztendlich ist es Geschmackssache und weniger Sache der dogmatischen Stringenz, ob man diese Faktoren neben den Fremdvergleich stellt, oder ob man sie als Unterformen des Fremdvergleichs versteht, was hier (wie wohl auch vom BFH) befürwortet wird. Ausschlaggebend ist, dass es jedenfalls gleichermaßen gerechtfertigt ist, eine gesellschaftliche Veranlassung zu vermuten, wenn ein gedachter Geschäftsleiter sich auf ein „unübliches" Geschäft einlässt, oder wenn es Hinweise auf eine fehlende Ernstlichkeit gibt."[1]

aa) Tatsächlich-konkreter Fremdvergleich

3650 Existiert im Unternehmen ein nicht beteiligter Gf, der nicht mit dem GGf verwandtschaftlich verbunden ist und der über ein vergleichbares Aufgabengebiet verfügt, so wird dieser zum Vergleichsmaßstab für den sog. **konkreten Fremdvergleich**.

3651 Entspricht die Versorgungsregelung mit dem Fremd-Gf nach Art, Inhalt und Umfang der Pensionszusage des GGf, so ist davon auszugehen, dass dies die Üblichkeit der Gestaltung indiziert (sog. **betriebsinterner Fremdvergleich**).

3652 Entspricht die Versorgungsregelung den Bedingungen, die bei vergleichbaren Unternehmen (Branche, Größe, Umsatz) üblicherweise den dort tätigen Gf zugesagt werden, so ist davon auszugehen, dass dies die Üblichkeit der Gestaltung indiziert (sog. **betriebsexterner Fremdvergleich**).

bb) Hypothetischer Fremdvergleich

3653 Da die für einen konkreten Fremdvergleich notwendige Konstellation nur in sehr seltenen Fällen gegeben sein wird, ist die Üblichkeit des Versorgungsversprechens in der überwiegenden Anzahl der Fälle anhand des hypothetischen Fremdvergleichs festzustellen.

3654 In diesem Falle wird der ordentliche und gewissenhafte Geschäftsleiter zum Maßstab eines hypothetischen Handelns (siehe hierzu Rz. 3647). Die Feststellung dessen, was unter Anwendung eines hypothetischen Handlungsmaßstabes als üblich einzustufen ist, unterliegt zwangsläufig einem nicht unerheblichen Ermessensspielraum. Deshalb werden bei Fragen der Üblichkeit die Auseinandersetzungen mit der FinVerw oftmals zum Gegenstand finanzgerichtlicher Verfahren gemacht.

3655 I. d. R. kann davon ausgegangen werden, dass der einseitige Fremdvergleich der aufgrund des Handlungsmaßstabes als ordentlicher und gewissenhafter

---

[1] Gosch, KStG, 3. Aufl., § 8 Rz. 345.

Geschäftsleiter durchgeführt wird, zu vertretbaren Ergebnissen führen wird. In Einzelfällen mag es vertretbar sein, auch die Sicht des Vertragspartners in den Fremdvergleich miteinzubeziehen (sog. **doppelter Fremdvergleich**). Der BFH hat die Rechtsfigur des doppelten Fremdvergleichs erstmals mit seiner Entscheidung vom 17. 5. 1995 in die Beurteilung einer vGA miteinbezogen, um in bestimmten Situationen flexibel auf das zu beurteilende Rechtsgeschäft eingehen zu können und somit den strukturell fehlenden Interessengegensatz zwischen der Kapitalgesellschaft einerseits und dem Gesellschafter andererseits sichtbar zu machen.[1]

Dass der doppelte Fremdvergleich nicht stets einer Anwendung bedarf hat der BFH dann mit seiner Entscheidung v. 19. 5. 1998 zum Ausdruck gebracht und insoweit seine Ausführungen in o. g. Entscheidung relativiert.[2] Danach stellt der doppelte Fremdvergleich lediglich einen indiziellen Aspekt dar, auf den im Rahmen des hypothetischen Fremdvergleichs zurückgegriffen werden kann. Das Gewicht des indiziellen Aspektes des doppelten Fremdvergleichs ist allerdings nicht sonderlich hoch anzusetzen. Denn immer dann, wenn es dem ordentlichen und gewissenhaften Geschäftsleiter aus Sicht der Kapitalgesellschaft gelungen ist, eine für die Gesellschaft vorteilhafte Vereinbarung zu erreichen, ist dies steuerlich hinzunehmen.[3]

3656

(*Einstweilen frei*)   3657–3660

8. Einzelne Aspekte des materiellen Fremdvergleichs

FinVerw und Rechtsprechung haben in der Vergangenheit im Rahmen des materiellen Fremdvergleichs verschiedene Aspekte aufgegriffen und die Rahmenbedingungen definiert, die unter materiell-rechtlichen Gesichtspunkten erfüllt werden müssen, um die Anerkennung der betrieblichen Veranlassung des Versorgungsversprechens erreichen zu können.

3661

Aus Sicht der FinVerw sind **zunächst und insbesondere** bei der Prüfung der betrieblichen Veranlassung einer Pensionszusage **folgende Aspekte zu beachten**:

3662

- ▶ Ernsthaftigkeit,
- ▶ Erdienbarkeit und
- ▶ Angemessenheit.[4]

---

[1] BFH, Urteil v. 17. 5. 1995 - I R 147/93, BStBl 1996 II S. 204.
[2] BFH, Urteil v. 19. 5. 1998 - I R 36/97, BStBl 1998 II S. 689.
[3] Gosch, KStG, 3. Aufl., § 8 Rz. 362.
[4] R 8.7 Satz 6 KStR 2015.

3663 Darüber hinaus existieren mittlerweile eine Vielzahl weiterer Prüfungskriterien (z. B. Probezeit, Finanzierbarkeit, u. a.), auf die im Folgenden zusammenfassend eingegangen wird.

a) Ernsthaftigkeit

aa) Grundsatz der Ernsthaftigkeit

3664 Die Ernsthaftigkeit steht in unmittelbarer Korrelation mit der tatsächlichen Durchführung. Die Rechtsprechung unterstellt im Grundsatz, dass unter fremden Dritten erwartet und verlangt werde, dass das vereinbarte auch tatsächlich durchgeführt und umgesetzt wird. Daran misst sie das Ernsthaftigkeitserfordernis.[1] Vor diesem Hintergrund kann z. B. nicht eingewendet werden, dass eine Pensionszusage, die im Laufe der Anwartschaftsphase mehrmals geändert wurde und die mit Eintritt eines Versorgungsfalls auch tatsächlich in Anspruch genommen wurde, nur deswegen als nicht ernsthaft vereinbart beurteilt werden kann, weil im Rahmen der Vertragsänderungen durch fehlerhafte Verweise auf vorhergehende Fassungen Unstimmigkeiten entstanden sind.

3665 Allerdings darf es sich bei dem Versorgungsversprechen nicht nur um ein Scheingeschäft handeln. Dabei kann ein Scheingeschäft auch dann vorliegen, wenn die Vertragsparteien zusammenwirken, um nur den äußeren Schein des Rechtsgeschäfts zu wahren, die damit verbundenen Rechtsfolgen aber missachten.

BERATUNGSHINWEIS:

Im Falle einer unmittelbaren Pensionszusage wäre dies wohl anzunehmen, wenn das Versorgungsversprechen nur aus dem einzigen Grund eingegangen worden wäre, den damit einhergehenden Steuerstundungseffekt zu nutzen; nicht jedoch die daraus resultierende Versorgungsverpflichtung erfüllen zu wollen. Auch das Fehlen der tatsächlichen Durchführung kann ein gewichtiges Indiz dafür darstellen, dass es der Vereinbarung an der notwendigen Ernstlichkeit fehlt. So ist in der Praxis immer wieder festzustellen, dass ein eigentlich versorgungsberechtigter GGf seine aktive Tätigkeit als Gf weit über die vereinbarte Regelaltersgrenze hinaus fortsetzt. Derartige Gestaltungen führen in der Betriebsprüfung insb. dann zu Diskussionen im Hinblick auf die Ernsthaftigkeit des Versorgungsversprechens, wenn die Tätigkeit deutlich über das 70. Lebensjahr hinaus fortgesetzt wird.

---

1 Gosch, KStG, 3. Aufl., § 8 Rz. 331.

bb) Pensions-/Mindestalter als Element der Ernsthaftigkeit

Gemäß BMF-Schreiben v. 9.12.2016 gilt hinsichtlich des Pensionsalters das Folgende:[1]   3666

(1) vGA dem Grunde nach: fehlende Ernsthaftigkeit

Bei **Neuzusagen** (die nach dem 9.12.2016 erteilt werden/wurden) ist bei einer vertraglichen Altersgrenze von weniger als **62 Jahren** davon auszugehen, dass **keine ernsthafte Vereinbarung** vorliegt (**vGA dem Grunde nach**). Zuführungen zur Pensionsrückstellung sind in voller Höhe vGA.   3667

Bei **Altzusagen** (zum 9.12.2016 bereits bestehende Zusagen) gilt **weiterhin** eine Altersgrenze von **60 Jahren**.[2]   3668

(2) vGA der Höhe nach: Sonderanforderungen für beherrschende Gesellschafter-Geschäftsführer

Bei **Neuzusagen** (die nach dem 9.12.2016 erteilt werden/wurden) ist grundsätzlich davon auszugehen, dass eine Pensionszusage **insoweit unangemessen** ist, als eine geringere vertragliche Altersgrenze als **67 Jahre** vereinbart wird (**vGA der Höhe nach**). Zuführungen zur Pensionsrückstellung sind dann insoweit vGA, als diese nicht auf das 67. Lebensjahr, sondern auf das vertraglich vereinbarte geringere Pensionsalter berechnet werden. Den Steuerpflichtigen bleibt es aber unbenommen, die Fremdüblichkeit eines niedrigeren Pensionsalters darzulegen.   3669

Bei **Neuzusagen** (die nach dem 9.12.2016 erteilt werden/wurden) an **beherrschende GGf mit Behinderung** i.S.d. § 2 Abs. 2 SGB IX ist es nicht zu beanstanden, wenn eine vertragliche Altersgrenze von mindestens **62 Jahren** zugrunde gelegt wird.   3670

Bei **Altzusagen** (zum 9.12.2016 bereits bestehende Zusagen) wird es nicht beanstandet, wenn eine vertragliche Altersgrenze von mindestens **65 Jahren** vereinbart wurde oder nachträglich spätestens bis zum Ende des Wirtschaftsjahres vereinbart wird, das nach dem 9.12.2016 beginnt. Ist eine vertragliche Altersgrenze von weniger als 65 Jahren vereinbart, gilt das o.a. mit der Maßgabe entsprechend, dass für die Berechnung der vGA statt auf das 67. Lebensjahr auf das 65. Lebensjahr abzustellen ist.   3671

---

1 BMF, Schreiben v. 9.12.2016, Rz. 7 ff., BStBl 2016 I S. 1427.
2 R 38 Satz 8 KStR 2004.

3672 Bei **Altzusagen** (zum 9.12.2016 bereits bestehende Zusagen) an **beherrschende GGf mit Behinderung** i. S. d. § 2 Abs. 2 SGB IX ist es nicht zu beanstanden, wenn eine vertragliche Altersgrenze von mindestens **60 Jahren** zugrunde gelegt wird.

(3) vGA-Prüfung und Statuswechsel

3673 Für die Frage, ob eine **vGA** vorliegt, ist grundsätzlich auf die Verhältnisse bei Erteilung der Zusage abzustellen.

3674 Ein **Statuswechsel** vom nicht beherrschenden zum beherrschenden Gesellschafter begründet für sich alleine regelmäßig noch keinen Anlass zur Prüfung, ob das in der Zusage vereinbarte Pensionsalter durch das Gesellschaftsverhältnis veranlasst ist. Dies gilt jedoch nicht, wenn weitere Anhaltspunkte für eine mögliche Veranlassung durch das Gesellschaftsverhältnis hinzutreten (z. B. eine zeitliche Nähe von Erteilung der Zusage und Erwerb der beherrschenden Stellung).

3675 **Wird die Zusage wesentlich geändert**, ist stets auch im Hinblick auf das vereinbarte Pensionsalter erneut zu prüfen, ob die Pensionszusage durch das Gesellschaftsverhältnis veranlasst ist.

(4) Anmerkungen zum BMF-Schreiben

3676 Wie bei vielen BMF-Schreiben, die in der jüngeren Vergangenheit zum Thema Pensionszusage ergangen sind, mangelt es auch dem BMF-Schreiben v. 9.12.2016 an Klarheit und Eindeutigkeit der Ausführungen:

3677 So ist auch nach dem Ergehen dieser Verwaltungsanweisung nicht klar und eindeutig erkennbar, ob sich die genannten Altersgrenzen im Falle einer Neuzusage an einen beherrschenden GGf nur auf die Regelaltersgrenze beziehen, oder auch auf den Zeitpunkt der frühestmöglichen Inanspruchnahme (vorgezogene Altersgrenze). U. E. kann diese Frage nur beantwortet werden, **wenn die Ausführungen des BMF wie folgt ausgelegt werden:**

3678 Zunächst definiert das BMF eine **erste Stufe**, die auf der **Ernsthaftigkeit** des Versorgungsversprechens beruht und diese verneint, sofern die Mindestaltersgrenzen von 60/62 Jahren unterschritten werden. In diesem Falle führt die mangelnde Ernsthaftigkeit zu einer **vGA dem Grunde nach**. U. E. gilt dieser Grundsatz für alle Pensionszusagen, die GGf (sowohl beherrschend, als auch nicht beherrschend), oder diesen nahestehende Personen gegenüber erteilt werden/wurden. Zur Prüfung der vGA dem Grunde nach ist u. E. auf den Zeitpunkt der frühestmöglichen Inanspruchnahme abzustellen. D. h. die Möglichkeit einer vorzeitigen Inanspruchnahme der Pensionsleistungen ist in diesem Falle in die Prüfung miteinzubeziehen.

In einem **zweiten Schritt** definiert das BMF **Sonderanforderungen**, die nur auf Pensionszusagen zugunsten von **beherrschenden GGf**, oder diesen nahestehende Personen Anwendung finden und der Prüfung einer **vGA der Höhe nach** dienen. Diese nimmt die FinVerw dann an, wenn die Mindestaltersgrenzen von 65/67 Jahren unterschritten werden. Werden diese Altersanforderungen nicht erfüllt, so ist nach der vom BMF vertretenen Auffassung davon auszugehen, dass die Pensionszusage **insoweit als unangemessen** beurteilen zu ist. Zur Prüfung der vGA der Höhe nach ist u. E. auf den Zeitpunkt der vereinbarten regulären Inanspruchnahme der Pensionsleistungen (Regelaltersgrenze) abzustellen, da diese der Bewertung der Pensionsrückstellung zugrunde zu legen ist.[1]

3679

BERATUNGSHINWEIS:
Nach der zuvor dargestellten Auslegung des BMF-Schreibens sind Neuzusagen an beherrschende GGF u. E. dann nicht zu beanstanden, wenn diese eine vorgezogene Altersgrenze von mindestens 62 Jahren, sowie eine Regelaltersgrenze von mindestens 67 Jahren beinhalten. Für Altzusagen an beherrschende GGf gilt dies mit der Maßgabe, dass als vorgezogene Altersgrenze mindestens das 60. Lebensjahr und als Regelaltersgrenze mindestens das 65. Lebensjahr vereinbart sein muss.

Auch die bei Altzusagen zugunsten von beherrschenden GGf **eingeräumte Übergangsregelung** zur Anpassung der Altersgrenze lässt nicht zweifelsfrei erkennen, ob dies ohne ausgleichende Anpassung der zugesagten Versorgungsleistungen (wertgleiche Umgestaltung) zulässig sein soll. Da es auf der Hand liegt, dass eine bloße Verschiebung des Pensionsalters – ohne parallele wertgleiche Anpassung der bisher zugesagten Versorgungsleistungen – auf der Grundlage des vom BMF definierten Barwertvergleiches[2] zwangsläufig zu einem Verzicht (und den daraus resultierenden ertragsteuerrechtlichen Rechtsfolgen, siehe hierzu Rz. 934) führt, kann eine Verschiebung des Pensionsalters u. E. nur unter Vereinbarung einer wertgleichen Anpassung der zugesagten Versorgungsleistungen durchgeführt werden.

3680

b) Erdienbarkeit

aa) Definition

Ausgehend von dem – einer bAV innewohnenden – Entgeltcharakter gehen BFH[3] und FinVerw[4] gleichermaßen davon aus, dass eine unmittelbare Pensi-

3681

---

1 BMF, Schreiben v. 9.12.2016, Rz. 5, BStBl 2016 I S. 1427.
2 BMF, Schreiben v. 14.8.2012, BStBl 2012 I S. 874.
3 U. a. BFH, Urteil v. 21.12.1994 - I R 98/93, BStBl 1995 II S. 419.
4 U. a. BMF, Schreiben v. 1.8.1996, BStBl 1996 I S. 1138.

onszusage zugunsten eines GGf (sowohl beherrschend, als auch nicht beherrschend) oder einer diesem nahestehenden Person dem Grunde nach nur dann als betrieblich veranlasst beurteilt werden kann, wenn dem Versorgungsberechtigten ab dem Zeitpunkt der Zusageerteilung noch genügend Restdienstzeit zur Verfügung steht, um den "Vergütungsbestandteil Pensionszusage" ins Verdienen zu bringen.

3682 Diese Anforderung beruht im Wesentlichen darauf, dass nach den Grundsätzen der gefestigten BFH-Rechtsprechung davon auszugehen ist, dass eine Pensionszusage immer eine zusätzliche Vergütung für die bereits geleistete und die noch zu erbringende Dienstzeit darstellt.[1]

3683 Mit der Erdienbarkeit wird daher eine verbleibende **Mindestrestdienstzeit** definiert, die für die Anerkennung der betrieblichen Veranlassung des Versorgungsversprechens noch zur Verfügung stehen muss. Der sachliche Anwendungsbereich des Kriteriums Erdienbarkeit erstreckt sich sowohl auf die **erstmalige Erteilung** einer Pensionszusage, als auch auf die **Erhöhung** bestehender Pensionszusagen (unmittelbare Erhöhung, als auch mittelbare Erhöhung bei gehaltsabhängigen Zusagen).[2] Entsprechendes gilt auch bei einer **Erweiterung** des Versorgungsversprechens um neue Versorgungsleistungen.

> **BERATUNGSHINWEIS:**
>
> Aus der Entscheidung des BFH v. 27. 11. 2013 lässt sich der Grundsatz der „nicht mehr erdienbaren Zweitgattin" ableiten.[3] Im Urteilsfalle hatte die Kapitalgesellschaft mehr als eineinhalb Jahre nach dem Tod der bisher individuell begünstigten Ehefrau des alleinigen GGf eine Hinterbliebenenrente zugunsten seiner neuen Lebenspartnerin zugesagt. Der BFH stellte klar, dass dies ein neues und die GmbH erstmals belastendes Versorgungsversprechen darstellt, welches die Einhaltung der Erdienbarkeitskriterien auslöste.

3684 **Ausnahmen von diesem Grundsatz** bedürfen der besonderen Begründung, etwa wenn dem Gf ein Festbetrag als Pension zugesagt wurde, der sich in Folge erheblicher Steigerung der Lebenshaltungskosten nunmehr zur Alterssicherung als unzureichend erweist.[4]

3685 Wird dieses Kriterium unterlaufen, bzw. werden die geforderten Mindestrestdienstzeiten missachtet, so führt dies zu einer gesellschaftlichen Veranlassung des Rechtsgeschäftes und somit zu einer **vGA dem Grunde nach**.

---

1 BFH, Urteil v. 11. 9. 2013 - I R 26/12, NWB DokID: HAAAE-60349.
2 H 8.7 KStH 2015.
3 BFH, Urteil v. 27. 11. 2013 - I R 17/13, NWB DokID: XAAAE-60348.
4 BFH, Urteil v. 23. 9. 2008 - I R 62/07, BStBl 2013 II S. 39.

bb) Zeitliche Anforderungen

Bei der Festlegung der Mindestrestdienstzeit hat sich der BFH an den arbeitsrechtlichen Unverfallbarkeitsfristen des § 1 Abs. 1 BetrAVG a. F. (jetziger § 30f Abs. 1 BetrAVG) orientiert. Eine Anpassung der Erdienungszeiträume in Anlehnung an die Anpassungen des § 1 Abs. 1 BetrAVG im Zeitablauf lehnt die FinVerw bisher ab.[1]   3686

Danach gelten folgende Erdienungszeiträume: Die Erteilung einer Pensionszusage an einen **nicht beherrschenden GGf** (oder eine diesem nahestehende Person) ist als betrieblich veranlasst zu beurteilen, wenn   3687

▶ der Zeitraum zwischen dem Zeitpunkt der Erteilung der Pensionszusage und dem vorgesehenen Zeitpunkt des Eintritts in den Ruhestand mindestens zehn Jahre beträgt, **oder**

▶ dieser Zeitraum mindestens drei Jahre beträgt und der GGf im Zeitpunkt des Eintritts in den Ruhestand dem Betrieb mindestens zwölf Jahre angehörte.[2]

Die Erteilung einer Pensionszusage an einen **beherrschenden GGf** (oder eine diesem nahestehende Person) ist als betrieblich veranlasst zu beurteilen, wenn der Zeitraum zwischen dem Zeitpunkt der Erteilung der Pensionszusage und dem vorgesehenen Zeitpunkt des Eintritts in den Ruhestand mindestens zehn Jahre beträgt.[3] Eine Ausdehnung der zweiten Alternative auch auf den Personenkreis der beherrschenden GGf scheitert an dem für diesen Personenkreis geltenden Nachzahlungs- und Rückwirkungsverbot.   3688

Nach den Grundsätzen der BFH-Rechtsprechung können diese Fristen mangels eindeutiger gesetzlicher Vorgaben jedoch nicht im Sinne allgemeingültiger zwingender Voraussetzungen verstanden werden, die unabdingbar wären. Ist aufgrund der Gegebenheiten des Einzelfalles anderweitig sichergestellt, dass mit der Zusage die künftige Arbeitsleistung des Gf abgegolten werden soll, so kann die betriebliche Veranlassung der Pensionszusage auch dann erreicht werden, wenn die besagten Zeiträume nicht erfüllt werden.[4]   3689

BERATUNGSHINWEIS:

In der Praxis werden die o. g. Fristen trotz der Relativierung sowohl von FinVerw, als auch von der Finanzgerichtsbarkeit überwiegend stringent angewendet. D. h., dass davon abweichende Ausnahmefälle kaum über eine Aussicht auf Anerkennung verfügen.

---

1 BMF, Schreiben v. 9. 12. 2002, BStBl 2002 I S. 1393.
2 H 8.7 KStH 2015.
3 H 8.7 KStH 2015.
4 BFH, Urteil v. 24. 4. 2002 - I R 43/01, BStBl 2003 II S. 416.

3690 Bei der Ermittlung der verbleibenden Mindestrestdienstzeit (Erdienungszeitraum) ist zwingend auf den Zeitpunkt der Erteilung der Pensionszusage (bzw. Änderung der Pensionszusage),[1] sowie auf den **Zeitpunkt der frühestmöglichen Inanspruchnahme** der Altersrente abzustellen.[2]

cc) Höchstzusagealter

3691 Neben den o. g. Mindestrestdienstzeiten ist im Rahmen der Erdienbarkeit auch zwingend das Höchstzusagealter zu berücksichtigen.

3692 Zur Vermeidung einer vGA muss die Pensionszusage vor Vollendung des **60. Lebensjahres** des Versorgungsberechtigten erteilt werden (spätest mögliches Zusagealter).[3] Dies gilt sowohl für den beherrschenden GGf, den nicht beherrschenden GGf, als auch den diesen nahestehenden Personen.

3693 Der BFH sieht in dem definierten Höchstzusagealter von 60 Jahren ein nahezu unwiderlegbares Indiz für eine gesellschaftliche Veranlassung der Pensionszusage. Dies gilt auch unabhängig davon, welche Altersgrenzen vereinbart wurden und welche Restdienstzeit dem GGf danach noch zur Verfügung stehen würde. Aus Sicht des BFH beinhaltet eine Pensionszusage, die nach dem 60. Lebensjahr erteilt wird, ein nicht mehr kalkulierbares Versorgungsrisiko, in dessen Folge die Anerkennung der Pensionszusage nicht mehr erlangt werden kann. So führt der BFH aus, dass sich trotz der Steigerung der allgemeinen Lebenserwartung mit fortschreitendem Alter das Risiko einer Minderung der Leistungsfähigkeit des Arbeitnehmers deutlich steigert und dass deshalb in dieser Lebensphase unabhängig vom konkreten Gesundheitszustand des Gf die Erdienbarkeit des Versorgungsanspruchs in Frage gestellt ist.[4] Eine Altersdiskriminierung gem. Art. 3 Abs. 1 GG kann der BFH in dieser Regelung nicht erkennen.[5]

dd) Gehaltsabhängige Pensionszusage

3694 Es war lange Zeit strittig, inwieweit das Kriterium der Erdienbarkeit auch auf gehaltsabhängig erteilte Pensionszusagen Anwendung finden kann. Erst mit seiner Entscheidung v. 20. 5. 2015 hat der BFH in dieser Rechtsfrage für Klarheit gesorgt.[6] Danach finden die Maßstäbe der Erdienbarkeit auch auf mittelbare Erhöhungen der zugesagten Versorgungsleistungen Anwendung, sofern

---

1 BFH, Urteil v. 8. 4. 2008 - I B 168/07, NWB DokID: GAAAC-86758.
2 BFH, Urteil v. 28. 6. 2005 - I R 25/04, NWB DokID: AAAAB-66973.
3 BFH, Urteil v. 5. 4. 1995 – I R 138/93, BStBl 1995 II S. 478.
4 BFH, Urteil v. 23. 7. 2003 - I R 80/02, BStBl 2003 II S. 926.
5 BFH, Urteil v. 11. 9. 2013 - I R 26/12, NWB DokID: HAAAE-60349.
6 BFH, Urteil v. 20. 5. 2015 - I R 17/14, BStBl 2015 II S. 1022.

sich bei einem endgehaltsabhängigen Pensionsversprechen eine Erhöhung der Versorgungsleistungen aufgrund einer Gehaltserhöhung ergibt, die der Höhe nach als Neuzusage zu beurteilen ist.

Zwar erkennt der BFH, dass bei einer endgehaltsabhängigen Pensionszusage der Wechselbezug zwischen Vergütungs- und Rentenniveau in der Zusage von Vornherein angelegt ist. Er unterwirft diese Zusage aber im nächsten Schritt den allgemein gültigen Grundsätzen der Angemessenheitsprüfung. In der Folge kommt er zu dem Schluss, dass eine Gehaltserhöhung, die als **„Gehaltssprung"** zu beurteilen ist und dementsprechend zu einer sprunghaften Erhöhung der bisher zugesagten Versorgungsleistungen führt, nicht mehr als angemessen beurteilt werden kann. Im Urteilsfall wurde das Gf-Gehalt um 41,5 % erhöht. In der Folge kam es zu einer **Erhöhung der aus der Pensionszusage resultierenden Versorgungsleistungen um 23,6 %**. In einer derartigen Erhöhung der Pensionsleistungen sah der BFH – unabhängig vom Ausmaß des Gehaltssprungs – ein Überschreiten der Grenzen einer Neuzusage. In der Folge löste der „Pensionssprung" die Anwendung der Erdienbarkeitsgrundsätze aus.

3695

BERATUNGSHINWEIS:
Das Urteil v. 20. 5. 2015 liefert ein weiteres Argument gegen die Einrichtung von gehaltsabhängigen Pensionszusagen. In der Praxis ist immer wieder festzustellen, dass die Volatilität einer gehaltsabhängigen Pensionszusage vielfach unterschätzt wird. In der Folge ergeben sich erhebliche rechtliche und wirtschaftliche Probleme. Sollte dennoch diese spezielle Form der Zusagegestaltung gewünscht, bzw. beibehalten werden, so ist zwingend darauf zu achten, dass Gehaltserhöhungen nicht in sprunghafter Art und Weise (und wenn dann in einer Höhe von max. 15 % bis 20 %), sondern in einer kontinuierlichen Form durchgeführt werden. Sollte aufgrund der wirtschaftlichen Entwicklung der Gesellschaft eine sprunghafte Erhöhung angebracht sein, so wird diese nur dann zu einer ertragsteuerrechtlich wirksamen Erhöhung der Pensionszusage führen, wenn noch genügend Erdienungszeitraum zur Verfügung steht.

ee) Entgeltumwandlung

Die Frage, inwieweit das Kriterium der Erdienbarkeit auch auf Pensionszusagen Anwendung finden kann, die der Gf mittels Entgeltumwandlung finanziert, war bisher umstritten.

3696

Auf Seiten der FinVerw vertrat die OFD Niedersachsen die Auffassung, dass die Grundsätze der Erdienbarkeit auch bei Entgeltumwandlungen anzuwenden sind.[1] Offensichtlich wurde die restriktive Auffassung auch in Thüringen vertreten. Denn dort wurde im Rahmen einer Betriebsprüfung einer Entgeltumwandlung, mittels derer der beherrschende GGf eine Unterstützungskas-

3697

---

1 OFD Niedersachen, v. 15. 8. 2014 - S 2742-259-St 241, NWB DokID: IAAAE-71943.

senzusage finanzierte, unter Hinweis auf die fehlende Erdienbarkeit die Anerkennung der betrieblichen Veranlassung verwehrt (bei einer Restdienstzeit von acht Jahren). Im Rahmen der anschließenden finanzgerichtlichen Auseinandersetzung hat das Thüringer Finanzgericht in dieser Frage jedoch eine anderweitige Rechtsauffassung vertreten und das Folgende ausgeführt:

3698 Im Falle einer arbeitnehmerfinanzierten Pensionszusage, die der beherrschende GGf aus seinen eigenen vertraglich bestehenden Gehaltsansprüchen finanziert, ist das Kriterium der Erdienbarkeit nicht zu prüfen, da es in einem solchen Falle bereits an einer Vermögensminderung als Voraussetzung einer vGA mangelt. Die Entgeltumwandlung ist dann zumindest wirtschaftlich lediglich Teil der Gehaltsverwendung durch den GGf.[1]

3699 Die Entscheidung zum diesbezüglichen Revisionsverfahren hat der BFH mit Urteil v. 7. 3. 2018 getroffen:[2]

3700 Danach ist nun höchstrichterlich geklärt, dass die Umwandlung bestehender Gehaltsansprüche eines GGf zugunsten einer bAV regelmäßig nicht an der fehlenden Erdienbarkeit scheitert. Denn die Indizwirkung der fehlenden Erdienbarkeit für die außerbetriebliche Veranlassung einer Versorgungszusage ist regelmäßig entkräftet, wenn bestehende Gehaltsansprüche des beherrschenden GGf zugunsten einer bAV umgewandelt werden. Allerdings muss die Entgeltumwandlungsvereinbarung als solche den Anforderungen des formellen Fremdvergleichs genügen.

3701 Die für arbeitgeberfinanzierte Versorgungszusagen entwickelten Grundsätze der Erdienbarkeit treffen auf eine Altersversorgung, die der Versorgungsberechtigte durch Entgeltumwandlung selbst finanziert nicht zu. Dies gilt für jede Form der durch Entgeltumwandlung finanzierten Altersversorgung. Die Indizwirkung der fehlenden Erdienbarkeit ist i. d. R. auch bei solchen Versorgungszusagen entkräftet, die ein unter das BetrAVG fallender Arbeitnehmer wegen der tatbestandlichen Einschränkungen des § 1a BetrAVG so nicht beanspruchen könnte.

3702 U. E. ist die Entscheidung des BFH insgesamt schlüssig und zutreffend. Zu begrüßen ist die Tatsache, dass der BFH mit dieser Entscheidung die Entgeltumwandlung für jede Form der Altersversorgung abgesegnet hat. Somit werden dadurch auch Entgeltumwandlungen erfasst, die in eine Direktzusage münden. U. E. gilt dies auch im Falle einer Tantieme-Umwandlung.

---

1 FG Thüringen, Urteil v. 25. 6. 2015 - 1 K 136/15, EFG 2016 S. 1634.
2 BFH, Urteil v. 7. 3. 2018 - I R 89/15, NWB DokID WAAAG-87341.

ff) Wechsel des Durchführungswegs

In der Vergangenheit bereitete die Frage, ob im Zusammenhang mit dem Wechsel des Durchführungsweges eine erneute Erdienbarkeit ausgelöst werden könnte, der Fachwelt kein Kopfzerbrechen. Es herrschte insoweit Einigkeit, dass der Wechsel des Durchführungsweges keine Neuzusage i. S. d. Erdienbarkeit darstellen kann. Diese Sichtweise hat der BFH mit seiner Entscheidung vom 20. 7. 2016 zur allgemeinen Überraschung sämtlicher Marktteilnehmer auf den Kopf gestellt:[1] 3703

In dem zu entscheidenden Sachverhalt hatten die Parteien zunächst die unmittelbare Pensionszusage des beherrschenden GGf in Höhe des Past Service unter Beibehaltung der unmittelbaren Durchführung beschränkt. Der verbleibende Future Service wurde auf eine rückgedeckte Unterstützungskasse übertragen, in eine Kapitalzusage umgestaltet und hinsichtlich der künftigen Unterstützungskassenleistungen spürbar erhöht. 3704

So war es zunächst nicht verwunderlich, dass die Veränderungen hinsichtlich des Future Service einen neuen Erdienbarkeitszeitraum auslösten. Der BFH ist jedoch in seiner Begründung weit über das notwendige Maß hinausgeschossen: 3705

Der BFH vertrat nämlich die Auffassung, dass die streitgegenständliche Änderung der Versorgungszusage nicht lediglich als Änderung einer bestehenden Versorgungszusage, sondern als eine Neuzusage zu behandeln sei. Der BFH wertete den Wechsel des Durchführungswegs nicht lediglich als eine Formalie. Vielmehr beurteilte er diesen in rechtlicher Hinsicht als eine wesentliche Statusänderung. Dies vor dem Hintergrund, dass der beherrschende GGf in Gestalt der Unterstützungskasse einen neuen Vertragspartner erhielt und er hinsichtlich des Future Service zugleich seinen Direktanspruch gegen die GmbH verlor. 3706

Damit hat der BFH – entgegen der bisher verbreiteten einhelligen Meinung – den Wechsel des Durchführungsweges unzweifelhaft als eine Neuzusage beurteilt. Dies soll nach der o. a. Begründung auch dann gelten, wenn es im Zuge des Wechsels des Durchführungsweges nicht zu einer materiellen Veränderung des Versorgungsversprechens kommt. 3707

Die Entscheidung des BFH ist in der Fachwelt auf uneingeschränkte und heftige Kritik gestoßen. Diese Kritik hat den I. Senat des BFH offenbar dazu gebracht, seine diesbezügliche Sicht zu überdenken. Das Ergebnis des „internen 3708

---

1 BFH, Urteil v. 20. 7. 2016 - I R 33/15, BStBl 2017 II S. 66.

Revisionsverfahrens" findet sich mittlerweile in der BFH-Entscheidung v. 7.3.2018[1] wieder.

3709 Dem Verfahren zu I R 89/15 lag ein Sachverhalt zugrunde, in dem die Gf-Pensionszusage zunächst i. H. d. Past Service eingefroren und in eine Kapitalleistung umgestaltet wurde. Parallel dazu wurde der Future Service wertgleich auf eine rückgedeckte Unterstützungskasse übertragen. Im nächsten Schritt wurde eine weitere Unterstützungskassenzusage eingerichtet, die mittels Entgeltumwandlung finanziert wird.

3710 Die FinVerw kritisierte die Umgestaltung der bisher bestehenden unmittelbaren Pensionszusage im Grundsatz nicht. Es korrigierte lediglich die Pensionsrückstellung derart, dass diese zutreffender Weise nur noch auf die erdienten Anwartschaften begrenzt wurde. Hinsichtlich der neuen, über Entgeltumwandlung finanzierten Unterstützungskassenzusage, bemängelte es jedoch die fehlende Erdienbarkeit, da der Zeitraum zwischen Zusageerteilung und Eintritt des Rentenbezugs keine zehn Jahre mehr betrug. Die dagegen gerichtet Klage der Steuerpflichtigen hatte das Thüringer Finanzgericht zugunsten der Klägerin entschieden.[2] Das von der FinVerw eingeleitete Revisionsverfahren wurde vom BFH im Verfahren zu I R 89/15 als unbegründet zurückgewiesen.

3711 Ferner hat der BFH im Rahmen dieser Entscheidung die Gelegenheit genutzt, seine Auffassung zum Wechsel des Durchführungswegs zu korrigieren:

3712 So hat der BFH nun klargestellt, dass – entgegen der Entscheidung v. 20.7.2016[3] – **bei einer wertgleichen Umstellung des Durchführungswegs von einer Direktzusage in eine Unterstützungskassenzusage keine erneute Erdienbarkeitsprüfung ausgelöst wird** (siehe hierzu auch Rz. 647).

gg) Anmerkungen/Kritik

3713 *Gosch* ist uneingeschränkt zuzustimmen, wenn er unverblümt fordert, dass auf die zeitliche Komponente der Erdienbarkeit gänzlich verzichtet werden sollte.[4] Nach der von ihm vertretenen Rechtsauffassung, die wir uneingeschränkt teilen, kollidieren die Erdienbarkeitskriterien bereits im Ausgangspunkt mit den Zielsetzungen, die mit einer bAV verbunden sind. Auch führt er aus, dass die arbeitsrechtlichen Unverfallbarkeitsfristen und der steuerrecht-

---

1 BFH, Urteil v. 7.3.2018 – I R 89/15, NWB DokID WAAAG 87341.
2 Thüringer FG, Urteil v. 25.6.2015 - I K 136/15, EFG 2016 S. 1634.
3 I R 33/15, BStBl 2017 II S. 66.
4 Siehe hierzu Gosch, KStG, 3. Aufl., § 8 Rz. 1098.

liche Zeitraum der Erdienbarkeit als Ausdruck der Entlohnung in der Sache nichts miteinander zu tun haben und insoweit nicht kompatibel sind. Zu Recht verweist *Gosch* darauf, dass die Unzulänglichkeit der Anknüpfung nachhaltig durch die Verkürzung der gesetzlichen Unverfallbarkeitsfristen sichtbar wird, während sich die steuerrechtlichen Erdienbarkeitsfristen auf dem Stand von vor 2001 bis heute nicht verändert haben.

Ferner erkennt er an, dass in der Literatur zu Recht darauf hingewiesen wird, dass die mit der betrieblichen Rentenanwartschaft verbundenen Altersrisiken bereits über den Ansatz der fiktiven Jahresnettoprämie im Rahmen der Angemessenheitsprüfung hinreichende Berücksichtigung gefunden haben (siehe hierzu Rz. 3723). Dazu gesellt sich u. E. auch der Umstand, dass die Versorgungsanwartschaften, die aus einer unmittelbaren Pensionszusage resultieren, i. d. R. nur im Rahmen eines ratierlichen Erdienungsverfahrens zu Ansprüchen erstarken können. 3714

(Einstweilen frei) 3715–3720

c) Angemessenheit

Die unmittelbare Pensionszusage an einen GGf (sowohl beherrschend, als auch nicht beherrschend), oder an eine diesem nahestehende Person, unterliegt im Rahmen der Angemessenheitsprüfung einem zweistufigen Prüfungsverfahren: 3721

So ist sie zum einen im Rahmen der Prüfung der Angemessenheit der Gesamtvergütung zu berücksichtigen. Zum anderen müssen die aus der Pensionszusage resultierenden Versorgungsleistungen in einem angemessenen Verhältnis zur Aktivenvergütung stehen. 3722

aa) Angemessenheit der Gesamtvergütung

Im Rahmen der Prüfung der Angemessenheit der Gesamtvergütung sind sämtliche Vergütungsbestandteile zu berücksichtigen. Dies umfasst auch die Miteinbeziehung des „Vergütungsbestandteils Pensionszusage".[1] Bewertungsmaßstab für die Erfassung des „Vergütungsbestandteils Pensionszusage" ist dabei diejenige Prämie, die die Gesellschaft jährlich bei einem gedachten Abschluss einer Rückdeckungsversicherung fiktiv an die Versicherungsgesellschaft zu leisten hätte (sog. **fiktive Jahresnettoprämie**). Diese ist unter Anwendung der Rechnungsgrundlagen des § 6a EStG, insbesondere des ertragsteuer- 3723

---

[1] BMF, Schreiben v. 14. 10. 2002, BStBl 2002 I S. 972.

rechtlichen Rechnungszinses i. H. v. 6,0 % zu ermitteln. Etwaige Abschluss- und Verwaltungskosten bleiben dabei außen vor.[1]

3724 Nach der von der FinVerw vertretenen Rechtsauffassung ist die fiktive Jahresnettoprämie immer im Zeitpunkt der Erteilung der Pensionszusage zu ermitteln.[2] Demgegenüber wird in der Literatur regelmäßig die Auffassung vertreten, dass ein Abstellen auf den Zeitpunkt der Zusageerteilung nur bei einem beherrschenden GGf angebracht ist. Bei einem nicht beherrschenden GGf ist auf den Zeitpunkt des Diensteintrittes abzustellen.[3] Entsprechendes gilt bei einer späteren Erhöhung der Pensionszusage. Das gilt jedoch nicht für laufende Anpassungen an gestiegene Lebenshaltungskosten.[4]

3725 Soweit in der Literatur die Auffassung vertreten wird, dass die fiktive Jahresnettoprämie unter Anwendung handelsrechtlicher Rechnungsgrundlagen zu ermitteln ist, kann dem u. E. nicht beigepflichtet werden. Entsprechendes gilt für die Auffassung, dass die Ermittlung der fiktiven Jahresnettoprämie auf den Zeitpunkt der frühestmöglichen Inanspruchnahme der Altersrente abzustellen sei.[5]

bb) Angemessenheit der Versorgungszusage

3726 Überdurchschnittlich hohe Versorgungszusagen sind steuerrechtlich grundsätzlich anzuerkennen, soweit die Zusagen betrieblich veranlasst sind und arbeitsrechtlich keine Reduzierung der Versorgungszusagen aufgrund planwidriger Überversorgung möglich ist. Versorgungszusagen, die über die üblicherweise durch Betriebsrenten abgedeckten Einkommensausfälle hinausgehen und die auf der Vorwegnahme künftiger Einkommens- und Lohnentwicklungen beruhen, können ertragsteuerrechtlich nur berücksichtigt werden, soweit sie im Verhältnis zum letzten Aktivlohn angemessen sind.[6]

3727 Diese Maßstäbe zur Prüfung der Angemessenheit der Höhe der zugesagten Versorgungsleistungen finden bereits unter dem Stichwort **Überversorgung** gem. § 6a Abs. 3 Satz 2 Nr. 1 Satz 4 EStG auf der ersten Prüfungsstufe Anwendung (siehe hierzu Rz. 3463). Ein Verstoß gegen die Prinzipien der Überversorgung führt daher zu einer bilanzinternen Korrektur der bisher gebildeten Pen-

---

1 H 8.7 KStH 2015 (Angemessenheit).
2 H 8.7 KStH 2015 (Angemessenheit).
3 Siehe hierzu u. a. *Höfer* in Höfer/Veit/Verhuven, BetrAVG, Band II, Kap. 44, S. 94 Rz. 206.23.
4 H 8.7 KStH 2015 (Angemessenheit).
5 U. a. Ahrend/Förster/Rößler, Steuerrecht der bAV, Band II, Teil VI, S. 90 Rz. 589 f.
6 BMF, Schreiben v. 3. 11. 2004, BStBl 2004 I S. 1045.

sionsrückstellung. Ein Durchgriff auf die zweite Prüfungsebene scheidet daher i. d. R. aus.

Ausnahmsweise kann sich jedoch bei gehaltsabhängig erteilten Pensionszusagen eine Berührung der zweiten Prüfungsebene ergeben. Nach der von der FinVerw vertretenen Rechtsauffassung liegt bei gehaltsabhängigen Leistungen regelmäßig kein Verstoß gegen das Stichtagsprinzip und somit auch keine Überversorgung i. S. v. § 6a EStG vor.[1] Ein Durchschlagen auf die zweite Prüfungsebene ist in den Fällen denkbar, in denen die gehaltsabhängig gestalteten Versorgungleistungen die im Rahmen der Überversorgung definierte Höchstgrenze von 75 % überschreiten. In solchen Fällen geht die FinVerw davon aus, dass der die Höchstgrenze überschreitende Teilbetrag insoweit als unangemessen zu beurteilen ist. In der Folge kommt es zu einer **vGA der Höhe nach**. Dieser Rechtsauffassung hat aber das FG Rheinland-Pfalz widersprochen (Urteil v. 30. 11. 2016 - 1 K 1730/14). Hierzu hat das FG ausgeführt, dass die 75 %-Grenze nicht dahin zu verstehen ist, dass eine Pensionszusage unabhängig von den Umständen des Einzelfalls stets als unangemessen anzusehen ist, wenn die Versorgungsanwartschaft zusammen mit der Rentenanwartschaft aus der gesetzlichen Rentenversicherung 75 % der am Bilanzstichtag bezogenen Aktivbezüge übersteigt.

3728

d) Finanzierbarkeit

aa) Grundsatz

Die betriebliche Veranlassung einer Pensionszusage zugunsten eines GGf (sowohl beherrschend, als auch nicht beherrschend), oder einer diesem nahestehenden Person, setzt auch deren Finanzierbarkeit voraus. Als finanzierbar kann eine unmittelbare Pensionszusage nur dann beurteilt werden, wenn die Gesellschaft voraussichtlich in der Lage ist, die aus dem Versorgungsversprechen resultierenden wirtschaftlichen Belastungen zu tragen.

3729

bb) Verwaltungsauffassung bis 5. 9. 2005

Die FinVerw hat zum Kriterium der Finanzierbarkeit zunächst mit BMF-Schreiben v. 14. 5. 1999[2] folgende Rechtsauffassung vertreten:

3730

- ▶ die Pensionsverpflichtung ist als ein einheitliches Wirtschaftsgut einheitlich zu bilanzieren
- ▶ eine Aufteilung in einen finanzierbaren und einen nicht finanzierbaren Teil kommt nicht in Betracht

---

1 BMF, Schreiben v. 3. 11. 2004, Rz. 16, BStBl 2004 I S. 1045.
2 BMF, Schreiben v. 14. 5. 1999, BStBl 1999 I S. 512.

- bei der Prüfung der Finanzierbarkeit ist auf den Eintritt eines fiktiven vorzeitigen Eintritts eines Versorgungsfalles abzustellen (unter Berücksichtigung etwaiger Rückdeckungsansprüche)
- die Prüfung der Finanzierbarkeit hat im Zeitpunkt der Zusageerteilung, einer wesentlichen Zusageänderung oder einer wesentlichen Verschlechterung der wirtschaftlichen Verhältnisse stattzufinden
- verschlechtert sich die wirtschaftliche Situation der Gesellschaft, ist die Pensionszusage insoweit zu kürzen, als ihre Finanzierbarkeit entfällt; die Kürzung ist betrieblich veranlasst

3731 Auf der Grundlage dieser Rechtsgrundsätze entwickelte sich das Kriterium der Finanzierbarkeit zu einem wahren Betriebsprüfungs-Schrecken. Die Prüfer konzentrierten sich bei ihrer ertragsteuerrechtlichen Beurteilung ausschließlich auf die bilanziellen Wirkungen, die sich bei der Fingierung eines vorzeitigen Versorgungsfalles (BU-/Witwenrente) ergeben hätten (sog. Worst-Case-Szenario). Führte die Auffüllung der Pensionsrückstellung vom Teilwert der Anwartschaft auf den Barwert der fälligen Leistung (sog. Bilanzsprungrisiko) zu einer Überschuldung der Kapitalgesellschaft, so wurde umgehend die Finanzierbarkeit des Versorgungsversprechens verneint und die betriebliche Veranlassung aberkannt. Aufgrund der von der FinVerw vertretenen Einheitstheorie, wurde dann die komplette Zuführung zur Pensionsrückstellung als vGA behandelt.

cc) Verwaltungsauffassung ab 6. 9. 2005

3732 In der Folgezeit hat sich der BFH mehrmals mit den Grundsätzen dieser Rechtsauffassung auseinander gesetzt und diese in wesentlichen Teilen verworfen.[1] Im Anschluss daran sah sich die FinVerw dazu gezwungen, ihre bisherige Sichtweise aufgeben und die o. g. Grundsätze gem. der Tz. 2 des BMF-Schreibens v. 14. 5. 1999 mit BMF-Schreiben v. 6. 9. 2005[2] aufzuheben.

3733 Danach beurteilt nun auch die FinVerw die Finanzierbarkeit einer unmittelbaren Pensionszusage nach den Grundsätzen, die hierzu vom BFH aufgestellt wurden und die wie folgt vereinfachend zusammengefasst werden können:
- die Pensionsverpflichtung ist kein einheitliches Wirtschaftsgut
- die Pensionszusage kann zur Prüfung ihrer Finanzierbarkeit in ihre einzelnen Leistungsbestandteile zerlegt werden

---

1 BFH, Urteil v. 8. 11. 2000 - I R 70/99, BStBl 2005 II S. 653; BFH, Urteil v. 20. 12. 2000 - I R 15/00, BStBl 2005 II S. 657; BFH, Urteil v. 7. 11. 2001 - I R 79/00, BStBl 2005 II S. 659; BFH, Urteil v. 4. 9. 2002 - I R 7/01, BStBl 2005 II S. 662; BFH, Urteil v. 31. 3. 2004 - I R 65/03, BStBl 2005 II S. 664.
2 BMF, Schreiben v. 6. 9. 2005, BStBl 2005 I S. 875.

- bei der Prüfung der Finanzierbarkeit ist auf die wirtschaftliche/bilanzielle Verfassung der Kapitalgesellschaft abzustellen; auf einen fiktiv eintretenden Versorgungsfall (Bilanzsprung) kommt es nicht an
- die Prüfung der Finanzierbarkeit hat im Zeitpunkt der Zusageerteilung und bei wesentlichen Vertragsänderungen stattzufinden
- eine wesentliche Verschlechterung der wirtschaftlichen Lage löst nicht in jedem Fall einen Handlungsbedarf aus, sondern nur dann, wenn auf der Grundlage einer fiktiven Überschuldungsbilanz die Überschuldung der Gesellschaft festzustellen ist
- die Pensionszusage ist dann als nicht finanzierbar zu beurteilen, wenn eine Passivierung des Anwartschaftsbarwerts der Pensionsverpflichtung (§ 6a Abs. 3 Satz 2 Nr. 2 EStG) zur Überschuldung der Gesellschaft im insolvenzrechtlichen Sinne führt

Mit der Anerkennung der Grundsätze der BFH-Rechtsprechung durch die FinVerw hat sich der BP-Schrecken „Finanzierbarkeit" fast in Luft aufgelöst. Mit der Eliminierung des Bilanzsprungrisikos und der Ablehnung der Einheitstheorie hat der BFH den ursprünglichen Angriffsflächen der FinVerw den Boden entzogen. Die FinVerw hat daher mittlerweile auch darauf verzichtet, das Kriterium der Finanzierbarkeit in R 8.7 KStR 2015 als besonderes Prüfungskriterium aufzuführen. Danach hat sich die Bedeutung der Finanzierbarkeit praktisch umgedreht: 3734

Während die Finanzierbarkeit früher einen Hauptangriffspunkt der FinVerw darstellte, begrenzt sich deren praktische Bedeutung mittlerweile nur noch auf die Auseinandersetzung in seltenen Ausnahmefällen, bei denen die Gestaltung auch unter dem Gesichtspunkt der Ernsthaftigkeit und Üblichkeit in Frage steht. Demgegenüber findet sich die Hauptbedeutung des Kriteriums „Finanzierbarkeit" mittlerweile dort, wo die Kapitalgesellschaft versucht, den Verpflichtungsumfangs des Versorgungsversprechens wegen mangelnder Finanzierbarkeit herabzusetzen. 3735

Und genau an dieser Stelle kam es im Anschluss an das BMF-Schreiben v. 6.9.2005 in der Fachwelt zu einem leichten Vakuum; war doch die Möglichkeit, bei einer Verschlechterung der wirtschaftlichen Lage der Gesellschaft, einen betrieblich veranlassten Verzicht auf Teile der Pensionszusage zu erklären, entfallen. 3736

dd) Verzicht wegen mangelnder Finanzierbarkeit

Für mehr Klarheit hinsichtlich der für einen Verzicht geltenden Rahmenbedingungen sorgte dann die Verfügung des Bayerischen Landesamtes für Steuern 3737

Anhang

v. 15.2.2007.[1] Nach den dortigen Ausführungen stellt sich die mit den obersten Finanzbehörden des Bundes und der Länder koordinierte Verwaltungsauffassung wie folgt dar:

„Im BMF-Schreiben v. 14.5.1999 war in Tz. 2 geregelt, dass der Verzicht auf eine Pensionszusage, die nicht mehr finanzierbar ist, betrieblich veranlasst ist. Eine Nichtfinanzierbarkeit war nach der damaligen Verwaltungsauffassung bereits dann gegeben, wenn nach dem sog. Worst-Case-Szenario bei einem unmittelbar nach dem Bilanzstichtag eintretenden Versorgungsfall (Bilanzsprungrisiko) der Barwert der künftigen Pensionsverpflichtungen zu einer bilanziellen Überschuldung geführt hätte. Aufgrund der Anwendung der BFH-Rechtsprechung zur Finanzierbarkeit kommt es zu einer Verschiebung des Zeitpunktes, zu dem eine Pensionszusage nicht mehr als finanzierbar gewertet wird. Nach Aufhebung der Tz. 2 des BMF-Schreibens v. 14.5.1999 stellte sich deshalb die Frage, unter welchen Voraussetzungen ein Verzicht auf eine Pensionszusage – insbesondere ein Verzicht bereits vor Eintritt der insolvenzrechtlichen Überschuldung – betrieblich veranlasst ist.

Es bestand Einvernehmen, dass bei einer nach den Urteilen des BFH[2] nicht finanzierbaren Pensionszusage ein Verzicht im Regelfall als betrieblich veranlasst zu werten ist.

Bei der Prüfung der gesellschaftsrechtlichen bzw. betrieblichen Veranlassung einer unterbliebenen Anpassung einer Pensionszusage und eines Verzichts auf eine Pensionszusage sind die nämlichen Kriterien anzuwenden. Daraus folgt, dass ein Verzicht auf eine Pensionszusage vor dem Zeitpunkt, in dem sie nicht mehr finanzierbar ist, grundsätzlich als gesellschaftsrechtlich veranlasst anzusehen ist. Etwas anderes kann nur dann gelten, wenn im Ausnahmefall weitere Umstände hinzutreten, die den Rückschluss erlauben, dass auch ein fremder dritter Gf auf seine Pensionszusage verzichtet hätte.

Die Sitzungsteilnehmer erklärten ihr Einverständnis mit dieser Auffassung und einigten sich auf folgende Handhabung:

▶ *Der Verzicht (Widerruf oder Einschränkung im Wege eines Erlass-, Schuldaufhebungs- oder Änderungsvertrages) des GGf ist regelmäßig als im Gesellschaftsverhältnis veranlasst anzusehen.*

---

1 Verfügung v. 15.2.2007 - S 2742-26 St31 N, NWB DokID: OAAAC-38776.
2 BFH, Urteil v. 8.11.2000 - I R 70/99, BStBl 2005 II S. 653; BFH, Urteil v. 20.12.2000 - I R 15/00, BStBl 2005 II S. 657; BFH, Urteil v. 7.11.2001 - I R 79/00, BStBl 2005 II S. 659; BFH, Urteil v. 4.9.2002 - I R 7/01, BStBl 2005 II S. 662.

▶ *Von einer betrieblichen Veranlassung des Verzichts ist hingegen auszugehen, wenn die Pensionszusage im Verzichtszeitpunkt nach der Rechtsprechung des BFH[1] nicht finanzierbar ist.*

▶ *Dient der Verzicht der Vermeidung einer drohenden Überschuldung der Gesellschaft im insolvenzrechtlichen Sinne und steht er im Zusammenhang mit weiteren die Überschuldung vermeidenden Maßnahmen (wie insbesondere einer Absenkung des Aktivgehaltes), ist er entsprechend den allgemeinen Grundsätzen nur dann betrieblich veranlasst, wenn sich auch ein Fremd-Gf zu einem Verzicht bereit erklärt hätte."*

Eine tiefergehende Auseinandersetzung mit dem Thema Finanzierbarkeit vor dem Hintergrund eines ausnahmsweise betrieblichen veranlassten Verzichts findet sich unter den Rz. 967 ff.

ee) Finanzierbarkeit bei Bestehen einer Rückdeckungsversicherung

Es existieren in dem die Pensionszusage umgebenden Rechtsumfeld keine zwingenden Vorgaben, hinsichtlich der Wege, die zur Finanzierung der übernommenen Pensionsverpflichtungen zu beschreiten wären. Daher steht es dem ordentlich und gewissenhaft handelnden Geschäftsleiter grundsätzlich frei, welche Maßnahmen er zur Finanzierung der übernommenen Pensionsverpflichtungen einsetzen möchte. In vielen Fällen werden/wurden hierzu sog. Rückdeckungsversicherungen abgeschlossen. Daher stellt sich die Frage, inwieweit der Abschluss einer Rückdeckungsversicherung im Rahmen der Finanzierbarkeitsprüfung Berücksichtigung finden kann. 3738

Der BFH hat wiederholt entschieden, dass aus dem **Fehlen einer Versicherung** zur Rückdeckung einer Versorgungsanwartschaft nicht geschlossen werden kann, die Anwartschaft lasse sich von der zusagenden Kapitalgesellschaft nicht finanzieren.[2] 3739

Andererseits kann nicht zwingend daraus geschlossen werden, dass bei **Abschluss einer** (kongruenten oder teilkongruenten) **Rückdeckungsversicherung** die erforderliche Finanzierbarkeit der Anwartschaft im Umfang der Rückdeckung stets und unter allen Umständen gesichert ist. 3740

Allerdings kann Letzteres nach der vom BFH vertretenen Rechtsauffassung[3] nur dann verneint werden, wenn zu vermuten ist, dass auch die jährlichen Ver- 3741

---

[1] BFH, Urteil v. 8.11.2000 - I R 70/99, BStBl 2005 II S. 653; BFH, Urteil v. 20.12.2000 - I R 15/00, BStBl 2005 II S. 657; BFH, Urteil v. 7.11.2001 - I R 79/00, BStBl 2005 II S. 659; BFH, Urteil v. 4.9.2002 - I R 7/01, BStBl 2005 II S. 662.
[2] BFH, Urteil v. 31.3.2004 - I R 65/03, BStBl 2005 II S. 664.
[3] BFH, Urteil v. 31.3.2004 - I R 65/03, BStBl 2005 II S. 664.

sicherungsbeiträge von der Kapitalgesellschaft aufgrund der wirtschaftlichen Situation im Zusagezeitpunkt nicht aufgebracht werden können.

BERATUNGSHINWEIS:
Selbst wenn der BFH eine Finanzierbarkeitsprüfung auf der Grundlage eines Worst-Case-Szenarios und unter Berücksichtigung des Bilanzsprungrisikos als überzogen beurteilt, sollte die Erteilung einer Pensionszusage an einen GGf auch immer unter betriebswirtschaftlichen Gesichtspunkten erfolgen. Dabei ist aus Sicht des ordentlichen und gewissenhaften Geschäftsleiters darauf zu achten, dass insbes. die vorzeitigen Versorgungsrisiken (BU-/Witwenrente) bei Eintritt eines Leistungsfalles auch nachhaltig erfüllt werden können.

Im Bereich der GGf-Versorgung ergibt sich daraus in einer Vielzahl der Fälle die zwingende Anforderung, dass zumindest die vorzeitigen Versorgungsrisiken mittels selbständiger Risiko-Versicherungen abgedeckt werden sollten. Etwas anderes kann nur in den Fällen gelten, in denen das handelsbilanzielle Eigenkapital der Kapitalgesellschaft das jeweilige handelsrechtliche Bilanzsprungrisiko verkraften kann (Anm.: d. h., dass das Eigenkapital der Kapitalgesellschaft auch nach Fingierung eines vorzeitigen Versorgungsfalles noch positiv ausfallen muss).

Sollte dies nicht der Fall sein und darüber hinaus auf den Abschluss auf Risiko-Versicherungen verzichtet werden, so besteht die latente Gefahr, dass das Versorgungsversprechen unter dem Aspekt der Üblichkeit verworfen werden könnte. Denn es besteht an dieser Stelle die begründete Vermutung, dass ein ordentlicher und gewissenhafter Geschäftsleiter eine derartige Zusage einem fremden Dritten gegenüber nicht erteilt hätte.

Da bei einer kongruenten Rückdeckung des Berufsunfähigkeitsrisikos das bilanzielle Risiko besteht, dass im Leistungsfalle der Aktivwert der Rückdeckungsversicherung den Passivwert der Pensionsverpflichtung übersteigt und es in der Folge im Jahr des Eintritts des Leistungsfalles zu einer ungewollten Versteuerung eines Buchgewinns kommen kann, sei alternativ darauf hingewiesen, dass grundsätzlich auch die Möglichkeit besteht, die vorgezogenen Versorgungsrisiken entweder über mittelbare Durchführungswege der bAV (z. B. über eine Direktversicherung) abzusichern, oder diese in den Privatbereich des GGf zu verlagern.

3742–3748 (*Einstweilen frei*)

e) Probezeit

aa) Grundsatz

3749 FinVerw[1] und BFH[2] sehen es gleichermaßen als erforderlich an, dass die Qualifikation und Leistungsfähigkeit des Gf (sowohl beherrschend, als auch nicht beherrschend), oder einer diesem nahestehenden Person, vor dem Zeitpunkt

---

1 BMF, Schreiben v. 14.12.2012, BStBl 2013 I S. 58.
2 BFH, Urteil v. 16.12.1992 - I R 2/92, BStBl 1993 II S. 455; BFH, Urteil v. 28.4.2010 - I R 78/08, BStBl 2013 II S. 41.

der Erteilung einer unmittelbaren Pensionszusage in ausreichendem Maße erprobt wird.

Ferner sind im Falle einer neugegründeten Kapitalgesellschaft besondere Anforderungen zu erfüllen, die auf die Gewinnung von gesicherten Erkenntnissen zur wirtschaftlichen Leistungsfähigkeit der Kapitalgesellschaft abstellen. 3750

FinVerw und BFH fordern daher zur Anerkennung der betrieblichen Veranlassung einer unmittelbaren Pensionszusage gleichermaßen die Einhaltung einer sog. **Probezeit**. Vereinzelt wird der Begriff der Probezeit auch mit dem Begriff der Wartezeit gleichgesetzt.[1] Zutreffend ist u. E. jedoch ausschließlich die Bezeichnung als Probezeit, da der Begriff der Wartezeit bereits im Arbeitsrecht derart belegt ist, dass damit eine leistungsausschließende Zeit beschrieben wird. Dagegen beschreibt der Begriff der Probezeit den Zeitraum, der ohne Bestand einer Versorgungszusage absolviert werden muss (sog. zusagefreie Zeit). 3751

Der Begriff der Probezeit manifestiert sich in **zwei Ausprägungen**: 3752

▶ Personenbezogene Probezeit

▶ Unternehmensbezogene Probezeit

bb) Personenbezogene Probezeit

Als personenbezogene Probezeit ist der Zeitraum zwischen Dienstbeginn (als Gf) und der erstmaligen Vereinbarung einer schriftlichen Pensionszusage (sog. zusagefreie Zeit) zu verstehen. Der Zeitraum zwischen der Erteilung einer Pensionszusage und der erstmaligen Anspruchsberechtigung (sog. versorgungsfreie Zeit) zählt nicht zur Probezeit.[2] Für die steuerliche Beurteilung einer Pensionszusage ist nach der von der FinVerw vertretenen Rechtsauffassung regelmäßig eine **Probezeit von zwei bis drei Jahren** als ausreichend anzusehen.[3] 3753

Eine unmittelbar nach Einstellung erteilte Pensionszusage, die unter Missachtung der personenbezogenen Probezeit erteilt wird, hält den Anforderungen des Fremdvergleichs dem Grunde nach nicht Stand. Ein neutraler Arbeitgeber würde regelmäßig kaum eine weitreichende und belastende Versorgungszusage erteilen, ohne dass er sich über die Qualität und Leistungsfähigkeit des Gf versichert hätte.[4] 3754

---

1 Siehe hierzu u. a. H 8.7 KStH 2015 (Warte-/Probezeit).
2 BMF, Schreiben v. 14. 12. 2012, BStBl 2013 I S. 58.
3 BMF, Schreiben v. 14. 12. 2012, BStBl 2013 I S. 58.
4 Vgl. hierzu Gosch, KStG, 3. Aufl., § 8 Rz. 1080.

cc) Unternehmensbezogene Probezeit

3755 Als unternehmensbezogene Probezeit ist der Zeitraum zwischen Gründung der Kapitalgesellschaft und der erstmaligen Vereinbarung einer schriftlichen Pensionszusage (sog. zusagefreie Zeit) zu verstehen.

3756 Ein ordentlicher und gewissenhafter Geschäftsleiter einer neu gegründeten Kapitalgesellschaft wird nach der von der FinVerw vertretenen Rechtsauffassung einem gesellschaftsfremden Gf erst dann eine Pensionszusage erteilen, wenn er die künftige wirtschaftliche Entwicklung und damit die künftige wirtschaftliche Leistungsfähigkeit der Kapitalgesellschaft zuverlässig abschätzen kann. Hierzu bedarf es i. d. R. eines Zeitraums von **wenigstens fünf Jahren**.[1]

dd) Ausnahmen von der Probezeit

3757 Von den genannten Grundsätzen zur Probezeit lässt die FinVerw jedoch auch Ausnahmen zu. So z. B. wenn die Kapitalgesellschaft aus eigener Erfahrung über Kenntnisse hinsichtlich der Befähigung des Geschäftsleiters verfügt und die Ertragserwartungen aufgrund ihrer bisheriger unternehmerischen Tätigkeit hinreichend deutlich abgeschätzt werden können, insbesondere in Fällen gesellschaftsrechtlicher Umwandlungen.[2]

BERATUNGSHINWEIS:

Den Ausführungen der FinVerw und der Rechtsprechung zum Kriterium der Probezeit kann nicht klar und eindeutig entnommen werden, ob dieses auch im Falle einer Entgeltumwandlung einzuhalten ist. U. E. kann es jedoch im Falle einer Entgeltumwandlung – ebenso wie im Falle des Kriteriums der Erdienbarkeit – nicht auf die Einhaltung einer Probezeit ankommen (siehe hierzu auch Rz. 3696).

ee) Rechtsfolgen bei Verstoß gegen die Probezeit

3758 Die FinVerw hatte früher die Auffassung vertreten, dass bei einer vorzeitig erteilten Pensionszusage die Zuführungen zur Pensionsrückstellung nur bis zum Ablauf der angemessenen Probezeit als vGA zu behandeln sind. Nach Ablauf der angemessenen Probezeit ließ die FinVerw zu, dass die Zuführungen für die Folgezeit gewinnmindernd berücksichtigt werden.[3] Diese Rechtsauffassung musste die FinVerw nach Ergehen der BFH-Entscheidung v. 28. 4. 2010[4] modifizieren, welches zum Prüfungskriterium der Probezeit folgendes ausführte:

„Die Erteilung einer Pensionszusage an den Gesellschafter-Geschäftsführer einer Kapitalgesellschaft setzt im allgemeinen die Einhaltung einer Probezeit voraus,

---

1 BMF, Schreiben v. 14. 12. 2012, BStBl 2013 I S. 58.
2 BMF, Schreiben v. 14. 12. 2012, BStBl 2013 I S. 58.
3 BMF, Schreiben v. 14. 5. 1999, BStBl 1999 I S. 512.
4 BFH, Urteil v. 28. 4. 2010 - I R 78/08, BStBl 2013 II S. 41.

um die Leistungsfähigkeit des neu bestellten Geschäftsführers beurteilen zu können. Handelt es sich um eine neu gegründete Kapitalgesellschaft, ist die Zusage überdies erst dann zu erteilen, wenn die künftige wirtschaftliche Entwicklung der Gesellschaft verlässlich abgeschätzt werden kann (Bestätigung der ständigen Rechtsprechung). Wird die Pension dem entgegenstehend unmittelbar nach Einstellung des Gesellschafter-Geschäftsführers oder nach Gründung der Gesellschaft zugesagt, handelt es sich bei den Zuführungen zu einer Rückstellung für die Pensionszusage um vGA. Ausschlaggebend ist die Situation im Zusagezeitpunkt, **so dass die Anwartschaft auch nach Ablauf der angemessenen Probe- oder Karenzzeiten nicht in eine fremdvergleichsgerechte Versorgungszusage „hineinwächst"** (entgegen BMF-Schreiben v. 14.5.1999, BStBl 1999 I S. 512 Tz. 1.2)."

Im Anschluss an das o.g. BFH-Urteil hat die FinVerw mit BMF-Schreiben v. 14.12.2012[1] für **Pensionsvereinbarungen, die nach dem 29.7.2010 abgeschlossen worden sind,** das Folgende verfügt:

Eine unter Verstoß gegen eine angemessene Probezeit erteilte Pensionszusage ist durch das Gesellschaftsverhältnis veranlasst und führt nach den Grundsätzen des BMF-Schreibens v. 28.5.2002 zu einer vGA i.S.d. § 8 Abs. 3 Satz 2 KStG. Ausschlaggebend ist die Situation im Zeitpunkt der Zusage, so dass die Anwartschaft auch nach Ablauf der angemessenen Probezeit nicht zu einer fremdvergleichsgerechten Pensionszusage wird. Das gilt auch dann, wenn die Pensionszusage in der Folgezeit geändert, also z.B. erhöht wird.

Die Möglichkeit einer Aufhebung der ursprünglichen und des Abschlusses einer neuen Pensionszusage nach Ablauf der angemessenen Probezeit bleibt hiervon unberührt.

BERATUNGSHINWEIS:

Für Pensionszusagen, die vor dem 30.7.2010 abgeschlossen worden sind, gilt dementsprechend noch die Handhabung gem. BMF-Schreiben v. 14.5.1999, so dass die Zuführungen zur Pensionsrückstellung für eine aus der Probezeit herausgewachsene Pensionszusage als betrieblich veranlasst zu beurteilen sind. Zu beachten ist jedoch, dass derjenige Teilbetrag, der betrieblichen Versorgungsleistungen, der zeitanteilig während der Probezeit erdient wurde, als gesellschaftlich veranlasst zu beurteilen ist. Im späteren Leistungsfall ist daher die Versorgungsleistung in zwei Teilbeträge aufzuteilen:

▶ der der Probezeit zuzurechnende Teilbetrag ist als gesellschaftlich veranlasst zu beurteilen und führt zu einer vGA, bzw. zu Einkünften i.S.d. § 20 Abs. 1 Nr. 1 EStG,

▶ der der Zeit nach Ablauf der Probezeit zuzurechnende Teilbetrag ist betrieblich veranlasst und führt zu Einkünften i.S.d. § 19 EStG.[2]

---

[1] BMF, Schreiben v. 14.12.2012, BStBl 2013 I S. 58.
[2] Vgl. Gosch, KStG, 3. Aufl., § 8 Rz. 1140.

Die „großzügigerweise" vom BMF eingeräumte Möglichkeit, die bestehende Zusage aufzuheben und diese durch eine neue zu ersetzen ist mit großer Vorsicht zu genießen, da es dem entsprechenden Hinweis wiederum an der notwendigen Klarheit und Eindeutigkeit der Ausführungen mangelt. So wird in keiner Weise auf die möglichen Rechtsfolgen einer derartigen Vorgehensweise hingewiesen. U. E. beinhaltet eine derartige Gestaltung die latente Gefahr, dass die Aufhebung der ursprünglichen Zusage – zumindest hinsichtlich des Past Service – als gesellschaftlich veranlasster Verzicht beurteilt werden könnte. In dessen Folge käme es – die Werthaltigkeit der Anwartschaften vorausgesetzt – zu einem fiktiven Lohnzufluss beim GGf, sowie zu einer verdeckten Einlage auf der Ebene der Kapitalgesellschaft.

ff) Anmerkungen/Kritik

3761   Gosch ist uneingeschränkt zuzustimmen, wenn er auch zum Kriterium der Probezeit unverblümt fordert, dass auf diese zeitliche Komponente gänzlich verzichtet werden sollte.[1]

3762   U. E. wird bei der dargestellten Rechtsauffassung zum Kriterium der Probezeit völlig außer Acht gelassen, dass es bei Pensionszusagen zugunsten von GGf mittlerweile üblich ist, dass die Anwartschaften im Rahmen der vertraglichen Vereinbarung einem ratierlichen Erdienungsverfahren unterworfen werden. Damit begrenzt sich das Risiko der Kapitalgesellschaft auf den Teilbetrag, der zugesagten Versorgungsleistungen, auf den der Versorgungsberechtigte bis zum Zeitpunkt seines Ausscheidens einen unverfallbaren Anspruch erworben hat. Der Risikobetrachtung kann also keinesfalls die Höhe der insgesamt zugesagten Versorgungsleistungen zugrunde gelegt werden, da diese Annahme u. E. eine sofortige Unverfallbarkeit in voller Höhe impliziert. Entsprechendes gilt bei einer zeitgemäßen Gestaltung der Pensionszusage z. B. in Form einer beitragsorientierten Leistungszusage. Hier begrenzt sich das Risiko der Gesellschaft i. d. R. auf die Erbringung des definierten Beitrages bis zum Zeitpunkt des Ausscheidens.

3763   Das Festhalten am Kriterium der Probezeit erscheint vor diesem Hintergrund als antiquiert.

3764–3768   (Einstweilen frei)

f) Unverfallbarkeit

3769   Rechtsprechung und FinVerw haben für die Anerkennung der betrieblichen Veranlassung einer einem GGf (sowohl beherrschend, als auch nicht beherrschend), oder einer diesem nahestehenden Person gegenüber erteilten arbeitgeberfinanzierten unmittelbaren Pensionszusage hinsichtlich der Unverfall-

---

[1] Siehe hierzu Gosch, KStG, 3. Aufl., § 8 Rz. 1098.

barkeit der zugesagten Versorgungsleistungen besondere Anforderungen definiert.

aa) Ratierliche Unverfallbarkeit

Die FinVerw hat mit BMF-Schreiben v. 9.12.2002[1] die Anforderungen definiert, die hinsichtlich der Unverfallbarkeit der zugesagten Versorgungsleistungen einzuhalten sind. Danach erkennt sie eine sofortige Unverfallbarkeit zwar dem Grunde nach an, nicht jedoch der Höhe nach. Um als betrieblich veranlasst beurteilt werden zu können, fordert die FinVerw hinsichtlich der Unverfallbarkeit der Höhe nach die Vereinbarung eines ratierlichen Erdienungsverfahrens. 3770

Im Ergebnis bedeutet dies, dass vertragliche Unverfallbarkeitsregelungen, die hinsichtlich der Unverfallbarkeit der zugesagten Versorgungsleistungen dem Grunde nach eine sofortige Unverfallbarkeit und hinsichtlich der Unverfallbarkeit der Höhe nach ein ratierliches Erdienungsverfahren vorsehen, steuerlich anerkannt und als betrieblich veranlasst beurteilt werden. Regelungen, die sowohl hinsichtlich der Unverfallbarkeit dem Grunde nach, als auch hinsichtlich der Unverfallbarkeit der Höhe nach eine sofortige Unverfallbarkeit (in voller Höhe) vorsehen, sind dagegen steuerlich nicht anzuerkennen und als gesellschaftlich veranlasst zu beurteilen. 3771

bb) Sonderanforderungen für beherrschende Gesellschafter-Geschäftsführer

Die FinVerw hat mit BMF-Schreiben v. 9.12.2002 eine Sonderanforderung für den Personenkreis der beherrschenden GGf (und den diesen nahestehenden Personen) hinsichtlich der Unverfallbarkeit der zugesagten Versorgungsleistungen der Höhe nach definiert: 3772

Danach ist bei Zusagen an den o.g. Personenkreis zur Ermittlung der unverfallbaren Versorgungsanwartschaften nicht der Beginn der Betriebszugehörigkeit (sog. m/n-tel Verfahren), sondern der Zeitpunkt der Zusage/Erhöhung der Zusage maßgebend (sog. **s/t-tel Verfahren**).[2] 3773

Eine derartige Ermittlung ist nach den Grundsätzen des Nachzahlungs- und Rückwirkungsverbots geboten, da diejenigen Dienstzeiten, die vor Erteilung der Pensionszusage vom beherrschenden GGf absolviert wurden, bei der Ermittlung außer Betracht gelassen werden müssen. Dieses Verfahren wurde vom BFH im Rahmen seiner Entscheidung v. 26.6.2013[3] bestätigt. 3774

---

1 BMF, Schreiben v. 9.12.2002, BStBl 2002 I S. 1393.
2 BMF, Schreiben v. 14.8.2012, Rz. 3, BStBl 2012 I S. 874.
3 BFH, Urteil v. 26.6.2013 - I R 39/12, BStBl 2014 II S. 174.

cc) Entgeltumwandlung

3775 Die o. g. Rechtsgrundsätze gelten offensichtlich sowohl für eine arbeitgeberfinanzierte Leistungszusage, als auch für eine arbeitgeberfinanzierte beitragsorientierte Leistungszusage. Lediglich im Falle einer Entgeltumwandlung definiert die FinVerw einen Ausnahmetatbestand zu den o. g. Rechtsgrundsätzen:

3776 Bei einem Anspruch auf bAV, der im Wege einer Entgeltumwandlung finanziert wird, ist es aus Sicht der FinVerw nicht zu beanstanden, wenn sich die Höhe der unverfallbaren Versorgungsanwartschaften nach § 2 Abs. 5a BetrAVG a. F. (jetzt: § 2 Abs. 5 BetrAVG) richtet.[1]

BERATUNGSHINWEIS:

Die von der FinVerw vertretene Rechtsauffassung, nach der auch im Falle einer arbeitgeberfinanzierten beitragsorientierten Leistungszusage ein ratierliches Berechnungsverfahren maßgebend sein soll, ist u. E. differenziert zu betrachten:

Sofern die beitragsorientierte Leistungszusage mittels eines unangemessenen hohen Einmalbeitrags finanziert wird, wird eingeräumt, dass eine Ermittlung der unverfallbaren Anwartschaften gem. § 2 Abs. 5 BetrAVG beim beherrschenden GGf über das Potenzial verfügt, gegen die Grundsätze des Nachzahlungs- und Rückwirkungsverbots zu verstoßen.

Sofern jedoch eine angemessene laufende Dotierung der beitragsorientierten Leistungszusage vereinbart ist, muss eine Anwendung des ratierlichen Berechnungsverfahrens als unsachgemäß abgelehnt werden, da insoweit davon ausgegangen werden kann, dass die Versorgungszusage lediglich einen Vergütungsbestandteil für die in der Zukunft noch zu erbringende Dienstzeit darstellt.

dd) Fehlende Regelung zur Unverfallbarkeit

3777 Enthält eine Vereinbarung keine Regelung zur Unverfallbarkeit der Versorgungsanwartschaften, so ist festzustellen, dass die vertragliche Vereinbarung einen wesentlichen Mangel i. S. einer Regelungslücke enthält.

3778 Insbesondere für den Personenkreis der beherrschenden GGf, der nicht vom Anwendungsbereich des BetrAVG erfasst wird und für den folglich § 1b BetrAVG keine Anwendung findet, kann sich aus einer fehlenden Regelung zur Unverfallbarkeit eine weitreichende Problematik ergeben. Scheidet der beherrschende GGf vor Eintritt eines Versorgungsfalles (also vorzeitig) aus den Diensten der Kapitalgesellschaft aus, ohne dass eine Unverfallbarkeit der Versorgungsanwartschaften ausdrücklich vereinbart wurde, so ist davon auszugehen, dass er seine Versorgungsanwartschaften **vollumfänglich verliert**.[2]

---

[1] BMF, Schreiben v. 9. 12. 2002, BStBl 2002 I S. 1393.
[2] BGH, Urteil v. 25. 1. 1993 - II ZR 45/92, BB 1993 S. 679; siehe hierzu auch *Höfer* in Höfer/Veit/Verhuven, BetrAVG, Band II, Kap. 44, S. 66 Rz. 146.

Im Rahmen des materiellen Fremdvergleichs stellt sich bei einer Pensionszusage, die einem beherrschenden GGf gegenüber – ohne explizite Regelung der Unverfallbarkeit – erteilt wurde, u. E. die Frage nach der Ernsthaftigkeit und Üblichkeit eines derartigen Versorgungsversprechens. 3779

(*Einstweilen frei*) 3780–3784

g) Üblichkeit

In der Literatur findet sich die Auffassung, dass die Üblichkeit einer betrieblichen Pensionszusage im Rahmen des erweiterten materiellen Fremdvergleichs ein Kriterium darstellt, welches für sich alleine gesehen zwar über eine indizielle Bedeutung verfügt, dem in der Praxis jedoch keine besondere Aufmerksamkeit geschenkt wird.[1] 3785

Jedoch tritt die (Un)Üblichkeit des Versorgungsversprechens in der betrieblichen Praxis der Betriebsprüfung regelmäßig insoweit stark in den Vordergrund, als es eines der Hauptargumente darstellt, welches von der FinVerw zur Versagung der betrieblichen Veranlassung des Versorgungsversprechens herangezogen wird. Dies auf der Grundlage, dass die Annahme der Unüblichkeit letztendlich das Ergebnis des vorher durchgeführten Fremdvergleichs darstellt. 3786

Andererseits dient der Tatbestand der (Un)Üblichkeit der FinVerw auch als eine Art „Auffangbecken" für all diejenigen Gestaltungen, denen sie die betriebliche Veranlassung verwehren möchte, dies jedoch nicht auf eines der vorgenannten Kriterien stützen kann. 3787

BERATUNGSHINWEIS:

Als Beispiel hierfür sei der Bereich der Hinterbliebenenversorgung genannt: So vertritt die FinVerw vereinzelt die Rechtsauffassung, dass die Erteilung einer kollektiven Hinterbliebenenzusage ohne die Vereinbarung von einschränkenden Klauseln (wie z. B. Spätehenklausel, Altersdifferenzklausel, Mindestehedauer, etc.) als unüblich zu beurteilen sei. Diese Rechtsauffassung ist u. E. schon alleine deswegen als unsachgemäß abzulehnen, da sie i. d. R. mit einem allgemeinen Fremdvergleich hinsichtlich der Gepflogenheiten die bei Erteilung betrieblicher Versorgungszusagen gelten, begründet wird. Maßstab im Rahmen des Fremdvergleichs können jedoch nicht die allgemeinen Gepflogenheiten sein, sondern ausschließlich die Rahmenbedingungen, die im Vergleich mit einer einem fremden Gf erteilten Pensionszusage Anwendung finden.[2] Und dort ist es sehr wohl als üblich zu bezeichnen, dass kollektive Hinterbliebenenzusagen ohne spezielle, die Anwartschaft einschränkende Klauseln, vereinbart werden.

(*Einstweilen frei*) 3788–3795

---

1 Vgl. Ahrend/Förster/Rößler, Steuerrecht der bAV, Band II, Teil VI S. 129 Rz. 707.
2 Vgl. Gosch, KStG, 3. Aufl., § 8 S. 585 Rz. 1082.

VI. Lohn- und Einkommensteuerrecht: Steuerrechtliche Grundlagen der betrieblichen Altersversorgung sowie Behandlung der Pensionszusage beim versorgungsberechtigten GmbH-Geschäftsführer

1. Allgemeines

Die FinVerw hat mit BMF-Schreiben v. 6.12.2017[1] zur steuerlichen Förderung der bAV Stellung genommen. Damit wurde das Vorgängerschreiben, datiert vom 24.7.2013,[2] abgelöst und die Verwaltungsauffassungen an diejenigen Rahmenbedingungen angepasst, die sich in dem dazwischenliegenden Zeitraum ergeben haben.

3796

Danach gelten für die lohn- und einkommensteuerrechtliche Behandlung von unmittelbaren Pensionszusagen folgende Rahmenbedingungen:

3797

a) Steuerrechtliche Definition des Begriffes der betrieblichen Altersversorgung

„Betriebliche Altersversorgung liegt vor, wenn dem Arbeitnehmer aus Anlass seines Arbeitsverhältnisses vom Arbeitgeber Leistungen oder Beiträge zur Absicherung mindestens eines biometrischen Risikos (Alter, Tod, Invalidität) zugesagt werden und Ansprüche auf diese Leistungen erst mit dem Eintritt des biologischen Ereignisses fällig werden (§ 1 des Betriebsrentengesetzes – BetrAVG).“[3]

3798

Damit stellt die FinVerw bei der steuerrechtlichen Definition des Begriffes der bAV auf die betriebsrentenrechtliche Legaldefinition des § 1 Abs. 1 BetrAVG ab und ergänzt diese durch den Zusatz „oder Beiträge" um die Zusage auf Leistungen aus den mittelbaren Durchführungswegen (§ 1 Abs. 2 Nr. 1 bis 4 BetrAVG) inkl. der durch das Betriebsrentenstärkungsgesetz[4] neu geschaffenen reinen Beitragszusage (§ 1 Abs. 2 Nr. 2a BetrAVG). Des Weiteren werden mit dem zweiten Halbsatz die Anforderungen an eine bAV in der steuerrechtlichen Definition insoweit erweitert, als eine steuerrechtlich berücksichtigungsfähige bAV nur dann vorliegen kann, wenn ein Anspruch auf Versorgungsleistungen erst mit dem Eintritt des biologischen Ereignisses fällig werden kann.

3799

---

1 BMF, Schreiben v. 6.12.2017, BStBl 2018 I S. 147.
2 BMF, Schreiben v. 24.7.2013, BStBl 2013 I S. 1022.
3 BMF, Schreiben v. 6.12.2017, Rz. 1, BStBl 2018 I S. 147.
4 BetrRSG v. 17.8.2017, BGBl 2017 I S. 3214, BStBl 2017 I S. 1278.

3800 Werden mehrere biometrische Risiken abgesichert ist aus steuerrechtlicher Sicht die gesamte Vereinbarung/Zusage nur dann als bAV anzuerkennen, wenn für alle Risiken die Vorgaben der Rz. 1 bis 7 des BMF-Schreibens v. 6.12.2017 beachtet werden, die im Folgenden in ihren wesentlichen Teilen beschrieben werden.

b) Entgeltumwandlung

3801 Nach den Rz. 9 bis 13 des BMF-Schreibens v. 6.12.2017[1] gilt für eine Entgeltumwandlung zugunsten einer bAV das Folgende:

3802 Um durch Entgeltumwandlung finanzierte bAV handelt es sich, wenn Arbeitgeber und Arbeitnehmer vereinbaren, künftige Arbeitslohnansprüche zugunsten einer bAV herabzusetzen (§ 1 Abs. 2 Nr. 3 BetrAVG).

3803 Davon zu unterscheiden sind die eigenen Beiträge des Arbeitnehmers, zu deren Leistung er aufgrund einer eigenen vertraglichen Vereinbarung mit der Versorgungseinrichtung originär selbst verpflichtet ist. Diese eigenen Beiträge des Arbeitnehmers zur bAV werden aus dem bereits zugeflossenen und versteuerten Arbeitsentgelt geleistet.

3804 Eine Herabsetzung von Arbeitslohnansprüchen zugunsten einer bAV ist steuerlich als Entgeltumwandlung auch dann anzuerkennen, wenn die in § 1 Abs. 2 Nr. 3 BetrAVG geforderte Wertgleichheit außerhalb versicherungsmathematischer Grundsätze berechnet wird. Entscheidend ist allein, dass die Versorgungsleistung zur Absicherung mindestens eines biometrischen Risikos (Alter, Tod, Invalidität) zugesagt und erst bei Eintritt des biologischen Ereignisses fällig wird.

3805 Die Herabsetzung von Arbeitslohn (laufender Arbeitslohn, Einmal- und Sonderzahlungen) zugunsten einer bAV wird aus Vereinfachungsgründen grundsätzlich auch dann als Entgeltumwandlung steuerlich anerkannt, wenn die Gehaltsänderungsvereinbarung bereits erdiente, aber noch nicht fällig gewordene Anteile umfasst. Dies gilt auch, wenn eine Einmal- oder Sonderzahlung einen Zeitraum von mehr als einem Jahr betrifft.

3806 Bei einer Herabsetzung laufenden Arbeitslohns zugunsten einer bAV hindert es die Annahme einer Entgeltumwandlung nicht, wenn der bisherige ungekürzte Arbeitslohn weiterhin Bemessungsgrundlage für künftige Erhöhungen des Arbeitslohns oder andere Arbeitgeberleistungen (wie z. B. Weihnachtsgeld, Tantieme, Jubiläumszuwendungen, bAV) bleibt, die Gehaltsminderung zeitlich

---

[1] BMF, Schreiben v. 6.12.2017, Rz. 9 bis 13, BStBl 2018 I S. 147.

begrenzt oder vereinbart wird, dass der Arbeitnehmer oder der Arbeitgeber sie für künftigen Arbeitslohn einseitig ändern können.

c) Durchführungswege und Auszahlungsformen

Die Finanzverwaltung hat sich unter der Rz. 1 des BMF-Schreibens v. 6.12.2017[1] explizit zu den anzuerkennen Auszahlungsformen und Durchführungswegen geäußert: Aus steuerrechtlicher Sicht kommen folgende **Auszahlungsformen** in Frage:

- ▶ lebenslange Rente,
- ▶ Auszahlungsplan mit Restkapitalverrentung,
- ▶ Einmalkapitalauszahlung und
- ▶ ratenweise Auszahlung.

3807

Dabei handelt es sich u. E. um eine nicht abschließende Aufzählung, da die FinVerw bei der Nennung der steuerrechtlich anzuerkennenden Auszahlungsformen den Zusatz „z. B." gewählt hat.

3808

Aus steuerrechtlicher Sicht kommen – abschließend aufgezählt – folgende **Durchführungswege** in Frage:

3809

Direktzusage	(§ 1 Abs. 1 Satz 2 BetrAVG),
Unterstützungskasse	(§ 1b Abs. 4 BetrAVG),
Direktversicherung	(§ 1b Abs. 2 BetrAVG),
Pensionskasse	(§ 1b Abs. 3 BetrAVG, § 232 VAG), sowie
Pensionsfonds	(§ 1b Abs. 3 BetrAVG, § 236 VAG).

Damit werden die im BetrAVG legal definierten Durchführungswege auch steuerrechtlich anerkannt.

3810

d) Biologisches Ereignis/Biometrische Risiken

Gemäß der Rz. 3 des BMF-Schreibens v. 6.12.2017 werden die unterschiedlichen biologischen Ereignisse zur Auslösung eines Versorgungsfalles wie folgt definiert:

3811

Versorgungsart	Ereignis
Altersversorgung	Altersbedingtes Ausscheiden aus dem Erwerbsleben
Hinterbliebenenversorgung	Tod des Arbeitnehmers
Invaliditätsversorgung	Invaliditätseintritt (ohne, dass es auf den Invaliditätsgrad ankommt)

---

[1] BMF, Schreiben v. 6.12.2017, Rz. 1, BStBl 2018 I S. 147.

aa) Altersversorgung

3812 Als Untergrenze für bAV -Leistungen bei altersbedingtem Ausscheiden aus dem Erwerbsleben gilt im Regelfall das **60. Lebensjahr**. Für Versorgungszusagen, die nach dem 31.12.2011 erteilt werden, tritt an die Stelle des 60. Lebensjahres regelmäßig das **62. Lebensjahr**.[1]

3813 In Ausnahmefällen können bAV-Leistungen auch schon vor dem 60. Lebensjahr gewährt werden, so z. B. bei Berufsgruppen wie Piloten, bei denen schon vor dem 60. Lebensjahr Versorgungsleistungen üblich sind. Ob solche Ausnahmefälle (berufsspezifische Besonderheiten) vorliegen, ergibt sich aus Gesetz, Tarifvertrag oder Betriebsvereinbarung.

BERATUNGSHINWEIS:

Für den Personenkreis der GGf – insbesondere der beherrschenden GGf – hat die Finanzverwaltung im Rahmen des BMF-Schreibens v. 9.12.2016[2] gesondert Stellung genommen. Dort werden die Anforderungen definiert, die hinsichtlich des maßgebenden Pensionsalters für unmittelbare Pensionszusagen an (beherrschende) GGf gelten (siehe hierzu Rz. 3666).

bb) Hinterbliebenenversorgung

(1) Witwen(r)versorgung

3814 Eine Witwen(r)versorgung im steuerlichen Sinne darf nur Leistungen an die Witwe/den Witwer der Arbeitnehmerin/des Arbeitnehmers, den früheren Ehegatten oder die Lebensgefährtin/den Lebensgefährten vorsehen. Der Arbeitgeber hat bei Erteilung oder Änderung der Versorgungszusage zu prüfen, ob die Versorgungsvereinbarung insoweit generell diese Voraussetzungen erfüllt; ob im Einzelfall Hinterbliebene in diesem Sinne vorhanden sind, ist letztlich vom Arbeitgeber/Versorgungsträger erst im Zeitpunkt der Auszahlung der Hinterbliebenenleistung zu prüfen.

3815 Der Begriff des/der Lebensgefährten/in ist als Oberbegriff zu verstehen, der auch die gleichgeschlechtliche Lebenspartnerschaft mit erfasst. Ob eine gleichgeschlechtliche Lebenspartnerschaft eingetragen wurde oder nicht, ist dabei zunächst unerheblich. Für Partner einer eingetragenen Lebenspartnerschaft

---

[1] Siehe auch BT-Drucks. 16/3794 v. 12.12.2006, S. 31 unter „IV. Zusätzliche Altersvorsorge" zum RV-Altersgrenzenanpassungsgesetz v. 20.4.2007, BGBl 2007 I S. 554.
[2] BMF, Schreiben v. 9.12.2016, Rz. 7 ff., BStBl 2016 I S. 1427.

besteht allerdings die Besonderheit, dass sie einander nach § 5 Lebenspartnerschaftsgesetz zum Unterhalt verpflichtet sind. Insoweit liegt eine mit der zivilrechtlichen Ehe vergleichbare Partnerschaft vor. Handelt es sich dagegen um eine andere Form der nicht ehelichen Lebensgemeinschaft, muss anhand der im BMF-Schreiben vom 25. 7. 2002[1] genannten Voraussetzungen geprüft werden, ob diese als Hinterbliebenenversorgung anerkannt werden kann. Ausreichend ist dabei regelmäßig, dass spätestens zu Beginn der Auszahlungsphase der Hinterbliebenenleistung eine Versicherung des Arbeitnehmers in Textform vorliegt, in der neben der geforderten namentlichen Benennung des/der Lebensgefährten/in bestätigt wird, dass eine gemeinsame Haushaltsführung besteht.

(2) Waisenversorgung

Eine Waisenversorgung im steuerlichen Sinne darf nur Leistungen an die Kinder i. S. d. § 32 Abs. 3, 4 Satz 1 Nr. 1 bis 3 und Abs. 5 EStG vorsehen. Als Kind kann auch ein im Haushalt des Arbeitnehmers auf Dauer aufgenommenes Kind begünstigt werden, welches in einem Obhuts- und Pflegeverhältnis zu ihm steht und nicht die Voraussetzungen des § 32 EStG zu ihm erfüllt (Pflegekind/Stiefkind und faktisches Stiefkind). Dabei ist es – anders als bei der Gewährung von staatlichen Leistungen – unerheblich, ob noch ein Obhuts- und Pflegeverhältnis zu einem leiblichen Elternteil des Kindes besteht, der ggf. ebenfalls im Haushalt des Arbeitnehmers lebt. Es muss jedoch spätestens zu Beginn der Auszahlungsphase der Hinterbliebenenleistung eine schriftliche Versicherung des Arbeitnehmers vorliegen, in der, neben der geforderten namentlichen Benennung des Pflegekindes/Stiefkindes und faktischen Stiefkindes, bestätigt wird, dass ein entsprechendes Kindschaftsverhältnis besteht. Entsprechendes gilt, wenn ein Enkelkind auf Dauer im Haushalt der Großeltern aufgenommen und versorgt wird. Bei Versorgungszusagen, die vor dem 1. 1. 2007 erteilt wurden, sind für das Vorliegen einer begünstigten Waisenversorgung die Altersgrenzen des § 32 EStG in der bis zum 31. 12. 2006 geltenden Fassung (27. Lebensjahr) maßgebend.

3816

(3) Nicht begünstigte Hinterbliebene

Die Möglichkeit, andere als die zuvor genannten Personen als Begünstigte für den Fall des Todes des Arbeitnehmers zu benennen, führt steuerrechtlich dazu, dass es sich nicht mehr um eine Hinterbliebenenversorgung handelt, sondern von einer Vererblichkeit der Anwartschaften auszugehen ist.

3817

---

1 BMF, Schreiben v. 25. 7. 2002, BStBl 2002 I S. 706.

cc) Invaliditätsversorgung

3818 Die FinVerw hat darauf verzichtet, im Rahmen des BMF-Schreibens v. 6.12.2017 weitere Anforderungen im Hinblick auf die Ausgestaltung einer Invaliditätsversorgung zu formulieren. Den Ausführungen hinsichtlich der Invaliditätsversorgung ist lediglich zu entnehmen, dass es hierbei nicht auf den Grad der Invalidität ankommen soll.[1]

3819 Die **Invalidität** stellt daher einen im Einzelnen ausfüllbaren Begriff dar. Aus arbeitsrechtlicher Sicht ist es üblich, sich an die Begriffe der gesetzlichen Rentenversicherung „anzulehnen", also an die teilweise oder volle Erwerbsminderung i.S.v. § 43 SGB VI.[2] Dies ist aus lohn- und einkommensteuerrechtlicher Sicht jedoch nicht zwingend erforderlich.

> **BERATUNGSHINWEIS:**
>
> Die Invalidität wird im Bereich der Gf-Versorgung i.d.R. unter den Begriff Berufsunfähigkeitsversorgung subsumiert. U.E. ist es bei der Gestaltung einer Pensionszusage zugunsten eines GGf keinesfalls angebracht, die Zugangsvoraussetzungen für eine Berufsunfähigkeitsversorgung an die Bestimmungen der gesetzlichen Rentenversicherung anzulehnen. Vielmehr ist zwingend darauf zu achten, dass im Zusammenhang mit dem Abschluss einer Rückdeckungsversicherung eine Kongruenz zwischen den Versorgungsbedingungen und den Versicherungsbedingungen herbeigeführt wird.

3820–3825 *(Einstweilen frei)*

e) Steuerrechtliche Ausschlusskriterien

3826 Die FinVerw definiert in den Rz. 1, 2 und 6 des BMF-Schreibens v. 6.12.2017 folgende steuerschädliche Kriterien, die der Annahme einer bAV aus steuerrechtlicher Sicht entgegenstehen.

3827 Keine bAV liegt demnach vor, wenn

- ▶ vereinbart ist, dass **ohne Eintritt eines biometrischen Risikos** die Auszahlung **an beliebige Dritte** (z.B. die Erben) erfolgt,

- ▶ der Arbeitgeber oder eine Versorgungseinrichtung dem **nicht bei ihm beschäftigten Ehegatten** eines Arbeitnehmers eigene Versorgungsleistungen zur Absicherung seiner biometrischen Risiken (Alter, Tod, Invalidität) verspricht, da hier keine Versorgungszusage aus Anlass eines Arbeitsverhältnisses zwischen dem Arbeitgeber und dem Ehegatten vorliegt (§ 1 BetrAVG),

---

1 BMF, Schreiben v. 6.12.2017, Rz. 3, BStBl 2018 I S. 147.
2 Vgl. Kister-Kölkes, Grundzüge BetrAV, 9. Aufl., S. 11, Rz. 34.

- zwischen Arbeitnehmer und Arbeitgeber die **Vererblichkeit von Anwartschaften** vereinbart ist,
- **Arbeitslohn gutgeschrieben** und ohne Abdeckung eines biometrischen Risikos zu einem späteren Zeitpunkt (z. B. bei Ausscheiden aus dem Dienstverhältnis) ggf. mit Wertsteigerung ausgezahlt wird (Zeitwertkonten),
- von vornherein eine **Abfindung der Versorgungsanwartschaft**, z. B. zu einem bestimmten Zeitpunkt oder bei Vorliegen bestimmter Voraussetzungen, vereinbart ist und dadurch nicht mehr von der Absicherung eines biometrischen Risikos ausgegangen werden kann.

Demgegenüber führt allein die Möglichkeit einer entsprechenden Abfindung für den Fall des Ausscheidens aus dem Dienstverhältnis vor Erreichen der gesetzlichen Unverfallbarkeit und/oder für den Fall des Todes vor Ablauf einer arbeitsrechtlich vereinbarten Wartezeit, sowie der Abfindung einer Witwen(r)rente für den Fall der Wiederheirat noch nicht zur Versagung der Anerkennung als bAV. Ebenfalls unschädlich für das Vorliegen von bAV ist die Abfindung vertraglich unverfallbarer Anwartschaften; dies gilt sowohl bei Beendigung als auch während des bestehenden Arbeitsverhältnisses. 3828

BERATUNGSHINWEIS:

Die eben dargestellten Kriterien beschreiben die – für sämtliche Versorgungszusagen – gültige Rechtsauffassung der Finanzverwaltung zur Anerkennung, bzw. Versagung der steuerrechtlichen Berücksichtigung von Versorgungszusagen als bAV. Es gilt hier jedoch anzumerken, dass für den Personenkreis der GGf körperschaftsteuerrechtliche Rahmenbedingungen gelten, die die grundsätzlich steuerrechtlich berücksichtigungsfähige bAV zu einem dem Gesellschaftsverhältnis zuzuordnenden Rechtsgeschäft werden lassen (z. B. Abfindung verfallbarer Versorgungsanwartschaften), in deren Folge es zu einer vGA kommen würde (siehe hierzu Rz. 3571 ff.).

f) Abgrenzung zu anderen Leistungen des Arbeitgebers

Werden Ansprüche nicht durch eines der o. g. biologischen Ereignisse ausgelöst und dienen die Leistungen auch nicht der **Versorgung**, sondern einem anderen Zweck – wie z. B. Notfallleistungen, Beihilfen in unverschuldeten wirtschaftlichen Notlagen – so handelt es sich nicht um eine bAV i. S. d. EStG. 3829

Insbesondere bei Gewährung einer der folgenden Leistungen handelt es sich **nicht** um eine bAV: 3830

- Übergangsgelder
- Weihnachtsgelder
- Jubiläumsgaben
- Tantiemezahlungen

- Zuschüsse zu Krankengeldern, Kuren, Operationskosten, Zahnbehandlungen
- Zuschüsse bei Todesfällen (Sterbegelder), Sterbegeldversicherungen
- Treueprämien, Treueprämienversicherungen

g) Abgrenzung zwischen Anwartschafts- und Leistungsphase

3831 Hinsichtlich der lohn- und einkommensteuerrechtlichen Behandlung einer unmittelbaren Pensionszusage zugunsten eines GmbH-Geschäftsführers ist grundsätzlich zwischen zwei unterschiedlichen Phasen zu unterscheiden:

- Anwartschaftsphase und
- Leistungsphase

aa) Anwartschaftsphase

3832 Die Anwartschaftsphase i. S. d. Lohn- und Einkommensteuer beschreibt i. d. R. den Zeitraum, der die Zeitspanne zwischen der erstmaligen Erteilung der Pensionszusage und dem Eintritt des Versorgungsfalls umfasst. Dabei wird seitens der FinVerw angenommen, dass der Versorgungsfall unabhängig von einer Vereinbarung zur Beendigung des Dienstverhältnisses als Voraussetzung für die Gewährung der Versorgungsleistung eintritt.[1]

3833 In der Anwartschaftsphase ist zu klären, inwieweit es durch die Erteilung des Versorgungsversprechens beim versorgungsberechtigten Gf zu steuerpflichtigen Zuflüssen kommen kann.

bb) Leistungsphase

3834 Die Leistungsphase i. S. d. Lohn- und Einkommensteuer beschreibt i. d. R. den Zeitraum, der die Zeitspanne zwischen dem Eintritt des Versorgungsfalls und des Wegfalls der Pensionsverpflichtung umfasst.

3835 In der Leistungsphase ist zu klären, inwieweit es durch die Zahlung der Versorgungsleistung beim versorgungsberechtigten Gf zu steuerpflichtigen Zuflüssen kommen kann.

3836–3840 (*Einstweilen frei*)

---

[1] BMF, Schreiben v. 18. 9. 2017, BStBl 2017 I S. 1293.

2. Lohn- und einkommensteuerrechtliche Behandlung der Pensionszusage beim GmbH-Geschäftsführer

a) Anwartschaftsphase

aa) Unmittelbare Pensionsverpflichtung

„*Einnahmen werden gem. § 11 Abs. 1 Satz 1 EStG dem Kalenderjahr zugeordnet, in dem die Einnahmen dem Steuerpflichtigen zugeflossen sind. Nach der ständigen Rechtsprechung des BFH sind Einnahmen zugeflossen, sobald der Steuerpflichtige wirtschaftlich über sie verfügen kann, es also zu einem Übergang der wirtschaftlichen Verfügungsmacht über ein Wirtschaftsgut gekommen ist.*"[1] 3841

Diese Voraussetzungen werden im Falle einer unmittelbaren Pensionszusage während der Anwartschaftsphase nicht erfüllt. Daher löst die Erteilung einer Pensionszusage während der Anwartschaftsphase beim Gf keine Lohn-, bzw. Einkommensteuerpflicht aus. So bestätigt die Finanzverwaltung in der Rz. 8 des BMF-Schreibens v. 6.12.2017[2], dass es bei einer Versorgung mittels einer unmittelbaren Pensionszusagen (Direktzusage) erst im Zeitpunkt der Zahlung der Altersversorgungsleistungen an den Arbeitnehmer zum Zufluss von Arbeitslohn kommt. 3842

bb) Rückdeckungsversicherung

Das Bestehen einer Rückdeckungsversicherung hat auf die lohn- und einkommensteuerrechtliche Behandlung einer unmittelbaren Pensionszusage auf der Ebene des Gf keinen Einfluss. Dies gilt selbst dann, wenn die Rechte und Ansprüche des Versicherungsvertrags aus Gründen der Insolvenzsicherung an den Gf (und ggf. an seine Hinterbliebenen) **verpfändet** werden. 3843

Etwas anderes gilt nur dann, wenn der Rückdeckungsanspruch an den Gf **abgetreten** wird. Mit der Abtretung wird die Rückdeckungsversicherung zu einer Direktversicherung i.S.d. § 1b Abs. 2 BetrAVG.[3] In der Folge rechnen die Beiträge zum steuerpflichtigen Arbeitslohn des Gf. Erfolgt die Abtretung unter Vereinbarung einer aufschiebenden Bedingung, so behält die Rückdeckungsversicherung bis zum Eintritt der vereinbarten Bedingung ihren bisherigen Charakter unverändert bei. 3844

cc) Sonderausgabenabzug: Kürzung der Vorsorgeaufwendungen

Die steuerrechtlichen Bedingungen zur Abzugsfähigkeit von Vorsorgeaufwendungen im Rahmen der Sonderausgaben stellen für viele Gf mittlerweile ein 3845

---

1 Korff in Kanzler/Kraft/Bäuml, § 11 EStG Rz. 51.
2 BMF, Schreiben v. 6.12.2017, Rz. 8, BStBl 2018 I S. 147.
3 R 6a Abs. 23 Satz 3 EStR.

Musterbeispiel für einen „undurchdringlichen Dschungel" dar. Die Regelungen des Sonderausgabenabzugs wurden zunächst im Rahmen des AltEinkG[1] zum 1.1.2005 grundlegend geändert und in der Folgezeit mehrfach modifiziert (JStG 2008,[2] Bürgerentlastungsgesetz 2010[3]).

3846 Die im Rahmen des Jahressteuergesetzes 2008 vorgenommenen Änderungen führten für den Personenkreis der nicht sozialversicherungspflichtigen GGf zu einer spürbaren Verschlechterung hinsichtlich der in ihrer Einkommensteuererklärung berücksichtigungsfähigen Vorsorgeaufwendungen. Danach erleiden diese bereits eine Kürzung des abzugsfähigen Höchstbetrages, wenn sie während des ganzen oder eines Teils des Kalenderjahres nicht der gesetzlichen Rentenversicherungspflicht unterliegen und im Zusammenhang mit ihrem Dienstverhältnis auf Grund vertraglicher Vereinbarungen im jeweiligen Kalenderjahr Anwartschaftsrechte auf eine Altersversorgung erworben haben.[4]

3847 Dabei ist es mittlerweile ohne Bedeutung, über welchen Durchführungsweg die betriebliche Versorgungszusage eingerichtet und ob diese durch Arbeitgeber- oder Arbeitnehmerbeiträge finanziert wird.[5]

b) Leistungsphase

aa) Unmittelbare Pensionsverpflichtung

(1) Zusage auf laufende lebenslange Rentenleistungen

3848 Laufende Rentenzahlungen, die der Gf anlässlich der ihm gegenüber erteilten unmittelbaren Pensionszusage erhält, führen bei ihm zu **Einkünften aus nichtselbständiger Arbeit** gem. § 19 EStG.[6] Nach § 19 Abs. 1 Satz 1 Nr. 2 EStG gehören zu den Einkünften aus nichtselbständiger Arbeit auch Wartegelder, Ruhegelder, Witwen- und Waisengelder und andere Bezüge und Vorteile aus früheren Dienstleistungen. Darunter sind auch die Leistungen aus der bAV zu subsumieren.

3849 Da es sich bei der betrieblichen Rente um Versorgungsbezüge i. S. d. § 19 Abs. 2 EStG handelt, bleibt ein gewisser Teilbetrag (sog. **Versorgungsfreibetrag**) steuerfrei. Bei einem Versorgungsbeginn im Jahre 2018 ist der Versorgungsfreibetrag auf 19,2 % der Versorgungsbezüge begrenzt; max. jedoch 1.440 € zzgl.

---

1 Alterseinkünftegesetz v. 5.7.2004, BGBl 2004 I S. 1427.
2 Jahressteuergesetz 2008 v. 20.12.2007, BGBl 2007 I S. 3150.
3 Bürgerentlastungsgesetz 2010 v. 16.7.2009, BGBl 2009 I S. 1959.
4 § 10 Abs. 3 Satz 3 Nr. 1 Buchst. b EStG
5 Vgl. Ahrend/Förster/Rößler, Steuerrecht der bAV, Band II, Teil VI S. 77 Rz. 508.
6 BMF, Schreiben v. 6.12.2017, Rz. 146, BStBl 2018 I S. 147.

eines Zuschlags i. H. v. 432 €. In den Folgejahren wird der Versorgungsfreibetrag sukzessive abgebaut, bis er im Jahre 2040 die Grenze von 0 % erreicht. Zusätzlich wird dem Gf ein **Werbungskostenpauschbetrag** gem. § 9a Abs. 1 Nr. 1 Buchst. b EStG i. H. v. 102 € p. a. eingeräumt.

(2) Zusage auf einmalige Kapitalleistungen

Auch eine einmalige Kapitalleistung rechnet zu den steuerpflichtigen Einkünften aus nichtselbständiger Arbeit i. S. d. § 19 Abs. 1 Satz 1 Nr. 2 EStG. Es handelt sich hierbei jedoch insbes. um eine **Vergütung für eine mehrjährige Tätigkeit** i. S. d. § 34 Abs. 2 Nr. 4 EStG, die bei Zusammenballung als außerordentliche Einkünfte nach § 34 Abs. 1 EStG zu besteuern sind (sog. **Fünftelungsregelung**). Die Gründe für eine Kapitalisierung von Versorgungsbezügen sind dabei unerheblich. Bei der Steuerermittlung nach der Fünftelungsregelung wird methodisch zunächst die Steuerbelastung auf das erste Fünftel der Kapitalleistung ermittelt und diese dann auf die weiteren vier Fünftel übertragen. Ausgangspunkt ist dabei das regulär zu versteuernde Einkommen, welches sich für den Veranlagungszeitraum ohne die Kapitalleistung ermittelt.

3850

Beträgt z. B. das regulär zu versteuernde Einkommen 30.000 € und die Kapitalleistung 500.000 € so ermittelt sich für das erste Fünftel eine Gesamtsteuerbelastung i. H. v. 36.941 €. Übertragen auf die Kapitalleistung i. H. v. 500.000 € ermittelt sich eine Gesamtsteuerbelastung i. H. v. 184.705 €. Die Kapitalleistung wird daher mit 36,94 % besteuert; als Netto-Kapitalleistung verbleibt ein Betrag i. H. v. 315.295 €.

Im Fall von **Teilkapitalauszahlungen** (ratenweise Auszahlung) in mehreren Kalenderjahren ist dagegen der Tatbestand der Zusammenballung nicht erfüllt; eine Anwendung des § 34 EStG kommt daher für diese Zahlungen nicht in Betracht.[1]

3851

Davon abweichend kann eine Teilzahlung ausnahmsweise unschädlich sein, wenn andernfalls der Zweck des Gesetzes verfehlt würde.[2] Im entschiedenen Fall hat der BFH die Auszahlung in zwei Teilbeträgen ausnahmsweise als unschädlich beurteilt, da sich die Teilzahlungen im Verhältnis zueinander eindeutig als Haupt- und Nebenleistung darstellten und die Nebenleistung als geringfügig beurteilt wurde (Teilauszahlung unter 10 % der Hauptleistung).

---

1 BMF, Schreiben v. 6. 12. 2017, Rz. 147, BStBl 2018 I S. 147.
2 BFH, Urteil v. 13. 10. 2015 - IX R 47/14, BStBl 2016 II S. 214.

Anhang

> **BERATUNGSHINWEIS 1:**
>
> Der BFH hat mit seiner Entscheidung v. 20. 9. 2016[1] kurzzeitig für einige Verwirrung gesorgt, als er im Rahmen dieser Entscheidung die aus einer Pensionskassenversorgung stammende Kapitalleistung, die von vornherein ein Kapitalwahlrecht beinhaltet nicht zu den außerordentlichen Einkünften i. S. d. § 34 Abs. 1 EStG rechnete und in der Folge die Versteuerung nach der sog. Fünftelungsregelung verweigerte. Die Finanzverwaltung hat jedoch im Rahmen des BMF-Schreibens v. 6. 12. 2017 die bereits gem. BMF-Schreiben v. 24. 7. 2013 vertretene Rechtsauffassung zugunsten der Anwendung der Fünftelungsregelung bei einer Kapitalleistung aus einer unmittelbaren Pensionszusage bestätigt. Damit erstreckt sich der Anwendungsbereich der BFH-Entscheidung ausschließlich auf den Anwendungsbereich der Pensionskasse.

> **BERATUNGSHINWEIS 2:**
>
> Beinhaltet die Teilzahlungsvereinbarung auch eine Verzinsung der noch nicht ausbezahlten Teilbeträge, so stellt sich die Frage, ob die Zinserträge dem Bereich der Einkünfte aus nichtselbständiger Arbeit (§ 19 EStG) oder den Einkünften aus Kapitalvermögen (§ 20 EStG) zuzuordnen sind?
>
> U. E. ist diese Frage bisher noch nicht abschließend geklärt. Da die FinVerw Zinsen auf Rentennachzahlungen gem. § 20 Abs. 1 Nr. 7 EStG den Einkünften aus Kapitalvermögen zuordnet,[2] erscheint es u. E. plausibel, diese Behandlung auch auf die diesbezüglichen Zinserträge anzuwenden.

bb) Rückdeckungsversicherung

3852 Das Bestehen einer Rückdeckungsversicherung hat auf die lohn- und einkommensteuerrechtliche Behandlung einer unmittelbaren Pensionszusage auf der Ebene des Gf keinen Einfluss. Dies gilt selbst dann, wenn die Rechte und Ansprüche des Versicherungsvertrags aus Gründen der Insolvenzsicherung an den Gf (und ggf. an seine Hinterbliebenen) **verpfändet** werden.

3853 Etwas anderes gilt nur dann, wenn der Rückdeckungsanspruch an den Gf **abgetreten** wird. Mit der Abtretung wird die Rückdeckungsversicherung zu einer Direktversicherung i. S. d. § 1b Abs. 2 BetrAVG.[3] Erfolgt die Abtretung unter Vereinbarung einer aufschiebenden Bedingung, so behält die Rückdeckungsversicherung bis zum Eintritt der vereinbarten Bedingung ihren bisherigen Charakter unverändert bei.

---

1 BFH, Urteil v. 20. 9. 2016 - X R 23/15, BStBl 2017 II S. 347.
2 BMF, Schreiben v. 4. 7. 2016, BStBl 2016 I S. 645.
3 R 6a Abs. 23 Satz 3 EStR.

c) Behandlung beim versorgungsberechtigten beherrschenden Gesellschafter-Geschäftsführer

Nach dem gem. § 11 Abs. 1 Satz 1 EStG geltenden Zuflussprinzip, werden Einnahmen dem Kalenderjahr zugeordnet, in dem der Steuerpflichtige wirtschaftlich über sie verfügen kann (wirtschaftliche Verfügungsmacht).[1]

3854

Handelt es sich bei dem Steuerpflichtigen um einen beherrschenden GGf, so kann der Zeitpunkt des Zuflusses nach der ständigen Rechtsprechung des BFH[2] auch schon vor dem Zeitpunkt der Erlangung der wirtschaftlichen Verfügungsmacht eintreten. Handelt es sich um eine unbestrittene Forderung des beherrschenden GGf gegen die Kapiralgesellschaft, so tritt der Zufluss bereits mit deren Fälligkeit ein. Ob sich der Vorgang in der Bilanz der Kapitalgesellschaft tatsächlich gewinnmindernd ausgewirkt hat, etwa durch die Bildung einer Verbindlichkeit, ist für die Anwendung dieser sog. **Zuflussfiktion** unerheblich, sofern eine solche Verbindlichkeit nach den Grundsätzen ordnungsmäßiger Buchführung hätte gebildet werden müssen.[3]

3855

BERATUNGSHINWEIS:

Auf die Zuflussfiktion ist insb. bei Gestaltungen zu achten, die auf Kapitalisierungen ausgerichtet sind. Die vertragliche Vereinbarung muss so gestaltet werden, dass der Zeitpunkt der Fälligkeit und der Auszahlung der Kapitalleistung aufeinander abgestimmt sind. Nur so kann vermieden werden, dass Fälligkeit und Auszahlung derart auseinander fallen, dass es bereits zum Zeitpunkt der Fälligkeit zu einem fiktiven Lohnzufluss kommt.

(Einstweilen frei)

3856–3864

---

1 Vgl. Korff in Kanzler/Kraft/Bäuml, § 11 EStG Rz. 51.
2 BFH, Urteil v. 3. 2. 2011 - VI R 4/10, BStBl 2014 II S. 493; BFH, Urteil v. 3. 2. 2011 - VI R 66/09, BStBl 2014 II S. 491; BFH, Urteil v. 15. 5. 2013 - VI R 24/12, BStBl 2014 II S. 495.
3 BMF, Schreiben v. 12. 5. 2014, BStBl 2014 I S. 860.

VII. Sozialversicherungsrecht: Behandlung von Pensionszusagen an GmbH-Geschäftsführer während der Anwartschafts- und Leistungsphase

1. Allgemeines

Beschäftigung im sozialversicherungsrechtlichen Sinne ist die nichtselbständige Arbeit, insbesondere in einem Arbeitsverhältnis. Anhaltspunkte für eine Beschäftigung sind eine Tätigkeit nach Weisungen und eine Eingliederung in die Arbeitsorganisation des Weisungsgebers.[1]

3865

Geschäftsführer einer GmbH sind regelmäßig als Beschäftigte der GmbH anzusehen und unterliegen daher der Sozialversicherungspflicht. Dies hat das BSG im Rahmen zweier aktueller Entscheidungen wieder besttätigt.[2] In beiden Fällen hat das BSG verdeutlicht, dass es nicht darauf ankommt, dass ein Gf einer GmbH im Außenverhältnis über weitrechende Befugnisse verfügt und ihm häufig Freiheiten hinsichtlich der Tätigkeit eingeräumt werden. Entscheidend ist vielmehr der Grad der rechtlich durchsetzbaren Einflussmöglichkeiten auf die Beschlüsse der Kapitalgesellschaft. Verfügt der GGf jedoch über die geforderten Einflussmöglichkeiten, so ist er im sozialversicherungsrechtlichen Sinne jedoch als Selbständiger zu beurteilen.

3866

Daher ist bei der Betrachtung der sozialversicherungsrechtlichen Behandlung einer unmittelbaren Pensionszusage eines (G)Gf grundsätzlich zwischen zwei Personenkreisen zu unterscheiden:

3867

▶ Sozialversicherungsfreie GGf (Selbständige i. S. d. SGB)

▶ Sozialversicherungspflichtige (G)Gf (abhängig Beschäftigte i. S. d. SGB)

a) Sozialversicherungsfreie Gesellschafter-Geschäftsführer (Selbständige i. S. d. SGB)

Ein Gf, der zugleich Gesellschafter einer GmbH ist, ist nur dann nicht abhängig beschäftigt, wenn er über die Einflussmöglichkeiten verfügen kann, die notwendig sind, um auf die Beschlüsse der Gesellschafterversammlung einwirken zu können.

3868

---

1 § 7 Abs. 1 SGB IV.
2 BSG, Urteil v. 14. 3. 2018 - B 12 KR 13/17 R, NWB DokID: LAAAG-86967; sowie Urteil v. 14. 3. 2018 - B 12 R 5/16 R, PM 14/2018 v. 15. 3. 2018.

3869 Hält der GGf **mehr als 50 % der Gesellschaftsanteile**, so ist er regelmäßig dazu in der Lage, die Geschicke der Kapitalgesellschaft zu bestimmen. Er verfügt als **Mehrheits-Gesellschafter** über die Rechtsmacht seinen Willen in der Gesellschafterversammlung durchzusetzen. Ein derartiger GGf ist daher i. S. d. SGB **nicht abhängig beschäftigt**. Er ist im sozialversicherungsrechtlichen Sinne als **Selbständiger** zu behandeln.[1]

3870 Verfügt der GGf **über exakt 50 % der Gesellschaftsanteile, oder hält er eine geringere Kapitalbeteiligung,** verfügt darüber hinaus aber kraft ausdrücklicher Regelungen im Gesellschaftsvertrag (Satzung) über eine umfassende **Sperrminorität,** auf deren Grundlage es ihm möglich ist, ihm nicht genehme Weisungen der Gesellschafterversammlung zu verhindern, so ist auch ein derartiger GGf ausnahmsweise als **nicht abhängiger Beschäftigter** und somit als Selbständiger i. S. d. SGB zu beurteilen.

3871 Ist in der Satzung der Kapitalgesellschaft z. B. geregelt, dass Beschlüsse der Gesellschafterversammlung nur einstimmig erfolgen können, so kann auch eine Minderheitsbeteiligung ausreichen, um Beschlüsse der GmbH verhindern zu können und somit als Selbständiger i. S. d. SGB beurteilt zu werden.

3872 Wird in der Satzung hinsichtlich der Beschlussfassung auf die gesetzlichen Bestimmungen des GmbHG Bezug genommen, so erfordert eine Satzungsänderung eine qualifizierte Mehrheit von dreiviertel der Stimmen.[2] Eine sozialversicherungsfreie Stellung eines GGf kann daher mit einer Beteiligung von mehr als 25 % erreicht werden, da ein derartiger GGf die Satzungsänderung verhindern könnte.[3]

3873 Die dem selbständigen GGf gewährte Vergütung unterliegt somit nicht der Versicherungspflicht in den verschiedenen Zweigen der gesetzlichen Sozialversicherung (Arbeitslosen-, Kranken-, Pflege-, Renten- und Unfallversicherung).

3874 Wird einem GGf, der i. S. d. SGB als Selbständiger zu beurteilen ist, eine unmittelbare Pensionszusage erteilt, so spielen die sozialversicherungsrechtlichen Bestimmungen für die Behandlung der unmittelbaren Pensionszusage grundsätzlich keine Rolle. Dies gilt auch für den Bereich der Kranken- und Pflegeversicherung, solange der selbständige GGf Mitglied einer privaten Krankenversicherung ist. Ist er jedoch als freiwilliges Mitglied in der gesetzlichen Kranken-

---

1 BSG, Urteil v. 14. 3. 2018 - B 12 KR 13/17 R, NWB DokID: LAAAG-86967.
2 § 53 Abs. 2 GmbHG.
3 Vgl. Langhoff, Die Statusfeststellung für den GmbH-Geschäftsführer von A bis Z, NWB 2018 S. 1701 ff., NWB DokID: ZAAAG-84641.

versicherung versichert, so sind für die Ermittlung des Beitrags zur Kranken- und Pflegeversicherung die Bestimmungen des SGB zu berücksichtigen.

b) Sozialversicherungspflichtige (Gesellschafter-) Geschäftsführer (Abhängig Beschäftigte i. S. d. SGB)

Im Umkehrschluss der obigen Ausführungen ergibt es sich, dass jeder Gf (GGf mit einer Beteiligung von unter 50 % und ohne Sperrminorität oder Fremd-Gf), der kraft seiner Beteiligung keinen entscheidenden Einfluss auf die Geschicke der GmbH nehmen kann, im sozialversicherungspflichtigen Sinne als abhängig Beschäftigter zu beurteilen ist. 3875

Die dem abhängig beschäftigten Gf gewährte Vergütung unterliegt somit der Versicherungspflicht in den verschiedenen Zweigen der gesetzlichen Sozialversicherung. Hierzu rechnen – unter gewissen Voraussetzungen – auch die Aufwendungen zur Finanzierung einer bAV in der Anwartschaftsphase sowie die späteren Versorgungsleistungen in der Leistungsphase. 3876

c) Abgrenzung zwischen Anwartschafts- und Leistungsphase

Auch in der sozialversicherungsrechtlichen Behandlung einer unmittelbaren Pensionszusage zugunsten eines GmbH-Gf ist grundsätzlich zwischen zwei unterschiedlichen Phasen zu unterscheiden: 3877

▶ Anwartschaftsphase und

▶ Leistungsphase

aa) Anwartschaftsphase

Auch die Anwartschaftsphase i. S. d. Sozialversicherungsrechts beschreibt i. d. R. den Zeitraum, der die Zeitspanne zwischen der erstmaligen Erteilung der Pensionszusage und dem Eintritt des Versorgungsfalls umfasst. 3878

In der Anwartschaftsphase ist zu klären, inwieweit es durch die Erteilung des Versorgungsversprechens beim Versorgungsberechtigten zu **beitragspflichtigem Arbeitsentgelt i. S. d. § 14 SGB IV** kommen kann. 3879

bb) Leistungsphase

Auch die Leistungsphase i. S. d. Sozialversicherungsrechts beschreibt i. d. R. den Zeitraum, der die Zeitspanne zwischen dem Eintritt des Versorgungsfalls und des Wegfalls der Pensionsverpflichtung umfasst. 3880

In der Leistungsphase ist zu klären, inwieweit es durch die Zahlung der Versorgungsleistung beim Versorgungsberechtigten zu **beitragspflichtigen Versorgungsbezügen i. S. d. § 229 SGB V** kommen kann. 3881

(Einstweilen frei) 3882–3885

2. Sozialversicherungsrechtliche Behandlung von Pensionszusagen an GmbH-Geschäftsführer während der Anwartschaftsphase

a) Arbeitgeberfinanzierte Pensionszusage

3886 Zum beitragspflichtigen Arbeitsentgelt rechnen alle laufenden oder einmaligen Einnahmen aus einer Beschäftigung, gleichgültig, ob ein Rechtsanspruch auf die Einnahmen besteht, und unter welcher Bezeichnung oder in welcher Form sie geleistet werden und ob sie unmittelbar aus der Beschäftigung oder im Zusammenhang mit ihr erzielt werden.[1]

3887 Demgegenüber sind einmalige Einnahmen, laufende Zulagen, Zuschläge, Zuschüsse sowie ähnliche Einnahmen, die **zusätzlich** zu Löhnen oder Gehältern gewährt werden, soweit sie lohnsteuerfrei sind, dem **Arbeitsentgelt nicht hinzuzurechnen**.[2]

3888 Wird die unmittelbare Pensionszusage zusätzlich zum Gf-Gehalt gewährt – was bei arbeitgeberfinanzierten Pensionszusagen grundsätzlich der Fall ist –, so führt diese nach den o. g. Kriterien nicht zu beitragspflichtigem Arbeitsentgelt i. S. d. Sozialversicherung, da dem Arbeitnehmer (hier: dem Gf) im Zusammenhang mit der Erteilung und Finanzierung der unmittelbaren Pensionszusage während der Anwartschaftsphase kein lohnsteuerpflichtiger Arbeitslohn zufließt.

b) Arbeitnehmerfinanzierte Pensionszusage (Entgeltumwandlung)

3889 Zum beitragspflichtigen Arbeitsentgelt i. S. d. § 14 Abs. 1 Satz 1 SGB IV rechnen auch Entgeltbestandteile, die durch Entgeltumwandlung nach § 1 Abs. 2 Nr. 3 BetrAVG für bAV in den Durchführungswegen Direktzusage oder Unterstützungskassenzusage verwendet werden, soweit sie 4 % der jährlichen Beitragsbemessungsgrenze (BBG) in der allgemeinen Rentenversicherung (West) übersteigen.[3]

3890 Wird die unmittelbare Pensionszusage im Wege einer Entgeltumwandlung durch die Verwendung von Gehaltsbestandteilen des Gf zugunsten der Pensionszusage finanziert, so führt diese nach den o. g. Kriterien solange nicht zu beitragspflichtigem Arbeitsentgelt i. S. d. Sozialversicherung, solange der Höchstbetrag von 4 % der BBG nicht überschritten wird. Die BBG in der allgemeinen Rentenversicherung (West) beläuft sich im Jahre 2018 auf jährlich

---

1 § 14 Abs. 1 Satz 1 SGB IV.
2 § 1 Abs. 1 Satz 1 Nr. 1 SvEV.
3 § 14 Abs. 1 Satz 2 SGB IV.

78.000 € bzw. mtl. 6.500 €. Der sich daraus ergebende Höchstbetrag beträgt somit jährlich 3.120 € bzw. mtl. 260 €.

Wird ein höheres Arbeitsentgelt umgewandelt, so ist nur der übersteigende Betrag sozialversicherungspflichtig. Dabei ist es unerheblich, ob die Aufwendungen aus laufendem Arbeitsentgelt oder aus Einmalzahlungen finanziert werden. 3891

(Einstweilen frei) 3892–3895

3. Sozialversicherungsrechtliche Behandlung von Pensionszusagen an GmbH-Geschäftsführer während der Leistungsphase

a) Betriebliche Altersversorgung als Versorgungsbezug

Die beitragspflichtigen Einnahmen versicherungspflichtiger Rentner sind in § 237 SBG V geregelt. Nach Satz 1 Nr. 2 dieser Bestimmung werden der Beitragsbemessung auch der Zahlbetrag der der Rente vergleichbaren Einnahmen zugrunde gelegt. Renten aus der bAV i. S. d. § 229 Abs. 1 Satz 1 Nr. 5 SGB V gehören, soweit diese wegen einer Einschränkung der Erwerbsfähigkeit oder zur Alters- und Hinterbliebenenversorgung erzielt werden und auf einer früheren Beschäftigung des Rentners beruhen, als der Rente vergleichbare Einnahmen (Versorgungsbezüge) i. s. d. § 237 Satz 1 Nr. 2 SGB V nach Maßgabe des § 229 Abs. 1 Satz 1 SGB V zu den beitragspflichtigen Einnahmen der versicherungspflichtigen Rentner. 3896

§ 229 Abs. 1 Satz 1 Nr. 5 SGB V bestimmt den Begriff der bAV nicht näher. Entgegen der Legaldefinition des Begriffs der bAV gem. BetrAVG[1] nimmt das BSG in ständiger Rechtsprechung seit jeher eine am Sinn und Zweck des Beitragsrechts der gesetzlichen Krankenversicherung orientierte eigenständige Auslegung des § 229 Abs. 1 Satz 1 Nr. 5 SGB V vor, die nicht streng der arbeitsrechtlichen Definition folgt. Nach den Ausführungen des BSG entspricht es dem Willen des Gesetzgebers, bei der Beitragsbemessung lediglich solche Einnahmen unberücksichtigt zu lassen, die nicht (unmittelbar) auf ein früheres Beschäftigungsverhältnis oder auf eine frühere Erwerbstätigkeit zurückzuführen sind. 3897

Wesentliche Merkmale einer Rente aus einer bAV (als eine mit der Rente aus der gRV vergleichbaren Einnahme) i. S. d. Beitragsrechts der GKV sind danach, 3898

▶ ein Zusammenhang zwischen dem Erwerb dieser Rente und der früheren Beschäftigung sowie

---

1 § 1 Abs. 1 Satz 1 BetrAVG.

▶ ihre Einkommens- (Lohn- bzw. Entgelt-)Ersatzfunktion als – weiteres – Merkmal der Vergleichbarkeit mit der gesetzlichen Rente.

3899 Nach Auffassung des BSG ist für die Abgrenzung der bAV in dem o. g. beitragsrechtlichen Sinne von der privaten Altersversorgung, deren Leistungen nicht zur Finanzierung der gesetzlichen Krankenversicherung herangezogen werden, jedenfalls im Grundsatz nicht auf den im Einzelfall jeweils nachweisbaren Zusammenhang mit dem früheren Erwerbsleben abzustellen, sondern typisierend von einem solchen allgemeinen Zusammenhang auszugehen. Dies führt zu einer sog. **institutionellen Abgrenzung**, die sich daran orientiert, ob die Rente bzw. die einmalige Kapitalleistung von einer Einrichtung der bAV gezahlt wird. Modalitäten des individuellen Rechtserwerbs bleiben demgegenüber unberücksichtigt.

3900 **Die institutionelle Abgrenzung des BSG erfasst somit alle Leistungen, die**

▶ vom Arbeitgeber unmittelbar erbracht, oder

▶ von einer Institution der bAV erbracht werden, oder

▶ aus vom Arbeitgeber zugunsten des Arbeitnehmers abgeschlossenen Direktversicherungen stammen.

b) Zusage auf laufende lebenslange Rentenleistungen

3901 Bezieht der versorgungsberechtigte Gf aus einer unmittelbaren Pensionszusage eine betriebliche Rente, so handelt es sich um Leistungen der bAV im o. g. beitragsrechtlichen Sinne. Daher rechnet die aus der Pensionszusage stammende Rente – als der Rente vergleichbare Einnahme – zu den beitragspflichtigen Versorgungsbezügen.[1]

3902 Der Beitragspflicht unterliegen nicht nur die Versorgungsbezüge, die ein in der GKV versicherungspflichtiger Gf vereinnahmt. Die Beitragspflicht gilt aufgrund der Bestimmungen des § 240 Abs. 2 SGB V auch für denjenigen Gf, der **freiwillig in der gesetzlichen Krankenversicherung versichert** ist.[2] Bei der Beitragsbelastung eines freiwilligen Mitglieds der GKV ist dessen gesamte Leistungsfähigkeit zu berücksichtigen.[3] Dies erfordert wiederum, dass bei der Bestimmung der wirtschaftlichen Leistungsfähigkeit eines freiwilligen Mitglieds mindestens diejenigen Einnahmen zu berücksichtigen sind, die bei einem ver-

---

1 § 229 Abs. 1 Satz 1 Nr. 5 SGB V.
2 Vgl. *Lehnert* in Sommer, § 229 SGB V Rz. 3, Stand: 27. 2. 2018.
3 § 240 Abs. 1 Satz 2 SBG V.

gleichbaren versicherungspflichtig Beschäftigten der Beitragsbemessung zugrunde zu legen sind.[1]

c) Zusage auf einmalige Kapitalleistungen

Zu den beitragspflichtigen Versorgungsbezügen i.S.d. § 229 SGB V rechnen nicht nur rentenförmige Versorgungsleistungen. Tritt die Versorgungsleistung in Form einer nicht regelmäßig wiederkehrenden Leistung auf oder ist eine solche Leistung vor Eintritt des Versicherungsfalles vereinbart oder zugesagt worden, so werden auch diese vom sachlichen Geltungsbereich des § 229 SGB V[2] erfasst. 3903

Nach § 229 Abs. 1 Satz 3 SGB V in der seit dem 1.1.2004 geltenden Fassung unterliegen Kapitalleistungen oder Kapitalabfindungen, die der Alters- oder Hinterbliebenenversorgung oder der Versorgung bei verminderter Erwerbsfähigkeit dienen, nunmehr auch dann der Beitragspflicht in der GKV, wenn eine solche Leistung bereits vor Eintritt des Versorgungsfalls vereinbart oder zugesagt worden ist (§ 229 Abs. 1 Satz 3 Variante 2 SGB V). Die bis zum 31.12.2003 maßgebliche Rechtsprechung des BSG, nach der in solchen Fällen keine Beitragspflicht bestand, ist damit hinfällig. Mit der Änderung der entsprechenden Norm sollen nach der Gesetzesbegründung Umgehungsmöglichkeiten bei der Beitragspflicht aus Versorgungsbezügen durch entsprechende Vereinbarungen beseitigt und eine gleichmäßige Behandlung aller Betroffenen gewährleistet werden. 3904

Seit der Änderung des § 229 Abs. 1 Satz 3 SGB V ist damit **jede Kapitalleistung beitragspflichtig,** die als Versorgungsbezug zu werten ist, weil sie an die Stelle von Arbeitsentgelt oder Arbeitseinkommen aus einer früherer Beschäftigung oder Tätigkeit tritt. Damit werden nun sowohl ursprünglich zugesagte Kapitalleistungen, als auch wahlweise vereinbarte Kapitalleistungen, als auch Kapitalabfindungen – unabhängig davon, ob diese an die Stelle eines laufend zu zahlenden Versorgungsbezugs treten, oder ob sie vor Eintritt des Versorgungsfalles vereinbart und umgesetzt werden, von der Beitragspflicht erfasst.[3] 3905

Als Beitragsbemessungsgrundlage dient der Zahlbetrag der Versorgungsbezüge (siehe hierzu Rz. 3896). Die Kapitalleistung wird mit einem Betrag i.H.v. 1/120 der Leistung als monatlicher Zahlbetrag der Beitragsermittlung über einen Zeitraum von maximal 120 Monaten (zehn Jahre) zu Grunde gelegt.[4] 3906

---

1 § 240 Abs. 2 Satz 1 SGB V.
2 § 229 Abs. 1 Satz 3 SGB V.
3 Vgl. *Lehnert* in Sommer, § 229 SGB V Rz. 36 f., Stand: 27.2.2018. § 248 Satz 1 SGB V.
4 § 229 Abs. 1 Satz 3 SGB V.

3907 Dies gilt auch dann, wenn die Kapitalleistung nicht in einem Betrag, sondern in mehreren Raten/Teilbeträgen zur Auszahlung gebracht wird.[1] Das BSG hat in seiner Entscheidung v. 17. 3. 2010 deutlich gemacht, dass die Vorgehensweise der beklagten Krankenkasse, die der Ermittlung des monatlichen Krankenversicherungsbeitrags ein Einhundertzwanzigstel der gesamten Auszahlungssumme i. H.v. 200.605 € (insgesamt 8 Raten mit steigenden Teilbeträgen zwischen 20.268 € und 30.476 €) zugrunde gelegt hatte, als rechtmäßig zu beurteilen ist. Aus Sicht des BSG wird die ratenweise ausbezahlte bAV als nicht regelmäßig wiederkehrende Leistung vom sachlichen Anwendungsbereich des § 229 Abs. 1 Satz 3 SGB V erfasst. Etwaigen Einreden hinsichtlich möglicher verfassungsrechtlicher Bedenken gegen diese Einschätzung hat das BSG gleich eine Abfuhr erteilt.

3908 Dies hat jedoch nicht verhindert, dass die Entscheidung des BSG in der Literatur als verfassungswidrig beurteilt wird.[2] Begründet wird dies mit einem Verstoß gegen das Willkürverbot und das Gleichheitsgebot, da damit z. B. eine Auszahlung in zehn Raten beitragsrechtlich genauso behandelt wird, wie eine einmalige Auszahlung. Und dies obwohl der Barwert der in zehn Raten ausbezahlten Kapitalleistung bei Anwendung eines Rechnungszinses i. H.v. 6,0 % nur rd. 78 % der einmaligen Kapitalleistung beträgt. Damit würde Ungleiches gleich behandelt, obwohl hierfür keine sachlichen Rechtfertigungsgründe erkennbar wären.

3909 Die Kritik vermag im Grundsatz zu überzeugen, wenngleich der im o. g. Vergleich herangezogene Rechnungszins i. H.v. 6,0 % in Zeiten der europäischen Null-Zins-Politik dem Vergleich nicht mehr zugrunde gelegt werden kann. Ferner ist zu bedenken, dass das Argument des Barwertvergleichs nur dann greifen kann, wenn die GmbH die noch ausstehenden Raten nicht angemessen verzinst. Da die Verzinsung der noch ausstehenden Raten im Bereich der Gf-Versorgung jedoch eher die Regel – und die unverzinste Ratenzahlung eher die Ausnahme – darstellt, wird die Kritik der Verfassungswidrigkeit der Verbeitragung des gesamten Zahlbetrags im Bereich der Gf-Versorgung regelmäßig ins Leere gehen.

BERATUNGSHINWEIS:

Wird die Kapitalleistung in mehreren Raten zur Auszahlung gebracht, so haben diejenigen Gf, die in der GKV krankenversichert sind (pflichtversicherte ebenso wie freiwillige Mitglieder), zu berücksichtigen, dass die Summe der Teilbeträge den sog. Zahlbetrag er-

---

1 BSG, Urteil v. 17. 3. 2010 - B 12 KR 5/09 R, NWB DokID: VAAAD-44104.
2 *Höfer/Veit* in Höfer/Veit/Verhuven, BetrAVG, Band I, Kap. 43, S. 31 Rz. 79.

gibt, der dann der Ermittlung des einhundertzwanzigsten Teils (monatlicher Zahlbetrag) zugrunde gelegt wird.

d) Bagatellgrenze

Leistungen aus der bAV (Renten und Kapitalleistungen) sind nur dann beitragspflichtig, wenn die monatliche Rente bzw. der monatliche Anteil der Kapitalleistung die Bagatellgrenze von einem Zwanzigstel der monatlichen Bezugsgröße nach § 18 SGB IV übersteigen.[1] Im Falle einer Überschreitung der Grenze, wird die gesamte Leistung der Verbeitragung zugrunde gelegt. Für das Jahr 2018 ermittelt sich somit eine monatliche Bagatellgrenze i. H. v. 152,25 €. 3910

Allerdings gilt die Bagatellgrenze nur für versicherungspflichtige Mitglieder der GKV. Für freiwillige Mitglieder wurde deren Anwendung vom GKV-Spitzenverband ausgeschlossen.[2] 3911

BERATUNGSHINWEIS:

Aufgrund der relativ geringen Höhe dieses Betrages kann festgestellt werden, dass die Bagatellgrenze in der Gf-Versorgung kaum eine Rolle spielt.

e) Beitrag zur gesetzlichen Kranken- und Pflegeversicherung

Renten aus der bAV werden – ebenso wie die Renten aus der gRV – mit ihrem Zahlbetrag bei der Beitragsbestimmung berücksichtigt. Zum Begriff des Zahlbetrags existiert keine Legaldefinition. Nach der ständigen Rechtsprechung des BSG ist darunter derjenige Betrag zu verstehen, der vom Versorgungsträger zur Auszahlung gelangt.[3] 3912

Auf die Versorgungsbezüge findet der bundeseinheitliche allgemeine Beitragssatz der Krankenversicherung Anwendung.[4] Der derzeit gültige allgemeine Beitragssatz beläuft sich auf 14,6 %. Hinzu kommt der von der jeweiligen Krankenkasse individuell erhobene Zusatzbeitrag.[5] Die Spanne der Zusatzbeiträge bewegt sich im Jahr 2018 in einem Bereich zwischen 0,59 % und 1,70 %.[6] 3913

Im Sozialversicherungsrecht gilt der Grundsatz „Pflegeversicherung folgt Krankenversicherung": So hat der Gesetzgeber bestimmt, dass die in der GKV versicherungspflichtigen Mitglieder auch in der gesetzlichen Pflegeversicherung 3914

---

1 § 226 Abs. 2 SGB V.
2 § 3 Abs. 4 BVSzGS des GKV-Spitzenverbands für § 240 SGB V.
3 Vgl. *Lehnert* in Sommer, § 229 SGB V Rz. 7, Stand: 27. 2. 2018.
4 § 248 Satz 1 SGB V.
5 § 242 SGB V.
6 www.krankenkassen.de.

versicherungspflichtig sind.¹ Entsprechendes gilt für freiwillig in der GKV versicherte Mitglieder.² Der derzeit gültige Betragssatz beläuft sich auf 2,55 %. Sofern der Versorgungsempfänger kinderlos ist, hat er auch auf die betriebliche Rente den Beitragszuschlag i. H. v. 0,25 % zu entrichten.

3915 Die Beitragserhebung erfolgt maximal bis zur Höhe der in der GKV geltenden Beitragsbemessungsgrenze. Die BBG in der Kranken- und Pflegeversicherung ist an die nach § 6 Abs. 7 SGB V geltende besondere Jahresarbeitsentgeltgrenze angebunden. Sie beträgt in der Kranken und Pflegeversicherung für das Jahr 2018 bundeseinheitlich jährlich 53.100 € bzw. monatlich 4.425 €.

3916 Die aus Versorgungsbezügen herrührende Beitragsbelastung hat der versicherungspflichtige Gf alleine zu tragen.³ Entsprechendes gilt für einen freiwillig in der GKV versicherten Gf.⁴

BERATUNGSHINWEIS:

Nach den obigen Ausführungen hat derjenige (G)Gf, der nicht in der privaten Krankenversicherung versichert ist, auf seine betriebliche Rente bzw. auf den monatlichen Anteil seiner Kapitalleistung für das Jahr 2018 mit einen Gesamtbeitrag i. H. v. mindestens 17,74 % (14,6 + 0,59 + 2,55 %) zu rechnen.

3917 D. h., dass bei einer monatlichen Versorgungsleistung Rente i. H. v. brutto 4.425 € (mtl. BBG) für die Absicherung des Kranken- und Pflegerisikos in der GKV eine monatliche Beitragsbelastung i. H. v. mindestens 785 € entsteht. Die Beitragsbelastung hat der Gf in vollem Umfang aus seiner Rente zu bestreiten, so dass sich die Netto-Rente um diesen Betrag (neben der fälligen Lohnsteuer) reduzieren wird. Dies sollte bei etwaigen Überlegungen hinsichtlich der Absicherung des Krankheitsrisikos des Gf berücksichtigt werden.

3918–3924 *(Einstweilen frei)*

4. Sozialversicherungsrechtliche Behandlung von Pensionszusagen an GmbH-Geschäftsführer im Überblick

3925 Die vertiefende Auseinandersetzung mit der sozialversicherungsrechtlichen Behandlung einer Gf-Pensionszusage erweist sich als eine äußerst komplexe Aufgabenstellung. Relativ einfach ist die Beurteilung nur dann, wenn die Zusage einem als Selbständigen i. S. d. SGB zu beurteilenden Gf erteilte wurde, der die Absicherung seines Krankheits- und Pflegerisikos über die private Kranken-

---

1 § 20 Abs. 1 Satz 1 SGB XI.
2 § 20 Abs. 3 SGB XI.
3 § 250 Abs. 1 Nr. 1 SGB V.
4 § 250 Abs. 2 SGB V.

versicherung gewählt hat. In einem solchen Fall bleiben die nur schwer zu durchdringenden Normen der unterschiedlichen Sozialgesetzbücher außen vor.

Ist dies jedoch nicht der Fall, so bleibt dem Rechtsanwender die holprige Konfrontation mit dem deutschen Sozialversicherungsrecht nicht erspart. Die folgende Übersicht soll für diese Auseinandersetzung eine kleine Orientierungshilfe bieten. 3926

Übersicht über die verschiedenen sozialversicherungsrechtlichen Konstellationen im Zusammenhang mit einer arbeitgeberfinanzierten unmittelbaren Pensionszusage zugunsten eines GmbH-Gf 3927

SV-Status des Gf	Kranken-Versicherung	Anwartsch.-Phase Arbeitsentgelt	Leistungsphase Versorgungsbezug
Selbständiger	Private KV	Nein	Nein
Selbständiger	freiwillige GKV	Nein	Ja
abh. Beschäftigter	Pflichtvers. GKV	Nein	Ja
abh. Beschäftigter	freiwillge GKV	Nein	Ja

(Einstweilen frei) 3928–3935

VIII. Erbschaft- und Schenkungsteuerrecht: Berührungspunkte mit Pensionszusagen an GmbH-Geschäftsführer

1. Allgemeines

Die Erbschaftsteuer ist als Erbanfallsteuer ausgestaltet. Daher knüpft sie an den konkreten Erwerb des jeweiligen Erben, Pflichtteilsberechtigten, Vermächtnisnehmers oder sonstigen Erwerbers an. Dagegen ist die Schenkungsteuer eine Steuer auf den Erwerb von Vermögen durch Schenkung. Die Schenkungsteuer ergänzt insofern die Erbschaftsteuer, als diese anderenfalls sehr leicht durch Zuwendungen unter Lebenden umgangen werden könnte. Im deutschen Steuerrecht sind Erbschaft- und Schenkungsteuer im selben Gesetz grundsätzlich gleichlautend geregelt.[1]   3936

Der Erbschaftsteuer (Schenkungsteuer) unterliegen u. a. der Erwerb von Todes wegen und die Schenkungen unter Lebenden. Soweit nichts anderes bestimmt ist, gelten die Vorschriften des ErbStG über die Erwerbe von Todes wegen auch für Schenkungen und Zweckzuwendungen, die Vorschriften über Schenkungen auch für Zweckzuwendungen unter Lebenden.[2]   3937

Vor diesem Hintergrund können Rechtsgeschäfte und Geschäftsvorfälle, die im Zusammenhang mit einer unmittelbaren Pensionszusage zugunsten eines GmbH-Gf entstehen, zu einer Berührung mit den Vorschriften des ErbStG führen und u. U. einen steuerpflichtigen Erwerbsvorgang auslösen. Entsprechende Berührungspunkte werden im Folgenden beschrieben.   3938

(*Einstweilen frei*)   3939–3940

2. Witwen(r)rentenansprüche aus einer Pensionszusage zugunsten eines Gesellschafter-Geschäftsführers

Nach § 3 Abs. 1 Nr. 4 ErbStG gilt als Erwerb von Todes wegen jeder Vermögensvorteil, der aufgrund eines vom Erblasser geschlossenen Vertrags bei dessen Tode von einem Dritten unmittelbar erworben wird.   3941

Nach der Rechtsprechung des BFH unterliegen Ansprüche auf eine zusätzliche bAV, die Hinterbliebenen eines Arbeitnehmers zustehen, nicht gem. § 3 Abs. 1 Nr. 4 ErbStG der Erbschaftsteuer, und zwar unabhängig davon, über welchen   3942

---

1 Erbschaftsteuer- und Schenkungsteuergesetz (ErbStG), BGBl 1997 I S. 378.
2 § 1 ErbStG.

Weg diese begründet wurden.[1] Diese Rechtsprechung beruht darauf, dass Ansprüche auf eine bAV erbschaftsteuerrechtlich nicht anders behandelt werden sollen, als die Bezüge, die Hinterbliebene kraft Gesetzes zustehen bzw. erhalten (wie z. B. Witwenrenten aus der gRV).

3943 In Anlehnung an diese Beurteilung unterlagen bis zum 12.12.1989 auch vertraglich vereinbarte Hinterbliebenenbezüge der Witwe eines GGf einer GmbH in angemessener Höhe nicht der Erbschaftsteuer.[2]

a) Erbschaftsteuerpflicht dem Grunde nach

3944 Mit drei Entscheidungen v. 13.12.1989 hat der BFH im Hinblick auf die Erbschaftsteuerpflicht einer aus einer Pensionszusage stammenden Witwenrente seine bisherige Rechtsauffassung geändert und entschieden, dass unter die Vorschrift des § 3 Abs. 1 Nr. 4 ErbStG auch Witwenrentenansprüche aus Pensionszusagen subsumiert werden können.[3] Dies gilt jedoch nur dann, wenn der Erblasser als beherrschender GGf der Kapitalgesellschaft zu beurteilen war.

3945 In der Entscheidung zum Verfahren zu II R 23/85 führte der BFH deutlich aus, dass er von seiner bisherigen Rechtsprechung abrücken muss, da er es nicht mehr für vertretbar gehalten hat, dass alle GGf wie Arbeitnehmer beurteilt werden. Vielmehr hat er verdeutlicht, dass auf die besondere Stellung des GGf innerhalb der GmbH abgestellt werden muss. Ist der GGf kraft seiner Beteiligung als beherrschender GGf zu beurteilen, so ist die Freistellung der Hinterbliebenenbezüge – nach der nunmehr vom BFH vertretenen Rechtsauffassung – von der Erbschaftsteuer nicht mehr zu rechtfertigen. Hinsichtlich der Kriterien zur Feststellung einer Beherrschung im erbschaftsteuerrechtlichen Sinne hat BFH klargestellt, dass in jedem Falle bei Allein- und Mehrheits-Gesellschaftern eine beherrschende Stellung anzunehmen ist. Des Weiteren verwies er auf die vom BGH in diesem Zusammenhang getroffenen Entscheidungen.[4] Diese Grundsätze hat der BFH in einem späteren Beschluss, mit dem er die Beschwerde der Klägerin über die Zulassung zur Revision als unbegründet abgelehnt hat, datiert v. 24.5.2005, nochmals bestätigt.[5]

---

1 BFH, Urteil v. 18.12.2013 - II R 55/12, BStBl 2014 II S. 323.
2 BFH, Urteil v. 20.5.1981 - II R 11/81, BStBl 1981 II S. 1981.
3 BFH, Urteil v. 13.12.1989 - II R 23/85, BStBl 1990 II S. 322; BFH v. 13.12.1989 - II R 211/85, BStBl 1990 II S. 325; BFH v. 13.12.1989 - II R 31/89, BStBl 1990 II S. 325.
4 BGH, Urteil v. 9.6.1980 - II ZR 255/78, BGHZ 77 S. 243, 241; BGH v. 25.9.1989 – II ZR 259/88, NJW 1990 S. 49.
5 BFH, Beschluss v. 24.5.2005 - II B 40/04, BFH/NV 2005 S. 1571.

Danach rechnen die Hinterbliebenenansprüche, die eine Witwe aus einer einem beherrschenden GGf einer GmbH erteilten Pensionszusage zustehen, zu den erbschaftsteuerpflichtigen Bezügen i. S. d. § 3 Abs. 1 Nr. 4 ErbStG. 3946

Nach der von der FinVerw vertretenen Rechtsauffassung verbleibt es auch nach der Änderung der BFH-Rechtsprechung dabei, dass eine auf einer einzelvertraglichen Regelung basierende Hinterbliebenenrente eines nicht beherrschenden GGf insoweit als nicht steuerbar zu beurteilen ist, als diese der Höhe nach als angemessen zu beurteilen ist.[1] 3947

b) Erbschaftsteuerpflicht der Höhe nach

Die Höhe des der Erbschaftsteuer unterliegenden Vermögensvorteils bestimmt sich nach dem Wert des erworbenen Pensionsanspruchs (sog. Kapitalwert). Die Bewertung richtet sich nach den Vorschriften des Bewertungsgesetzes (BewG).[2] Der Kapitalwert von lebenslänglichen Nutzungen und Leistungen bestimmt sich anhand eines Vielfachen des Jahreswertes.[3] Der Vervielfältigungsfaktor zur Ermittlung des Kapitalwertes ist anhand einer Tabelle zu bestimmen, die vom BMF erstellt und veröffentlicht wird.[4] Wird anstelle einer Rente ein Kapital gewährt, so ist der Nominalbetrag der Kapitalleistung maßgebend.[5] 3948

Im Falle eines nicht beherrschenden GGf sind solche Hinterbliebenenbezüge als angemessen – und somit als nicht steuerbar – zu beurteilen, die 45 % des Brutto-Arbeitslohnes des verstorbenen GGf nicht übersteigen.[6] 3949

Zur Abmilderung der erbschaftsteuerlichen Folgen einer steuerpflichtigen Witwenversorgung hat der Gesetzgeber einen besonderen Versorgungsfreibetrag geschaffen, der dem überlebenden Ehegatten oder dem überlebenden Lebenspartner gewährt wird.[7] Der besondere Versorgungsfreibetrag wird neben dem Freibetrag nach § 16 ErbStG gewährt; er beläuft sich auf 256.000 €. 3950

Der besondere Versorgungsfreibetrag wird jedoch gekürzt, sofern die Witwe auch noch Hinterbliebenenleistungen vereinnahmt, die nicht der Erbschaft- 3951

---

1 R E 3.5 Abs. 3 Satz 1 ErbStR 2011.
2 § 12 Abs. 1 Satz 1 ErbStG.
3 § 14 Abs. 1 ErbStG.
4 Zuletzt BMF, Schreiben v. 28. 11. 2017, BStBl 2017 I S. 1326.
5 § 12 Abs. 1 Satz 1 ErbStG.
6 R E 3.5 Abs. 3 Satz 2 ErbStR 2011.
7 § 17 Abs. 1 Satz 1 ErbStG.

steuerpflicht unterliegen (z. B. Witwenrente aus der gRV). Maßgebend ist auch hier der Kapitalwert. [1]

3952–3955 (Einstweilen frei)

3. vGA und Schenkungsteuer

3956 Die Frage, ob eine vGA zugunsten eines GGf oder eine diesem nahestehende Person auch zugleich zu einer freigebigen Zuwendung führen kann, in deren Folge die vGA neben den ertragsteuerrechtlichen Folgen auch noch einen schenkungsteuerpflichtigen Erwerbsvorgang auslösen würde, wurde über Jahre hinweg kontrovers diskutiert. Der BFH hat zu den damit einhergehenden Rechtsfragen mittlerweile in mehreren Entscheidungen Position bezogen.

Danach gilt das Folgende:

a) vGA zugunsten des Gesellschafter-Geschäftsführer

3957 Mit seiner Entscheidung v. 30. 1. 2013 hat der BFH klargestellt, dass es im Verhältnis einer Kapitalgesellschaft zu ihren Gesellschaftern oder zu den Gesellschaftern einer an ihr beteiligten Kapitalgesellschaft neben den betrieblich veranlassten Rechtsbeziehungen lediglich offene und verdeckte Gewinnausschüttungen sowie Kapitalrückzahlungen, **aber keine freigebigen Zuwendungen geben kann.**[2]

3958 **Dies gilt auch dann, wenn nicht alle Gesellschafter** – sondern nur ein Gesellschafter – eine überhöhte Vergütung erhalten haben. Das über die gesellschaftsrechtliche Beteiligungsquote hinaus Verteilte führt nicht zu einer freigebigen Zuwendung der Kapitalgesellschaft an den Gesellschafter (entgegen den gleichlautenden Erlassen der obersten Finanzbehörden der Länder).[3]

3959 Gegen diese Entscheidung hatte sich die FinVerw zunächst noch mit einem Nichtanwendungserlasse zur Wehr gesetzt.[4] Der II. Senat des BFH hat jedoch im Rahmen seines ablehnenden Beschlusses v. 2. 9. 2015 über die Nichtzulassung einer Revision gerügt, dass die FinVerw die Nichtanwendung der Entscheidung v. 30. 1. 2013 nicht begründet hat.[5] Ferner hat der darauf verwiesen, dass das Finanzamt in der Begründung zur Beschwerde die aktuelle Rechtspre-

---

1 § 17 Abs. 1 Satz 2 ErbStG.
2 BFH, Urteil v. 30. 1. 2013 - II R 6/12, BStBl 2013 II S. 930.
3 Gleich lautende Erlasse der obersten Finanzbehörden der Länder, v. 14. 3. 2012, BStBl 2012 I S. 331.
4 Nichtanwendungserlass v. 5. 6. 2013, BStBl 2013 I S. 1456.
5 BFH, Beschluss v. 2. 9. 2015 - II B 146/14, NWB DokID: WAAAF-04535.

chung zu dieser Thematik nicht berücksichtigt hat.[1] Dementsprechend hat der II. Senat des BFH die o. a. Rechtsgrundsätze zum Verhältnis zwischen vGA Schenkungsteuer nochmals bestätigt.

Rund drei Jahre später hat die FinVerw nun einen Schlussstrich unter diese Auseinandersetzung gezogen. Mit Erlass der obersten Finanzbehörden der Länder v. 20. 4. 2018[2] hat sich die FinVerw nun den Grundsätzen der BFH-Rechtsprechung angeschlossen. Die gleich lautenden Erlasse der obersten Finanzbehörden der Länder v. 14. 2. 2012 sowie v. 5. 6. 2013 wurden mit dem neuen Erlass aufgehoben.

3960

Damit ist nun klargestellt, dass es im Falle dessen, dass es im Zusammenhang mit der körperschaftsteuerrechtlichen Beurteilung einer einem GGf gegenüber erteilten Pensionszusage zu einer vGA kommen sollte, es nicht auch noch zum Entstehen einer freigebigen Zuwendung im Verhältnis der Kapitalgesellschaft zum GGf kommen kann. Die Thematik „vGA und Schenkungsteuer" kann insoweit als geklärt und abgeschlossen beurteilt werden.

3961

b) vGA zugunsten einer dem Gesellschafter-Geschäftsführer nahestehenden Person

Dies gilt jedoch nicht für diejenigen Fälle, in denen es im Zusammenhang mit der körperschaftsteuerrechtlichen Beurteilung einer einem GGf nahestehenden Person gegenüber erteilten Pensionszusage zu einer vGA kommen sollte:

3962

Zwar hatte der BFH mit drei Entscheidungen v. 13. 9. 2017[3] entschieden, dass es auch in einem solchen Falle zumindest dann nicht zu einer freigebigen Zuwendung im Verhältnis der Kapitalgesellschaft zur nahestehenden Person kommen kann, wenn der Gesellschafter beim Abschluss der Vereinbarung zwischen der GmbH und der nahestehenden Person mitgewirkt hat, da dann die Vorteilsgewährung ausschließlich auf dem Gesellschaftsverhältnis zwischen der GmbH und dem Gesellschafter beruht.

3963

Der BFH verlagerte aber die Ebene der freigebigen Zuwendung kurzer Hand auf das Verhältnis zwischen Gesellschafter und nahestehender Person. Denn nach dessen Ausführungen kann – abhängig von der Ausgestaltung der Rechtsbeziehung zwischen dem Gesellschafter und der nahestehenden Person – in diesem Verhältnis durchaus eine freigebige Zuwendung i. S. d. § 7 Abs. 1

3964

---

1 BFH, Urteil v. 27. 8. 2014 - II R 44/13, BStBl 2015 II S. 249; BFH v 15. 7. 2014 - X R 41/12, NWB DokID: YAAAE-77327; sowie v. 6. 12. 2013 - VI B 89/13, BFH/NV 2014 S. 511.
2 Gleich lautende Erlasse der obersten Finanzbörden der Länder, v. 20. 4. 2018, BStBl 2018 I S. 632.
3 BFH, Urteile v. 13. 9. 2017 - II R 42/16, II R 54/16 und II R 32/16, BStBl 2018 II S. 299, 292 und 296.

Nr. 1 ErbStG in Betracht kommen. Eine abschließende Entscheidung über die Wirkungen im Verhältnis zwischen Gesellschafter und nahestehender Person hatte der BFH anlässlich der o. g. Verfahren jedoch nicht zu treffen.

3965 Diese Steilvorlage hat aber die FinVerw dankend aufgenommen und im Erlass v. 20. 4. 2018 hierzu das Folgende verfügt:[1]

„Zahlt eine Kapitalgesellschaft auf Veranlassung eines Gesellschafters einer diesem nahestehenden Person, die nicht Gesellschafter ist, überhöhte Vergütungen, liegt regelmäßig keine freigebige Zuwendung der Gesellschaft an die nahestehende Person vor (BFH v. 30. 1. 2013 - II R 6/12, BStBl 2013 II S. 930, und v. 13. 9. 2017 - II R 42/16, II R 54/15 und II R 32/16, BStBl 2018 II S. 299, 292 und 296). Das gleiche gilt, wenn auf Veranlassung eines Gesellschafters eine diesem nahestehende Person an die Kapitalgesellschaft für eine erbrachte Leistung eine zu geringe oder keine Vergütung zahlt. Hierbei handelt es sich regelmäßig um verdeckte Gewinnausschüttungen an den Gesellschafter. Das „Nahestehen" einer Person kann auf familienrechtlichen, gesellschaftsrechtlichen, schuldrechtlichen oder auch rein tatsächlichen Beziehungen beruhen (BFH v. 19. 6. 2007 – VIII R 54/05, BStBl 2007 II S. 830).

In diesen Fällen liegt regelmäßig eine freigebige Zuwendung i. S. d. § 7 Abs. 1 Nr. 1 ErbStG zwischen dem Gesellschafter und der nahestehenden Person vor. *Kommen mehrere Gesellschafter als Schenker in Betracht (z. B. Vater und Onkel des Begünstigten), kann eine quotale Zuwendung der Gesellschafter angenommen werden.*

Ausnahmsweise liegt keine freigebige Zuwendung i. S. d. § 7 Abs. 1 Nr. 1 ErbStG zwischen dem Gesellschafter und der nahestehenden Person vor, *wenn nach der Ausgestaltung der zwischen ihnen bestehenden Rechtsbeziehung eine Gegenleistung für die überhöhte, zu geringe oder fehlende Vergütung vorliegt.*

BEISPIEL 1: *A ist Alleingesellschafterin einer GmbH. Ihr Bruder B erhält von der GmbH einen Sportwagen zu einem um 100.000 € unangemessen zu niedrigen Kaufpreis. Es liegt eine verdeckte Gewinnausschüttung der GmbH an A i. H. v. 100.000 € vor. Es liegt keine freigebige Zuwendung der GmbH an B vor. In Höhe von 100.000 € liegt eine freigebige Zuwendung von A an B vor.*

BEISPIEL 2: *Sachverhalt wie in Beispiel 1. Im Gegenzug verzichtet der Bruder auf die Rückzahlung eines Darlehens i. H. v. 100.000 €, das er gegenüber A hatte. In diesem Fall liegt zwar eine verdeckte Gewinnausschüttung der GmbH an A vor. Es liegt weiterhin*

---

[1] Gleich lautende Erlasse der obersten Finanzbörden der Länder, v. 20. 4. 2018, BStBl 2018 I S. 632.

VIII. Erbschaft- und Schenkungsteuerrecht: Berührungspunkte mit Pensionszusagen

keine freigebige Zuwendung der GmbH an B vor. Daneben liegt jedoch weder eine freigebige Zuwendung der A an B noch von B an A vor."

Der Thematik „vGA und Schenkungsteuer" ist somit in den Fällen, in denen mitarbeitenden Personen, die dem GGf nahestehen, eine Pensionszusage erteilt wurde und bei denen es wegen Nichterfüllung der diesbezüglichen Kriterien zu einer vGA kommt, zu beachten. **Überträgt man die o. g. Rechtsgrundsätze auf eine Pensionszusage, die einer einem GGf nahestehenden Person erteilt wurde/wird, so ergeben sich folgende Auswirkungen:**

Gestaltungen mit sofort eintretender Bereicherung

3966

3967

Hat z. B. eine Kapitalgesellschaft der mitarbeitenden Schwester des beherrschenden GGf eine unmittelbare Pensionszusage erteilt und wird diese „ad hoc" und ohne vorherige Vereinbarung während der Anwartschaftsphase bei laufendem Beschäftigungsverhältnis abgefunden, so würde dies nach der Rechtsprechung des BFH[1] zu einer vGA führen. Mit Zahlung der Abfindung würde bei der Schwester sofort eine Bereicherung i. S. d. R E 7.1 Abs. 2 ErbStR 2011 eintreten. Die Höhe des der Erbschaftsteuer unterliegenden Vermögensvorteils würde sich anhand des Nominalbetrags der Kapitalleistung ermitteln.[2]

Gestaltungen mit verzögert eintretender Bereicherung

3968

Hat dagegen z. B. eine Kapitalgesellschaft dem mitarbeitenden Bruder des beherrschenden GGf unmittelbar nach dessen Diensteintritt – und somit ohne Einhaltung der geforderten personenbezogenen Probezeit – eine unmittelbare Pensionszusage erteilt, so würde der Pensionszusage von Beginn an die betriebliche Veranlassung verweigert werden.[3] In der Folge würden zunächst die Zuführungen zur Pensionszusage und später auch die Rentenzahlungen als vGA behandelt werden. In einem solchen Fall kann es aber nicht bereits mit der Erteilung der Pensionszusage zu einer Bereicherung i. S. d. R E 7.1 Abs. 2 ErbStR 2011 kommen, da die bloße Erteilung der Pensionszusage beim Versorgungsberechtigten noch keine Vermögensmehrung auslöst. Vielmehr tritt diese erst mit dem Zeitpunkt des Beginns der Rentenzahlungen ein. Die Höhe des der Erbschaftsteuer unterliegenden Vermögensvorteils würde sich dann anhand des Kapitalwerts des Pensionsanspruchs ermitteln.

---

1 BFH, Urteil v. 11. 9. 2013 - I R 28/13, BStBl 2014 II S. 726.
2 § 12 Abs. 1 Satz 1 ErbStG.
3 BFH, Urteil v. 28. 4. 2010 - I R 78/08, BStBl 2013 II S. 41.

> **BERATUNGSHINWEIS:**
> Bei einer betrieblich veranlassten Pensionszusage kann die GmbH die Aufwendungen im Rahmen der Betriebsausgaben bei der Gewinnermittlung abziehen, während der Versorgungsberechtigte die Steuerbelastung zu tragen hat.

3969 Bei einer als gesellschaftsrechtlich veranlasst zu beurteilenden Pensionszusage zu Gunsten einer einem GGf nahestehenden Person findet eine **Umverteilung und Ausweitung der Steuerbelastung** statt:

- ▶ **Die GmbH** verliert den Betriebsausgabenabzug und hat die Belastung aus KöSt und GewSt zu verkraften
- ▶ **Der GGf** hat die Zurechnung der vGA zu verkraften und erleidet eine Steuerbelastung im Rahmen der Abgeltungssteuer
- ▶ **Die nahestehende Person** wird von der Lohn- und Einkommensteuer entlastet, hat dafür aber die Belastung durch die Schenkungsteuer zu tragen

3970 Im Endergebnis werden die GmbH und der GGf durch die steuerrechtliche Beurteilung des Rechtsgeschäftes belastet, während die versorgungsberechtigte nahestehende Person i. d. R. entlastet wird.

3971 Die Ausweitung der Gesamtsteuerbelastung findet in Abhängigkeit von der schenkungsteuerlichen Belastung statt. Deren Ausmaß wird vom Verwandtheitsgrad, der dementsprechenden Steuerklasse sowie der korrespondierenden Freibeträge bestimmt. Ist die nahestehende Person – wie in den obigen Beispielfällen – eine Schwester oder ein Bruder des GGf, so sind diese der Steuerklasse II zuzuordnen. Der Freibetrag beträgt dann lediglich 20.000 €.[1] Demgegenüber beträgt der Freibetrag für den Ehegatten 500.000 € und für jedes Kind 400.000 €.

3972 Die o. g. Rechtsfolgen können freilich nur dann entstehen, wenn die nahestehende Person selbst nicht am Stammkapital der Kapitalgesellschaft beteiligt ist. Hält sie dagegen eigene Anteile, so kommt im Zusammenhang mit den o. g. Gestaltungen lediglich eine vGA in Frage, die der versorgungsberechtigten Person dann unmittelbar zugerechnet wird. Für die Annahme einer freigebigen Zuwendung verbleibt dann kein Raum mehr.

3973–3978 (*Einstweilen frei*)

4. (Disquotale) Verdeckte Einlagen und Schenkungsteuer

3979 Nach dem sich die schenkungssteuerliche Frage nicht nur bei einer Zuwendung der Kapitalgesellschaft an den GGf oder einer diesem nahestehenden

---

[1] §§ 15, 16 ErbStG.

VIII. Erbschaft- und Schenkungsteuerrecht: Berührungspunkte mit Pensionszusagen

Person stellt, sondern auch im umgekehrten Falle, bleibt im nächsten Schritt noch zu prüfen, inwieweit es im Zusammenhang mit einer verdeckten Einlage zu einer zu einer freigebigen Zuwendung im schenkungsteuerrechtlichen Sinne kommen kann.

Im Zusammenhang mit einer einem GGf oder einer diesem nahestehenden Person gegenüber erteilten unmittelbaren Pensionszusage ist diese Frage freilich nur dann von Belang, **wenn der GGf auf seine Pensionsanrechte ganz oder teilweise entschädigungslos verzichtet.** Denn nur in diesem Fall kann es zu einer verdeckten Einlage kommen. 3980

a) Schenkungsteuerbarkeit disquotaler verdeckter Einlagen: Rückblick

Die Frage, ob verdeckte Einlagen schenkungsteuerbar sind, unterlag in der jüngeren Vergangenheit einem lebhaften Wechsel. So nahm die FinVerw ursprünglich an, dass **verdeckte Einlagen in eine Kapitalgesellschaft, die über die Beteiligungsquote des einlegenden Gesellschafters hinausgehen (sog. disquotale Einlagen),** dann als Schenkung des Einlegenden an seine Mitgesellschafter anzusehen sind, wenn beim Einlegenden ein entsprechender Bereicherungswille gegeben ist (R 18 Abs. 3 ErbStR 2003). 3981

Demgegenüber ist BFH in ständiger Rechtsprechung[1] davon ausgegangen, dass disquotale Einlagen trotz der damit verbundenen Wertsteigerung der Anteile von Mitgesellschaftern **keine Schenkung an die anderen Gesellschafter darstellen.** Anders als die Ertragsteuern kenne die Erbschaft- und Schenkungsteuer grundsätzlich keine wirtschaftliche Betrachtungsweise, sondern folge streng der Zivilrechtslage. Die Werterhöhung der Geschäftsanteile von Mitgesellschaftern sei daher als bloßer Reflex der disquotalen verdeckten Einlage schenkungsteuerrechtlich unbeachtlich. Eine freigebige Zuwendung an die Gesellschaft selbst scheidet nach Ansicht des BFH ebenfalls aus, da die Einlage ihren Leistungsgrund im Gesellschaftsverhältnis (causa societatis) hat und daher nicht unentgeltlich ist. 3982

Mit Erlass v. 20.10.2010[2] hatte die FinVerw die Rechtsprechung des BFH grundsätzlich anerkannt und ihre alte Auffassung zur Schenkungsteuerbarkeit disquotaler Einlagen aufgegeben. **Disquotale Einlagen stellten danach nur noch dann eine Schenkung des Einlegenden an die Mit-Gesellschafter dar,** 3983

---

1 BFH, Urteil v. 17.4.1996 - II R 16/93, BStBl 1996 II S. 454; BFH v. 17.10.2007 - II R 63/05, BStBl 2008 II S. 381; BFH v. 9.12.2009 - II R 28/08, BStBl 2010 II S. 566.
2 Gleich lautende Erlasse der obersten Finanzbehörden der Länder, v. 20.10.2010, BStBl 2010 I S. 1207.

wenn die Einlage in zeitlichem Zusammenhang zum Einlagezeitpunkt wieder ausgeschüttet wird (H 18 ErbStH 2003).

3954 Mit dem Beitreibungsrichtlinie-Umsetzungsgesetz[1] hat der Gesetzgeber die vom BFH angenommene fehlende Schenkungssteuerbarkeit verdeckter disquotaler Einlagen durch Schaffung des § 7 Abs. 8 ErbStG wieder beseitigt. Die Neuregelung gilt für alle Erwerbe ab dem 14. 12. 2011.[2]

3985 Die Gesetzesänderung, mit der der Gesetzgeber im Rahmen des BeitrRLUmsG die Schenkungsteuerbarkeit von disquotalen verdeckten Einlagen nunmehr herbeigeführt hat, ist in der Literatur auf eine breite Front der Kritik gestoßen. Dies hat dann wohl die FinVerw auch dazu veranlasst, ungewöhnlich schnell mit dem gleich lautenden Erlass der obersten Finanzbehörden der Länder v. 14. 3. 2012[3] zu reagieren. Dieser Erlass wurde nunmehr durch den gleich lautenden Erlass der obersten Finanzbehörden der Länder v. 20. 4. 2018 abgelöst.[4]

b) Schenkungsteuerbarkeit disquotaler verdeckter Einlagen: Aktuelle Rechtslage

3986 Die FinVerw nimmt in dem gleich lautenden Erlass der obersten Finanzbehörden der Länder v. 20. 4. 2018[5] zu der Frage der Schenkungsteuerbarkeit disquotaler verdeckter Einlagen nunmehr wie folgt Stellung:

*„2.1.1 Führt ein Gesellschafter einer Kapitalgesellschaft im Wege einer offenen oder verdeckten Einlage einen Vermögenswert zu und erhöht sich infolge dieses Vermögenszugangs der gemeine Wert sämtlicher Anteile an der Kapitalgesellschaft, stellt die Werterhöhung der Beteiligungsrechte der anderen Gesellschafter **grundsätzlich keine steuerbare Zuwendung i. S. d. § 7 Abs. 1 Nr. 1 ErbStG** an diese dar (BFH v. 9. 12. 2009 - II R 28/08, BStBl 2010 II S. 566, v. 25. 10. 1995 - II R 67/93, BStBl 1996 II S. 160 und v. 20. 1. 2016 - II R 40/14, BStBl 2018 II S. 284). Es ist jedoch § 7 Abs. 8 Satz 1 ErbStG zu prüfen, s. Abschnitt 3. [...]*

3.1 § 7 Abs. 8 Satz 1 ErbStG fingiert eine Schenkung zwischen dem an eine Kapitalgesellschaft Leistenden und der natürlichen Person oder Stiftung, die an der Kapitalgesellschaft unmittelbar oder mittelbar beteiligt ist, und deren Anteile an der Gesellschaft durch die Leistung im gemeinen Wert steigen.

---

1 BeitrRLUmsG v. 7. 12. 2011, BGBl 2011 I S. 2592.
2 § 37 Abs. 7 Satz 1 ErbStG.
3 Gleich lautende Erlasse der obersten Finanzbehörden der Länder, v. 14. 3. 2012, BStBl 2012 I S. 331.
4 Gleich lautende Erlasse der obersten Finanzbörden der Länder, v. 20. 4. 2018, BStBl 2018 I S. 632.
5 Oberste Finanzbehörden der Länder v. 20. 4. 2018 - S 3806, BStBl 2018 I S. 632.

BEISPIEL: *Vater V und Sohn S sind zu je 1/2 an der VS-GmbH beteiligt und haben bei Gründung der Gesellschaft je 50.000 € in die Gesellschaft eingezahlt. Nun legt V weitere 200.000 € in die Gesellschaft ein. Dadurch erhöht sich der Wert der Beteiligung des S von 1/2 x (50.000 € + 50.000 €) = 50.000 € auf 1/2 x (50.000 € + 50.000 € + 200.000 €) = 150.000 €. S hat also einen Vermögensvorteil von 100.000 € erlangt, der nach der Rechtsprechung des BFH keine freigebige Zuwendung i. S. d. § 7 Abs. 1 Nr. 1 ErbStG darstellt, weil er nicht in einer substanziellen Vermögensverschiebung sondern lediglich in der Wertsteigerung der Gesellschaftsanteile besteht. Demgegenüber wäre eine Direktzuwendung von V an S in Höhe von 100.000 €, wie z. B. auch die Übernahme einer Einlageverpflichtung des S i. H. v. 100.000 €, nach Maßgabe der allgemeinen Voraussetzungen des § 7 Abs. 1 Nr. 1 ErbStG schenkungsteuerbar.*

Anders als nach § 7 Abs. 1 Nr. 1 ErbStG kommt es im Rahmen des § 7 Abs. 8 Satz 1 ErbStG weder auf die unmittelbare Zuwendung von Sachsubstanz an den Bedachten noch auf den Willen zur Unentgeltlichkeit (R E 7.1 ErbStR 2011) an. Deshalb liegt in dem Beispielsfall eine steuerbare Schenkung des V an den S vor.

3.3.3 Ob eine Leistung i. S. d. § 7 Abs. 8 Satz 1 ErbStG vorliegt, ist im Rahmen einer Gesamtbetrachtung festzustellen. Sofern auch die anderen Gesellschafter in einem zeitlichen und sachlichen Zusammenhang Leistungen an die Gesellschaft erbringen, die insgesamt zu einer den Beteiligungsverhältnissen entsprechenden Werterhöhung der Anteile aller Gesellschafter führen, ist keine steuerbare Leistung i. S. d. § 7 Abs. 8 Satz 1 ErbStG gegeben.

3.3.4 Im Rahmen der Gesamtbetrachtung sind nicht nur Leistungen der anderen Gesellschafter an die Gesellschaft zu berücksichtigen, sondern auch Leistungen der Gesellschafter untereinander, durch die die Werterhöhung ausgeglichen wird. Entsprechendes gilt für den Fall der Leistung fremder Dritter an die Gesellschaft. In derartigen Fällen fällt im Ergebnis keine Schenkungsteuer an, weil die Werterhöhung nach § 7 Abs. 8 Satz 1 ErbStG durch eigene Leistungen ausgeglichen wird.

3.3.5 Leistungen einzelner Gesellschafter führen zu keiner nach § 7 Abs. 8 Satz 1 ErbStG steuerbaren Werterhöhung der Anteile von Mitgesellschaftern, soweit der Leistende als Gegenleistung zusätzliche Rechte in der Gesellschaft erlangt, wie z. B. eine Verbesserung seines Gewinnanteils (§ 29 Abs. 3 Satz 2 GmbHG), zusätzliche Anteile an der Gesellschaft oder eine von den Geschäftsanteilen abweichende Verteilung des Vermögens bei späterer Liquidation.

3.3.6 Wenn Gesellschafter, z. B. zu Sanierungszwecken, auf Forderungen gegen die Gesellschaft verzichten wollen, *das Verhältnis der Nennbeträge der Forderungen aber von den Beteiligungsquoten abweicht, bestehen keine Bedenken gegen einen vorgeschalteten Forderungsverkauf, bei dem der verzichtende Gläubiger (Gesellschafter oder Dritter) in einem ersten Schritt einen Teil seiner Forde-*

rung zum Verkehrswert an die (Mit-)Gesellschafter verkauft und die Gesellschafter dann in einem zweiten Schritt beteiligungsproportional auf ihre Forderungen verzichten.

3.3.7 Ein Forderungsverzicht unter Besserungsvorbehalt bessert als auflösend bedingter Verzicht die Vermögens- und Ertragslage der Gesellschaft zumindest vorübergehend (und seiner Zwecksetzung nach auch auf Dauer), bewirkt also eine Werterhöhung der Anteile sowohl des Verzichtenden als auch der etwaiger Mitgesellschafter. Grundsätzlich fehlt es jedoch an einem steuerbaren Vorgang, weil der Gläubiger einer wertlosen Forderung nichts aus seinem Vermögen hergibt, sondern lediglich uneinbringbare Werte gegen Erwerbsaussichten umschichtet. Es mangelt insoweit an einer Vermögensverschiebung von dem Verzichtenden an die Mitgesellschafter.

3.3.8 Leistungen einzelner Gesellschafter führen zu keiner nach § 7 Abs. 8 Satz 1 ErbStG steuerbaren Werterhöhung der Anteile von Mitgesellschaftern, soweit am Stichtag diesbezüglich zwischen den Gesellschaftern oder mit der Kapitalgesellschaft Zusatzabreden bestehen, die für den einlegenden Gesellschafter gewährleisten, dass seine Leistungen nicht zu einer endgültigen Vermögensverschiebung zugunsten der Mitgesellschafter führen.

Gleiches gilt, wenn hinsichtlich der Leistungen gesellschaftsvertraglich eine von den maßgebenden Beteiligungsquoten abweichende Verteilung des Vermögens bei späterer Liquidation der Gesellschaft vereinbart wird oder soweit die Leistung als schuldrechtlich zugunsten des leistenden Gesellschafters gebundene Kapitalrücklage verbucht wird (§ 72 Satz 2 GmbHG).

3.4.1 Die Bereicherung richtet sich nach der Erhöhung des gemeinen Werts der Anteile an der Kapitalgesellschaft, nicht nach dem Wert der Leistung des Zuwendenden. Maßgeblich sind die allgemeinen Regelungen für die Bewertung nicht notierter Anteile (§ 11 Abs. 2 BewG, ggf. i. V. m. §§ 199 ff. BewG). Die Werterhöhung kann damit auch durch eine Verbesserung der Ertragsaussichten bewirkt werden, die durch die Leistung des Zuwendenden verursacht ist. § 200 Abs. 4 BewG ist zu beachten. Führt die Leistung des Zuwendenden zu keiner Erhöhung des gemeinen Werts der Anteile an der Kapitalgesellschaft, ist keine Bereicherung gegeben.

3.4.2 Die Werterhöhung der Anteile muss durch die Leistung kausal veranlasst sein. Sie kann daher nicht höher sein als der gemeine Wert der bewirkten Leistung des Zuwendenden.

BEISPIEL: An der AB-GmbH sind Vater A zu 40 % und Tochter B zu 60 % beteiligt. A verkauft der GmbH ein Grundstück für 200.000 €, der gemeine Wert des Grundstücks be-

VIII. Erbschaft- und Schenkungsteuerrecht: Berührungspunkte mit Pensionszusagen

trägt 300.000 €. Als Folge der günstigen Lage des Grundstücks erhöht sich der Ertragswert der GmbH um 400.000 €.
Die anzusetzende Werterhöhung der Anteile der B kann den Betrag von (300.000 € - 200.000 €) x 60 % = 60.000 € nicht übersteigen.

***3.4.3** Maßgeblich sind die Erkenntnismöglichkeiten und Wertvorstellungen der Gesellschafter in dem Zeitpunkt, in dem die Leistung bewirkt wird. Sind die Parteien bei wechselseitigen Leistungen an die Gesellschaft in nachvollziehbarer Weise und unter fremdüblichen Bedingungen übereinstimmend davon ausgegangen, dass die Leistungen insgesamt ausgewogen sind, liegt eine Steuerbarkeit nach § 7 Abs. 8 Satz 1 ErbStG grundsätzlich auch dann nicht vor, wenn sich dies anhand später gewonnener besserer Erkenntnisse als unzutreffend erweist. Die als zutreffend zugrunde gelegten Werte sind dann im gewöhnlichen Geschäftsverkehr (vgl. § 9 Abs. 2 BewG) zustande gekommen. Die Ausgewogenheit der Gesellschafterbeiträge wird aber regelmäßig nicht zu belegen sein, wenn zwischen den Leistungen ein offensichtliches Missverhältnis besteht (BFH v. 10. 9. 1986 - II R 81/84, BStBl 1987 II S. 80). Davon ist allgemein bei einer Wertdifferenz von mindestens 20 % auszugehen."*

Danach ist festzuhalten, dass eine disquotale verdeckte Einlage im Rahmen der Bestimmungen zu § 7 Abs. 8 Satz 1 ErbStG sehr wohl zu einem schenkungsteuerbaren Vorgang führen kann. § 7 Abs. 8 Satz 1 ErbStG **fingiert nämlich eine Schenkung** zwischen dem an eine Kapitalgesellschaft Leistenden und der natürlichen Person oder Stiftung, die an der Kapitalgesellschaft unmittelbar oder mittelbar beteiligt ist, und deren Anteile an der Gesellschaft durch die Leistung im gemeinen Wert steigen.

Überträgt man die o. g. Rechtsgrundsätze auf den entschädigungslosen Verzicht eines GGf auf seine Pensionszusage, so ergeben sich folgende Auswirkungen:

Allein-Gesellschafter

Verzichtet ein Allein-Gesellschafter auf seine Pensionszusage, so führt dies auch dann nicht zu einem schenkungsteuerbaren Vorgang, wenn damit eine verdeckte Einlage einhergeht.

Mit-Gesellschafter

Verzichtet jedoch ein Mit-Gesellschafter, der neben weiteren Gesellschaftern an der GmbH beteiligt ist, entschädigungslos auf seine Pensionszusage und geht damit eine verdeckte Einlage einher (Werthaltigkeit zzgl. gesellschaftliche Veranlassung), **so kommt es zu einer steuerbaren Schenkung des verzichtenden Gesellschafters (Zuwendender) an seine Mit-Gesellschafter (Zuwen-

dungsempfänger). Voraussetzung ist jedoch, dass die Mit-Gesellschafter nicht ihrerseits eine wertgleiche verdeckte Einlage (z. B. durch einen Pensionsverzicht) erbringen und der Verzicht nach dem 13.12.2011 stattfindet.

3990   Maßgeblich für die Feststellung der Bereicherung i.S.v. § 10 Abs. 1 ErbStG ist nicht der Wert der Einlage, sondern die in den Anteilen der Mitgesellschafter eingetretene Werterhöhung (Erhöhung des gemeinen Werts der Anteile an der Kapitalgesellschaft). Maßgeblich sind die allgemeinen Regelungen für die Bewertung nicht notierter Anteile (§ 11 Abs. 2 BewG, ggf. i.V. m. §§ 199 ff. BewG). Um die Höhe der Schenkungsteuer ermitteln zu können, muss daher eine zweifache Bewertung der Anteile der Mit-Gesellschafter nach den Vorschriften des BewG sowohl vor der Einlage als auch danach erfolgen.

BERATUNGSHINWEIS:

Zu beachten sind auch die Hinweise unter den Tz. 3.3.6 und 3.3.7:

Die FinVerw verweist in der Tz. 3.3.6 zum einen auf die Möglichkeit eines dem Verzicht vorgeschalteten Forderungsverkaufs. In Zusammenhang mit einer Pensionszusage erscheint dieser Lösungsvorschlag jedoch als nicht realisierbar.

Zum anderen stellt die FinVerw in der Tz. 3.3.7 klar, dass es im Falle einer wertlosen Forderung nicht zu einem steuerbaren Vorgang kommt, da es aufgrund der Wertlosigkeit nicht zu einer Vermögensverschiebung zugunsten der Mitgesellschafter kommen kann.

STICHWORTVERZEICHNIS

Die angegebenen Zahlen verweisen auf die Randziffern.

A

Abfindung
- Abfindungsklauseln 543, 631 ff., 814, 1496, 1521 ff., 1714 f., 1727 f., 1733, 1752, 1763, 3634
- Abfindungsverbot 632, 641 f., 743, 1496, 1512 ff., 1567, 1571, 1584 f., 1637 f., 1712, 1722 f., 1749 f.,1764, 2492, 2866, 2880, 2919 ff.
- Auswirkungen beim GGf 1612 ff., 1677 ff.
- Auswirkungen bei der GmbH 1621 ff., 1684 ff.
- bei vorzeitigem Ausscheiden 1501 f., 1721 ff.
- bei Fortsetzung des Dienstverhältnisses 1501 f., 1566, 1712 ff.
- bei Liquidation 1566, 1719, 2490 ff.
- bei Rentenübertritt 1501 f., 1748 ff.
- bei Verkauf der GmbH 1566 ff.,1635 ff., 1650 ff., 1730 ff.
- Besteuerung der Abfindungszahlung 1485, 1612 ff., 1643 ff., 1675, 1679 ff., 1699
- Betriebliche Veranlassung 1563 ff., 1576 ff., 1589 f., 1611 ff., 1673, 1719, 1726, 1730 ff., 1736, 1756, 1758, 1767, 1769, 1772
- Betriebsrentenrechtliche Zulässigkeit 1496, 1511 ff., 1712, 1721 ff., 1748 ff., 1760 ff.
- Folgen 1503 ff.
- Formen 1501 f.
- Gesellschaftliche Veranlassung 1496, 1631 ff., 1671 ff., 1699 ff., 1725
- Höhe 1576 ff.
- in der Anwartschaftsphase 1502, 1654, 1709 ff.
- Kapitalwahlrecht 1779 ff.
- laufender Leistungen 1542 ff., 1566, 1760 ff.
- Motive 1482 ff.
- Nachträgliche Anschaffungskosten 1675, 1683
- Nichtigkeit 1513, 1723
- praktischer Fall 1786 ff.
- Rechtsfolgen 1671 ff.
- Schenkungssteuerbarkeit 1601, 1690
- Teilverzicht 1536, 1577, 1596 ff., 1787 ff.
- Übertragung der Rückdeckungsversicherung 1599 ff., 1678
- unverfallbarer Anwartschaften 1542 ff.
- Verdeckte Einlage bei Abfindung 1578, 1596 ff., 1642 ff., 1671 ff., 1686 ff., 1700 ff.
- Vergütung für eine mehrjährige Tätigkeit 1614 ff., 1682
- Verdeckte Gewinnausschüttung bei Abfindung 1541, 1602 ff., 1642 ff., 1671 ff., 1678
- Verfahren zur Ermittlung der Abfindungshöhe 2930 ff.
- Verstoß gg d. Abfindungsverbot 2933 ff.
- Wertgleichheit 1522, 1580 ff., 1597 ff., 1673
- Wesen 1491 ff.
- zum Teilwert 1534 ff.
- zum vollen unquotierten Anspruch 1537 ff.

Angemessenheit
- der Gesamtvergütung 3723 ff.
- der Versorgungszusage 3726 ff.
- fiktive Jahresnettoprämie 3723 ff.

Asset Deal
- abgeleitete Rentner-GmbH 2133, 2146 ff.
- finanzielle Ausstattung 2156 ff.
- Unterfinanzierung 2161

Auslagerung siehe Übertragung

B

Beitragsorientierte Leistungszusage
- Beitragsorientierte Kapitalzusage 693, 705
- Bewertung 94 f., 702
- Definition 691 ff., 2883

813

- Probezeit 3762
- Risikobegrenzung 678 ff., 695 ff., 2591 ff.
- rückgedeckte beitragsorientierte Leistungszusage 697, 703
- Tanieme-Umwandlung 2638
- Umgestaltung in eine beitragsorientierte Leistungszusage 709 f.
- Unverfallbare Anwartschaften 2917, 3775 f.
- Überversorgung 3466
- **Besserungsschein** 1095

Berufsrecht
- Folgen der unerlaubten Rechtsberatung 2736 ff.
- Unerlaubte Rechtsberatung 1259, 2662 f., 2679 ff., 2736 ff.
- Rechtsberatung 116, 716, 1001, 2351, 2663 ff., 2693 ff., 2849, 3210, 3271
- Rechtswidrige Zulassung 2729 ff.
- Zulassung zur Rechtsberatung 257, 315, 1261, 2663 ff.

Betriebsprüfung
- Abschnittsbesteuerung 316 ff.
- Betriebsprüfungsfalle 271 ff.
- Bundeszentralamt für Steuern (BZSt) 278 ff.
- Fachprüfer für betriebliche Altersversorgung 128, 255, 279 ff.
- Praxisfälle 326 ff.
- Steigendes Risiko 255, 274, 1044, 1377, 1524, 3665

Betriebsrentengesetz
- § 1 663, 681 ff., 743, 2196 ff., 2880 ff.
- § 2 2880
- § 3 641 f., 743, 1512 ff., 1584 f., 1722, 2492, 2880, 2919 ff.
- § 4 1584 f., 1891 f., 1924 ff., 2016 ff., 2024 ff., 2055 ff., 2503 ff., 2880
- § 6 2880, 2976 ff.
- § 7 2880, 3002 ff.
- § 16 2880, 3021 ff.
- § 17 1893, 2759 ff.
- § 19 652 f., 2751 f., 2775 ff., 2863 ff., 2913, 2918, 2940, 2969, 2989, 3014, 3030
- Abbedingung 652 f., 1514, 1571, 1724, 1751, 1762, 1895, 2751 f., 2861 ff., 2913, 2918, 2940, 2969, 2989, 3014, 3030

- Allein-Gesellschafter-Geschäftsführer 2800 ff.
- Anwendbarkeit 233, 1643, 1890 ff., 2746 ff.
- Arbeitnehmer 2759 ff., 2774 ff.
- Arbeitnehmerähnliche Person 2784 ff.
- Arbeitnehmerschutzgesetz 233, 2749
- Durchführungswege 2887
- Fremd-Geschäftsführer 2789 f.
- Gesellschafter-Geschäftsführer mit 50,0% Beteiligung 2808 ff.
- Legaldefinition 2756 ff.
- m/n-tel Methode 694, 1181, 1210, 1581, 1643, 2915 ff., 2983, 3282 f., 3295, 3388 ff., 3773
- Mehrheits-Gesellschafter-Geschäftsführer 2800, 2804 ff.
- Minderheits-Gesellschafter-Geschäftsführer 2800, 2819 ff.
- Mitarbeitender Gesellschafter 2791 ff.
- Nicht-Arbeitnehmer 1112 ff., 1268, 1710, 1722 ff., 1749 ff., 1761 ff., 1811, 1893, 2021, 2457, 2750, 2760, 2774, 2779 ff., 2830 ff.
- Persönlicher Geltungsbereich 2829 ff.
- Sachlicher Geltungsbereich 2756 ff.
- Statusfeststellung 1884, 1889, 2832, 2841 ff., 3277, 3654 ff.
- Statuswechsel 242, 1637, 2022, 2832 ff., 3268, 3673 ff.
- Subsidiärhaftung 2898 ff.
- Übergangsregelungen 2909 ff.
- Übertragung nach dem BetrAVG
- Unternehmer i. S. d. BetrAVG 241 f., 650, 879, 1116 ff., 1289, 1515, 1567, 1571, 1710, 1721, 1748, 1760, 1786, 1907, 2021 f., 2086, 2165, 2234, 2240, 2506, 2541, 2774, 2782, 2794 ff., 2806, 2814, 2818 ff., 2827 ff., 2843 ff., 3207, 3267 ff., 3277, 3282
- Unverfallbarkeit 2902 ff.
- Zusammenrechnung(stheorie) 2820 ff.

Bewertung der Pensionsverpflichtung
- Anwartschaftsdynamik 3473 ff., 3505 ff.
- Ausscheideordnungen 3352 ff.
- Barwertverfahren 95
- Bester Schätzwert 3347
- Bewertungsverfahren 3360 ff., 3513 ff.

Stichwörter — VERZEICHNIS

- Bilanzsprungrisiko 563
- Eindeutige Angaben 3439 ff., 3577
- Erfüllungsbetrag 3503 ff.
- Erhöhung der Pensionsrückstellungen 15 ff.
- Ertragsteuerliche Bewertung 1958, 3411
- Explodierende Pensionsrückstellungen 15 ff., 733
- Festbetragszusage 577 ff.
- finanzmathematische Bewertung 208 ff., 3367 ff.
- Fluktuation 3484, 3511, 3531 f.
- Grundsätze ordnungsmäßiger Buchführung 3316 ff.
- handelsrechtliche Bewertung 15, 1583, 3358, 3491
- Klarheits- und Eindeutigkeitsgebot 126, 543
- Künftige gewinnabhängige Bezüge 3422 ff., 3577
- Langlebigkeitsrisiko 8, 160, 167, 666, 679, 703, 735, 804, 2587
- Maßgeblichkeit der Handelsbilanz 40
- Mindestalter 151, 3455 ff.
- Modifiziertes Teilwertverfahren 3361, 3384 ff., 3515
- Nachholverbot 3476 ff.
- Neuregelungen zur Bewertung 106, 3491, 3522
- PUC-Methode 3361, 3386 ff., 3515
- Quotiertes Anwartschaftsbarwertverfahren 95, 3361, 3390 ff., 3516
- Rechnungszins 17, 24 ff., 46, 732, 3357 ff., 3395 ff., 3481 f., 3518 ff.
- Rechtsanspruch 3419 ff., 3577
- Reform zu § 6a EStG 48 ff.
- Reform zu § 253 HGB 20 ff.
- Rentendynamik 3473 ff., 3505 ff.
- Scheingewinne 40, 46, 253
- Schriftform 98 f., 335 ff., 3434 ff., 3577
- Status 3349 ff.
- Sterblichkeitsentwicklung 161 ff.
- Steuerschädlicher Vorbehalt 3426 ff., 3577
- Stichtagsprinzip 3462 ff.
- Teilwertverfahren 94 ff., 151, 3361, 3373 ff., 3453 ff.
- Überversorgung 3463 ff.
- Vergleich der Bewertungsverfahren 3393 ff.
- Versicherungsmathematische Bewertung 3370 ff.
- Wiederbeschaffungswert 223, 640, 644, 934, 939, 952, 967, 1191, 1248, 1270, 1590, 1788
- Zinsschmelze 17, 738
- Überschuldungsbilanz 1007 ff., 1052 ff.
- Überschuldungsrisiko 19, 734

D

Durchführungsweg
- Pensionsfonds 2212 ff., 2889, 2893
- Unterstützungskasse 2206, 2889, 2893
- Wechsel des Durchführungswegs 139 ff., 518, 2196 ff., 2953

E

Eindeutigkeit 3439, 3632

Entpflichtung
- Entpflichtungsmöglichkeiten 510 ff., 2490 ff.
- schuldrechtlich 483, 1844 ff., 2490 ff.
- wirtschaftlich 483, 1844 ff.

Erbschafts- und Schenkungsteuer
- disquotale verdeckte Einlage 3979, 3982
- nahestehende Person 3962, 3969
- verdeckte Gewinnausschüttung 3956
- Witwen(r)rente 3941

Erdiente Anwartschaften
- Past Service 1135
- Past-Service-Methode 1163 ff.

Erdienbarkeit
- Definition 3681 ff.
- Entgeltumwandlung 3696 ff.
- Erdienungszeitraum 548 ff., 3686 ff.
- Gehaltsabhängige Pensionszusage 3694 ff.
- Höchstzusagealter 3691 ff.
- Wechsel des Durchführungswegs 3703 ff.

Ernsthaftigkeit
- Grundsatz 3664 ff.
- Pensionsalter 3666 ff.

Ersetzungsbefugnis 633, 1496, 1762, 1779

F

Finanzdienstleister 231, 314 ff., 481, 2661 ff.
Finanzierbarkeit
– Alte Verwaltungsauffassung 3730 f.
– Drohende Überschuldung 1071
– Mangelnde Finanzierbarkeit 3737 ff., 993
– Neue Verwaltungsauffassung 3732 ff.
– Rückdeckungsversicherung 3738 ff.
– Überschuldung 997, 1005
Finanzierung
– Asset Funding 494, 498 ff., 2599 ff.
– Insolvenzsicherung 241 ff., 501
– Kalkulatorischer Zinsertrag 186 ff., 210 ff.
– Kapitalbedarf 207 ff.
– Kapitalertrag 477, 2600 ff., 2629
– Rentenfinanzierungsdauer 207 ff., 477
– Rückdeckungsversicherung 195 ff., 349 ff., 564, 615, 912 f., 3547 ff., 3555 ff., 3843 ff., 3852 f.
– Sinkende Kapitalerträge 186 ff., 732
– Unterdeckung 732
– Überaktivierung 564
– Werthaltigkeit 2530 ff.
– Zweckgebundenes Vermögen 152, 254, 2614 ff., 3533
Fremdvergleich
– Drohende Überschuldung 1078
– Formeller 3625
– Materieller 3645
– Prüfungsmaßstab 3616
– Schemata zum Fremdvergleich 3620
Future Service
– BMF, Schreiben v. 14. 8. 2012 1181
– Herabsetzung 497, 557
– Kombi-Modell 2445 ff.
– Vergütungsbestandteil 1140
– Verzicht auf Future Service 1163

G

Geschäftsführer
– beherrschender 138 ff., 233, 328, 375, 388, 421 ff., 555 ff., 581, 608, 646, 794, 808, 816, 854 f., 879, 981 f., 1046, 1136, 1181, 1208, 1234, 1289, 1294, 1333, 1366, 1384, 1418 ff., 1566 ff., 1581, 1635 ff., 1650 ff., 1657 ff., 1710, 1714 ff., 1725 ff., 1755 ff., 1766 ff., 1786, 1811, 1854, 1861, 1864, 1908, 2027, 2165, 2392, 2414, 2425, 2457, 2492, 2506, 2512, 2541, 2679, 2843 ff., 3098 f., 3282, 3460 f., 3604 ff., 3625 ff., 3634, 3636, 3645, 3668 ff., 3681, 3687 f., 3692, 3697 ff., 3704 ff., 3721 ff., 3729, 3749, 3769 ff., 3778 f., 3813, 3853 ff., 3944 ff., 3967 f.
– Fremd-Geschäftsführer 627, 761, 975, 1072, 1078 ff., 1112 ff., 1130, 1229, 1389, 1410, 1514, 2529, 2783, 2789 ff., 3651, 3737, 3875
– Nahe Angehörige 285, 375, 555, 794, 816, 922 ff., 1566, 1710, 1717, 1720, 1729, 1734, 1757, 1759, 1768, 1770, 1947, 2062, 3076, 3099, 3574, 3586, 3603, 3610 ff., 3625, 3645, 3678 ff., 3681, 3687 f., 3692, 3721, 3749, 3769, 3772, 3956, 3962 ff., 3979 ff.
– Nicht-Arbeitnehmer 1112 ff., 1268, 1710, 1722 ff., 1749 ff., 1761 ff., 1811, 1893, 2021, 2457, 2750, 2760, 2774, 2779 ff., 2830 ff.
– Nicht-beherrschender 982, 1181, 1210, 1268, 1366, 1566, 1569 ff., 1710, 1718 ff., 1730 ff., 1758, 1769, 2457, 2845, 3099, 3645, 3674, 3678, 3681, 3687, 3692, 3721, 3724, 3729, 3749, 3769, 3947, 3949
– Ordentlicher und gewissenhafter Geschäftsleiter 223, 256, 271 ff., 581, 587 ff., 911, 923, 975, 981, 1050, 1290, 1335 ff., 1410, 1422 ff., 1441, 1456, 1567, 1583, 1960 f., 1972, 1975, 2932, 3592, 3618 f. 3647, 3654 f., 3738 ff., 3756
– Statusbeurteilung 1884, 1889, 2832, 2841 ff., 3277, 3654 ff.
– Statuswechsel 242, 1637, 2022, 2832 ff., 3268, 3673 ff.
– Unternehmer im eigenen Unternehmen 241 f., 650, 879, 1116 ff., 1289, 1515, 1567, 1571, 1710, 1721, 1748, 1760, 1786, 1907, 2021 f., 2086, 2165, 2234, 2240, 2506, 2541, 2774, 2782, 2794 ff., 2806, 2814, 2818 ff., 2827 ff., 2843 ff., 3207, 3267 ff., 3277, 3282

Stichwörter VERZEICHNIS

Geschäftsführer-Versorgung
− Ausschüttungen 774 ff.
− betriebliche Praxis 5
− Musterfall 2564 ff.
− Pensionsfonds 2392 ff.
− Steuersparmodell am Scheideweg 4 ff.
− Steueroptimierte und risikominimierte Gestaltung 2561 ff.
− Unterstützungskassenzusage 779 ff., 2261 ff., 2345 ff.

Gewinnausschüttung 2572

H

Handelsbilanz
− Altzusage 3496
− Ansatz 3491
− Bewertungsverfahren 3513
− Deckungsvermögen 3533
− Erfüllungsbetrag 3503
− Explodierende Pensionsrückstellungen 15 ff.
− Going-Concern-Prinzip 3321
− Grundsätze ordnungsmäßiger Buchführung 3316
− Maßgeblichkeitsprinzip 3326
− Passivierungspflicht 3493
− Rechnungszins 18, 36, 3518
− Reform zu § 253 HGB 21
− Stetigkeitsprinzip 3325
− Übergangsregelung 3534
− Vergleich mit Steuerbilanz 3545
− Vorsichtsprinzip 3317

Herabsetzung der Pensionszusage siehe Verzicht

I

Insolvenzsicherung
− Fehlerhafte Insolvenzsicherung 5, 243
− Gesetzliche Insolvenzsicherung 241 ff., 2999 ff.
− Insolvenzsicherung 241 ff., 2999 ff.
− Verpfändung 243 f., 480, 3156 ff.
− Zivilrechtlicher Insolvenzschutz 241 ff.

K

Kapital statt Rente
− Berufsunfähigkeitsrente 745
− Bilanzielle Auswirkungen 828 ff.
− Entlastung der GmbH 771
− Ertragsteuerliche Beurteilung 791
− Handelsbilanz 838
− Kapitalwahlrecht 748
− Kapitalzusage 771
− Lohn- u. Einkommensteuerliche Behandlung 846
− Ratenweise Auszahlung 756 ff., 758, 834 ff.
− Rentenbarwert 737 ff.
− Sozialversicherungsrechtliche Behandlung 861
− Veränderung für Gf 774
− Vererblichkeit 759 ff.
− Vor- und Nachteile 786 ff.
− Wertgleiche Umgestaltung 741 ff., 794 ff., 812
− Witwen(r)rente 746

Kapitalisierung
− Abfindung 1481
− Anrechnungsmodalitäten 1347 ff.
− Ausübung des Kapitalwahlrechts
− Bilanzielle Auswirkungen 828 ff.
− Erfüllung 483, 514 f.
− Ersetzungsbefugnis 633
− Höhe der Kapitalleistung 643 ff.
− Kapitalwahlrecht 632
− Ratenweise Auszahlung 756 ff., 834 ff.
− Sozialversicherungsrechtliche Behandlung 862 ff.
− Vererblichkeit 759 ff.
− Vorzeitige Ausübung des Kapitalwahlrechts 748 ff., 818 ff.

Kapitalzusage
− Bilanzielle Auswirkungen 828 ff., 2607 ff.
− Bilanzierung bei Ratenzahlung 834
− Ersetzungsbefugnis 633 ff.
− Kapitalzusage 678 ff., 2565 ff., 3553 f.
− Kapitalzusage mit Ratenzahlung 756 ff.
− Ratenweise Auszahlung 756 ff., 834 ff.
− Tarifermäßigung nach § 34 EStG

817

- Umgestaltung einer Rentenzusage 592 ff., 737 ff.
- Vererblichkeit 759 ff.
- Wahlweise Kapitalzusage/Kapitalwahlrecht 631 ff.
- Zulässigkeit 792 f.

Kombi-Modell 2445 ff.

L

Langlebigkeit
- Langlebigkeitsrisiko 8, 160 ff., 735, 2502
- Lebenserwartung Neugeborener 162 ff.
- Lebenserwartung 65-Jähriger 171 ff.

Leistungszusage
- Definition 662
- Entlastung des Trägerunternehmens 673
- Risiken einer Leistungszusage 662 ff.
- Risikoverteilung 676

Liquidation
- Besteuerung der Leistungen 2513
- Besteuerung der Übertragung 2511 f.
- Liquidationsversicherung 2490, 2500 ff.
- Praktischer Fall 2541 ff.
- Rechtsfolgen der Übertragung 2511 ff.
- Teilverzicht bei Liquidation 2526 ff.
- Übertragung bei Liquidation 519, 2487 ff.
- Übertragungswert 2521 ff., 2959, 2963 ff.

Lohn- und Einkommensteuer
- Einkünfte aus nichtselbständiger Arbeit 936 ff., 1612 ff., 1681 ff., 2576 f., 3848 ff.
- Einkünfte aus Kapitalvermögen 1679 ff., 2576
- Einmalige Kapitalleistung 848 ff., 2577, 3850 f.
- Fünftelungsregelung 1614 ff., 2577, 3850 f.
- Ratenweise Auszahlung einer Kapitalleistung 851 ff., 2581 ff., 3851
- Sonderausgabenabzug 3845 ff.
- Teileinkünfteverfahren 942
- Vorsorgeaufwendungen 3845 ff.
- Zuflussfiktion bei beherrschenden Gesellschafter-Geschäftsführern 854 ff., 3854 f.

N

Nachzahlungs- und Rückwirkungsverbot 3634,

Neugestaltung, rechtliche
- Abbedingung BetrAVG 652
- Altersrente 599
- Ausscheiden 599
- Beitragsorientierte Leistungszusage 691
- BU-Rente 615
- Entlastung der GmbH 673
- Erhöhung 554
- Formelle Änderungen 576
- Gehaltsabhängige Zusage 577
- Herabsetzung 556
- Kapitalwahlrecht 631 ff.
- Kapitalzusage 592, 681
- Materielle Änderungen 553
- Pensionsalter 601
- Pensionsrisiken, Verteilung 661
- Unverfallbarkeit 650
- Vertragsgestaltung, fehlerhafte 543
- Vorgezogene Altersrente 606
- Wertgleiche Umgestaltung 561
- Witwenrente 621
- Zusageform 577

Niedrigzinsphase 3

P

Past Service-Methode
- Definition 1163 ff.
- Barwertermittlung 1213 f., 1256
- Barwertvergleich 1192 ff.
- Bestätigung durch die Rechtsprechung 1220 ff.
- BMF-Schreiben vom 14. 8. 2012 1181 ff.
- FinMin NRW, Erlass v. 17. 12. 2009 1172
- Herabsetzung nach der Past-Service-Methode 497, 557 ff., 1163 ff.
- m/n-tel-Verfahren 694, 1181, 1210, 1581, 1643, 2915 ff., 2983, 3282 f., 3295, 3388 ff., 3773
- OFD Hannover, Vfg. vom 11. 8. 2009 1171
- Past-Service-Ermittlung 1135, 1207 ff.

Stichwörter VERZEICHNIS

- Rechtsfolgen 1248 ff.
- s/-tel-Verfahren 557
- Teilverzicht, Vereinfachungsregelung 1205 ff.
- Umsetzung 1255
- Wertgleiche Umgestaltungen 1201 ff.

Pensionsfonds
- bilanzielle Behandlung 2431 ff.
- BMF, Schreiben v. 26. 10. 2006 2410 ff.
- BMF, Schreiben v. 10. 7. 2015 2410 ff.
- Definition 2212
- Garantiebegrenzung 2217
- Geschäftsführerversorgung 2392 ff.
- Ergebniswirkung bei Übertragung 2409
- Geschäftsführer 2392
- Handelsbilanz 2436
- Kapitalanlage 2216
- Kombinierte Übertragung 2445 ff.
- Leistungsanwärter 2433, 2437
- Leistungsempfänger 2411 f., 2434, 2439
- Nachbeiträge 2417 ff.
- Past Service 2413
- Pensionsplan 2395 ff.
- Pensionsrückstellung 2404
- Rechtliche Entpflichtung 2234 ff.
- Rentenanpassungen 2422
- Schuldbefreiende Übertragung 2235 ff.
- Steuerbilanz 2432
- Steuerneutrale Übertragung 2405
- Steuerrechtliche Rahmenbedingungen bei Übertragung 2404 ff.
- Übertragung 2225, 2391 ff.
- Wesen 2205, 2212
- Wirtschaftliche Entpflichtung 2232, 2234

Pensionsrisiken, typische
- Entlastung 673 ff.
- Kapitalanlagerisiko 667
- Kostenrisiko 665
- Langlebigkeitsrisiko 8, 666
- Verteilung 541 ff., 661 ff.

Pensionsrückstellung
- Bewertungsverfahren 3360
- Bildung 3339 ff.
- Explodierende Pensionsrückstellungen 15 ff., 733

- Gewinnerhöhende Auflösung 3443, 3498
- Gewinnermittlung 3546 ff.
- Handelsbilanz 15 ff., 3491 ff.
- Nachholverbot 96 f.
- Reformbemühungen zu § 6a EStG 90
- Steuerbilanz 15 ff., 3411 ff.
- Unterbewertung 46
- Verfassungsmäßigkeit 52

Pensionszusage
- Abfindung 1481 ff.
- Änderung 541 ff.
- Altersgrenzen 3666 ff.
- Angemessenheit 3721 ff.
- Beratungsbedarf 1 ff.
- Besitzstandsklausel 579 ff.
- Betriebsprüfung 271 ff.
- Bewertung 3339 ff.
- Dauerschuldverhältnis 2, 473, 2489, 3067 f.
- Deal-Breaker 8, 675
- Eindeutigkeit 3439 ff., 3632
- Entgeltumwandlung 3696, 3775
- Erdienbarkeit 3681 ff.
- Erhöhung 483, 554 ff.
- Ernsthaftigkeit 3589, 3662, 3664
- Festbetrag 577 ff.
- Finanzierbarkeit 993 ff., 3729 ff.
- Fortlaufende Pflege 526 f.
- Gehaltsabhängig 577 ff., 3694
- Gestaltungsmöglichkeiten 491 ff.
- Gutachten 472 ff.
- Handelsbilanz 15 ff., 3491 ff.
- Herabsetzung 910 ff.
- individuelle Umstände 482
- Insolvenzsicherung 241 ff.
- interdisziplinär 117 f., 257, 2662
- Kapitalbedarf 207
- Liquidation 2487 ff.
- Neugestaltung 541 ff.
- Nur-Pension 3470
- Pensionsalter 601 f., 1230 ff., 3666 ff.
- Probezeit 3749 ff.
- Rangrücktritt 1012 ff.
- Rechtsanspruch 3419 ff.
- Rechtsberatung 116, 2663

819

- Reduzierung 483, 497, 910 ff.
- Rentner-GmbH 1821 ff.
- Restrukturierung 461 ff.
- Risikominimierte Gestaltung 2561 ff.
- Risikoverteilung 483
- Rückdeckungsversicherung 186 ff., 195 ff., 912, 3547 ff., 3555 ff.
- Schriftform 98, 3097, 3434 ff.
- Steuerbilanz 15 ff., 3411 ff.
- Steueroptimierte Gestaltung 2561 ff.
- Steuersparmodell 1 ff.
- Übertragung 516 ff., 2196 ff., 2487 ff.
- Überversorgung 3463 ff., 3727
- Üblichkeit 3620, 3785
- Unverfallbarkeit 3769 ff.
- Vertragsgestaltung 231 ff.
- Verzicht 910 ff.
- Wechsel des Durchführungswegs 2196 ff.
- Werthaltigkeit 2530 ff.
- Wertsicherung 483
- Zivilrechtliche Wirksamkeit 326 ff., 3096 ff., 3630
- Zweistufiges Prüfungsverfahren 3571 ff.

Praktische Fälle
- Abfindung 1786 ff.
- Herabsetzung 1268 ff.
- Kapitalisierung 879 ff.
- Kombi-Modell 2457 ff.
- Liquidation 2541 ff.
- Rentner-GmbH 2165 ff.
- Zeitgemäße Gestaltung

Probezeit
- Ausnahmen 3757
- Definition 3749 ff.
- Gesellschaftsbezogene 3755 f.
- Personenbezogene 3753 f.
- Rechtsfolgen bei Verstoß 3758 ff.
- Unternehmensbezogene 3755 f.

R

Rangrücktritt 1012 ff.

Rechtsberatung, Rechtsdienstleistung
- Beispielfall zur unerlaubten Rechtsberatung 2679 ff.
- Beratungsfalle bAV 2661
- Folgen einer unerlaubten Rechtsberatung 2736 ff.
- Gutachten zum RDG 2720 ff.
- Rechtsdienstleistung gem. RDG 2663, 2693 ff.

Reduzierung der Pensionszusage siehe Verzicht

Rente und Gehalt
- Anrechnungsmodalitäten 1341 ff.
- Ausscheiden aus dem Dienstverhältnis 1322 ff., 1380 ff.
- Barwertausgleich 1411 ff.
- Beendigung des Dienstverhältnisses 1441 ff.
- Beratervertrag 1455 ff.
- BFH, Urteil v. 5. 3. 2008 1333
- BFH, Urteil v. 23. 10. 2013 1334
- BMF, Schreiben v. 18. 9. 2017 1364 ff.
- FG Köln, Urteil v. 6. 4. 2017 1418
- Gehalt und Rente zahlen 1396
- Gestaltungsmöglichkeiten 1377 ff.
- Gleitklausel 1411 ff.
- Mini-Job 1450 ff.
- Neue Tätigkeit 1441 ff.
- Organstellung 1445
- Unveränderte Vertragsfortführung 1379 ff.

Rentner-GmbH
- Abgeleitete Rentner-GmbH 1828, 2131 ff.
- Arbeitgeberwechsel 2016 ff.
- Aufwandsverteilung 1987 ff.
- Ausgleichsbetrag 1947 ff.
- Begrenzung der Rentenlaufzeit 1914 ff.
- Betriebsrentenrechtliche Zulässigkeit 1889 ff., 2016 f.
- BFH, Urteile v. 18. 8. 2016 143 ff.
- BMF, Schreiben v. 4. 7. 2017 1865
- Bilanzielle Behandlung 1981 ff., 2034 ff., 2081 f., 2097 ff., 2116 ff.

Stichwörter VERZEICHNIS

- Einzelrechtsnachfolge 144, 1831 ff., 1906 ff.
- Erfüllungsübernahme 1837 f., 2017, 2023, 2111 ff., 3125 f., 3145 ff.
- Folgen 1844 ff.
- Formen 1831 ff.
- Gesamtrechtsnachfolge 1834 ff., 1895, 2017, 2023, 2055 ff.
- Gewinnmindernde Rücklage 1995 ff., 2038 ff.
- Gründung einer neuen GmbH
- körperschaftsteuerrechtliche Behandlung der Übertragung 1939 ff., 2033, 2071 ff., 295 f., 2115
- Lohnsteuerrechtliche Behandlung der Übertragung 1908 ff., 2024 ff., 2064 ff., 2094, 2114
- Motive 1822 ff.
- Originäre Rentner-GmbH 1828
- Praktischer Fall 2165 ff.
- Prüfungsverfahren 1881 ff.
- Rechtliche Entpflichtung 1845 f., 2011 f., 2045 f., 2083 ff., 2105 ff., 2125
- Schuldbeitritt 1837 f., 2017, 2023, 2091 ff., 3125 ff., 3140 ff.
- UG (haftungsbeschränkt) 1826
- Umwandlungssteuerrechtliche Behandlung der Übertragung 2073 ff.
- Übertragung auf eine eigene Rentner-GmbH
- Übertragung nach dem BetrAVG 1889, 2016
- Verzicht auf Schadensersatzansprüche 1917 ff.
- Vor- und Nachteile 1871 ff.
- Wesen 1825 ff.
- Wirtschaftliche Entpflichtung 1847, 2011 f., 2045 f., 2083 ff., 2105 ff., 2125

Restrukturierung
- Ad hoc 473, 3634
- Aufgabenverteilung 462 ff.
- bestehender Pensionszusagen 461 ff.
- Betriebsvermögen 493
- Bilanzbereinigung 509
- Due Diligence 475
- fortlaufende Pflege 526 f.
- Gestaltungsmöglichkeiten 491

- individuelle Umstände 479
- Prozess zur Restrukturierung 461 ff.
- Übertragungsmöglichkeiten 512 ff.

Rückdeckungsversicherung
- Ablaufleistung 197 f., 911 ff.
- Garantieverzinsung 198 ff.
- Kapitalmarkt 195 ff.
- Überschussdeklaration 196

S

Schuldübernahme
- BGB, § 414 3133 ff.
- BGB, § 415 3136 ff.
- Erfüllungsübernahme 3145 ff.
- Privative Schuldübernahme 3128 ff.
- Rechtsgeschäftliche Schuldübernahme 3123 ff.
- Schuldbeitritt 3140 ff.

Sozialversicherung
- Beitragsbemessungsgrenze 3889 ff.
- Gesetzliche Krankenversicherung 862 ff., 3902, 3912 ff.
- Gesetzliche Pflegeversicherung 3912 ff.
- Sozialversicherungsfrei 3868 ff.
- Sozialversicherungspflicht 3875 f.
- Statusfeststellungsverfahren 2849

Statusfeststellung
- Statusfeststellung 1884, 1889, 2832, 2841 ff., 3277, 3654 ff.
- Statuswechsel 242, 1637, 2022, 2832 ff., 3268, 3673 ff.

Sterbetafel
- DAV 2004 R 168 ff., 210, 2521
- Heubeck-Richttafel 2005 G 108, 3354, 3483, 3531, 3545
- Heubeck-Richttafel 2018 G 108, 3354, 3483, 3531, 3545
- Statistisches Bundesamt 166 ff.

Steuerbilanz
- Altzusage 3413
- Ansatz 3411
- Anwartschaftsdynamik 3473 ff.
- Bewertungsverfahren 3453

821

- Going-Concern-Prinzip 3321
- Grundsätze ordnungsmäßiger Buchführung 3316
- Klarheits- und Eindeutigkeitsgebot 3439 ff.
- Künftige gewinnabhängige Bezüge 3422 ff.
- Maßgeblichkeitsprinzip 3326
- Mindestalter 3456
- Mindestanforderungen 3415 ff.
- Nachholverbot 3476 ff.
- Passivierungspflicht 3413
- Pensionsalter 3460
- Pensionsrückstellung 3415 ff., 3442, 3443, 3451 ff.
- Rechnungszins 36 ff., 46 ff., 3481
- Rechtsanspruch 3419 ff.
- Reform zu § 6a EStG 90 ff.
- Rentendynamik 3471 ff.
- Schriftform 3434 ff.
- Stetigkeitsprinzip 3325
- Stichtagsprinzip 3462
- Vergleich mit Handelsbilanz 3545
- Teilwertverfahren 3453 ff.
- Überversorgung 3463
- Versicherungsmathematik 3483 ff.
- Vorbehalte 3426 ff.

Steuersparmodell
- Gesamtsteuerbelastung 153
- Innenfinanzierungseffekt 1, 152 ff., 2376 ff., 2897

U

Unterstützungskasse, pauschal dotierte
- Darlehensgewährung 2375 ff.
- Deckungskapital für Leistungsempfänger 2319, 2329 ff.
- Definition 2206, 2310 ff.
- Ergebniswirkungen bei Übertragung 2358, 2361
- Finanzierung für Leistungsanwärter 399 ff.
- Finanzierung für Leistungsempfänger 399 ff.
- Geschäftsführerversorgung 2345 ff.
- Innenfinanzierung 2377
- Kassenvermögen 2333 ff.
- Reservepolster für Leistungsanwärter 2317 ff.
- Übertragungsmöglichkeiten 399 ff.
- Vermögensbereiche 2316 ff.
- Wesen 2206, 2310
- Zuwendungen für Leistungsanwärter 2325 ff.
- Zuwendungen für Leistungsempfänger 2329 ff.

Unterstützungskasse, rückgedeckte
- bilanzielle Behandlung 2289 ff.
- Darlehensgewährung 2251
- Definition 2206, 2246
- Ergebniswirkung bei Übertragung 2274, 2278, 2280
- Geschäftsführerversorgung 2261 ff.
- Handelsbilanz 2292
- Kassenvermögen 2253 ff.
- Kombinierte Übertragung 2445 ff.
- Steuerbilanz 2290
- Übertragungsmöglichkeiten 2270 ff.
- Übertragung Leistungsanwärter 2273 ff.
- Übertragung Leistungsempfänger 2280 ff.
- Wesen 2206, 2246
- Zuwendungen für Leistungsanwärter 2249
- Zuwendungen für Leistungsempfänger 2250

Unverfallbarkeit
- Dem Grunde nach 2905
- Entgeltumwandlung 3775 ff.
- Fehlende vertragliche Regelung 650 f.
- m/n-tel Verfahren 694, 1181, 1210, 1581, 1643, 2915 ff., 2983, 3282 f., 3295, 3388 ff., 3773
- s/t-tel Verfahren 375, 555 ff., 608, 1181, 1209, 1212, 1581, 2611, 2871, 2918, 3392, 3772 ff.

Übertragung
- Arbeitsrechtliche Statusfeststellung 2841 ff.
- Betriebsrentengesetz 1881 ff., 2951 ff.
- Einzelrechtsnachfolge 1832, 3123
- Entpflichtung 2232 ff., 2234 ff.
- Erdienung 138 ff., 3703 ff.
- Kombinierte Übertragung 2445 ff.
- Liquidation 519, 2487 ff., 2500 ff., 2961 f.

Stichwörter

- Motive 1822, 2199
- neuer Arbeitgeber 2016 ff.
- neue GmbH 1821 ff.
- partielle Gesamtrechtsnachfolge 1834 ff.
- pauschal dotierte Unterstützungskasse 399 ff., 2355 ff.
- Pensionsfonds 2391 ff.
- Prüfungsschema 1881 ff.
- Rentner-GmbH 1821 ff.
- rückgedeckte Unterstützungskasse 2270 ff.
- schuldbefreiende – 1896 ff., 1906 ff., 3123 ff.
- Schuldrechte Folgen der Übertragung 516 ff.
- Schuldübernahme 3123 ff.
- Übertragungsanspruch 2954 ff.
- Übertragungsberechtigung 2954 ff.
- Übertragungsmöglichkeiten 1831 ff.
- Übertragungsverbot 1891, 2951 ff.
- Übertragungswert 2959, 2963 ff.

Überversorgung
- Aktivbezüge 3464
- Festbetragszusage 3465
- Herabsetzung der Bezüge 3468
- Leistungsfall 3472, 3728
- Past Service
- Prüfung 3463 ff.
- Unternehmenskrise 3467
- Verdeckte Gewinnausschüttung 3728

V

Verbindliche Auskunft 127, 1042

Verdeckte Einlage
- Auswirkungen beim GGf 935 ff.
- Auswirkungen bei der GmbH 946 ff.
- Aufwand durch verdeckte Einlage 952 ff., 969, 1253
- Besserungsschein 1095
- Definition 921 ff.
- Disquotale verdeckte Einlage 958
- einlagefähiger Vermögensvorteil 1126 ff.
- Future Service 1140 ff.
- Schenkungsteuerbarkeit 3979, 3982
- Verzicht 560, 920

Verdeckte Gewinnausschüttung
- Abgeltungssteuer 3596
- Definition 3591 ff.
- Rechtsfolgen 3594 ff., 3956 ff.
- Rente und Gehalt 1396 ff.
- Schenkungsteuerbarkeit 3956
- Teileinkünfteverfahren 3597

Verpfändung
Abgrenzung zur Abtretung 3163
Akzessorietät 3158 ff.
Anfechtung 3175 ff.
Gegenstand 3157
Insolvenzschutz 3156 ff.
Insolvenzverwalter 3175 ff.
Pfandreife 3171
Wirksamkeitserfordernisse 3164 ff.

Vertragliche Vereinbarungen
- Gesellschafterbeschluss 328 ff., 480, 545, 742, 1255, 3101 ff.
- Nachtrag 235
- Verpflichtungsgeschäft 542
- Vertragliche Mängel 231 ff., 243 f., 543 f.
- Vertragsmuster 231 ff., 543, 2662
- Vertragliche Vereinbarung zur Pensionszusage 331 ff., 480, 542, 742, 3078 ff.

Versicherungsmathematischer Zuschlag 419 ff., 610, 1409 ff.

Versorgungsaugleich
- Abänderung 3243 ff.
- Anpassung 3228 ff.
- Ausgleichsreife 3195 ff., 3273 ff.
- Auswirkungen auf GF-Pensionszusagen 3266 ff.
- Auszugleichende Anrechte 3191 ff.
- Ehezeitanteil 3209 ff., 3279 ff.
- Endgehaltsbezogene Pensionszusagen 3274 ff.
- Externe Teilung 3221 ff.
- Halbteilungsgrundsatz 3187, 3205
- Interne Teilung 3188, 3205 ff.
- Kapitalwert 3211, 3286 ff.

- Kapitalzusage 3277
- Korrespondierender Kapitalwert 3211, 3286 ff.
- Neuregelung des VersAusgl 3186 ff.
- Private Ausschlussvereinbarung 3256 ff.
- Rechnungszins 3287
- Unmittelbare Bewertung 3280
- Unterfinanzierte Pensionszusage 3301 ff.
- Verfahren 3209 ff., 3272 ff.
- Zeitratierliche Bewertung 3280

Verzicht
- Auswirkungen beim GGf 935 ff., 967, 1248
- Auswirkungen bei der GmbH 946 ff., 968 f., 1249 ff.
- Barwertvergleich 1192 ff.
- Besserungsschein 1095 ff.
- betrieblich veranlasster Verzicht 966 ff., 980 ff.
- BFH, Urteil GrS v. 9. 6. 1997 920
- BMF, Schreiben v. 14. 8. 2012 1181
- Definition 918
- drohende Überschuldung 1071 ff., 1115
- Einkünfte aus nichtselbständiger Arbeit 936
- einlagefähiger Vermögensvorteil 1206
- einvernehmliche Herabsetzung 916
- einseitiger Widerruf 917
- Future Service 1140
- Gesellschafterdarlehen 1012
- gesellschaftlich veranlasster Verzicht 934 ff., 975 ff.
- Fortbestehensprognose 1003 ff.
- mangelnde Finanzierbarkeit 559, 993 ff., 1029 ff., 3737 ff.
- Nachträgliche Anschaffungskosten 941 ff.
- Past Service-Methode 1163 ff.
- Pensionsrückstellung, Auflösung 946
- Rangrücktritt 1012
- Rechtsfolgen 934 ff., 966 ff.
- Schenkungssteuerbarkeit 958 ff., 3986 ff.
- Teilverzicht bei Abfindung 1598 ff.
- Teilverzicht bei Liquidation 2526 ff.
- Überschuldung 19, 997 ff., 1029 ff.
- Überschuldungsbilanz 1007 ff., 1052 ff.
- Überschuldungsprüfung 1000 ff.
- verdeckte Einlage 560, 921, 1126 ff., 1253
- Wiederbeschaffungswert 938 ff.
- Wirtschaftliche Notlage 1111
- Widerruf 917
- Widerrufsvorbehalte 1105

Vorzeitige Altersrente
- Altersgrenze 3677 ff.
- BetrAVG 2976
- Eindeutigkeit 3441, 3633
- Quotierung 608, 2983 ff.
- Versicherungsmathematischer Abschlag 609, 2983 ff.
- Vollrenten 2978
- Zugangsvoraussetzungen 606, 2976 ff.
- Zweistufige Kürzung 2983

W

Wechsel der Rechtsform 371 ff.

Wechsel des Durchführungswegs
- Auf eine rückgedeckte Unterstützungskasse 2246 ff.
- Erdienbarkeit 3703 ff.
- Folgen 2231 ff.
- Formen 2225 ff.
- Motive 2199 f.
- Rechtliche Entpflichtung 2234 ff.
- Wesen 2205 ff.
- Wirtschaftliche Entpflichtung 2232 f.

Wertgleiche Umgestaltung
- BFH, Urteil v. 7. 3. 2018 142, 549
- BU-Rente 563
- Kapitalzusage 794 ff.
- Leistungsarten 561 ff.
- Wertgleichheit 567

Widerruf
- steuerunschädliche Vorbehalte 1105 ff.
- wirtschaftliche Notlage 1111 ff.

Willenserklärung 333

Z

Steueroptimierte und risikominimierte Gestaltung der Gf-Versorgung
- Besteuerung 2570 ff.
- Bilanzielle Behandlung 2607 ff.
- Finanzierung 2599 ff.
- Kapitalzusage 2565 ff.
- praktischer Fall 2564 ff.
- Risikominimierung 2587 ff.
- Steueroptimierung 2574 ff.
- Tantieme-Umwandlung 2636 ff.

Zivilrecht
- Änderung einer Pensionszusage 3083 ff.
- Auflösung der Pensionsrückstellung wegen mangelnder zivilrechtlicher Wirksamkeit 326 ff.
- Auslegung von Rechtsgeschäften 3056 ff.
- Dauerschuldverhältnis 3067 ff.
- Erfüllungsgeschäft 3050
- Erteilung einer Pensionszusage 3076 ff.
- Gesellschafterbeschluss 328 ff., 545, 3101 ff.
- Nichtigkeit 3059 ff.
- Rechtsgeschäft 3042 ff.
- Schuldübernahme 3123 ff.
- Selbstkontrahieren 3110 ff.
- Störung der Geschäftsgrundlage 3086 ff.
- Verpfändung 3156 ff.
- Verpflichtungsgeschäft 3048
- Vertragsfreiheit 3064 ff.
- Vertretungsbefugnis 3106 ff.
- Willenserklärung 3043 ff.
- Zivilrechtliche Wirksamkeit 3096 ff., 3165 ff., 3630 ff.
- Versorgungsausgleich 3186 ff.